Karl Kunze

Hansisches Urkundenbuch

bearb. von K. Höhlbaum and others. Verein für hansische Gesch.

Karl Kunze

Hansisches Urkundenbuch

bearb. von K. Höhlbaum and others. Verein für hansische Gesch.

ISBN/EAN: 9783741156762

Manufactured in Europe, USA, Canada, Australia, Japa

Cover: Foto ©ninafisch / pixelio.de

Manufactured and distributed by brebook publishing software
(www.brebook.com)

Karl Kunze

Hansisches Urkundenbuch

HANSISCHES

URKUNDENBUCH

FÜNFTER BAND

1392 BIS 1414

BEARBEITET

VON

KARL KUNZE

MIT EINEM SACHREGISTER

LEIPZIG
VERLAG VON DUNCKER & HUMBLOT
1899

HANSISCHES

URKUNDENBUCH

HERAUSGEGEBEN

VOM

VEREIN FÜR HANSISCHE GESCHICHTE

FÜNFTER BAND

LEIPZIG
VERLAG VON DUNCKER & HUMBLOT
1899

HANSISCHES

URKUNDENBUCH

FÜNFTER BAND

1392 BIS 1414

BEARBEITET

VON

KARL KUNZE

MIT EINEM SACHREGISTER

LEIPZIG

VERLAG VON DUNCKER & HUMBLOT

1899

Inhaltsübersicht.

Druckfehler und Berichtigungen.

Einleitung.

Die in der Einleitung zum 4. Bande aufgestellten Grundsätze der Bearbeitung sind auch für den neuen Band massgebend geblieben. Dem Charakter des Urkundenbuches gemäss ist das Hauptgewicht auf die Zeugnisse rechtlicher Natur gelegt, in erster Linie auf die hansischen Privilegien und Verträge. Neben den umfangreichen flandrischen Freibriefen, deren Erwerbung in dem Zeitraume des vorigen Bandes vorbereitet ward, ist die Regelung der hansischen Stellung in Brabant bemerkenswert: die Verleihung ausgedehnter Sonderrechte an die Hansen in Mecheln 1393 und in Antwerpen 1409. Namentlich die Geschichte dieses Antwerper Privilegs, von dem ersten nicht zur Ausführung kommenden Versuche des Jahres 1395 an, der wieder auf das alte Privileg von 1315 zurückgreift, über die kurzbefristeten städtischen Freibriefe von 1409 und 1407 hin bis zu der endgültigen herzoglichen Urkunde bietet eine Überlieferung von bemerkenswerter Reichhaltigkeit. Das Verhältnis zu England und Skandinavien ist durchaus von den Errungenschaften der siebziger Jahre bedingt. Der Handelsvertrag zwischen Riga und Polozk von 1406 im Verein mit dem Rigaer Statut für den deutschen Kaufmann zu Polozk aus dem Jahre 1393 rückt den hansischen Dünahandel, ein von der neueren Forschung zu sehr vernachlässigtes Gebiet, in helleres Licht, während für den hansischen Verkehr nach Nowgorod der Vertrag vom Februar 1392 auch im 15. Jahrhundert seine Bedeutung behauptet.

Was die Bearbeitung im einzelnen betrifft, so sei hier auf die Bemerkungen zum 4. Bande (S. XIII f.) verwiesen. Bei der wachsenden Stoffülle stellte es sich immer mehr als notwendig heraus, die Aufnahme der bereits in den Hanserecessen veröffentlichten Stücke nach Möglichkeit zu beschränken. Vielfach sind daher anstatt besonderer Regesten lediglich zusammenfassende Hinweise auf die betreffenden Nummern der Hanserecesse gegeben. Dass eine Reihe undatierter Urkunden, deren genaue Daten überhaupt nicht oder nur höchst unsicher zu ermitteln waren, an der Jahrhundertwende zu einer besonderen Gruppe zusammengefasst sind, wird keiner besonderen Rechtfertigung bedürfen. In den Stückbeschreibungen sind die Angaben über den Schreibstoff fortgelassen, wenn es sich vor dem Jahre 1400 um Pergament, nach 1400 um Papier handelt. Bei der Aufzählung der Druckorte kam mir der im Erscheinen begriffene 2. Teil des Oorkondenboek van Groningen en Drenthe zu spät zu Gesicht, um noch berücksichtigt werden zu können. Dagegen konnte ich den neuen Band des Dortmunder Urkundenbuches (Band 3, 1. Hälfte, 1899) durch die Liebenswürdigkeit des Herausgebers, Herrn Professors Dr. Rübel, wenigstens bis zum Ende des 14. Jahrhunderts schon verwerten.

Zum Schluss ist es mir ein Bedürfnis, Herrn Prof. Dr. Höhlbaum für seine unermüdliche Unterstützung bei der Bearbeitung dieses Bandes meinen wärmsten Dank auszusprechen. Für zahlreiche Kollationierungen und archivalische Auskünfte bin ich den Herren Staatsarchivaren Dr. Hagedorn in Hamburg und Dr. Hasse in Lübeck, Archivassistent Dr. Keussen in Köln und Stadtarchivar Dr. Schwartz in Riga zu besonderem Danke verpflichtet. Die Übersetzung der altrussischen Texte übernahm mit dankenswerter Bereitwilligkeit Herr Dr. v. Hedenström in Riga. Bei der Korrektur des Druckes hatte ich mich wieder der freundlichen Beihülfe meines Kollegen Walter Stein zu erfreuen.

Greifswald, im September 1899.

Karl Kunze.

1. *Die vier Lede von Flandern ermächtigen den Hzg. Philipp von Burgund, wegen des Schadens, den er in Folge der Ermässigung der Accise vom deutschen Bier erleidet, 2 Grote von dieser Accise für eigne Rechnung erheben zu lassen. — 1392 März 29. Amiens.*

Aus Departementalarchiv Lille, Chambre des comptes B 1108; Or. m. Perg. Nach amtlicher Mitteilung. Angeheftet ist ein Mandat des Herzogs von Apr. 3 zur Registrierung der vorliegenden Bewilligung.

Verzeichnet: Inventaire-somm. des archives département., Nord, Sér. B, 1, 206.

Sur la requeste, que monseigneur avoit faicte darrainement, quand il fu a Yppre, aux députez des trois bonnes villes de Flandres et du terroir du Franc, que pour ce, que monseigneur avoit consenti et ottroie pour lavanchement de la marchandise aux marchans dAlemaigne de la Hense aucuns poins, quilz requerroient, par especial que des cervoises du dit paye dAlemaigne, quilz amenroient en Flandres, ilz ne paieroient que 8 groz de Flandres dassiz, en quoy monseigneur prenroit dommage pour ce, que de tant mains len buveroit et dispenseroit en Flandres de cervoises appellees hoppinbier, dont len prenroit deux groz du tonnel, que ceulz des dictes villes et du terroir volsissent semblablement consentir et ottroier, que des huit groz dessusdiz, que les diz marchans dAlemaigne paieroient ainsi dassis du tonnel des dictes cervoises dAlemaigne, mon dit seigneur preist et eust les deux groz pour lui et a son prouffit:

aujourduy les deputez envoiez devers mon dit seigneur cy a Amiens de par les dictes bonnes villes et terroir du Franc, en la presence de monseigneur, ou estoient monseigneur de Nevers, son filz ainsné, messire Philippe de Bar, neveu de monseigneur, monseigneur le chancellier de Bourgoingne, monseigneur lamiral de France, monseigneur de La Tremoille, messire Guillaume de La Tremoille, messire Oudart de Chaseron, maistre Pierre Blanchet, Digne Responde et autres, ont consenti et ottroie liberalment a mon dit seigneur sa dicte requeste et quil ait et face lever pour lui les deux groz en deduction des huit groz, que len prenra dassiz de chascun tonnel de cervoise, que les diz marchans dAlemaigne feront venir en Flandres, comme dit est. Ce fu fait au dit lieu dAmiens, le 29. jour de Mars lan 1391.

Gherbode.

2. *Hochmeister [Konrad von Wallenrod] an Thorn: kann wegen des in Krakau angehaltenen Thorner Gutes augenblicklich aus Rücksicht auf K. [Sigismund] von Ungarn keine Schritte bei Polen unternehmen. — [1392] Apr. 1. Stuhm.*

Aus T StA Thorn, Or. Pap. m. S. Hohlbaum.

Unseren lieben getruwen burgermeistere und ratmannen zu Thorun ane sûmen detur.

Homeistir.

Lieben getruwen. Ewir meynunge als von des gutis wegen, das euch und ewern mitteburgern czu Crakow ufgehalden ist, dorum uns her Sandziwoy geschrebin hat, den brieff ir ouch wol vornomen hat, das her euch all ewir gût, usgenomen coppir und ysen, des der koning durch syn landt nicht wil geen lasen, gefryet habe dewellichen begernde, das man den Crokawern ir gut, das czu euch ufgehalden ist, dovon ir uns ouch geschrebin habt, wedir fry lessze, habin wir wol vornomen, also das ir gerne segit, das das coppir und ysen ouch wurde fry gegebin. Nu wissen wir, lieben getruwen, czu deser czeit nichts doreza czu thuen, wir habin denne von euch adir von ymande andirs eynen bessern und beikamer radt dorobir. Wanne wir vornemen us her Sandziwog meynunge, das her dornach steet, das her den koning von Ungern, der unsir und unsirs ordens gutir gunner ist, und uns gerne von enander risse mit sulchir schicht, das her euch ewir gut, also ...[a] ist gewant, das us unsirn landen czu in komyt, gefriet hat und coppir und ysen, das us Ungern kompt, nicht frien wil, wanne der koning von Ungarn synt der czeit, das die Polan die strasse nedirgelegt haben und der Ungern und ouch[b] der unsir in iren landir nicht leiden wolden, keyne berichtunge mit in machin wolde noch en wil, die strasse werde denne gefriet. Solde wir denne mit den Polanen sulche berichtunge machin, das sie czu euch und ir wedir czu in mit allirleye war, usgenomen coppir und ysen, wandern und czien mochten: ane czwievil wir quemen domite in des konings ungunst von Ungern, wanne wir merkin, das die Crokowir nicht alleyne das gut, das in czu euch ufgehalden ist, des ouch, als wir us ewerm briefe vornemen, wenig ist, meynen, sunder das sie das gut, das sie obir see haben, ouch gerne hirdurch brenhin ungehindert; und durch des willen so fugit uns iczunt keine friunge in unsern landen czu gehin sunderlicher guter noch keine berichtunge mit den Polanen in sulchin sachen czu machen ane wissen und willen des koninges von Ungern, der ouch keine mit in machin welde nach en wil ane uns, is sei denne als vorgeschreben stet, das wir von euch adir[c] von ymande andirs eyn bessern radt dorobir habin und das sie also wol coppir und ysen fry us[d] gen lasen als gewandt und andir gueter. Ouch[e] senden wir euch eine abeschrift des brives, den wir hern Sandziwog vor eine antwurt uff den selbin brif gesand habin. Geben czum Stume am montag noch Judica.

3. *Greifswald, Anklam, Neu-Brandenburg und [Demmin] beurkunden ihr bis Ostern 1395 abgeschlossenes Bündnis zur Wahrung des Landfriedens, zu gegenseitiger Unterstützung gegen Verunrechtung und zu friedlicher Beilegung etwaiger Streitigkeiten*[1]. — *1392 Apr. 8. Anklam.*

Aus StA Stralsund; gleichz. Abschr. a. Pap., an den Rändern stark beschädigt. Hagedorn.

[In Godes namen amen]. Wi borghermestere unde ratmanne der stede Gripeswold, Tanglim, Nyen-Brandenborgh unde [Dymyn bekennen unde] bethugen openbar an desser scrift, dat wy na rade unde vulbord user aller heb[ben ghemaket unde] anghevaan ene voreynynghe unde vruntscop underlank, dede waren schal van pas[schen, de neghest] thu komende is, vort dre jar[2], uppe stucke unde artikule in der wis, also hir naascreven [steyd, also dat des]se voreynynghe unde vruntscop nicht schal wesen jeghen use rechte erveheren, men [wie scholen usen] rechten erveheren dôn alle pleghe unde erbarheyd, de wy en plichtich [sind][f], de wyl [use heren us by] rechte unde gnaden laten.

[1.] To deme ersten male, dat en jewelk stad vorbenomet schal [rechte richten o]ver openbare stratenrovers, boddensnideres unde over andere misdedere na lope [des] rechtes. Wer[et], dat jenich openbare rover jeghent wurde van eliker

a) Loch im Papier. b) Am Rande. c) adir F. d) Folgt durchstrichen und ge ?. e) Von hier ab mit anderer Tinte und flüchtiger geschrieben. f) Fehlt S.

[1]) Vgl. Bd. 4 n. 1166, Ostr. 504. [2]) 1395 Apr. 11.

stad desser stede vorbenomet ...., wy ene herberghet, enthelt edder entverdighet, over den scole wy vorbenomeden stede [richten like o]ver den rover. Unde were, dat eneke stad desser stede vorbenomet vyentscop unde unwerdescop [kreghe dor den] sulven rechtes willen, so scole wy anderen stede to ende ût by der stad rechte blyven.

[2.] [Were ok, dat je]nich here edder andere lude, se weren wy se weren, vorunrechteden edder vorwaldeden [eneke stad d]esser stede vorbenomet edder vorunrechten wolden, an de heren unde an de lude scolen de anderen [stede boden unde] breve senden unde manen vor een, dat me see bi rechte late[a]. Were id to den heren, so scho[len de manebreve] veerteynnacht, were id ok to ridderen edder to anderen luden, so scholen de ma[nebreve achte] daghe holden; unde de anderen stede scholen over de stad likes unde rechtes weldich [wesen. Unde w]ere, dat de here edder andere lude, se weren we se weren, de stad nicht wolden [laten by rech]te, so scholen de anderen stede der stad, de dat unrecht lid, van staden an bu[hulpen we]sen na mantalen ere unrecht tho kerende, alse[b] desse breve vortan luden.

[3.] Vort[mer welker] stad desser stede vorbenomet, der do nôt anlicht, wanne unde wo dicke se dat en[schet, so sch]olen de anderen stede der stad thu hulpe komen, ere unrecht to kerende, eyn je[welk stad] vorbenomet mid 20 wepeneren unde mid 4 schutten wol gheperdet. Unde bedrofte [de stad,] der de not anlicht, mer hulpe, so schal me der stad groter hulpe dûn, alzo wy [denne tho] rade worden. Welk stad de anderen stede esschet, de schal en voder unde brod [schikken] ane de erste nacht unde den dach darna. Unde nemen de stede vromen, wen [se uttoa]ende syn, den scholen se na mantalen delen. Weret, dat ene stad de anderen [hulpe] unde queme to liggende vor en slod, unde nemen dar vromen, den vrome schal [de stad to] hulpe hebben, de den anderen steden koste unde voder schal entweren. Wy schaden [nympt, de] schal den schaden sulven dreghen. Ok schal ene jewelke stad vorbenomet den anderen [vorbenomed]en steden willich unde bereide wesen unde openstaan in alle eren noden unde buhulpen wesen [mit] den wepeneren, de darto schicket syn, alzo verne alzo desse volghe na ûtwiset: van [Nie]n Brandenborgh to Alden Treptowe, to Demyn, to Gripeswolde, to Tanglim, to Ukermûnde, [to de]me Olricshaghen, to Vredelande unde to Nyen Brandeborgh unde wat dar mank unde twischen [be]grepen is, unde wor wi vorder volghe to rade werden.

[4.] Were ok, dat eneke stad desser ste[de vo]rbenomet dor erer nôt willen to zik toghe rovers edder lude, de dessen steden jen[igen sch]aden dan hadden, mach de stad, de se to zik thud, rechtes edder likes over se weldich [wes]en sunder hand unde hals, dat schal de stad nemen, der se dat unrecht ghedan hebben. [Moc]hte over de stad nicht likes unde rechtes over se weldich wesen, so schal me erer dar [nicht m]er leyden.

[5.] Ok en schal me nene rovere eddor misdedere vor ere undat an desser [stede jew]elk leyden.

[6.] Ok en schal nyne stad der vorbenomeden stede jenich lyk nemen vor schicht, [dat] under desser enyghe schen is, id en sy na rade der anderen stede.

[7.] Were ok, dat desser stede [w]elk jenighen krygh hadde mid der anderen stad edder ere ratmanne edder ere borghere mid [den] ratmannen edder mid den borgheren ute der anderen stad, darover scholen de ande[ren ste]de likes unde rechtes weldich wesen. Unde en jewelk raad schal ere borghere darvan sturen, [dat] se nyne boze wort spreken ratmannen edder borgheren ut der anderen stad,

a) laten S. b) as S.

unde schal se dartho [holden,] dat se syk an rechte noghen laten. Dede wy darjeghen, dat schal de rat, dar dat [schut,] stůren mid rechte, wen em dat thu wetende wert.

[8.] Wy koft uppe ene vlucht [in der vorbenomeden] stede een, dat he schuldich blyft, de schal in den anderen steden nynes [leydes bruken,] wanneer dat me dat den anderen steden to wetende deyd, sunder ene [nacht unde] enen dach darna.

Alle desse vorbenomeden stucke unde en jewelk besund[eren] loven wi[j] underlank een jewelk mid deme anderen der vorbenomeden stede in guden trů[wen to holdende] sunder jenigherleye anval. Unde thu thughe alle desser dynk so hebbe wy d[e inghe]seghel der vorbenomeden stede an dessen breff ghehanghet, de gheven is to Ta[ngllin in deme] dusensten jare drehundersten tweundeneghe[ntighe]sten[b] jare der bord [unses Heren, des myd]wekens vor deme sondaghe to palme.

4. *Hzg. Albrecht von Baiern, Graf von Holland, erlaubt der Stadt Amsterdam die jährliche Bestallung eines Vogtes auf ihrer Fitte in Schonen. — 1392 Apr. 6. Haag.*

Aus RA Kopenhagen, Spanien und Niederlande n. 25; Or. m. anh. S. Junghans. Das., Or.-Transsumpt des B. von Utrecht Georg von Egmond von 1544 Juni 20. RA Haag, Reg. lib. V Aelbrecht fol. 34.

Kgl. Bibl. Kopenhagen, Sammlung von Arne Magnusson n. 294 Fol.; Amsterdamer Kopiar von 1535 fol. 23b.

A StA Amsterdam, Privilegienbuch I fol. 14.

Gedruckt: aus A Handvesten der stad Amsterdam 1, 61, wiederholt v. Mieris, Groot Charterboek 3, 587. Verz.: Reg. Dan. 1 n. 2851, Scheltema, Inventaris van het Amsterdamsche archief 1, 23.

Aelbrecht bi Gods ghenaden palensgrave opten Rijn, hertoge in Beyeren, grave van Henegow, van Holland, van Zeeland ende here van Vriesland, doen cond allen luden, dat wij gegeven hebben ende gheven mit desen open brieve voer ons ende voir onsen nacomelingen onsen lieven ende getrouwen scepenen ende raet onser stede van Aemstelredamme, dat si tot ewighen daghen jaerlis enen voecht setten mogen ende sullen opten lande te Schonen op hoerre vittien ende lant, dat si nu dair hebben oft hier namaels dair vercrighen moghen van den coninck van Denemerken, alle saken ende recht van onser stede wegen te bedriven ende te bewaren, alse sij dair te doen hebben. In orkonde des briefs besegelt mit onsen seghele. Gegeven in den Haghe opten zesten dach in Aprille int jare ons Heren dusent driehondert eenendetnegentich na den lope van onsen hove.

5. *Der deutsche Kaufmann zu Dordrecht an Danzig: hat sich beim Rat von Holland vergeblich um einen Freibrief für den Fall seines Abzuges aus dem Lande bemüht*[1]*, während ihm bei Fortdauer seines Dordrechter Stapels die Gewährung aller gewünschten Freiheiten verheissen ist; beklagt sich über Verletzung seines bisherigen Privilegs durch die Zöllner in Dordrecht, wo man ihm fälschlich die Absicht einer späteren Verlegung des Stapels nach Bergen-op-Zoom unterschiebt, und über Zollbedrückung durch den Herrn von Ouderaant in Woudrichem; hat sich sein bisheriges Privileg nur bis Juni 24 verlängern lassen, um nicht etwa zu einem längeren Aufenthalt in Holland genötigt zu werden, kann aber aus Flandern noch nichts Sicheres über eine Beilegung [der Privilegien] erfahren; berichtet, dass ihm Dordrecht die*

b) neghenten S.

[1]) *Über die Verhandlungen des Kaufmanns mit den Holländern vgl. HR. 4 n. 61 und 62.*

Wahrung seiner Freiheiten für die Dauer seines Aufenthalts in Holland vorher zugesagt hat, und bittet um Mitteilung des Briefes an Elbing und Thorn. — 1392 Apr. 8.

Gedruckt: HR. 4 n. 61.

6. *K. Wladislaw Jagiello von Polen, Grossfürst von Litauen, geleitet alle Kaufleute aus Pommern, der Neumark und dem Bistum Kamin bis Pfingsten über zwei Jahre zum Besuch seiner Lande. — 1392 Apr. 27. Sanok.*

Aus StA Stettin n. 15[illegible]; Or. m. anh. S. Mitgeteilt von Hn. Prof. Dr. Blümcke. Vgl. Bd. 4 n. 1044.

Wyr Wladislaus von Gotis genadin konik czu Polan, obirster furst czu Littau, erbling czu Russen etc., bekennen offinbar in desin brive, das wir geleiten und geleit habin alle kouflute und ire gut in unsir landen und us unsirn landen czu czihende, ire werf und ire koufschaft czu triebene, und sunderlich alle dy jene, dy us den landen zin der herrn von Stetin czu Pomern, us der Nuenmarcke by disit der Oder und us dem stifte van Kamyn, dy der koufmanschaft und dorch ersichkeit unsir lanth suchin wellin, dy sullin sichir und fry czyhin, und nymand sal sy hindirn sunder argelist by lybe und by gute alz von pfingistin nu neehist kumt vor owir cz[w]ey jare[1] von desin tage us. Und were, das ymanth von desin vorschrebin beschedigit adir gehindirt wurde, des Got nicht welle, is tete wer das tete, so sulle wyr vorschrebin konik adir dy unsirn volkin den, dy dy tat getan habin, alzo lange, das wir gericht habin owir ire lip und owir ire gut; und der sulle wyr und nymanth von unsir wegin leiten noch fellichen noch keinerleie hulfe noch rat tun uf adir an unsirn slossin, an unsirn stetin adir an unsirn landin, sundir wir sullin und wellin ire vinde bliben czu ewiger czeit alzo lange, das wir owir czy gericht habin noch irre tat, dy zy getan habin. Und were, das dy missteter ymand huste adir horete adir yn hulfe adir rad tete gros adir cleyne, den sulle wyr und wellin owir yn richtin glich dem misseteter. Czu eyner grossir sichirheit zo hab wyr unsir ingesegil an desin kegenwortigen brif lossin hengen, der do geschreben und gegebin ist czu Czanok an dem nesten sunobende noch sunt Marcus tage ewangeliste, in dem jare noch Gotis geborth dreyhundirt jare nunczik und in dem andirn jare.

7. *Die preussischen Städte an Lübeck: ersuchen u. a. um Auskunft, warum es das [gegen die Ordonnanz] aus Flandern nach Lübeck gebrachte Gut nichthansischer Kaufleute freigegeben hat. — [1392 vor Mai 1.]*

Gedruckt: HR. 4 n. 48.

8. *K. Karl VI von Frankreich verordnet auf Ansuchen des Hzg. [Philipp] von Burgund, dass bei Gefangennahme, Tötung, Beraubung oder Schädigung von hansischen Kaufleuten oder deren Dienern überall in seinem Reich auf Klage eines ihrer Älterleute unverzügliche Justiz geübt werden soll. — 1392 Mai 5. Paris.*

Aus L StA Lübeck, Gallica n. 7; Or. Perg. m. anh. S., nicht ganz fehlerfrei. Mitgeteilt von Hn. Staatsarchivar Dr. Hasse. — Das. ein notarielles Transsumpt von 1511 Aug. 19. Abschr. vom Ende des 15. Jh. und vläm. Übersetzung im flandrischen Kopiar n. 7 (Parcament Statut Boeck) fol. 126 u. 6b.

K StA Köln, Or.-Ausfertigung von Aug. 23, s. unten n. 15. Hagedorn.

Das., Abschriften und vlämische Übersetzungen der Ausfertigung von Mai 5 in den hansischen Kopiaren.

[1] 1394 Juni 7.

StA Danzig XXVII, 82, hansisch-burgundischer Kopiar v. d. Mitte des 15. Jh. S. 82; flämische Übersetzung.

Departementalarchiv Lille, Chambre des comptes B 1596, Registre des chartes 1 fol. 5b—6. S. u. 46.

B StA Brügge, französisches Transsumpt des Kanonikers Pierre de Grandmont, kgl. Rates und Siegelbewahrers in Tournai, von 1392 Mai 31; Or. Perg. m. anh. kgl. S., mit L gleichlautend. — Abschr. desselben Transsumpts im Groten Wittenbouc fol. 9b.

StA Brügge, Wittenbouc fol. 64b; Abschr., wie B.

Y StA Ypern, Or.-Transsumpt von Mai 31, wie B.

K 1 StA Köln, Abschriften desselben Transsumpts in den hansischen Kopiaren D und E.

B 1 Transsumpt Hzg. Philipps von Mai 30, s. unten n. 17.

Gedruckt: aus L Lüb. U.B. 4 n. 557, früher in Série de traités et d'actes contenant les stipulations faites en faveur du commerce et de la navigation entre la France et la ville libre et anséatique de Lubec depuis 1293 (Lubec 1837) S. 7; aus B 1 Gilliodts-van Severen, Inventaire de Bruges 3 n. 735. Verz.: HR. 4 n. 111. Mittl. a. d. Stadtarchiv von Köln 1, 30 n. 74; aus K 1 das. 1, 32 n. 82; aus B Gilliodts-van Severen 3 n. 736; aus Y Messager des sciences et des arts de la Belgique 1 (1833), 196, Diegerick, Inventaire des chartes et documents appartenant aux archives de la ville d'Ypres 3 n. 676.

Über die Ausfertigung dieses Freibriefes berichtet die Brügger Stadtrechnung von 1391/92: Den gheghevers ende chevaucheurs van den coninc, die de brieve brochte van den coninc, de welke verzeghelt waren, ende dat de seghele tebroken was, over der stede deel van Brugghe ende vrank, dewelke brieve de Oosterlinghe hebben. Somme 33 s. (Par.). — Item gheghevers Willemme van Meuren, van dat hi vergheleyd hadde van eenen vidimus van ccoming brieve van den Oosterlinghen onder den seghele royael van Doornike, 3 vranken, maken 8 s. 6 d. grote. *(Vgl. die Stückbeschreibung unter B.) Gilliodts-van Severen, Inventaire de Bruges 3, S. 220 f.*

Karolus Dei gracia Francorum rex universis presentes litteras inspecturis salutem. Notum facimus, nos supplicacionem carissimi patrui nostri ducis Burgundie, comitis Flandrie, Arthesii et Burgundie, recepisse continentem, quod patria sua Flandrie actenus ab antiquo temporibus retrolapsis principaliter gubernata et substantata[a] fuit per factum mercaturarum, et quod per mercatores de Hansia Almanie, que vulgo les Osterlins[b] nuncupantur, magis fuit actenus frequentata et augmentata mercatura in dicta patria Flandrie quam per quoscunque[c] mercatores alterius nacionis; quodque propter hoc, quod durante tempore commocionum, que in dicta Flandrie patria ultimate viguerunt, quam plurima maxima dampna illata fuerunt in corporibus atque bonis predictis mercatoribus de Hansia Almanie, prout dicunt, predicti[d] mercatores dicte Hansie per convenciones inter ipsos invicem factas et initas se retraxerunt et abstinuerunt per lapsum plurium annorum de frequentando dictam Flandrie patriam ac eciam de adducendo ibidem mercimonias suas et de emendo in eadem patria pannos et alias res plurimas, quas et quos emere consueverant in Flandrie patria supradicta, quod nedum in dicti nostri patrui sueque Flandrensis patrie, verum eciam in tocius regni nostri Francie prejudicium atque dampnum quam plurim(um)[e] redondavit[f], cum sepedicti mercatores dicte Hansie Alemanie[g] a tempore dictarum commocionum in dicto regno nostro minime frequentaverunt, ymo stapulam et forum sive congregacionem et acervum mercimoniarum suarum aliquando apud Durdrect[h] in Hollandia et alibi extra regnum nostrum situatum, tenuerunt

a) substentata K. b) Osterlins K. c) quoscumque K. d) predicti auf Rasur von der Hand des Schreibers der Schlussnote L. e) So B 1, K plurimum A, B. f) redundavit B 1, K. g) Alemanie B 1, K. h) Durdrech K.

et vendiderunt. Quas ob res et ut dicti mercatores Hansie Alemanie[a] et eorum mercimonie in regno nostro et specialiter in dicta sua Flandrensi patria de cetero conversarent, prout ante hujusmodi commocionis ortum facere consueverant, dictus patruus noster plures dietas, congregaciones et consilia per nonnullos suos consiliarios et deputatos super hoc a principalioribus villis dicte sue Flandrensis patrie cum deputatis per villas Hansie Alemanie[b] supradicte teneri fecit, in quibus et eorum consiliis perloqutum[c] et tractatum fuit de pluribus magnis controversiis et debatis, que inter partes erant, et in tantum in dicto negocio prosequutum[d] est, quod mercatores dicte Hansie fuerunt et sunt concordes frequentare de cetero in dicto regno nostro, potissime in dicta Flandrensi patria; hoc tamen mediante, quod eisdem sufficienter provideatur de cetero in perpetuum ad ea, que sequuntur[e]: videlicet quod in casu, quo[f] aliqui dictorum mercatorum essent capti, occisi, depredati seu pillati infra limites et metas dicte Flandrensis patrie in terra vel in mari per aliquos nostrorum subdictorum[g], qui non essent de dicta Flandrensi patria et qui alibi in dicto nostro regno[h] quam in dicta Flandrensi patria[i] se retraherent seu receptarent, quod de eisdem malefactoribus fierent bona punicio et ceteris justicie complementum, et quod plena et[k] in integrum restitucio et emenda fierent dictis mercatoribus vel illis, quibus interesset, tam de bonis sic[l] depredatis quam de dampnis et injuriis, et quod alias mercatores dicte Hansie nullatenus auderent neque possent secure in dicta Flandrensi patria nec alibi in regno nostro de cetero conversari, considerato quod ipsi nuper dampna permaxima alias passi fuerunt pluries, prout dicunt, nobis humiliter supplicando, quatenus tam pro bono reipublice comodo[m] et utilitate ac acceleracione mercature, quam contemplacione subdictorum[g] suorum Flandrie nos super hoc eidem de remedio condecenti et gracioso velimus providere. Nos igitur premissis debite ponderatis, cupientes tota nostre mentis aviditate augmentacionem comodi et utilitatis subdictorum[g] nostrorum et reipublice regni nostri ac eciam ob amorem sincerrimum, quem erga patruum nostrum supradictum merito gerimus, suique contemplacione, matura super hoc consilii nostri deliberacione prehabita, ordinavimus et ordinamus de gracia speciali per presentes pro nobis et successoribus nostris, Francie regibus, quod, quocienscumque[n] casus acciderint[o] in futturum[p], quod aliquis de mercatoribus dicte Hansie vel de eorum servitoribus, familia vel famulis fuerint capti, interfecti, depredati vel alias injuriati seu dampnificati, unus de factoribus dicte Hansie Alemanie[q], qui in dicta Flandrensi patria vocantur sudremans, et qui talis esse certifficabitur[r] per litteras sigillatas sigillo alterius scabinatus[s] dicte Flandrensis patrie, recipiatur in omnibus curiis in judicio et extra sine alia procuracione et sine gracia ad prosequendum et faciendum prosequcionem[t] pro omnibus illis, quorum interesit, de dictis criminibus, excessibus, injuriis et dampnis factis et illatis alicui de dictis mercatoribus et de gentibus eorumdem[u], ut dictum est, et ad recipiendum bona, emendas et dampna, de quibus prosequcio[v] fiet, vel eorum estimacionem[w] et quidquid[x] propter hoc eis deliberabitur vel adjudicabitur; et quod de omnibus illis criminibus, excessibus, injuriis atque dampnis judices nostri regni, qui sunt et erunt in futturum[p], in casu quo recursus habebitur ad eos vel ab eis implorabitur remedium, et in quantum ad eos pertinebit, in eorum jurisdictione habeant cognicionem absque aliquali remissione aliis justiciariis vel quibuscumque[y] aliis judi-

a) Hansie Alemanie B I. K. b) Alamanie B I. K. c) prolequtum B I. perlocutum K. d) prosequtum K. e) sequntur K. f) So K. quod L. B. B I. g) subditorum B I. K. h) regno nostro K. i) patria Flandrensi B I. K. k) et fehlt L. l) sic fehlt K. m) commodo K. n) quocienscumque quod L. B. B I.; das zweite quod in K durch Rasur getilgt. o) Korrigirt aus: acciderit L. p) futurum K. q) Alemanie B I. K. r) certifficabitur B I. K. s) scabinatus K, das ... auf Rasur. t) prosecucionem B I. K. u) eorumdem B I. K. v) So auch K; prosecucio B I. w) estimacionem K. x) quicquid K. y) quibuscumque B I. K.

cibus facienda; et si per informacionem sommariam vel vehementem presumpcionem apparuerit, quod aliqua bona dictorum mercatorum Hanse Alma(n)ie[a] supradicte vel alicujus eorumdem[b] fuerint capta, ipsa bona statim capiantur et ponantur per inventarium in manu nostra et in loco tuto et securo ad conservacionem ipsorum bonorum et ad utilitatem dictorum mercatorum vel aliorum, quorum intererit, et quod procuratores nostri locorum se adjungant[c] cum dictis factoribus vel audremans, si habeant aliquam presumpcionem contra culpabiles, et quod illi, contra quos dicti factores voluerint prosequi, cogantur sine intervallo[d] respondere in persona per juramentum et per peremptorias peticionibus dictorum factorum, salvo[e] quod deffensores possint habere unam brevem dilacionem tantummodo pro habendo vel obtinendo vel vocando eorum garendum[f] vel pro sommando[g] illos, quos voluerint, si garancia vel sommacio[h] incumbat, et quod videatur judicibus nostris regiis racioni congruum vel opportunum[i], quod illi, qui erunt suspecti de excessibus supradictis, capiantur et ponantur in carceribus nostris; et quod in omnibus causis hujusmodi procedatur summarie et de plano sine longo processu et figura judicii cessantibus omnibus appellacionibus frivolis, et quod illi, qui erunt condempnati[k], dictis factoribus seu audremans compellantur[l] et cogantur per capcionem corporum suorum et omnibus aliis viis et modis opportunis[m] ad[n] faciendum satisfactionem. Et insuper si dicti factores seu audremans eligerent facere prosecucionem suam coram aliis judicibus seu justiciariis, quibus cognicio[o] posset et deberet pertinere, quam nostris, volumus et ordinamus ex ampliori gracia, quod omnes provisiones et securitates supradicte custodiantur, non obstantibus quibuscumque consuetudinibus, usu, stilo[o] et observacionibus patrie ad hoc contrariis. Quapropter dilectis et fidelibus gentibus nostris presens nostrum Parisius parlamentum tenentibus et que in futurum[p] nostra tenebunt parlamenta, necnon omnibus senescallis, baillivis, prepositis et officiariis ac omnibus justiciariis regni nostri et eorum cuilibet, prout ad eum pertinuerit, tenore presencium precipimus et mandamus, quatinus nostras presentes ordinaciones teneant, custodiant et observent ac faciant teneri, custodiri et perpetuo inviolabiliter observari. In cujus[q] rei testimonium sigillum nostrum his presentibus litteris duximus apponendum. Datum Parisius quinta die Maji anno Domini millesimo trecentesimo nonagesimo secundo et regni nostri duodecimo.

Per[r] regem ad relationem magni consilii.
Goutier.

9. *Hzg. Philipp von Burgund bestätigt den zwischen den flandrischen Gesandten und den hansischen Sendeboten in Hamburg vereinbarten Vertrag und verleiht den Kaufleuten von der Hanse neue Vorrechte für den Verkehr in Flandern. — 1392 Mai 12. Lille.*

A. Lateinische Fassung.

Aus L StA Lübeck, Batavica n. 170; 2 Or. Perg. m. anh. S. Hagedorn. — *Abschr. vom Ende des 15. Jh. im flandrischen Kopiar n. 7 (Paracmont Stalul Hondt) fol. 20b, weitere Abschriften in den Kopiaren n. 6 und 9.*
Aus K StA Köln, Hanse I n. 101; Or. Perg. m. anh. S. Hagedorn. *Einzelne Schreibfehler der verschiedenen Ausfertigungen sind im Abdruck nicht beruck.*

a) [illegible] b) [illegible] c) adjungant [illegible] d) [illegible] e) [illegible] f) [illegible] g) [illegible] h) [illegible] i) [illegible] k) condempnatis [illegible] l) compellantur [illegible] m) [illegible] n) [illegible] o) stilo [illegible] p) [illegible] q) [illegible] r) [illegible] *richtigt.* — *Abschriften in den hansischen Kopiaren A D E F G H; Anfang und Schluss nochmals wiederholt F fol. 29. Das. Hanse A I n. 16 eine Abschr. des 16. Jh.*

StA Danzig XXVII, 82, hansisch-burgundischer Kopiar v. d. Mitte des 15. Jh. S. 65—70.

StA Zwolle, Ältester Privilegienkopiar fol. 91; Abschr. vom Ende des 15. Jh.

B StA Brügge; Or. Perg. m. anh. S. § 4 fehlt.

B 1 Das., Groenen Wittenboec fol. 1 (eingeschobene Lage), mit § 4.

Y StA Ypern; Abschr. des 15. Jh. a. Pap.

StA Dendermonde, Abschr. im Roodenboek fol. 1.

StA Sluys, Abschr. im Kopialbuch von 1388 fol. 17, wiederholt im Privilegienkopiar des 15. Jh. Vgl. Hagedorn, Hans. Geschichtsbl. 1884 S. XXIII.

Li Departementalarchiv Lille, Chambre des comptes B 1169; 2 Abschriften auf zusammengenähten Papierstreifen, die eine undatiert. § 4 fehlt. — *Das. ein undat. Entwurf in kürzerer franz. Fassung, vgl. Mone a. a. O. S. 386.*

Li 1 Das. B 1596, Registre des chartes 1 fol. 6b—7b, mit § 4. S. unten n. 46.

StA Wesel (im StA Düsseldorf), Capsel 103—104 n. 9, hansischer Privilegiar des 16. Jh.; Abschr.

Transsumpt in der Bestätigung der flandrischen Städte vom Juni 7, s. n. 22.

B. Vlämische Fassung.

Aus L StA Lübeck, Batavica n. 170; 2 Or. Perg. m. anh. S. — *Abschriften in den flandrischen Kopiaren n. 6 fol. 13, n. 7 (Parcament Statut Bouck) fol. 7 und im niederdeutsch. Übertragung n. 9 (Aul copiarl privilegie bouck) fol. 9.*

Aus K StA Köln, Hanse I n. 109; Or. Perg. m. anh. S. Braun. — *Abschriften in sämtlichen hansischen Kopiaren.*

StA Danzig XXVII, 82, hansisch-burgund. Kopiar S. 70—77.

B StA Brügge, Parpereenboec fol. 82b; gleichz. Abschr. mit dem falschen Datum: Mai 13, überschrieben: Tsiouwe previlege van den voorseiden Oosterlinghen, mit § 4.

Li Departementalarchiv Lille, Chambre des comptes B 1596, Registre des chartes 1 fol. 7b—8b, mit § 4. S. n. 46.

Transsumpt in der Bestätigung n. 22.

Gedruckt: aus L Lüb. U.B. 4 n. 559, aus B Gilliodts-van Severen, Inventaire de Bruges 3 n. 734, aus Li Mone, Anzeiger für Kunde der teutschen Vorzeit 6 (1837), 382. Verz.: HR. 4 n. 113, Mitthl. a. d. Stadtarchiv von Köln 1, 30 n. 75; aus Y Diegerick, Inventaire de la ville d'Ypres 2 n. 677; aus Li Inventaire-somm. des archives département., Nord, Sér. B, 1, 220.

In der Überlieferung dieses Privilegs treten 2 Gruppen scharf hervor. Die 2 in Lübeck und Köln aufbewahrten Originale (L und K) enthalten die endgültige Fassung, wie sie auch in den hansestädtischen Kopiaren, in dem amtlichen Register der herzoglichen Kanzlei (Li 1) und in dem Nachtrag zum Brügger Wittenboec (B 1) wiederkehrt. Demgegenüber bietet das Brügger Original (B) in Übereinstimmung mit den Entwürfen der Kanzlei (Li) eine zu Ungunsten der Hansestädte eingeschränkte Redaktion. Es ist dies die Form, in der das Privileg im Juni 1392 von den flandrischen Gesandten in Lübeck vorgelegt, aber von den Städten zurückgewiesen wurde; im Herbst des Jahres lieferten die Vlamen dann eine veränderte Redaktion ein. S. n. 29 und 30. Genau dasselbe gilt von der Bestätigung dieses Privilegs durch die flandrischen Städte vom Juni 7, unten n. 22. In den Brügger Originalen des Privilegs (B) wie der Bestätigung (n. 22 B) haben wir die von den Städten nicht acceptierten ersten Ausfertigungen beider Dokumente vor uns, die dann nach Brügge zurückgebracht wurden und dort liegen blieben. Rechtsgültig sind nur die Lübecker und Kölner Exemplare des Privilegs (L, K) und der Bestätigung (n. 22 L); im August oder September ausgefertigt, wurden sie gleichwohl auf das ursprüngliche Datum zurückdatiert. Bei den vlämischen Fassungen ist die zurückgewiesene erste Redaktion nur für die städtischen Urkunden vom Juni 7 nachweisbar (n. 22 B); die erste Ausfertigung des herzoglichen Privilegs scheint demnach lediglich in lateinischer Sprache stattgefunden zu haben.

A.

Philippus quondam regis Francorum filius dux Burgundie, comes Flandrie, Arthesii et Burgundie, palatinus, dominus de Salinis, comes Registetensis ac dominus de Machlinia, universis et singulis presentes litteras inspecturis seu audituris salutem in Domino. Notum facimus, quod, cum jam diu graves discenciones mote fuerint inter incolas subditos nostros patrie nostre Flandrie parte ex una et incolas mercatores communium civitatum Romani imperii de Hanza[a] ex altera parte occasione injuriarum et dampnorum predictis mercatoribus de dicta Hanza seu nonnullis eorundem in predicta nostra patria Flandrie tam in corporibus quam in bonis et rebus suis, ut asserebant, per terram et mare illatorum, propter que predicti mercatores communiter conventionibus inter se super hoc factis per aliquod temporis spacium citra a dicta patria nostra Flandrie se retrahentes eandem unacum bonis et mercimoniis suis frequentare, prout assueverant, distulerunt; pro quibus quidem discencionibus sopiendis et concordandis quodque mercatura de una patria in aliam libere posset exerceri, plures tractatus diversis diebus et locis per nuncios seu deputatos nostros et villarum nostrarum ac territorii nostri Franci officii dicte patrie nostre Flandrie unacum nunciis seu deputatis dictorum mercatorum de dicta Hanza habiti fuerint et observati, tandem novissime in villa de Amborch, ubi dicti nuncii seu deputati convenerunt, utrobique super omnibus articulis dictarum discencionum, qui in aliis tractatibus precedentibus habitis remanserant indiscussi, iidem nuncii nostro reservato beneplacito finaliter concordarunt. Verum quia in favorem mercatorum et mercature reique publice ob utilitatem et profectum cum dictis incolis et mercatoribus civitatum communium predictarum de Hanza prefata toto mentis conamine pacis et concordie amiciciam fovere peroptamus,

B.

Philips coninczone van Vrancrike hertoghe van Bourgoignen[b], grave van Vlaendren, van Artois ende van Bourgoignen[b], palatin, here van Salins, grave van Rethers ende heere van Mechline, an allen den ghonen, die dese lettren zullen zien jof horen lesen, saluut in onsen Heere. Wij doen te wetene, dat hute dien, dat nu langhe zware ghescillen ghesporret hebben ghesijn tusschen onsen subgiten van onsen lande van Vlaendren of een zide ende den inwonende cooplieden van den ghemeenen steden van den Roomschen rike der Duutscher Hanze of andere zide, uter occoysoene van den onrechten ende scaden den vorseiden cooplieden van der Duutscher Hanze of eenighen van hemlieden ghedaen in ons voorseid land van Vlaendren, also wel in lichamen als in hare goed, also zij zeiden, te watre ende te lande, omme de welke de voorseide cooplieden ghemeenlike bi beloften onderlinghe derup ghemaect bi eenighen tiden van onsen vorseiden lande van Vlaendren hemlieden vertreckende tzelve land met haren goede ende coopmanscepe hem verdreghen hebben te antierene, also zij plaghen; omme de welke ghescillen te niente te doene ende te accordeerne ende dat de coopmanscepe van den eenen lande int ander vrylike ghehantiert mochte worden, vele traittieten te vele daghen ende steden bi onsen boden ende ghedeputeerden ende van onsen steden ende lande van den Vryen van onsen vorseiden lande van Vlaendren metgaders den boden ende ghedeputeerden van den voorseiden cooplieden van der Duutscher Hanze ghehouden hebben ghesijn, so dat int hunthende ende nieuwelinghe in de stede van Amborch, daer de voorseide boden of ghedeputeerden an beeden ziden vergaderden, op alle de articlen van den vorseiden ghescillen, die in andere traittieten hiervoren ghehandelt onghedetermineert bleven, de zelve boden, be-

a) Hanze Theutonica [illegible]

b) Bourgoignen B.

visis per nos articulis in dicto tractatu concordatis, ipsos gratos habuimus et habemus. Et ut predicti mercatores deinceps cum bonis et mercimoniis suis liberacius et securius dictam patriam nostram Flandrie pro reformacione ejusdem visitare valeant et quecunque dissensionum materie, que emergere possent, aboleri, ad predictorum mercatorum peticionem necnon humilem supplicacionem incolarum et subditorum nostrorum tocius patrie nostre Flandrie predicte eisdem mercatoribus de Hanza, benivolis nostris, tam presentibus quam futuris communiter et divisim animo deliberato graciaque nostra speciali pro nobis et successoribus nostris, Flandrie comitibus, libere concessimus et concedimus per presentes ea, que secuntur, in formam et modum privilegiorum perpetuis temporibus, quamdiu iidem mercatores cum bonis et mercimoniis suis predictam nostram patriam Flandrie visitare voluerint [a], inviolabiliter observanda.

[1.] Primo videlicet concessimus et concedimus benivole eisdem mercatoribus, quod, si aliquis in dicta patria nostra Flandrie seu villa nostra aut castro de Sluus degens et moram trahens aliquem dictorum mercatorum bonis suis depredatus fuerit, seu vi et de facto dampnum intulerit eidem infra dictam nostram patriam Flandrie seu fluctus marinos [b] ejusdem vulgariter [c] nuncupatos stroom, quod

houden up dat het ons also ghelieffde, lot hende accorderden. Ende omme dat in faveure van den coopliedeu ende der coopmanscepen ende omme tghemeene nutscap ende proffit wij begheren met al onser herten te voedene vriendscepe van payse ende van accorde tusschen vorseiden coopliedeu der vorseiden ghemeenre steden van der Hanze vorseid, overghevende bi ons de articles int vorseide traittiet gheaccordeert, hebben die dankelic ghehouden ende houden. Ende omme dat de vorseide cooplieden voortan met haren goede ende coopmanscepen te lieverre ende te zekere tvorseide land van Vlaendren omme de verrechtinghe van dien visiteren zouden, ende alle manieren van ghescillen, die risen mochten, te nieute ghedaen zouden zijn, so eist, dat wij ten verzouke van den vorseiden coopliedeu ende ter oomoedigher supplicacien ende bede van onsen subgiten van onsen vorseiden lande van Vlaendren den zelven coopliedeu van der Hanze ons wel willende jeghewoordich ende toecommende ghemeenlike ende bizonder met voorsienighen moede bi onser specialre gracien over ons ende onse naercommers, graven van Vlaendren, vrilike hebben ghegheven ende gheven bi desen lettren tgond, dat hier naervolghet [1], in voormen ende manieren van previlegien teeuweliken tiden also langhe, als de zelve cooplieden met haren goede ende coopmanscepen ons vorseid land van Vlaendren visenteren willen, onbrekelic te houdene.

[1.] [2] Eerst dat wij hebben ghegheven ende gheven jonstelike den zelven coopliedeu, dat, waert zo, dat yemene in ons vorseid land van Vlaendren of in onse stede of casteel van der Sluus wonachtich zijnde eenighen van den vorseiden coopliedeu van zinen guede rovede of bi crachte ende bi dade hem scade drooghe bin onser vorseiden lande van Vlaendren

a) [illegible] B und La [illegible] Lc und W fehlt dieser [illegible] T (n. 70). b) [illegible] marinos B, La, Lc 1. c) vulgaliter L u. K.

1) Die folgenden Artikel entsprechen den vom Hamburger Hansetag 1391 Nov. 11 aufgestellten Forderungen, gedr. HR. 4 n. 39, vgl. die frühere Formulierung von 1389, a. a. O. 3 n. 441 und 415. 2) Vgl. HR. 4 n. 39, 2.

ad restitucionem hujusmodi bonorum predicto mercatori faciendam, in quantum informacione legitima coram lege loci, quo dampnum acciderit, ipse mercator illud poterit sufficienter demonstrare, ville nostre Gandensis, Brugensis et Yppensis astricti tenebuntur.

[2.] Si vero aliquis extra dictam patriam nostram Flandrie moram trahens aliquem dictorum mercatorum infra dictam patriam nostram Flandrie seu dictos fluctus ejusdem occiderit seu depredatus fuerit, quod nos officiariique nostri atque ville juvabimus toto posse nostro, quod mercatori seu illi, qui ejus nomine prosequutus fuerit, bona sua restituentur et de predone seu malefactore justicia corporaliter subsequetur. Et si predo unacum bonis spoliatis evaserit et mercator predictis villis nostris Gandensi, Brugensi et Yppensi seu alicui earundem notum fecerit, quo loco hujusmodi bona translata forent, tunc dicte ville nostre nobis id notificare tenerentur, nos quoque unacum ipsis villis nostris literis nostris scribere debebimus gubernatoribus seu administratoribus ville, opidi vel castri, in qua seu quo hujusmodi bona seu malefactor fuerint perventa seu perventus et ipsa bona scienter detenta, eosdem gubernatores seu administratores rogando, ut mercatori bona sua restituerentur et superinde justicia sibi exhiberetur, prout racio suaderet. Si vero infra semiannum, postquam sic requisiti fuerint, predicto mercatori restitucio bonorum suorum minime fieret neque justicia sibi exhibeatur, tunc predicto transacto semianno nos et officiarii nostri illo casu super omnes incolas et habitantes villarum, opidorum seu castrorum, ubi predicta bona perducta fuerint et detenta, ut prefertur, quocunque loco et in qua patria foret, subditis domini mei, Francorum regis, duntaxat exceptis quibuscunque, arrestacionem fieri comminciemus absque revocacione seu annullacione exinde fienda, donec predicto mercatori seu illi, qui ejus nomine

of bin onsen strome van Vlaendren, dat onse steden Ghend, Brugghe ende Ypre ghebonden zullen wesen, restitucie te doene van dusghedanen goede den vorseiden coopman in also verren, als de selve coopman dat souffisantelike sal moghen betoghen met behoorliker informacien voor de wet van der stede, daer de scade ghedaen zal zijn.

[2.][1] Ende waert, dat yemene buten onsen vorseiden lande van Vlaendren wonachtich zijnde eenighen van den vorseiden cooplieden binnen onsen vorseiden lande of strome van Vlaendren doodsloughe of beroofde, dat wij ende onse officiers ende steden zullen helpen met al onser macht, dat den coopman of den ghonen, dient in zine name vervolghen zal, zijn goed weder ghegheven worde ende dat van den rovere of van den mesdadighen justicie in live ghedaen zal. Ende waert, dat de rovere metten gheroofden goede ontquame ende de coopman vorseid dat kenlic maecte onsen vorseiden steden Ghend, Brugghe ende Ypre of eenighen van hemlieden, to wat steden dusghedane goed ghevoert zoude zijn, danne zo zouden onse vorseide steden ghehouden zijn, ons dat te kennene te ghevene, ende wij metgaders onsen vorseiden steden zullen sculdich zijn, te scrivene bi onsen brieven an de regierers van der stede, dorpe of casteele, daer dusghedane goed of rovere ghecommen ende wetenlike onthouden zal zijn, hemlieden biddende, dat den coopman restitucie ghedaen worde van zinen goede ende dat hem justicie daervoren ghedaen worde, also redene bewijsen zoude. Ende waert zo, dat binnen eenen halven jare, naer dat zij dus versocht zullen zijn, den vorseiden coopman gheene restitucie ghedaen worde van zinen vorseiden goede ende dat hem gheen recht ghescien mochte, so zullen wij danne ende onse officiers, dat halve jaer ghelceden zijnde, consent gheven arrest te doene zonder wederroupen up alle, de wonachtich zijnde bin

[1]) Vgl. HR. 1 n. 39, 1.

prosequutus fuerit, restitucio condigna foret impensa. De predictis vero dicti domini mei, Francorum regis, subditis, qui aliquem dictorum mercatorum infra dicte patrie nostre Flandrie limites occiderent vel bonis suis depredarentur, idem dominus meus rex nostri ad supplicacionem et requestam provisiones ordinavit, prout litteris[1] super hoc confectis suoque sigillo sigillatis potest apparere, quas firmiter volumus observari.

[3.] Preterea si quisquam in patria nostra Flandrie aut villa nostra seu castro de Slusa predictis degens et moram trahens aliquem dictorum mercatorum de Hansa extra dicte patrie nostre Flandrie limites occiderit seu bonis suis depredatus fuerit cum bonis spoliatis[a] evadens, et a mercatore id nobis et officiariis nostris foret notificatum, tunc predonem seu malefactorem litteris et arrestacione volumus et consentimus prosequi modo et forma, prout in articulo immediate precedenti continetur.

[4.][b] Item si aliquis de subditis dicti domini mei, Francorum regis, infra dictam patriam nostram Flandrie seu fluctum nostrum dictum mercatorem occiderit aut eum bonis suis depredatus fuerit, aut si alius quicunque malefactor, licet subditus ejus non sit, ipsa bona ad districtum suum apportaret, quam cito mercator ipse, qui sic dampnificatus est, aut alius sui nomine tribus villis nostris predictis Gandensi, Brugensi et Ypprensi aut alicui earundem notum fecerit, ex tunc

der stede, dorp of casteel, daer tvorseide goed brocht ende ghebonden sal zijn, alse vorseid es, in wat steden ende lande dathet zij, buteghenomen zonder meer allen subgiten van minen heere den coninc van Vrankerike, toter tijt, dat den vorseiden coopman of den ghonen, diet in zine name vervolghet, behoorlike restitucie ghedaen worde. Ende als van den vorseiden subgiten van minen heere den coninc van Vrankerike vorseid, die eenighen van den vorseiden cooplieden doodsloughe binnen den palen van onsen lande van Vlaendren vorseid of beroofde van zinen goede, die zelve min heere de coninc te onser bede ende verzouke heift gheordineert zekere voorzienicheiden, ghelijc dat bi zinen lettren[1] dorup ghemaect bezeghelt met zinen zeghele bliken mach, de welke wij vast ghehouden willen worden.

[3.][a] Voort waert, dat yemene in ons vorseid land van Vlaendren of in onse stede of casteel van der Sluus vorseid wonachtich zijnde eenighen van den vorseiden cooplieden van der Hanze buten den palen van onser vorseiden lande van Vlaendren doodsloughe of berovede van zinen goede, die rovere met dien goede ontghaende, ende dit bi den coopman ons ende onsen officiers kenlic ghemaect, danne willen wij ende gheven coment, dat de rovere met lettren ende arreste ghevolghet zij in der manieren, dat int artikel vorseid verclaerst staet.

[4.] Voort waert zo, dat eenich van den onderzaten mijns heeren, sconinx van Vrankerike vorseid, bin onser vorseiden lande of strome van Vlaendren den vorseiden coopman doodsloughe of hem beroofde van zinen goede, of dat eenich ander mesdoenre, al ware hi zijn ondersate niet, tvorseide goed in zine macht brochte, also zaen, als de vorseide coopman, die aldus bescaet es, of eenich ander in den name van hem onsen drien steden vorseid Ghend, Brugghe ende Ypre of eenich van hemlieden dat condich

a) [illegible] B [illegible] b) § 4 fehlt B, [illegible]

1) n. 8.

1) Vgl. HR. 4 n. 39, 2.

utilitate nostre trium ville predicte suis sumptibus vel expensis et mercator suis pariter prosequentur et prosequi tenebuntur, ut de predone seu malefactore justicia subsequatur et mercatori seu illi, qui ejus nomine prosecutus fuerit, bona sua restituantur ad locum et secundum tenorem supradictarum patencium litterarum[1] domini mei, Francorum regis predicti.

[5.] Item si aliquis mercator aut nauta de dicta Hanza in mari bona aliqua piscatus fuerit et ipsa bona in portu nostro de Sluus vel in quibusvis aliis portibus dicte patrie nostre Flandrie adduxerit, infra tres dies, postquam navis ancoram suam posuerit, baillivo aut sculteto loci debet hoc insinuari et illi, qui hujusmodi bona piscatus fuerit, satisfacio fieri de racionabili salario pro labore. Et ea, que de bonis superfuerint, duabus scripturis volumus registrari, quarum una penes baillivum aut scultetum loci nomine nostro, alia vero penes aldermannos nomine mercatorum debebunt remanere; que quidem bona ipsis aldermannis deliberabuntur custodienda. Et si aliqua eorundem bonorum periri possent, ipsi aldermanni ea poterunt vendere, pecuniam usacum aliis bonis non venditis penes eos per annum et diem reservando. Si vero infra hujusmodi terminum anni et diei legitime non constiterit, quod talia bona mercatoribus dicte Hanze pertinerent, ipsa tunc bona dicto baillivo aut sculteto nostri nomine debent deliberari; et per hoc dicti aldermanni de predictis bonis et a prosecucione seu impeticione, que pro eisdem fieri possent, immunes remanebunt et expediti.

ghemaect sal hebben, dat dan stappans onse vorseide drien steden te haren costen ende de coopman te sinen tegadre zulken vervolghen ende sculdich zijn te vervolghene, dat van den rovere of meesdoenre justicie ghescie ende dat den coopman of den ghonen, diet vervolghe sal hebben in den name van hem, zijn goed gherestitueert worde ter stede ende na den inhoudene van den vorseiden hopenen lettren[1] mijns heeren, sconinx van Vrankerike vorseid.

[5.][2] Item waert zo, dat eenich coopman of sciphere van der vorseider Hanze eenich goed in de see ghevischt hadde ende dat goed in onse havene van der Sluus of in eenighe andere havene van onsen vorseiden lande van Vlaendren brocht hadde, binnen drie daghen, naer dat tscip sinen anker gheworpen hadde, dat es men sculdich te kennene te ghevene den bailliu of den scoutheete van der stede ende te ghevene redelic arbeitsloen den ghonen, die dat vorseide goed ghevischt zouden hebben, over sine pine. Ende datter overscieten sal van den vorseiden goede, dat willen wij gheregistreert hebben in twee ghescriften, van den welken teen sculdich sal zijn te blivene bi den bailliu of scouthete van der stede in onse name, ende tander bi den oudermans in den name van den cooplieden; twelke goed men delivereren sal den vorseiden oudermans te verwaerne. Ende waert, datter eenich van den goede bedervelic goed ware, de vorseide oudermans zullen dat zelve goed moghen vercopen ende tghelt metten andren goede niet vercocht wesende bi hemlieden houdende jaer ende[a] dach. Ende waert, dat binnen dien termine van jare ende daghe niet kenlic ghemaect ware, dat dusghedaen goed den cooplieden van der vorseiden Hanze toebehoorde, dat vorseide goed zal men danne sculdich zijn te delivereerne den bailliu of scouthete van der stede in onse name; ende mids dien zullen de vorseiden oudermans van

¹) n. 8.

a) en B.

²) Vgl. HR. 4 n. 39, 3.

[6.] Item si aliquis dictorum mercatorum seu alter jure fungens ipsorum mercatorum de Hansa predicta in mari viam universe carnis ingressus obierit et bona illius in dicto portu nostro de Sluus applicaverint, seu si ab hoc seculo infra patriam nostram Flandrie predictam decesserit et bona ipsius ibidem reliquerit intestatus, ipsa bona de scitu baillivi seu sculteti loci, quo hujusmodi bona fuerint relicta, ad heredum et successorum defuncti commodum et utilitatem volumus et consentimus deliberari; quorum bonorum dicto baillivo seu sculteto et eciam dictis aldermannis consimiliter partes in scriptis tradentur, sed ipsa bona in manibus et sub potestate dictorum aldermannorum permanebunt. Et si infra annum et diem aliquis, qui ipsius defuncti esset heres, aut alter litteris ville, de qua esset, ad prosequendum hujusmodi bona sufficienter fundatus non venerit, aut quod legitimus heres justam occupacionem haberet, quod infra dictum terminum prosecucionem facere non posset, dicta bona predicto baillivo aut sculteto debent deliberari. Et si defunctus aliquod testamentum condiderit, ipsum testamentum juxta sui tenorem in suo vigore volumus permanere.

[7.] Item si aliqui in dicta Hansa pertinentes invicem extra dicte patrie nostre Flandrie limites, quocumque loco foret, debellaverint, sic quod unus eorum alterum vulneraverit vel interfecerit, et ex post infra dictam patriam nostram Flandrie venirent et intrarent, baillivus nec alter nomine nostro jus aliquod nisi ad querelam mercatorum in hoc poterit reclamare.

den vorseiden goede ende vervolghe of heesche, die men deromme mochte doen, bliven vry ende ombegrepen.

[6.][1] Voort waert zo, dat eenich van den vorseiden coopluden of ander hebbende trecht van den coopluden van der Hanze vorseid quame van live ter doot in de zee ende zijn goed in onse havene van der Sluus quame, of dat hi storve in ons vorseid land van Vlaendren ende zijn goed achterghelaten hadde zonder eenich testament te makene, dat zelve goed willen wij ende consenteren ghedelivereert te zine bi wetene van den bailliu of scouthete van der stede, daer dusghedane goed achter ghelaten zal zijn, ten profite van den hoiren ende naercommers van den vorseiden doden; van den welken goede de partheelen in ghescriften ghegheven zullen zijn den bailliu of den scouthete ende ghelijcghelike den oudermans, maer dat zelve goed zal bliven in den handen ende macht van den oudermans vorseid. Ende waert, dat binnen jare ende daghe niemene, die hoir ware van den vorseiden doden, of ander souffisantelike ghefondeert met lettren van der stede, danen hi ware, omme tvorseide goed tachtervolghene ne quame, of dat trechte hoir gherechtich belet hadde, dat hi bin den vorseiden termine tvorseide vervolch niet doen ne mochte, tvorseide goed es sculdich ghedelivereert te zine den vorseiden baillin of den scouthete. Ende waert, dat de doode eenich testament ghemaect hadde, dat testament na sinen inhoudene willen wij, dat ghehouden zij in sine virtuut.

[7.][2] Voort waert, dat enighe in de vorseide Hanze behorende buten palen van onsen vorseiden lande van Vlaendren, waer dat het ware, onderlinghe ghevochten hadden, zo dat zij deen den andren ghewondt hadden of doot ghesleghen hadden, ende daernaer in ons vorseid land van Vlaendren quamen, de baillin noch ander in onse name ne zal daeran gheen recht moghen halen, het en zij bi clachten van den coopman.

[1]) Das. § 4. [2]) Das. § 5.

[8.] Item concessimus et concedimus eisdem mercatoribus, quod corda, qua panni mensurantur in dicta patria et villis nostris Flandrie, longitudinem decem ulnarum Flandrie obtinebit.

[9.] Item concessimus et concedimus eisdem, quod de quibuscunque cervisiis in dicta Hanza pertinentibus, que in Slusa et alibi in dicta nostra patria Flandrie vendentur ad ducellum, non nisi quam octo grossi Flandrie de quolibet dollo pro assisia persolventur.

[10.] Item si mercatores in privilegiis suis defectum aliquem, quod absit, paterentur, nolumus, quod ea propter nos extra dicte patrie nostre Flandrie limites prosequi teneantur, sed volumus et concedimus eisdem, quod prenominate tres ville nostre Gandensis, Brugensis et Yprensis vel aliquo ipsarum[a] manum porrigant adjutricem, ut ipsis mercatoribus sua privilegia observentur, prout decebit, juxta continenciam eorundem.

Que premissa omnia et singula, sicut prescribuntur, in cunctis suis clausulis et punctis, prout melius et perficiencius ad dictorum mercatorum utilitatem interpretari possunt, volumus statuentes dictis mercatoribus fideliter teneri et observari, et quod ipsi mercatores communiter et singuli imperpetuum libere et pacifice fruantur eisdem, contradictione non obstante qualicunque, non obstantibus etiam litteris seu privilegiis aliquibus per nos aut predecessores nostros predictos[b] oppidanis aut aliis subditis nostris dicte patrie nostre Flandrie indultis communiter seu divisim, et salvis nichilominus dictis mercatoribus aliis litteris et privilegiis per nos aut predecessores nostros prefatos[b] prius eis concessis, quas et que in pleno suo vigore volumus permanere, ita quod iste illis et ille istis non possint aut

a) ipsorum F. b) dictos predecessores nostros B und Fa.

[8.][1] Voort so hebben wij ghegheven ende gheven den vorseiden coopliedem, dat de coorden, daer men de lakenen mede meit in ons vorseid land ende steden van Vlaendren, zal houden de langhe van tienne Vlaemsche eloen.

[9.][2] Voort so hebben wij hemlieden ghegheven ende gheven, dat van allen biere in de vorseide Hanze behorende, dat men ter Sluus ende eldre in ons vorseid land van Vlaendren vercopen zal ten tappe, ne zal men niet meer danne achte groten van assise gheven van elken vate.

[10.][3] Voort waert, dat de vorseide coopliedem eenich ghebrec hadden in haerlieder previlegien, twelke God verhoede, wij ne willen niet, dat zij ons daeromme ghehouden zijn te vervolghene buten palen van onsen vorseiden lande van Vlaendren, maer willen ende gheven hemlieden, dat onse vorseide drie steden Ghent, Brueghe ende Ypre of deene van hemlieden daertoe helpen te dien hende, dat de vorseiden coopliedem hare previlegien ghehouden worden, also dertoe behoren zal, na den inhoudene van dien.

De welke vorseide dinghen, also zij voorscreven staen, in alle hare pointen, also zij best ende behoorliker ter vorseider coopliedem profite bediet moghen worden, willen wij den vorseiden coopliedem ghetrauwelike ghehouden zijn ende verwaert, ende dat zij ghemeenlike ende welke vry ende paysivel deraf ghebruken moghen, niet wederstaende eenich jeghenseghen, ende ooc niet wederstaende eenighe lettren of previlegien bi ons of onsen voorders vorseid ghegheven onsen poorters of onsen andren subgiten van onsen vorseiden lande van Vlaendren int ghemeene of verscheeden, ende ooc behouden den vorseiden coopliedem den andren lettren ende previlegien bi ons of onsen vorseiden voorders hemlieden voortijts ghegheven, de welke wij ghehouden willen

1) Das. § 6. 2) Das. § 7. 3) Das. § 8.

debeant in toto vel in parte quomodolibet derogare; mandantes ballivis, officiariis, subditis et ministris nostris quibuscunque et eorum cuilibet, quatinus premissis omnibus et singulis, prout superius scripta sunt et enarrata, predictos mercatores communiter et eorum quemlibet uti pacifice permittant et gaudere absque impedimento quocunque, quod, si[a] eis vel eorum alicui illatum foret contra presencium tenorem, amoveant et amoveri faciant indilate. In quorum omnium et singulorum testimonium et certitudinem presentes litteras nostri fecimus appensione sigilli roborari. Datum in villa nostra Insulensi, die duodecima mensis Maji anno Domini millesimo trecentesimo nonagesimo secundo.

wesen in haerlieder vulle macht, so dat dese dien ende die deser ne moghen noch sculdich zijn in al of in som in eenighere manieren prejudicie te draghene; ombiedende allen onsen baillius ende officiers, subgiten ende onsen dienaren ende elken zonderlinghe, dat zij den vorseiden coopleden int ghemeene ende elken van hemlieden van allen den vorseiden zaken, also zij boven ghescreven staen ende verhaelt, paysivelike laten ghebruken zonder eenich belet, welke waert dat hemlieden of eenighen van hemlieden ghedaen ware jeghen thinhouden van desen lettren, dat zij dat afdoen ende doen afdoen zonder letten. In oorcondscepen ende verzekertheiden van welken dinghen hebben wij desen lettren ghedaen zeghelen met onsen zeghele. Ghegheven in onse stede van Rijsele, den twaelfsten dach van Meye int jaer ons Heeren dusentich driehondert tweeendeneghentich.

Per[b] dominum ducem in suo consilio.

Vie.

10. *Hzg. Philipp von Burgund gebietet seinen Beamten in Sluys, den Kaufleuten der deutschen Hanse auf Verlangen bei Tag und Nacht unentgeltlich den dortigen Hafen zu öffnen. — 1392 Mai 12. Lille.*

A. Lateinische Fassung.

Aus L StA Lübeck, Batavica n. 171; 3 Or. Perg. m. anh. S. Hagedorn.
StA Köln, Abschr. im hansischen Kopiar G fol. 40b.
B StA Brügge, Transsumpt der Äbte zu S. André bei Brügge und zu S. Bartholomäus de Eeckhout in Brügge von 1392 Juni 10; Or. Perg. m. 2 anh. S.
G StA Gent, Or.-Transsumpt von Juni 10, wie B.
Y StA Ypern, desgl.
StA Brügge, Wittenboek fol. 61; Abschr. aus B.
Li Departementalarchiv Lille, Chambre des comptes B 1309; unvoll. Entw. a. Pap. Das. B 1596, Registre des chartes 1 fol. 9. S. unten n. 40.
Transsumpt in der Bestätigung der flandrischen Städte von Juni 7, s. n. 23.

B. Vlämische Fassung.

Aus L StA Lübeck, Batavica n. 171; 3 Or. Perg. m. anh. S.
StA Köln, hansischer Kopiar G fol. 41; notariell beglaubigte Lübecker Abschr. von 1486.
StA Danzig XXVII, 82, hansisch-burgund. Kopiar v. d. Mitte des 15. Jh. S. 77.
Departementalarchiv Lille, Chambre des comptes B 1596, Registre des chartes 1 fol. 9. S. n. 46.
Transsumpt in der Bestätigung n. 23.

a) sic A, E. b) Per dominum ducem in suo consilio. Gheerbode. B; [illegible]: par [illegible]. P. Gheerbode. Li.

Gedruckt: aus L Lüb. U.B. 4 n. 559; aus Li Mone, Anzeiger für Kunde der teutschen Vorzeit 6 (1837), 399. Verz.: HR. 4 n. 118, Mittheil. a. d. Stadtarchiv von Köln 1, 31 n. 76; aus B Gilliodts-van Severen, Inventaire de Bruges 3 n. 744; aus G van Duyse et de Busscher, Inventaire des chartes et documents de la ville de Gand n. 477; aus Y Messager de la Belgique 1, 159, Diegerick, Inventaire de la ville d'Ypres 2 n. 678; aus Li Inventaire-somm. des archives départemental., Nord, Sér. B, 1, 230.

Die Urkunde entspricht der Forderung des Hamburger Hansetages von 1391 Nov. 11; s. den Recess HR. 4 n. 39, 9; vgl. HR. 3 n. 484, 6 und 465.

A.

Philippus quondam Francorum regis filius dux Burgundie, comes Flandrie, Arthesii et Burgundie, palatinus, dominus de Salinis, comes Registetensis ac dominus de Machlinia, dilectis cappitaneo et castellano castri nostri necnon balliivis aque et ville nostre de Slusa eorumque[a] loca tenentibus ceterisque officiariis, servitoribus, ministris et subditis nostris patrie nostre Flandrie presentibus et futuris salutem. Recepta supplicacione incolarum et subditorum dicte patrie nostre Flandrie humiliter requirencium, quod mercatores communium civitatum Romani imperii de Hansa Theutonica, cum quibus super discencionibus jam diu motis inter nos et dictos subdictos nostros ex una parte et dictos mercatores parte ex altera occasione injuriarum et dampnorum eisdem mercatoribus seu nonnullis eorundem, ut asserebatur, illatorum, propter que patriam nostram cum bonis et mercimoniis suis visitare per aliquod temporis spacium ipsi mercatores denegarunt, tractatu pacis duximus concordandum, deinceps portum nostrum de Slusa, ut ad naves eorundem, que ibidem affluent, liberum poterunt accessum habere, die noctuque valeant absque solucione pecunie seu alia exactione proinde fienda intrare et exire: nos, predicte supplicacioni ac in favorem dictorum mercatorum et mercature, que in profectum commune vertitur, favorabiliter annuentes, vobis mandamus districte precipientes et vestrum cuilibet, quatinus dictos mercatores et eorum quemlibet, quamdiu patriam nostram Flandrensem predictam cum bonis et mercimoniis suis frequentaverint, tociens quociens in-

a) eorumque A.

B.

Philips coninczone van Vrankerike hertoghe van Bourgoignen, grave van Vlaendren, van Artois ende van Bourgoignen, palatin, heere van Salins, grave van Rethers ende heere van Mechline, onsen gheminden capitein ende castelein van onsen castele ende onsen bailliu van den watre ende van onser stede van der Sluus ende hare stede houdende, onsen andren officiers, servanten, dienaren ende subgiten van onsen vorseiden lande van Vlaendren, die nu zijn ende namaels wesen sullen, saluut. Ontfanghen bi ons de supplicacie van den inwonende ende subgiten van onsen vorseiden lande van Vlaendren oomoedelike versoukende, dat de coopliede van den ghemeenen steden des Rooms rijc van der Duutscher Hanze, metten welken up zekere ghescillen langhe leden gheresen tusschen ons ende onse vorseiden subgiten of een zide ende den vorseiden coopliede of andre zide haten occoysoene van den onrechten ende scaden den vorseiden coopliede of eenighen van hemlieden, also zij zeiden, ghedaen, om de welke zij ghelaten hebben eene tijt te antierne onse vorseide land met haren goede ende coopmanscepen, wij bi traitiete van paise hebben gheaccordeert, voordan tonser havene van der Sluus, omme te haren scepen, die zij daer hebben sullen, vry te varene, bi daghe ende bi nachte incommen moghen ende utevaren zonder ghelt daerof te betalene of eenich andre exactie hemlieden deromme te doene: wij ter vorseider supplicacie ende in jonsten van den vorseiden coopliede ende van der coopmanscepe, de welke comt in ghemeene proffit, u ontbieden hulieden bevelende ende elken van ulieden, dat

duxeritis et ab eis fueritis requisiti seu alter vestrum, cui pertinuerit, fuerit requisitus, dictum portum nostrum de Sluus intrare et exire die noctuque permittatis, catthenam seu aliam clausuram in et circa stipites ibidem appositam aperientes et facientes aperiri absque contradictione seu impedimento qualicunque, nec ob hoc ab eisdem mercatoribus seu eorum aliquo pecuniam vel aliud contra eorum voluntatem exigatis vel recipiatis, quoniam de gracia speciali sic fieri volumus et jubemus. Datum in villa nostra Insulensi sub sigillo nostro, die duodecima mensis Maji anno Domini 1392.

ghi de vorseiden coopluden ende elken van hemlieden also langhe, als sij ons vorseid land van Vlaendren met haren goede ende coopmanscepen antieren zullen, also menichwarf ende also dicwile, als sij te doene zullen hebben ende ghi dies van hemlieden versocht zult zijn of deen van hemlieden, dien toebehoren zal, laet commen in onse vorseide havene in ende uutvaren bi daghe ende bi nachte, hopen doende ende doen hopen doen de ketene of andre sloten omtrent den staken ghestelt, zonder enich wederzegghen of belet. Ende daeromme ne neemt of ontfaet van den vorseiden coopluden of enich van hemlieden gheen ghelt of ander dinc jeghen haren wille, want wijt aldus bi specialer gracien ghedaen willen hebben ende bevelen. Ghegheven in onse stede van Rijssele onder onsen zeghel, den twaelfsten dach van Meye int jaer ons Heeren dusentich driehondert tweeendeneghentich.

Per dominum ducem in suo consilio.

Vie.

11. *Hzg. Philipp von Burgund wiederholt und bestätigt unter Gutheissung des Hamburger Vertrages das lateinische Privileg Gr. Ludwigs III von Flandern für die Kaufleute des römischen Reichs von 1360 Juni 14. — 1392 Mai 12. Lille.*

Aus L StA Lübeck, Batavica n. 173; 2 Or. Perg. m. anh. S. Hagedorn. — Das. eine Abschr. des 15. Jh. im flandrischen Kopiar n. 7 (Perkament Statut Boeck) fol. 16.

Aus K StA Köln, Hanse I n. 105; Or. Perg. m. anh. S. — Abschriften in den hansischen Kopiaren A D E F G H.

StA Danzig XXVII, 89, hansisch-burgund. Kopiar a. d. Mitte des 15. Jh. S. 53—61.

StA Brügge, Oudera Wittenbouc fol. 4b—6 (eingeschobene Lage); Abschr. v. d. Mitte des 15. Jh.

Li Departementalarchiv Lille, Chambre des comptes B 1309; undatierter Entwurf der für n. 11—13 gültigen Transsumierungsformel a. Pap.

Das. B 1596, Registre des chartes 1 fol. 9b, wie Li. S. n. 16.

StA Wesel (im StaA Düsseldorf), Capsel 103—104 n. 9, hansischer Privilegiar des 16. Jh.; Abschr.

Gedruckt: aus L Lüb. U.B. 4 n. 561; aus Li Mone, Anzeiger für Kunde der teutschen Vorzeit 6 (1837), 387. Verz.: HR. 4 n. 118, Mitthl. a. d. Stadtarchiv von Köln 1, 81 n. 78; aus Li HR. 4 n. 118, Inventaire-somm. des archives département., Nord, Sér. B, 1, 290.

Philippus quondam regis Francorum filius dux Burgundie, comes Flandrie, Arthesii et Burgundie, palatinus, dominus de Salinis, comes Registetensis ac dominus de Machlinia, universis et singulis presentes litteras inspecturis seu audituris salutem in Domino. Notum facimus, quod, cum super dissencionibus, que jam diu mote fuerant inter nos et incolas subditos nostros patrie nostre Flandrie parte ex una et incolas mercatores communium civitatum Romani imperii de Hanza Theutonica parte ex altera occasione injuriarum et dampnorum predictis mercatoribus de dicta Hanza seu nonnullis eorundem in patria nostra Flandrie per terram et mare tam in corporibus quam in rebus et bonis suis, ut asserebant, illatorum, propter que predicti mercatores convencionibus inter se super hoc factis per aliquod temporis spacium citra a dicta patria nostra Flandrie se retrahentes eandem una cum bonis et mercimoniis suis frequentare, prout consueverant, destiterunt, plures tractatus diversis dietis et locis per nuncios seu deputatos nostros et villarum nostrarum ac territorii Franci officii dicte patrie nostre Flandrie unacum nunciis seu deputatis dictorum mercatorum de dicta Hanza habiti fuerunt et observati, tandem novissime in villa de Amborch, ubi dicti nuncii seu deputati convenerunt, utrobique super omnibus articulis, qui indiscussi remanserant, iidem nuncii nostro reservato beneplacito finaliter concordarunt. Verum quia in favorem mercatorum et mercature reique publice ob utilitatem et profectum cum dictis incolis et mercatoribus civitatum communium predictarum de Hanza prefata toto mentis conamine pacis et concordie amiciciam fovere peroptamus, visis per nos articulis in dicto tractatu concordatis ipsos gratos habuimus et habemus. Et ut predicti mercatores deinceps cum bonis et mercimoniis suis liberacius et securius dictam patriam nostram Flandrie pro reformacione ejusdem visitare valeant, ut solebant, ad ipsorum mercatorum peticionem necnon humilem supplicacionem incolarum et subditorum nostrorum tocius patrie nostre Flandrie predicte requirencium previlegia predictis mercatoribus a predecessoribus nostris bone memorie Flandrie comitibus concessa per nos confirmari, ut quecumque materie discencionum, que exinde emergere possent, imposterum valeant aboleri: hinc est, quod nos predictis peticioni et supplicacioni favorabiliter annuentes, quia littere predicta previlegia continentes, que penes dictos mercatores et in eorum custodia[a] existunt, propter viarum discrimina commode ad nos non possent deportari, per dilectum et fidelem secretarium nostrum magistrum Egidium Fullonis super hoc deputatum a nobis, cui in hiis et majoribus fidem adhibemus, easdem litteras videre fecimus et transcribere diligenter, quarum transcripcionum signo manuali dicti nostri secretarii signatarum tenores sequuntur sub hiis verbis: *[Folgt das Privileg Bd. 3 n. 495.]* Et[b] erant sic signate: 'Per dominum in suo magno consilio, presentibus gentibus et deputatis villarum suarum Gandensis, Brugensis et Yprensis ac pluribus aliis. Lambin'. Quas quidem litteras et omnia et singula in eis contenta nos grata habentes laudamus, approbamus et tenore presencium animo deliberato graciaque nostra speciali pro nobis et successoribus[c] nostris, Flandrie comitibus, confirmamus; volentes et districte precipientes, ipsa in cunctis suis clausulis, articulis atque punctis predictis mercatoribus, benivolis nostris, tam presentibus quam futuris communiter et divisim, quam diu ipsi dictam patriam nostram Flandrie cum suis mercimoniis frequentare voluerint, firmiter et inviolabiliter observari. In quorum testimonium et certitudinem presentibus litteris sigillum nostrum duximus apponendum. Datum in villa nostra Insulensi, die duodecima mensis Maji anno Domini millesimo trecentesimo nonagesimo secundo.

Per dominum ducem in suo consilio.
Vie.

Collacio facta est per me Egidium Fullonis secretarium domini mei, domini ducis Burgundie, comitis Flandrie, ex ejus precepto cum litteris originalibus superius insertis.

Visa. Gilles.

a) custodiam L. K. b) [illegible] Lambin. [illegible] c) [illegible] L u. K.

12. *Hzg. Philipp von Burgund wiederholt und bestätigt ebenso den vlämischen Freibrief Gr. Ludwigs [III] von Flandern für die Kaufleute des römischen Reichs von 1360 Juni 14 [Bd. 3 n. 497]. — 1392 Mai 12. Lille.*

L StA Lübeck, Batavica n. 174; 3 Or. Perg. m. anh. S.
StA Köln, Abschr. im hansischen Kopiar G fol. 20—25.
Gedruckt: aus L Lüb. U.B. 4 n. 562. Verz.: HR. 4 n. 113, Mittheil. a. d. Stadtarchiv von Köln 1, 31 n. 78.

13. *Derselbe wiederholt und bestätigt ebenso die Maklerordnung Gr. Ludwigs [III] von Flandern für die Kaufleute des römischen Reichs von 1360 Juni 14 [Bd. 3 n. 499]. — 1392 Mai 12. Lille.*

L StA Lübeck, Batavica n. 172; 3 Or. Perg. m. anh. S.
StA Köln, Abschr. im hansischen Kopiar G fol. 25b—27.
Gedruckt: aus L Lüb. U.B. 4 n. 560. Verz.: HR. 4 n. 114, Mittheil. a. d. Stadtarchiv von Köln 1, 31 n. 77.

14. *Derselbe wiederholt und bestätigt ebenso den lateinischen Revers Gr. Ludwigs [III] von Flandern von 1360 Juni 14 über die Aufrechthaltung der den Kaufleuten des römischen Reichs gegebenen Freibriefe [Bd. 3 n. 501]. — 1392 Mai 12. Lille.*

L StA Lübeck, Batavica n. 175; 2 Or. Perg. m. anh. S.
StA Köln, Hanse I n. 100; Or. Perg. m. anh. S. — Abschriften in den hansischen Kopiaren A D E G H.
StA Danzig XXVII, 62, hansisch-burgund. Kopiar a. d. 15. Jh. S. 61—63.
Gedruckt: aus L Lüb. U.B. 4 n. 563. Verz.: HR. 4 n. 116, Mittheil. a. d. Stadtarchiv von Köln 1, 31 n. 80.

15. *Derselbe wiederholt und bestätigt ebenso das Statut Gr. Ludwigs [III] von Flandern von 1360 Juli 30 über die Bestrafung von Totschlag, Verwundung und Beraubung eines Kaufmanns des römischen Reichs [Bd. 3 n. 518]. — 1392 Mai 12. Lille.*

L StA Lübeck, Batavica n. 176; 2 Or. Perg. m. anh. S. — Abschr. des 15. Jh. im flandrischen Kopiar n. 7 (Perkament Statut Boeck) fol. 14b. Niederdeutsch. Übersetzung im niederrheinischen Kopiar von 1455 fol. 123b.
StA Köln, Hanse I n. 108; Or. Perg. m. anh. S.
Gedruckt: aus L Lüb. U.B. 4 n. 564. Verz.: HR. 4 n. 117, Mittheil. a. d. Stadtarchiv von Köln 1, 31 n. 81.

16. *Die vier Lede von Flandern wiederholen ihre Bewilligung n. 1 für Hzg. Philipp von Burgund wegen der Accise vom hansischen Bier. — 1392 Mai 12.*

Aus B StA Brügge, Rudenboec fol. 79, überschrieben: Copie van der lettre ghegheven omme ghedachten heere als van 2 groten van elker tonne biers der Haesterlinghen. *Hagedorn.*
Li Departementalarchiv Lille, Chambre des comptes B 1169; gleichz. Abschr.
Li 1 Das. B 1203; undatierter Entwurf.
Gedruckt: aus B Gilliodts-van Severen, Inventaire de Bruges 1 S. 298 Anm. 3; aus Li 1 Mone, Anzeiger für Kunde der teutschen Vorzeit 6 (1837), 387, wiederholt HR. 4 n. 104. Verz.: aus Li und Li 1 Inventaire-somm. des archives départem., Nord, Sér. B. 1, 220 und 230.

A tous ceulx, qui ces presentes lettres verront ou orrunt, bourgmaistres, advoe, eschevins, conseil et toute la communaulte des villes de Gand, de Brugges, dYpre et du terroir du Franc salut et cognoissance de verite. Comme pour lavanchement du traittie ja par plusieurs fois et en divers lieux eu et tenu par les messages et deputes de nostre tresredoubte seigneur et prince, monseigneur le duc de Bourgongne, conte de Flandres, dArtois, de Bourgongne et les nostres dune part et les messages et deputez des marchans et villes communes de lempire de la Hanze dAlemaigne dautre part il ait pleu a nostre dit seigneur de sa grace a nostre humble supplicacion et requeste a lui par pluseurs fois sur ce faicte et en faveur de la marchandise ottroyer entre autres choses aux dis marchans de la Hanze, que de toutes manieres de cervoises appartenant en la ditte Hanze, qui seront vendus ou dit pays de Flandres, len ne payera que huit gros de Flandres dassis de chascun tonnel[1]; et il soit ainsi, que pour ce, que par le dit ottroy len est taillie de amener et despenser au dit pays de Flandres pluseurs des dittes cervoises et de y laissier a amener et despenser des cervoises de Hollande appellez oppenbier et autres, es quelles nostre dit seigneur de son droit prent grant prouffit, et pour ce seroit ycellui nostre seigneur grandement prejudicie et diminue de son droit, se autrement en ce nestoit pourveu et recompense, si comme plus a plein il nous a fait par pluseurs fois monstrer et exposer: pour ce est il, que nous veullans, comme drois est, recognoistre la grace, que nostre dit seigneur nous a en ce faite, laquelle par raison ne lui doit point tourner a dommage ne a la diminucion de ses drois, avons sur ce parle ensamble chascun de nous en son lieu et eu avis par bonne et meure deliberacion de conseil, et de bonne volente de nous tous sans distencion ou variacion aucune avons pour nous et noz successeurs consenty et ottroye, consentons et ottroyons par ces presentes, que nostre dit seigneur ait et lieve et face par ses gens et officiers lever et recepvoir a son prouffit de chascun tonnel de cervoise de la ditte Hanze, qui sera vendu ou dit pays, deux gros de Flandres; les quelx seront rabatuz et diminuez aux dis marchans des assiz demandis. Et promettons en bonne foy et sur lobligacion de noz biens et des biens de noz dis successeurs, nostre dit consent et ottroy a tenir a nostre dit seigneur bien et loyaument et lui laissier paysiblement joyr des deux groz demandis sans empeschement ne destourbir, ne venir a lencontre en aucune maniere. En tesmoing de ce nous avons fait mettre les seaulx des dittes villes a ces presentes, et pour ce que le dit terroir du Franc na point de seel commun, nous bourgmaistres, eschevins et communaulte du dit terroir avons a nostre priere et requeste a ces meismes presentes fait mettre les seaulx de reverens peres en Dieu les abbez de le Dunes et de Saint Andrieu dalez Bruges, desquelx nous sommes acoustumez de user en telz cas. Donne le 12. jour de May en lan de grace 1392.

17. *Hzg. Philipp von Burgund transsumiert den Erlass K. Karls VI von Frankreich n. 8. — 1392 Mai 20.*

StA Brügge; Or. Perg. m. anh. S. Auf dem Bug links: Per dominum ducem. Vis.; *rechts:* Collacio facta est per me. Vis. *Gleichz. Aufschrift:* Een vidimus van sconyns brieve van de privilegien ghegheven den Oosterlinghen.

StA Köln, flämische Übersetzung in den hansischen Kopiaren D fol. 99, K fol. 119.

Verzeichnet: HR. 4 unter n. 111. Gilliodts-van Severen, Inventaire de Bruges 3 n. 735.

18. *[Hzg.] Albrecht [von Baiern, Graf von Holland] verlängert den gemeinen Kaufleuten von Deutschland, die zur Zeit in Dordrecht Stapel halten, ihre bis Juni 24 verliehenen Privilegien bis Dez. 25, und gewährt ihnen bis dahin sicheres Geleit zum Handelsverkehr in allen seinen Landen und auf dem Strom. — 1392 Mai 26. Haag.*

RA Haag, Memoriale B D cas. R fol. 37 b.

Gedruckt: HR. 4 n. 65. S. oben Bd. 4 n. 1091.

[1] n. 9 § 9.

19. *Stralsund*[1] *bezeugt für Lübeck den Verkauf von 60 Tonnen Häring seitens mehrerer Stralsunder Bürger an den [Lübecker] Joh. Schepenstede. — 1392 Mai 28.*

Aus StA Lübeck, Pomeranica n. 139; Or. m. S. Mitgeteilt von Hn. Staatsarchivar Dr. Hasse.

Coram vobis, honorabilibus magne discrecionis viris, dominis proconsulibus consulibusque civitatis Lubicensis, amicis nostris sincere predilectis, necnon coram universis, ad quorum noticiam presencia pervenerint, nos consules Stralessundenses presencium tenore protestamur publice recognoscentes, quod ad nostram accesserunt presenciam honesti viri Lambertus Keding et Johannes Glewetzowe, pomerani concives nostri, et Johannes van dem Berghe noster concivis, honore et fide digni, suis manibus et digitis elevatis quilibet ipsorum pro se suis corporalibus prestitis affirmans juramentis stremue ad sancta juravit, quod ipsi vendiderunt Johanni Schepenstede talia allecia, prout inferius sunt descripta: videlicet Lambertus Keding predictus decem et octo tunnas allecium de isto  intersigno; predictus Johannes Glewetzowe decem et octo tunnas allecium de isto  intersigno, et Johannes de Berghe antedictus decem et octo tunnas allecium de istis duobus   intersignis; et quod premissa allecia in Ustede Scanie sunt salsata. Insuper constitutus coram nobis Nicolaus Langhe possessor concivis noster sub suorum extensione digitorum suis juramentis corporalibus ad sancta affirmavit, se sex emisse tunnas allecium pro allecibus Sömershavensibus, quas antedicto Johanni Schepenstede pro Sömershavensibus allecibus ulterius vendidabat. In evidens premissorum testimonium secretum nostrum a tergo presentibus est impressum, sub anno Domini 1392, tercia feria infra octavas ascensionis Domini.

20. *Hochmeister [Konrad von Wallenrod] an Thorn: hat wegen der vertragswidrigen Arrestierung von Thorner Gut in Polen Schritte gethan, und begehrt deshalb, dass die Geschädigten vor dem eigenmächtigen Abschluss eines Vergleichs gewarnt werden. — [1392] Mai 29. Marienburg.*

Aus StA Thorn n. 476 (480); Or. a. Pap. mit Resten d. S. Hagedorn.

Unsern lieben getrûwin burgermeister und ratmannen czu Thorun dandum.

Homeister.

Liebin getruwin. Whost, das wir mit Arnold von Waldow, der in dis brives gebunge bŷ uns gewest ist, undir andern reden, die wir mit im handelten, von der uffhaldunge der guter, die etlichen von euch und euern mitebürgern czu Crakow und andirswo czu Polan ufgehaldin sein, rede gehabt haben und her wider mit uns, dorundir wir kenin im gedachten, wie her Sandziwog eine berichtunge als nu ein jar gewest[2] mit uns gemacht hat und die vorbrivet und vorsegelt, dorinne her ouch gelobt hat, ab wir uns uff dem tage, der do ufgenomen wart, ane ende schieden, als wir uns ouch schieden, das glichwol unsir lute ir gut, das sie ken Polan und andirswo in ire land bracht und gefurt hettin, bynnen benumpter czeit, alse von sente Margareten[3] do griedin bis czu sent Johannis tag[4] nu komende frŷ und

[1] Über eine 1392 von Stralsund verfügte Verfestung wegen Beraubung der Knechte eines ... Joh. von Brussel aus Brabant s. Francke, Verfestungsbuch d. St. Stralsund n. 531.
[2] Stillstandsvertrag von 1391 Apr. 7. Voigt, Cod. diplom. Pruss. 6 n. 31. [3] 1391 Juli 13.
[4] 1392 Juni 24.

ungehindert us iren landen brengin mochten, als die brive das wol uswysen. Und obir die selbin brive und berichtunge ist den unsirn ir gut in iren landen ufgehalden; dorum so musten wir und welden hern Sandziwog und dy jene, die mit im gelobt haben, manen. Nu merken wir wol us iren worten, das in das czu hercze gere worde, und vormuten uns, das sie lichte wege suchen werden, wie sie paksunen mit euch und den jenen, den ir gut ufgehalden ist, machen mochten, das sie sich der manunge ussern mochten; und wir besorgen ouch, das dieselbin, den ir gut ufgehalden ist, sich lichte mit guten worten und gelobden undirkomen lasen und paksunen adir berichtunge, das in jo etwas von dem ire[n] werden moge, ane unsir wissen und wenlug mit iren fromen[a] mit in machen, das uns leid were, wo das geschege, wan wir hoffen, in sal ir gut sust wol wider werden ane paksunen, alleine wirs doch nicht gewislich wissen, doch so hoffen wirs jo und wollen darczu tun unsir vormogen[b]. Und dorch des willen so begeren wir von euch und bitten euch, das ir allen den jenen, den ir gut czu Crakow adir andirswo czu Polan ufgehalden ist, saget, ab man keinerlei paksune adir berichtunge um solche gut an in suchete und begerte, das sie der nicht volgen noch en machen, is geschee denne mit unsirn wissen und willen. Geben czu Marienburg an der mitwoch vor phingsten.

21. *K. Richard [II] von England an die Zolleinnehmer in Boston: verbietet unter Hinweis auf das von ihm bestätigte Privileg K. Edwards I [Bd. 2 n. 31 § 10], die deutschen Kaufleute von der Hanse* (de Alman. vocat. Hans.) *bei der Ausfuhr ungefärbter Tuche mit neuen und ungewohnten Zöllen*[1] *zu beschweren, vorausgesetzt, dass dieselben das Pfundgeld von 12 d.*[2] *zahlen. — 1392 Mai 30 (15 Rich. II).*

Publ. Record Office London, Lord Treasurers Remembrancer, Enrolled accounts of customs package 19 n. 27b; ausgeführt in der Zollrechnung 1391 Dec. 8 — 1394 Sept. 29.

22. *Die Städte Gent, Brügge und Ypern bestätigen ihrerseits den transsumierten Freibrief Hzg. Philipps von Burgund für die Kaufleute der deutschen Hanse von Mai 12. — 1392 Juni 7.*

A. Lateinische Fassung.

Aus L StA Lübeck, Batavica n. 177; 3 Or. Perg. m. je 3 anh. S.
StA Köln, Abschriften in den hansischen Kopiaren D E G.
B StA Brügge, 3 Or. Perg. m. je 3 anh. S. § 4 des transsumierten Freibriefes fehlt, s. oben n. 9 die Vorbemerkung. — Gleichz. Abschr. im Ouden Wittenbouc fol. 5b—6, überschrieben: Copie van den brieven van den nieuwen pointen den voorseiden cooplieden gheconsenteert bi onsen gheduchten heere van Bourgoinen ende ghelooft te houdene bi den steden.

B. Vlämische Fassung.

Aus S StA Lübeck, Batavica n. 177; 3 Or. Perg. m. je 3 anh. S.
StA Köln, Abschriften in den hansischen Kopiaren D E G.
B StA Brügge; 3 Or. Perg. m. je 3 anh. S. § 1 des transsumierten Freibriefes fehlt. — Gleichz. Abschr. im Ouden Wittenbouc fol. 6—7b, überschrieben. Copie van den selven int Vlaemsche.

a) und — fromen am Rande P. b) und — vormogen am Rande P.

[1]) *Vgl. auch den preussischen Recess von 1392 Sept. 1, HR. 4 n. 91, 1.* [2]) *Das 1302 eingeführte Pfundgeld von 6 d. (Bd. 4 n. 753 Anm. 2) war mit dem Oktoberparlament von 1386 auf 12 d. erhöht. Rot. Parl. 3, 220, 18.*

Gedruckt: aus L Lüb. U.B. 4 n. 567. Verz.: HR. 4 n. 120. Mittl. a. d. Stadtarchiv von Köln 1, 32 n. 83; aus B Gilliodts-van Severen, Inventaire de Bruges 3 n. 738—740, aus B das. n. 741—743.

Vgl. die Brügger Stadtrechnung von 1391/92: Item ghegheven bi den her Jan Camphine burghemeester ons ghedachts heeren secretarisen van der scrifture van den privilegen van den Oosterlinghen ende van der confirmatie van der lettre van den coninc, daerof dat cam up der stede deel 39 vrancken, daer comt up 5 lb. 10 s. 6 d gr. *Gilliodts-van Severen 3 S. 220.*

A.

Universis presentes litteras inspecturis burgimagistri, advocatus, scabini et consules villarum Gandensis, Brugensis et Yprensis in Domino salutem. Notum facimus, quod, cum super dissensionibus jam diu motis inter metuendissimum principem et dominum nostrum, dominum ducem Bourgundie, comitem Flandrie, et eandem Flandrie patriam parte ex una atque mercatores communium civitatum Romani imperii de Hanza Theutonica parte ex altera occasione injuriarum et dampnorum predictis mercatoribus in prefata patria Flandrie per terram et per mare tam in corporibus quam rebus et bonis suis, ut asserebant, illatorum, propter que ipsi mercatores per aliquod temporis spacium a memorata Flandrie patria se retrahentes eandem unacum bonis et mercimoniis suis frequentare, prout consueverant, distulerunt, plures tractatus diversis diebus et locis per ambaxiatores dicti metuendi principis nostri ac deputatos dictarum villarum Francique territorii dicte sue patrie Flandrie unacum nunciis consularibus seu deputatis dictarum civitatum de dicta Hanza habiti fuerint et observati, ac novissime super omnibus tractatus hujusmodi concernentibus finaliter fuerit concordatum; et inter cetera dictus metuendus princeps noster ad nostri diligentem supplicacionem et in favorem dictorum mercatorum et mercature, que in profectum commune vertitur, eisdem certa nova privilegia et libertates indulserit et concesserit, prout litteris suis ejus sigillo sigillatis liquide potest apparere, quarum tenor sequitur sub hiis verbis: *[Folgt n. 9 A in der dort dem Abdruck zu Grunde gelegten Fassung L und K]:* nos burgimagistri, advocatus, scabini et consules predictarum

B.

An allen den ghonen, die dese lettren sullen sien of hooren lesen, burghmeesters, voocht, scepenen ende raed van den steden Ghend, Brucghe ende Ypre saluut in onsen Heere. Wij doen te wetene, dat hute dien, dat up de ghescillen langhe leden gheresen tuschen onsen seere gheduchten prinche ende heere, onsen heere den hertoghe van Bourgoingnen, grave van Vlaendren, ende den selven lande van Vlaendren of een zide ende den cooplieden van den ghemeenen steden van den Roomschen rike der Duutscher Hanze of ander zide huten occasoene van den onrechten ende scaden den voorseiden cooplieden int voorseide land van Vlaendren te lande ende te watre beede in lechamen ende in haerlieder goed, alzo zij zeiden, ghedaen, omme de welke de voorseide cooplieden hemlieden eenen tijd van den voorseiden lande van Vlaendren vertreckende tselve land metgaders haerlieder goede ende coopmanscepen, also zij ghepleghen hadden, ghelaten hebben te antierne, vele traittieten te diversen daghen ende steden bi den ambassatours van onsen voorseiden ghheduchten prinche ende bi den ghedeputeerden van den voorseiden steden ende lande van den Vryen van dinen voorseiden lande van Vlaendren metgaders den raedsboden of ghedeputeerden van den voorseiden steden van der voorseider Hanze ghehouden hebben ghezijn, ende nu laetst up alle zaken deser traittieten anroerende int hende gheaccoordeerd helft ghezijn; ende onder dandre pointen onse voorseide gheduchte prinche tonser neerenster supplicatien ende in jonsten van den voorseiden cooplieden ende van der coopmanscepen, de welke comt int ghemeene prouffijt, den zelven cooplieden zekere nieuwe

villarum, omnia et singula puncta privilegiorum superius expressa, quatenus in nobis est et nos concernunt seu concernere possunt, rata et grata habentes, predictis mercatoribus communiter et divisim, quam diu ipsi dictam Flandrie patriam cum suis mercimoniis frequentaverint, promisimus et promittimus bona fide per presentes ea omnia in cunctis suis clausulis, punctis et articulis firmiter tenere atque fieri facere et inviolabiliter observare. In cujus rei testimonium presentibus litteris sigilla antedictarum villarum duximus apponenda. Datum anno Domini millesimo trecentesimo nonagesimo secundo, die septima mensis Junii.

previlegien ende vryheiden ghegheven heift, ghelijc dat het bliken mach bi sinen lettren bezeghelt met sinen zeghele, van den welken de tenuer hier naervolghet: *[Folgt n. 9 B]*: wij burghmeesters, voocht, scepenen ende raed van den voorseiden steden, alle de voorseide pointen van previlegien boven verclaerst, alse verre als in ons es ende zij ons aenroeren of aenroeren moghen, ghestade ende danckelic hebbende, hebben belooft ende beloven te goeder trauwen bij desen jeghenwoordighen lettren den voorseiden coopliedeu te gadere ende verscheeden, also langhe als zij tvoorseide land van Vlaendren met haerlieder coopmanscepen antieren zullen, die alle in alle haerlieder clauselen, pointen ende articlen vast te houdene ende te doen doene ende ombrekelic te verwaerne. In oirconscepen van welken dinghen hebben wij dese lettren ghedaen zeghelen metten grooten zeghelen van den voornoemden steden. Ghegheven int jaer ons Heeren dusentich driehondert tweeendetneghentich, upten zevensten dach in wedemaend.

23. *Die Städte Gent, Brügge und Ypern verpflichten sich zur Aufrechthaltung des transsumierten Erlasses Hzg. Philipps von Burgund von 1392 Mai 12 über die Offenhaltung des Hafens von Sluys für die hansischen Kaufleute. — 1392 Juni 7.*

A. Lateinische Fassung.

Aus L StA Lübeck, Batavica n. 178; 3 Or. Perg. m. je 3 anh. S.

StA Köln, Abschriften in den hansischen Kopiaren C D E G.

B StA Brügge; Or. m. 3 anh. S. — Gleichz. Abschrift im Groten Wittenboec fol. 7 b, überschrieben: Copie van den confirmacien van der hethere ... staken ter Sluus, den voorseiden coopliedeu bi ... voorseiden ... heere gheconsenteert, int Latijn.

B. Vlämische Fassung.

Aus L StA Lübeck, Batavica n. 179; 3 Or. Perg. m. je 3 anh. S. — Abschr. des 15. Jh. im flandrischen Kopiar n. 7 (Document Stalat Rusch) fol. 6 b, endigt mit der transsumierten Urkunde.

StA Köln, Abschriften in den hansischen Kopiaren A D E G H.

StA Danzig XXVII. 82, hansisch-burgund. Kopiar a. d. 15. Jh.; enthält nur den Anfang bis zu der transsumierten Urkunde.

StA Brügge, gleichz. Abschr. im Groten Wittenboec fol. 8, überschrieben: Copie van den selven int Vlaemsche.

Verzeichnet: Mittl. a. d. Stadtarchiv von Köln 1, 38 n. 84; aus B mit falscher Inhaltsangabe Gilliodts-van Severen, Inventaire de Bruges 3 n. 737; aus einer verlorenen Yperschen Überlieferung Messager de la Belgique 1, 199. Angeführt Lüb. U.B. 4 n. 567 Anm. 1.

A.

Universis presentes litteras inspecturis burgimagistri, advocatus, scabini et consules villarum Gandensis, Brugensis et Yprensis in Domino salutem. Notum[a] facimus, quod, cum carissimus ac metuendissimus princeps[a] noster et dominus, dominus dux Burgundie, comes Flandrie, ad diligentem nostri supplicacionem mercatoribus communium civitatum Romani imperii de Hanza Theutonica in favorem eorundem mercatorum et mercature, que in profectum communem vertitur, inter cetera concesserit, quod[b] deinceps portum suum de Sluus, ut ad naves eorundem, que ibidem affluent, liberum possent accessum habere, die noctuque valeant absque solucione pecunie seu alia exactione proinde fienda intrare et exire, cathenis seu aliis clausuris in et circa stipites ibidem positis tociens, quociens indiguerint et hoc requisiverint, apertis, prout hec omnia in litteris dicti metuendissimi principis nostri super hoc confectis plenius continentur, quarum tenor sequitur sub hiis verbis: *[Folgt n. 10 A[c]]:* nos burgimagistri, advocatus, scabini et consules villarum predictarum recognoscimus bona fide promisisse et per presentes promittimus, quod premissa modo et forma in litteris dicti metuendissimi principis nostri superius annotatis dictis mercatoribus firmiter observabuntur. In cujus rei testimonium presentibus litteris magna sigilla villarum Gandensis, Brugensis et Yprensis predictarum duximus apponenda. Datum anno Domini millesimo tricentesimo nonagesimo secundo, die septima mensis Junii.

B.

An allen den ghonen, die dese lettren zullen sien of horen lesen, buerchmeesters, voochd, scepenen ende raed van den steden Ghend, Brueghe ende Ypre salunt in onsen Heere. Wij doen te wetene, dat ute dien, dat onse harde lieve ende zeere gheduchte heere ende prinche, onse heere de hertoghe van Bourgoingnen, grave van Vlaendren, ter onser neerenster applicacie den cooplieden van den ghemeenen steden van den Roomschen rike der Duutscher Hanzen in jonsten van den zelven coopliede ende van der coopmanscepe, die comt in ghemeenen proffite, onder dandre pointen gheconsenteert heift, dat zij voortan te ziere havene van der Sluus, omme te haren scepen, die zij daer hebben zullen, vry te varene, bi daghe ende bi nachte incommen moghen ende butevaren zonder ghelt deraf te betaelne of eenighe andre exactie hemlieden deromme te doene, de kotheenen of andre sloten omtrent den staken ghestelt also diewile, als zijs te doene ende versocht zullen hebben, hopene ghedaen, also alle dese dinghen in de lettren van onsen voorseiden zeere ghedachten prinche derup ghemaect meer te vullen begrepen staen, van den welken die tenour hier navolghet: *[Folgt n. 10 B]:* wij buerchmeesters, voochd, scepenen ende raed van den voorseiden steden kennen ende lyen te goeder trauwen, dat wij ghelooft hebben ende gheloven bi desen jeghewoordighen lettren, dat de vorseide zaken in der voormen ende manieren, dat zij in de lettren van onsen voorseiden ghedachten prinche boven verclaerst staen, den voorseiden coopliedeu vast ghehouden zullen zijn. In oorcondscepen van welken dinghen hebben wij dese lettren ghedaen zeghelen metten groten zeghelen van den voorseiden steden. Gheghleven int jaer ons Heeren dusentich driehondert tweendetneghentich, den zevensten dach in wedemaend.

a—a) Cum carissimus et metuendissimus princeps B. b) quod fehlt B. c) Am Schluss der Transsumpte folgt B [illegible]: Per dominum ducem [illegible]. Gherbode.

24. *Die Städte Gent, Brügge und Ypern wiederholen und bestätigen ihr lateinisches Privileg für die Kaufleute des römischen Reichs von 1360 Juni 14. — 1392 Juni 7.*

Aus StA Lübeck, Batavica n. 180; 3 Or. Perg. m. je 3 anh. S.

StA Köln, hansisches Kopiar G fol. 41b; notariell beglaubigte Lübecker Abschr. von 1486.

StA Brügge, gleichz. Abschr. im Ouden Wittenboec fol. 1—2, überschrieben: Copie van den confirmacien van den ouden privilegien den ghemeenen coopman van Almanegen ghegheven bi den ghemeenen lande van Vlaendren in Latine.

Verzeichnet: Mittheil. a. d. Stadtarchiv von Köln 1, 32 n. 86; angeführt Lüb. U.B. 4 n. 567 Anm. 1.

Universis presentes litteras inspecturis burgimagistri, advocatus, scabini et consules villarum Gandensis, Brugensis[a] et Yprensis in Domino salutem. Notum facimus, quod, cum super dissencionibus jam diu motis inter carissimum et metuendissimum principem et dominum nostrum, dominum ducem Burgundie, comitem Flandrie, et eandem Flandrie patriam parte ex una atque mercatores communium civitatum Romani imperii de Hanza Theutonica parte ex altera occasione injuriarum et dampnorum predictis mercatoribus in prefata patria Flandrie per terram et per mare tam in corporibus quam rebus et bonis suis, ut asserebant, illatorum, propter que ipsi mercatores per aliquod temporis spacium a memorata Flandrie patria se retrahentes eandem unacum bonis et mercimoniis suis frequentare, prout consueverant, distulerunt, plures tractatus diversis diebus et locis per ambaxiatores dicti metuendi principis nostri ac deputatos dictarum villarum Francique territorii dicte sue patrie Flandrie unacum nunciis consularibus seu deputatis dictarum civitatum de dicta Hanza habiti fuerint et observati, ac novissime super omnibus tractatus hujusmodi concernentibus finaliter fuerit concordatum; et inter cetera, quod antiqua previlegia predictis mercatoribus[b] lapsis temporibus per antedictam patriam Flandrie data et concessa per nos[c] confirmarentur, quorum tenor sequitur sub hiis verbis: *[Folgt das Privileg Bd. 3 n. 496]:* nos burgimagistri, advocatus, scabini et consules villarum[d] predictarum pro nobis et dicta patria Flandrie[d] omnia et singula previlegia superius expressa rata et grata habentes laudamus et approbamus et per presentes confirmamus, promittentes bona fide ea omnia in cunctis suis clausulis, articulis atque punctis predictis mercatoribus communiter et divisim, quam diu ipsi dictam patriam Flandrie cum suis mercimoniis frequentaverint, firmiter et inviolabiliter observare. In cujus rei testimonium presentibus litteris magna sigilla memoratarum[e] villarum duximus apponenda. Datum anno Domini millesimo trecentesimo nonagesimo secundo, die septima mensis Junii.

25. *Dieselben wiederholen und bestätigen ebenso ihren flämischen Freibrief für die Kaufleute des römischen Reichs von 1360 Juni 14 [Bd. 3 n. 498]. 1392 Juni 7.*

StA Lübeck, Batavica n. 181; 3 Or. Perg. m. je 3 anh. S.

StA Köln, Abschr. im hansischen Kopiar G fol. 50b—55.

StA Brügge, Ouden Wittenboec fol. 2—3b; gleichz. Abschrift mit dem Datum Apr. 7, überschrieben: Copie van den selven in Vlaemsche.

Verzeichnet: Mittheil. a. d. Stadtarchiv von Köln 1, 32 n. 87; angeführt Lüb. U.B. 4 n. 567 Anm. 1.

a) Brugensis *fehlt n. K.* b) previlegia eisdem [illegible] c) per nos *fehlt n. K.* d—d) villarum Gandensis et Yprensis predictarum pro nobis et dicta patria Flandrie et specialiter pro dicta villa Brugensi *n. K.* e) villarum Gandensis et Yprensis memoratarum *n. K.*

26. *Die Städte Gent, Brügge und Ypern wiederholen und bestätigen ebenso ihre Maklerordnung für die Kaufleute des römischen Reichs von 1360 Juni 14 [Bd. 3 n. 500]. — 1392 Juni 7.*

StA Lübeck, *Batavica n. 179*; 3 Or. Perg. mit je 3 anh. S.

StA Köln, Abschr. im hansischen Kopiar G fol. 61b.

StA Brügge, gleichz. Abschr. im Ouden Wittenbouc fol. 3b—4a, überschrieben: Van der makelaerdie van der Oosterlinghe goede.

Verzeichnet: Mittbl. a. d. Stadtarchiv von Köln 1, 32 n. 85; angeführt Lüb. U.B. 4 n. 567 Anm. 1.

27. *Dieselben wiederholen und bestätigen ebenso ihren Revers von 1360 Juni 14 über die Aufrechthaltung der von Gr. Ludwig [III] von Flandern den Kaufleuten des römischen Reichs gegebenen Freibriefe [Bd. 3 n. 502]. — 1392 Juni 7.*

StA Lübeck, *Batavica n. 183*; 3 Or. Perg. m. je 3 anh. S.

StA Köln, Abschr. im hansischen Kopiar G fol. 45.

StA Brügge, gleichz. Abschr. im Ouden Wittenbouc fol. 4b—5, überschrieben: Confirmacie van zekeren brieven aegaende den Oosterlinghen, houd[ende] in tiden verleden ghegheven ter versueke van den ghemeenen lande bi onsen gheduchten heere van goeder memorien Lod[ewijc] grave van Vlaendren.

Verzeichnet: Mittbl. a. d. Stadtarchiv von Köln 1, 32 n. 88; angeführt Lüb. U.B. 4 n. 567 Anm. 1.

28. *Gent und Ypern wiederholen und bestätigen zugleich im Namen von Brügge das Statut von 1360 Juli 29 über die Bestrafung eines gegen Person oder Eigentum eines Kaufmanns des römischen Reichs begangenen Vergehens [Bd. 3 n. 508]. — 1392 Juni 7.*

L StA Lübeck, *Batavica n. 181*; 2 Or. Perg. m. je 2 anh. S. — Abschr. des 15. Jh. im flandrischen Kopiar n. 7 (Parmament Statut Bauck) fol. 14.

K StA Köln, *Hanse I n. 116*; Or. m. 2 anh. S. Abschriften in den hansischen Kopiaren D E G.

StA Brügge, gleichz. Abschr. im Ouden Wittenbouc fol. 5, überschrieben: Confirmacie beseghelt metter steden seghelen van Ghend ende van Ypre, hoe den Oosterlingen gheconsenteirt es, waert dat manne, die eenen coopman hatere Roomschen rike of sinen keape brochte van live ter dood of mijncte, dat sij dien banden moghen, tober een rechter tenminste etc.

Verzeichnet: Mittbl. a. d. Stadtarchiv von Köln 1, 33 n. 89; angeführt Lüb. U.B. 4 n. 567 Anm. 1. Für den Text vgl. oben n. 24.

29. *Lübeck an die preussischen Städte: die flandrischen Gesandten[1] sind wieder nach Lübeck gekommen und haben sich in Gegenwart der Hamburger Ratssendeboten wegen der nicht rechtzeitigen Ausfertigung der Freibriefe und des Verzugs in der Bezahlung bez. Verbürgung der Entschädigungssumme entschuldigt; dieselben haben aber ein Privileg des Herzogs von Burgund mit den auf der Hamburger Tagfahrt [1391 Nov. 11] vereinbarten Artikeln mitgebracht, welches, abgesehen von der Ausnahme der französischen Unterthanen[2] und dem Vorbehalt des Herzogs betreffs seiner Herrschaft über Flandern[3], genügend erscheint; sie haben sich zur Änderung dieser Artikel, zur Ausfertigung der Freibriefe und zur Auszahlung der Entschädigung erboten, aber dafür um eine längere Frist nachgesucht; Lübeck will nebst den benachbarten Städten mit den Gesandten darüber verhandeln und bittet, vor dem endgültigen Abschluss die Flanderfahrt nicht zuzulassen. — [1392] Juni 14.*

Gedruckt: HR. 4 n. 63.

[1] *Die Instruktion für dieselben s. HR. 4 n. 62.* [2] *n. 9 § 2 und 4.* [3] *S. 11 Note a.*

30. *Braunschweig an Lübeck: meldet, dass die Braunschweiger Kaufleute das Verkehrsverbot gegen Flandern befolgt haben, und bittet um Nachricht über das Ergebnis der in Lübeck bevorstehenden Verhandlungen zwischen dem Kaufmann der deutschen Hanse und den Vlamen*[1]. — *[1392] Juni 14.*

StA Göttingen, Hanseatica vol. I; Abschr.
Gedruckt: HR. 4 n. 68.

31. *Der Dordrechter Bürger Barchaerd Grote bekennt, für den Bürgermeister Christian Militis und die Bürger Tymme van Uelzen und Christian Berskamp von Hamburg durch Jan van Yerendik im Namen der Städte Gent, Brügge, Ypern und des Freilands von Flandern 2000 holl. Gld. erhalten zu haben, welche die Gesandten des Herzogs von Burgund und der vier Lede von Flandern laut ihrem besiegelten Schuldbrief von den genannten Hamburgern entliehen hatten*[2]. — *1392 Juni 18. Dordrecht.*

B StA Brügge; Or. m. anh. S.
B 1 StA Brügge, Wittenbouc fol. 55b; Transsumpt Brügges von 1393 Febr. 1, zusammen mit n. 44, 64 und der unten angeführten Urkunde Dordrechts von Juni 20.
Gedruckt: aus B 1 HR. 4 n. 82. Verz.: aus B Gilliodts-van Severen, Inventaire de Bruges 3 n. 745.

32. *Hzg. Albrecht von Baiern, Graf von Holland, entscheidet einen Streit der deutschen Kaufleute mit dem Herrn Johann von Arkel u. Gen. wegen des von diesem bei Gildenburch weggenommenen Weines, Stahles und anderen Gutes dahin, dass Johann die Gefangenen alsbald los zu lassen hat, während die Kaufleute die für sie zu Dordrecht bereit liegenden 240 rh. Gld. bekommen und bis nächste Ostern*[3] *von den Herren und Städten, die deswegen an den Grafen geschrieben haben, Quittungserklärungen für Johann u. Gen. beibringen sollen. — 1392 Juni 18. Haag.*

RA Haag, Memoriale B D cas. R fol. 36b.
Gedruckt: HR. 4 n. 66.

33. *Hildesheim an Göttingen (und an Braunschweig): meldet, dass B. [Gerhard] von Hildesheim gegen die Verabredung der Städte den Landfrieden beschworen hat; bittet, sich nach den Absichten des eigenen Landesherrn zu erkundigen. — [1392 Juni.]*

Aus G StA Göttingen, Urk. n. 1659; Or. Pap. m. S.
H StA Hildesheim, Altstadt-Hdschr. n. 61 fol. 108b, ohne Adresse, an Braunschweig gerichtet.
Gedruckt: aus H Doebner, U.B. d. St. Hildesheim 2 n. 771 zu 1393, verbessert 5 S. 143 Anm. 1 zu 1392.

Den ersamen wysen mannen, dem rade to Ghotlinghen, unsen leven vrunden, d[etur].

Unsen willeghen bereden denst tovoren. Ersamen wysen manne, leven heren unde vrunde. Alse de unse mit den juwen, mit den van Brûnswik unde van

1) *Die Hildesheimer Stadtrechnung von 1392 verzeichnet:* Eynem boden van der sendele wegen 18 d. *Doebner, U.B. d. St. Hildesheim 5 S. 110.* 2) *Ein Zeugnis Dordrechts von Juni 20 über die entsprechende Quittung s. HR. 4 n. 83. Auf die Rückzahlung bezieht sich die Stadtrechnung von Brügge 1391/92:* Van den bar Janne van Yerendike ghesendt te Dordrecht met den ghelde van den lene, die de ghedeputeirde van den ghemeenen lande ligghende tAmburgh ghemaect hadden, van 11 daghen, hem ghegheven bi den ordenen van scrifturen, van den quitancien te scrivene van den voreseiden ghelde ende van wisselinghen ende van costen 12 scellen, 6 s. 5 d. gr. *Gilliodts-van Severen 3 S. 220.* 3) *1393 Apr. 6.*

Ghoslere[a] nû to hope weren to Ghosler unde sprake hadden umme den lantfrede, unde gy wol weten, wû se sek dar[b] scheededen unde wes se sik verdroghen: des hadde uns Hannes van Kymenbroche secht, wû dat he mit ichteswelken spreken wolde, dede mit unsem heren van Hildensem dat handelen scholden, dat he myt den steden buten dem lantvrede bleve. Des weted, leven vrûndes, dat unse here zine man meynliken hadde vorbodet uppe den Kreis[1] vor Hildensem unde let uns bidden, dat we de unse darby sendeden. Do swor unse here unde de meyste deyl siner man, de dar weren, den lantvrede, unde satten Hinreke van dem Stenberghe to eynem lantrichtere. (Des bidde we jû, leven vrûnde, dat gi uns scriven, wû gy dat hebt van juwem heren irvaren, wer he icht mit den steden buten dem lantvrede bliven wolde[c].) Wente unse meyninghe is, dat de vrede den steden icht even sy to sweerende edder as to nemende, wente uns dat jo noch also to sinne is, alse de unse mit den steden darvan scheededen. Unde bidden jûk, leven vrundes, ift gy icht hir vorder up ghedacht hebben edder irdenken konden, wû me dit handelen mochte, dat vor juk, vor uns unde vor ander stede were, dat gy uns dat screven, unde laten uns dat alle weghe vordenen. Ghescreven under unsem secrete.

Consules Hildensemenses.

34. *Drei gen. Bürger von Lemgo versprechen Lemgo Schadloshaltung für sein durch Joh. von Lüdershusen befürwortetes Verwendungsschreiben an Stockholm wegen des Nachlasses des Arnd Brokhusen. — 1392 Juli 4* (Odalrici).

StA Lemgo, Or.
Verzeichnet: Preuss und Falkmann, Lipp. Reg. 2 n. 1400.

35. *Lübeck beurkundet seinen unter Zustimmung der benachbarten Städte mit den Gesandten Flanderns und des Herzogs von Burgund vereinbarten Vertrag*[2], *wonach die Städte und das Freiamt von Flandern nächsten Aug. 15 in Amsterdam den Ratssendeboten Hamburgs namens der osterschen Städte und des gemeinen Kaufmanns der deutschen Hanse 5550 Pfd. Grote, das Pfund zu 5 Franc gerechnet, zu bezahlen, sowie bis zum selben Termin einen Schuldbrief über weitere 5550 Pfd. nebst den besiegelten Privilegien in Lübeck oder*

a) [illegible] van Ghoslere H. b) [illegible] C. c) [illegible]

[1]) *Nach der Hildesheimer Stadtrechnung von 1392 fand der Tag auf dem Kreis in der ersten Hälfte des Juni statt; Doebner 5 S. 143. Kurz vorher meldet dieselbe Rechnung:* Vordan uppe dem weive mit dem rade van Gotinge unde mit dem rade van Ghoslere 9 s. — *B. Gerhard schloss 1391 Okt. 30 mit dem Bischof von Paderborn, den Herzogen Friedrich von Braunschweig-Wolfenbüttel, Otto von Braunschweig-Göttingen, Friedrich von Braunschweig-Grubenhagen, Bernhard und Heinrich von Braunschweig-Lüneburg und dem Landgrafen Hermann von Hessen ein 12jähriges Landfriedensbündnis auf Grund der Satzungen des westfälischen Friedens ab; Wigand, Archiv für Westfalen 7, 46. 1392 Aug. 1 werden die Städte Braunschweig und Helmstedt durch Hzg. Friedrich von Wolfenbüttel in dies Bündnis aufgenommen; 2 Or. im StA Braunschweig und StA Helmstedt. Rein lokalen Charakter hat dagegen das Freundschaftsbündnis, welches von Hzg. Friedrich mit dem Bischof von Hildesheim unter Mitaufnahme Goslars 1391 Jan. 17 abgeschlossen wird und u. a. auch die Beschirmung und Befriedung der Strassen vorsieht; Sudendorf 7 n. 33. Die Herzöge Bernhard und Heinrich von Lüneburg vereinbaren andererseits 1391 Okt. 3 ein dreijähriges Landfriedensbündnis mit dem Erzbischof von Bremen, dem Bischof von Verden und den Städten Bremen und Buxtehude; Sudendorf 7 n. 58, Brem. UB. 4 n. 137.*

[2]) *Vgl. die Stadtrechnung von Brügge 1391/92 fol. 43:* Item ghegheven den 13. dach in wedemaend meester Gillis den Vulre over der stede deel van Brugghe, als hi ærder wech trac to Amborgh waert met den traitiete van den Oosterlinghen, welke hi overbrochte hadde onsen gheduchten heere, 12 lb. gr. *Gilliodts-van Severen 3 S. 219.*

Hamburg beizubringen haben, worauf Sept. 29 die Rückkehr der hansischen Kaufleute nach Flandern stattfinden soll. — 1392 Juli 6. Lübeck.

StA Brügge; Or. m. S. auf der Rückseite. Abschr. im Onderen Witboek fol. 6. Gedruckt: HR. 4 n. 70, früher Gilliodts-van Severen, Inventaire de Bruges 3 n. 747.

36. *Lübeck an die preussischen Städte: teilt seinen vorstehenden Vertrag mit den flandrischen Gesandten mit, und bittet, bis zur Erfüllung der Vertragsbestimmungen die Flandernfahrt nicht zuzulassen. — [1392] Juli 12.*

Gedruckt: HR. 4 n. 71.

37. *[Der preussische Kaufmann] Lefard Blumendale quittiert dem Ritter Joh. Montagu über Zahlung einer ihm und dem Danziger Ratmann Wynand Ostinchusen geschuldeten Summe von 1000 Nobel. — 1392 Juli 12. London. Beglaubigt Juli 13.*

Aus L City Records London, Rolls of pleas and memoranda A 31 m. 1. Nach Abschr. von Mr. M. T. Martin.

Terciodecimo die Julii anno regni regis Ricardi secundi sextodecimo venerunt hic Lefardus Blumendale, Frowynus Stepynge, Johannes Swarte et Henricus Smytman, mercatores Alemannie, et cognoverunt, subsequens scriptum esse factum eorum in hec verba:

Universis presentes litteras visuris vel audituris Lefardus Blumendale salutem in Domino sempiternam. Noveritis, me recepisse et habuisse die confeccionis presencium in civitate Londoniarum coram custode[1] et aldermannis ejusdem civitatis in judicio infra gyhaldam suam[a] de venerabili viro, domino Johanne Montagu milite, domino de Werke, mille nobilia boni cunei satis ponderis monete illustris principis regis Anglie, in quibus dictus dominus Johannes Mountagu tanquam principalis ac Johannes dominus Bemund, Willielmus dominus de Botreaux, milites, Petrus Ryxtone, Johannes Bever, Edmundus Fauken, cives in Danczike, et Robertus Ko mercator Anglicus tanquam fidejussores sui per eorum scriptum in Danczike honesto viro domino Wymando Ostinchusen consuli in Danczike ac michi Lefardo predicto tenebantur. De quibus vero mille nobilis predictis fateor me bene et fideliter fore solutum et persolutum et dictum dominum Johannem Mountagu et omnes ejus fidejussores predictos et eorum heredes et executores inde fore quietos et exoneratos per presentes sigillo meo signatas. Scriptum Londoniis die duodecimo mensis Julii anno Domini 1300 nonagesimo secundo, anno vero regni regis Ricardi secundi Anglie sextodecimo.

Et ad majorem evidenciam et credenciam in premissis habendam tam de recognicione vere persone dicti Lefardi quam eciam de solucione sibi, ut premittitur, facta nos Frowinus Stepynge, Johannes Swarte et Henricus Smytman, mercatores Alemannie Londoniis commorantes, premissa testamur et recordamur et hiis litteris sigilla nostra igitur apposuimus die et anno supradictis.

38. *Lefard Blumendale und drei deutsche Kaufleute verpflichten sich gegen Joh. Montagu zu einer Zahlung von 1000 Nobel, falls derselbe oder seine Bürgen*

a) suam fehlt L.

1) Seit dem 1. Juli 1392 ward London durch einen königlichen Custos verwaltet. Sharpe, London and the kingdom 1, 212.

wegen seiner an Lefard zurückgezahlten Schuld in Zukunft belästigt werden. — 1392 Juli 13.

Aus City Records London, Rolls of pleas and memorandums A 31 m. 1. Nach Abschr. von Ms. M. T. Martin. S. n. 37.

Dictis terciodecimo die Julii et anno 16 venerunt hic Lefardus Blumendale de terra Prucie, Frowinus Stepynge, Johannes Swarte et Henricus Smytman, mercatores Alemannie, et cognoverunt, subsequens scriptum esse factum suum in hec verba:

Noverint universi per presentes, nos Lefardum Blumendale de terra Prucie, Frowynum Stepynge, Johannem Swarte et Henricum Smytman, mercatores Alemannie, teneri et quemlibet nostrum per se pro toto et in solidum firmiter obligari domino Johanni Mountagu militi, domino de Werke, in mille nobulis auri de cuneo regis Anglie boni et justi ponderis solvendis eidem domino Johanni vel suo certo attornato, heredibus vel executoribus suis primo die Augusti proximo futuro post datam presencium sine dilacione ulteriori. Ad quam quidem solucionem, ut predicitur, bene et fideliter faciendam obligamus nos et quemlibet nostrum per se pro toto et in solidum, heredes et executores nostros ac omnia bona nostra, ubicunque fuerint inventa, per presentes citra mare vel ultra cohercioni et districcioni judicis cujuscunque. In cujus rei testimonium presentibus sigilla nostra apposuimus. Datum terciodecimo die mensis Julii anno Domini 1300 nonagesimo secundo et anno regni regis Ricardi secundi Anglie sextodecimo.

Quod quidem scriptum indorsitur sic: Condicio istius obligacionis talis est, quod, si dominus Johannes Mountagu infrascriptus ut principalis nec Johannes dominus Bemund, Willielmus dominus de Botreaux, milites, Petrus Bixston, Johannes Bever, Edmundus Faukes, cives in Danczike, et Robertus Ko mercator Anglicus tanquam sui fidejussores nec eorum heredes nec executores in aliquo tempore futuro non fuerint impetiti, molestati, gravati aut perdentes causa mille nobulorum de cuneo regis Anglie, in quibus dictus dominus Johannes Mountagu et ejus fidejussores antedicti cuidam domino Wynando Oslinchusen consuli in Danczik et prefato Lefardo apud Danczik per eorum scriptum tenebantur, quod tunc presens obligacio nullius sit vigoris, alioquin stet in suo robore et effectu.

39. *Hamburg bevollmächtigt entsprechend dem Beschluss des Hamburger Hansetages von 1391 Nov. 11 seinen Ratsherrn Joh. Hoyer zur Empfangnahme der von den Vertretern Flanderns zu zahlenden ersten Rate der Entschädigungssumme im Betrage von 3550 Pfd. Grote. — 1392 Juli 29.*

B StA Brügge, Or.-Transsumpt des Abtes von S. Bavo in Gent von 1392 Nov. 5, zusammen mit n. 38.

StA Ypern, Or.-Transsumpt von Nov. 5, wie oben.

StA Brügge, Abschr. desselben Transsumpts im Wittenbouc fol. 37b.

Transsumiert in n. 66.

Gedruckt: aus B HR. 4 n. 75. Verz.: Gilliodts-van Severen, Inventaire de Bruges 3 n. 760; angeführt Diegerick, Inventaire de la ville d'Ypres 2 n. 691.

40. *Brügge an Lübeck: bittet um Verwendung zur Hinausschiebung des für den Ausgleich mit den deutschen Kaufleuten vereinbarten Termins, soweit Brügge beteiligt ist. — [1392] Aug. 3.*

Aus StA Lübeck; Or. m. S. Mitgeteilt von Hn. Stadtarchivar Dr. Hasse.

Gedruckt: Lüb. U.B. 4 n. 545. Verz.: HR. 4 n. 72.

Viris venerabilibus et honestis, proconsulibus et consulibus civitatis Lubicensis, amicis nostris dilectis.

Domini et amici carissimi. Quemadmodum ex speciali confidentia in vestris dominationibus in cunctis inter nos prospere promovendis hucusque semper habebamus recursum, ita ad presens pro consummatione salubri hactenus tractatorum inter nos et mercatores partium Almanie ad dictas vestras dominationes iste supplicationis auxilio duximus recurrendum, de cujus refutationis obstaculo speramus nullatenus formidandum, vos humiliter deprecantes, quatinus pro finali utilitate et effectu favorabiliter nobis assistere dignemini et velitis vestris auxilio, consilio et favore, presertim super compositione et concordia querelarum, in quantum villam nostram Brugensem quomodolibet respiciunt seu concernunt, temporumque dilatione competenti super restauratione querelarum hujusmodi statuenda, prout in vestris dominationibus fiduciam semper gessimus et gerimus pleniorem, nobis in quibuscumque vobis prosperis et honestis cum obtinendi fiducia precipiendo mandantes. Reverendas dominationes vestras conservet altissimus. Scriptum tercia die mensis Augusti.

Burgimagistri, scabini, consules et tota communitas ville de Brugis in Flandria, ad vestra beneplacita parati.

41. *Hzg. Albrecht von Baiern, Graf von Holland, verlängert die Gültigkeit der Zollfreiheit für die Bürger von Kampen bis 1393 Aug. 15. — 1392 Aug. 4. Haag.*

RA Haag, Reg. Memoriale B D cas. B fol. 42. Diese Verlängerung wird jährlich erneuert.

42. *Die Städte Gent, Brügge, Ypern und das Freiamt von Flandern an [Lübeck]: haben auf einer Tagfahrt zu Brügge Juli 29 den Bericht ihrer nach Flandern zurückgekehrten Gesandten und die von Lübeck besiegelte Urkunde n. 35 entgegengenommen; bitten wegen der Abwesenheit des Herzogs [von Burgund], dessen Zustimmung sie erst durch Abgeordnete einholen lassen müssen, eine Überschreitung des auf Aug. 15 festgesetzten Termins nicht zu verübeln; haben dagegen für die rechtzeitige Bezahlung der ersten Rate in Amsterdam bereits Anordnung getroffen. — [1392] Aug. 7.*

Gedruckt: HR. 4 n. 73. Vgl. das. n. 74 die Mitteilung dieses Schreibens seitens Lübecks an die preussischen Städte.

43. *Reval bezeugt die Beilegung eines Streites zwischen zwei Revaler und zwei russischen Kaufleuten wegen eines Salzhandels. — 1392 Aug. 9.*

Aus StA Reval, Denkelbuch II fol. 29b. Höhlbaum.
Gedruckt: v. Bunge, Livl. U.B. 3 n. 1323.

Anno Domini 1392 in vigilia beati Laurencii prothomartiris do weren hir vor dem sittenden stûle des rades her Hinrick van Hoye, unses rades stûlbrôder, mit twen Rûssen, Perepeta unde Thodere Besborede, unde worden des eens na gûder lude degedinge van beidentsiden, de se verliket hadden van schelinge weghene, de her Hinrick van der Hoye hadde mit den Rûssen alse van 18 leste soltes weghene unde 1 sack unde ock van solte twisschen Arnde van Halteren, also dat de Rûssen bekanden vor dem rade, dat se her Hinrick van der Hoye vol unde al unde degher wol vernûghet hadde, unde dar so hûweden desse vorbeschrevene Rûssen dat ertice up, dat se noch ere erven noch ere ghesellschop noch nymand van erer weghene oppe her Hinrick van der Hoye, up Arnd van Halteren noch up ere erven noch up uns noch unse borghere nymmermeer saken en scholen tô jeneghen daghen.

Vortmer so openbaerden uns dieselven Edmen, wo dat se dat solt gheschepet hadden tô der Nû wart, unde meneden wol in eren worden, dat se der schipheren nicht velich en weren, ere ghût in de Nû tô bringhene. Dar antworde de rad aldus tû: de schepe, de gi ghewunnen hebben, dat de jun jewe ghût bringen, dar gi se hen ghewunnen hebben, dat se wi ghenne, andirs en pleghe wi vor nene schepe tô lovene.

44. *Der Hamburger Kaufmann Hilmar Hildorn bekennt für sich, Christian Militis und Tymmo von Uelzen seitens der Städte Gent, Brügge*[1] *und Ypern und des Freiamts von Flandern 1600 holl. Gld. erhalten zu haben, welche sie den Gesandten des Herzogs von Burgund und der 4 Lede während deren Anwesenheit in Hamburg dargeliehen hatten. — 1392 Aug. 16.*

StA Brügge, Wittenboec fol. 56a, Transsumpt von 1393 Febr. 1, s. n. 31.
Gedruckt: HR. 4 n. 84. Angeführt Gilliodts-van Severen, Inventaire de Bruges 3, 244.

45. *K. Karl [VI] von Frankreich urkundet genau wie n. 8 zu gunsten der hansischen Kaufleute. — 1392 Aug. 24. Paris.*

StA Köln, Hanse I n. 117; Or. m. anh. S. Auf dem Bug links: Per regem ad relacionem magni consilii, in quo vos, episcopi Lingonensis et Bajocensis et vicecomes de Ariaco eratis. Manicus; *rechts:* Supplicata. — *Abschr. im hansischen Kopiar A fol. 10. Eine Abschr. des 16. Jh. das. Hanse A I 1531—1630 Fasc. 149.*
Verzeichnet: Mitthl. a. d. Stadtarchiv von Köln 1, 33 n. 90.

46. *Flandrische Aufzeichnung über die Registrierung der hansischen Privilegien von 1392. — 1392 Aug. 26.*

Aus Departementalarchiv Lille, Chambre des comptes B 1596, Registre des chartes I fol. 5b. Höhlbaum.
Verzeichnet: Inventaire-somm. des archives département., Nord, Sér. B, 2, 121.

Des marchans de la Hanze dAlemaigne.

Apres pluseurs journees tenues par les deputez de monseigneur le duc de Bourgongne, conte de Flandres, dArtois et de Bourgongne, palatin, sire de Salins, conte de Rethel et seigneur de Malines, et ses trois villes de Flandres Gand, Bruges et Yppre et le terrouer du Franc dune part et les deputez de la Hanze en Alemaigne dautre part tant a Lubeke et Amborch comme en autres lieux, affin que la marchandise eust cours ou dit pays de Flandres, mon dit seigneur de Bourgongne, conte de Flandres, a la supplicacion de ses dictes bonnes villes et commun de son dit pays de Flandres par deliberacion de son conseil sur ce eue a ottroie, conferme et donne soubz son seel le douziesme jour de May lan mil 380 et douze aux marchans de la dicte Hanze les graces, previleges et confirmacions cy apres escriptes et enregistrees tant en Latin et en Franchois comme en Flament, ensemble certaines lettres du roy premiers enregistrees, lesquelles lettres tant du roy comme de monseigneur et les confirmacions des diz previleges furent depuis baillees et delivrees, est assavoir le 26. jour dAoust ensuivant ou dit an, aux deputez des dictes bonnes villes de Flandres et du terrouer du Franc. Auquelz fu dit, proteste et declare par monseigneur le chancellier ou nom de mon dit seigneur, present mes seigneurs les autres du conseil estans a Lille, que ou cas, que le dit pays de Flandre se

[1] *Vgl. die Brügger Stadtrechnung von 1391/92:* Item den 14. dach in Oestmaend Willemme van Lovaine ghesendt te Dordrecht an den borghemeester van Amborgh met lettren van der stede, van 6 daghen. *Gilliodts-van Severen 3, 230.*

mettoit en rebellion contre mon dit seigneur de Bourgoingne et de Flandres ou ses successeurs, que les dictes graces et ottrois, que il a faictes aux dis marchans, soient de tout annullees[1], et que ainsi feust enregistre bien et notablement es registres de sa chambre, affin quil en feust memoire ou temps avenir. Et est assavoir, que les lettres en Latin et en Flameng donnees ja pieca par feu monseigneur de Flandres, cui Dieux pardoint, et confermees par mon dit seigneur de Bourgoingne sont escriptes en ce present registro tout au long ou chapitre de previleges[2], graces et ottrois, et pour ce ne seront pas escriptes cy au long. *Folgen die Urkunde K. Karls von Frankreich von Mai 5 [n. 8], die 2 Privilegien Hzg. Philipps von Burgund von Mai 12 in lateinischer und vlämischer Fassung [n. 9, 10] und die Bestätigungsformel von n. 11—15.*

47. *Die preussischen Städte an den deutschen Kaufmann zu Dordrecht: haben sein Schreiben und die Abschrift seines an Lübeck gerichteten Briefes wegen der in diesem Jahre aus Preussen zum Zwijn gefahrenen Schiffer*[3] *erhalten; ersuchen um Angabe der Namen derselben, und wollen sie im Einverständnis mit dem Hochmeister streng bestrafen. — 1392 Sept. 1.*

Gedruckt: HR. 4 n. 98. Vgl. den preussischen Recess n. 97, 1.

48. *24 gen. Bürger von Gent, Brügge und Ypern verbürgen sich den Städten Lübeck und Hamburg namens der Kaufleute der deutschen Hanse für die vertragsmässige Zahlung der zweiten Rate der von Flandern zu entrichtenden Entschädigungssumme im Betrage von 5550 Pfd. Grote. — 1392 [vor Sept. 13].*

Aus StA Brügge, Groten Wittenbouc fol. 11. Hagedorn.

Nos Johannes buten Hove filius Johannis, Nicolaus buten Hove, Jacobus dictus van den Pitte, Johannes van den Kerchove, Jacobus van den Houtkine, Jacobus van Herbar, Livinus de Marche, Johannes van Houdevelde et Jacobus dictus de Pottere ville Gandensis, Egidius Hooft, Walterus dictus van den Scake, Willelmus Langheraertsone, Jacobus de Heirt, Egidius Hoste, Reynerius van den Stienkele, Oliverus Poite, Petrus de Scut et Petrus dictus van Ychtenbeke ville Brugensis, Egidius dictus van Lan, Johannes Belle, Jacobus Fasheel, Jacobus de Vos, Georgius de Rike et Michael dictus van der Hoele ville Yprensis burgenses notum facimus universis presentes litteras visuris seu audituris, quod nos et nostrum quilibet nomine dictarum villarum seu tocius patrie Flandrie liberis et nostris spontaneis voluntatibus recognoscimus et fatemur, debere et teneri magnificis et potentibus civitatibus Lubicensi et Amburgensi nomine omnium et singulorum mercatorum sacri Romani imperii de Hanza Theutonica necnon aliorum jure, libertatibus et privilegiis fruentium eorundem summam quinque milium quinque centum et quinquaginta librarum grossorum, quinque francis aureis pro qualibet libra computatis, pro medietate summe 11100 lb. gr. et pro secundo pagamento predictis civitatibus solvendo causa, occasione et recompensacione omnium dampnorum per Flamingos extra vel infra patriam Flandrie seu villas predictas dictis mercatoribus illatorum, quo modo vel forma usque ad instans tempus acciderint, sicut per nuncios seu deputatos predictarum civitatum mercatorum nomine ex una parte et nuncios seu deputatos metuendissimi ac excellentissimi principis et domini nostri, domini ducis Burgundie, comitis Flandrie, et dictarum villarum nomine tocius patrie Flandrie parte ex altera

1) *Vgl. zu dieser Klausel S. 11 Note a.* 2) *Vgl. Bd. 3 n. 495, 497, 499, 518 Stückbeschreibung.* 3) *Eine Liste von Übertretern der gegen Flandern gerichteten Ordonnanz s. HR. 4 n. 173, 1—8. Vgl. das. n. 176—180.*

in tractatu nuper et ultimo in villa Hamburgensi habito unanimiter fuit terminatum et conclusum. Quam quidem summam 5550 lb. gr. supradictam nos omnes et singuli nomine quo supra promittimus bona fide predictis civitatibus vel eorum factori ab eisdem sufficienter fundato, litteras quitancias sub sigillo civitatis Amburgensis deferenti infra primum annum, postquam mercatores prefati predictam patriam Flandrie intraverint et cum bonis et mercimoniis suis frequentaverint, in eadem patria vel in villa Ansterledamme, ubi predictis civitatibus magis placuerit, solvere et de eadem satisfacere absque defectu vel retardacione. Et si foret in hoc, quod absit, defectus, tunc nos omnes nominatim et quilibet nostrum in solidum volumus et promittimus bona fide predictis civitatibus ad hoc omnia bona nostra mobilia [et] immobilia, presencia et futura, ubicunque locorum sint et reperiri poterint, obligando intrare vel venire in civitatem Coloniensem vel Amburgensem et illinc non recedere, quousque satisfactio vel solucio condigna de predicta summa predictis civitatibus vel eorum factori, ut prefertur, foret impensa, omni fraude et dolo exclusis. Et si, quod absit, aliquis ex nobis medio tempore ab hac luce migraret, fatemur nos teneri in solidum ad substituendum alium eque ydoneum in locum predefuncti, qui ad omnia premissa teneatur, ut prius est expressum. In cujus rei testimonium et certitudinem veritatis sigilla nostra presentibus sunt impressa. Datum anno Domini 1392 die ...

49. *Gent verheisst den Städten Brügge und Ypern und dem Freiamt von Flandern Schadloshaltung für alle Nachteile, die sie durch einen etwaigen Verzug in der Bezahlung seines Anteils an der zweiten Rate der den hansischen Kaufleuten zugestandenen Entschädigungssumme erleiden sollten. — 1392 Sept. 13.*

Aus StA Brügge; Or. m. anh. S. Abschr. im Ouden Wittenboek fol. 10b. Hagedorn.

StA Ypern; Or. m. anh. S., datiert Sept. 15.

Verzeichnet: HR. 4 n. 99, Gilliodts-van Severen, Inventaire de Bruges 3, n. 751; Messager des sciences et des arts de la Belgique 1 (1833), 189, Diegerick, Inventaire de la ville d'Ypres 2 n. 685.

Wi scepenen, raed ende al tghemeene van der stede van Ghend doen te wetene allen lieden, dat uie dien, dat van den vijfdusentich vijfhondert ende vijftich ponden grote als over dander heelf[t]e van den elleven dusentich ende hondert ponden grote, vive Vranssche vranken ghereekent over elc pond grote, die den ghemeenen coepliede van der Duutscher Hansen gheconsenteert gheweest hebben over haerlieder scaden ende achterdeelen, goede soffisanten zeker den vorseiden coepliede ghedaen es met vierentwintich soffisanten persoenen uten den drien steden Ghend, Brugghe ende Ypre[1] over tvorseide land van Vlaendren, te betaelne ten hende van den jare, naer dat de vorseide coepliede met haren goede ende coepmanscepen binnen den vorseiden lande van Vlaendren commen sullen zijn, in deser manieren: waert so, dat God verbieden moet, dat tvorseide land van Vlaendren in ghebreke ware binnen der vorseider tijt te betaelne de vorseide somme van vijfdusentich vijfhondert ende vijftich ponden grote, dat danne de vorseide borghen inne trekken souden te Coelne of te Amborch ende van daren niet scheeden tote an der tijt, dat van der vorseider somme van ghelden den vorseiden coepliede vulle betalinghe ghedaen soude wesen, ghelijc ende in der manieren, dat de principale kennesse van der ghelofte ende borchtochten vorseit den vorseiden coepliede derup ghegheven ende ghemaect wel verclaerst ende inhoudt; van welker sommen van vijfdusentich vijfhondert ende vijftich ponden grote elke van den vorseiden drien steden metgaders den lande van

[1] n. 48.

den Vryen sijne quantitet ende porcie weet: so eist, dat wij over ons ende over al ighesetene van der vorseider stede van Ghend ende over onse naercommers kennen ende lyen bij desen presenten lettren, waert also, dat bij ons eenich ghebrec ware van onser porcien ende quantiteit van der vorseider somme te betaelne den coepman van der Duutscher Hanze ten daghe ende termijne vorscreven, dat God verhoeden moet, en[de] de vornoemde steden van Brugghe, van Ypre ende dlant van den Vryen of eenich van hemlieden sonderlinghe cost, scade of achterdeel daerbij hadde of ontfinghe in eenegher manieren, dat wij hebben ghelooft ende ghelovert den vornoemden steden, lande van den Vryen ende elken sonderlinghe, al dien cost, scade ende achterdeel ghelike ende al up te rechtene, te betaelne ende costeloos ende al scadeloos daeraf te houdene ende te quitene. Ende dat verseker wij bij onser trauwen, eeren ende waerheden up ons ende up al onse goed, roerende ende onroerende, so waert ghestaen of gheleghen es ende ment sal moghen bevinden, eist binnen Ghend of derbuten, ons ende onsen naercommeren ende al ighesetene van der vorseider stede in al tsive derin verbindende, alle fraude ende malengien uteghesteken. In kennessen der waerheit so hebben wij scepenen ende al ighesetene van der stede van Ghend vorseit dese lettren ghedaen seghelen metten grooten seghele van der vorseider stede van Ghend. Ghegheven int jaer ons Heeren dusentich driehondert vierwaerftwintich ende twalewe, den 13. dach in Septembre.

50. *Ypern verpflichtet sich ebenso gegen die drei anderen Lede von Flandern. — 1392 Sept. 13.*

StA Brügge; Or. m. anh. S. Abschr. im Groten Witteboec fol. 10b.
StA Ypern; Or., das anh. S. abgefallen, datiert Sept. 24. S. u. 55.
Verzeichnet: HR. 4 n. 100, Gilliodts-van Severen, Inventaire de Bruges 3 n. 752; Messager de la Belgique 1, 200, Diegerick, Inventaire de la ville d'Ypres 2 n. 668.

51. *Die Herzöge Bernhard und Heinrich von Braunschweig-Lüneburg verpflichten sich bei Bestätigung aller Privilegien ihrer Städte und Weichbilde u. a. die Lüneburger Schiffahrt zu unterstützen* (konde me ok bequemere waterweghe ute der Elmenow in de Elve to der stad Luneborg behuff maken und mer waters edder andere watere in de Elmenow bringen, deme dat ane der schaden sy, de dat anrorende is, dar schulle we und willet vorderlyk to wesen, wur we moghen. We schullet ok und willet beden, dat me de vergate in den weren uppe der Elve, Elmenow, Neitze und Jetze alzo wyt make, dat de grotesten Luneborghere schepe und andere schepe na der watere leghenheit sunder vare und schaden dar dor varen moghen), *sich betreffs Schiffbruch, Grundruhr und ähnlicher Unfälle und der Holzzufuhr nach Lüneburg nach den früher darüber ausgefertigten Briefen*[1] *zu richten sowie den Kaufleuten und anderen Reisenden die Einhaltung der gemeinen Strasse über Lüneburg* (de to Luneborg wontliken na der joghen leghenheit toghet) *bei Strafe zu gebieten, und versprechen den Städten und Weichbilden im allgemeinen Förderung bei der Anlage etwaiger neuer Schiffahrtsstrassen. — 1392 Sept. 14* (in des h. cruces daghe, alse id erhoghet wart). *Celle.*

StA Hannover cops. 103 n. 14 ss.; Or. m. 2 anh. S. Hagedorn.
StadtA Hannover; 2 gleichz. Abschr. Weitere Abschriften das. in den 2 Satebüchern und im Kopialbuch der Stadt Ülzen IX n. 317 S. 18.
StA Lüneburg; Or. m. 2 anh. S.

[1]) Bd. 4 n. 231 bes. 563.

Gedruckt: Sudendorf, U.B. z. Gesch. der Herzöge von Braunschweig u. Lüneb. 7 n. 20, Volger, U.B. der Stadt Lüneburg 3 n. 1252, früher Hoffmann, Sammlung ungedr. Urkunden 1, 203, Kleinschmidt, Sammlung von Landtagsabschieden 1, 61. Angeführt Vaterländ. Archiv f. hannoverisch-braunschweig. Gesch. 1834, 242.

52. *Brügge verpflichtet sich wie n. 49 gegen die drei anderen Lede von Flandern. — 1392 Sept. 17.*

StA Ypern; Or. m. anh. S.
StA Brügge, Abschr. im Ouden Wittenboec fol. 8b.
Verzeichnet: Messager de la Belgique 1, 199, Diegerick, Inventaire de la ville d'Ypres 2 n. 686.

53. *Gent verpflichtet sich, den Städten Brügge und Ypern und dem Freiamt von Flandern behülflich zu sein zur Abwehr etwaiger neuer Forderungen, welche die Städte oder die Kaufleute der deutschen Hanse über den mit ihnen abgeschlossenen Vertrag oder die ihnen von dem König [von Frankreich], dem Herzog [von Burgund] und den drei Städten verbrieften Privilegien hinaus gegen die drei anderen Lede von Flandern erheben sollten. — 1392 Sept. 17.*

StA Brügge; Or. m. anh. S. Abschr. im Ouden Wittenboec fol. 9.
StA Ypern; Or. m. anh. S.
Verzeichnet: HR. 4 n. 102, Gilliodts-van Severen, Inventaire de Bruges 3 n. 754; Messager de la Belgique 1, 199, Diegerick, Inventaire de la ville d'Ypres 2 n. 687.

54. *Brügge verpflichtet sich ebenso gegen die drei anderen Lede von Flandern. — 1392 Sept. 17.*

B StA Brügge; Or. m. anh. S. Abschr. im Ouden Wittenboec fol. 8b.
StA Ypern; Or. m. anh. S.
Gedruckt: aus B HR. 4 n. 101. Verz.: Gilliodts-van Severen, Inventaire de Bruges 3 n. 753; Messager de la Belgique 1, 199, Diegerick, Inventaire de la ville d'Ypres 2 n. 688.

55. *Ypern verpflichtet sich ebenso gegen die drei anderen Lede von Flandern. — 1392 Sept. 21.*

StA Brügge; Or. m. anh. S. Abschr. im Ouden Wittenboec fol. 9.
StA Ypern; Or. m. anh. S.
Verzeichnet: HR. 4 n. 103, Gilliodts-van Severen, Inventaire de Bruges 3 n. 755; Messager de la Belgique 1, 200, Diegerick, Inventaire de la ville d'Ypres 2 n. 690.

56. *[Hzg.] Albrecht [von Baiern, Graf von Holland,] gebietet seinen Städten in Holland und Seeland, die Fahrt nach Dänemark, Norwegen und Schweden zu untersagen, da Wismar und Rostock wegen des dänisch-schwedischen Krieges vor der Fahrt nach der Ostsee warnen lassen, und lehnt jede Verantwortung für einen durch Übertretung dieses Verbotes entstehenden Schaden ab[1]. — 1392 Sept. 24. Haag.*

RA Haag, Memoriale B D cas. R fol. 41b.
Gedruckt: HR. 4 n. 143, früher Diplom. Norveg. 6 n. 331. Verz.: Reg. Dan. II 1 n. 3413.

[1]) *Auf diesen Erlass bezieht sich offenbar die Stadtrechnung von Middelburg von 1392/93:* Item mijns heren messagier, die ons van hem enen plackaert brachte, daer dat hi dede verbieden, dat niemant te Pruessen waert varen soude, ghegheven 3 s. gr. *Die Kämmereirechnungen von Deventer verzeichnen schon 1391 Okt. 2 eine Ausgabe von 4 gldr. Old. für einen Boten,* die mit ener stad breve ghelopen was to Lubike, to Hamborch ende to Stade, dat men onse

57. *Anklam erneuert sein Landfriedensbündnis mit Stralsund, Greifswald und Demmin [Bd. 4 n. 602¹] auf fünf Jahre. — 1392 Sept. 29. Anklam.*

Aus StA Stralsund; Or., S. ab. Hagedorn.
StA Demmin (im StaA Stettin), Urk. n. 83; Or. m. anh. S. Das. n. 85 und 87 die von den betreffenden Städten datierten Ausfertigungen von Greifswald und Stralsund; 2 Or. m. anh. S.

In Godes namen amen. Wy borgermestere unde ratmanne der stad thu Tanglim bekennen unde betûgen openbare in desser scrift, dat wi na rade unde vulbort user aller hebben ghemaket unde angegan ene vorenighe unde vruntscop myt den steden Stralessund, Gripeswold unde Dymyn, dede waren schal van sunte Mychelis dage erstcomende² vort viff jar umme, uppe stukke unde artikle in der wys, als hir nascreven steyd, alzo dat desse vorenighe unde vruntscop nicht schal wezen jegen use rechten erveheren, men wi scholen usen rechten erveheren don alle plege unde erbarheyt, de wi en plichtich sind, wild uze heren us by rechte unde gnaden laten.

[1.] Tho deme ersten male, dat ene jewelke stad vorbenomet schal rechte richten over openbare stratenrovers, boddenstulpers unde over andere mysdedere, de user heren land unde user veer stede gud schynnen unde roven, na lope des rechtes. Unde were, dat elike stad der stede vorbenomet vyntscop eder unwerdescop krege dor des sulven rechtes willen, de schole wi na mantalen myt den anderen steden like dreggen.

[2.] Were ok, dat jenich here eder andere lude, see weren wo see weren, vorunrechteden eder vorwaldeden elike stad desser stede vorbenomet eder vorunrechten wolden, an de heren unde an de lûde scholen de anderen stede boden unde breve senden unde manen vor see, dat me see by rechte late. Were id tho den heren, so scholen de manebreve veertieynacht, were id thu ridderen eder tho anderen luden, so scholen de manebreve achte dage holden; unde de anderen stede scholen over de stad likes unde rechtes weldich wesen. Unde were, dat heren eder andere lude, see weren we see weren, des nicht dun wolden, so scholen de anderen stede der stad, de dat unrecht lyd, van staden an behulpen wesen na mantalen ere unrecht tho kerende, alze desse breff vortan ludet. Wûrde overt desser stede een berand eder beleeht van heren eder van anderen luden, so scholen de anderen stede alzo vort thu hûlpe komen der stad, der de nod anlicht, jewelke stad myt twye alzo vele hûlpe, alse hir nascreven steyd; unde bedrofte de stad grotter hûlpe, so schal me der stad grotter hulpe dun.

[3.] Vortmer welk erer desser stede vorbenomet, der de not anlicht, wen see dat eschet unde wo dikke, so scholen de anderen stede der stad thu hûlpe komen, ere unrecht tho kerende, de van Stralessunde myt veftich wepeneren unde myt twelf schûtten wol ghepeerdet, de van Gripeswolde myt viffundetwintich wepeneren unde myt ses schûtten wol ghepeerdet, wi van Tanglim unde de van Dymyn myt viffundetwintich wepeneren unde myt ses schutten wol ghepeerdet. Were ok, dat desse wepenere unde schutten eder erer elik, wen ze togen thu der stad, de ere hulpe eschet hadde, eder wen ze togen myt der stad uppe ere vyende, ze nemen schaden eder vromen, den vromen eder schaden den schal ene jewelke stad zulven

burgher waersen makde, dat sie tot hoerre wanderinghe te bare wart sien sulden. *Ebenso 1392 Mai 25 4 Gld. fur den Boten,* die tot Texel was ghelopen mit onser stad breve an onse burgher, die tot Berghen varden varen, omme die to wederkeerene. *Ebenso Sept. 17: 7 Pfd. 10 Sch. 4 Pf. einem Boten,* die mit onser stad breve ghelopen was tot Lubeke, to Stade ende tot Hamborch, daer men onse burgher mede waernede, die op Schonen ghevarent hadde, dat sie tot hoerre wanderinghe te bare wart wriden sien. *Molhuysen in Nijhoffs Bijdragen voor vaderlandsche geschiedenis 10 (1856), 180 f.*

¹) *Vgl. das. n. 1066.* ²) *Sept. 29.*

dregen, de den schaden eder vromen nympt. Ok schal ene jewelke stad der anderen stad willich unde berede wesen in alle eren noden, de eer anliggende mogen wesen, myt den wepeneren unde schütten, de dartho schikket sind, sunder over de zee. Were id ok, dat de ene stad de anderen stede eschede, tho kerende ere not, so scholen de anderen stede der stad, der de not anlicht, tho hulpe komen unde scholen ere egene theringhe staan de ersten vulle nacht unde den ersten vullen dach; unde were, dat de stad, de de volge eschet, vürder erer bedrofte thu der thyt, so schal de stad de anderen stede spisen unde voderen unde herberge schal de sülve stad den anderen steden schikken. Unde were, dat etliker stad vorbenomet also grote not anleghe, dat se grotter hulpe bedrofte, wen ze dat eschet, so scholen de anderen stede der stad thu hulpe komen myt merer hülpe as mantalen, alse vorscreven steyd, also hoge, alse wi denne eendregen.

[4.] Were ok, dat etlike stad vorbenomet dor erer not willen thu zik tegen rovers eder andere lude, de dessen steden jenigen schaden dan hadden, mach de stad, de ze thu zik tüt, rechtes na Lubeschem rechte eder likes over ze weklich wesen sunder hand unde hals, dat schal de stad annamen, der ze dat unrecht ghedan hebben. Mochte overd de stad nicht likes unde rechtes over ze weldich wesen, so schal me erer dar nicht mer leyden. Rovede ok yeman, brande eder stele in desser stede een eder in erme gude eder in erer borgere gude unde vloge he in der anderen stede een, dar schal he vor de dât nicht gheleydet wesen.

[5.] Were ok, dat jeniger stad van dessen steden vorbenomet lik gheboden würde vor unlik, dat er ghescheen were, dar de anderen stede myt der stad an krich unde an veyde komen weren eder en entwecht were, dat en schal de stad nicht nemen sunder raat unde vulbord der anderen stede, wen by namen desser eendracht ghescheen is. Weret overd, dat jeniger stad van dessen steden vorbenomet lik gheboden würde vor unlik, dat er schen were, dar de anderen stede myt der stad nicht an krich unde an veyde komen weren eder en nicht entwecht were, dat mach de stad nemen sunder raat unde vulbord der anderen stede, wo ze de anderen stede like zik darane mede bedeghedinghen. Unde ene jewelke stad desser stede vorbenomet schal den anderen steden opene stan thu alle eren noden, wanne unde wo dikke de ene stad dat van den anderen steden eschet, de wile dat desse vorreninghe unde vruntscop waret.

[6.] = *Bd. 4 n. 504 § 6.*

[7.] Rovers, de gherovet unde arget hebben user heren land eder desser stede gut eder erer borgere gut, der schal me in desser stede nyn leyden, mer in der wys, alse hir vorscreven steyd.

[8.] = *Bd. 4 n. 504 § 8—9 in der Fassung der Variante c—e.*

[9.] Were ok jenich leye, de zik nicht wolde nügen laten an Lubeschem rechte unde würde een crucesignatus, de schal in desser stede nyn gheleydet wesen, id were dat me ene leydede uppe ene berichtinghe in desser stede een umme schelinghe, de he hadde jegen borgere in der sulven stad. Ok en schal me ene in desser stede nyn vordegedinghen noch behulpen wesen.

Alle desse stukke *[etc. wie das. bis:]* also ze alder vyentlikest konen. Thu tüge alle desser dingh hebbe wi use grote inghesegel henghet vor dessen breff, de ghegheven is in user stad thu Tanglim na Godes bord drutteynhundert jar in deme twe unde achtentighesten jare in sunte Mycheles daghe ersenghels.

58. *Der Hamburger Bürgermeister Jan de Hoyere bekennt unter Mitbesiegelung der Stadt Amsterdam, auf Grund einer von Hamburg namens der Städte* *und Kaufleute der deutschen Hanse ausgestellten Vollmacht von den Städten Gent, Brügge, Ypern und dem Freiamt von Flandern 5550 Pfd. Grote als Hälfte der von ihnen zu zahlenden Entschädigungssumme von 11100 Pfd. empfangen zu haben*[1], *und gelobt, sie hinsichtlich der genannten Summe gegen die Städte und Kaufleute von der Hanse schadlos zu halten.* — 1392 Okt. 7.

> B StA Brügge, Or.-Transsumpt von 1392 Nov. 5, s. n. 33b.
> StA Ypern, Or.-Transsumpt von Nov. 5, desgl.
> StA Brügge, Abschr. desselben Transsumpts im Witteboeke fol. 57 b.
> Transsumiert in n. 66.
> Gedruckt: aus B HR. 4 n. 76. Verz.: Gilliodts-van Severen 3 n. 760; Messager de la Belgique 1, 200, Diegerick, Inventaire de la ville d'Ypres 2 n. 691.

59. *Duisburg an Dortmund: ist von einigen seiner zu Brügge liegenden Bürger aufgefordert, die demnächst bevorstehende Tagfahrt in Lübeck zu besenden, um dort die Wiederaufnahme der Stadt in die Hanse der osterschen Städte nachzusuchen, in der sie vormals gewesen ist* (wante unse stat van olden in der Hanse der osterschen stede gewesen hebbe); *bittet um Nachricht, wann der Dortmunder Sendebote die Reise nach Lübeck antritt, oder, wenn Dortmund die Tagfahrt nicht beschickt, um ein entsprechendes Empfehlungsschreiben an die Städte.* — [1392 vor Okt. 16.][3]

> StA Dortmund, Briefbuch S. 143—144 in niederdeutscher und latein. Ausfertigung.
> Gedruckt: HR. 4 n. 51. Verz.: Rübel-Roese, Dortm. U.B. 2 n. 277 c.

60. *Die hansischen Ratssendeboten in Lübeck an die preussischen Städte: berichten, dass flandrische Gesandte dort eingetroffen sind mit den vertragsmässig ausgefertigten Privilegien, Bestätigungs- und Schuldurkunden, und dass Joh. Hoyer laut seinem Schreiben die Hälfte der vereinbarten Entschädigungssumme richtig erhalten hat*[4]; *haben den Termin zur Rückkehr des Kaufmanns*

[1] *S. darüber die Brügger Stadtrechnung von 1392/93:* Item *[Sept. 4]* den her Jan Bleuwe ghesendt te Aemsterdamme an den her Janne den Hoyere met den ghedeputeirden van Ghend, van Ypre ende van den Vryen, omme den vorseiden her Janne payement te doene over de stede van Brugghe als van den eersten payemente, dat de Oosterlinghe hebben moeten van den lande, van 41 daghen, 5 lb. Par. sdaeghs; somme 205 lb. — Item den 20. dach in October den her Jan Bleuwe ghesendt te Ghend ende t'Ypre met den brieven van quitanchen als van den eersten payemente van den Oosterlinghen, van 6 daghen, 4 lb. Par. sdaeghs; somme 24 lb. *Gilliodts-van Severen 3 S. 258.*

[2] *Vgl. dazu dieselbe Stadtrechnung:* Item ghegheven Jan Gheerboude van ovem vidimuse bezeghelt metten zeghele van Sinte Baefs als van der macht van her Janne den Hoyere ende van der quitanchie van den 5550 lb. gr. als van den eersten payemente van den Oosterlinghen 6 s. gr.; somme 3 lb. 12 s. — Item den derden dach in November Jan Gheerboude ghesendt te Ghend, omme vidimuse te wesene van den quitanchen van den eersten payemente van den Oosterlinghen, van 4 daghen, 4 lb. Par. sdaeghs, somme 16 lb. *Gilliodts-van Severen a. a. O. S. 252 Anm. 1.*

[3] *Nach Mai 1 und vor der Lübecker Tagfahrt von Okt. 16, wie sich aus dem Antwortschreiben Dortmunds ergibt; HR. 4 n. 52, Rübel a. a. O. n. 277 d.*

[4] *Vgl. die Brügger Stadtrechnung von 1391/92:* Item noch ghegheven meester Gillisse [den Vulre] vorseit den 22. dach in September anno 92, als hi weder commen was ende weder wech trac t'Hamborgh waert met den confirmatien ende privilegen van den Oosterlinghen, omme al traitiet te slutene, over der stede deel van Brugghe 12 lb. gr. Item noch ghegheven meester Gillisse vorseit, van dat hi tghelt van den Oosterlinghen voerde van haren eersten payemente over de steden tote Aemsterdamme, daerof dat hi rekende te costen wesende van boden, van cnapen ende anderen 15 lb. gr. Item noch ghegheven ten bevelne van borghmeesters Jan fs Dankaerds, Gillis Vulre cnape, van dat hi traitiet van den Oosterlinghen overbrochte ende voerde te Parys an onsen gheduchten heere van Bourgoengnen, daerof dat hi hebben soude van den ghemeenen lande 150 vranken, comt up den ende deel van Brugghe 40 vranken, maken, te 33 grote den vranc, 6 lb. 3 s. 9 d. gr. *Gilliodts-van Severen a. a. O. S. 219.*

nach Flandern, welche der früheren Verabredung gemäss binnen sechs Wochen hätte stattfinden sollen, auf Dec. 13 hinausgeschoben, da sie wegen des Winters die anderen Städte nicht eher benachrichtigen können; wollen dies in ihren Städten nicht vor Nov. 11 verkünden, stellen den preussischen Städten eine frühere Bekanntmachung anheim, und bitten, falls sie sich an der Rückführung des Kaufmanns betheiligen wollen, ihren Vertreter vor dem 13. Dec. nach Flandern gelangen zu lassen und bis dahin eine Wiederaufnahme der Flandernfahrt nicht zu gestatten. — [1392] Okt. 18.

Gedruckt: HR. 4 n. 106. Vgl. den Recess von Okt. 14, n. 105, 1—8.

61. *Dieselben entsprechend ebenso an die livländischen, sächsischen und westfälischen Städte (desgl. an die wendischen Städte, an Wisby und den deutschen Kaufmann zu Dordrecht). — [1392 Okt. 18.]*

Verzeichnet: HR. 4 n. 107—109; vgl. den Recess n. 105, 8. Der Passus über die Zahlung der Entschädigungsrate fehlt n. 107, die Aufforderung zur Rückführung des Kaufmanns n. 108 und 109.

62. *Lübeck und Hamburg bekunden, dass ihnen in Lübeck im Beisein der Sendeboten Rostocks und Wismars von den Gesandten des Herzogs von Burgund, der Städte Gent, Brügge und Ypern und des Freiamts von Flandern zwei neue Freibriefe und die Privilegienbestätigungen des Herzogs von Burgund [n. 9—15], eine Urkunde des Königs von Frankreich [n. 8] sowie entsprechende Urkunden der Städte Gent, Brügge und Ypern [n. 22—28] nebst einem Schuldbrief derselben über 5550 Pfd. Grote[1] übergeben sind; erklären sich gegen den Herzog und die vier Lede von Flandern für zufriedengestellt und verheissen namens der osterschen Städte und des gemeinen Kaufmanns der deutschen Hanse für nächsten Dec. 18 die Rückkehr der hansischen Kaufleute nach Flandern. — 1392 Okt. 21.*

Gedruckt: aus dem von Lübeck besiegelten Or. im StA Brügge HR. 4 n. 121; Gilliodts-van Severen, Inventaire de Bruges 3 n. 757. Eine Abschr. auch im Groten Wittenboek daselbst fol. 86.

63. *Hzg. [Wilhelm] von Geldern[2] an Dortmund: wiederholt sein Verlangen, dem Bürger von Roermond Joh. van Brakell für seine in Dortmund zurückgehaltenen Laken Entschädigung* (bruchelt und zichälinge) *zu leisten. — [1392] Okt. 24* (crastino Severini). *Randerath.*

StA Dortmund, Briefbuch S. 184.
Gedruckt: Rübel-Roese, Dortm. U.B. 2 n. 264a.

64. *Der Hamburger Kaufmann Hilmar Hildorn bekennt wie n. 44 für sich und seine beiden Genossen den Rückempfang eines den burgundisch-flandrischen Gesandten in Hamburg gewährten Darlehens von 4450 holl. Gld. seitens der vier Lede von Flandern[3]. — 1392 Okt. 25.*

[1]) Vgl. n. 48. [2]) Derselbe verheisst Apr. 20 in seinem lebenslänglichen Freundschaftsvertrage mit Köln dessen Bürgern Rechtshülfe bei Schuldforderungen sowie freien Kauf aus seinen Landen und Städten; Lacomblet, U.B. f. d. Gesch. d. Niederrheins 3 n. 966; Ennen, Quellen z. Geschichte der Stadt Köln 6 n. 30. Ebenso sichert Gr. Adolf von Kleve-Mark Apr. 30 bei Abschluss eines zehnjährigen Freundschaftsvertrages den Kölnern freien Kauf zu; Lacomblet a. a. O. n. 967, Ennen a. a. O. n. 32. [3]) Okt. 28 quittiert Hildorn den Bevollmächtigten Yperns über Zahlung von Yperns Antheil an der obigen Summe im Betrage von 263 Nobel 1 holl. Gld.; gedr. HR. 4 n. 85, verz. Messager de la Belgique 1, 200, Diegerick, Inventaire de la ville d'Ypres 2 n. 683. Für Brügge vgl. die Brügger Stadtrechnung von 1392/93: Vorst ghegheven

B StA Brügge, [illegible] Or. m. anh. S.
B 1 StA Brügge, Wittenboeck fol. 65b, Transsumpt von 1393 Febr. 1, s. n. 31.
Gedruckt: aus B HR. 4 n. 86. Verz.: Gilliodts-van Severen, Inventaire de Bruges 3 n. 758; angeführt aus B 1 das. S. 254.

65. *Dortmund an Hzg. [Wilhelm] von Geldern: stellt die ihm vorgeworfene Wegnahme der Laken des Joh. van Brakel [n. 63] in Abrede; erklärt, dass Brakel die Laken dem Joh. Ederlo in Kommission* (syn beste daromme to doende) *gegeben hat, dass er etwaige Ansprüche deswegen gegen Ederlo in Dortmund gerichtlich verfolgen soll oder dass Ederlo gegen freies Geleit nach Roermund kommen will*[1]. — *[1392] Nov. 12* (crastino b. Martini ep.).

StA Dortmund, Briefbuch S. 183.
Verzeichnet: Rübel-Roese, Dortm. U.B. 2 n. 288b.

66. *Gent bekundet, dass es die transsumierten Urkunden Hamburgs n. 59 und Herrn Jans de Hoyere n. 58 mit Zustimmung der Städte Brügge und Ypern und des Freiamts von Flandern für diese in Verwahr genommen hat. — 1392 Nov. 15*[2].

StA Brügge; Or. m. anh. S. Abschr. im Ouden Wittenboeck fol. 10.
B StA Brügge, Abschr. im Wittenboeck fol. 66a.
StA Ypern; Or. m. anh. S.
Gedruckt: aus B HR. 4 n. 77. Verz.: Gilliodts-van Severen, Inventaire de Bruges 3 n. 761; Diegerick, Inventaire de la ville d'Ypres 2 n. 632.

67. *Heinr. van Steenberghen, Propst zu St. Salvator in Utrecht, transsumiert den geldrisch-klevischen Freundschaftsvertrag von 1378 Sept. 12 [Bd. 4 n. 642] auf Ersuchen des Hzg. Wilhelm von Geldern* (want die vorgenante hertoghe der ghetuychnisse na ynhaldinge ende begrijp desselven principaillbriefs behoift ende weten sall laten aen sommighen steden ende landen te thoenen ende te seinden, daer hem die voergen. principaillbrieff verwaerloest mocht werden ende bederft). — *1392 Nov. 15. Arnheim.*

RA Arnheim; Or. m. anh. S., notariell beglaubigt.

68. *Die hansischen Vögte zu Skanör und Falsterbo beantragen bei ihren Städten ein Verbot des Hausierhandels mit Häringen und des Ankaufs derartiger Häringe in Schonen. — [1392 vor Nov. 24.]*

Hildemaer Hildoorn [*Adoorn der Druck*] den Oosterlinc van eenen fine ghemaect bi her Jacoppe van den Vaghevieere, her Gillis Hasine, bi den heeren van ons gheduchts heeren rade ende bi den anderen ghedeputeirden vrarende t'Amburgh als van 4450 manckinne ghuldinne, daeraf dat de ghedeputeirde van Brugghe hadden 1000 ghuldinne ende de heeren van ons gheduchts heeren rade hadden van den voorseiden fine 1450 ghuldine, mids dat Pieter Wiline haerlieder clerc hadde, daeraf dat com up der stede deel van Brugghe 435 mancekinne ghuldinne; dare comt up al, dat de stede van Brugghe betaelt heift van den voorseiden fine, 151 lb. 9 s. 5 d. gr. ende eenen inghelschen. Ende dit verloopt 39 s. 10 d. gr., mids dat hi behiers moeste over elke 3 mancekin ghuldine eenen inghelschen achte an den inhoudene van der obligatien, die Hildemare vorseit daraf hadde van den vorseiden persoenen. Summe 1817 lb. 13 s. 4 d. [Par.]. *Gilliodts-van Severen a. a. O. S. 257.*

[1] *Über den Fortgang der Angelegenheit vgl. die Regesten a. a. O. n. 288c–e: 1393 Spätsommer zeigt Dortmund der Stadt Roermund die bevorstehende Ankunft Ederlos an; 1394 Mai 26 fordert der Herzog von Dortmund die noch immer ausstehende Bezahlung der Laken, worauf Dortmund in seiner Antwort Juni 15 seine früheren Erklärungen [oben und Bd. 4 n. 1079] wiederholt.*

[2] *Die Brügger Stadtrechnung von 1392 berichtet:* Item den 15. dach in Novembre Jan Overtlande ghesendt te Ghend omme tlait van der quitanchen van den Oosterlinghen, van 4 daghen, 4 lb. Par. sdaghs, somme 16 lb. *Gilliodts-van Severen 3 n. 760 Anm. 1.*

Aus StA Lübeck, Suecica n. 104; Pergamentblatt.
Gedruckt: Urkdl. Gesch. 2, 218. Transsumiert mit Fortlassung von Eingang und Schluss im preussischen Recess von Nov. 24, HR. 4 n. 124, 8. Verz.: Reg. Dan. I n. 2346.

In nomine Domini amen. Aldus hebben de ghemeyne voghede to Falsterbode unde to Schonore overeenghedreghen umme beters willen erer ghemeenen borghere unde des kopmannes nütticheit unde beste, alze dat se bidden laten eren lalliken raat in den steden, de to Falsterbode unde to Schonore eghene vitten hebben, also dat se kundeghen unde vorbeden laten, dat noch man noch vrowe karinen mit heringhe to Schone dreghen scal, ok neyn borgher noch kopman, de uppe der vitten licht, ute den karinen yenighen heringh kopen schal, wente dar unvorwynnelik grot scade van komet. Weret, dat yement hir boven karinen droghe unde ofte yenich kopman daruth kofte, dat scal de voghet, dar he under beseten is, also zwarliken mit eneme richten, dat id eyn andere wol bewaren schal.

Hec est voluntas nostra[1].

69. *Hamburg bevollmächtigt entsprechend dem Beschluss des Hamburger Hansetages von 1391 Nov. 11 seinen Ratsherrn Joh. Hoyer zur Empfangnahme der zweiten Rate der von Gent, Brügge, Ypern und dem Freiamt von Flandern an die Hansestädte zu zahlenden Entschädigungssumme im Betrage von 5550 Pfd. Grote. — 1392 Nov. 26. Hamburg.*

Y StA Ypern, transsumiert in n. 91.
StA Brügge, desgl.
Gedruckt: aus Y HR. 4 n. 78.

70. *Die Ratssendeboten der preussischen Städte in Marienburg an Lübeck: bitten, die flandrischen Privilegien, welche sie für ihr Drittel haben sollen, so lange in Verwahr zu nehmen, bis sie dieselben zu Lande bequem überführen können. — [1392] Nov. 30.*

Gedruckt: HR. 4 n. 126.

71. *Dieselben an Lübeck: antworten auf Lübecks Brief (n. 60), dass sie wegen der Kürze der Zeit von der Teilnahme an der Rückführung des Kaufmanns absehen müssen, und vertrauen darauf, dass Lübeck das Beste des Kaufmanns wahrnehmen wird, u. s. w. — [1392] Nov. 30.*

Gedruckt: Lüb. U.B. 4 n. 569, HR. 4 n. 125.

72. *Dieselben an drei gen. preussische Kaufleute in Brügge: haben beschlossen, dass alle, die für ihre durch die Vlamen erlittenen Verluste entschädigt werden, den vierten Pfennig von ihrem Anteil den Städten als Beihülfe zu den von diesen aufgewandten Unkosten geben sollen; gebieten ihnen, jedem Entschädigungsberechtigten diejenige Summe auszuzahlen, welche in einer von ihm beizubringenden Bescheinigung seiner Heimatstadt angegeben ist, sowie von der seitens der Vlamen gezahlten Summe 400 Pfd. Grote gegen Wechsel auf Danzig zu überweisen. — [1392 Nov. 30.]*

Gedruckt: HR. 4 n. 129.

[1] *Vgl. die entsprechende Mitteilung der preussischen Städte an Lübeck, HR. 4 n. 127, und den Recess von 1393 Juli 22, das. n. 156, 3. Eine etwas knappere, vom Danziger Vogt mitgeteilte Fassung des Beschlusses der Vögte gedr. HR. 4 n. 123. Zur Sache vgl. Schäfer, Buch des Lüb. Vogtes S. LVII.*

73. *Die Ratssendeboten der preussischen Städte in Marienburg an den deutschen Kaufmann zu Dordrecht oder Brügge (desgl. an den Kaufmann zu London): haben in allen preussischen Städten verboten, Viertellaken überhaupt und halbe oder ganze Laken ohne die Sahlleiste an beiden Enden einzuführen, bei Strafe der Konfiskation der Ware; bitten, dies allen Städten, in denen Tuchfabrikation betrieben wird, in Holland, Seeland, Brabant und Flandern mitzuteilen und den beiliegenden, an den Kaufmann zu London gerichteten Brief gleichen Inhalts an seine Adresse zu befördern. — [1392] Nov. 30.*

Gedruckt: *HR. 4 n. 126. Dieselbe Mitteilung auch im Schreiben an Lübeck, das. n. 127.*

74. *Gr. Adolf [III] von Kleve und der Mark beurkundet unter Mitgelöbnis seiner Städte Hamm, Camen, Unna und Iserlohn sein lebenslängliches Schutzbündnis mit Dortmund unter Wiederholung der z. T. erweiterten Bestimmungen von Bd. 4 n. 1051, und verspricht ausserdem, keinen Landfrieden in Westfalen mit Herren oder Städten ohne Zusicherung Dortmunds abzuschliessen, sofern dieses will, sowie bei Übergabe der Herrschaft Mark an einen seiner Söhne diesen gleicherweise das Bündnis beurkunden zu lassen, während die Stadt dem jeweiligen Herrn der Mark für das Bündnis jährlich 150 rhein. Gld. zahlen soll. — 1392 Nov. 30* (ipso die b. Andree ap.).

StA Dortmund; Or. m. 5 anh. S. Abschr. und latein. Übersetzung im Briefbuch S. 30 und 42.

Gedruckt: Rübel-Roese, Dortm. U.B. 2 n. 290a; früher Fahne, Dortmund II, 2 n. 156. Die Gegenurkunde Dortmunds ganz wie oben Bd. 4 n. 1052, mit einem Zusatz wegen der etwaigen Verzichtleistung des Grafen auf die Mark, bei Rübel n. 290b.

75. *Narwa an Reval: meldet einen bevorstehenden Einfall der Russen und rät zur Sicherstellung der deutschen Lagerhäuser. — [1392 Herbst.]*

Aus StA Reval; Or. Pap. Höhlbaum.

Gedruckt: v. Bunge, Livl. U.B. 3 n. 1334; wegen der Datierung s. das. 4, Reg. S. 87 zu n. 1339.

Den vorsychtigen wysen mannen, heren borgermeisteren unde raitman der stat to Revel myt werdicheit detur.

Unse vruntlike grote unde wat wy gudes vermogen. Sunderlynge leve vrunden. Wetlik sy ju[wer] werdicheit, dat wy quade tydynge hebben van den Nouwerden, dat de van dem Nygen slote unde van der Koporyen synt tomal starck unde wylt to uns invallen, dat Got vorbede. Hirumb bidde wy ju vruntlichen, dat y wal wyllen doyn unde seggen den genen, de hir spyker myt uns in der stat hebben, dat sy dar lude up senden, de sy vorwaren unde recht vor doyn. Wert sake, dat sy des nicht doyn en wolden, so wyl wy de spyker anslaen unde wynnen dar lude up, de dar recht vor doyn tor tyt, dat sy sulven recht der van doyn, wente wy en konen se allene nicht vorwaren. J antwerde hirvan. Syt dem almechtigen Gode bevolen.

Burgermester unde raitman der stat tor Narwe.

76. *Köln an den Lübecker Bürgermeister Heinr. Westhoff: lehnt die Mitsendung eines Kölner Ratsherrn nach Brügge, um die er bei seiner Anwesenheit in Köln nachgesucht hatte, wegen zahlreicher Fehden ab, und ersucht ihn, zusammen mit Vertretern der anderen Hansestädte die vertragsmässige Sühne entgegenzunehmen. — [1392] Dec. 5.*

StA Lübeck; Or. m. S.
Gedruckt: Lüb. U.B. 4 n. 787, HR. 4 n. 130.

77. *Kolberg an Lübeck: bittet unter Bezugnahme auf den mit den Vlamen abgeschlossenen Vergleich um Ersatz des seinen Mitbürgern durch die Vlamen zugefügten Schadens. — 1392 Dec. 5.*

Aus StA Lübeck, Pomeranica n. 142; Or. m. Resten d. S. Mitgeteilt von Hn. Staatsarchivar Dr. Hasse.
Gedruckt: Lüb. U.B. 4 n. 570. Verz.: HR. 4 n. 91.

Den erewerdyghen, vorsechychtyghen, loveliken mannen, heren borghermeysteren unde ratmannen der stad tô Lubeke, unzen leven vrunden, wy ratmanne der stad tô Colberge unzen vruntliken grod myd vlytlykeme denste. Heren erewerdyghen, leven vrundes. Alz juwe erebarheyt uns heft tôghescreven, wo dat gy unde de menen stede, de in der Henze syn, hebben enen ende myt den Vlamynghen, alzo dat deme kopmanne syn del syn schade wedderlecht wert, alz wy vornomen hebben, des ys juwer erbarheit wol wytlik, dat wy eer mane breve an juu ghescreven hebben umme unzer borgher schaden, den en de Vlamynghe ghedan hebben, alz Detmer Horn, de unzes rades borghermester was, deme God gnedych sy, Tyderyk Ryken, Hartwych Dobelsten, unse kumpan des rades, Tydeke Blok unde Hannes Moddelmow, unzen medeborgeren, den ere schep unde ere gud ghenomen wart, dar se an schaden umme ghekomen syn alz gôd alz 300 nobelen, alz se uns berichtet hebben, unde wy ok anders nycht en weten, men dat de schade sy ghescreven mank anderen schaden, den de kopman ghenomen heft. Unde bydden juu heren, leven erewerdyghen vrundes, dat gy dun dorch unzes denstes wyllen unde helpen dartô, alz gy beste konen, dat de vorbenomede schade her Jacob Holke, juweme kumpane des rades, antwerdet werde van unser vorbenomeden medeborghere weghen, de in desseme breve vorghescreven syn; unde wes em gheantwerdet wert, dar hebben se ene vor uns ghekoren unde ghemaket tô eneme vulkomene hovetmanne, dat ghelt up tô borende lyke stede, yft se sulven dartô antwerde weren. Unde wes he alzo van erer weghen upbort unde entfenk, dar scholen ze unde wyllen juwe erebarheit nycht meer umme manen, des moghe gy zeker tô uns zeen. Unde bewyset juw hirane, alz wy ghern wyllen dûn by juw unde den juwen an eme lyken edder groteren, wor wy konen unde moghen. Ghescreven na der bort Godes 1392 jare an sunte Nicolaus avende des hylghen byschoppes, under unzer stad secrete ghedrucket an dessen bref tho eyner tuchnysse desser vorbenomeden stucke.

78. *[Graf] Albrecht [von Holland] kündigt den deutschen Kaufleuten alle von ihm oder seinen Vorgängern verliehenen Privilegien und Freiheiten, und fordert sie auf, etwaige Beschwerden gegen ihn oder seine Leute bei seinem Rate anzubringen. — 1392 Dec. 6. Haag.*

RA Haag, Memoriale BD cas. E fol. 50 b.
Gedruckt: HR. 4 n. 135.

79. *Dortmund an Hrg. Albrecht von Baiern, Graf von Hennegau und Holland etc.: bittet, den Nachlass des kürzlich in Dordrecht verstorbenen jungen Dortmunder Bürgers Vrowyn von dem Schide, von dessen noch lebenden Angehörigen ein Bruder zur Zeit in Dordrecht weilt, für die Erben unverkürzt verwahren zu lassen. — 1392 Dec. 11* (fer. quarta post festum concept. b. Marie virg. glor.).

StA Dortmund, Briefbuch S. 187.
Verzeichnet: Rübel-Roese, Dortm. U.B. 2 n. 293.

80. *Aufzeichnung über eine unter Bürgschaft Dordrechts abgeschlossene Vereinbarung zwischen Graf Albrecht von Holland und den deutschen Kaufleuten, wonach die Schiffe, welche mit Umgehung des Dordrechter Stapels nach Flandern [zum Zwijn] gefahren sind, dort durch Abgesandte beider Parteien auf ihre Ladung untersucht werden und die Kaufleute dann bis 1393 Febr. 2 den in Dordrecht hinterzogenen Zoll dafür bezahlen sollen. — 1392 Dec. 19.*

RA Haag, Memoriale B D cas. B fol. 52.
Gedruckt: HR. 4 n. 136, früher v. d. Wall, Handvesten der stad Dordrecht 1, 344. Vgl. HR. 4 n. 134, 35.

81. *Ein Breslauer Bürger an Thorn: erbittet wegen eines Processes ein Zeugnis über ein vor Zeiten abgeschlossenes Tuchgeschäft mit dem Thorner Bürger Clawko von der Linden. — [1392][1] Dec. [19].*

Aus T StA Thorn n. 3095 (119); Or. Pap. m. Spuren d. S. Hagedorn.

Den erbarn und wysin herren, ratmannen czû Thorin sal der breff.

Mynen willegin dinst. Ich bethe üch, libin herren, durch meyns dinstes wille, send noch eweren mitteburger Clawko von der Linden und nemit von im bekentnisse, wy czu eyner czeit geschen ist, das unse kompanye im abekawften drissig Köthenische tuch und unsir bursa im eynen briff vorsegilten dorobir. E dy geldetage der beczalunge quomen, do starb Hannos Schüler, myn brudir, und Hannos Newmarckt, Got gnade ir sele. Dorczu nome wir uff wasser und uff lande grosin unvorwintlichin schadin. Do schreib myn swestir Cecilia und ich Clawko eynen briff, das her czu uns queme, das her icht schadin neme an der beczalunge des geldis. Do sante her Herman, sin brudir, czu uns, der gab uns des geldis tag vyr jar, als in der stat buche geschrebin stat czu Breslaw, und gab uns den hewptbriff wedir. Nu habe ich lute angefangin mit dem hewptbrive, dy unsir bursan geld ynne habin, und wellin dem hewptbrive nicht gloubin und sprechin, ich habe das gewand uff mich alleyne gekawft. Libin herren, wy der erbar man Clawko eyn bekentnisse vör üch tut, des gebit dem keginwortegin manne, der üch den briff antwort, das bekentnisse in eyme offin brive under der stat segil. Das stet mir ümmer ümb üch czu vordynen. Got sy mit üch. Gegebin czu Breslaw am[a] nestin donrstage vör nativitatis Cristi. Vom[b] mir Andris Schüler.

82. *Bericht der hansischen Sendeboten[2] Hinr. Westhof [von Lübeck] und Joh. Hoyer [von Hamburg] über ihre Reise von Gent nach Brügge und ihren daselbst am 21. Dec.[3] gemeinsam mit dem grössten Teil des deutschen Kaufmanns aus Dordrecht* (wel by anderhalf hundert perden) *erfolgten Einritt; über ihre Verhandlungen mit dem Kaufmann wegen seiner Gerechtsame und*

a) Folgt durchstrichen donrst. T. b) So T.

1) *Hannos Schuler zuletzt 1391 als Breslauer Ratmann genannt, Cod. dipl. Silesiae 11 S. 20. Andris Schuler begegnet 1394, Zeitschrift f. Gesch. und Alterthumsk. Schlesiens 6, 338.*
2) *S. n. 76. Weitere Schreiben aus Köln, Lübeck und Dordrecht an die Gesandten vom Dec. 1392 s. HR. 4 n. 131—133.* 3) *Die Brügger Stadtrechnung 1392/93 berichtet zu Ende 1392:* Den Paeweis Perchevale ghesonden ten Damme omme de delivrancchie van vele scepen tortbehorende den Oosterlinghen, de welke laghen voor de speye, 36 s. — Item ghegheven bi bevelne van burghmeesters van costen ghedaen den 29. dach in December tote Pieter Adornes, als de heeren van daer aten ende alle de onderwinen ende alle haerlieder weerde; ende oec so waerer een groot ghelaet van der wet ende van den hoofmannen van der stede, omme de vorseide heeren van Oostland ende onderwinen te feestiegene, dat vertirt 11 lb. 6 s. gr. *Gilliodts-van Severen, Inventaire de Bruges 3 S. 258.*

Städten und mit dem herzoglichen Rat und den Vlamen wegen verschiedener gegenseitiger Beschwerden, über die Jan. 8 erfolgte vertragsmässige Vollziehung der Sühne seitens der 4 Lede sowie ein Gesuch Antwerpens um Abordnung von Sendeboten behufs Beilegung der Zoll- und Accisestreitigkeiten, während Mecheln noch kein derartiges Ansinnen an den Kaufmann gerichtet hat. — 1392 Dec. 19 bis 1393 Jan. 21.

Gedruckt: HR 4 n. 134.

83. *Verordnung der Stadt Brügge über den Gewerbebetrieb und Lohn der dortigen Weinschröder. — 1392.*

Aus StA Brügge, Groten Wittenbouc fol. 69; gleichz. Abschr. **Hagedorn.**

K StA Köln, Abschriften in den hansischen Kopiaren A fol. 173b, E fol. 101, H fol. 96b, nur die erste Hälfte der Lohntaxe von § 6 enthaltend, überschrieben: Item dit es de tax ende loon van den scroders van der stede van Brugghe, also verre als bij den coopliedon van der Dutscher Hanze angaen mach, de welke geordineert was int jaer 1392.

Ute dien, dat vele diverse clachten van vremden coopliedon ende andren neeringhen ende ambochten van der stede van Brugghe commen zijn voor buerchmeesters, scepenen ende alle der ghemeenre wet over de wijnscroders van der vorseider stede in ontamelikere dieusten ende lonen tontfanghene, te bezwarene ende te achterne van den vorseiden coopliedon, neeringhen ende ambochten, ende bi hemlieden zelve gestelt ende gheordonneirt in prejudicien ende achterdeele der vorseiden coopliedon, neeringhen ende ambochten, ende zonder tax of weten van den goeden lieden van der wet: so eist, omme alle zulke clachten te schuwene ende oec omme dat alle dinghen redelike ende weselike ghedaen zouden zijn ende niet zonder consent van der ghemeenre wet vorseit, gheordonneirt, ghesement ende gheavisiert es alle dese naervolghende pointen ende articlen, alle ende elc zonderlinghe bi hem te houdene van nu voordan den ghonen, die nu zijn ende naer hemlieden commen zullen, goed, vast ende ghestade up alzulke prise ende verboerte, als hier naerbescreven staed:

[1.] Int eerste, dat alle scroders in Brugghe, zijnde nu ter tijt of hiernaer commen zullen, eens wesen ende weerken zullen zonder name te hebbene of titel van Rijnscheren of van corten. Ende so wat zij metter vorseider officie ende arbeidene winnen of ghecrighen zullen, dat zij datte ghemeene deelen ende vriendelike deen den andren destribueren zullen van zaterdaghe te zaterdaghe.

[2.] Item dat zij hebben zullen ende al nu kiesen eenen ontfanghere of twee bute haren gheselscepe thaeren wille ende eenen clerc, zonder meer; den ontfanghere of ontfanghere laet hebbende van ontfane ende den clerc van scrivene, ende niement anders.

[3.] Item dat alle daghe achte scroders weerken zullen met haer selves live, zonder yement over hem te stelne of te biddene of eeneghe excusance deraf te doene, si ne waren van so groter noodzaken, dat se de goede lieden van der wet kennen wilden, ende dat zij datte der wet tevoren te kennene gheven zullen.

[4.] Item dat daghelijx ende altoos ten crane zullen zijn achte vrye scroders, dairof de viere zullen bliven resident ten crane vorseit, ende van den andren vieren twee ten buteeorne ende twee ten indoeme; ende dit zonder enich verdrach of middel derin te zoekene of te vindene in eeneghe manieren.

[5.] Item dat niement van den vorseiden scroders enich ghelt commende van der scroderie ontfanghen zal zonder allene de ghone, diere toe gestelt of ont-

hanghers gheordonneirt zullen zijn; ende dat zij datte upbringhen, betalen of soffisante rekeninghe dore zullen haren ghewillen alle zateringhe.

[6.] Dits de tax ende loon van den voorseiden scroders. Eerst[a], dat zij hebben zullen[b] van eenen vate zeems ende olyen, so waert ment voerd bin der stede, eist binnen waters of derbuten, zesse grote van den vate, altoos twee pipen over een vat; ende van verhusene also vele. Item van evre bute malevesien, romenien, garnaten ende Griec 4 grote; ende van verhusene also vele. Item van eenen vate Poytaus ende aysijns zesse grote, twee pipen over tvat; ende van verhusene also vele. Item van elken sticke Vrans wijns, groot of clene, dat cranegheit betaelt, 4 grote; ende van verhusene also vele. Ende aldiergheliike van olyen ende van zeeme commende in Vranx ghebint 4 grote van den sticke. Item van allen Rijnschen winen houdende boven den elleveen[c] zester tote 33 zester 6 grote van den sticke; ende wat daerboven houd, dubbel ghelt; ende wat daerbeneden[d] 11 zestren houd, 4 grote van den sticke; ende van verhusene also vele[e]. Item van den weede van den vate viere grote, twee pipen over tvat. Item van allen packen commende van Noormandien te watre drie grote van den sticke; ende also vele van verhusene. Ende aldiergheliike van allen packen commende van Normandien voorseit over land, bi also, dat se de scroders werken, ende anders niet. Item van elken vate drogher goede, daer de stede recht an heift ende ten crane comt, 4 grote; ende van verhusene also vele. Item van allen vaten wijns, die men taverne leight, cupers toebehoorende, 6 grote, twee pipen over tvat. Ende es te wetene, dat midts desen voorscrevenen loonen ende oordinancien alle lieden onghehouden zullen zijn, eenich drijnghelt te ghevene den scroderscnapen. Ende ware, dat zijt doen wilden bi haren goeden moedwille, elken altoos ghereetscepe doende zonder middel.

[7.] Item so wie den scroders yet tachter of sculdich es van dienste, sal betalen na der voorseider oordinancie. Dat ghegheven es, blijft ghegheven.

Ende omme dat alle dese zaken aldus bi der ghemeenre wet gheordineirt, ghetermineirt ende ghesloten zijn, ende tmeenen es zonder middel, dat zij wel ende vaste ghehouden ende ghestade zullen bliven, beveilt men allen scroders nu zijnde of hiernaer commende ende elken zonderlinghe, dat zij se houden zonder verbreken. Ende so wie de contrarie dade groot of cleene, ende dat ter warachtiger kennesse came van den buerchmeesters of der wet, dien soude men verlaten van siere scroderie ende daeromme loten, ghelijc of soe bi yemens dood verstorven ende in scepenen handen ghevallen of toecommen ware, zonder verdrach of yemene daerin te sparene. Actum in de camere int jaer 1392.

Buerchmeesters: her Jan Camphin ende her Jan Honin.

Daniel.

84. *Ausgaben Brügges für die Sühne mit den Osterlingen. — 1392.*

StA Brügge, Stadtrechnung 1392/93.

Gedruckt: Gilliodts-van Severen, Inventaire de Bruges 3, 251–252; wiederholt hier. S. n. 141.

Item uutgheven den Oosterlinghen ende van dat haren zaken touchiert.

[1.] Eerst so es te wetene, dat teerste payement, dat de Oosterlinghe hebben moesten van den lande van Vlaendre, draeght de somme van 6500 ende 50 lb. gr., vyf vranken ghereckend over een pond grote; ende de gheheele somme van den ghelde, dat de Oosterlinghen hebben sollen van den lande van Vlaendre, draecht

a) Hier beginnt K. b) zullen fehlt K. c) boven eleven K. d) daer fehlt K.
e) Hier schliesst K.

11100 lb. gr., vyf vranken gherekend over een pond gr. Hierof betaelt den her Janne den Hoyere in de name van alle den Oosterlinghen bi der hand van den her Jan Biesen over de portie ende quantiteit van der stede van Brugghe ende van haren smalen steden als van den eerste payemente 2164 lb. 16 s. 7 d. gr. stapelgheits, comt in ouden ghelde, den nobel te 9 s. gr., 2234 lb. 11 s. 1 d. gr., comt in niewen ghelde 1480 lb. 8 d. gr. ende 2 Inghelsche. Ende als van dezen vorseiden payemente so heift her Jan Biese overbrocht eene cedule ghescreven met her Jans Hoyers hand vorseit ende met zinen zeghele bezeghelt, verclaersende, wat ghoude ende te wat prise dat hijt ontfinc, de welke cedule her Jan Biese in zinen handen heift. Ende dat bi der redenen, dat hi tpayement dede ende dat hem staet altoos te verandwoordene. Somme 17868 lb. 8 s. [Par.].

[2.] Item ghegheven Thideman den Brauwere den Oosterline bi der hand van den her Jan Biesen 900 Rynsche ghuldine ende dat na den inhoudene van den traitiete, dat ghesloten was met den Oosterlinghen, daer comt up 120 lb. gr., ghelike dat blyct bi lettren van quitanche. Somme 1440 lb. [Par.].

[3.] Item ghegheven van verliese van ghelde verloren an tghoud, dat men copen moeste ter Oosterlinghen bouf, mids dat men vele diverser ghoudiner munte ontfanghen hadde van den preste, die ghedaen was omme tvorseide payement, de welke de Oosterlinghe niet hadden willen ontfaen te zulken prise. Ende ooc van verliese, dat verloren was an tzelverin ghelt, dat ontfaen was van den preste ende van den smalen steden, daerover dat men ghoud hebben moesten; twelke verlies al drouch 9 lb. 15 s. gr.

[4.] Item ghegheven ons ghedachts heeren secretarissen van den brieven ende previlegen van den Oosterlinghen te scrivene ende te ordineirne ende van den zeghelen, daerof dat sy hadden van den lande 600 vranken. Comt up der stede deel van Brugghe 180 vranken, te 33 groten den vrank; daer compt up 24 lb. 15 s. gr.

[5.] Item ghegheven van den 3 brieven van den coninc, die de Oosterlinghe hebben in versterkinghen van ons ghedachts heeren brieven, de welke brieve costen 50 vranken. Comt up der stede deel van Brugghe 15 vranken; daer comt up 41 s. 3 d. gr.

[6.] Item ghegheven Jan Gheerbaude over sine pine ende moynesse van 27 brieven te scrivene ende te ordineirne als van den confirmatien van den drien steden ende van den niewen pointen gheconsenteirt den Oosterlinghen, daerof dat hem ghegheven was van den ghemeenen lande 60 vranken. Comt up der stede deel van Brugghe 18 vranken; daer comt up 49 s. 6 d. gr.

Item ghegheven den zelven van zidinen coorden, daermede dat de vorseide brieve bezeghelt waren, 16 s. 6 d. gr. Item van 2 groten laden ende 3 cleenen, daerin dat de brieve ghevoert waren, van cottoene, van wassinen cleederen ende van eere groter scrine, daerin dat se ghcleit waren, 21 s. 2 d. gr. Daer comt up 37 s. 7 d. gr.

Item ghegheven den zelven, van dat hi was te Ghend ende tYpre, omme de vorseide brieve te doen bezegheline, en was ute 7 daghe, 40 s. 8 d. gr.

[7.] Item ghegheven bi beveline van borghmeesters meester Gillis den Vulre in hovescheden, van dat hem gheconsenteirt was bi den ghemeenen lande over sine pine ende moynesse ende den groten neerenstichheit, die hi ghedaen heift in ale van den traitiete van den Oosterlinghen ende over de mote ende moynesse, die hi hadde over ende weder varende met den traitiete, twelke hy voerde omme ghesinchen heere te diversen stonden; over der stede deel van Brugghe 20 lb. gr.

[8.] Item ghegheven bi beveilne van borghmeesters Janne van Dornike treckende ten helighen grave in de name van der stede van Brugghe na den inhoudene van den traitiete ende acoorde ghemaect met den Oosterlinghen 150 vranken, den vrank gherekend te 33 gr.; daer comt up 20 lb. 12 s. 6 d. gr.

[9.] Item ghegheven bi beveilne van borghmeesters broeder Omaer van der Couse freminour, Wouter den Wachtere, Jan Maertiaus, Jacop den Baerchgrave ende Mattheeuse van den Brouke, alle treckende tSinte Pieters te Rome na den inhoudene van den traitiete ende acorde ghemaect met den Oosterlinghen, elken 3 lb. gr.; daer comt up 15 lb. gr.

[10.] Item ghegheven bi beveilne van borghmeesters Bertram Bortoene, Janne den Mueue, Aernoude van Hyft, Jan Cloppaerde ende Christiaen den Rovere, alle treckende te Sinte Jacops in Compostelle na den inhoudene van den traitiete ende acoorde ghemaect met den Oosterlinghen, elken 3 lb. gr.; daer comt up 15 lb. gr.

[11.] Item ghegheven bi beveilne van borghmeesters Wilgemine ons gheduchts heeren chevacheur ende sinen ghesellen, van dat sy lettren voerden van ons gheduchts heeren weghe an de smale steden van den taxe, die zy ghetaxeirt waren bi ons gheduchts heeren rade omme de betalinghe van den ghelde, dat de Oosterlinghen hebben moesten van den lande van Vlaendre, 18 s. gr.[1].

[12.] Item ghegheven bi beveilne van borghmeesters Victoro van Leeuweghe over de costen, pine ende moynesse, die hi hadde, van dat hi ontfinc den prest, die de haghepoorters ende andre ghetaxeirt waren te leenne omme tpayement van den Oosterlinghen, 2 lb. gr.

[13.] Item ghegheven bi beveilne van borghmeesters Diederic van den Walle, Heine den Pratere ende haerlieder ghesellen beriders over de moynesse, die sy hadden, de haghepoorters te constreingierne omme te betaelne, ende van huerepaerden, die sy reden te vele stonden, 34 s.

Somme van den voorseiden uutghevene ghegheven den Oosterlinghen binnen desen jare 20730 lb. 2 s. Par.

85. *Der Hamburger Bürgermeister Jan de Hoyere bekennt, für sich und die Hamburger Bürgermeister Cristiaen Miles und Merquard Sereyghem von der Stadt Brügge auf Rechnung der herzoglichen und der Brügger Gesandten 530 und 1200 holl. Guld. erhalten zu haben, als Anteil der Stadt an dem Darlehen von 6700 holl. Gulden, welchen die Gesandten des Herzogs und der vier Lede während ihrer Anwesenheit in Hamburg bei den gen. Hamburgern aufgenommen hatten. — 1393 Jan. 23.*

B StA Brügge; Or. m. anh. S.

StA Ypern; Or. m. anh. S.

Gedruckt: aus B HR. 4 n. 87. Verz.: Gilliodts-van Severen, Inventaire de Bruges 3 n. 763; Messager de la Belgique 1, 194, Diegerick, Inventaire de la ville d'Ypres 2 n. 694.

86. *Ausgaben Brügges in der vorstehenden Angelegenheit. — [1393 Jan.]*

StA Brügge, Stadtrechnung 1392/93.

Gedruckt: Gilliodts-van Severen, Inventaire de Bruges 3 S. 257; wiederholt hier.

Item ghegheven her Janne den Hoyere den Oosterline als van eenen fine ghemaect bi her Jacoppe van den Vagheviere, her Gillis Hasine, bi den heeren

[1] *Dazu berichtet die Stadtrechnung von Damme von 1392:* Ernd Sanders Spierine over een deelemaken van der stede taxe omme tfait van den Oosterlinghen 8 lb. 6 s. 8 d. gr., valent 100 lb. Parisis. *A. a. O. Anm. 2, vgl. das S. 258 Anm. 1.*

van ons gheduchts heeren rade ende bi den anderen ghedepoteirden wesende tAmborgh als van 4700 mannekin ghuldine, daerof dat de ghedeputeirde van Brugghe hadden 1200 mannekin ghuldine ende de heeren van ons gheduchts heeren rade 1700 ghuldine, dats te wetene mer Monfrant van Eessine 1000 ghuldine, meester Gillis de Valre 600 ghuldine ende Pieter Witinc haerlieder clerc 100 ghuldine, daerof dat cam te betaelne up der stede deel van Brugghe als van den vorseiden 1700 ghuldine, die de heeren van ons gheduchts heeren rade hadden, 510 mannekin ghuldine; ende es te wetene, dat de stede van Brugghe betaelt heift van elken honderde 30, daer comt up al van den vorseiden fine 178 lb. 2 s. 6 d. gr. Item noch ghegheven den her Jacoppe van den Vagheviere, van dat verloren was an tvorseide payment te doene, mids dat her Jacop vorseid copen moeste Inghelsce nobele ende mannekin ghuldine bi der redenen, dat de lettren van obligatien, die her Jan vorseid hadde, also verclaersen ende hi hem anders niet wilde laten betalen danne na den inhoudene van sinen brieven, 24 s. 6 d. gr.

87. *Der Hamburger Bürgermeister Jan de Hoyere*[1] *quittiert wie n. 59, aber unter seinem eigenen Siegel, den vier Leden von Flandern und den von ihnen bestellten 24 Bürgen über Zahlung von 5550 Pfd. Grote als zweiter und letzter Rate der Entschädigungssumme von 11 100 Pfd. Grote, und verpflichtet sich, die von ihnen ausgestellten Schuldbriefe bis zum 1. August kassiert der Stadt Brügge zu übersenden oder andernfalls die 5550 Pfd. Grote wieder zurückzuerstatten. — 1393 März 9. Brügge.*

Y StA Ypern, transsumiert in n. 91.

StA Brügge, desgl.

Gedruckt: aus Y HR. 4 n. 79. Verz.: Messager de la Belgique 1, 200, Diegerick, Inventaire de la ville d'Ypres 2 n. 689 (zu 1394).

88. *Die sechs Älterleute des deutschen Kaufmanns zu Brügge beurkunden die vorstehende Zahlung und das Erlöschen der darüber ausgestellten Schuldbriefe. — 1393 März 9.*

Y StA Ypern, transsumiert in n. 91.

StA Brügge, desgl.

Gedruckt: aus Y HR. 4 n. 80.

89. *Graf Dietrich von der Mark beurkundet unter Mitgelöbnis seiner Städte Hamm, Camen, Unna, Iserlohn und Lünen sein lebenslängliches Schutzbündnis mit Dortmund wie n. 74*[2]. *— 1393 März 16* (domin. die, qua — cantatur letare).

StA Dortmund; Or. m. 16 anh. S. — Das. eine nicht ganz vollständige Abschr. a. Pap.

Gedruckt: im Auszuge Rübel-Roese, Dortm. U.B. 2 n. 316, früher Fahne, Dortmund II 2 n. 458.

90. *[Hochmeister Konrad von Wallenrod an K. Richard II von England*[3]*]: sendet eine Klageschrift der preussischen Städte über die den Preussen in England*

[1]) *Vgl. Kämmereirechnungen der Stadt Hamburg 1, 478 zu 1393:* 150 lb. domino Johanni Hoyeri in Flandria. *Über Hamburgs Anteil an der Entschädigungssumme s. das. S. 477, 478 u. 480 passim.* [2]) *Die Klausel wegen Übergabe der Herrschaft Mark fehlt, da zu Anfang des Jahres Graf Adolf die Mark seinem zweiten Sohne Dietrich abgetreten hatte. In diesem Zusammenhang sei auch auf den zehnjährigen Münzverband zwischen Dortmund und Graf Dietrich von 1394 Mai 30 hingewiesen; gedr. Rübel, Dortmunder Finanz- und Steuerwesen 1 S. 290; verz. Dortm. U.B. 2 n. 360.* [3]) *Und entsprechend an London, vgl. die Recesse HR. 4 n. 137, 8: n. 140, 1.*

widerfahrene Unbill; bittet um Wahrung der kaufmännischen Freiheiten und der Verträge von 1388, sowie um Schadenersatz. — 1393 März 27. Stuhm.

Publ. Record Office London, Royal Letters; [Or.]
Gedruckt: Rymer, Foedera 7, 743; wiederholt hier. Verz.: HR. 4 n. 141, Voigt, Cod. dipl. Pruss. 4 S. XXII.

Serenissime princeps, graciose domine. Obtulerunt nobis fideles nostri dilecti consules civitatum nostrarum Prusie cartam quandam graves querelas super nonnullis injuriis et gravaminibus ipsis ac omnibus mercatoribus Prusie in regno vestro illatis continentem, quas quidem querelas articulatim serenitati vestre hiis inclusas destinamus, affectione humili supplicantes, quatenus eas benigna mente attendere ac aure graciosa percipere, Dei quoque ac justicie contemplacione super eis de remedio oportuno graciosius dignemini providere, operosius intendentes, ne ad tam grande sui prejudicium contra libertates et regia indulta ipsis una cum ceteris Almannie mercatoribus per serenitatem vestram ac recolende memorie dominos progenitores et predecessores vestros in regno vestro donata et concessa et presertim contra ordinacionem et composicionem alias per honorabiles magistrum Nicholaum Storkel, Thomam Graa et Walterum Sibile, ambassiatores vestros cum pleno utique mandato, ut in procuratorio per eos adducto, cui regie majestatis vestre sigillum appensum est, liquide constat, ad has partes missos, nobiscum pro parte serenitatis vestre mature digestas et factas[1] opprimantur, injurientur et graventur, sed potius certa hujusmodi libertates et indulta per serenitatem vestram ac etiam vestros graciosius conserventur; quodque dampna passis, pro quibus serenitati vestre sepius scripsisse meminimus, recompensa fiat congrua vel justicie plenitudo. Nam vestri hic in partibus nostris omni, ut speramus, libertate tam in vendendo quam in emendo gaudeant ac pleno jure in petendo dampna sua juxta modum et ordinem per vestros nobiscum ordinatos usi sint hactenus et utantur; simili modo, serenissime princeps, nostris in regno vestro facere fieri permittatis, premium inde ab altissimo recepturus; nosque ad rependendi vicissitudinem tam ad serenitatem vestram quam vestrorum complacentiam erimus prompciores. Datum in castro nostro Stumis, vicesimo septimo die mensis Marcii anno etc. nonagesimo tercio.

91. *Brügge bekundet, dass es die transsumirten Urkunden Hamburgs n. 69, Herrn Jans de Hoyere n. 87 und der hansischen Älterleute zu Brügge n. 88 für die drei anderen Lede von Flandern mit deren Zustimmung in Verwahr genommen hat. — 1393 März 30. Brügge.*

Y StA Ypern; Or. m. anh. S.
StA Brügge, Abschr. im Groten Wittenbouc fol. 11b—12.
Gedruckt: aus Y HR. 4 n. 81. Verz.: Diegerick, Invent. de la ville d'Ypres 2 n. 620.

92. *Herm. Dasberch an den deutschen Kaufmann zu Polozk: berichtet über den guten Erfolg seiner Verhandlung mit Grossfürst Skirgail von Litauen, zu dem er wegen der Arrestirung des Kaufmanns vom Ordensmeister abgesandt ist. — [1393] Apr. 27.*

Aus StA Riga; Or. m. Spuren d. S. Höhlbaum.

An den gheymeynen Duschen copman to Ploscov sal disse breyf.

Nach vruntliker grotse tovoren ghescreven. An myne leyve vrunde, deme ghemeynen copmanne to Ploscov. Weten sole gy, dat myn here dey meyster my hadde ghezant to Lettowen an conink Schyrgaylen alse van juwer weghene, dat gy

[1] Vertrag von 1388 Aug. 21, Bd. 4 n. 939.

dat so lanche besat zyn; unde den hevet hey my ene ghude antworde gheven, dat gy ghenen scaden noch hinder van sy[ne]r weghene hebben en solen, mer hey en wil ju noch ter tiid nicht laten varen, hey wel eyrst hebben enen bref van myme heren den mestere alse van zake weghene; wan ene dey bref comet, so sole gy varen unghehindert. Unde ich hope, dat myn here dey mester ene den breves nicht ene weyghere, unde ich wel des to zerer ryden, dat ich weder come. Vortmer so wetet, dat ich myt deme coninghe ghedeghedinghet hebbe, dat men juwe gud ju sal al weder gheven, dat gy et moghen bruken; unde darvor hebbe ich deme coninghe ghelovet, dat gy juwe ghudes nicht van dar voren solen bytte to der tiid, dat men ju orlof gheret[1]. Hyrumme so dot wol unde holdet dey lovede, des bydde ich ju. Hyrmede so blyvet ghezunt. Valete in Christo unde ghebeydet to my. Ghescreven des sundaghes vor des hilleu cruses daghe. Herman Dasberch.

93. *Hamburg an Lübeck: sein Bevollmächtigter, Ratsherr Joh. Hoyer, hat laut seinem Bericht die zweite Rate der von Flandern zu zahlenden Entschädigungssumme einkassiert und die den einzelnen zukommenden Anteile gemäss dem Recess ausgezahlt, aber sich verpflichten müssen, den kassierten Schuldbrief der 21 Bürgen [n. 48] nebst den Bescheinigungen von Lübeck und Hamburg über die erfolgte Kassierung den Vlamen einzuschicken; bittet um Übersendung dieser Bescheinigung an die Vlamen und um Übergabe des kassierten Dokuments an Hoyer, um dann seinerseits die Kassierung bezeugen zu können. — [1393] April 30.*

StA Lübeck; Or. m. Resten d. S.

Gedruckt: Lüb. U.B. 4 n. 578. Verz.: HR. 4 n. 69.

94. *Die Sendeboten von Deventer, Zütphen[2] und Harderwijk ersuchen den Städtetag zu Lübeck um Zulassung ihrer Bürger zu den drei Ämtern in Bergen gleich andern Hansestädten; Lübeck verweist sie deswegen an die Landesherrschaft, da der Kaufmann hierzu keine Befugnis hat, und verspricht ihnen, ihren Städten auf Verlangen ein Verwendungsschreiben zu geben. — 1393 [Mai 1].*

StA Deventer; Abschr.

Gedruckt: HR. 4 n. 152, früher Charters en bescheiden der Overijsselsche steden n. 47.

95. *Ein Hamburger Schiffer verzichtet gegen die Königin Margaretha und den Schlosshauptmann zu Gurre auf alle Ansprüche wegen seines in ihrem Dienst verunglückten Schiffes. — 1393 Mai 3.*

Aus K RA Kopenhagen, Vosssche Sammlung, Helsingör; Or. Perg. m. anh. S. Junghans.

Gedruckt: Suhm, Hist. af Danmark 14, 575, besser Aarsberetninger fra Geheimearchivet 3, Heft 1.

[1]) 1393 Mai 30 bewarb „der Rigasche Bürger Hermann Dasberch ein von Unterthanen des litauischen Fürsten Skyrgaile für ihn gethanes Gelübde". Bonnell, Russisch-livländ. Chronographie (Or. in der Kaiserl. Bibl. St. Petersburg). [2]) Über Zütphens Teilnahme an Hansetagen in dieser Zeit berichtet die Zutphener Stadtrechnung von 1393: Dirc van den Walle was gevaren toe Lubic mit tween knechten op die daghvaert, ende was uyt van des sonnendages na paesschen [Apr. 13] thent des heiligen sacraments avont [Juni 4]; verteert ende anders uytgegeven 160 gulden, maket 134 lb. 15 s. Item dorwiren 20 gulden, die om die scepenen toe verdrincken gaven; maken 34 lb. 13 s. 8 d. Goerd Grysmer toe Lubic op die daghvaert van wegen deere van Herderwyck, van der Elborch ende van onser stat wegen, ende was uyt in die elfte weke; dat coste onser stat 8 lb. 14 s. Op sante Andries avont [Nov. 29] een bode van Lubic, die den brief brachte van den dagh toe holden op Lichtmisse [1394 Febr. 2] toe Lubic, 1 lb. 13 s. 2 d. Mitgeteilt von Herrn Gem.-Sekretar Gimberg.

Dat onsse borghere to Tiel gheyn alse gheven en sullen.

Wij borghermeystere, scepenen ende raet der stat van Tiel doen u te weten, borghermeystere, scepenen ende raet der stat van Wesel, onsen guden vrinden, dat wij u onse oude ghewoenten, soe die van audis heer comen sijn, hauden willen, alsoe dat u borghere vrij ende los wesen sölen in onser stat van assisen onser stat aenruerende[a] van alle hören goede, dat sij dair kopen ende verkopen, sonder arghelist, also verre als ghij onsen borgheren des ghelikes weder doet. In orkonde des briefs open bezeghelt mit onser stat zeghel. Ghegheven int jaer ons Heren dusent driehondert drieendetneghentich, des sonnendaghes na onses Heren hemelvaerts dagh, dye men scrijft in den Latijn ascensio Domini.

101. *Ordonnanz des deutschen Kaufmanns zu London über die Erhebung von Lagergeld in der Gildhalle. — 1393 Mai 26.*

Aus StA Danzig, Xi 10, Handschr. vom Anfang des 16. Jahrh., fol. 13a. — Das. fol. 171, mit unwesentlichen Abweichungen.

Kommerz-Bibl. Hamburg H 15, Stahlhofsstatuten S. 11; schlechte Abschr. des 16. Jahrh.

Gedruckt: aus H Lappenberg, Urkdl. Gesch. des hansischen Stahlhofes, Urk. n. 106, 44.

Item int jar ons Heren do men schreff 1393 up den andern dagh nach pinxten do wart overeyngedragen by deme oldermanne und ghemaynen copman, dey up dey tit to Londen vorgaddert weren, so wat men parkede eder gud brochte in dye gylthalle, dat men packen solde, offte tonnen effte ander gud in dey gylthalle sette, dey solde den copman gheven in dey busse ane weddersprake 20 s. st.

102. *Hzg. Albrecht von Baiern, Graf von Holland, beurkundet die Entschädigung, welche die holländischen Zollpächter für ihren durch den Abzug des deutschen Kaufmanns aus Dordrecht verursachten Verlust erhalten sollen. — 1393 Juni 5. Haag.*

Aus RA Haag, Memoriale BD cas. R fol. 83. Der tolners versat. Höhlbaum.
Gedruckt: van de Wall, Handvesten der stad Dordrecht 1, 315.

Aelbrecht etc. doen cont allen luden, want onse tolners van Hollant, die onse tollen gepacht hebben, brieve van ons hebben, die inhouden, so wanneer dat die coopmanne van Aelmaengen Tordrecht ghenen stapel en hilde, dat wij dan onsen tolners voirseit versat van horen scade doen sullen bi drien van onsen rade ende bi drien, die onse tolners voirseit van horentweghen dairtoe nemen sullen, so kennen wij, dat gedadinct is bi drien van onsen rade, die wij dairtoe genomen hebben, als here Pouwels van Haastr[echt], here Bruystijn van Herwinen ende Willem van Cronenb[urch], ende bi drien, die onse tolners dairtoe genomen hebben, als Claes Scoutaet, Tielman Haet ende Jan Vincke van Steenbergen, in sulker manieren, als hier naegescreven staet. Dat is te weten, dat onse tolners voirseit voir horen scade, die si geleden hebben, om dat die coopmanne van Aelmaengen ghenen stapel gehouden en heeft Tordrecht van kerssdage[1] tot twalef dage thee in Meye lest voirleden, inhauden sullen seshondert Hollanse scilde, sulke als wij nu ter tijt doen slaen tot sinte Geerdenberge; ende voirt van elken quarte van den toecomenden jaer vijfhondert Hollanse scilde voirscreven in deser manieren: so wanneer dat wij onse tollen voirseit virhuyren of doen verhuyren ende men weet, hoe veel dat si gegouden hebben, dat men dairna sal proeven onser tolners voirseit verlies, ende

a) Sic!

1) 1392 Dec. 25. S. n. 18.

dairan sullen wij hem verset doen na den scade, die sie geleden hebben, om dat die coopmanne voirseit ghenen stapel tot Dordrecht en houden noch gehouden en hebben sider der tijt, als voirscreven is. Ende waer dat sake, dat onse tollen voirseit also vele gooden, als dair si an om vertnyrt geweest hebben, so souden wij hem van den scade, di si voirt geleden hebben, also veel versets doen, als den drien van onsen rade, die wij dairtoe geset hebben, bescheidelliken dunken sal; ende so sal men mede daerup rekenen sulc ghelt, als onse tolners tevoren gegeven hebben, ende dairmede hun verzet of doen gelijc horen anderen scade na belope van der tijt, dat die coopmanne Tordrecht ghenen stapel gehouden en heeft. In oirconde etc. Gegeven in den Hage, up sinte Bonifacius dach anno 93.

103. *Philipp Wyth aus Lynn überträgt sein dortiges Wohnhaus* (capitale mesuagium meum, in quo maneo) *nebst allem Zubehör, das zwischen dem Grundstück des Adam Pike im Norden, der Strasse* Priouris Watergate *im Süden und dem Strande* (communem ripam) *im Westen liegt, an den Bischof [von Salisbury] Joh. von Waltham, an Herrn Georg von Loetharp, den Kleriker Stephan Percy und den Knappen Rich. Muriell. — 1393 Juni 11* (in f. s. Barnabe ap., *16 Rich. II*). *Lynn.*

StA Lübeck, Anglicana n. 67; Or. m. S. Bruns. Vgl. Bd. 4 n. 687.

104. *Stralsund an Lübeck: nach Aussage des Stralsunder Ratsherrn Gregor Zwerting, der vormals durch seinen Diener Nik. Godesprunning 6 Last Häring, von denen letzterem eine halbe Last gehörte, nach Flandern hatte bringen lassen, und der Stralsunder Bürger Adolf Dusowe, Lambert Paleman und Hinr. Wulf, die ebenfalls Häring dorthin gesandt hatten, liegt die [Entschädigungs]summe für dies Gut, das unter ihren Namen in der Lübecker Rolle verzeichnet war, in Lübeck bereit; bittet, dem Lübecker Bürger Werner Hoop als dem Bevollmächtigten der gen. Stralsunder das betreffende Geld auszuzahlen, und garantiert wegen etwaiger Nachforderungen. — 1393 Juni 21.*

StA Lübeck; Or. m. aufgedr. S.

Gedruckt: Lüb. U.B. 4 n. 593. Verz.: HR. 4 n. 93. Vgl. oben n. 97.

105. *K. Richard II von England an seinen Serjeant-at-arms Rob. Markele: befiehlt ihm, die zeitigen Besitzer der in England angetriebenen Waren eines an der seeländischen Küste gescheiterten Schiffes hansischer Kaufleute zur Rückgabe oder zur Erstattung des Wertes an die Anwälte der Eigentümer zu nötigen. — 1393 Juli 3. Westminster.*

Aus Publ. Record Office London, Pat. Rolls 17 Rich. II p. 1 m. 28 d. Pro mercatoribus de Hansa. Nach Abschrift von Ms. M. T. Martin.

Rex dilecto sibi Roberto Markele, servienti suo ad arma, salutem. Scias, quod, cum de avisamento consilii nostri voluerimus et concesserimus, quod dilecti nobis Johannes Odeberenshousen et Arnaldus Speryng, attornati mercatorum de Hansa in Alemannia, qui bona et mercandisas in quadam navi, unde Johannes Dalyng fuit magister, habuerunt, que quidem navis cum bonis et mercandisis ipsorum mercatorum carcata velando de Prucia[1] versus Durdreight per tempestatem maritimam periclitata ac super costeras de Seland confracta fuerat, unde omnes gentes infra

[1]) *Im Juni 1393 wird ein preussisches Schiff* La Baker, *in dem ein englischer Kaufmann John de Scamp aus York Waren im Wert von 200 sh. verladen hat, im Sund in der Nähe von Kopenhagen, wo es wegen Sturm gelandet war, durch Dänen beraubt. Calendars of the Proceedings in Chancery (London 1827), 1 S. XII.*

eandem navem adtunc existencium salvata et quedam bonorum predictorum ad terram in dominiis de Seland et Holand et quedam super costeras maris in comitatu Kancie ad insulam de Taneto et Walmere ac ad villam nostram Sandewici et ad alia diversa loca infra libertatem quinque portuum nostrorum et alibi in comitatu predicto projecta extiterunt, habeant restitucionem et liberacionem dictorum bonorum et mercandisarum sic infra dictum regnum nostrum existencium, prout in litteris nostris patentibus inde confectis[1] plenius continetur, assignavimus te ad compellendum et distringendum omnibus viis et modis racionabilibus omnes illos, qui bona et mercandisas predicta aut aliquam parcellam eorundem habent vel invenerunt, ubicumque infra libertates vel extra inventi fuerint, ad plenam restitucionem eorundem bonorum et mercandisarum, si extent, aut verum valorem eorundem, si non extent, prefatis attornatis seu alteri eorum nomine mercatorum predictorum sine dilacione aut difficultate quacumque faciendum. Et ideo tibi precipimus, quod circa premissa diligenter intendas et ea cum omni diligencia et sollicitudine tuis facias et exequaris in forma predicta. Damus autem custodi quinque portuum predictorum et ejus locum tenenti ibidem necnon universis et singulis vicecomitibus, majoribus, balliviis, ministris et aliis fidelibus et subditis nostris tenore presencium firmiter in mandatis, quod tibi in execucione premissorum intendentes sint consulentes et auxiliantes, quociens et quando per te ex parte nostra fuerint requisiti seu aliquis eorum fuerit requisitus. In cujus etc. Teste rege apud Westmonasterium tercio die Julii. Per breve de privato sigillo.

106. *Hamburg an Lübeck: wiederholt seine Bitte, den Hamburger Bürgern Heyne Steenbeke und Gheerd Nyenborgh, die an dem vom Grafen von Flandern arrestierten Häring* (de den zendeboden van Vlanderen wart overgheven mit anderen schaden, dar dat gelt van an Jowe summen gekomen is) *mit 8 und 5 Last beteiligt waren, ihren Anteil an der Entschädigungssumme auszuzahlen, und garantiert wegen etwaiger Nachforderungen. — 1393 Juli 9.*

StA Lübeck; Or. m. Resten d. aufgedr. S.

Gedruckt: Lüb. U.B. 4 n. 584. Verz.: HR. 4 n. 94. S. oben n. 97.

107. *Die hansischen Ratssendeboten in Lübeck an den deutschen Kaufmann zu Brügge: sprechen ihr Erstaunen aus, dass er sich in der Antwerpener Angelegenheit nicht seiner Instruktion gemäss an den Ratschlag von Köln und Dortmund gehalten hat; sind ferner verwundert, dass er ihre Sendeboten[2], welche nach seiner Rückführung nach Flandern eine Verlesung seiner Ordonnanz wünschten, auf die Verlesung derselben in der Versammlung des gemeinen Kaufmanns verwiesen hat; wollen hierüber mit den gemeinen Städten beraten und verbieten ihm, ohne deren Zustimmung neue Statuten zu beschliessen. — [1393 Juli 22.]*

Gedruckt: HR. 4 n. 157. Angeführt: Rübel-Rose, Dortm. U.B. 2 n. 567.

108. *[Der Grosskomtur Wilhelm von Helfenstein] an die Königin [Margaretha] von Norwegen: teilt bei Beantwortung einer Botschaft der Königin den Tod*

[1]) *Das hier erwähnte Patent, ebenfalls von Juli 3 datiert, ist gedruckt Hanserakten n. 289, bei deren Bearbeitung das vorliegende Stück ebenso wie unten n. 131 noch nicht zur Verfügung standen. In diesem allgemeinen Erlass heisst es zur Begründung des Ausführungsbefehls:* quod jam sufficienter informati sumus tam per litteras carissimi consanguinei nostri ducis de Gelre ac aliorum amicorum nostrorum de partibus exteris quam per alias evidencias et probaciones coram consilio nostro factas et productas, quod bona et mercandise predicta bona dictorum mercatorum de Hansa et non aliorum existunt. *Vgl. dazu unten n. 116.* [2]) n. 82.

des Hochmeisters [Konr. von Wallenrod][1] *mit; bittet, den Orden zu beschützen, seine Unterthanen bei ihrem Geschäftsbetriebe* (in diversis mundi partibus) *vor Schädigung und Beraubung durch die Ihrigen zu bewahren und die Rückgabe der ihnen weggenommenen Schiffe und Güter*[2] *zu veranlassen. — 1393 Juli 27. Marienburg.*

StsA Königsberg, Hochmeister-Registrant 2a S. 102.

Gedruckt: Voigt, Cod. dipl. Pruss. 6 n. 1. Verz.: HR. 4 n. 155, Reg. Dan. II 1 n. 3434.

109. *Derselbe und die Komture von Elbing und Thorn an [den Hauptmann von Gross-Polen] Sandziwog: können ihm auf seinen Brief an den Hochmeister wegen dessen Ablebens keinen endgültigen Bescheid geben; weisen seine Beschwerden zurück und halten dagegen die preussischen Entschädigungsansprüche gegen Krakau aufrecht. — [1393] Aug. 1. Marienburg.*

Aus K StsA Königsberg, Ordensbriefarchiv; gleichz. Abschr. Überschrieben: Sand[ziwoy] pro parte magni commendatoris, Elbingen[sis] et Thorun[ensis].

Vgl. dazu Oesterreich, Handelsbeziehungen der Stadt Thorn zu Polen (Ztschr. d. westpreuss. Geschichtsvereins 28) S. 23. Nach den Krakauer Ratsprotokollen der Jahre 1393 und 1394 wird dort bei der Einfuhr von fremdem Tuch (aus Tirlemont, Ypern, Mecheln) der eidliche Nachweis verlangt, dass die Ware nicht aus Preussen kommt. Acta consularia civitatis Cracov. (Monum. medii aevi res gestas Poloniae illustrantia IV) S. 96, 116, 119.

Liber frund. Ir habet unserm homeister, dem Got gnade, eynen brief nuulich gesant, den haben wir entphangen und wol vornomen. Ouch habt ir uns brive gesant, dy wir ouch wol vornomen haben, und lasen euch wissen, das wir euch nichtis wissen czu antwerten uff unsers homeisters brif, wen her was leyder kuzzlich vorscheiden, do dy brive her qwomen. Sunder wir hoffen, wen uns Got eyn houpt beschert, das euch denne wol eyne antwert doruff werden sal und das her euch in derselben manunge also vol halden sal, also her dieser bysher getan hat. Aber das ir uns schribet, wy das uns[a] wissentlich syn solde, das euch unser homeister, do ir by im und by uns leczt czu Thorun woret, fry und ledig gesprochen hette: liber frund, uns ist wol wissentlich, das doselbist dy sache wart sechs erbaren mannen von beyden syten in dy hand gegeben, denselben ewern brif, von des wegen dy manunge ist, czu dirkennen, dy ouch noch lang wegunge und handelunge, dy sy dorinne hatten, eyntrechtlich vorsprochen, wye das dy von Crokow hetten den unsern ir gut bynnen dem frede, den ir mit unserm homeister vorschreben hat, ufgehalden und bekommert; des woren czwene do von Crokow, dy boten do das recht von der stat wegen czu Crokow, das recht annamete do unser homeister. Und wissen andirs nicht den das euch unser homeister mit solchir underscheid do ledig liess, doch der sachen alleyne, das dy von Crokow den unsern ir gut ofgehalden haben, ab dyselben von Crokow des gerecht worden in solcher wyse, als do geredt wart. Und wir hoffen wol, weren dy von Crokow des gerecht wurden uff der grenitczen und uff den tag als erste Johannes tag[3], als do benannt wart, das euch unser homeister um dy sache nicht me gemandt[b] hette. Und nu den unsern dovor keyn recht gescheen ist von den von Crokow und nu sy ouch des tages nicht gehalden haben, so dunket uns, das her rechte manunge czu euch hatte und wir ouch noch haben, wen unser homeister, als uns czu gedenken stet, alle wege doselbist in syne worten hette, das her sich der sachen ledyg lyse, als ferne ab den unsern recht von

a) uns doppelt K. b) gemandt K.

[1]) Gest. Juli 25. [2]) Eine Übersicht des seit 1377 erlittenen Schadens in der Eingabe der preussischen Städte HR. 4 n. 151. [3]) Juni 24.

den von Crokow geschege uff den tag, der do benumpt wart; were aber, das des nicht geschege, so solden ouch alle teidungen enzwey syn und ir solt in der manunge bliben also vor. Ouch haben dy unsern von Thorun den tag gehalden uff den greniczen an sente Johannes tag und der von Crokow ist keyner dar komen. Vortmer als ir schribet und manet uns um den schaden, der ewern herren des konigen lande und leuten gescheen solde syn, also ir meynit, bynnen dem frede, den wir euch und ewern frunden schreben haben: frund, uns dunket, das ir uns czu unrechte manet, wan ir seyt vor und erst in unsers homeisters und unser manunge und seit uns der noch nicht gerecht worden. Hirumme werdet uns erst gerecht, und wen ir uns gerecht wurden syt, als billich ist, seyn wir euch denne icht phlichtig, das thun wir euch moglich ungemanet, also das ir uns nicht dorum dorfft manen, und wellen alle wege thun, do wir recht an thun. Datum ipso die sancti Petri ad vincula in Marienburg.

110. Stendal, Seehausen, Osterburg und Werben beurkunden ihre von Aug. 24 an auf 3 Jahre abgeschlossene Vereinigung zu gemeinsamer Handhabung der Verfestungen und zur Abwehr jeder Vergewaltigung wie Bd. 3 n. 273[1]. — *1393 Aug. 13* (s. Ypolitus).

StsA Berlin; Abschr.
Gedruckt: Riedel, Cod. dipl. Brandenb. I 25 n. 146.

111. Aufzeichnung über die amtliche Prüfung der im Refektorium des Karmeliterklosters aufbewahrten Gewichte des deutschen Kaufmanns zu Brügge. — 1393 Aug. 24.

Aus StA Köln, Hanse I n. 119; gleichz. Aufzeichnung auf einem schmalen Pergamentstreifen; von anderer gleichz. Hand überschrieben: Dit was ghedaen int jar ons heren 1393. *Höhlbaum. — Abschriften in den hansischen Kopiaren A fol. 154, B fol. 147.*
L StA Lübeck, flandrischer Kopiar n. 8 S. 62; Abschr. vom 1. Drittel des 15. Jh. Koppmann.
Verzeichnet: Mittheil. a. d. Stadtarchiv von Köln 1, 33. Vgl. oben Bd. 3 n. 97.

Int jar van 93 den 24. dach in Augusto so was gheopent de schipreine staande opten reventer ten Fryren, umme to ysean dat loede van den ghewichte, present den borghermeisters der Jan Honyn ende der Jan Camphyn, ende schepene der Joris de Wandeler, der Jan Beroul, ende den meysters van der tolle Karle van Ghistel bastard, Jacob Rohrechtsone, present den yhere Mauricius van Vorsmer[a] ende den weghe Kerstian Koleier. Unde do waren alderlude:

Johan van Welderden	Herman Herbortes
Tideman van Hovele	Conrad Ladenschede[b]
Arnold Calf	Hildebrand Veckinchus.

112. Verzeichnis der Gewichte des deutschen Kaufmanns zu Brügge. — [1393 Aug. 24.]

a) Vorumer L. b) Ladenscheide L.

[1]) *Es fehlen die Artikel 2 und 3 des früheren Bundnisses; die Zahlen der Kontingente weisen unwesentliche Änderungen auf. — Bereits 1393 Juni 24 vereinigen sich die altmärkischen Städte Stendal, Gardelegen, Tangermünde, Osterburg und Werben gegen die Übergriffe des geistlichen Gerichts; Riedel I 6 S. 105. Ein dreijähriges Landfriedensbündnis der Städte der Mittelmark, darunter Brandenburg, Berlin, Cölln und Frankfurt a. O., von 1393 Febr. 2 s. das. I 11 S. 66.*

Aus L StA Lübeck, flandrischer Kopiar n. 8 S. 68. Vornangeht n. 111. Koppmann.

K StA Köln, hansische Kopiare A fol. 154, B fol. 187. Höhlbaum.

[1.] Summa ponderis sunt 24 frusta, quarum:
In primo septem de dimidio waghe.
Item duo quartalia waghe.
Item tria, quodlibet de uno centenario.
Item duo, quodlibet de dimidio centenario.
Item unum de 30 talentis.
Item unum de 24 talentis.
Item unum de 20 talentis.
Item unum de 12 talentis.
Item unum de 6 talentis.
Item unum de 4 talentis.
Item unum de tribus talentis.
Item unum de duobus talentis.
Item unum de uno talento.
Item unum de dimidio talento.

[2.] Item in der vorseiden scrinen ys eyn gewichte van eynen 100.
Item eyn ghewichte van eyner halven waghe.
Item eyn van eynen wagle.
Item eyn van eynen ponde.

[3.] Item ys in der selver kisten silvergewichte:
Int[a] erste van vifftich marken eyn stucke.
Item van 10 marck.
Item eyne[b] marck.
Item eyn[b] halve marck.
Item eyn virdendeyl ponden.
Item 2 loet.
Item 1 loet.

[4.] Desser[c] ghewichte hevet[d] [men] in den wegehuse to sunte Jans[e] bruggen ende to den cranen aldus vele stucke, alse vorseid ys.

113. *Deventer an Lübeck: berichtet, dass der Deventer Bürger Herm. Husman in der Klagerolle über den Schaden, den die Vlamen den Kaufleuten aus Bergen vormals zugefügt haben*[1], *mit eingerechnet ist, und bittet, dem Überbringer Hinrich Semme als dem Bevollmächtigten Hermanns dessen Anteil an der von den Vlamen an Lübeck* (tot awer burger behoef ende der ghevare, die in die rulle ghescreven staen) *entrichteten Entschädigung auszuzahlen, indem es wegen etwaiger Nachforderungen garantiert. — 1393 Aug. 31.*

StA Lübeck; Or. m. Spur d. aufgedr. S.
Gedruckt: Lüb. U.B. 4 n. 586. Verz.: HR. 4 n. 93.

114. *Hzg. Philipp von Burgund verleiht den Kaufleuten der deutschen Hanse einen Freibrief für den Handelsverkehr in Mecheln. — 1393 August. Lille.*

a) Dat in K. b) [illegible] K. c) Item [illegible] K. d) In K ist von jüngerer Hand statt des ursprünglichen [illegible]; [illegible]. e) [illegible] K.

[1]) *S. die Klagerolle der Lübecker Bergenfahrer HR. 3 n. 345, 5; ferner das. 345, 2 und den entsprechenden Klageartikel HR. 3 n. 343, 21. Über den Ausgleich mit den Vlamen s. das. 3 n. 346, 15. Vgl. auch oben Bd. 4 n. 902, 924.*

Aus K StA Köln, Hanse I n. 118; Or. Perg. m. anh. S. **Hagedorn.**

Das., hansischer Kopiar C fol. 16b—18; gleichz. Abschr., überschrieben: Privilegium van Mechlin in Latine van vrijheiden des copmans in aller wijs, als hir naist hernaer gescreven steet. Bij den here den hertoghen ton oegeven van den rade, dar ghij gude vele andere hier wart. Gilles. Visa, duplicata. — *Vorher fol. 11 bis 16b eine niederdeutsche Übersetzung.*

M StA Mecheln n. 101; Or. Perg. m. anh. S. Auf der Rückseite: Van den Oosterlingen van der marct. **Höhlbaum.** — *Eine Abschr. das. im Roodboek S. 169.*

L StA Lübeck, Flandrische Kopiare, Heft von 8 Pergamentblättern, bezeichnet: Up de stad van Mechlen, *fol. 1—3; gleichz. Abschr. — Fol. 3b—4 folgt eine niederdeutsche Übersetzung.*

Li Departementalarchiv Lille, Chambre des comptes B 1321; Abschr.

Verzeichnet: Mittheilungen aus dem Stadtarchiv von Köln 1, 33, van Doren, Inventaire des archives de la ville de Malines 1, 76, Inventaire-somm. des archives départementales, Nord, Sér. B, 1, 234.

Philippus regis quondam Francorum filius, dux Burgundie, comes Flandrie, Arthesii et Burgundie, palatinus dominusque de Salinis, comes Reg(s)telensis[a] ac Masclinie dominus, universis presentibus pariter et futuris salutem. Quoniam in votis precipue gerimus et optamus, ut ad subditorum nostrorum commoda et ad ea, que ipsorum tranquillitatem et utilitatem concernunt, avelemus, attendentes, quod, quanto mercatores in majori copia in villis et locis consueverunt convenire, eo amplius loca illa majoribus se gaudent utilitatibus et tranquillitate potiri; cum igitur villa nostra Masclinie a longissimis citra temporibus famosa sit et fuerit vigeatque et in ipsa viguerit factum mercature, per quod villa predicta super quodam[b] fluvio situata specialiter alitur et fovetur, nos, ipsius nostre ville Masclinie subdictorumque nostrorum, ejus incolarum, statum et factum mercature predicte cupientes augmentare et ut mercatores extranei, specialiter mercatores lige seu confederacionis Theutonicorum, que Hanza vulgariter nuncupatur, quorum frequenciam et amiciciam inter eos et villas nostre Flandrie patrie initam amplectimur, eo libencius dictam nostram villam cum suis mercaturis et mercimoniis visitent et frequentent, quo per nos se senserint majoribus libertatibus, favoribus et previlegiis communitos: hac ducti consideracione notum facimus mercatoribus dicte lige[c] sive Hanze predictam villam nostram cum suis mercimoniis visitare volentibus ea, que sequuntur[d], tanquam dominus Masclinie concessisse[e] de gracia speciali.

[1.] Primo videlicet, quod mercatores Hanze memorate, quicunque et quotcunque sint, cum suis familiis, bonis et rebus dictam nostram villam Masclinie et ipsius libertates per terram et aquam, quociens voluerint, ingredi poterunt et egredi, in ipsa, si eis videatur expediens, commorari, salvis nostris juribus et winagiis ac eciam ville nostre supradicte.

[2.] Item quod dicti mercatores vel eorum familie poterunt sua bona in dicta nostra villa Masclinie, quociens et quibus voluerint, vendere et alia a quibuslibet emere cum corretariis, quos eligere voluerint tam de villa nostra predicta quam aliunde, jure nostro et balie ville nostre supradicte semper salvis.

[3.] Item quod prefati mercatores eorumve familie bona sua in dicta villa nostra vendere poterunt utiliori modo, quo voluerint; et si contingat, eos aliquos contractus cum mercatoribus dicte ville nostre aut aliis inire, et inter ipsos oriatur materia questionis, predictis mercatoribus de Hanzia fiet jus et justicia ad jus dicte ville nostre. Et de hiis, que ab eis ementur vel que aliter quomodolibet eis debebuntur, solventur bona fide et quacunque fraude cessante ad monetam in dicta villa nostra currentem et per nos dominum Masclinie aut successores nostros, dominos

a) Regitestensis K, M, L, Li. b) quodam M. c) lige M. d) sequuntur M.
e) concessisse M.

Mascinie ordinatam vel eciam ordinandam. Sed et pari modo mercatores de Hanza supradicti ea, que ipsos in dicta villa emere contingerit[a], tam pannos et drapperiam quam alia, ad monetam supradictam emerent et emere tenebuntur.

[4.] Item quod dicti mercatores vel eorum familie bona sua, que in dicta villa nostra[b] adducent, si illa non potuerint vel noluerint in ipsa vendere, ea cum aliis, que emerint in villa Masclinie, dum et quociens eis placuerit, per terram et aquam a dicta villa educere valeant pro sue libito voluntatis, winagia solita persolvendo modo et forma, quibus ceteri mercatores in dicta villa facere consueverunt usque nunc, secundum jura et consuetudines ville predicte.

[5.] Item quod alter mercatorum predictorum aut ipsius familia pro debitis vel forefactis alterius detineri vel impediri non poterit, sed dumtaxat pro suo debito vel forefacto, nisi constaret, dictum mercatorem notorie fidejussorem existere aut quod publice societatem haberet cum illo, qui impeditur in debito, propter quod impedimentum oritur tociens, quociens casus accidit.

[6.] Item volumus, omnibus mercatoribus predictis et eorum cuilibet de quibusvis personis jus et justicie complementum fieri secundum jus et legem ville nostre predicte. Et si aliquis ipsis mercatoribus aut eorum alteri obligatus ob deffectum solucionis in prisionibus sive carceribus nostris Masclinie ad nos dominum Masclinie spectantibus detineatur, custos prisionum predictarum tenebitur et remanebit obligatus, dictum prisonarium custodire sub eadem caucione, quam prestitit de dictis prisionibus custodiendis, ville predicte juribus observatis.

[7.] Item quod talis ordinacio, racio et discrecio de pannis in predicta villa nostra Masclinie fiendis apponentur, quod burgenses ville nostre supradicte dictos pannos per tres dies in liberis nundinis detenent et monstrabunt, adeo quod dicti mercatores de Hanza materiam conquerendi non habebunt.

[8.] Item si inter Romanorum imperatorem sive quemcunque alium imperii principem et nos dominum Masclinie nostrosque successores Masclinie dominos aliqua guerra vel discordia orta fuerit, promittimus pro nobis successoribusque nostris Masclinie dominis, animo benivolo conservare dictos mercatores familiamque suam decentem per quadraginta dies, manute(ne)re[c] et publice premunire, priusquam per nos dominum Masclinie vel per nostros successores dominos Masclinie in suarum personarum bonorumve suorum aliquod dampnum incurrant seu gravamen sustineant aliquale[1]. Promittimus eciam, et nos teneri eisdem mercatoribus ex debito firmum tribuere et donare conductum, ut bona eorundem et mercimonia sua extra nostram juridictionem Masclinie emittere valeant seu eciam deportare, quandocunque et quocunque voluerint, per terrarum transitus vel aquarum, et ne in personis propriis et familia decenti ac mercaturis seu bonis per nos vel per nostros infra terminum premonitum impedimento occupacionis arrestentur, sed ville et juridictionis Masclinienesis exitum habeant pacificum et illesum. Si vero infra spacium quadraginta dierum predictorum terminos ville et juridictionis nostrarum Masclinie exire non valuerint per deffectum navium aut impedimento ventus aut aure aut per alias occasiones, damus sepedictis mercatoribus iterato secundo et tercio alias quadraginta dierum inducias, ut supra, et in nostro securo conductu et pacis transquillitate tam in personis et propriis bonis quam familia sua decenti firmiter custodiri[2]. Si vero dicti mercatores communiter vel eorum aliqui in villa nostra Masclinie seu nostre juridictionis Masclinie terminis manere sponte voluerint, illi

a) ? K u. W. b) Fehlt K. c) monnire K.

1) Wörtl. entl. aus dem flandrischen Privileg von 1360, Bd. 3 n. 495 § 4. 2) Das. § 5.

sub securo nostro conductu tam in personis et bonis[a] suis propriis quam familia sua decenti omni securitate et libertatibus omnibus pacifice gaudere debent[1].

[9.] Item prefatis mercatoribus de Hanza vel eorum familie modis et viis omnibus, quibus auxilio nostro indigebunt, dum tamen in posse nostro consistant, favorabiles nos volumus pro viribus exibere. Et si prefatis mercatoribus aut eorum alteri aliqua impedimenta vel deffectus orirentur, que per premissa sopiri non possent, ipsis mercatoribus jura et libertates dicte nostre ville observari bonamque et congruam expedicionem, si et in quantum decebit, ministrari faciemus, sic quod deffectus supradictus secundum omnem racionem et discrecionem ipsis restituetur, in omnibus premissis et ipsorum singulis utendo bona fide, nostra dominacione successorumque nostrorum dominorum Masclinie et jure dicte ville nostre dictis mercatoribus semper salvis, semotis fraudibus quibuscumque.

Et ut omnia et singula supradicta robur obtineant perpetue firmitatis, ea et eorum singula pro nobis Masclinie domino nostrisque successoribus Masclinie dominis ex nostra certa sciencia et gracia speciali premissorum intuitu laudamus in ipsis et ipsorum singulis decretum nostrum apponendo ipsaque grata habentes, prout superius sunt inserta[b], tenere promittimus et inviolabiliter observare, mandantes sculteto, officiariis, subditis et ministris Masclinienensibus quibuscumque et eorum cuilibet, quatenus premissis omnibus et singulis, prout superius scripta sunt et enarrata, predictos mercatores et eorum quemlibet uti pacifice permittant et gaudere absque impedimento quocumque; quod si eis vel eorum alicui latum foret contra presencium tenorem, amoveant et amoveri faciant indilate. In quorum omnium et singulorum testimonium et certitudinem presentes litteras nostri fecimus appensione sigilli roborari. Datum in Insulis mense Augusti anno Domini 1393.

Per dominum ducem ad relacionem
consilii, in quo vos et plures alii eratis.
Gilles.

Duplicata est.
Visa.

115. *Formular zu einem entsprechenden, um einen Artikel verkürzten Freibriefe der Stadt Mecheln für die Kaufleute der deutschen Hanse. — [1393 August.]*

Aus StA Lübeck, Mechelnscher Kopiar (s. n. 111 Stückbeschreibung), fol. 5. [illegible]

Wij communemeesters, scepenen ende raid der stad van Mechlen doen cond allen luden, dat wij umme des ghemeynen besten wille van der stad van Mechlen allen ende een yeghelijken van den copman van Almanien der Dütschen Hanze tobehorende met eren familien ende copmanscepen midden guder ghünsten ende vrienscepen, de wij to emluden draghen, vriendelic untfaen ende ein willecoeren ende consentiren alle de poynte, articlen ende vryheiden, de hir nabescreven staen.

[1.] Int irste, dat elk copman van der Dütscher Hense ende er ghesinde moghen paysilec ende vredelec met eren live ende goede in de stad ende vryheit van Mechlen comen ende dario wesen ende dar wedder utevaren bi lande ende bi watere, wanneer als't em ghenoeghet, beholden altoes onsen lieven gheduchten here ende der stad eren rechten tollen.

[2.] Vort so moghen de coplude vornomd ende ere knapen er goed to Mechlen vorcopen ende ander goed wedder copen, wanneer ende met wien sie willen, to eren besten ende met wat zammcopers, dat sie willen, van buten ende van binnen, beholdelic altoes unser hallenrecht.

a) in bonis B. b) inserta B.

1) Hier, § 6.

[3.] Vort so consentiren wij den copman vorseid ende eren knapen, dat sie eer goed moghen vorcopen to eren schouten binnen Mechlen; ende wat vorwerden dat sie met den luden maken in erer copenschepe, de sal men em holden met der stad recht. Ende men sal se betalen met alsulken ghelde, alse zij bevorwert hebben ende to Mechlen ghenghe ende gheve sal zijn, al ter goeder trouwen sonder arghelist. Ende dat de coplude ende ere knapen dien ghelikes Mechelsche lakene ende ghewant zelen copen met den lakenpenninghe van Mechlen, also onse porteren ende alle andere coplude moten doen na der ordinancie van onser hallen.

[4.] Vort so wat goede, dat de copman of ere cnapen in de stad van Mechlen brenghen ende dar niet vorcopen en connen noch en willen, dat se die goede ende andere goede, de zij to Mechlen copen zullen, ute moghen voren to watere ende to lande op eren rechten tol, ghelijc dat zij ende alle andere coplude to hier to hebben moghen doen na rechte ende ghewonte der stad.

[5.] Vort dat gheen copman vorseid of enich van eren cnapen vor eens anders mans schuld of misdaet ghehouden en sal zijn dan umme sijns selves propre schuld of misdaet, et en ware, dat he kenlic borghe were of dat he openbaer gheselschep met em hadde van der schuld, daer dat ghescil of ware, alse dicke alst ghevleie.

[6.] Vort so willen wij elken van den copluden vorseid up elken persone gherne goed volcomen recht doen ghescien na der stad recht van Mechlen. Ende compt de schuldenere in de vancnisse van Mechlen, de unsen lieven ghedachten here toebehort, so es de Steenwachtere den man schuldich to vorwarene up de borchtucht, die he van den Stene te wachtene ghedaan heft na der stad recht.

[7.] Vort so willen wij alsulke ordinancie ende bescheidenheit keren van den lakenen, de in der stad van Mechlen ghemaket sullen werden, ende van den dren toghedaghen in vryen marketen onsen porteren to doen holden, dats em de vorscreven copmanne billic niet en sal hebben to beroemen.

[8.][1] Vort so willen wij den copluden van Almanien ende eren cnapen vorderlic ende gunstich wesen in allen manieren, des zij van uns behoif sullen hebben, in unsen vormoghene zijnde. Ende wart so, dat den copman of enighen van enluden enich ghebrec wedervore van enighen poynten, de hirinne niet ghescreven en staen, so sullen wij em gherne darto helpen met der stad recht ende vryheiden van Mechlen ende met aller goeder gheroenschep, also verre alse wij zullen connen ende moghen, dat em dat ghebetert ende gherecht werde in allen redenen ende bescheide, ende al ter goeder trouwen, beholden onses lieven ghedachten heren heerlicheit ende beholden den copluden vorseid deser vryheit ende der stad recht van Mechelen; so[2] dats em de vorseide copmanne billic van uns sullen hebben to bedankene ende met eren goede ende copenschepen gherne onder uns sullen comen, alle arghelist utegheschelden.

116. *Wilhelm von Jülich, Herzog von Geldern, an den Rat des Königs von England: bittet, sich beim König für die Rückgabe der aus einem Schiffbruch in England angetriebenen, gewissen deutschen und preussischen Kaufleuten gehörigen Güter an die Eigentümer zu verwenden. — [1393] Sept. 4. Zaltbommel.*

L British Museum London, Cotton. Ms. Galba B I; Abschr. vom Anfang des 15. Jh.

1) *Entspricht dem § 9 des herzoglichen Privilegs.* 2) *Der Schlusssatz ist ungenau, z. T. dem Eingang des herzoglichen Privilegs nachgebildet.*

Gedruckt: Scott et Gilliodts-van Severen, Le Cotton Manuscrit Galba (Collection des chroniques belges inédites) S. 44; wiederholt hier.

Reverendissimis et eximie circumspectis] dominis de magno consilio domini nostri [regis Anglie] et Francie, dominis et amicis nostri[s].

Reverendissimi domini et amici carissimi. Ad audienciam nostram relatu devenit veridico, quod vicecomes Cantuarie, Johannes Wykes scutifer, et Robertus Markley, domini nostri regis Anglie et Francie servitores, de mandato ejusdem domini nostri regis, nostri contemplacione nuper dato [1], nonnulla bona et merces ex quodam naufragio alias apud Hollandiam facto ad litus regni Anglie producta et ad quosdam mercatores Alamanie et Prucie, amicos nostros, pertinencia et eorundem mercatorum signis consignata infra dictum regnum invenerunt et arrestarunt atque detinent arrestata. Reverendissimi domini et amici carissimi. Cum dictum naufragium Dei permissione et absque periclitacione seu morte alicujus humane persone, sicut accepimus, factum dinoscitur, nos dictis mercatoribus, amicis nostris, condolentes vestris dominacionibus supplicamus, quatinus solita pietate vices vestras apud dominum nostrum regem predictum, cui eciam desuper scribimus, velitis nostri amore interponere, [ut][a] prefata bona et merces, ut premittitur, inventa et arrestata dictis mercatoribus restitui atque reddi precipere dignetur, complaciturі in hoc procul dubio Deo et justicie nobisque facturi complacenciam singularem apud vestras dilecciones cum aliis favoribus nobis graciose factis jugiter remerendam. Vestras dominaciones conservet et dirigat altissimus feliciter in longevum. Datum in opido meo Salthomel, mensis Septembris die 4.

Wilhelmus primogenitus Juliacensis, Dei gracia dux Ghelrie et comes Zutphanie.

117\. *Stralsund bezeugt für Lübeck den gesetzmässigen Erwerb einer nach dort verschifften Häringsladung. — 1393 Sept. 13.*

Aus StA Lübeck, Pomeranica n. 146; Or. m. S. Mitgetheilt von Herrn Staatsarchivar Dr. Hasse.

Der Hansetag von 1393 Juli 22 hatte wegen der Unsicherheit auf der See verboten, Hering in Schonen oder Dänemark zu salzen oder zu kaufen, ohne dass sich aber dies Verbot auf die bereits gesalzene oder eingekaufte Waare beziehen sollte: HR. 4 n. 156, 3—4. — Ursprungszertifikate für eingeführten Hering, wie sie durch dies Verbot erforderlich wurden, besitzt das StA Lübeck in grosser Zahl, allein aus Stralsund 62 bis 1394 Mai 22, vgl. Lüb. U.B. 4 n. 591 Anm. 1. Ein derartiges Zeugnis aus Hagenwalde von 1393 Nov. 9 gedr. das. n. 591. S. unten n. 120, 135, 143, 145, 168.

Coram vobis, honorabilibus prudentibus viris, dominis proconsulibus et consulibus civitatis Lubicensis, nostris amicis presincere dilectis, nos consules Stralessundenses protestamur et recognoscimus publice per presentes, quod ad nostram accedens presenciam discretus vir Nicolaus Bellyn concivis noster quosdam alios nostris de concivibus coram nobis secum adduxit, qui clare recognoverunt ac sufficienter verificaverunt, prenominatum Nicolaum ab eisdem octo lastas et duas tunnas allecium, quas Nicolaus jam dictus in vestram transduxit civitatem, in civitate nostra rite racionabiliterque emisse; vestras honorificencias amicose deprecantes, quatenus Viekonem Luneborgh civem vestrum, qui pro premissis allecibus ex parte Nicolai Bellyn predicti concivis nostri, ut asserit, fidejussit, ab hujusmodi fidejussione quitos dimittere dignemini et solutos, unde vestris dileccionibus volumus libenter complacere.

a) ut L.

1) S. n. 104 Anm. 2.

in evidens premissorum testimonium secretum nostrum a tergo presentibus est impressum, sub anno Domini 1393, sabbato infra octavas nativitatis Marie virginis gloriosissime.

118. *Rostock an Lübeck: bittet auf Grund der transsumierten, Bd. 4 n. 791 mitgeteilten Urkunde des Simon Huswacker, dem Bevollmächtigten des Rostocker Bürgers Ertmer Stralendorp, des jetzigen Gatten von Simons Witwe, die 25 £ aus der den Bergenfahrern von den Vlamen zugestandenen Entschädigung auszuzahlen* (wente, alse us berichtet ys, so sint se screven[a] in der scrift, dar der Bergheryarer schade ane screven steyt, de em van den Vlamyngen schen ys[1], unde[b] by en consenteret ys to wedderleggende[b]), *und garantiert wegen etwaiger Nachforderungen.* — *1393 Sept. 17* (des[c] mydwekens na des h. cruces daghe, alse yd vorhoghet wart[c]). *Rostock.*

L StA Lübeck; Or. m. Resten d. aufgedr. S.
R StA Rostock; Entwurf a. Perg.
Gedruckt: aus L Lüb. U.B. 4 n. 590. Angeführt HR. 4 n. 93 Anm. 1.

119. *Reval bezeugt die Aussage seines Bürgermeisters Kurd Kegeler, dass er weder dem Nowgoroder David noch Hintze Melle etwas schulde.* — *1393 September 17.*

Aus StA Reval, 2. Denkelbuch fol. 83b. Hohlbaum.

Int jar unses Heren 1393 in deme dreyundenegentigesten jare, des derden midwekens in deme mane Septembris, do was in unser jegenwordicheit vor unseme zittenden stole des rådes her Cord Kegeler, unses rades borgermester, mit eme Rûssen van Nausgarden, de het Daewyde[d], alse dat de vorbenomede Rûsse her Corde vor uns tosprak van Hintzen Mellen wegene umme 350 stücke sulvers, dar he eme solde vor gelovet hebben. Des entlegede ziik her Cord vorbenomet vor uns und bot ziik des to allerne rechte, dat he alle syner tycht unschuldich were. Des wart dat crûce vorghelegget. Do segede de borgermester to deme vorbenomeden Russen[e]: hiir is her Cord, de but ziik to rechte, dat he dy nicht schuldich ene sii, he sal dy dat crûce kussen, dat machstû Nausgarden zeggen, dat dy hir gheynes rechtes ghewegert ene sii. Do ghenk her Cord Kegeler vorbenomet to und kussede dat crûce, alze dat he deme vorbenomeden Däwyden[d] neyn gelt noch gud noch sylver schuldich ene were, und ok dat he vor Hintzen Mellen vorbenomet deme vorbenomeden Russen noch gheynome Rûssen vor gelt noch vor gud noch vor sylver nû gelovet ene hedde noch vor gheynen menschen gelovet ene hebbe in dussen sacken.

120. *Evrard Hendrelt, Conraerd Iadenschede[2] und Conraerd Ghelreman, Kaufleute aus Deutschland, bekennen, für die Erben* (aeldinghers) *von Heinric*

a) [illegible] R. b–b) [illegible] R.
c–c) [illegible] R. d) [illegible]
e) [illegible]

[1]) *Vgl. die Klagerolle der Lübecker Bergenfahrer HR. 3 n. 345. 5, 8; oben n. 113 Anm. 1.* [2]) *In der Handschrift findet sich fol. 84b noch folgende hierauf bezügliche Eintragung:* Witlik sii, dat de erzame man her Cord Kegeler, unses rades borgermester, dat cruce darup ghekusset hevet, dat he rades und dades und aller zake unschuldich sii, dar eme de Naugarders umme tosculdegeden, alse van Hintzen Mellens wegheme. (*Hohlbaum.*) [3]) *Im Juli 1396 liefern diese beiden der Stadt Brügge Blei zum Bau der neuen Schleuse zu Damme; s. ihre Quittung von 1396 Nov. 20 bei Gilliodts-van Severen, Inventaire de Bruges 3 n. 826, und das. S. 324. Über diese Schleuse, welche Brügge in den Jahren 1394–1396 aus Steinen an Stelle der nicht mehr genügenden alten in Holzbau aufgeführten Schleuse errichten liess, vgl. Gilliodts a.a.O. S. 315–330. Zahlreiche Belege über die grossen für diesen hervorragenden Bau aufgewandten Kosten das. passim.*

Simoens und für Riquaerd Zuurwecker, Jan Zwaerter, Franse van Here, Godschalc Duerenborghe, Winemaer Droghe, Coenraerd Kerrkore und Hildebrand van Handen von der Stadt Ypern durch deren Pensionär Baudin de Merdom 66 Pfd. 11 Sch. 1 Holme Grote, 5 Franken für das Pfd. gerechnet, erhalten zu haben als Anteil der Stadt an der Summe von 232 Pfd. 15 Sch. 8 Pf. Gr., die de steden van Ghend, Brugghe, Ypre ende die van den Vryen den voornoemden coopliedon sculdich waren van zekeren quantiteite van wasse na den inhoudene van zekeren brieven, die sy deraf hebben, bezeghelt met den zeghelen van werden ende wysen Willeme Slyp, balliu van Brugghe, ende van Gillis Spierinc, scoutheete in dien tiden[1] van der voorseider stede, *quittieren der Stadt und dem gen. Baudin darüber und geloben ihnen, sie gegen die oben gen. Empfänger und sonst jedermann dieserwegen schadlos zu halten. — 1393 Sept. 26.*

StA Ypern; Or. m. 3 anh. S. Nach Mitteilung von † Alph. Diegerick.
Verzeichnet: Messager de la Belgique 1. 201 (zu Sept. 25), Diegerick, Inventaire de la ville d'Ypres 2 n. 697.

121. *Rostock an Lübeck: bittet, den Bevollmächtigten der Rostocker Bürger Joh. und Herm. Make die von den Vlamen zugestandene Entschädigung für ihren Stockfisch auszuzahlen. — 1393 Sept. 27. Rostock.*

Aus StA Lübeck, Mecklenburgica A n. 285; Or. m. aufgedr. S. Mitgeteilt von Herrn Staatsarchivar Dr. Hasse.
Verzeichnet: Lüb. U.B. 4 S. 657 Anm. 1. Angeführt HR. 4 n. 93 Anm. 1. S. oben n. 113.

Honorabilibus et prudentibus viris, dominis proconsulibus et consulibus civitatis Lubicensis, amicis nostris dilectis, proconsules et consules Rozstockenses paratam serviendo voluntatem. Wetet, leven vrunde, dat vor us weren de bescheden lude her Johan Make, uses rades kumpan, unde Herman Make, syn broder, use leven medeborgere, unde hebben us berichtet, wo en schade schen si van de Flamingen an Bergher vische, welke schade consentiret is by den Flamyngen to wedderleggende, unde hebben vor us in der besten wyse, alse se mochten, mit rechte to eren vulmechtigen hovetluden gemaket Hinrik Sparken juwen medeborger unde Hermanne van dem Brike, afwesende alse oft se jegenwordich weren, to entfangende unde uptoborende de wedderlage eres schaden, de en boren mach, unde to lyken hovetluden; unde hebben den vorbenomeden eren hovetluden vulle macht gheven, to donde unde latende, lyker wys oft se sulven yegenwordich weren, unde loven stede unde vaste to holdende, wat ere erbenomeden vulmechtigen hovetlude edder erer en in dessen saken deyt edder let. Worumme bidde wy jou vruntliken, dat gi Hinrik Sparken juweme medeborgere unde Hermanne van deme Brike, desses breves wyseren, eren hovetluden vorbenomet, antwerden unde volgen laten umbeworren de wedderlage des schaden uses borgeren vorbenomet, de en boren mach van ereme Bergherviske, wente her Johan Make, de kumpan uses rades was, do em de Flamynge den vorscreven schaden deden, unde syn broder Herman syn gelt dosulves hadde in gemeinschop; dat wil wy gerne vordenen. Wy loven jou darvore in dessem breve, dat jou, den juwen unde alle den ghenen, den desse sake anroren mach, nynerleye manynge darvan schen schal, des[a] gi en antworden[a]; darup hebbe wy van Johan Honover unde Clawes Berghe, usen beseten borgeren, noghaftige be-

a—a) *Auf Rasur*
[1]) *1383, s. Gilliodts-van Severen 4 S. 200 Anm. 12 und S. 201.*

waryage mannen. Scriptum Rostock anno Domini 1393 in die beatorum Cosme et Damiani martirum, nostro sub secreto presentibus tergotenus impresso in testimonium et fidem premissorum.

122. Braunschweig, Hildesheim, Göttingen, Helmstedt, Halberstadt, Quedlinburg und Aschersleben beurkunden ihr auf drei Jahre abgeschlossenes Bündnis gegen Vergewaltigung durch die Landfriedensgerichte. — 1393 Sept. 27.

Aus StA Helmstedt n. 111; gleichz. Abschr. a. Pap. Hagedorn.

Gedruckt: Janicke, U.B. der Stadt Quedlinburg 1 n. 221. Verz.: HR. 4 n. 165, Schmidt, U.B. der Stadt Halberstadt 1 n. 650, Doebner, U.B. der Stadt Hildesheim 2 n. 760; angeführt Chron. der Deutschen Städte 6, 173 Anm. 1.

Wahrscheinlich veranlasst durch die fürstliche Erneuerung des westfälischen Landfriedens Okt. 1391, oben n. 33 Anm. 1; vgl. Lindner, Gesch. des deutschen Reiches unter König Wenzel 2, 286. Vgl. auch oben Bd. 4 S. 768—769 u. Anm. Die Stadt Goslar erhält 1383 Aug. 10 vom Bischof Gerhard von Hildesheim die Zusicherung, dass bei Landfriedensklagen gegen Rat oder Bürger von Goslar ein Landrichter das Gericht nur nach Goslar oder vor die Stadt (dar se velich komen moghen) *legen solle; Or. im StA Goslar.*

We de rede dusser nabenomeden stede, bi namen Brunswic, Hildensem, Gottinge, Helmstede, Halberstad, Quedelingborch unde Ascherslere, bekonnen openbare in dusseme breve, dat we mid gudeme willen unde mid vorbedachtem mode, deme hilligen rike to eren, dusser stede gemeynen unde allen to gude, uns vereynet unde verbunden hebben, alse hir nageschreven steyt. Also weret, dat dusser vorbenomeden stede yenich edder de ore, orer were luttik edder vele, van landfredes wegene gemanet edder geladen worden van deme landvogede edder van den, de in deme landfrede sint, unde dat de yenne, de aldus gemanet edder geladen worden, eyner stad edder mer stede, de in dusser eyninge sint, to wetlende deden, unde dat me der mechtich were to eren unde to rechte to antworde unde to donde: so scholde de stad edder stede, den dat aldus witlik gedan were, to deme landvogede unde to deme klegere truweliken vor se bidden unde recht vor se beden; unde verlogen se dat, deme nicht nade wolden van one nemen unde worden se darenboven verlandfredet, verwiset edder verunrechtiget, so scholde we unde wolden de yenne, de also unrechtiget worden, unverlandfredet holden unde ok de, in welker eyner dusser stede se quemen, husen, hegen unde vordelik sin unde se verbidden, ware we dat vermochten. Ok scholle we vorbenomeden stede unser eyn der anderen alle ding, de sek in den landfrede roren, truweliken ane argelist to gude holden, wur we dat mid eren don mogen. Unde dusse verbund unde eyninge schal anstan nu to sunte Michelis dage negest tokomende unde waren unde bliven dre jar. Des to orkund, dat van uns vorbenomeden steden dit stede unde unverbroken holden werde, so hebbe we unse hemelike ingesegele an dussen breff gehenget laten, nach Goddes bord drittehalfhundert jar in deme dreundenegentigesten jare, in deme dage der hilligen heren Cosme et Damiani.

123. Braunschweig an Göttingen: ersucht um unverzügliche Besiegelung ihrer mit Halberstadt, Quedlinburg und Aschersleben getroffenen Vereinbarung wegen des Landfriedens. — [1393 nach Sept. 27.]

Aus StA Göttingen, Briefsammlung vol. VIII fasc. 6; Or. Pap. m. Spuren d. S.

Den ersamen wisen luden, radismeistern unde ratmannen to Gottinge, unsen besunderen frunden, kome dusse breff.

Unsen fruntliken denst tovoren. Ersamen wysen lude, leven frunde. Alse unse frund von Halberstad, Quedelingborch unde Ascherslere unde de Jawe unde

Egeling von Strobeke, unses rades kumpan, enych geworden syn liliker article alse von des lantfredis wegen, den breff hebben use frund von Halberstad also gescreven laten unde hebben uns den ghesant unde oren breff darby, alse wo gik de breve mydenander senden. Unde we hebben den breff besegilt laten unde sanden den unsen frunden von Hildensem unde screven on, dat uns gud duchte, dat se dat ok besegilden. Des dot wol unde latet gy dat ok besegilen unde vordert dussen boden darmede, so gy erst kunnen; dat dunket uns nutte syn, unde gebedet an uns. Datum nostro sub secreto. Consules Brunswicenses.

124. *Hildesheim, Braunschweig, Göttingen und Helmstedt verbünden sich zu gegenseitiger finanzieller Unterstützung bei Appellationen gegen die Landfriedensgerichte und etwaigen daraus entstehenden Fehden. · 1393 Sept. 29.*

Aus StA Göttingen, Urk. n. 56; Or. m. 3 von 4 anh. S. Junghans.
Gedruckt: Schmidt, U.B. der Stadt Göttingen 1 n. 352. Verz.: HR. 4 n. 166, Doebner, U.B. der Stadt Hildesheim 2 n. 761.

Sehr bezeichnend für die Stellung der Städte zu den landesfürstlichen Gewalten ist es, dass sowohl Göttingen wie Lüneburg sich vom Reichshofgericht ein Weistum ausbitten, ob wegen Abschluss von Bündnissen eine Kassierung oder Verletzung der städtischen Privilegien zu rechtfertigen sei. Die gleichlautenden verneinenden Entscheidungen von 1393 Nov. 5 bei Schmidt a. a. O. n. 354, Volger, U.B. der Stadt Lüneburg 3 n. 1310.

We de rede dusser nageschrevene stede, by namen Hildensem, Brunswich, Ghottinge unde Helmestede, bekennen openbare in dussem breve:

[1.] Were, dat dusser stede yenich, de in dusser enynge syn, vorlantfredet unde vornarechtighet worden tieghen de enynge unde vorbundbreff, de we under anderen gheheven hebben, unde dat we der unschuldich weren to eren unde to rechte, alse de vorgenante breff utwyset [1], unde dat de stad von dem lantfogede appellerede unde an dat hilghe rike sek beriepe, so scholde we, de anderen stede, der stad to hulpe komen myd der helffte der koste unde theringe, wat de appellacie unde beropinge an breven kostede, unde ok de sulffdridde edder sulffverde, de darna redden, darover verteren mochten.

[2.] Were ok, dat se von des lantfredes weghene myd oren wedderssaten to veyden qwemen, so scholde we, de anderen stede, de in dusser enynge syn, unde welden der stad truweliken to hulpe komen jo to dem verndele jares myd also vele gheldes, de wyle dat de krich warede, alse hir nageschreven steyt, by namen Hildensem teyn marken, Brunswich unde Helmestede twintich marken, unde Ghottinge teyn marken. Worde ok de stad, de aldus von lantfredis wegen to veyden komen were, van oren wedderssaten swarliken bedrenget unde also groffliken beschedighet, dar on unvorwinlik vorderfflik schade van wedderstan mochte, unde dat se ore nod unde unmacht uns, dussen steden in dusser enynge, claghelken unde witlich deden unde vorder hulpe bedorfften, unde dat de stede twe, de we darto ghekoren hebben, der stad unmacht in der warheyt irkenden, unde dat de vorgenomeden twe stede uns, dussen steden in der enynge, dat vord vorkundigeden unde witlich deden, so scolde we unde welden der stad, de aldus beswaret were, dusse hulpe tweyolt to hate gheven unde darto der stad beste proven unde don, sunder argelist, alse we vorlest mochten. Unde dusses ghelijk scholde eyn yowelk stad der stad, de des behovede, na orer antale to hulpe don in dussen vorgenomeden stucken, alse dicke alse sek dat gheborde.

[1]) n. 122.

[3.] Were ok, dat dusse stede eyn edder mer uppe eyne tiid aldus to veyden quemen, alse vorgescreven steyt, so scholde we anderen stede, de in dusser enynge sint, weiden den to hulpe unde to bate komen in aller mate, alse vorgenomet is. Konde aver der stad edder steden recht edder bescheidenheyt wedderwaren, alse uns anderen steden, de in dusser enynge syn, duchte redelich wesen, dat scholde de stad edder stede van oren weddersaten nemen.

[4.] Were ok, dat dusser stede yenich, de in dusser enynge syn, myd ghewalt darto ghedrungen worden, dat se des vor unmacht unde unverwintliken schaden, den se darvan nemen edder nemen mochten, nicht vorholden konden, unde dat uns anderen steden screven uppe ore ede, so mochten se den lantfrede sweren, unde scholden darmede ut dusser enynge syn unde der denne vorder nicht ghebruken.

Dusse vorscrevene stucke unde article unde orer yowelk besunderen love we vorgenanten rede unser eyn dem anderen in guden truwen in dussem breve stede unde vast to holdende sunder argelist unde ane alle gheverde. Unde hebben des to merer wytenheyt unse heymeliken ingesegheie witliken henget an dussen breff, de gheheven is na Goddes bord dusent unde drehundert jar darna in dem dreundenegheentigesten jare, to sunte Mychahelis des hilghen ertzengels daghe.

125. *Rechtsatzung der Stadt Riga für den deutschen Kaufmann zu Polozk. — 1393 Sept. 29.*

Aus StA Riga; Or. m. Spuren d. untergedruckten S. Mitgeteilt von Hrn. Stadtarchivar Dr. Schwartz.

Gedruckt: Napiersky, Russ.-livländ. Urk. n. 117, v. Bunge, Livl. U.B. 6 n. 2936.

Desse rechticheit hir nabescreven scholen holden de Dudeschen coplude, de in des copmannes recht behoren, to Ploscow wesende.

[1.] To deme ersten so scholen se kesen under sik enen olderman, de en dar dunket nutte to wesen. Unde de sulve olderman schal sin recht darto doen, dat he des kopmannes recht vorwaren wil, alze hir nabescreven steit, alze he alderbeste kan unde weet:

[a.] Tome ersten male, so schal neman smerich was noch valsch was kopen[1].

[b.] Ok so ne schal neen Dutsch copman was kopen, dat eens wedderworpen is.

[c.] Item weret, dat jennich Dütsche jennerleye gud kofte unde de Russe, dar he dat gud aff kofte, em dat nicht volghen wolde lathen, dat schal de Dudessche deme oldermanne witlik doen, unde de olderman schal dat heten deme meynen kopmanne, dat dat gut neman kopen schal.

[d.] Item so schal neen kopman werk kopen, lasten edder hermelen, boven een quartir, dar he upneme, he schal dat to hus dreghen unde besen dat[2].

[e.] Item so schal nemant kopen werk, dat anderwerff gethogen is up anderen loch[3].

[f.] Ok schal nemant kopen harwerk, dat beschoren is edder ghepluchet is edder mit blye ghewreven is[4], unde ok nene inghebunden

[1] Vgl. Bd. 3 n. 602. [2] Vgl. die d. Nowgoroder Skra, Urkundl. Gesch. 2, 275.

[3] Bd. 3 n. 593 S. 370. [4] Bd. 4 n. 695 bez. HR. 3 n. 76.

dogeneimen unde ok neen barwerk, dat van reynen werke unmeghekaret is[1].

[g.] Ok ne schal neen Dudessche mit den Russen selschap hebben ofte maken.

[h.] Ok ne schal neen Dudessche den Russen stendeve voren.

Alle desse vorscrevene puntte schal men holden, een jewelk bi teyn marken sulvers.

[2.] Unde een jewelk kopman, wan he utvaren wil, schal he ghaen vor den olderman unde schal sin recht doen, dat he desse vorscrevene rechticheit geholden hebbe, al sunder argelist. Unde were jemant, de des nicht doen wolde unde mit vrevelen mode dael vüre, dat schal de olderman deme rade to Rige untbeden, unde dat schal men richten na utwisinghe der ordinancien des meynen copmannes.

[3.] Item so wanner de olderman, de dar ter tiid ghekoren is, utvaren wil, de schal dat willik doen deme meynen kopmanne, unde de scholen kesen enen andern olderman in der wise, alse hir vorscreven steit.

[4.] Unde wanner de olderman vorbodet den meynen kopman edder besundern lichtwelken, mit em to ghande in des kopmannes werve, alze vor den konyng ofte vor den Ploskowern, wer dat sake, dat dat jemant weddersprake, de schal deme copmanne beteren een stucke sulvers.

[5.] Unde wanner dar nye koplude komen, so schal men vor en desse rechticheit lesen.

[6.] So wanner unde weme de olderman dat hêt darto to komende, de schal komen; unde de dar nicht en kompt, de schal beteren deme oldermanne en halven verdingh.

[7.] Ok en schal neen Dûtsche ghaen allene up enen koop, de boven een dusent werkes is. Unde were dat sake, dat se des kopes nicht eens en worden uppe de tiid, so en schal de Dûtsche, de dar mede togheladen was, dat gud nicht kopen binnen dren daghen[2], bi deme vorscreven broke.

Alle desse vorscrevene pûntte unde darvan een jewelk bi sik wil de raed to Rige gantz geholden hebben sunder argelist, bi den vorscreven broke. Tho ener bestedicheit desser dinge vorscreven so hebben wi borgermeistere unde raed to Rige unser stadis secreet bynnen under desse scrift ghedrucket, in den jaren na Ghodes ghebord 1393 uppe de hochtiid sunthe Michelis des ertzeehenengels.

126. *Rostock an Lübeck: bittet, dem Bevollmächtigten der Erben der verstorbenen Rostocker Bürger Bertold Langen und Herm. Beseler die Entschädigung auszuzahlen, welche von den Vlamen für den Häring der Verstorbenen zugestanden ist. — 1393 Sept. 29. Rostock.*

Aus StA Lübeck, Mecklenburgica A n. 297; Or. mit aufgedr. S. Mitgeteilt von Herrn Staatsarchivar Dr. Hasse.
Verzeichnet: Lüb. U.B. 4 S. 657 Anm. 1; angeführt HR. 4 n. 92 Anm. 1. S. oben n. 97.

Den erbaren wysen mannen, borghermesteren unde radmannen to Lubeke, usen leven vrunden, borghermestere unde radmanne to Rozstock usen wylligben denst unde wes wy gudes vormoghen. Wetet, leven vrunde, dat vor us weren de bescheidenen lude alse Hinric unde Herman brodere ghebeten Langen, de neghesten erven Bertold Langen eres broders, Hans Beseler unde Everd Junge, de negesten Herman Beselers, den God gnade, use medeborghere, unde hebben us berichtet, wo

[1]) Bd. 3 n. 593 S. 370. [2]) Vgl. Urkundl. Gesch. 2, 271.

Bertold Langen vorbenomet schade schen sy van den Flamyngen uppe seven punt grote unde Herman Beselere uppe ses punt grote in beryuge, de en mede tohebore, alse se ere gheit hadden in selschop, welke schade consentiret is by den Flamyngen to wedderlegende. Des hebben se vor us, alse se alderbeste mochten, myt rechte vulmechtich ghemaket Werner Hope juuen medeborgher to Lubeke, afwesende alse oft he jeghenwordich were, to entfangende de seven punt grote van ever unde Bertold Langen weghene, eres broders unde neghesten erven, unde ses punt grote van Herman Beselers weghene, dar Hans Beseler unde Everd Junge de neghesten to syn, van deme beryngschaden erbenomet, unde hebben erem vorbenomeden hovetmanne vullemacht gheven, darby to doende unde to latende, likerwys oft se sulven jeghenwordich weren, unde loven stede unde annàme to holdende, wat Werner Höp ere hovetman by dessen vorscreven saken deyt edder let. Worumme bidde wy ju vruntliken, dat gy dat gheit van deme vorscreven beringschaden, de by den Flamyngen wedderlecht is, antwerden unde volgen laten van us borghere unde erer neghesten weghene dikkebenomed Werner Hope vorbenomet. Wy loven ju darvore in desser scrift, dat ju edder den juuen unde alle den jenen, den deme sake anroren mach, nynerleye namanynge darvan schen schal in tokomenden tyden, wen gy Werner Hope van der vorbenomeden lude weghene antwerden unde volghen laten; darup hebbe wy van Hinrik Langen unde Everd Jungen, unsen bescreven borgheren, noghaftyghe bewaringe nomen. Screven to Rozstock na Godes bord drutteynhundert jar in deme dreundenegheentegheesten jare in sunte Mychelis daghe des ertzengels, under user stad secrete to ruge drukket uppe dessen breff to tughnisse desser vorscreven dinghe.

127. *Vor dem deutschen Kaufmann zu Brügge verpflichten sich die Bevollmächtigten Mechelns namens der Stadt zur Aufrechthaltung des den deutschen Kaufleuten vom Herzog von Burgund verliehenen Privilegs [n. 114] und eines ergänzenden städtischen Freibriefes [n. 115] sowie eines Zusatzartikels. — 1393 um Sept. 29.*

Aus StA Lübeck, Mechelnscher Kopiar (s. n. 114 Stückbeschreibung) fol. 4 b. Brans.

Willic si allen luden, dat in den jar ons Heren dusent drehundert dreendeneghentich ommetrent sunte Michaels daghe so quamen to Brueghe to den Karmers int reventer van der stad van Mechlyn an den copman van Almanien her Gherd de Winter communemeester, her Johan van Papenbroke deken, her Symon Blanke schepene, Hinricus, ghezworne secretarius der stede, Johan de Conine, ghezworne camerline der stede; unde desse gude lude vorscreven woren volmechtich van der stede weghen van Mechlyn unde loveden dem copman, alle de privilegie unde vryheit in allen eren pûnten unde articlen to holdene, de em de hertoghe van Borgonien up de stede vorseid ghegheven unde bezeghelt heft, alse vorscreven is[1]. Vort nimmo dat somme pûnte nicht al clarliken utghedrucket en zijn in der vorseiden privilegien, so hebben de vornomde personen volmechtich van der stede van Mechlyn des ghelikes ghelovet, de ponte dem copman to holdene, de hir naghescreven stan[2], so dat elk poynte dem anderen to profijte come to guder trouwen unde to guder vorstentnisse, so dat desse poynte den anderen poynten in der privilegie vorseid noch de dessen en moghen nicht noch schuldich zijn in alle of in eden in enigher manieren prijudicie to draghene of contrario to wesene, overmiddes dat de poynte tovoren mit der stede overeen ghedreghen weren bi sendeboden, de

[1] n. 114. [2] n. 115.

so an den copman hadden ghesand[1], unde bi sendeboden, de de copman wedder an de stede van Mechlyn sante, er des hertoghen breve ghemaket worden.

Ok so hebben de vorseiden her Gherd de Winter communemester, her Johan van Papenbrok deken, her Symon Blanke schepen, Hinricus, ghezworne secretarius der stede, unde Johan de Comine, ghezworne camerline der stede, volmechtich van der stede van Mechlyn vorseid dem copman ghelovet, dit poynte sunderlinghe to holdene:

> Weret sake, dat enich man of knecht des anderen gheld of wedderlecghinge hedde, so is des copmans meninghe, dat de man des gheld, dat he heft, nicht vorder en sal schuldich ghehalden to wesen, wan sine wedderlecghinge to strecket.

Unde dat hebben desse vorscreven personen volmechtich van der stede van Mechlyn an den copman ghesent ghelovet to guder trowe, dat dat sal wesen sunder begryp, umme dat id nicht clarlike in der privilegie utghedrucket en is.

Unde alle andere poynte, de dem copman to bate comen moghen unde to proffijte, de in der privilegie nicht begrepen en zijn, hebben de vornoemden personen ghelovet van der stede weghen van Mechlyn dem copman, dat to holdene na der stede unde mit der stede rechte van Mechlyn unde al to guder trouwe to eren schonsten sunder arghelist.

128. *Stralsund bezeugt für Lübeck, dass die von Gerhard Greutze im Schiff des Nikolaus Woltersson verladenen 18½ Tonnen Häring vor der Verordnung der Städte gesalzen waren und in Stralsund vom Eigentümer vorschriftsmässig eingekauft sind. — 1393 Okt. 1* (quarta fer. p. Mich.).

StA Lübeck, Pomeranica n. 140; Or. m. S. S. oben n. 117.

129. *Dortmund[2] an Dorpat: bittet, den Dorpater Bürger Vrowyn Krukener anzuhalten, dass er seinem Bruder, dem Dortmunder Bürger Everd Krukener, auf Grund eines zwischen ihnen 1378 Aug. 23 gerichtlich abgeschlossenen Vertrages* (dat Bernd Wegenere buten der rekenschap und schedinghe bleven were, dey tuschen Everde, synem brodere, unde emo gevallen were, und wat Bernd vorgenant van Vrowyns wegene hedde, dat solde erre beyder blyven Everdes unde Vrowyns brodere vorgenant), *die Hälfte des Gutes verabfolgen lasse, welches Bernd noch von Vrowyns wegen in Besitz hat. — 1393 Okt. 22* (fer. quarta prox. p. f. b. Galli conf.).

StA Dortmund, Briefbuch S. 325.
Gedruckt: Rübel-Roese, Dortm. U.B. 2 n. 336.

130. *Der Baillif von Sluys bezeugt, dass ein Teil der Ladung eines dort angekommenen Schiffes mit Wismarer Bier durch zwei hansische Kaufleute nach England wieder ausgeführt ist. — 1393 Nov. 25.*

Aus Departementalarchiv Lille, Chambre des comptes B 1225; Or., S. ab. Nach amtlicher Mitteilung.
Verzeichnet: Inventaire-somm. des archives départem., Nord, Sér. B, 1, 235.

1) *Vgl. HR. 4 n. 134, 11.* 2) *1395 Febr. 26 beglaubigt Dortmund bei Reval seinen Bürger Heinr. Egrund als Bevollmächtigten einer gen. Dortmunderin zur Einforderung des Nachlasses des dort verstorbenen Joh. tor Ypern; Rübel 2 n. 895. Ebenfalls an Reval schreibt 1393 Mai 25 Soest wegen der Hinterlassenschaft des Konr. von Elten, zu deren Erhebung Gotsch. Lenerdijk bevollmächtigt ist, sowie 1397 Apr. 26 Lemgo wegen der Erbschaft des dort verstorbenen Lemgoers Gotsch. Schwarzeberger. 2 Or. im StA Reval.*

Die Rechnungen der Wasserbaillifs von Sluys, welche das Liller Archiv für die Zeit von 1369 bis 1479 bewahrt, bieten eine lehrreiche Quelle für den Verkehr im dortigen Hafen. Für den Anteil der Deutschen im 14. Jahrh. folgen hier einige, der Güte des Herrn Archivar Finot verdankte Auszüge. 1369 Okt 15: ergebnisloses Verhör von Claiz Dieryhare gen. Croest aus Preussen (Pruuschen) wegen Verdachts, seinem Kapitän Geld gestohlen zu haben. — Rechnung von 1394 Sept. 21 — 1395 Jan. 11: Kanaline Lobrecht Bonacopiae Allemand pour le souspechon davoir contrefait lettres closes et le seel et marques dun marchant Alemand et avec yceller alle querre argent aux compaignons diceli Allemand; liquel Lobrecht en la maniere fourme le condemna et gist encoire en prison, pour les paier selon loy de la ville, ainsi que au fait appartient; paye au prodeur pour ses frais et despens et pour son service 40 sols. *Die Rechnung von 1395 Jan. 11 — Mai 10 verzeichnet die Kosten für die Bestrafung Lobrechts, der am 10. Mai auf die Schandleiter gesetzt und gebrandmarkt wird* (pour mettre en lechielle et flasterie). *Ferner:* De Volkart filz Jehan Allemant pour avoir tire un coutel sur Martin Pennine aussi Allemand 9 livres 12 sols. — *Rechnung von 1395 Mai 10 — Sept. 20: 24 Pfd. gezahlt von Albertus de la Hale, Klerk der Deutschen Altesleute zu Brugge, für die Güter des verstorbenen Deutschen Claeswart van Vreden. Sept. 20 — 1396 Jan. 10: Zahlung einer Geldstrafe von 10 Pfd. 16 Sch. durch den aus Deutschland gebürtigen* valet marcenier *Henne Scorrenbrecht.*

Je Jehan Slijp, a present bailli de la ville de lEscluse, pour mon tres-redoubte seigneur, monseigneur le duc de Bourgongne, conte de Flandres, dArtois et de Bourgongne, certifie par ces presentes a tous, aux quels il appartiendra, moy souffisaument estre informe et acertene tant par Estienne de le Wynhuse, hostelain et bourgois au dit lieu de lEscluse, comme par plusieurs courtiers dicelle ville, que des cinquante un lez de cervoise de le Wysmarch, qui furent chargiez en la nef de Bernart Snackenbrque de Amborgh, le quel arriva ou port de lEscluse le 15. jour du mois de Novembre [13]93, les onze lez sept tonneaux ont este deschargiez de la diete nef en un vessel, ou quel par Jehan Hessel et Volmare de le Worde, marchans de la Hense dAlemaigne, ils furent menez a vente en Engleterre, senz ce quils faissent vendus ou dit port de lEscluse. Tesmoing mon seel mis a ces presentes. Donne le 25. jour du dit mois de Novembre lan 1393 dessusdit.

131. *K. Richard [II] von England an den Befehlshaber von Dover und Custos der fünf Häfen, Joh. de Beaumont, und dessen Stellvertreter, sowie an die Mayors von Sandwich und Dover: beauftragt sie unter sinngemässer Wiederholung seines oben S. 60 Anm. 1 angeführten allgemeinen Erlasses, die betreffenden Waren an die Anwälte der Eigentümer abliefern zu lassen und alle sich dem Widersetzenden bis auf weiteres zu verhaften*[1]. *— 1393 Nov. 28. Westminster.*

Publ. Record Office London, Pat. Rolls 17 Rich. II p. 1 m. 6. Pro mercatoribus de Hansa. *Gleiche Erlasse an den Sheriff von Kent und an Joh. Pafford.*

132. *Vor dem Lübecker Rat klagt der vormalige Rostocker Schiffer Heyno Haghemester gegen die Lübecker Bergenfahrer auf Zahlung des ihm noch geschuldeten Frachtlohns für den im Jahre 1383 um Sept. 21* (circa festum b. Mathei ap.) *ausgeführten Transport ihrer Güter aus Bergen nach England. Das Gericht spricht die Beklagten frei, weil sie sich nach eidlicher Aussage von Heinr. Zemelowe und Thideke Stur, die an der betreffenden Schiffsladung nicht be-*

[1]) *S. oben n. 116. 1393 Nov. 3 weist der König die Priore von Canterbury und Dover und die Gräfin von Oxford zur Ablieferung einzelner von ihnen in Verwahr genommener Güter aus demselben Schiffbruch an; Hanseakten n. 270 - 272. Weitere Ablieferungsbefehle aus späterer Zeit, an die Äbte von Canterbury und Battle und an verschiedene Privatpersonen gerichtet, s. das. p. 273—276.*

teiligt waren, in dieser Sache bereits zu Boston in England mit dem Kläger gerichtlich auseinandergesetzt haben. — 1393 Nov. 30.

StA Lübeck, Aufzeichnung im Niederstadtbuch zu 1393 Andree.
Gedruckt: Lüb. U.B. 4 n. 596.

133. *Hamburg an [Hzg. Philipp von Burgund]: ersucht um Abstellung des in Brügge und Sluys von dem osterschen Bier widerrechtlich geforderten Grutgeldes von 2 Groten vom Fass. — [1393 Herbst.]*

Aus L Departementalarchiv Lille, Chambre des comptes B n. 19029; sehr beschädigtes Or., S. ab. Mitgeteilt von Herrn Archivar Finot.
Gedruckt: Messager des sciences historiques de la Belgique 1864, 491.

Fur die Datierung vgl. die Notiz der Brugger Stadtrechnung von 1393: Item den 9. dach in October Franchoise den Capere ghesendt te Hymele an minen heere den canchellier omme dat van den Oosterlinghen ale van den 2 grotes van haerlieder brieve, van 4 daghen, 4 lb. Parisis sdaeghs; somme 16 lb. Par. *Gilliodts-van Severen, Inventaire de Bruges 3, 260.*

Humili et benivolo nostro servicio cum omni complacencia pro nostra possibilitate preformato. Magnifice princeps et domine benignissime. Vestram gloriosam dominacionem et lanstam benignitatem [cred]imus non latere, qualiter alias eadem vestra domi[naci]o nobis et communibus civitatibus Romani Imperii Hanse Theotonice inter ceteros articulos graciose indulserit ac litteras concesserit sigillatas, videlicet quod de omni cer[visia] in dictam Hansam spectante nil plus dare debeat pro assisa qui [eam] ad ducillum propinat quam octo grossos de qualibet tunna[1]. Hoc est quod multorum nostrorum [conci]vium et mercatorum significacione didicimus, qualiter burgimagistri et consules villarum vestrarum de Brugis et [Slus] non solum recipiunt ac recipi faciunt octo grossos ad prestationem assise, sed etiam ultra hoc domini, qui presunt cervisie vulgariter grût dicte, recipiunt et exigunt duos grossos nomine dicte cervisie grût, vulgariter grûtghelt nomen eis imponentes. Cujus pretexta dicti nostri concives et mercatores se exponunt affici contra vestr[i in]dulti gracie ac litterarum vestrarum sigillatarum continenciam et tenorem. Cum igitur, illustrissime princeps, cervisia partium orientalium Hanse prescript[e][a] ad da[ndum] assisa[m, que] grûtghelt appellatur, [non] sit astricta, eidem dominacioni vestre gloriose precibus humillimis supplicamus, [qua]tenus dicte gracie ac litterarum vestrarum attento tenore formali, amore Dei et justicie precumque nostrarum ac serviciorum indesinentissimorum intuitu taliter ordinare et effi[cere] dignemini, quod predicti d[uo grossi] ultra dictos octo grossos de cetero non recipiantur, exhibentes vos adeo graciosum et benignum in premissis, prout de serena vestra plenissime confisi s[umus] dominacione. Pro quo vestre serene [nobi]litati cupimus in omnibus nobis possibilibus cum beneficencia complacere. Omnipotens vestre nobilitatis pers[onam] servare dignetur per tempora [longiora] nobis precepturam. Scriptum nostr[e] civitatis sub si[g]illo.

Consules Hamburgenses.

134. *Lübeck erteilt seinem Ratsherrn Joh. de Store u. Gen. sowie 11 anderen gen. Mitbürgern einen Zuversichtsbrief nach Rostock, um durch ihre Vertreter Nik. Brand und Heinr. Tolzyn 17 Last 3½ Tonnen Häring und 1 Viertel Aal wiederzuerlangen, welche ihnen im letzten Herbst bei der Rückkehr von Schonen durch zwei Rostocker Bürger aus dem Schiffe des Rolav von dem Bussche weggenommen sind[2]. — 1393 Dec. 4.*

a) prescripti L.

[1] *Privileg von 1392 Mai 12, n. 9 § 9.* [2] *Das Lübecker Niederstadtbuch verzeichnet zu Dec. 4 und 13 noch 13 ähnliche Verwendungsschreiben nach Rostock wegen gekaperter Güter,*

StA Lübeck, Aufzeichnung im Niederstadtbuch zu 1393 Barbare. Gedruckt: Lüb. U.B. 4 n. 597.

135. *Hela an Lübeck: bittet, die einem seiner Bürger konfiscierten 7 Tonnen Häring zurückzugeben, da derselbe ohne Kenntnis des Gebotes der Städte abgesegelt ist*[1]. — *1393 Dec. 6.*

Aus StA Lübeck, Borussica n. 13; Or. m. Rest d. S. Mitgeteilt von Herrn Staatsarchivar Dr. Hasse.

An de erbaren heren borgermestere unde raedmanne to Lubeke disse bryf mit werdicheit.

Vor juw. erbarn heren, borgermestere und raedmanne der stad Lubeke. Weten sal juwe erbarecheit, dat wy raedmanne van Hele bekennen, dat Hinrik Jegher, disse bryfwiser, unse medeborger, vor uns is gewesen und hevet geclaget, dat eme genomen si seven tunne heryngen van juwer wegene als van dem ghebode, dat gescheyn solde wesen. Des quemen twe unser borgher, de mit uns wonaftich sint, den wol to lovene is, und tugeden vor uns also, dat de vorgenante Hinrik Jegher van Hele zeghelde achte dache na sunte Domynike[2] und van neynem gebode nicht en woste; ok so en is neyn bod geboden van den saken, dat uns willik en si. Darumme so bidde wy ju vruntlike, dat gi wol doen umme unses vordynstes willen unde heren juwe genade to deme schamelmanne unde geven eme sinen hering weder; dat wil wy tighen ju vordynen in enem geliken, war wy konnen und moghen. To enem getuchnisse so drucke wy raed van Hele unse ingezegel an disen bryf. Gegeven in den jaren Godes 1393 in die Nycolai.

136. *Die Lübecker Bürger Albert Raven, Ludeke Greve, Peter Nyenborch und Curd Vinke bekennen, dass sie für die 8 Last Häring, die ihnen aus dem Schiffe des Hinrik Clützen durch Werner Russowe, dessen Diener und Helfer weggenommen waren, von diesem entschädigt sind, und verzichten auf alle weiteren Ansprüche gegen dieselben. — 1393 Dec. 13* (in s. Lucien daghe der h. junkvr.).

Aus StA Rostock; Or. m. anh. S.

137. *Wismar an Lübeck: nach Aussage des Johann van deme Lo sind zwei halbe Tonnen Häring, die er an Engeke Nachtegal und Peter Rytzeke, Bürger in Lübeck, gesandt hatte, dort mit Beschlag belegt; teilt deswegen das Zeugnis des Schiffers Peter Johansson über den rechtmässigen Erwerb des Härings mit* (wo her Cordes knechte van Kåmen, de gevangen is in Denemarken, de vûren to Schone in de zee unde hadden den harink salven gevolten unde heden ene, den harink herwert to bringende; unde is nommende afgerovet edder genomen). — *1393 Dec. 16* (fer. tercia p. Lucie).

StA Lübeck, Mecklenburgica n. 259; Or. m. S. S. oben n. 117.

138. *Die preussischen Städte an die Königin Margaretha von Dänemark: danken u. a. für die Rückgabe der in ihrem Reiche weggenommenen preussischen*

zumeist Häringe; Lüb. U.B. 4 n. 597 Anm. 1. Eine Liste von Waren, welche die Wismarer im September 1393 auf der See geraubt haben (Wachs, Pelzwerk, Zwirn) a. a. O. n. 593. Vgl. das bremische Schadenverzeichnis HR. 4 n. 645. Über die Beeinträchtigung des hansischen, namentlich des preussischen Handels durch die Kapereien der mecklenburgischen Vitalier ist das Material in HR. 4 gesammelt. [1]) *S. n. 117. Über die Mitteilung des Beschlusses des Hansetages an die preussischen Städte vgl. HR. 4 n. 158, 159, 161.* [2]) *Aug. 12.*

Schiffe und Güter[1] *und für ihr Erbieten zur Ersetzung des übrigen preussischen Schadens; berichten ferner, dass beim Schiffbruch des Elbingers Arnold Duker bei Bornholm der Vogt des Erzbischofs von Lund die Ladung geborgen und nach Hammershus gebracht hat, sowie dass die den Livländern gehörigen Güter eines an der schonischen Küste gescheiterten Schiffes ebenfalls geborgen sind, und bitten, die Herausgabe dieses Gutes nach Abzug des Bergelohns zu veranlassen, gemäss den Privilegien K. [Waldemars], des dänischen Reichsrates und des Erzbischofs von Lund*[2]. — *[1393 Dec. 18.]*

Gedruckt: HR. 4 n. 173, im Auszuge Hübertz, Urkunden zur Geschichte der Insel Bornholm (Kopenhagen 1852) n. 4. Verz.: Reg. Dan. II 1 n. 3110.

139. Göttingen an Lübeck: bittet, den dort hinterlegten Nachlass eines zu Bergen erschlagenen Göttinger Bürgers an dessen Mutter auszuhändigen. — 1393 Dec. 21.

Aus StA Göttingen, Hanseatica vol. 1; Entwurf. Bruns.

Unse willige vruntlike deinst tovorn. Ersamen wisen manne, borgermestere unde radmanne to Lubeke, besunderen leven heren unde vrunde. We begeren juwe ersamicheid vruntlike weten, dat we enkede berichtet sin van warhaftigen luden, dat to Bergen irslagen si ein unser medeborgere geheiten Hans Hoveman, de echte unde rechte sone was[a] Beten Hovemans, unser borgerschen, dusser jegenwordigen breffwiserinen, unde dat de vorgenomede Hans ore sone mid Bertolde van Gottingen, itteswanne unsen borgere, unde mid Bertolde van dem Lo, de ok to Bergen to der tid wart irslagen, selscop hadde unde darvan geld unde gud nagelaten hebbe, alse he dar hadde, dat nu to der thid Herman von dem Lo, des ergenanten Bertoldes broder[b], angenamed unde in juwe vorgenanten stat overgebracht hebbe, dar se de negeste arfname to si. Des bidden we ju vruntliken, dat gi dusser sulven vruwen, unser medeborgerschen, umme rechtes unde umme unser bede willen behulpen sin, dat ore alsodan gud volge unde geantwordet werde, alse ore geboren moge van dem[c], alse ore sone nagelaten hefft; wente wat or des geantwordet ward, dar en scholle gi edir de jenne, de dat von sek antwordet, neynerleie maninge vorder umme liden, dar wil we jŭ gud vor wesen[d]. Des to bekantnisse hebbe we unser stad hemelike ingesegele witliken laten drucket an dussen breff. Datum anno Domini 1394 in die sancti Thome[e].

140. Ursprungszertifikat eines [Wismarer] Ratsherrn über verkauften Häring. — [1393—1394.][3]

Aus StA Lübeck; Or. Pap. m. S. Bruns.

Wytlik sy al den jenen, de dessen bref horen edder sen lesen, dat ik, her Jakop Stronkendorp, hebbe vorkoft Clawese Zeeber 9 tunne herynghes; de 4 tunne wurden my van her Kurd Kömen, de to deme Ellenboghen den zollede, dat menghen manne wytlik ys; de anderen 5 tunne wurden my van Blutbeghere, de myn schypher was uppe der reyse, wente he ynnam to Schonore 26 leste, jo vor de last 1 tunne to fracht, des ghaf my de schiphere van der fracht 1/2 last. Dessen bescheden heryngk hebbe ik dessem jewarlyghen[f] manne vorkoft, Clawese van Waren,

a) [illegible] G. b) [illegible] c) [illegible] G. d) Am Rande: [illegible] e) [illegible] f) So.

1) S. n. 108; vgl. dazu auch HR. 4 n. 164, 169. 2) Oben Bd. 4 n. 102, 343, 465. 3) Jakob Stronkendorp ist Ratsherr in Wismar 1393—1416. Crull, Wismarer Rathslinie S. 41.

des unberovet ende unbestolen. Dar wyl ik by blyven, wo ik dar myt rechte by blyven schal, dat deuze herynk yn deszer wys hebbe em vorkoft. To tughe desser vorschreven stukke so hebbe ik myn yngheseghel uppe dessen bref ghedrukket.

III. Ausgaben Brügges für die Sühne mit den Osterlingen. — 1393.

StA Brügge, Stadtrechnung 1392/94.

Gedruckt: Gilliodts-van Severen, Inventaire de Bruges 3 S. 238 f.; wiederholt hier. S. n. 81.

Item uutgheven den Oosterlinghen.

[1. 1393 Sept. 18.] Eerst den 18. dach in September ghegheven Evernerd Heetvelt, Coenraerd Ludenscede ende Coenraerd Gheleman, cooplieden van Almaingen, in de name ende over daeldinghers van Heinric Simoens, over Riquaert Sunewaert, Jan Zwaertere, Franse van Hove, Godscalc Duseborghe, Wenemer Droghe, Coenraerd Kerchove ende Hildebrant van Handen, als van den paymente van den vaste, dat hemlieden tland van Vlaendre sculdich was na den inhoudene van den accoorde met hemlieden ghemaect[1], twelke gheheele payment drouch 232 lb. 15 s. 8 d. gr., 5 vranken ghereekent over een pond gr., daeraf dat cam up der stede deel van Brugghe 69 lb. 16 s. 9 d. gr. stapelghelts, comt in ouden ghelde, den nobel te 9 s. gr., 72 lb. 14 s. 11 d. gr.; comt in niewen ghelde, den nobel te 6 s. gr., 49 lb. 19 s. gr. Some 590 lb. 8 s. [Par.].

[2. 1393 Jan. 25.] Item den 25. dach in lanmaend ghegheven ten beveline van borghmeesters den her Janne den Hoyere borghmeester van Amborgh als over tlaetste payment, dat de Oosterlinghe hebben moesten van den lande van Vlaendre, daeraf dat de somme draeght 5550 lb. gr., 5 vranken ghereekent over een lb. gr., ende de gheheele somme van den ghelde, dat de Oosterlinghe van den lande van Vlaendre hebben moesten, draeght 11100 lb. gr., 5 vranken ghereekent over een pond gr.[2]; hieraf beteelt den her Janne den Hoyere vorseit in de name van alle den coopstede van Almaingen over de portie ende quantiteit van der stede van Brugghe ende van haren smalen steden als van den laetsten paymente 2154 lb. 18 s. 7 d. gr. stapelghelts, den vranc ghereekent te 50 gr.; comt in niewen ghelde 1436 lb. 12 s. 4 d. gr. ende 2 Ingheleschc.

[3.] Item doe ghegheven van verliese van ghelde, dat verloren was an tvorseide payment, midts dat men goudin ghelt copen moeste, ende dat omme de redene, dat men her Janne den Hoyere vorseit niet vernoughen mochten met witten ghelde, 4 lb. 6 s. gr. Somme 51 lb.

[4. 1393 Febr. 7.] Item den 7. dach in sporkele ghecocht jeghen Jan Meudaghe 12 zelverinne scalen, weghende 15 maerc 12 lood ende 2 Ingheleschen; coste de maerc 13 s. 4 d. gr. Item van den vorseiden scalen te vergoudene an de boorden 18 s. gr., ende van den fachoene van den vorseiden scalen 10 s. gr. De welke scalen waren ghepresenteirt bi beveline van borghmeesters den her Janne den Hoyere omme de redene, dat hi hem liet betalen met alle manieren van ons gheduchts heeren goudine munte ten prise van haerre weerde, ende omme dat men bevont, dat der stede vele baterde, ghemerct hoe vele dat teerste payment drouch. Daer comt op 11 lb. 18 s. 2 d. gr.

Somme van den vorseiden uutghevene ghegheven van den Oosterlinghen binnen desen halven jare 18032 lb. 15 s. 2 d. Parisise.

[1] S. die hansische Klageliste HR. 2 n. 343, 3—4. Vgl. dazu oben n. 120 und wegen der darüber vereinbarten Ausgleiche HR. 2 n. 346, 2; 4 n. 38, 3. [2] Vgl. dazu n. 87.

142. *Dortmund an die Älterleute und die gemeinen Kaufleute von der deutschen Hanse zu Brügge: bittet, dem Dortmunder Bürger Bertram Berchoven als Bevollmächtigten des in Dortmund wohnhaften Herm. Benmere behülflich zu sein, von Joh. van Berck eine Schuld von 74 rhein. Gulden einzufordern. — 1394 Jan. 2* (crast. circumcisionis Dom.).

StA Dortmund, Briefbuch S. 334.
Gedruckt: Rubel-Roese, Dortm. U.B. 2 n. 346.

143. *Rostock an Lübeck: bezeugt, dass die in Lübeck dem Herm. van Syghen arrestierten 5½ Tonnen Häring nach Aussage von 4 gen. Rostocker Fischern diesen vom Eigentümer rechtmässig abgekauft sind und dass der Häring an der diesseitigen Küste* (by den Hoveden) *und nicht bei Schonen gefangen und gesalzen war; bittet deswegen, dem Überbringer Hermann den Häring zum Verkaufe freizugeben*[1]. — *1394 Jan. 7* (in crast. epyphanie Dom.).

StA Lübeck, Mecklenburgica n. 302; Or. m. S.

144. *Stralsund an Lübeck: bittet mit Hinweis auf sein früheres Schreiben [n. 104], aus der 1392 von den Vlamen an Lübeck gezahlten Entschädigungssumme die noch rückständigen Anteile, welche laut der Lübecker Rolle den Stralsunder Bürgern Adolph Dusowe für 23 Last, Lambert Polman für 11 Last 4 Tonnen und Hinr. Wulf für 25 Last Häring zukommen, dem Lübecker Bürger Werner Hoep als dem Bevollmächtigten derselben mit ½ Pfd. fläm. Gr. für die Last auszuzahlen, und garantiert wegen etwaiger Nachforderungen. — 1394 Jan. 22.*

StA Lübeck, Or. m. aufgedr. S.
Gedruckt: Lüb. U.B. 4 n. 589. Angeführt HR. 4 n. 97 Anm. 2.

145. *Stralsund bezeugt für Wismar, dass die 9 Last Häring, welche in dem gekaperten und nach Wismar geführten Schiffe des Bertelt Stikvoet verladen waren, von Hans van Dortmunde, Hans Pape und Hans Dersekow in Stralsund rechtmässig gekauft und verfrachtet und nach eidlicher Aussage der Eigentümer vorschriftsmässig* (na eendracht der meenen stede) *gesalzen sind; ferner dass laut Zeugnis von 2 Stralsunder Bürgern der Schiffer Stikvoet weder in Dänemark oder sonst in Feindesland ansässig oder begütert ist noch Geld oder Gut von dorther mit sich führt. — 1394 Febr. 14* (in s. Valentinus dagbe des h. merteleres).

StA Lübeck, Pomeranica n. 121; Or. m. S. S. oben n. 117.

146. *Aufzeichnung über eine bedingte Geleitserteilung Gr. Albrechts von Holland für zwei in Dordrecht liegende Danziger Schiffe. — 1394 Febr. 20.*

Aus RA Haag, Memoriale B D cas. B fol. 91. Kunze.

Item 20. dage in Februario anno 93 gelovfden Jan die Backer scipher van Danswijc ende Herman Pijl, burgers tot Danswijc, dat si sheen goet laden en sonden Tordrecht, om ter zee vaert uut te vorren; ende daervoer gelovfden Jacob die Boel ende Aerit van der A. Ende hiermede gaf mijn here geleide Jan ende Herman voernoemt twee scepe, die sij nu ter tijt Tordrecht leggende hebben, ter zee wert uut te vorren.

[1] S. oben n. 117. Ein ähnliches Gesuch Rostocks an Lübeck von 1393 Dec. 31 gedr. Lüb. U.B. 4 n. 586. Ursprungszeugnisse für eingeführten Häring aus Rostock und Wismar s. das. n. 601 und Anm. 1.

147. *Flensburg bezeugt für Lübeck den gesetzmässigen Erwerb einer dort arrestierten Häringsladung, und bittet um deren Freigebung*[1]. — *1394 Febr. 23.*

Aus StA Lübeck, Holsatica n. 303; Or. m. S. Bruns.

Prudentibus et discretis viris, proconsulibus et consulibus civitatis Lubicensis, amicis nostris dilectis, consules Flensburgenses insinuamus per presentes lucide protestando, quod in nostra presencia constituti Thomas, Peter, Tovy Bekker necnon Marquardus Swede, nostri cives, viri fide digni, levatis in celum digitis juramentis suis rite prestitis testificando deposuerunt, quod presenciam lator Mathias Bekker noster civis illas quinque lastas allecium in vestra civitate arestatas non cum pecunia seu bonis alienis contra vestram voluntatem et precepta[2], sed cum propria pecunia et nostrorum civium bonis procuratorio nomine comparavit et saliri fecit, nullo a nostra civitate extraneo consistente. Quapropter discreciones vestras exoramus, quatenus eundem Mathiam Bekker ad hoc promovere dignemini et dirigere, ut prefactas quinque lastas allecis dearrestare, consequi et habere valeat cum vestris graciis et auxiliis integraliter et expedite. Datum anno Domini 1394 in vigilia Mathie apostoli gloriosi, nostro sub secreto presentibus in premissorum testimonium tergotenus impresso.

⚹ Sub tali signo signate sunt dicte quinque laste allecis.

148. *Der Minoriten-Guardian zu Kampen Herm. Surel transsumiert die Urkunde des Gr. Ludwig von Flandern für Kampen von 1359 (Bd. 3 n. 464). — 1394 März 1.*

StA Kampen; Or. m. anh. S.

Verzeichnet: Register van Kampen 1 n. 303.

149. *Die hansischen Ratssendeboten in Lübeck an Hrg. [Swantibor I] von Stettin: beklagen sich, dass der Kaufmann auf der Oder durch Erhebung ungewöhnlichen Zolls zu Gartz beschwert wird, und bitten, den Zoll auf die früher übliche Höhe zu beschränken. — [1394 März 4.]*

Gedruckt: HR. 4 n. 197; vgl. den Recess n. 192, 1.

150. *Hrg. Philipp von Burgund verzichtet auf Vorstellung der hansischen Älterleute und der Stadt Hamburg auf die Abgabe von 1 Groten, welche von jedem Fass Hamburger Biers ausser der vertragsmässigen Accise von 8 Gr. bisher für ihn erhoben wurde, während er dem Herrn des [Brügger] Grafhauses das Recht zur Erhebung des von demselben beanspruchten Grutgeldes von 1 Gr. vorbehält. — 1394 März 6. Brügge.*

Aus StA Köln, Hanse I n. 120; Or. Perg. m. anh. S. Hagedorn. — Vlämische Übersetzungen in den hansischen Kopiaren A fol. 10, D fol. 23, E fol. 60; B fol. 29b mit der falschen Jahreszahl 1400.

StA Danzig, XXVII, 83; hansisch-burgundischer Kopiar v. d. Mitte d. 15. Jahrh. S. 31, mit der Jahreszahl 1400.

RA Brüssel, Chambres des comptes de Flandres, restit. par l'Autriche 1857, Bruges p. 33; vidimierte Abschr. a. Pap.

Verzeichnet: Mittl. a. d. Stadtarchiv von Köln 1, 33.

In den Jahren 1394 und 1395 zahlt Brügge dem Herzog eine Beisteuer von 10000 Frs. zur Errichtung des „burgundischen Turmes", der damals gegenüber der Feste Sluys [illegible] zur Sicherung

1) *Jan. 21 richtet Flensburg ein ähnliches Gesuch an Lübeck um Freigebung der von seinem Ratsherrn Nik. Tame übersandten 5 Fässer Hering; StA Lübeck, Holsatica n. 305; Or. m. S.*

2) *S. oben n. 117 und den Recess von 1394 März 3, HR. 4 n. 192, 11.*

des Zwijn erbaut wurde. Dafür gestand der Herzog die Entfernung der Pfahlwerke zu, welche früher im Fahrwasser des Zwijn angebracht waren, um eine Absperrung des Hafenverkehrs gegen die Engländer durchzuführen. Die Fortschaffung dieser staken staende ter Sluus int Zwin an beeden ziden van der stede ende ten Damme waerde in de vaert *wird in den Stadtrechnungen der Jahre 1394—1397 wiederholt erwähnt. Vgl. Gilliodts-van Severen, Inventaire de Bruges 3, 277 ff.*

Phelippe filz de roy de France, duc de Bourgongne, conte de Flandres, dArtois et de Bourgongne, palatin, sire de Salins, conte de Rethel et seigneur de Malines, a tous ceulx, qui ces lettres verront, salut. Comme les oudermans des marchans de la Hanze en Alemaigne et le burgmaistre et ses compaignons de la ville dHambourc[1] nous aient humblement expose, que comme pour le fait de la marchandise et afin que plus seurement les dis marchans peussent venir et frequenter en nostre pays de Flandres et en ycellui amener pour vendre et adenerer leurs denrees et marchandises et y acheter des autres, nous leur aions octroye et accorde de nostre grace pluseurs privileges[2], tant nouveaux comme anciens confermez donnez aus dis marchans en temps passe par feu nostre treschier seigneur et pere le conte de Flandres, cui Dieux pardoint; et il soit ainsi, que, combien que par certain traittie fait et accorde entre nous pour nous et pour tout nostre dit pais de Flandres dune part et les dis marchans de la Hanze dautre part iceulx marchans de la Hanze doivent et sont tenus de paier de chascun tonnel de cervoise de la dicte Hanze, et entre les autres celle, qui est brassee au dit lieu dAmbourc, amenee et vendue en nostre dit pais de Flandres, excepte celle de Bremme et aale de Angleterre, huit gros de nostre monnoie de Flandres et non plus[3], dont les deux appartiennent et sont a nostre proufit et les autres six au proufit de nos villes[4], es queles les dictes cervoises seront amenees et vendues pour les assis dicelles: toutes fois depuis le dit traittie fait et accorde nostre receveur general de Flandres et dArtois sest efforcie de contraindre les marchans, qui ont amene ou amainent en nostre dit pais cervoise du dit lieu dAmbourc, a paier encores un gros de nostre dicte monnoie oultre et pardessus les huit gros dessusdiz; et si en demande nostre ame et feal chevalier et conseillier le sire de la Gruthuse un autre gros a cause de sa grute, quil tient de nous en fie, qui a este et seroit en venant contre le dit traictie et ou grant prejudice des marchans du dit lieu dAmbourc et du fait de la marchandise, si comme dient les diz exposans, en nous requerans humblement, que tant pour le bien et avancement du fait de la marchandise comme pour entretenir et faire garder le dit traictie il nous pleust faire delaissier a lever tant nostre dit gros comme cellui du dit sire de la Gruthuse. A quoy nostre dit receveur general a dit et maintenu pour nous, et le dit sire de la Gruthuse entendoit a dire pour lui, que japieca toutes cervoises vendues et despensees en nostre dit pais de Flandres devoient et avoient acoustume destre brassees et faites a la grute de nostre dit conseillier, excepte seulement les dictes cervoises de Bremme et aale dAngleterre; et pour ce, que lors ceulx des bonnes villes de nostre dit pais regardoient, que par ce les cervoises du dit lieu dAmbourc et aussi celles de Hollandes et dautres pais estraignes seslongnoient et ne venoient pas en nostre dit pais, par quoy les dictes cervoises de Bremme et dAngleterre et aussi celles, que len brassoit en ycellui nostre pais de la dicte grute, haussoient et estoient si chieres, que les povres nos subgiez nen peurent avoir bonnement a raisonnable pris, nos dictes villes firent tant devers aucuns de noz predecesseurs, contes de Flandres, que par eulx et le sire de la Gruthuse, qui lors estoit, fut traittie et ordene[5], que les dictes cervoises de Hollandes,

[1]) *S. n. 133.* [2]) *n. 9—13.* [3]) *n. 9 § 9.* [4]) *n. 1 u. 16.* [5]) *Vertrag zwischen Brügge und dem Herrn der Gruuthuse von 1380 Nov. 28, bestätigt durch Gr. Ludwig*

dAmbourc et dautres pais estraignes seroient deslors en ca amenees et vendues en nostre dit pais, toutes foiz que les marchans des dis pais faire le vouldroient, non obstant que elles ne fussent pas brasees de la dicte gruite, parmi ce que nostre predecesseur le conte de Flandres, qui lors estoit, et ses successeurs auroient et seroient lever pour leur droit et demaine pour chascun tonnel des dictes cervoises de Hollande, dAmbourc et dautres pais, excepte celles de Bremme et dAngleterre, comme dit est, un gros de nostre monnoie de Flandres et le dit sire de la Gruthuse, qui lors estoit, et ses successeurs pour son droit un autre gros de nostre dicte monnoie. Et de ce nostre dit receveur maintenoit [pour] nous et nos predecesseurs, contes de Flandres, et le dit sire de la Gruthuse entendoit a dire, lui et ses predecesseurs avoir joy et use paisiblement et este en possession et saisine par tel et si long temps, quil nest memoire du contraire; et que les dis deux gros navoient ou devoient avoir aucun regart ou estre anichilez par le dit traictie des huit gros dessusdiz ne estre compris eu iceulx, veu que les diz deux gros sont demaine et heritage et les autres huit gros est une chose toute nouvelle, ordenee et accordee pour cause des dis assis, et, que plus est, en faisant le dit traittie il ne fut aucunement parle ou touchie aus diz deux gros, par quoy iceulx doivent estre levez, comme dit est, et non delaissiez en aucune maniere. Les diz exposans en proposant pour obtenir en leur dicte requeste, que, suppose que dancien temps nous et nos predecesseurs aions acoustume de lever le dit gros et le dit sire de la Gruthuse un autre pour lui sur chascun des diz tonneaux dAmbourc, si ne devrions nous a present faire lever iceulx, car en le faisant, compris en ce les deux gros des huit gros dessusdis, nous aurions trois gros et le dit sire de la Gruthuse le sien, ce sont quatre gros; ainsi appert, que les diz dAmbourc paieroient deux gros plus, que len ait acoustume et que ne font les autres marchans de la Hanse, qui amainent cervoises estraignes en nostre dit pais de Flandres, avecques plusieurs autres raisons. Qui ont este debatues par nostre dit receveur general disant, que ou temps passe len souloit paier de chascun des diz tonneaux dAmbourc vint et quatre gros de nostre dicte monnoie pour assis et a present par le dit traictie nen paieront que huit gros pour assiz, par quoy nous avions beaucop plus grant prouffit es assiz de noz dictes villes de Flandres en prenant les diz vint et quatre gros, que nous navons a present en prenant les huit gros dessusdiz; car dautant que le dit pris est abaissie et amenry, dautant est diminue nostre droit et prouffit, que nous prenons es dis assiz; pour les queles causes ilz ne doivent estre receuz a faire la dicte requeste.

Savoir faisons, que attendues les raisons et proposicions des dictes parties, veu les lettres du dit traictie, nous aians consideracion a icelles, desirans le bien et avancement du fait de la marchandise pour le prouffit et utilite de nous, de noz dictes villes et subgiez dicelles et meismement de tout nostre dit pais de Flandres, et aussi inclinans a lumble supplicacion des burgmaistres, eschevins et conseil de nostre ville de Bruges, qui nous ont humblement supplie de nostre grace pour les dis exposans, avons par bonne et meure deliberacion de nostre conseil ordene et voulu et par la teneur de ces presentes de nostre grace especial et certaine science ordenons et voulons, que doresenavant nostre dit receveur general se desistera et deportera de demander ou lever ou faire demander et lever pour nous le dit gros de chascun tonnel de cervoise brassee au dit lieu dAmbourc, mais voulons et ordenons par ces meismes presentes, que dicellui gros, que len levoit ou demandoit

von Flandern 1380 Dec. 14. Gilliodts-van Severen, Inventaire de Bruges 2 n. 642; angeführt oben Bd. 4 n. 384 Anm. 1.

pour nous, les diz marchans soient et demeurent quictes et paisibles, sauf et reserve au dit sire de la Gruthuse tel droit, quil puet avoir ou a lui appartenir de son gros devandit a cause de sa dicte grute, et sans ce que nostre dicte ordenance lui tourne en prejudice en aucune maniere. Si donnons en mandement par ces mesmes presentes a nostre souverain bailli, a nostre dit receveur general de Flandres, a nos baillis de Bruges et de lEscluse et a tous noz autres baillis, justiciers et officiers de nostre dit pais de Flandres presens et avenir ou a leurs lieuxtenants et a chascun deulx, si comme à lui appartendra, que noz dictes ordenance et voulente tiengnent et gardent et facent tenir, garder et acomplir de point en point selon sa forme et teneur, sans faire ou souffrir estre fait aucunement au contraire. En tesmoing de ce nous avons fait mettre nostre seel a ces presentes. Donne en nostre dicte ville de Bruges le 6. jour de Mars lan de grace mil troiscens quatrevins et treze.

Par monseigneur le duc en son conseil, ou quel vous, monseigneur levesque de Tournay, monseigneur de Guistelle, le sire de la Chapelle et pluseurs autres esties. Daniel.

Duplicata.

151. *Schuldbekenntnis des englischen Ritters Stephan Scroop und seiner vier Bürgen gegen zwei Kaufleute aus England und Deutschland über eine im Stahlhof zu London rückzahlbare Summe von 312 Nobel. — 1394 März 13. Danzig.*

Aus StA Danzig XV, 3; Or. m. 5 anh. S. Hohlbaum.
Gedruckt: Hirsch, Danzigs Handels- u. Gewerbsgesch. S. 234 Anm. 983.

Cunctis pateat evidenter, quod nos Stephanus Scroop miles, principalis, Johannes Beaufort, Hinricus Hochtou, milites, Richardus Echou, Johannes Accium, vasalli, fidejussores, una manu non separatim nec divisim siquis nostrum pro toto cum nostris veris heredibus et successoribus racione justi debiti tenemur et firmiter fore obligatos discretis viris Johanni Trepelaude, mercatori Anglico in Jork, et Gotschalco van dem Brake, mercatori Almanico, eorumque veris heredibus tricentos et duodecem nobulos boni auri et satis ponderis juste monete regis Anglie, quos nobis in civitate Danczik benivole procuraverunt et concesserunt; quorum nobulorum Johanni Trepelaude centum et viginti et Gotschalco van dem Brake centum et nonaginta duo dinoscuntur pertinere. Predictos centum et viginti nobulos Johanni Trepelaude, reliquos vero centum et nonaginta duos nobulos Frowyno Eppenscheden, mercatori Almanico de Hansa, nomine dicti Gotschalci suorumque heredum per nos vel per nostros heredes et successores siquis nostrum in solidum et in toto persolvere promittimus indubitanter per fidem nostram cristianam et honorem nostrum militarem loco prestiti juramenti in civitate Londonia in Anglia in Curia Calibis in festo sancti Johannis baptiste in medio estatis nunc proxime venturo [1] sine ulteriori dilacione, contradictione seu fraude aliquali. Et si dicti nobuli a nobis, ut premittitur, non persolverentur, quod Deus avertat, tunc nos omnes antedicti obligamus nos et promittimus per fidem nostram certam et honorem nostrum militarem loco prestiti juramenti siquis nostrum propria in persona et separatim cum quatuor equis in dictam civitatem Londonie intra muros in unam hospicium equitare ibique verum ac debitum prestando obstagium, inde nunquam exeundo neque arma induendo nec miliciam jocose vel seriose exercendo nullis verbis coadjutoriis nec ullo jure tam canonico quam seculari perfruendo, quousque dicti nobuli una cum omnibus dampnis,

[1] *1394 Juni 24.*

sumptibus et expensis inde provenientibus dictis Johanni et Gotschalco eorumque heredibus bene et fideliter ad eorum propriam voluntatem fuerint persoluti. Arbitramur etiam nobis in una quitancia contentari, cum dictos nobulos persolvimus, si littera nostra obligatoria presens non extitisset. In hujus rei testimonium nos omnes antedicti sigilla nostra propria scientes presentibus duximus appendenda. Actum in Danczik sub anno Domini millesimo tricentesimo nonagesimo quarto, crastino die beati Gregorii pape.

152. *Malmö bezeugt für Lübeck, dass die den Malmöern Claus Schwland und Helger Nielsen in Lübeck arrestierten 3 Last und 1/2 Last Häring von denselben auf eigene Kosten und [illegible] gegen das Verbot der Hansestädte gesalzen und nur wegen eines Angriffs der Seeräuber nach Lübeck gebracht sind; bittet um Aufhebung des Arrestes*[1]. *— 1394 März 16* (fer. secunda prox. p. dom. reminiscere).

StA Lübeck: Or. m. S.
Gedruckt: Lüb. U.B. 4 n. 602. Verz.: Reg. Dan. II 1 n. 3454.

153. *Die hansischen Ratssendeboten in Lübeck an London, York, Kingston-upon-Hull, Lynn und Norwich: weisen auf ihre mehrfach vorgebrachte Beschwerde hin, dass die von K. Richard [II] bestätigten Privilegien der deutschen Kaufleute in mehreren Punkten, namentlich durch unrechtmässige Zollerhebung, verletzt werden; wiederholen ihre Bitte, sich beim König um die Aufrechthaltung der Privilegien und die Abstellung aller gegen dieselben verstossenden Anforderungen der Zollbeamten zu verwenden, da sie anderenfalls in ihren Städten die den englischen Kaufleuten bisher gewährten Zollsätze um denselben Betrag, der den Ihrigen zu viel abgenommen wird, erhöhen müssen; haben die Älterleute der deutschen Kaufleute zu London zur Auskunftserteilung über die Beschwerdepunkte angewiesen und bitten um Antwort durch den Überbringer. — [1394] März 17. Lübeck.*

Gedruckt: HR. 4 n. 190. Gleiche Schreiben ergingen an K. Richard und an dessen Rat, vgl. den Recess HR. 4 n. 192, 3.

154. *Göttingen an die Älterleute* (olderlude) *des Kaufmanns zu Bergen: wie n. 139; beglaubigt zur Empfangnahme der Erbschaft als Bevollmächtigten der Ilete Horrmann deren Tochtermann Hans von Jhese. — 1394 März 22* (dom. oculi).

StA Göttingen, Hanseatica vol. 1: Entwurf a. Pap.

155. *Göttingen an Lübeck: dankt für dessen Bemühungen in der vorigen Sache; bittet, dem Hans von Jhese die von Herm. von Lon hinterlegten 25 M. 5 1/2 Sch. aus dem nachgelassenen Gute Hans Horrmans auszuhändigen, und garantiert wegen etwaiger Nachmahnung. — [1394 März 22.]*

StA Göttingen, Hanseatica vol. 1: Entwurf a. Pap.

156. *Flensburg bezeugt für Lübeck, dass die Lübecker Bürgerin Margaretha ein nach dort gebrachtes Fass Häring in Flensburg rechtmässig von einem Kaufmann aus Nestved erstanden hat, und dass dieser den Häring nicht gegen die*

[1]) *S. n. 147 Anm. 2, auch HR. 4 S. 578 oben. Eine Reihe ähnlicher Gesuche aus Simmershaffn, Kalmar, Ystad, Helsingborg, Ahus, Lund, Malmö und Stockholm aus der Zeit von 1393 Nov. 24—1394 Mai 4 im StA Lübeck; vgl. Lüb. U.B. a. a. O. Anm. 1.*

Verordnung der Städte[1] *hat salzen lassen.* — *1394 März 29* (dominica quadragesime qua cantatur letare Jerusalem).

StA Lübeck, Holsatica n. 203; Or. m. S.

157. *Dortmund bezeugt, dass Tidemann Smythus und dessen Ehefrau Katheline den deutschen Kaufmann Tidemann van Aldenbrekelvelde bevollmächtigt haben, für sie die Hälfte eines in Brügge belegenen Hauses* (in sunt Jans strate oppe den hove van der Engelschenstrate naesten sheere Jacobs huys van den Vagheviere in sunt Jans strate vorgenant op eene syde ende achterwards streckende in de Engelschestrate toete Victor Reyngouts hus wilen was op ander syde op Tideman Smythus land, met vierich schillinghen Parisisen tvorscreven hus alghedeel gheldende jaerlycs ten rechten landtcinse) *samt Zubehör zu verkaufen*[2]. — *1394 März 30* (crast. dominice, qua in ecclesia Dei cantatur letare).

StA Dortmund, Grosses Kopierbuch S. 10; überschrieben: Iste littere sunt date Gerwino de Aldenbrekelvelde de quadam domo in Brugis, que quondam domino Gerwino et Constantino Smythusen pertinebat. *Es folgt ein Zeugnis Dortmunds vom selben Datum über die gleiche Bevollmächtigung des Tideman van Aldenbrekelvelde zum Verkauf der auf dem Hause lastenden Jahresrente von 40 Sch. Par.*
Verzeichnet: Rübel-Roese, Dortm. U.B. 2 n. 357.

158. *Der deutsche Kaufmann zu Brügge an die Ratssendeboten der Hansestädte in Lübeck: ist von ihnen benachrichtigt, dass das von den Vlamen an Joh. Hoyer bezahlte Geld, welches er zur Erwerbung eines holländischen Privilegs hatte verwenden wollen, bereits ausgeteilt ist; erklärt, dass er sich wegen der Unentbehrlichkeit des holländischen Marktes schon vor seinem Abzug aus Holland darum bemüht hat und damals ein Privileg auf 10 Jahre mit zweijähriger Abzugsfrist hätte erlangen können, wenn er die dazu nötigen 1400 Gulden gehabt hätte; hat kürzlich deswegen seinen Schreiber zum Herzog [Albrecht] gesandt, wird von diesem aber erst bei einer neuen Verhandlung in Seeland Antwort erhalten; nach Aussage des herzoglichen Rates ist zu hoffen, dass man ohne grosse Mehrkosten einen Freibrief für länger als 10 Jahre unter denselben Bedingungen wie früher, aber mit Erhöhung des Zolltarifs erwerben kann; verweist für weiteres auf die Mitteilungen Joh. Hoyers.* — *1394 Apr. 6.*

Gedruckt: HR. 4 n. 641. Von Lübeck Apr. 26 abschriftlich an Danzig übersandt; das. n. 648.

159. *Elbing*[3] *im Auftrage der preussischen Städte an die livländischen Städte: von dem Gute, das aus dem Schiffe des Arnd Duker auf Bornholm geborgen ist, haben die Städte trotz ihrer dänischen Privilegien nur den kleinsten Teil*

1) *S. n. 147 Anm. 3.* 2) *Katharina, Thidemann Smithusens Frau, und ihr Sohn Thidemann kaufen 1394 für 600 rhein. Gld. von Gerwin van Aldenbrekelvelde eine Leibrente von 50 rhein. Gld. jährlich aus dessen Hause zu Brügge in der Johannisstrasse. Verz. Rübel 2 n. 397. Derselbe Gerwin, Bürger in Köln, wird 1394 von der Stadt Dortmund mit der Rückzahlung ihrer früher bei Deventer aufgenommenen Anleihe von 1000 gldr. Gld. betraut; a. a. O. n. 658. Ein vorausgehender Mahnbrief Deventers nebst der Antwort Dortmunds das. n. 706. Vgl. dazu oben Bd. 4 n. 1093 und 1094.* 3) *Auf die Stiftung der Katharinenbruderschaft der Elbinger Schiffer* (borger — und ouch geste, die sich van der see wart plegen zu generen) *1394 Febr. 1 kann hier nur hingewiesen werden. Das Statut ist gedr. Codex dipl. Warmiensis 3 n. 294. Ein Jahr früher war der Stadt der Stapel für das preussische Niederland verliehen, s. HR. 8 n. 956—957.*

wiedererhalten[1], während ein Teil des Tuches und andern geborgenen Gutes von einigen auf Bornholm anwesenden Kaufleuten gegen die Ordonnanz der Hansestädte[2] angekauft ist; sind vom Hochmeister zur Verfolgung der Übertreter dieser Ordonnanz ermächtigt und ersuchen deswegen, einen gewissen Herm. Grael betreffenden Falls zu verhaften, sein Gut in Verwahr zu nehmen und ihnen seine Aussage mitzuteilen. — [1394 Apr. 25.]

Gedruckt: HR. 4 n. 206. Vgl. den Recess n. 204, 6—8.

160. Erzb. Jakob von Lund an Danzig: ist von der Königin [Margaretha] gebeten, Danzig auf dessen Klage wegen des bei Bornholm gestrandeten Tuches Genüge zu thun; stellt seinerseits jede Schuld in Abrede, da sich die Kaufleute bereits vor seiner Dazwischenkunft mit den Landleuten verständigt hatten und da er den Hochmeister wiederholt ohne Erfolg ersucht hat, alle nicht vollständig Befriedigten ihm behufs gütlicher Einigung zuzusenden; will sich wegen etwaiger Beschuldigungen gegen ihn der Entscheidung der Königin bei einer Tagfahrt derselben mit den preussischen Städten unterwerfen. — [1394] Apr. 28. Bölersborg.

Gedruckt: HR. 4 n. 211, früher Hübertz, Urk. z. Gesch. der Insel Bornholm n. 4. Verz.: Reg. Dan. II 1 n. 3450. S. n. 150.

161. [Danzig an Erzb. Jakob von Lund:] antwortet auf n. 160, dass es seine Klagen aufrecht halten müsse, so lange es auf Grund seiner Privilegien von dem geborgenen Gute nicht mehr zurückerhält; widerlegt den Vorwurf einer Aufbauschung der Sache, will seinem Wunsche gemäss auf Rat des Hochmeisters Boten an ihn absenden, und bittet, denselben zum vollständigen Empfang des Gutes behülflich zu sein. — [1394] Mai 17.

Gedruckt: HR. 4 n. 215, früher Hübertz a. a. O. n. 4. Verz.: Reg. Dan. II 1 n. 3460.

162. Gadeke von Wedele, Herr zu Uchtenhagen und Vogt von Pommern, an Lübeck: bittet, seinem Knecht Kurd Heyne aus dem Dorfe Müggenhall (de in ghener zestad, de in der Henze syn, borgere is und ok nener manues gut in der Henze vöret noch gevöret heft zunder sin eygen güt) die in Lübeck arrestierten 4½ Last Häring zurückzugeben[3]. — 1394 Mai 26 (des dinsdages in der cruceweken).

StA Lübeck, Pomeranica n. 216; Or. m. anh. S. Braun.

163. Der deutsche Kaufmann zu Brügge an Danzig: nach Absendung seines dem Ältermann Joh. van Weddeden mitgegebenen Schreibens an Danzig haben sich Gotsch. Linnebede und Gerwin vamme Hove beklagt über die in Danzig erfolgte Arrestierung ihrer im Schiffe des Arnd van Hasselt verladenen 6 Hundert Salz, 26 Fass Granatwein, 1 Tonne Wein, 11 Tonnen Seife

[1]) S. n. 130, und HR. 4 n. 183, 10. Ein Verzeichnis der vom erzbischöflichen Hauptmann auf Bornholm 1394 Jan. 11 zurückgegebenen Waren s. das. n. 186. Wegen dieser Angelegenheit und der andern von den Dänen genommenen Güter verhandeln die preussischen Städte mit der Königin Margaretha im Juli 1394 zu Helsingborg, wo eine vom Erzbischof zu zahlende Entschädigung von 3000 Nobel vereinbart wird; HR. 4 n. 236, IV, vgl. das. III, 4. [2]) Recess von 1366 Juni 24; HR. 1 n. 376, 16. [3]) S. n. 147 Anm. 2. Ein undatiertes Gesuch der Stadt Bublitz in Hinterpommern an Lübeck um Rückgabe des arrestierten Gutes einer seiner Bürger (wente wy myt der Henze nicht myt der stede bode nen dinst hebben) s. Lüb. U.B. 4 n. 742.

und 1 Terling Tuch, und haben beschworen, dass Arnd ohne ihr Wissen und Willen aus dem Zwijn abgesegelt ist[1]; *bitten, dem Genannten oder ihrem Vertreter ihr Gut herauszugeben und die anderen arrestierten Waren aus diesem Schiffe bis zu deren Auslösung in Verwahr zu behalten. — 1394 Mai 29.*

Gedruckt: HR. 4 n. 216. Vgl. den Recess n. 204, 8.

164. *Dortmund an Lübeck: bittet, den drei Bevollmächtigten des Dortmunder Bürgers Friedr. dey Scheper und dessen Ehefrau Locke, der Schwester und nächsten Erbin des verstorbenen Tideke Brandenborg, gemäss dem hansisch-flandrischen Vertrag die ihnen zukommende und in Lübeck für sie durch Hinrik Brandenborgh angemeldete Entschädigung für 13½ Last Hering auszuzahlen, welche von den Vlamen früher dem Tideke in Flandern weggenommen sind*[2], *und garantiert wegen etwaiger Nachforderungen. — 1394 Juni 2.*

StA Dortmund, Briefbuch S. 322.
Gedruckt: HR. 4 n. 96. Verz.: Rübel-Roese, Dortm. UB. 2 n. 267. S. oben n. 97.

165. *Hzg. Albrecht von Baiern, Graf von Holland, verleiht die Brieller Vogtei auf Schonen für Lebenszeit dem Jan Mouwer. — 1394 Juni 26. Haag.*

Aus RA Haag, Reg. lib. V Aelbrecht cas. E fol. 126. Hohlbaum.

Ailbrecht etc. doen cont allen luden, dat voir ons quam Jan Buckel ende seynt ons quijt tot meester Jan Mouwers behoef die voechdye, die wij gegeven hadden op Sconen sijn leven lang durende van den scepen, die varen uut onser stede van den Briele. Welke voechdie, als voirscreven is, wij weder gegeven hebben ende gheven mit desen brieve meester Jan Mouwer voirseit durende sijn leven lang mit sulken proffijt, outscip ende vervallen, als dairtoe staet ende Jan Buckel voirseit ende andere lude voir him dairof gehadt hebben. In oirconde etc. Gegeven in den Hage, afridages na sinte Jans dach te midzomer anno 94.

166. *Greifswald an Lübeck: berichtet, dass im letzten Herbst Greifswalder Bürgern auf Rügen ihr zum Fischfang dorthin gebrachtes Gut, insbesondere 26 Tonnen Salz unter 5 verschiedenen Handelsmarken geraubt sind, und dass nach Aussage eines Greifswalders* (de dat ghud unde solt den zerovern entweschelde an juwe havene) *12 Tonnen davon nach Lübeck in die Verwahrung des Rates gekommen sind; bittet, das betreffende Bürgergut dem Überbringer Arnd Clussenshaghen auszuantworten. — [1394] Juni 27* (sabbato p. Joh. bapt.).

StA Lübeck; Or. m. S.
Gedruckt: Lüb. UB. 4 n. 734. S. unten n. 174.

167. *Dortmund an Ypern: bezeugt, dass Gertrud, Tochter des Joh. Sudermann und Witwe des Dortmunder Bürgers Herm. Cleppyng, die Überbringer, ihren Sohn Hermann und den Dortmunder Bürger Tydem. Segeler, bevollmächtigt hat zur Einziehung der seit 4 Jahren von Ypern nicht bezahlten Leibrente im jährlichen Betrage von 3 Pfd. fläm. Gr.*[3]. *— 1394 Juli 1.*

StA Dortmund, Briefbuch S. 323.
Verzeichnet: Rübel-Roese, Dortm. UB. 2 n. 271.

[1]) *Der Lübecker Hansetag von Mai 3 hatte dem Kaufmann in Flandern und England die Fahrt durch den Sund bis auf weiteres verboten, HR. 4 n. 192, 8.* [2]) *Nach dem Vergleich, welchen 1392 Aug. 11 das gen. Ehepaar mit den Testamentsvollstreckern des verstorbenen Tideman Brandenborg abschliesst, handelt es sich um einen Betrag von 300 M. lüb. Rübel n. 2[illegible]1.*
[3]) *Rübel a. a. O. n. 676 verzeichnet ein undatiertes Schreiben Dortmunds an Ypern, worin*

168. *Demmin an Lübeck: bezeugt wiederholt, dass seine Bürger Tymmo und Merten Vincke, Dietr. Zademan und Nik. Thölke nach ihrer eidlichen Aussage eine von ihnen selbst gefangene und gesalzene Last Häring in Trelleborg dem Schiffer Joh. van Dulmen nach Stralsund verfrachtet hatten, und dass der Schiffer, durch Sturm nach der Trave verschlagen, den Häring dort verkauft hat, dessen Erlös ihm von Lübeck mit Beschlag belegt ist; bittet um Freigebung der Summe, da der Häring vor dem Bekanntwerden des betr. Verbotes*[1] (dat me nicht solten moste) *gesalzen ist. — [1394] Juli 2* (in die visitacionis b. Marie virginis). *Demmin.*

StA Lübeck, Pomeranica n. 210; Or. m. Spur d. S.

169. *Der deutsche Kaufmann zu London an die hansischen Ratssendeboten in Lübeck: antwortet, dass ihre Briefe an den König, an dessen Rat und die englischen Städte [n. 153] bestellt sind; hat sich 6 Wochen lang vergeblich beim Rat um die immer von neuem versprochene Antwort bemüht; weiss nicht, wann er Bescheid erhält, und glaubt, dass die Briefe wenig nützen werden. — [1394] Juli 3. London.*

Gedruckt: HR. 4 n. 202. Von Lübeck Aug. 10 den preussischen Städten übersandt, das. n. 203.

170. *Deventer an Münster: geleitet die Kaufleute aus Münster und den anderen Städten des Stifts zum Besuch seines bevorstehenden Jahrmarktes. — [1394?]*[2] *Juli 21.*

Aus StA Münster XI 1; Or. Pap. m. Spuren d. S. Hagedorn.

Eersamen wijsen bescheidenen burgermeisteren ende raid der stad van Münster, onsen ghuden vrienden.

Eersamen guide vriende. Also ghy ons nu onder vele anderen woirden hebn doen schriven begerende van ons, uwe ende andere coeplude des gestichtes van Münster te willen geleyden etc., laten wij u vrientlicken op weten, dat wij anders nyet en begeren dan rust ende vrede mitten uwen ende elkermalck te hebn ende liefliken onder enigen omme te gaen, een yewelick sijn comanschap te hantieren ende neringe to soeken, dair ons ende den onsen sulcks wederomme aff wedervaren mocht. So ist, lieve vriende, dat wij om liefden ende gonsten willen uwe burgeren ende coeplude uut uwer stat ende oic anderen koepluden der stede des stichts van Münster, die onse vyande nyet en sijn, desen naisten onsen tokomenden sente Jacobs[3] jairmerkte veyligen ende geleyden willen, mit oeren lyven ende goeden vry ende veylich in onse stad an ende aff te komen, te merren, te keren ende oer komanschappen te hantieren, als sie van oldes gewoentlichen plegen to wesen, in dien onse burgeren ende ondersaten wederomme mit oeren lyven ende goeden veylich ende onbelast voirt ende weder varen, komen, merren ende wederkeren moegen voir uwen ende anderen burgeren ende ondersaten des stichtes van Münster, ende ghy ons den geleydsbrieff besegelt dairaff wedersenden. Ende wes u hijraff geliefft, des begeren wij uwe goetlicke beschreven antworde, dair sich die coeplude ende

es ersucht, die dem verstorbenen Joh. Suderman von der Stadt Ypern noch geschuldeten 2 Leibrenten von je 2 Pfd. vläm. Gr. an den Bevollmächtigten der Erben Johanns auszuzahlen. 1395 Okt. 30 fordert Dortmund bei Ardenburg rückständige Leibrente für einen Dortmunder Priester ein und wendet sich in dieser Angelegenheit auch an den deutschen Kaufmann zu Brügge; a. a. O. n. 826.

1) *S. n. 157. Vgl. auch HR. 4 n. 167, 10.* 2) *Auf dieses Jahr weisen Datum und Schriftzüge hin.* 3) *Juli 25.*

onderseten des stichts van Münster ende onse burgeren ende ondersaten na rechte morgen te richten. God sy mit u. Gescreven des dinxdaghes op sente Marie Magdalenen avont.

Burgermeistere, scepenen ende raet der stad van Deventer.

171. *Danzig an Lübeck: bittet um Aushändigung des Erlöses für 13 Last 4 Tonnen Häring, der durch zwei Danziger im vorigen Herbst [aus Schonen] nach Lübeck gebracht war und laut Beschluss des letzten Hansetages der Stadt Danzig zugesprochen ist. — 1394 Juli 21.*

Aus StA Lübeck, Borussica n. 43; Or. m. S. Mitgeteilt von Herrn Staatsarchivar Dr. Hasse.

Commendabilibus et circumspectis viris, dominis proconsulibus et consulibus civitatis Lubicensis, amicis nostris sincere dilectis, proconsules et consules civitatis Danczik se benivolos et paratos ad quevis genera mandatorum. Vestram prudenciam peroptime recordari credimus, quomodo alias Tydemannum Bars in nostra littera clausa ordinavimus et constituimus ad petendum et sublevandum a vobis nomine nostri centum marcas monete Lubicensis et tricentas et quinquaginta marcas monete Sundensis derivatas a tredecim lastis et 4 tunnis allecium, que in autumpno proxime elapso ad vestram civitatem visa sunt pervenisse; que quidem pecunia per decretum communium civitatum in ultima dieta in vestra civitate congregatarum nobis ex parte Tydemanni Bars et Johannis van der Beke, nostrorum concivium, quibus eadem allecia solitarie pertinuerant, extitit adjudicata[1]. Ita adhuc instanter petimus, quatenus pretactam pecuniam Johanni Drëghen seniori vestro concivi, per sepedictum Tydemannum substituto, subrogato et subordinato, a Wilhelmo de Staden antedicte pecunie detentore integre et expedite faciatis et jubeatis presentari. Pro quo vestre prudencie viceversa studebimus complacere, respectum firmum et creditum ad nos habituri, quod pro et super hujusmodi pecunia Johanni Drëghen dumtaxat presentata nulla monicio posterior aut aliqualis accio subsequi debeat in futurum, super quo ab antedicto Tydemanno sufficientem et plenariam recepimus caucionem. Scriptum anno Domini 1394 in profesto sancte Marie Magdalene, nostro sub secreto presentibus deforis affixo in fidem premissorum.

172. *Danzig an Lübeck: bittet wie zuvor, den Erlös für die seinen Bürgern Gerlach Stertemann, Gerh. Arndesson, Heinr. Wachor, Nik. Bratmyder und Joh. Schoddrand gehörigen und ihm verfallenen 5 Last 5½ Tonnen Häring, nämlich 113 M. lüb. und 4 Last Salz, die bei dem Lübecker Bürger Herm. Wigger hinterlegt sind, an Gerh. Arndesson auszuhändigen. — 1394 Juli 26* (crastino die b. Jacobi ap.).

StA Lübeck, Borussica n. 45; Or. m. S.

173. *Ebenso wegen Aushändigung des bei den Lübeckern Hertwig Herse und Heinr. Dobeliere hinterlegten Erlöses für 10 Last weniger 2 Tonnen Häring, die seinen Bürgern Nik. Stofenberg, Nik. Prusze, Joh. Magdalene, Joh. Mös, Peter Jordani und Bruno Schele gehören, an den gen. Schele. — 1394 Juli 28* (tercia fer. p. b. Jacobi apostoli).

StA Lübeck, Borussica n. 46; Or. m. S.

[1]) *S. oben n. 117 und den Lübecker Recess von 1394 März 3, HR. 4 n. 192, 14. Über die Durchführung dieses Beschlusses vgl. das. n. 203, 207—209, 211, 236 III, 1—3. — 1394 Juli 25 quittiert der Ritter Peter Stakelberg aus der luxemburgischen Herrschaft Chiny dem Lübecker Rat über die Freigebung der ihm gehörigen 15 tunnen heringe, die dort vor kopmanne gud arrestiert waren: Lüb. UB. 4 n. 603.*

174. *Greifswald an Lübeck: wiederholt seine Bitte, das Gut, welches den Greifswalder Bürgern auf Rügen unterhalb Jasmund genommen ist und das sich nach Ausweis der Handelsmarken zum Teil in der Verwahrung des Lübecker Rates befinden soll, dem Überbringer Arnd Clusmenshaghen zu überantworten, indem es wegen etwaiger Nachforderungen garantiert. — 1394 Juli 30* (quinta fer. p. Jacobi).

StA Lübeck; Or. m. S.
Gedruckt: Lüb. U.B. 4 n. 610. S. oben n. 168.

175. *Braunschweig bezeugt die schlechte Beschaffenheit einer aus Lübeck bezogenen Last Häring. — 1394 Aug. 21.*

Aus StA Braunschweig, Kopiar 3 fol. 1b. Bruns.

We de rad der stad to Brunswich bekennen openbare in dessem breve vor alle den jennen, de on seen, horen edder lesen, dat vor uns ghewest is Ludeke Blomenhagen, bewyser dusses breves, unse borger, unde heft uns witlich gedan, dat he affgekoft hebbe Willeme van Stade, borgere to Lubeke, eyne last heringes, dat nicht kopmannes gud en were, wente de hering were schalbach unde hovetlos, also dat he daran to schaden genomen hebbe boven 23 Lubische mark, dar he syn recht to don welde. Unde by den sulven hering hadde we gesant twe unses rades kumpane, de hebben uns bericht, dat se dat geseen hebben, dat de vorgescreven hering were schalbach unde hovetlos, also dat eyn kopman dem anderen dar nicht mede waren konde. Unde de tunnen, dar de hering inne were, weren ghemerket myd dem merke, alse under dusse scrift getoghen syn. Dusser ding to bewysinge hebbe we unser stad heymliche ingheseghil witliken laten hengit an dussen breff, de gegeven is na Godes gebort 1394 des neysten frydages vor s. Bartholomeus dage des hilgen apostolen.

▽

176. *Hzg. Albrecht von Baiern, Graf von Holland, an Amsterdam (an Dirc van Zwieten, an Enkhuizen und Grootebroek): gebietet für die Sicherung seiner Unterthanen und des gemeinen Kaufmanns auf der Zuidersee Sorge zu tragen. — 1394 Sept. 26. Haag.*

Aus RA Haag; Memoriale B D van B fol. 100b. Höhlbaum.

Auf die herrschende Unsicherheit weist eine Eintragung der Kämmereirechnung von Deventer, welche zu 1394 Juli 22 von einer Sendung nach Kampen berichtet mit onser stad breve, also dat sie onser borgher gued niet laechepen en wolden. *Molhuysen, De Vitaalie broeders of Likedeelers, in Nijhoffs Bijdragen voor vaderl. Gesch. 3c, 303.*

Aelbrecht etc. laten u weten, onsen lieven ende getruwen scout, scepenen ende rade van Aemsterdamme, dat wij verstaen hebben, hoe eenrehande lude op die zee souder willen comen, om onse lude, ondersaten ende den ghemenen coepman te bescadighen. Wairom wij u ombieden ende bevelen ernstelike, dat ghi u dairtoe zaet, die Zuderzee, Maersdiep ende dat Vlie te veilighen, so dat onse lude ende ondersaten ende die ghemenen coepman onbescadicht bliven, die onse landen versoeken, mar nyemant een en laet noch teijn en benemt, ten sij dat si onse luden ende ondersaten of den ghemenen coepman thoer benamen of scade deden op onsen stromen voirscreven of dair laghen, om scade te doen; dit en laet in gheenre wijs. In oirconde etc. Gegeven in den Hage, saterdages na Mauricii anno 94.

Item des ghelijcs is ghescreven Dirc van Zwieten, den steden van Enkhusen ende van Grotebroec.

177. *Hamburg an Kampen: ist erstaunt, dass Johann von Kuinre die zwischen Hamburg und dem Herrn von Kuinre vermittelte Sühne aufgesagt hat; erbittet die Verwendung der drei overijsselschen Städte zu Gunsten der Hamburger. — [1394 vor Okt. 20.]*

Aus StA Kampen; Or. m. Spur d. S.
Verzeichnet: Register van Kampen 5 n. 369.

An de ersamen wysen lude, schepen unde raed der stad to Campen, unsen leven vrunden, schal desse bref.

Vruntliken grut tovorn mit begherynge alles ghuden. Leven vrunde. Willet weten, dat Tydeke Münster, Meyneke Dydersbuttel unde Hermen Crowel, unse borghere, an juwer stad wesende hebbet uns enen breef ghesand inholdende, wo Johan van Cuenre heft vor jou wezen unde heft opghezecht alzulke zoene unde dedinghe, alse gi unde de van Deventer unde Swolle ghedegedinget hebben[1] umme de sake unde twidracht, dede was twischen Herman van Kuenre unde uns, unde menet sik darmede vorwaret hebben an uns unde unsen borgheren. Des willet weten, dat de vorschrevene twidracht unde sake is by juu unde den vorscrevenen steden unde den unsen dar do togheverdighet ghansliken soenet unde endet, alze de opene bezegelde breef darop ghemaket, welkes utscrift wi juu senden hirinn besloten, clarliken inholt; unde wy weten nene sake sedder der tyd mit Johanne unde synen vrenden, dar he uns umme totosprekende heft men leve unde ghud. Hirumme bidde wy juu vruntliken, dat gi uns juwen wisen raet unde hulpe willen mededelen unde theen darto de van Deventer unde Swolle, de over den dedyngen weren, den wy ok unse breve gesand hebben, dat ze juu helpen underrichten Johannes vorbenomet unde sine vrund, dat unse borghere nicht vorunrechtet werden, wente it uns vromede dunket wezen, dat he de soene opseecht, de to enem ende dedinget is. Boven al, wil Johan uns yerghen umme schuldigen, wi willen eme doen so vele, alze gi seggen unde de anderen stede, de over den dedingen weren, unde dat he uns unde unse borghere darboven nicht beschedige; dat wille wy vordenen, unde bidden des juwe vruntlike andwerde. Leven vrunde, wezet Gode bevalen. Screven under unser stad secrete.

Consules Hamborgenses.

178. *[Kampener] Aufzeichnung über die Vermittlung eines bis 1398 Juni 24 dauernden Stillstandes zwischen Hamburg und den Herren von Kuinre. — 1394 Okt. 20.*

Aus StA Kampen. Collectorium fol. 34b. Jnpghaus.
Verzeichnet: Register van Kampen 1 n. 305.

Item int jaer ons Heren 1394 op der elvendusent meghede avent is een vrede ghededingt tusschen dien van Hamborch ende Herman van Kuenre ende sinen soen, want Herman voerseid soen dien van Hamborch eere velicheyt opgesegghet hadde; ende die voerseide vrede sal staen tusschen hijr ende sante Johans daghe middelsomer ende duren dien dach al. Daer over ende an waeren: van dien raede van Deventer Hademan van Heeten ende Herman Splitoelf; van Zwolle Bernt van Irte ende Johan van Wytem; van onsen raede Johan die Brune ende Ghert die Witte. Datum ut supra. Ende dese vrede, alse voerseid is, sal onverbreclijc bliven.

179. *[Der Lübecker Bürger] Ludeke Cuervit kauft von Joh. van Hessen jun. eine Wandbudenstelle[2] in Falsterbo* (in romo proximo juxta castrum) *und die ver-*

[1]) *Im Jahre 1376, s. Bd. 4 n. 539 und 540.* [2]) *Diese wird nach einer beigefügten Notiz später von Cuervits Witwe an Joh. Brunswik verkauft.*

sowie von Andreas Peterssons Schwester Hofstelle in Malmö für eine dem Verkäufer bei dessen Lebzeiten zu zahlende Jahresrente von 10 M. Pf., aber ohne Haftung des Käufers im Fall der Eviktion. — 1394 Okt. 21.

StA Lübeck, Aufzeichnung im Niederstadtbuch zu 1394 undecim milia virg. Gedruckt: Lüb. U.B. 4 n. 614. Verz.: Reg. Dan. II 1 n. 3419.

180. *Hamburg an Kampen: dankt für die Vermittlung des Stillstandes mit Johann von Kuinre und erbittet seine weitere Verwendung. — [1394] Okt. 30.*

Aus StA Kampen; Or. m. Spur d. S.
Verzeichnet: Register van Kampen 3 n. 308.

Commendabilibus ac prudentibus viris, dominis proconsulibus et consulibus civitatis Campensis, amicis nostris predilectis, detur.

Vruntliken grut tovoren. Leven vrunde. Juwen breeff hebbe wy wol verstaan, alze gi scriven van Johans wegene van Cuenre, wo gi degedinget hebben, dat it in enem vasten vrede stan schal bette to sunte Johannis dage to middensomere[1]; dar wy juw vruntliken umme danken, dat gi umme unser leve willen gearbeydet hebben, unde wi willen dat gerne vordenen. Unde alze gi wol weten, dat alle twidracht, dede was twisschen Hermen van Cuenre unde sinen vrunden unde sinen nakomelinghen unde uns, ghans gededinget is to ener ghansen sonen na lude enes openen bezegelden breves, des wy juw lest afscrift sanden, unde wy unde unse borghere zedder der tyd yeghen Johanne van Cuenre unde sine vrund nicht misghedaen hebben unde weten nicht mit en men leve unde ghud, hirumme dunket it uns vromede wesen, dat he uns ene bezegelde zone opsecht. Unde bidden juw vruntliken, dat gi an desser saken arbeyden willen unde uns juwen guden raet mededelen, alze wy juw eer gescreven hebben; dat wille wy gerne vordenen. Leven vrunde, wezet Gode bevalen. Gescreven under unser stad secrete des vrydages vor aller hylgen dage, unde bidden des juwe gudlike antwerde. Consules Hamburgenses.

181. *Danzig an Lübeck: bittet wie in n. 171, den Erlös für den seinem Bürger Bernh. Elding gehörigen, im Herbst 1393 durch seinen Bürger, Schiffer Ludolf Knop nach Lübeck geführten Hering im Betrage von 46½ M. lüb. an den Lübecker Bürger Eberh. Pil auszuhändigen, dem es dazu Vollmacht ertheilt hat. — 1394 Nov. 17* (fer. tercia a. d. Elyzabeth vidue).

StA Lübeck, Borussica n. 47; Or. m. S.

182. *K. Richard [II] von England an alle Könige, Fürsten, Herzoge, Grafen, Edle und Völker: empfiehlt seine Sendeboten, den Geistlichen Mag. Joh. Huntyngdon und den Kaufmann Joh. de Wrenham, die er* cum certis litteris nostris de privato sigillo nostro pro certis negociis nos ac incolas regni nostri Anglie tangentibus expediendis *an die Städte Lübeck, Wismar, Rostock und Stralsund abgeschickt hat. — 1394 Nov. 25. Westminster.*

Publ. Record Office London, French Rolls 18 Rich. II m. 5.

183. *Hzg. Wilhelm von Jülich-Geldern und Gr. Adolf von Kleve sichern in dem zwischen ihnen abgeschlossenen Schutzbündnis u. a. ihren gegenseitigen Unterthanen Verkehrsfreiheit zu, verfügen die Verfolgung eines Schuldners an seinem Wohnorte, und gewähren besonders den Kaufleuten* (die onse vyande niet en syn ende ons niet broickeftich en weren) *freies Geleit und Schutz*

[1] 1395 Juni 24, s. n. 178.

zur Arrestierung der Waren. — 1394 Dec. 31 (1395 up den donredagh vig. circumcis. Dom.).

StA Düsseldorf A 11 n. 590; Or. m. 2 anh. S. und 4 Transfixbriefen verschiedener Adliger, die sich für Aufrechthaltung des Friedens verbürgen.

184. *Hzg. Wilhelm von Geldern gestattet den Bürgern von Wesel die Schiffahrt durch sein Gebiet und erteilt Anweisung zur Ausübung der Zollkontrolle bei der Durchfuhr von Wein. — [1394.]*

Aus StA Düsseldorf B 21, Chartular des Herzogtums Geldern fol. 28. Höhlbaum.

Auf das genauere Datum dieses dem Fundort nach in den Anfang der 90er Jahre gehörenden Stückes weist die Stadtrechnung von Wesel vom Jahre 1394, die von einer Reise der Weseler Burgermeister nach Arnheim zum Herzog von Geldern berichtet. alloquentes eum de theolonio. *Im Juli wird die Fahrt dorthin* pro causa predicta *wiederholt; unter den Ausgaben dafür wird aufgeführt:* Item scriptor, qui scripsit litteram de theolonio predicto, habuit 21 s. Item sigillator, qui sigillavit eandem litteram, habuit 20 florenos novos. — *Dieselbe Stadtrechnung berichtet über Wesels Teilnahme am Wasserverkehr:* Item dye stat van Dordrecht sande eenen bode an dye stat, dat men oer stapelrecht halden solde to Dordrecht; dye verdede yn der herberge 12 d. *StA Wesel (im StA Düsseldorf), Caps. 14. Brune.*

Wy Willem etc. doen kunt etc. ende bekennen, dat wy by rade ende guetdunken onser rade ende vriende omme sunderlinger gunstelich will, die wy hebben tot der stat van Neder Wesell, gegeven hebben ende geven mit desen brieve der selver stat ende hoeren yngesetenen burgeren, dat sy varen sullen ende moegen up onsen stroem by onsen tollen hier nabescreven, ende dat man hoen an onsen tollen, mit namen tot Lobede, tot Nymegen, tot Tiel, tot Saltbommell ende tot Zutphen ende tot Yselaerde, besien sal vur een voeder wyns een aem meer dan man boden die dages datum des brieffs up onsen vurgenanten tollen dien selven burgeren van Wesell te besien pleght ende dan gewonlich is, [welke] bruderinche duren sall een halff jair lanck na onsen wederseggen. Ende wy ontbieden dairom all onsen tolleneren, besieren ende schryveren, die nu syn off namaels onse tolnere, besiere ende schryvere tot Lobede, tot Nymegen, tot Tiel, tot Zaltbomell, tot Zutphen ende tot Yselairde syn suellen, dat sy die vurgenante stat tot Nederwesel ende hoeren yngesetenen burgeren in der besieringe halden ende dat sy hoen dair gunstich syn ende guetlich doen, want wy dat gedaen willen hebben.

185. *Verordnung der Stadt Kleve über das Feilhalten von Häring. — 1394.*

Aus StA Düsseldorf, Handschriften A 76, Privilegien der Stadt Kleve fol. 35 (aus den Statuten von 1394). Höhlbaum.

Voirt is to weten, dat in voirledenen tijden van onsen voiralderen gesat ind ordiniert is, dat soe wie ennigen heringh veyll heeft dan Schoenschen heringh, die sall dairbij steken een openbair teiken, als dairop genaemt wort; wie des nyet en dede, brokt der stat also dicke, als hie dairmede bekoirt wordt, een marke. Want dan so wenich Schoens heringhs hier to lande koemt, so ist nedergelacht, dat men dat voirscrevene teiken bij den rechten Engelschen heringh, als nu gemeynlichen is, nyet setten en darff, dan nyemant en sall twierhande heringh tot enen tijden veyll hebn, op die pene voirscreven. Voirt en sall nyemant touvisch veyll hebn buten der tonnen dan opten tonnenbodem op die pene voirscreven, soe dicke hie dairmede bevonden off bekoirt worde. Ind alle dese pene voirscreven sollen die stat twe deel hebn ind die koermeistere dat darden deel.

186. *Dortmund an die Älterleute und die gemeinen Kaufleute zu London: bezeugt, dass die Dortmunder Francis Tasche und dessen Ehefrau Jutta ihren Sohn Herbord Tasche und den Everhard Wistrate bevollmächtigt haben, zusammen oder einzeln den Nachlass des in London verstorbenen Joh. Swarte zu erheben, dessen eheliche Mutter und nächste Erbin Jutta ist. — [1394.]*

StA Dortmund, Briefbuch S. 129. Es folgt ein Schreiben von 1394 Juli 3.
Verzeichnet: Rübel, Dortm. U.B. 2 n. 834.

187. *Erzb. Jakob von Lund an den Grossschäffer von Marienburg: entschuldigt sich wegen der zeitweiligen Beschlagnahme eines preussischen Schiffes, ersucht um Ausfuhrfreiheit für seine Bornholmer Amtleute, will wegen der angeblichen Schädigung preussischer Unterthanen bei der Strandung von Dukers Schiff einen Abgesandten zur Rechtfertigung seiner Handlungsweise schicken. — [um 1394.] Sömmershafn.*

Aus StA Königsberg, Briefarchiv; Or. Pap. m. Spur d. S.
Gedruckt: Styffe, Bidrag till Skandinaviens historia 2, 60. Verz.: Reg. Dan. II 1 n. 3444. S. oben n. 138, 159, 161.

Unsem leveren vrunde, hern grotescheffer tzo Maryenburgh an Prutzen, scal desse breff.

Jacobus Dei gracia archiepiscopus
Lundensis, Swecie primas etc.

Unsen vruntliken grut unde wes wi gudes vormoghen jw unde den juwen tovoren. Weten schole, leve her scheffer, dat wi juwen breff unde sodder des meysters breff, den he uns sende na des, wol hebben vornomen, alse umme dat schip, dat Johan Hogher vorede, dat wi em dat wedderghëven scolden. Des scole gi weten, dat yn deme herveste, do wi quemen to Somershaven, do quemen twe schiplude to uns, de uppe unsem schepe myt deme schipheren, de dat voerde, twe reysen gewesen hadden, eyne to Gotlande unde eyne to deme Sunde, unde sworen dat yn den hilghen, dat dat unse rechte eghene schip were, unde de weren yn deme schepe unde besseghen dat beide up unde nedden, buten unde binnen, noch er wi dat antasten wolden. Unde dar lete wi uns noch nycht ane noghen, wat se uns segheden, men wi leten den meysterman unde den tymmerman darto halen, de unse schip buwede; de besach dat schip ok beide, buten unde binnen, unde swor uns dat ok yn den hilghen, dat he dat schip gebuwet hadde unde yd unse schip were. An sodaner mate worde wi darto gebrocht, dat wi dat schip leten antasten; jodoch yn welker mate dat sy, so wille wi gerne dorch des meisters leve unde dorch juwen willen deme vorscrevenen Johanne dat schip wedderghëven. Unde na rade unde bede unses leven Pawel Dughens, ammetmans to Borendeholm, so hebbe wi yd em alrede wedderghëven, unde weret ok so gued en schip, alse wi gehad hebben edder krighen moghen, wi wolden yd em dorch des meysters unde juwen willen unde dorch des gudes willen, dat gi uns bewiset hebben unde den unsen, wen se to jw komen, bewisen unde noch hopende syn van jw, gherne wedderghëven. Worumme bidde wi juwe vruntschop, dat gi dat vor neyn argh untvanghen, dat wi dat schip gehinderet hadden; hadde wi dat gewust, dat yd unse nycht gewesen hadde, wi wolden yd node hebben gehinderet laten, unde willen altyd gherne doen, wes jw leff ys. Ok hebbe wi dat allen unsen ammetluden bevolen, dat se besunderen den juwen borgheren unde kopluden scolen vordernysse bewisen unde by rechte beholden. Vortmer bidde wi jw, dat eft unse ammetlude van Borendeholm yn juwen lande wes bedroften to koprade, dat gi en darto behulpen wesen unde gunstich, dat se dat van deme lande ungehindert ut unde wen se des bedorven moghen voren.

Vortmer umme den schaden, den juwe borghere scolden genomen hebben under unsem lande Borenholm, alse gi screven, ute Arnold Duker schepe, dar were lang aff to scryvende, men wy sende juw unse ammetman Pawel Deghen van Borenholm, de juw wol berichten scal van unser weghene, wo yd darumme gescapen ys, unde bidden juwe vruntscop, dat gi em loven, wes he juw darane berichtet van unser weghene; unde ys van nenen quaden willen tokomen van unser weghen, dat wi uns anders dar nycht ane bewiset hebben, also he juw wol scal berichten. Bedet an uns to allen tiden. Scriptum Symershaven nostro sub secreto.

188. *Danzig bekundet, dass laut gerichtlichem Zeugnis seiner Richter und Schöffen die Witwe des Danziger Ratsherrn Hildebrand Langerbeke den Hildebrand Vockynghûzen, Gerd vamme Hove und den Überbringer Syfrid Vockynghusen*[1] *als ihre und ihrer Kinder Vormünder bevollmächtigt hat zur Einforderung aller in Flandern ausstehenden Schuldforderungen ihres verstorbenen Mannes; und bittet alle Herren und Richter, den gen. Bevollmächtigten zur Einkassierung der Schulden behülflich zu sein. — 1395 März 15* (an deme mandage vor Gerdruden der hilgen juncvr.).

StA Reval, Or. m. S. auf der Rückseite.

189. *Dortmund [an Lübeck:] hört, dass der König von England an [Lübeck], Stralsund, Rostock und Wismar geschrieben hat wegen des Schadens, der den englischen Kaufleuten auf der See durch Wismar und dessen Helfer zugefügt ist; bittet, mit Rücksicht auf den starken Verkehr ihrer Kaufleute nach England eine Schädigung des Kaufmanns in Folge dieser Angelegenheit zu verhüten. — 1395 März 18.*

StA Dortmund, Briefbuch S. 236. Ebenso an Stralsund und Hamburg. Gedruckt: HR. 4 n. 255. Verz.: Rübel, Dortm. U.B. 2 n. 801.

190. *Dortmund an Osnabrück: meldet, dass die hansischen Älterleute zu Brügge den Streit mit Antwerpen beigelegt und den Verkehr dorthin wieder freigegeben haben. — [1395] Apr. 16.*

Aus StA Osnabrück VII 77; Or. Pap. m. S.

An dey ersamen wisen borgermestere und raid der stat to Osenbrugge, unse bisunderen guden vrende.

Vrentliko grute und wat wij gudes vormoghen. Ersame bisundere guden vrende. Also dey ersamen radessendeboden van der Duytschen Hense eyns weren geworden und deme ersamen copmanne to Brugge volle macht bevolen und gegeven hadden, deme gemeynen copmanne van der Hense by enen broke to vorbeydene, dat nymant van der Hense dey markete to Antwerpe vorsoken solde noch halden umme sulker gebreke willen, der dey copman van den van Antworpe ane vorhortet was, also hebben dey ersamen alderlude van weghene des copmans van Brugge vorscreven eren secretarium by namen mester Goswinum Marten an uns myt enen credencienbreve gesant, dey uns van erer weghene to kennen gegeven hevet, dat sey van des gemeynen copmans weghene der vorgenanten Hense umme dey vor-

[1] *Vor dem Rat der Stadt Rade vom Walde bekundet Gottschalk van Vockinchusen 1393 Juli 21, dass er sich mit seinen Brüdern Hans, Hildebrand, Sywert und Herrn Ludwig van Vockinchusen und seinen drei Schwestern wegen aller beweglichen und unbeweglichen Habe völlig verglichen hat. Or. im StA Reval. Über die Beerbung des zu Dordrecht verstorbenen Joh. van Ellen durch den Revaler Ratsherrn Detmer van Ellen vgl. das Protokoll von 1393 Jan. 27, v. Bunge, Livl. U.B. 3 n. 1337.*

screven gebreke myt den van Antworpe gescheden und des myt en tovreden syn, also dat en ieslich copman van der vorscreven Hense to Antworpe komen mach und dey markede dar vorsoken und halden na als vor, also dat dey gebode und broke, dey darop gesat waren, gensliken affgedân synt; und waren by den vorscreven eren secretarium van uns begerende, dat wij ju dit scryven und to kennen geven wolden. Also moge gi dat vort juwe vrende, copluide und ander stede, dey juwe naber synt, laten weten, sich darna to richtene. Got sij myt ju. Datum feria sexta post festum pasche, nostro sub secreto.

Proconsules et consules Tremonienses.

191. *[Hzg.] Albrecht [von Baiern, Graf von Holland,]*[1] *geleitet die Bürger von Staveren, die nicht seine Feinde oder aus seinen Landen verbannt sind, mit ihrem Gut zum sicheren Verkehr in seinem Lande für ein Jahr oder bis 14 Tage nach Widerruf, unter Vorbehalt seines Zollrechts. — 1395 Apr. 19* (smaendages na beloken paesschen). *Haag.*

RA Haag, Memoriale B D cas. R fol. 121.
Gedruckt: Schwartzenberg, Groot Placaat- en Charterboek van Vriesland 1, 255.

192. *Tord Bonde an Reval: hat den Vitaliern ein Schiff abgejagt, bittet deswegen, einen der von denselben geschädigten Revaler zu ihm zu senden. — [1395]*[2] *Mai 28.*

Aus R StA Reval B C I 1; Or. Pap. m. Spur d. S.

Viris multis honoribus decoratis, proconsulibus ac consulibus civitatis Revaliensis, meis singularibus porrigetur.

Vruntliken grot thovoren mit leve unde gunst unde wes ik vormagh tho juwer beherzhelicheyt unvordroten. Leven erbaren vrunde, borghermester unde rat tho Revel. Wethet, dat ik juwen vruntliken breff wol vornomen hebbe, den gy my senden. Des wethet, dat ik was utghevaren myt mynen vrunden, wente de vyande leghen unde schinneden unde roveden, dat ik ghern ghekeret hadde, dat God wol weed. Des quam ik, dar ik de vyende vant, unde ik leghede tho myt mynen volke, do leden se it tho der zee wart an, dat wy nicht by ze komen konden; des dreaghede wy en een bôt af, dar weren achte kumpans uppe, dede lichte jû den schaden hebben ghedaen[a]. Des wethet juwe erbaricheyt, dat ik ze bewaret hebbe, unde ze zegghen, se sin mit vruntschop unde myt like van hir ghescheden. Des wethe juwe echbarheyt, dat ik ju degher bidde, dat gy hir enen man schicken, dem se wat ghenomen hebben, so wil ik over se also richten, alze ik[b] gy wolde, dat gy don scholden, oft it my so leghe. Blivet ghesunt tho ewigher tid unde ghebedet tho my alze tho juwem steden vrunde. Scriptum feria sexta ante festum sancti spiritus, meo sub sigillo.

Thordo Bonda.

193. *Vor dem Lübecker Rat klagt Joh. Stake*[3] *gegen Joh. von Büren wegen des dritten Teils eines Hauses in Bergen* (cujusdam stupe quondam Herderi van Staden et appertinenciarum suarum site Bergis Norwegie in plathea sive

a) [illegible] b) Über der [illegible]

[1]) Derselbe geleitet 1391 Okt. 3 den Pieter Lichtevoet aus Dokkum nach Massgabe des Zollrechts der Bürger von Staveren. Schwartzenberg 1, 254. [2]) S. n. 191 und 202.
[3]) Derselbe Joh. Stake erwirbt Juni 15 die anderen zwei Drittel desselben Hauses durch Auflassung seitens des Herrn Hans Klattekoven und der Erben des Martin Klattekoven; gedr. a. a. O.

orte, qui vulgariter Eynerlen gharde nuncupatur), *den Bürre ihm früher aufgelassen hat und jetzt von ihm zurückverlangt; nach Verhandlung über die Ansprüche beider Parteien tritt Bürre dem Stake sein vermeintliches Recht an dem Hausdrittel ab, unter Verzicht auf jede weitere Forderung in dieser Sache. — 1395 Juni 10.*

StA Lübeck, Aufzeichnung im Niederstadtbuch zu 1395 corp. Christi.
Gedruckt: Lüb. U.B. 4 n. 634.

194. Der Hausvogt zu Raseborg an Reval: bedauert die Schädigung Revals durch die Seeräuber, will gegen sie sein Möglichstes thun, falls sie an die schwedische Küste kommen. — [1395] Juni 11. Raseborg.

Aus StA Reval; Or. Pap. mit Stück d. S. Höhlbaum.
Gedruckt: v. Bunge, Livl. U.B. 4 n. 1511; das. 6 Reg. S. 79 zu 1394 verwiesen. S. wegen des wahrscheinlichen Datums unten n. 202.

An de erborne heren borgermeysters unde raallude to Revele
kome desse breff myt werdycheyt; littera detur.

Minen vruntliken grote unde wes ik guden vormach umme juwer erbarcheyt willen to donde nû unde to allen tiiden. So scholle gy weten, erborn heren borgermesters unde rat, dat ik juwen breyff wol vornomen hebbe, den gy my screven alzo umme de partygge, de den schaden gedan hebben in juweme lande. Dat scholle gy weten, leven nabers und vrunde, dat my dat let is van alle myme herten. Ok schreve gy my, quemen se an desse syde, dat ik se toven solde. Dar wil ik by don, alzo ik wolde, dat gy by den unsen don solde, efte uns de schade ghescheen were. Anders nycht, dan ghebedet over my alzo over juwen leven naber unde vrunt. Got sy myt juu to langen saligen tyden. Ghescreven des vrydages na des hylgen lichammes dage, op Raseborch.

Warle, husvoget op Raseborch.

195. Statut der Schiffergilde zu Zütphen[1]. — 1395 Juni 12.

Aus Z StA Zütphen; Abschr. v. d. Mitte des 17. Jh. a. Pap. Überschrieben: Copia. Verzeichnet: Tadama en Huberts, Tijdrekenkundig register van alle oorkonden in het stedelijk archief te Zutfen 1, 40.

Wij richteren ende schepenen der stadt Zutphen tuigen, dat wij eendrachtelijck umme gemeine orbers wille van onse stadt overdragen hebben, soo wat tulden van onse borgeren ende ondersaten haere neeringe doen met vaeren eickenen schepen opwaerts off nederwaerts, dat sij sullen winnen de scipluidengilde; so te verstaen, dat die gildebroeders jaerlix setten twe gildemeesters[a] uijt haeren gilde, en die sullen het gilde regeren, so dat redelick ende behoorlijck is.

Mede soo geven wij den selven gildemeesters macht ende gebot, dat sij gebieden mogen over haeren gildebroederen tot tien schellingen toe alleen tot haere gildes behoeff mede te holden van alle saecken, die tot dat gilde behoort ende hem orbelijck duncken te wesen.

Waer saecke, dat eenich stuck geviele in desse punten voorseid, daeraff behouden wij die claringe an ons.

Desen brieff willen wij staentachtig gehouden hebben tot onsen wederseggen, sonder alle argelist. In oorconde desses so hebben wij onser stadts segel an desen

a) gildebroeders Z.

1) 1393 Jan. 29 schreibt Stralsund an Zutphen für die Brüder Heinemann und Herm. Egbrechtsson in Stralsund behufs Erhebung ihres elterlichen Erbteils. Verz. a. a. O. 1, 39.

brieff gehangen. Gegeven in den jare onses Heeren duisent driehondert vijfentnegentich, op sant Odulphus dach. Concordatum in camera.

196. *Vergleich zwischen zwei Lübecker Bürgern über ein Haus in Bergen und über ihren Antheil an den flandrischen Entschädigungsgeldern. — 1395 Juni 26.*

Aus StA Lübeck, Eintragung im Niederstadtbuch zu 1395 Johannis et Pauli. Mitgetheilt von Hrn. Staatsarchivar Dr. Hasse.
Gedruckt: Lüb. U.B. 4 n. 624.

Notandum, quod Ludeke Cusvelt et Johannes Losingh ambo presentes libro recognoverunt, quod racione controversie, quam hactenus inter se habuerunt, amicabiliter concordaverunt, prout sequitur, in hunc modum: quod stupa sita Bergis Norwegie 'in dem Bredenghaarden', quam olim habuerunt pater dicti Ludekini Cusvelt ac Johannes Losingh et sui amici cum domibus appertinentibus, ipsis simul appertinere debent unicuique pro equa dimidia parte. Preterea dictus Johannes Losingh recognovit, quod pecunias illas, quas Ludeke Cusvelt a camerariis sublevavit et que de dampnis Flamingorum provenerunt queque sibi et fratri suo appertinent, ad sui et dicti fratris sui usum plene et sufficienter a dicto Ludekino percepisset, ita quod dictus Johannes Losingh, quidquid de debitis communibus et de pignoribus et litteris apertis, que et quas hac de causa habet, provenerit, dare debeat ipsi Ludekino Cusvelt, salvo ipsi Johanni Losingh et fratri suo quarto denario in eisdem. Et per premissa recognoverunt, quod se mutuo dimitterent ab omni monicione et causa habitis usque in hodiernum diem penitus quitum et solutum.

197. *[Hzg.] Albrecht [von Baiern, Graf von Holland,] verleiht den gemeinen Kaufleuten aus Deutschland, mit Ausnahme der Bürger von Wismar und Rostock, der Unterthanen des Hzg. [Johann] von Mecklenburg und anderer Feinde, bis nächsten 25. Dec. sicheres Geleit zum Handelsverkehr in seinen Landen sowie alle zur Zeit ihres Dordrechter Stapels besessenen Freiheiten gegen Entrichtung des 1½fachen Betrages ihres damaligen Zolles, während er einen endgültigen Zolltarif am 1. Sept. mit den Bevollmächtigten der Kaufleute vereinbaren will*[1]. *— 1395 Juni 28. Haag.*

RA Haag, Memoriale B D cas. R fol. 120.
Gedruckt: HR. 4 n. 318.

198. *Åbo an Reval: bedauert die Schädigung Revals durch die Seeräuber, verspricht nach Möglichkeit gegen dieselben vorzugehen. — [1395 Juni]*[2].

Aus StA Reval; Or. Pap. mit Spuren d. S. Höhlbaum.

An de erbaren lude, borgermestere unde raed der stat to Revel mit werdicheit.

Vruntschap unde leve unde wes wy ghudes vormoghen. Leven heren unde sunderlik ghude vrunde. Weted, als um den breff, den gy uns sanden, dat gy schaden ghenomen hadden, dat uns let is, unde gy uns screven, dat wy se toghoren scholden, ofte wy se war vornemen. Willick dat wy gherne ghedan wolden hebben unde noch gherne don willen, war wy dat esten konnen. In desen scheren vorneme wy er nicht oppe desse tid, mer in den Swedeschen scheren dar untmoeten se unser borgher en unde quam van dem Holme unde wolde to Abo unde nemen eme sine vitalie, unde de hupe hadden 2 kopschepe, de se ghenomen hadden; war

[1]) *Die holländischerseits aufgestellten Grundzüge zu einem vierjährigen bindenden Zollprivileg für den deutschen Kaufmann s. HR. 4 n. 319.* [2]) *S. n. 194 und 202.*

se sint ghebleven sint des unde weto wy nicht. Darmede siit Gode bevolen. Ghescreven to Abo under unsen ingheseghel.

Borghermestere unde ratmanne der stat Abo.

199. *Der Vogt zu Abo an Reval: beantwortet eine Anfrage der Stadt wegen der Wegnahme zweier Schiffe mit Nowgoroder und Revaler Gut [durch die Vitalier]. — [1395 Juni].*

Aus StA Reval; Or. Pap. m. Spur d. S. Höhlbaum.

Gedruckt: v. Bunge, Livl. U.B. 4 n. 1340. S. oben n. 194, unten n. 202.

An den erborne heren borgarmestar unde rad der stad to Revel myt werdicheit littera detur.

Vruntlike grot thovoren ghescrevenen, wes ich godes formach. Willic do ich juwer erborenheit, dat ich juwen brief wol vornomen hebbe als umme de 2 scepe, de daer ghenomen sint myt Nogordeschen gode unde juwe borgar unde koplude daerop ghevangen sint. Item als umme de ghene, de daer scolden bosetlude fore sin, dat wet Got, dat dat is my unwillic, wo et daerumme si, unde is my leit. Wo ich dat anders keren kunde unde is dat sake, dat ich eder enych, de daer don unde laten willen umme mynen wille, konen se oferkomen unde bekrachten, ich wel daerbi doen, dat ghi my danken scolen, unde als ich van juwe erbaricheit hebben wolde, oft dat also myt my belegen were tegen ju. Blifet gesunt myt Gode unde ghebidet to my als to juwen vrunt. Ghescrefen to Abo under myn ingheseghele.

Nys Ericson, foget op Abo.

200. *Der deutsche Kaufmann zu Brügge an den nächsten preussischen Städtetag: rechtfertigt sich u. a. wegen der Verbannung des Grossschäffers von Marienburg, der 1391 die gegen Flandern verhängte Handelssperre übertreten hatte; hat wegen des Pfahlgeldes den gemeinen Kaufmann schon wiederholt vor Schaden gewarnt und will dies auch in Zukunft in der Versammlung des Kaufmanns thun. — [1395] Aug. 26.*

Gedruckt: HR. 4 n. 291.

201. *Sievert Vockinchus bekundet, dass ein Viertel seiner drei Häuser im Kurzen Genthof [zu Brügge] dem Joh. van den Broke, Hinr. Rathus und deren Gesellschaft gehört. — 1395 Aug. 31.*

Aus StA Köln, Hanse I n. 128; Or. m. anh. S. Höhlbaum.

Willic si allen luden, de dessen breff sullen seyn ofte horen lesen, dat ic Zyverd Vockinchus bekenne unde vorlye in dessen breve, dat dat virde part van den dren husen int Corte Ghentshof staende up den hoke bi sunte Gillis brucghe, dat up my ghescreven steit unde ghekoft waren van Jorijs van Rijsele, dat sulve virde part van den vorscreven dren husen tobehoret Johans van den Broke, Hinric Rathuse unde erer selschap; unde daran so en hebbe ic neynerleye part noch deel unde belove ok vor my unde vor myne erfnamen, dat ic up dat vorscreven virde part van den vornomden husen nicht en sal saken noch anspreken in tocomenden tijden sunder argheliist. Unde des to eynen tughe der wareit so hebbe ic Zyvert Vockinchus vorscreven myn ingheseghel ghehanghen vor dessen breff, int jar ons Heeren 1395 upten lesten dach in Augusto.

202. *Drei schwedische Ritter an Reval: warnen vor den bei Åbo liegenden Vitaliern[1]. — [1395] Sept. 3. Raseborg.*

[1] Über das Erscheinen der Vitalier an der finnischen Küste vgl. UB. 4 S. XVII. Das

Aus StA Reval; Or., Pap. m. Spuren der 3 S. Koppmann.
Gedruckt: v. Bunge, Livl. U.B. 4 n. 1103; vgl. das. 6 Reg. S. 81.

An de erliken heren borgermestere unde ratlude to Revele, unse gunstighen vrunde, de scolen dessen bref.

Vruntlike grote myt Gode. Leven vrunt. Also wy juu eer gescreven hebben umme de vitalligebrudere, dat se weren to Abo, also sint se ok noch in der sulven vestheyde unde hebbet uns ghedan dat ergeste, dat se kunden. Doch zo hebbe Got lof, dat uns nyn grot scade en schen is, unde wy en weten anders nicht, men dat se willen in dat stichte to Osil edder in de havene to Revele edder uppe de reyde to Pernow. Weret dat gy dat sturen wolden, so sendet uns jawe volk; den wille wy beholpen wesen mit live unde mit gûde unde wilt se soken, wor se sint, na eremo rade, de gy uns herwart senden. Weret ok, dat gy dar nicht an keren wolden unde se ons darto drungheu, dat we uns myt en vreden mosten, unde juu jenich scade van en schege, dar wolde wy unvordacht ane wesen. Got sy myt juu to ewighen tiden, unde doet wol unde unbedet uns en antworde by dessemo jeghenwardighen brefwisere. Gescreven to Razeborch, des vridaghes vor unser vrowen daghe, alze se ghebaren wart.

Bi uns Erengisel Nekilsson unde Sten Boesson unde Thord Bonde, riddere.

203. Stralsund beurkundet ein für ein Jahr abgeschlossenes Schutzbündnis mit Rostock, Greifswald und Anklam[1]. — 1395 Sept. 27.

Aus StA Rostock; Or. m. S. Auf der Rückseite: Martini ed. Hagedorn.

Wy borghermestere unde radmanne der stat Stralessund bekennen unde betûghen openbare in dessemo yeghenwardighen breve vor allen luden, de ene seen edder horen lesen, dat wy na ghevatet hebben unde saten in desser jeghenwardighen scrift in ene vrûntlike voreynghe mid den erbaren mannen, heren borghermesteren unde ratmannen der stede Roztok, Grypeswold unde Tanglim an desser wise, alze hir nascreven steit. Weret also, dat jemant were, he sy we he zy, de desser stede vorbenomed welk bescheydegede bynnen der tiid, dat desse enynge warut, edder beschedighen wolde mid rove, mid brande, mit duverye edder in welker mate ze vorwaldede unde vorunrechtede, dar scole wy likes unde rechtes over mechtich wesen, ze tu like unde tu rechte tu vorbedende unde vor se truweliken to manende, dat me ze by rechte unde by like late. Wolde overd yummende de stat darboven vorwalden unde vorunrechten unde ze nicht by like edder by rechte laten, de were we he were, wan de stat, der dat unrecht schût unde wald, us darto eschet, so scole wy mid der stat tusamende komen uppe ene jeghene, dar id belegheilik is, unde spreken darumme underlank, wo me der stat unrecht unde ghewald keren wille, alze wy des denne eendreghen, dat me dat also holde. Desse enynghe schal anstan van sunte Michaelis daghe neghest tukomende unde blyven eyn gans yaer allumme. To tughe desser vorscreven stucke hebbe wy user stat secretum tu rûgge drucket laten uppe dessen breff. Gheven unde screven tu dem Sunde, na Godes bord drutteynhundert yar darna in dem vyveundeneghentigesten yare in deme daghe Cosme unde Damyani, der hilghen merteleere.

Gefangennahme von 6 russischen Kaufleuten durch die Vitalier und ihre Befreiung durch die Schweden wird 1396 Jan. 6 von 6 anderen Russen in Reval bezeugt: HR. 4 n. 330.

[1]) Sept. 29 schliessen Stralsund, Greifswald und Anklam einen Vertrag für ein Jahr ab. Gedr.: Dähnert, Pomm. Bibliothek 4, 161, Pomm. und rüg. Landesurkunden, Suppl. 1, 1168; Stavenhagen, Beschreibung d. St. Anklam S. 455. Vgl. Gesterding, Beitrag z. Gesch. d. St. Greifswald n. 187.

204. *Dortmund an den deutschen Kaufmann zu London: berichtet, dass der verstorbene Herm. Vintorp in London den Erlös für eine ihm aus Brügge zum Verkauf übersandte Partie Seide unterschlagen hat, und bittet, dem dabei betheiligten Claus Balke, der nach Vintorps Tode die Summe mit Beschlag belegt hat, zu seinem Rechte zu verhelfen. — 1395 Sept. 28.*

Aus StA Dortmund, Briefbuch S. 164.
Gedruckt: Rübel, Dortm. U.B. 2 n. 925.

Honorabilibus ac circumspectis viris, aldermanno et communi mercatori de Hansa Teutonicorum, Londoniis in Anglia existentibus, amicis nostris sincerissimis.

Vrentlike grote und wat wi gûdes vermolgen alle tid vorgescreven. Leven sunderlix vrende. Wilt weten, dat her Herman Cleppink uns geopenbart hevet, wo dat in verledenen tiden, den nu na Brugger markete was twey jaer, dat do Tideman und Gerwin van Aldenbrekel[velde] eynen korp makeden tuschen Reinolde Cleppinge und Johanne Rikarde, dar her Herman vorgescreven mede over was, deme dey sake mede angin, so dat Johan Rikart vorgescreven van Reynolde kochte sees scharpeler wollen, und dey betalinge solde hey don, als hir nagescreven steit: Rikart vorgescreven hadde syden, de solde hey in Engeland senden an Hermanne Vintorpe, und wat vor dey siden queme, dat solde Vintorp antwerden Vrowinen Balken to London in mynneringe der schult van den sees scharpeler wollen, alse sey dat wol wisen willen, as her Herman seget. Nû sande Johan Rikart dey syden over, dey Vintorp entfenck und lovede Vrowine Balken vorgescreven, wat vore dey sijden queme, dat hey eme dat gelt geven wolde, as dat Vrowin mit synen eyde wol beholden wel, as wij vernemen. Gûden vrende, nû vorsta wij, dat Herman Vintorp bynnen der tid gestorven es und Vrowine vorgescreven dat gelt vor dey syden nicht over geantwert en hevet, as hey eme gelovet hadde, so dat Clawes Balke, Vrowins broder, deme dat mede angheit, dat gelt na Vintorpes dode bezat hevet; und dey eirste bezettinge es op dat gud; beide oft Johan Rikart hir enboven Hermanne Vintorpe anders wat gescreven eder Vintorp anders ymande icht togeseget, des en willen sey nicht to done hebben, dat uns wol dunket, dat sey rechtes genoich hebben, as wij dey sake vernemen. Warume, leven vrende, wi u vrentlike bidden, dat y Clawese Balken gunstlik und beholplich willen syn in syme rechte, und laten uns dat weder verdeynen, war wi konnen und moigen. Got etc. Datum [13]95 in profesto beati Michaelis, nostro sub secreto.

205. *[Herm. Cleppink] an den deutschen Kaufmann zu Brügge: verwendet sich in derselben Sache für Claus Balke. — [1395 Sept. 28.]*

Aus D StA Dortmund, Briefbuch S. 164.
Gedruckt: Rübel, Dortm. U.B. 2 n. 925 S. 647.

Honorabilibus ac circumspectis viris, aldermannis et communi mercatori de Hansa Teutonicorum Brugis in Flandria existentibus, amicis suis sincerissimis.

Vrentlike grote und wat ich gudes vermach alle tid vorgescreven. Guden bisûnder vrende. Ich begere uch to wetene, dat ich was to Brûege int uigân van Brugger markete, den nû twey jaer weren, do kochte Johan Rikart van minen brodere Renolde, dar ich jegenwordich was, sees scharpeler wollen. Vort so hadde Rikart siden, dey solde hey senden in Engeland an Hermanne Vintorpe, und wat van der siden queme, dat solde hey Vrowine Balken geven in mynneringe der seen scharpeler wollen vorgescreven. Hir was over Gerwin und Tideman van Aldenbr[ekelvelde], dey dessen kopmanschaf makeden, also sei ok vor deme kopmanne to Brugge getüget hebbt. Vort so quaem desse syde in Engeland an Hermanne Vintorpe, und Vintorp verkochte sey und sey qüam ut vor 113 lb. st. blivendes geldes; welik gelt Herman Vintorp lovede Vrowine Balken, dar Vrowin syn recht wol sal to don, were des not. Vort do [Herman Vintorp][a] aflivich was geworden, do besatte Clawes Balke dit gud, deme it ok mede angeit, und hevet dey ersten besettinge; hevet Johan Rikart hir enboven an Vintorpe icht gescreven eder Vintorp mit yemande anders jenige degedinge gehad, des en hebbe wi nicht to done, wante dat van der siden quaem unse was und nymand anders. Vort van den anderen gude, dat Clawes Balke ok besat hevet, hedden dey lude rümet, dat dat gud hedde worden verloren, men solde wol hebben gesyn, wey den schaden moste gehad hebben; hirume wat güde, dar syn wyn und verlüs van steit, dat holt men hir vor eynen verloep, dat men dat op ene besetten moige. Warume, bisunder leven vrende, ich uch mit allen vlite bidde, dat y Clawese Balken helpen to synen rechte, wante ich to Gode hope, dat wij rechtes genoich hebben; und latet my dat alle wege verdeynen, war ich kan und mach.

206. *Ordonnanz des deutschen Kaufmanns zu Brügge über die Beschränkung seiner Neujahrsgaben. — 1395 Okt. 12.*

Aus StA Lübeck, Flandrischer Kopiar n. 8 S. 39. Koppmann.

In deme jare unses Heren 1395 up den 12. dach van Octobri to Brucghe was overeenghedraghen bi al den, de vor olderlude ghestaen hadden unde binnen der tijd jeghenwardich in der porten weren, van der ghifte, de deme koepmanne boghe boven de hovede unde mate gheresen was, boven dat de van oldes plach to sin, dat men te Brucghe to nyggejares dach nicht mer uth dem namen van dem kopmanne gheven schal dan naghescreven staet:

[1.] In dat erste dem uppersten tonere, als mester Claes Schoreke up de tijd was, enen heveren hued unde 3 nobelen. Unde worde ok en ghelijk em toghekoren, also mester Wynnok was, de scholde ok hebben enen hued unde 3 nobelen.

Johanni[1], der stede uppersten klerke, off we tokomen wert in sine stede, enen hoet und 3 nobelen.

Frandsen dem Kupere off eneghen in sine stede komen 3 nobelen.

Den klerken bi den cuntoor elken 1½ nobelen.

Den sardianten elken ene nobele.

Den kinderen[2] 1½ nobelen over hoop.

Dem koster in der kamer[3] ½ nobele.

Johannis[4] klerken enen nobelen.

Des heren knapen[5] 4 nobelen over hoop.

Den messeigiers der[b] stede van Brugge tosamene[b] en nobele.

[2.] Item des kopmans klerken to midwinter elkem enen dubbelen langhen kerl mit wande ghevödert unde en dubbel kapprun; unde dem uppersten klerke 1 nobele to nygen jare unde dem anderen ene halve nobele.

Item orem ghesijnde ½ nobele.

Item den klerken to pinxsten elkem enen langhen boyken unde en envalt kapprun.

a) D hat irrthümlich: Johannes Rikart. b—b) Übergeschrieben von einer Hand des 15. Jh.

1) Joh. Gherbode. 2) Arbeiter. 3) Die Schöffenkammer. 4) Das S. Johannis-Hospital in Brügge. 5) Gerichtsdiener zur Vornahme von Arrestierungen. Inventaire de Bruges 1 n. 101.

207. *Die hansischen Ratssendeboten in Lübeck an den deutschen Kaufmann zu Brügge: wollen ihm, wenn er das holländische Privileg, zu dessen Erwerbung er um finanzielle Unterstützung nachgesucht hat, auf 20, 15 oder wenigstens 12 Jahre erlangen kann, nächsten Johannis in Lübeck ein Darlehen von 1800 holl. Gulden auszahlen, dessen durch Bürgen zu sichernde Rückzahlung binnen drei Jahren geschehen muss, während er für etwaige Mehrkosten selbst aufzukommen hat; zur Beschaffung dieser Summe soll er die Erhebung eines Schosses beschliessen und dazu die Zustimmung des nächsten Johannis stattfindenden Städtetages einholen. — [1395 Okt. 20.]*

Gedruckt: HR. 4 n. 317. Vgl. dazu den Recess HR. 4 n. 308, 7.

208. *Dieselben an denselben: rügen u. a. die eigenmächtige Freigebung des Verkehrs mit Mecheln und Antwerpen[1], während er nach dem Beschluss der gemeinen Städte an den Beirat von Köln und Dortmund gebunden war; verlangen, dass er den Verkehr dorthin bis zur Erfüllung aller Forderungen wieder verbietet oder dass er die ihm erteilte Ermächtigung den gemeinen Städten zurückgiebt. — [1395 Okt. 20.]*

Gedruckt: HR. 4 n. 316. Angeführt: Rübel, Dortm. U.B. 2 n. 867.

209. *Dieselben an Brügge: haben sein wiederholtes Begehren nach Heranziehung der hansischen Weinkaufleute zu Brügge zur Zahlung der Weinaccise verschiedenen Hansestädten mitgeteilt; können wegen des schwachen Besuches der Versammlung und wegen der ablehnenden Antworten einiger Städte in dieser Sache, welche die hansischen Kaufleute insgesamt betrifft, kein Zugeständnis machen; bitten, den Kaufmann nicht gegen seine Privilegien und seine gewohnten Verpflichtungen zu beschweren. — [1395] Okt. 20.*

Gedruckt: HR. 4 n. 315. Eine Abschrift wird an Köln gesandt; das. 8 n. 985.

210. *Friedrich [von Blankenheim], Bischof von Utrecht[2], verleiht der Stadt Groningen Zollfreiheit in seinem Stift gleich seinen eigenen Unterthanen und verspricht u. a., sie bei ihrem alten Recht zu erhalten[3]. — 1395 Okt. 31* (up alre heilighen avonde). *Zwolle.*

StA Groningen; Or. m. anh. S.

RA Utrecht, Diversorium Fred. de Blankenheim I fol. 106.

Gedruckt: Driessen, Monum. Groningana 3 n. 113, Oorkondenboek van Groningen en Drenthe 2 n. 903. Verz.: Feith, Register van Groningen 1, 39. Colmjon, Register van oorkonden, die in het Charterboek van Friesland ontbreken, n. 390.

211. *Elbing an Reval: auf Bitten seines Mitbürgers Heinr. Paleborn hatte vor einiger Zeit der Danziger Bürger Joh. Rester den Heinr. van der Hoghe in Reval brieflich ersucht, 48 dem Paleborn gehörige weisse Thornsche Laken bis zu dessen Ankunft in Reval in Verwahr zu nehmen; bittet, den Heinr. van der Hoghe oder den sonstigen Verwahrer der Laken zur Ablieferung*

[1]) In Antwerpen bezeugt Okt. 27 der Grossschäffer zu Marienburg Jan Dirgaert das Eigentumsrecht des Ordens an 5 Tonnen Grauwerk, welche durch den Osterling Matthys Dirgaert zum Antwerpener Markt gebracht und nach dessen Tode wegen Unbekanntschaft des Eigentümers arrestiert waren. StA Antwerpen, Clementynboek fol. 31. [2]) In der Stadt Utrecht wird 1395 Jan. 31 der Verkauf gefärbter englischer Laken verboten. Muller, Rechtsbronnen der stad Utrecht 1, 214. [3]) Ein Schachzug des Bischofs gegen den bevorstehenden Angriff Albrechts von Holland auf die Friesen. Bereits im April hatte er sich bei seinem Bündnis mit einigen benachbarten friesischen Landschaften verpflichtet, die Unternehmungen Albrechts nicht zu unterstützen. Oorkondenboek van Groningen 2 n. 876.

derselben an den Ueberbringer Palborn oder dessen Bevollmächtigten zu veranlassen, und garantiert wegen Nachmahnung. — *1395 Nov. 12* (up den vridach negest na Martini). *Elbing.*

StA Reval; Or.
Gedruckt: v. Bunge, Livl. U.B. 4 n. 1397.

212. Der Danziger Schiffer Ludeke Knoep beurkundet seinen Vergleich mit Lübeck wegen seines von der Stadt gecharterten Schiffes. — 1395 Nov. 17.

Aus L StA Lübeck, Borussica n. 54; Or. m. anh. S.

Vor alle den genen, de dessen jeghenwordighen schrift seen edder horen lesen, bekenne ik Ludeke Knoep schiphere, borgher tho Dantzik, unde betlighe openbare, dat ik my vrüntliken unde wol vordreghen unde vorliket hebbe mit den erbaren heren borgermesteren unde radmannen der stad Lubeke umme mynen holk, den se hadden tho erer bërvârt[1], also dat ik vor my unde myne erfnamen late de vorbenanten heren van Lubeke ghanzliken quyd, ledich unde los van dem vorbenanten schepe unde solde, unde bekenne des, dat ik dat schip tho ener ghantzen noghe hebbe entfanghen, unde se schullen dar nene beswaringe umme liden in thokomenden tyden van jenighen mynschen. Dit hebben ghedeghedinget de êrbaren manne her Gherd van Atendorn borgermester tho Lubeke, her Heyne van Haebede unde her Johan van Stove, radmanne darsülves, van der heren weghene van Lubeke, unde her Cord Kûme ridder, Egbard Celmerstorp unde schipher Johan Höp van Dantzik van myner weghene. Des tho ener tüchnisse so hebbe ik myn ingheseghel mit willen unde witschop ghehanghen an dessen bref. Datum anno Domini 13[9]5[a], feria quarta post festum beati Martini.

213. Reval an Thorn [Bonde, Hauptmann zu Rosaborg]: hat seine Entschuldigung wegen der zufälligen Schädigung zweier Schiffe erhalten; beantwortet seine Anfrage betreffs der erbetenen Entschuldigung beim Hochmeister und sichert ihm und seinen Freunden Geleit zu. — 1395 Dec. 4.

Aus R StA Reval; Entwurf a. Pap.
Gedruckt: v. Bunge, Livl. U.B. 4 n. 1401.

Salutacione etc. Irhorne leve sunderlike vrent Thorne. Juwe breve ludende van des schaden unde des unghemakes weghene der twier schepe, dar juwe vrunde an ghewesen hebben, hebbe wi wol vernomen. In welken breven gi juu unde juwe vrunde so hoghe unschuldeghen, dat dat van ungheschichte unde unvoramendes ghescheen is, des wi juu ghantzliken wol tô beloven. Unde alse wi juu eer tôghescreven hebben, so hebbe wi juwe unschult ghesproken van der zake weghene, dar juwe vrunde unde deenre unde de kleghere jeghenwordich weren; unde sint der tiid so en hebbe wi van den zaken hir nene klaghe over juu vernomen. Unde nu schrive gi uns tô in juwem latesten breve, wo dat gi uns eer tôghescreven hebben, dat wi juu untschuldeghen scholden teghen unsen heren, den homeister, dar gi noch neen antworde van en hadden. Des so wetet, dat wi der untschuldinge teghen unsen heren, den homeister, in juwen vorbreven nicht vernomen hebben, men gi schreven uns, juwe unschult tô seggende teghen de stede. Des so wetet, dat unses rades borgermester vor[b] bode ut is an unsen heren, den homeister, unde an de stede tô danbe, unde sint dar jeneghe wort van juu van der zake weghene ghelut,

a) MCCCXV L, verschrieben für MCCCXCV. *Für dies Jahr entscheiden die Namen der Zeugen.*
b) vor R.

1) *Gegen die Vitalier. Vgl. HR. 4 S. XVII.*

so hope we des, dat he juwe unschult dar ghesproken hebbe. Vortmer alse gi mit juwen vrunden gheleides unde velicheit vor de vorschrevene sake begherende sint tô hebbende in unser stad: des so wetet, dat wi juu unde juwe vrunde vor de sake umme juwer leve willen gherne gheleiden willen vor anklaghe unses rechtes, unde wi hopen, dat gi uns mit jeneghen anders luden, de teghen de stede ghedaen hebben, [nicht][a] belasten willen tô gheleiden, wante uns dat nicht en steit tô doende. Unde wes uns steit tô doende, dat wille wi umme juwer leve willen alle weghe gherne doen; der ghelike vermôde wi uns wedder an juu. Valete etc. Scriptum in die beate Barbare virginis, anno 95.

214. *Der livländische Ordensmeister [Wennemar von Bruggenoye] an Reval: hat sich behufs Wiedererlangung eines von den Vitaliern weggenommenen Rigaer Schiffes an zwei schwedische Grosse gewandt; hört jetzt, dass auch Dorpater an der Schiffsladung betheiligt waren, und ersucht, eine etwaige Anknüpfung des in Dorpat weilenden Herzogs [Albrecht von Mecklenburg] mit den Vitaliern zu verhindern. — [1395] Dec. 8. Riga.*

Aus R StA Reval; Or. Pap. Höhlbaum.
Gedruckt: v. Bunge, Livl. U.B. 3 n. 1157; zur Datirung s. das. 6 Reg. S. 69.

Den ersamen unsen leven getruwen borghermeisteren to Revale ane sumen detur.

Mester van Lifflande.

Bewisinghe aller gûnste unde vrûntscap tovoren. Leven borghermestere[b]. Juwer sunderliker truwe unde leve der gheve we to vorstande, wo dat unse borghere van der Rige en schip geladen hadden myt ereme gude, dat vûret een, de is genomet Clawes Oem, unde we hadden ok gud mede in dem sulven schepe tegen Pruczen to sendende. Dit schip, alse uns de tidinghe komet, scal mit dem gude genomen syn van Stûken unde siner selscap, de in den Swedischen scheren ligghet. Unde up dat unse borghere van der Rige by ere gud wedder mochten komen, so hebbe we unse breve screven an her Knûte Boyemeda unde darto an Jacob Deckenen, an den we uns vormôden, dat se dar wat gudes to helpen mochten, unde hebben vortmer umme bede willen unser vorscreven borghere van der Rige sunderlike vorderbreve screven an den vorbenomeden her Knûte by eneme, de het Ghert Ebbinghusen, de herwart kûmpt unde vort over wil mit unsem breve to arbeydende van siner unde der anderen borgere wegen van Rige, dat em dit gud wedder kûnde werden. Nû is uns sedder der tîd to weten dân, dat de van Darpte scolet vûste gûd mede gehat hebben in dem schepe, unde vorseen uns wol, so verne alset also were, dat se lichte bekoren den hertogen, de to Darpte bynnen ligget[1], dat de vor en scrivende werdet an Stûcken vorbenomet unde an de ghenen, de ene vormoget, umme weddergheringhe desses genomen gudes unde sunderliken eres deles. Wôrumme so bidde we juw, leven getrûwen unde sunderlike vrunde, mit allem vlite, dât wol umme unser leve willen, den we uns untwyfliken an juw vormôden, iift desses hertogen breve herwart quemen edder van yemande anders den van uns, de an Stuken, an sine selscap edder an ere hovetlude unde an de gene, dar se an hovet unde to suken, screven weren, dat gi de nicht steden over to varende udgenomen allenigen sodane breve, als we oversenden; unde hebbet darto sunderlike rûke, dat juw nemant endwymchere, gi en syn des mannes wys unde ok der breve,

a) Vom Zusammenhang erforderte Ergänzung. b) Folgt durchstrichen: unde vobannen R.

[1]) Über die Anwesenheit Hrg. Albrechts in Dorpat s. HR. 4 n. 279 und S. 273.

dat he dûsdane breve an de vorscreven lade nicht en vûre. Dit sulve moge gi ok dem vorbenomeden Gherde Ebbinghusen wol voreleggHen, dat he sik ok darane vorwete, ift em andere jenige breve mede dân weren over to bringhende den de unse, den we an her Kaûte scriven. Leven vrûnde, helpet uns hirmede up trachten, wo me dit best vorware, wente we besorgen uns des, dat lichte desse vorscreven hertogen ift ere hulpere breve edder boden senden mochten an dit volk, dat noch up der see licht, und se tegen de vorjâr to sik laten komen, dat se lichte gherne deden, wente se en deles desser heren landlude unde manne sind, unde weren des vro, als we vornomen hebben, dat se wor entholden unde tolaten mochten, unde van en, wo se hir inquemen, mochte uns unde dem lande deste groter arbeyd entstan unde unrowe. Darumme is es nod, dat me darvore sy allerleye wys, wo me best mach. Got late juw gesund. Screven tor Rige, in unser leven vrowen dage conceptionis.

215. *Derselbe an Reval: bittet um Beförderung eines beiliegenden Briefes an Herrn Knut [Bo Jonsson] und um Nachricht über die gewünschte Arrestierung des aus Schweden gesandten Guts. — [1395] Dec. 18. Riga.*

Aus StA Reval; Or. Pap. mit Rest d. S. Höhlbaum.
Gedruckt: v. Bunge, Livl. U.B. 3 n. 1158; zur Datierung s. das. 6 Reg. S. 69.

Den ersamen vorsichtigen mannen, borgermesteren unde rade to Revele sal de breff, unsen leven unde getruwen vrûnden.

Magister ordinis Theutonici per Lyvoniam.

Salute ac sincera in Domino caritate premissa. We bidden juw, leven vrunde, dessen ingeslotenen breff schicket uns over an her Kaûte to Sweden wart, als juw dat erst stedet, wente uns is dar macht ane. Unde scrivet uns wedder, wo id sy umme dat gûd, dat her Kaûten voget hir overgesand hadde, dar we juw van screven, dat gi dat van unser wegene besetten scolden; wes gi darby gedan hebbet edder nicht, dat latet uns weten. In domino Deo valete. Scripta in castro Rige, sabbato proximo post diem beate Lucie virginis.

216. *Antwerpen bittet Hzg. [Philipp von Burgund], zusammen mit der Herzogin [Margaretha] den Freibrief Hzg. Johanns II von Brabant für die deutschen Kaufleute in Antwerpen [von 1315 Okt. 28, Bd. 2 n. 266] zu erneuern. — [1395.]*

Aus RA Brüssel, Chartes de la chambre des comptes de Flandres, Layette Anvers; Auszug aus einer Eingabe Antwerpens an den Herzog von Burgund wegen des Stapelstreits mit Mecheln, o. Pap.

Item comme nouvellement pluseurs bons marchans dAlmaigne viudrent pardevant voz eschevins dAnwerps, yceuls requerrant diligamment de suppliier a vostre grande benignitet, que telz libertez et privileges, comme jadis de bonne memore excellent prince, feu duc Jehan de Brabant, qui Dieus face bonne grace, a tous marchans dAlmaigne, qui leur estaple en vostre ville dAnwers soloient tenir, ottroyet avoit et donnet, de vous et de nostre tres redoubtee dame, vostre compaignie, leur fuissent confirmet et ottroyet de nouvel avecques aulcuns autres poins, desquelz poins et privileges voz dis subgies copple vous donront, quant il plaira a vostre benigne et haute dominacion: pour quoy, tres redoubte seigneur, voz dis subgies dAnwers, confians en Dieu, que ou cas, que les marchans dAlmaigne communement en vostre dicte ville faire vouldroient et tenir leur estapple, si comme dou temps duc Jehan devantdit le tenoient, ycelle ville tres grandement seroit pour ce amendee, vous suppliant pour Dieu pitie et misericorde, quil vous plaise en ce a faire vostre benigne grace.

217. *Entwurf einer Erneuerung des von Hzg. Johann [II] von Brabant den deutschen Kaufleuten ertheilten Freibriefes [Bd. 2 n. 266] durch Hzg. Philipp von Burgund und seine Gemahlin Margaretha von Flandern. — [1395.]*

Aus B RA Brüssel, Cartulaire de Brabant, Cart. et Manuscr. 3, fol. 181—187; Randbemerkungen zu dem oben Bd. 4 n. 116 verzeichneten Transsumpt von 1364 Juni 14. Hagedorn.

Philippus regis Francorum filius, dux Burgundie et dominus Antwerpiensis, et Margareta de Flandria, ducissa Burgundie et domina dicte ville Antwerpiensis, ejusdem domini mei ducis consors, universis presentes litteras inspecturis salutem. Notum facimus, quod ad supplicationem dilectorum et fidelium nostrorum scabinorum et consulum ipsius ville nostre Antwerpiensis, ad quam singularem gerimus affectionem, videlicet nos ducissa de auctoritate et licencia dicti domini mei ducis, quam auctoritatem et licenciam nos dux predictus eidem consorti nostre damamus et concedimus per presentes, pro nobis et nostris successoribus, dominis Antwerpiensibus, universos et singulos mercatores regni etc. una cum bonis, familiis et mercaturis suis[a] in nostra suscipimus protectione et custodia speciali. Quocirca universis et singulis ballivis, scultetis, villicis ceterisque justiciariis necnon scabinis, fidelibus et subditis nostris per terras nostras ubilibet constitutis precipimus et mandamus districtius inhibentes etc. *[wie Bd. 2 n. 266 bis § 12].*

[13.] Preterea si, quod absit, guerra seu discordia inter imperatorem seu Romanorum regem vel alium quemcumque dominum cujuscumque terrarum, locorum vel partium, sub quo dicti mercatores illa vice resederint seu moram traxerint, parte ex una et nos vel successores nostros parte ex altera aliqualiter oriatur, et occasione hujusmodi guerre ipsos mercatores per nostras terras et dominia transire alias non pateremur, volumus, concedimus et promittimus pro nobis et nostris successoribus, quod hujusmodi guerra non obstante prefati mercatores corporibus et rebus suis liberi et securi veniendo, stando et recedendo erunt infra et sub dominiis nostris de presenti se extendentibus, videlicet in opidis Antwerpiensi et Machliniensi et aliis villis majoribus et minoribus in partibus Brabantie ad nos pertinentibus et in earum. Quo voluerimus, quod ipsi mercatores ex et de nostris terris, dominiis et villis predictis recesserint, hujusmodi nostram voluntatem sub testimonio sufficienti coram nostris sculteto et scabinis Antwerpiensibus per aliquos fidedignos de nostra gente ipsis mercatoribus significabimus et notam faciemus, et a die notificationis hujusmodi damus et tenore presencium pro nobis et nostris successoribus concedimus mercatoribus eisdem annum integrum et continuum, infra cujus anni spacium nec ipsi, eorum bona, famuli seu mercature (per nos, successores nostros vel per alium seu alios nostro nomine detinebuntur, arrestabuntur vel subsientur)[b], sed pocius ipsi cum eorum bonis et mercaturis terram et dominium nostrum exire secure poterunt et securum conductum de nobis et nostris sine contradictione recedendo et eundo, quo maluerint, per terram vel aquam cum bonis suis et mercaturis infra anni predicti spacium et vecturas ad exeundum terram et dominium nostrum habebunt cum suis sumptibus et expensis. Si vero predicti mercatores omnia et singula debita sua infra ejusdem anni spacium integraliter non potuerint a suis debitoribus colligere et habere nec plenarie fore persoluti, hujusmodi debita apud eosdem debitores per nos seu nostros

a) *Folgt durchstrichen:* ad et [illegible] *B.*　　b) [illegible] etc. *B.*

justiciarios nullatenus arrestabimus nec ipsis mercatoribus in hujusmodi debitis impedimentum impendemus, ymmo volumus et ipsis justiciariis extunc prout extunc damus in mandatis, quatinus dictis mercatoribus seu eorum nunciis vel procuratoribus sufficienter ad hoc fundatis de predictis debitis celeriter justicie faciant complementum. Postquam vero hujusmodi guerra seu discordia etc. *[wie Bd. 2 n. 866 bis zum Schluss].*

218. *Denkschrift [eines burgundischen Rates] über die bei einer Erneuerung des brabantischen Privilegs für die deutschen Kaufleute wünschenswerten Abänderungen. — [1395.]*

Aus B RA Brüssel, Chartes de la chambre des comptes de Flandre, Layette Anvers; Or. Pap. mit Spuren d. S. Auf der Rückseite: Touchant les privileges des Alemans de la ville dAnverps. *Höhlbaum und Hagedorn.*

Ce sont les poins contenus en la copie des privileges, que on dist avoir este ottroyes en temps passe par le duc de Brabant aux merchans dAlemaigne hantans la ville dAnverps, sur lesquels poins il semble estre bon adverti:

[1.] Et premiers au commancement, ou il est contenu: „omnes et singulos mercatores Almanie seu Theutonie necnon cujuscunque alterius regni seu terre"[1], et semble, que le „necnon alterius regni etc." est trop general tant pour Angloix comme pour autres ennemis du roy et de monseigneur, lesquels monseigneur ne vouldroit hanter son pays, mesmement que les lettres, qui se donront de par monseigneur, estendent a toutes ses terres, comme les merchans requierent.

[2.] Item subsequentement, ou sont les mos „in perpetuum concedimus etc."[2], ou il semble bon de mettre moderacion, est assavoir quil aient le privilege demourer a Anverps si longuement, que la ville dAnverps seroit en bonne obeissance devers monseigneur et sans rebellion.

[3.] Item ou il est contenu „quacunque moneta empias"[3], est bon advertir pour la monnoie de monseigneur, que il y ait moderacion, quilz ne puissent merchander es pays de monseigneur que a sa monnoie ou a celle, qui y a cours selon les ordenances faictes a present et qui se feront ou temps avenir.

[4.] Item ou il dist „ubilibet secure deducere seu vehere aut deduci seu vehi facere et inde quacunque hora etc."[4], est a advertir pour les usages et franchises de Bruges et pour les drois de monseigneur de leaue a lEscluse et sembleroit, que il feust bon de mettre une reservacion, que les merchandises de ceulx, qui aroient les privileges, menees au port de lEscluse feussent demenees selon la franchise et usage, desquels usent les merchans dAlemaigne estans a Bruges; et semble, que le contenu des privileges des Alemans estans a Bruges deveroit ou cas present donner grant advertissement.

[5.] Item en tant quil touche le tonlieu[5], il semble, que il vauldroit mieulx, que aucune portion quotale feust diminuee au prouffit des merchans sur chascune espece de merchandise declaire ou livre du tonlieu dAnverps, que ce, que ilz eussent si generalment le tonlieu limite, est assavoir pour chascune neif 4 s. Tourn. noirs, ne que la declaracion, qui est contenu ou dit privilege, feust passee. Et toutes voyes sur ce point sembleroit expedient de parler a ceulx, qui tiennent le tonlieu de monseigneur a Anverps, car ou livre du dit tonlieu ou chapitre, ou le rubrice est telle: „cest de ceulx de Coulonge, de Treries, Meance, Westvale et de ses aultres contrees," semble, quil y ait plus grans drois pour le seigneur; et en

[1] *Bd. 2 n. 866, Eingang, S. 103.* [2] *A. a. O., Eingang, S. 104, Zeile 8.* [3] *Das. § 1 Zeile 5.* [4] *§ 1 Zeile 9.* [5] *§ 2, Eingang.*

tant quil touche le dit tonlieu, ne semble mie, quil puist estre bien entendu se non par expers en ce.

[6.] Item subsequentement apres la declaracion des choses, qui paient tonlieu, ou il est contenu, que par le[a] solucion de tonlieu ou dautres coustumes faicte par les vendeurs les achateurs soient franx[1], il semble, que ce seroit contre les usages du port a lEscluse et dautres plusieurs lieux du pays de Flandres. Et au moins ou cas, que monseigneur condescenderoit a ottroyer, que lachateur feust quitte pour la solucion de tonlieu ou dautre usage faicte par le vendeur, que ce ne se deveroit extendre senon que ou cas, que le vendeur et achateur seroient de ceulz, a qui les privileges auroient este ottroyes.

[7.] Item ou il est contenu, quil puissent augmenter et diminuer le pois etc. et que il soient a le[a] eleccion des peseurs avec les eschevins, et que la pugnicion du meffait des peseurs soit faicte selon lordenance des merchans et des eschevins[2], ne semble pas raisonnable, car ainsi il seroient participant en la juridiccion; et sembleroit, que en tous cas il leur deveroit souffire, sil feussent appelle par la loy a veir ce, qui seroit fait, quant les cas leur toucheroient.

[8.] Item en tant quil touche le point des louwages des maisons[3], il ne semble pas raisonnable, que, attendu que on oste la franche faculte au seigneur des maisons de les louer, que se les merchans sen vont devant le terme du louage acomply, quils ne paient que pro rata, ou cas que le premier louage auroit este fait a certain temps, car le second doit estre de tel temps; entendu et neantmoins, se en ce ceulx dAnverps se consentent, il pourroit bien estre tollere.

[9.] Item ou point ensuivant faisant mencion, se discorde sourdoit entre merchans et ceulz de la ville, que les merchans avec lescoute et eschevins ordennent de lamende[4], ne semble pas raison, car par ainsi il seroient participant en la jurisdiccion.

[10.] Item ou point ensuivant faisant mencion de le[a] difference de faire justice et amende de le deffaute trouvee es laines devant la vendicion ou apres[5], sembleroit bon, quon sceust comment on en use a Bruges.

[11.] Item ou point, ou de rechief y parle damener merchandise hors et ens sans prestacion de tonlieu ou autre devoir[6], est a advertir comme dessus.

[12.] Item au point, ou il est touchie, que les merchans des denrees, quils auront achate sur estrainge seignourie, soient quitte de tonlieu et autres usages en la terre de monseigneur par le[a] prestacion de lusage paie en autrui terre[7], ce semble tout desraisonnable.

[13.] Item ou il est contenu, que, se les merchans ou leurs valles perdent aucune chose par aucuns en la terre de monseigneur, monseigneur soit tenu de le restorer[8], ce semble estre trop generalment parle, et semble, quil deust estre dit, quon leur feroit justice et raison.

[14.] Item apres, ou il est dit, que les debteurs des merchans seront prins et detenuz prisonners es lieux, ou il seront arrestez, jusques a ce que satisfaccion soit faicte aux merchans[9], soit adverti pour les personnes, qui sont previlegees ou pays de Flandres, qui sont renvoyees etc.

[15.] Item ou point, qui fait mencion, se guerre sourdoit contre aucun seigneur du pays, duquil les merchans seroient[10], il semble, que ce ne seroit pas seur de notefier par 40 jours devant vouloir faire guerre; et pour ce sembleroit, quil deust estre mis, que les merchans puissent vindrer seurement dedens 40 jours,

a) le B.

1) A. a. O. § 3, 2. Absatz. 2) § 4. 3) § 5. 4) § 6. 5) § 7. 6) § 8, 1. Absatz. 7) § 8, 2. Absatz. 8) § 9. 9) § 12. 10) § 13.

depuis que la guerre seroit publiquement ammencie, et aussi ne deveroit pas estre donne le conduit a ceulx, aucuns en y avoit, qui seroient occasion ou participant de la guerre.

[16.] Item au point faisant mencion, que les merchans aient capitaine ou consul[1], ce semble estre contre raison et tres perilleux et aussi trop vouloir participer en la jurisdiccion, et ne semble pas ottroiable, combien que on les peust bien laissier assembler pour le fait de leur merchandise.

[17.] Item au point, ou les merchans veullent porter armes[2], il semble, que ce ne doit pas estre ottroye, mesmement depuis quil seroient descendus a leurs hostels, car il est deffendu aux autres du pays et seroit chose de mauvais exemple.

[18.] Item ou point, ou il est faicte mencion de change et changier a chascun[3], il ne semble pas, quil doient avoir plus avant que les merchans estans a Bruges.

[19.] Item ou depuis est faicte mencion du serement[4], il semble estre trop aspere et de trop grand obligacion, et aussi que la submission au siege apostolique[d] ay doit pas estre mise, et se deveroient passer de semblable promesse, comme monseigneur a faicte aux autres merchans, qui sont a Bruges.

[Es folgt ein Absatz, betreffend die Ansprüche Antwerpens auf das dortige Kastell.]

219. *Entwurf eines Freibriefes Hzg. Philipps von Burgund für die deutschen Kaufleute in Antwerpen, unter teilweiser Wiederholung des brabantischen Privilegs von 1315 [Bd. 2 n. 266]. — [1395.]*

Aus B HA Brüssel, Chartes de la chambre des comptes de Flandres, Layette Anvers; durchkorrigierter Entwurf a. Pap. Höhlbaum.
B 1, B 2 Das.; 2 Abschriften a. Pap.

Philippus etc. universis et singulis ballivis, scultetis, villicis ceterisque justiciariis necnon scabinis et subditis nostris Antwerpiensibus salutem cum noticia veritatis. Notum vobis sit, quod nos omnes et singulos mercatores regni Alimannie seu Theutonie una cum bonis, familiis et mercaturis seu mercimoniis suis *[u. s. w. wie Bd. 2 n. 266 Eingang; hinter* emendari viriliter facientes *ist eingeschoben:* juxta posse; *vor* concedimus et donamus *ist* imperpetuum *durchstrichen].*

[1.] In primis siquidem volumus, concedimus et ordinamus, quod omnes mercatores regni Alimannie seu Theutonie predicti eorumque famuli cum bonis et mercaturis suis dominium nostrum et terram Antwerpiensem *[u. s. w. wie unten n. 221 § 2 bis* seu extrahi libere facere.*]* solventes tamen justum theolonium[a], prout infra sequitur et est expressum.

[2.] In primis dicti mercatores persolvent pro quolibet sacco lane *[u. s. w. wie Bd. 2 n. 266 § 2, mit folgenden Abweichungen: S. 104 Z. 5 und 4 von unten ist statt* quintallo *gesetzt:* centenario[b]; *S. 105 Z. 7 ist hinter* 8 d. Tur. nigr. *eingeschoben:* Item pro quolibet centenario piscium dictorum vulgariter stocvissche 10 d. Tur. nigr.[c]. *Am Schluss des Paragraphen folgt:]* Item[d] pro quolibet magno vase vulgariter dicto Vruytch vat 12 grossos Flandrenses bone monete. Et mediante solucione theolonii, prout superius est expressum, predicti mercatores erunt liberi et quiti ab omni alio theolonio, exactione, cautsideghelt, onghelt et consuetudine in opido

a) *B 2 schliesst hier:* justum theolonium ut consuetum; *§ 2 fehlt.* b) *Am Rande von anderer Hand:* quintallo in antiquo, quintallo, ut videtur *B.* c) *Durchgestr.:* [illegible] *B.* d) *Durchgestr., auf dem ganzen Absatz* [illegible] *B.*

[1]) *A. a. O. § 14.* [2]) *§ 16.* [3]) *§ 18.* [4]) *Schluss des Privilegs, S. 109.*

nostro Antwerpiensi predicto, excepto semper quodam jure vulgariter dicto zamencoep, quod opidani et alii in opido nostro Antwerpiensi predicto habent ad eorum vitam, videlicet de blado, vino, cutibus et vetter waren, prout in eorum litteris plenius est expressum, quod de illis solvent dicti mercatores, prout hactenus est consuetum; et illis persolutis predicti mercatores non solvent aliquando aliud jus dictum zamencoep.

[3.] Preterea[a] si aliquis defectus *[u. s. w. wie n. 221 § 3].*

[4—9 wie das. § 4—9 mit den dort angegebenen Varianten].

[10 wie das. § 10, mit dem Zusatz:] Sique[b] aliquis mercatorum hujusmodi vel famulorum suorum per justiciam fuerit morti addictus, bona hujusmodi non erunt propter hoc confiscata[1], sed ad ejus veros heredes devolventur, dummodo certi rectores dictorum mercatorum dicti oudermans voluerint respondere, quod bona hujusmodi ad manus verorum heredum pervenirent.

[11 wie das. § 12][c].

[12.] Preterea[d] concedimus dictis mercatoribus, quod ipsi irrequisiti[s] sculteto et scabinis nostris Antwerpiensibus predictis poterunt habere congregaciones inter se publice et occulte ad ordinandum et corrigendum super omnibus contractibus, causis et delictis inter ipsos factis, perpetratis et commissis, faciendis, perpetrandis vel committendis, delictis vitam aut membri mutilacionem tangentibus dumtaxat exceptis[2]; poteruntque dicti mercatores portare arma eorum consueta[3].

[13.] Item volumus et concedimus pro nobis et nostris successoribus, quod dicti mercatores omnes et singuli et alii quicumque pro tempore venturi et mansuri in opido nostro Antwerpiensi prefato *[u. s. w. wie Bd. 2 n. 266 § 17].*

[14 wie Bd. 2 n. 266 § 20 bis si delicti quantitas hoc exigerit, puniatur*].*

220. Gutachten über einige Punkte des geplanten Freibriefes für die deutschen Kaufleute in Antwerpen. — [1395].

Aus RA Brüssel, Chartes de la chambre des comptes de Flandre, Layette Anvers; gleichz. Abschr. a. Pap. Auf der Rückseite: Privilege pour les marchans d'Alemaigne de la Hanse en la ville d'Anwers.

[1.] Es lettres, que seront donnez aux Alemans, qui venront en Anvers, ne semble pas expedient exprimer, quel tonlieu ils paieront; mais soit mis: tonlieu accoustume etc. Et ainsi est il ou privilege des Alemans hantans le pays de Flandre[4].

[2.] Item semble la clause touchant le fait des congregacions, ainsi quelle est ou privilege des Alemans hantans Flandre[5]:

Concedimus eciam dictis mercatoribus benivole et libere *[u. s. w. wie Bd. 3 n. 495 § 7].*

[3.] Item pour ce, que les marchans requierent estre quittes d'assises de vin en Anvers[6], est veu le privilege des Alemans en Flandre touchant ce point, et s'ensuit la clause illec contenue:

Item de vino, quo vina alia replentur, nulla omnino dabitur assisia[7].

[Auf einem angehefteten Zettel:]

Theoloneum consuetum solvunt Alemanni in Flandria.

a) Preterea volumus, quod B [illegible]. b) *Von anderer Hand am Rande:* [illegible] privilegium [illegible] alia [illegible] B. c) *Hier endet B* [illegible]. d) *Randvermerk von anderer Hand, auf den ganzen Absatz bezüglich:* [illegible] B.

1) *Vgl. das flandrische Privileg von 1360, Bd. 3 n. 495 § 29.* 2) *Vgl. Bd. 2 n. 266 § 14.* 3) *Vgl. das. § 16.* 4) *Bd. 3 n. 495 § 2, Schluss.* 5) *Vgl. die vorige Nummer § 12.* 6) *Vgl. das. § 13.* 7) *Bd. 3 n. 495 § 17.*

Se comprimere possunt discordias et forefacta concordando, exceptis etc.

Bona non confiscantur.

Item satis colligitur, quod debent amiciciam, in articulo de vino a q[uo] r[eplentur][1] seu extracto sensu. De armis nichil repperitur.

221. *[Kassierter] Freibrief Hzg. Philipps von Burgund für den Handelsverkehr der hansischen Kaufleute in Antwerpen. — 1395 December. Paris.*

Aus L Departementalarchiv Lille, Chambre des comptes B n. 1598, Registre des chartes 3 fol. 20 b. Hohlbaum.

B RA Brüssel, Trésorerie des ducs de Brabant restituée par l'Autriche 1857, 2. Sér. n. 88; Abschr., a. Pap.

Das., Chartes de la Chambre des comptes de Flandres, Layette Anvers; mehrere Abschriften a. Pap.

Verzeichnet: Inventaire-sommaire des archives département., Nord, Sér. B, 1, 131.

Obwohl das vorliegende Dokument, wie die Kanzleivermerke am Schluss zeigen, in der herzoglichen Kanzlei formell ausgefertigt wurde, hat es doch niemals Rechtsgültigkeit erlangt, da alle auf die Bestätigung der hansischen Freiheiten gerichteten Bemühungen Antwerpens beim Herzog durch „andere Städte" durchkreuzt wurden; s. unten n. 227, 264. Gemeint sind natürlich die flandrischen Kommunen, welche die feste Begründung eines hansischen Stapels an der Schelde im eigenen Interesse zu verhindern suchten. So erklärt sich auch das Fehlen jeder speziell hansischen Überlieferung dieses Dokumentes. Die Stadtrechnung von Arnheim *berichtet dagegen zu 1395:* Item die copien te scriven van Brabant, die men sant hadde onde Zutphen ende Nymegen. 2 lb. 8 s.

Philippus regis quondam Francorum filius, dux Burgundie, comes Flandrie, Arthesii et Burgundie, palatinus dominusque de Salinis, comes Regitestensis ac dominus Machlinie et Antwerpiensis, universis et singulis presentibus pariter et futuris salutem. Quoniam in votis precipue gerimus et optamus, ut ad subditorum nostrorum commoda et ad ea, que ipsorum tranquillitatem et utilitatem concernunt, anhelemus, attendentes, quod, quanto mercatores in majori copia in villis et locis consueverunt convenire, eo amplius loca illa majoribus se gaudent utilitatibus et tranquillitate potiri; cum igitur villa nostra Antwerpiensis a longissimis citra temporibus famosa sit et fuerit vigeatque et in ipsa viguerit factum mercature, per quod villa predicta super fluvio Scalde situata specialiter alitur et fovetur, nos, ipsius ville nostre Antwerpiensis subditorumque nostrorum, ejus incolarum, statum et factum predicte mercature cupientes augmentare et ut mercatores extranei, specialiter mercatores lige seu confederacionis Theutonicorum, que Hansa vulgariter nuncupatur, quorum frequenciam et amiciciam inter eos et villas nostre Flandrensis patrie initam gratanter amplectimur, eo libencius dictam nostram villam cum suis mercaturis et mercimoniis visitent et frequentent, quo per nos se senserint majoribus libertatibus, favoribus et previlegiis communitos: hac ducti consideracione notum facimus mercatoribus dicte lige sive Hanze predictam villam nostram cum suis mercimoniis visitare volentibus libertates et previlegia, que sequuntur, tanquam dominus Antwerpiensis concessisse de gracia speciali[2], cetera previlegia et libertates per nostros predecessores dominium dicte ville Antwerpiensis habentes ipsis mercatoribus hactenus concessa in eadem revocando per presentes.

[1.] Primo quod omnes et singulos mercatores Theutonicorum de Hanza predictos una cum bonis, familiis et mercaturis seu mercimoniis suis in nostra suscipimus proteccione et custodia speciali, mandantes districtius inhibendo baillivis, scultetis, villicis, scabinis ac ceteris justiciariis et officiariis nostris Antwerpiensibus, ne predictis mercatoribus in personis, rebus, mercaturis seu mercimoniis aut eorum

[1]) *Oben § 3 Zeile 4.* [2]) *Der Eingang ist wörtlich entnommen aus n. 114.*

familiis molestiam, injuriam seu gravamen quovismodo seu dampnum aliquod inferant seu inferri permittant, sed pocius eos una cum dictis bonis, familiis et mercaturis suis tociens, quociens indiguerint, ab omni gravamine defendant et, si quod eis illatum foret, emendari viriliter faciant juxta posse, ipsis de securo conductu providentes nostro nomine diligenter[1].

[2.] Preterea volumus, concedimus et ordinamus, quod omnes mercatores regni Almanie seu Theutonice[a] predicti eorumque familiares cum bonis et mercaturis suis dominium nostrum, opidum et terram Antwerpiensem salvi et securi possint per terram vel aquam subintrare et ibidem ire, redire, moram trahere, emere, vendere, mercari unus cum alio vel aliis quibuscunque, prout sibi pro utilitate sua et commodo expediens videbitur; et omnes mercaturas suas et bona quecunque infra dictum nostrum dominium Antwerpiense ducere seu vehere aut deduci seu vehi facere, extrahere seu extrahi libere facere, solvendo tamen justum theolonum et consuetum[2].

[3.] Insuper volumus, quod, si aliquis defectus esset in pondere, quo mercature quecunque ponderantur, scabini nostri hujusmodi pondus reformare[b] et ad statum debitum reducere debebunt[b] tociens, quociens expediens fuerit et oportunum[3].

[4.] Item[c] quicunque deputatus fuerit in dicto opido nostro ponderator communis mercature, prestabit[d] coram scabinis nostris debitum juramentum de bene et fideliter ponderando pro emptore et venditore, de dando unicuique, quod suum erit. Ponderator autem hujusmodi pro salario et pondere suo recipiet de qualibet mensura ponderis vulgariter dicta waghe unum denarium Antwerpiensem, prout antiquitus est consuetum, quorum denariorum septem faciunt antiquum grossum. Et omnia et singula bona et mercature, que vel quas emptor seu venditor desideraverit ponderari, deducentur ad domum communem, ubi mercature in dicto opido nostro communiter ponderantur[4].

[5.] Item volumus, concedimus et ordinamus, quod nullus mercatorum seu famulorum suorum pro quocumque delicto seu debito[e] in carcere teneatur, dummodo de bonis suis tantum reperiatur vel fidejussorem ydoneum dare possit et dederit pro satisfactione condigna predicti debiti vel delicti, proviso nichilominus quod delictum hujusmodi ad vitam seu membri mutilacionem aliquatenus non accedat. Et quod occasione alicujus dissencionis seu discordie inter mercatores et opidanos nostros seu alios quoscunque mote seu movende aliqua communitas seu congregacio opidanorum contra mercatores vel famulos suos nullatenus congregetur, nec poterunt opidani nostri seu alii quicunque injuste seu pro libito voluntatis dictis mercatoribus seu eorum famulis quidquam imponere, sed pocius[f] dissencio seu discordia hujusmodi judicio et ordinacione sculteti et scabinorum nostrorum terminabitur et prestabitur emenda, prout eis videbitur faciendum. Si vero alicui mercatorum seu famulorum suorum ab aliquo de ipsorum societate vel terra non existente fiat injuria et de dicta injuria conqueratur, summarie[g] post hujusmodi conquestionem seu queri-

a) So L, B. b–b) [illegible] n. 119 [illegible]: [illegible] et [illegible] debebunt et ad [illegible] debitum reducere. c) [illegible] n. 119. d) So korrigiert aus [illegible] n. 119. e) [illegible] n. 119; [illegible] Vgl. Bd. 2 n. 266 § 6. f) [illegible] n. 119. g) So korrigiert aus [illegible] n. 119.

1) Vgl. das Privileg Hzg. Johanns von Brabant für die deutschen Kaufleute von 1315, Bd. 2 n. 266, Eingang. 2) Ebendaher § 1, mit starker Kürzung des zweiten Teils. 3) S. das. § 4, Anfang; die dort vorgesehene Mitwirkung der Kaufleute bei der Gerichtsverbesserung ist hier fortgefallen. 4) S. das. § 4, mit Einschränkung zu Ungunsten der Kaufleute.

mosiam judicio et ordinacione sculteti et scabinorum nostrorum predictorum pro dicta injuria prestetur emenda et questio seu querimonia sopiatur[1].

[6.] Item quecunque bona predicti mercatores vendent infra opidum nostrum Antwerpiense predictum, que bona fuerint visa et deliberata, de illis bonis post hujusmodi deliberacionem et visionem nullus audiatur pro emenda habenda de illis[a], nisi bona illa, que tenentur justam ponderacionem vulgariter dictam packinghe.

[7.] Item quod nullus mercatorum seu famulorum suorum in persona vel bonis infra nostrum opidum ab aliquo occasione cujuscumque compoti, debiti vel delicti in prisione teneatur[a], nisi conquerens ostendere possit, quod hujusmodi imprisionatus[b] principalis sit debitor, delinquens vel fidejussor[2].

[8.] Item quod nullus mercatorum hujusmodi infra opidum nostrum predictum vocabitur ad duellum[3].

[9.] Item si aliquis alicui mercatorum seu famulorum suorum predictorum in aliqua summa pecunie vel debito teneretur, de quibus dicti mercatores haberent bonas litteras seu probaciones alias sufficientes, quod hujusmodi debitor poterit arrestari, quod scultetus et scabini nostri predicti dictis mercatoribus seu eorum famulis absque dilacione aliqua facient justicie complementum, salvis semper libertatibus, franchisiis et consuetudinibus nundinarum opidi nostri predicti. Et in casu, quo debitor non possit satisfacere mercatoribus seu eorum famulis, concedimus eisdem prisionem nostram, quousque ipsis fuerit plenarie satisfactum, semper tamen eorum sumptibus et expensis. Et si debitor quicumque taliter detentus negligencia[c] amanni[c] recesserit vel per[c] eum[c] maliciose dimissus fuerit, extunc dictus[c] amannus noster et custos prisionis nostre predicte mercatoribus ipsis seu eorum famulis de debito, quod a debitore petierint, respondebunt et satisfacient de eodem[4].

[10.] Item si contingeret, aliquem mercatorum seu famulorum suorum, dum tamen legitimus extiterit[d], interfici seu aliter ad mortem devenire provise vel improvise, bona mortui hujusmodi devolventur ad suos veros heredes et ad nullos alios[6].

[11.] Item si aliquis mercator aut aliquis de familia sua pro suo delicto punitus fuerit, bona illius pro tali delicto non debent ulterius judicari[7].

[12.] Preterea si, quod absit, guerra seu discordia inter imperatorem seu Romanorum regem vel alium quemcumque dominum, sub quo vel quibus dicti mercatores originem traxerunt, et nos aut successores nostros, dominos[e] Antwerpienses[e], aliqualiter oriatur, volumus, promittimus et ordinamus pro nobis et dictis nostris successoribus, quod dicti mercatores omnes et singuli gaudebunt omnibus previlegiis et libertatibus in hiis presentibus contentis, quousque eos per scultetum Antwerpiensem[e] de recedendo a dicto opido et dominio nostro premuniri fecerimus; et post[f] premunicionem hujusmodi mercatores predicti habebunt a nobis et nostris successoribus per quadraginta dies[g] bonum et securum conductum, ita quod ipsi, eorum bona et familiares per nos seu per aliquem vel aliquos nomine nostro non detinebuntur, arrestabuntur seu saisientur, sed pocius ipsi cum eorum bonis et mercatoris opidum et dominium nostrum Antwerpiense predictum exire secure poterunt

a) In [illegible] n. 879 am Rande nachgetragen; der Text hat dafür [illegible].
b) [illegible] n. 879. c) Am Rande nachgetragen n. 879. d) [illegible] n. 879. e) [illegible] n. 879. f) et quod post n. 879. g) per 40 dies ex n. 879 am Rande nachgetragen; der Text hat per [illegible].

1) Das. § 6, unter Ausschluss der Kaufleute von der Urteilsfällung. 2) Das. § 7, stark gekürzt. 3) Ebendaher § 10. 4) Aus dem flandrischen Privileg von 1360, Bd. 3 n. 496 § 6. 5) Vgl. Bd. 2 n. 266 § 11 und 12, woraus dieser Paragraph zusammengezogen ist. 6) Vgl. das flandrische Privileg Bd. 3 n. 496 § 34, wo aber auch das Erbrecht der Sippe bei illegitimer Herkunft gewährleistet wird. 7) Das. § 29.

et securum conductum de nobis et nostris successoribus sine contradictione recedendo et eundo, cum maluerint, per terram vel aquam cum bonis suis et mercaturis infra predictos[a] quadraginta dies[a] et vecturas ad eandem opidum et dominium nostrum habebunt, suis tamen sumptibus et expensis. Postquam vero hujusmodi guerra seu discordia concordata, induciata fuerit vel sedata, volumus et concedimus pro nobis et nostris successoribus, quod predicti mercatores reverti, ire et redire et morari infra opidum et dominium nostrum predictum cum bonis et mercaturis suis secure et utilitatem et commodum suum exercere et facere possint sub modo, forma et convencionibus supradictis[1].

Quocirca predictis baillivis, scultetis, villicis ceterisque justiciariis necnon scabinis nostris Antwerpiensibus et aliis subditis nostris quibuscumque eorumque loca tenentibus mandamus districte precipientes et ipsorum cuilibet, quatenus dictos mercatores et familias suas predictis previlegiis et libertatibus, que eis bona fide pro nobis et dictis nostris successoribus, dominis Antwerpiensibus, firmiter tenere promittimus et inviolabiliter observare, uti et gaudere pacifice faciant et permittant absque impedimento quocumque seu perturbacione eis vel eorum cuilibet in corporibus sive bonis in contrarium quovismodo faciendo nec inferendo seu inferri permittendo, ipsos in agendis favorabiliter pertractantes. Et ut premissa robur obtineant perpetue stabilitatis, presentes litteras nostri fecimus appensione sigilli muniri. Datum et actum Parisius, mense Decembri anno Domini 1395.

(Ainsi signée:) Per dominum ducem. Gerbode. Collacion est faicte[b].

222. *Dortmund an Antwerpen: bezeugt, dass die Witwe des Hildebrand Eickholt den Tydeman Swarte bevollmächtigt hat zur Einziehung einer ihrem verstorbenen Bruder Konr. Schonewerder von dem Antwerpener Arnold Mickart geschuldeten Summe, welche dieser aus Konrads Leibrente in Ypern erhoben hatte, und bittet, den Tydeman dabei zu unterstützen. — [1395.]*

StA Dortmund, Briefbuch S. 343.
Verzeichnet: Rübel, Dortm. U.B. 2 n. 645.

223. *Der deutsche Kaufmann zu Nowgorod an Dorpat: rechtfertigt sich wegen der Arrestierung von Silber, das durch einen Kaufmann des Komturs von Fellin trotz mehrfacher Warnung nach Nowgorod in S. Peters Hof gebracht und als Ordensgut laut Bestimmung der Skra dem Hofe verfallen ist; bittet, hierin sein und S. Peters Recht zu wahren. — [1396] Jan. 7.*

StA Reval, eingeschoben im Schreiben Dorpats an Reval von Jan. 12.
Gedruckt: HR. 4 n. 331 bez. 332, früher v. Bunge, Livl. U.B. 4 n. 1510.

224. *Dorpat an Reval: hat sich auf Veranlassung des livländischen Ordensmeisters mit Riga über die Rückgabe des in Nowgorod arrestierten Silbers des Komturs von Fellin verständigt, welches der Ordensmeister einstweilen vorstrecken soll, und deswegen sowie zur Rücksprache über das Gewicht und andere Angelegenheiten einen Ratsherrn nach Nowgorod abgesandt; berichtet, dass sich seine Bürger und fremde Kaufleute über zu geringen Gehalt des Salzgewichts beklagen, und ersucht um Abhülfe. — [1396] Jan. 25.*

StA Reval; Or. Pap. m. S.
Gedruckt: HR. 4 n. 333, v. Bunge, Livl. U.B. 4 n. 1511.

a) predictos 40 dies [illegible]
b) In B [illegible]: Per dominum ducem. Gerbode. Visa.

1) *Erneuert aus Bd. 2 n. 266 § 13.*

225. *Der Ordensvogt zu Narwa an Reval: warnt vor weiteren heimlichen Eisenausfuhren aus Reval an seine Feinde in Dorpat¹. — [1396] Febr. 3. Narwa.*

Aus StA Reval; Or. Pap. m. S. Höhlbaum.
Gedruckt: v. Bunge, Livl. U.B. 4 n. 1408.

An de erbarn lude, borghermestere unde raed tho Revele schal dusser breff.

Unse heylzame grote in Ghode unde wes wy vormoghen juwer erbarheit al weghe bereyt. Wettet, leven sunderliken vründe, borghermestere unde raed, dat gi hebben ytteswelke borghere unde gheste, de tho Revele thoholden unde slaen yzern unde spilet dat in beringestunnen unde vöret dat tho Darpete tho sterkynghe unser vyende; unde ok sind daer koplude, de vor uns zeghen, wö se willen mid beringhe varen tho Pleskowe, unde varen tho Darpete. Des hadde de voghet van Wezenberghe des yzerns eyn deel ghenomen, dewile wy tho Nowgharden weren, unde wy vornomen hebben, wo des yzerns eyn deel si in tunnen gheslaghen in her Gherd Witten kelre. Hirumme doet wol, leven vründes, unde warnet juwe borghere unde gheste, dat des nicht mer eyne schee, wante schüed en daer schade van, daer wille wy neyne schult an hebben. Ok so wette wy wol, wo gi Reynharde vor desse mestere hebben vorclaghet, wo he juu unde den borghern tho vorvanghe si; dat wille wy alzo vöghen, dat he den borghern nicht mer schal tho vorvanghe zin. Darmedde blivet ghezund tho langher tid. Ghescreven thor Narwe, des dünderdaghes na lichtmisse. Voghet thor Narwen.

226. *Satzungen der Stadt Deventer für ihre Kopenhagen- und Dragörfahrer. — 1396 März 24.*

Aus D StA Deventer, Foliant n. 1607 fol. 151; Abschr. vom Ende des 15. Jahrh., überschrieben: Copie van den Schonevaerren etc. *Hagedorn.*
Gedruckt: Dumbar, Het kerkelyk en wereltlyk Deventer 2, 230. Verz.: Inventaris van het Deventer Archief, Bijlagen VII, 224.

Vgl. Hans. Geschichtsbl. 1890/91, 135, und 1895, 139. Warnungen Deventers an seine heimkehrenden Schonenfahrer wegen der Unsicherheit auf der See 1396 und 1397 s. HR. 4 n. 341, 2; 403, 2. Über Zutphens Beziehungen zu Dänemark berichtet die Zutphener Stadtrechnung von 1396: Donredage na translationem Martini *[Juli 6]* Johan Blide, Bertolt ter Molen gegeven tot oere reyse oestwart an die koninginne van Denemarcken 100 nye gulden, maken 150 lb. Gegeven den selven, doe sy wederquamen, 175 nije gulden, maken 262 lb. 10 s. Gegeven den selven ten derden male 225 nye gulden, maken 337 lb. 10 s. *Ebenso zu 1397:* (Van scolden). Gegeven Johan Bliden ende Bertolt ter Molen van gebreke oerer reisen op Drakoer 26 Engelsche nobelen, voer elken nobel 4 nije gulden 4 gr., belopt 107 nye gulden 11 gr.; maken 144 lb. 17 s. 2 d. Voer oer pertien van oere reijsen 40 olde schilde, maken 120 lb. Gegeven Johan Bliden anderwerf allene tot syne reijse op Drakoer tosamen 71 nye gulden ende 8 gr.; maken 95 lb. 12 s. 6 d. Den selve medegegeven tot teergelde 120 nije gulden, maken 169 lb. 17 s. *Mitgeteilt von Herrn Gem.-Archivar Gimberg.*

Wij scepenen ende raid der stad van Deventer schrijven heill ende bekennynge der wairheit allen luyden. Want die kennisse der luyde van verledenen dingen cranck ende vergaenlich is, soe is des noet, dat ene schrift werde, die holde den loep der wairheit. Hijroumme soe sij openbair allen luyden, dat wij scepenen ende raid voerscreven begeren, dat een ygelick van onsen borgeren ane sijnen starte voertgane, ende wij gerne segen, dat ewige eendrachticheit onder onsen burgeren wone, soe hebn wij gesat bij consent ende wille onser borgere, die mit oerer koep-

¹) *Über den Streit zwischen dem Orden und dem Bischof von Dorpat vgl. HR. 4 S. 371.*

manschep vaeren to Koepenhaeven off te Draeckuer, all alsulcke statuten, als hijnae bescreven staen, voertmeer onder hem voir eene guede gewoente werde geholden.

[1.] Int ijrste, dat all onse borgere, die to Koepenhaeven ofte to Draeckuer liggen omme koerre koemanschap, hebben sullen enen olderman, welchen olderman sij kiesen moegen, den die meeste koep[a] duncket, dat redelixst ende orberlixst is. Ende die vorscreven olderman sall macht hebn, tot hem te kiesen van den gansen koepe twie gesellen, voert in te settene redelike statute op ene pene van broeken nae onser stad koeren tot der koepluede behoeff, koeren[b] onraid mede to doene. Ende wolde hem ymant verhoemoeden off verharden tegen sijnen olderman, dat solde die olderman anbrengen te huys an onsen raid, ende dair solde die verhardere omme gelden twivoldigen koer also vacke, als hie dat dede, ende die koer sall wesen half der stad ende half der koeplude.

[2.] Item welcker van onsen borgeren gekoeren wurde tot enen oldermanne ofte to den twien, die sijne gesellen wesen sullen, ende dair voerweygeringe inne dede, die solde dairomme gelden twintich pont, half ter stad behoeff ende half der koepluyde; nochtans solde hie dat doen.

[3.] Item soe en sall die olderman nyeman bekoeren, hie en sall ijrst bij hem hebn twie van den stantafftigesten borgeren ende die hem dunckt, dat die vrodesten sijn.

[4.] Item soe sall die olderman bekoeren alle koerber saeken, die onder onsen borgeren dair gescheen ende hem beclaeget werden, op alsulcke broeke, off men dat to Deventer voir den borgermeister verichten[c] solde, dat toquemе van dorperliken woerden off van vechtliken saeken, ten were saeke, dat it voir den heren amp[t]luyden queme ende bij hem verrichtet wurde.

[5.] Item soe en sall gien burger aver sijnen medeborger claegen der heerlicheit. Welk borger dat dede ende sijn medeburger dairmede in last queme, die solde hem die last affdoen ende dat der stad swairliken beteren ter scepenen claringe.

[6.] Item weert saeke, dat die meeste wijsheit van onsen borgeren averdroegen eens schotes, omme koeren onraid mede te doene, ende in der betalinge hem yemant verhoemode offte vermeterde, die solde dairomme gelden thien pont, half der stad ende half den koepluyden, ende sall dairto dubbelt schot geven.

[7.] Item weer ennich burger, die myn verschotede, dan hie koepschattes vuerde, dat men hem bewisen mochte, die solde dairomme gelden thien pont, half der stad ende half der koepluede, ende dairto dubbelt schot geven also vacke, als hie dat dede.

[8.] Item soe sall die olderman doen bescrijven nae sijnre macht, soe wat guede unse borgere schepet in Engelant off in Vlanderen off in ennich lant, dair die koepmanschot off puntgelt in schuldich is, ende dat sall die olderman bescreven bij hem beholden ende brengen dat weder an onsen raid.

[9.] Item dat een ygelick borger, die mit sijnen guede vaert in Engelant offt in Vlanderen coeprolrt, die sall den koepman van der Hense in dem lande gehoeren, dair hie sijne merckt doet, sijn schot geven ende voldoen nae oerrer ordinancien ende rechte. Wie des niet en dede ende dairaff in schaden queme, des en wolden hem die scepene niet onderwinden, ende solde dat dairtoe der stad swairliken beteren also vacke, als hie dat dede ende die scepene dat vernemen.

[10.] Item weert saeke, dat onse borgere twijdrafflicheit off stoet onder hem hadden, dairoff sall die olderman macht hebn, hem vrede te bedene ende te vredene, gelijk een raid te Deventer.

a) koep D. b) koeren D. c) die D.

Item so willen wij desse vorscreven puncten off ort een yghelick allene beholden an ons in onse vollencomener macht, te vermyaren off te vermeerren off anders eenigerhande wijs te verwandelen altoes, wanneert ons gadet unde dien, dat ons dunckt, datter gemeyne orber bij, sonder eenich wedersegghen. Gegeven int jair ons Heren 1396, op onser liever vrouwen avent annunciacionis.

227. *Der deutsche Kaufmann zu Brügge an Köln: die Bestätigung des Antwerpener Privilegs kann trotz längeren Wartens nicht erreicht werden; hat deshalb den Besuch Antwerpens und die Zufuhr von Stapelgut nach Bergen op Zoom wieder verboten und bittet, die Kölner demgemäss zu warnen. — 1396 Mai 4.*

Aus StA Köln, Hanse I n. 124; Or. Perg. m. 3 S. Höhlbaum.

Honorabilibus ac circumspectis viris, dominis proconsulibus et scabinis civitatis Coloniensis, nostris sincerissimis amicis, littera presentetur.

Unse vruntlike grute mit denste tovoren. Heren unde leven vrûnde. Also gy wol weten van dem ghebreke, dat de ghemeenen stede unde de copman hadden an den steden Antworpen unde Mechlen, dat welke buten staende bleff unvorliket up de tijd, alse de meyne stede mit den Vlamingheu eens worden unde overdroghen, unde dat sulve ghebreke waert ghesat to der correctie des copmans bi juwer hulpe unde rade unde der van Dorpmûnde[1], darup dat de copman bi volbonle van ju heren unde der van Dorpmûnde mit den van Mechlen eens ghewordeu is to copslaghene up sekere privilegien[2], de se dem copmanne beseghelt hebben, vorworven bi eren heren den hertoghen. Unde dergheliike so was de copman ok eens ghewordes mit den van Antworpen up sekere privilegien[3], de se dem copmanne vorworven solden hebben up eyne certeyne tijd, so dat de copman ok ghecomsentirt hadde mit en to copslaghene. Welke privilegien middes saken em jeghen vallende unde contrarie binnen der tijd, alse se dem copmanne ghelovet hadden, nicht vorwerven en konden noch en mochten, dat de copman altoes to gude hefft laten stan ut groter bede des hertoghen van Borgonien, siner vrouwen unde ok des canselirs; men doch de copman seynde, dat se nicht voldon en konden, dat se belovet hadden, na dat em so lang utset ghegheven was, so hefft hi dem ghemeynen copmanne wedder vorboden, ere markete to vorsokene, unde mit gantzer eyndracht overdreghen, dat wij en neyn vorder utset gheven en willen. Unde alse dit ghedan was, binnen 14 daghen darna so screven uns de ghemeenen stede under der stad ingheseghele van Lubeke uter latesten dachvart: weret, dat de sake noch nicht volendighet en were, dat wij dat wedder to den steden scheten solden. Worumme wij ju vruntlike bidden, dat gy juwe borghers hirinne warschuwen unde underwisen, dat se dat also holden mit den van Antworpen, alse se deden de wile, dat de copman to Dordrecht lach[4]; unde ok, dat se neyn stapelgud en voren to Berghen an den Zôm, wand dat ok bi den ghemeynen copmanne overdreghen is overmiddes groten ghebreke unde achterdele, dat de copman dar nam unde leet. Unde wilt hirinne bi juwer wisheit unde groten bescheidenheit also vele donde wesen, dat hirbi nymand van juwen borghers in schaden en kome. Unse heere God beware ju altoes in zielen unde in lyve, unde ghebedet over uns. Ghescreven under unsen ingheseghelen, upten virden dach in Meye int jar 96.

Bi den alderluden unde dem ghemeynen copman van der Dutschen Hanse nu to Brugge in Vlandren wesende.

1) *S. n. 107, Einl.* 2) *n. 114, 115.* 3) *n. 221.* 4) *Vgl. Bd. 4 n. 964, bez. HR. 3 n. 485.*

228. *Thord Bonde an Reval: vertheidigt sich gegen den ungerechten Vorwurf der Arretirung eines Revaler Schiffes. — [1396][1] Mai 20.*

Aus R StA Reval; beschädigtes Or. Pap. m. Rest d. S.

Providis viris, proconsulibus ac consulibus civitatis Revaliensis, [suis singularibus,][a] cum reverencia porrigetur.

Vruntliken grot thovoren unde wes ik vormach to donde dor juwen [willen][b]. Besunderghen vrunde. Witlik si juwer erbaricheyt, dat hir to my weren koplude in dem herveste, de mi segheden, dat ze tho Revel en dels borgher weren, en dels dar pleghen to kopslaghende. Do ik dat horde, dat ze van Revel weren, do dede ik en dat beste, dat ik vormochte, unde ze voren wedder to schepe, dat my Got so helpe, dat ik anders nicht en wiste, ze weren eren wech ghevaren. Darna bynnen achte daghen edder neghenen do quam my en bot, dat dar en schip leghe in den scheren. Des zande ik mine vrunt dit, dat se zeen scholden, wat lude it weren, wente ik nicht en wiste, oft it vrunt edder vyande weren. Des quemen myne vrunt tho dem schepe des nachtes unde steghen in dat schip, er se des enwar worden. Do myne vrunt de lude seghen, de to my hadden ghewesen, unde wisten, dat it koplude van Revel weren, do schededen se mit vruntschop wedder van en unde leten se varen eren wech. Hirumme so wetke juwe erbaricheit, dat mi is tho wetende worden, dat ze my bezecht hebben, alzo dat ik se ghehindert hebbe, dat Got wol wet, des nicht en is, [w]ente[a] ik node koplude hinderen wolde, de van Revel, van Danske edder van anders wor weren, dede richtverdich weren. Hirumme bidde ik ju dor juwer erbaren vruntschop willen, dat gy den schipheren berichten, dat he my nicht bezeghe, dat is myn bede; wente Smithusen van hir, wedder dat ik wol wiste, dem ik darumme wol mochte tosproken hebben, des ik do wol macht hadde, men ik let dat dor juwer vruntschop willen; wente dat Got wol wet, konde ik wat don, dat ju leff were, dat ik dat gherne dede. Hir bewiset ju ane, alzo ik juwer erbarheyt tobelove. Blivet ghesunt unde badet to my, wes ik vormach. Ghescreven in pinxte avende meo sub siggillo. Thordo Bonde.

229. *Ordonnanz des deutschen Kaufmanns zu London gegen die Einführung von Fremden in die Gildhalle. — 1396 Mai 25.*

Aus D StA Danzig J i 10; Handschr. vom Anfang des 16. Jahrh. fol. 138b. — Das. fol. 171, mit unwesentlichen Abweichungen.

H Kommerz-Bibl. Hamburg H 15, Stahlhofsstatuten S. 44; schlechte Abschr. des 16. Jahrh.

Gedruckt: aus H Lappenberg, Urkdl. Gesch. des hansischen Stahlhofes, Urk. n. 106, 45, 1.

Item int jair unses Heren do men schreff 1396 up den 25.[c] dach van Maye do wort overeyngedraghen by dem aldermanne und ghemeynen copmanne van der Duetz[schen Henze][d] oppe dey tyt to Londen wesende, dat so welck copman van der Henze enighe personen brochte in des copmans halle, dey in den rechten nicht en weren, dey sall geven in dey busse 20 d. st. also dicke, als hey daermede bevonden worde; ten were sake, dat he orloff hadde van den oldermanne of van tween andern van den rechte, so vere alse de alderman nicht by der hant en were.

a) Rand ganz unleserlich R. b) Loch im Papier R. c) 23 H. d) Fehlt D.

1) Vgl. n. 213.

230. *Lübeck an Reval: bittet, seinen Bürgern die früher übliche Freiheit zur Ausfuhr ihrer Waren zu gestatten. — [1396?][1] Juni 15.*

Aus StA Reval; Or. m. Spur d. S. Höhlbaum.
Gedruckt: v. Bunge, Livl. U.B. 4 n. 1541 (undatiert).

Honorabilibus et discretis viris, dominis proconsulibus et consulibus Revaliensibus, amicis nostris dilectis, detur.

Salutacione dilectionis et amicicie premissa. Leven vrende. Wy begheren jun to wetene, dat unser borgher en deel uns geopenbaret hebben, wo se ere gud hebben in juwer stad unde in Lyflande, unde dat se vornomen hebben, dat me dat gud nicht voren mach in de weghe unde stede, alse me vortydes plach, dat en to groteme schaden queme. Des bidde wy juwe leve vruntliken, dat gy unsen borgheren unde kopmannen gunden, ere gud to verene de weghe to lande unde to water, alset zo van ol[d]inges bewonen sin, unde eer dar nicht ane hinderen. Dar bewyse gy uns vruntliken willen ane. Dominus vos conservet. Scriptum nostro sub secreto in die beati Viti martiris. Consules civitatis Lubicensis.

231. *Thord Bonde an Reval: bedankt sich, dass es ihn gegen den unrechten Verdacht entschuldigt hat [n. 213]; wegen des Vorbehaltes, den die Stadt bei der Geleitsertheilung gemacht hat, betheuert er seine und der Seinen Unschuld und legt den Sachverhalt dar* (wente dat Got wol weet, dat ik nu seerover en wart und ni dar nu leve to droch, und hedde dat lever helpen kerea, war ik mit miner armode mochte, wente in desser tiid, dat ik wol bewisen mach, wor ik schal. Item so wetet, dat de minen de schepe in nenerleie wis hebben angelecht und nenerleie wise vorsaet men in viende wise, na ere sulves seggende, dat se segeden, dar were gud van dem Holme inne, und se van Gotlande[2] weren. Dat hebbet mi mine vrunt in den hilgen sworen, de genen, de dar mede weren, den wol to lovende steit, und wilt darto don all, dat bedderven luden tobort); *begehrt zu wissen, ob er oder die Seinigen gegen dergleichen unrechte Beschuldigung sicheres Geleit nach Reval haben. — [1396] Juni 19* (fer. secunda a. f. b. Johannis bapt.).

StA Reval; Or., z. Z. nicht auffindbar.
Gedruckt: v. Bunge, Livl. U.B. 4 n. 1420; wonach hier. Verz.: Reg. Dan. II 1 n. 3523.

232. *Entwurf eines fünfjährigen Bündnisses der Städte Goslar, Braunschweig, Hildesheim, Eimbeck und Helmstedt gegen Vorladungen vor das westfälische oder vor geistliche Gerichte sowie zur gegenseitigen Sicherung und Unterstützung. — 1396 Juni 24.*

Aus B StA Braunschweig, Kopiar 3 fol. 12b. Gleichz. Abschr., nachträglich überschrieben: Tohopesate der stede wedder dat hemelike richte. *Hagedorn.*
H StA Helmstedt n. 147b; gleichz. Abschr.
G StA Göttingen, Urk. n. 1707; gleichz. Abschr.
Gedruckt: aus G HR. 4 n. 351. Verz.: Doebner, U.B. der Stadt Hildesheim 2 n. 676.

We de rede dusser nagescreven stede[a], Gosler, Brunswich, Hildensem, Embeke unde Helmestede[a], bekennen in dussem openen breve, dat we dorch not willen, de

a—a) b stede, Goslar — Helmestede durchstrichen, dafür: unde, N. abs. G.

[1]) *Das Stück bezieht sich wahrscheinlich auf den Streit zwischen dem Orden und dem Stift Dorpat, vgl. n. 223, 243.* [2]) *Vgl. Thord Bondes Klagebrief an Reval über Schädigung der Seinigen auf der See durch Gotland [Wisby]; v. Bunge 4 n. 1429, verz. Reg. Dan. II 1 n. 3538.*

uns vele wederstan[a], daraff dat we beclaget worden unde beswaret myd Westvelschem gerichte, dar we uns doch nicht to verplichtet en hebbet unde nicht aff en wetet, unde alze we doch gerne antworden wolden geven unde nemen offte nemen unde gheven, wu sek dat geborde, wes we van ere unde van rechtis wegene plichtich weren, uns mydenander voreynet hebben unde voreynen in dussem breve in dusser wyse:

[1.] Weret, dat na forder[b] jennich rad ut dussen steden edder borgere dusser sulven vorgenoumeden stede edder anders yemend, de in dusse enynghe noch queme, verclaghet worde vor dem Westvelschen gerichte unde dat dusser[c] rede yennigem dat[d] to wetende worde edder yemende in orem rade, de scholde synem rade dat witlich don, unde denne scholde de rad unvortoghet deme rade dat enbeden, we de weren unde over wene unde van weme de claghe schude. Unde welde de rad edder de borgere edder we de were, de in dusse enynghe noch queme, don unde nemen, wes he van ere unde rechtis wegene plichtich were, unde dat we anderen rede unde de in dusser enynge mede weren des darto mechtich weren, dat scolde we vor se scriven unde beden. Welden denne nochten de jenne, de se also verclagede edder[d] beschuldigede[d], hirenboven se vervolghen, alze se doch don welden, wes se van ere unde rechtis wegene plichtich weren, dar id on to rechte borede unde we over darto mechtich weren, unde worden de denne darenboven vervolghet, dene edder de scholde we unde welden unvorvolghet holden unde hebben. Unde de jenne, de se alsus vervolghet hedden, dene edder de en schulle we nicht husen noch beghen offte verkopen noch affkopen myd vorsate, unde de scholden van uns allen wedder vorvolghet wesen, darumme dat se nicht nemen wolden[e], wes me on van ere unde van rechtis wegene plichtich were, dar id sek to rechte geborde; unde de deden wedder dat ghemeyne bescreven recht unde weder de privilegia, de malk hefft van dem hilgen rike edder van syner herschop, unde wedder olde wonheyt; unde dorch der unvoghe willen en scholden de nicht secker vor uns wesen ores lives unde gudes, wente dat recht hefft: welk richter dorch hat edder dorch gnade anders richtet, wenne dat recht utwiset, over den schal dat recht schen. Ok[f] hefft dat recht irlofft, dat jowelk man mach sek der walt weren myd gewalt[1]. Were ok jemeut, de dar beschuldiget worde, des we nicht mechtich en weren to den eren, deme en hulpe dusse enynge nicht.

[2.] Vortmer[f] en schal neyn borger edder borgersche ut dussen steden, der we mechtich syn, den anderen laden laten vor gheystlich gerichte, wu de rad des mechtich sy, dat he dem cleghere do, des he ome plichtich sy, dar it ome to rechte hore. Vermochte over de rad myd deme, de beschuldiget worde, des nicht, so mochte de cleger des geystliken gerichtes bruken.

[3.][g] Vortmer were ok, dat unser rede edder borgere yenich yemende vengen edder grepen[h], den we myd eren beholden mochten na des landes wonheyt, unde beschattet worde, dene edder de en scholde de nicht los laten, he en hedde orveyde gedan in breven myd loften unde myd eden, dat he de jenne, de in dusser enynge synd, nicht bescheddigen scholde[i] noch en wolde unde en scholde ok ore viand nicht werden, de wile he levede, unde ok de in dusser enynge synd nicht bescheddigen, de wile dat[k] de der[l] vengnisse nicht los gelaten is[l], de wile we des edder der mechtich syn to rechte, to gevende unde to nemende, wu sek dat gebort.

a) wedderstan in G. b) vorder G. c) dusse G. d) Fehlt G. e) Danach [illegible] G. f) [illegible] B, G. g) Der ganze Paragraph durchstrichen in B und G. h) grepen - [illegible] G. i) Danach [illegible] B, G. k) Fehlt G. l) [illegible] G.

[1]) Vgl. dazu HR. 4 n. 334 Anm. 1.

[4.] Were ok, dat eyn borger edder mêr borgere in dussen steden ask irhôrre tighen eynen dusser rede, also dat se twydracht makeden edder ock an der stad rechte nicht welden ghenôghen laten, also dat se darumme verdreven edder vorvestet worden, de en scolde we in dusser stede neyner liden unde den ok myd vorsate neyne behelpinge don, id en were, dat se des rades willen weder irworven, dar se vordreven weren.

[5.] Ok so[a] schal unser yowelk des anderen beste don in allen stucken, wur he mach. Unde icht yenich sake eyner stad anliegende were, dar scholden de anderen truweliken helpen to raden, wanne se on dat witlich deden. Unde[b] yowelk scolde des anderen beste don by oren heren unde by anderen heren, ridderen unde knechten, wur se mochten; unde unser eyn schal dem anderen alle ding truweliken unde fruntliken[c] to gude holden.

[6.] Dusse enynge schal stan viff jar na utgifft dusses breves. Were ok, dat yemend myd uns in dusse enynge noch wolde unde we de to uns dar innemen welden, de scholden eyn transfix hengen an dussen breff myd oren ingesegilen unde alle[d] stucke myd uns loven unde reden to holdende, alse dusse breff utwyset.

Dusse vorscreven ding unde eyn yowelk besundern love we, de rede dusser vorgenanten stede, unser eyn dem anderen in guden[e] truwen stede, vast unde unvorbroken[e] to holdende; unde hebben des to bewysinge unser stede ingesegile witliken gehengit an dussen breff, de gegeven is na Godes bord dritteynhundert jar in dem sesundenegentigesten jare, in sante Johannis dage to myddensommere.

233. *Hzg. Albrecht von Baiern, Graf von Holland, bestätigt der Stadt Nimwegen für ewige Zeit das transsumierte Zollprivileg*[1] *Bd. 4 n. 669, welches er widerrufen hatte*, overmids dat onse brieve vurseid nyet en hielden „durende tot ewigen dagen". — *1396 Juli 7. Haag.*

N StA Nimwegen; Or., das anh. S. ab. — Das. eine Abschr. a. Pap. m. S. Abschriften im Legerbock fol. 15 und 115b.

A RA Arnheim, Charters 2 J fol. 150.

H RA Haag, Reg. Jan van Beyeren en vrouw Jacoba fol. 94.

Gedruckt: aus N Handvesten van Nijmegen S. 132, Vervolg der Handvesten S. 78 und 81; aus H v. Mieris, Groot Charterboek 3, 648. Verz.: Inventaris van het oud archief der gemeente Nijmegen S. 21; aus A Nijhoff, Gedenkwaardigheden uit de geschiedenis van Gelderland 3, 204.

a) Fehlt G. b) unde eyn N. c) [illegible] G. d) alle dusse G. e) unde vast unbrokelyken G.

[1]) *Auf die Zollpflicht in Holland bezieht sich die folgende, vom Ende des Jahrhunderts stammende Nimwegener Aufzeichnung:*

Sumptum ex registro theolonei Hollandensis in Woudrichem.

Dit sijn dieghene, die halven toll gheven buten der graefschap Nymegen:

Werde, Aken, deze geven vanf wijnen die veertichste marck; daerby sijn ore wine gerekent gelijc anderen comans, die gheven die twintichste marc, hair marck gerekent 4 s. grote conyngtorvoys. Item allen comans, die van boven comen, diem rekent men ore wijne 6 marc die roede, dair sij beneden 100 marcken, ende dair sij boven 100 marcken cost, daer geeft die schamde 5 marc grote ende 1 sweert of 18 d. Engels dairover, ende van elker roden wijns 's take erfjen ende also menegen Engels te bruide. Item van eenen schepe 4 d. Hollants. Item van eenen boerbaren steede 7 d. Engels. Ende van allen anderen goede geeft men den twintichste marc. *StA Nimwegen, Legerbock fol. 46b. Dieselbe Quelle enthält fol. 52b die oben Bd. 3 S. 340 Anm. 2 abgedruckte Zusammenstellung über den Lütticher Zoll in französischer Fassung, vermehrt um eine Bestimmung über Nimwegen:* Et chil de Nymaue (doyent al mayeur de Liege) un paire de gans wans de faheniere de blan chierf et dedens une livre de poivre. *Über Nimwegens Zollpflicht in Utrecht meldet das Legerbock:* Item tUtrecht hengt eyn bret in die waige, daer onder anderen puncten dit punt yn gescreven staet: die van Nymegen syn schuldich tUtrecht van eenen schip gelts eenen penninck, dat sij daer brengen of van daer voeren.

234. *Ordonnanz des deutschen Kaufmanns zu London gegen die Verübung von Unfug im Stahlhofe. — 1396 Juli 20.*

Aus D, D 1 StA Danzig Ji 10, Handschr. v. Anfang d. 16. Jahrh. fol. 138b und fol. 171b.

H Kommerz-Bibl. Hamburg H 16, Stahlhofsstatuten S. 45; fehlerhafte Abschr. d. 16. Jahrh.

Gedruckt: aus H Lappenberg, Urkdl. Gesch. des hansischen Stahlhofes, Urk. n. 106, 47; 46; 45, 3.

[1.][a] Int jaer voirscreven[1] up den 20. dach van Julio wart vortan overeey[n]gedraghen: so wat man eynich frucht breke in dem have, het weren beren, appeln, wyndruven eder noten offte engerhande ander fruchte, dat de sal geven in dey busse vyff s. st. also dycke, alse hey darmede bevonden worde. Und darvan sal men ummevraghen[b] elken by synen eede, wanner des dem aldermanne gelevet.

[2.][a] Vortmer wart up dey selve tyd gheordineret und overeyngedraghen by dem alderman und gemeynen kopman vorscreven: so wat man worpe den steyn in dem have van der halle und darmede eynigen scaden an der muren off an den bomen[c] dede offte eynich drunck tobreke in den have offte in der hallen, dey solden breken und geven in de busse 5 s. st. also dicke, alse hey dat dede.

[3.][d] Vortmer is gheordinert und overeyngedragen, dat neymant nae dem daghe vortan in des copmans halle caetzen[e] sal offte den bael slaen; und so wey dat darmede bevonden worde, dey sal gheven in dey busse 20 d. sonder wedderseggen.

235. *Die hansischen Ratssendeboten in Lübeck an K. Richard [II] von England: protestieren dagegen, dass seine Unterthanen aus Lynn und anderen Städten sich mit seiner Genehmigung für ihre durch die Seeräuber erlittenen Verluste an dem Kaufmann der gemeinen Städte schadlos halten; erklären, dass die Städte an dem Schaden der Engländer unschuldig sind und selbst mehr als diese durch die Seeräuber geschädigt sind[2]; wiederholen ihre frühere Bitte um Aufrechthaltung der kaufmännischen Gerechtsame und Abstellung der ungebräuchlichen Zölle. — [1396 Aug. 15.]*

Gedruckt: HR. 4 n. 362. Ebenso, mit Weglassung des letzten Satzes, an London, das. n. 364.

236. *Dieselben an Königin Margaretha von Dänemark: antworten ihrem Wunsche gemäss, dass sie gegen K. Erich und dessen Reiche[3] zu allen guten Diensten bereit sind; bitten ihrerseits, sich beim Könige um Erhaltung der kaufmännischen Freiheiten und Privilegien zu verwenden, da sich die Opslofahrer und andere Besucher von Margarethens Reichen über Behinderung im Genuss ihrer Privilegien beklagen, die den gemeinen Städten von den Königen Hakon und Magnus[4] besiegelt sind, u. s. w. — [1396 Aug. 15.]*

Gedruckt: HR. 4 n. 361, früher Suhm 14, 615.

a) Die Artikel 1 und 2 in umgekehrter Reihenfolge D 1. H. b) [illegible] c) In dem busse D 1. [illegible] d) Dieser Artikel folgt in H bei der Ordonnanz von Mai 20 [36], oben n. 270. e) [illegible] H.

[1]) 1396, s. n. 223. [2]) Auch Hzg. Wilhelm von Geldern wird in dieser Angelegenheit um seine Verwendung beim König angegangen, HR. 4 n. 363. Vgl. den Recess HR. 4 n. 308, 1.
[3]) Eben war Erich auch in Schweden zum König gewählt; vgl. HR. 4 n. 368. [4]) Bd. 4 n. 28, 549.

237. *Brügge bekennt sich gegen Ypern zu einer Schuld von 2098 Pfd. 13 Sch. 6 Pf. Par., welche Ypern zu der Entschädigungssumme für die deutschen Kaufleute über seinen eigenen Anteil hinaus bezahlt hat. — 1396 Aug. 31.*

Aus StA Brügge; Or. m. anh. S., cancelliert. Mitgeteilt von Herrn Gilliodts-van Severen.

Verzeichnet: Gilliodts-van Severen, Inventaire de Bruges 3 n. 834.

Die Brügger Stadtrechnung berichtet zu 1394: Item den 25. dach in November Franchoise den Cupere ende Johannes Drolinghe ghesendt te Ghend upt fait van den taxe ghemaect upt land omme de paymente van den Oosterlinghen, van 3 daghen, 8 lb. 10 s. Parisise sdaeghs, somme 21 lb. Par. *A. a. O. 260. — Am selben Tage wie oben stellt Brügge auch dem Freiamt von Brügge einen gleichlautenden Schuldbrief über ein Darlehen in derselben Höhe aus; cancell. Or. im StA Brügge, verz. Gilliodts-van Severen a. a. O. n. 835. Die Rückzahlung beider Anleihen fand nach Ausweis der Brügger Stadtrechnungen während der nächsten Jahre gemäss den Festsetzungen des Schuldbriefes statt; s. Gilliodts-van Severen a. a. O. Anm. 1, HR. 8 n. 952. Zwei Quittungen Yperns und des Freiamts von 1394 Juli 15 und Sept. 16 über die fälligen Raten verz. Gilliodts-van Severen n. 857 und 859; die erstere gedr. HR. 4 n. 90.*

Wij burchmeesters, scepenen, raed ende al tghemeene van der stede van Brucghe doen te wetene allen lieden, kennende dat wij sculdich zijn eersamen ende wysen, onsen lieven gheminden vrienden, voochd, scepenen ende raed van der stede van Ypre de somme van tweedusent vierwaerfwintich achtien pond dartien scellinghen ende zesse penninghen Parisis Vlaemscher munten, den nobel gherekent voor zesse scellinghe grooten, commende ende sprutende van dat zij meer betaelt ende huteghegheven hadden heer Janne den Hoyere in den name van den ghemeenen coopman van Almaengen ende andersins, dan haerlieden porcie ende quantiteit van haerlieder taxe doe gheordonneirt bi den heeren van ons gheduchten heeren rade ghedraech. De welke voorseide somme van penninghen wij ghelooft hebben ende gheloven ter goeder trauwen wel ende ghetrauwelike te gheldene ende te betalene den voornoemden van Ypre oft haerlieder zekere bode ten terminen hierna volghende, dats te wetene: tweehondert vierwaerfwintich achtien ponden dertien scellinghe ende zesse penninghe Parisis bin den eersten daghe van October naest commende; item hondert ende vichtich ponden Parisis bin den vichtiensten daghe van Maerte daernaer volghende; item hondertvichtich ponden Parisis binnen den vichtiensten daghe van wedemaend daernaer, ende noch hondertvichtich ponden Parisis bin den vichtiensten daghe van pietmaend daernaer eerst commende, ende hondert vichtich ponden Parisis bin den vichtiensten daghe van December daernaer naest volghende. Ende also voort telken vichtiensten daghe in Maerte ende telken vichtiensten daghe in wedemaend, telken vichtiensten daghe van pietmaend ende telken vichtiensten daghe in December achtervolghende te gheldene ende te betalene hondertvichtich ponden Parisis ghedurende tote der tijt ende der wilen, dat de voorseide gheheele somme van tweedusent vierwaerfwintich achtien ponden dartien scellinghe ende zesse penninghen Parisis al vulgolden ende betaelt zal wesen. Ende waert alzo, dat het ghevielle, dat God verhoeden moete, dat wij in ghebreke waren van eenighen van den voorseiden paymenten te betalene ten terminen boven verclaerst, ende de voorseide van Ypre haerlieden zekeren bode deromme zendden, vermanende ons burchmeesters of den tresoriers van der voorseider stede van vernoucht te zyne, so hebben wy gheaccordeirt ende gheconsenteirt, accorderen ende consenteren, dat de voorseide bode den derden dach leden wesende, naer dat hys dus vermaend sal hebben, ende wij in ghebreke wesen zouden van betalinge, verteeren mach up ons ende up al tonse drie grooten sdaechs van elker pond grooten ghedurende tote der tijt ende der wilen, dat wij den voorseiden van Ypre wel ende vulcommelike vernoucht ende voldaen zullen hebben. Ende als hiertoe so hebben wij verbonden ende verbinden onse lichamen ende elken zonderlinghe van ons allen overal ende al onse goed ende elx goed zonderlinghe van ons allen overal voor boghen ende toe te commene, so waer ende te so wat steden dat het ghevonden sal wesen, ende hebben dadt gheabandonneirt ende abandonneren tallen heeren, wetten, jagen ende justiciers, gheestelic ende werlic, omme daerna te ghebaelne de voorseide scult metgaders den costen van den voorseiden drie groten adaechs, ende ons ende elken van onsliede zonderlinghe overal te arresterene ende te dwinghene daeraf te vuldoene. Ende als hiertoe so hebben wij ghereneunciert ende renoncieren bi desen jeghewoordeghen letteren tallen previlegien van vryheden, van poorterscepe, clercscepe, tallen letteren van gracien ende van respite, die wij jeghen den teneur van desen impetreren mochten van onsen gheduchten heere ende prinche; ende voort tallen andren vryheden, allegacien van faiten, van rechte bescudden ende allen zaken, dat ons mochten commen te baten, omme hier jeghen te ghane in eenigher manieren ende den voorseiden van Ypre te deeren. In oorcondscepen van welken dinghen hebben wij dese letteren ghedaen zeghelen metten zeghele van verbande van der voorseider stede van Brucghe, ghemaect ende ghegheven int jaer ons Heeren 1396 upten lastaten dach van Ouste.

238. *Hrz. Albrecht von Baiern, Graf von Holland, an Amersfoort, Kampen, Rhenen, Deventer, Zwolle, Harderwijk, Elburg und Zutphen: ersucht sie, ihren Mitbürgern eine Unterstützung seiner Feinde, der Ostfriesen, durch Zu- oder Abfuhr von Proviant oder anderem Gut zu verbieten, und lehnt jede Verantwortung für einen durch Nichtbeachtung dieser Warnung entstehenden Schaden ab*[1]. — *[1396] Sept. 9* (utend. na nativ. Marie). *Haarlem.*

RA Haag, Memoriale B D cas. B fol. 160.
Gedruckt: Schwartzenberg, Groot Placaat- en Charterboek van Vriesland 1, 260.

239. *Derselbe geleitet 60 Hamburger Kaufleute bis einen Monat nach Widerruf zum Verkehr durch das Marsdiep und den Vlie Strom, sofern sie nicht nach Ostfriesland fahren. — 1396 Sept. 22. Haag.*

RA Haag, Memoriale B D cas. B fol. 169.
Verzeichnet: HR. 4 n. 459.

240. *Thord Bonde an Reval: ersucht um Rückgabe eines dort in Beschlag genommenen Schiffes, das er früher den Vitaliern abgejagt und nach Jahr und Tag einem schwedischen Schiffer übergeben hatte. — [1396] Sept. 23.*

Aus StA Reval; Or. Pap. m. Spur d. S.

An de borghermester unde ratlude to Revele sal dyme bref[a].

Vruntlyke grote tovoren ghescreven. An de erbarn hern borghmester unde ratlude to Revele. Weten schole gy, dat de vyende 1 schep nemen, des was na paschen 1 jar; dat schep hadden se ene wyle in er ghewolt. Do velt syk darna, dat se hyr undert lant quemen, do quemen myne vrunt unde drengheden en dat schep af, dat set overgheven mosten[2]. Do wart dat schep to Hanghede op dat lant

a) [illegible]

1) *Ebenso an den Bischof von Utrecht und den Herzog von Geldern; Schwartzenberg a. a. O. Über den Kampf Hrz. Albrechts mit den Friesen vgl. Verwijs, De oorlogen van hertog Albrecht van Beieren met de Friezen in de laatste jaren der 14. eeuw (Werken der Histor. Genootschap te Utrecht, 8).* 2) *S. n. 182.*

ghetoghen, dar stundet jar unde dach, darenbynnen en quam dar nument, de darop claghede; do was dat schep met rechte myn, do ghaf yk et Swen Wren. Nu ys my to wetene worden, dat dar lude sint in juwer stat, de hebbet eme dar sin schep untweldeghet unde ghenomen in juwer stat. Hyrumme so bydde yk ju, her borghmester unde ghy ratlude, dat gy wol don umme myns vordenstes wyllen unde weset eme behulpelyk, dat eme sin schep weder werde, dar he recht to heft, wente dat ys ene myt lyke anekomen, des sta yk eme to; al en es dar nen grot macht ane, lyke wol heft he dar jo recht to. Were dar ok vul grot macht ane, so lovede yk des juwer erbarcheyt lyke wol to, dat ghy et eme weder tokerden, dar he recht to hedde. Hyrmede so blyvet ghesunt met Ghode to langher tyt, unde ghebedet to my alse to juwen vrunde, de altyt gherne det umme juwen wyllen, wes he vormach. Ghescreven des sunavendes vor s[un]te Mychaheles daghe.

By my Thord Bonde van der Rasehorch.

241\. *Dorpat an Reval: berichtet, dass russische Gesandte aus Nowgorod, die auch in Riga waren, über die Verluste, welche ihre Kaufleute in den livländischen Städten durch das Wachsgewicht erleiden, Klage geführt haben; hat denselben darauf vorgeschlagen, gleich Pskow bei sich das livländische Gewicht einzuführen, was die livländischen und überseeischen Kaufleute längst wünschten, und sich dann bereit erklärt, darüber mit Riga und Reval zu verhandeln; ersucht um eine auch aus Riga erwartete Meinungsäusserung; sendet abschriftlich einen Brief des Kaufmanns zu Nowgorod wegen des dort arrestierten Silbers*[1], *hat zu dessen Rückforderung gleich den beiden anderen Städten ein Schreiben an den Kaufmann ausgefertigt und den Komtur von Fellin davon benachrichtigt, der die drei Schreiben schliesslich selbst geholt hat. — [1396] Okt. 6.*

StA Reval; Or. Pap. m. S.

Gedruckt: HR. 4 n. 380, früher v. Bunge, Livl. U.B. 4 n. 1512. — Ein gleichzeitiger, nur den Schlusspassus umfassender Brief an Riga gedr. HR. 4 n. 381.

242\. *Lübeck [an Riga:] hat dessen Brief wegen des Silbers des Komturs von Fellin, das der Kaufmann zu Nowgorod arrestiert hat, erhalten und diesen darauf zur Rückgabe des Silbers angewiesen. — [1396 vor Dec. 14.]*

StA Reval, eingeschoben im Schreiben Rigas an Reval von Dec. 14.

Gedruckt: HR. 4 n. 382 bez. 383, früher v. Bunge, Livl. U.B. 4 n. 1513. S. die vorige Nummer.

243\. *Der livländische Ordensmeister an Reval: ersucht es, den für Rechnung von Dorpater Bürgern betriebenen Schleichhandel nach Dorpat zu verhindern*[2]. *— [1396] Dec. 17. Riga.*

Aus StA Reval, Urkundenfund von 1881; Or. Pap. m. S. Höhlbaum.

Den ersamen unsen leven getruwen vrunden, borgermesteren unde rade to Revele, ane sûmen d[etur].

Magister ordinis Theutonicorum per Lyvoniam.

Favorum et amicabili salutacione premissa. We hebben, leven vrunde, wol irvaren, dat hir to Revele vûste köpgesellen sint, de wedderleggheinghe unde gelt hebbet der van Darpte. Desse kopet hir, wes se willet, unde vûret id to der Narwe tô, vôrt bet to Nougarden unde van dar schicket se id vôrt to Darpte, wes

[1]) S. n. 223, 234. [2]) S. n. 235 Anm.

se behoven. We bidden juw, leven vrunde, irvaret darna, we der Harpinschen gelt heft, deme stedet nenerleye dink hir ud to vörende, dar se merde sterket mochten werden; dar döt to juwen vliit, dat dat vorwaret werde. Domino Deo sitis jugiter recommissi. Scriptum Rige, die dominico proximo ante festum beati Thome apostoli.

244. *Ordonnanz des deutschen Kaufmanns zu Brügge über Vorladungen und Arrestierungen in Brabant. — 1396 Dec. 18.*

Aus StA Lübeck, flandrischer Kopiar n. 8 S. 41; Abschr. aus 1. Drittel des 15. Jh. Koppmann.

StA Köln, hansische Kopiare A fol. 361, B fol. 153.

Item int jar 96 upten 18. dach in Decembri overdrogen de alderlode unde 18 man mit eyner gantser eyndracht umme des gemeynen besten willen also, dat eick copman van der Duetschen Hanze eyn den anderen to rechte laden offt rostiren mach alumme in dem lande van Brabant mit dem rechte umme schulde, de er eyn dem anderen schuldich wesen mach offt goed in handen hedde van eyns anderen mans weghene, de schuldich were, ock in des copmans recht behorende, so verre alse de schuldener offt eyn ander, de goed in handen hedde van eyns anderen weghene, zijnen weerd offt eynen anderen guden borgen nicht krigen noch vinden en mochte noch en konde, den schuldener to vorborgene, dat he binnen eyner maent na dem daghe to Brugge vor dem copman kome, recht to nemene unde to gevene. Wor he ock gude borgen vinden kan, so en sal dat recht anders nerghent gesleten werden dan to Brugge vor dem copmanne, up de bote van eyner marck goldes also dicke, als dat ymand breke.

Ock so sal de manere dem schuldener, den he maent, desse sake vorseid to kennen geven, er he enne rostire edder mit dem rechte anspreke, also vorseid ys.

245. *Tarif des Geleitgeldes auf der Honte und Schelde und des Zolles in Antwerpen. — 1396.*

Aus K StA Köln, Hanse IV n. 240, Handschrift des Antwerpener Zolltarifs vom zweiten Jahrzehnt des 15. Jahrh. fol. 1b, von anderer Hand eingetragen. Überschrieben: Anno [13]96. Hohlbaum.

[1.] Item omme to wetene van dem gheleyde: bij der Honte plach men to ghevene na dem rechten rechte. Item de Fransoyser 5 s. 3 d. van des koninges monte van Vranckrike, te we[te]n een cleen blanke vor 4 d. gherekent, een dubbel blanke 8 d. Item de Engelsche 5 s. 3 d. Engels van elken schepe. Item de Osterlinge, Westphalinge und alle ander lande 5 s. 3 d. valensiachte, te wetene 1 valensiachte gheliick 1 Colschen witten.

[2.] Item de Schelte upkomende is schuldich van geleyde, wat gheladen heft uppe 12½ lb. offte darboven, 2 s. Vlames, ende wes myn gheladen is, half gheleyde [1].

[3.] Item int tolle to Antwerpe den rechten tol [2], van[a] den lb. grote 5 Ingelsche, so dat gued erstes kopes stout, ende an sulken gelde, dar dat gued bij ghekofft is. Item den riddertol [3], is droge gued, eick tortzeel, eerdel off pack, dat beslagen is int ende, to wetene is van laken 5 s., van vellen van schapen off ander

a) van von K.

1) *Eine eingehend specificierte Übereinkunft über das von den Amsterdamern zu zahlende Geleitgeld auf der Schelde vom 1396 Juni 1 s. Handvesten der stad Amsterdam 1, 68.*

2) *Von 1396 Juni 21 ab hatte Herz. Philipp von Burgund seinen Zoll in Antwerpen der Stadt für 13000 Fr. auf 6 Jahre verpachtet. Mertens en Torfs, Geschiedenis van Antwerpen 2, 145. 516.* 3) *Vgl. über diesen Zoll Mertens en Torfs 2, 73 ff.*

beusten 5 d. Antwerp., welke penninge[a] derbij enen ouden groten van den koninchen monte van Vrancrike. Item tortzeel, dat nijt bealoepen en is int ende, sal gheven 3½ d. der vorseiden monte. Item tortzeel, dat men hete terlinge, van den vorseiden gude sullen ock gheven 3½ d. Antwerp. der vorseiden monte. Item tortzel, dat men uppe den hals dragen mach, 1 d. Antwerp. Item we dar kopet wulle, kese of boter, is schuldich ghewesen off ungheweghen van de wage 1 Antwerpen d.

Item van den vaten van elken ame smout 2 g. Vlamets und al ande[r] ware int avenant, men is dar win mede, de de Hunte offvart, sal gheven elk vat 1 gelte wins.

246. *Der Statthalter und die Gemeinde von Polozk an Riga: bestätigen den zwischen Riga und dem Fürsten Semen [Olgerdowitsch von Polozk] abgeschlossenen Frieden. — [1396?]*

StA Riga; Or. Pap. m. Resten d. S., altrussisch.
Gedruckt: Napiersky, Russisch-livländ. Urk. n. 134, v. Bunge, Livl. U.B. 6 n. 2931. Hier nach Übersetzung von Dr. v. Hedenström in Riga.

Von dem Statthalter von Polozk, Montigird, und von allen Polozker Männern auf[b] Befehl des Grossfürsten Witowt[b] an die Ratmannen [von Riga]. Da ihr mit dem Fürsten Semen und den Polozker Männern Frieden geschlossen habt, so möget ihr diesen Frieden fest halten. Auch wir werden ihn fest halten, bis er abläuft. Gemäss diesem Frieden mögen die eurigen zu uns unbehindert reisen, und die unsrigen unbehindert zu euch; und ihr möget den Polozker beschirmen wie euren Deutschen, und wir wollen euren Deutschen beschirmen wie unseren Polozker.

247. *Riga [an den deutschen Kaufmann zu Polozk:] meldet die Aufsage des Friedens durch Polozk und rät zum Abzuge von dort. — [1397] Jan. 15.*

Aus StA Riga: Reinschrift a. Pap. Mitgeteilt von Hn. Stadtarchivar Dr. Schwartz.
Gedruckt: Napiersky, Russisch-livländ. Urkunden n. 192, v. Bunge, Livl. U.B. 6 n. 2932. Wegen des wahrscheinlichen Datums s. v. Bunge 6 Reg. S. 89.

Unsen vruntliken groet tovoren. Leven vrunde. Wetet, dat de namestenik to Ploskouwe unde de Ploskouwers van heyte eres heren Vytoites enen bref ghezant hebben an den kuntur to Duneborch, unde de quam eme dar des midwekens na twelften daghe na neghest vorghan[1], unde hebben darinne den koprede laten upsegghen alzo van deme vorghescreven middeweken vor over 4 weken jo ut to stade; unde de vorghescreven bref quam to Rige vor uns nu des mandaghes na deme zulven middeweken vorghescreven[2]. Uppe desse zulven sake unde upseghinghe dunket uns nutte unde gut sin, dat malk bynnen dessen 4 weken sin gut van Ploskouwe schicke und bringhe, wes he van denne schicken und bringhen moghe jo mit den ersten. Jodoch boven al so provet juwe sumste. Hirmede moghet wol in Gode. Ghescreven des mandaghes na den 8 daghen na twelften.

248. *Grossfürst Witold von Litauen an Riga: erklärt den zwischen Riga und dem Hauptmann von Polozk abgeschlossenen Frieden für nichtig und rechtfertigt die Wegnahme des Rigaer Gutes. — [1397] Jan. 23. Bei Wilna.*

Aus StA Riga; Or. Pap. m. S. Mitgeteilt von Hn. Stadtarchivar Dr. Schwartz.
Gedruckt: Napiersky, Russisch-livländ. Urkunden n. 197, v. Bunge, Livland. U.B. 6 n. 2933.

a) *d. F.* b—b) *Mit kleinerer Schrift zwischen den Zeilen nachgetragen.*

1) *Jan. 10.* 2) *Jan. 15.*

Den erbern und fromen burgermeistere und ratleuten zu Rige, unsern frunden.

Allexander andirs Witowt, von Gotis gnaden grosfurste zcu Littawen etc.

Unser gunst und fruntschaft zuvor. Wissit, liben frunde, das wir uwern briff wol vornomen haben, dorynne ir schreibit, das unser hawptman Muntigirde mit uch ein frede uffgnomen habe[1] in der weise, als ir yn mit unserm dyner Lyngweynen vormals vier jar nach deme aldin frede hattet uffgnomen, und das uch auch dornach uwir meistir gesagit habe, das wir im geschrebin hettin, das wir den kowpfrede stete und gancz hal[din][a] woldin. Wissit, das uns gar wol gedenkit, wy wir in unserm brive geschrebin habin deme meistir, wenne wir ym mit namen geschrebin habin, were das unser hawptman eynen frede uffgnomen hette von der syden zu Ploscow, den welde wir haldin, bis das wir yn mit unserm brive adir boten besenten; do habe wir kein kowpfrede mete genant nach habin uch nach deme meystir vor keynen Littawen globit; und auch ist uwir meistir an uns ofte begerende eins cleynen fredis gewest, und wir yn doch mit ym nicht woldeo uffnemen, do dy Littawen auch ynne weren gewest. Ist yn des, als ir schreibit, das dy uwern ynne ein schaden gnomen haben, und mit namen von Littawen, doran haben dy unsern recht getan, wenne keyn Ploscower dobey gewest ist. Und auch als ir schreibit, das Lyngweyn mit uch vier jar ein frede mit uch uffgnomen habe, und ir doch selbir wol vornemen mogit, das her nicht mechtig was, eyn jar ane unsern willin und wissin ein ganczin stetin frede uffzunemen, und zumale unmechtig was und nach ist, ein halbin tag frede uffzunemen von der Littawen wegin. Und dorumme was den uwern gnomen ist in sulchir geschicht von den Littawen, das ist mit rechte gescheen. Geschrebin uff unser jayt fir meyle von der Wille, am dinstage nach Vincencii.

249. *Grossfürst Witold von Litauen an Riga: wiederholt seine vorstehende Erklärung über die Ungültigkeit des Friedens. — [1397] Jan. 30. Wilna.*

Aus StA Riga; Or. Pap. m. S. Mitgeteilt von Hn. Stadtarchivar Dr. Schwartz. Gedruckt: Napiersky, Russisch-livland. Urkunden n. 194, u. Bunge, Livländ. U.B. 4 n. 2934.

Providis ac circumspectis viris, proconsuli ac consulibus civitatis Rigensis, amicis nostris.

Allexander andirs Witowt, von Gotis gnaden grosfurste zcu Littawen.

Unser gunst und fruntschaft zuvor. Wissit, libin frunde, als ir uns schreibit und vormals auch geschrebin hat, das ir mit unserm namezdnyken Muntigirden eynen vrede uff beillit gnomen, und das uch auch uwir meistir gesagit habe, das wir ym geschrebin hettin eynen stetin ganczin frede zu haldin, und mit namen den kowpfrede: wir habin uch vormals geschrebin, das uns wol gedenket, wy wir uwerm meistir geschrebin hettin, und schreibin uch auch nach, das wir ym undir andern worten geschrebin habin, als in der ingesloszin cedel stet geschrebin, dorynne ir wol vornemen mogit, ab wir ynne eyn kowpfrede gemeynt haben adir nicht, und ap wir auch von der Littawen wegin keynen frede gemacht haben. Sundirlich so was und auch nach ist unser namestnyk unmechtig, zu globin adir keynirley frede mit uch

a) *Loch im Pap.*

[1]) *n. 246.*

zu machin von der Littawen wegin. Und nach ohir das allis, habit ir unser brive ynne eyn mit unserm ingesegil, doryme wir uch vor keynen kowpfrede globet habin sind der czeit, als wir uch durch uwir bete wille dirlawbit hatten zcu bleiben zu Ploskow, so welle wir allis das wedirkeren, das uch genomen ist. Geschrebin czur Wille, am dinstage vor purificacionis.

250. Der Komtur von Dünaburg an Riga: verteidigt sich gegen die Beschuldigung des Hauptmanns von Polozk, den Frieden zuerst gebrochen zu haben. — [1397] Jan. 30. Dünaburg.

Aus StA Riga; Or. Pap. m. S. Mitgeteilt von Hn. Stadtarchivar Dr. Schwartz. Gedruckt: Napiersky n. 195, v. Bunge 6 n. 2935.

Den erzamen borghermesteren unde rat, unsen leven vründen, tho der Rygè scal desse breff.

Unsen vruntliken grot thovoren gescreven. Witlike sy juwer erzamket, leven vründe, dat uns unse erzame mester gheescreven heft, dat Muntighert, dy hoftman van Ploscowe, jn unde em enen bref ghescreven heft, darine hee klaget over uns, dat wy sinen luden vele vorderftes dôn, darmed wy den kopvrede ghebroken heben. Des wetet, leven vründe, dat wy in med alle nicht ghedan heben boven recht. Des nû tho somer en jar was, do neme wy 6 pert, als en olde ghewanhet is, dat se den pert upriden môten, dy sy hirmeden kopen, sunder bewisinge, alz ju sulven wol witlike is. Do wy in dy pert nomen, do nemen sy uns $1^{1}/_{2}$ laste soltes weder tho Ploscowe. Des sanden wy unse boden to enem mal, to dem anderen mal, to dem derden mal, to dem verden mal an den namestike unde an dy ghemenen Ploscöwer unde leten sy bidden, dat se wol deden unde dat se uns unse solt wederghêven. Wert sake, dat se menden, dat wy in ere pert tho unrechte ghenomen hadden, dat se an unsen erzamen mester screven; hete hee se uns wederghêven, wy woldent gheren don. Sy seden, sy en wolden nicht an den mester scriven. Do seden wy, wer id sake, dat se id nicht don wolden unde ok nicht by rechte laten, wy wolden uns holden an se edder an er ghôt, war wit aflanghen konden, alzo lange, dat uns ghelike vor unselik ghesche, unde darmed den vrede nicht ghebrochen heben. Des nem wy en to hervesle en strusen med 7 ceke soltes, unde nû 1 laste. Anders hebe wy en nicht med alle ghedan, unde menen ok wol, dat wy den vrede hirmed nicht ghebroken heben, synt wit also vaken vorvolgeden, und ok ghelike noch recht nicht helpen mochte. Ok wille wy uns desser sake wol vorantworden, eft med in tho worden komet. Screven tho Duneborgh, des dinghesdages vor lichtmes.

Kumpdûr tho Duneborgh.

251. Zwei Bürgermeister von Hildesheim an zwei Bürgermeister von Braunschweig: berichten über den zwischen ihnen besprochenen Plan einer Vereinbarung mit Magdeburg, Halberstadt und anderen Städten. — [1397 Febr. 16—März 9.]

Aus StA Hildesheim, Kopialbuch 2 (1393—1399) fol. 45, zwischen Briefen von 1397 Febr. 16 (fer. 6 p. f. b. Valentini) und März 9 (f. 6 in carnisprivio). Hagedorn.
Gedruckt: Doebner, U.B. d. St. Hildesheim 2 n. 927.

An Hermene van Vechtelde unde Ludeken van Igleve, borghermesteren to Brunswich.

Unsen denstlik denst tovoren. Leven hern unde vrunde. Alse we wol mit eynander spreken umme de van Meygdeburch unde Halverstad unde ander stede unde darumme van juk scheideden, dar hebbe we nû mit dem rade umme sproken, unde den rades menighe is dyt: conde me sek mit on wes vordreghen, gi unde we eder ok mer stede, also dat ok vor juk, vor uns unde ok vor se were, dat duchte uns gud sin. Leven vrunde, handelde gi hir wat wes vorder an unde worde juk darvan wat to wetende, wo ore menighe were, dat gi uns dat scriven, so moghe we mit dem rade dar vordere umme spreken. Sub secreto Borchardi de Evessen.

Borchard Vornevessen, Hans Galle.

252. *K. Richard [II] von England an Danzig und Elbing: beschwert sich, dass drei englischen Kaufleuten Wolltuch im Wert von 100 Nobel konfisciert ist*[1], *das trotz Beschneidung an einer Seite noch die übliche Länge besessen hat; verlangt die Rückgabe desselben an die Eigentümer oder deren Bevollmächtigte. — 1397 Febr. 20 (20 Rich. II). Westminster.*

Verzeichnet: HR. 4 n. 661.

253. *Brügge bekundet, dass es dem Jan van der Heyden aus Köln seit dem Jahre 1381 für gelieferten Wein Geld schuldig ist und sich mit ihm auf eine Summe von 10 Pfd. Gr. Torn., den Nobel zu 6 Sch. gerechnet, zahlbar innerhalb zweier Jahre an vier Terminen, verglichen hat. — 1397* (1390) *März 6.*

StA Brügge; Or. m. Rest d. S., durch vier Einschnitte kassiert. Auf der Rückseite: Hierof betaalt bi Claus Barbesaen den 27. dach in Maerte anno 97 6 lb. grote.
Verzeichnet: Gilliodts-van Severen, Inventaire de Bruges 3 n. 836.

254. *Verzeichnis von Kaufleuten, die vom deutschen Kaufmann zu Brügge wegen verbotener Fahrt [nach Flandern]*[a] *aus seinem Recht gewiesen sind, nebst einer darauf bezüglichen Ordonnanz des Kaufmanns. — 1397 März 8.*

Aus StA Dortmund; gleichz. Abschr. des deutschen Kaufmanns zu Brügge o. Pap. s. n. 255. Bruns.
Gedruckt: Rübel, Dortm. U.B. 2 n. 970 b.

[1.] Dey hijr nachescreven staen, dey hebben vorboden reyse ghevaren unde sint uyt des copmans rechte ghewiset:

Peter Mille van Koningesberghe. Jorian Ghize van Colberghe. Hans Wolder. Hans Scheie. Peter Adeem[2]. Tideke Vridorp[3]. Marquard Engheland. Henrik Schulte van Lubeke, schipher. Marquard Stendel van Lubeke. Schipher Leembus van Lubeke. Johan mit den Barde, schipher van Herderwijc. Claes Vogheler van der Wismer, de helt sick do van der Wismer unde nu van Campen.

Albert Weyenborch, Johan Meyerinck, Herman Meyerinck, Conraed Vrye, van Dantzke.

Wilhem van der Wateringhe, sturman. Herman Schepel[3] van dem Elvinghe. Henrik van Mendene. Herman Brant[4] van Dantzke. Symon Ziveko[5] van den Elvinghe, schipher. Her Johan Dirgarde[4], scheffer van Marienborch. Johan van Aken. Johan Langenbecke van Dantzke. Henrik Sichusen. Albert Hollekenbecker. Henneken van Hemen, van Alsie. Johan Otter van Lubeke. Conraed Parija. Johan van Rode van Bremen, schipher. Godeke Wigherson, Symon Stededorp, vrachtlude Johans van Rode vorseid. Johan Ryteboeck. Henrik van den Wolde. Engbelbert van Lubeke. Peter Sterneberch. Borchard Scroder. Henrik Top. Gherke Pensijn. Jacob Baer. Johan Baer. Johan Moleman. Johans Loveuscheide.

[1]) *Laut Bestimmung des preussischen Recesses von 1392 Nov. 21, HR. 4 n. 124, 4. Vgl. auch das. n. 137, 1.* [2]) *Vgl. Bd. 4 n. 915.* [3]) *HR. 4 n. 175, 2.* [4]) *A. a. O. n. 175, 4.* [5]) *A. a. O. n. 175, 1 u. 4.*

Johan Schaluon, Henrik Wedderwille, Johan van Stomle, Johan van Tille, Herman van Graten, Diderik Mathias knecht van Reumunde, Heyno van Nôtse, Olrik Kemerers gheselschap, Johan van Hogingben, Daem van Ysen, Philippus van Rode, Wilhem van Berck, Wineke van Aken, de Colonia.

Kerstian Byt. Mathias Stove. Ludeke Schulte.

[2.] Item int jaer 97, 8 daighe in Meerte, so was overdregen bi dem ghemenen copmanne van Almanien ton Karmers in dem reventer, dat desse, dey vorseid zin, dey vorbodene reyse ghevaren hebben, uyt des copmans rechte zin. Unde darto was up de selve tijd overeyaghedregen: we gheselschap, kumpenie offte handelinghe met en hedde, dat dey ock buten des copmans rechte zijn solde.

Dyt ys ock to verstane, off enich schipher part hedde van scheppen mit enigen van dessen luden vorseid unde dey dar nicht van ghescheiden en zin, dey sullen al buten des copmans rechte zijn.

[3.] Item so was up dey selve tijd overdregen bi dem copmanne vorseid: wert[a] so, dat enich man off enighes mans guyd ergen ghehoklen offte ghelettet worde umme desser sake willen vorseid, it were in Prussen umme des scheffers willen offt andersware umme ymandes anders willen, so sal de ghemene copman darto vorbunden zijn unde ys, den man offte dat guyd to quijtene mit al eren vormoghene, al solde he ock al der coplude guyt rostiren unde mit rechte holden van den landen offte van den steden, dar enich man offte enich guyt ghehindert mochte zijn alze umme dey sake vorseid; unde dat nicht quijt to latene to der tijt, dat dey lude offte dat guyt ghelike unde al quijt deleveriert zin unde en eyr schade upgherichtet werde, den se darumme hebben mochten.

255. *Der deutsche Kaufmann zu Brügge an Dortmund: sendet die vorstehende Liste, bittet, die Namen bekannt zu machen und vor der Geschäftsgemeinschaft mit diesen Kaufleuten zu warnen. — 1397 März 10.*

Aus StA Dortmund; Or. m. 3 S. Von anderer Hand auf der Rückseite über der Adresse: Aldermanni ceterique mercatores Alemannie Brugis residentes; *unter der Adresse:* R[egistrata] infra octavas pasce anno 97.
Gedruckt: Rübel, Dortm. UB. 2 n. 970a.

Honorabilibus industriosisque viris, dominis proconsulibus necnon consulibus civitatis Tremoniensis, amicis nostris sincerissimis, litera presentetur.

Unse vrentlike groyte unde wat wy guden vormoigen tovoren. Heren unde sunderlinges guden vrende. Ju ghelieve to wetene, dat in tijden vorleden, do dey copman to Dordrecht lach, somelike lude sick behulpen in Vlanderen unde ock mit Vlamesschen gude to kopene unde to vorkopene, contrarie der ordinancie der ghemenen stede van der Hense unde darto des ghemenen copmans ghebode, welke lude wy to manigen tijden uyt hebben doen lesen, wanner dey ghemene copman vorgaddert was, up eventure offte sick ymand verantword wolde hebben na uytwisinghe der selver ordinancien: so ist, dat desse lude, dey in desser cedelen hijr binnen besloten ys, bi uns uyt des copmans rechte ghewiset zin, unde darto al dey ghenne, dey gheselschap mit en hebbende zin. Waerumme, leyven vrende, wy van ju begheren, dat gi desse lude juwen borgheren kundighen willen unde vort den steden bi ju bewetten, dat nymand vortan mit en gheselschap make, up dat sey sunder schaden bliven; want worde dar ymand medde bevonden, dey gheselschap mit en hedde, so mene wy den broke, dey darto steyt, to nemene also dicke, alse

a) Folgt durchstrichen sake.

wy dat bevonden. Unde dat gi ock vort also darbi doen, alse dey ghemene stede overeyngheedreghen sin na nytwisinge erer ordinancien, anders solde men wenich in tokomenden tijden van den ghemenen steden offte van dem copmanne holden. God onse here moete ju bewaren in zielen unde in lyve. Ghescreven under onsen ingheziegheleu upten 10. dach in Meerte int jar 97.

256. *Braunschweig bezeugt für Lüneburg, dass zwei von dort bezogene Last Häring zum Teil verdorben gewesen sind*[1]. — *1397 März 23.*

Aus StA Braunschweig, Kopiar 3 fol. 17. Hagedorn.

We de rad der stad to Brunswich bekennen openbare in dussem breve vor allesweme, dat vor uns ghewest is Ludeke van Hadelen, Peters sone van Hadelen, unde heffl uns witlich gedan, dat Reyneke van Amendorpe borger to Luneborch synem vadere unde ome gesant hedde twe leste heringes uppe guden loven, unde den sulven hering hedden se vort gesant in unse stad, unde mangt deme heringe syn elven tunnen heringes, dat vul unde gharst hering sy, unde de elven tunnen syn ghemerket myt dem merke, dat under dusse scrifft getoghen sy, unde des heringes hadde he uppe unsen market gebracht to Brunswich. Do wysede on unse marketmeister myt dren tunnen van dem markede, darumme dat id vul unde ungheve gud was, alze unse marketmeister uns dat by synen eden gesecht heffl, de he darto gedan heffl. Dusses to bewysinge hebbe we unser stad heymliche ingesegil witliken laten drucket uppe dussen breff, de gegeven is na Godes bort dusent unde drehundert jar darna in dem sevenundenegentigesten jare, des neysten frydages vor der dominiken oculi etc.

257. *Dasselbe bezeugt für Hamburg, dass von 2 Tonnen mit holländischem Aal, die sein Bürger Hermen Meybom vor Jahresfrist dem Hamburger Bürger Elrer van Berghen für 9 M. lüb. abgekauft hatte, die eine Tonne* nybbelding *enthalten hat* (unde en mochte nicht vor Hollandeschen ael varen); *bittet, den Elrer zum Ersatz des sich auf 1 löth. M. belaufenden Schadens anzuhalten.* — *1397 Apr. 1* (to mytvasten).

StA Braunschweig, Kopiar 3 fol. 17b.

258. *Dasselbe bezeugt für Hamburg, dass vier von dort bezogene Tonnen Häring zur Hälfte schlechte Ware enthalten haben.* — *1397 Apr. 12.*

Aus StA Braunschweig, Kopiar 3 fol. 18. Hagedorn.

We de rad der stad to Brunswich bekennen openbare in dussem breve vor allesweme unde sunderliken vor den erzammen wyzen radmeistern unde ratmannen to Hamborch, unsen frunden, dat vor uns gewest is Hermen van Bomsidde, dusse breffwyser, unde heffl uns witlich gedan, dat he affgekofft hedde Ludeken Altdorpe borgere to Hamborch seven tunnen heringes, unde des sulven heringes hedde he vêr tunnen vort verkofft in unser stad unde konde des nicht kopmannes gud waren, wente id were wol halff holhering in yowelker tunnen vor dem unrechten boddeme, also dat he an den vêr tunnen to schaden hebbe wol ½ lodige mark, dar he syn recht to don wolde. Unde by den sulven hering hadde we gesant twe unses rades kumpane, alse Hanse Stapele unde Jacoppe van Brotzem, de hebben uns bericht,

[1] *Ebenso schreibt die Stadt März 27 nach Lüneburg über 15 Tonnen mit verdorbenem Häring, welche derselbe Lüneburger geliefert hat; ähnlich 1399 April 23 nach Lübeck wegen von dort bezogenen schlechten* (schalbak) *Härings. A. a. O. fol. 17 und 23b.*

dat se dat gesên hedden, dat in den vêr tunnen were wol de helfte holheringe, also dat eyn kopman dem anderen dar nicht mede waren mochte, unde de ver tunnen weren ghemerket myt dem merke, alze under dusse scrifft getogen sy. Dusses to bewysinge hebbe we unser stad ingesegil witliken laten drucket an dessen breff, de gegeven is na Godes bort dusent unde drehundert jar darna in dem sevenundenegentigesten jare, des neysten donnerdages vor palmen.

259. *Brügge an Thorn: kann seinem Ersuchen, den Konr. Bloemental von der in Thorn verfügten Arrestierung seiner gesamten Habe zu benachrichtigen, wegen der Abreise desselben nicht nachkommen. — [1397] Apr. 28. Brügge.*

Aus StA Thorn; Or. Pap. mit Resten d. S. Hagedorn.

Hierauf bezüglich verzeichnet die Brügger Stadtrechnung von 1396/97 eine Sendung Brugges zu den burgundischen Räten in Sluys upt feit aenroerende Conraerd Bloemendale den Oosterline. *Gilliodts-van Severen, Inventaire de Bruges 3, 461.*

Honorabilibus et circumspectis viris, proconsulibus et consulibus civitatis Thorunn in Prusia, amicis nostris carissimis.

Honorabiles viri, amici carissimi. Recepimus per nuncium vestrum, presencium latorem, vestrarum honestatum litteras, per quas nobis indicastis, quod judex et scabini banniti judicii civitatis vestre vobis testati sunt et recognoverunt, Johannem Barlaw vestrum concivem tutorio et procuratorio nominibus honeste Margarete, uxoris legitime Johannis Hut concivis vestri, super omnia et singula bona spectancia Conrardo Bloemental in civitate vestra reperta, quecunque et qualiacunque fuerint, arrestasse, ipsaque sibi tutorio et procuratorio nominibus predictis adjudicata fore, sic tamen, quod hujusmodi bonorum adjudicatio prefato Conrardo, si forsan ipsa relaxare et liberare voluerit, notificari debeat ipso jure; nos ad hoc instanti[er] requirentes, putantes forsan ipsum Conrardum adhuc penes nos residere. Super quo, honorabiles viri, prudencias vestras scire affectamus, prefatum Conrardum se jam diu abhinc absentasse et, ut audivimus, ad partes Prucie se transtulisse, quominus vestram supradictam requestam adimplere potuimus, super quo nos habere velitis excusatos; in hiis enim et in aliis quibuscumque vestris desideriis fuissemus et esse volumus indesinenter vobis parati juxta posse. Honorabiles viri, amici carissimi, circumspectiones vestras conservet altissimus prospere et votive. Scriptum Brugis, die 28. mensis Aprilis.

Burgimagistri, scabini et consules ville Brugensis in Flandria.

260. *Aufzeichnung [des deutschen Kaufmanns zu London] über den Austritt des Ältermanns Joh. Swarte aus dem Recht des gemeinen Kaufmanns. — 1397 Mai 5.*

Aus H Kommerz-Bibl. Hamburg H 13, Stahlhofsstatuten S. 81. Bruns, S. Bd. 1 n. 786, Stückbeschreibung.

Gedruckt: Lappenberg, Urkdl. Gesch. des hansischen Stahlhofs, Urk. n. 147.

Item int jar 1397[a] 5. dage in Meye quam Johan Swarte, olderman van der Dutschen Hense up de tidt, in der Dütschen gylthalle, dar de gemene kopman vorgaddert was, und sede dat recht up myt eneme fryen willen und sede, wo dat he myt frûntschop und gnaden van dem konynck en spoet[b] hadde und hadde dem

a) 1497 H. b) spoden, engl. to speed, im Sinne von „Glück haben".

konynck eyn edt gedan und wer eyn vry Engelsman geworden, umme mer proffit daraf tho hebbende wan van dem rechte, dat de kopman van Almanigen in Engelant hadde.

261. *Braunschweig bezeugt für Lüneburg, dass eine von dort bezogene halbe Last Hering zum Teil verfälschte Ware enthalten hat. — 1397 Mai 14.*

Aus StA Braunschweig, Kopiar 3 fol. 11b. Hagedorn.

We de rad der stad to Brunswich bekennen openbare in dussem breve vor alle den jennen, de on seen, horen efte lesen, unde sunderliken vor den erzsamen wysen radismestern unde ratmannen to Luneborch, unsen frunden, dat vor uns gewest is Arnd Godfridus unse borger unde heft uns witlich gedan, dat he affgekofft hedde Bernde Wytlinges van Luneborch eyne last heringes, unde des sulven heringes hedde he ½ last vort verkofft in unser stad, unde mangt der ½ last weren twe tunnen heringes, dat nicht kopmannes gud en were, wente myddene in den twen tunnen were de hering vormenget myt oldem heringe, also dat he des to schaden hebbe boven 1 Lub. mark, dar he syn recht to don wolde. Unde by de twe tunnen heringes hadde we gesant twe unses rades kumpane, de hebben uns gesecht, dat se dat seghen, dat de hering were vormenget myddene in den tunnen myt oldem heringe, unde de tunnen, dar de hering inne was, weren ghemerket myt dem merke, alze under dusse scrifft getoghen sy. Des to bewysinge hebbe we unser stad heymeliche ingesegill witliken laten drucket an dussen breff, de gegheven is na Godes bort dusent unde drehundert jar darna in dem sevenundenegentigesten jare, to sunte Bonifacius dage des hilgen pavesen.

262. *Hochmeister [Konrad von Jungingen] an König [Richard II] von England: wiederholt auf Klage der preussischen Städte seine Beschwerde über Unbill und Schädigung, welche die preussischen Kaufleute in England trotz der Freiheiten, die ihnen wie den andern deutschen Kaufleuten dort zugestanden sind, und des preussisch-englischen Vertrages von 1388 zu leiden haben; bittet um Beachtung der Privilegien und des Vertrages und um Ersatz des Schadens, widrigenfalls er seinerseits auf Abhülfe denken müsse[1]. — 1397 Mai 31. Marienburg.*

StaA Königsberg, Hochmeister-Registrant 2c fol. 53; dasselbe durchstrichen fol. 54b. Gedruckt: HR. 4 n. 401, früher Voigt, Codex diplom. Pruss. 5 n. 100. Vgl. den Recess HR. 4 n. 399, 2.

263. *Lübeck an Reval: bezeugt das ausschliessliche Eigentumsrecht zweier Lübecker Bürger an den in Nowgorod befindlichen 100 Pack braunschweigischer Laken, über die auf Veranlassung eines früheren Miteigentümers in Reval Arrest verhängt ist, und bittet um Freigebung der Ware. — 1397 Juni 6.*

Aus StA Reval; Or. m. Spur d. S.
Gedruckt: v. Bunge, Livl. U.B. 4 n. 1450.

Honorabilibus et discretis viris, dominis proconsulibus et consulibus Revaliensibus, nostris amicis dilectis, consules civitatis Lubicensis. Insinuamus per presentes publice protestando, quod in nostra presencia constituti discreti viri Johannes Glusink et Johannes Schotte, nostri concives, nobis exposuerunt, qualiter ipsi et Rade-

[1] *Vgl. oben n. 90. Über die wachsende Spannung zwischen England und den Preussen s. Koppmann, Hans. Geschichtsbl. 1883, 119 ff.*

kinus Wesseler insimul alias emerunt centum stamina pannorum Brunswicensium et coloratorum pro tricentis et viginti marcis Lubicensium denariorum, que etiam sic empta miserunt ad vendendum ipsorum nomine honorabili viro, domino Johanni Stoltevoet proconsuli vestre civitatis ante duos annos immediate transactos. Postea vero pauco tempore mediante prefati nostri concives taliter cum antedicto Radekino concordaverunt, quod ipse Radekinus partem eam, quam in predictis staminibus habuerat, resignavit et transfudit in dictos nostros concives omne jus, quod sibi in eis competebat, voluntarie cedendo eisdem, sic tamen, quod in casu, quo dicta stamina in aliquo lucro venderentur, extunc predicto Radekino tercia pars solius istius lucri esse deberet. Et sic stamina antedicta ad nostros concives pretactos sine communicacione et participacione prefati Radekini seu cujuscunque alterius integraliter provenerunt, prout nostri concives premissi, utpote Johannes Glusink et Johannes Scholte, coram nobis juramentis suis corporalibus ad sancta rite prestitis in digitis erectis confirmaverunt et declaraverunt. Exposuerunt insuper nobis, quod non obstantibus omnibus premissis quidam dictus Rozstoke civis Rigensis in vestra civitate arrestavit nomine prescripti Radekini predicta stamina sub quodam Godscalco van Wyckeden, ac quod vos ipsam arrestacionem aldermannis et communi mercatori in Nougarden publicastis, ubi ipsa stamina adhuc sub arrestacione hujusmodi sunt existencia et detenta, ita quod concivium nostrorum ad usum et commodum nequaquam possunt pervenire. Idcirco dilecciones vestras amicabiliter exoramus, quatenus predictam arrestacionem nostri contemplacione relaxare velitis et relaxatam aldermannis et mercatori in Nougarden publicare, ut ad manus et usum concivium nostrorum dictorum de cetero absque impedimentis quibuslibet valeant pervenire, in hoc nobis specialem amiciciam ostensuri. Datum anno Domini millesimo trecentesimo nonagesimo septimo, feria 4. infra octavam ascensionis Domini, nostro sub secreto presentibus in testimonium premissorum a tergo impresso.

264. *Der deutsche Kaufmann zu Brügge an Köln[1]: teilt die Anerbietungen mit, welche Antwerpen dem Kaufmann für eine Wiederaufnahme des Verkehrs gemacht hat[2], und empfiehlt, die Annahme der Vorschläge beim nächsten Hansetag in Lübeck zu befürworten. — 1397 Juni 7.*

Aus StA Köln, Hanse I n. 137; Or. Pap. mit Resten der 3 S. Hagedorn.

Honorabilibus circumspectisque viris, dominis proconsulibus necnon scabinis civitatis Coloniensis, amicis nostris sincere dilectis, litera presentetur.

Unse vrentlike groyte unde wat wy gudes vormogen tovoren. Heren unde leyven vrende. Alse gi weten, dat wy den ghemenen steden in vortijden ghescreven hebben, wu dey stad van Antworpe mit uns unde wy mit en bi weten der stad van Dorpmunde unde juwer eyns weren, dat sey to des ghemenen copmans behoeff eyne vriheit solden vorworven hebben an den hogheboren vürsten hertogen van Borgonien, ere heren, dey vriheit was schone overeynghedreghen unde ja so groyt, dar sich dey van Antworpe to gheven hadden to vorkrigen, dat sey der bi dem heren mit alle neghevne macht en hebben to vorkrigen, sey hebben dar groyt guyd umme vorteert to vele tijden unde doen al ere macht darto, mer andere stede liggen en bi den heren so in dem weghe, dat sey des mit al ere macht nergen brenghen konnen; dat en van beiden leyt ys, dat sey bewisen in vele saken unde sey bi den heren nicht bet en moghen. Nu hebben sey des heren tol in der stad vorpachted

[1]) *Ebenso an Dortmund, Lübeck und die preussischen Städte, s. n. 259, 277 und HR. 4 n. 409, 7.* [2]) *S. n. 221.*

unde to sick ghekofft 6 jare langh durende[1] umme des ghemenen copmans willen, unde wolde dey copman dar komen, so en wellen sey van tolle nicht meer nemen, dan dey vriheit, der wy mit en eyns ghewordden weren, uytwiset; unde wert sake, dat enighe orloghe upstoenden, so hebben sey van eren heren verkreghen mit guden breyven besegheit, wat copiude ere stede versoeken, dey zullen 6 maent vry gheleyde hebben, to komene unde to varene unde ere guyt vry uyt dem lande to brenghene na der tijt, dat sey dar komen zullen zijn; vort so plaghen de coplude unghelt van huevellen unde anderen guyde to ghevene, dat men heyt everdeyeghelt, dat hebben sey ock nedder unde aff ghezat, unde vaste vele sake int beste ghesat umme des ghemenen copmans beste wellen; unde uns dat to kennen gheven unde ghebeden, an ju heren desse sake to scrivene unde ju van erer weghene to biddene, dat beste in dessen saken to doene. Nu, leyven heren unde vrende, so wete gi wol, dat dey ghemene copman aller beqwemicheit best behovede, unde so lik man meer openre lande unde stede open hedde, in vreden to komene unde to varene, so beter; unde wu eyn dingh velle in dessen lande, so were dey stad van Antworpe eyn guyt troest dem ghemenen copmanne, unde id ys ock dem ghemenen manne schedelik, dat sey dar nicht komen mogen. Hijrumme unde umme vele sake willen, dey wy dar int beste to keven unde seyn, so duchte uns zeer nutte wesen, dat men voghe vonde, dat gi unde wy alle mit den van Antworpen eyns weren, ere stad unde markete to versoekene; uns dunket, so beden sey na erer macht dem copmanne alle redelicheit unde wellen enne beschermen unde bevreden, war sey moghen. Ock en hebbe wy nicht ghehort, dat dem copmanne bi en enich groyt schade ghescheyn zij. Hijrumme, leyven heren unde vrende, so bidden wy ju zeer vlitliken, dat gi bi juwer groter vorsenicheit hijr guden raet up hebben willen unde scriven des den ghemenen steden, de to Lubeke vergadderen sullen, unde uns medde hijrvan juwen willen, up dat wy eyn guyd eende mit en darvan maken moghen, dat dunket uns nütte. Vortmer, leyven vrende unde heren, alse gi wetten, dey stad van Mechelin unde dey stad van Antworpe, dyt zint twe stede unde herlicheit ilk bi em selven unde en horen to dem lande van Vlanderen nicht, unde to Mechelin hebbe wy eyne sunderlinges vriheit, alse wy ju in vortijden wol ghescreven hebben; to Antworpe hope wy ock eyne sunderlicheit van vryheyden hijrna to verkrighene. Hijrumme so bidde wy ju unde begheren, wante id uns zeer grotlike vor dey stede unde dem copmanne van der Hense ghemenlike dunket zijn, dat gi desse twe stede in juwen registeren van juwen boeken van dem lande van Vlanderen scheden willen, up eventure offte dey copman na desser tijd ummer dat land van Vlanderen rümen moeste, dat he dan darumme desser twyer stede nicht rumen en dorchte, mer dey open beholden to sijnen profijte, copenschop dar to hantyrne; dyt dunket uns ys redelicheyt unde solde to male zeer vor dem ghemenen copmanne nutte zijn, offt sick hijrna so ghevelle. God onse here moete ju bewaren in zielen unde in lyve. Ghescreven under unsen inghezeghelen, upten 7. dach in Junio int jar 97.

By den alderluden unde dem ghemenen copman van der Dutschen Henze nu to Brugge in Vlanderen wezende.

265. *Derselbe an Köln (und Dortmund): räth wegen des Juni 24 in Danzig stattfindenden Schiedstages zwischen den livländischen Herren und dem Stift Dorpat*[2], *zusammen mit Dortmund, Soest und Münster bei Lübeck, Stralsund und der Danziger Versammlung darauf aufmerksam zu machen, dass die livländischen und die anderen Rathssendeboten bei den Verhandlungen auf die Wahrung der*

[1]) *S. oben n. 215 Anm. 2.* [2]) *S. HR. 4 S. 373.*

altherkömmlichen Freiheiten und Gerechtsame des Kaufmanns in Livland und Russland bedacht sind und die Herren nicht den Kaufmann übervorteilen. — 1397 Juni 7.

K StA Köln, Hanse I n. 120; Or. Pap. m. Resten d. 3 S. Eingangsvermerk: Itrum breif qwam eyren dach vur Viti et Modesti *[Juni 14].*
D StA Dortmund; Or. Pap. m. 3 S.
Gedruckt: aus D HR. 4 n. 406. Verz.: aus K HR. 8 n. 971; aus D Fahne, Dortmund II, 2 n. 470, v. Bunge, Livl. U.B. 6 Reg. S. 177, Rübel, Dortm. U.B. 2 n. 979.

266. *Köln [an Lübeck:] bittet, bei dem demnächstigen Schiedstage zu Danzig für die Aufrechthaltung der hansischen Freiheiten in Livland und Russland zu sorgen. — [1397] Juni 15.*

Aus StA Köln, Hanse I n. 129; gleichz. Abschr. a. Pap. Höhlbaum. S. n. 265.

Vruntlike grote und wat wij gûdes vermoigen alle tit vorgeschreven. Sunderlinges leven vrende. Wilt weten, dat wy vernomen hebben, dat kortliken eyn dachvart wesen sole to Danseke in Prusen as umb eyner schêdinge willen der heren van deme Dûyschen orden und des gestichtes van Darbete, und bidden uch vrentlike mit allem vlite, dat gij dat beste darynne willen proven und helpen vynden by gudem raide, dat vor dey gemeynen stêde und gemeynen copman nûtte und gût sy, also dat deyn stêden und gemeynen copmanne van der Duyschen Hansen nûtte und gût sy, also dat dey stêde und gemeyne copman erre vryheit und rechte in Liflande und in Rûslande vredelliken unvermynnert gebrûken moigen, as sey van aldes dey gehat und bitherto gebruket hebben. Wilt hirbi don, as wi uch sunderlinges wol to geloven. Got zi mit uch. Datum ipso die beati Viti martiris.

Bûrgermeistere, rait ind andere burgere der stad van Coelne.

267. *Köln an Mecheln: stellt eine Beteiligung von Kölner Bürgern an der Wegnahme von Mechelner Gut [auf dem Rhein] vor Köln[1] in Abrede; hat sich um die Wiedererlangung des Raubes bemüht, bittet wiederholt um Aufhebung des über die Kölner verhängten Arrestes. — [1397] Juni 17.*

Aus StA Köln, Briefbuch 3 fol. 61. Au dey stad van Mechlle *(dorsum: tempore magistri Theoderici). Braun.*
Verzeichnet: Mittheil. a. d. Stadtarchiv von Köln 4, 61.

Honorabilibus ac prudentibus viris, burgimagistris, scabinis et consulibus ville Machliniensis, amicis nostris preciosis, littera danda.

Unse vruntliche groite alle tijt vorgescreven. Erber lieven vriende. As gij uns nû lestwarff ghescreven hebben, wo dat uwe poirtere, die ere gût an unser stât verloren hebben, myt warbeiden gesacht solen hebben, dat etzlige van den capiteynen, die dat gût namen, unse gheesworne gelolfde lûde und borgere solden syn etc., dat hebbe wij wal verstân. Und begeren uch darop weder to wetene, dat die capiteyne, die dat gût namen, unse borgere nyet en syn noch en weren noch er geyne macht en hebben, as men dat wol in der warheit vynden sal, und to der

[1]) *Im Zusammenhang mit den Unfrieden des Hermann von Goch gegen Köln hatten in der Nacht des 21. März zwei Ritter ein vor der Stadt liegendes Schiff entführt, dessen aus Tuch bestehende Ladung zum grossen Teil Mechelner Kaufleuten gehörte. Schon Apr. 3 beantwortet Köln eine darauf bezügliche Beschwerde Mechelns mit einer Darstellung des Sachverhalts; gedr. Ennen, Quellen 6 n. 330. Die Kölner Briefbücher enthalten von März 23 an zahlreiche Schreiben Kölns wegen dieses Vorfalls an die beiden Ritter, an die Herzoge von Geldern, Burgund und Berg und die Herzogin von Brabant; vgl. Mittheil. a. d. Stadtarchiv 4, 58—91 passim.*

tijt, do sie dat gût namen, unse entsachte vyande niet en waren; sunder dat unse borgere und andere kopinde ere gût verloren hebben myt den uwen, dat anders geschiene van tokomen en is dan alleyne van der vedeschap wegene, die de capiteyne tot aluden wart hadden van wegene unser genedigen vrouwen der hertzoginne van Brabant, as wij verstân hebben. Vort as gij scriven, dat die vorgenante name so na an der mûren der stad van Colne gheschiet sy etc., darto hebbe wy gedân alle unse macht und moige myt unses selves live, und hadden in der selven nacht eyn groit deil unser bûrgere in groeter vaere lyves und gudes dem gude nagescicket und hadden dat gerne mit der macht wedergenomen, des wij doch niet gedoin en konden, dat uns leyt ys. Ock so hebbe wij dârumme gescreven an herrn Johanne van Ryferscheit und an heren Arnde van Hoemen umme dat gut mit all dem êrnste, dat wij konden, und ock noch gerne doin willen ton besten, dat wij moigen. Vort as gij scrivet van unser burgere have und gude, die under uch bekummert syn etc., bidden wij uch vruntliken mit allen vlite, as wij ock vortijds gebeden hebben[1], dat gij gutlike bestellen wilt, dat unsen bûrgeren die kummer afgedaen werde sunder lenger vertreken, und dat se vortmer mit eren haven und gûden ledich und ledich sijn und varen moigen, as see bitherto gedân hebben, op dat uns niet en sij dar vorder over to clagnene noch to doine, wante wij uns tot u anders niet en vermoiden noch vermoidt en hebben dan vruntschaff und alle gût. Wilt u hiryune bewisen, as wij u des wol to betruwen, also dat mallik by den anderen keren und varen moige in vrûntschaffen; und wes gij hirto doin wilt, des latet uns uwe antwerde weder weten mit desen boden. Unse here Got sy altoes mit uch. Datum in octava penthecostes.

Borgermeister, rait und andere borgere der stad zo Coelne.

268. *[Dortmund] an Lübeck: ersucht es mit Bezugnahme auf ein Schreiben des deutschen Kaufmanns zu Brügge [n. 265], etwaige Bemühungen des deutschen Ordens in Livland um Zulassung zu den Nowgoroder Privilegien der gemeinen Städte und des Kaufmanns zusammen mit seinen Nachbarstädten zu vereiteln sowie für die Wahrung der alten kaufmännischen Gerechtsame in Livland und Russland einzutreten; meldet ferner, dass Antwerpen laut einem zweiten Schreiben des Kaufmanns [n. 264] beim Herzog von Burgund zwar kein Privileg, aber doch einige Vorrechte für den [deutschen] Kaufmann erlangt hat, und befürwortet deswegen den Abschluss eines Ausgleichs zwischen dem Kaufmann und Antwerpen. — [1397] Juni 17.*

StA Dortmund, Briefbuch S. 363.

Gedruckt: HR. 4 n. 407. Verz.: Rübel, Dortm. U.B. 2 n. 968.

269. *Hzg. Albrecht von Baiern, Graf von Holland, überträgt dem Steven Janszoon die Vogtei der Stavorer Fitte auf Schoorl. — 1397 Juni 26. Haag.*

Aus RA Haag, Register Bevelinge 1399—1404 fol. 46. Bevelinge van der voechdye van Staveren op Scoenre.

Verzeichnet: Colmjon, Register van oorkonden, die in het Charterboek van Friesland ontbreken, n. 595.

Aelbrecht etc. doen cont allen luden, dat wij bevolen hebben ende bevelen mit desen brieve Steven Janssoen onse voechdye op Scoorreclaat op onse vitte van Staveren te bedriven ende te bewaren tot onser eren ende orbair[2], als een voecht

[1]) *Unbekannt.* [2]) *Durch Privilegien von 1401 Dec. 6 und 1402 Mai 10 erhält Staveren vom Herzog Albrecht u. a. die Befugniss zur eigenen Verwaltung der* voechdye op Schoorre. *Schwartzenberg, Groot Placaat- en Charterboek van Vriesland 1, 329; 332.*

scoldich is te doen, ende gheven hem volcomen machte, alle recht ende saken te bedriven ende te bewaren van onser wegen, als gewoenliken ende custumeliken geweest heeft ende noch is te wesen ende over alle die ghene, die in die voirseide vitte behoren te wesen of die tot gheenre sekere vitte en behoren ende dairin wesen willen. Ende dairof sal hi hebben sulke outsetip ende profyt, als dairtoe behoirt ende andere voechden in anderen vitten hebben. Ende ombieden ende bevelen allen den ghenen, die in der voirseiden vitte behoren of die dairin wesen willen, als voirscreven is, dat sij Steven voirnoemd in allen saken ende rechte, die hi als voecht berechten sal, onderdanich, gehorich ende gevolghich sijn; ende wair yement, die dertegen dede, dat wilden wij etc. Dit sal geduren Steven voirscreven leven lang. In orconde etc. Gegeven in den Hage, 26. dage in Junio anno 97.

270. *Köln an einen städtischen Sendeboten: soll sich um die Sicherung der Kölner und anderen Hansen bei etwaigen Unruhen in London verwenden. — [1397 Ende Juni]* [1].

Aus K StA Köln, Briefbuch 3 fol. 127 b; überschrieben: Civitas Coloniensis. *Es folgt derselbe Brief in latein. Übersetzung. Höhlbaum.*
Verzeichnet: Mittl. a. d. Stadtarchiv von Köln 4, 62.

Johan gude vrund. Anbalde du in Engeland comen bis, bidden wir dich, dat du asdan zer stont umme herren dem buschoff, herren Segener ind Geinke ermanen wils, dat sij mit [dem][a] allerdurluchtigesten fursten, unsen leven herren, dem coninge van Engeland sprechen willen, dat syne gnade wille lassen bestellen vestlichen an den major van Londen, off zo Londen eynich geruchte ader uploff geschege, dat asdan unse sammenburgere ind dye gemeynen Osterlinge, dye mit yn alda in die Hanse gehorent, beide in yrme lyve ind guyte niet gekrencket en werden.

271. *Elburg[2] verpflichtet sich gegen Harderwijk, seine Schiffer und Kaufleute für die Angelegenheiten des gemeinen Kaufmanns in gleicher Höhe wie Harderwijk zu besteuern. — 1397 Juli 2.*

StA Harderwijk; Or. m. anh. S., z. Z. nicht auffindbar.
Gedruckt: Schrassert, Hardervicum antiquum 2, 25; wiederholt hier.

Universis presentia visuris et audituris nos scabini in Elborgh notum facimus lucide protestando, quod nos scabinis in Harderwyck promisimus et per presentes promittimus bona fide ex parte mercatorum seu nautarum nostri oppidi solutionem facere de expensis factis ac faciendis in negotiis communibus mercatoribus incumbentibus sub tali forma, quod quisque nautarum nostri oppidi predicti, postquam domi pervenit, tantum secundum taxationem mercimoniorum suorum exponere debebit, quantum aliquis aliorum nautarum de Harderwyck exponet pro hujusmodi

a) *Fehlt K.*

1) *Das Datum nach der Stellung im Briefbuche. Es ist die Zeit, in der K. Richard mit Hülfe des gefügig gemachten Unterhauses den vernichtenden Schlag gegen den Herzog v. Gloucester und die übermächtige Magnatenpartei vorbereitet. Vgl. Pauli, Gesch. v. England 4, 603 f.*

2) *März 9 verleiht Hzg. Wilhelm von Jülich-Geldern der Stadt Elburg zwei Jahrmärkte, 8 Tage nach Ostern und Okt. 16, mit achttägigem Geleit vor- und nachher für alle Kaufleute nach dem Vorbild der Arnheimer Märkte, und mit Zollfreiheit für alle auf den Märkten gekauften oder verkauften Waren; acht Tage vor und während des Gallusmarktes ist Elburg der Stapelplatz für alle durch die Veluwe geführten Waren. Gedr. van Meurs, Geschiedenis en rechtsontwikkeling van Elburg S. 129.*

negotiis communicandis. In cujus rei testimonium presentes litteras sigillo nostro minori duximus roborandas. Datum anno Domini 13[00][a] nonagesimo septimo, in die Processi et Martiniani[b].

272. *Die Häuptlinge Ede Wummekens*[1] *und Lubbe Sibetsesone nebst ihrem Anhang verheissen in ihrem lebenslänglichen Neutralitätsvertrage mit Bremen dessen Bürgern mit ihrem Gut Sicherheit und Förderung zu Lande und zu Wasser und versprechen, alle die Weser besuchenden Kaufleute* (ze komen van wennen se komen), *die nach Bremen fahren oder von dort kommen, nicht zu hindern oder zu schädigen, sondern nach Möglichkeit zu begünstigen. — 1397 Juli 13* (ipso die b. Margarete mart. et virg.).

StA Bremen; Or. m. 6 anh. S.
Gedruckt: Brem. U.B. 4 n. 203.

273. *Brügge an Thorn: empfiehlt den Nicolaus de Burse, der im eigenen Namen und als Bevollmächtigter seines Bruders, des Brügger Bürgers Joh. de Burse, in Thorn gegen Conrard Blomendal und einige andere Gäste Johanns Geschäfte zu erledigen hat, und bittet, demselben zu seinem Recht zu verhelfen. — [1397?] Aug. 16. Brügge.*

StA Thorn; Or. Pap. m. Resten d. S. S. n. 259.

274. *Hochmeister [Konrad von Jungingen] an die Lande Ostergo und Westergo: hat ihrem Wunsche gemäss seine Bürger und Unterthanen vor dem Handelsverkehr mit den Feinden der Lande gewarnt; wegen der Schädigung preussischer Schiffer und Kaufleute, die aus England nach Preussen segeln wollten, der Kaperung eines Danziger Holks und Erschlagung der Mannschaft durch die Ausliegern der Lande hofft er auf gebührliche Genugthuung. — 1397 Aug. 28. Marienburg.*

StA Königsberg, Hochmeister-Registrant 2c fol. 59b.
Gedruckt: HR. 4 n. 412, früher Voigt, Cod. dipl. Pruss. 6 n. 47. Verz.: Colmjum n. 397.

275. *Die hansischen Älterleute zu Brügge an [den Kölner Ratsherrn] Adolf Brauer: haben auf ihr Schreiben an Mecheln wegen des arrestierten Kölner Bürgerguts eine ausweichende Antwort erhalten; versprechen die ungesäumte Übersendung des zu erwartenden bestimmten Bescheides. — [1397] Aug. 30.*

Aus StA Köln, Briefbuch 3 fol. 92b. Koppmann. Am Rande: Dis scriven de alderlude van Brugge an Alef Brewer. *Auf den Brief folgt die Adresse zu einem Schreiben [Brauers] an die Älterleute.*
Verzeichnet: Mitthl. a. d. Stadtarchiv von Köln 4, 70. S. oben n. 257.

Unse vr[untlike] grote tevoren. Gude vrent. As gij lest by uns waren in den name der guden stad van Colne und gaven to kennene, wudanewis de stad van Mechlin hevet restirt und bekommert bynnen erre stede burgere gud van Colne, thegengaende unser vrijheit, de wy hebben bynnen der stad van Mechlyn vur-

a) 13 übergeschrieben. b) Martiniani übergesetzt.

[1]) *Dieser verwendet sich im August vergeblich bei Groningen wegen eines bremischen Schiffes, welches die Ausliegern Groningens in deren Fehde mit Keno [to dem Broke] weggenommen hatten. S. Brem. U.B. 4 n. 204. — Dec. 6 schliesst Bremen mit dem Erzb. Otto und dem Stift Bremen und dessen Städten Stade, Buxtehude und Wildeshausen ein Landfriedensbündnis auf 8 Jahre; a. a. O. n. 206—207, Sudendorf 8 n. 207—208; verz. Arch. des Vereins für Gesch. der Herzogthümer Bremen u. Verden 6, 401.*

genant, also gi screven, darto gij unse hulpe begerende waren, warby den vurgenanten burgeren van Colne er gûd mochte vrij weder gelevereirt werden. Dat wy to der tid vervorchten mit unsen vrentligen breven an de stad van Mechlin, darup sij uns int leste wederschreven, uns biddende, dat wi de sake wolden bestan laten went to der tid, dat yre gedeputirden und boden wederquemen, do sij umb der saken willen und ok umb andere an eren herren hadden gesand, und dan so wolden sij uns yre gutlige antwerde darup wederschriven; welche antwerde gij begerende waren, dat wi wolden scriven an de stad van Colne. Warup, gude vrund, geleve uwer beschedenheit to weten, wo dat umbtrent achte dage verleeden de van Mechlyn uns wederscreven antwerde up de sake vorgenant, welch antwerde sich niet en droich ton ende tuschen de stad van Colne und en, also dat wi uwer stat up dese tid hirvan neygene antwerde en scriven, mer wi hebben unse vrentlige breve wederume gesant an de stad van Mechlyn, to gronde yre meyninge hirvan to verhorene; wanner uns dar antwerde van wederkompt, so wil wi, of God wil, overscriven der stad van Colne, wes uns darvan wedervart, up dat sij dan mogen weten, wat sij daryume to done hebben. Hirumme so ist, dat wi van uwer bescheidenen wisheit begerende syn, dat gij uns verbolden tegen de gude stad van Colne, dat sij sich niet verlangen en laten; want int yerste, dat wi hirvan antwerde hebben, de wil wy en mit den yrsten overscriven, dat wi konnen und mogen. Datum 30. die Augusti.

276. Antwerpen an Köln: berichtet über seine Verwendung bei der Herzogin [Johanna] von Brabant wegen des in Brabant arrestierten kölnischen Gutes. — [1397] Sept. 6.

Aus StA Köln, Hanse I n. 118; Or. m. Spuren d. S. Hagedorn.

Eerbaren wisen ende bescheydenen luden, onsen lieven ende wel ghemindden burghemeystren, scepenen ende raed der goeder stat van Coelne.

Ghi heeren, lieve ghemindde vriende. Want enighe van uwere poerteren goede, comende tonser jaermaret waert, ghearresteert es over viande goed van onser ghenadigher vrouwen rechters van Brabant, daeromme wij ane onser ghenadigher vrouwen gheweest hebben, haer biddende, dat zij dat goed hadde willen doen ontsloen: die ons dede verantwoerden, dat zij de stat ende poerteren van Coelne hilde vore hare goede vriende, maer den busscop ende andere sine ondersaten hild se vore hare openbare viande[1]; maer overmids dat zij niet en wiste, wien tgoed toehoerde, soe woud se wel, dat men dit goed verborghde op een zekere somme van ghelde, dat men in waer soude doen, dat poerters goed van Coelne ware ende el nieneens, eft dat men de somme van ghelde daervore gheven soude, waer mens niet en dade, eft dat men tgoed soude laten ligghen in behoudender hant toter tijt, dat ghi brieve ane haer ghescreven hadt, dadt uwen poerteren toehoerde. Waerbi, goede vriende, ons wel orboerlec soude dunken, dat ghi ane onser liever ghenadigher vrouwen screeft uwe brieve, dadt dat goed uwen poerteren toehoerde, ende noemen die poerteren, hoe zij heeten ende wat goede dadt es, ende daerop sal ment tellevereren, also ons toeshevreghi es. Voert soude ons wel goed dunken omme de bereedscap van uwen poerteren, wes goede ghi tonser stat waert senden woudt, dat ghi uwen poerteren uwe opene brieve gaeft, dat hem dat goed toehoerde ende

[1]) *Über die Teilnahme des Erzbischofs Friedrich von Köln an dem Kriege Hzg. Wilhelms von Jülich-Geldern gegen Johanna von Brabant vgl. Dynter (Collection de chroniques belges) 3, 129.*

niemende anders dan poorteren van Coelne, ende noemen tgoed ende dat de herreliede, waghene, kerren ende paerde ore van Coelne waren oft gheene viande onser ghenadiger vrouwen van Brabant; ende also hopen wij, dat onghelet liden sal. Lieve vriende, onse lieve heere God zij met u. Ghescreven desen 6. dach in Septembri.

De stat van Antwerpen.

277. *Die hansischen Ratssendeboten in Lübeck an den deutschen Kaufmann zu Brügge: antworten auf sein Schreiben von Juni 7 [n. 264], dass er sich im Einverständnis mit Köln und Dortmund um die Bestätigung der Angebote Antwerpens bemühen soll, und erinnern an ihre frühere Weisung, die Herstellung der rechtmässigen Bieraccise zu betreiben. — [1397 Sept. 8.]*

Gedruckt: HR. 4 n. 415. Angeführt: Rübel, Dortm. U.B. 2 n. 567.

278. *Köln an Nimwegen: beschwert sich, dass dessen Bürger Joh. Pepergijn die Habe des Kölner Bürgers Joh. von Tille, welche vor Jahr und Tag nebst anderem Kölner Bürgergut durch den Ritter Wilh. van Broickhuysen geraubt war, dort verkauft hat, obwohl Nimwegen den Verkauf von Raubgut mehrmals öffentlich verboten hatte* (dat geyne ure burgere off ondersaten geyne geroufde have noch guet gelden en solden); *bittet, nachdem es vergeblich an den Herzog [Wilhelm] von Geldern*[1] *und an den Ritter geschrieben hat, den Pepergijn zur Entschädigung des Tille anzuhalten. — [1397] Sept. 14* (in d. exalt. s. crucis).

StA Köln, Briefbuch 3 fol. 97. Bruns.
Verzeichnet: Mitthl. a. d. Stadtarchiv von Köln 4, 71.

279. *Der Notar Gherlacus Marre, Kleriker der Utrechter Diöcese, transsumiert auf Ersuchen der Kamper Bürgermeister Joh. Brune und Thomas de Ouden den Freibrief der drei flandrischen Städte für Kampen*[2] *von 1361 Mai 23 [Bd. 4 n. 15]. — 1397 Sept. 19* (Super domum consilii civitatis seu opidi Campensis).

StA Kampen; Or. m. Notariatszeichen.
Verzeichnet: Register van Kampen 1 n. 327.

280. *[Hzg.] Albrecht [von Baiern, Graf von Holland.] verleiht den Kaufleuten, Unterthanen und Bürgern des Erzbischofs von Köln und des Herzogs von Geldern, die in der Stadt Köln oder draussen angesessen und nicht seine Feinde sind, gegen Entrichtung des schuldigen Zolls sicheres Geleit durch seine Lande bis zum nächsten Fastnabend*[3] *oder bis vier Tage nach Widerruf. — 1397 Sept. 19* (swoensdages na s. Lambrechts d.). *Haag.*

RA Haag, Memoriale B M cas. R fol. 11b.

281. *Jan den Hedingen und Jacop van der Graven an Köln: ihre von der Herzogin von Brabant bekümmerten Waren sind auf Kölns Verwendungsschreiben hin freigegeben; als sie dann aber ihr in Roermond lagerndes Gut auf drei Wagen holen liessen, ist es vom Junker [Wilhelm] von Kranendonk weg-*

[1]) *Schreiben von Febr. 11; Mitthl. 4, 56.* [2]) *Auch Deventer erhält in derselben Zeit von den hansischen Älterleuten zu Brügge eine Abschrift der flandrischen Privilegien, HR. 4 n. 403, 3. — In Antwerpen werden 1397 Aug. 31 wegen Strassenraub, begangen an Kaufleuten aus Kampen, 3 Bürger zur Pilgerfahrt nach Cypern verurtheilt* (overmids dat sij op strate gheroeft hebben goede coopliede ende hare lakene ghenomen). *StA Antwerpen, Correctieboek fol. 69.*
[3]) *1398 Febr. 17.*

genommen und auf sein Schloss geführt; auf ihre Klage hat Antwerpen unter Berufung auf seine Marktfreiheit den Junker sofort zur Herausgabe aufgefordert und will nötigenfalls alles brabantische Gut pfänden; sie bitten, auf etwaiges brabantisches Gut in Köln Acht zu haben[1]. — *[1397] Sept. 22* (d. anderen dages na s. Matheis d.).

StA Köln, undatierte Briefeingänge des 14. Jahrh. n. 128; Or. Pap. m. S. Verzeichnet: Mittbl. a. d. Stadtarchiv von Köln 26, 14.

282. *Der deutsche Kaufmann zu Brügge an Köln: ersucht gemäss der Weisung des Lübecker Hansetages um Instruktionen für die Verhandlungen mit Antwerpen. — 1397 Sept. 29.*

Aus StA Köln, Hanse I n. 130; Or. Pap. mit Resten d. S. Hagedorn.

Honorabilibus magne sagacitatisque viris, dominis proconsulibus necnon consulibus civitatis Coloniensis, amicis nostris sincere dilectis, littera presentetur.

Vrentlike groyte unde wat wij gudes vormoghen tovoren. Heren unde sunderlinges guden vrende. Also gi wol weten, wu dat wy ju in vortijden ghescreven hebben van dem ghechille tusschen den van Antwerpen unde uns wesende van der vryheit, dey se to des ghemenen copmans behoeff bynnen erer stede van eren heren solden hebben vorworven, des se noch tor tijd nicht volenden en konnen, dar se groet guyd umme vorteert hebben, alse uns to manighen tijden ghecklaghet hebben, darumme dat dey copman des eyns wart unde vorbort, ere markete to vorsokene, mit en nicht to kopene noch to vorkopene, darvan wij unse guyddünken hadden ghescreven an dey ghemene Oesterssche stede nû latest to Lubeke tor dachvart vorgaddert unde bisunder an ju unde an somighe andere stede[2], des wij eren volkomenen willen unde den juwen darvan begherden uns wedder to scrijvene, up dat wij mit den van Antwerpen eyn guyd eende maken mochten: warup uns dey ghemene stede vorseid ater selven dachvart hebben weddergheschreven[3], dat wij dey vorseide sake mit den van Antwerpen by wetten van ju unde der stad van Dorpmunde volenden unde des besten darynne ramen, dat ys ere wille. Hijrumme, heren unde leyven vrende, so ist dat wij van juwer bescheydenheit seer vrentlike begherende zijn, dat gi uns bij dessen yeghenwordighen boden hijrvan juwen utersten willen unde guyddünken willen wedderscriven, up dat wij moghen wetten, wes wij hijrynne to doene hebben. Onse here God beware ju alle tijt in zielen unde in lyve, tot unswart ghebedende. Ghescreven under unsen ingheseghelen, upten 29. dach in Septembri int jar 97.

By den alderluden unde dem ghemenen copman van der Dutschen Hanze nû to Brugge in Vlanderen wesende.

283. *[Hzg.] Albrecht [von Baiern, Graf von Holland,] sagt der Stadt Hamburg und deren Bürgern sein Geleit auf, weil sie seine Feinde, die Ostfriesen, durch Zufuhr von Bier und Lebensmitteln nach der Lauwers und anderen*

[1]) *S. n. 276. Sept. 26 schreibt Köln deswegen an Antwerpen, die Herzogin von Brabant und den Junker von Kranendonk; ebenso wieder Okt. 16 und 23. Mittbl. a. d. Stadtarchiv 4, 72—74. Entwürfe weiterer Schreiben in dieser Sache a. a. O. 26, 14 n. 125—127; 129. Sept. 27 wendet sich Köln an Antwerpen wegen Beihülfe zur Rückerstattung der vom Antwerpener Markte heimkehrenden, innerhalb der dortigen Bannmeile beschlagnahmten Waren seines Bürgers Heinr. Wytgenant u. Gen. Verz. a. a. O. 4, 71.* [2]) *n. 264 u. Anm. 1.* [3]) *n. 277.*

friesischen Plätzen und durch Abfuhr von Gut unterstützen. — 1397 Okt. 4. Haag.

RA Haag, Memoriale BM cas. R fol. 13b.
Gedruckt: HR. 4 n. 460. Verz.: Colmjon n. 399. Vgl. oben n. 238.

284. *Dortmund [an den deutschen Kaufmann zu Brügge:] beantwortet die Briefe des Kaufmanns wegen der Verhandlungen mit Antwerpen. — [1397] Okt. 24.*

Aus StA Köln, Hanse I n. 131; gleichz. Dortmunder Abschr. a. Pap., Einlage zu n. 285. Hagedorn.

Vruntlike grote unde wat wy gudes vermoghen vorghescreven. Leven vrende. Uwen bref, den gy uns in vortiden hebben ghesand, de ghescreven was up den seventeynden dach in Junio[1], den hebbe wy wol verstan, dat de stad to Andorpe der vryheit, der gy mit en verramet hadden, van eren heren mid alle syne macht en hebben to verkrygene, unde dat ze hebben des heren tol in der stad verpachtet unde to sich ghekoft ses jar langh, unde wolde de copman dar komen, ze en wolden van tolle nicht mêr nemen dan de vryheid, der gy mid en eyns geworden weren, utwiset; unde vord weret zake, dat jenige orloge upstunden, so hebben ze van eren heren verkregen mid guden breven bezegeld, wat coplude ere stad versoken, de zolen ses mand vry geleyde hebben, to komene unde to varene unde ere gud vry uthe dem lande to brenghene na der tyd, dat ze dar komen zolen syn, unde somelike andere puntte, alse de bref inneholdet et cetera. Hirup, leven vrende, hebbe wy uwen bref[2], den gy uns kortlike sanden by dessem boden, ok wol verstan; unde vermidden dat de ghemeynen stede van Osterl, de to Lubike to der dachvard vergaddert weren, uw screven hebben, dat gy mit weterne der stad van Colne unde unser de zake tuschen der stad to Andorpe vulenden unde des breves darlange vorramen, so duncket uns gud, dat gy van der stad to Andorpe eynen guden bezegelden bref nemen, den copman to beschermene unde to verantwordene, unde by namen de puntte, de en ere here gegheven unde bezegeld hevet, mede van worde to worde in den bref laten scriven unde ze uw darinne loven, dat to holdene, unde ok dat nyn copman vor des anderen schuld noch misdad gehalden zal syn dan umme sine eghene schuld, dat en were, dat he kenlich borghe were. Hirinne so ramet gy vord des copmans beste, alse wy uw des tobetruwen. God sy mid uw, unde geleidet to uns. Datum crastino beati Severini episcopi nostro sub secreto.

Proconsules et consules Tremonienses.

285. *Dortmund an Köln: hat gleich diesem ein Schreiben des deutschen Kaufmanns zu Brügge erhalten, und sendet seine demselben erteilte Antwort. — [1397 Okt. 24.]*

Aus K StA Köln, Hanse I n. 130; Or. Pap. m. S. Bruns.

Honorabilibus ac prudentibus viris, dominis proconsulibus et consulibus civitatis Coloniensis, amicis nostris sinceris et dilectis.

Vruntlike grote mid unsen denste vorghescreven. Leven vrende. Up uwen bref uns ghesand sprekende van den copmanne[a] to Brueghe beghere wy uw to wetene, dat uns de copman van den zelven zaken ghescreven hevet[3], dar wy en unsen willen unde guddunckent weder up ghescreven hebben, des wy uw copien senden hirinne besloten[4]. Leven vrende, God zy mid uw, unde geleidet alle tyd to uns. Datum nostro sub secreto. Proconsules et consules Tremonienses.

a) so K.

1) *n. 264 vom 7. Juni. Falls nicht ein einfacher Schreibfehler vorliegt, ist das Datum des Briefes aus Brugge verwechselt mit Dortmunds Schreiben an Lübeck n. 265.* 2) *Wie n. 254 an Köln.* 3) *n. 282.* 4) *n. 284.*

286. *Köln an den deutschen Kaufmann zu Brügge: räth ihm in Beantwortung von n. 282, sich in einem von Antwerpen auszustellenden Schutzbriefe für den Kaufmann die Verheissungen der Stadt sowie die Freiheit von der Haftpflicht für fremde Schuld urkundlich bekräftigen zu lassen; klagt, dass der Herr von Kranendonk einige Kölner bei Antwerpen innerhalb der Freiheit des Antwerper Marktes und des von der Stadt ausdrücklich verheissenen Marktgeleites beraubt hat*[1], *und dass seine Bürger von der Stadt Antwerpen hinsichtlich der Thorzölle und der Leinwandmaasse beeinträchtigt werden; bittet, sich für dieselben um Erhaltung ihrer alten Freiheiten und um Rückerlangung des geraubten Gutes zu bemühen. — [1397] Nov. 2.*

StA Köln, Briefbuch 3 fol. 52b.
Gedruckt: HR. 4 n. 416. Ennen, Quellen z. Gesch. der Stadt Köln 6 n. 262. Verz.: Mittheil. a. d. Stadtarchiv 4, 74; angeführt Rübel, Dortm. U.B. 2 n. 567.

287. *Bürgermeister, Schöffen und Rat von Dordrecht an Lüneburg: der Dordrechter Bürger Claeys Heinrixsoen ist in Lüneburg arrestiert, weil Lüneburger Bürger durch holländische Unterthanen zur See geschädigt sind und die geraubten Güter zum Teil nach Dordrecht gebracht sein sollen; bedauern, dass die Lüneburger* ofte yemende, die ons liefs heeren van Hollant openbaer vyande niet en sijn, *Schaden gelitten haben; wissen nichts von einer Verbringung der Beute nach Dordrecht, wollen aber, wenn der Nachweis geliefert wird, den Lüneburgern zu ihrem Gut verhelfen und bitten um Freilassung ihres arrestierten Mitbürgers. — [1397] Nov. 14* (tswoensdages opten 14. dach in Nov.).

StA Lüneburg; Or. Pap. m. Rest d. S. Auf der Rückseite von Lüneburger Hand vermerkt: De Hollandesce breve van heren Lodeken Tobinge unde Heyne Bisplinge saken.

288. *Baillif, Bürgermeister und Schöffen von Tholen* (ter Tolne) *an Lüneburg: erklären, dass Jan Houdemsone, Bürgerssohn aus Tholen, der wegen des durch die Holländer und Seeländer angerichteten Schadens in Lüneburg arrestiert ist, kein Unterthan des Herzogs von Holland noch Bürger einer holländischen oder seeländischen Stadt ist, sondern mit seinem Vater in Tholen unter dem Grafen von Blois wohnt, und bitten um seine Freilassung. — [1397] Nov. 24. Tholen.*

StA Lüneburg; Or. Pap. m. Rest d. S. S. n. 287.

289. *Antwerpen spricht den Junker Wilhelm von Kranendonk von allen Anforderungen frei, nachdem er das von ihm arrestierte kölnische Gut*[2] *auf Ansuchen der Herzogin von Brabant freigegeben hat. — 1397 Dec. 1.*

Aus StA Köln, Hanse I n. 132; gleichz. Antwerper Abschr. a. Pap. Hagedorn. S. n. 283.

Allen den ghenen, die dese lettren sullen sien oft horen lesen, scepenen ende raed der stat van Antwerpen saluyt. Want jonchere Willem van Milberch, here van Sevenborne ende van Cranendonc, nu binnen der lester jaermerct van Antwerpen zekere goede comende toter jaermerct wart op heeft doen houden ende

[1] *[1397] Juni 5 erklärt Antwerpen auf eine Anfrage Kölns, dass es für den bevorstehenden Pfingstmarkt trotz der augenblicklichen Unsicherheit* onsen merctvrede meinen te houdene ende te vryene ons u ende ons alle andere goede cooplüde. *StA Köln, Hanse I n. 169; Or. m. Spur d. S. S. dazu oben n. 276, 281.* [2] *S. n. 291.*

becommeren toebehorende sekeren borgheren van Colene, te weten es Janne van Hoeyngen, Jacope van der Groeven, Janne Noymart ende Janne Butich, ende dairtoe eenen van haeren knechten, de welke goede ende knecht hij ten versueke van onser liever genadiger vrouwen van Brabant costloes ende scadeloes gheheel ende altemael heeft delivereert: soe doen wij u cond u allen, dat wij den voirseiden jonchere Willeme, zijn goed, zijn erfghenamen, sine ondersate ende liede ende alle de ghene, dies quitanche behouven, dairaf ende van al, dat van dien saken gheschiet es, claerlec quite scelden tallen daghen; ende gheloven, dat wij hem, sine naromelinge, sine liede, sine ondersate noch hare goede dairaf nemmermeer aenspreken noch moeyen en selen in gheenre manieren, alle frande ende argelist uutghesceiden ende achter ghesteken. In orconden van desen dinghen hebben wij der stat seghel van Antwerpen van den saken aen dese lettren ghehanghen. Gheghheven int jaer ons Heren 1397, den yersten dach in Decembri.

290. *Konrad uter Olpe bekennt sich unter Mitbesiegelung seines Neffen Syverd Veckinchusen gegen seinen Bruder Alf uter Olpe oder den Inhaber dieses Briefes zu einer Schuld von 86½ engl. Nobel, die er in dessen Namen empfangen hat, zahlbar in Brügge nächsten Febr. 2, und verspricht, bei Zahlungsverzug für alle dadurch erwachsenden Kosten oder Nachteile aufzukommen. — 1397 Dec. 18.*

StA Reval; Or. m. 2 anh. S.

291. *[Der Lübecker Bürger] Bertold Plote verkauft an den [Lübecker] Ratsherrn Goswin Clingenberch die Hälfte einer Wandschneiderbude in Falsterbo* (que est secunda boda a castro Valsterbode), *welche er selbst zusammen mit Joh. Schonenberch 1389 Juli 30 von Joh. Horborch unter Einräumung des Rückkaufsrechts*[1] *gekauft hatte, sowie 2 Schuhmacherbuden ebendaselbst, die er von Hinr. Kurdeshaghen erstanden hatte. — 1397 Dec. 21.*

StA Lübeck, Aufzeichnung im Niederstadtbuch zu 1397 Thom.
Gedruckt: Lüb. U.B. 4 n. 666. Verz.: Reg. Dan. II 1 n. 3390.

292. *Lübeck und Hamburg [an Braunschweig:] klagen über den grossen Schaden, den der Kaufmann zur See durch die Holländer erlitten hat; auf ihre Forderung hat sich der Herzog von Holland zum Ersatz bereit erklärt, sofern die Geschädigten nicht seine Feinde, die Ostfriesen, durch Zufuhr unterstützt haben; wollen eine neue Botschaft nach Holland senden und schlagen deshalb vor, dass [Braunschweig] zusammen mit Magdeburg, Salzwedel, Göttingen und anderen an den Verlusten beteiligten Städten eine Tagfahrt abhalten und einen gemeinsamen Bevollmächtigten an den Herzog abordnen möge; machen Mitteilungen über Abreise und Zusammentreffen der Sendeboten. — [1397] Dec. 22.*

StA Göttingen, Hanseatica vol. I, 5; Abschr. Braunschweigs a. Pap.
Gedruckt: HR. 8 n. 1171 (undatiert). Über die Vertretung der sächsischen Städte in dieser Angelegenheit s. das. n. 1173 das Schreiben Braunschweigs an Göttingen von [1398] Jan. 13.

293. *Antwerpen an Köln: der Junker von Kranendonk will das arrestierte kölnische Gut nur gegen genügende Quittung freigeben; bittet um Einsendung einer neuen Quittung. — 1397 Dec. 24.*

1) Die Rückkaufsumme war auf 112 M. lüb. nebst Ersatz der Kosten für etwaige Bauten festgesetzt; s. a. a. O. Anm. 1.

Aus StA Köln, Hanse I n. 133; Or. Pap. m. Spuren d. S. Bruns.

Eersamen lieden ende wisen borgermeesteren, raid ende anderen borgheren der stat van Coelne, onsen sonderlinghen goeden vrienden.

Lieve ghemynde vriende. Want dat goet uwen borgheren toebehorende, dat de jonchere van Craenendonc opghehouden heeft, noch niet gelivereert en es, mids dat dat goed sere gemyndert es, daer wij te vele stonden tomer groter cost om ghevolgt hebben onser ghenadegher vrouwen van Brabant, de welke metten jonchere voirseid soe ghesproken heeft, dat hi dat goet delivereren sal, alse hi quitanche heeft, die hem ghenoecht, alsoe onse ghenadeghe vrouwe ons ghescreven heeft, uut welken haren brieven wij u copie senden[1] hierin besloten; ende want, goede vriende, hem uwe quitanche[2] niet en ghenoecht, maer es wel ghepaeyt met sulker quitanchen, alse wij hem meynen te gheven[3], ende, alsoe schijnt, meynt hi van ghelijken van u te hebben: so eest, dat wij u oec copie hierin senden besloten na de vorme van onser quitanchen, die hi van u begheert te hebbene, te dier meyninghen, dat ghi die desen bode gheven moeght, soe dat hi gheene redene en hebbe, ander vertrec eft stoet daerin te bringhene. Ende wat goets wij vordane hierin ghedoen moghen, dat sullen wij gerne doen, ende oft ghi yet anders begheert, dat wij vermoghen, daer wet ons bereet toe. Onse here God sij altoes met u allen. Ghescreven op den heylighen Kerstsavond.

Scepenen ende raed van der stat van Antwerpen.

294. *Der deutsche Kaufmann zu Polozk an Riga: meldet die Einfuhr verbotener Tuche; klagt über die Unzuverlässigkeit der Stadtwaage und über Belästigung beim Kleinhandel. — [1397?] Dec. 28.*

Aus R StA Riga; Or. Perg. m. Spuren d. S. Höhlbaum.

Honorabilibus ac discretis dominis, proconsulibus ac consulibus Rygensibus cum reverencia presentetur.

Providis ac discretis viris, proconsulibus ac consulibus Rygensibus amiciciam cum omni subjeccione preva[lente]. Witlik do wy juwer wysheyt, dat hir upghekomen syn van der Ryge vorbodene lakene; de kofte Aanyke van Berynger, her Johannes swagher van Kolne, ut deme schepe myt linen unde myt slachdoken undeupgheslaghen[a], unde de Russe bekent des, dat Berynger sede, he en dorfte em de vorrescreven lakene nycht opene vorkopen, he scholde se nemen, alse se stunden in den terlinge undebesneden[b]. Item wetet, dat na der tid, do her Johan Kulre hir ghewesen hadde, de punder tobrak unde is wedder ghemaket umme en punt, mer en ryft he nycht, unde se weghen nu gelliker, wen se ju deden[4], unde de wegher synt des bekant, dat it en gheheten sy umme den wyllen, dat se de cloken de bet betalen moghen; unde wan wy seggen, dat se uns unrecht don, so seggen se: nen, uns schut unrecht to der Ryge, wanne uns umme was beseghelen schal, so môte wy possule gheven. Item wetet umme de ene punte van den pluckenne, de her Johan hir vor en handelde, dat se uns nycht en vel in de hant laten nemen, se drowen unsen juven to slande unde seggen: holden jue breve, dat wy plucken moghen; wan gy en dat scriven, so wyllen se uns des nycht beweren, so seden se ok her Johanni. Hirumme dot wol unde scrivet uns, wor wy uns na holden scholen, unde juuen wyllen. Scriptum in die puerorum. Per nos mercatores Plos[covie].

a) So R, [illegible].

1) *Nach einer zusammengefassten Notiz wieder zurückgesandt [1398] Jan. 3.* 2) *Quittungserklärung Kölns von Nov. 26, gedr. Ennen, Quellen z. Gesch. d. St. Köln 6 n. 363; vgl. Mitthl. a. d. Stadtarchiv 4, 76, zugleich mit Kölns Begleitschreiben bei der Übersendung der Urkunde an Antwerpen.* 3) n. 292. 4) n. 343.

295. *Köln an Zierikzee: ersucht um Rückgabe der aus einem Kamper Schiff weggenommenen[1], mehreren Kölner Bürgern gehörigen Heringsladung. — [1397] Dec. 29.*

A.

Aus K StA Köln, Hanse I n. 133; latein. Entwurf des abgesandten Schreibens, a. d. Rückseite von K 2. Bruns. Vgl. n. 298.
K 1 Das., Hanse I n. 132; unvollständiger deutscher Entwurf.

B.

Aus K 2 Das., Hanse I n. 131; Reinschrift, nicht abgesandt. Bruns.

A.

Amicabili salutacione et quidquid boni poterimus omni tempore preconcepitis. Amici dilecti. Ad vestram claram noticiam deducimus per presentes, quod ad nostram accedentes presenciam discreti viri Henricus up dem Veide, Petrus de Rêde, Johannes Greveroyde et Henricus Kaltbecker, nostri concives dilecti, nobis significaverunt, qualiter in quadam nave, quam quidam nauta videlicet Thidemannus filius Everhardi de Campis duxit, quidam armigeri quinque lastas cum dimidia allecium de Schania nostris concivibus pertinentes receperunt cum tali signo consignatas; eciam Sanderus filius Lange Wilhelme noster concivis nobis similiter patefecit, qualiter iidem armigeri sex tunnas allecium sibi pertinentes in eade[m] nave rapuerunt tali signo[a] notatas; et quod predicta bona in vestram civitatem Cirkse sint deducta ibidemque sub vestro obtentu, custodia et potestate, ut intelleximus, reposita sint et detenta. Prefati quoque nostri concives suis juramentis coram nobis corporaliter prestitis unanimiter confirmarunt, predictas sex lastas allecium nullis aliis de mundo praeterquam nostris concivibus apropriate solummodo pertinere. Ideirco vestram amiciciam, de qua sincere confidimus, rogamus affectanter, quatenus taliter efficere et cum diligencia ordinare velitis, ut premissa bona nostris

B.

Den erberen wijsen luden, burgermeijsteren, scheffen ind raide zo Sijrixee, unsen lieven besonderen vrůnden.

Unse vruntlige groyse ind wat wir eren, liefs ind guetz vermogen altzijt vurseid. Eirber sunderlinge lieve vrunde. Uns haint clegelichen zo wissen gedain Peter van Reyde, Johan Greveroyde, Heynrich Kaltbecker ind Sander Langen Wilhelms sůn, unse lieve samenburgere, wie dat yn selyagen up der see in eynem schiff mit seesteinhalven laste ind nůyn tunnen herijncks alsus gemyrkt genoymen wurden sij, dartzo[b] schiffman were Tilman Everhardt van Kempen[b]; wilch schiff mit guede an ind bynnen ure stat comen sij, ind ir uch den angenoymen ind upgeslagen haift, as wir verstanden hain. Ind want, lieve vrunde, die egenanten unse samenburgere vur uns lijfligen zo den heilgen gesworen haint, dat die vurgenante have yre eygen proyper guet alleyne sij ind nyemant anders da an wynnunge noch verluys en have dan sij ind yn also yemerligen up der see genoymen ind geroufl sij, so bidden wir uch, as begerlichen ind vruntligen wir mugen, want die vurseide have alsus in ure gewalt comen is, dat ir den egenanten unsen samenburgeren die selve yre have guetligen unvertzocht weder

a) *Die Marke fehlt K.* b–b) *Am oberen Rande des Blattes ist eine andere Fassung dieses Satzes nachgetragen:* dat Thidemann Everdsoenen van Kampen verde *K 2.*

1) *Die Wegnahme hing mit dem Krieg Hzg. Albrechts von Holland gegen die Friesen zusammen. Die unten n. 403 Anm. erwähnte Kamper Schadenliste verzeichnet zu 1397: Zirxe:* Tydeman Evertssoen, Herman Rysbiter worden ter selver tijt oer schepe ende gueden geladen Zirxe ghenomen. *Verrijn a. a. O. S. 355.*

concivibus integraliter et indistracte sine dilacione resultuantur, viceversa facientes in premissis, ut de vobis plene presumimus, et quemadmodum pro vobis et vestris in pari vel majori, dum occurreret, benivole faceremus. Quidquid autem nostris concivibus accidere valeat in predictis, nobis rescribi cupimus e converso. Altissimus vos conservare dignetur feliciter et longeve. Datum sabbato crastino innocentium.

volgen laissen wilt. Ind wilt, lieve vrunde, hie ynne durch unser liefden ind beden wille uch sulch bewijsen, gelijch wir gerne durch uren wille doin souldeu in gelijchen ader in vele meren sachen. Ind wat unsen mureburgern vorseid durch unser liefden wille bleyame van uch wedervaren mach, des begeren wir ure bescheevene guetlige antwerde mit desem boyden. Got sij mit uch. Datum crastino innocentum.

Burgermeystere, rait ind andere burgere der stat van Coelne.

296. Satzungen der S. Katharinen- und S. Dorotheengilde zu Bergen. — 1397.

Aus L. Handelskammerarchiv Lübeck, Bergenfahrer n. 117; Abschr. von 1666. Bruns.

Gedruckt: Nielsen in Forhandlinger i Videnskabs-Selskabet i Christiania 1878, Nr. 11 S. 1 ff., irrtümlich zu 1357; vgl. oben Bd. 3 n. 390 Anm. 8.

In den nahmen Godes amen. Witlick sy allen guden lüden, dat na der bort Christy unses Heeren dusent drehundert sövenundnegentich[a] do begunden frame lüde Gode tho lobve[b], alle Godes billigen tho ehren unde tho einem sunderlicken lave unde tho ehren sunte Catherinen unde Dorotheen eine bröderschop und eine gilde tho holdende in nahschrevener wise:

[1.] Int erste: desse frame lüde, de in disse gilde hören, hebben in welcken closter van den grauwen bröderen in dessen dren ricken twee ewige misse.

[2.] Item so schall men begahn lahten de guden lüde, de uht der gilde verstorven sind, tho veer tiden in dem jahre: de erste begrafknisse schall wesen des anderen dages na sunte Caterinen dage[1] thon grauwen bröderen; de andere begenknisse schall wesen des anderen dages na sunte Dorotheen dage[2] tho den schwarten bröderen; de drudde begenknisse schall wesen in sunte Jurgens avende[3] tho den grauwen bröderen; de verde begenknisse schall wesen, alse de gilde gedruncken is, tho den schwarten bröderen. Und weret sake, dat jemich man dyt versümede unde tho der begrafknisse nicht en queme und offerde, de in de gilde hörede, unde jegenwardich were thor stede, de schall gebrocken hebben eine mark wasses.

[3.] Item welk man, de tho Bergen stervet unde in de gilde höret, den schall man bahlen mit alle den gildenkersen, besten boldyck und bringen one tho grave, dar he liggen will; ein welick gildebroder jegenwardich schall volgen unde offeren, by peenen eyne mark wass.

[4.] Item woll verstervet over see uht desser gilde, den schall men begahn, alse sick dat behört, wanner dat weerd vorrschet unde sine negesten frunde darumbe spreken; ein jewelick gildebroder hir jegenwerdich schall dartho offeren, bey peenen eine m. wass.

[5.] Item welk broder, de verstervet, de schall geven dree m. Lubsch, de gilde mede tho verbeterende und upthoholdende, unde de dre mark ifte gildegeld

a) sövenundnegentich *L.* b) lobve *L.*

1) *Nov. 26.* 2) *Febr. 7.* 3) *Apr. 22.*

schall gahn vor alle schalt; dyt is den kopmans unde der gildebroder eindracht. De dat verbeteren will, deme lohne dat Got und de hilligen junkfruwen beyde.

[6.] Item weret, dat jenich gildebroder nicht vermochte disse dre m. uhttogevende, den schall man allleine woll begrahn laten, wen dat van sinen vrunden witlick werd gedahn. Lieft he ok neine frunde, so schall de gilde de unkost stahn unde eins lahten besunderigen begahn.

[7.] Item so is de koopman overeins geworden, dat alle meistermans in de gilde schölen hören, de mit dem koopmanne ummegahn und ein guht knape is, by peenen 20 s. Engelsch.

[8.] Item so schölen tho disser gilde wesen veer hövetlüde, de se vorstahn schölen, unde de schölen darby blieven twe jahr lank. Alle jahr schall men twee nye schaffers kesen, alse de gilde gedrunken werd.

[9.] Item so is de koopman overeins geworden, de schaffers schölen dat holden, alse dat gildebok uhtwiset, by penen 20 s. Engelsch.

[10.] Item de uht disser gilde versterven tho Bergen, den schall man ehrlicken halen tho grave mit dem besten holdick unde 12 gildebomen; tho der anderu begenknisse buten sin kerspell unde sine bygraft dat olde holdick unde in den clostern sass bome, de dar to hus hören, unde anders nicht, by peene 20 s. Engelsch.

[11.] Item so vaken alse dat schrin gedragen wert, so schöhlen de schaffers der gilde kersen lahten vordregen Gode tho love[a], alle sinen hilligen und der hilligen junkfrawen sante Sunyve[b] [tho ehren][c].

[12.] Item so schölen de veer schaffers, de vor de gilde stahn, lahten dregen de kersen vor dem hilgen lichamme, also vaken he umme den kerkhoff gedragen wert, tho paschen alle modaeg, to pinxsten, tho allen hochtiden etc.

[13.] Item so schölen de gildebroder ehrlicken holden de feste sante Katherinen[1] unde Dorothyen[2], unde so schall men weder inslicken closter eine thune behre, alse Katherina virginis[1]; desgelicken tho sante Dorothien dage[2] inslikem kloester eine thune behre.

[14.] Item [in] inslichen klooster tho Bergen hebben de gildebroders eine ewige misse mit aller thobehöringe, thon grawen mönniken ein groit vergulden kelk, missebok, misserwede und alle reedschop; dergelicken ton swarten mönken opp sunte Dorothien altare eine vergulde tafele, kelk und pahtenen van 4 lödige m., misserwede unde alle redschop, dartho thennen luchter und ein pritzcruce etc.

Desse nagenschreben hebben ore dodengelt afgegeben by lebendigen lyve:

NN.
NN.
NN.

297. *Köln urkundet mut. mut. wie Antwerpen n. 289 für den Junker von Kranendonk*[3]. — *1398 Jan. 3* (fer. quinta prox. p. f. circumcisionis Dom.).

StA Köln, Urkunden n. 6130a; Entwurf a. Pap.
Verzeichnet: Mitthl. a. d. Stadtarchiv von Köln 23, 275.

a) [illegible] L. b) [illegible] L. c) Fehlt L.

1) *Nov. 25.* 2) *Febr. 6.* 3) *Trotz Einsendung dieser Quittung muss Köln Antwerpen nochmals um Bemühungen zur Rückgabe des Gutes ersuchen. Mitthl. 26, 29 n. 1003. Auf Antwerpens Anhalten verpflichtet sich die Herzogin von Brabant 1400 Apr. 2 zur Zahlung von 125 engl. Nobeln als Entschädigung für Kölner Kaufleute, deren Waren bei der Rückkehr vom Antwerper Jahrmarkt in Brabant weggenommen und nur zum Teil herausgegeben waren; Or. im StA Antwerpen; s. Verachter, Inventaire des archives de la ville d'Anvers, S. 67. Vgl. dazu Kölns Schreiben an Antwerpen von [1400] März 10 und Nov. 5, Mitthl. a. d. Stadtarchiv 4, 101; 110.*

298. *Zierikzee an Köln: antwortet auf n. 295, dass der Häring auf Geheiss des Grafen von Holland arrestiert ist; ist um die Aufhebung der Beschlagnahme bemüht, vorausgesetzt, dass die Zweifel über das Eigentumsrecht an dem Gut beseitigt werden. — 1398 Jan. 23.*

Aus K StA Köln, Hanse I n. 136; Or. Perg. m. Resten d. S. Bruns.

Venerabilibus et discretis viris, magistris civium, consulibus ceterisque civibus civitatis Coloniensis, amicis nostris predilectis.

Amicabili salutacione prescripta. Amici carissimi. Literas vestras nobis emissas intelleximus, in quibus nobis scribitis pro quinque lastis et sex vasis allecium de Schania concivibus vestris in literis vestris expressis dumtaxat pertinentibus, prout eorum, ut testamini, asseruerunt juramento, signatis tali signo , eciam pro sex vasis allecium cuidam vestro concivi pertinentibus signatis tali signo , quodque predicta bona sub nostro obtentu ac potestate sint detenta, ut intellexistis; rogantes nos, ut ita ordinare vellemus, ut predicta bona concivibus vestris restituerentur, prout in literis vestris planius continetur. Unde scire dignetur vestra veneranda discrecio, quod receptor domini nostri comitis Hollandie predicta bona de mandato domini nostri, domini comitis Hollandie, extra jurisdictionem nostram et libertates nostras de Zirixe arrestavit[a] cum potestate et arrestata ad opidum nostrum duxit, sub custodia et potestate tamen domini comitis, domini nostri predicti, aut sui receptoris et non sub nostris custodia et potestate. Quapropter ad peticionem vestram laboramus coram receptorem domini nostri, domini comitis, quod mercatores[b] et concives vestri aut deputandus per eos predicta bona, prout apud nos sunt detenta, vendere valeant pecunia aut precio sub opido nostro manente, quousque de voluntate domini nostri, domini comitis Hollandie, possetis deliberari; salvo eciam, quod dubium amoveretur pro eo, quod burgimagistri et consules de Herderwijc scribunt nobis pro quinque lastis et duobus vasis allecium signatis primo signo prescripto eodem modo, que eadem allecia suo concivi petunt deliberari; et sit dubii, an dicta allecia vestris aut eorum concivibus pertineant. Et propter haec et alia, que libenter pro vobis obtinuissemus, nuncium vestrum indeliberatum retardamus. Si vero aliqua sunt, que pro vobis et vestris per nos fieri possunt, ad hec offerimus nos paratos. Altissimus vos conservet. Datum vicesima tercia die Januarii anno 98.

Burgimagistri, scabini et consules opidi de Zirixe.

299. *Hochmeister [Konrad von Jungingen] an Königin [Margaretha] von Dänemark: beschwert sich u. a. über den Erzbischof von Lund, der den preussischen Unterthanen von der vertragsmässig festgesetzten Entschädigung von 5000 Nobeln erst 500 M. lüb. bezahlt hat[1]. — 1398 Jan. 28. Marienburg.*

StA Königsberg, Hochmeister-Registrant 2c fol. 70.
Gedruckt: im Auszuge Huberts a. a. O. n. 6. Verz.: HR. 4 n. 430.

300. *Köln an Mecheln: erbietet sich, wegen der angeblichen Teilnahme seiner Bürger an der Wegnahme des Mechelnschen Gutes eine Untersuchung anzustellen; rechtfertigt sein Verhalten und ersucht um Aufhebung des über die Kölner verhängten Arrestes. — [1398 Jan.]*

a) arrestavit K. b) [illegible]

1) Entsprechend beklagen sich die preussischen Städte in ihrem Schreiben vom Jan. 23, HR. 4 n. 428. Zur Sache s. oben n. 160, 161 und die Recesse der preussischen Städtetage zu den Jahren 1395 und 1396, HR. 4 passim.

Aus StA Köln, Briefbuch 3 fol. 80; Entwurf. Ad opidum Machliniense. Bruns. Gedruckt: Ennen, Quellen 6 n. 373. Verz.: Mittheilungen a. d. Stadtarchiv von Köln 4, 78.

Unse vruntliche groisse altzijt vurneid. Erbere lieve vrûnde. Als wir uch nû lestwerff geschreven und gebeden hadden [1] umb unser burgere have und gût, die bynnen urre stat upgehalden und bekombert worden synt, dayinne zo helpen und zo raden, dat den selven unsen burgeren de komber afgedain und yre have und goit loss und ledich weder wurden, so halt ir uns nû wedergeschreven und geantwert under anderen worden, dat mit der wairheit und gesûchnisse vur uch komen sij, dat etzlige van unsen bûrgeren van den principalen soulden syn, die uren porteren yre have und goet under den craynen genomen und ewech gevoirt solen haven etc., und wie ur brieve vort ynhelt, hain wir wail verstanden. Ind laissen uch darup weder wissen, dat uns van geynen unsen burgeren kondich en is noch ervaren haven, die uren burgeren off eynigen erberen koufluden sulgen gewalt und name gedain haven off [a] yn ungerne ouch gehengen weulden [a], mer weult ir uns die kuntschaf und geziiych van den selven unsen burgern schrijven und nennen, wie de weren, wir willen des gründlix ussgain und uns vortdan also dayinne bewijsen und darzo doin, dat wir mit rechte und bescheide schuldich weren zo doin. Vort as ir schrijft, dat sy yre crayngelt und geleydgelt betzailt haven und dat wir geyn vorderniss uren burgeren zo yren haven und guden gedain en haven etc., laissen wir uch wissen, dat sulch krayngelt unser stede mit rechte zogehört, as den ghenen vort zo loynen, die uren porteren und anderen koufluden in den cranen plegent zo arbeyden. Ind van geyme geleyde vorder en is uns niet kondich, want wir geyn geleydgelt van uren burgeren noch van nyemanne genomen en haven noch ouch en plegen zo neymen. Wir hain ouch umb urre und unser burgere und anderre erberre kouflude haven und gûts wille vast gearbeyt ind den vursten und herren bij uns gesessen duck und vil geschreven ind besonder die ghene, die over der nanen geweyst synt, ernstlichen gemaynt, umb die have wederzorichten, ind unse vorderniss as verre darzo gedain haven, as wir mochten und noch hudestaigs gerne deden, wat wir seulden, als wir dat ouch nû lestwerf unsme gnedigen herren dem herzogen van Borgundien, unser vrauwen van Brabant [2], uch und vorbas anderen steden eerlichen geschreven haven, mit der hulpen und rade wir altzijt gerne darzo doin weulden, wat wir vermochten, wewail doch unse burgere und kouflude yre have und gût umb urre vetschaf wil verloiren havent; ind meynen ummer darumb, dat ir uns noch unsen burgeren geyn versûmenisse noch schoult van den selven sachen ûpgeven en soilt noch en moigt, noch yn ouch yr have und gût darumb uphalden und bekomberen, as ir doch gedain und uns dat ouch un in etzliger maissen geschreven hait. Ind begeren darumb van uch mit alme vlyse, dat ir ernstlichen schaffen und bestellen wilt, dat unsen burgern die komber afgedain werde und vorbas mit yren haven und guden loss und ledich sijn und vairen mogen, glijch sij van langen zijden her alwege gedain haven, want wir uch ummer anders nyet zogetruwen dan alre gunst und vruntschaf, dayinne wir mit uch alwege geweyst syn und, of Got wilt, bliven willen. Ind wat ir hiebij doin wilt, des laist uns ure beschreven antworde weder wissen. Got sij altoes mit uch. Datum . . . Burgermeistere.

301. *Goslar an Göttingen: kann dem Ersuchen der Hansestädte nach Absendung eines Vertreters nicht nachkommen, bittet, das Interesse zweier auf der See geschädigter Goslarer wahrzunehmen. — [1398 Jan.]* [3]

StA Göttingen, Hans. vol. I fasc. 5; Or. Pap. m. Rest d. S.

a—a) *Am Rande nachgetragen.*

1) *Vgl. n. 267.* 2) *Vgl. n. 267 Anm. 1.* 3) *S. n. 292.*

Honorandis ac prudentibus viris, proconsulibus et consulibus in Gotinge, amicis nostris singularibus, detur.

Unse vruntlike willighe denst tovorn. Ersamen wisen bescheidenen lude, leven sunderken frunde. Alse gi ju gheschreven hebben, des bidde we jů weten, dat nů in sigen jars daghe eyn ernstlik breff quam van unsen vrunden, der stede sendeboden van der Hense. Des schreve we on, dat we in engistere unde in armöde syn unde ok in veyde, dat we angest hedden, dat we to der tyd dar jemende senden konden. Des bidde we jů vruntliken, icht gi jůwes rades kumpane dar senden, dat se uns entschuldeghenden unde pröven unse beste, alse we jů des wol ghelöven, unde bevelen on, dat se vor ös bidden umme ichteswat guden, dat unse medeborghere Hans van Kissenbrucge unde Hinrik van dem Hympteken vorloren hebben uppe der see in schýpheren Delbmer Groten 2 tunnen koppers unde 2 stucke fyns sulvers, dat se to der tyd achteden uppe 25 lb. gr., dat doch ore knecht Bertold Denneken heft gheschreven laten in des kopmans bǒk to Brugge uppe 23 lb. gr., dat se uns des behulplik syn, dat on des wedderstadinge werde, dat se uns dar vruntlik unde vorderlik to syn, alse se dem nieyuen kopmanne gerne don. Unde dat de jůwe unse beste hirto don unde des nicht vorghetea, des love we jů wol unde willet dat gerne vordenen. Screven under unsem ingesegel. Consules Goslarienses.

302. *Köln [an Hzg. Albrecht von Baiern, Graf von Holland,:] bittet, die Stadt Zierikzee und seinen Rentmeister zur Rückgabe der im Marsdiep weggenommenen, gewissen Kölner Bürgern gehörigen 6 Last Häring anzuweisen. — [1398 um Febr. 2.]*

Aus K StA Köln, undatierte Briefeingänge des 14. Jh. n. 1675; Entw. a. Pap., auf der Rückseite eines Schreibens an Aachen von [1398] Febr. 2 (vgl. Mitthl. 22, 146 n. 567). Bruns.

Verzeichnet: Mitthl. a. d. Stadtarchiv von Köln 27, 230. S. oben n. 298.

Obsequiosa salutacione et quidquid poterimus reverencie et honoris omni tempore preconceptis. Illustris princeps et domine. Ad vestre magnificencie noticiam deducimus per presentes, quod ad nostram accedentes presenciam quidam discreti viri, concives nostri dilecti, nobis exposuerunt[a], quod quidam subditi vestri in dominio vestro in Maesdeip sex lastas allecium ipsis pertinentes in navi Tydemanni filii Everhardi de Campis receperunt, quas quidem sex lastas allecium quidam receptor vester in vestram civitatem Cirkse, ut intelleximus, deduci fecit; pro quibus bonis deliberandis et nostris concivibus restituendis scripsimus proconsulibus, scabinis et consulibus vestre civitatis Cirkse antedicte. Qui nobis rescripserunt, quod predicta bona nostris concivibus restituere non auderent, nisi vestro mandato et voluntate ad hoc primitus accedente. Unde, graciose domine, quia predicti nostri concives suis juramentis coram nobis corporaliter prestitis confirmarunt, predictas sex lastas ipsis dumtaxat et nullis aliis de mundo appropriate pertinere, idcirco vestram magnificenciam, de qua sincere confidimus, sinceris precibus exoramus, quatinus proconsulibus, scabinis et consulibus in Cirk[s]e et receptori vestris serioso scribere dignemini, ut predicta bona Sandero filio Lang Wilhms, presencium exhibitori, nomine concivium nostrorum predictorum absque dilacione ulteriori restituant vicevérsa, pro quo vestre magnificencie in quibuscumque poterimus volumus libentissime complacere, quam altissimus feliciter et longeve conservare dignetur nobis fiducialiter preceptaram.

a) exposuerunt K.

303. *Köln an Zierikzee: bestätigt auf dessen Schreiben n. 298 das Eigentumsrecht der Kölner Bürger und ersucht um Beihülfe zur Wiedererlangung des Guts. — [1398 um Febr. 2.]*

Aus StA Köln, undatierte Briefeingänge des 14. Jh. n. 1676; Entw. a. Pap. Auf der Rückseite Adresse und verschiedene Notizen zu einem entsprechenden Schreiben an den Hzg. Albrecht von Baiern, Grafen von Holland [s. n. 302]. Bruns.
Verzeichnet: Mittheil. a. d. Stadtarchiv von Köln 27, 220.

Vr.... Guden vrunde. Uwen breif uns nû gesand heb wi wal verstan, darynne y uns scriven van vif lasten und twey tunnen Scoensches heringes, dar dey stad van Herderwic uch soele voer gescreven hebben, dat de vorgenanten vif laste und twe tunne heringes eyme yren burgere solden tobehoeren, und dat gij darumb twivelen, of dey vorgenante herinc unsen burgeren eder burgeren van Herderwic tobehoere. Darup wilt weten, guden vrunde, dat dey vorgenante herinc unsen burgeren egentlichen tobehort, alse as wi uch tovoren gescreven hebben; und hirenboven hebben unse burgere dar mede veir halve tunne heringes und eyn verdendel van eyner tunnen heringes und seven verdendeil sels, und dit maket tosamene anderhalve last van desen mirke ; vort hebben unse burgere noch dar mede 6 tunne heringes aldus gemirkt . Warumb ist, dat wij vruntlige und vruntliche bidden, dat gij wal don und willen behulplic und vorderlik wesen Sandere Lang Wilms sône, unsem mitburgere, brenger dises breives, dat eme dat vorgenante gût unvertzogt weder werde, up dat unse burgere dar synen scaden vûrder van en krigen. Guden vrunde, wilt hirynne don, as wi uch sunderlic wal zobetruwen, und as y wolden uns wederumb to doende in gelichen of merren sachen.

304. *Dasselbe [an Harderwijk:] bittet mit Bezugnahme auf das Schreiben Zierikzees n. 298, auf den streitigen Häring zu Gunsten der betreffenden Kölner Bürger zu verzichten. — [1398 um Febr. 2.]*

Aus StA Köln, undatierte Briefeingänge des 14. Jh. n. 1677; vielfach korrigierter Entw. a. Pap., hinter n. 303.
Verzeichnet: Mittheil. a. d. Stadtarchiv von Köln 27, 221.

Guden vrunde. Wilt weten, dat unsen burgeren genomen worden sint 6 last an heringe und an selz in Tideman Evercies sone van Campen, dey to Ci[r]se in de stat gekomen synd. Darumb wij an de stat van Cirkse gescreven hadden, warûp de van Cirkse uns wederumb gescreven hebben, dat de stat van Herderwic yn gescreven hebbe, wo dat de vif laste und twe tunne heringes eyme yren burgere tobehoere. Hirumb so twyvelen de van Cirkse, of de vurgenante herinc unsen burgern van Colne oder uwen burgern van Herderwic tobehore; und wi hebben vernomen, wo dat Albert Heye, dem de vurgenante herinc van unsen burgern bevolen was, eynen breif van u verworven hebbe an de stat van Cirkse, umb den vurgenanten herinc eme weder to richtene. Warumb wi u vruntliken bidden, dat gij wal willen don und scriven an de van Cirkse by Sander La[n]gs Wilms soene, brenger dis breives, dat gij op den vorgenanten herinc vertien und dat see den antwerden Sandere vorgenant van unser burgere wegen. Gude vrunde, hirynne....

305. *Dasselbe an Stralsund: bittet, dem Bevollmächtigten des Kölner Ratsherrn Rotger Kusin zu der Bezahlung für 2 Ballen Sardok zu verhelfen, welche in*

deren Auftrage von Flandern aus dem verstorbenen Stralsunder Werner van Soest gesandt waren. — [1398][1] Febr. 3.

A.

Aus K St.A Köln, Hanse I n. 839; korrigierte Reinschrift a. Pap.

B.

Aus K I St.A Köln; unvollständiger stark korrigierter Entwurf a. Pap. Bruns.

A.

Den ersameren wijsen luden, burgermeysteren ind raide der stat zom Soede, unsen guden bysonderen vrunden.

Lieve besonder vrunde. Uns hait kontgedayn Rutger Kůtlo, unse raitsgeselle und samenburger, we dat Cristiaen van Greveroyde wilne Werners van Soyste urme burger zwa ballen sardoichs uss Vlanderen van synen wegen geleunt ind geborgt have, de yem noch van dem selven wilne Werner unbezalit syn. Ind want der vurgenante wilne Werner gestorven ind vervaren is, so bidden wir uch fruntlig ind ernstlig, dat ir durch unser beden ind liefden wille wilt laissen bestellen an den truwenhenderen des vurgenanten wilne Werners of anter an den ghenen, den syn guet na syme doyde endorven ind bleven is, dat Johannes vanme[a] Kregerburger[a], wyser dis briefs, van in richtonge ind betzalinge der vurgenanten zweyer ballen sardoichs geschien moege, want hee des van dem vurgenanten unsme burger ganize volkomen mogt ind macht hait, damit zo doin und zo laissen gelijch yem selver. Hiebij wilt uch so vruntlig bewysen, as ir weult van uns gedain han in desen gelychen of in anderen vil merren; ind wat ir durch unsen wille bleynne doet oder bestellen laist, des begeren wir ure beschreven antwerde zo wissen, darna sich unse burger richten moge. Got sy mit u. Datum dominica die crastino purificacionis virginis gloriose.

Burgermeystere, rait ind andere burgere der stat zu Coelne.

B.

Unse vruntlige groisse und wat wir guetz vermoigen altzijt vursaid. Leven besonder vrunde. Uns hait kündgedán Rotger Cotlo, unse raitsgeselle und sammenburger, we eyme zijt leden, sij me dan eyn jair her ind langer, dat hee mit syere haven ind gude zo Brucge in Vlanderen were und hede alda eynen genant Kirstian Greveroyde, dat hee dat gůt zo Lubeke wart schicken ind senden wolde an Johanse vanme Kroige, de dat entfangen solde van Rotgers wegene. Also hait der vurgenante Kerstian des guden 2 ballen sardoiche in uwe stat zo Sünde gesant an wilne Werner van Sost uwen burger und hat de zwa ballen sardoichs noch dat gelt darvan nyet[b] bezailt noch yem geantwert in syme levene den vurgenanten Johanse van dem Kroige, dey dat entfa[n]gen solde, so dat der vurgenante Rutger unse burger vur uns mit syme eyde und opgerechten vyngeren zo den heilgen lyfligen behalden hait, dat de zwa ballen sardoichs eme alleyne zobehorden, ind[c] ouch, dat hee dem vurgenanten Werner uwen burger nyet schuldich were.

a–a) Am Rande nachgetragen von der Hand eines in Köln [illegible] tätigen Schreibers K.
b) [illegible] von K 1. c) [illegible] K 1.

1) R. Cotlo wird im Rat 1399, 1402, 1405 (Höhlbaum). Das Tagesdatum entscheidet für ersteres Jahr, auf das auch die Schriftzüge hinweisen.

306. *Hzg. Albrecht [von Baiern, Graf] von Holland, geleitet die Ratmänner und Bürger von Deventer und Kampen bis zu 20 Personen zum sicheren Verkehr in seinem Lande[1] für einen Monat oder bis 4 Tage nach Widerruf,* om te vervolgen selken harinc ende goede, als sijn here in den sinen hadde doen arresteren ende sij jegen sinen here verborcht hadden. — *1398 (1397) Febr. 9.*

RA Haag, Memoriale B M cas. R fol. 34.

307. *Auf eine im Haag durch Lübeck vorgebrachte Beschwerde über Schädigung von Bürgern aus Lübeck, Braunschweig, Goslar, Salzwedel, Magdeburg und Göttingen durch die [holländischen] Auslieger[2] erklärt der Rat von Holland, dass der auf 1500 M. lüb. oder franz. Schilde taxierte Schaden durch die Schuldigen ersetzt werden soll, sofern die Städte und Herren der Geschädigten dem Grafen von Holland gegenüber urkundlich auf alle Repressalien gegen die Holländer verzichten. Gleichzeitig verheisst der Rat einem Boten Hamburgs Schadenersatz, wenn 12 angesehene Hamburger eidlich bezeugen, dass eine Unterstützung der Friesen seitens der Hamburger durch Zu- und Abfuhr von Proviant und anderem Gut seit dem Ausbruch des Krieges nicht stattgefunden hat. — 1398 Febr. 12.*

RA Haag, Memoriale B M cas. R fol. 31.

Gedruckt: HR. 4 n. 461, früher Schwartzenberg, Groot Placaat- en Charterboek van Vriesland 1, 288.

308. *Hzg. Albrecht von Baiern, Graf von Holland, an Köln: verlangt bei Beantwortung von n. 302 wegen anderweitiger Ansprüche auf den arrestierten Häring den Nachweis des Eigentumsrechts der Kölner Bürger. — [1398] Febr. 20. Haag.*

Aus StA Köln, Hanse I n. 139; Or. Pap. m. Resten d. S. Bruns.

Onsen lieven ende geminden vrienden, borgermeisteren, rade ende gemenen borgeren der stat van Côelen.

Hertoge Aelbrecht van Beyeren, grave van Henegouwen ende van Hollant.

Lieve ende gheminden vriende. Wij hebben uwen brief wall verstaen, hoe u getoent souden hebben u medeborgere, dat enigherhande onse ondersate in Maersdiep genomen souden hebben een last harincs uwen borgeren toebehorende in Tydemans Everarts soens scip van Campen, die onse rentemeester soude gevoert hebben in onser stede van Zerixee, welken harinc voirseid uwe medeborgere gehouden souden hebben voir u mit horen eede, dat him die harinc toebehoirde ende nyemant anders, begerende aen ons, dat wij Sandre Lang Willhelms zoo, uwer medeborgere bode, brenger deser brieve, deden ontcommeren ende delivreren sonder vertrec den harinc voirscreven, gelijken u brief mit meer woirden ynhoudet. Wairof wij u begeren te weten, dat wij wall verstaen hebben, dat binnen onser stede van Zerixee alrehande haringe ghebrocht ende gehouden sijn, die wij toter coepluden behoef, dien die toebehoren mochten, hebben doen bewaren, om welken harinc die stat van Campen[3], van Shertogenbossche ende van Harderwijc ende alrehande ander ons hebben doen schriven ende vervolgen, meynende elx, dat die voirseide harinc hun-

[1]) Vgl. hierzu die Kämmereirechnung von Deventer, HR. 4 n. 403, 2. [2]) Bei dem Kriege Hollands gegen die Friesen. Eine Anzahl von Kaperbriefen Hzg. Albrechts für seine Beamte und einzelne Unterthanen, für die Schiffer von Zierikzee und Brielle sowie für einige Engländer aus den Jahren 1396—1398 bei Schwartzenberg a. a. O. 250 f. [3]) Vgl. n. 306.

luden toebehoren soude; alsoe dat wij mit bescheide niet weten en moghen, wien wij dien haring delivreren sullen. Ende alsoe verre als uwe medeborgere ons vervolgen om horen harinc, die sij bewisen moghen mit horen merken, dat him toebehoirt, dair willen wij him gunstich ende vorderlic in wesen om uwen wille, dat sij ons mit redene ende bescheide niet te beclagen en sullen hebben. God sij mit u. Gegeven in den Hage, 20. dage in Februario.

309. Hochmeister [Konrad von Jungingen] an K. Richard [II] von England (und ebenso an London): kündigt wegen Erfolglosigkeit der preussischen Beschwerden den preussisch-englischen Vertrag von 1388 [Bd. 4 n. 939], indem er unter Bedingung der Gegenseitigkeit allen englischen Kaufleuten die vertragsmässige Abzugsfrist von einem Jahre einräumt[1]. *— 1398 Febr. 22. Marienburg.*

K StA Königsberg, Hochmeister-Registrant 2c fol. 74.

L British Museum London, Cotton. Ms. Nero B IX fol. 34, mit dem genaueren Schluss: Datum in castro nostro Marienburgh anno Domini 1398 vicesima secunda Februarii.

Abschriften in den Recesshandschriften.

Gedruckt: aus K HR. 4 n. 433, früher Voigt, Cod. dipl. Pruss. 5 n. 104; [aus L] in engl. Übersetzung Hakluyt, The principal navigations of the English nation 1, 153. Vgl. den Recess HR. 4 n. 434, 3.

310. Der deutsche Kaufmann zu Polozk an Riga: Polozk hat ihm den Kleinhandel gestattet, aber wegen der Gewichte noch keinen Bescheid gegeben. — [1398?][2] *März 1. Polozk.*

Aus StA Riga; Or. Pap. m. Spuren d. S. Höhlbaum.

Honorabilibus viris et honestis proconsulibus et consulibus civitatis Rigensis cum reverencia presentetur hec littera.

Devota salutacione subaudita. Ghy borgemestere unde ghemeyne radhern der stat to Rige. Wy bydden jů to wetene, dat wy juwen breyff wol vornomen hebben, unde wy hebben ghesproken myt den Ploskaure, also dat sey uns wyllent ghunnen to allen plückynge, alset tovoren ghehalden ys. Ok so hebbe wy ghesproken alse umme dey wychte, dar en kan uns noch tôr tyd ghene antworde aff werden. Ok ghy, leyven heren, wy hedden jů gerne wat bevezegelet ghesant, an wy en dorsten eer nyd waghen over dey craaluken. Valeatis in eum, qui omnium est salus. Scriptum in Polotzko, sexta feria post dominicam invocavit.

By deme ghemeynen copmane to Ploskau.

311. Ordonnanz des deutschen Kaufmanns zu Brügge über die Einstellung des Lakenkaufs in Flandern. — 1398 März 24.

Aus L StA Lübeck, flandrischer Kopiar n. 9 S. 41; Abschr. vom 1. Drittel des 15. Jh. Koppmann.

StA Köln, hansische Kopiare A fol. 161 b; B fol. 183.

Item int jar 98 upten 24. dach in Merte so overdrogen de alderlude unde 18 man unde worden des eyns mit eyner gantzen eyndracht unde elck man dat seghede by zijnen eyde, dat en mestlick guet duchte unde profijtlikest were vor dem gemeynen coepmanne, dat gheen coepman van der Duetschen Hanze enighe lakene kopen en sal noch doen kopen in enighen steden, de wedder to vorkopene noch doen to verkopene enighen coepmanne hijr in dem lande van Vlanderen sunder

[1] *Vgl. n. 263. Die englische Kündigung traf im Herbst ein; HR. 4 n. 403, 12.*
[2] *S. n. 294.*

argelike, up de boete van elken lb. gr. to verborne 5 s. gr.; utghescheden de Enghelsvaer moegen nemen lakene an ere schult. Mer wert sake, dat so enighe lakene hijr tor halle koffsen ofte deden kopen umme reede ghelt, de hijr wedder to verkopene, ofte vorbarthirden umme enigerhande guet anders dan alleyne umme wulle, de solden in der selven vorneiden boete staen, alse vorseid ys, dat ys to verstane van elken lb. gr. 5 s. gr.

312. *Hochmeister [Konrad von Jungingen] an Gr. Dietrich von der Mark: antwortet auf dessen Schreiben wegen der Klage des Johann Lovenscheide gegen die Hilfelds, dass nach Mitteilung Danzigs demselben sein Recht geschehen ist; schickt eine Abschrift des betreffenden Danziger Schreibens und fordert den Kläger auf, falls er sich daran nicht genügen lässt, nach Preussen zu kommen. — [1398] März 29* (am fritage vor palman). *Marienburg.*

StsA Königsberg, Hochmeister-Registrant 2c fol. 76. Am Schluss: item dem glich is geschreben Reynald von Gulleke und von Gelren, herre to der Monster und in Eyflen; item dem *rate* und der stad van Ludenscheid; item Johan Lovenscheide, mutatis mutandis.

313. *Derselbe an Königin [Hedwig] von Polen: beklagt sich über den Stapelzwang in Krakau, bittet um Abstellung dieser Handelsbeschwerungen. — 1398 Apr. 1. Marienburg.*

Aus StsA Königsberg, Hochmeister-Registrant 2c fol. 75b. Regine Polonie. *Stein. Gedruckt: Voigt, Cod. dipl. Pruss. 6 n. 63.*

Humili recommendacione cum obsequii benivolencia ad quevis beneplacita premissa. Serenissima princeps, domina magnifica graciosa. Pro constanti intelleximus a nostrarum terrarum mercatoribus regnum vestrum juxta consuetudinem antiquam pro exponendis bonis suis vel vendendis visitantibus, qualiter cives civitatis vestre Cracoviensis suis privatis municipiis et statutis in gravamen et dispendium nostrorum cogant eosdem inibi bona sua et mercancias deponere nec cuiquam extraneo dicta vel dictas posse vendere, sed duntaxat incolis civitatis[1]; qui eciam nonnunquam suis societatibus contractis per indirectum ad multo minus justum precium exhibendo restringunt libertatem et valorem contractus seu rei, quod nullo modo fieret, si indifferenter tam indigenis quam extraneis vendere et exponere possent bona sua. Quare, serenissima et graciosa domina, vestram majestatem petimus attente quam devote, quatenus amore equitatis et justicie nostrarumque precum intuitu dicta privata et in dispendium nostrorum excogitata statuta vestra regia magnificencia velit graciosius immutare et ad communem utilitatem et equitatem ad predicta nimium retorta propria commoda quomodolibet reformare, in quo nobis s[erenitas] v[estra] faciet complacenciam singularem, ad predicta nobis graciosius respondentes. Datum in Marienburg, feria secunda post diem palmarum anno 98.

314. *Die hansischen Ratssendeboten zu Lübeck[2] an Brügge: beschweren sich auf Klage des deutschen Kaufmanns in Flandern über Beschlagnahme von Geld und Zehrung abreisender Kaufleute, über widerrechtliche Verhaftungen, Erhebung ungewöhnlicher Accise und neuer Abgaben vom Bier, entgegen dem Inhalt der ihnen von den Grafen von Flandern verliehenen und neuerdings vom Herzog von Burgund und den flandrischen Städten bestätigten Privilegien[3];*

[1]) *S. Bd. 4 n. 881 Anm. 1.* [2]) *Derselbe Hansetag entscheidet eine Streitigkeit zwischen Kampen und Stralsund wegen des Erlöses aus konfiscirtem Hering; a. a. O. n. 467, vgl. n. 450 und den Recess n. 441, 22.* [3]) *Die Rechnungen des Freiamts von Brügge erwähnen zu 1397 Nov. 24 und in den folgenden Jahren wiederholt die Beschwerden der Osterlinge über Verletzung*

senden eine Abschrift der betreffenden verletzten Artikel, bitten um Erhaltung der kaufmännischen Freiheiten und Privilegien, zu deren Wahrung die Städte Brügge, Gent und Ypern ausdrücklich vom Herzog ermächtigt sind, und ersuchen um Antwort an Lübeck. — [1398 Apr. 12.]

Gedruckt: HR. 4 n. 446. Desgl. an Gent und Ypern und an den Herzog von Burgund; a. a. O. n. 441, 12. Vgl. auch das. n. 541, 3.

315. *Die hansischen Ratssendeboten zu Lübeck an den deutschen Kaufmann zu Brügge: haben seine Beschwerde über die Verletzung seiner Privilegien in Flandern nebst der Abschrift der betreffenden Artikel erhalten und teilen ihm abschriftlich ihr deswegen erlassenes Schreiben an den Herzog von Burgund und die 3 flandrischen Städte (n. 314) mit; gebieten, wegen der schweren Schädigung des Kaufmanns durch Holland und Friesland bis auf weiteres die Ausfahrt von Schiffen zu untersagen¹. — [1398 Apr. 12.]*

Gedruckt: HR. 4 n. 447. Verz.: Colmjon n. 401.

316. *Hochmeister [Konrad von Jungingen] an die Königin [Hedwig] von Polen: beklagt sich über die Beeinträchtigung des Durchfuhrhandels seiner Untertanen durch neue Statuten der Stadt Krakau, auf Grund deren einige Thorner Bürger in Krakau zum Verkauf ihres aus Ungarn ausgeführten Kupfers gezwungen sind; ersucht um Abschaffung dieser Beschwerungen. — [1398] Apr. 13. Marienburg.*

Aus K StA Königsberg, Ordensbriefarchiv; Entw. a. Pap.
K 1 Das., Hochmeister-Registrant 2c fol. 77. Regine Polonie.
Gedruckt: aus K 1 Voigt, Cod. dipl. Pruss. 6 n. 106. S. oben n. 312.

Humili recommendacione ad quevis magnificencie vestre beneplacita premissa. Serenissima princeps, magnifica domina graciosa. Proposuerunt coram nobis communiter et divisim mercatores terre nostre Prussie, quomodo cives civitatis Cracoviensis magnificencie vestre preclare certa nova municipalia statuta et jura adeo inconsweta eisdem mercatoribus, nostris subditis, quam plurimum onerosa ediderunt, statuentes, ne per eandem civitatem Cracoviensem quisquam mercatorum nobis, ut premittitur, subditorum cum suis pannis et aliis mercanciis ulterius ad Ungariam pertransire valeat, sed per eosdem cives magnificencie vestre Cracovienses coguntur, omnia et singula ipsorum bona et mercimonia deponere et demum vendere, in ipsorum notabile prejudicium, dampnum et gravamen. Quamquam tamen notorium extitit et manifestum, quod ab olim et a longe lapsis temporibus videlicet illustrissimorum principum et dominorum magnificorum, domini Kazimiri regis Polonie necnon genitoris magnificencie vestre, principis preclarissimi, domini Lodowici Ungarie et Polonie regis recordacionis dive absque cujuslibet impedimenti obstaculo ad Ungariam et Russiam ipsi nostri mercatores prefati cum ipsorum mercanciis in nullo etiam impediti, vectigalibus tamen et pedagiis necnon aliis teoloniis consuetis salvis, libere transierunt et redierunt. Exposuerunt inquam nobis iidem mercatores nobis subditi cum querela proponentes, quomodo nuperrime cives magnificencie

ihrer Privilegien durch die herzoglichen Beamten. 1399 Anfang Dezember erscheint deswegen in Brugge ein beglaubigter Kaufmann aus Deutschland. S. die französischen Auszüge bei Delepierre et Priem, Précis analytique des documents des archives de la Flandre orientale à Bruges, 2. Série Bd. 1 S. 17, 19. 31, 44 ff. — Das bei Volger, U.B. der Stadt Luneburg 3 n. 1474 auszugsweise mitgeteilte Klageschreiben des deutschen Kaufmanns zu Brugge an Luneburg gehört dagegen ebenso wie n. 1475 in die Mitte des 14. Jh.; vgl. Stein, Genossenschaft der deutschen Kaufleute zu Brugge S. 132 ff.

¹) Ebenso wird der Hochmeister um ein vorläufiges Verbot der Flandern- und Hollandfahrt ersucht; HR. 4 n. 442.

vestre Cracovienses supradicti quorundam civium nostrorum de Thorun mercancias, videlicet cuprum, quod de Ungaria ad Cracoviam adduxerunt, arrestaverunt, compellentes eos, ut eadem bona in Cracovia deponerent, quodque dictis nostris civibus dictum fuisset, quod eadem bona ibidem vendere deberent et presertim alicui civium Cracoviensium, ita quod non alteri advene seu hospiti eadem bona vendere possent seu deberent, quodque in hujusmodi vendicionis et empcionis contractu unus consulum Cracoviensium adesse et interesse deberet, ne dolus sive fraus in eodem contractu committeretur. Serenissima princeps, magnifica domina graciosa, apparet nobis judicio meliori salvo, quod talia, ut premittitur, municipalia statuta, jura seu quo nomine censeantur cum finali stare judicio non poterint racionis. Est verum, quod incole quivis regni serenitatis vestre in et per terras nostras et demum per mare a longe retroactis temporibus libere transeuntes et redeuntes absque quoquo novo exaccionis onere profectum ipsorum procurantes mercancias ipsorum sine impedimento quovis exercuerunt; simili et equo racionis tramite judicio nostro homines et subditi nostri in regno et dominio serenitatis vestre manere liberi et sine novo exaccionis genere impediti, quemadmodum ab antiquo fuerunt, manere deberent. Quare, serenissima princeps, magnifica domina graciosa, celsitudini vestre preclare attentis desideriis supplicamus, quatenus eadem magnificencia vestra preclara tales exacciones onerosas et inconsuetas nostris mercatoribus et subditis in regno et dominiis serenitatis vestre fieri non permittat, sed pocius ad antiquam consuetudinem ipsa magnificencia vestra preclara propicius singula ad equitatem et justiciam pro comodo et utilitate communi reducat. In premissis magnificencia vestra preclara graciosam se exhibere nobisque responsum propicium nuncio cum presenti rescribere dignetur. Datum in Marienburg, sabbato ante dominicam quasimodogeniti.

317. *Hochmeister [Konrad von Jungingen] an die Königin [Hedwig] von Polen: verwendet sich für den Thorner Bürger Hertwig Hitfelt, dem sein in Ungarn angekauftes Kupfer, das einer seiner Diener nach Thorn bringen sollte, in Krakau arrestiert ist, um unter Aufsicht eines dortigen Ratsherrn den Verkauf der Ware an einen Krakauer zu erzwingen; bittet mit Hinweis auf seine frühere Beschwerde*[1]*, der Stadt die Abstellung dieser Neuerungen und die Freigebung des Kupfers zu gebieten, sowie dem Hitfeld oder dessen Vertreter sicheres Geleit in dieser Sache nach Krakau zu gewähren. — [1398] Apr. 16* (f. tercia p. dom. quasimodogen.). *Marienburg.*

StsA Königsberg, Hochmeister-Registrant 2c fol. 77b. Item regine Polonie.
Das., Ordensbriefarchiv; undatierter Entwurf, a. d. Rückseite von n. 316.

318. *Der deutsche Kaufmann zu Brügge an die hansischen Ratssendeboten zu Lübeck: antwortet auf n. 315, dass er alle bei Sluys im Zwijn liegenden hansischen Schiffe hat arrestieren lassen und allen in sein Recht gehörenden Kaufleuten bis auf weiteres verboten hat, Waren auf nichthansischen Schiffen zur Ausfahrt aus dem Zwijn zu verfrachten; wird die Briefe an den Herzog von Burgund und die flandrischen Städte möglichst bald übergeben und deren Antwort mitteilen; ersucht, wegen der Räubereien der Vitalier aus Friesland auf der Nordsee in allen mit Flandern in Verkehr stehenden Städten, besonders in Preussen und Livland, die Kaufleute warnen zu lassen sowie den bei Friesland belegenen Städten und Bremen den Ankauf des geraubten Gutes zu untersagen. — 1398 Mai 4.*

Gedruckt: HR. 4 n. 453, vgl. das. n. 454 und 455. Verz.: Ualmgren n. 403.

[1] n. 313, 316.

319. *Lüneburg an Hildesheim, Hannover und Einbeck: hat wegen der Klagen seiner Bürger die Normalgrösse der Fässer für eingeführtes Bier auf 3 Ohm festgesetzt. — 1398 Mai 5.*

Aus StA Lüneburg, Briefbuch 1385—1414 fol. 98 b. Hinter dem Text des Briefes: Den van Hildensem, den van Honover and den van Embeke, jewelker stad in eyn breff gesand ludende van worden to worden alse desse bref hir neghest vorgescreven. *Bruns.*

Unsen vruntliken grut tovorn. Vorsichtigen wisen lude, leven vrunde. Willet weten, dat unse medeborgere to velen tiden vor uns gewesen und sik beclaget hebben, dat me itlike hervate eere vormynnere und anders make, wen se oldinges pleghen to wesende, do helde dat vat dre ame; dar vele ane enbreke, dat der en del nû also nicht en holden, dar se lange tid heremede gheleden hebben, und menden ye, dat id to der olden wise wedderkomen hedde; des se groten schaden ghenomen hebben, und dat we sulven ok in der warheit also wol ervaren hebben. Des sint we mit unsen medeborgeren umme redelicheit und des besten willen endrechtliken en ghewordeн, dat we alle bervate, de to kope vul beres in unse stad gebracht werden na dem sondage to pinxsten neghest tokomende[1], denne mer willen amen laten yewelk vat uppe dre ame; wat it mynner is, dat schal de vorkoper dem kopere in der betalinge wedder afslan; wat it ok groter is, dat schal de koper dem vorkopere toghеven. Bidde wi, leven vrunde, dat gi den juwen, de handelinge mit bere hebben und dat in unse stad plegen to bringhende, dit witlik don, dat se sik darna richten moghen. Sit Gode bevalen. Scriptum [13]98 in ipso die sancti Godehardi, nostro sub sigillo tergotenus impresso.

320. *Harbrich Coopman, Thideman van Hoecle und Thideman van der Nienlo, Älterleute des deutschen Kaufmanns zu Brügge, bekunden, dass mit ihrer Zustimmung Jan Olstern von den Schatzmeistern der Stadt Brügge, Clais Barberoen und Zegher van den Walle, 87 Pfd. Gr. Torn. empfangen hat auf Rechnung der 107 Pfd. Gr. Torn., welche Brügge gewissen Kaufleuten von der deutschen Hanse schuldig ist* als van der scade ende verliese, die de vorseiden coopliede hadden ende ontfinghen bi causen ende ghebreke van Jacoppe van den Walle f[ilius] Joos, *und quittieren darüber* (in de name van allen den coopleden van der vorseider Hanse, wiens anegaen mach)[2] *der Stadt Brügge und deren Schatzmeister. 1398 Mai 10.*

StA Brügge; Or. m. Resten d. 3 anh. S. Hagedorn.
Verzeichnet: Gilliodts-van Severen, Inventaire de Bruges 3 n. 854.

321. *K. Karl VI von Frankreich befreit alle fremden und einheimischen Kaufleute während ihres Aufenthaltes in Harfleur von der Arrestierung oder Behinderung wegen fremder Schuld. — 1398 Mai 21. Paris.*

[1]) *Mai 26.* [2]) *Vgl. dazu die Brügger Stadtrechnung 1397/98:* Item den tiensten dach in Meye ghegheven bi bevelne van burghmeesters Jan Holsten den Oosterlinc in de name ende over de coopliede, die bescaet waren an Jacops herberghe van den Walle f. Joos, van den welken de stede ghetraitiert heift met den ondermaen omme de somme van 107 lb. gr., die men beloofd heift te betaelne in twee paymenten; betaelt van eenen paymente, dat gheviel te paesschen lestleden, ghelike dat blijct bi lettren van quitancien, 57 lb. gr. *Gilliodts-van Severen a. a. O. S. 411. S. unten n. 328. Nach den späteren Rechnungen verlangt dann die Stadt von Jak. van de Walle und dessen Ehefrau die Erstattung der 107 Pfd.; 1403 verpflichten sich dieselben zur Rückzahlung der Summe innerhalb 26 Jahren in halbjährlichen Raten zu 2 Pfd. A. a. O. S. 412.*

Aus K StA Kampen, Or.-Transsumpt des königl. Rates und garde de la prevoste von Paris, Ritters Jehan Seigneur de Folleville, von 1398 Mai 24, m. anh. S. Junghans.

K 1 Das., Vidimus des Clerk Colin le Varasseur von 1399 Aug. 12 in einem Or.-Transsumpt des Siegelbewahrers von Montivilliers Pillart le Varasseur von 1400 Aug. 18, m. anh. S.

Verzeichnet: Register van Kampen 1 n. 331 und 339.

Charles par la grace de Dieu roy de France savoir faisons a touz presens et avenir, que, comme nostre ville de Harfleur soit notable ville assise sur port de mer, ou affluent et descendent de jour en jour grant quantite de marchans estrangers, qui y amenent plusieurs et diverses marchandises pour le bien commun de tout nostre royaume, aians desir et affection de ycelle plus avant privilegier et decorer de franchises et libertez en tele maniere, que les dis marchans estrangiers et touz autres soient meus de venir, marchander, sejourner et demourer plus volentiers en la dicte ville de tant, quils appercevront ycelle estre amplement privilegiee et dotee de plusieurs graces et privileges: avons en faveur de la dicte ville et a la supplicacion et requeste des bourgois et habitans dicelle ottroye et ottroyons de nostre certaine science et grace especial par presentes a yceuls bourgois et habitans, que doresenavant aucuns marchans, estrangiers ou habitans de la dicte ville ou autres personnes quelconques ne leurs marchandises estans en la dicte ville et es lieux de la crique et de la fosse de Leure, ou se repose le navile venant au havre de la dicte ville de Harfleur, ne puissent ou doient estre prises, arrestees ou empeschees pour quelconque crime, delit ou mesfait, qui ait este fait commis ne perpetre sur mer comme sur terre par personne quelconque, se ce ne sont les propres personnes et biens de ceuls mesmes, qui auront commis et perpetre les dis crimes, delis ou mesfais. Si donnons en mandement au bailli de Caux et a touz noz autres justiciers et officiers presens et avenir, a leurs lieuxtenants et a chascun deulx, si comme a lui appertendra, que de nostre presente grace facent, seuffrent et laissent les dis habitans et touz autres estans en la dicte ville et lieux dessusdis joir et user paisiblement, sans les empescher ne souffrir estre empeschez ou temps avenir en aucune maniere au contraire; mais aucunes personnes, marchans ou autres quelconques, autres que les propres delinquens ou malfaiteurs, estoient ou temps avenir prins, saisiz, empeschiez ou arrestez ou leurs marchandises estans en la dicte ville es lieux dessusdis pour quelconque cause, crime ou delit, qui ce soit, si les mettent ou facent mettre sanz delay a plaine delivrance. Et que ce soit ferme chose et estable a touz jours, nous a ces presentes lettres avons fait mettre nostre seel, sauf en autres choses nostre droit et lautruy en toutes. Donne a Paris, le 21. jour de May lan de grace 1380 et dix huit et le 18. de nostre regne.

322. *Die vier Lede von Flandern an die hansischen Ratssendeboten zu Lübeck: bringen ein gemeinsames Vorgehen gegen die Vitalier in Vorschlag*[1]*; ersuchen, in den Hansestädten, besonders in Hamburg und Bremen, den Ankauf des geraubten Gutes zu untersagen und sich auch bei den nichthansischen Nachbarfürsten und -städten um eine gleiche Massregel zu bemühen; wollen sich wegen der hansischen Beschwerden nach Kräften bei dem Herzog von Burgund, dessen Kanzler und Räten verwenden. — 1398 Mai 24.*

Gedruckt: HR. 4 n. 457, vgl. n. 458. Das gleichzeitige Begleitschreiben des deutschen Kaufmanns zu Brügge s. das. n. 456.

[1] *S. ferner Lübecks Schreiben an die preussischen Städte von Juni 21, HR. 4 n. 464. Über dies Projekt vgl. weiter HR. 4 n. 497, 505, 507.*

323. *Gr. Otto von Delmenhorst schliesst gegen ein Darlehen von 110 engl. Nobeln Frieden mit der Stadt Kampen und verspricht den Kampern Förderung und sicheres Geleit in seinen Landen sowie Neutralität bis auf halbjährliche Kündigung nach erfolgter Rückzahlung der Summe. — 1398 Juni 1* (d. zaterdachs na den h. pinxsterdaghe).

StA Kampen; Or. m. anh. S.
Verzeichnet: Register van Kampen 1 n. 339.

324. *Sevale Romer quittiert für sich und seinen Vater den [deutschen] Schuhmachern in Bergen über Zahlung des zu Johannis fälligen Häuserzinses* (i theira husa leigho, sem theim burde ut at gifva a um summarnetr) *mit 9 Pfd. engl. weniger 5 Sch. — 1398 Juni 24* (a um summarnetr).

Kgl. Bibl. Kopenhagen, Arne Magnussons Sammlung, Dipl. fasc. 24 n. 19; Or. ohne S.
Gedruckt: Diplom. Norvegicum 2 n. 554. Vgl. oben Bd. 2 n. 495.

325. *Braunschweig an Göttingen: Lüneburg hat ihm mitgeteilt*, wu dat de olderlude des gemeynen copmans van der Dudeschen Hense to Brugge in Flanderen wezende se gebeden hedden, synen breff, de an se gekomen was, an uns to schickende unde denne de zake vort an gik unde andere unse frunde van den steden hir to lande to scrivende, de in der cedulen benomet syn; *übersendet die Briefe zur Kenntnisnahme und Abschrift; hat dieselben auch an Magdeburg gesandt und von dort zur Antwort erhalten*, dat se uns van der wegen ore antworde scriven willen by orem eighenen boden, wes ore menynge sy, dat we den olderluden unde dem ghemeynen kopmanne van dusser stede weghene weder enbeden mogen; *ersucht auch Göttingen um Meinungsäusserung, will auf einer vermutlich bald zu Stande kommenden Tagfahrt mit Hildesheim, Lüneburg und Hannover über die Sache weiter verhandeln. — [1398 Sommer]* [1].

Aus StA Göttingen, Hanseatica Vol. 1, 6; Or. Perg. m. S. Von derselben Hand wie das zu n. 292 erwähnte Schreiben vom [1398] Jan. 13.

326. *Hochmeister [Konrad von Jungingen] an König Karl [VI] von Frankreich (ebenso an Herzog Philipp von Burgund): bittet, dem Konrad von Lübeck, Sohn des Elbinger Bürgers Hermann von Lübeck, bei der Einforderung der ausstehenden Forderungen seines Vaters behülflich zu sein. — 1398 Juli 1. Stuhm.*

StsA Königsberg, Hochmeister-Registrant 2c fol. 79.

327. *Markgraf Jost von Brandenburg gebietet, Rechtsansprüche gegen die auf der Oder verkehrenden Kaufleute zwischen Frankfurt und Stettin ausschliesslich in diesen beiden Städten geltend zu machen, und verbietet, die Schiffahrt durch Wehre zu behindern* [2]. *— 1398 Juli 2. Frankfurt.*

Aus StA Frankfurt a. O. VIII 3, 7; Or., S. ab. Bruns.
Gedruckt: Riedel, Cod. dipl. Brandenb. I 23 n. 189. Verz.: Gurnik, Urkunden d. Stadtarchivs zu Frankfurt a. O. II (Jahresber. d. Realgymn. zu Frankfurt a. O. 1895/96) S. 6.

Wir Jost von Gots gnaden marggraff czu Brandenburg und marggraff und herre czu Merhern entpieten und gebieten by unsern hulden, by liebe und by gute allen unsern houptluten, voyten und amptluten, ritters und knechten, mannen und allen unsern steten, allen dorffherren, richtern und scheppfen und allen gebureu ge-

[1]) *Vgl. HR. 4 n. 441, 10.* [2]) *Bereits 1394 März 31 verbietet er die strasse der kawfleuten an der Oder anderswarts als do die niderlage is zu behindern; Riedel a. a. O. S. 134.*

meynlichen, dy gelegen unde wonhaftig syn czwischen Frankenvorde und Stettyn an beyder syt by der Odern, daz nymant gestaten sal, uf czu halden und czu hindern alle dy yene, dy dy Oder buwen uf ader nyder mit yrre koufmanschaft und yre gütern, noch rittere ader knechte mit ennerleye gewalt ader mit keynen rechten; sundir alleyne wer mit den gemeynen koufmannen ader mit yren gütern czu schaffen ader czu tedingen ader sy czu beclagen hat, der sal daz tun yn unser stad czu Frankenvorde ader yn der stad czu Stettyn: do sal man recht geben unde nemen und vortmer yn keyner stad noch yn keynen dorffern andirs wen czu Frankenvorde ader czu Stettyn alleyne. Were abir, daz ymant dowedir tete und ennerleye gewalt gestate ader dorober richten wolde und dy schiffart ufhalden wolde ader hinde, so gebieten wir ernstlichen und befelen by unsern hulden allen unsern houptluten, voyten, amptluten und mannen und allen unsern steten und semelichen unsern houptluten czu Oderberg und dem voyte yn dem lande czu Labus und uf dem Barnam, darczu unserm rate czu Frankenvorde und wem sy darczu heyschen, daz sy darczu czien sullen und dy selben, dy daz tun ader getan haben, vorterben sullen an liebe und an gute; und allis, wes sy daran tun, daz sal syn unser geheysse und fulwort, und wollen en des dirsteyn und benemen, wo sy des bedern ader dürffen.

Ouch sunderlich so entpieten wir und gebieten steten, dorffherren, dorffern und allen geburen by der Oder an beder syt gelegen by unsern hulden, daz sy yre wer yrer fischirye also verre buwen und entrümen sullen von dem strame des schiffrichen wassirs der Oder, daz keyn schiff noch keyne trifft dovon gehindert noch geerret moge werden, by den selben unsern geboten und huwen, als obengeschreben steyt. Were ouch, daz ymant dy wer troffe ader rurte mit schiffen ader mit triffien, also daz her daz ungerne tete, den sal man dorumb nicht ufhalden noch beschatzen, by den selben unsern hulden unde vorgenanten obengeschreben huwen.

Mit urkund des brifes vorsigilt mit unserm anhangenden ingesegil. Geben czu Frankenvorde nach Gots geburt tusent yar dryhundirt jar darnach yn dem achtundnüentzigisten jar, an der hyligen merlere tage Processi et Martiniani.

Ad mandatum domini marchionis. Heinricus de Spilner.

328. *Jan Berre, Everaerd Hertvelt und Hildebrand Vickinchusen, Älterleute des deutschen Kaufmanns zu Brügge, quittieren wie n. 320 der Stadt Brügge und deren Schatzmeister über 60 Pfd. Gr. Torn., welche Hans Zegherstorp als Schlusszahlung auf die 107 Pfd. Gr. empfangen hat. — 1398 Juli 8.*

StA Brügge; Or. m. 3 anh. S.
Verzeichnet: Gilliodts-van Severen, Inventaire de Bruges 3 n. 855.

329. *Lüneburg an Reval*[1]*: dem Lüneburger Bürger Hans Westfal, der als Bevollmächtigter des Heyne van dem Broule aus Homstedt für diesen den Nachlass des verstorbenen Dorpater Bürgers Hans Hoveringe auf Grund eines Zeugnisses Lüneburgs erhoben hat, ist in Reval durch Tideke under den Eken im Namen von Hinrik und Wernke van Hoveringe und anderer, die den Nachlass ebenfalls beanspruchten, eine Tonne Pelzwerk nebst anderem Gut mit Beschlag belegt; bittet, da die meisten der vermeintlichen Erbberechtigten zu Lüneburg auf ihre Ansprüche verzichtet haben, das arrestierte Gut an den Bevollmächtigten Westfals, Hinrik Gropethorn, auszuhändigen, und garan-*

[1]) *In einem undatierten Schreiben der Stadt Roermond an Reval von Aug. 3 wird für den dortigen Ratsherrn Henrik van den Vellenorde aus dem Nachlass eines in Reval verstorbenen Neffen Joh. van Dalken eine Schuld von 50 Gulden nebst einem versprochenen besten Mantel reklamiert. Or. im StA Reval.*

tiert wegen etwaiger Nachforderungen. — *1398 Juli 12* (In s. Margareten av.). *Lüneburg.*

StA Reval; Or.

Gedruckt: v. Bunge, Livl. U.B. 4 n. 1476.

330. *Der deutsche Kaufmann zu Nowgorod an Reval: teilt die Beilegung der Streitigkeit zwischen Lefard Menking und Kurt van Borsen mit. — 1398 Juli 13. Nowgorod.*

Aus StA Reval; Or. Pap. m. Spur d. S.

Gedruckt: v. Bunge, Livl. U.B. 4 n. 1475.

Den vorsichtighen unde bescheden heren, borghermesteren unde raat der stat Reval detur.

Juwer erbarichet unde bescheidenheit geleve wi to wetende, wo wi vornomen hebben, dat wrochlinge si tuschen Lefert Menkinge unde Kurde van Borsen unde erer beyder vrunden alse umme dat ungheraeh, dat hijr to wintere schach tuschen en beyden. Des heft hyr Lefert ghewesen unde is ghevraghet van deme kopmanne, wo id hijrumme stunde. Des heft Lefert vorghescreven bekant vor deme kopmanne in ener menen steven, dat alle dink vorlikat sy tuschen em unde Kurde van Borsen, nicht mer darup to sakende en edder nummermer van erer weghene. Worumme bidde wi juu, leven vrunde[a], dat gi wol don unde berichten erer beyder vrunde, dat hijr nene unwillich mer in en vallen, up dat des kopmannes recht nicht vorkrenket werde. Ok heft hijr Lefert openbaret deme kopmanne in ener menen steven, wo he naderghe vorwort hebbe ghehaat myt Kurde van Borsen; wo de luden, des is uns nicht witlik, mer he heft alle vorwillekoret vor deme menen kopmanne, dat he Kurde umme de vorwort nene ansprake don wille, id si den vor deme kopmanne in deme hove to Nowerden. Anders nicht, leven vrunde, uppe desse tyd, mer dat gi des kopmannes recht vorheghen helpen des besten, dat gi kunnen. Varet wol an Gode. Screven to Nowerden, in deme jare unses Heren 1398 in sunte Margareten avende der hilghen juncvrowen.

Oldermanne unde wisesten des Dudeschen copmannes nu tho Nowgarden wesende.

331. *Hochmeister [Konrad von Jungingen an Hzg. Swantibor von Stettin:] ist vom Herzog um Rückgabe des seinen Unterthanen in Danzig arrestierten Gutes[1] ersucht; verlangt dagegen, dass der Herzog vorher den preussischen Unterthanen zur Wiedererlangung des ihnen weggenommenen Gutes behülflich sein soll. — 1398 Aug. 17. Lucka* (Lochten).

StA Königsberg, Hochmeister-Registrant 2c fol. 87 b.

Verzeichnet: HR. 4 n. 480. Entsprechend Aug. 15 und 17 an die Stadt Stettin; das. n. 479 und 481.

332. *K. Erich von Dänemark, Schweden und Norwegen bestätigt mit Zustimmung der Königin Margaretha und des dänischen Reichsrates die Privilegien der Hansestädte in Dänemark. — 1398 Aug. 28. Kopenhagen.*

Aus L StA Lübeck, Danica n. 187; Or. Perg. m. 29 von 29 anh. S. Mitgeteilt von Hn. Staatsarchivar Dr. Hasse.

Gedruckt: aus L Lüb. U.B. 4 n. 675, aus dem Transsumpt in der Recesshdschr. (s. n. 334) Suhm, Hist. af Danmark 14, 614. Verz.: HR. 4 n. 484, Reg. Dan. II 1 n. 3398.

a) So

1) *Eine Repressalie gegen den Herzog wegen der Aufnahme der Vitalier und der dadurch herbeigeführten Schädigung von Danziger Kaufleuten, HR. 4 n. 465; 469, 3; 470; vgl. das n. 418—423. Über die sich längere Zeit hinziehenden Verhandlungen in dieser Angelegenheit das. n. 539, 12 und n. 611.*

Wy Eryk van[a] der Goden gnaden konyngh van Denemarken, Sweden unde Norweghen, der Wende, der Ghoten[a] unde hertoghe to Pomeren, bekennen unde bethüghen openbare in desseme breve, dat umme sunderliker lever vrüntscop unde ghünst, de wy unde unse ryke van den borghemeysteren, ratmannen, borgeren, kopluden, deneren unde inwoneren der stede naghescreven, alse Lubyk, Hamborch, Stralessund, Gripeswalt, Stetyn, Kolberch, Nyen Starghardе, Kolne unde Bremen, in Prutzen Colme, Thorun, Elvyng, Danszyk, Konyngesberch, Brünsberch, in Liflande Righe, Darbete, Revele, Pernowe, unde[b] alle, de in erer Dudeschen Hense[b] nu synt, bevunnen hebben unde wy uns unde unse ryke noch vortan hopen unde van en vormodende synt, so wy van sünderliker leve unde gnade weghen na endrachtighen rade unde guden willen unser unde unser leven vrowen unde müder, konyngkynnen Margreten, unde unser leven ghetrûwen ratgheveren van Dennemarken[c] naghescreven, alse[d] de erschebyscop Jacop van Lunden, byscop Peter van Roschilde, byscop Theze van Odenzee, byscop Bo van Arehusen, her Hennyng van Putbusch, her Jones Anderson, her Jones Ruwt, her Folmar Jacoppesson, her Mikel Ruut, her Anders Jacoppesson, her Jacop Axelsson, her Johan Oleffesson, her Jones Düve, her Nighels Ywersson, her Peter Nyghelsson van Aghart, her Abraham Brudersson, her Stigh Petersson, her Pryhber van Pûtbusch, her Hannes van Pûtbusch, her Peter Walkendorp, her Berneke Schynkel, her Stigh Awesson, her Jones Lawesson, her Anders Olaffesson van Nesby, her Magnus Mûnck, her Biorn Oleffesson, her Jones Falk, her Jones Nyghelsson van Awendsberg[d], den vorbenomeden steden unde eren borghemeysteren, ratmannen, borgheren, kopluden, deneren unde inwoneren stedeghen, vûlborden unde confirmeren allen unde yslyk ere rechticheyt, pryvilege unde vryghеyt, de erer wellyk bysunder edder eyn myt dem ander van selligher dechtnisse unser olderen unde vorvaren, konyngh tû Dennemarken[c], vorlenet unde ghegheven synt, also dat se der unde erer yslyk sunder hyndеr unser unde unser ammetlude, voghede unde undersaten bruken scolen in al der wyse, articulen unde puncten, also ze van unsen olderen unde vorvaren, konynge thû Dennemarken[c], behrevet synt; unde ok, dat wy unde unse ryke unde undersaten ok bruken unde neten scolen aller rechticheyt, articule unde puncte, de desse vorbenomeden stede unsen olderen unde vorvaren, konynge thû Dennemarken[c], beseghelt unde bebrevet hebben. Unde thû merer bewaringhe unde sekerheyt alle desser vorscrevenen stükke so hebbe wy, konyng Eryk vorbenomed, myt[e] uns unse vorscreven ghetrûwen ratghevere unse unde ere ingheseghele vor dessen breff ghehenget laten, de ghegheven ys unde screven thû Kopenhaven, anno Domini millesimo trecentesimo nonagesimo octavo, quarta feria proxima post diem sancti Bartholomei apostoli.

333. K. Erich von Schweden, Dänemark und Norwegen bestätigt mit Zustimmung der Königin Margaretha und des schwedischen Reichsrates ebenso die Privilegien der Hansestädte in Schweden[1]. — 1398 Aug. 28. Kopenhagen.

StA Lübeck, Suecica n. 203; Or. Perg. m. 16 anh. S. Von derselben Hand wie n. 332 geschrieben. Mitgeteilt von Hn. Staatsarchivar Dr. Hasse.

a–a) van Ghodes gnaden to Sweden, Denmarken, Norweghen, der Wende unde der Ghoten konyngh n. 332. b–b) unde in erer Dudeschen Hense n. 332. c) Sweden n. 332. d–d) alse erzebisschop Hynrik van Upsala, byschop Knud van Lynkoping, byschop Thord van Strengnes, byschop Sven van Westeraren, byschop Byarn van Abo und 22 gen. schwedische Räte in n. 332. e) unde myt n. 332.

1) *Eine in die Recesshdschr. aufgenommene Privilegienbestätigung K. Erichs für Stockholm von Aug. 29 s. HR. 4 n. 490.*

Gedruckt: Lüb. U.B. 4 n. 676, Rydberg, Sverges Traktater 2 n. 428a. Verz.: HR. 4 n. 485, Reg. Dan. II 1 n. 3799. Sachliche Abweichungen vom Wortlaut der vorigen Nummer s. dort.

334. *Margaretha, Tochter K. Waldemars von Dänemark, bestätigt die von ihrem Sohne K. Erich in ihrem Beisein den deutschen Hansestädten gegebene transsumierte Urkunde n. 333. — 1398 Aug. 28. Kopenhagen.*

StA Lübeck, Vol. Privilegia Hansae in Dania; Or. Perg., das anh. S. ab. — Abschr. im Niedersächsischen Kopiar von 1455 fol. 173b.

Gedruckt: aus der Recesshdschr. HR. 4 n. 487, früher Suhm 14, 644. Verz.: Voigt, Codex diplom. Prussicus 5 S. XXVIII.

335. *K. Erich von Norwegen, Dänemark und Schweden bestätigt mit Zustimmung der Königin Margaretha und des schwedischen Reichsrates die Privilegien der Hansestädte in Norwegen*[1]. *— 1398 Aug. 29. Kopenhagen.*

Aus L StA Lübeck, Norwagica n. 63; Or. Perg. m. 18 anh. S. Mitgeteilt von Hrn. Staatsarchivar Dr. Hasse.

R StA Rostock, Or.-Transsumpt des B. Detlev von Ratzeburg und des Propstes Nicolaus zu Lübeck von 1399 Aug. 16; Perg. m. 2 anh. S. — Das. eine gleichz. Abschr. des Transsumptes.

Gedruckt: aus L Lüb. U.B. 4 n. 677, Diplomatarium Norvegicum 5 n. 383; aus dem Transsumpt in der Recesshdschr. (s. n. 336) Suhm 14, 646. Verz.: HR. 4 n. 486, Reg. Dan. II 1 n. 3800.

Wy Erik van Ghodes ghenaden tho Norweghen, Danemarken, Sweden, der Wende unde Gothen konyngh unde hertich tho Pomeren, bekennen unde bethughen openbare in dessem breve, dat umme sunderlike leve, vrüntschap unde ghunst, de wy unde unse ryke van den borghermeysteren, raadmannen, borgheren, kopluden, deneren unde inwoneren der stede naghescreven, alse Lubeke, Hamborgh, Stralessund, Gripeswald, Stetyn, Kolberghe, Nyen Stargarde, Kolne unde Bremen, in Prützen Colme, Thorne, Elwyngh unde Danczeke, Konyngesbergh unde Brunsbergh, in Lyflande Ryghe, Darpede, Revele, Parnowe unde alle, de in erer Düdeschen Hense nu synt, bevunden hebben unde wy uns unde unsen ryken noch vordan hopen unde van en vormodende synt, so wy van sunderliker leve unde ghenade weghene nach eyndrachtighen rade unde ghuden wyllen unses unde unser leven vrowen unde moderen, konynghynnen Margareten, unde unser leven ghetrawen raadgheveren van Norweghen naghescreven den vorbenomden steden unde eren borghermeysteren, raadmannen, borgheren, kopluden, deneren unde inwoneren stedeghen, vulborden unde confirmeren alle unde yslich ere rechtigheyd, privilegien, vryheyt unde olde wonheyd nach der privilegien lude, de erer jewelyk besunderen edder eyn myt den anderen van seligher dechtnysse unser elderen unde vorvaren, konynghe tho Norweghen, vorlenet unde ghegheven synt, also dat se der unde erer yslich sunder hyndere unser unde unser ambechtlude, voghede unde undersaten bruken scholen in aller wyse, artikelen unde puncten, also se van unsen elderen unde vorvaren, konynghen tho Norweghen, bebrevet sint, unde ok dat wy unde unse ryke unde undersaten tho Norweghen bruken unde neten scholen alle rechtecheid, vryheyd, artikele unde puncte, de desse vorbenomeden stede[a] unsen[b] elderen unde vorvaren, konynghen tho Norweghen, besoghelt unde bebrevet hebben. Tho mer bewaringhe unde sekerheyd alle desser

a) steden R. b) unse R.

1) Über die Kosten der Ausfertigung dieses Privilegs und die Einführung eines Pfundgeldes in Bergen zu deren Deckung s. HR. 4 n. 482, 18; n. 483, 4–5. Eine im Frühjahr 1398 von den preussischen Städten geplante Einstellung der Bergenfahrt wird Juni 3 von Lübeck aus Furcht vor fremder Konkurrenz abgelehnt; das. n. 655.

vorscreven stukke so hebben unses rikes raadghevere onde manne tho Norweghen, alzo her Wynold van Ghodes ghenaden erczebischop to Druntheym, her Olaff unde her Oesten, van der sulven ghenaden bischope tho Stoffanghere unde tho Asalo, her Aubern provest tho Berghen, her Arold provest tho Asalo, her Ghote Erikesone, her Alff Hareldesone, her Amund Bolt, her Endrich Erlendesone, riddere, Otto Romer, Hakon Syverdesone, Halward Alfsone, Olaff Petersone, Gunder Kane, Eleff Torghudsone, Syverd Humelowe unde Syverd Unesone, knapen, ere ingheseghle myt unsen ingheseghle henghen laten vor dessen breff, de ghegheven unde screven is tho Kopynghafn, in sunte Johannis daghe baptisten, alzo eme syn hovet affgheslaghen ward, nach Ghodes bord drutteynhunderd jare in deme achtendeundeneghenteghestme jare.

336. *Margaretha, Tochter K. Waldemars von Dänemark, bestätigt wie n. 334 die transsumierte Urkunde K. Erichs n. 335. — 1398 Aug. 29. Kopenhagen.*

R StA Rostock, Or.-Transsumpt von 1399 Aug. 16, s. n. 335, welches in dem Transsumpt dem vorliegenden Stück voranzeht.

Gedruckt: aus R Diplom. Norveg. 5 n. 383, Rydberg, Sverges Traktater 1 n. 425b; aus der Recessabschr. Suhm 4, 643. Verz.: HR. 4 n. 489, Voigt, Codex diplom. Prussicus 5 S. XXVIII, Reg. Dan. 1 n. 2776.

337. *K. Erich von Dänemark bestätigt mit Zustimmung der Königin Margaretha und des dänischen Reichsrates der Stadt Kampen ihre Privilegien in Dänemark. — 1398 Aug. 29. Kopenhagen.*

K StA Kampen; Or. m. anh. S.

Das., Transsumpt des Hzg. Wilhelm von Holland von 1414 Apr. 17.

Gedruckt: Charters en Bescheiden der Overijsselsche steden, bijr. van Kampen n. 84. Diplomatarium Norvegicum 7 n. 330, wiederholt hier. Verz.: HR. 4 n. 491. Register van Kampen 1 n. 333, Reg. Dan. II 1 n. 3601.

Wi Erik van der Godes gnaden koningh van Denmarcken, Sweden, Norweghen, der Wende, der Gothen unde hertoghe to Pomeren, bekenne unde betüghen oppenbare in dessume breve, dat umme sunderliker leve unde gnade weghen, na endrachtigen rade unde güden willen unser unde unser leve vrouwen unde müder, koninghynnen Margreten, unde unser ghetruwen ratgheveren van Denemarcken den borghemeysteren, skepen, ratmanne, borghere, koplüde, dener unde inwonere der stadt to Campen siedeghen, vülborden unde confirmiren allen rechticheyt, prywylege unde vrygheyt, de erer eiyk besünder eider eyn myt den ander van selygher denghnyssen unser olderen unde vorvaren, koningh to Denmarcken, verlenet unde ghegheven synt, also dat se der unde erer yslyk sunder hinder unser unde unser ammetlüde, voghede unde undersaten bruken scolen in all der wyse, articulen unde püncten, also se van unsen olderen unde vorvaren, koninghe to Denmarcken, behrevet synt; unde ok, dat wi unde unse rike unde undersaten ok bruken unde neten scolen aller rechticheyt, articule unde püncte, de desse[a] vorbenomede stat unsen olderen unde vorvaren, koninghe to Denmarken, beseghelt unde behrevet hebbe[t][b]. Unde tü merer bewaringe unde segherheyt alle desser vorscrevenen stükke so hebbe wi koninge Erik vorbenomed unser ingeseghele[c] vor dessen breff ghehenghet laten, de ghegheven ys unde ghreven tü Kopenhaven, anno Domini 1398 die decollacionis sancti Johannis baptiste.

338. *Die Ratssendeboten von Lübeck, Stralsund und Elbing bekunden, dass Rostock, Wismar, die anderen mecklenburgischen Städte und Wisby bei der Bestätigung der hansischen Privilegien in Dänemark, Schweden und Norwegen durch*

a) unde desse K. b) hebben K. c) de K.

K. Erich und Königin Margaretha ausgeschlossen sind[1], *bis dieselben sich mit dem König, der Königin und den drei Reichen wegen deren Klagen gegen sie gütlich oder rechtlich geschieden haben, und verpflichten sich zugleich, besiegelte gleichlautende Erklärungen ihrer Städte dem König und der Königin bis Pfingsten*[2] *einzusenden. — 1398 Aug. 29. [Kopenhagen.]*

Gedruckt: aus dem Or. im RA Kopenhagen HR. 4 n. 489, Rydberg, Sverges Traktater 2 n. 485c; aus der [illegible] *Suhm 14, 647. Verz.: Voigt, Cod. diplom. Pruss. 5 S. XXVIII, Reg. Dan. II 1 n. 2602.*

339. *Erzbischof Jakob von Lund bekennt sich gegen den Grossschäffer von Marienburg Joh. Dergarde, den deutschen Orden und die Städte Thorn, Elbing und Danzig zu einer Schuld von 5000 Nobeln wegen des auf Bornholm gestrandeten, auf 8000 Nobel taxierten Gutes*[3], *und verspricht, die Summe in jährlichen Nov. 11 fälligen Raten von je 1000 Nobeln in Danzig zu bezahlen, abzüglich der bereits früher entrichteten 600 M. lüb. und 35 M. preuss. — 1398 Aug. 29. Kopenhagen.*

Gedruckt: HR. 4 n. 494, früher Hübertz, Urkunden z. Gesch. der Insel Bornholm n. 7. Vgl. den Recess HR. 4 n. 463, 1.

340. *Die Ratssendeboten der Hansestädte zu Kopenhagen an die Vögte auf Schonen: gebieten gemäss Beschluss der Lübecker Tagfahrt*[4], *die Kaufleute und Schiffer aus den hinterpommerschen* (overswinschen) *Städten mit Ausnahme Kolbergs auf den schonischen Fitten nicht zu beschützen, weil Stralsund, Greifswald und Stettin von diesen Städten bei der Befriedung der See im Stich gelassen sind; beauftragen sie ferner, den vor die gemeinen Städte verwiesenen Zwist zwischen dem Vogt der preussischen Städte und den Vögten aus Greifswald und Stettin* (um ere stemme und sittend)[5] *bis zum nächsten Städtetage in gutem anstehen zu lassen. — [1398] Aug. 30.*

Gedruckt: HR. 4 n. 495.

341. *Dieselben an den deutschen Kaufmann zu Brügge: haben zur Erledigung aller Klagen des Kaufmanns gegen Unterthanen der Reiche Dänemark, Norwegen und Schweden mit der Königin Margaretha eine Tagfahrt zu Wordingborg für nächsten Mai 18 verabredet und bestimmt, dass Namen und Vergehen der Angeschuldigten behufs deren Vorladung bis Dec. 6 der Königin anzuzeigen sind, und dass die Kläger bei der Tagfahrt selbst zu erscheinen oder Bevollmächtigte zu schicken haben, unter Ausschluss aller dort nicht vertretenen Ansprüche, während ausbleibende Beklagte ohne weiteres für überführt gelten sollen*[6]; *ersuchen um entsprechende Bekanntmachung und um Aufstellung der Schadenlisten. — [1398 Aug. 30.]*

Gedruckt: HR. 4 n. 496.

[1]) *Wegen der Parteinahme für den von Margaretha gefangenen K. Albrecht von Schweden. Vgl. HR. 4 Einleitung. — Ein Zuversichtsbrief Wismars nach Bergen für die Brüder Heinr. und Martin Koning von 1397 ist angeführt Mecklenb. U.B. 13 zu n. 6939.* [2]) *Mai 25.*
[3]) *S. n. 299 und Anm. 1.* [4]) *Von 1398 Apr. 13, HR. 4 n. 443.* [5]) *Vgl. dazu die preussischen Recesse HR. 4 n. 500, 20, n. 539, 14. Wegen eines Kapellenbaues auf der preussischen Fitte s. das. n. 520, 27.* [6]) *Vgl. den Kopenhagener Recess HR. 4 n. 488, 8. Ein Schadenverzeichnis Revals gedr. HR. 4 n. 614. Vgl. auch die Deventer Kämmereirechnung, das. n. 580. Über die Erfolglosigkeit der nächstjährigen Tagfahrt s. das. n. 560, 1.*

342. *Köln an Hzg. Albrecht von Baiern, Graf von Holland: bittet ihn, dem Kölner Bürger Friedr. Bruwer zu seinem von einem Holländer weggenommenen, nur teilweise zurückgegebenen Gute zu verhelfen. — [1398 August.]*

Aus StA Köln, undatierte Briefeingänge des 14. Jh. n. 720; Entw. a. Pap., a. d. Rückseite eines Schreibens an Lüttich von [1396] Aug. 10. Braun.
Verzeichnet: Mitth. a. d. Stadtarchiv von Köln 26, 73.

Unsen gewilligen bereyden dyenst ind wat wir eren ind wirdicheyt vermoechten altzyt bevor. Durluchtige ind hogeboiren furste, lieber ind gemynder herre. As wir uren gnaden lestwerf geschreven ind gebeden hatten van des gutz wegen, dat Friderich Bruwer, unserm mitburger, genoymen ist van uwerm untertanen Peter Reynersmoyne, so han wir, lieber hogeboirenre furste, vernoymen, dat unser burger dy habe faste ind bynoch wederhabe, dat wir uren groyssen gnaden ewenklich danken. Ind want wir ind unse stat zo uren gnaden eyn troestlich zuversicht haben ind altzijt befonden han, so bidden wir anderwerf ure gnade, umb unss getruwen dyenstz wille dem obgenanten unserm burger vurbas zo helfen ind zo bestellen, dat yem dat achterstedige genoymen guet, dat he myt erber kuntschaf kan bewysen, moege gericht werden, geliijch wir uch alltz gnaten ind alltz gutz eygentlich betruwen. Datum ...

343. *K. Erich von Dänemark, Schweden und Norwegen beurkundet seinen unter Zustimmung der Königin Margaretha und der drei Reichsräte für ewige Zeiten abgeschlossenen Freundschaftsvertrag mit Hochmeister Konrad von Jungingen, dem deutschen Orden nebst den Landen Preussen und Livland und deren Städten, wonach er sich zu gegenseitiger Neutralität verpflichtet und allen Einwohnern dieser Lande den Handelsverkehr in seinen Reichen gemäss den Privilegien, wie er sie den Hansestädten eben bestätigt hat[1], gestattet, während ebenso seinen eigenen Unterthanen in Preussen und Livland die altherkömmliche Handelsfreiheit zustehen soll. — 1398 Sept. 1. Kopenhagen.*

Gedruckt: mittelbar aus dem Or. im RA Kopenhagen (Sohm?), Hist. af Danmark 14, 648; in dän. Übersetzung Hvitfeldt 4, 137. Verz.: HR. 4 n. 491, Voigt, Cod. dipl. Pruss. 5 S. XXX, Reg. Dan. 1 n. 2978.

344. *[Hzg. Albrecht von Baiern, Graf von Holland,] erteilt dem Rat und den Bürgern von Hamburg bis zu 24 Personen, die nicht seine Feinde oder aus seinen Landen verbannt sind, Geleit für 14 Tage[2]. — [1398] Sept. 5.*

RA Haag, Memoriale BM cas. R fol. 34.
Gedruckt: HR. 4 n. 462.

345. *Der deutsche Kaufmann zu Polozk an Riga: bittet um Zusendung einer neuen Schnellwage. — [1398][3] Sept. 6.*

Aus StA Riga; Or. Pap. m. Stücken d. S. Höhlbaum.

Deme erbaren heren borghermeyster ende raet der stat to Ryghe sal desse breff.

Unsen willighen deinst thovoren unde wes wy gudes vormoghen. Wittle sy ju juwer eerbärheit, alse wy vake gheclaghet hebben ende ju wol eer gheescreven

[1] n. 332, 333, 335. [2] Vgl. Kämmereirechnungen der Stadt Hamburg 1, 484 zu 1398: 30 lb. domino Thiderico versus Hollandiam. — 284 lb. 8 s. dominis Johanni Hoyers et Meynardo Buxtehude in Hollandiam. [3] *Das Schreiben hängt offenbar zusammen mit n. 349. Hildebrand, Baltische Monatsschrift 22, 359 setzt es zu 1400, wohin es aber aus inneren und äusseren Gründen nicht passt.*

hebben alse numme den punder, dat de quaet is ende bose ende is nû quader, dan he je was, ende quadet van daghen to daghen, dar de coepman groten schaden by nemet. Des spreke wy metten Ploscouwers unde weren begherende den punder van em ende woldene neder ghesant hebben unde hebben ene vorlyket laten. Des spreken se aldus, se wolden uns den punder doen ende wolden by erer olden wichte bliven. Do wy ene nemen wolden, do worden se eens anderen tho rade unde spreken, so wan ghy juwe boden hirup sanden, so wolden se den punder van em antworden unde eer nicht. Hiirumme so bidde wy unde begheren, dat ghy hir willen enen anderen punder upsenden, dar de coepman an vorwaret sy, unde anders up nenen punder to weghene dan uppe den punder, den y hir sendet, by den broke, den y darup setten willen. Des sin wy eens ghewörden de ghene, de nu hir sin tor tiit: alse veer, alset ju nütte ende gued dunket, so wolde wy wol, dat wy des olden punders quiit weren, wante de coepman dar also grovelike by beschadet wert, dat des nement en lovet, he en seet selven vor sinen oghen. Hiirumme so weer uns lever, dat wy unse gued ansechen een jaer ofte een half min ofte meer, dan se uns unse gued so jamerliken stelen vor unsen oghen. Unde will y den Russen jenighe breve senden, de scrivet up Russesch, wente se den Duetschen breven nicht loven willen ende nicht van en heldet. Ghescreven des donredaghes vor unser vrouwen nativitas Marie. Valete in Christo.

De Duetsche coepman nû wesende to Ploscow.

346. *Braunschweig bezeugt, dass drei Braunschweiger Bürger den Hans Hammeken bevollmächtigt haben, sie wegen Arrestierung ihrer in Gent eingekauften Laken durch die Herzogin von Brabant[1] zu vertreten. — 1398 Sept. 17.*

Aus StA Braunschweig, Kopiar 3 fol. 24 b, zwischen Eintragungen von 1398 Sept. 10 und 1400 Juni 3. Hagedorn.

We de rad der stad to Brunswich bekennen openbare in dussem breve unde don witlich alle den jennen, de on seen, horen ofte lesen, dat vor uns ghewest syn Gherwyn van Hamelen, Hans van Bornum unde Tyle Vordorp, unse borgere unde koplude, de hebben uns gesecht by oren eiden, dat Hans Hammeken to Ghend on ghekofft hedde alze Gherwyne twelff Ghentesche lange lakene, Hanse achte Ghentesche lange lakene unde Tylen ses Ghentesche lange lakene, unde umme yowelken terling were geslagen eyn verndel van eynem langen lakene unde dusse dre terlinge weren gheladen uppe Ludeken Pammen karren unses borgers, de unse frowe von Brabant hebbe gekumbert laten. Unde dusse vorgenanten unse borgere unde koplude hebben dem eergenomeden Hanse Hammeken ghantze macht gegheven, van dusses gudes wegene to donde unde to latende, alzo se sulven don mochten, offt se dar yeginwordich weren, unde se willen dat stede holden sunder argelist. Dusser ding to bewysinge hebbe we unser stad heymliche ingesegil witligen laten drucket an dussen breff, de gegheven is na Godes bort dusent unde drehundert jar darna in dem achteundenegentigesten jare, des neysten dynsedages vor sunte Matheus dage des hilgen apostolen.

347. *Hzg. Albrecht [von Baiern, Graf] von Holland, erteilt den Hamburgern Geleit bis 1399 Febr. 9. — 1398 Sept. 21. Haag.*

1) *Im Frühjahr 1397 sucht Hildesheim die Vermittlung der brabantischen Städte nach behufs Freilassung seines Kaufmanns Ernst von der Halle, der von der Herzogin von Brabant wegen angeblicher Unterstützung des Herzogs von Geldern gefangen gesetzt ist. Doebner, UB. der Stadt Hildesheim 2 n. 939.*

RA Haag, Memoriale BM cas. R fol. 37b. Nov. 11 wird das Geleit bis 1399 Juni 24 verlängert, und nach einer beigefügten Notiz wird eine Tagfahrt mit Hamburg im Haag für Apr. 6 in Aussicht genommen zur Beilegung der gegenseitigen Beschwerden[1].

Verzeichnet: HR. 4 n. 463—464.

348. *K. Richard II von England an die Steuereinnehmer in London: verbietet mit Hinweis auf die hansischen Privilegien, die hansischen Kaufleute zu der neu bewilligten Einkommensteuer heranzuziehen. — 1398 Okt. 22. Westminster.*

Aus Publ. Record Office London, Close Rolls 22 Rich. II m. 21. Riess.

Rex collectoribus decime et quintedecime ac medietatis decime et quintedecime nobis per communitatem regni nostri Anglie ultimo concessarum[2] in civitate nostra Londoniarum salutem. Cum dilecti nobis mercatores de Hansa in Alemannia concesserint dare domino Edwardo filio regis Henrici quondam regi Anglie, progenitori nostro, et heredibus suis de qualibet libra argenti estimacionis seu valoris rerum et mercandisarum suarum, ut de averio ponderis et aliis rebus subtilibus, sicut de pannis Tarsensibus, de serico, de cindatis, de seta et aliis diversis mercibus et de equis etiam et aliis animalibus, blado et aliis rebus et mercandisis multimodis, que ad certam custumam facile poni non possent, quocumque nomine censeantur, tres denarios de libra in introitu rerum et mercandisarum ipsarum in regnum et potestatem Anglie, et similiter tres denarios de qualibet libra argenti in eductione quarumcumque rerum et mercandisarum hujusmodi emptarum in regno et potestate predictis ultra custumas antiquas eidem progenitori nostro aut aliis ante datas[3]: idem[a] progenitor noster voluit[b] et inter ceteras libertates et quietancias prefatis mercatoribus per cartam ipsius progenitoris nostri, quam confirmavimus, concessas concessit[c] pro se et heredibus suis eisdem mercatoribus, quod nulla exactio, prisa vel prestacio aut aliquod aliud onus super personas mercatorum predictorum, mercandisas seu bona eorundem aliquatinus imponatur contra formam expressam superius et concessam[4]; jamque ex parte ipsorum mercatorum nobis sit graviter conquerendo monstratum, quod, licet ipsi antecessores et predecessores sui, mercatores Almannie, de omnimodis prestacionibus, contribucionibus, taxationibus, decimis, quintisdecimis, tallagiis et aliis oneribus quibuscumque semper hactenus a tempore concessionis carte et confirmacionis predictarum quieti fuissent penitus et immunes, vos tamen ad hoc consideracionem non habentes ipsos mercatores ad contribuendum solucioni hujusmodi decime et quintedecime ac medietatis decime et quintedecime una cum laicis personis ejusdem civitatis distringitis et compellitis minus indebite et injuste, in ipsorum mercatorum dampnum non modicum et gravamen ac status sui depauperacionem manifestam; super quo nobis humillime supplicarunt, ut eis de remedio congruo in hac parte providere dignaremur:

nos debite consideracionis intuitu, nolentes ipsos mercatores aliter nec alio modo, quam retroactis temporibus fieri consuevit, onerari seu indebite pregravari, vobis mandamus, quod ab omnibus hujusmodi districtionibus ac compulsionibus indebitis et injustis eisdem mercatoribus ex hac causa de cetero inferendis penitus

a) so blank an der Urkunde von 1404 Febr. 20, unten n. 376. b) voluerit n. 376. c) concesserit n. 376.

1) *Die Kämmereirechnungen der Stadt Hamburg 1, 486 berichten zu 1399:* 256 lb. 10 s. dominis Johanni Hoyeri et Meynardo Buxtehude in Holland. *Ausserdem zweimalige Botschaften nach Holland. Ferner:* Expositis, quando illi de Hollandia fuerunt arrestati, 12½ lb. 18 d.

2) *1398 Jan. 31 hatte das Unterhaus dem König u. a. eine Steuer von 1½ Zehnten und 1½ Fünfzehnten [des Einkommens aus dem beweglichen Vermögen] bewilligt, zu erheben von allen Laien in drei Raten, 1398 Okt. 27, 1399 Apr. 13 und Okt. 27. Rot. Parl. 3, 368, 75.*

3) *Vgl. das Privileg von 1303 Febr. 1, Bd. 2 n. 31 § 10.* 4) *A. a. O. § 12.*

desistentes, ipsos mercatores ad contribuendum solucioni decime et quintedecime predictarum minime compellatis contra tenorem carte ipsius progenitoris nostri et confirmacionis nostre predictarum, nec eos occasione predicta aliqualiter inquietetis aliter nec alio modo, quam antiquitus fieri consuevit; districtionem, quam eis ex causa predicta fecistis, sine dilacione relaxantes eisdem. Et si causa notabilis pro nobis subfuerit, quare id facere minime debeatis, tunc nos de causa illa in cancellaria nostra citra ....[a] proximo futurum distincte et aperte constare faciatis, ut inde fieri faciamus, quod justum fuerit et consonum racioni. Teste rege apud Westmonasterium, 22. die Octobris.

349. *Der deutsche Kaufmann zu Polozk an Riga: berichtet über die Zurückweisung der neuen Schnellwage seitens der Polozker und über verschiedene Beeinträchtigungen seiner Handelsfreiheit. — [1398][1] Okt. 23. Polozk.*

Aus StA Riga; Or. Pap. m. Spur d. S. Höhlbaum.

Den erbaren heren borghermester und rad tho der Ryghe, den sal dysse breyf.

Unsen denst thovoren ghescreven unde wes wy gudes vormoghen. An de erbaren heren borghermestere unde rad tor Ryghe. Wy bydden juwer erbarcheit tho wetende, dat wy juwen breyf wol vornomen hebben unde den punder wol untfanghen hebben unde wy uns dar gherne an vorwaren willen, alse wy best kunnen. Des hebbe wy ghewest vor deme namestenken unde vor den menen Ploscouwers unde wy hebben en den nygen punder gheboden unde wy hebben den olden pünder wedder gheeschet. Dar ene willen se neynerleyghe wys tho, se wylt blyven by erer olden wychte. Item so hebbet se vorboden den eren, uns nyn solt af tho kopende, alset lycht, men solet weghen uppe erer olden wychte; des synt wy ganzeliken endrachtych ghewordenn: alse vere, alset ju gud dünket, moghe wy uns solt vorkopen unde gheweghen also, alset leghet, na profite; dat holde wy vor des kopmannes beste. Wes juwe wylle hiirane is, dar scryvet uns en antworde van, alse gy aldereyrsten kunnen. Item so hebben se uns vorboden, nyn gud tho kopende myn dan 500 werkes unde ½ scheppunt wasses, unde ok den jünghen luden nyne spiszerye in deme markede to vorkopende, also in vortiden ghewest heft. Item so schole gy weten, dat uns nyne redelcheit van de Ploscouwers ghescheen ene kan, yd werde vorsocht an Vitauten, deme mach men alle brekelcheit tho kennende gheven. Anders nicht, men blyvet ghesunt tho langher tyt. Ghescreven uppe sunte Severins daghe tho Ploscau. De Dutsche kopman tho Ploscau nu wesende.

350. *Köln an Hzg. Albrecht von Baiern, Graf von Hennegau und Holland: bezeugt in einem offenen Brief, dass der Kölner Bürger Everhart van Monhem von den zwei Fass Reis, die ihm vor Zeiten Peter Reynartssen auf der See genommen hatte, nur ein halbes Fass zurückbekommen, aber die andern auf 20 Nobel geschätzten 1½ Fass noch von Peter zu fordern hat, und dass er deswegen den Überbringer, den Kölner Bürger Friedrich Brauer, zur Erhebung der gerichtlichen Klage gegen Peter bevollmächtigt hat. — 1398 Okt. 26* (sabb. p. Severini).

StA Köln, Briefbuch 4 fol. 22b. Voraus geht ein gleichzeitiges Zeugnis Kölns über die Vollmachtserteilung Monhems an Brauer.

Verzeichnet: Mittheil. a. d. Stadtarchiv von Köln 4, 69.

a) *Lücke für das Datum.*

1) *Wegen der Datierung s. n. 354, 368.*

351. *Gr. Adolf [IV] von Kleve und der Mark verheisst der Stadt Köln während der nächsten sechs Jahre Sicherheit und Geleit für ihre Bürger zu Wasser und zu Lande und gewährt denselben feilen Kauf in seinen Landen[1].* — 1398 Okt. 28 (ipso d. Symonis et Jude ap.).

StA Köln, Urk. n. 6592; Or. m. abh. S.
Verzeichnet: Mittheil. a. d. Stadtarchiv von Köln 13, 20.

352. *Die preussischen Städte an die Königin Margaretha: haben das Verzeichniss des Schadens, den die preussischen Kaufleute in den drei Reichen und durch deren Einwohner erlitten haben, noch nicht gemäss der Bestimmung des Kopenhager Recesses [n. 341] aufstellen können, doch soll ein jeder bis Weihnachten seine Schadenliste dem Danziger Rat einreichen, der dieselbe dann der Königin übermitteln wird; u. s. w. — [1398 Okt. 31.]*

Gedruckt: HR. 4 n. 504.

353. *Hochmeister [Konrad von Jungingen] an die Herzoge Bogislaw [VIII] und Barnim [V] von [Pommern-Wolgast-]Stolpe: bittet, einigen Danziger Kaufleuten, denen ein mit 7½ Last Häring, Nüssen und anderem Gut beladenes Schiff zwischen Leba und Rewahl gestrandet ist, das geborgene Gut nach Angabe des Gerh. Ekkenhagen herauszugeben. — 1398 Nov. 1. Danzig.*

StsA Königsberg, Hochmeister-Registrant 2c fol. 94.
Verzeichnet: HR. 4 n. 514. Ein wiederholtes Verwendungsschreiben des Hochmeisters vom Nov. 27 s. das. n. 515.

354. *Der deutsche Kaufmann zu Polozk an Riga: beklagt sich über die Verletzung seiner Gerechtsame durch Polozk; erwartet Abhülfe nur von einer Verwendung bei [dem Grossfürsten] Witold [von Litauen]. — [1398][2] Nov. 10. Polozk.*

Aus R StA Riga; Or. Pap. m. Spuren d. S. Höhlbaum.

An de erbaren heren borghermestere unde rad to der Ryge presentetur littera hec.

Unsen vruntliken denst tovoren ghescreven unde wes wy ghudes vormoghen. An de erbaren heren borghermestere unde rad to der Ryge. Wy bydden juwer leve tho wetende, alse wy ok wol er ghescreven hebben, dat uns nyne redelicheyt hir ghescheen ene kan na utwysinghe der olden proveleygen, wente de Ploscowers wylt uns by nyneme rechte laten unde se vorbeden den gasten, nycht myd uns tho kopslagende; unde hir synt Moscowers unde andere gheste, de moten myd eren ghude wedder enwech varen. Unde ok hebben se den eren vorboden, uns nycht myn to vorkopende den 500 werkes unde ½ schippunt wasses. Des hebbe wy vor Montyaherden ghewest unde hebben em unse brekelicheyt gheclaghed; de secht, he ene wete van unsen vrede anders nycht, men alse em de borgers ynghegheven, unde he secht, he ene hebbe unser proveleygen nycht ghesen, he ene wet nycht, wor he syk na rychten schole. Hirumme so ene kan[a] uns hir nyne redelicheyt gheschen, yd ene werde an Vytouten ghesocht, dat he de utscrift van unser proveleygen segge unde wiste. Isset sake, dat gy hir vürder nyne macht an keren wylt, so mach malk den synen toscreven syn guddunkent, unde so ene wyl unse lecher hir nycht

a) van R.

1) *Gleichzeitig gewährt Köln den Grafen mit seinen Unterthanen sicheres Geleit für sechs Jahre, mit dem Vorbehalt, dass verbriefte Schuldforderungen seiner Bürger zu begleichen und dass Feinde der Stadt vom Geleit ausgeschlossen sind. Briefbuch 4 fol. 83; verz. Mittheil. 4, 69.*
2) S. n. 364.

wie doerghen. Hirumme so dot wol unde scrived uns hir en gud antworde van, wente wy hir nycht wol ane synt. Valete in Christo. Ghescreven tho Ploscowe, in sunte Mertyns avende.

De olderman unde de ghemeyne kopman as tho Ploscowe wesende.

355. *Köln an Hzg. Albrecht von Baiern, Graf von Hennegau und Holland: bezeugt, dass der Kölner Bürger Friedr. Bruwer von seinem Wein und anderem Gut, das ihm vor Zeiten Peter Reymerixson in Norwegen genommen und nach Holland gebracht hatte, einen Teil wiedererlangt hat, aber an dem rückständigen Gut nach seiner eidlichen Aussage einen Schaden von wohl 150 Nobeln am Kapital* (in dat heufftgut) *und von 50 Nobeln am Geschäftsgewinn* (dat yem dye reyzen damit versumt wart) *erleidet, ungerechnet alle anderen dafür aufgewandten Unkosten und Mühen. — 1398 Nov. 23* (in crastino b. Cecilie virg.).

StA Köln, Briefbuch 4 fol. 26 b.
Verzeichnet: Mittheil. a. d. Stadtarchiv von Köln 4, 90. S. oben n. 348.

356. *Hochmeister [Konrad von Jungingen] an Hzg. Albrecht von Baiern, Graf von Holland: rechtfertigt die Beschlagnahme des Amsterdamer Bürgergutes in Preussen; bittet wiederholt, seinen Unterthanen zu dem Ihrigen zu verhelfen. — 1398 Nov. 26. Marienburg.*

Aus K StA Königsberg, Hochmeister-Registrant 2c fol. 94. Koppmann.
Gedruckt: Voigt, Cod. dipl. Pruss. 6 n. 75.

Herczoge Albrecht von Beyrn, grafen von Henegaw, von Hollant, von Zeelant und herren von Frieselant.

Irluchter furste und lieber herre. Euwer herlichkeit brieff uns gesant, in dem ir uns habit geschreben von[a] euwerm kryge und wy euwer herlichkeit uff dese czeit die Osterfryesin bekreftiget habe, haben wir sunderlich gerne gehort und lipclich vornomen. Und, besunder lieber herre, als euwer durchluchtikeit uns schribet begerende, das wir euwern underszasen von Amsterdamme behulfen weren, das in ir gut, als die 700 nobeln by in unserm lande vorsprachen, gefryet wurden, und das wir dorynne ansehen die liebe und fruntschaft, die wir underdeynandern hyaber gehat haben, und euwer herlichkeit undersassen gunnen, abe und czu czu czihende und czu kowfslagen in unsern landen, als sie hyaber gethon haben, wand sie von beydersiet hyaber, die euwern in unserm lande und die unsern in euwerm lande, fredlich gewest sint und anders nicht under in den mynne und fruntschaft gewest ist: grosmechtiger lieber herre, wir hoffen, das, ab Got wil, eyn semeliche euwer herlichkeit begerunge an uns ader den unsern nicht gebrochen sie, sunder, als wir euwer grosmechtikeit ouch vormols geschreben haben und ouch nu in euwerm briefe vornomen haben, wy das die euwern, als Peter[b] Reymerszon, der von euwer herlichkeit wegen usgelegt hat in der see, unsern undersassen ir gut genomen haben, und dasselbe in euwern slossen enthalden ist und eyns teyls den unsern wedergegeben ist, noch dem als wir in euwer grosmechtikeit briefe vornemen. Aber, als die unsern clagen, mochte in yo ir gut gancz und gar, als in is genomen was von den euwern, nicht wederwerden, wen in yo czumale wenig weder wurden ist, und ouch so mochte in bisher, als sie clagen, dovon keyn glich ader recht in euwerm lande wedervaren; des haben, lieber herre, die unsern euwer lute gut von Amster-

a) vom K. b) Peter K.

damme by in unserm lande weder vorsprachen, nicht in der masze und meynunge, das sie das gut meynten czu behalden, sunder uff eyn recht, bys das in ir gut moge weder werden ader eyn recht moge wederfaren in euwerm lande von den euwern oben geschreben, die is in genomen haben. Also dunket uns, lieber herre, das wir ader die unsern keyn unmogelichs gethan haben an den euwern, und begern noch huten tages, das euwer herlichkeit den unsern behulfen sie, das in vortan das ere weder werde, als in eyme teyle mit euwer herlichkeit hulfe geworden ist. Und ouch was den unsern alumb anderswo genomen ist von den euwern, so hoffen wirs, ab Got wil, mit den euwern also czu halden, das wir und die unsern daran keyn scholt haben sollen. Geben czu Marienburg, am dinstage noch sente Katheryn tage im 98. jare.

357. *Der deutsche Kaufmann zu Brügge an Reval: beschwert sich über die Einfuhr von verfälschtem Wachs aus Livland; verwahrt sich gegen das Gerücht, das im vorigen Jahr erhobene Pfundgeld zum eigenen Nutzen verwandt zu haben, und bittet um Bestrafung derartiger Verleumdungen. — 1398 Dec. 7.*

Aus StA Reval; Or. Pap. m. 3 S. Hohlbaum.
Gedruckt: v. Bunge, Livl. U.B. 4 n. 1481.

Honorabilibus ac circumspectis viris, dominis proconsulibus et consulibus civitatis Revaliensis, amicis nostris sincere dilectis, littera presentetur.

Unse vruntlike grute mit denste tovoren. Heren unde guden vrunde. Juwer vorsenigheit wisheit ghelieve to wetene, wo dat uns de stede van Brugge ute clachten an zij ghekomen van eren borghers unde ock van anderen coplüden ut anderen landen und sunderlinghes ut der heren hove, alse des koninghes van Vrancrike unde des hertoghen van Borgonien, seer grotlike gheclaghet hevet, dat men groot ghebreck unde valscheit vindet in dem wasse, dat men ut Lijfflande pleghet te brenghene, dar de coplude zeer grotlike bi beschadighet zijn, also zij uns gheclaghet hebben, des de copman grot vorwijt hevet unde vordreet. Unde ock so hebbe wij eyn deel van den vorscreven wasse gheseyn unde besegheit mit der stede seghele van Lijfflande, dat nicht rechtverdich en was. Hirumme, leven heren unde vrunde, so ist, dat wij van ju zeer ernstlike begheren unde bidden, dat gy id also vortan binnen juwer stede vorwaren willen, dat ut juwer stede negheyn was ghevort en werde, id en zij rechtverdich unde gud, also dat de copman hirvan vorder negheyne clachte en hore noch vorwijt. Vortmer, heren unde leven vrunde, also ghy wol moghen weten, wo dat int jar 97 omtrent sente Johans misse to middensomere hir eyne vlote berede lach to seghelne, darvan de copman puntgheld uphorde, umme dat gud darmedde to vrygene over de zee, want id do zeer quelike tor see wart stond unde noch steit, dat Gode gheclaghet zij; unde hedde de copman dat bet kond hebben vorwaert, dat hadde he gherne ghedan na al siner macht: des so wart uns to wetene int jar 98 omtrent unser vrouwen misse assumpcionis[1], dat somighe personen in Lijfflande ghewest weren, de hirup solden ghesproken hebben, dat wij dat vorscreven puntgheld ovele unde boslike solden untfanghen hebben unde unnütteliken vorthert, des nicht en is unde negheyn gud man up den copman tor wareit brenghen en sal. Hirmedde was sunderlinges eyn persone ghebeten Johans Harnemann berüchtighet, dat he aldusdanighe word up den copman solde ghesproken hebben, darumme dat wi enne anesproken vor den ghemenen copmanne, des he wol bekant was, dat he der vorscreven word en deel ghesproken hadde, darvan dat he dem copmanne beteringe ghedan hefft unde van em ghescheiden is to eynen ende.

1) *Um Aug. 15.*

Unde up de selve tijd do stonden bi em 3 andere personen, alse Johan Sinnighe, Tideken Woesbeest unde Volmer Wrede, de mit groten overmode spreken sae-ghende, worumme dat Johan Harneman de vorscreven word nicht seghen en solde, wand id manich man, alse borghermestere, raedlude unde ander gude lude in den steden van Lijfflande, de selve word upten copman seghedden, des wij juwer bescheden-heit wol to betrouwen, dat ghy alsodane word up den copman nicht sallen ghesecht hebben, want de copman node enighe dinghe doen solde, id en were mit bescheide unde mit allen rechte. Hirumme, leven vrunde, bidde wi ju zeer vrentlicke, dat ghy over desse dre personen vorscreven unde over andere, de aldusdanige woord spreken, alsodanne correctie willen don, dat sick eyn ander des moghe wachten, unde hirynne bi juwer vorsenigheit wisheit alse vele donde, alse wij ju wol to be-trouwen. Unse here God beware ju alle tijd in zielen unde in lyve. Ghescreven under unsen inghezeghelen, upten 7. dach in Decembri int jar 98.

Bi den alderluden unde dem ghemenen copman van der Dut-scher Hense nu to Brucge in Vlandern wesende.

358. *Der deutsche Kaufmann zu Polosk an Riga: die Polosker wollen sich betreffs Annahme der neuen Schadloswage der Entscheidung des Grossfürsten [Witold] unterwerfen und gleichzeitig mit diesem über ihre Zwistigkeit mit dem Kauf-mann verhandeln. — [1398?] Dec. 11.*

Aus RA Riga; Or. Pap. m. Spuren d. S. Höhlbaum.

An de erbaren heren borgermestere unde rād to der Ryghe presens littera detur.

Uwes vruntliken grothe tovoren. An de erbaren heren borgermestere unde rād to der Ryge. Wy dōt juwer erbarcheyt to wetende, dat wy vor deme koninge unde vor den Ploscouwers gewest hebben unde wy hebben en den punder geboden[1]; des geven se uns to antworde, dat dar vele word van ghewest hadden, unde seggheden, yd ene sy van eren doude sycht, mer id sy gekomen vor den koninch, unde ok so wyl ere upperste tēn to dage; dar tēn al de uppersten borgers mede wol en vertich, unde segghen, wen en de koninch dōn hēte, dar wyllen se syk an holden, unde ok so ene dorve dar nemant up denken, dat se den punder to sick nemen, yd ene sy van des koninges hete, al queme her Johan van Colne hir ok sulven. Unde ok so menen de Ploscouwers, dat dar grothe boden van der Ryge an den koninch tēn[2], darumme so tēn se dar also menliken hēn unde wyllen word hebben alse umme de brecheleheyt, de deme kopmanne undertusschen schēlt; unde ok so weret gud, dat men uppe de sdswychte dachte. Boven al so wete gy alle brekelcheyt bēt, wan wy se jū scriven konen. Valete in Christo. Ghescreven to Ploscouwe, des mydweckens na unser vrouwen dag.

By deme menen kopmanne nū tor tyd to Ploscouwe wesende.

359. *Die Ratssendeboten der livländischen Städte an Danzig und die andern preussischen Städte: berichten, dass die Russen anfangen, ihre Waren selbst zu verschiffen, wodurch bei einem denselben etwa zustossenden Unfall grosser Schaden für den Kaufmann zu befürchten ist; bitten deshalb, sich beim Hoch-meister dahin zu bemühen, dass niemand in den preussischen Häfen den Russen ihr Gut laden noch ausführen darf, und wollen selbst gleiche An-ordnungen treffen. — 1398 Dec. 15. Walk.*

Gedruckt: HR. 4 n. 508.

1) Vgl. n. 319. 2) S. n. 363—365.

360. *Hochmeister [Konrad von Jungingen] an Hzg. Albrecht von Baiern, Graf von Holland: verwendet sich wiederholt für den vom Herrn von der Vere geschädigten Johann Krukman aus Danzig. — 1399 Jan. 9. Marienburg.*

Aus K StsA Königsberg, Hochmeister-Registrant 2c fol. 91d. Auf demselben Blatt der Anfang eines entsprechenden Schreibens an die Stadt Vere. Koppmann.
Gedruckt: Voigt, Cod. dipl. Pruss. 6 n. 90.

Herczogen Olbrecht von Beyern, grave von Henegaw, von Holland, von Seland etc.

Irluchter forste unde lieber herre. Als wir euwir herlichkeit vormols geschreben habin, wie daz unser getruwer Johan Crukman burger von Danczke uns geclaget hette, daz her eyn schiff geschiffet hatte von Campen, der schiffherre genand was Beyne von Nomen, do in her also gut als 500 nobiln geschiffet hatte: dazselbe schiff unde gut is komen in die herlichkeit des herren von der Vere, unde derselbe herre von der Vere unde die sienen habin sich des schiffes unde gutes underwunden unde vorkowft; unde ee daz geschach, quam der man, deme daz gut geborte, unde hette gerne sien gut weder gehat, do wolde man im nichtis dovon wedergeben, daz uns duncket wider Got und recht sien. Hirumb, lieber herre, bitte wir euwir[a] herlichkeit begerlich mit allem flise, daz euwir herlichkeit den herren von der Vere unde siene helfere, die sich des gutes underwunden habin, underwisen unde dorczu holden wellet, das den unsern das ire widder werde, dorczu sie recht habin, als euwir herlichkeit welde, ab eyne semeliche sache den euwern in unserm lande geschen were, bie den euwern teten. Unde bitten euwir herlichkeit, daz ir uns eyn antwert mit desem kegenwertigen boten widderschribet. Gegeben czu Marienburg uff unserm huse, am donrstage noch epyfanie Domini im 99. jare etc.

361. *Derselbe an die Königin [Hedwig] von Polen: wiederholt seine Bitte, die Bürger von Thorn für den Handelsverkehr mit Ungarn von dem Stapelzwang in Krakau zu befreien. — 1399 Jan. 9. Marienburg.*

Aus StsA Königsberg; Hochmeister-Registrant 2c fol. 94c. Überschrieben: Regine Polonie. Koppmann.
Gedruckt: Voigt, Cod. dipl. Pruss. 6 n. 79.

Humili recommendacione voluntario cum servicio ad quevis serenitatis vestre beneplacita premissis. Serenissima princeps, magnifica domina graciosa. Quamquam pridie magnificencie vestre preclare scripsimus[1] de fidelibus subditis nostris hominibus, civibus Thorunensibus, quomodo idem nobis proposuerunt cum querela, quod a serenitatis vestre regie hominibus, civibus videlicet Cracoviensibus, adeo dampnificati gravarentur et presertim in eo, quod per eosdem impediti non possunt sine aliis impedimentis in libertatibus solitis et laudabilibus consuetudinibus temporibus serenissimi principis et domini, domini Kazimiri quondam regis Polonorum digressi felicis recordacionis, tentis ire cum eorum bonis et mercimoniis per eandem magnificencie vestre civitatem Cracoviensem usque ad regnum Ungarie et redire, sed quod ipsi idem serenitatis vestre regie cives Cracovienses novo quodam exaccionis et inconsuete consuetudinis genere eosdem subditos nostros compellunt ad quandam ipsorum bonorum et mercanciarum deposicionem, quam euntes per civitatem Cracoviensem et regnum Ungarie et redeuntes facere, ut premittitur, per eosdem compelluntur; de cujus deposicionis compulsione, prout sepefati nostri subditi querulose nobis proposuerunt, in non modicum dampnum decidunt et gravamen. Quare,

a) *euwir euwir K.*

1) *S. n. 313, 316, 317.*

serenissima princeps et domina graciosissima, vestre magnificencie regie humiliter et toto desiderio supplicamus, quatenus contemplacione serviciorum et precum nostrarum eisdem subditis nostris civibus Thorunensibus propicius auxiliari velit magnificencia vestra graciosa, ut juxta antiquam, ut premittitur, consuetudinem laudabilem absque ipsorum bonorum deposicione et aliis gravaminibus cum bonis et mercimoniis suis sine aliis impedimentis ire valeant per eandem serenitatis vestre regie civitatem Cracoviensem ad regnum Ungarie libere et redire, quamquam olim ire libere, ut premittitur, consueverunt et redire; quare, graciosissima domina, dominum Deum nostrum humiliter pro serenitatis vestre regie incolumitate et ejusdem regni felicibus incrementis volumus deprecari. Datum Marienburg, feria quinta post festum epiphanie anno 99.

362. *Danzig bezeugt für Hildesheim, dass der Danziger Ratsherr Herm. von der Halle laut seiner gerichtlich bezeugten Aussage von dem Hildesheimer Bürger Tydeman van Harlem 2 Schiffspfund Wachs zu fordern und zu deren Einmahnung den Domherrn Henning van der Halle, die Hildesheimer Ratsherren Joh. Galle und Ernst van der Halle und den dortigen Bürger Hans van Herle bevollmächtigt hat; bittet um Unterstützung der gen. Bevollmächtigten. — 1399 Jan. 13* (am achten dage epyphanie).

StA Hildesheim, Kopialbuch 2 (1383—1399) fol. 105b.
Gedruckt: Doebner, U.B. der Stadt Hildesheim 2 n. 1065.

363. *Zwei Rigaer Ratsherren an Riga: berichten über ihre Gesandtschaftsreise [zum Grossfürsten Witold von Litauen]. — [1399] Jan. 20. Alfeld.*

Aus StA Riga; Or. Pap. m. Spuren d. S. Mitgeteilt von Hn. Stadtarchivar Dr. Schwartz.
Gedruckt: Napiersky, Russisch-livländ. Urkunden n. 125, v. Bunge, Livl. U.B. 6 n. 2945.

Providis ac circumspectis viris, dominis proconsulibus et consulibus civitatis Rigensis.

Unsen willighen deynst thovoren screven. Wetet, hern unde leyven vrende, dat wii willen hebben tho der Villen thor. Na der tiidinghe, die uns wedervart uthe Lettowen, soe danket it uns best sin, dat wii thö der Lammen overliin. Vortmer soe dort wol unde danket deme kumptur van Dunaborgh, wante hie uns vrentliken handelde tho Cruceborgh unde sande uns brot, beir und haveren, des wii umme gelt nicht bekomen eyne kunden. Tho disser tiid anders nicht. Valete in Christo. Datum in Henken huys tho Alvelde, in deme daghe der hilgen merteleren Fabiani unde Sebastiani. Tidemannus Nyenbrugge et Lobbertus Wittenborgh.

364. *Dieselben an Riga: berichten weiter über ihre Reise zum Grossfürsten Witold und ihre Verhandlungen mit demselben wegen der kaufmännischen Freiheiten in Polozk und Smolensk. — [1399] Jan. 31. Kristitschi.*

Aus StA Riga; Or. Pap. mit Spuren d. S. Mitgeteilt von Hn. Stadtarchivar Dr. Schwartz.
Gedruckt: Napiersky, Russisch-livland. Urkunden n. 126, v. Bunge, Livland. U.B. 6 n. 2946.

Den vorsichtigen hern borgermeister unde raithern der stad Righe sall desse brieff.

Unsen willighen deynst thovoren screven. Wettet, hern unde leyven vrende, dat wy weren tor Asmande mit Mynnewelen unde eten. Do quam Herman Bader dar tho uns van Vitowten unde brachte eynen brieff bir bynnen besloten; den breke wii up unde lesen ene. Hedde uns die brieff by der Dûne worden, wii hedden wedder ummegecart. Do vôre wii vort drie mile weghes tho Crauwe unde nemen Hermanne Badinghe mede. Dar vunden wii den koninc unde worven use werff, alse hii[a] uns bevolen hebben. Do hôrde uns die koninc gûtlikene unde gaf uns tho antwerde, dat he wolde tho Smolleneske wert unde wolde drie weken in der vasten[1] tho Ploskau wesen. Do bede wii ene, dat hie wol dede unde vorbodede die Ploskauwer in den wech, war it eme bevellikest were. He antwerde, die tiid were to cort; hie wolde uns gerne twe bojaren medegeven, alse hern Brachmen unde enen anderen, die scolden syne macht hebben unde scolden die Ploskauwer berichten, dat sie den copman leten by syme alden rechte, alse die breyve uthwysen. Do dankede wii eme unde seyeden, wii woldent mit en versôken: möchte uns dar redelicheit wedderraren, dat wolde wii gerne nemen; wert dat des nicht ene geschè, so wolde wii syner herlicheit beiden. Dat behagede eme wol. Vort spreke wii umme die vart tho Smolleneske unde umme des copmans vriheit. Do segede he, dat wii medevôren tho Smolleneske; hie wolde uns behelplich sin tho allen saken, die unse brieve ynnehalden. Wii antwerden, wo wii uns dar nicht tho uthgereten hedden, unde beden ene, dat hie de Smollenscher mede tho Ploskau brechte, unde se er brieve medenemen. He seggede, it solde geschein. Hirumme, leyven vrende, doet wol unde scrivet uns juwen willen als van den Smollenschen brieven; wante dar steet ynne, alse hii[a] wol weten, dat die Russen möghen segelen van Gotlande in die Travene[2], und dar stôte wii uns sere an. Hirumme latet den brieff overlesen van Smolleneske, wante die brieve, de wii hiir hebben, de hebbe wii hiir overlesen laten, dar staent ynne: die van der Rige, van Gotlande, van Lubeke unde ok ander stede in Westfalen. Vort doet wol unde seyndet uns veir verdendel soetes wins und 6 par guder swarter hôsen unde 4 pôtte engevars, 12 par sporen, 3 droghe lasse unde 10 punt mandelen unde 10 stocvische. Vortmer heft uns Herman Badinc berichtet, wo dat die borghere tho Ploskau untfangen hebben den nyen punder[3], unde dat Coeische punt is aff. Anders nicht, dan dôt wol unde scrivet uns en antwerde dieses brieffs, als hii[a] alre ersten kunnen. Vart wol in God. Gescreven tho Crauwe, des vridages vor unser vrauwen lechtmisse. Tydeman Nyenbrugghe unde Lobbert Wittenborgh.

De[b] bewisinge van der kerken tho Smolleneske unde van deme hove eyne stet in unsen brieven nicht. Hedde wii se darynne gevunden, wii hedden tho Smolleneske wert gevaren. Item ok dôt wol unde seyndet dar lode up tho der schalen mit hantgrepen, die neyn ringe syne hebben, alse vele alse men tho Ploskau behovet.

365. *Dieselben an Riga: berichten über ihre weiteren Verhandlungen mit Polozk und dem Grossfürsten Witold von Litauen; haben dem deutschen Kaufmann zu Polozk die Beachtung der Ordonnanz gegen den Borgkauf mit den Russen eingeschärft. — [1399] Febr. 12. Polozk.*

Aus StA Riga; Or. Pap. m. Resten d. S. Mitgeteilt von Hn. Stadtarchivar Dr. Schwartz.
Gedruckt: Napiersky, Russisch-livländ. Urkunden n. 127, v. Bunge, Livl. U.B. 6 n. 2947.

a) Hs. für gi. b) Beiliegender Zettel.

1) März 2. 2) S. oben Bd. 1 n. 232, 20. 3) S. n. 291, 315, 349

Providis viris ac dominis, proconsulibus et consulibus civitatis Rigensis, litera detur.

Unsen willighen deynst tovoren gescreven. Wetet, hern unde leyven vrende, dat wi von hertogen Vitouten schedden tho der Molledetzeu an unser vrauwen lichtmissen dagho[1]. Alz wii ju gescreven hadden, dat hie twe hojaren mit uns tho Ploskauwe wolde gesant hebben, des wart hie mit den synen tho rade, dô he unse sake unde unse brieve gehort hadde, dat sie den hojaren der sake nicht hôren ene wolden, unde bevôl uns, dat wil darhen tôghen unde vorvoeren, wes wii mit en degedinghen kunden, unde gaff uns enen brieff mede an die Ploskauwer, dat sie den Dutschen côpman laten soelden by alle syme alden rechte bitte to der tyd, dat hie selven dar qweme. Dar sie doch nicht tho wolden, unde doch soe geven sie it to lesten over, dat men copen mach, wat men wil unde mit weme dat men wil. Unde die Ploskauwer segeden uns, se wolden erre sake tho hope gadderen unde erre clage uppe de Dutschen, wante de eldesten segget hiir, dat in vortiiden de rât tho der Righe vorbôden hebbe, dat die Rutzen nicht mit deme oversetschen Dutschen copmanne copslagen ene môsten tho der Righe, unde die van der Rige syn die eirsten, de it vormenget hebben. Dar wil vele tho antwert hebben, dat des nicht en all unde ôk nicht wesen en môghe, wante de oversetsche copman hebbe de vriheit mede vorworven; hiirumme ene hedden die van der Righe des neyne macht, dat sie en die coepenschap vorbôden. Unde wii segeden en, sie weren gudde alde lude, warumme dat sie den wilnt vorspielden tieghen God unde recht, wante is nicht en were, dat se segeden. Aldus hadde wii viele wort mit en, dat sie nicht wol ene wisten, wat se dar tieghen seggen soelden: by namen mit der quaden wichte unde van der schalen unde deme pundere, unde ok dat sie den Dutschen er salt tho unrechte genomen hedden. Unde se hebbent alle er sake geschotten an hertogen Vitouten unde seggen, wes hie wille, dat wellen sie doen. God gheve, dat it all gud werden môte. Hertoge Vitout hevet uns gelovet, allen, des men den eren gan tho der Righe, des soelen sie unseme copmanne wedder gunnen tho coepene unde tho vorcopene. Ok hevet hie uns gelovet, hie wille uns unse brieve unde unse rechtigeit betteren, unde ok wil hie der oversten van Smolleneske en deel mit sich her brengen, dat sie er brieve hiir hoeren soellen unde er rechtigeit unde des copmans rechtigeit.

Item soe dôt wol unde sendet die lode tho den schalen herup, alse wii ju gescreven hebben. Item soe hebbe wii twen brieff untfangen, den bii uns sanden, unde lûdden den Dutschen copman tho hope hiir tho Ploskau unde geven eme tho kennene, dat ju tho wetene worden were, dat hiir Dutschen weren, de deden tiegen die ordinancien unde copslageden hiir mit den Russen unde leverden dat gud tho der Righe tieghen de ordinancien. Dar antwerden se tho, er en deel: so heddent gedan unde neynden anders nicht, se en mochtent wol doen. Do seghede wii, is en mochte nicht wesen; die ghene, die dat gedan hedden, soelde men richten. Wert dat bii uns de macht mede gedan hedden, wii wolden se hiir wol absolviren, wante wii droffien wol terempeldes unde liggen hiir in groten vordreite unde kunnen unsen perden noch uns selven nicht gehebben umme gelt, des wii behovet. Anders nicht, dan wii wielden gerne doen na juuen brieven unde vorramen des besten, war wy kunnen. Valete in Christo. Datum Ploskau, ipso die cinerum.

Item so spreke wii den heren Vitouten alze umme dat gud, dat unsen borgers to Dunenborgh genomen wort, unde segeden eme, dat uns die meister enen brieff getoghet hadde, den he eme gesant hadde, darynne stont, den vrede, des de Plos-

[1] Febr. 2.

hanwers gemaket hedden, den wolde men halden; uppe den brieff unde synen geloven hebbe wii unse borghere varen, in deme guden geloven hebben unse borghere er gud vorloren. Unde beden em vruntliken, dat he wol dede unde kerde syne gnade dartho, dat unsen borgeren er gud wedder worde. Doe segede hie: vortiet der rede; ich hebbe ju viele gudes gedan: alle dat gud, dat tho Ploskau bleff bовен die tiid, de ich en georlovet hadde, dat mochte ich all behalden hebben, dat liet ich doch umme juwer vrentschapp willen. Ok segede he uns by synre selle, de brieff en helden also nicht; vor die Lettouwen ene were neyn vrede gemaket, it worde genomen in der Dütschen lande. Dat men den brieff vor eme brechte, wert alse, als wii segeden, hie vormochte it wol twievolt tho betalene. Hirumme kunde hii den brieff van unseme hern, den meister, erwerven, dar dat ynne steit, unde uns den senden, soe wolde wii gerne dat beste dôn, alz wii doch wellen.

Tydemannus Nyenbrugge et Lobbertus Wittenborgh.

366. *Entwurf eines fünfjährigen Schutzbündnisses von Lübeck, Hamburg, Rostock, Stralsund, Wismar, Greifswald und Anklam. — [1399 Febr. 7 Wismar.]*

Aus W StA Wismar, Urkunden II n. 21; gleichz. Abschr. a. Pap. Hagedorn.

Wegen des wahrscheinlichen Datums dieses Stückes s. den Bericht der Detmar-Fortsetzung bei Grautoff, Lüb. Chron. 1, 369. — Der undatierte Entwurf einer zweijährigen Tohopesate von Lübeck, Hamburg, Rostock, Stralsund, Wismar, Lüneburg und Greifswald aus dem StA Rostock gedr. HR. 8 n. 1104. Mehrere Entwürfe eines Bundes der altmärkischen Städte (Stendal, Salzwedel, Gardelegen, Seehausen, Tangermünde, Osterburg und Werben), der Schrift nach vom Ende des 14. oder Anfang des 15. Jahrhunderts, finden sich im StaA Berlin, Litteralien d. 15 Jahrh., Mappe 8 Fasc. 3.

Witlik sy alle den jennen, de dessen breff seen edder horen lesen, dat wy borgermestere unde ratmanne der stede Lubeke, Hamborch, Rostok, Stralessund, Wysmar, Grypeswolde unde Tanklym etc., deme hylghen Romeschen ryke to eren unde ene isllike stad ereme heren to dende, dat se eme van ere unde rechtes wegen plychtych is, dorch kentliker notroft, vromen unde nut der lande unde unser stede hebben mit ganczer endracht [unde] wolberadenem mode gemaket ene eendracht unde vorbunt nû to sunte Johannis daghe[1] negest komende an to stande unde to warende vyff jar syk negest vorvolgende in der wys, also hir nageschreven steyt.

[1.] To dem eyrsten, dat de ene stad[a] mit der anderen beste umme ghan schal[b]. Unde were it also, dat jenighe schelinge upstunden twuschen jenighen steden, de vorscreven syn, na dessem vorbunde, de scholen syk undertwusschen vlygen na rade der stede, de hyr en bewten syn, unde theen dar nene landesheren in; konen se syk over nicht voreni ghen, so scholen se dat bringen vor de vorscrevenen stede, de scholen darto helpen, dat se syk vlyghen, des scholen se en nicht unthoren.

[2.] Scheghe ok, dat jenich landesheere[c] jenigher stad engenomet vyent worde, dar scholen de anderen stede, de in dessem vorbunde syn, dar in[d] gemene erer breve ummesenden unde vor se manen; unde de[e] stede[e], de darby beseten syn, de scholen to eren daghen ryden, wanneyr se des van en begherende syn, unde helpen darto, dat se by lyke unde by rechte blyven. Unde de sulven stede scholen der stad mechtich syn to[e] lyke unde to[e] rechte, unde de stad schal dat holden na rade der anderen stede unde schal en des nicht unthoren; wolde de stad des nicht doen unde wolde eren wyllen hebben, so sta se ere egbene eventure. Konen

1) *Juni 24.*

a) [illegible] b) [illegible] c) [illegible] d) In dat n. [illegible] e) [illegible] se over der stad nicht by lyke unde by rechte beholden, so schal en jewelyk van den steden vorscreven der anderen doen, alse hir nageschreven steyt, wanneyr se des van eer begherende syn[a], also dat se scholen volghen der stad, de des begherende is, upp dem wege to unde aff upp ere eghene[b] koste unde schaden to rydende, went dat se in de stad gekomen syn, upp der sulven stad koste denne to wesende; men de stad, dar se to gesand syn, en darff nenen tzolt utgheven. Unde wolde de stad wor reysen, dar scholde malk syn eghene eventure van[c] staen van schaden unde[d] vromen, sunder de stad schal de koste staen. Unde[e] wunnen de[f] vorscrevenen stede wor slote, stede edder veste, dar moghen se by doen, wes se to rade werden; sunder nemen se wor vromen an vangnen, dingnisse edder in namen, den schal me delen na mantale der wersaftighen lude, de den vromen geworven hadden[g]. Unde en jewelyk stad schal volghen, alse hir nagescreven steyt, alse de van Lubeke scholen volgen mit 30 gewapent unde mit 6 schutten, de[h] van Hamborch, de van Rostok, de[h] van dem Sunde[i] en ysyk mit 20 gewapent unde[k] 4 schutten, de van der Wysmar mit 16 gewapent unde mit 4 schutten, de[l] van dem Grypeswolde unde de van Tanklym[l] mit 10 gewapent unde myt 2 schutten. Unde worde des vurder behoeff, so scholden de stede darumme tosamende ryden to[m] sprekende, wat se dar vurder to doen wolden. Unde werit[n] also, dat de stad, de to der volghe gesachet worde, nene wepenere edder schutten senden kunde, so schal se darvor senden vor ysliken wepener 20 m. Lubesch unde vor den schutten 10[o].

[3.] Were ok, dat jenich here jenigher stad vyent worde, de stad darff[p] bynnen der tiid, dat de veyde wart, to der anderen stat volghe edder[q] hulpe nicht vorbunden syn, sunder se mach denne ere were to hûs beholden[r].

[4.] Ok schole wy vorscrevenen stede mit nemende umme jenighe sake, de van des vorlandes wegen unstaen were, ene vreden noch sonen jenigherleye wys, yt en were[s], dat de vorbenomeden stede alle myt uns in dem sulven vrede bedegedinget unde begrepen worden[t].

[5.] Ok en[u] schal me in dessen vorscrevenen vorbunt nemande nufaen, yt[v] en sy, dat de stede ergenomet des ganseliken ens geworden syn[w], wanneyr de 4 jar negest volgende umme gekomen syn; in dem vyften jare so scholen de stede vorscreven darumme tosammende ryden unde handelen, oft se desse eendracht vorlengen wyllen. Wat kryges in der tiid des vorbundes unde van des vorbundes wegen uppstunde unde van ener edder mer der[x] vorscrevenen stede beghunt were, darto schole wy en behulpen syn[y], alse vorscreven is, by en to blivende het to der tiid, dat de krych geendiget is.

[6.] Ok schal men in nener stad vorscreven jemande leyden, de in der[z] anderen stad vorvestet were[z] umme misdât, unde ok de schult makede upp vorvlucht unde darmede myt vorsate entweke[a*].

a) wanneyr—syn fehlt a. [illegible] b) [illegible] c) [illegible] d) und van a. [illegible] e) [illegible] f) [illegible] g) In a. [illegible] folgt: [illegible] h) [illegible] i) [illegible] k) [illegible] l—l) [illegible] m) [illegible] n) Werit ok a. [illegible] o) [illegible] p) [illegible] q) [illegible] r) In a. [illegible] folgt: [illegible] s) [illegible] t) [illegible] u) [illegible] v—v) [illegible] w) [illegible] x) [illegible] y) [illegible] z) [illegible] a*) In a. [illegible] folgt: [illegible]

(7.) Were ok, dat jenich leye syk ut leylyker achte[a] worpe unde[b] worde crucesignatus[b], unser borghere welk myt geystlykeme rechte to beswarende umme wat sake, dat yt were, de scholde ungeleydet wesen in den steden vorscreven, yt en were[d], dat me ene leydede umme berychtinge myt dem sakewolden etc.[e]

367. Grossfürst Witold von Litauen beurkundet einen Handelsvertrag zwischen Riga und Polozk. — 1399 März 6. Polozk.

R StA Riga; Or. m. anh. S., altrussisch.
R 1 Das.; Abschr., desgl.
Gedruckt: aus R. v. Bunge, Livl. U.B. 4 n. 1483; aus R 1 Napiersky, Russisch-livländ. Urk. n. 128. Hier nach Übersetzung von Dr. v. Hedenström in Riga.

Wir Grossfürst Witowt haben diese Urkunde gegeben dem Rigaer Bürgermeister Nikolhorg und allen deutschen Kaufleuten aus Riga sowie allen andern. Demgemäss sollen in Polozk die Polozker guten Leute das Kreuz darauf küssen, dass sie den Deutschen alle Gerechtigkeit beim Wiegen, im Handel und in allen Handelsgeschäften erweisen werden. Und ebenso sollen in Riga die deutschen guten Leute den Polozkern das Kreuz darauf küssen, dass sie den Polozkern alle Gerechtigkeit beim Wiegen, im Handel und in allen Handelsgeschäften erweisen werden. Und von keiner Seite, weder von den Deutschen noch von den Polozkern, soll Arrest verhängt werden, sondern Partei soll sich an Partei halten. Und hierüber haben wir diese Urkunde gegeben und befohlen, unser Siegel anzuhängen. Geschrieben zu Polozk, am Donnerstag der vierten Fastenwoche am 6. Tage des März, (als) nach Gottes Geburt vergangen waren 1400 Jahre weniger eins.

368. Der deutsche Kaufmann zu Polozk an Riga: hat die von Riga übersandten Gewichtstücke im Interesse des Kaufmanns den Polozkern nicht abgeliefert. — [1399] März 22. Polozk.

Aus StA Riga; Or. Pap. m. Resten d. S. Höhlbaum.

An de borghermesters unde rât tho Righe sal dusse breef.

Unsen vruntliken grote tovore. An deme borgermestere unde raet tho Righe. Witlik si juwer erbarheit, dat wy de lode untfangen hebben, de gii uns up sanden. Ok so hadde gi uns gescreven, dat wy den Ploskouweren de lode antworden solden. Dit wolde wy gerne doen, men wy hebben anghesen, dat et nicht gût en sii; wered dat wy se en boden, so wolden se se vorslan keghen de ere, so wolde it were scheden, so solden se dar lichtes over clagen willen deme koninghe, dat se hülperede makeden, dat se nicht nedder en dorften theen. Hir is uns lede vore, darumme en hebbe wy en van den loden nicht gesecht. Dit hebbe wy uppet beste gedaen unde menen se stan tho laten met de lesten lodiighen neddervaren. Isset dat wy geen antworde van ju en hebben, so wille wy se myt den lesten nedderbrenghen. Anders nicht. In Christo valete. Gescreven tho Ploskouwe in palmeavende.

By den olderman unde den meynen copmanne tho Ploskouwe wesende.

369. Köln an Herrn Joh. von Heinsberg: bittet auf Grund einer Zuschrift des deutschen Kaufmanns zu Brügge, sich um Abstellung der Fehde zu bemühen, welche Arnd Pleskow aus Lübeck dem gemeinen Kaufmann von der Hanse angesagt hat. — [1399] Apr. 14.

a) achte edder bergerrechte n. 485. b—b) Fehlt n. 485. c) dat were umme n. 485.
d) were denne n. 485. e) etc. fehlt n. 485.

Aus StA Köln, Briefbuch 4 fol. 38. Koppmann.
Verzeichnet: Mitthl. a. d. Stadtarchiv von Köln 4, 94.

An den edelen homechtigen, unsen lieven herren ind vrunt, heren Johan van Loen, herren zo Heymsberg ind zo Lewenberg.

Eydel, homechtige herre ind vrund. Wir begeren uch zo wissen, dat die alderlude ind der gemeyne coufman van Duytzscher Hanse nu zer tzijt zo Brugge lijgende uns geschreven ind getzoent haint, wye dat eyn geheiten Arndt Pleskowe, de geboiren sij van Lubeck, yn geschreven have, dat hee mit alle den genen, dye umb synen wille doin ende laten willen, vyande willen wesen des gemeynen koufmans van Almanien ende alre der gheenre, dye sij up des koufmans recht veden mogen. Ind want, lieve herre, wir vernoymen haen, dat dis man vurgenant sijch bij uch onthalde, so begeren wir na der sonderlinger vruntschaff ind eynongen, as tusschen üch ind uns geleigen is, ind bidden uch, so wir alrevruntligste mogen, ist sache, dat ir desen man bij uch halt, gelijch wir verstanden hain, as vursreid is, dat ir dan umb unser liefden ind beden wille bestellen wilt, dat dem gemeynen koufman van der Hanse dese veede werde afgedain, also dat wir, unse stat ind burgere ind eyn yecklich guet koufman vursreid unbescheidigt moegen blijven, want wir uch gentzlichen zogetruwen, dat ir umber sere node alsus yemant weder uns ind den gemeynen koufman bij uch lijden of dragen weult. Hirup begeren wir, lieve herre, mit desem unsem boiden ure gutliche beschreven antwerde. Datum feria secunda post dominicam misericordias Domini.

370. *Köln an den deutschen Kaufmann zu Brügge: dankt für seine Warnung wegen der Absage des Arnd Pleskow gegen die hansischen Kaufleute; hat sich an den Herrn von Heinsberg um Vermittlung gewandt. — [1399] Apr. 22.*

Aus StA Köln, Briefbuch 4 fol. 39b. Koppmann.
Verzeichnet: Mitthl. a. d. Stadtarchiv von Köln 4, 94.

Prudentibus et discretis viris, aldermannis necnon mercatoribus Hanse Teuthonice pro presente Brugis in Flandria constitutis, amicis nostris sincere dilectis.

Sunderlinge lieve vrunde. Also as ir uns nu lestwerf geschreven ind in dem selven urme brieve copije eyns untsagebriefs mytgesant hait ynnehaldende van eyme geheissen Arnd Pleskouwe, wye dat hee vyant sij worden des gemeynen koufmans van Almanien van der Duytzscher Henze ind alle der gheenre, de he up des meynen coufmans recht veden moege etc.[1], ind begerdet darumb in urme brieve, dat wir dit unsen burgeren weulden zo kennen geven, also dat sij davan unbescheidigt muegen blyven etc., hain wir wale verstanden ind begeren uch darup zo wissen, dat wir uch der warnongen sonderlingen sere dancken. Ind wir hain uns umb den selven Arnod Pleskouwen vurgenant bevraicht ind ernstligen ervaren, as verre dat wir verstanden hain, dat de vurgenante Arnd bij dem herren van Heynsberg were. Also daiden wir darup zer stunt dem egenanten herren van Heynsberg schriven ind bidden, were sache, dat hee desen man bij eme hette, dat hee dan umb unser liefden ind beden wille bestellen weulde, dat dese veede afgedain würde, also dat uns noch dem gemeynen coufman geyn schade van yem geschege. Up wilchen unsen brief hee uns weder geschreven ind geantwert hait, in alle der maissen deser copije begriijft[2], dye wir uch hie bynnen versloissen senden. Datum feria 3 post jubilate.

[1]) S. n. 369. [2]) Nicht erhalten.

371. *Stralsund beurkundet sein mit Greifswald, Anklam und Demmin abgeschlossenes ewiges Bündnis zum Schutz des Landfriedens, zur Beilegung gegenseitiger Streitigkeiten und zur Erhaltung des lübischen Rechts. — 1399 Mai 1. Stralsund.*

Aus StA Demmin (im StA Stettin), Urk. n. 96; Or. m. anh. S.
Das. n. 94 und 95 die aus den betr. Orten datierten Ausfertigungen von Greifswald und Anklam, 2 Or. m. anh. S., mit kleinen dialektischen Abweichungen.
StA Anklam, Ausfertigungen von Stralsund und Greifswald; 2 Or. m. anh., bez. abgerissenen S., wie vor.
Gedruckt: Stavenhagen, Beschreibung d. St. Anklam S. 395. Verz.: Gesterding, Beitrag z. Gesch. der Stadt Greifswald n. 221. Vgl. oben n. 57 u. 203.

Im vorhergehenden Jahre legen Greifswald, Anklam und Demmin die Zwistigkeiten der Stadt Stralsund mit den Herzögen Barnim (VI) und Wartislaf (VIII) von Pommern (-Wolgast) durch ihren Schiedsspruch bei; u. a. wird darin bestimmt: vortmer so scholen unse heren vorbenomed allen nyen toln und nye weghe nedderlegghen und scholen ghönnen der olden weghe to brûkende unde bliven by erem rechten tolne. *Transsumpt der Herzöge und der drei Städte von 1400 Aug. 6* (in s. Sixtus daghe des h. pawese) *im StA Stralsund, Or. m. 5 anh. S.* Hagedorn.

1399 Juni 9 verbinden sich Brandenburg, Berlin, Cölln, Frankfurt a. O. und die andern Städte der brandenburgischen Mittelmark zu gegenseitigem Schutz; Riedel, Cod. diplom. Brandenb. I, 24 S. 393.

In Godes namen amen. Wy borghermestere unde radmanne der stat to deme Stralessunde bekennen unde betûghen openbare in desser scrift, dat wy na rade unde vulbort unser aller hebben gemaket unde angheghan ene vorenynge unde vruntscup mid den steden Gripeswold, Tanglim unde Demyn, dede waren scal to ewigen tiden, eyn half yar vore uptosegghende de ene stat der anderen efte dar ellike stat desser stede vorbenomet were, de an desser vorenynge unde endracht nicht lengh sitten efte wesen wolde, uppe stücke unde article in der wys, alze hir naescreven steit, zo dat wi unsen rechten erveheren dôn scolen unde willen, wes wy en van rechte plichtigh sint, wo se uns bi gnaden unde bi rechte laten.

[1.] To deme ersten, dat ene yewelke stat vorbenomet scal rechte richten over openbare stratenrovere, buddenstulpere unde andere misdedere, de unser heren land unde unser veer steden gud schynnen unde roven, na lope des rechtes. Unde were, dat ellike stat desser stede vorbenomet vigentscup edder unwerdiscop kreghe dor desselven rechtes willen, dar scal ene jewelke stat der anderen mit truwen ane beholpen sin mid rade unde mid dade, alse hir naescreven steit, wes ghescheen is yn desser endracht unde vorenynge.

[2.] Were ok, dat jenigh here edder andere lude, ze weren we ze weren, ellike stat desser stede vorbenomet vorunrechteden, konen de andern stede der stat, der dat unrecht schût, nicht helpen likes edder rechtes, alse en gud unde recht dünket wesen, bynnen verteyn daghen, so scolen de anderen stede by erer hûlpe tu ende bliven, alse naescreven steit.

[3.] Were ok, dat jenigh here edder andere lude, ze weren we se weren, vorunrechteden edder vorwaldeden ellike stat desser stede vorbenomet edder vorunrechten wolden, an de heren unde an de lude scolen de anderen stede boden unde breve senden unde manen vor se, dat me se bi rechte late. Were id to den heren, so scolen de manebreve holden vêr weken; were it to ridderen edder tu anderen luden, so scolen de manebreve verteyn dage holden; unde de anderen stede scolen over de stat likes unde rechtes weldigh wesen. Unde were, dat heren edder andere lude, se weren wy se weren, des nicht don wolden unde by rechte laten, so scolen de anderen stede der stat, de dat unrecht lit, van staden an behulpen

wesen na mantalen ere unrecht tu kerende, alse desse breff vortan ludet. Wurde over desser stede welk berand edder beleghet van heren edder van anderen luden, so scolen de anderen stede also vort tu hulpe komen der stat, der de nod anlight, jewelke stat mit tyen also velen luden, alse hir nascreven steit; unde bedrofte de stat grotter hulpe, so scal me der stat grotter hulpe dôn.

[4.] Vortmer welkere desser stede vorbenomet, der de nod anlight, wan se dat eschet unde wo dikke, so scolen de anderen stede der stat tu hûlpe komen, ere unrecht tu kerende, unde de volghinge ener stat der anderen scal wesen buten unser heren land vif myle: wy van deme Stralessunde mit veftich wepeneren unde mit twelf schütten wol gheperdet, de van deme Gripeswolde mit vyveundetwyntich wepeneren unde mit ses schütten wol gheperdet, unde de van Tanglim unde van Demyn mit viveundetwyntich wepeneren unde mit ses schütten wol geperdet. Were ok, dat desse wepenere unde schütten, wen se toghen tu der stat, de ere hulpe eschet hadde, schaden edder vromen nemen, den scaden unde den vromen scal ene jewelke stat sülven dreghen. Wen se over toghen mit der stat, de se eschet hadde tu erer nod, up ere vigende unde dar scaden efte vromen nemen, den scaden scal me tovôrn van deme vromen richten alse verne, alse de vrome keret; wes des vromen darboven is, den scolen se alle na mantalen delen[a]. Wenne ok de ene stat de anderen stede eschet tu kerende ere nod, so scolen de anderen stede der stat, der de nod anlight, tu hulpe komen unde scolen ere eghene terynghe stan, wen se in de stat komen, den[b] dagh unde de nacht unde twe vulle dage daran; were over, dat desser stede ên der anderen stede tu der tid vorder bedrofte, so scal se de stat, de erer bedarf, spisen unde voderen[b]. Unde were, dat etliker stat desser stede vorbenomet also grot nod anliggende were, dat se grotter hulpe bedrofte, wen se dat eschet, so scolen de anderen stede der stat tu hülpe komen mit merer hûlpe na mantalen, alse vorscreven steit, alse wi denne endreghen.

[5.] Were ok, dat etlike stat vorbenomet dor erer nod willen tu zik toghe rovers edder andere lude, de desser stede welk beschedighet hadden, mach de stat, de se tu zik thût, den anderen steden helpen likes edder rechtes binnen achte daghen, dat scal de stat annamen, der dat unrecht ghedan is. Mochte over de stat nicht helpen likes edder rechtes bynnen achte dagen, so scal me erer dar nicht lenk leyden.

[6.] Unde ene jewelke stat desser stede scal der anderen open stan uth unde yn, dôr unde wedder tu allen eren noden sunder jenigerleye hulperede edder were tu[c] erme eghen behôf[c].

[7.] Heft ene stat schelinge tu der anderen umme sake, de van desser vorenynghe scheen zint, dar scolen de anderen stede likes unde rechtes over mechtigh wesen. Schelet over borghermesteren, radmannen edder borgheren ut der enen stat wen tu borghermesteren, radmannen edder tu borgheren ut der anderen stat, de scolen zik an rechte noghen laten.

[8.] Rovere, de gherowet unde arghet hebben unser heren land edder desser stede gud edder erer borghere gud, der scal me in desser stede nŷn leyden, men yn der wise, alse hir vorscreven steit.

[9.] Were ok jenigh leye, de zik an Lubesschem rechte nicht wolde noghen laten, de schal an desser stede nŷn vorbenomet jenigen leydes brûken.

a) [illegible]
b—b) [illegible]
c—c) [illegible]

[10.] We koft up ene vlucht yn ener stat desser stede een vorbenomet, dat he scaldigh blift, de scal in den anderen steden synes leydes bruken, wan me dat den anderen steden tu wetende doit, sunder enen dagh unde ene nacht darna.

[11.] Were ok, dat desser stede welk erzhenomet, erer een efte erer mer, desser[a] enynge unde vruntscup opseghelen unde[a] binnen desser enynge unde vruntscup an kryghe unde an vigenscup tosamende komen weren, dar scolen de stede vorbenomet tusamende an deme cryghe to ende bliven.

Alle desse stücke stede unde vast tu holdende love wy borghermestere unde radmanne der stat tu deme Stralesunde by eren unde by loven des van deme Gripeswolde, van Tanglim unde van Demyn. Unde were, dat heren edder andere lude desser stede ên beranden edder beleghedeu, so scolen de anderen stede dat also holden umme de hulpe, alze hir vorscreven steit, by eren unde bi loven, id en were, dat de ene stat der anderen nicht tu hulpe komen konde, dat ze openbare bewisen mochte, darmede scal de stat newer ere edder loveu vorbroken hebben, men se scholen denne de vygende buten arbeiden, alse ze alder vigentlikest konen[b]. Tu tüghe aller desser dink hebbe wy unse grote yngheseghele ghehenghet vor dessen breff, de gheven is an user stat tu deme Stralesunde na Godes bord drutteynhundert yar darna in deme neghenundeghentighesten yare, an deme daghe Philippi et Jacobi der hilghen apostelen.

372. Stettin an Danzig, Thorn und Elbing: sendet wegen der Wegnahme von Stettiner Bürgergut[1] seinen Ratsherrn Hinr. Rynlender an den Hochmeister und die drei Städte, bittet, sich beim Hochmeister zu bemühen, dass er dem Gesandten (an unser unde unser burger gude) *guten Willen beweist. — 1399 Mai 18.*

StA Danzig, Stadtbuch 2 S. 300. Brune.
Verzeichnet: HR. 4 n. 535.

373. Hochmeister [Konrad von Jungingen] an Köln: hatte erwartet, dass die Stadt seinem Begehren gemäss dem Kumtur [von Koblenz] den Weinausschank gestattet hätte; meldet, dass sich seine Unterthanen über den Weinschank der Kölner Bürger in Preussen beschweren, und ersucht die Stadt, dieselben zum ausschliesslichen Verkauf in Fässern anzuhalten. — [1399 nach Mai 31[2].] Marienburg.

StsA Königsberg, Hochmeister-Registrant 2c fol. 95b.

374. Die preussischen Städte an Nürnberg: berichten, dass Nürnberger Bürger in diesem Jahre gegen das Herkommen Kupfer und andere Waren zu Schiff nach Flandern gesandt haben; warnen sie deswegen und bitten, dies in Zukunft zu verbieten, behufs Vermeidung einer künftigen Schädigung der Nürnberger. — [1399 Juni 23.] Thorn.

Gedruckt: HR. 4 n. 540. Vgl. das. n. 539, 9.

375. Hochmeister Konrad von Jungingen beurkundet seinen unter Mitgelöbnis der Ordensgebietiger von Preussen und Livland und der Städte Thorn, Elbing

a—a) Fehlt n. 462. b) by dem leven unde by eren, also vorscreven is steit n. 462 hs.

[1]) *S. oben n. 331 Anm. 1.* [2]) *Mai 31 schreibt Köln an den Hochmeister wegen des Weinausschanks in Köln durch den Kumtur und bittet gleichzeitig, seine Bürger und Kaufleute in Preussen bei ihrem alten Recht zu erhalten und zu beschirmen. StA Köln, Briefbuch 4 fol. 42; verz. Mittheil. a. d. Stadtarchiv 4, 94.*

und Danzig für ewige Zeiten abgeschlossenen Freundschaftsvertrag mit K. Erich von Dänemark, Schweden und Norwegen wie n. 343 mut. mut. — 1399 Juni 24. Marienburg.

Gedruckt: aus dem Or. im StA Königsberg (mit 16 von 17 S.) Voigt, Cod. dipl. Pruss. 5 n. 111, v. Bunge, Livl. U.B. 4 n. 1488; aus einem zweiten Or. das. (m. 11 von 12 S.)[1] *Kotzebue, Preussens ältere Gesch. 3, 326. Verz.: HR. 4 n. 531, Voigt a. a. O. 4 S. XXIII und 5 S. XXX, Reg. Dan. II 1 n. 3636.*

376. *Die 16 Ratgeber und gemeinen Landleute des Landes Wursten versprechen in ihrem mit Hamburg abgeschlossenen ewigen Bündnis u. a., ihm zur Befriedung der Elbe auf Ansuchen Zuzug zu leisten, sowie aufgefahrenen Schiffen behülflich zu sein* (vortmer offt jenich schypp, dat den van Hamborch tobehorede, offte jenich vromet schyp, dar over borgher gud ane were, sik settedde in unse rechticheyt by suden den Okkenbeke, de ingande ys westen in de see, dat schall bruken syner tyde; weren ze denne darenboven vorder hulpe begerende, so schulle unde wille wy lantlude to Worsten vorschreven en behulpelik wesen umme redelik arbeydesloen). — *1399 Juni 29* (in deme hilligen dage s. Peters unde Pawels).

H StA Hamburg, Trese Bb 4; Or.-Transsumpt des Vicedekans und Kapitels der Frauenkirche zu Hamburg von 1464 Okt. 3.

Das., Abschr. des 15. Jh., orthographisch abweichend.

Ha StA Hannover; Abschr. des 16. Jh.

Gedruckt: aus H Schubart, Commentarius de jure litoris S. 308; aus Ha Sudendorf 9 n. 20. Verz.: Hempel, Invent. diplom. Saxon. inf. 2, 460.

377. *[Hzg.] Albrecht [von Baiern, Graf von Holland,] geleitet den Schöffen Joh. Overstolz*[a]*, Heinrich op dem Hele und Adolf Brauer, Bürger von Köln und Sendeboten dieser Stadt, mit ihren Fahrzeugen und Dienern bis zu 25 Personen zum sicheren Verkehr in seinem Lande*[2] *für einen Monat oder bis vier Tage nach Widerruf, unter Vorbehalt seines Zollrechts. — 1399 Juli 16. Haag.*

RA Haag, Memoriale H M cas. R fol. 59b. Höhlbaum.

378. *Aufzeichnung über die Abfindung des Hildebr. Heysterberg als Handelsgesellschafters eines verstorbenen [Dorpater] Ratsherrn. — 1399 Juli 21.*

Aus R StA Reval, Denkelbuch 2 fol. 37b. Überschrieben: Anno Domini 1399, in vigilia beate Marie Magdalene. *Höhlbaum.*

Gedruckt: v. Bunge, Livl. U.B. 4 n. 1490.

So si witlick, dat de vormündere der wedewen her Voldemeres van der Kaspele, als her Rodgher Droghe, her Wernher uppem Rode unde Johannes Lovenschede[b], hebben ghanczliken verlaten Hildebrand Heysterberghe van aller ghselschop unde schichtinge weghene, de he mit her Voldemer van der Kaspe[le] hadde; also bescheden, dat Hildebrant schal hebben dat hus, dat se tö Brügge hadden, vry eghen unde dartö alle schulde, de noch utestaen unde achterstellich sint.

379. *Ordonnanz des deutschen Kaufmanns zu Brügge über Ausladung von Waren in Sluys. — 1399 Juli 25.*

Aus L StA Lübeck, flandrischer Kopiar n. 8 S. 42. Koppmann.

StA Köln, hansische Kopiare A fol. 162, H fol. 153b.

a) So. b) Folgt unde R.

1) *Es fehlen unter den Besieglern der Komtur von Danzig, der Grossschäffer von Marienburg und die 3 Städte. Vgl. Voigt, Gesch. Preussens 6, 187 Anm. 4.* 2) *Bei ihrer Reise über Kampen und Hamburg zum Hansetag in Lübeck. Die Reiserechnung ist gedr. Mittl. a. d. Stadtarchiv v. Köln 10, 61 ff.; verz. HR. 8 n. 968.*

Item int jaer 99 upten 25. dach in Julio so wart overdreghen by dem ghemeyne[n] copmanne unde by den dren derdendeelen ynghebracht, dat gheen copman van der Duetschen Hanze sal guet slaen tor Sluus upt land, id zij holt, koren, pick, therr unde asche, bere¹ offt herinck offt wat guede dat id zij, uitghesteken kisten unde mallen, sonder argelist, enich guet daerynne te hebbene[a]. Unde[b] ock so moghen coeplude an land bringen moenster van koerne in eren werdes herberge, umme daer to toghene. Unde so we dat hijr jeghens dede, de solde hebben verbuert van elken lb. gr. 5 s. gr.

Ock wert sake, dat enich coepman vorseid guet verkoffte met eynen lovene godspennynghe enighen porters van der Sluus offte ymande anders, de dat daer upt land sloge, dat den de alderlude sollen vormanen by zijnen eyde, de rechte warheit daervan to segghene; unde de daermedde in loesheyden offt fauten bevonden worde, de solde de vorseide boete dubbelt verbuert hebben, dat ys to verstane van elken lb. gr. 10 s. gr.[2]

390. *Die hansischen Ratssendeboten in Lübeck an Hzg. [Albrecht von Baiern, Graf] von Holland: wiederholen ihr Ersuchen um Entschädigung des hansischen Kaufmanns für die grossen unverschuldeten Verluste, die er beim Verkehr nach Holland durch die herzoglichen Beamten ohne Fehdeankündigung erlitten hat. — [1399 Juli 25.]*

Gedruckt: HR. 4 n. 544. Vgl. das. n. 541, 4 u. 6, und n. 547, 5 u. 6.

391. *Dieselben an die holländischen Städte: bitten mit Bezugnahme auf ihr früheres Schreiben, den Herzog [Albrecht] zur Schadloshaltung des hansischen Kaufmanns für seine durch die herzoglichen Beamten und Ausliger erlittenen Verluste sowie zur Abstellung des in der Südersee eingeführten neuen Zolls[3] zu bewegen. — [1399 Juli 25.]*

Gedruckt: HR. 4 n. 545.

392. *Dieselben an den deutschen Kaufmann zu Bergen: haben mit Rostock und Wismar wegen der aus diesen Städten geschehenen Schädigung des Kaufmanns verhandelt und die Sache vorläufig vertagt; gebieten ihm, bis auf weiteres die Rostocker und Wismarer wieder mit dem Recht des Kaufmanns zu vertreten; haben ebenso auch an den [deutschen] Kaufmann in Flandern geschrieben. — [1399 Aug. 26.]*

Gedruckt: HR. 4 n. 546, früher Suhm 14, 633. Vgl. den Recess HR. 4 n. 541, 13—22, und n. 542.

a) [illegible] statt te hebbene K. b) Am Rande [illegible] L.

¹) *Die Stadt Courtrai erhält 1399 Aug. 8 von Herzog Philipp von Burgund wegen der herrschenden Teuerung und der Steuererhöhung die Erlaubnis zur Ermässigung der Accise von Lebensmitteln, u. a. vom deutschen Bier* (cervoises d'Alemagne). *Mussely, Inventaire de Courtrai 1 n. 75.* ²) *Hzg. Philipp von Burgund entscheidet dagegen 1400 Febr. 22 bei Regelung der Gerechtsame von Brügge und Sluys u. a.:* Item que ceuls de l'Escluse pourront achater es lieux des marchans de la Hanse ou dautres, qui pourront vendre licitement en leans et non dautres bois, poy et ter, et les descendre a terre pour lusage de nostre dite ville de l'Escluse et des bourgeois et habitans dicelle et pour la reparation des nefs, qui seront en nostre port au dit lieu de l'Escluse, sans en revendre aucunement a estrangiers demourans hors de nostre dite ville, ne en tenir estaple au dit lieu de l'Escluse. *Gilliodts-van Severen, Inventaire de Bruges 3 S. 430.*

³) *Wegen dieses Zolls wird auf Antrag der preussischen Städte der deutsche Kaufmann zu Brügge beauftragt, die Verhandlungen wegen eines holländischen Privilegs wieder aufzunehmen; HR. 4 n. 539, 17; 541 passim; 543; 557; 559, 5; 566, 3.*

583. *Die gen. Sendeboten von Lübeck, Hamburg, Stralsund und Greifswald beurkunden eine durch sie vermittelte Sühne zwischen der Königin Margaretha und den Städten Rostock und Wismar, wonach u. a. die Rostocker und Wismarer alle früher besessenen Privilegien und Freiheiten in Dänemark, Schweden und Norwegen geniessen sollen, welche die drei Reiche den Städten und dem Kaufmann verbrieft haben, sofern nicht einer des anderen Feind wird. — 1399 Sept. 29. Nykjöbing.*

Gedruckt: HR. 4 n. 554, Rydberg, Sverges Traktater 2 n. 429, früher Rostocker wöchentliche Nachrichten 1754, 197; in dänischer Übersetzung Hvitfeldt 4, 156. Verz.: Reg. Dan. 1 n. 3000. S. oben n. 332.

584. *Die englischen Kaufleute und Schiffer petitionieren bei K. [Richard II] und dem Parlament, sie für die Verluste, welche sie durch Seeräuber aus den Städten Lübeck, Wismar, Rostock und Stralsund erlitten haben, durch die Schiffe und Güter aus diesen Städten zu entschädigen. — [1399 Ende September.]*

Publ. Record Office London, Parliamentary Petitions 1 Henr. IV. Überschrift: As seigneurs de ordeinez counseile.
Gedruckt: Rotuli Parliamentorum 3, 448, 7; wiederholt hier.

Diese zum ersten Parlament Heinrichs IV gehörige, aber dem Inhalt nach noch an Richard II gerichtete Petition wird dem zum 30. September berufenen Parlament eingereicht sein, das die Absetzung Richards sanctionieren musste.

A nostre tres excellent et tres redoute seigneur le roi et a soun tres sage counseill dicest present parlement monstrent voz povres marchantz et mariners de vostre roialme, coment ils ount pursuitz duement par long temps en lour propres persones et par lour procurours si bien as diverses parlementz come autrement envers les villes des Lubyk, [W]ysmere, Roystok et Straelsounde a lour grauntz coustages et expenses pur la restitucion des certeins lour niefs charges des marchandises par diverses foitz prises, occupies et lour gentz tues et raunsonnes par les robbeours de les villes susditz; et coment vous, tres redoute seigneur, par trois ans chescun an un foitz avez escript[1] par voz lettres du prive seal as ditz villes, lour empriauntz de faire droit et justice as voz ditz lieges, et coment voz dernières lettres firent mencion, qe duement faire rendre et restorer a voz ditz lieges les ditz niefs et biens deins le feste de nativite nostre Dame[2] darrein passe ou autrement les recovereit encountre eux par voye de merque, ils nepurquant a ceo ne voillent faire restitucion ne justice. Par quoi plese a vostre tres hautisme roial mageste considerer les horribles extorcions susditz faitz a voz ditz lieges, et sur ceo vous plese par lavys vous, tres excellentz seigneurs, et de vostre tres sage counseil ordeigner en cest present parlement tiel remede, qe voz ditz povres lieges puissent avoir restitucion de lour ditz niefs et biens, a quel temps qescuns des ditz quatre villes veignent vers vostre roialme, pour Dieux et en oevre de charite, ou autrement voz ditz povres lieges sount totalment destruitz.

Der König [Heinrich IV] übergiebt auf Befürwortung des Unterhauses diese Petition einer Kommission zur Prüfung de la quinzeime de pasque prochein[3], et outre ceo de faire par auctorite du parlement recompensce et autre remedie resonables en ce cas . . . ceo qe lour semblera meux par lour bone discretion.

585. *Ordonnanz der deutschen Vögte auf Schonen über die Erhebung eines Pfundgeldes zur Ausrüstung von Friedeschiffen[4]. — 1399 [Sept.].*

1) S. n. 182, 189, 333. 2) Sept. 8. 3) 1400 Mai 2. 4) Vgl. HR. 4 n. 541, 12 und n. 570, 10.

Aus StA Thorn; gleichz. Abschr. a. Pap. Auf der Rückseite: Dyt is der vagthe ordinancie off Valsterbude und Schonore. *Hagedorn.*

Wy ghemene voghede von den Duutschen steden, de nu tu Valsterbode und to Scoenare syn, hebben menlike overdraghen umme oerbar des gemenen copmans wille unde umme bevelinge unde breve willen, de wy von den ghemenen heren sendebodan der stede, de up dese tyt to Nycopingen to daghe vergadert[1] syn, entfangen unde verstaen hebben:

[1.] Also dat wy unde unse borgere unde underseten gheven solen van elker last hering, de up dese tyt mit der vlote unde vredeschepen dor den Sund seghelen solen ofte ore beschermynghe gheneten solen, vyf grote, alse up Scoenland ganghachtich syn; unde desgelikes van den schepen gheven solen van elker weerde van tyen noblen vyf grote, unde van allen anderen guede so vele, dat mit der vloten seghelen sal, alse vorscreven is. Dat gelt, dat hierof comet, dar sal man vredeschepe mede bereiden mit gewapenden luden, de zeerovere mede weder to stane unde alle andere schepe unde guet, de in der vredeschepe beschermynge seghelen solen, mede to veylighen. Dese vredeschepe solen halve last innemen an heringe, unde de coeplude, de daer den hering inschepen, de solen den hering vorscreven up ere eventure oversenden. Unde were it sake, dat deser vredeschepe enich vorloren ofte ghearghert worden, dat se na den zeeroveren volgheden ute der vloten, den schaden sal de mene copman unde schipperen liden unde gheiden, also to bewisende unde redelic is. Unde den schipperen vorscreven van desen vredeschepen sal man gheven, wen se overcomen, vyer noblen unde 1 quartyer van elker last, de se nicht in en laden up dese tyt an heringe.

[2.] Unde were it ock sake, dat an desen vorscreven scote unde gheide ghebrake, dese cost unde redynge mede to betalende, dar sal men to nacomenden jare eyn redelic scot to nemen up al Scoenland, dar dese voghede vorscreven underseten unde borghere hebben, in aller wys, alse vorscreven is; ten were, dat de heren burgermeistere ende raet der stede vorscreven syn beter darup ramoden unde setten bynnen der tyt.

[3.] Unde were it sake, dat an desen scote vorscreven over bleve, dat sal men to Lubic senden ofte brengen to behoef des ghemenen coepmans.

[4.] Unde were it ock sake, dat dese vredeschepe vorscreven den zeerovers enich guet nemen ofte entjagheden, dat deser vorscreven vlote nicht ghenomen en were, de helfte sal men den coepman wedergheven, den it ghenomen is, unde de ander helfte sal men den schipluden unde den wapeners half gheven, unde dan dat vyrendel to behoef den cost unde schaden mede to betalen sunder arghelist.

[5.] Were it ock, dat enighe schepe ofte guet ute deser vlote ghenomen worde unde dat men den rovers wedernemen ofte entjaghen mochte, dat sal men den copman al wedergheven, den it ghenomen were, also verr, alse he in desen verbunde syn scot van den gude betaelt hevet.

[6.] Unde were it sake, dat enich man dese vorscreven overdracht verhomodighede ofte vorsmade mede in to gheiden, mit den luden solde nyeman coepslagen noch oer schip laden noch meenschap noch handelinge holden tu ghenen tyden, de in den steden wonachtich syn, de in deser vorscreven overdracht horen. Vort solen de vorhomodighers vyftich noblen vorboren unde darto er scot, dat sal men em tosamene utpenden, in wat steden se komen, half to der stede richter behuf unde de ander helfte to behuf der menheit, desen vorscreven cost mede to dunde.

[1] 1399 Sept. 8; HR. 4 n. 550.

Unde dese vorscreven overdracht hebben de ghemenen voghede van Valsterbode unde van Schonure gebeden Georius Maerschalk voget van Labie, her Arnd Poelman voget van dem Sunde, her Peter Hoemese voget van Prusen, her Johan Schilder voget to Campen, Hinrik Wytte voget von Herderwik, Yebanseerd Louwensone, voget van Syrikev, Johan Symon Abbensone voget von Amsterdamme, dat se desen bref ghemeenliken over ens beseghelen willen. Unde wy vorscreven voghede naume bede willen der gemenen voghede so hebbe wy unse segele an desen bref ghehangen, in den negenendenegheutighesten jare overdraghen up Schoenland [1].

386. *Die hansischen Kaufleute in England petitionieren beim englischen Parlament um Verwendung bei K. [Heinrich IV] behufs Bestätigung ihrer Privilegien. — [1399 Okt. 6—15]* [2]

Aus Publ. Record Office London, Parliamentary Petitions n. 6803. Bitsn.

A tresnobles et tressages seignours en cest present parlement supplient treshumblement les merchantz del Hanse dAlmaigne demourantz et repairantz deins le roialme dEngleterre, qe come le noble roi Edward fitz au roi Henry par sa chartre donna et grannta pur li et ses heirs as ditz merchantz et lour successours plusours libertees et franchises deins le roialme avauntdite, les queux libertees et franchises par toutz les rois, quant estee puis en cea, par eux et lour heirs, ses nobles progenitours, as ditz suppliantz e[t] lour successours ount estee confermeez et auxi en plusours pointz par ascuns des ditz rois enlargeez par especials grauntes, come poet apparoir par une chartre de confirmacion de Richard nadgairs roi dEngleterre [3] rehercesant les grauntes e[t] confirmacions de ses nobles progenitours avauntditz, et ount lez ditz merchantz et lour predecessours ewes et enjoiez les dites libertees et franchises par force des ditz grauntz et confirmacions puis le feisance dicelles: qe plese a voires tresnobles et tressages seignouries, graciousement estre aidantz as ditz suppliantz envers notre tresoverain seignour le roy, qe li plese de sa mageste roialle et habundant grace granntier, ratifier et confermer pur ly et ses heirs as ditz merchantz et lour successours lour dites libertees et franchises solonc le tenour del chartre de confirmacion du dit Richard nadgairs roi, pur Dieux et en oevre de charitee.

387. *K. Heinrich [IV] von England wiederholt und bestätigt den Freibrief K. Richards [II] für die deutschen Kaufleute von 1377 Nov. 6 [Bd. 4 n. 608]. — 1399 Okt. 24 (1 Henr. IV). Westminster.*

L StA Lübeck, Anglicana n. 58, Or. m. anh. S. Hinter dem Urkundentext mit hellerer Tinte: Pro viginti et quinque marcis solutis in hanaperio. *Auf dem Bug:* Ex[aminatur] per Johannem de Roderham et Johannem Sherlowe clericos. *Rückvermerk:* Irrotulatur in memorandis scaccarii, videlicet inter recorda de termino sancti Hillarii anno quinto regis Henrici quarti *[1404 Jan. 13]* ex parte remembratoris

[1] *Es folgt auf demselben Blatt folgende Aufzeichnung:* Wy grotscheffer von Konigisberge und Herman Bruni und Hannus Herderwik und Vranke hebben 3 verdendel gehat an desse scherpe, dat Trinidekop värde, daran sal wy hebben anderhalf hundert nobilen up unse 3 verdendel, wes dar overich sy, dat gehort syme wibe, de wonyt in Herderwik; uns entbrecket de vracht van 58 leste hering, von islikem last 4 nobilen und 1 verding. [2] *Einlieferungstermin für Petitionen an das Parlament. In demselben Parlament petitionieren die Londoner Kaufleute mit Erfolg um Aufhebung des vor ca. 20 Jahren in London eingeführten Amtes der Tuchpacker, durch welche sie alle zur Ausfuhr bestimmten Tuche gegen 1 d. für das Stück packen lassen müssen; u. a.:* que les ditz merchantz et touz autres merchantz de cy en apres de la dite citee soient soul franks et quitez du dite pakkure si come les Esterlinges en la dite citee sont —, considerantz, que nully ne pakkera les draps des Esterlinges en la dite citee forsque lours propres servantz ou ceux, qils voillent avoir. *Rotuli Parliam. 3, 443, 145.* [3] *Privileg von 1377 Nov. 6, Bd. 4 n. 603.*

regis. *An der Siegelschnur ist ein Pergamentstreif befestigt mit der gleichz. Aufschrift:* Confirmatio privilegiorum nostrorum de nova custuma et quod molestari non debeamus pro aliorum transgressionibus aliorum [!] per g[raciam] Henrici quarti. *Bruns.* — *Hierunter eine wertlose Abschr. im englischen Privilegiar vom Anfang des 17. Jh. n. 12.*

Lo Publ. Record Office London, Pat. Rolls 1 Henr. IV p. 2 m. 27 n. 26. Pro 25 marcis solutis in hanaperio. *Am Rande:* Pro mercatoribus Hans. *Es folgt der unter n. 391 gedruckte Vorbehalt* Sub condicione etc.; *am Rande dazu der a. a. O. mitgeteilte Bestätigungsvermerk* Memorandum etc. *Riess.*

S StA Soest, Hanse III 1, englischer Privilegiar n. 11; Lübecker Abschr. des 16. Jh.

StA Wesel (im StaA Düsseldorf), Capsel 103—104 n. 5; desgl.

StA Kampen, Kopiar englischer Privilegien a. d. 16. Jh.

StA Doesburg, Abschr. desselben Kopiars, 1551 von Kampen mitgeteilt.

Kommerzbibl. Hamburg H 15, Stahlhofsstatuten S. 58—70; deutsche Übersetzung des 16. Jh.

Gedruckt: aus L Lüb. U.B. 4 n. 685, aus S Haeberlin, Analecti medii aevi S. 65 bis 82. Verz.: aus Lo Calendarium rotulorum patentium in turri Londinensi 237.

308. *Geldrischer Zolltarif für die Bürger von Utrecht. — 1399 Okt. 31.*

Aus StA Utrecht; Or. Höhlbaum.

Gedruckt: Codex diplom. Neerland. 1 n. 49. Verz.: Muller, Catalogus van het archief 1, 14.

In deser manieren, als hier nabescreven staet, sullen die borghere van Utrecht vertollen tot Lobede, Nymeghen, Saltbommel ende tot Herwerden, dat gheraemt wart op alre heylighen avont in den jar ons Heren 1399, dat dueren ende waren sal drie maende lang na wederseggthen mijns lieven ghenedighen heren van Gelren.

[1.] In dem eersten so sullen si gheven van elken pack ghewant, mersseryen of pelseryen, dat twe manne hebe is, twe alde grote ende enen alden Brab. Item van elken terninc ghewants of van elken bale fystelns enen alden groten ende enen halven alden Brab. Item van enen pack mersseryen of pelseryen, dat een man hebe is, enen alden groten ende enen halven alden Brab. Item packen, die meerre of minder weren van den selven ghelliken goede, dat sal gheven na den beloep daerna. Item van elker drogher tonnen, oec wat daerin weer, uutghenomen gout of sulver, tot eenre Hamborger tonnen toe gruet, enen alden groten. Item van anderen droghen valen, die meerre of minre weren, sal men gheven na den beloep daerna. Item van elker coppelen fruets, drie stucke voer een coppel ghereckent, enen halven alden groten. Item van elker deker huden, die twalef huden halden, dat bereet were, twe alde grote ende enen Brab. Item van elker deker huden, die twalef huden halden, dat rue ende onbereet were, anderhalven alden groten. Item van elken last botteren, honicb, zepen of oly twalef alde grote. Item van elken last herinx, buckinx of andre visschen in tonnen ghesaalten drie alde grote ende drie Brab. Item van elken hondert stoelkearn twe alde grote ende enen Brab. Item van elken dusent weghens copers of tynne sesse alde grote ende drie Brab. Item van elken dusent pont loets drie alde grote ende enen halven Brab. Item van elken dusent pont yzers enen alden groten ende enen halven Brab. Item van enen waterscepe mit levenden visschen van elken rume twe alde grote ende enen Brab. Item van elken kaer mit visschen, daerna dat dat groet is, na dien beloep. Item van eenre karen weden elf alde grote ende enen Brab. Item van elker balen meden of aluins enen halven alden groten. Item van elken hondert tonnen aschs sesse alde grote ende enen Brab. Item van elken hondert malder harts coerns, als weyt of rogghe, twalef alde grote. Item van elken hondert malder haveren of somercoerns sesse alde grote. Item van elken peerde, dat tolbaer is, enen halven alden groten. Item

van elken osse of coe enen alden Brab. Item van eenre pleyten holts anderhalven alden scilt. Item al andre scepe mit holte na dien beloep, dat die groet of cleyne sijn. Item die tolle van den wijn, van den zolte, van den moelensteenen, queernsteenen, van den holtecolen ende steencolen, van den cannen ende leyen, van den stale ende terre, dat sel bliven staen, als dat pleget te staen. Voert van allen andren goede, dat hiervoer nyet ghescreven en staet, daeraf zal men gheven in ghelijker weerden na beloep den anderen gooden voerscreven.

Voert so is te weten, dat elke twalef alde grote gherekent zijn voer enen alden scilt.

[2.] Tot Zutphen ende tot Yseloert als hier navolghet.

Item van elken last botteren, honich, zepen of oly neghen oude grote. Item van elken last herinx, buckinx of andre vissche in tonnen ghesalten vijftienhalven alden groten. Item van elken hondert stoelkesen twe alde grote ende enen Brab. Item van elken deker huden, die twalef huden halden, dat bereet were of onbereet, drie alde Brab. Item van elken hondert tonnen oefts seme alde grote. Item van elker coppel fruts, drie sturke voer een coppel ghereekent, anderhalven alden Brab. Item van elken hondert malder harts coerns, als weyt of rogghe, neghen alde grote. Item van elken hondert malder haveren of ander somercoerns vijftienhalven alden groten. Item van eenre pleyten holts anderhalven alden scilt. Item al andre scepe mit holte na dien beloep, dat die groet of cleyn zijn. Item van elken dusent pont wenhem copers of tynne vijftienhalven alden groten. Item van elken dusent pont loets drie alde grote. Item van elken dusent pont ysers drie alde Brab. Item van elken dusent pont vlasses vijftienhalven alden groten. Item die tolle van den wijn, van den zalte, van den moelensteenen, queernsteenen, van den holtcolen ende steencolen, van den cannen ende leyen, van den stale ende terre, dat sel bliven staen, als dat pleget te wesen. Voert van allen andren goede, dat hiervoer nyet ghescreven en staet, daeraf sal men gheven in ghelijker weerden na beloep den anderen goeden voerscreven.

389. *Köln an den deutschen Kaufmann zu Brügge: antwortet, dass es die Vorfälle in Dortmund bedauert; lehnt die vom Kaufmann gewünschte Absendung von Sendeboten dorthin ab, bietet aber seine guten Dienste in dieser Sache an. — [1399] Nov. 14.*

StA Köln, Briefbuch 4 fol. 89b.
Gedruckt: HR. 4 n. 579. Verz.: Mittheilungen a. d. Stadtarchiv von Köln 4, 69, Rübel, Dortm. U.B. 2 n. 1082.

390. *Hzg. Albrecht von Baiern, Graf von Holland, verleiht der Stadt und den Bürgern von Utrecht für ihre Verpflichtung, bis 25 Jahre nach seinem Tode seine Feinde, die Ostfriesen von Ostergo und Westergo, nicht zu unterstützen[1], für seine Lebenszeit das Recht, gegen eine jährliche Zahlung von 400 alten Schilden mit ihren Waren und Gütern in Holland und Seeland nach ihrem alten Zollrecht zu verkehren, d. h. gegen Abgabe des 100. Pfennigs von allen bisher mit dem 100. Pfennig verzollten Waren, und des üblichen Zollgeldes von allen andern Waren, und verbietet seinen Zöllnern jede weitere Beschwerung der Utrechter[2]. — 1399 Nov. 19. Haag.*

[1]) *In der Bursprake von 1398 Dez. 24 verbietet der Utrechter Rat, die Ostfriesen zu unterstützen, sowie ihnen Proviant zuzuführen oder in Utrecht abzukaufen oder zu verkaufen. Dodt van Flensburg, Archief voor kerkelijke en wereldlijke geschiedenis, inz. van Utrecht 5 (1846), 70.*
[2]) *Gleichzeitig bestätigt Albrechts Sohn, Gr. Wilhelm von Ostervant, für den Fall des Ab-*

StA Utrecht, Copyboek A fol. 31, B fol. 185 b.
Gedruckt: van Mieris, Groot Charterboek 3, 706, Schwartzenberg, Groot Placaat- en Charterboek van Vriesland 1, 303. Verz.: Cod. dipl. Neerland. 1 n. 50. Vgl. oben Bd. 4 n. 171.

891. *K. Heinrich IV von England beurkundet auf Ersuchen der englischen Kaufleute den für die Rechtskraft des hansischen Freibriefes (n. 387) gültigen Vorbehalt. — 1399 Dec. 6. Westminster.*

Aus L 1 British Museum London, Cotton Ms. Nero B IX fol. 33 b. Pauli und Riess.
L Publ. Record Office London, Patent Rolls 1 Henr. IV p. 4 m. 21. S. auch n. 387 Stückbeschreibung bei Lo.
Gedruckt: aus L Rymer 8, 112, (wiederholt) Willebrandt, Hans. Chronik 3 S. 35. Verz.: Hempel, Inventarium diplom. Saxoniae inf. 2, 461, Voigt, Cod. diplom. Pruss. 5 S. XXIX.

Henricus Dei gracia etc. omnibus[a], ad quos etc. salutem. Inspeximus irrotulamentum cujusdam condicionis in rotulis cancellarie nostre ad requisicionem mercatorum Anglie irrotulate in hec verba:

sub condicione, quod mercatores Anglici in partibus mercatorum Alemannie, cum illuc venerint cum mercandisis suis, adeo amicabiliter et honeste ibidem tractentur et[b] consimilis condicionis existant et libere mercandizare possint, sicut dicti mercatores Alemannie hic in regno Anglie ac prefatis libertatum in eorum carta contentarum suas libere exercent mercandisas. Et quod magister terre Prucie, qui pro tempore fuerit, ac gubernatores villarum de Lubyke, Wysmere, Rostoke, Straelsounde, Gryppeswolde et eorum adherentes in eorum propriis personis vel per eorum deputatos citra festum nativitatis sancti Johannis baptiste proximo futurum[1] veniant coram consilio domini regis ad respondendum dictis mercatoribus Anglie de eorum injuriis et malefactis, ac debitam et congruam restitucionem et satisfactionem eis faciant secundum ordinacionem ejusdem consilii. Et quod ipsi[c] mercatores villarum de Hans per colorem eorum libertatum in Anglia non recipiant aliquem alium extraneum de alia villa sub eorum libertatibus, per quem custuma regis in aliquo abstrahatur nec diminuatur; et quod, si aliquis se exigerit esse sub eorum libertatibus in Anglia, non acceptetur, nisi habuerit inde litteras testimoniales sub sigillis autenticis[d] dictarum villarum de Hans sigillatas. Et si in[e] contrarium aliqualiter factum fuerit, dominus rex vult et intendit de avisamento dicti consilii sui dictam cartam in omnibus suis articulis, libertatibus, privilegiis et quietanciis penitus et pro perpetuo revocare et adnullare.

Inspeximus etiam irrotulamentum cujusdam memorandi super condicione predicta facti in rotulis ejusdem cancellarie similiter irrotulati in hec verba:

Memorandum quod vicesimo quarto die Octobris anno regni regis Henrici quarti primo[2] idem rex visa condicione predicta ac materia ejusdem plenius intellecta omnibus et singulis in eadem condicione contentis, eo presertim quod videbatur fore satis consona rationi, consensit ac condicionem illam sub verbis superius expressatis Thome Stanley, custodi rotulorum cancellarie sue, per manus suas proprias liberavit. Et ei dedit

a) Hec omnibus L. b) et fehlt L. c) quod predicti L. d) sigillo autentico L. e) in fehlt L.

lehrer seines Vaters die obige Verleihung. v. Mieris 3, 709; verz. Muller, Catalogus van het archief 1, 14. [1]) 1400 Juni 24. [2]) 1399 Okt. 24, n. 387.

ulterius in mandatis, quod ipse condicionem illam in rotulis cancellarie sue[a] predicte irrotulari faceret, ad finem quod omnes et singuli mercatores, tam indigene quam alienigene, inde noticiam habeant pleniorem. Nos autem tenores irrotulamentorum predictorum ad requisicionem dictorum mercatorum Anglicorum duximus exemplificandos per presentes. (In cujus)[b] etc. Teste rege apud Westmonasterium sexto die Decembris anno[c] regni sui primo[c].

392. Krakau an Thorn: meldet das Ergebnis seiner in der Sache des Albrecht Rebber aus Thorn angestellten Ermittlungen. — [1399] Dec. 15.

Aus T StA Thorn; Or. Pap. m. S. Hagedorn. S. n. 400.

Denn ersamen woysin rathmannen czu Thorun, unsirn vrunden.

Dinsthaftige vruntschaft czuvor. Sundirlichen liben vrunde. Noch gir euwir ersamekeyt habe wir besant dy Morrinsteyn, Grudnern, Crobern, Ederern unde andirir companie in der sachin Olbrechts Rebers euwirs mitburgirs kegen Johanne Fleuczern. Off dy entwortin sy, das sy den selbin Johannem Fleuczern, als her mit irem gute ken Flandirn quam, czuhant mechtlos allis ires gutis gemacht hettin durch etlicher sachen wyllen, unde hettin ir gut Arnoldo Polthus irem wirthe in Flandirn bevolin czu vorkeufin unde herwedir czu keufin, unde das her alle ungelt doroff gelegt hette, was doruff gegangen sey bis ken Danczke, unde das sy hettin sundirliche ire brive geschrebin an den erbirn Johannem Hoppe euwirn mitburgirn, das her allis das ungelt, das off das gut mochte geen[d] von Danczke bis czu uns, sulde vorrichtin unde en das gut herschickin; das habe her vruntlichen geton unde sy habin is em auch gar vorrichtit unde beczalit, unde das sy van Olbrecht Rebirn nichs nicht en wysten wen lib unde gut, unde das sy von em nye keyn gelt off das gut wedir mit briven noch selbir gefordirt noch gebetin hettin. Obir das allis, liben vrunde, hot Olbrecht Reber adir ymant czu en czu sachin, dem wellin sy gerne czum rechtin steen, unde wir wellin em gutis rechtis helfin. Gegebin am montage nehst noch Lucie. Rathmannen czu Cracow.

393. Wesel an Köln: bittet, einem Weseler Bürger, der von Heinr. Bix trotz Zusicherung von Geleit in Düsseldorf angehalten und geschatzt ist, zur Wiedererlangung seines Gutes und zum Schadenersatz zu verhelfen. — [1399.]

Aus StA Köln, Hanse I n. 146; Or. Pap. m. S. Bruns.

An eerzame, wize, bescheden lude, borghermeistere, rayt ende ander borghere der stat van Colen, onsen sunderlinghen guden vrinden.

Sunderlinghe gude vrinde. Wij begheren u the weten, dat ons hevet ghetoent Stheven van den Rijn, onse ynghezeten medeborgher, so woe en Henric Bixe omme sijn ghelt bynnen uwer stat ghedinghet hevet ende gheleyde ghegheven, so dat he ende sijn guet velich ghewesen zolden hebben voir den hoechebaren vorsten, hertoghe van den Berghe, unde voir synen soen, den greve van Ravensberghe, ende voir oer onderzaten ende hulpere; ende den vorgenanten Stheven haven dat ghedinghe ende gheleyde to Dusseldorp sijn guet ghenamen ys, ende dair ghevanghen ende ghescat ys, als he ons ghesacht hevet. Wairumme wij u vrintliken bidden, dat ghij den vorgenanten Henric Bixe so wilt berichten ende onderwisen myt ernste, dat he Stheven onsen borgher vorseid sijn guet weder doe gheven, dat om ghenamen ende affghescattet ys, ende den schaden uprichte, den he dairaff ghehadt

a) sue fehlt L. b) In L. fehlt L. c—c) fehlt L. d) geen T.

bevet. Ende hier wilt u, gude vrunde, so truweliken ynne bewisen, dat Stheven uwer hulpen ghewar warde, ende als wij gherne umme uwer lievden wille dem solden yn gheliken zaken off yn merren; ende wat u, gude vrinde, hieraff wedervart, des bidde wij om u gnetlike antworde weder the scryven. Got sij mit u. Datum nostro sub sigillo.

Borghermester, schepen ende rade der stad van Wesele[1].

394. *Auszug aus der Stadtrechnung von Arnheim. — 1399—1400.*

Aus StA Arnheim (im RA Arnheim); 1—4 aus der Rechnung von 1399/1400; 5 aus der Rechnung von 1400/1401. Das Rechnungsjahr beginnt mit Mai 1 (Walburgis).

[1.] (Vinum propinatum.) Item[2] heren Johan Hoyer van Homborch 4 qrt. maleveseyen cum 4 qrt. wins ad 14 gr.; 7 lb. 9 s. 4 d.

[2.] (Reysen.) Item[3] Evert ter Poerten te Lubeec om die Hanse mitter stat brieve, 23 guld. ad 34 gr.; 52 lb. 2 s. 8 d.

[3.] Item[4] Aller ende Deric die Gruter tot Kep totten sceperen de Herderwijc, Deventer ende Zutphen van der Hanse 4 qrt. maleveseyen ad 16 gr. et 4 qrt. wijns ad 5 gr.; valet 5 lb. 12 s. Item aen gelde, dat sij mede hadden, 17 lb. 16 d. Item doe sij wederquamen, verteert 28 s.

[4.] (De diversis.) Item de statuten van der Hanse te scriven ende reysap daertoe 28 s.

[5.] (Reysen.) Item Tenger Hane Zutphen circa Servatii[5] ten heren van der Hanse 15 lb. 17 s. 4 d.

395. *Hzg. Albrecht von Baiern, Graf von Holland, verheisst in seinem Privileg für Amsterdam u. a. allen Schiffern, die das Marsdiep oder den Vlie Strom besuchen, Sicherheit zur Fahrt nach Amsterdam und zur Rückfahrt von dort ohne jede Bekümmerung, falls keine Vergehen gegen ihn vorliegen, unter Vorbehalt seiner Zoll- und anderen Gerechtsame. — 1400* (1399 na den lope van onsen hove) *Jan. 16. Haag.*

RA Haag, Reg. lib. V Aelbrecht cas. K S. 346.
A StA Amsterdam, Privilegiënboek 1 fol. 19.
Kgl. Bibl. Kopenhagen. Arne Magnussons Sammlung. Pap. Cod. n. 294 Fol. Amsterdamer Kopiar von 1515 fol. 20.
Gedruckt: aus A Handvesten der stad Amsterdam 1, 25, wiederholt von Mieris 3, 712. Verz.: Scheltema, Inventaris van het Amsterdamsche Archief 1, 32.

396. *Hzg. Wilhelm von Berg und Gr. Adolf von Ravensberg an Köln: bitten, ihren Unterthanen Heinr. Bix, der über Anforderungen einiger Bürger von Wesel in Köln klagt* (wie dat he van etzligen burgeren van Nederwesel bynnen urre stat gekroedt werde, as mit name van Steven vam Rijne ind Johanne, syme gesellen, omb sachen willen, die sich erganegen sculden have in der zijt, doe wir krieghden ind zu veden komen wairen mit onsen neven dem greven van Cleve ind van der Marcke), *deswegen nicht behelligen zu lassen, da sie sich mit dem Grafen von Kleve ausgesöhnt und wegen aller in der Fehde vorgekommenen Sachen verglichen haben[6]. — [1400] Jan. 25* (dom. p. sanctorum Fabiani et Sebastiani mart.). *Düsseldorf.*

[1]) *Von der Stadt Wesel wird 1400 Mai 11 u. a. verboten,* Hamborgher bier bynnen der vrijheyt van Wesel *zu brauen oder zu verzapfen, während die Einfuhr von fremdem Bier gegen Accisezahlung gestattet ist. StA Wesel (im StA Düsseldorf), Caps. 34 n. 5, Bürgerbuch fol. 150.*
[2]) *Vorausgeht:* feria 6. post Viti. *1399 Juni 20.* [3]) *Vorher:* circa sacramenti, *1399 Mai 29.* [4]) *Vorher:* feria 2. post Agathe, *1400 Febr. 9.* [5]) *1400 Mai 13.* [6]) *Der Friedensschluss in dieser 1396 ausgebrochenen Fehde hatte 1397 Aug. 3 stattgefunden; Lacom-*

StA Köln, undatierte Briefeingänge des 14. Jh. n. 848; Or. Pap. m. Spuren d. S. Bruns.
Verzeichnet: Mittl. a. d. Stadtarchiv von Köln 26, 84. S. die vorige Nummer.

397. *Die hansischen Ratssendeboten in Lübeck an den deutschen Kaufmann zu Brügge: sein Vorschlag wegen der [Geleitsentziehung gegen die] Lombarden soll von den einzelnen Städten in Erwägung gezogen werden; haben wegen des Stralsundischen Geldes mit den Stralsunder Ratssendeboten Rücksprache genommen; ersuchen dringend um Freigebung des arrestierten Pelzwerks des Hinrik Kelner, das nach der Versicherung der Königin Margaretha kein Raubgut oder Seefund, sondern deren Zinsgut ist und von Kelner laut seiner eidlichen Aussage der Königin abgekauft wurde; wollen für eine Schädigung des Kaufmanns durch die von der Königin angedrohten Repressalien die zur Zeit der Arrestierung amtierenden Älterleute und Achtzehnmänner haftbar machen. — [1400 Febr. 11].*

Gedruckt: HR. 4 n. 575, früher Suhm 14, 605. Verz.: Reg. Dan. 1 n. 3042. Vgl. den Recess HR. 4 n. 570, 25.

398. *Hochmeister [Konrad von Jungingen] an Reval: verwendet sich für den Danziger Bürger Hannus Zeteler, der gegen den Kaufmann Albrecht Schulte Ansprüche wegen eines Schiffes hat; bittet, demselben zum Ersatz seines Schadens zu verhelfen und ihn vor etwaiger Verunglimpfung durch die Kaufleute in der Stadt zu beschirmen. — 1400 Febr. 12* (am donrstage vor Valentini). *Stuhm.*

StA Reval; Or.
Gedruckt: v. Bunge, Livländ. U.B. 4 n. 1501.

399. *Königin Margaretha [von Dänemark] an Köln: bittet für ihre und ihres Sohnes K. Erichs Abgesandte um Förderung und Geleit. — 1400 Febr. 21. Holbek.*

Aus StA Köln, Hanse 1 n. 152, Or. Pap. m. Resten d. S. Bruns.

Honorabilibus et circumspectis viris, dominis proconsulibus et consulibus civitatis Coloniensis, amicis nostris sinceris, hec litera detur.

Margareta Dei gracia Waldemari Danorum regis filia.

Vrüntlike grote tovoren ghesant. Wi bidden juu, leven sünderliken vründen, dat ghy dessen yeghenwardighen ufwisera, byscop Tetz[1], her Velmer Jacobssone unde ere volgheren vurderen in uwem werve unde dat beste doen umme unse sones konyngh Erikes unde unse willen, unde helpet darto, dat ze velich vortan komen moghen, als ze juu sülven wol berichten; unde dot darby, alse wi sünderliken wol to juu loven, dat gy orb gherne doen, unde latet uns dat deste vurdere yeghen juu verschulden. Darmede bevele wi juu Gode, leven vrunden. Scriptum in castro nostro Holbek, anno Domini 1400 profesto cathedre beati Petri apostoli, nostro sub secreto.

400. *Thorn an Köln: bittet, den Kölner Bürger Bruno Rotschu zur Herausgabe oder zum Ersatz der ihm aus Brügge für Rechnung des Thorners Albrecht*

Albert 3 n. 1031. — In obiger Angelegenheit sucht der Graf von Ravensberg 1400 Juli 23 bei Köln um Sicherheit für Heinr. Bix nach, worauf dieses 1400 Juli 28 ablehnend antwortet; Mittl. 22, 163 und 4, 107.

[1] *B. Tetz von Odense.*

Rebber zugesandten, nach Breslau bestimmten 20 Laken angehalten. — 1400 März 12.

Aus K StA Köln, Hanse I n. 153; Or. Pap. m. S. Höhlbaum. S. n. 292.

Honorabilibus et circumspectis viris, dominis proconsulibus et consulibus civitatis Colonie, fautoribus nostris predilectis, dandum.

Unsern dienst mit vruntlichim gruse zuvor und was wir gutis vormögen. Ersame libin herren, unsir besundirn gutin vrunde und gunner. Uns hot vorgelegit unsir mitburger Olbrecht Rebber, wy das[a] Arnold Polthus von Bruegh, sin wirt, obir eyme yore adir dorbey in syme namen und von syner wegen habe gesant zwenzig lange von Tyne[1] an Brewnen Botschu ewirn mitburgir, ouch etwan synen wirt, dy em derselbe Brewne Botschu vordan senden sulde ken Breslaw[b], und wy her manch stund gebetin habe den vorgenantin Brewnen, das her em dy vorgescrebin 20 lange von Tyne senden sulde; des habe em derselbe Brewne empotten, das her em dasselbe gewant by eyme Polener gesand hette, und hette em ouch empotten, das her dasselbe gewand hette gesand an synen wirt ken Erford. Des so hot uns derselbe Olbrecht Rebber vortmer gesagit, das her sich an allen kowflewten von Polen und von Breslaw dirfaren habe und ny dirfaren künde noch mochte, das[c] em der vorgenante Brewne ewir mitburgir by keyme manne ken Breslaw[b] adir an synen wirt ken Erford y adir y gesand habe, und an deme, das her em also empoten hot, alsit vorgescrebin stett, nicht en sey, und kan also seynes gewandis von em nicht kriegen, das her uns ouch groslich hot geclagit. Dorumme so bitte wir ewir erberkeit mit ganzem vleisse und mit ganzem zugetrauwen, das ir wolthun wellit und den egenantin Brewnen Botschu ewirn mitburgir vordirlich undirweysen und anhalden wellit, das her Augustino desim briffzeigir von des vorgenantin Olbrecht Rebbers wegen, den her um desir sache wille mit desim unsirm briffe zu ewir erberkeit usgesant hot, dy vorgescrebin 20 lange von Tyne gebe und antwerte unvorzogin adir em dorumme uzrichtunge und redlichkeit thu[d] zu syme genugen. Des welle wir uch uundirlichin mit dinste danken und wellin dergliche kegin uch und den ewirn girne thun, wenne sich des mag vorvallen, und bitten uns hirvon eyne antwert by desim briffweizer zu vorschrybin. Got beware uch. Gegebin ipso die sancti Gregorii, undir unsirm secrete, anno Domini 1400.

Rotmanne zu Thorun.

401. *[Hzg. Albrecht von Baiern, Graf von Holland,] erteilt den Älterleuten und Kaufleuten der deutschen Hanse in Flandern nebst Begleitung bis zu 20 Personen, die nicht seine Feinde oder aus seinen Landen verbannt sind, Geleit für einen Monat. — 1400 März 19.*

RA Haag, Memoriale B M cas. R fol. 63b.
Gedruckt: HR. 4 n. 581.

402. *Köln an Thorn: antwortet auf n. 400, dass Botscho die Laken längst an Albr. Rebber abgeschickt hat und nach ihrem Verbleib Nachforschungen anstellen will. — [1400] Apr. 15.*

Aus StA Thorn; Or. Pap. m. Resten d. S. Hagedorn.

a) *Folgt durchstrichen* [illegible] *K.* b) *Über der Zeile statt des durchstrichenen Thorun K.*
c) *Folgt durchstrichen her K.* d) *Über der Zeile K.*

1) *D. i. Tuch von Thienen, Tirlemont in Belgien.*

Ersamen wysen luden, den raitmannen der stat zo Thoren, unsen sunder lieben frunden.

Lieben frunde. As ir uns geschreven hait, wye ur mitburger Ailbrecht Rebber uch vurgelacht haive, dat Arnoult Polthus van Brueghe syn wirt ouer eyme jaire oder darbij in synen namen ind van synen weygen haive gesant zwentzich lange van Thienen an Bruyn Butscho unsen burger, ouch etzwan synen wirt, dye yem der selve Bruyn Butscho vortan senden seulde zo Breslauwe, des nyet gescheit sij, ind begert, dat wir darumb Augustino urem brieffzeiger van des vurschreven Rebbers weygen dartzo behoulfen syn willen etc., hain wir wail verstanden. Ind begeren uch darup fruntlich zo wissen, dat wir umb urre liefden ind beeden willen unsen burger Bruyn Butscho vurschreven vur uns besant ind yn darumb gefraigt hain, de uns geantwert hait, wye hee vurmails, des umbtrynt eyn jair vergangen sij, dye vurschreven 20 langen van Thienen urim mitburger geschickt ind gesant have mit eyme coufmanne, genant Johan Lewe; ind synt ur mitburger davan nyet vernoymen have, des yn doch gar sere verwonder, so wille hee mit alle synre macht tusschen hie ind sent Johans dage mytzomer nyest komende[1] umb den coufman Johan Lewen ervaren ind umb dye laken. Wirt hee syn gewar of der laken, dat wilt hee urem burger verkundigen, wye sicht ergangen have; wirt hee syn nyet gewar, so hait Bruyn ind syn broider Rutger Butscho uns geloyft bij yren truwen ind bij yren eyden begriffen, des nyesten dages na sent Johans dage vurschreven weder bij uns zo komen ind urme burger of yemant van synen weigen darumb andan zo doin, wat yn dat recht unser steede ouer sage. Herna mach sich ur burger wissen zo rijchten. Datum feria quinta post dominicam palmarum[a].

Burgermeystere, rait ind andere burger der stat zo Coelne.

409. *[Hzg.] Albrecht [von Baiern, Graf von Holland,] verheisst bei Abschluss eines Vergleichs mit Kampen über den Schaden, den während seines Krieges mit den Ostfriesen die Kamper durch seine Auslieger bis zur Höhe von 25000 Nobeln und seine Unterthanen durch die Repressalien Kampens erlitten haben*[2]*, u. a. den Bürgern der Stadt für die nächsten 20 Jahre Freiheit von allen Zöllen in Holland, Seeland, Hennegau, West- und Ostfriesland, sowie Strandrechtsfreiheit bei Schiffbruch* (op ter zee ende stroom binnen ende buten onsen landen), *vorbehaltlich der Entrichtung des Bergelohns, mit der Bestimmung, dass beide Vorrechte durch Zahlung von 20000 Nobeln während der 20 Jahre abgelöst werden können, und dass dieselben auch bei einem Kriege des Herzogs mit dem Bischof von Utrecht zu Recht bestehen sollen, so lange Kampen neutral bleibt, während sie bei einer Absage Kampens an den Herzog ganz erlöschen, bei einer Absage des Herzogs an die Stadt nur bis zum Friedensschluss ausser Kraft bleiben sollen. Mitbesiegelt durch Gr. Wilhelm von Ostervant und den Elekt Johann von Lüttich. — 1400 Apr. 20* (des dinxdages na den h. palmedach). *Haag.*

RA Haag, Register Lib. V Aelbrecht cas. E 8, 281 b.

Gedruckt: van Mieris, Groot Charterboek 3, 718. Verz.: Colmjon n. 185. Die Gegenurkunde Kampens bei van Mieris 3, 719.

a) [illegible]

1) *Juni 24.* 2) *Ein Verzeichnis des den Kampern durch die Holländer während der Kriegsjahre 1396–1399 zugefügten Schadens bei Verwijs, De Oorlogen van Albrecht van Beieren met de Friezen, in: Bijdragen voor vaderl. gesch. III, 7, 341–360; verz. Register van Kampen 1 n. 320, Colmjon n. 184. Über die dem Abschluss des obigen Vergleichs vorausgehenden Verhandlungen vgl. Verwijs S. 338. — Auch im Zutphener Archiv befindet sich eine Liste des Schadens, den Zutphener Kaufleute 1397–1406 durch Holländer und Friesen erlitten haben; Tadama, Geschiedenis der stad Zutphen, S. 169.*

404. *Nimwegen an Köln: antwortet auf dessen Beschwerde über die Wegnahme der Habe des Kölner Bürgers Tylman Wamschede, dass es sich nicht entsinnen könne, irgend einem Kölner das Seinige genommen zu haben; will sich bei näherer Darlegung des Vorfalls darauf besinnen und gütlich antworten. — [1400] Apr. 28* (fer. quarta p. oct. pasche).

StA Köln, Briefeingänge des 14. Jahrh. n. 6[illegible]4; Or. Pap. m. S.
Verzeichnet: Mittheil. a. d. Stadtarchiv von Köln 22, 137.

405. *Thorn bezeugt für Rügenwalde* (Rukenwalde), *dass der Thorner Bürger Herm. Alltith den Überbringer Ebirhard Seperode bevollmächtigt hat zur Einforderung der von seinem vormaligen Geschäftsteilhaber Amelung im Schiffe der Rügenwalder Bürger Joh. Vlicke und Jo. Moltan verfrachteten Güter, über die er nach Amelungs Tode* (qui Amelung navim eandem negligens per allam, quam convenit, cum suis comodalibus fuit et est submersus) *noch keine Abrechnung wegen seines Anteils erhalten hat, und bittet um Förderung Ebirhards. — [1400][1] Apr. 28* (fer. quarta a. d. b. Philippi et Jacobi ap.).

StA Lübeck, Borussica n. 52; Or. Pap. m. S.

406. *Aufzeichnung über die erfolglose Gesandtschaftsreise des Bremer Ratsherrn Joh. Holler 1400 Apr. 2 nach dem Haag, um vom Grafen von Holland auf Grund seiner wiederholten freundlichen Briefe Ersatz für die Schädigung der Bremer durch die Holländer[2] zu erlangen, und über Hollers vergebliche Verhandlungen in derselben Sache auf einer Tagfahrt Mai 1 in Zütphen, die der Graf wegen der Reklamationen anderer Städte berufen und auf die er Holler verwiesen hatte, worauf derselbe seine Klage gegen die Holländer* (van allen schade unde van den doden, de uns jamerliken afgheslaghen weren van den van Ynkhusen) *dem Herzog von Geldern und verschiedenen Städten vorträgt. — 1400 Mai 1* (to meydaghe).

StA Bremen, Ratsdenkelbuch S. 22; gleichz. Aufzeichnung.
Gedruckt: Brem. U.B. 4 n. 249. Vgl. oben n. 307.

407. *Köln [an London?] bezeugt, dass der Kölner Bürger Heinr. Schultorp den Überbringer zur Einziehung einer Schuldforderung des verstorbenen Albr. Cleppynck an den [Londoner] Kürschner Joh. Strickhille bevollmächtigt hat, und bittet, den Schuldner zur Erfüllung seiner Verbindlichkeiten anzuhalten. — [1400] Mai 3.*

Aus K StA Köln, Briefbuch 4 fol. 78b. Die Überschrift An Werner Pantelyon *in anderer Tinte sollte zu einer anderen Nummer gehören.*
Verzeichnet: Mittheil. a. d. Stadtarchiv von Köln 4, 103.

Obsequium nostrum in omnibus benivolum semper et paratum. Singularissimi amici. Vobis cupimus fore notum, Johannem dictum Clyppinck coram nobis personaliter comparuisse querulose exponendo, quod quondam Albertus Cleppynck frater suus naturalis et legitimus ab hoc seculo migraverit, inter ceteros suos debitores quendam debitorem suorum Richardum Strickhille pelliparium vestrum concivem relinquendo, qui quidem[a] Richardus eidem quondam Alberto justi ac veri debiti titulo juxta dicti Johannis Cleppynck assercionem in triginta sex librarum ac duodecim solidorum sterlingorum debito nondum soluto jam diu fuisset et sit legitime obligatus. Cujus totius debiti supradicti terciam partem idem Johannes Cleppynck

a) quidam K.

1) Vgl. HR. 4 n. 606, 9. 2) Verzeichnis der Schäden der Bremer in den Jahren 1382—1400 gedr. a. a. O. Anm. 2. Vgl. auch HR. 4 n. 636, Nachschrift.

coram nobis dixit et recognovit ad Henricum Schuttorp nostrum concivem per eundem Johannem presencialiter nobis exhibitum effecialiter ac legitime pertinuisse ac de presenti pertinere, prout hec dictus Johannes suo juramento super hoc prestito corporali erectis digitis libere confirmavit, ceteris et residuis ejusdem debiti duabus partibus ad prefatum Johannem tanquam supradicti quondam Alberti heredem proximiorem devolutis de jure, ut et asseruit, pertinentibus. Recognovit insuper coram nobis sepedictus Johannes, se in aliquanta alia pecuniarum summa, que ipsas suas prefati debiti porciones excederet, veri eciam debiti titulo predicto Henrico nostro concivi fuisse et esse obligatum, quare ipse Johannes sponte et mera sue voluntatis liberalitate in debiti tanti defalcacionem dictas suas suprascripti[a] debiti porciones et omnem accionem sibi earum occasione[b] quomodolibet competentem ipsi Henrico Schuttorp suo creditori coram nobis supraportavit et assignavit ore et manu, prout in talibus fieri communiter est consuetum; ipso eodem Henrico coram nobis statim extunc suos veros ac[c] legitimos procuratores, actores et nuncios speciales honestos viros Conradum Wolfardi et Johannem dictum Pot, mercatores Almanie, presencium exhibitores, et eorum quemlibet in solidum ad prefati debiti suam terciam necnon residuas duas partes sibi, ut premittitur, supraportatas constituente, ejusdem Henrici constituentis nomine exigendum, levandum et percipiendum et circa ea faciendum, prout necessarium fuerit ac quomodolibet oportunum. Unde vestram honestam discrecionem, in quantum studiosius possumus, exoramus per presentes, quatinus nostri amoris intuitu ipsis Conrado Wolfardi et Johanni Pot, procuratoribus antedictis, aut eorum alteri super hoc instanti dicti Henrici Schuttorp nomine prefatam universam triginta sex librarum et duodecim solidorum[d] debitam supradictam ab ipso Richardo integre et expedite vicibus congruis informacionibus inductivis persolvatur, seu[e] absque aliqua prorogacione de premissis per eundem Richardum consuetum vestre civitatis fiat justicie complementum. Vos in hiis, rogamus, benivolos exhibere velitis, prout de vestra singulari amicicia plene sumus confidentes, respectum ad nos vice-versa habituri de similibus seu majoribus pro vobis ac vestris benivole faciendis. Datum nostre civitatis sub sigillo ad causas, 3. die Maji.

408. *Köln an K. [Heinrich IV] von England: bezeugt, dass Herr Joh. Kruger sen. seinen Neffen, den Kölner Bürger Joh. Kruger jun. aus Nimwegen, zur Erhebung einer von ihm früher bei dem Rector der Kirche in Beragby, Herrn Joh. Oudebij, deponierten Geldsumme bevollmächtigt hat, und bittet, durch ein an die Unterthanen und Beamten des Königs gerichtetes Mandat den Oudebij zur Ablieferung der Summe an den Bevollmächtigten zu veranlassen. — 1400 Mai 3.*

StA Köln, Briefbuch 4 fol. 79. Ebenso an den [englischen Kanzler,] Bischof von Lincoln.

Verzeichnet: Mitthl. a. d. Stadtarchiv von Köln 1, 103.

409. *Stettin an Thorn: bittet, sich beim Hochmeister um Rückgabe des auf Bornholm genommenen Stettiner Gutes zu verwenden. — 1400 Mai 13.*

Aus T StA Thorn; Or. Pap. m. Resten d. S. Hagedorn, S. n. 372.

Den erbaren vroten wiseit mannen, burgermesteren unde ratheren der stad Thoren in Prutzen, unsen leven besundern ghunstigen frunden, detur.

Unsen steden denst unde fruntliken gruth. Leven heren unde frunden. Alse juwe erbar leve unde fruntschop wol weet, wo uns unde den unsen ere ghut wart

a) [illegible] K. b) [illegible] K. c) [illegible] K. d) [illegible] K.
e) [illegible] K.

ghenomen tho Borneholm, dar[a] juwe hovetlude mede weren, dar hebbe wy vakene umme schreven tho unsen herrn den meistere, unde uns kan nicht endes darane werden. Bidde wi juu, leven heren unde frundes, dat gi umme unser leve unde bede willen arbeiden, des besten gi konen unde mogen, tho unseme heren deme meystere, dat he bede deme schaffere, dat he uns unde den unsen ere ghut weddergheve. Leven frundes, bewiset juu hir frundlik an unde latet uns des wedder jnu unde de juwen mit deme vorschulden in aller mathe, dar wy konen unde mogen. Unde wes juu wedderfaret vor en antwerde, bidde wy juwer leve uns dat wedder schrivende by dessen boden. Schreven des dunredages na deme sundage jubilate, under[b] unsen secrete anno etc. [1]400. De radmanne der stad Alden Stetin.

410. Hzg. Albrecht von Baiern, Graf von Holland, entscheidet einen Streit zwischen Zierikzee und dem gräflichen Rentmeister über die Zollpflicht der von der See her die Stadt besuchenden oder passirenden Schiffe. – 1400 Mai 22. Haag.

Aus Z StA Zierikzee n. 86; Or., das anh. S. ab. — Das. ein Or.-Transsumpt des Kapitels des S. Liviniusmunsters in Zierikzee von 1416 Juni 26. Hagedorn. Gedruckt: aus einer späten Abschrift van Mieris, Groot Charterboek 3, 721.

Aelbrecht bi Goids genaden palensgrave opten Rijn, hertoge in Beyeren, grave van Henegouwen, van Hollant, van Zeelant ende heere van Vrieslant, doen cont allen luden, want in tiden verleden een geschille ende twy gewesst heeft tuschen onsen rentemeester [van] Beoisterwelt in Zeelant van onser wegen ende onser stede van Zerixe overmits tollen, die onse rentemeester eysschende heeft geweest scipperen ende coiplueden, die van buten den kuste van onsen landen uter see binnen ende op onsen stroem mit scepe ende goide geladen comende hebben geweest, dair onse rentemeester van onser wegen ende heerlichede him ofeysschende heeft geweest onse tollen[1], ende onse stede van Zerixe him vermeten hebben van ouden hairecomen ende recht, dat alle scipperen ende coiplude mit horen scepen ende goiden, die van buten uter see binnen op onsen stroem quamen onse stede van Zerixee versoeckende, sonder scepe of goide te vertollen tollenvry varen ende keren mochten; van welken geschille wij een scheidinge ende segghen gesait hebben bi rade ende goetduncken ons raets, geliken dat aen ons gekeert ende gebleven was, in salker manieren als hier nagescreven staet. Dats te weten: wair dat sake, dat enige scepe geladen van buten uter see aen die kusten van onsen lande van Zeelant binnen op onsen stroem quamen, die onse stede van Zerixe versoeken wilden ende dair hoir goide vercopen of up enen anderen bodum[c] laden, die souden enen vrien opslach hebben, hoir goide te vercopen ende te gebruken tot horen profijt ende orboir of up enen anderen bodum[c] te legghen, sonder enige tollen of ongelt ons of yement anders van onser wegen dairof te gelden of te betalen, ende weder buten in der see te varen; ende wat goide die selve coiplude binnen onser stede van Zerixe weder inlorden, dat souden sij vrilic onvertolt weder ter seewairt uut mogen voeren, als voirscreven is. Mer wair dat sake, dat die scipperen of coiplude die scepe of goide binnen doer voeren wouden over onsen stroom of die up enen anderen bodum[c] leyden, om die binnen doer te voeren te Brabant, te Vlaenderen wairt of anderswair, soe souden die scipperen ende coiplude hoir scepe ende goide vertollen ter eerster tollen of wachthuse, die sij te liden hadden, ons toebehorende, ende niet dair voirbi te varen buten orlof ons tolenairs.

a) Folgt durchstrichen wi T. b) under doppelt T. c) = S.

[1]) S. n. 96.

zij en zouden striken ende toenen ende hoir scepe ende goide vertollen, als onser heerlicheit toebehoirt, up zulke pene ende verbûernisse, als dairtoe staen. Ende des hebben wij onse eerste wachthuys ghelelt tot Cats in Noirtbevelant, ende niet nare te weern onser stede van Zerixe, die wt Goude te Braband ofte Vlaenderen wairt binnen over onsen stroem of anderswair varen willen, ende up andere onse tollen of wachthuze, wair zij gelegen zijn in den onsen, dair die voirseide scepe ende goide liden zollen. Ende want wij alle deser voirscreven pointen vaste ende gestade houden willen voir ons ende voir onsen nacomelingen tot ewigen dagen, soe hebben wij desen brief doen bezegelen mit onsen zegele hier aengehangen. Gegeven in den Hage, upten tweeendetwintichsten dach in Meye int jair ons Heren dusent ende vierhondert.

411. *25 gen. Häuptlinge und die Gemeinheit des Landes Ostfriesland zwischen Weser und Ems urkunden auf Grund ihrer Vereinbarung mit den hansischen Hauptleuten zu Emden wie unten n. 416. — 1400 Mai 23* (des sondaghes vor sente Urbanus daghe). *Emden.*

Gedruckt: aus dem Or. im StA Lübeck Lüb. U.B. 4 n. 699, Friedländer, Ostfriesisches U.B. 1 n. 171, früher Dreyer, Specimen juris publ. Lubicensis S. CCXXIX. Verz.: HR. 4 n. 599, Brem. U.B. 4 n. 253. — Eine Abschr. auch im Niederstadtbuchen Kopiar des StA Lübeck fol. 255b.

412. *Gr. Adolf [IV] von Kleve und Mark[1] und sein Bruder Gerhard von Kleve beurkunden unter Mitgelöbnis der Städte Hamm, Camen, Unna, Iserlohn und Lünen ihr Schutzbündnis mit Dortmund wie n. 89, mit der Bestimmung, dass der Vertrag in Kraft bleiben soll bis ein Jahr nach Rückzahlung einer von der Stadt gezahlten Summe von 3000 alten rhein. Gld. — 1400 Mai 26* (in vigilia ascensionis).

StA Dortmund; Or. m. 7 anh. S.
Gedruckt: Lünig, Teutsches Reichsarchiv 10, 2, 391; im Auszuge Rübel, Dortm. U.B. 2 n. 1040. Verz.: Fahne, Dortmund II 2 n. 475.

413. *Braunschweig an Köln: bittet, sich beim Erzbischof für zwei Braunschweiger Kaufleute zu verwenden, die bei Deutz gefangen und ihres Guts beraubt sind. — [1400? Mai.]*

Aus StA Köln, Hanse I n. 193; Or. Perg. m. Spuren d. S. Auf der Rückseite: Civitatis Brunswicensis.

Von der Mehrzahl der unten genannten Adligen erhielt Köln in den Jahren 1399 und 1400 Fehdebriefe; vgl. Mitthl. a. d. Stadtarchiv von Köln 22, 151—156. Ein gleiches Schreiben wie Braunschweig richteten auch die Herzöge Bernhard und Heinrich von Braunschweig-Lüneburg an die Stadt, dat. to Brunswic des sondages alse men synget cantate; *Or. im StA Köln, Hanse I n. 192. Vgl. dazu Mitthl. 22, S. 33 u. 322.*

Den erzammen wyzen radhmeisteren, scheffen unde raide der stad Colne, unsen lieven bezundern frunden, kome dusse brieff.

Unsen willigen denst myt fruntliger grote unde wes wy guden vermogen tovorn. Erzammen wyzen leven bezunderen guden frunden. We don juwer erbaricheit

[1] *Derselbe verspricht 1398 Juni 6 den Bürgern von Soest u. a. Freiheit von Arrest wegen fremder Schuld und Sicherheit vor Schädigung aus seinen Landen, indem er bei Streitigkeiten zwischen ihnen und seinen Unterthanen vor Beschreitung des Rechtsweges zunächst einen gütlichen Schiedstag (op de stede, dar de Colschen und Merkeschen dage te halden plegen) in Aussicht nimmt. Haeberlin, Analecta medii aevi S. 379.*

to wetende, dat twe unse medeburghere van Brunswich, der eyn geheiten is Hans van Adenstidde unde de andere Hinrik von Hamelen, de rechte koplude syn, twisschen Mollum unde dem Ryne vor Dütz in den tûnen gevangen syn unde en ghenomen is alsodan gud, alse se hadden; unde alse wy irvaren hebbet, so hebben dat gedan erbare lude, alse Boldewyn unde Dyderic van der Horst, Reyneke Landesberch, Johan von Berkem, Johan von Klarne, Johan Schotte unde Zelmeken myt oren knechten. Bidde wy, leven frundes, myt flite, dat gy umme unsen willen truweliken darto willen helpen raden unde dat beste don by dem erewerdigen juwem unde unsem heren van Coln unde wur gy mogen, dat den vorgenanten unsen burgeren unde kopluden dat ore ghekart unde wederdan werde; went wy hadden ghehopet, dat de kopman myt synem gude yo velich wesen scholde. Hirumme bewyset gik daran, alz wy gerne welden, wanne id sich so geborde; des gelove we juwer fruntscop wol unde willent gerne vordenen, went wy den kopman unde syn gud alle weghe gerne helpen schutten unde vordegedingen, wur wy ymmer konnen unde moghen. Juwes fruntligen bescreven antwordes beghere we weder. Hirmede sid Gode bevalen, unde ghebedet over uns. Datum nostro sub secreto.

Consules Brunswicenses.

414. Braunschweig an die hansischen Älterleute zu Brügge: dankt für ihre Bemühung um das von der Herzogin von Brabant arrestierte braunschweigische Gut[1], und verheisst nach vollständigem Empfang der Entschädigungssumme Sicherheit gegen Nachforderungen. — 1400 Juni 4.

Aus StA Braunschweig, Kopiar 3 S. 26. Hagedorn.

Den erzammen wyzen mannen, den olderluden des ghemeynen kopmans der Dudeschen Henze to Brugge wesende in Flanderen, we de rad der stad to Brunswich unsen fruntliken grot unde wes we gudes vermogen tovoren. Leven frundes. We don juwer erbaricheyt witlich, dat vor uns syn gewest ichteswelke van unsen borgeren unde kopluden, alse Henning van Adenstede, Hinze van Tymmenstede, Gerwyn van Hamelen, Hans van Scheppenstede, Wasmod van Kemme, Cord van Adenstede, Gerwyn Pamme, Bosse, Ludeke unde Fricke Gravenhorst, Tyle Vordorp, Hans van Bornum, Ludeke Pamme unde Herwich Synne; de hebben uns witlich gedan, dat gy gik truweliken gearbeydet hebben by unser fruwen van Brabant unde orem rade alse umme ore gud, dat de fruwe van Brabant on unde ok anderen kopluden hadde bekumbert unde genomen laten to Kerberge, des we gik flitliken dangken. Unde alse uns unse vorgenanten koplude gesecht hebben, dat gy des geldes van des gudes wegene to orer hand eyn deil entfangen hebben van unser fruwen van Brabant unde dat andere noch utkomen scolle, unde dat gy unser fruwen van Brabant verbrevet hebben, dat se unde de ore van des gudes wegene neyne namaninge liden scullen in tokomenden tiden: leven frundes, des love we gik in dussem breve vor de vorgenanten unse borgere unde koplude, wanne dat gelt utgekomen is, alse gy gedegedinget hebben, dat denne unse fruwe van Brabant eder de ore van des sulven gudes unde geldes wegene neynerleye namaninge van uns unde unsen vorscreven borgeren unde kopluden ofte van yemende van orer wegene forder darumme liden scullen. Dar wille we gik gud vor wesen unde willen gik van der wegene ghentzliken schadelos holden, unde we laten unse fruwen van Brabant van des gudes unde geldes wegene qwiit, ledich unde los. Dusser ding to bewysinge hebbe we unser stad heymliche ingesegil witliken laten drucket an dussen breff, de gegeven is na Godes bort dusent jar in dem verhunderdesten jare, des neysten frydages vor pingsten.

[1]) S. n. 346.

415. *Die hansischen Älterleute zu Brügge an Köln: die aus Brügge dem Kölner Bruen Busscho zugesandten, nach Breslau bestimmten 20 Laken sind dort nicht angekommen; bitten, die Sache zu untersuchen und Busscho zum Ersatz anzuhalten. — 1400 Juni 5.*

Aus StA Köln, Hanse I n. 154; Or. Pap. m. Resten d. 3 S. Hagedorn, S. n. 400, 402.

Honorabilibus industriosisque viris, dominis proconsulibus ac consulibus civitatis Coloniensis, amicis nostris sincere preamandis, littera presentetur.

Unse vrentlike groyte unde wat wij gudes vormoghen tovoren. Heeren unde sunderlinges guden vrende. Juwer vorsenigher wijsheit genoge te wetene, wu dat vor uns hevet gewesen die eerbaer man her Arnd Pultus raetman to Brugge, en zeer zwarlike beclagende van eynen packe, daryme dat waren 20 langhe lakene in der stede van Thinen gemaket, die welke he uyt bevele eyns guden mans geheyten Albert Rebber, borger to Thorun in Prussen, sande umtrent middewinter naest komende eyn jaer geleden an des selven Alberts weerd Bruen Busscho juwen borgere, omme dat he die vorseide lakene vortan solde hebben gesant, dat sey em hadden gekomen to Breslouwe, dar sey binnen desser vornomeder tijd nicht gekomen en zijn, alse die vorseide Albert by zijnen denare Augustinum, brenger dessen breyffs, den he der sake vorseid gemechtiget hevet, dem vornomeden heren Arnde togescreven hevet; des em zeer grotlike vorwondert, na dem dat Bruen vorseid to manigen tijden in sinen breyven heren Arnde hevet gescreven, alse wij verstaen hebben, dat he die vorseide lakene beide untfangen unde beide die vort gheschicket na siner begherte, alse he em gescreven hadde. Hijromme, heren unde geminden vrende, wij van juwer groter bescheidenheit zeer ernstaffligen begerende zijn mit vlite biddende, dat gi desse sake willen to herten nemen unde undersoeken, Augustinum vorseid behulpen unde vorderlik wesende, alse dat em van Bruen Busscho juwen borgere redelicheit unde bescheit van den vornomeden 20 lakenen to des vorseiden Alberts behoeff moege wedderVaren, want dat eyne grove sake were vor allen guden luden, dat die gaste van eren weerden in ganteen geloven eres gudes by en untfangen in alsodaner wijse solden vorachtert werden nade quijt gaen; hijrynne doende by juwer vorsenigher wijsheit, alse wij ju des wol tobetruwen. God unse here moete ju bewaren in sielen unde in lyve. Gescreven under unsen ingezegelen, upten 5. dach in Junio int jaer 1400.

By den alderluden des gemenen copmans van Almanien der Duytschen Hanze nu to Brugge in Vlanderen wesende.

416. *Die Lande Westergo und Oostergo verpflichten sich auf Grund ihrer mit den Hauptleuten von Lübeck, Hamburg, Bremen[1] und Groningen abgeschlossenen Vereinbarung, die Vitalier oder andere Räuber nicht zu unterstützen, und verheissen allen Kaufleuten Verkehrssicherheit und Freiheit vom Standrecht. — 1400 Juni 8. Emden.*

Aus StA Hamburg, Trese Ff n. 2; Or. m. 2 anh. S.
Verzeichnet: Colmjon n. 108, Friedlaender, Ostfriesisches U.B. 1 n. 173.

[1.] Wytlic zy al den ghenen, de dessen breef sien eder horen lesen, dat wij abten, prelaten, dekenen, greetmans ende ghemene rychters van Westerghe ende Wyt

1) *Eine Abschrift der früheren Urkunde Bremens für die Hansestädte (von 1398 Aug. 1, oben Bd. 3 n. 412) wird 1400 Jan. 3 von Köln dem Lübecker Hansetag übersandt. HR. 4 n. 569.*

Oestergho landen schullen ende willen nummermeer to eweghen tyden vytalienbroederen eder anderen roveren, de den kopman beschedighen eder bschedighen laten, to lande eder to watere húsen eder heghen in unsen landen ofte ghebieden. Were dat id jemant dede, zo wylle wy ende schullen mit rade unde mit dade mit alle unser macht daerto helpen ende volghen to lande unde to watere, dat de vorscreven rovere verstoert werden.

[2.] Oec schulle wy unde wyllen, dat alle coeplude sculllen velych unde vry varen unde keren to lande unde to watere by daghe unde by nachte, wanneer id hem bequeme is, up eren rechten tolnen, den ze oldinges plegheen to gheven. Weert dat ze jemant daerin hynderde eder hynderen wolde laten, so scholde wy ende wyllen ze verbydden unde verdeghedingen mit al unser macht mit ghantzen trûwen.

[3.] Oec weert, dat God verbieden mothe, dat jenich man schypbrokich worde in der zee bynnen landes eder buten in der zee, wat guede daeraf gheberghet worde van den inwoneren unser lande vorseid eder van anderen luden, de daerto quemen of to gheeraschet worden, dat scullen ze wederghheven ende nemen redelic arbeydesloen. Weert aver, dat de schyppe[r] mit zinen scepeskynderen eder mit den coepluden zulven wes berghede, dat scolden ze beholden ende daer nicht af gheven unde dat voren, wanneer ende waer em dat bequeme is, zunder hyndernisse.

[4.] Oec scullen alle de breve, de den menen Hensesteden eder eyner stad besunderen anroert, by erer macht blyven ende unverbroken.

Dit hebbe wy ghedeghedinget mit den eerliken luden boefluden van der Henze, utghesand van Lubike heren Hennynghe van Rynteleu, heren Johanne Crispijn, van Hamborch her Alberte Screyge, her Johanne Nanne, van Bremen heren Lutger Wolders, van Groningen Zweder van Wynde, Alef Scheighe ende Albert Scelghe, de nu ter tijd to Emeden zint. Alle desse vorseide stücke ende artikelen ende een ijslijc byzunderen love wy in guden truwen stede, vast ende ungbebroeken to haldene zunder jenigherhande hulpreede, alle arghelist uitghenomen. Ende hebt des unser lande ingheseghele van Westerghe ende Wyt Oestergho vorseid wytlike ghehenget laten an dessen breef. Ghegheven tot Emeden, na Godes boerd in vertiendenhundersten jaere des dynsedaghes in den pynxsteren.

417. *Die Ratssendeboten der preussischen Städte zu Marienburg an Haarlem: wiederholen ihre Bitte, dem Danziger Henrich Cervaes in seinem Streit mit Haarlem und dessen Bürgern endlich Recht widerfahren zu lassen, da er sich sonst mit Hülfe des Hochmeisters an den Haarlemer Bürgern in Preussen schadlos halten wird, und ersuchen um sicheres Geleit für denselben zur Reise nach Haarlem und zurück. — 1400 Juni 14.*

Gedruckt: HR. 4 n. 610. Kalsspruch an Utrecht wegen eines Handels des Cervaes mit Reyner de Kaller.

418. *Gerges Oldendorp bekennt für sich und seine Erben, dem Hildebrand Veckinghusen und dessen Erben 100 engl. Nobel zu schulden, zahlbar in jährlichen Raten von 20 Nobeln innerhalb der nächsten fünf Jahre in Lübeck am Johannistag*[1]*; er verpflichtet sich und seine Erben bei Zahlungsverzug zur Ersetzung aller daraus erwachsenden Kosten und allen Schadens, und verrichtet für diese Schuld auf alles Geleit, alle Freiheit und Sicherheit für sich und sein Gut auf ewige Zeiten. Zeugen: Hinr. uppen Orde, Herbord*

[1] *Juni 24.*

von Lynne, Hinr. Dovendighe, Bürger von Lübeck. — *1400 Juni 29* (in vig. nativ. b. Joh. bapt., precursoris Dom.).

StA Reval; Or. m. 3 von 4 anh. S.

419. *Köln an Nimwegen*[1]*: ersucht, nachdem es zweimal wegen des Kölner Bürgers Tilman Wanscheide geschrieben hat, dafür zu sorgen, dass derselbe Ersatz seiner ihm von Nimwegen zu Unrecht genommenen Habe erhalte.* — *[1400] Juni 28* (in vig. Petri et Pauli).

StA Köln, Briefbuch 4 fol. 87 b.
Verzeichnet: Mittheil. a. d. Stadtarchiv von Köln 4, 105.

420. *Edomsherred geleitet die Kaufleute aus Bremen zum Handelsverkehr.* — *1400 Juli 15.*

Aus StA Bremen, Trese Z; Or., das anh. S. ab. Lappenberg.
Gedruckt: Brem. U.B. 4 n. 259.

Wytlyk zy al den ghenen, de dessen bref zen edder horen lezen, dat wy ratlûde unde wy meyne bûnden an Edûmsherde gheven vrede unde leyde al den koplûde van Bremen, tû uns tû komen an unze herde, kopenschop tû dryvene an unzeme herde, unde neyn man eme tû schadene, alzo verne alze ere leyde sulven nycht eyn breken. Wente[a] in dat llever dep schol gy yn leghen, wente dar zûnd achte bôde alle vol solden, valete[a]. Unde ik Aeybe Aftzone leyde jû ok an unze land tu komen fry tû unde af van mynes heren des hertyghen weghen. Tû ener bewyzene, dat dyt war is, des hebbe wy unses herdes yngheseghel ghevujghet vor dessen bref. Datum anno Domini 1400 die divicionis[b] apostolorum.

421. *Köln an Dortmund: begehrt Freigebung des dort arrestierten, von Lübeck kommenden kölnischen Gutes.* — *[1400] Aug. 2.*

Aus StA Dortmund; Or. Pap. m. S. Bruns.
Gedruckt: Rübel, Dortm. U.B. 2 n. 1048a. Wegen des Jahresdatums vgl. die beiden folgenden Nummern.

Der Arrest war eine Repressalie Dortmunds, weil eine Kölner Bürgerin wegen rückständiger Dortmunder Leibrente einen Dortmunder Bürger in Köln gerichtlich hatte arrestieren lassen; Rübel 2 n. 1046—1047. Über die bezüglichen Finanznöte der Stadt s. oben Bd. 4 n. 936 Anm. 1 und n. 1048. Zahlreiche Zeugnisse über gelegentliche Arrestierungen von Dortmunder Bürgern durch Kölner Rentengläubiger der Stadt und über Verhandlungen Dortmunds mit letzteren aus den Jahren 1390 bis 1400 bei Rübel a. a. O. passim; vgl. Rübel, Dortmunder Finanz- und Steuerwesen 1, 48. — *Im Herbst 1400 beklagt sich die Stadt bei Köln, dass Kölner Bürger ihr wegen geschäftlicher Streitigkeiten mit Dortmundern Fehde angesagt haben; sie beruft sich dabei auf vrentschap unde geloven —, de gy unde wy unde de ghemeynen stede van der Hanse under eynander hebbet. Rübel, Dortm. U.B. 2 n. 1051. 4.*

Prudentibus viris, proconsulibus et consulibus opidi Tremoniensis, amicis nostris.

Unde vrunde. Wir hain vernomen, dat ir unsen burgeren ind coufluden yre gût soell upgehalden hain by uch in urre stat, as sy dat van Lubecke bracht hain,

a—a) Am Schluss der Urkunde nachgetragen und hierher verwiesen. b) So!

[1]) *Van Mieris, Groot Charterboek 3, 731 druckt aus einer modernen Abschrift eine Erneuerung des Nimweger Zollprivilegs durch Hzg. Albrecht von Holland von 1400 Dez. 20 ab. Das Stück stellt sich als eine sehr fehlerhafte Wiederholung der Urkunden von 1396 (oben n. 233, Eingang) und von 1379 Dez. 20 (Bd. 4 n. 669, transsumierter Teil und Schluss) dar und verdient bei dem Fehlen jeder älteren Überlieferung keine Beachtung.*

des uns sere verwondert, na dem wir ummer mit uch nyet dan vruntschaf gerniz en wissen. Ind begeren darumb van uch, dat ir unsen burgeren ind coufluden ir have ind gût wilt zur stunt wedergeven ind laissen volgen ind yn yren schaden keren, den sy des gehat haint, umb dat uns nyet noyt syn en durffe van uch zo schrijven ind zo clagen, in wilcher voygen ir mit uns umbgeet bynnen vruntschaf ind gelouven, ind wie uns des noyt were. Ind herup wilt uns ure antworde schrijven by desem unsem boyden, dar wir uns na rychten moegen, wat uns bleyane wedervaren mach. Datum crastino ad vincula beati Petri.

Burgermeystere, rait ind andere burgere der stede van Colne.

422. *Der Lübecker Bürger Arn. Wachendorp an Dortmund: bittet um Auslieferung der ihm und seinem Gesellen gehörigen Waren, die sich unter dem arrestierten kölnischen Gut befinden. — [1400] Aug. 2. [Köln.]*

Aus StA Dortmund; Or. Pap. m. Resten d. S., von Kölner Hand geschrieben. Bruns.
Gedruckt: Rübel, Dortm. U.B. 2 n. 1048b. S. die vorige Nummer.

Den ersamen wijsen herren, burgermeisteren und raide der stat zo Dorpmûnde, mynen lieven herren ind vründen.

Mine vruntlige groisse ind wat ich gûdes vermach zo allen zijden. Ersame lieve herren ind vrunde. Myr is zo wissen worden, wie dat ir etalige have ind gûet up die stat van Coelne bynnen ure stat bekomhert ind upgehalden haifft; warup ich ure lieffde begere zo wissen, dat Gerart van Balgen, myn geselle, und ich under dem selven guede hebben eyn stuch alsus gemyrcht und eyne tonne mit desem myrcke, dat unse eygen proyper gûet is und nyemant anders da an wynnonge noch vandom en hait dan wir alleyne, ouch en deneken wir des gûetz bynnen Coelne nyet zo veralijenen noch zo verkouffen. Warûmb ich uch vruntlige mit gantzem vlijsse ind ernste bidden, dat ir myr süsten vurgenante have unbekommert wilt volgen laissen, up dat ich und myn geselle vurseid des geynen vurderen schaden lijden durffen, uch bieynne also zo bewijsen, as ich mich zo uch nyet anders en vermoyde dan mynne ind vruntschaff. Ind wat myr dis wederfaren mach, des begeren ich ure guttlige beschrevene antworde. Got sij mit uch. Gegeven under Mathijs segel van Corveren burgers zo Coelne, umb gebrech des myns. Datum crastino ad vincula beati Petri.

Arnolt Wachendorp burger zo Lubyke.

423. *Der Lübecker Bürger Tilman Towe an Dortmund: erklärt, dass die dort arrestierten zwei Sack Wolle ihm gehören und dass er selbst Bürger von Lübeck ist, wie der Fuhrmann Ailbertus von Dortmund bezeugen wird; falls dessen Eid nicht genügt, will er selbst bei nächster Gelegenheit* (mit der lesten woren, dat Ailbertus van Collen wolr) *nach dort kommen. — [1400] Aug. 2* (des mayndages na s. Peters dage). *[Köln.]*

StA Dortmund; Or. Pap., Briefrindage.
Gedruckt: Rübel, Dortm. U.B. 2 n. 1048c. S. n. 422.

424. *Antwerpen verleiht den Kaufleuten von der deutschen Hanse ein Zollprivileg nebst einigen weiteren Vorrechten für ihren Handelsverkehr in der Stadt, gültig von 1400 Juni 24 bis 1403 Dec. 25. — 1400 Sept. 1.*

Aus K StA Köln, Hanse I n. 111; Or. Perg. m. anh. S. Hagedorn.
Verzeichnet: Mittheil. a. d. Stadtarchiv von Köln 1, 34.

Zur Vorgeschichte dieses Privilegs s. bes. n. 264, 263, 284, 285.

Allen den ghenen, die dese lettren selen sien ofte hoeren lesen, scepenen ende raed van der stad van Antwerpen salut ende goede vriensap. Cont zij eenen yeghelken, dat wij omme de goede trouwe, onste ende vriensap, die wij dragen ten ghemeinen copluden waert van Almaenghen der Duytscher Hansen toebehoorende, ende oic omme ghemeine nutscap, oirboire ende profijt der stede van Antwerpen voirseid de selve coeplude, hare familien ende coepmanscape vriendelec ontfaen ende hen ghewillecoert ende gheconsenteert hebben, willecoeren ende consenteren met desen jeghenwoirdegen lettren hen allen tezamen ende elken van hen bisonder alsulken pointe ende articulen, alse hier naberscreven staen.

[1.] Te wetene es, dat zij geven selen van alrehande goede, dat zij van beneden opwaert tAntwerpen te watere bringen oft van Antwerpen nederwaert te watere outvoeren, alsulken tol, alse hier nabescreven staet. In den yersten van elken bodeme was drie grote[a]. Item van elken vate wares, twee Traventonnen vore een vat ghereikent, achte grote. Item van elken vate oft schimmesen cordewaens, het zij ghetouwet oft onghetouwet, eenne grote. Item van elker mesme copers anderhalven groten. Item van elker tonnen copers twee grote. Item van elken vate staels eenen groten. Item van elken duysent ysers, tiene quintale vore een duysent ghereikent, anderhalven groten. Item van elken duysent theems anderhalven groten. Item van elken voeder loods, twaelve wagen ghereikent over een voeder, twee grote. Item van elken zacke wollen viere grote. Item van elken hondert vellen van scapen metter wollen, zesewerf twintich voir een hondert ghereikent, eenen groten. Item van elker schimmeze ruware, dairin beslagen zijn bertsvelle, reevelle, hasenvelle, conynenvelle, ellendeshuyde oft van wat beesten dat die velle zijn, drie grote. Item van elker deker coehuyde oft ossenhuyde eenen groten. Item van elken vate asmers, dat men heet bernesteen, twee grote. Item van elken laghele oft tonnen stoers eenen groten. Item van elken hondert ghesponnender ziden eenen groten. Item van elker bale oft tonnen merseryen, alse sindael, hoeftcleedere, kerspe oft lynen, tapiten, goutborden, garlanden, snoeren, cleedere gulden oft ziden oft linen, ghevaruwet[b], cousen, hoede, flasschaerde ende alle andere dingen toebehoerende ter merseryen drie grote. Item van elken packe Coelscher mersen, garen oft ander goet dierghelike eenne grote. Item van elker balen fyneyns eenne grote. Item van elken hondert soffraens, gengebere, peper, caneel, galygaen, zedewaer, cubee[b]en[c], foelien, greynen, paradijs ende van alrehande andere sperie, confijt oft onconfijt, anderhalven groten. Item van elker balen aluyns eenen groten. Item van elker bale amandelen, commijn oft rijs twee grote. Item van elker bale beckene viere grote. Item van elken sacke oft masse quicsilvers eenen groten. Item van elken laghele oft tonnen zeelsmouts oft harincsmouts eenen halven groten. Item van elken laghele oft tonne smeers, olye, botere, honichs oft zeems eenen groten; het en ware dat zake, dat het quame in vate van S. Jans oft in pypen, dat soude geven na davenant van tonnen oft van aemvaten. Item van elken laghele oft tonnen weets eenen groten. Item van elker rolle oft packe lijnwaets viere grote. Item van elken duysent casephas viere grote. Item van elken packe grauwer lakene viere grote. Item van elken lakene eenen halven groten te tolle ende eenen halven groten te balleghelde. Item van elker wage caes eenen halven groten. Item van elken duysent stocvisschs vier grote. Item van elken twee ziden speck eenen halven groten. Item van coerne, alse tarwe, rogge, gherste, evene, arweten, vitsen, bonen ende van allen anderen coerne ende van mele, gaghele, hoppen, van elken pont

a) In n. 777 van 1407 [illegible] ist hier am Rande zugefügt: Item van [illegible] pijpen [illegible] was 6 grote.
b) So K. c) cubeben K.

grote eenen groten. Item van elker last harinx[1] buten der tijt, dat men tiende dairaf tAntwerpen pleecht te nemene, twee grote; ende binnen der tijt, dat men dairaf tiende pleecht te nemene, van elker last twintich grote. Item van allen anderen vissche, dien zij tAntwerpen vercoepen zelen, van elken pont grote eenen[a] groten. Item van elken vate vlas oft canephas, twee halve vate vore een vat ghe-rekent, eenen groten. Item van elken viere klp vlas oft kanephas eenen groten. Item van elker coppelen froyts eenen halven groten. Item van elker last perkatheris of asschen viere grote. Item van elken hondert waghenscots eenen groten. Item van elken hondert coorhouts anderhalven groten. Item van elken hondert sperren eenen halven groten. Item van elken hondert mudden zouts vive grote. Item van elker last Oesters biers viere grote. Item van elker ame wijns, die men tAntwerpen nut oft in voeren sal, het zij bi der Honte oft bi der Sceld, anderhalven groten. Item van allen anderen goede hiervore niet ghenoemt, alst wy dairaf in tolhuys tAntwerpen valt, soe sal men dat bi den coepluden ende tolneren groet deelen na davenant van den anderen goeden voirseid.

Item gout, zilver, vederspel, coepmanscrine, droghe tonnen, dair gheene coep-manscap in en es, harnasch ende wapene tharen live, comen, nien oft oud, tot haren draghene, stucken lakens, die beneden tiene ellen houden, tonnen met packlinen oft met anderen henlachcleederen, stucken lijnwaets van twintich ellen te haers selfs draghene, vive oft zesse ponde spiaecruyds te haers selfs vytaelgen: van desen voir-ghenoemden parcheelen en zelen de coeplude voirscreven gheenen tol geven[2].

[2.] Item soe wat goede de voirseide coepmanne binnen Antwerpen bringen ende vertolken, dat selve goet mogen zij onveraniert weder uutvoeren, sonder enigen tol dairaf te gevene.

[3.] Item met desen voirseide tolle zelen de voirseiden coeplude van den goede voirscreven vry ende quite wesen van allen anderen tolle, ongheide, pae-gheide, cantzigheide, geleedegheide ende van allen anderen coustumen binnen der stad ende vryheit voirscreven[b] [3], uutghesteken altoes redelike makelardie, ende die den genen te ghevene, die se verdienen ende over de coepe zijn zelen.

[4.] Item soe wat goede de coeplude voirseid bi haren eede vertollen willen, den zelen zij gheloeft zijn sonder eenich opslaen oft opeuinge van haren goede[4].

[5.] Item soe willecoren wij ende gheloven den voirseiden coepluden, dat wij van gheenen biere, dat in den Hansesteden ghebrouwen es ende binnen Ant-werpen brocht wordt, meer en willen nemen oft doen nemen dan seventien grote te assisen van elker tonnen biers[5] absulcs gheids, alse tAntwerpen daghelicx in borsen gaet.

[6.] Item dat alle de voirseide coeplude, die comen willen binnen Antwerpen omme haer coepmanscap dair te doene, mogen hebben binnen haerer herberghen wijn, bier ende alrehande dranke ende vitaelge, die zij willen, vore hen, voir haer familie ende gheselscap, sonder eenige assise dairaf te gevene, behoudelec dat zij den den luden van buyten niet en vercoepen[6].

a) Binnen ghevene n. 777. b) In n. 777 am Rande von späterer Hand zugefügt: [illegible] wegegelt, werfgelt.

1) In Antwerpen wird 1399 Aug. 29 verboten, anderen Haring als Seeländischen [illegible], die op Neerwlerlant ghemaect es, zu verkaufen oder feil zu halten. StA Antwerpen, Clementyn-boeck fol. n. 2) Dieser Absatz ist dem holländischen Privileg von 1389 entnommen; oben Bd. 4 n. 965 S. 417. 3) Vgl. Bd. 3 n. 266 § 8. 4) Vgl. das flandrische Privileg von 1360, Bd. 3 n. 497 § 33. 5) Vgl. oben n. 9 § 9. 6) Bd. 3 n. 266 § 17.

[7.] Item soe selen de voirseiden coeplude geven van elken zacke wollen, die ter waghen ghewegen wordt, twee grote van weghegelde ende niet meer. Ende voert van allen anderen goede, dat men weecht bi der waghe, selen zij geven eenen Antwerpschen penninc van der wage. Ende voert van allen goede, dat men weecht bi den hondert, daeraf selen zij geven van elken drien hondert weghens twee penninghe Antwerpsche van weghegheldе[1].

[8.] Item wat goede, dat ter wage niet en comt, dairaf so en selen zij niet gheven van weghegheldе[1].

[9.] Item soe en selen de voirseiden coeplude niet meer geven van eenen hondert lijnwaeds, dat binnen Antwerpen ghemeten sal worden, dan eenen halven groten van metene; ende soe wat lijnwade, dat niet ghemeten en wordt, dairaf en selen zij gheen gheld geven van metene.

[10.] Item soe consenteren wij den voirscreven coepluden, dat zij mogen nemen pijnders oft arbeyders, die hen ghelieven selen, haer goet ter waghe ende weder uter wage te bringhene[2].

[11.] Voird so ghelоven wij, de voirseide coeplude te bescermene in allen pointen van ghebreke, die hen anevallen oft wedervaren mochten, naer onse beste ende uterste macht tallen tiden, alse zij dat voir ons versoeken selen.

[12.] Ende dit voirseid consent ende eendracht sal ghedueren van sente Jans dage baptisten in middensomere leestleden tote Kersavonde yerst comende, ende van dien Kersavonde nu yerst toecomende drie jare lanc dair naest volghende. Maer waert soe, dat de voirseide coeplude in desen voirscreven zaken eenich ghebrec oft hinder hadden binnen den termine voirghenoemt ende hen dat niet volcomelec ghebouden en worde, alsoe voirseid es, soe mogen de coeplude voirseid van desen voirseiden voirwaerden jegen ons ombegrepen zijn.

In oirconderscape ende in kennessen van allen desen voirseiden zaken ende poynten soe hebben wij scepenen ende raedt voirscreven der stad zeghel van Antwerpen ane dese lettren doen hangen. Gegeven[a] int jaer ons Heeren, als men screef 1400, opten yersten dach in Septembri.

425. *Hzg. Erich [IV] von Sachsen-Lauenburg erneuert bei Bestätigung des Ankaufs des Schlosses Ritzebüttel durch Hamburg alle Privilegien wegen des Seefundes und alle anderen Freiheiten und Gerechtsame, welche seine Vorfahren der Stadt und dem gemeinen Kaufmann verbrieft haben, und verspricht, dass eine mit Beihülfe Hamburgs im Lande Hadeln zu errichtende Feste den Hamburger Bürgern und dem Kaufmann* (de zi van wat lande he zi) *keinen Schaden bringen soll. — 1400 Sept. 8* (in unser vrowen daghe, alse ze gheboren wart). *Reinbeck.*

StA Hamburg, Trese Q 30 n. 7; Or. m. anh. S.

Gedruckt: Hagedorn, Gedenkblatt zur Feier der 500jährigen Vereinigung des Amtes Ritzebüttel mit Hamburg S. 15, früher Schubarck, Commentarius de jure littoris S. 310.

426. *Köln an Goswin von Heer, [limburgischen] Altamtmann zu Herzogenrat: der Ritter Joh. von Hyngesteyn hat kürzlich im Geleit und auf der Strasse des Herzogs von Burgund[3] die Kölner Kaufleute Kristian von Greverode*

a) Gegeven Z

1) Vgl. das. § 4. 2) Das. § 15, Anfang. 3) *Das Herzogtum Limburg, zu dem Herzogenrat gehörte, war von der Herzogin Johanna von Brabant ihrem präsumtiven Nachfolger Hzg. Philipp von Burgund 1387 bedingungsweise und 1396 Juni 19 definitiv ab-*

und Mertijn van Aiche nebst ihren Knechten gefangen und auf sein Schloss Montfort geführt; Köln bittet, sich beim Herzog um deren Freilassung zu bemühen. - *[1400] Sept. 16* (fer. quinta p. exultacionem[a] s. crucis).

StA Köln, Briefbuch 4 fol. 102b.
Verzeichnet: Mitth. a. d. Stadtarchiv von Köln 4, 108.

427. *Der Hauptmann von Bergen Otto Roimar an K. Heinrich [IV] von England: hat auf Geheiss der Königin Margaretha einen vorläufigen Vergleich zwischen den dortigen englischen und deutschen Kaufleuten vermittelt. — [1400?] Sept. 22. Bergen [in Norwegen].*

British Museum London, Cotton. Ms. Nero B III fol. 3a; Or. Pap.
Gedruckt: Hingeston, Royal and historical letters during the reign of Henry the Fourth (Rerum Britann. medii aevi scriptores) 1, 46, zu 1400; wiederholt hier. Verz.: Reg. Dan. II, 1 n. 2673.

Excellentissimo principi dominoque gloriosissimo, domino Henrico Dei gratia regnorum Anglie et Francie regi, domino Hibernie ac duci Aquitanie, cum reverentia premittetur.

Premissa in Domino mei recommendatione servitii cum salute. Majestati vestre regie significo per presentes, quod domina mea carissima, domina Margareta Dei gratia Swecie, Dacie Norvegieque regnorum regina dignissima, mihi demandando scripserat, quod compositionem amicabilem et finalem facerem inter Anglicos et Almanos mercatores Berge[b] constitutos de querelis, quas Anglici mercatores conquesti fuerant coram vobis super mercatores Almanos supradictos. Espropter volo vos scire, quod tres ab utraque parte cautionem sufficientem prestiterant de treugis et pace servandis immobiliter inter eos, quousque prenominata venerabilissima domina mea, Margareta regina, seu dominus meus illustrissimus, dominus Ericus ejusdem gratia predictorum regnorum rex, prefatam civitatem intraverit, et deinceps per mensem proximum continue tunc sequentem. Quia vero domina mea regina memorata coram majestate vestra quodammodo delata dicatur mercatoribus Almanis hucusque plus favisse quam Anglicis, et quod de voluntate domine mee sepedicte dictant esse, quod Almani mercatores cum Anglicis nec emere nec vendere quidquid deberent: hoc ad credulitatis januam, si sic est, vestre celsitudinis apex, humiliter supplico, non admittat, et ut strenuus miles ex parte domine falsum esse probabo; quia de mandatis supradicte illustrissime domine mee regine habeo magis Anglicos pre ceteris quosque honorandos, cum id solum erga prefatos vestros homines dicta domina mea regina egerat, pro quo a vobis et vestratibus magis est merito commendanda. In Domino valete, mihi super vestris beneplacitis precepturi. Scriptum Berge, 22. die Septembris.

Otto Roimar, miles et capitaneus loci Bergensis supradicti.

428. *Johann von Loen, Herr zu Heinsberg, an Köln: hat den Joh. van Rynstein vergeblich zur Freilassung der gefangenen Kölner aufgefordert; will gegen ihn ernstlich vorgehen. — [1400] Sept. 24.*

Aus StA Köln, Hanse I n. 157; Or. Pap. m. Resten d. S. Auf der Rückseite: Orevertoste. *Bruns.*

a) So? b) Bergo Hingeston.

getreten, zugleich mit der seit 1369 an Burgund verpfändeten Grafschaft Falkenburg. Den Schutz dieser Lande und der Wege zwischen Maas und Rhein übernahm 1396 März 1 Herr Johann von Heinsberg, der seit einiger Zeit Lehnsmann des Herzogs war. Ernst, Hist. de Limbourg 5, 155 ff.

Den eirberen, wijsen luden, den burgermeistern, rait ind anderen burgeren der stat van Colne, onsen guden vrunden.

Gude vrunt. Also als ir ons geschreven hait van den koufluden, die gevangen hait her Johan van Rynesteyne ind Arnolt Pletzkouwe[1], hain wir wail verstanden, ind begeren uch darumb zu wissen, dat wir geweist syn zu Lymberg ind hain dar verhaldt gehadt onss genedigen herren van Borgondyen amptlude ind rentmeistere op dese sijde der Masen, ind hain ouch hern Johanne vurgenant aldair geschreven, de ouch aldair quam, ind hain yeme die vursriden kouflude weder doen heyschen los ind ledich; darop he ons roichlos geantw[er]t hait. Ind, gude vrunt, nu willen wir ons hieynne bewijsen, dat ir sult syen, dat ons dese sachen also ernste sullen syn, als treffdt onss selfs lande ind lude an; ind begeren ernstlich an uch, dat ir bestellen wilt, dat die kouflude nyet geloist en werden, ind ouch an die ander stede schriven wilt, dat sij nyet geloist en werden, da ir meynt, dat man sij loesen mucht, bis der zijt, dat wir ons anders hieynne richten mogen. Gegeven zu Heymsberg, des vridaigs na sent Matheus dage.

Johan van Loen, here zu Heinsberg ind zu Lewenberg.

129. Der deutsche Kaufmann zu Brügge an Köln: meldet die Beteiligung von Achener Bürgern an der Gefangennahme der Kölner durch Arnd Pleskow[2] u. Gen., sowie die Begünstigung der Übelthäter seitens der Stadt Achen; bittet, den Gefangenen zur Freiheit zu verhelfen und sich bei Achen über dessen Verhalten zu beschweren. — 1400 Okt. 2.

Aus K StA Köln, Hanse I n. 158; Or. Perg. m. Resten der 3 S. Hagedorn.

Industriosis circumspectisque viris, dominis burgimagistris et consulibus ceterisque burgensibus civitatis Coloniensis, amicis nostris sincere premandis, littera presentetur.

Vrentlike groyte unde wat wij guedes vermoegen tovoren. Heren unde leyven vrende. Also juwe bescheidene wijsheit wol weten mach, dat kortlinge Kerstiaen Greverode unde andere guede copluide van juwer stad up desse zijd der stad van Aken up eyne halve myle na off dar omtrent gevangen worden unde gevuert to Mondjou[3] upt slot, so versta wij, dat Diderich van Ezelbach, Arnd Pleskow unde andere ere geselschap, dar twe geselien borghers to Aken mede solden zijn, desse sake solden gedaen hebben, unde hebben ock up des hilgen sacraments dach[4] tusschen Trecht unde Bilzen vijff geselien van Yserlo uter gravenschap van der Marke gevangen unde noch to Mondjou gevangen holden, dar sey doch van beeden partijen met rechte neyn secgen to en hebben anders dan sey up der strate to tasten unde dey beroven. Ock versta wij, dat desse lude binnen Aken steedes liggende zijn, dar uyt unde yn rijden, wan en dat gevoeget, unde vorspeyn unde verraeden also guede coeplude, dey doer dey stad van Aken wanderen. Waerumme, heren unde sunderlinges gueden vrende, wij seer hertlike van ju begerende zijn, dat gi desse yamerlike sake to herten nemen unde betrachten willen unde helpen dessen armen gevangenen luden an beeden zijden, so verre alse gi sullen konnen unde moegen, dat sey der vangnisse moechten quijt werden, unde dat gi an der stad van Aken scriven willen, dat sey sulker lude vorspeyers unde vorraeders in erer stad nicht en liden noch en sterkene vorwarde en gheven neynerleye wijs. Konde gi ock

1) Das betr. Schreiben Kölns fehlt; s. aber n. 125, dazu n. 369 und n. 370. Über weitere Korrespondenzen Kölns in dieser Angelegenheit während des September vgl. Mittl. a. d. Stadtarchiv 4, 104; 22, 171. *2) S. n. 126.* *3) Verwechslung von Monjoie und Montfort, s. n. 126.* *4) 1400 Juni 17.*

darto helpen met enighen gevoge, dat dey lude gerichtet mochte[n][a] werden, dey up der strate angetastet hebben, des wolde wij uns van ju zeer bedankende wesen unde vordenen teghen ju, so wij vrentlikest moechten; bijrunne, leyven herrn unde vrende, dorede, alse wij juwer voorsichtiger wijsheit wol to geloven, want des sunderlinges groet noet ys. Unde begeren des uns juwe vrentlike antworde wedder to scrivene, so gi irst moegen, up unse kost. God sij met ju. Vormoechte wij enighe sake, dey ju to willen were, dar wetet uns bereyt to alle tijt. Ghescreven under unsen ingezegelen, upten anderen dach in Octobri int jaer 1400.

By den alderluden unde dem gemenen copman van Almanien der Duytschen Hanze, nu to Brugge in Vlanderen wesende.

430. *Hamburg an die preussischen Städte: wiederholt seine frühere Mitteilung, dass es wegen fortdauernder Schädigung der Seinigen durch die holländischen Unterthanen, die mit den Preussen in Handels- und Frachtgemeinschaft stehen, zu Gegenmassregeln genötigt ist und deswegen um Warnung der preussischen Bürger gebeten hat, was die Städte für jetzt abgelehnt haben; hat ihrem Ersuchen entsprechend einigen von den Hamburgern angehaltenen Preussen das Ihrige zurückgegeben, bittet aber dringend, vor der Gemeinschaft mit den Holländern zu warnen und den Hamburger Bürgern förderlich zu sein*[1]. — *1400 Okt. 18.*

Gedruckt: HR. 4 n. 626.

431. *Köln an Achen: beschwert sich, dass sich zwei Bürger von Achen an der Gefangennahme von Kölner Kaufleuten beteiligt haben, und dass die Räuber in Achen frei verkehren dürfen. — [1400] Okt. 20.*

Aus K StA Köln, Briefbuch 4 fol. 107. Civitati Aquensi. *Koppmann.*
Verzeichnet: Mittbl. a. d. Stadtarchiv von Köln 4, 109.

Sunderlinge guede vrunde. Also as ir wale wyssen moget, dat kurtlichen Kristiaen Greveroide ind andere guede coufluide van unser s[t]at[b] nyet verre van urre stat van Aiche syn gevangen worden ind zo slosse gevoirt, ind up dat so haint uns dey erber coufluide, der alderman ind der gemeyne coufman van Almanien der Duytscher Hanse geschreven[2] under anderen worden, as ir in copien yrs breives hie bynnen verslossen wale hoeren moegt, dat zwene van uren burgeren an dem gescheften myt sullen syn geweyst, ind ouch Diederich van Eschbach, Arnt Pleskauwe ind andere yere gesellen desgelijchs bij uch in urre stat syn ind lygen ind dar in ind uys ryden ind verspien ind verraden also in der maissen guede coufluide, dye durch ure stat wandelen. Ind want, guede vrunde, wir umb sulger sachen bij uns were noete gehangen wulden, so begeren wir ouch desgelijchs van uch, dat ir den

a) mochte K. b) stat K.

[1]) *Über eine entsprechende Warnung der overijsselschen Städte durch Hamburg s. HR. 4 n. 637, 7 und 21. Die Kämmereirechnungen der Stadt Hamburg 1, 486 f. berichten zu 1400:* De navibus Hollandinorum 2523 lb. Recepimus 848 lb. 8 s. de navibus Hollandinorum venditis. Item recepimus 1144 lb. 2 s. de cerevisia Hollandinorum vendita. 1059 lb. de allecibus Hollandinorum venditis. — 143 lb. Cristiano Militis in Hollandiam. *Verschiedene Kaperbriefe gegen die feindlichen Ostfriesen und Hamburger, von Hz. Albrecht von Holland für holländische Unterthanen in der Zeit von 1400 Juni bis 1401 April ausgestellt, bei Schwartzenberg 1, 304—319. Vgl. die Verträge Albrechts mit den Vitaliern vom Jahre 1400, HR. 4 n. 605 und 606. Zu der Bekämpfung der Vitalier durch die Hansestädte vgl. auch folgende Notiz der Stadtrechnung von Middelburg 1399/1400:* Item up den 25. dach in Novembri [1399] was an die stede comen een vertaman van den steden van der Anzen met brieven van ghelove, roerende hoe men die likedeelres best verdriven soude; te caste te wisen 12 gr. [2]) n. 429.

hesten daryane gedenken wilt, as verre dat unse off eynghe andere goede coufflude myt irre have umb der vurseiden geselschaff wille ure stat nyet schuwen durffen, gelijch wijr urre erberheyt wale zogetruwen. Ind herop wilt uns ure beschreven antworde weder laissen werden myt desem unserm boyden. Datum in profesto 11 000 virginum.

432. *Achen an Köln: antwortet, dass es von einer Beteiligung seiner Bürger an der Gefangennahme der Kölner Kaufleute nichts weiss, da auch Köln die Schuldigen nicht näher bezeichnet hat; ersucht, zu deren Ermittlung jemand heimlich nach Achen zu schicken und sie dann gerichtlich belangen zu lassen. — [1400] Okt. 22* (des vrijdages na der 11 000 mayde dach).

StA Köln, Hanse I n. 159; Or. Pap. m. Stücken d. S.

433. *Der deutsche Kaufmann zu Polosk an Riga: hat das Ansinnen des Grossfürsten Witold, ihm Tuch auf Kredit zu verkaufen, abgeschlagen; berichtet über Bedrückungen des Kaufmanns durch Witold und die Polosker. — [1400] Okt. 26. Polosk.*

Aus R StA Riga; Or. Pap. m. Resten d. S. Mitgeteilt von Hn. Stadtarchivar Dr. Schwartz.

Gedruckt: Napiersky, Russisch-livländ. Urkunden n. 135, v. Bunge, Livl. U.B. 6 n. 2949.

An dey erbaren heren, borgermeystere unde raed tho Rige hec litera presentetur.

Unsen vruntliken grod unde wes wy ghudes vormogen an de erbaren here borghermestere unde rad to Rige. Witlic si juwer erbaricheiid, dat hertoch Vithovte hir ghewest is unde was den meynen copman ansinnende, wo dat he lakene copen wolde unde wolde se betalen thor Vilne. Des gheve wy em to antworde, dat des nicht wesen en mochte, wente wy hadden hir eynen breef ener ordenantzien, et[a] gheen Dusche mit Russen of myt Lettouwen in Ruslande of in Lettouwerlande mer tho borge copslagen zolde[1]. Dit nam he zijk tho male na narie sede, dat em nu so grote smaheiid gebeden were von Dudeschen, unde zede, et[a] wi en hadden gelikel den Ploskouwers, unde[b] were liker wiis, of he nicht enen loveachen man hadde in al sinen lande, na utwyzinghe unser ordenantzien. Vortmer zede he den Ploskouwers, dar wy jeghenwordich stunden, wes en mede were unde uns untyegen, dar gaf he en orlof tho, dat se dat doen mochten. Ok so vorbod he, dat hiir gheen Riges selver na desser tiid mer ghan en solde anders dan Letouwes selver. Ok vorbod he, dat gheen gast vorder varen en solden dan tho Ploskouwe, beide von beneddene unde boven. Vortmer hebbe wy gewest myd den twen Russchen utscriften vor den namensiken unde vor de Ploskouwer, er Vytovte her quam, unde leten se en dar lesen, unde uns en mach ghenerliie redelicheiit geschen von jenigerliien dinghe, en noch myn dan ye thovoren. Ok so weghen se, y hebbent over geseven, vor de 4 lode stan up den punder, dar sal et[a] schippund wesen. Vortmer hebbed se vorboden de plackinghe; ok hebbet se vord vorboden, ghen quek of roggen of honnich to copen. Wes wy behoven to copen von vytaliie, dat mote wy stilleken copen. Ok so heved Vytovte hir genomen valsch was, beide von den Smolenern unde von den Ploskowers, unde wes hir ok cumpd von beneddene up, et[a] wil he al sennen. In Christo valete. Gescreven to Ploskou, des dinxdages vor sunte Symon et Juda.

[By][c] den olderman unde den meynen copman tho Ploskouwe wesende.

a) So R. b) unde doppelt R. c) Fehlt R.

1) S. unten n. 436.

434. *Köln an den deutschen Kaufmann zu Brügge: hat seinem Wunsche gemäss wegen der bei Achen gefangenen Kölner Kaufleute an Achen geschrieben und darauf die abschriftlich beiliegende Antwort [n. 432] erhalten; ersucht um Namhaftmachung der beiden Bürger von Achen, die an dem Überfall beteiligt gewesen sein sollen. — [1400] Okt. 27* (fer. quarta vig. b. Symonis et Jude ap.).

StA Köln, Briefbuch 4 fol. 108.
Verzeichnet: Mittheil. a. d. Stadtarchiv von Köln 4, 110.

435. *Der deutsche Kaufmann zu Brügge an Köln: beantwortet n. 434; bittet wiederholt, sich um Befreiung der Gefangenen zu bemühen und gegen die Räuber vorzugehen, indem er sich zu einem Beitrag zu den etwaigen Kosten erbietet. — 1400 Nov. 1.*

Aus StA Köln, Hanse 1 n. 160; Or. Pap. m. Resten der 3 S. Hagedorn

Honorabilibus industriisque viris, dominis proconsulibus et consulibus ceterisque burgensibus civitatis Coloniensis, amicis nostris sincere predilectis, littera presentetur.

Vrentlike groyte unde wat wij guedes vermoegen tovoren. Heren unde sunderlinges gueden vrende. Wij hebben juwen breyff mit der copie van der stad van Aken an ju gesant wol untfangen unde vornomen up dessen dach. Unde alse gi scriven, dat wij ju van twen borgeren van Aken gescreven sullen hebben, dey darmedde an unde over sullen gewest zijn, dar Kerstiaen Greveroede, juwe meddeborgere, mit zijner geselschap solde gevangen zijn, dat wij ju den mit namen nicht genoempt en hebben, unde zijnt van uns begerende, dat wij uns dar bet up ervaren wolden unde ju dat claerliker overscriven, mit mer worden in juwen breyve unde ock in der copien vorseid begrepen: hijrup, heren unde leyven vrende, genoeget juwer vorsenigher wijsheit to wetene, alse wij ju in vortijden gescreven hebben, dat Diderick van Eselbach unde Arnd Pleskow unde andere ere geselschap, dar twe borgers van Aken medde solden gewest zijn, desse sake unde ock gesellen van Isenlorn gevangen solden hebben, unde want desse lude in der stad van Aken steden liggende zijn unde vorspeyen so guede coeplude, alse wij alle stucke vorseid verstanden hebben, so was unse begeringhe, dat gi mit juwen vorsenighen wijsen raede den armen gevanghenen luden an beiden zijden also verre, alse gi solden hebben gemorcht, geholpen hedden, dat sey der vangnisse mochten quijt geworden hebben, unde dat gi vort an dey stad van Aken solden willen vorwaren, dat sey umme juwer gunste willen sulker lude in erer stad nicht liden en wolden noch en gheene vorwarde en gheven neynerleye wijs; konde gi ock mit enighen gevoghe darto helpen, dat dey lude gerichtet mochten werden, dey up der strate angetastet hebben unde juwe borgere unde andere guede coeplude so beroven, dat stonde uns teghen ju to vordenene. So, heren unde leyven vrende, ys noch unse begeren, dat gi hijr by juwer vorsenicheit des besten ynne proeven, want uns nicht wol en voghede, der stad borgere van Aken by namen uyt to scrivene. Konde gi mit enighen gevoghe darto helpen raeden, dat Eselbach unde Pleskow vorseid binnen Aken offt anders war gevangen worden, dey solden ere geselschap wol vormelden; unde offt desse sake to vorvolghene enich ghelt kosten moeste, dat wolde wij gherne medde dreghen na unsen vormoghene. Unde wes dat gi hijrby doen, begere wij juwe vrentlike antworde uns wedder to scrivene, so gi irst morgen.

God unse here moete ju bewaren in zielen unde in lyve. Gescreven under unsen ingezegelen, up aller hilgen dach int jar 1400[1].

By den alderluden unde dem gemeynen coepman van Almanien der Duytschen Hanze nu to Brugge wesende.

436. *Der deutsche Kaufmann zu Brügge an Lübeck: Riga hat ihm geschrieben, dass die livländischen Städte am letzten 28. Jan. jeden Borgkauf zwischen Deutschen und Russen bei Verlust der auf Borg gehandelten Ware auf drei Jahre verboten haben*[2], *und ihn zugleich ersucht, sich bei Lübeck um Abstellung des Borgkaufs in Flandern zu bemühen; bittet demgemäss, auf eine derartige, dem gemeinen Kaufmann nützliche Massregel bedacht zu sein, u. s. w. — 1400 Nov. 9.*

Gedruckt: HR. 4 n. 629. Verz.: Colmjon n. 502. Vgl. HR. 4 S. 517.

437. *Köln an Dortmund: schlägt seine Bitte, die Dortmunder bis Nov. 25* (s. Catheryneu d.) *zu geleiten, wegen der Arrestierung von Kölner Bürgergut in Dortmund ab, um dessen Freigebung es sich ohne Erfolg bemüht hat; erklärt sich bereit, nach Aufhebung des Arrestes den Dortmundern eine Zeit lang Geleit zu geben behufs Verhandlung mit ihren Rentengläubigern. — [1400] Nov. 3* (crast. commem. anim.).

StA Dortmund; Or. Pap. m. S.
Gedruckt: Rübel, Dortm. UB. 2 n. 1065.

438. *Ordonnanz des deutschen Kaufmanns zu London gegen Zänkereien mit dem Klerk. — 1400 Nov. 16.*

Aus StA Danzig XI 10, Handschrift v. Anfang d. 16. Jahrh. fol. 141b u. 164b. H Kommerz-Bibl. Hamburg H 15, Stahlhofsstatuten S. 30; Abschr. des 16. Jahrh. Gedruckt: aus H Lappenberg, Urkdl. Gesch. des hansischen Stahlhofes, Urk. n. 106, 23, unter 1428.

Item int jar 1400[a] up den 16. dach van Novembris gebot de alderman van des gemeynen copmans weghen ellyckerlye, dey in des copmans recht weren, up dey boete van 20 s. st., dat neymant sokle scheldeworde maken met des copmans clerke bynnen der hallen offte buten van saken, dey den copman angaen. Und wert, dat eymand wes met hem to schaffen hadde und meynde, dat hey hem to cord dede, dey sall eme daermede voer deme ghemeynen copman tospreken und sall eme nycht overhalen myt vullen quaden worden.

439. *Die Älterleute des deutschen Kaufmanns zu Brügge an Köln: erteilen dem hansischen Kaufmann Joh. Kruse zu Brügge eine Lebensbescheinigung zur Erhebung seiner Kölner*[3] *Leibrente. — 1400 Nov. 18.*

Aus StA Köln, Hanse I n. 161; Or. Pap. m. 3 S. Brunn.

Honorabilibus circumspectisque viris, dominis proconsulibus et consulibus civitatis Coloniensis, amicis nostris sincere preamandis, litera presentetur.

Vrentlike groyte unde wat wij guedes vermoegen tovoren. Heren unde sunderlinges gueden vrende. Juwer vorsenicheit geleve to wetene, dat Johannes Kruse,

a) 1428 H.

[1]) Dec. 1 bittet Köln den Herrn Joh. von Heinsberg von neuem, sich für die Freilassung der Gefangenen zu verwenden. StA Köln, Briefbuch 4 fol. 111; verz. Mittl. a. d. Stadtarchiv 4, 111. [2]) In Reval wird dies Verbot bei Ablauf der dreijährigen Frist erneuert, HR. 5 n. 112. [3]) Eine Reihe derartiger Zeugnisse des deutschen Kaufmanns aus der Zeit von

coepman van unser Hanze nu to Brucge wesende, levende man ys upten dach datum desses. Vort so hevet dey selve Johannes Kruze vor uns bekant, dat dat zijn eghene rechte seghel zij, darmedde dat Johannes van der Schuren ja dey quijtancien to besegheline pleget van Johannes Kruzen weghene vorscreven alse van der lijfrente, dey welke Johannes Kruze jaerlinghes up juwo stad hevet, also wij verstaen hebben. God zij mit ju. Gescreven under unsen ingezeghelen, upten 18. dach in Novembri int jar 1400.

By den alderluden des gemenen coepmans van der Duytschen Hanze nu to Brucge in Vlanderen wesende.

440. *Groningen an Domkapitel und Rat von Köln: klagt über die gegen Groningen gerichteten Umtriebe des B. Friedrich von Utrecht*[1]*; bittet um Vermittlung. — 1400 Nov. 29.*

Aus StA Köln, Hanse I n. 162; Or. Pap. m. Spuren d. S. Auf der Innenseite unten in der Ecke rechts: Colonie, um die vorliegende Ausfertigung des auch anderweitig verwandten Schreibens für die Beförderung kenntlich zu machen. Hagedorn.

An de erbare erwerdighe heren ende bescheyden luede, deken ende capittel ten dome ende borghermeistere ende raet der stad van Colen, onse wal ghemiinde heren ende gueden vrenden, dandum.

Erwardighe wael ghemiinde heren ende lieven vriende. Uwer beschedenheyt zijn ghenoechlich to weten, dat ons groet noet is o ende allen heren, steden ende erbaren lueden to kronen ende to claghen de grote ghewelt, overlast ende onrecht, de ons doet de hoechghehorne here, her Frederic van Blankenhem, biscop tUutrecht, boven breve, ende is onse viant ghewordeu met sinen steden ende ghestichte onvervolghet, al eer wy wisten, waervore hie ons ansprac ende scult gaf; ende wil ons drinschen hem to hulden, des sine vorvaders, biscope tUtrecht, nye ghedaen en hebt, ende to treden van onsen olden rechten ende vriheden, de wy hijrto ghehad hebben, dat ons swaer to lyden wart, daer wy dat keren mochten boven alsodane breve, als hie ons selven ghegoven ende besegheit hevet[2] ende den menen lande van Vreesland, ende boven alsodane breve, als ons de heerscap van Covorde ende dat land van Drenthe ghegheven ende besegheit hebt, de hie gheconfirmeret ende ghestedighet hevet tot ewighen daghen, daer wy uwer bescheydenheyt copien van senden by dezen bode. Ende bidden uwer erbarheyt, dat ghy de lezen wilt ende copien daeruet nemen wilt, ofte u ghenoghet, ende den bode de copie wederghoven, up dat ghy de claerliker moghen weten onse recht ende de ghewelt, de ons ghescet. Ende daerto so hevet hie ons roef, brand ende vanghenscap ghedaen ende een slod vor onser stad ter were by Nordlaren upghesiaghen boven de vorseide breve, ende hevet de vrie koningstrate togheslaghen, allen gueden koepluden, de onse markede pleghen to versoken, to hinder ende to schade ende teghens meene nutticheyt, ende verbedet onsen boden, dat se met onsen breven in zijn ghestichte ende daer dore

1407 – 1421 für den gen. aus Münster stammenden Kruse, für Mitglieder der Dortmunder Familie van Hovel sowie Gerwin Clepping aus Dortmund und Heinr. Eppinchuys behufs Empfangnahme von Kölner Leibrenten befindet sich im StA Köln. Über die Ausstellung derartiger Bescheinigungen vgl. Stein, Genossenschaft der deutschen Kaufleute zu Brugge S. 117.

[1]) *Vgl. über diesen durch die Friesen vereitelten Anschlag des Bischofs Blok, Geschiedenis van het Nederlandsche volk 2, 197. Über ein Hülfegesuch Groningens an den Städtetag zu Stade 1400 Nov. 11 und dessen Verwendung zu Gunsten Groningens bei den Utrechtschen Städten s. HR. 4 n. 618, 11 und n. 624.* [2]) *Vgl. n. 210.*

nyet lopen moten, dat ons donket kranke reden wezen. Ende want wy dezs ghewelt, overlast ende onrechte gheerne wederstaen solden na onsen vermoghen, bijrum so bidde wy uwer erbare bescheidenheyt, dat ghy den erwerdighen here den biscop van Utrecht vorneld daeran guedlikes onderwisen wilt, als sich dat also ghevalt, dat hie ons onrechtes verdraghe, ende wilt ons gunstlich ende vorderlich wezen tot onzen rechte, want wy anders nyet en gheren dan hem altoes to doen, des wy hem met rechte sculdich zijn to doen na herkompst ende na breven, ende desgheliike daghe met hem to holden, in dyen dat ons desghelikes weder van hem ghescheen moghe. God onze lieve here beware u altoes. Ghescreven onder onser stad secreet, op sente Clemens dach in den jaer van 1400.

Borghermestere ende raet in Gronninghen.

441. Verordnung Kampens über die Bezahlung der Lootsengebühr für ankommende Schiffe. — 1400 Nov. 29.

Aus StA Kampen, Boeck van Rechten fol. 16b. Am Rande: Bi dat waterrecht. *Hagedorn.*

Das., Guldenboeck fol. 22, überschrieben: Van enen loetsman bijnnen lands.

Gedruckt: Overijsselsche Stadrechten 1, 23 und 126.

Auf Kampens Ostseeverkehr bezieht sich folgende undatierte Verordnung im Guldenboeck: Item wyen, van dem Sunde off van oostwart ghevet bynnen, ennre stat overgheervet wordt, daer sullen die kerken den tyenden penningh van hebben. *Overijss. Stadtrechten 1, 96.*

Int jair ons Heren dusent vierhondert op sente Andries avent is overdraghen: soe wat schipheren int Vlee, int Marsdiep oft in anders enighe haven bynnen lants comen ende enen loetsman wynnen op te segelen, soe sal hem die schipher die cost gheven ende die coeplude sullen dat loen betalen. Ende dats te verstaen bynnen lants cleyne loetsmanneden.

442. Lübeck an die preussischen Städte: sendet n. 436; erachtet eine Abstellung des Borgkaufs im Interesse des nach Russland, Flandern und anderwärtshin handelnden Kaufmanns gleichfalls für vortheilhaft und ersucht um Meinungsäusserung. — 1400 Dec. 5.

Gedruckt: HR. 4 n. 630, vgl. n. 631.

443. Ordonnanz des deutschen Kaufmanns zu London gegen Betrügerei beim Wiegen, gegen heimliches Würfelspiel und unlauteren Geschäftsbetrieb. — 1400 Dec. 15.

Aus D StA Danzig Xl 10, Handschr. v. Anfang des 16. Jahrh. fol. 141b, hinter der Ordonnanz von Nov. 16 (n. 438).

D 1 Das., § 1, 3—5 fol. 167b, § 2 fol. 164b, hinter der Ordonnanz von Nov. 16.

H Kommerz-Bibl. Hamburg H 15, Stahlhofsstatuten, § 1, 3—5 S. 37 ff., § 2 S. 31; schlechte Abschr. d. 16. Jahrh.

Gedruckt: aus H Lappenberg, Urkdl. Gesch. des hansischen Stahlhofes, Urk. n. 108, 35; 34; 36; 37.

[1.] Item int selve jaer[a] op den 15. dach Decembris doe wart overeyngheedragen by deme alderman und dem ghemeynen copman[b], dat nyemant geyn gut sal laten wegen den weger, ten sy dat dey wegher dey hant van der wychte doe und sy, dat dey wychte in der claven sta. Und wert sake, dat jemant daer enthegen dede und dairinne bruckafftich were bevonden und sich anders weygen

a) Int jaer 1400 D 1. int jar 1400 H. b) copman van der Duytschen Hanse, de [illegible] [illegible] in den copman [illegible] [illegible] D 1.

lete, dan vorscreven stet, dey sall geven in dey busse 40 s. st., so dycke also hey darmede bevonden wert.

[2.] Vartmer wart geordenert und overeyngkedragen up dey selve tyt, dat neymant van der Henze vortan na dessen daghe[a] in hemelyker wys in cameren, in tavernen offte in anderen hemelyken plaetzen dobblen en sall; wert (sake, dat jemant in sulcker mate darmede bevonden wert, de sal so)[b] dycke[c], als men dat vreyschen kan, geven[d] in de busse 40 s. st. Und so welck man, dey dat vreyschen kan und daervan melder is, dey sall hebben van den 40 s. eynen nobel.

[3.] Vartmer wart up[e] de selve tyt[e] gheordenert, dat gheen copman van der Henze dem anderen thoe vorvanghene solde wesen in kopen off verkopen, und sunderling, dat neymant den anderen hynderlyck wesen sall met worden off mit daden, wannere dat hey met emande in enen kope staet, den cop to lettene. Und wart also, dat eynich copman van der Henze brachte in den hoff eynighe Engelsche coplude off andere, umme syn gud to beseyne, den copluden en sal nymant gheen monstier maken noch nemant sall umme der copluden wille syne hoyde openen noch syn werck kloppen, noch gheyn doen[f] maken met anderen guderen, umme den anderen hynderlick to wesen, synen cop darmede to letten; sunder wert, dat sey von malkanderen scheden und eres kopes nicht en kunden werden, so mach een ander, die erst by sey komet, syn beste proven. Und wert sake, dat hyr eymant leghen dede und dat bevonden mach werden, dey sal gheven in dey bussen sunder wederseggen 40 s. st.

[4.] Vortmer wart up[e] dey selve tyt[e] eck verramet und geordinert, dat gheen kopman van der Henze andere koplude up tueghersinghe halden sall met gude, daer hey noch unseker aff es, dat es to verstaende, dat noch hy ghemyt ees is; sunder is dat gued bynnen Engelandt, so mach hey syne coplude daerup tueven, anders en sall hey (anderen)[g] copluden dar nicht mede hynderlick wesen. Und wert, dat hyr yemant tegen dede und ghevreeschet worde, dey sall gheven in dey busse 40 s. st.

[5.] Item vordermer so wert up[e] dey selve tyt[e] gheordinert, dat neymant van der Henze syn werck in der mouwen stecken sall und draeghet dat uit deme hove manck de schyares[h] und gevent em[i] to proven und werd dan achterwert[k] den copers me[t] eme eyns. Und wert sake, dat eyman dede und darmede befunden mach werden, dey sal geven in dey busse 40 s. st.

444. *Kampen an Thorn: der Kamper Bürger Arnd Hendrixsoen hat nach seiner Aussage von dem verstorbenen Herm. Zanderkamp 100 geldr. Gulden, drei auf 1 Nobel gerechnet, bekommen, zu deren Auszahlung der Schuldner vor seinem Tode dem Thorner Bürger Joh. Borcholthusen und andere seiner Freunde angewiesen hatte; nach einer späteren Nachricht soll aber Johann der Friese, jetzt in Münster wohnhaft, das Geld empfangen haben, was dieser, um die Auszahlung gemahnt, in Abrede stellt; bittet, falls Borcholthusen oder einer seiner Freunde das Geld noch in Händen hat, die Auszahlung der Summe an einen dem Arnd genehmen Mann in Danzig zu veranlassen, damit dieser es dort erheben kann; ersucht, ihm und Münster über den Verbleib des Geldes Nachricht zu geben, und garantirt wegen etwaiger Nachmahnung. — 1400 Dec. 24.*

StA Thorn; Or. Pap., S. ab.

a) [illegible] D. Der Anfang lautet in D 1 und E: [illegible] van der Henze.
b) [illegible] D 1. c) [illegible] D 1. d) [illegible] D. e—e) Fehlt D 1, E. f) [illegible] D 1. g) [illegible] D 1, [illegible] D. h) [illegible] D 1, [illegible] D, engl. [illegible] i) [illegible] D k) [illegible] D

445. *Zollpflicht der hansischen Kaufleute in Antwerpen.* — *[Um 1400.]*

Aus A StA Antwerpen, Thesauriers Boeck fol. 9; durchstrichen. Hagedorn.

Diese für die Zollbeamten bestimmte Ordonnanz der Stadt beruht auf dem Privileg für die Hansen von 1409 Sept. 1, oben n. 424. Doch ist nur ein Teil der Zollsätze des Privilegs aufgenommen, welcher für den hansischen Verkehr hauptsächlich in Betracht kam; in den Zollbeträgen selbst zeigen sich an einigen Stellen kleine Abweichungen.

Met deser ordinanchien, alsoe hier navolght, soe selen hen de toelneren van Antwerpen hore tijt dore, dat sij den tol verpacht hebben, laten ghenoeghen van den coepmannen toebehorende der Duytscher Hansen van haren goeden ende coepmanscepen van tolle te nemene ende niet meer.

In den yersten, dat sij gheven selen van elken sacke wollen van tolle 4 nuwe grote. Item van elken laste harincs 2 nuwe grote, alst buyten der tijt es, dat men ghewoen tiende visch en gheeft; maer binnen der tijt, dat men tiende visch gheeft, dats te wetene van laondaeghs te sonneopganc tide, die men heet papenvastelavont, tote op den palmsondach te sonneopganc tide, daernaest selen sij gheven vore den tiende visch van elker last harinc een franke. Item van alderande anderen vissche, die sij vercoepen, selen sij gheven van den pont grote, dat hi ghelt, 1 nuwen groten. Item van alrehande coerne, mele, hoppen, maghele [?] selen sij gheven van elken pont grote eenen nuwen groten. Item van elken lakene, hoe di orbaer dat es, 1 nuwen groten. Item van eenen bodeme Paleets was 4 nuwe grote. Item van eenen bodeme Rus was 3 nuwe grote; maer waren daer cleene bodeme inne, dijs niet en ghedroeghen, daeraf souden sij gheven na davenant van den bodeme. Item van eenen groten Pruyschen vate 18 nuwe grote. Item van eenen wercvate oft van eenre tonnen wercs 8 nuwe grote. Item van eenre rollen lijnwaeds 6 nuwe grote. Item van eenen pac lijnwaeds 12 nuwe grote. Item van eenen packe Coelscher meersen, garens oft ander goet dijsghelike 8 nuwe grote. Item van eenen packe cordewaens, bocvelle, lammerenvelle[a], conijnenvelle, pelsen of sulcs goeds 8 nuwe grote. Item van elken vate honichs, smouts, boteren, seems, smeers, eene ame houdende oft daer beneden, 1 nuwen groten; maer houden sij boven eene ame, soe selen sij gheven na davenant van der ame 1 nuwen groten. Item van eenre balen ghinghebeers oft pepers 6 nuwe grote. Item van eenre balen amandelen of rijs 2 nuwe grote. Item van eenre balen aluyns oft meeden 1½ nuwen groten. Item van eenre mersen coepers 2 nuwe grote. Item van elker tonnen staels oft ysers 1 nuwen groten. Item van elken blocke teens 2 nuwe grote. Item van elken dusent yaers 2 nuwe grote. Item van allen anderen goede hier niet benoemt, als daeraf enich twij int tolhuys valt, soe sal men dat bi de coeplieden ende toelneren groet decien na davenant van den anderen goeden voerscreven. Item boven desen vorseiden tol soe selen de coeplieden voirseid gheolden haer gheleyde[1] ende den erfghenamen haer recht.

446. *Tarif des Geleitsgeldes und Zolles in Brabant.* — *[Um 1400.]*

A.

Aus K StA Köln, hansischer Kopiar B fol. 16; Abschr. des 15. Jahrh. Höhlbaum.

K 1 Das., hansischer Kopiar E fol. 21, auf K zurückgehend.

A StA Antwerpen, Groot Pampieren Privilegie Boeck fol. 202; Abschr. des 16. Jahrh. Einzelne Auslassungen des Schreibers und unwesentliche Abweichungen sind in den Varianten nicht berücksichtigt.

a) lammerenvelle A

1) S. n. 245.

B.

Aus B StA Brüssel, Kaufboek S. 245; Abschr. des 15. Jh. Weitere Abschriften das Swertboek fol. 24, Groodt boeck metten knoopen fol. 30. Hoppedaris.
G Museum der Oudheden zu Gent, Cartulaire der Stadt Brüssel n. 174; endet mit § 7.

Gedruckt: aus G Willems, Brabantsche Yeesten door Jan de Klerk 2, Bijlagen n. 4. Verz.: aus A Verachter, Inventaire des archives de la ville d'Anvers n. 313.

Die speziell hansische Überlieferung des brabantischen Zolltarifs bietet die Fassung A. Zweifellos steht die Aufnahme desselben in die hansischen Kopiare im engsten Zusammenhang mit der Festsetzung des hansischen Kaufmanns in Brabant, wie sie in den hansischen Privilegien in Mecheln und Antwerpen (oben n. 114, 115 u. 230) zum Ausdruck kommt. Demgegenüber zeigt B die ungewöhnlich ältere brabantische Redaktion des Zolltarifs. Die in A zusammengearbeiteten Sätze des alten und neuen Zolls erscheinen in B noch getrennt; beachtenswert sind auch kleine Verschiedenheiten der Zollbeträge.

A.

Dits doude gheleyde tabertoghe van Brabant, datter[a] tolcameren van Lovene toebehoert[a], dat men nemen sall binnen den palen van Brabant[b] te water ende te lande van een yeghelicken man, die buten den palen van Brabant gheseten es, om haer[c] goet payselic ende vredelic duer tlant van Vlaendren te gheleydene, ende oick dat men heet den nyewen toll van Brabant.

[1.] In den eersten van ene waghene, die lakene gheladen[d] heeft als tot 12 lakenen, hij sal gheven van elken lakene 1 ouden Ingh.; ende emer boven 12, soe sal hij gheven 7 oude groten. Ende en brinct die voerman gheen teikin, dat die nuwen tol betaelt es tot eniger stat van Brabant, soe sal hij betalen van elken laken 3 d. swarte van nuwen tolle mitter oude gheleide, ende daer sal die voerman een teykin nemen ende dermede sijn vrij al Brabant duer. Item van ener kerre myt lakenen tot 8 lakenen toe van elken lakene 1 ouden Ingh.; ende emer boven acht, soe sal hij gheven 3½ oude groten, dat heet een gheleide, ende 3 d. swarte van elken lakene, alst voirseit es. Item van enen lakene, dat men draecht opten hals, 1 ouden Ingh. ende 3 d. swarte van nyewen tolle.

B.

Dits doude tol taertoghen van Brabant ende doude gheleyde, dat den tol van Lovene toebehoort, dat men nemen sal van elcken man, die buten den palen van Brabant gheseten sijn.

[1.] Primo van eenen waghen, die lakene gheladen heeft alse tot 12 lakenen, hij sal gheven van elcken lakene enen ouden Inghelschen; ende emer boven 12, so sal hi gheven 7 oude grote, ende dat heedt een gheleyde. Item van eenre kerren met lakene tot 11 van elcken lakene enen ouden Inghelschen; ende emer daerboven, so sal hi gheven 3½ ouden groten, ende dat heedt een gheleyde. Item van enen lakene, dat men opten hals draecht, 1 ouden Inghelschen.

a—a) *fehlt A.* b) *van Brabant fehlt A.* c) *Für om haer in A: my ende.*
d) gheladen *B. K I.*

[2.] Item waert, dattie voirghenoemde waghene of kerren ghéladen hadden goet van ghewichte off ander goet myt desen voirseiden lakenen, dats te verstaen opten waghen myn dan 12 ende opte kerre myn dan acht, die souden quijt sijn mit haren gheleide[a] van elken lakene enen ouden Ingh. Ende eneer ander onvrij op, dat sal die gheleide[a] voldoen, ende dieghelijck salt betalen den nyewen toll alsoo, alst voirseit es.

[2.] Item waert, dat de voorghenoemde kerre oft waghen gheladen hadden goet van ghewichte oft ander goet met desen lakene, dats te verstane opten waghen min dan 12 lakene ende op die kerre min dan 11, die souden quijt sijn met haren gheleyde.

[3.] Item van goede van ghewichte, eist greyne, peper oft comijn ende alrehande merserie dierghelijken tot vier balen toe op enen waghen, so sal men gheven van elken balen 1 oude groten ende 12 d. swerte, ende daerboven een gheleyde[a] van enen waghen. Item op een kerre van den selven goede tot drie balen toe, van elker balen 1 ouden groten ende 12 d. zwerte, ende derboven een gheleyde[a] van kerren, als voirseit es. Item een somer gheladen mitten selven goede van gewichte enen ouden groten ende 12 d. swerte.

[3.] Item van goede[d] van ghewichte, eest greyn, peper, comijn oft mererie van 4 balen ende daerboven een gheleyde op waghen oft op kerre; ende eneer min dan 4 balen, van elcker balen enen ouden groten. Ende waer hiermede ander goet gheladen, sijn gheleyde also, alst voorscreven es van anderen goede.

[4.] Item van enen waghen, die voert vighen, rosinen ofte daden, voert hier meer dan 12 copplen ende een kerre meer dan acht copplen, dat gheven haer gheleyde[a]; ende eneer myn, van elker copple 1 ouden Ingh. Ende waer hij ander goet met gheladen[b] hadde, al dieghelike dat voirseit es van anderen goede ende van nuwen tolle, van elker coppelen 3 d. zwerte, alst voirseit es.

[4.] Item van enen waghen, die vuert vighen, rosinen of daden, vuert hiere meer dan 12 coppelen ende een kerre meer dan 11 coppelen, dat sal gheven haer gheleyde. Ende eneer min, van elcker coppelen enen ouden Inghelschen. Ende waer hier andere goede met gheladen hadde, alle dieghelike dat voorscreven es van anderen goeden.

[5.] Item van ene waghene of kerre mit ysere of myt stale of mit copere tot 1200 oft kerre tot 800 sal men gheven van elken 100 1 ouden Ingh. ende 3 d. swarte[c] ende boven haer gheleyde. Item van ene waghene myt zwaerden, eneer meer dan 4 pac opten waghen ende meer dan drie pac opte karre, hair gheleyde; ende eneer myn, van elken pack 1 ouden groten ende elc pac 9 d. swarte. Ende deser ghelike van allen ghewrachte ysere. Item van een sack wollen, die vaert te Lombaerdien waert, 10 s. swarte

[5.] Item van enen waghen oft kerren met ysere, met stale oft met coper een gheleyde. Item van enen packe met sweerden enen ouden groten, ende van 4 packen een gheleyde. Item van enen sac wollen, he si cleyne oft groot, enen ouden Inghelschen. Item van enen deckene huden, dat es te verstane van 10 huden, 1 ouden Inghelschen. Item van linen lakene op waghen oft kerre haer gheleyde. Item van linen oft wollen gaerne in coorden beslaghen op waghen oft op kerre haer gheleyde.

a—a) gheleide bzw. gheleye K. K1. b) gheleyen K. K1. c) swarte B.
d) van goede doppelt B.

1 ouden Ingh. Item van een sack wollen cleyn of [groot][a], die vaert buten lands, 1 ouden Ingh. ende 4 s. swerte. Item van enen somer mit wullen 1 ouden Ingh. ende 6 d. swerte. Item van 200 vellen mitter wollen, daer die 200 of maken den sack, gheven nae dien ghelande[b], datti vaert. Item van enen sac wullen, die vaert ten Vlaendren waert, 2 s. swerte. Item van eenre deker huden, dats te verstane van 10 huden, 1 ouden Ingh. ende 8 swerte. Item van enen toirneel cordewaens enen ouden groten ende 9 d. swerte; ende ember meer dan 4 toirneel, baer gheleyde. Item van een last leders, daer die 200 [een][c] last of maken, 4 oude groten ende 5 s. swerte. Item van linen laken op waghen of op kerren haer gheleyde[d]; emer myn[e] dan 400 ellen opten waghen ende 300 opte kerre, soe sal men gheven van elken 100 1 ouden groten ende 9 d. swerte van den 100 ellen. Item [van][c] enen somer myt linwade 1 olden groten 12 d. swerte. Item van linen ofte van wullen gaerne in coerden beslaghen op waghen ofte op kerren haer gheleyde[d]; emer myn dan 400 pont upten waghen ofte 300 opte kerre, soe sal men gheven van den 100 ponden 1 ouden groten ende 9 d. swerte van elken hondert. Item van ghaerne in sacken ghesteken op waghen ofte kerren enen ouden Ingh. ende 3 d. swarte van den sack. Item van enen vaet wijns 1 ouden Ingh. 2 s. swerte. Item van charien loods, daer die 12 waghen of maken een corie, 2 oude Ingh. 6 d. swerte van den sack. Item van ene vate seems of honichs 1 ouden Ingh. ende 2 s. swerte. Item van enen vate honichs mit enen bodem ½ ouden Ingh. ende 12 swerte. Item van peltrien op waghenen of op kerren haer gheleide[d]; eist myn dan 4000 opten waghen ende 3000 opte kerre, soe ghevet elc dusent 1 ouden groten[f] ende 9 d. swerte. Item van enen somer Item van den selven gaerne in sacken ghesteken alleen op waghene oft op kerre, van den sacke enen ouden Inghelschen. Item van enen vate wijns enen ouden Inghelschen. Item van enen vate seems oft honechs met tween bodemen enen ouden Inghelschen ende met enen bodem ½ ouden Inghelschen. Item van pelteryen in coorden beleghen op waghen oft op kerre een gheleyde; ende in enen sac ghesteken, van den sacke enen ouden Inghelschen. Item van cordowane ende van basean in coorden beleghen een gheleyde. Item van eenre kisten met veystrenghelase, also meneghe als der es, van elcken enen ouden Inghelschen. Item van enen zomer met peltryen oft van wat goede hi vuert, 3 d. swerte. Item van enen waghen van Tricht, wat goede hi vuert, 2 oude Inghelsche; van eenre kerren enen ouden Inghelschen. Item van buteren, smoute, pecke, ter van elcken vate enen ouden Inghelschen.

[6.] Item die van Tricht sijn sculdech den hertoghe van enen waghene, die van buten lans comt ende die te Tricht weert vaert, wat goede hi vuert, een vierdone selvers, ende van eenre kerren ½ vierdone. Ende dat sal men nemen van den lersten waghene oft kerren, die comt na sente Peeters dach, dat men croonen vernuwet[1], ende daermet selen alle dandere quite sijn van dien jare[2].

[7.] Dit sijn die ghene, die noch ouden tol noch nuwen en gheven. Primo van der stat van Aken, die van Haghenen, die van Nuerenberghe, die van den Grave alleene, die van Tyle, die van Gorchem, die van Nymeghen.

[8.] Dits de nuwe tol[3].

In den yersten van enen lakene, dat vaert in Lombaerdyen, 6 swerte. Item van enen lakene, dat vaert buten Brabant, waer dat sij, 3 d. swerte. Item van enen sac wollen, die vaert in Lombaerdien, 10 s. swerte. Item van enen vate seems oft

a) Fehlt E, E¹. b) So A. gheleide E, E¹. c) Fehlt E, E¹; fehlt A.
d) ghelege bzw. gheleyt E, E¹. e) meer E, E¹. f) enen ouden Ingelschen A.

1) Febr. 22. 2) S. A § 6. 3) In Fassung A sind die hier folgenden Positionen des neuen Zolls mit wenigen Ausnahmen bereits im § 5 mit aufgenommen.

mit pelterien of wat goede bij voert 1 ouden Ingh. ende 3 d. swerte. Item van ene kiste myt veinsterghelase, ofte also menich alser es, enen ouden Ingh. ende 3 d. swerte. Item van botere, smeer, case ende ruet op waghenen ofte op kerren boven 1200[a] opten waghen ende 800[b] opte kerre haer gheleyde[c], alst voirseit es, van den niewen tolle 1 ouden Ingh. ende 3 d. swarte van der waghen. Item van eenre waghen kemps 1 ouden Ingh. ende 3 d. swerte nae die ghelande, dat voirseit es. Item van eenre waghen was 3 est(erlinge) 6 d. swerte; nae dieghelike haer gheleyde[c]. Item van enen vate weet[d], asschen, pex, terre ofte seepen 1 ouden est(erling)[e] 3 d. swerte. Item van enen waghen souts 2 s. swerte. Item van eenre kerren souts 12 d. swerte. Item van eenre balen siden ofte sindaels ende alrehande subtile mercerie 2 oude groten ende 3 d. swerte. Item van eenre balen fosteyns ende alrehande grove mercerie enen ouden groten ende 12 d. swerte. Item van een dusent[f] staels 1 ouden groten ende 12 d. swerte. Item van enen cordewaghen myt noppen enen ouden Ingh. ende 3 d. swerte. Item van eenre maten quicsilvers 1/2 est(er-ling)[g] 1 d. swerte. Item van een 100 ghewichtes groffelsnaghelen, noten, muschaten ende salke mercerie 1 ouden Ingh. ende 12 d. swerte. Item van enen vate weits van sès amen 2 oude groten 1 1/2 swerten offt die cupe 2 oude Ingh. 6 d. swerte. Item van een dusent harinx 3 d. swarte. Item van enen vate solfers enen ouden Ingh. 3 d. swerte. Item van enen salm 12 d. swerte. Item van een stuer 2 s. swerte. Item van een somer mit vischen 6 d. swerte. Item van ene waghe ofte kerren nae die ghelande, dat se voeren. Item van enen molensteen 1 ouden groten 2 s. swerte. Item van enen coemanspaerde 3 d. swerte. Item van ene cadde schapen 6 d. swarte. Item van eenre cadde verkene 4 d. swerte. Item[h] van elken hoet hornveets 3 d. swerte.

amonts 2 s. zwerte. Item van enen sacke, die vaert buten lans, 4 s. zwerte. Item van eenre waghen botren, smeers of ruets 6 d. zwerte. Item van enen sac wollen, die vaert in Vlaenderen, 2 s. zwerte. Item van eenre waghen was 6 d. zwerte. Item van 200 vellen metter wollen, daer 200 af maken den sac, sal men gheven na de ghelande, dat hi vaert. Item van eenen last leders, daer de 200 af maken den last, 5 s. swerte. Item van enen torseel cordewaens 12 d. swerte. Item van 100 tens oft copers 12 d. zwerte. Item van eenre waghen caemps 3 d. Item van eenre kerren loots, daer de 12 waghen af maken de kerre, 6 d. zwerte. Item van eenre waghen garens 4 d. zwerte. Item van een 100 hontwercs 12 d. zwerte. Item van enen soomer peltrien oft lijnwaets 12 d. zwerte. Item van een hondert yzers 6 d. zwerte. Item van enen vate weede, asschen ofte pecs 2 d. zwerte. Item van eenre balen amandelen, alluyns, comijn ende rijs 2 d. zwerte. Item van enen zoemer met goede van ghewichte oft met greynen 3 s. zwerte. Item van enen fryele vighen, rosinen ende dadeu 1 d. zwerte. Item van eenre kerren zouts 12 d. zwerte. Item van enen waghene 2 s. Van enen schepe na de ghelande. Item van eenre balen ziden oft sindaels ende alrehande subtijl mercerie 3 s. zwerte. Item van eenre balen fosteyns ende alrehande grove mercerye 12 d. Item van 1000 staels 12 d. Item van eenre maten quicselvers 1 d. Item van een hondert ghewichte noten, muscaten, groffelsnaghele ende alrehande selcke mercerie 12 d. zwerte. Item van enen vate weets van 6 amen 3 s. zwerte. Item van enen biecnaeye van yrlant 1 d. Item von 1000 herinx 3 d. Item van enen cordewaghen met noppen 3 d. Item van enen vate copers oft van enen 1000 copers 6 d. Item van enen vate solfers 3 d. Item van enen salme 2 d. Item van enen store 2 s. Item van enen somer visch 6 d. Item van enen waghen

a) 12 [illegible]. b) 8 [illegible]. c) gheleyde [illegible]. d) [illegible].
e) 1 [illegible]. f) [illegible]. g) [illegible].
h) [illegible].

Item van eme waghen van Tricht, wat goede dat hij voert, 2 oude Ingh., ende van eenre kerren 1 ouden Ingh. (Item van eenen vate harincx 3 d. zwarte. Item van een vat Cols wijns 2 grote.)[a]

[6.] Item die van Tricht zijn sculdich den hertoghe van Brabant van enen waghene, die van buten lants coemt ende die te Tricht waert vaert, wat goede hij voert, een vierdonck silvers ofte van eenre kerren ½ vierdonck. Ende dat sal men nemen van den eersten waghen ofte kerren, die comt nae sinte Peters dach, als men cronen vernuwet[1], ende dermede zijn alle die andere dat jaer qwite.

[7.] Alderhande comanscappe ende goede, die hiervoren niet verclaert en zijn, die selen gheven also, alse die tolneren ende die coopmannen sullen segghen, dat redene sij in beiden siden nae die goeden, die voeren verclaert zijn. (Dese zijn vry: Nyemeeghen, den Grave, Tielt, Gorcum, Hoesden.)[a]

oft kerren na de ghelande, dat si vueren. Item van enen vate wijns 2 s. Item van enen molenstene 2 s. Item van enen comanspaerde 3 d. Item van enen cudde scaps 8 d. Item van enen cudde verkene 4 d.

[9.] Item van alrehande comanscape, die hierin niet ghenoemt en sijn, die selen gheven also, als die tolnere ende die coman selen segghen, dat redene si in beyden siden.

[10.] Dese sijn vri van nuwen tolle. Die van der stat van Coolne, die borgheren sijn, die van lagreven lande van Guylke, die van taheren lande van Heynsberghe sonder Blanckenberghe.

a) *Fehlt E. K I; hier nach A.*

[1]) *Febr. 22.*

Nicht datierbare Dokumente vom Ende des 14. und Anfang des 15. Jahrhunderts.

447. *Brügge an Köln: berichtet, dass die Brügger Bürger Joh. Haneron und Dietr. Clerc an den verstorbenen Kölner Bürger Gerh. Eychof für gelieferten Kümmel eine Forderung von 9 Pfd. 15 Sch. 4 Gr. fläm. hatten, um deren Bezahlung die Witwe des Schuldners mehrfach vergeblich gemahnt ist; bittet, dem Bevollmächtigten der Gläubiger Egidius de Upstalle zur Erlangung des Geldes behülflich zu sein. — Mai 14.*

StA Köln, Hanse I n. 195; Or. Pap. m. Spuren d. S.

448. *Antwerpen an Köln: ersucht es in Folge einer Beschwerde des Herzogs von Burgund, die dortigen Kaufleute bei der Fahrt nach Brabant und Flandern zur Einhaltung der rechten Strasse anzuhalten. — März 21.*

Aus StA Köln, Hanse I n. 169; Or. Pap. m. Spuren der 2 S. Auf der Rückseite: Antwerpiensium. Registrata. *Hagedorn.*

Eersamen, weerden ende wisen burghemeesteren, scepenen ende den ghemeenen rade van der goeder stat van Coelne, onsen lieven ende wel gheminden vrienden.

Sonderlinghe lieve ende gheminde vriende. Uwer goedertierenheit ghelieve te wetene, dat onse lieve ghedachte heere van Bourgoengien ons over heeft doen scriven ende hem beclaecht, dat de goede, die binnen uwer stat te Coelne gheladen worden, omme te Brabant waert ende Vlaenderen waert met waghenen ende karren te voerne, de rechte strate niet en houden, die sij sculdich waren te houdene, maer andere sijtweghe soeken, daer ons liefs ghedachten heeren tol seere mede verarghert ende vermindert wordt teghen redene ende bescheit. Waerbi, goede gheminde vriende, wij u senden copie in desen brief besloten, inhoudende dordinancie ende overeendraghen[1], welc de rechte strate sculdich es te sine, u biddende alsoe vriendelec, alse wij connen ende moghen, dat ghi daertoe alsoe doen wilt ane de ghene in uwer stat ghesetten, die de goede te Brabant ende Vlaenderen waert ane pleghen te bestedien ende te sendene oft darwaert ane brenghen, dat sij de rechte strate trecken ende houden, alsoe sij sculdich sijn te doene ende ghelijc dat compremis daeraf inhoudt. Goede gheminde vriende, hierinne u ghelieven wille te doene ter vriendeliker ende neernster beden van ons ende omme rechts wille te vorsien, alse wij uwer goeder doeght ende wiser bescheidenheit volcomelec betrouwen, ende toe dat onse lieve ghedachte heere van Bourgoengien gheen ander heeren daeromme doen en darf; ende wildi eeneghe saken, die in onser macht sijn, daer wet ons bereet toe, dat kent God, die u allen bewaren moete in siele ende in live. Ghescreven 21. daghe in Meerte.

Borghemeestere, scepenen ende raed van der stat van Antwerpen.

[1] *Nicht erhalten.*

449. *Der herzogliche Schultheiss zu Mecheln an Köln: verkündet, dass die Warenzüge von Köln nach Mecheln bei Abweichung von der rechten Strasse über Herzogenrath arrestiert werden sollen.* — *März 22. Mecheln.*

Aus StA Köln, Hanse I n. 167; Or. Pap. m. Spuren d. S. **Hagedorn.**

Onse lieve gheminde vriende, den boerghemeesters, scepenen ende raedt van der stadt van Coelne.

Lieve gheminde vriende. U ghenueghe te wetene, dat ic ontfaen hebbe een bevel van minen gheduchteghen heere van Bourgongnen, inhoudende, dat ic alle de ghetouwen, kerren ende waghene, die te Koelene bestaet worden ende niet en comen de rechte gheleyestrate, dat es te wetene te Roede, te Valkenborch ende te Maestricht, die te Mechlen sijn willen ende van den toelneere van Roede niet een teeken en bringhen aen onsen toelneere van Mechlen, dat sij de rechte gheleyestrate ghevaren hebben, die sal ic rasteren ende kalengieren van live ende van goede van mins gheduchtich heeren weghen van Bourgongnen. Ende overmids dijen, dat om gheduchteghe heere voerseid gheen dedinghe noch discoort hebben en wilt jeghen ulieden noch jeghen ghenen andeeren coepman van ghenen lande, soe gheeft hij u dit te kennenne, om dat ghij uwen bestaeders bevelen sout, dat sij elken coepman willen bewaren, dat sij gheen scade en hebben, want mijn gheduchteghe heere hiermet wilt bewaert sijn. God sij met u. Ghegheven te Mechlen, den 22. dach van Merte.

By den al uwen Jan Hoodt, doerwaerdeere mijns gheduchteghen heeren van Bourgongnen, scoutijt van Mechlen.

450. *Kampen an Köln: bittet, dem Überbringer Evert van Reden, Bürger von Kampen, zu seinem Recht gegen seine Wirtin Stine van Reyden zu verhelfen, die in seinem Auftrag eine Partie Häring* (dair hij bayngelt van betaelt heft) *verkauft hat und ihm dafür noch 66 rhein. Gld. schuldet.* — *[März 10—Apr. 13]* (des dinxdachs na judica).

StA Köln, Undatierte Briefeingänge d. 14. Jh. n. 608; Or. Pap. m. Spur d. S. Verzeichnet: Mittl. a. d. Stadtarchiv von Köln 26, 80.

451. *Kampen an Köln: bittet, zwei Kamper Bürgern zu dem Gelde für ihren in Köln verkauften Häring zu verhelfen.* — *[März 30—Mai 3.]*

Aus StA Köln, Hanse I n. 141; Or. Pap. mit Spuren d. S. **Hagedorn.**

Eerwerdigen mechtigen wisen bescheydenen heren, burgermeysteren, scepen ende raet der golder stad van Collen, onsen zunderlinghen lieven ende wal ghemijnden vrienden, presentetur presens.

Unsen bereiden willighen dyenst ende wat wij gudes vermoigen alltijt vurgescreven. Zunderlinge leve ende wal ghemijnde vriende. U ghelieve toe weten, dat voir uns comen sin Everd van Reden ende Jacob Ridder, unse leve burgere, ende hebben uns openbair angebracht ende mit upgerichten vingheren over den heyligen ghesworen, dat zij selven den heringh up Schonen gesolten hadden, alse gude coiplude plegen te doin, den zij Stinen van Reden, oere werdynnen, bevolen hadden, den zij voirt vercoft heft. Ende want die heringh bi uwen gesworen undercoiper vercoft, verpart, besien, opgeslagen ende toegeslagen wart, also wij verstaen hebben, dat gewontlijc in uwer stad ende heerlicheyt is, ende den coepmanne ghelevert waert, als men guet gold coipluden plecht te leveren, ende zij nu willen seggben, alse wij vernemen, dat die heringh valsch solde hebben ghewest, dat uns leven vriende, seer vreemde doenct wesen, want hadde die beringh valsch, vüll ofte andere dan gold ghewest, dat hadde uwe moigende wisheyt bi uwen ghesworen knechte, die den beringh vercofte, besach ende leverde, wal ghevonden, woe men darmede solde hebben mit rechte vortghevaren. Biddende, leven vriende, uwe wisheyt sunderlinge guetlike mit vrientliker begerte, dat ghij um onses verdienstes wille Everd van Roden unsen burger, brengher dies briefs, behulpelijc ende voirderlijc willen wesen tot sinen rechte, dat hij moige crighen dat gelt, dat hij noch van den beringhe tachter is. Dat willen wij, leven vriende, altijt gherne ende guytlike verdienen, dair wij moigen, an uwen burgeren, of sij des gelix in onser stad te doin hadden. God almachtich bewair u, leven vriende, in eren, over ons altijt ghebiedende. Datum feria secunda post quasimodo.

Burgermeystere, scepen ende raet der stad van Campen.

452. *Brielle an Köln: ersucht um schriftliche Zusicherung von Geleit für seine Bürger. — Okt. 18.*

Aus StA Köln, Hanse I n. 179; Or. Pap. mit Resten d. S. Auf der Rückseite: Brilenses prsentes salvum conductum ad annum. *Hagedorn.*

Den eersamen ende wijsen borghemeystern ende raedsmannen der stadt Colen, onse lieve ende seere ghemiade vriendes.

Onsen vrüntliken dienst ende wes wij goets tot uwer liefden vermoghen. Lieve ende seere ghemiade heren ende guede vrienden. Want onsen poerteren ende coepluden mit haren live ende gôeden gaerne uwer stadt versoeken souden, om hair comenscap aldair te bedriven, als van outs haircomen ende cüstumelijc ghewéest is, om te verhueden schade ende onthelucke, die bij aventueren dairin ghescbien mochte, soe begheren wij an uwer liefden dienstelijc, dat ghij ons ende onsen poerteren ende ingheseten mit haren live ende gueden wilt versekeren mit uwe beseghelde brieven mit onsen trouwen bode, brengher shriefs, uwer stadt vryheit ende gheleyde duerende een jair lanc, te varen ende te keren ende te marren binnen uwer stadt Colen ende anders binnen uwen bedrive, onbeschadicht, onbelast ende ongheanrresteert; besondelijc wairt sake, dat onsen poerteren yment binnen uwer stadt sculdich waren, dien wouden wij guetlike te rechte staen. Dit en wilt ons op dese tijt niet weygheren, want wij tot uwer liefden u tot anderen tijden in dustanigher of in meerder saken altijt bereyt willen sijn. Dat kenne onsen[a] heere God, dien wij uwer liefden salichlike bevelen. Ghescreven onder onse stede signet, dat wij op desen tijt ghebruken, op sinte Lucas dach.

Die stede van den Briele.

453. *Köln an Gr. Nikolaus von Tecklenburg: verlangt Rückgabe des von ihm aufgehaltenen Bürgerguts. — [Ende des 14. Jh.]*

Aus StA Köln, Undatierte Briefeingänge des 14. Jh. n. 1517; unvollständiger Entwurf a. Pap. Hagedorn.
Verzeichnet: Mittl. a. d. Stadtarchiv von Köln 27, 306.

An den edelen walgeboyren juncher Claws greven zo Tekeneborg, unsen leven juncheren und besundern guden vrend.

Unsen vruntligen dyenst ind wat wir guetz vermogen vurscrid. Eydel wailgeboiren joncher, bysonder gude vrunt. Vur uns synt geweyst Johan Wye ind Paitza van Coyveren, unse lieve samenburgere ind burgerse, ind haent uns getzouat ind clegeligen gecladt, we dat ir yn nu kurtelig haeft upgehalden mit namen

a) *Sic!*

Johanne Wyen 5 stucke stockvyssche aldus gemirkt ind Paitsen van Coyveren 8 stroe wassen, wilch waess Arnoulde yrme soyne zogehoere, ind de so gemirkt synt ; ind dese have vurgenant hait gevoyrt eynre genant Hanne Vrydach van Paderborne; ind de vort zo Reden up ur sloss gevoirt synt. Ind synt daromb vur uns comen ind harat alda in guden truwen gesichert ind na lyfligen zo den heiligen gesworen, dat de selve vurgenante have ir eygen proper guet sy ind nyeman anders me tzogehoere dan Johanne ind Arnoulde unsen burgern vursid, ind dat ouch nyeman uis geynrekonne wysongen noch wandon da aen en have noch ouch warende sy. Herumb, lieve joncher, byden wir uch frunlig ind begerlich, synt wir uns zo uch ind den uwen nyet anders vermoyden ind ouch nyet mit uch garnitz haven wyssen dan alle gude gonst ind vruntschaft, dat ir wilt doin bestellen ind uch so vruntlig tgen uns bewysen, dat unsen vurgenanten burgeren de selve yre vereygende have gutlich ind ungektoet moege volgen ind weder werden, up dat unse burgere des geynen voyrderen schaden untfangen. Ind wilt hiebij so doyn, gelijch wir uch des ind allix goets genczligen betrawen. Ind begeren herup ure beschreven antworde bij desem hoyden zo wyssen, darup sich unse bu[rgere] .....

454. *Köln an die Herzöge Heinrich und Bernhard von Braunschweig-Lüneburg: bezeugt auf Aussage der Kölner Bürger Gardart Batenbergh, Joh. Loschart und Alif van Merhem, dass die zu Soltau angehaltenen 18 Stück Fische, davon 16 Stück mit und die beiden andern mit und gezeichnet sind, deren ausschliessliches Eigentum sind, und bittet, die herzogl. Amtleute und Unterthanen zur Auslieferung des Gutes anzuhalten. — [Jan. 2—8]* (fer. tercia p. f. circumcisionis Dom.).

StA Hannover; beschädigtes Or. Pap. m. Rest d. S.

455. *Dortmund an den deutschen Kaufmann zu Brügge: bittet, die Dortmunder Bürger gegen die beabsichtigten Zwangsmassregeln der städtischen Rentengläubiger*[1] *in Schutz zu nehmen. — [Ende des 14. Jahrh.]*

Aus StA Dortmund; Entwurf a. Pap. Hagedorn.
Gedruckt: Rübel, Dortm. U.B. 3 n. 106, 1 (zu 1396/97?).

Honestis ac prudentibus viris, aldermannis ac communibus mercatoribus de Hansa Theutonicorum Brugis in Flandria pronunc existentibus, amicis nostris sincerissimis.

Vrentlike grote unde wat wy gudes vermoghen alle tyd vorgescreven. Guden sunderliken vrende. Uns is to wetene worden, wo dat somelike lude, den wy lyftuch sculdich syn, vor juu hebben ghewesen unde hebben van juu beghert, dat ze unsen borgheren de sculd afmanen mochten mid des kopmans rechte. Warup wy juwer bescheidenheit begheret to wetene, dat wy der lyfrente, de wi nicht betalet hebbet, dat is by sunderlikes saken tokomen, unde wy willet, efte God wil, voghe vinden mid unsen borgheren[a], alse wy ersten kunnen, dat wy malkke betalen. Hirumme so bidde wy vrentlike, dat gy unse borghere willen verantworden mid des kopmans vryheit unde privilegien unde ze in rechte holden; unde hirby so dot, alze wy juu sunderlikes wol to betrowen. God sy mid juu, unde ghebeldet allertyd truwelike to uns. Datum nostro sub secreto.

a) borgheren [illegible] für das [illegible] [I].

1) S. oben n. 421 Einleitung. Die Klage einiger Kölner Rentengläubiger beim Reichshofgericht führte Anfang 1405 die Achtung der Stadt herbei. Fahne, Dortmund II, 2 n. 492 ff.

156. *Die hansischen Kaufleute zu Bergen an Rostock: erklären sich in ihrem Streit mit Gotsch. Mortel und Heinr. Kruse durch die von denselben zu Bostov geleistete Genugthuung für befriedigt. — [Febr. 1—März 7.]*

Aus StA Rostock; Or. Perg. m. Spuren d. 3 S. Hagedorn.

Honorabilibus viris et discretis dominis, proconsulibus et consulibus civitatis Rostoccensis detur.

Honorabilibus et discretis dominis, proconsulibus et consulibus civitatis Rostocensis mercatores de Hansa Teutonicorum Bergis moram trahentes ad omnia servicia benivolos[a] et paratos. Litteras vestras nobis proxime missas ex parte Gotscalci Mortel et Henrici Crusen sane percepimus. Hinc est, quod vestre providencie significamus per presentes, quod propter causam inter Gotscalcum Mortel et Henricum Crusen verientem ex una parte et nos ex altera prefati duo in estate transacta versus Bustene velificaverunt, ubi pro tali causa in nostra jurisdictione coram aperta pixide satisfecerunt, sic quod eadem causa in nostra jurisdictione, ut premittitur, fuit amicabiliter composita et plenariter tractata; unde ex utraque parte bene sumus contenti et optime pagati. Vivite in Cristo. Datum sub sigillis trium mercatorum dominica in quinquagesima.

157. *B. P[eter] von Roeskilde an Hochmeister Konrad [von Jungingen]: dankt für die Freigebung seines arrestirten Schiffes und bittet, denselben freie Rückkehr zu ermöglichen; berichtet, dass der von ihm arrestirte Kaufmann, für den sich der Hochmeister verwandt hat, sich bei guter Gesundheit befindet und heimkehren soll, sobald das Schiff des Bischofs durch* (illos mercatores) *Radeke Rike, Tiderm. Errgangh und Claus Tengell zurückgebracht ist. — [1396—1404]*[1] *Jan. 7* (crastino epyphanie Domini). *Roeskilde.*

StsA Königsberg; Or. Pap. m. Spur d. S.

158. *Gerh. Hertogh an Danzig: strengt eine Klage gegen Jakob Kremer an wegen trecherischer Ausnutzung eines Bodmereidarlehens. — [Um 1400.]*

Aus D StA Danzig, LXXI. 7; Or. Pap. ohne S. Junghans.

An den eddelen raet toe Dansike, borghemeysters, sculte, scepenen ende raet, den God behonde ende bewaeren moete ende meerse in doegheden, ut psalmista loquitur: Beatus, qui diligit justiciam et odit iniquitatem.

Hieromme biddic jou, eddele heren, dat jou ghelieve toe hoerene ende toe verstaene deze woerde, die hiernae an 3 pouten ghescreven staen. Dat irste is, woe dat Jacob Kremer, die eaerzame man, lenede Michele ende Herman Hertoghen up deer bodeme van eenen holke 300 marc ende 14 marc, als 12 verding over 1 lib. grote in Flandren toe betalene. Alzo ghi, eddele heren, wol weten, dat die here de meyster van Pruezen dede verboden een stucke tides, als dat een scip niet moste zeghelen ut der Wisele[2], als dat een Scotte quam toe den voerscreven Michiele ende vraghede em, of he den holk wolde vervrachten in Scotland[3] toe

a) So!

[1]) 1400 Febr. 27 übernimmt Herm. van Minden, Kaufmann in Bergen, von Frau Kristin Nikolausdotter eine Schuld von 90 M. 5 Öre schwed., welche sie Ostern 1401 an Gerwen fan Aken zu zahlen hat, und erhält dafür das Gehöft Nesheim in der Pfarrei Graven verpfändet. Diplom. Norveg. 1 n. 570. [2]) B. Peter seit 1395; Radeke Rike ist December 1404 nicht mehr am Leben, HR. 5 n. 222. [3] Vgl. den preussischen Recess von 1399 Jan. 6, HR. 4 n. 516, 18. [4]) 1393 erhält Martin Kog von der Stadt Danzig einen Zuversichtsbrief nach Glasgow (Lethcowe in Scocia) wegen der Güter seines Vaters. StA Danzig, Stadtbuch I S. 235; angeführt Hirsch, Danzigs Handelsgesch. S. 117.

segeine, hee woldo wol oerlof crighen toe zegeine. Doe zegghede die voerscreven Michiel: 'Ic hebbe van eenen goeden manne gelt ghenomen op deer bodeme in Vlaandren te betalene, ic wil met vraghen met hem: is hi zijn wille, ic willet doen.' Doe ginc die vorscreven Michiel toe Jacob Kremere ende sprac: 'Jacob, hier is een Scotte, die wil den holk vervrachten in Scotlant te zegeine ende spree, hee zal wol oerlof crighen van den meystere. Wat dunket jou goet? Mach id wezen bi jowen oerlove ende is id jowe wille, dat ic in Scotland segele, ic wil hem den holk vervrachten.' Doe sprac Jacob Kremer: 'Ja, Michiel, id is mijn wille wol, bringhet den copman toe mi.' Michiel brochte den copman in Jacobs huus, also, ghi eddele heren, dat Jacob zulven daertoe sprac ende hi zinem oerlove ghescede, dat die holk vervrachtet waert in Scotlant te zegeine. Ghi eddele heren, doe dit guede scip ghelaeden was ende die copman oerlof hadde ende zolde zegellen, doe sprac Jacob Kremer: 'Ic wil, dat ghi eenen breef zolen bezegelen, also dat ic wil hebben 5 nobelen over 4.' Doe segghede ic: 'Jacob, Jacob, alzo weren die vorwoorde niet, do ghi lieten Michile dat gelt deden up teer bodeme, laet ons schmeilheden[a] bi onzen vorwoorden, wante ghi deden tghelt up teer bodeme, 12 verding voor tpund grote in Vlaandren toe betaelne, ende id was bi jowe oerlove ende bi jowen wille, dat der holk vervrachtet was, ende ghi segghede doe toe deer tijt van geene 5 nobelen te nemene over 4.' Doe sprac Jacob: 'Gert ende Michiel, ic wet wol, ghi moghe niet het doen; meer wat wane ghi, dat ic een jode bin[b] of een wokeneer, dat ic dat jowe beghere ende also groet woker? Neen, ic niet. Al is die breef alzo ghemaket, ic wil anders niet danne gnadelike bate van jou nemen.' Ghi eddele heren, die holk was ghelaeden, die copman hadde oerlof te zegeine: wi mosten den breef bezegellen 5 noble over 4 ende loveden zinen woorden, als dat Jacob Kremer gheen jode noch wokeneer wolde wezen, meer gnadelike bate van ons te nemene. Nue comt sijn knaepe Jan van Barken ende wil hebben 5 noble over 4.

Ghi eddele heren, deze 3 ponte elc sunderlanghe[a] wil ic laten Jacob Kremere, als verre als jou, eddele heren, dunket wezen een gudt recht, toe zinen eens hant, dat ghi hem vraghen elc ponte zunderlanghe[c], die hiervoeren ghescreven staen ende hiernae verclareret, of hee ja of neen daertoe segghe.

Als dat irste ponte is dat: ghi eddele heeren, vraghet Jacob Kremere, of hee lenede upten holk, 12 verding in Vlaandren toe betalene [over][c] 1 lib. g.; dat laet ic heem toe eens hant, dat hee daer ja of neen toe segghe. Ghi eddele heren, dat andere ponte is dat: vraghet Jacob Kremere, of id bi zinen wille ende oerlove was, dat Michiel den holk vervrachtede in Scotland te zegeine, of he ghiet doe vermanede 5 noble over 4 toe nemene; dat laet ic hem toe eens hant. Ghi eddele heren, dat derde ponte is dat: vraghet Jacob Kremere, of he niet en segghede: 'Ghert ende Michiel, ic wet wol, ghi moghen niet het doen; meer wat wane ghi, dat ic een jode off een Sarresiin bin, dat ic alzo groten woker zolde nemen van jou? Neen, ic newt. Al is die brieef alzo ghemaket, ic wil anders niet danne gnadelike bate van jou nemen.'

Ghi eddele heren, al deze 3 ponte laet ic hem als Jacob Kremere toe eens hant. Ghi eddelen heren, zoe wat dat Jacob voerscreven toe dezen vornomeden 3 ponte verantwart ende doet, dat begere ic ende bidde jou omme Godes willen, zoe wat dat jowe eddele recht wiset ende in heft, dat ghi dat overscriven an Jan van Barken ende an mi Gherardt Hertoghe, wante dat wet God wol, dat ic an den vornomeden holk verleze 6 hondert scilde boven deze 73 noble, die Jan van Barken van mi ontfangben heft metten rechten bovetstole, den ic Jacob Kremere sculdich was.

Per me Gherardum Hertoghen.

a) die B. b) bin B. c) Bhid B.

459. *Posen an Thorn: ersucht um Schadloshaltung eines Mitbürgers, der durch einen Thorner bei Lieferung von Häring betrogen ist. — Sept. 29.*

Aus T StA Thorn; Or. Pap. m. Spuren d. S. Hagedorn.

Den erbirn weysen rathmannen czu Thoron, unsirn liebin vrunden, dandum.

Dinstlichin grus czuvor. Liebin hern. Uns hat Mertin, des briffes czeigir, vorgelet, das em Paschke euwir meteburgir habe czw[u][a] tonnen newis heringis vorkauft. Des qwomen vor uns unsir brekern und bekanten, das in den selbigin tonnen was alth hering von undene eyngelet und mit newin heringe von obene czugedekt, und den egenanten hering der vorgeschreben Mertin muste czu czwenczik scote gebin. Bitten euwir erbirkeit dinstlichin, das ir den vorbenumeten Paschken und andir kaufiewte underweiset, das se uns solchin hering nicht en senden und das ouch deme Mertin gleich vor ungleich gesche, das willen wir umbe euch vordinen. Gegebin an sente Michils tage. Rathmanne czu Pozenaw.

460. *Kalisch an Thorn: verwendet sich für Austin Lankowicz wegen Schadloshaltung durch seine Geschäftsgenossen für die Auslösung ihrer wegen Zollhinterziehung arrestierten Waren — [Nov. 26 – Dec. 2.]*

Aus T StA Thorn; Or. Pap. m. S. Hagedorn.

Den vorsichtegin unde weisen rathmannen czu Thorin, unsirn liben gunnern.

Unsirn fruntlichen grus mit willegim dinste czuvor. Liben herren, besundirn frunde unde gunner. Is ist geschen czu eyn geczeiten, das czu uns [... für]lewte[b] ewirn leuten mit irem gute den czol vorfuren, des worden se getrebin [mit irem][b] gute of unsirs herren des koniges hus; des hat uns Austeyn Lankowicz, czeiger desses brifes, das wir uns mit em mûetin unde beholfin weren um das selbe gut. Des mûete wir uns grozlich keyn unsir vrawen, der hewbtmanin, unde keyn dem burgreven, das wir das gut mit notin usburgetin vor funfczen marg, dovor globete der egenante Austeyn unde wir keyn der hewptmanin von seynir wegin, unde den hot her uns erbarlich gelost. Ewir libe bete wir fruntlich mit beger, das ir dem egenanten Austeyn beholfen seyt, das ym seyne compan eyn gleichs vor das selbe gelt tun, wen se ire gutes of den selbin wagin furten wenne her. Auch ist vor uns komen unsir gewantscherer unde hot bekant, wy her des egenanten Austeyn compan hatte geheisen unde geweist, wo se czollen sulden unde wy se czwir czollen sulden; doran karten se sich nicht unde vorfurn den czol mûtwillen. Gegeben am donrstage noch Katherine. Rathmanne czu Kalis.

461. *Krakau an Thorn: bezeugt, dass zwei aus Thorn bezogene Tonnen Häring verdorbene Ware enthalten haben. — [Jan. 31 – März 6.]*

Aus StA Thorn; Or. Pap. m. Resten d. S. Hagedorn.

Denen ersamen weysin rathmannen unde scheppin czu Thorun, unsirn vrunden.

Vruntlichin dinst czuvor. Ersamen liebin gunner. Vor unsirs rathis keginwortikeyt hot gesagit der vorsichtige Nicolai vom Przedborz, das her von Casparn seynem wirte, ewirm mitburgere, czwu tunnen heringis gekauft hette, unde em hette globit, das sy gut weren als kaufmans gut. Nu hot man se czu uns beyde tunnen

a) czw F. b) Loch im Papier F.

offgevalegin: des ist dy eyne allis vrul boze berink, das man en weg umsust geschottit hot unde nymandin getocht hot czu habin, dy andir tunne ist auch als boze gewest, als her spricht, das her sy nicht teuwir hot mocht vorkeufin, wen ag um eyn halbe marg. Unde czu den tunnen hot her geruffin gehabt unsir stat voyt, der mit em vor uns gewest ist unde dy beringe gesehen hat, unde das dem selbin Micolaen also mite wedirvaryn ist, vor uns hot bekant unde beczugit. Gegebin am sunnobinde nehest vor vastnacht. Rathmanne czu Cracow.

462. *Zwei [Rigaer Kaufleute] an Riga: melden die Hinrichtung eines Mörders. — [Ende Juni. Polozk.]*

Aus StA Riga; Or. Pap. m. Spur d. S. Höhlbaum.

An de erboren heren borghermesters unl rat to Ryge sal desse breff.

Wyllyk sy juu, erborrn heren borghemesters und rat tho Ryge, alzo van des morders weghen, de was entlopen und wart weder ghekreghen und is hir afghehoven vor unsen oghen des dynschedages na sunte Johannes dach na der aventmaltyt. Item so was en de hovetman begherende, dat wy et juu dale scolden scryven, und de meynen Ploskowers umme der erer wyllen, dat en dar neyn vordreyt en schey umme des dotslachtes wyllen; schût en dar enych vordret, dat wellen se an den unsen weder soken. Darumme dot wol unde vorset hirumme, dat en dar neyn vordret en sche. Got spare juu ghesunt to langer tijt.

By uns Kort van Borneu, Hermen Bûnynk.

463. *Riga an zwei Rigaer Ratsherren: ersucht sie, das beabsichtigte Verbot der Fahrt nach Polozk im Interesse eines etwaigen Ausgleichs möglichst lange zu verschieben. — Aug. 11.*

Aus StA Riga; Or. Pap. m. Stucken d. S. Höhlbaum.

Providis viris, dominis Wulfardo de Haverenbach et Wulfhardo de Stadis[1] hec littera presentetur.

Nach vruntliker grute tovorne. Juwer bescheidenheit beslik si, dat wi juwen breff wol vornomen hebben, alze dat men de Ploscowesche vart vormiden schal like der Nowerdeschen unde der Plescoweschen, dat unser stad unde unseme coopmanne swarlik wil wesen. Hirumme so duncket uns nûtte wesen, is et dat id ju behaget, dat men de tiid, de vart to vormidende, vorthogere, so men lengest unde ûterlikest kan unde mach, umme to sprekende mit den Russen, efte jenich lik unde redelicheit den steden unde deme coopmanne weddervaren moge vor unredelicheit unde schaden, de schien is, unde dat de coopman bynnen der tiid veylich af unde tho varen unde keren moghe, als ghewerff to bedrivende. Dit latet ju bliven unde ramet des besten in dessen vorgescreven saken. In Christo valete. Scriptum in crastino Laurencii martiris nostro sub secreto cum festinacione.

Consules civitatis Rigensis hec formant.

464. *Der deutsche Kaufmann zu Polozk an Riga: kann von den Polozkern keinen Bescheid auf Rigas Schreiben erhalten; klagt über Übervorteilung im Wachshandel und sonstige Gebrechen. Okt. 19. Polozk.*

Aus StA Riga; Or. Pap. m. Spuren d. S. Höhlbaum.

[1] 1393—1410 nachweisbar. Bothführ, Rigische Rathslinie S. 81.

An dem borghermesters und raed to Righe med erwerdicheyt mal duser bref.

Unsen vruntliken grot tovoren med allen heyle. Juu gheleve to wetene as umme een antword des breves, den gi Bertold Becker mede ghedân hadden an de Ploskonwers: des weted, dat uns van een neen redelickheyt eder antword van en wedervaren en konde, mer des so hebben se nu lude darto ghekoren, de neder solen varen to jou bâde ghewils; wes en hirmede ghedân werd, des en wete wy nycht, dat werd juu dar wal van em to wetene, also vere als se neder varen, as se darto ghekoren sin. Vortmer juwe leve to wetene, dat wy vaste was ghekoft hebben, mer wi hebben gheeyschet de olden wichten, als se in vortiden is gheweat und ok na der enlaghe, de gi med em ghemaked hadden to der dachvard; de en mochte uns dûs langhe nycht bescheen, men dallanghe is hir wâs untfanghen; do rekenden se van den halven scippunden 3 merkpunt aff, mer de lûde en sin nycht verawared noch tor tiid. Ok so en kunne wi juu alle ghebreckliekeyt nycht also uterliken scriven, als wy wal dôn solden. Ok so kenne gi selven alle dinck bed, dan wy juu gheacriven[a] kûnnen. Hirmede blived eweliken med Ghode. Ghescreven to Ploako, des negesten dages na sûnte Lûcas dage.

By uns Dutschen to Ploako nu tor tiid wesende.

466. *[Reval an Lübeck:] bittet um Entscheidung einer Klage des Hinse Lemegouwe gegen den Schiffer Nanne Wolteraone wegen eines in der [Revaler Rats-] Kirche deponierten und von dort gestohlenen Stück Tuches, sowie um Übersendung der früheren Berufungsurteile.*

Aus R St.A Reval; Entwurf a. Pap. Überschrieben: Dit is Hinsen Lemegouwen ordel. *Hohlbaum.*

Gedruckt: v. Bunge, Livl. U.B. 4 n. 1558.

Erafiighe grote tovoren ghescreven. Heren unde leive vrende. Ghi solen weten, dat van unseme gherichte eyn ordel quam vor unsen rat, also dat Hinse Lemeghouwe schalt gaf schepper Nannen Woltersone umme eynen bref, den hei eme ghedan hadde to Bruege to sinem wande an sinen werl to brengene, des hei grot beschadet weret, unde torh des an sines selves munt, dat hei eme dar ja ofte nen umme seghede. Dar antworde em schepper Nanne thon unde sprack, hei en wolde eme vor neynen bref sweren; alle dei breive, dei eme to Bruege ghedan weren, hei en cunde scriven noch lesen, dei hedde hei van sich gheantwordet; dat stucke wandes, dar hei ane beschadet were, des en wiste hei nu, dat et eme borde, sunder na dat hedde hei to Revale ghebracht unbeschadet, unde do hei nicht en wiste, weme dat want borde, do leit hei dat oppet market voren, ofte dar yeman were, dei dat merke en cande, also dat eyn gut man quam unde leit dat want in den Hilghen Gheist brengen unde appenbarde dat deme borghermestere. Do sprak dei borghermestere, dat were wol ghedan. Also wart dat want bestolen van deives hande in eyner besloteenen kerken, dar ere ghut inne ghelegben heft unde noch gut inne leghet. Hir vraghede eynes rechtes umme sint der tid, dar dat want beschadet war van deives hande, ofte [hei][b] dar yene not umme leden solde, ofte wat dar recht umme were. Des wart eme umme rat, sint der tid, dat it ustolen were van deives handen ute der besloteenen kerken, so en drochte dei schepere dar neyne not umme liden.

Die ordel heft Hinse Lemegouwe vor ju beschulden. Warumme wi bidde ju, leiven heren unde vrunde, dat ju sei scheide na claghe unde na antworde duser scrift. Unde der ghelick bidde wy umme dei ordele, dei bi ju noch zin, dat hei uns

a) So! b) Fehlt R.

dei deilen unde ernde nas dei here umme Godes willen unde umme rechtes willen unde latet bi der olden wonheit unde rechticheit; dat wille wy gherne vordenen theghen ju unde de juwe, war wy cunne[n] unde moghen. Deus vos conservet.

466. *Braunsberg an Reval: nach Aussage seiner Mitbürger Herrn Reymer Strypeerok und Jakob Schof, die an dem verunglückten, von Reval und dessen Bürgern befrachteten Holk des Heyne Schapisberg Anteile hatten, sind Waren aus dem Schiff geborgen und zum Teil nach Reval gekommen; bittet, dieselben zu verkaufen* (an nobilen wullet keren) *und den Erlös nach Danzig an Herrn Gerh. Mesteer zu senden.* — *Nov. 30* (in s. Andreas dage).

StA Reval; Or.
Gedruckt: v. Bunge, Livl. U.B. 6 n. 2953, Cod. diplom. Warmiensis 3 n. 579.

467. *Wisby an Reval: bezeugt, dass ein gen. Schiffer mit Unrecht seine Befrachter der heimlichen Entführung seines Schiffes beschuldigt.* — *Sept. 18.*

Aus StA Reval; Or. Pap. m. Stücken d. S. Höhlbaum.
Gedruckt: v. Bunge, Livl. U.B. 3 n. 1280 zu ca. 1390.

Magne honestatis et prudencie viris, dominis proconsulibus et consulibus civitatis Revaliensis, amicis nostris fautoribus, presentetur.

Vrüntliken beylsamen groet in Gode tovoren mit lutterer steder gunst alles ghudes. Erbare heren unde werde günstighe vrunden. Willet wethen, dat Jacob Prenselowe vor uns stunt unde claghede, wo dat Peter Kolhase em unde den anderen sinen vruchtlüden in den thiden thogelecht heide, dat se em sin schip bi nachte düftliken entseghelt hedden, des nicht en is, wente se sik uto unser havene worpen des morghens bi lichteme daghe, alse de monnike mit uns misse deden, dat vele ghuden luden wol witlik is mit uns. Dar de sulve schipher Kolhase jeghenwordighen in unser havene in sin schip mit twen münderken in enen bote quam, alse de sülven münderke, de ene to schepe vorden, dewe gheheten sin Jacob Visscher unde Jacob Krook, unse borghere, dat vor uns mit evene rechte ton hilghen mit upgherichteden vingheren war makeden; unde ok alse wi van warafligen lüden, beide binnen unde buten rades, vornomen hebben, dat de sülve schipher Kolhase sinen vruchtlüden lovede to seghelende to profite unde na eren willen unde vakene dat weder wende, dar grote twidracht tusschen en unde em sik vakene van vorhoof. Unde des to groterer betüchnisse hebbe wi unse secret drücken laten to rügge an desen bref. Scriptum Wysby, in crastino sancti Lamberti episcopi et martiris.
Consules Wysbucenses.

468. *Erengisel Nikelsson, Hauptmann zu Wiborg, an Reval: rechtfertigt die Bestrafung zweier Revaler Bürger wegen verbotenen Handels.*

Aus StA Reval; Or. Pap., mehrfach durchlöchert, m. Stücken d. S. Höhlbaum.
Gedruckt: v. Bunge, Livl. U.B. 3 n. 1268.

An de erbaren, wisen, [wolduch]tighe lüde, borghermeste[re] unde ratmanne der stad tho Revele mit werdicheit sal desse breef.

Heylzam grüet unde wes ik ghüdes vormach. Weted, leven vründen, borghermestere unde ratmanne der stad tho Revele, dat ik [j]üwen breef wol vorstan hebbe, also dat juwe borghers Nitze Nickelssone unde Merten Visscher vor ju ghewesen hebben unde hebben klaghet, wo dat se wedern noet beide bracht in de Zeistere unde dar see mit unweteuheit solden kopslaghet hebben unde se mes op 4 lispunt solten solden koft hebben. Unde dar hebbet se unrecht ane recht vor ju, se wunnen enen man up deme Ketellaghe, de se seghelde in dat deep, dar se kospdaghedon werk, 6 tunne rogghen, 1 vat seles, 100 lewanden unde ok ander dink, unde hir is neyn man also ghud in der stad, de dat doen moghe, noch nemant also ghud van den minen, de dat don moghe, he en hedde vorbort al sin gud, dat he dar mit sik hedde, unde 40 marc darto. Hirumme so dede ik dat umme Ghodes willen unde umme juwer vruntschop willen unde ghaf en er schip unde [eren] dinghen en deles weder, unde wan se wolden scape[en, dat se id] mit unwetenheit ghedan hedden. so en is des nicht [. . . ju]we borgher Hans Maslaxsch, de id wol [. . . . . .] dat men es nicht don en moste unde h[. . . . . .] hir in dat lant. God si mit ju ewelike to [aller t]iit ghesunt. Ghescreven to Wiborch under minem [ingeseg]hel.

Heer Erenghisel Nickelssone, hovetman tho Wiborch.

469. Reval an Thord Bonde, Hauptmann zu Raseborg: bittet um Freilassung eines gefangenen Bewohners von Reval. — [Dec. 14—20.]

Aus StA Reval; Entwurf a. Pap. Höhlbaum.
Gedruckt: v. Bunge, Livl. U.B. 4 n. 1673.

Magne dignitatis viro Thurdero Bunde, advocato et capitaneo castri Raseborgh, nostro fauctori, hec littera diligenter porrigatur.

Vruntschop, denest unde leve thovoren. Leve sunderlike vrend Thurder. Willet weten, dat wy vornomen hebben, wo dat gi einen armen man, Peter Timberman ghenomet, unsen inwoner, de unser stad sine rechticheit dett, dar hebben unde holden in juwer venckniss. Worumme dat wi ju sere vruntliken bidden, dat gi Ghot ansehn unde unse odmodighe bede, of gi jeneghen anmod up em hebben, dat gi den dor God van keren unde laten den armen man leddich unde los mit siner have, dat he the unde vare umme sin werf unde umme sine neringe vormiddest juwer ghunste unde hulpe. Unde nemet dat lon van Ghode[a]. Ghescreven des sönnendaghes vor sunte Thomas daghe, under unsem secrete.

Borghermestere unde radmanne tho Revele, juwe sunderlike vrende.

470. Ein schwedischer Beamter [an Reval:] erklärt sich zur Auslieferung des aus einem Schiffbruch geborgenen Revaler Gutes bereit, kann aber wegen der im Wrack verbliebenen Waren ohne Geheiss des K. [Erichs] nichts thun.

Aus StA Reval; Abschr. a. Pap. Höhlbaum.
Gedruckt: v. Bunge, Livl. U.B. 4 n. 1542.

Amicabili etc. Weten, lyven heren borgermestere unde raetlude, och gude sunderge vrunde, dat ich juen briff wal vorstaen hebbe um dat guet, dat her vorgaugen is under deme lande, dat juuen borgeren thobörde. Nu wetet, wat hir gereddet wart van gude, so lange als de schiphere hir was, dat wil ich um juuent willen weddergeven, ütgenomen erer lon, de dat bergeden, unde ich gunde dat den luden, dat se id reddeden in dren weken. Ich wolde, dat Got hedde gegeven, dat se lenger wolden hebben geborgen, dat hedde ich en gerne gegunt um juuent willen, unde ich boet en mynes heren buere to hulpe, de se dat guet scholden helpen redden; do antwordeden se my, dat dar nyn raet tho en stonde, dat se mer redden mochten van deme gude, unde togen wech unde geven gantaliken over dat wrack unde stoet ungeroert wal 14 daghe, unde ich mende, dat de lude scholden

a) Später durchgestrichen: Des wil wy gherne [illegible] ju unde de juwe vorschulden in der [illegible] [illegible], wat wy moghen. Ghod [illegible] ju ghesunt tho langer tiid.

wedderkomen, ende dar en quam nymant. Do ich dat sach, do bekande ich by deme gude van mynes heren koniges wegen, wente ich en mochte dâr nicht myn tho doen. Hirumme, lyven vrundes, mach ich nimande tho steden dat selve gut, sunderges dat my myn here de koningh my thoscrive, ende dat wil ich wal löven, dat gi nicht vele van deme gude wedderkrigen mögen, wente dâr is vele lemes ende sandes overgheslagen ende dat is luttiage noch, dat dâr gereidet is van deme goede, als mester Johan, myner vrowen der koniginnen dener, wal kundeghen sal. Nicht mêr, men bedet tho my als tot uwen vrende. Jac. etc.

471. *Der Ordensvogt zu Narwa an Hennecke Munte in Reval: warnt bei gleichzeitiger Bestellung von Flachs vor dem Löschen der Schiffe im russischen Dorf bei Narwa* (dat gi den borgermeisteren seggen van unser wegene, dat se vorbeden den ghenen, de dat Russche gud voren mit schepen van Revale tor Narwe ward, dat se dat nicht up en scheppen in dem Rûsschen dorpe, up dat se dar in neinen schaden umme en komen, winte unse meister vorbaden hevet, dat men dar nein gud upschepen en sal, alse id en selven ok wol witlich is).

Aus StA Reval; Or. Pap. m. S. Höhlbaum.
Gedruckt: v. Bunge, Livl. U.B. 3 n. 1161.

472. *Der Hauskomtur zu Narwa an Reval: warnt vor den russischen Anschlägen. — [Mai 10—Juni 13.]*[1]

Aus StA Reval; Or. Pap. Höhlbaum.
Gedruckt: v. Bunge, Livl. U.B. 4 n. 1556.

Den erwerdigen vorsichtigen mannen, borgermeister unde rade der stad to Revele sall dusser breff sunder sumen.

Erwerdige grote tovorn unde allent, dat ik guden vormach, alwege to juwen willen unde behegelicheit berede. Ersamen leven vrunde. Ik begere ju tho wetene, dat ik ware tydinge van Nougarden hebbe, dat de Nougarder unde de Plescouwer gensliken eines geworden sint, unde de Nougarder hebbet er lude bynnen Plescouwe, unde hedden se den kopman gegrepen bynnen Nougarden, dat des werres beide gewesen, den wolden se mit sinem gude beholden hebben. Unde de koningh van Moscouwe is to Nougarden unde er koningh Lûgman is up der Noteborgh, unde se gat emme mit listen na, dat se enne vordriven willen. Desse tidinge vorvolget sik van tiden to tiden mit uns, unde unse hemeliken vrunde hebbet dat van Nougarden van sik gescreven. Ok so hebbe ik desse tidinge unsem vogede na gescreven, de is up den Peybas an unsen meister getogen. Leven vrunde. Dit schrive ik ju hirumme, dat gi juwe vrunde hirvor warnen, dat se des in neinen schaden en komen; unde is, dat ik anders yenige tidinge verneme, er unse voget to hus komet, de wil ik ju gerne sunder sumen schriven. Unde gebedet to my; sall ik icht don umme juwen willen eder der juwer, dat wil ik alweghe gerne don. In Gode blivet gesund to ewigen tiden. Gescreven an pinxsten dage.

Huskumptur tor Narwe.

[1]) *Das Datum ist nicht sicher festzustellen. Bunge 6 S. 67 nimmt 1411 an; dem steht aber entgegen, dass Pfingsten 1411 zwischen Nowgorod und Pskow Freundschaft herrschte, s. das. 4 n. 1902 das Schreiben von [1411] Okt. 24. Eine spätere Datierung ist ebenfalls ausgeschlossen, da Lengwen Ende 1411 nach Litauen zurückkehrte: Napiersky, Russisch-livländ. Urk. S. 138.*

173. *Der deutsche Kaufmann zu Nowgorod an [Dorpat]: macht Mitteilungen über die beabsichtigte Reparatur der Kirche und über die Sicherheit der Fahrt nach Nowgorod. — Febr. 4.*

Aus R StA Riga, eingeschoben in einen Or.-Brief Dorpats an Riga am dominica die carnisprivii; Pap. m. Resten d. S. Mitgeteilt von Hn. Stadtarchivar Dr. Schwartz.

Gedruckt: Napiersky, Russisch-Livländ. Urk. n. 133, v. Bunge, Livl. U.B. 6 n. 2993.

Honorabilibus viris, consulibus Tarbatensibus oldermannus et communis mercator Nougardiensis sincerum indefessum. Juwe bescheidenheid, dat[a] wi juwen bref wol vornomen hebben, als dat gi uns sanden den tymmerman na unser begherte. Des hebbe wi mit eme overen gedreghen unde he sal hebben 38 marc Rig., unde he hevet uns geclaghet, dat he neuende en kunne utghebringhen, de eme helpen, sunder juwe hulpe. Hirumme bidde wi ju vruntliken, dat gi wol don umme unses vordenstes willen unde wesen eme behulplik, wene he begheret, dat eme de volghe umme sin gelt. Worumme bidde wi ju vruntliken, dat gi nu wol don unde wesen hirane vordacht, dat uns en kome en murmester, de kerke to beseynde, wes er behuef is van teghelle unde van kalke, unde dat wi mit eme moghen overeen dreghen. Vortmer als gi uns screven, dat wi ju solden senden dat gelt, dat hir were in sunte Peters schape, des en kunne wi ju tho desser tiid nicht gesenden, de kerke si ghebetert; wes dar dan overlopet, dat wil wi ju darneghest gherne senden; wente solde wi hir nemen ghelt op rente, so is id vele beter, dat men mit ju gheve van 16 marken eme dan hir van 10 stucken en. Unde also gi uns screven, dat wi solden vortasten, wer de lude her moghen komen eder nicht, de under den heren beseten sin, des antworden uns de borghgreven unde de hertoghe, dat se nenen veilighen wech en loveden, wente de mester van Liflande hedde dat crütze gekust vor alle sin land unde stede, unde der en hedde he nen buten bescheiden, unde de van overseе unde van Darpte solen enen reynen wech hebben. Valete in Christo. Scriptum in vigilia sancte Agathe.

174. *Der deutsche Kaufmann zu Nowgorod an Reval: bittet um Bezahlung einer Forderung des Joh. Wrede.*

Aus StA Reval; Or. Pap. m. Spur d. S. Höhlbaum.

Gedruckt: v. Bunge, Livl. U.B. 4 n. 1638.

Den erbaren bescheyden heren, borghermesteren unde raatmannen der stat to Reval presentetur.

Leve unde vruntschop unde wes wi moghen. Wetet, leven vrundes, dat wi schuldich sin Johannes Wreden 5½ marc Rygesch vor 1 clocken unde luchtere unde vor sulverwichte, dat ghekomen is an sunte Peters behuf. Um dat vorscreven ghelt heft he uns vakene manet laten, des is sunte Peter arm, dat wi des gheldes nicht en hebben, dar wi eme af betalen konen. Darumme doet wol unde entrichtedet eme edder slaet id em af in syneme schote, up dat sunte Peter nene man[n]ige dar dorve vorder umme liden, wente he id here ghemant heft to sunte Peters behöf uppe ghuden loven dor bede willen des kopmannes. Screven to Nowgarden, by uns

Oldermanne unde wisesten des Dudeschen copmannes nu to Nowgarden wesende.

175. *Der deutsche Kaufmann zu Nowgorod an Reval: berichtet über die Auffindung verbotener Tuche bei einem Russen in Nowgorod. — Aug. 24.*

Aus StA Reval; Or. Pap. m. Spuren d. 2 S. Höhlbaum.

Gedruckt: v. Bunge, Livl. U.B. 4 n. 1654; vgl. 6 Reg. S. 175 zu 1315b.

a) dat doppelt R.

Den ersamen unde bescheidenen luden, borgermesteren unde raed der stad Revele detur.

Unsen vruntliken grut unde wes [wi gudes]* vormogen. Ersamen gude vrunde. Wy bidden juu to wetende, dat wy beseyn hebben hir in der reide brede Peppersche lakene mit smalen listen, de hir beloyet weren myt Tomeschen loyen. Unde wi vrageden den Russen, van wanne he de lakene gebracht hadde, unde he seggede, he hedde see nu to Darpte gecocht, mer we see eme vorcochte, des en wolde he uns nicht seggen. Leven vrunde. So vere als ed juu gud duchte, dat men hir ernstliken vor si, wente desse lakene vorboden sin unde dat men see in den steden nicht en vorcochte, nademe dat men see hir nicht vorkopen en mach, wente de Tomesche werden mede vorergerd unde dergelike de Iperschen mit den Engelschen, de den Iperschen icht geliken, de beloyen sen unde bereiden see lik Iperschen, unde hir settet men uns quaden kōp mede. Dusser gelike geschreven to Darpte unde to Rige. Blivet gesunt in Gode unde bedet over uns. Geschreven to Nowerden up sunte Bartholomeus dag.

Olderlude, wisesten unde de kōpman tho Nowerden.

a) Loch im Papier.

476. *Der Guardian, die Lesemeister, der Viceguardian und alle Brüder des Franciskanerconvents in Stettin bekunden, dass sie den dortigen Drakörfahrern* (den erbarn unde vorsichtighen mannen, coplůde unde borgheren der eerghenanten stad Olden Stetin, de hir na stan ghescreven, alzo Jacob van Grollen, Everd Rosow, olderman edder olderluden, Peter Torpholow, Hans Warendorpe, Curde van der Brůgghen, Borchart Cerghenort, hůmesteren, unde der ganczen meynheit der sulven koplůde, de des jares yn hervesttiiden yn der stede tho Drakoer des rykes unde der erden Dennemarken aldus langhe hebben gheploghen unde yeghenwardich plegen unde an thokomenden ewigen tiden willen unde moghen ere kopenschop unde vyscherye tho ovende) *die Erbauung und Ausstattung einer Kapelle zu Ehren der h. Dorothea, des h. Erasmus, Antonius und der unschuldigen Kinder im Kloster gestattet haben; sie geloben, in dieser Kapelle für die Brüderschaft der genannten Kaufleute täglich Messen und zweimal wöchentlich Seelenmessen zu lesen, räumen ihnen den freien Gebrauch der Stühle und Bänke ein, genehmigen den von den Kaufleuten gemachten Vorbehalt, dass ihre Älterleute oder Vorsteher jeden Herbst einen Kelch und ein Messgewand nach Drakör mitnehmen dürfen, die bei der Rückkehr wieder an die Kapelle abzuliefern sind, und versprechen, bei Einstellung der Fahrt nach Drakör und Besuch eines anderen Fischereiplatzes* (scheghe dat de eerghenante stede Drakor der Denen lant vorstoret worde edder worde vorerghert yn sodaner kopenschop unde vyscherie, also dar aů ys, so dat de koplude up de sulve stede Drakör, dar se nů den namen aff hebben, alle jar nicht en toghen unde rokeden ok dar nicht to teende, over an eyne andere stede, war en dat behaghede) *diesen Vertrag weiter anzuerkennen und in einer neuen Urkunde zu wiederholen, einzig unter Veränderung des Ortsnamens u. s. w.*[1] — *1401 Jan. 6.*

Aus StA Stettin, Tit. I n. 144; Or. Perg. m. anh. S. des Guardians und Convents.

477. *Der deutsche Kaufmann zu Brügge an Thorn; beantwortet dessen Anzeige von der Arrestierung der Güter des Henre Rijnhoeff. — 1401 Jan. 22.*

Aus StA Thorn n. 391; Or. m. Resten d. 3 S. Hagedorn.

[1]) *Es folgen hier noch folgende Verpflichtungen zu geistlichen Dienstleistungen von nur von lokalgeschichtlichem Interesse. Im allgemeinen vgl. Blümcke, Stettins hansische Stellung und Heringshandel in Schonen, Stettin 1887, S. 33.*

Honorabilibus industriosisque viris, dominis proconsulibus et consulibus civitatis Thorun, amicis nostris sincere preamandis, littera presentetur.

Vrentlike groyte unde wat wij guedes vermoegen tovoren. Heren unde sunderlinges gueden vrende. Wij hebben juwen breyff vrentlike untfangen, sprekende wu Clanke van der Lynden Hencen Rijnhoeffs gued besat unde vorvolget hevet mit rechte, begerende van uns, dat wij Hencen Rijnhoeff vorscreven dat kundigen unde openbaren wolden, up dat gi weten mochten, were he dat vorscreven gued vryen wolde edder nicht. Darup, heren unde leyven vrende, genoege juwer erbarheit to wetene, dat dey selve Hence Rijnhoeff in langen tijden hijr in Vlanderen nicht gewesen en hevet, dat wij weten. Wert dat he hijr qweme, so wolde wij gherne na begherte juwer breyve mit em spreken unde ju des zijne antworde wedder scriven, alse wij irste konnen. God unse here moete ju bewaren in zielen unde in lyve. Gescreven under unsen ingheseghelen, upten 22. dach in Januario int jar 1401.

By den alderluden des gemenen copmans van der Duytschen Hense, nu to Brucge in Vlanderen wesende.

178. Hochmeister [Konrad von Jungingen] an Hzg. Albrecht [von Baiern, Graf] von Holland: lehnt dessen Bitte um Übersendung eines offenen Geleitsbriefes für die Holländer ab, da seine Häfen den Unterthanen des Herzogs jederzeit offen stehen; wiederholt sein früheres Ersuchen um Entschädigung seiner durch die Holländer beraubten Unterthanen, widrigenfalls an den betheiligten Holländern (ab dy euwern, czu den der unsern gut komen ist, in unser haven und gewalt quemen) *ihr Gut im gleichen Betrage arrestiert werden, und bittet um Freigebung eines in Amsterdam arrestierten Ordensschiffes samt Ladung. — 1401 Jan. 25. Marienburg.*

StsA Königsberg, Hochmeister-Registrant 2c fol. 115.
Gedruckt: Voigt, Cod. diplom. Pruss. 6 n. 104. Verz.: HR. 5 n. 6.

179. Derselbe an denselben, ebenso an Dordrecht, Haarlem, Middelburg und die holländischen und seeländischen Städte: die Stadt Hamburg hat ihm den Ausbruch ihrer Fehde mit Holland mitgetheilt[1] *und um ein Verbot des Handelsverkehrs mit den Holländern ersucht* (das wir is mit den unsern also bestellen welden, das sie mit den euwern keyne handelunge noch geselleschaft hetten, ouch das dy unsern euwer lande, stete und haven nicht suchen solden und uff der euwern bodeme nicht schiffen solden, und den euwern nicht gestatten welden, an unser lande czu schiffen), *widrigenfalls sie die Verantwortung für etwaige Verluste ablehnt; nach Ansicht der Stadt wird auch der Herzog dem gemeinen Kaufmann in Flandern angezeigt haben, dass er alle mit Hamburg verkehrenden Kaufleute und Schiffer* (wer handelunge ader geselleschaft mit den von Hamburg hette ader uff ire bodeme schiffete und dy Elve vorsuchete ader Hamburger gut schiffete) *für Feinde halten werde; will sich auf Bitten Hamburgs an der Gesandtschaft betheiligen, welche die Hansestädte zum Ver-*

[1]) *Vgl. HR. 5 n. 1—3. In Holland erklärt März 6 ein Schiffer aus Harderwijk*, dat dat scip mitten haver ende hoppen, dat in Tessel becommert was, dattet niet tot Hamborch noch nergen in mijns heren vijanden lande geladen en was. *RA Haag, Memor. BM fol. 109.*

nach einer Friedensvermittlung an den Herzog senden werden, und bittet, wegen der drohenden Schädigung des gemeinen Kaufmanns auf die Beilegung der Zwietracht bedacht zu sein. — 1401 Jan. 26. Marienburg.

StsA Königsberg, Hochmeister-Registrant 2c fol. 115b—116b.
Gedruckt: Voigt, Codex diplom. Pruss. 6 n. 105 u. 106. Verz.: HR. 5 n. 5 u. 6.

480. *Der deutsche Kaufmann zu Nowgorod an Reval: warnt vor der Einfuhr von minderwertigen Laken nach Nowgorod; klagt über Beeinträchtigung seiner Gerechtsame in Pskow. — [1401] Jan. 28.*

Aus StA Reval; Or. m. Spuren d. S. Höhlbaum.
Gedruckt: v. Bunge, Livl. UB. 4 n. 1596, vgl. 6 Reg. S. 89.

Honorabilibus viris, dominis proconsulibus et consulibus civitatis Revalie detur hec littera cum reverencia presentari.

Unsen truwen denst to allen tiiden bereet. Weten scole gi, erliken heren, dat uppe de Russen werd gevoret Komelerscho doken unde andere doken, de mennygher wegene gemaket synd, unde de werd myd den Komeschen unde myd den Leyschen den Russen vorkoft. Dit heft deme kopmane groten scaden gedan, unde de Komeschen unde Leyschen de synd darmede tomale nedervellich geworden. Vortmer so synd hir ok lakene gebracht, de uppe de Comeschen synd gemaket, unde desse lakene hebbet den anderen guden lakenen groten scaden gedan. Worumme so bidde wi ju vrentliken unde degher, dat gi warnen den kopman mid ju unde juwe borgere darvor, dat se de lakene nicht mer en kopen uppe de Russen to vorende, uppe dat, dat se in nenen scaden komen, wente wi des hir gancz enes syn geworden, war men sulke lakene vreyget, de uppe de Russen werdet gevoret, de wil wi anspreken vor vorborede lakene to sente Peters behóf, wente in useme boke vorboden is, dat men uppe de Russen nene lakene scal voren, de uppe andere lakene syn gemaket edder dor de lakene mogen bescadet werden, de men hir plecht to vorende. Item so is uns to wetene worden unde noch alle daghe deyt beyde van Russen unde van Dudeschen, dat men to Plescow des kopmans recht nicht en holt unde ok wol andere wegene, alse dat se dar werk kopen unde en beseet des nicht in eren selves were, alse use recht tosecht, unde nemet op unbesenden, unde dit is unser grotsten vryheit eyn, de wi hebben mid den Russen, dat wi dat werk mogen nemen unde besen dat in usen selves were[1]. Item so kopet se dar getogen werk unde valsche tragenyware unde valsch was unde laten sik des wasses nicht reyne maken. Hirumme so bidde wi ju, dat gi juwen wisen raet darto keren unde helpen darto, dat des kopmans recht in anderen weghen so wol geholden werde, also wi dat hir holden moten; unde wetet des kopmannes beste in dessen saken unde in allen anderen saken, war gi moghen, also ju de kopman to doende wol to lovet. Varet wol in Gode unde bedet uns in allen tiiden. Scriptum feria sexta ante festum purificacionis beate Marie virginis.

De olderlude, de wisesten unde de meyne Dudesche kopman to Nogarden.

481. *Grossfürst Witold von Litauen an Riga: beantwortet ein Entschuldigungsschreiben der Stadt wegen der Weigerung der Rigaer Kaufleute, dem Grossfürsten Tuch auf kurzen Kredit zu verkaufen; hat Polozk zur Erhaltung der Rigaer Gerechtsame angewiesen. — 1401 Febr. 4. Merecz.*

[1]) *Vgl. HR. 5 n. 61, 17.*

Aus StA Riga; Or. m. S. Mitgeteilt vom Hn. Stadtarchivar Dr. Schwartz.
Gedruckt: Napiersky, Russisch-livländ. Urkunden n. 136, v. Bunge, Livl. U.B. 4 n. 2964.

Den erzamen wyssen borgermeistirn und dem rote der stat czu Ryge, unsirn gunstlichen frunden etc. etc.

Allexander andirs Wytowd fon Gotis genoden grosforste czu Litthowen etc.

Erzamen lyben frunde. Wir haben ewirn bryf wol fornomen, in deme ir uns schrybet, wy das euch leit sy, das dy ewirn kegen uns geton haben czu Ploczk, do sy uns nicht of czwil adir of dry wochen ettwas gewandis gelowben wolden. Is muste uns czu der czyt czumole fordryssen, wen is was jo unbillichen kegen uns geton; und wen wir des zeten weren, das Got nicht welle, das wir nicht pflegen czu beczalen, was wir scholdik weren, so mochte wirs czu der czyt ane eren willen in unsir[a] stat genomen haben; sundir wir hoffen, das nymanden unglych fon uns solle gescheen. Zundir, lyben frunde, is ist uns czumole annenne und czum danke, das dy sachen euch leit syn, das sy also gescheen syn, und is ist uns gar behegelich, das das ane ewirn willen geton ist. Dorumme, was wir czemelichir dinge uum ewirn willen unsirn landen unde steten unschedlichin tuun mögen, das zal uns nicht fordryssen, und dyzelbin kegen uns getonen zachen sollen forgessin und henegelegt zyn, sundir wir begeren und beten, ap sichs fortme möchte geboren, das uns dergelych nicht mê geschege. Auch wisset, das wir den Plocziern geschrebin haben, das zy euch crûczkossinge leisten zollen, euch und den ewirn glych czu tuun an kowfmanschaczen und an gewichten, als das czwischen euch und ên gewonlich und recht is. Gegebin czum Merlczh, an sente Agathe obende 1401.

462. [Hzg. Albrecht von Baiern, Graf von Holland,][1] erteilt den Städten Deventer und Zwolle Geleit bis Aug. 8. — 1401 Febr. 8.

RA Haag, Memoriale B M cas. B fol. 106b.

463. Der Elekt Friedrich von Utrecht transsumiert den Freibrief der drei flandrischen Städte für Kampen von 1361 Mai 28 [Bd. 4 n. 15]. — 1401 März 4.

StA Kampen; Or. Perg. m. anh. S. Das Tagesdatum mit anderer Tinte nachgetragen. Unter dem Text der Urkunde: Visum per dominum episcopum personaliter et examinatum cum principali.
Verzeichnet: Register van Kampen 1 n. 342.

464. Ordonnanz des deutschen Kaufmanns zu Brügge über Arrestierung von Waren. — 1401 März 6.

Aus StA Lübeck, flandrischer Kopiar n. 8 S. 42; Abschr. vom 1. Drittel des 15. Jh. Koppmann.
K StA Köln, hansische Kopiare A fol. 163b, H fol. 153b; zwischen Ordonnanzen von 1401 Okt. 2 und 1402 Sept. 23.

Item int jaer 1400[b] upten 6. dach in Meerte wart overdregen by den alderluden unde 18 mannen: so welk man, de guet in handen hedde van enighen manne, de em schuldich were, unde eyn ander man, den de selve man ock schuldich were, rostirde dat vorseide guet under dem ghennen, de dat in handen hedde, dat rostement sal van werde wesen unde voergaen de hebbende weere also verre, alse he dat selven tovoren nicht rostijrt en hedde.

a) So! b) 1401 K.

[1]) *Apr. 14 geleitet derselbe zwei Ratsherren von Kampen auf 3 Wochen. A. a. O. fol. 113b.*

485. *Bremen verkündet seine Vereinbarung mit Hzg. Albrecht von Baiern, Graf von Holland, wonach es allen Bürgern und Unterthanen desselben und seiner Erben innerhalb der Stadt und ihres Gebiets sicheres Geleit, Förderung und Schutz verspricht, sowie bei begründeten Klagen gegen bremische Bürger* (umme scaden, vertien ende afterwesen) *Rechtshülfe zusichert*[1]. — *1401 März 25* (ipso die annunc. b. Marie virg.).

RA Haag, Memoriale B M cas. B fol. 113.
Gedruckt: Brem. U.B. 4 n. 277. Verz.: HR. 5 n. 13.

486. *[Hzg.] Albrecht [von Baiern, Graf von Holland,] ertheilt der Stadt Bremen und deren Bürgern mit Schiffen und Gut gegen Entrichtung der schuldigen Zölle sicheres Geleit zum Verkehr in seinem Gebiet zu Wasser und zu Lande für die nächsten fünf Jahre, vorausgesetzt dass sie seine Feinde nicht durch Zu- oder Abfuhr von Gut oder Proviant oder sonstwie unterstützen, sowie unter Vorbehalt halbjährlicher Aufsage. — 1401 Apr. 4. Haag.*

RA Haag, Memoriale B M cas. B fol. 111b.
Gedruckt: Brem. U.B. 4 n. 278. Verz.: HR. 5 n. 14.

487. K. *Heinrich [IV] von England an Hafenaufseher und Scrutator in Sandwich und Dover sowie an seine anderen Beamten daselbst, in Calais und anderwärts: befiehlt ihnen, dem Peter Ilsdale und Garwin Brakerfeld, die mit seiner Erlaubnis nach Lübeck und anderen Auslandsplätzen reisen, nebst 6 Begleitern, ihren Papieren und ihrem Gepäck* (bogeis mantiellis et fardellis) *die Überfahrt zu gestatten*[2], *sofern dieselben nichts ihm oder dem Reiche Nachtheiliges mit sich führen. — 1401* (a. r. 2) *Apr. 12. Norwich.*

StA Lübeck; Or. Perg., d. anh. S. ab.
Gedruckt: Lüb. U.B. 5 n. 13.

488. *Hzg. Albrecht von Baiern [, Graf von Holland,] verspricht bei Abschluss einer Sühne mit Dordrecht unter Mitbesiegelung seines Sohnes Gr. Wilhelm von Ostervant, zur Wiederbelebung des Handels der Stadt* (overmidts dat onse goede stede van Dordrecht langhe tyt sonder neringe ende coomenscap gestaen heeft) *allen seinen Unterthanen die Einholung oder den Einkauf von Wein ausser auf dem nächsten Markt oder in Dordrecht zu untersagen*[3]. — *1401 Apr. 14. Haag.*

StA Dordrecht; Or. Perg. m. 2 anh. S. Abschr. im Privilegiar fol. 174.
RA Haag, Reg. lib. V Aelbrecht fol. 415.
Gedruckt: van Mieris, Groot Charterboek 3, 736, van de Wall, Handvesten van Dordrecht 1, 375. Verz.: Van den Brandeler, Inventaris van het archief der gemeente Dordrecht 1 n. 119.

[1]) *Eine Notiz der gräflich holländischen Register von 1401 Febr. 22 berichtet:* Item op sinte Pieters dach ad cathedram tollde Dire Heynsgreman are sproicta *[d. i. Propst Rieko von Emden]* banden voir die coipluden van Bremen te betalen tot paisschen naistcomende of binnen 8 dagen daerna, ombegrepen 175 gouer nobel. *RA Haag, a. a. O. fol. 107b; durchstrichen.* [2]) *Mit Rücksicht auf ein gegen Frankreich gerichtetes Ausfuhrverbot von 1400 Jan. 14. S. Hanserecesse n. 2661 Anm. 2.* [3]) *Vgl. die Dordrechter Stapelprivilegien Bd. 2 n. 720, 3 n. 323. Auch das Dordrechter Keurbuch von 1401 bestimmt:* so wat vreemde coopman, die wijn binnen der vryheit coft opten stroom of opt lant, die sal sinen stapel Tordrecht houden achte daghen leggende, eer hi varen mach; mer so wie binnen der vriheit coept, die mach verwynden ende dan varen. *Nach derselben Quelle hatte Dordrecht früher an alle Städte am Rhein und an der Mosel eine Warnung erlassen,* als dat nieman, wien hi sy, Tordrecht wijnen hebben noch bevagen en sal, die ghemaect of ghevalst sijn of daer enighe gemaect is ghelmantiert is, dan recht, als si ghewassen sijn ende die God verleent van den stocke. *Fruin, Oudste rechten der stad Dordrecht 1, 34 f.*

489. *Lübeck an die preussischen Städte: erinnert an die noch ausstehende Beantwortung des ihnen abschriftlich mitgeteilten Schreibens des deutschen Kaufmanns zu Brügge [n. 436]; hat jetzt vom deutschen Kaufmann zu Nowgorod eine Zuschrift erhalten, worin er sich über die grosse Schädigung der Kaufleute durch den in Flandern geübten Borghandel beklagt; bittet um Meinungsäusserung über diese Angelegenheit. — 1401 Apr. 23.*

Gedruckt: HR. 5 n. 9. Verz.: v. Bunge, Livl. UB. 6 Reg. S. 89.

490. *[Hzg.] Albrecht [von Baiern, Graf von Holland,] schliesst unter Vermittlung der Ratssendeboten von Lübeck, Thorn und Stralsund vor Pfingsten*[1] *an einen einjährigen Frieden mit den Bürgern von Hamburg*[2]*, wonach alle Gefangenen während des Friedens beurlaubt werden und die Hamburger den Handelsverkehr mit den Friesen abbrechen und Friesland räumen sollen, das sie nur zur Einziehung rückständiger Schulden auf dem Landwege oder im Seenot zu Schiff aufsuchen dürfen; ferner soll den Hamburger Schiffen die Ausfahrt aus Hamburg ohne ein Zeugnis der Stadt über den Bestimmungshafen verboten sein, den beiderseitigen Unterthanen während der Dauer des Friedens die vormals übliche Verkehrsfreiheit zustehen und der etwaige in dieser Zeit gegenseitig zugefügte Schaden ersetzt werden, während die Entscheidung aller bisherigen Streitigkeiten zwischen dem Herzog und Hamburg einem am 1. Nov. in Amersfoort zu fällenden Schiedsspruche der Städte Dordrecht, Amsterdam, Lübeck und Thorn überwiesen wird. — 1401 Apr. 30. Haag.*

RA Haag, Memoriale B M cas. B fol. 115.
Gedruckt: HR. 5 n. 19.

491. *B. Detlef von Ratzeburg an die Geistlichen der Diöcesen Bremen, Lübeck, Ratzeburg, Schwerin und Verden: die Lübecker Bürger Konr. Nütberch, Marq. Vryborch und Hartwig Kopman haben ihm unter Berufung auf die transsumierten Urkunden des päpstlichen Legaten Guido und des Papstes Klemens IV von 1266 und 1267 [Bd. 1 n. 619 und Anm. 3] geklagt, dass Erzb. Otto von Bremen am 6. Jan. das aus Flandern kommende, in der Oste schiffbrüchig gewordene Schiff des Heyno Kraghen samt der Ladung, darunter Waren der gen. Lübecker im Werte von 860 M. lüb., durch seine Diener weggenommen und verkauft hat und trotz mehrmaliger Mahnung Lübecks die Rückgabe oder Vergütung des genommenen Gutes verweigert; gebietet ihnen kraft des ihm vom päpstlichen Stuhl für diesen Fall übertragenen Richteramts, den Erzbischof und die am Raube Beteiligten zum Schadenersatz binnen 8 Tagen nach Mahnung oder zur Gestellung vor dem Bischof binnen 14 Tagen anzuhalten, widrigenfalls die Schuldigen der Exkommunikation und das Kirchspiel Bremervörde* (ad quam res et bona premissa dinoscuntur pervenisse) *dem Interdikt verfallen. — 1401 Mai 16. Schönberg.*

[1] *Mai 22.* [2] *Die Geleitsbriefe Hzg. Albrechts für die Unterhändler s. HR. 5 n. 15—18. Mai 1 geleitet derselbe die Ratssendeboten der drei vermittelnden Städte widerruflich auf ein Jahr; das. n. 20. Vgl. über die Verhandlungen das. 8 n. 986—988. Die Hamburger Kämmereirechnungen 2, 1—2 berichten zu 1401:* 285 lb. domino Christiano Militis, Marquardo Bertolde in Hollandiam. 3 s. nuncio pro litera pacis ducis Hollandie. Ad expedicionem naves contra Hollandrenses post pascha *[Apr. 3]*, que non venerunt ad mare propter prorogacionem pacis, 856 lb. 3 s. Pro expensis Hollandinorum captivorum etc. Ad reysam domini Hinrici de Bacherde contra Hollandenses super Albeam 121 lb. 4 s. Pro expensis consumptis per Hollandin[o]s cum civibus nostris 15 lb.

StA Lübeck; Or. Perg., notariell beglaubigt, das anh. S. ab. „Das Mandat des Bischofs scheint nirgends publiciert zu sein."
Gedruckt: Lüb. U.B. 5 n. 13.

492. *K. Heinrich [IV] von England an Hochmeister Konrad [von Jungingen]: nach Meldung der englischen Preussenfahrer sind die englischen Kaufleute in Preussen nebst ihren Gütern arrestiert, weil während des englisch-schottischen Krieges[1] ein preussisches Frachtschiff, das die Schotten auf der See gekapert hatten, samt den darauf befindlichen Schotten durch englische Auslieger aus Lynn weggenommen war; bittet um Aufhebung dieses unrechtmässigen Arrestes. — 1401 Juni 8. Westminster.*

Aus Publ. Record Office London, French Rolls 2 Henry IV m. 6.
Gedruckt: Rymer, Foedera 8, 203. Verz.: HR. 5 n. 90, Voigt, Cod. diplom. Pruss. 5 Reg. S. XXX.

493. *Hochmeister [Konrad von Jungingen] an Königin [Margaretha] von Dänemark: berichtet auf Klage der Seinigen, dass der Erzb. [Jakob] von Lund, dem vom Marienburger Grossschäffer und den preussischen Städten bestimmte Termine zur Abzahlung der schuldigen Summe zugestanden waren[2], noch keine der fälligen Raten bezahlt hat, und bittet, denselben zur Erfüllung seiner Verpflichtungen zu veranlassen, u. s. w. — 1401 Juni 17. Kischau.*

StsA Königsberg, Hochmeister-Registrant 3 fol. 31.
Gedruckt: Voigt, Cod. diplom. Pruss. 6 n. 115, Silfverstolpe, Svenskt Diplomatarium 1 n. 71. Verz.: HR. 5 n. 22, Reg. Dan. II, 1 n. 3704.

494. *Köln an Antwerpen: im vorigen September sind zwei Kölner Kaufleute auf der Reise nach Antwerpen jenseit Achen im Gebiet des Herzogs von Burgund durch Joh. von Rynenstein und Arn. Pleskow gefangen und geschatzt; bittet, sich beim Herzog um Entschädigung zu bemühen. — [1401] Juni 18.*

Aus StA Köln, Hanse I n. 110; Or. m. Resten d. S. Hagedorn.

Prudentibus magnarum discrecionum et honestatum viris, magistris civium, scabinis et consulibus Antwerpensibus, amicis nostris sincere dilectis.

Amici singulariter dilecti. Ad vestre honestatis et discrecionis noticiam deduci cordialiter affectamus, quod nuper in mense Septembri anni proxime transacti[3] nonnulli nostri concives, mercatores Cristianus dictus Greveroyde et Martinus de Aquis, sub spe suarum exercendarum mercacionum nostram civitatem Coloniensem exeundo villam Antwerpie ac nundinas extunc proxime instantes visitaturi salvum conductum illustris principis, domini ducis Burgondie, ab Aquisgrani per ipsius domini ducis terram progressuri ipsorum pecuniis mediantibus pro et occasione dicti salvi conductus prestitis a subofficiato nobilis domini Johannis de Heynsberg, ejusdem domini ducis in eadem terra vicarii ac officiati principalis, illic deputato procurarunt. Verumtamen iidem nostri concives ipsi salvo conductui fidem et securitatem absque omni dubietate et formidine, ut non immerito, permagnam adhibentes, quidam dominus Johannes de Rijnensteyn miles ac, ut intelleximus, domini ducis Gelrensis subditus necnon Arnoldus Pleskow cum nonnullis suis complicibus supervenientes ac

[1] Im Sommer 1400 hatte Heinrich IV einen erfolglosen Angriff gegen Schottland unternommen, Pauli, Gesch. v. England 5, 14. Über seinen vergeblichen Versuch, den Hochmeister zur Stellungnahme gegen Schottland zu bestimmen, s. HR. 5 n. 91 u. 92. Zum Zusammenhang vgl. Hans. Gesch.-Bl. 1893, 124 ff. *[2] S. n. 359. Vgl. auch die preussischen Recesse HR. 5 n. 23, 1; n. 31, 2.* *[3] 1400, vgl. n. 126, 129.*

dictum domini ducis salvum conductum merito verendum minime verentes, ymmo pocius temere violantes, ipsos nostros concives in strata ipsius domini ducis Burgondie publica et sub ejusdem salvo conductu ductore eciam presente hostiliter invaserunt, apprehenderunt, captivarunt, captivos in et ad castrum Montfort infra septa ipsius domini ducis Burgondie, sicuti intelleximus, situatam deduxerunt, eosdem illic dire in cippis et vinculis retinendentes ac sic vinculatos ad spacium quasi trium mensium continue detinentes et ipsos ultra ea, que ab ipsis primo apprehensis receperunt, tandem ad valorem summe 1600 florenorum Renensium vel circiter in eorum dampnum quasi irrecuperabile exactionaverunt, non obstante eciam eo, quod de nulla nobis constabat, prout nec constat, actione, ob quam nos, nostros seu nostra bona occasionare legitime debuerant, ac nullam formidinem gerebamus ab ipsis nobis quomodolibet incutiendam, prout de hiis et aliis emergenciis ex ipsis idem Cristianus lator presencium unus lesorum predictorum oretenus vos et singularius poterit informare. Unde vestram, in quantum seriosius possumus, exoramus honestatem, quatinus nostri amoris necnon justicie ob respectum vos consultivos, auxiliativos et favorabiles vestris scriptis, verbis, promocionibus et benignis informacionibus apud ipsum dominum ducem velitis exhibere, sic quod iidem nostri concives tam periculose, ut prefertur, sub salvo conductu dampnificati suorum dampnorum ab eodem domino duce seu alias quovismodo magis congruenti assequi possint relevamen; in hiis ita facturi, prout honestatem domini ducis inter ceteros terrarum dominos maxime virtuosi perseverare ad justiciam promovere pro re publica desideratis sciendo. Deus pacis conditor vobis pacem concedere dignetur hic et in eternum. Datum sabbato post beatorum Viti et Modesti martirum.

Magistri civium, consules ceterique cives civitatis Coloniensis.

195. *Hochmeister [Konrad von Jungingen] an Hzg. [Albrecht von Baiern, Graf] von Holland: hört von seinem nach Holland geschickten Sendeboten Joh. von der Merse aus Thorn, der Herzog habe die Vermittlung seines Streites mit Hamburg den Städten Amsterdam, Dordrecht, Lübeck und Thorn übertragen*[1], *doch habe Merse nicht ohne Wissen des Hochmeisters für Thorn zusagen wollen; hat der Stadt die Annahme der Vermittlung befohlen, hält aber den vom Herzog dafür angesetzten Termin am 1. Nov.* (uff aller heilgen tag) *für ungeeignet für die Seinigen* (wend sie clagen, als tzu besorgen ist, das uff die selbe czit beide czu lande durch swerheid der wege und ouch czu wasser gaer blame und unbequeme dohyn sie czu komen), *und bittet um Aufschub bis Mai 1* (Philippi und Jakobi). — *1401 Juni 18* (am sunobende noch Viti und Modesti). *Kischau.*

StsA Konigsberg, Hochmeister-Registrant 3 fol. 66 b. Dem herczogen von Holland.

196. *Die hansischen Ratssendeboten in Lübeck an den deutschen Kaufmann in Flandern; haben auf seine und des Kaufmanns zu Nowgorod Veranlassung den Einkauf oder Verkauf auf Borg in Flandern von Sept. 29 an auf drei Jahre verboten, bei Verlust des Kaufmannsrechts und der betr. Waren, von denen* ²/₃ *den Städten und* ¹/₃ *dem deutschen Kaufmann anheimfallen sollen; teilen einen wegen der Klagen des Kaufmanns zu Nowgorod und der livländischen Städte vereinbarten Beschluss gegen den Ankauf zu kurzer flandrischer Tuche mit und ermahnen zur Durchführung dieser Beschlüsse. — [1401 Juli 2.]*

1) s. 490.

Gedruckt: v. Bunge, Livl. U.B. 4 n. 1597, Sp. 381. Verz.: HR. 5 n. 28. Vgl. den Recess HR. 5 n. 23, 8. — Entsprechende Schreiben an die preussischen Städte und an Köln s. das. n. 25 und 8 n. 993.

497. *Dieselben an den deutschen Kaufmann zu Nowgorod: haben beschlossen, bis zur Deckung der von Lübeck, Wisby, Riga, Dorpat und Reval für den Kaufmann aufgewandten Unkosten den Nowgoroder Schoss mit $^1/_2$ Prozent vom Stück Silber weiter zu erheben, und ersuchen ihn, die Überschüsse des Schosses jährlich an die livländischen Städte behufs Verteilung an die fünf gen. Städte abzuführen; verbieten ihm, auf Tücher, die an beiden Enden ganz und plombiert sind, Aufgeld zu geben oder solche messen zu lassen, bei Strafe von fünf Stück Silber für jedes Tuch; weisen ihn bei Einfuhr von flandrischem Gut nach Nowgorod oder Livland zur Durchführung der Beschlüsse gegen den Borgkauf gemäss n. 496 an und verlangen die Aufrechthaltung aller Artikel der Skra. — [1401 Juli 2.]*

Gedruckt: HR. 5 n. 27, früher v. Bunge 4 n. 1597 Sp. 383. Verz.: Reg. Dan. II 1 n. 3708. Vgl. den Recess HR. 5 n. 23, 9.

498. *Dieselben an den Erzbischof, Statthalter, Burggrafen, Herzog und die Gemeinde von Nowgorod: der deutsche Kaufmann zu Nowgorod hat sich beklagt, dass die russischen Kaufleute ihn wegen der Kürze der [flandrischen] Tuche in seinem Handelsbetrieb beeinträchtigen und ausserdem die Tuche gemessen verlangen; ersuchen um Abstellung dieser Beschwerden gemäss der alten Kreuzküssung, haben den deutschen Kaufmann in Flandern angewiesen, mit den vier Leden über die Fabrikation der Tuche nach dem alten Herkommen, über deren vorschriftsmässige Besiegelung und gleichmässige Länge zu verhandeln und nötigenfalls den Tucheinkauf einzustellen; bitten, da die Tuche zum grössten Teil nach Deutschland und den westlichen Ländern geführt werden, keine höheren Ansprüche als alle andern Christen zu erheben und den deutschen Kaufmann in seinen Gerechtsamen zu beschirmen. — [1401 Juli 2.]*

Gedruckt: HR. 5 n. 26, früher v. Bunge 4 n. 1597 Sp. 385. Vgl. den Recess HR. 5 n. 23, 8.

499. *Die Grafen Kord und sein Sohn Moritz von Oldenburg schliessen gegen ein Darlehen von 120 rhein. Gulden Frieden mit der Stadt Kampen; sie versprechen den Kampern Förderung und sicheres Geleit in ihren Landen sowie Neutralität bis auf halbjährliche Kündigung nach erfolgter Rückzahlung der Summe und verpflichten sich, bei Streitigkeiten mit der Stadt binnen 14 Tagen nach Mahnung Abhülfe zu schaffen oder deren Unmöglichkeit vor dem Bremer Rat eidlich zu bekräftigen. — 1401 Juli 24* (op s. Jacops avent d. h. ap.).

StA Kampen; Or. Perg. m. 2 anh. S.
Verzeichnet: Register van Kampen 1 n. 344. Vgl. oben n. 323.

500. *Sluys an Reval: bezeugt, dass zwei gen. städtische Makler den Kaufpreis für 600 Sparren, die sie für einen Bürger von Brügge gekauft hatten, an den Verkäufer Schiffer Math. Makelaer abgeliefert haben. — 1401 Juli 29.*

Aus StA Reval; Or. Höhlbaum.
Gedruckt: v. Bunge, Livl. U.B. 4 n. 1599.

Eersamen, waerden ende wisen, onsen lieven wel gheminden vrienden, den beurchmeesters ende raed van Revele.

Harde lieve, wel gheminde vriende. Ten neerenster bede ende versoeke van Meynaerde Meynking uwen borghere zijn voor ons commen Jan Bertoen ende Matheeus Bruusch, onse poorters ende ghesworen makelaers binnen der stede van der Sluus, de welke ende elc zonderlinghe bi zinen eede heift ghehouden ende voor ons gheorcond, dat van den vijf hondert sparren in tiden verleden bi hemlieden als makelaers ghecocht tieghens eenen scippere gheheeten Matheeus Makelaer tote Pieter Alaerds houf poorter in Brucghe zij tgheelt van den vorseiden sparren ontfanghen hebben van den vornoomden Pieter Alaert ende opghebuert, ende voort dat gheelt ghegheven ende betaelt den vornoomden scippere Matheeus Makelaer tote Jan Bertoens int huus an de tafle. Ende om dat men alle warachteghe zaken sculdich es te oreondene, so eist dat wij u tgoond, dat vorscreven es, oreonden ende certifijeren bi deser onsen lettren, ghescreven onder den zeghel van zaken van onser stede van der Sluus vorseit, den 29. dach van hoymaend 1401.

Beurchmeesters, scepenen ende raed van der stede van der Sluus in Vlaendren.

501. *Hrg. Philipp von Burgund an Köln: antwortet auf Kölns Klage über die Schatzung von zwei Kölner Kaufleuten im übermaasischen Lande durch Joh. von Rynenstein und Arn. Pleskow, dass er gegen die Übelthäter nicht direkt einschreiten kann; will sich aber bei einem luxemburgischen Ritter, der Rijnenstein augenblicklich in Haft hält, zu gunsten der Kölner verwenden. — [1401] Aug. 16. Arras.*

Aus StA Köln, Hanse I n. 173; Or. m. Resten d. S. Auf der Rückseite: Domini ducis Burgundie. *Hagedorn. S. n. 494.*

Prudentibus et circumspectis viris, magistris civium consulibusque civitatis Coloniensis, amicis nostris predilectis.

Philippus quondam Francorum regis filius, dux Burgundie, comes Flandrie, Arthesii et Burgundie, palatinus etc., prudentibus et circumspectis viris, magistris civium consulibusque civitatis Coloniensis, amicis nostris predilectis, salutem et sincere dilectionis affectum. Amici predilecti. Litteras vestras recepimus per presentium portitorem, quibus nobis intimastis, Martinum de Aquis et Cristianum Greveroyde, mercatores et concives vestros, alias in mense Septembri novissime preterito nundinas autumpnales ville nostre Antwerpiensis protunc instantes visitare proponentes in itinere suo sub nostro salvo conductu necnon ipsius ductione per quendam dominum Johannem de Rijnensteyne militem et Arnoldum Pleskouwe, quamvis nullam de eis formidinem malignandi gerebatis, in terra nostra de ultra Mosam fuisse captivatos, deinde in castro Montfort nuncupato ductos illicque incippatos et tandem ad summam 1600 florenorum vel quasi exactionatos, nos ob id per easdem litteras vestras instanter requirentes, sepedictis vestris concivibus taliter super hoc velle providere, quod suorum dampnorum consequi valeant relevamen. Quosuper amicicie vestre significamus, nos de prefatis dampnis hujusmodi concivibus vestris sic illatis magnam displicentiam cepisse veraciter et habere, quamvis de malefactoribus prenotatis, cum subiecti nostri non existant, talem racionem, sicut optamus, quod nos tedet, facere nequeamus; nichilominus quia dictum de Rijnensteyn in ducatu Lucemburgensi per dominum Hugonem de Aliari militem nunc fore in quodam suo fortalicio captive detentum intelleximus, eidem domino Hugoni per litteras nostras, quas cum presentibus vobis transmittimus, duximus scribendum, ipsum deprecantes et exortantes affectuosius, quo corde potuimus et valemus, quatinus pretactum domissum Johannem de Rijnensteyn nullatenus relaxare nec de manibus suis evadere permittat, donec sepedictis concivibus vestris de dicte pecunie summa modo, ut prefertur, ab eis extorcionate cumque aliis dampnis et interesse, que passi sunt hac de causa, restitucionem fecerit integralem et nobis de dicto salvo conductu nostro temere violato emendam condignam prestiterit. Amici predilecti, altissimus vos conservare dignetur feliciter et votive. Scriptum Attrebati, mense Augusti die 16.

Keythulle.

502. *Newcastle an Stralsund: bedauert die zwischen ihnen vorgekommenen Misshelligkeiten und verspricht schleunige Beförderung eines an K. Heinrich IV gerichteten Schreibens von Stralsund, indem es dessen Schiffern und Kaufleuten freundlichen Empfang verheisst. — 1401 Sept. 5. Newcastle.*

Aus StA Stralsund; Or. Perg. m. abh. S.

Gedruckt: Lappenberg, Urkundl. Gesch. des hansischen Stahlhofes, Urk. n. 46.

Reverendis et discretis viris, consulibus et burgimagistris civitatis Stralessundensis major, vicecomes et communitas ville Novi Castri super Tynam in Anglia salutem cum reverencia pariter et honore. Scire dignetur vestra discrecio veneranda, nos vestras litteras honorabiles per manus Johannis Sternebe nostri burgensis nuper recepisse, cui vestram benevolenciam ac multiplices grates nostre direccionis intuitu, prout nobis retulit, amicabiliter intimastis; eundemque Johannem in suis agendis efficacius pertractando, unde vobis ex toto nostri cordis desiderio intime regraciamur cum affectu. Et quantum ad gravamina, prout in dictis litteris vestris continetur, vestratibus illata, aut quod aliqua discencio inter vos et aliquem nostratium esset inita seu orta, multipliciter condolemus. Insuper quoad litteram vestram excellentissimo principi et domino, domino nostro regi Anglie et Francie directam, ipsam eidem serenissimo principi, domino nostro regi festinacione, qua commode poterimus, secundum formam copie littere nobis transmisse presentabimus cum affectu, scientes pro firmo, quod, cum et quando placuerit aliquibus vestratium partes et villam nostram cum vestris navibus seu mercimoniis visitare, quantum in nobis est et secundum totum nostrum posse digne et amicabiliter recipientur, que consimilia mercatoribus nostris apud vos fieri semper cupimus et speramus. Vestram prosperitatem prout nostram perpetuam conservet altissimus, gloriose virginis intemerate filius, per tempora longius duratura. In cujus rei testimonium has litteras nostras fieri fecimus patentes nostro sub sigillo consignatas. Datum apud dictam villam nostram Novi Castri super Tynam, quinto die mensis Septembris anno Domini millesimo quadringentesimo primo.

503. *Die Danziger Schiffer Henric Weytgut, Barnd Brackhagen, Yesse Pietersoon, Giera[r]t Hop und Jacob Scegge verpflichten sich gegen Hzg. Albrecht von Holland wegen der auf der Rhede von Staveren begangenen Tötung und Verwundung einiger Leute aus Staveren durch preussische Schiffer zur Zahlung von 500 holl. Schilden bis nächsten Nov. 1, wovon der Herzog 400 und der Rat und die Klerks je 50 bekommen sollen, unter Bürgschaft von Dirc Heyngensoon und Jacob Ghisensoon aus Amsterdam[1]. — [1401 Sept. 24.]*

RA Haag, Memoriale B M cas. R fol. 129b.

Gedruckt: Schwartzenberg, Groot Placaat- en Charterboek van Vriesland 1, 327.

[1]) *Nov. 24 quittiert Hzg. Albrecht den Danziger Kaufmann Rolen Rike, aus dessen Schiffe (?) die Ausschreitungen begangen waren, über 200 ...* [illegible] *Nobel und gewährt ihm wieder Verkehrssicherheit. Gleichzeitig verzichtet Rike wegen seiner Begnadigung auf sein Schiff nebst Ladung. Das Schiff mit Zubehör wird Jan. 5 vom Herzog für 60 Nobel an einen Symon Claessoon verkauft. Schwartzenberg a. a. O. 329 und 331.*

504. *[Der deutsche Kaufmann zu Brügge] erlaubt den Hamburger Kaufleuten die Ausladung von Bier in Sluys. — 1401 Okt. 2.*

Aus StA Lübeck, flandrischer Kopiar n. 6 S. 43; Abschr. vom 1. Drittel des 15. Jh. Am Rande: vacat. Koppmann.

StA Köln, hansische Kopiare A fol. 168, H fol. 153b.

Über den hansischen Verkehr in Sluys zu Anfang des 15. Jahrhunderts berichtet die Rechnung des dortigen Wasserbaillifs (s. oben S. 77) von 1400 Jan. 12—Mai 10: die deutschen Schiffsleute Jehan Leen fil. Clay, Marquart le Grote, Clay le pére, Arnoul Wielant werden wegen einer nächtlichen Schlägerei mit zwei spanischen Matrosen am Hafen von Sluys verhaftet und nach einem vergeblichen Befreiungsversuch zu 12 Pfd. Strafe verurteilt. Ein Venetianer wird wegen Angriffs auf den Deutschen Jean Reniart um 6 Pfd. gebüsst; ebenso der deutsche Matrose Clay Taline wegen einer am Seineufer in Rouen begangenen thätlichen Beleidigung. — 1400 Mai 10—Sept. 20: Erhebung einer Geldstrafe von dem Deutschen Jacques Ghermin. Bestrafung des Deutschen Bernard Snakebergue mit 3 Pfd. wegen Befestigung seines Schiffsbootes am Bojer (Transportfahrzeug) eines anderen Schiffes. Ein Franzose aus Honfleur zahlt 5 Pfd. wegen ungerechtfertigter Arrestierung eines deutschen Schiffes. — Geldstrafen müssen ferner zahlen in der Zeit von 1400 Sept. 20—1401 Jan. 10: der Deutsche Wenart Woutier; der deutsche Matrose Wenart Bruyne 3 Pfd. wegen thätlicher Beleidigung; 1401 Jan. 10—Mai 9: die Deutschen Tideman Butrier, Jean Lelevebrine, Symon Gronghe, Bernard fils Jean aus Danzig; Mai 9—Sept. 19: die Deutschen Halvin de Hanke, Otte Bromberghe, Wernequin und Audry de Mirra.

Item int jaer 1401 upten anderen dach in Octobri so wart den coepluden van Hamborch dit vorseide pont toegegeven[1] umme bede willen der stad van Hamborch, also dat de vorseiden coeplude er beer tor Sluus morgen upt land slaen, went dat de coepman anders beraden sij.

505. *[Hzg. Albrecht von Baiern, Graf von Holland,] an Lübeck: genehmigt trotz seiner entgegenstehenden Vereinbarung mit den holländischen Städten Lübecks Bitte, den für Nov. 1 in Amersfoort angesetzten Schiedstag mit Hamburg[2] auf 1402 Mai 1 nach dem Haag zu verlegen, und verlängert gleichfalls auf Lübecks Wunsch den nächste Pfingsten[3] ablaufenden Frieden mit Hamburg bis Weihnachten 1402. — [1401] Okt. 3. Haag.*

RA Haag, Memoriale B M cas. R fol. 130b.
Gedruckt: HR. 5 n. 43.

506. *Lübeck an Köln: bezeugt, dass ein in Köln als vermeintliches Achener Gut arrestierter[4] Ballen sardok ausschliessliches Eigentum des Lübecker Bürgers Bernd Holste ist, und bittet, dessen Wirt, den Kölner Bürger Matheus von Halle, der sich für ihn verbürgt hatte, seiner Verpflichtungen zu entheben. — 1401 Okt. 23* (des sondages na Luce).

StA Köln, Hanse I n. 176; Or. Perg. m. Resten d. S.

507. *Der Siegelbewahrer von Montivilliers bezeugt, dass die mehreren Kamper Kaufleuten gehörigen Kisten mit Häring, welche der Pariser Bürger Joh. Lefevre in Harfleur hat arrestieren lassen, von einem Bürger Harfleurs ausgelöst sind, und dass sich Lefevre verpflichtet hat, die Kamper und ihr Gut*

1) S. n. 379. 2) S. n. 490. Vgl. dazu das Schreiben der preussischen Städte von Sept. 4, a. a. O. n. 32. 3) 1402 Mai 14. S. n. 490. 4) In Folge der Mandate K. Ruprechts gegen das widerspenstige Achen; s. Reichstagsakten 5 n. 254—257 und bes. Mittheilungen a. d. Stadtarchiv von Köln 14 S. 77—100.

während der nächsten drei Jahre in Harfleur und Umgebung nicht zu behelligen. — 1401 Dec. 6.

Aus K StA Kampen, Transsumpt des Siegelbewahrers von Montivilliers von Dec. 14 auf Grund der eidlichen Aussage des Notars Colin Gurart; eingeschoben in ein Or.-Transsumpt des Prévôt von Harfleur (undl. Berengier von 1402 (1401) Jan. 10, Perg. m. anh. S.

K 1 Das., gleichz. holländische Übersetzung a. Perg., zusammengenäht mit der Übersetzung n. 310.

Verzeichnet: Register van Kampen 1 n. 341.

A tous ceulx, qui ces lettres verrout ou orront, Billart le Vavasseur, garde du seel des obligacions de la viconte de Monstrevillier, salut. Comme nagaires a la requeste de Jehan Lefevre[a] bourgois de Paris tant en son nom que comme executeur de feu Nicolas Wids, lors quil vivoit ensement bourgois de Paris, Flouret le Viguereux, huissier d'armes du roy nostre dit seigneur, par vertu dun arrest de parlement et lettre de merque, que portoit le dit Lefevre, fait en son nom et ou nom du dit feu Nicolas, montant certaine et grant somme de deniers a l'encontre de levesque dUtrect et ses subgez il se fust transporte en la ville de Harefleu pour faire execucion du dit arrest en tant, que deu en estoit, et la avoit trouve pluseurs lays de harenc caque estant en pluseurs chelliers de la dicte ville, que len disoit yceulx harens appartenir a pluseurs marchans de Campe, subgez du dit evesque, lesquelx harens il eust prins et arrestez et mis en la main du roy nostre dit seigneur, ad ce present Jehan de Huffresnil, sergent ordinaire du dit lieu de Harefleu; et depuis ce se fust entremis diceulx vendre et parvendre en la compaignie du dit sergent, afin que largent, qui en ystroit, tournast en poiement du dit Lefevre pour lui et ou nom que dessus, et en lacquit des dis subgez de Campe, si comme len disoit: savoir faisons, que pardevant Pierres Cavelier, tabellion jure en la dicte viconte en siege de Monstrevillier, si comme il nous a raporte, fu present le dit Lefevre tant pour luy que ou nom que dessus, qui se departist de tout en tout du dit arrest de tout ce, qui fait avoit este par le dit huissier, en la presence dicellui huissier et Guillaume Lenglois, bourgois de la dicte ville de Harefleu, et de pluseurs autres pour la somme de cent escus d'or, 22 s. 6 d. Tournois piece, que le dit Guillaume Lenglois, pour eviter aux dommages des subgez et marchans du dit lieu de Campe, subgez du dit evesque, et pour ce faire et auxi pour le prouffit de la dicte ville de Harfleu sera tenu paier au dit Lefevre pour lui et ou nom que dessus. Et donc le dit Lefevre se tint a bien paie par la main du dit Lenglois, cest assaver pour les frais, dommages et interez, que il avoit eus et soustenu a cause et par raison du dit arrest fait par le dit huissier a sa requeste, et len quitta lui, ses hoirs et ayans cause; et auxi pour ce, que le dit Lefevre comme aiant regart aux dommages, qui pour lui sen povoient ensuir pour cause du dit arrest de parlement et lettre de merque tant es metes de la dicte ville de Harefleu, de Leure et quief de Caux, et comme non voullant icellui dommage avenir es dis lieux promist et sobliga tant en son nom que comme soy faiseur fort des hoirs ou heritiers du dit Nicolas Wids et comme executeur dicellui, que de la saint Michael dernain passe[1] jusques a trois ans en suit lui ne de par lui par vertu du dit arrest de parlement et lettre de merque ne autrement aucun empeschement ne sera mis en la dicte ville de Harefleu, en la ville de Leure et du quief de Caux ne en une lieue en tous sens[b] de la dicte ville de Harefleu sur aucuns marchans, biens, marchandises quelconques du dit lieu de Campes, sans ce que ce present appoin-

a) Jan de [illegible] K 1. b) op een mile [illegible] K 1.

[1]) 1401 Sept. 29.

tement porte ou puisse porter aucun prejudice en larrest de parlement et lettre de merque, que porte le dit Lefevre, par quelque voye, manere ou condicion, que ce soit ou puisse estre, que lui ou de par lui par vertu du dit arrest ne puisse joyr dicellui sur ceulx de Campes, subgez du dit evesque, en autres lieux et parties, selon ce quil contient, et encore hors des dis lieux de Harefleu, Leure et du quief de Caux, comme dessus est dit; et auxi que apres lesdits trois ans passes le dit Lefevre, ses hoirs ou ayans cause, porteurs du dit arrest, ne puissent enjoir dicellui arrest es dis lieux de Harefleu, Leure et du quief de Caux et es parties denviron en la forme et manere, quil leust peu faire andevant de cest present appointement. Et quant a toutes les choses dessusdites acomplir, tenir, garder et fermement enteriguer de point en point jouste ce, que dessus est dit et devise, et avoir agreable pour le temps avenir, le dit Lefevre pour luy et pour ses hoirs et ayans cause et en nom que dessus en obliga tous ses biens, meubles et heritages presens et avenir a vendre et despendre doffice de justice, soubz quelle juridicioun ilz seroient trouves, se mestier en estoit; et pour rendre tous cousts, dommages, mises, despens et interez, qui en ce pour cachier seroient faiz et soustenus, dont le porteur de ces lettres seroit creu par son serement, sans autre prenve faire; et renoncha quant ad ce a toutes lettres destat, de grace, de prince, de prelat, a toutes excepcions, decepcions, suites, deffenses et cavillacions, a tout droit escript et non escript, et generalment a tout ce, qui aidier et valoir leur pourroient avenir ne faire venir contre la teneur de ces presentes; et auxi jura aux sains evangilles de Dieu, a non aler ne faire aler en aucune manere contre la teneur de ces presentes par quelque voie ou manere, que ce soit ou puist estre. En tesmoin de ce nous avons mis a ces lettres le seel des dictes obligacions sauf autre droit. Ce fu fait lan de grace 1401 le lundi 6. jour de Decembre. Ainsi signe: P. Cavelier.

508. *Der deutsche Kaufmann zu Brügge an Köln: verwendet sich auf Ersuchen Brügges für Freilassung des in Köln arrestierten Handlungsdieners eines Brügger Lombarden aus Mailand*[1]. — *1401 Dec. 15.*

Aus StA Köln, Hanse I n. 170; Or. m. Resten d. 3 S. Hagedorn.

Honorabilibus circumspectisque viris, dominis burgimagistris et consulibus ceterisque burgensibus civitatis Coloniensis, amicis nostris sincere preamandis, littera presentetur.

Vrentlike groyte unde wat wij guedes vermogen tovoren. Herrn unde guden vrende. Juwer vorseniger wijsheit genoege to wetene, wu dat dey borgermeistere der stad van Brugge uns to kennen geven upten 14. dach in Decembri, dat eyn Lumbaerd geheyten here Franciscus dey Fossato, borger unde copman van Meylaen, hadde gedaen eynen anderen Lumbaerde zijnen knapen geheyten Johannes Sicherius 13 balen fusteyns, dey he solde gebracht hebben hijr to Brugge an eynen Lumbaerd geheyten Anthonius Alchirius ock copman van Meylaen; mit den welken 13 balen fusteyns den Rijn nedder komende binnen juwe stad van Colne, dar he hopede vry to wesene van lyve unde van guede, so ys dey greve van juwer stad van Colne gekomen unde hevet dey vorscreven Johanne Sicherius unde 13 balen fusteyns upten 19. dach in Novembri latest vorleden doen arrestiren, umme dat se copluden van Meylaen tobehorende weren[2], also dat he dey vorscreven 13 balen

[1] *Gleichzeitig schreibt auch Brügge in demselben Sinne an Köln. 1402 Jan. 19 richtet der deutsche Kaufmann ein neues Verwendungsschreiben an die Stadt. StA Köln, Hanse I n. 178 und 169.* [2] *Gemäss dem Mandat K. Ruprechts gegen die Mailänder. Vgl. über diese Angelegenheit Mittheilungen a. d. Stadtarchiv von Köln 24 S. 85 ff. n. 61, 71, 73, 76, 78, 79, 91; 84 S. 111–112.*

fasteyns wil holden vör verbuert gued unde Johanne Sicherius vor sijnen gevangenen man, alse wij verstaen. Unde umme dat desse vorscreven Johannes Sicherius vaer koepvaert mit dessen vorseiden guede unde dat men guden copluden alle tijt sal behulplick wesen, war dat men kan unde mach, so weren dey vorscreven borgermestere van uns seer vrentlike begerende, dat wij ju heren unde leyven vrende wolden overscriven, dat gi juwe vernstafftige hulpe unde vordernisse an dem vorseiden Johannes Sicherius wolden bewisende wesen, alse warby dat em dey vorscreven 13 balen fasteyns mochten wedder werden unde he selven van der vangnisse quijt gaen, dat wij van ju heren mit gantser andacht begerende sijn to doene, des wij ju vulkomelike wol to betruwen. God unse here moete ju bewaren alle tijt in zielen unde in lyve. Ghescreven upten 15. dach in Decembri int jar 1401.

By den alderluden des gemeynen copmans van der Duetschen Hanse nu to Brugge in Vlanderen wesende.

509. *Der deutsche Kaufmann zu Brügge an den nächsten Hansetag und an Lübeck: kann die von dem Herzog von Burgund und der Stadt Brügge vorgelegten Verordnungen gegen weitere Versandung der Mündung des Zwijn nicht annehmen, weil sie seinen Privilegien zuwiderlaufen und die Versandung nur durch den letzten flandrischen Krieg verursacht worden ist; bittet um die Entscheidung der Sendeboten und um eine Abschrift der von diesen an Brügge einzusendenden Antwort. — [1401 vor Dec. 16[1].]*

Aus R StA Reval; Abschrift Lübecks von 1401 Dec. 16[1]. Höhlbaum.
Verzeichnet: v. Bunge, Livland. U.B. 4 Reg. n. 2208.

Honorabilibus ac circumspectis viris, dominis nunciis consularibus communium civitatum Hanse Theutonice proxime ad placita congregandis et presertym dominis proconsulibus et consulibus civitatis Lubicensis, dominis et amicis nostris sincere predilectis, littera presentetur.

Post salutacionem. Heren unde sunderlinges guden vrende. Juwer vorsenogher wijsheid genoge to wetene, wu dat borgermestere, schepene unde råd der stad van Brugge up den 20. dach in Octobri latest vorleden uns vor en in schepenekame[re]n to Brügge vorboden deden unde gheven uns to kennen, dat dat Swen vor der stede van der Sluus bynnen sekeren tijden herward also seer vorlandet were unde also undiep ghewordden, dat de schepe nicht wol sunder anxt van vordervene binnen den vorscrevenen Zwen lleghen en mochten; unde segeden vort, dat ere here de hertoge van Borgonien unde sijn råd darup alsodanen råd und vorsenneget gehat hedden, alse warby dat se meynden, dat dit solde gebettert werden, unde sunderlinge by alsodanen ponten, alse deser cedele hijrynne besloten van worden to worden utwijset unde vorclaret[2]. Dewelke ponte se uns bescreven overgheven beghberende, dat schipheren van unser Hanse de vorscreven ponte mede holden wolden, gelick alse de ghene don mosten, de in unser Hanse nicht en weren, unde dat wij en darvan en antworde wedder seggen wolden, alse wij eirste mochten. Ock so segeden se, dat dat solde wesen up de schipheren unser Hanse vorscreven, sunder enigerhande broke van en to eschende offte to nemene, unde ock sunder begrip offte vorminryngе van unsen privilegien unde vriheiden, want se wol bekanten, dat se alsodanige vornoemede ponte up de ghene in unse Hanse behorende sunder unsen willen unde vulbord nicht ordineren en

[1]) *S. Lübecks Begleitschreiben bei Übersendung dieser Abschrift an die livländischen Städte, HR. 8 n. 1001.*
[2]) *S. die auf der Unterschrift folgenden Punkte.*

mochten, dat se ock unde dan wolden, alse se segeden. Hijr so quamen wij tosamene, beide copmanne unde schipheren van unser Hanze, unde dragen eendrachtliken overeyn, dat uns alsodane ponte unde ordinancie vorscreven generleie wijs en stunden over to gheveue unde to vulbordene, die to holdende; ok en stonden se uns nicht over to ghevende, id en were by juw heren bevele unde vulbomenen willen, want wy seyn dat dagelix, so wat dat inst overgifft ut guderticheit, unde dat kompt in eyne ghewonte, dat moet namaels vor en recht gehoulden werden. Ock so werden unse privilegie dach by daghe genoch vormynret unde ghecortet; were sake, dat wy dan ichteswat overghevene, se solden uns alzo vele de mer vormynret werden. Ock so segeden somighe schepperen van unser Hense, de dit land van Vlanderen wol 30 jaer vorsocht hadden, wo dat dat Zwen van der manichvoldighet van schepen nicht verlandet en were noch en wurde, mer dat id wer geschein in den Vlamesschen orloge[1], do dat Zwen overgepalt was unde dat water synen vryen ganck nicht hebben en mochte; unde darby segeden sie, dat dat Zwen vorlandet unde sere undiep ghewordeu were. Desse antwerde brechte wy wedder an die vorscrevene borgermeistere, schepene unde raed van Brogge. Unde do se horden unse antwerde, dat wij desse ponte sonder juw heren vulbord unde willen nicht en mochten overgeven, do weren sie van uns ernsthaftigen begherende, dat wy dit an [juw][a] heren scriven wolden, des wy en nicht wol wederseggen en mochten. Darumme scrive wy juwer groter vorseinicheit over desse ponte, de welke uns nicht profijtlik sin over to ghevene, alse wy dat besynnen unde bekennen konnen. Mer doch so wes juw heren by juw wysen raede bijr enboven hijrby geleven wyllen to done, dat sy genoechlik juw heren over to scrivene den vorscreven borgermeisteren, schepenen unde raed der stad van Brogge mit den irsten; de wy uns van juu heren begeren copie over to sendene, up dat wy moghen weten, wo dat wy dit sullen holden. Unse here Got beware juu heren alle tijd in zelen unde in lyve. Gescreven[b] . . .

By den alderluden unde den ghemeynen copman van der Dutschen Hanse nû to Brugge in Vlaanderen wesende.

[1.] Eirst, dat alle de cogghen, schepen, craers, evers ende barsen, gheladen off ungheladen, de men in den somere off in den wintere setten sall up de waze neffens de stede van der Sluus, men legghe alzo na den husen van der vorscreven stede, als men goelike sal moughen, dats te wetene langhes der selver stede, beghinnende vor teastel ende van dar toter porten voor Brugghers[c], behoudes des, dat de selve scheppe niet ne legghen dan eens scheps dicke deen neffens den anderen, dats to verstane thende vare der stede wart unde tachter ende ton Zwene waert, up de boete.

[2.] Item dat alle maniren van schepen, hoe gedanich sy zin, de ind vorscreven Zwen komen zullen, dats de wetene tûsschen der Sluus ende der Mude, men legge langhes den strome, te wetene de cogghen, schepen, crayers, evers ende barghes dre schepe dicke deen neffens den anderen, pleyten, cleene cogghen, schepen van Brabant, de Hollandessche, Zeelandessche unde van anderen vre[m]den[d] steden viere schepe dicke deen neffens den anderen, ende de schuten ende suyen 6 schepe dicke deen neffens den anderen, wel gheankert voren ende achten; te dien beynden, dat zij niet ne drayen metter bogher vloet noch mit der ebbe dwers den vorscreven Zwene, up de boete.

a) Fehlt B. b) Der Schluss fehlt B. c) Brugghele B. d) vremden B.

1) 1380–84; s. Bd. 4 n. 662 Anm. 3.

510. *K. Karl [VI] von Frankreich bestätigt auf Vorstellung der Kaufleute und Einwohner von Kampen und zur Verhütung einer Schädigung von Harfleur* (pour eviter aux grans dommages, que les habitans et merchans de nostre dicte ville de Harefleur et le pais d'environ pourroient avoir et soustenir, se le navire et merchans du dit lieu de Campen ne venoient et frequentoient le port de la dicte ville de Harefleu) *den Vergleich mit den Gläubigern des Bischofs von Utrecht von 1401 Dec. 6 [n. 507] und verbietet seinen Beamten, die Kamper während der drei Jahre irgendwie wegen des Arrestes zu behelligen*[1]. — *1401 Dec. 22. Paris.*

StA Kampen; Or. Perg. m. abh. S.
Das., gleichz. holländische Übersetzung a. Perg.
Verzeichnet: Register van Kampen 1 n. 347.

511. *[Lübecker] Aufzeichnung über ein dem deutschen Kaufmann zu Nowgorod gewährtes Darlehn und dessen teilweise Tilgung. — 1401.*

Aus StA Lübeck, Acta Ruthenica I; gleichz. Abschr.

Mercatores Nowagardie tenentur nobis 1087 m. de expositis ad usum eorum [13]92, prout descriptum est ibidem.

1400 Petri[2].

Notandum, quod Tarbatenses et mercatores Nowagardie persolverunt nobis hoc anno 100 m. Rygenses, quas percepit filius Krumvoten ex parte nostri, et hoc de illis debitis 1087 m., de quibus est scriptura in antiquo libro expositorum sub debitis collectis anno 1400 Petri[2], pro quibus ipse dedit nobis 200 m. Lubicenses.

1401 Petri[2].

Notandum, quod Tarbatenses et mercatores Nowagardie persolverunt nobis hoc anno 100 m. Rygenses, quas percepit ex parte nostri Detlevus Mane, et est de illis debitis 1087 m. Lub., de quibus est scriptura in magno libro expositorum sub debitis collectis anno 1400 Petri[2], pro quibus dominus Hermannus Dartzowe dedit nobis 187½ m.

Summa remanens 700 m. minus 8 s.

512. *Der deutsche Kaufmann zu Nowgorod an Reval: beantwortet eine Zuschrift Revals wegen Erhöhung und Ablieferung des Schosses, klagt über die Baufälligkeit seiner Kirche und das Daniederliegen des Salzhandels. — [1402] Febr. 12. Nowgorod.*

Aus StA Reval; Or. m. Spuren d. S. Höhlbaum.
Gedruckt: v. Bunge, Livl. U.B. 4 n. 1618. — Wegen des wahrscheinlichen Datums s. n. 497 und HR. 5 n. 69 und 113. Vgl. Bunwell, Russisch-livl. Chronographie S. 224.

Den erwerdighen heren, borgemesteren unde râd to Revele kome desse breef myd werdycheyt.

Unsen vruntliken grut myd begerunghe alles godes. Leven heren unde sunderlinges vrunde. Wyllet weten, dat wy juwen breef wol vornomen hebben, de gescreven

[1]) *1401 Aug. 3 bevollmächtigt dann B. Friedrich von Utrecht zwei Utrechter Knappen zum Abschluss eines Vergleichs mit den Pariser Goldschmieden Nic. Wyse [Sol] und Joh. Fever wegen der Ansprache,* quas dicti cives Parisienses nobis, civitati, opidis ac subditis patrie nostre supradicte movent seu moverunt de et super spoliis, captivitatibus, rapinis et injuriis eisdem civibus Parisiensibus per dominum Johannem de Rynensteyn militem ac suos complices et fautores quoscumque, nostros subditos, factis et illatis. *Laut dem Aug. 27 vom König Karl zu Paris* (in parliamento nostro) *bestätigten Ausgleich zahlt der Bischof an die Erben des Wits und an letztere 2000 Livr., wogegen der Markebrief des letzteren kassiert wird. StA Kampen, Or. Verz. a. a. O. 1 n. 338.* [2]) *Febr. 22.*

was an sunte Fabianus dage[1], dar gi uns in screven, dat wy solden schoten van hundert stukke sulvers 1/2 stucke. Desse breef wart gelesen vor deme kopmanne in eyner gemeynen stevene. Des duchte deme kopman genoch wesen an deme olden schote na utwysinghe des bokes; doch so hevet de kopman eyn middel hirin gevunden, dat men na der stede begere schoten sal to halven st[ucke], unde des sal men beginnen up to borende to mydvasten nu tokomende, wente de kopman, de hir do jegenwardich was, de hadden er gud eyn dels ûtgesant, hirumme weren se gants unduldich hirto, wente se begerden des to brukende, des de anderen gebruket hadden an deme schote tovoren. Hirumme so wart id gesat up dessen vorgescreven bescheden dach.

Item so schreve gi uns umme dat schot, dat sedder der lesten ûtsendinghe hir vorgaddert is. Des wetet, dat wy nenes geldes syn tovoren geweset bet an desse tid, wente wy de beyde hove unde den preester kûme hebben kont stânde holden. Wes wy hyr negest vorgaderen kunnen, dar wylle wy juwe willen myd allen vlyte gerne an vorvûllen.

Item so steyt hir des kopmans kerke so gûd als sunder dâk, unde de gevele unde sunderlinge de sydelmûre sere vorrottet, unde wy uns bevrûchten vor invallent der welfte. Hiran begerde de kopman myd allem vlyte, dat gi mid juwer vorsichtcheyt hirane syn vorseen, dat id in tiden betert werde.

Item screve gi uns ernstliken, dat wy alle jâr to twen tiden de rekenschop unde dat schot solden utsenden, unde weret sake, dat des nicht schege, so wolde gi ju holden an de olderlude unde an de genen, de an desse punte wedderstal deden. Des wetet, dat wy gemeynliken bidden unde begeren, dat gi uns laten bliven bi der olden wônheyt, wente wy eyn rekenbok hebben, dar alle dînk upgebort unde ûtgegeven in gescreven wert, unde alle rekenscop, als juw wol wytlik is, hir gedân wert in eyner gemeynen stevene. Doch boven alle dink, wanneer hir wes vorgaddert wert, dat wylle wy ju myd allem wyllen gerne ûtsenden.

Item so hebbe wy wol vornomen, dat gi den Nougarderen eynen breef santen umme broklykheyt des kopmans, des selven breves ûtscrift wy untfangen hebben, in welker ûtscrift nicht sunderlinges is, ûtgenomet van deme solte, dat hir doch in groteme schaden licht, wente al dewyle, dat de Nougardere dat solt in juwen steden halen moghen, so achten se desses soltes nicht, dat heer gekomen is up de olden wonheyt. Kunde gi hir genich gût middel in vynden, dat were unse gantze begere. Hirmede sit Gode bevolen. Gegeven to Nougarden in dominica invocavit, under sunte Peter secrete. De kopman Dûtscher Henze to Nougarden.

513. *[Hzg. Albrecht von Baiern, Graf von Holland,] geleitet die gemeinen Kaufleute aus Geldern mit ihrem Wein und anderen Waren bis 14 Tage nach Widerruf*[2]. *— 1402 Febr. 15.*

RA Haag, Memoriale B M cas. R fol. 144b.

514. *Die Ratssendeboten der livländischen Städte in Dorpat an Dortmund: ersuchen auf Beschwerde des Dorpater Ratsherrn Alf uth der Olpe um unverzügliche Bezahlung der demselben geschuldeten rückständigen Rente*[3].

1) *Jan. 20.* 2) *Zahlreiche befristete Geleitsbriefe des Herzogs für einzelne geldernsche Kaufleute, vornehmlich aus Nimwegen, in diesen Jahren finden sich im RA Haag, Memoriale B M und B J. 1402 Apr. 29 und Mai 30 erhält der Zöllner von Workum Vollmacht zur Ausfertigung rechtsgültiger Geleitsbriefe für die „guten Kaufleute" aus Geldern; Mem. B J fol. 9 u. 11. Ein nur zum Teil erhaltener Geleitsbrief Albrechts für die Kaufleute von Harderwijk ist aus dem dortigen Stadtarchiv mitgeteilt Kronijk van het Histor. Genootschap 10 (1854), 355.*

3) *Der Verfall der Dortmunder Finanzen (oben Bd. 4 n. 956 Anm. 1) machte der Stadt*

widrigenfalls sie einer etwaigen gerichtlichen Klage stattgeben müssen; verlangen schleunige Antwort nach Brügge an Alf vamme Schede und Herteke Stenhus. — [1402 Febr. 19.]

Gedruckt: v. Bunge, Livl. U.B. 4 Sp. 402. Verz.: HR. 5 n. 67.

515. *Die Ratssendeboten der livländischen Städte in Dorpat an die demnächstige Pfingsttagfahrt[1] der gemeinen Städte in Lübeck: wiederholen dringend ihr bereits öfters vorgebrachtes Ersuchen, sich beim Hzg. [Albrecht] von Holland um Rückgabe des dem Lubbert Wittenborg und anderen Livländern gehörigen sowie des früher weggenommenen Gutes zu bemühen; raten, bei dieser Gelegenheit vom Herzog Freiheiten für die Städte und den Kaufmann zu erwerben; bitten, sich wegen der von Friesen, Wismarern, Stockholmern und im Binnenlande geraubten Waren für den Kaufmann zu verwenden und demselben zur Wiedererlangung des im letzten Herbst auf Bornholm gestrandeten Gutes gegen billigen Bergelohn zu verhelfen. — [1402 Febr. 19.]*

Gedruckt: HR. 5 n. 64, vgl. den Recess n. 63, 40, früher v. Bunge, Livl. U.B. 4 Sp. 405. Verz.: Reg. Dan. II 1 n. 3742.

516. *Dieselben an dieselbe: russische Sendeboten aus Nowgorod und Pskow haben sich bei ihnen beklagt über die Kleinheit und mangelhafte Füllung der Honigtonnen, über Verfälschung des Honigs[2] und zu geringes Gewicht der Salzsäcke, weswegen dieselben eine besondere Wägung für Honig und Salz einführen wollen, sowie über die Verfälschung der süssen Weine und die Kleinheit der Weinfässer; ersuchen gemäss ihrer den Russen gemachten Zusage, für die Abstellung dieser Übelstände zu sorgen. — [1402 Febr. 19.]*

Gedruckt: HR. 5 n. 65, früher v. Bunge 4 Sp. 401. Vgl. den Recess HR. 5 n. 61, 38 und das. n. 64.

517. *Dieselben an Lübeck: der Revaler Ratsherr Arnd Saffenberch hat ihnen geklagt, dass er in dem bei Bornholm mit der ganzen Mannschaft verunglückten Schiffe des Schiffers Bernd 2 Stück Tuch, 1 Fass mit Pfeffer und anderen Waren, 1 Fass Reis und den Erlös für 3½ Hundert auf Schonen verkauften Salzes verfrachtet hatte; bitten, ihm oder seinem Bevollmächtigten bei der Rückforderung dieser Güter zu unterstützen. — [1402 Febr. 19.]*

Gedruckt: v. Bunge 4 Sp. 404. Verz.: HR. 5 n. 66, Reg. Dan. II 1 n. 3743. Vgl. den Recess n. 61, 43.

518. *Dieselben an den deutschen Kaufmann zu Nowgorod: berichten über die Verhandlungen, die sie mit den bei der Tagfahrt erschienenen Sendeboten der Russen über seine und verschiedene russische Beschwerden geführt haben; haben wegen des Gotenhofes an Lübeck geschrieben und teilen ihm einige auf ihn bezügliche Beschlüsse der Tagfahrt mit. — [1402 Febr. 19.]*

Gedruckt: HR. 5 n. 69, früher v. Bunge 4 Sp. 406.

die volle Auszahlung der während der Fehde verkauften Leibrenten unmöglich und zog ihr gegen Ende des 14. und in den ersten Jahren des 15. Jahrhunderts zahlreiche Reklamationen seitens ihrer Rentengläubiger zu. Rübel, Dortm. U.B. 2 u. 3 passim. In einem nicht sicher zu datierenden Schreiben von Sept. 9 an Reval bemüht sich auch Gr. Adolf von Kleve und Mark [1398 bis 1417], den oben genannten Dorpater Alph oder Olpe durch Vermittelung der Stadt Dorpat zur Annahme eines Vergleichs mit Dortmund und zum Verzicht auf die beabsichtigte Bekümmerung der Dortmunder Kaufleute zu bestimmen. v. Bunge 4 n. 1576. [1]) 1402 Mai 14.

[2]) Vgl. die undatierten Schreiben des Narwaer Vogtes an Reval wegen des dort eingeführten verfälschten Honigs; v. Bunge 4 n. 1530; 5 n. 2379, 2380.

519. *Der deutsche Kaufmann zu Nowgorod an die Pröpste, Richter und Gemeinde von Gotland: hat ihr Schreiben wegen des Gotenhofes zu Nowgorod und der rückständigen Rente abschriftlich den livländischen Städten mitgeteilt, die es an Lübeck weitergesandt haben; verspricht umgehende Zusendung der binnen kurzem zu erwartenden Antwort und ersucht, die Angelegenheit bis dahin ruhen zu lassen. — [Nach 1402 Febr. 19.]*

Gedruckt: HR. 5 n. 70, früher v. Bunge 4 Sp. 409. Vgl. den Recess HR. 5 n. 61, 4.

520. *Hzg. Albrecht von Baiern, Graf von Holland, verlängert den zu Pfingsten*[1] *ablaufenden Frieden mit Hamburg bis Weihnachten 1402* (in alre mate ende op alle voirwarden, als die eerste brieve van den vrede voirscreven, die die stat van Hamburch van ons dairof heeft, inhouden ende begripen). — *1402* (1401 na den lope van onsen hove) *März 7. Haag.*

Aus RA Haag, Memoriale BJ cas. R fol. 1. Nota: Desen brief is ghelevert bi Willem Eggert der stede van Aemsterdam, om voirt te leveren tot Hamburch, mer sij en sullense dair niet overleveren, sij en hebben weder tot mijns heren behoef enen wederbrief van der stat van Hamburch, inhoudende die verlangenisse van den vrede, als voirscreven is.

StA Hamburg; Or.

Verzeichnet: HR. 5 n. 151. S. oben n. 505.

521. *Die preussischen Ratssendeboten in Marienburg [an Lübeck:] bitten u. a., auf Massregeln zur Abwehr der englischen Tuche bedacht zu sein und auch den benachbarten Städten deswegen zu schreiben; haben vom Kaufmann zu Bergen die Mitteilung erhalten, dass er wegen der etwaigen Rückgabe des [den Seeräubern abgenommenen]*[2] *preussischen Gutes, wegen dessen sie mehrfach an [Lübeck] geschrieben haben, zu Recht stehen will, und bitten, ihn deswegen zu der nächsten Pfingstversammlung*[3] *in [Lübeck] zu laden. — [1402 März 8.]*

Gedruckt: HR. 5 n. 73; vgl. n. 72, 13.

522. *Lübeck [an Reval:] hat sein Schreiben wegen des Hofes zu Nowgorod an Wisby mitgeteilt und bittet, den deutschen Kaufmann zu Nowgorod zur Abordnung von Bevollmächtigten nach Gotland zu veranlassen. — 1402 März 14.*

Aus StA Reval, 2. Denkelbuch fol. 93 b. Überschrieben: Littera proconsulum et consulum Lubicensium, desen brieff untfenge wy des vridages vor Jeorgii[4] unde wolde one vort to Darpte. *Höhlbaum.*

Gedruckt: v. Bunge, Livl. U.B. 4 n. 1605, Silfverstolpe, Svenskt Diplomatarium 1 n. 156. Verz.: Reg. Dan. II 1 n. 3751.

Vruntlike grute tovoren. Leven vrunden. Alse gy uns latest screven van des hoves wegen tho Nougarden[5], dat heb wy wol vornomen unde hebben juwen breves utscrift deme rade tho Wysbu gesand, van em begerende, dat myt den provesten unde domeren des landes to Gotlande to bestellende, dat de zake in gude bestande blyven, wente wy ju unde deme coepmanne tho Nougarden darumme scryven wolden begerende, dat de coepman darzulves enen edder twe boden vulmechtich jegen dessen somer to den vorbenomden provesten unde domeren zenden, myt en to handelende unde sik to overdregende umme des vorscreven tyns unde wo id vortan umme den hoff staen sulle, dat he den van Gotlande, uns unde deme coepmanne van den beyden nicht en kome. Also bidde wy ju, leven vrunden, dat gy alle desse

1) *Mai 14.* 2) *S. darüber HR. 5 n. 31, 7.* 3) *Mai 14.* 4) *Apr. 21.*
5) *S. n. 518.*

sake vurscreven myt deme coepmanne to Nougarden, den wy ok darvan scryven unde bestellen willen, dat se uppe dessen somer eenen edder twe boden van erer wegen volmechtich senden to den vurscrevenen provesten unde domeren, alle de dink vurscreven to vullentheende, uppe dat de coepman by deme hove jo blyve. Wes ju darane weddervart, moge gy deme rade to Wysbu vort weten laten, wente wes darane redeliken geramet wert, dat sal unse wille wol wesen. Gescreven under unsem secrete, des dinxstedages vor palmen anno 1402.

Consules civitatis Lubicensis.

523. *Die [Lübecker Bürger] Gosvin Volmersten und Nikolaus Vöghe verpflichten sich, dem in der Braunstrasse wohnhaften [Lübecker] Joh. Koning 10 Fass Häringsthran nächsten Herbst in Schonen zu liefern. — 1402 Apr. 2.*

StA Lübeck, Eintragung im Niederstadtbuch zu 1402 quasimod.
Gedruckt: Lüb. U.B. 5 n. 45. Verz.: Reg. Dan. II 1 n. 3757.

524. *Lübeck bezeugt für Köln, dass Joh. Fless und der Lübecker Bürger Tidemann Kulehovet für den verstorbenen Kölner Bürger Gobelin oder Gottfried Smytman durch Joh. Westerloo aus Lübeck die beiden Darlehen von 80 und 40 Frs. zurückerhalten haben, welche Nicolaus Jacobi Lange, vormals Kanonikus zu Roskilde, jetzt Bischof von Strengnäs, laut seinen in Paris ausgestellten Schuldbriefen dem genannten Smytman schuldig war, und bittet, die Witwe Smytmans oder deren Erben auf dem Rechtswege zur unverzüglichen Aushändigung der noch in ihrem Besitz befindlichen Schuldurkunden an den Überbringer Joh. Lange, Bürger von Nürnberg, zu nötigen. — 1402 Apr. 7* (fer. sexta p. dom., qua cantabatur quasimodogeniti).

StA Köln, Hanse I n. 191; Or. Perg. m. Resten d. S.

525. *Hochmeister [Konrad von Jungingen] an die Lande Ostergo und Westergo: stellt wegen der Kaperung eines Schiffes, die nach ihrer Ansicht durch die Schuld des Lorenz von Reisen verursacht sein soll, ein ausführliches Schreiben Danzigs in Aussicht, und schlägt zur Entscheidung der Frage einen Schiedsspruch Lübecks und Hamburgs vor. — 1402 Apr. 8. Elbing.*

StA Königsberg, Hochmeister-Registrant 3 fol. 37 b.
Verzeichnet: HR. 5 n. 76.

526. *Hamburg an Kampen: antwortet auf die Reklamation von 16 Last Bier seitens des Kamper Bürgers Kersten von Wylsen, dass die Kogge des Lubbert Overdik, in der das Bier verfrachtet war, von den Vitaliern[1] weggenommen und diesen von den Hamburgern auf der Jahde wieder abgejagt ist, und dass ein Drittel des Schiffes und der Ladung, von der das Bier zum grössten Teil bereits durch die Vitalier über Bord geworfen war, nach Hamburger Stadtrecht dem Lubbert für sich und die Befrachter des Schiffes*

[1] *Durch die Vitalier wie durch die holländischen Auslieger hatte in diesen Jahren auch der Handel von Brügge zu leiden. Neben zahlreichen Zeugnissen dafür berichtet die Brügger Stadtrechnung zu 1402 Mai 29 von einer Botschaft Brügges nach Sluys* omme sake, wille van den likedeelers, die coeplieden van Vlaendre ende van Oostland gheroeft hadden up zee, omme daer jeghen te trechtene, hi also dat men se hadde moghen gherighen. *Ebenso zu Juni 9* up [illegible] den ghesellen [illegible] den [illegible] ende den baillin van der Sluus, omme dit te goede te makene. *Gilliodts-van Severen, Inventaire de Bruges 3, 461.*

zurückgegeben ist; bittet, den Kerstken zur Einstellung seiner Anforderungen zu veranlassen[1]. — *[1402] Apr. 27.*

StA Kampen; Or. Perg. m. S.
Gedruckt: HR. 5 n. 54, vgl. n. 53. Verz.: Register van Kampen 1 n. 349.

527. *Aufzeichnung der gräflich holländischen Kanzlei über Geleitsbriefe [des Grafen Albrecht von Holland] für Sendeboten von Lübeck, Thorn und Hamburg zu einer Tagfahrt. — [1402] Mai 9.*

Aus RA Haag, Memoriale BJ cas. R fol. 10.

[1.] Item opten 9. dach in Meye anno ut supra *[1402]* gaf mijn heere geleide den steden van Lubeke ende van Thoren mit 65 personen, duerende tot sinte Jans dage te midzomer[2] naistcomende of daerbinnen acht dage na mijns heren wederseggen.

[2.] Item desgelijcx opten dach etc. int jair voirscreven gaf mijn here geleide der stat van Hamborch mit 35 persoenen etc.

[3.] Item sal mijn heere een dachvart houden mitten steden voirseid des manendages na heloken pinxteren[3].

528. *Die hansischen Ratssendeboten in Lübeck an die hansischen Gesandten in Holland: beauftragen sie, nach Erledigung ihrer Angelegenheit beim [Grafen von Holland] oder dessen Rat eine Erleichterung der drückenden Bestimmungen über den Seefund sowie der hohen Zölle anzuregen, und die weiteren Bemühungen in dieser Sache dem Kaufmann [zu Brügge] namens der Städte zu übertragen. — [1402 Mai 14.]*

Gedruckt: HR. 5 n. 81, vgl. das. n. 77, 3.

529. *Dieselben an den deutschen Kaufmann zu Brügge: beloben ihre feste Absicht, die Ordonnanz gegen den Borgkauf [n. 496] durchzuführen, doch soll es gestattet sein, falls das dort befindliche Gut nicht gleich gegen bar verkauft werden kann, dasselbe unter ein- bis zweimonatlicher Kreditierung des Kaufpreises zu verkaufen und anderes dafür einzukaufen*[4]*; verbieten ausserdem seinem Vorschlage gemäss den Ankauf aller nicht im Beisein des Kaufmanns gestapelten, gefalteten und plombierten Tuche mit Ausnahme der Poperingschen, bei Strafe von 5 Sch. Grote für jedes Tuch; gebieten ihm u. a., hinsichtlich der Versandung des Zwijn keine den Privilegien zuwiderlaufende Konzessionen zu machen, und erneuern ihren früheren Beschluss*[5] *über die Beschränkung der Wählbarkeit zum Ältermann und Achtzehnmann in Brügge auf Bürger von Hansestädten. — [1402 Mai 14.]*

Gedruckt: HR. 5 n. 83.

530. *Dieselben an die Königin [Margaretha] von Dänemark: erklären den von ihr vorgelegten Entwurf eines Strandrechtsprivilegs*[6] *für unvereinbar mit den hansischen Freiheiten; bitten sie wiederholt, ihre Unterthanen zur Genugthuung für die Verletzung der städtischen Privilegien und zu deren Wahrung namentlich bei der Bergung von schiffbrüchigem Gut und der Festsetzung des*

[1]) *Über eine gleiche Klage eines Leideners vgl. HR. 5 n. 52.* [2]) *Juni 24.*
[3]) *Mai 22.* [4]) *Ebenso schreibt der Hansetag an Dortmund: HR. 5 n. 84.*
[5]) *Von 1399 Juli 25; HR. 4 n. 192, 13. Vgl. hierüber Stein a. a. O. S. 29.*
[6]) *Gedr. HR. 5 n. 36; der städtische Entwurf n. 34. Vgl. das. 8 n. 1001; 5 n. 190, 3.*

Bergelohns zu veranlassen, da die Beeinträchtigung der kaufmännischen Gerechtsame auf die Dauer nicht geduldet werden kann. — [1402 Mai 14.]

Gedruckt: HR. 5 n. 79, früher Silfverstolpe, Svenskt Diplomat. 1 n. 178. Verz.: Reg. Dan. II 1 n. 3769.

531. *Die hansischen Ratssendeboten in Lübeck an die livländischen Städte: der deutsche Kaufmann zu Nowgorod hat beim Hansetag Beschwerde geführt über die Beeinträchtigung seiner Gerechtsame beim Edelmetallumlauf, beim Tuch-, Pelzwerk- und Salzhandel; ersuchen deshalb, bei der Zufuhr von Waren nach Nowgorod für die Aufrechthaltung des Herkommens und der Vorschriften der Skra Sorge zu tragen, u. s. w. — [1402 Mai 14.]*

Gedruckt: HR. 5 n. 82.

532. *Der deutsche Kaufmann zu Brügge an Thorn: beantwortet dessen Anfrage wegen der Arrestierung der in Thorn befindlichen Güter des Gerd von dem Hoeve. — 1402 Mai 16.*

Aus StA Thorn n. 410; Or. m. 3 S. Hagedorn.

Honorabilibus circumspectisque viris, dominis proconsulibus et consulibus civitatis Thorun, amicis nostris sincere predilectis, littera presentetur.

Vrentlike groyte unde wat wij guedes vermoegen tovoren. Heren unde sunderlinges gueden vrende. Wij hebben juwen breyff leyfflike untfangen unde wol verstaen, daerynne dat gi seriven, dat de ersamige lude richter unde schepene juwer stad ju heren hebben to kennen gegeven, wu dat Jaspar van dem Hoeve bevet ingevordert met rechte eyn deyl guedes, dat he arrestijrt hadde under heren Johanne van der Meersche up Gherdes gued van dem Hoeve, van uns begerende, dat wij met Gherde vorscreven spreken wolden, off he dat gued wolde vryen edder nicht, met meer worden, alse juwe breyff verclaert. Warup juwer bescheddenheit geleyve to weten, dat wij tor begherte van ju heren hebben gesproken met Gherde van dem Hoeve, em vor oghen leggheende dat ynneholden juwes breyffs; darup he uns verantworde seggheende, wu dat dat vol met zijnen willen were, so wat Jaspar vorscreven van Gherdes van dem Hoeve guede under heren Johanne van der Meersche wesende moechte yngevordert hebben, in also verre alse he Jaspar vorscreven schuldich wesen mach. Konde wij icht anders gedoen ter leyffde van ju heren, darto solde gi uns alle tijt berede vinden. God unse here moete ju bewaren in zielen unde in lyve. Gescreven under unsen ingezeghelen, upten 16. dach in Meye int jar 1402.

By den alderluden des gemeynen copmans van der Duytschen Hense nu to Brugge in Vlanderen wesende.

533. *Lübeck bezeugt für Reval, dass der Lübecker Bürger Heinr. Gerwer als Vormünder und Geschäftsteilhaber des im vorigen Herbst* (de quadam navi naufragante circa Bornholm) *ertrunkenen Herm. Hekelingh den Joh. Sunnegen bevollmächtigt hat zur Einforderung einiger von dem Verstorbenen in Reval hinterlassenen Güter, und bittet um Förderung Sunnegens, indem es gegen Nachforderung garantiert. — 1402 Mai 19* (fer. sexta p. f. penthecostes).

StA Reval; Or. m. Spur d. S.

Gedruckt: im Auszuge v. Bunge, Livl. U.B. 4 n. 1606. Verz.: Reg. Dan. II 1 n. 3771.

534. *Das Land Rustringen zwischen Jahde und Wesr verspricht bei Abschluss eines bis 1405 Juni 15 währenden unkündbaren Friedens mit Bremen den bremischen und allen andern die Stadt besuchenden Kaufleuten Sicherheit für Leib und Gut sowie Vergütung für etwaige Schädigung während der Dauer des Friedens, und verpflichtet sich, festgefahrenen Schiffen zum Flottwerden behülflich zu sein und für die Aushändigung des schiffbrüchigen Gutes an die Eigentümer zu sorgen*[1]. — *1402 Mai 25* (ipso die b. Urbani ep. et conf.).

StA Bremen; Or. Perg., S. ab.
Gedruckt: Brem. U.B. 4 n. 290.

535. *Lübeck, Hamburg, Rostock, Stralsund, Wismar, Greifswald, Lüneburg und Stettin beurkunden ihr auf fünf Jahre abgeschlossenes Bündnis zur Beilegung von Streitigkeiten und zu gegenseitigem Schutz*[2]. — *1402 Mai 25. Lübeck.*

Aus StA Lübeck, Confoederationes n. 23; Or. Perg. m. 6 von 7 anh. S. Stettin scheint nicht besiegelt zu haben. Mitgeteilt von Hn. Staatsarchivar Dr. Hasse. Abschriften in den Recesshandschriften.
Gedruckt: Lüb. U.B. 5 n. 48. Verz.: HR. 5 n. 78.

Witlik sy alle den ghennen, de dessen breff seen edder horen lesen, dat wi borgermeistere und raed der stede Lubeke, Hamborgh, Rostok, Stralessunt, Wismar, Gripeswolt, Luneborgh und Stetin, dem hilgen Romeschen rike to eren und een islik stad vorscreven ereme heren to donde, wes se eme van ere unde rechtes wegene plichtich is, dorch menliker notroft, vromen und nüt der lande und unser stede hebben mit gantzer endracht unde wolberadenem mode gemaket ene endracht und vorbunt nu to sunte Johannes dage negestkomende an to stande und to warende viff jaer alk negest vorvolgende in der wys, alse hir nagescreven steit.

[1.] To deme ersten, alse in deme anbeginne des breves steit, dat en islik stat ereme heren doen schal, des se eme van ere und rechtes wegen plichtich is, dat is aldus to vornemende: werit also, dat jenighe desser vorscrevenen stede van erem heren gemanet worde, bi sinen rechte to blivende, mogen denne de stede allene sunder anderer heren edder vorsten edder des heren raed den heren to rechte mechtich wesen, so mogen se bi des heren hulpe bliven; mogen se aver des nicht mechtich wesen, so scholen se bliven bi den steden in dessem vorbunde begrepen.

[2—8 = oben n. 366 § 1–7 mit den dort angegebenen Abweichungen.]

[9.] Were ok, dat jenich desser vorscrevenen stede dessen bref nicht besegelen wolde, darmede scholde desse jegenwerdige breff und vorbunt nicht tobroken wesen, men allike wol mank den andern steden, de den besegelen, in aller macht bliven, alse dit vorbunt begrepen is.

Und to alle desser vorscrevenen stucke tuchnisse sin unse ingesegele an dessen bref gehangen, de geven und screven is to Lubeke na Godes bort veirteinhundert jar darna in deme andern jare, up de hochtid des hilgen lichames.

536. *Hochmeister [Konrad von Jungingen] an K. [Heinrich IV] von England: erwidert ihm auf sein Schreiben wegen der Arrestierung von Lynner Bürger-*

[1] *Genau ebenso urkunden Mai 28 vier gen. Butjadinger Häuptlinge; 1404 Aug. 29 verspricht der Häuptling von Langwarden, die Bremer Bürger und alle die Stadt besuchenden Kaufleute zu beschirmen. A. a. O. n. 293 und 320. Vgl. dazu v. Bippen, Gesch. der Stadt Bremen 1, 254.*

[2] *Ergänzende Bestimmungen für den Kriegsfall werden 1403 Jan. 15 auf der Tagfahrt zu Wismar vereinbart; HR. 5 n. 116. Gleichzeitig schliessen Lübeck, Hamburg, Rostock, Stralsund, Wismar und Lüneburg einen am 6. Febr. ausgefertigten Münzvertrag auf 10 Jahre, Or. zu Lübeck und Stralsund; verz. HR. 5 n. 115, gedr. auch Dähnert, Pomm. Landesurkunden, Suppl. 1, 78 und Oesterding, Pommersches Magazin 6, 81.*

gut im Wert von 1300 Nobeln durch den Ordensschäffer von Marienburg, dass nach Aussage des Schäffers der Arrest sich nur bis zum Betrage von 900 Nobeln erstreckt, und dass laut urkundlichem Zeugniss die Einwohner von Lynn ein Schiff des Schäffers samt Ladung im Wert von 900 Nobeln dem Diener desselben, nicht etwa des Schotten, weggenommen und den Diener lange Zeit gefangen gehalten haben; bittet, den Lynnern die Herausgabe des geraubten Gutes zu gebieten, nach dessen Rückempfang der Schäffer zur Aufhebung des Arrestes bereit ist. — 1402 Juni 2. Marienburg.

StsA Königsberg, Hochmeister-Registrant 3 fol. 42.
Gedruckt: Voigt, Cod. diplom. Pruss. 6 n. 130. Verz.: HR. 5 n. 93.

537. *Hochmeister [Konrad von Jungingen] an Stettin: die preussischen Städte sind mit der Freigebung des arrestierten [Stettiner] Gutes[1] einverstanden; ersucht, zum Empfang desselben einen Bevollmächtigten mit einer Spezifikation des Gutes abzuordnen und gegen Nachmahnung zu garantieren. — 1402 Juni 3. Marienburg.*

StsA Königsberg, Hochmeister-Registrant 3 fol. 43.
Verzeichnet: HR. 5 n. 98.

538. *Vereinbarung des Rats von Holland und der Sendeboten von Lübeck und Thorn über die schiedsrichterliche Entscheidung der Streitigkeiten zwischen Holland und Hamburg. — [1402] Juni 18.*

Aus RA Haag, Memoriale BJ cas. R fol. 18. S. oben n. 527.

Item opten 18. dach in Junio wert overdragen bi mijns heren rade mitten rade der steden van Lubeke ende van Thoren van sulken gescille, als is tusschen mynen heere ende dien van Hamburch, als dat die selve der steden rade trecken sullen tot Hamburch ende aldair der stat van Hamburch aenbrengen, dat sij een van den acht steden hier nagescreven, als Ghent, Antworpen, Bruessel, Loeven, Mechelen, Utrecht, Amersfoirde ende Campen kiezen sullen tot enen overman, ende die overman sal een alinge zoene te seggen, gelijc dat gebleven is ende die brieve dairof aen beiden ziden inhouden, ende dairof mynen heere een antwoirde te laten weten tusschen dit ende onser vrouwen dach assumpcio[2] naistcomende. Ende of sij van den voirseiden steden enen overman kiezen, soe mach nochtans mijn heere sijn beraet hebben, of hi tegaen voirseid bi dien overman uutgaen ende bliven wille, behoudeliken mynen heere ende dien van Hamburch elcx hoir brieve, die sy deen van den anderen hebben.

539. *Hzg. Albrecht von Baiern, Graf von Holland, bestätigt unter Zustimmung seines Sohnes Gr. Wilhelm von Ostervant und Mitbesiegelung von 6 holländischen und seeländischen Städten der Stadt Utrecht für die ihm gegen Johann von Arkel zugesagte Hülfe[3] auf ewige Zeiten ihre alten Zollsätze gemäss den Bestimmungen von Bd. 2 n. 296; er verspricht neben andern Vergünstigungen den Utrechtern Freiheit von Arrest oder Haftung für fremde Vergehen* (tusschen der Noirde ende Bodegraven) *und genehmigt, dass wie herkömmlich seine etwa auf dem Utrechter Markt arrestierten Unterthanen dort gleich Leuten des Stifts zu Recht stehen sollen. — 1402 Juni 23. Haag.*

[1] *S. oben n. 372. Bereits im März und im Mai 1402 antwortet der Hochmeister auf entsprechende Mahnungen Stettins: HR. 5 n. 96—98.* [2] *Aug. 15.* [3] *Das betreffende Bündnis des Herzogs mit der Stadt s. van Mieris 3, 765. Vgl. über diese Fehde Blok, Geschiedenis van het Nederlandsche Volk 2, 107 ff.*

StA Utrecht, Copieboek B fol. 170b; gleichz. Abschr. Auch in A fol. 45b.
StA Kampen; Abschr.
Gedruckt: Burman, Utrechtsche Jaarboeken van de 15. eeuw 1, 14, Matthaeus, Analecta veteris aevi 5², 678 [zu Juni 24], wiederholt von Mieris, Groot Charterboek 3, 767. Verz.: Register van Kampen 1 n. 331.

540. *Der Revaler Bürger Hinze Stolte als Bevollmächtigter der livländischen Städte und des deutschen Kaufmanns zu Nowgorod beurkundet seinen mit dem Lande Gotland abgeschlossenen Vergleich wegen des Gotenhofes zu Nowgorod. — 1402 Juni 24. Wisby.*

Aus StA Reval; gleichz. Abschr. Höhlbaum.
Gedruckt: v. Bunge, Livl. U.B. 4 n. 1607, Silfverstolpe, Svenskt Diplomat. 1 n. 195.
Verz.: Napiersky, Russ.-livländische Urkunden s. 139, Reg. Dan. II 1 n. 2778.

Witlik sy alle den ghenen, de dessen breff seen ofte horen lesen, dat ik Hincze Stolte borgher tho Revele werf hedde to Gotlande wart to seghelende, also dat my de raat van Revele bevol van der ghemeinen stede weghene unde des ghemeinen Düczen kopmannes an dat lant van Gotlande, mit en to sprekene also umme der Goten hof to Naugharden.

[1.] Int erste umme den versetenen tyns der vorledenen jaren, also de kopman des hoves ghebruket hevet. Des kwam ik overeen mit heren Jacobe to Walle provest to Wisbü, den dat lant to Gotlande vulmechtich hadde ghemaket aller sake to donde unde to latende van des vorscreven hoves weghene to Naugharden, also dat ik eme den vorscreven versetenen tyns to willen unde to danke van des landes weghene vornoghede unde betalede, also dat dar nene namaninge van komen scal in tokomenden tyden.

[2.] Vortmer so sprak ik vorder mit heren Jacobe erbenomet umme der Goten hoff to des kopmannes behoff, also dat wi overeen dreghen, dat de kopman des hoves erbenomet noch vort ghebruken scal teyn jar unde darvan jowelikes jares to ghevene vif marc sulvers Goten[s]chs pagimentes, also men tellet twendedertich ore vor de marc sülvers.

[3.] Vortmer wan de vorscreven teyn jar gheleden synt, so scal der Goten hof erbenomet deme kopmanne erst to hode stan umme redeliken tyns, also se den an beyden syden overeen dreghen moghen.

[4.] Vortmer dat ghebuwete des hoves dat hevet sünte Peter unde deme ghemeynen kopmanne, de solen vort dat ghebuwete besorghen unde stande holden, up des kopmannes eventüre.

[5.] Vortmer wan do vorbenomte teyn jar gheleden synt, wolden den de Goten den hof vorbenomet sülven besitten, so solen de Goten darto nemen twe Düczе unde twe Rüssen, unde de kopman scal dar ok to nemen twe Düczе unde twe Rüssen, de scolen dat ghebuwete des hoves vorbenomet scatten, unde wor de achte dat ghebuwete den up scatten, dar solent de Goten deme Düczen kopmanne vor betalen.

[6.] Weret ok sake, dat bynnen den vorscrevenen teyn jaren jenighe Gotensche koplüde van deme lande to Naugharden kwemen unde des betuchnisse brochten under des landes ingeseghele, de solen ere vrie stant hebben uppe der Goten hove to Naugharden.

Over desser endracht weren de erbaren lüde, also her Sunne, eyn vorstender des spitales to Wisbü, her Cord van deme Berghe unde her Johan Krieniscot, borghermeistere darsülves to Wisbü. To eyner merer betüchnisse desser vorscreven sake so hebbe ik Hincze Stolte erbenomed gheheden de erbaren lüde, heren Corde van deme Berghe unde heren Johanne Kreienscote, dat se ere ingheseghele myt deme mynen an desen breff hebben ghehangen, de gheseven unde gescreven is to Wisbû, na der ghebort unses Heren dusent verhundert in deme anderen jare darna, in sunte Johannes daghe to middensomere.

541. Der Propst zu Wisby Jak. van Walle als Bevollmächtigter des Landes Gotland beurkundet den vorstehenden Vertrag. — 1402 Juni 24. Wisby.

W StA Wisby; Or. Perg.
Gymnasialbibl. Wisby, Abschr. in Spegels Rudera Gothlandica, modern überarbeitet. Gedruckt: aus W Silfverstolpe 1 n. 195, wiederholt hier. Verz.: Reg. Dan. II 1 n. 3775.

Witlik sy alle genen, de dessen bref seen efte horen lesen, dat ik Jacob van Walle provest to Wysbû bekenne openbare in dessème jeghenwordighen breve, dat in der tyd, als men schref de jare na der ghebort unses Heren dusent verhundert in deme anderen jare darna, quam to my bynnen der stad Wysbû de bescheidene man Hincze Stolte, eyn burgher to Revele, de ghemechtiget was van den ghemeynen steden unde deme ghemeynen Duczen kopmanne to sprekende umme der Goten hof to Nougharden, unde des ik ok vullenkomene macht hadde to donde unde to latende van des ganczen landes wegen to Gotlande.

[1.] Also dat ik int erste myt Hinczen erbenomeden overeyn drach umme den vorsetenen tyns der vorleden jare, als de kopman den hof beseten heft, den my Hincze erbenomede wol vornoghet unde to danke betalet hevet to des landes behof Gotlande.

[2.] Vortmer so hebbe wy overeyn gedreghen van des landes wegen, dat de ghemeyne Dûtze kopman der Goten hof erbenomeden to Nougharden ghebruken unde besitten scolen de neghesten tokomenden teyn jar unde daraf to gevende deme lande Gotlande vif marc sulvers Gothensch to tynse jeweliken jares, als men tellet eweyundeder[t]ich ore Gotlensch vor de marc sulvers.

[3.] Vortmer wen de vorscrevene teyn jar geleden synt, so scal der Goten hof erbenomede deme Dûtzen kopmanne jo erst to bode stan umme sodanem redeliken tyns, als se den an beyden syden overeyn dregen mogen.

Over desser endracht hebben gewesen de erbaren lude, als her Snanye, eyn vorstender des spitales to Wysbû, her Cord van deme Berghe unde her Johan Kreyenschot, burghermestere darsulvest to Wysbû. To eyner merer betuchnisse desser vorscreven sake so is des landes luttike ingheseghel vor dessen bref gehangen, de gegeven unde gescreven is to Wisbû in den vorscreven jaren up sente Johannes dach to myddensomere.

542. Der deutsche Kaufmann zu Brügge an K. Heinrich [IV] von England[1]: bittet, den preussischen Kaufleuten Georg Beleke und Arn. von Damel eine durch englische Auslieger weggenommene Schiffsladung Wein zurückgeben zu lassen. — 1402 Juli 14.

Publ. Record Office London; Or.
Gedruckt: Rymer, Foedera 8, 269, wiederholt Willebrandt, Hans. Chronik 3, 38 und hier. Verz.: Hempel, Inventarium diplom. Saxoniae infer. 3, 7, HR. 5 n. 94.

Gloriosissimo principi serenissimoque domino, domino Henrico regi Anglie et Francie et domino Hibernie, domino nobis graciloso, omnimoda reverentia littera presentetur.

Humillima famulatus nostri recommendatione cum benivolo singulorum beneplacitorum animo semper pregustata. Gloriosissime princeps ac illustrissime domine.

[1]) Und ausf. ausf. ebenso an die Räte des Königs; Rymer 8, 270, wiederholt Willebrandt 3, 39; verz. Hempel 3, 7.

Vestre regali dominationi presencium per tenorem cupimus fore notum, qualiter nonnulle gentes vestri regni cum tribus navibus dictis baerzen vestri regni devastatores in mari queritantes, quarum capitaneus dicebatur Marcus Mixto de Vowyck, cum una navi de predictis tribus, cujus magister erat Wilkok de Meer de Trirouwe, extra terminos Valmade[a] Water supervenerunt[1] quandam aliam navem circa terram altam dictam de Fonteno, cujus magister erat Johannes Barrat de Romsele, nonaginta duobus vasis vinorum onustam ex parte Georgii Beteken et Arnoldi de Dasmele, mercatorum Almanie Hanse Theutonice de terra Prussie oriundorum, quibus predicta vina pertinent, versus partes Prussie ratione lucri deducendorum, ipsam etiam navem manu hostili invadentes; quam predicte gentes secum cum vinis et Arnaldo de Dasmele prenominato in eadem tunc temporis existenti captivato aliisque rebus aliis ablatis ad portum vestri regni, veluti ad nostrum auditum voce querulosa pervenerat, adduxerunt et adhuc ea detinent minus juste, in predictorum mercatorum dampnum non modicum et jacturam, cum speramus inter vestram regalem dominationem et vestros subditos ex parte una et nostros mercatores de terra Prussie ex parte altera mutue pacis et amicitie federa confoveri, nam prefati vestri subditi et mercatores favoribus, complacenciis et honorificis conversationibus in partibus Prussie ubilibet benivole semper pertractantur. Quare vestre serenissime dominationis limpiditatem cordissime[b] duximus implorandam, quatinus zelo justitie nostrique ob exigui famulatus intuitum prefatis Georgio et Arnoldo suorum vinorum predictorum et aliarum rerum Arnoldo seperdicto ablatarum restitutionem condecentem fieri permittatis absque impedimento aliquali. In hiis vestra regalis magestas se exhibeat, veluti nobilis dominus, dominus magister, necnon honorabiles viri civitatum terre Prussie et nos in vestra serenissima dominatione fiduciam gerimus ampliorem. Altissimus vestrum statum benignissimum feliciter dignetur conservare et votive, nobis continue precipientes. Datum nostris sub sigillis quartadecima die mensis Julii anno Domini quadringentesimo secundo.

Vestre excellentissime dignitatis servitores, aldermanni[c] ac jurati communium mercatorum Almanie sacri Romani imperii Hanse Teutonice pro presenti Brugis Flandrie residentes.

543. *Lübeck an die preussischen Städte: erinnert daran, dass ein Sendebote Nimwegens bei der letzten Pfingstversammlung in Lübeck um Wiederaufnahme der Stadt in die Hanse nachsuchte, aber die dafür verlangte Summe von 1000 Gld. nicht ohne weiteres zugestehen konnte; jetzt hat Nimwegen, durch ein Schreiben des Hzg. [Reinold IV] von Jülich-Geldern unterstützt, sein Gesuch erneuert, und auch der deutsche Kaufmann zu Brügge hat sich für Nimwegen verwandt; glaubt, dass man im Interesse des Kaufmanns das Begehren des Herzogs nicht verweigern dürfe, und ersucht die Städte um Mitteilung ihres Entschlusses. — 1402 Aug. 1.*

StA Thorn; gleichz. Abschr.
Gedruckt: HR. 8 n. 1004.

544. *Die Lande Ostergo und Westergo an die Seestädte der deutschen Hanse: bedauern auf deren Reklamation die Beraubung von Bürgern der Städte durch ihre Auslieger; bitten, die Sache bis nächsten 1. Mai anstehen und ihnen bis*

a) Valmade [illegible]. b) cordialissime [illegible]. c) aldermanni [illegible].

[1]) *Am 27. Mai 1402. s. Hanserakten n. 317, 8.*

dahin nähere Angaben zugehen zu lassen, und stellen Ersatz des Schadens nach Landrecht in Aussicht. — 1402 Aug. 29.

Gedruckt: HR. 5 n. 65; vgl. n. 66 die Mitteilung dieser Antwort durch Lübeck an die preussischen Städte.

545. *Ordonnanz des deutschen Kaufmanns zu Brügge gegen den ausserhansischen Verkehr nach Livland*[1]. *— 1402 Sept. 23.*

Aus StA Lübeck, flandrischer Kopiar n. 6 S. 42; Abschr. vom 1. Drittel des 15. Jh. Koppmann.

StA Köln, hansische Kopiare A fol. 162b, H fol. 153b.

Nach der Rechnung des Wasserbaillifs zu Sluys (s. oben S. 77) von 1401 Sept. 29 bis 1402 Jan. 2 werden die deutschen Matrosen Hans Bode und Clay Sterraine wegen Zänkerei zu einer Geldstrafe (3 Pfd. 12 Sch.) verurteilt. Ebenso 1402 Jan. 2 bis Mai 8: Jean de Minen aus Hamburg wegen Geldausfuhr; Mai 8—Sept. 17: die Deutschen Michel Stolte wegen Körperverletzung; Wychart fils Herman wegen Unterschlagung eines von ihm gefundenen, bei Sluys angetriebenen Barrels Butter; Jean Bygart aus Werd und Henry de Monstre aus Lübeck wegen Geldausfuhr.

Item int jaer 1402 upten 23. dach in Septembri wart overeyn gedregen by dem gemeynen coepmanne, dat gheen schipher van der Hanze sal untbalen enighe corplude ofte guet buten de Hanze behorende, umme daermedde to zegheine to Lijfflande wart; noch dat gheen coepman van der Hanze sal vryen enich guet buten de Hanze behorende, umme dorwart to brengene.

Oek so wart upte selve vorseide tijt overdregen, dat men gheenen schipheren wynnen noch laden en sal, to Lijfflande wart to zegheine, noch doen wynnen noch doen laden anders dan van oldinghes wontlick ys gewesen, up den broeke, de daer van oldinghes up gesett ys.

546. *Hamburg bevollmächtigt die Bürgermeister Meinhard Buxtehude und Hilmar Lopover und den Ratsnotar Herm. Kule als seine Vertreter bei dem Schiedsspruch der Stadt Gent über Hamburgs Streitigkeiten mit Gr. Albrecht von Holland*[2]. *— 1402 Sept. 27.*

Aus StA Gent; Or. Perg. m. anh. S.

Verzeichnet: Van Duyse et de Busscher, Inventaire des archives de la ville de Gand n. 486.

Universis et singulis presentia visuris seu audituris nos proconsules et consules oppidi Hamburgensis cupimus fore notum publice protestando, quod dudum dura gwerrarum motio et discordia inter illustrem principem, dominum Albertum ducem Bavarie et comitem Hollandie ex una et nos nostrosque concives parte ex altera de et super nonnullis gravaminibus, dampnis et iacturis nobis nostrisque concivibus per subditos dicti principis injuriose inflictis exstitit suborta, super quibus omnibus et singulis gravaminibus, dampnis et iacturis premissis in honorabiles viros, dominos burgimagistros, scabinos et consules ville Gandensis in Flandria tamquam in arbitros et amicabiles compositores pro parte dicti illustris principis et nostra hinciade fuerit et sit concorditer compromissum ad hujusmodi controversias terminandum, decidendum et concordandum, prout in littera de et super hujusmodi compromisso confecta et nostro sigillo impendenti sigillata[a] latius continetur. Hinc est, quod nos pro-

[1]) S. n. 563. [2]) Kämmereirechnungen d. St. Hamburg 2, 3 zu 1402: 502 lb. dominis Meynardo et Hilmaro in Gand. 556 lb. 7 s. Christiano Militis et Meynardo in Holland. 34 lb. 8 s. domino Hermanno Langhen pro expensis Hollandinorum. Vgl. HR. 5 n. 153. [3]) Auf diese nicht erhaltene Urkunde bezieht sich offenbar die Genter Aufzeichnung HR. 5 n. 156, 1. Die anderen das. 2—3 erwähnten Dokumente werden das vorliegende Stück sowie unten n. 548 und 554 sein.

consules et consules antedicti de communi voluntate et consensu nostrorum omnium facimus, ordinamus et constituimus per presentes nostros procuratores, factores, negociorum nostrorum gestores et nuncios speciales honorabiles et discretos viros, dominos Meynardum Buxtehude et Hylmarum Lopowe, nostri oppidi proconsules, ac Hermannum Kolen notarium nostrum et quemlibet eorum in solidum, ita quod non sit melior condicio occupantis, sed quod per unum eorum inceptum fuerit, per alterum eorum mediari valeat et finiri, ad comparendum[a] coram dictis burgimagistris, scabinis et consulibus ville Gandensis antedicte ipsisque presentandum pro parte nostra nostrorumque concivium certos articulos gravaminum, dampna et jacturas in se continentes, ac in eos tamquam in arbitros et amicabiles compositores ad terminandum et decidendum hujusmodi controversiam consentiendum, necnon pronunciationes, decisiones et diffinitiones eorum acceptandum et ratificandum, ac querelis dicti illustris principis partis adverse respondendum et omnia et singula faciendum, que in premissis et quolibet premissorum fuerit necessaria et oportuna, eciam si mandatum exigant speciale; promittentes nos insuper bona fide, omnia et singula rata et grata habituros, quicquid per dictos nostros procuratores fuerit actum et gestum in premissis. In cujus rei testimonium sigillum nostrum presentibus est impressum. Datum anno a nativitate Domini millesimo quadringentesimo secundo, ipso die beatorum martyrum Cosme et Damiani.

547. *Der Lübecker Bürgermeister Hinr. Westhoff und der lübeckische Vogt in Falsterbo Jak. Vrechot an Reval: bekunden, dass nach der in Falsterbo abgegebenen Aussage von Joh. und Heyno de Hachede deren Bruder Reymar im Herbst 1401 bei Bornholm[1] ertrunken ist und gewisse den Brüdern zufallende Güter bei dem Revaler Ratsherrn Arn. Sassenberge hinterlassen hat, und bitten, dem Überbringer Joh. de Hachede als dem Bevollmächtigten Heynos zur Erhebung des Nachlasses behülflich zu sein. — 1402 Sept. 28* (fer. quinta a. f. b. Michaelis archang.).

StA Lübeck, Eintragung im Niederstadtbuch in einem Transsumpt von 1403 Mai 15. Gedruckt: Lüb. U.B. 5 n. 52. Verz.: Reg. Dan. II 1 n. 3790.

548. *Hzg. Albrecht von Baiern, Graf von Holland, unterwirft die Entscheidung seiner Streitigkeiten mit Hamburg einem Schiedsspruch der Stadt Gent. — 1402 Okt. 20. Haag.*

Aus StA Gent; Or. Perg., auf Papier aufgezogen, mit Einschnitt für das Siegelband. Verzeichnet: Van Duyse et de Busscher, Inventaire des archives de la ville de Gand n. 487, Devillers, Cartulaire des comtes de Hainaut 3 n. 878.

Aelbrecht bi Goids genaden palensgrave opten Rijn, hertoge in Beyeren, grave van Henegouwen, van Hollant, van Zeelant ende heere van Vrieslant, doen te wetene allen den ghenen, die desen letteren sullen sien of horen lesen, dat, alse sekere dedinghen ende gescillen geweest hebben ende noch sijn tusschen ons ende onsen ondersaten an deen side ende der stat van Hamborch ende horen medeborgheren an die ander side, sprutende ende toecomende ute diversen grieven, scaden ende achterdeelen gevallen ende ghesciet sijnde beensijde ende banderside: soo eist, dat wij omme tgoide van payse ende ter vordernissen van der ghemeenre coopman-

a) ad investigandum, comparendum et componendum n. 531.

1) *Über Lübecker Verwendungsschreiben an Erzb. Jakob von Lund zur Wiedererlangung von geborgenem Lübecker Bürgergut aus den bei Bornholm gescheiterten Schiffen des Matthias Metzler (1401), Brunkele (1402) und Reineke Strole (1403) s. Lüb. U.B. 5 n. 34, 67, 127. Vgl. das. n. 298.*

scepen van den vorseiden gescillen geelic ende al ons bekeert hebben ende gaeselic bekeeren bij des inhoudene van deser lettren in onse geminde vriende, den scepenen ende rade van der stede van Ghend, die ter beeden van ons ende ter jonsten van den ghemeenen coopman dlast van desen gescillen anomen hebben, omme dat te termijnere ende te slijtene ende te goeden acorde te bringhene; behouden dien, waert so, dat in de vorseide onse gescille eenich point ofte artikel inscidderde anclevende harde excellenten ende moghenden prince, den coninc van Vranckerijck, siere cronen, steden ofte ondersaten, ofte hogen ende mogenden prince, den hertoge van Burgoinnen, grave van Vlaendren, sinen steden ende ondersaten, dat de vorseide scepenen dairaf willen bliven staende ombegrepen, omme hemleden daeraf te bewindene ofte niet te bewindene. Ende hebben geloift in goeden trouwen over ons ende onse nacommers, al sulc seughen, terminacie ende acord, als bi hemleden ghezeit ende dairof getermineert sal worden, goed, vast ende van werdene te houdene up alsulke peune, als die vo[rseiden][a] scepenen dairop ordineren sullen naer der groete van der sacken, sonder dairjeghen te gane of te doen in nacomenden tiden in eenegher manieren. In orconde desen brieve besegelt mit onsen segele. Gegeven in den Hage, opten 20. dach in October int jair ons Heren 1400 ende twe[1].

549. *Hzg. Albrecht von Baiern, Graf von Holland, bevollmächtigt usw. usw. wie n. 546 seine Räte, die Ritter Hugo Herrn von Heenvliet und Gisbert von Diepenburch, sowie die Ratsherren Giselbert Francois von Dordrecht und Joh. die Langhe von Amsterdam als seine Vertreter bei der schiedsrichterlichen Entscheidung seiner Streitigkeiten mit Hamburg durch die Stadt Gent. — 1402 Okt. 20.*

StA Gent; Or. Perg., auf Papier aufgezogen, mit Einschnitt für das Siegelband.
Verzeichnet: Van Duyse et de Busscher n. 488, [illegible] 3 n. 873.

550. *Wisby an Reval: meldet, dass Arnold Bever bei seinem Tode dem Wisbyschen Bürger Gosswin Holtzemann* (van selschop wegen, de se tozamende hadden) *8 Pfd. Grote und 4½ Grote schuldig geblieben sei, und bittet, dem zur Erhebung des Geldes bevollmächtigten Überbringer des Briefes, Hinric Kalwer, behülflich zu sein. — 1402 Nov. 4* (d. sonnavendes na alle Ghodes hilgen daghe).

StA Reval; Or. Perg. m. S.
Gedruckt: Silfverstolpe 1 n. 212. Verz.: v. Bunge, Livl. U.B. 4 Reg. S. 73, Reg. Dan. II 1 n. 3198.

551. *Hzg. Albrecht von Baiern, Graf von Holland[b], an Köln: lehnt die erbetene Vermittlung wegen des vom Herrn von Arkel erhobenen neuen Zolls und Geleitsgeldes ab, so lange er sich mit demselben noch in Fehde befindet. — [1402] Nov. 5. Haag.*

Aus StA Köln, Hanse 1 n. 203; Or. m. Spur d. S. Auf der Rückseite: Domini ducis Hollandie en Zelandie [!] co Everstein.

a) *Die Schrift erloschen.*

1) *Die Stadtrechnung von Gent (im StA Gent) von 1402/3 berichtet fol. 61b:* Item de messagier van den hertoghe Aelbrecht ende van Amburgh den 29. dach in Oegst *[1402]* met brieven 3 s. 9 d. gr. Item de messagier van den hertoghe Aelbrecht den 6. dach in Novembre met brieven 2 s. 2 d. gr. *Dec. 6 trifft abermals ein Brief von Hzg. Albrecht ein;* 16 gr. 2) *Derselbe erteilt März 29 dem Kölner Bürger Jan Bossenbelmann Geleit bis Aug. 1. Ebenso Nov. 3 den Kölnern Jan Bögenlman und Jan Ridderstorn bis Ostern 1403, sofern sie den Arkelschen keinen Proviant bringen. RA Haag, Memoriale BJ cas. E fol. 8 und 11.*

Unsen bisunderen lieven ind gemynden vrynden, der stat van Coilne.

Hertoge Ailbrecht van Beyeren, grave van Henegouwe ende van Hollant.

Bisonder lieve ind gemynde vrynde. Wij hebben uwen brieff uns gesant wail virstain, roerende van nuwen tolle ind geleydegelt, dat die van Arkel uwen burgeren, onsen vrynden, afgenomen heeft [1], ind begeert aen uns, dat wij dat wolden bestellen, dat des niet mere en gheschie. Wairvan, lieve vrynde, wij u begeren tho weten, dat wij noch crigen ind orlogen mit den van Arkel ind die vrede tusschen uns ind hem uutgaet op sinte Martijns dage nestcomende [2], so dat wij op deser tijt nyet dairtoe en connen; mar wanner dat gezwoent werdt, so willen wij gerne thebeste dairin doen omm uwer liefden wil mit alle den vlite, den wij mogen gelihen, als wij in voirtiiden ymmer gedaen hebben. Ende werred u anders yet, des wij vermogen, dat lait uns altijt weten trulie. God bewair u alle wege. Gescreven in den Hage mensis Novembris die quinta.

552. *Lübeck an die preussischen Städte: in dem Streit zwischen ihnen und dem Kaufmann zu Bergen über das Schiff des Joh. Werde nebst Ladung, welches durch die Seeräuber weggenommen und diesen wieder durch den Kaufmann abgenommen war, haben bei der Pfingstversammlung* [3] *zu Lübeck drei Bürgermeister von Hamburg, Rostock und Stralsund mit Zustimmung der preussischen Sendeboten einen Vergleich zu Stande gebracht, wonach das Gut zwischen dem Kaufmann und den Geschädigten geteilt werden soll; bitten, diesen vom Kaufmann genehmigten Vergleich ebenfalls anzunehmen oder andernfalls die Sache bis zum nächsten Städtetage anstehen zu lassen. — 1402 Nov. 5.*

Gedruckt: HR. 5 n. 109. S. oben n. 521.

553. *Hans van den Bokell an Dortmund: bittet, die dem Alf uter Olpe geschuldeten vergangene Weihnachten und Johannis fällig gewesenen Raten an Hinr. Sigger zu Köln auszuzahlen; ersucht um unverzügliche Antwort auf diesen sowie auf einen beiliegenden* under der stat van Darbte secretum *angestellten* [4] *Brief, um Alf davon Mitteilung machen zu können. — [1402] Nov. 10* (6. daghe vor sinte Martinen).

StA Dortmund; Or. m. S.

554. *Dordrecht an Köln: hat beim Grafen [Albrecht] von Holland die Abstellung des vom Herrn von Arkel erhobenen neuen Zolls und Geleitsgeldes angeregt; hofft auf guten Erfolg seiner Bemühungen. — [1402] Nov. 12.*

Aus StA Köln, Hanse I n. 204; Or. m. Spur d. S. Auf der Rückseite: Dordraci ex theolonei [!] in Everstein.

Eerbaren ende wisen burgermeistere, rait ende andere burgere der stat van Coelne, onsen lieven ende zeere wel ghemindea vrienden.

Lieve ende zeere wel gheminde vrienden. Uwen brief roerende van der tollen te Ghorinchem ende van den gheleydegelde te Eversteyn [5], dat uwen borgeren ende

1) *Wegen der Bezahlung des für Joh. von Arkel eingekauften Weines seitens des Erzbischofs von Köln s. Arkels Antwortschreiben an Köln vom Oktober 1402; StA Köln, Hanse I n. 203. Aus demselben Grunde wurden auch 1399 einige Kölner Kaufleute von Arkel gepfändet; vgl. das. Hanse I n. 162, Mitteilungen a. d. Stadtarchiv 4, 55 und 92.* 2) *Nov. 11.*
3) *1402 Mai 14.* 4) *n. 521.* 5) *n. 552.*

coipluden, die die Nederlanden te versoeken plegen, van den here van Arkel ofgenomen wert, mit meer woerden daerin begrepen, hebben wi wel verstaen, waerop, lieve vrienden, uwer eerbare wijsheit gelieve to wetene, dat wi dese saken bi onsen rade onsen lieven ghenadighen here van Hollant getoont hebben ende versocht, eer ons u brieven voirscreven quamen ende wi die ontfinghen, ende voert dese saken meenen te vervolghen, dat si ofgelaten worden, na onsen vermoghen, want si ons zoe wel tegens ghaen als uwen bürgeren ende andere[a] coipluden, bi saken, die ghi wel weten moecht ende te lange waren te scriven op desen tijt. Ende wes wi om uwer bürgeren ende ghemeenen coepmans orbaer hierin sullen moghen doen ende arbeiden, des en sullen wi niet laten; ende of ghi, ghemindе vrienden, yet begheert, des wi vermoghen, dat laet ons ymmer weten. God si met u altoes. Ghegeven 12. dage in Novembri.

Bürgermeisters, scepenen ende rade der stede van Dordrecht.

555. *Der deutsche Kaufmann zu Brügge an die livländischen Städte: bittet, auf die Abstellung einiger Unsitten im Pelzwerkhandel, wegen deren er sich schon bei Dorpat und dem deutschen Kaufmann zu Nowgorod beklagt hat, bedacht zu sein. — 1402 Nov. 22.*

Aus StA Reval; Or. Hdbl.bem.
Gedruckt: v. Bunge, Livl. U.B. 4 n. 1612.

Honorabilibus magneque sagacitatis viris, dominis proconsulibus et consulibus communium civitatum Lyvonie constitutis et cuilibet singulariter, amicis nostris sincere predilectis, littera presentetur.

Unse vrentlike gruete unde wat wij gudes vormoghen tovoren. Heren unde sunderlinges guden vrende. Wij screven upten 11. dach in Meye lest vorleden an uwe leyve vrende, de stad van Darpte unde an dem copman to Nogarden, wu dat gude coplude van unser Hanse vor uns weren ghecomen sick seer grötlike beclagende van den marten unde ock van zabelen, de ut Lijfflande van eren vrenden hijr an se ghesant werden, umme de hijr to vorcopene, darbi dat se groten schaden lijden moten, wanneer dat se de vorkopen, overmids dat se den meesten hoep van den marten vinden, den de hovede unde ok de poten affghesneden zijn, unde van den zabelen de poten. Unde want wij wol ghehopet hadden, dat dit solde zijn ghebetert ghewordеn bi onsen overscrivene, des noch nicht ghescheyn en is, wunt wij hijrvan noch daghelix claghe horen unde vornemen: so ist, heren unde lieven vrende, dat wij van juwer vorsenigher wijsheit seer vrentlike begherende zijn, dat ghij bi juwen wisen rade hijrup also willen vorseyn wesen, dat dit ghebreck bi tijden ghewege moghe ghebetert werden, dat dünket uns seer nutte wesen vor dem copman; hijrynne also vele donde, alse wij ju des wol to betruwen. God unse here mote ju alle tijd bewaren in zielen unde in lyve. Ghescreven under unsen ingheseghelen, up den 22. dach in Novembri int jar 1402.

Bi den alderluden unde dem ghemeynen copman van der Düdischen Hanze nü to Brugge in Vlanderen wesende.

556. *Der deutsche Kaufmann zu Brügge an Köln: wegen des bei Lübeck angebrachten Gesuches von Nimwegen um Wiederaufnahme in die Hanse ist er von Köln gebeten, die Nimweger nicht eher [ins Recht des Kaufmanns] aufzunehmen, bis sie den vor Jahren von ihnen beraubten Kölner Bürger Tilman*

a) Dahinter ein Wort getilgt.

Wennschede u. Gen.[1] entschädigt haben; erklärt, dass Nimwegen durch Lübeck mit Vollmacht der andern Hansestädte wieder in die Hanse aufgenommen ist[2], und dass er gemäss Weisung Lübecks dies dem Kaufmann bekannt gemacht hat und die Nimweger ebenso wie die andern Hansestädte vertreten muss; hat die Angelegenheit aber dem Nimweger Ratssendeboten zur weiteren Verfolgung mitgeteilt und meint, dass die Hansestädte Nimwegen wohl zur Vergütung des andern Hansen zugefügten Schadens veranlassen werden. — 1402 Nov. 29.

StA Köln, Hanse I n. 205; Or. m. Spuren der 3 S.
Gedruckt: HR. 5 n. 87.

557. Auszug aus einer Aufzeichnung Revals über verbotenen Handel eines Lombarden nach Russland. — 1402 Dec. 11 und 22.

Aus StA Reval, Denkelbuch II fol. 104b. Höhlbaum.
Gedruckt: v. Bunge, Livl. U.B. 4 Sp. 422 f.

Due septimane ante nativitatem Christi (1402).

Item quam de Lambert vor uns unde vragede uns, warumme dat wy em sin gued genomen hedden. Des geve wy em to antworde: he hedde hir over 4 jaren dor dese land getogen myt copmanschoep unwonelike wege, dat vorbaden were, unde were hir nu wedder int lant gekomen, umme de sulven unwoneliken wege wedder to theende. Ok zo hedde he sines sulvens gud vorsaket. Item so wolde he wapen gevort hebben uppe de Russen unde heydenen, dat vorbaden is by lyve, by gude unde by des pawes banne. Hirumme so hedde he vorbord liif unde gued. Doch zo hedde wy God angeseen unde guder lude bede unde sunderlinx unses heren des cumpturs, unde hedden em dat liif gegeven. Men he zolde myt synen knechten sik vorwilkoren by eren lyve unde sweren to den hilgen, dat se nicht to Ruslande wert thien en zolden, men se zolden wedderumme thien den wech, den se gekomen weren.

Sexta feria ante nativitatem Christi[3].

Darna quam de sulve Lambert vor uns unde bad, dat wy em so vele geldes geven, dat he perde kofte unde mede umme lant toge to Rige tho. Hirup zegeden wy em vor een antworde: he en zolde nynen wech wedder thien dan den he her gekomen were, by syme lyve, unde ligge hir bet to vorjaren, dat he mit schepen van hir zegelen mochte. Unde wolde he id vor gued nemen, wy wolden em zo vele geldes lenen, dat he syk mit synen knechten mede uth der herberge lozede na redeliker achte[4].

558. Brügge an Köln: will sich beim Herzog von Burgund dafür verwenden, dass die im Falkenburgischen gefangenen Kölner Kaufleute freigelassen werden[5] und zwei dort früher geschädigte Kölner Genugthuung erhalten; rät dringend davon ab, Flandern für diesen Vorfall haftbar zu machen. — [1402] Dec. 12.

Aus K StA Köln, Hanse I n. 208; Or. m. Spuren d. S. Auf der Rückseite: Brug. Flandrie de Henrico Balt, Henrico Slijper et Reynero de Trajecto Valkenburgh arrestatis. Hagedorn.

1) S. oben n. 419. 2) S. den Recess von 1403 Jan. 13, HR. 5 n. 114, 2.
3) Dec. 22. 4) 1403 Juni 16 ersucht der Hochmeister die Stadt Reval, einige diesem Lombarden arrestierte Sachen nach Danzig zu senden; v. Bunge 4 n. 1628. 5) Dec. 5 und 9 antworten auch Löwen und Mecheln auf entsprechende Zuschriften Kölns; StA Köln, Hanse I n. 206, 207. Vorher hatte Köln mit dem herzoglichen Drost in Falkenburg, Arn. von Heyenheim, direkt verhandelt, vgl. das. n. 199, 200, 201 und Mitth. a. d. Stadtarchiv 27 S. 170. Das Eingreifen der flandrischen Städte verleiht dieser Angelegenheit hansisches Interesse.

Honorabilibus ac circumspectis viris, dominis burgimagistro et consulibus civitatis Coloniensis, amicis nostris carissimis.

Honorabiles et circumspecti viri, amici carissimi. Amicicie vestre litteras per nuncium vestrum, presentium latorem, nobis presentatas bene intelleximus, mencionem facientes de quadam stagni pecia spectante Symoni Quid de Vilen opidano, ut dicitis, Aquensi per Constantinum greve Colonie arrestata et sub umbra rebellionis illorum de Aquis erga majestatem serenissimi principis et domini, domini Ruperti Romanorum regis erario suo applicata[1], qualiterque illius arrestationis in vindictam Henricus Hait, Henricus Slipart et Reynerus de Tricht, cives vestri, cum salvo conductu officialium domini ducis Burgundie terre sue Valkenburgensis[a] de nundinis Antwerpiensibus super venientes et Coloniam properantes ad postulationem et requestam supradicti Symonis de Vilen in prefata terra Valkenburgensi subjecta prefato domino duci capti et arrestati sunt nec a vinculis hactenus valuerunt liberari, quamquam multis super hoc vicibus scripseritis dicte patrie senescallo, nos rogantes instanter, quatinus erga prefatum dominum ducem vices nostras taliter interpellere vellemus, ut prefati vestri cives ab hujusmodi vinculis valeant expediri, itaque et Martinus de Aichge et Cristianus Greverode dampna per ipsos passa[2] occasione supradicti domini nostri recuperare possint, per ulteriora verba vestris in pretactis litteris patencius expressata. Super quibus, amici carissimi, vestris pateat honestatibus, quod ob serenissimi principis et domini, domini Romanorum regis, qui super eadem materia nobis scripsit[3], vestrique ob amorem et predictorum mercatorum utilitatem ac communis mercature ampliationem super hac materia libentissime scribemus metuendissimo domino nostro, domino duci Burgundie prefacto, eidem, quanto precarius poterimus, supplicantes, quatinus predictorum vestrorum civium a vinculis liberacionem ac dampnorum Martino de Aichge et Cristiano Greverode restitutionem debitam effective mandare dignetur, nec in nostra stabit negligentia, si, quo[d][a] absit, in hoc protractio contingat. Que tamen si eveniret, miraremur vehementer, si aliis subditis prefati domini nostri, maxime habitatoribus patrie Flandrie, ad quam mercatores Alamanie et presertim civitatis Coloniensis cotidie fluunt, hoc imputare velletis, cum, ut reverencie vestre sciunt, insontes pena reorum plecti non debeant; nec putaremus vestratibus hoc multum proficere posse temporis per successum, cum cives vestri multo habundantius in partibus Flandrie suis mercibus, quam incole patrie Flandrie in Colonia habeant negociari, nec credimus verisimiliter, quod per talem modum velletis confederationis antique ligamen inter vestrates et nostrates tam diu continuatum dirumpere, presertim quia terra Valkenburgensis patrie Flandrie in nullo attinet nec moribus nec legibus secum con[ce]ditur[b] nec Flandrie quovismodo substat ditioni, quamquam forsan per denarios vel alio quovis titulo predictus dominus noster illam terram sibi acquisierit nec nos propterea ipsorum scelera sicut nec ipsi nostra portare habent de jure. Honorabiles ac circumspecti viri, altissimus vestras conservet honestates prospere et votive tempora per longiora. Scriptum die 12. mensis Decembris.

Burgimagistri, scabini et consules ville Brugensis in Flandria.

559. *Ypern an Köln: verspricht, bei der nächsten Tagfahrt der vier Lede den Herzog von Burgund um Freilassung der im Lande Falkenburg arrestierten Kölner anzugehen. — [1402] Dec. 16. Ypern.*

a) quo K. b) conditur K.

1) *S. n. 506 Anm. 4.* 2) *Vgl. n. 496 Anm. 3.* 3) *S. n. 494 u. 501.*

4) *K. Ruprecht schrieb deswegen an den Herzog von Burgund und an verschiedene Städte: vgl. seine Briefe an Köln vom 1404 Nov. 12 und 1403 Jan. 28, Mittheil. a. d. Stadtarchiv 11 S. 99—103.*

Aus StA Köln, Hanse I n. 209; Or. m. Spuren d. S. Auf der Rückseite: Ipsorum de arresto in Valkenburgh. *Hagedorn. S. n. 559.*

Eerwerdighe ende wijse, onse lieve ende gheminde vriende, burghmeestere, rade ende andre porters van der steide van Cuelne.

Sonderlinghe gheminde heeren ende vrienden. Wij hebben ontfanghen uwe vriendelike brieven an ons ghesent bi uwen bode bringher deis briefs, inhoudende, hoe dat niewelijcx enieghe uwe porters ghenoomt bi harer name in uwe voorseiden brieven commende van Andwerpen in tland toebehorende onsen gheduchten heere den hertoghe van Bourgoigne, grave van Vlaendren, specialike in Valkenborech met haren goede ende coopmanscepen zin daer ghearresteird, niet jeghenstaende den saufconduito den selven voorseiden poorters bi den officers ons gheduchts heeren voorseid ghegheiven, met meer worden in uwe letteren begreipen, biddende ende versoukende, dat wij ghehulpich ende gheradich weisen willen, dat uwe voorseide porters van den arreste up hemleiden ghedaen te Valkenborech los ende quitte werden moghen; of andres daer des niet ghesciedo, so moest ghi weighen vinden, waermeide ghi ende uwe poorters uwe scaden gheh̄alen zoud moghen. Up twelke uwer eersammecheid ende bescedentheid ghelieve te weitene, dat ons met goeder herten leed es tvorseid arrest ghedaen up uwe poorters, ende dat wij als de gene, die gherne altoos doen zouden, dat u lievelic ware, als verre als wij zouden doen moghen, bi reidene ende bi bescede menen ter vriendeliker beide van u ter eerster dachvaert, die ghehouden wert bi den steiden van Ghent, Brugghe, ommeleiden ende tland van den vryen van onbreemeens lands weighe van Vlaendren, twelke corts wert, te scrivene ghemeenlike ende eendrachtelike metgaders hemleiden an onsen gheduchten heere onse vriendelike brieven van beiden, dat hem ghelieven wille bi ser goedertierer gracie uwe vorseide poorters ende haer goed te delivererne ende te doen delivereren, tontslane ende te doen ontslane van den arreste up hemleiden ende haer goed ghedaen; daerin doende onse neerenstichelde, ghelike wij souden willen, dat ghi dar ons daed in ghelliken of meerer sticken. Gheminde heren ende vriendo, God zij met u, sparende in goeden salicghen langhen leivene. Ghescreven tYppre, den 16. dach in Decembre.

Voogbd, scepenen ende raed van der steide van Yppre.

560. *Auszug aus einer Petition der vier Lede von Flandern [an Hrg. Philipp von Burgund] über die Zulassung Nimwegens zu den hansischen Privilegien und die Befriedigung der deutschen Kaufleute in Sluys für eine unbezahlte Forderung. — [1402.]*

L Departementalarchiv Lille; Abschrift, Sept. 1898 nicht aufzufinden. Auf der Rückseite: Les quatre membres de Flandres touchant la neutralite[1] baillee a monseigneur de Tournay par les deputes du pais.

L 1 Das., kürzere Fassung.

Gedruckt: onzuverlässig Mone, Anzeiger für Kunde der teutschen Vorzeit 6 (1837), 271 f. zu 1386; wiederholt hier.

[1—4.] Betreffen englisch-flandrische Verhältnisse.

[5.] Betrifft Freigebung des Verkehrs von Brügge nach Calais durch die Dünen, wo verschiedene Kaufleute aus Deutschland, Brabant, Lüttich u. a. wegen Benutzung verbotener Wege durch die Dünenwächter arretiert sind.

[6.] Item vindrent naguires en la chambre de Bruges par devant les bourghmaistres et eschevins et les deputes des aultres trois membres de vostre pays et

[1]) *Vgl. Gilliodts-van Severen, Invent. de Bruges 3, 466.*

illec assambles les oldermans de le Hanze dAlemaigne et leur exposérent, comme la ville de Niemage en temps passe soloit estre de le Hanze dAlemaigne et pour aucuns mesfais ou delis avoit este dicelle Hanze deboutee et cassee et de nouvel estoit par ceulx de le Hanze en icelle receue et reformee[1], requerans que les dis de Niemage doresen en avant paisiblement joir des privileges et franchises ottroiees et donnees as marchans de la dicte Hanze; et combien que lors fuist aux dis oldermans respondu par les dis membres, que ceste chose touchoit principaument vostre noblesche et seignourie, qui aviez donne et conferme les privileges et a qui linterpretacion appartenoit, et maismement que du temps du traitie et accord fait entre vous, vostre pays de Flandres et les villes de le Hanze et du temps de la confermacion de leurs privileges ceulx de Niemage ne furent lors ne grant temps par avant de la dicte Hanze; neantmoins ceulx de la dicte Hanze ont ad ce respondu, que les villes de le Hanze par vertu de leurs privileges a eulx par vous et vos predecesseurs donnees et confermees peuent debouter et casser les villes, qui delinquent envers eulx, et les arriere recevoir et confermer en leur Hanze, quant il leur plaist, et non tant seulement reconsillier ceulx, qui ainsi ont delinque et par avant este, ains y peuent recevoir des nouveaulx, qui onques ny furent, requerant pour ce ceulx de Niemage estre admis et acceptes comme dessus. Et pour ce que ceste chose touche grandement vostre seignourie, comme dit est, les bonnes gens dessusdis vous supplient tres humblement, de avoir sur ce vostre bon avis et conseil pour respondre et satisfaire a la requeste des dis oldermans, comme il appartiendra.

[7.] Betrifft England.

[7a.][a] Item et avoec est vray, que vostre baillin de lEscluse[2] a prise apres les deces dune bastarde au dit lieu de lEscluse avoec plusieurs autres biens certaine quantite de tonneaulx de chervoise dAlemaigne par lui achatee aux marchans du dit lieu dAlemaigne montans a la somme de 10 livres gros, sans dicelle somme durant sa vie aucune chose paier. Et pour ce sont venu les dis marchans au dit baillin, requerans davoir de lui la dicte somme de 10 lv. gr. ou au mains la dicte chervoise, duquel il a este et encore est refusans de faire, non obstant que par vos lettres lui a este mande, iceulx marchans par lui estre contente de la dicte somme. Pourquoy considere ce, que dit est, il vous plaise de rechief mander expressement a vostre dit baillin de contenter les dis marchans de la dicte somme de 10 lv. gr. a ceulx deue pour cause des dis chervoises.

561. *Satzungen der Stadt Hamburg für die Hamburger Hanse zu Sluys. — 1402.*

Aus StA Hamburg, Classis VI n. 1a Vol. 1 Fasc. 2b; moderne Abschrift aus einer 1842 verbrannten Handschrift von ca. 1370. Vgl. Lappenberg, Hamburg. Rechtsalterthümer 1, CXLVII.

To der Slûes.

In Godes namen amen. In dem jare uns Hern dusent veerhundert unde twe is de rad van Hamborch to rade worden dor ener menen nutte willen der borghere van Hamborch, de to der Slûs lighen, dat se scolen holden ere Hanse unde rechticheit to der Slues in aller wise, als hir nascreven steit.

[1.] To dem ersten scholen se kesen alle jar bynnen den achte daghen to pinxsten twe olderlude uter selschop, de to der Slues lieghen, unde de twe scholen sweren, des vorscreven copmans rechte unde dat hir nascreven steit willen helpen, holden unde bewaren, dewile se olderlude sind, alse verne alsyt na synne unde na

a) [illegible]

1) S. oben n. 543, 555. 2) Vgl. Gilliodts van Severen, Invent. de Bruges 3, 466.

witlic reddeliken begripen konen, ysliken manne to synen rechte, he sy arme edder rike, sunder argelist. Unde de twe scolen wesen en jar, und darna schal me se nicht wedder kesen to olderluden bynnen twen jaren, unde darna mach me se kesen, wann me wil, to olderluden to wesene, als vorscreven steit. Unde wen me to oldermanne kûyst, de schal oldermann wesen, by ener bote enes pondes grot in de bussen ene warff, ander warff, derde warff, unde dat nenerwys to latene, he en sy oldermann in aller wys, als hir vorscreven steit. Ok dat yennich der olderlude vor alwanderde umme sin werff, so scholde men enen andern guden man setten in syne stede, went he wedderqueme, unde wen[a] me darto set, de schal nicht weyghern, by ener bote enes pondes grot, als hir vorscreven steit.

[2.] Item schal en jewelk[b] den olderluden hor[sam] wesen. Unde were ok yennich man, de de olderlude vorspreke mid homode edder myshandelde in des copmans denste, de scholde beteren den oldermannen mid viff schillinghe groten vor sine smaheit unde viff schillinghe groten in de bussen to des copmans behoeff.

[3.] Item weret, dat yennich twedracht upstunde under unsern borgheren unde den copluden, des nicht schen en mote, dat scholden de olderlude upnemen also vro, als id en to wetene worde, unde schole se slighthen van stunde an, offt se konden; unde konden se des nicht don, so scholden se em enen vrede bieden, unde wo se den beden, schal me den holden. Unde were ok, dat yennich unvorwand kiff edder vechtinghe worde under unsen borgheren und den copluden, dare andere unsere borghere to quemen unde en vreden boden, wo se en den boden, also scholde me den holden.

[4.] Item so scholen de olderlude mechtich wesen, unsere borghere unde der coplude unde der schipperen unser stad van Hamborch tosamene to biedende in ene stede, de bequemelik is, wann en dunket, dat des nod is up ene, etc. etc.

562. Der deutsche Kaufmann zu Brügge an Reval: ist von Reval um Maßregeln gegen den direkten Verkehr der Vlamen nach Livland ersucht, und teilt die von ihm deswegen verkündete Ordonnanz mit. — 1403 Jan. 3.

Aus StA Reval; Or. m. Spuren der 3 S. Höhlbaum.
Gedruckt: v. Bunge, Livl. U.B. 4 n. 1615. S. oben n. 545.

Honorabilibus circumspectisque viris, dominis proconsulibus et consulibus civitatis Revele, amicis nostris sincere preamandis, littera presentetur.

Vrentlike groyte unde wat wij gudes vermoegen tovoren. Heren unde sunderlinges gueden vrende. Wij hebben juwen breyff untfangen unde wol verstaen, daerynne dat gi scriven, wo dat to ver jaeren unde ock nû in dessen jaere vorleden met ju Vlamynghe sijnt gewesen, bede van schipheren unde van coepluden, daer die gemeyne coepman zeer aff beschadiget ys, van ons begerende, dat wij daer ernstlike willen voer wesen, dat neyn coepman uyt der Duetschen Hanze Vlamynghe en wynne noch en lâde met ju to segbelne, noch dat neyn schipher Vlamesche coeplude id sij met krude, met fruthe offt met anderen kopenschapen met ju int land en voere, wint se daer velle guedes nuddervellich gemaket hebben, met meer worden, alse juwe breyff wol verclaret. Waerup juwer vorseniger wijsheit gelieve to wetene, dat wij juwen breyff nicht langhe dâron, dat he uns gekomen was, deden lesen vor dem gemeynen coepmanne van unser Hanze; unde umme dessen groten schaden to schuwene unde to verhodene, by also velle, alse des in uns ys, so overdroghe wij uppe die vorscrevene tijt eyndrachtlike met dem gemeynen coepmanne, dat neyn

a) wem H. b) jowelik H.

schipher van der Hanze sal umhalen enighe coepliude offt goet buten die Hanse behorende, umme darmedde to zeghelne to Lijfflande wart, noch dat neyn coepman van der Hanze sal vryen enich goet buten die Hanze behorende, umme dorwart to brenghene. Ock so wart uppe die selve tijt overdreghen, dat men neyne schipheren wynnen offt laden en sal, to Lijfflande wart to zegheine, noch doen wynnen noch doen laden anders dan van oldinghes wontlick ys gewesen, up den broeke, die dar van oldinghes up geset ys. Unde wert sake, dat wij hijr icht anders met redelicheit to doen moechten, umme dat vorscreven gebreck to wedderstane, darto solde men ons alle tijt berede vinden. Hiem uns dunckel, gi mochten dit velle bet dar verwaren met alsodanen ordinancien, die ju, lieven vrende, darup gelieven solden te makene, dat wij bevelen juwer wijsheit. God unse here moete ju alle tijt bewaren in zielen unde in lyve. Ghescreven under unser ingezeghelen, upten derden dach in Januario int jaer 1403.

By den alderluden unde dem gemeynen coepman van der Duetschen Hanze nu to Brugge in Vlanderen wesende.

563. *Geml an Köln: verspricht auf dessen Bitte, sich sofort beim Herzog von Burgund um die Freilassung der vom herzoglichen Drost in Falkenburg, Arnold von Kerpenheim, arrestierten Kölner zu verwenden*[1]. — *[1403] Jan. 8.*

StA Köln, Hanse I n. 210; Or. m. Spur d. S. S. n. 558.

564. *Dorpat an Reval: bittet um Besiegelung einer von Joh. Wrede überbrachten russischen Urkunde*[2]. — *[1403] Jan. 25.*

Aus StA Reval; Or. m. Resten d. S. Höhlbaum.
Gedruckt: v. Bunge, Livl. UB. 4 n. 1639 (zu 1404).

Commendande discrecionis et prudentibus viris, dominis proconsulibus et consulibus civitatis Revaliensis, nostris amicis quam sincere dilectis, hec littera detur.

Tocius amoris constancia decentis servicionis cum promptitudine humiliter premissa. Heren unde leven vrunde. Vor uns quam Johannes Wrede unde brachte ene Russche schrift in permente unde darbi ene copie in Dudesch ghetolket ut der zulven Russchen schrift, de he beide ene jeghen de andere vor uns leet lesen, biddende, dat wi juwer ghunst wolden toscriven unde vor eme bidden, dat gij eme den Russchen breff mit juwer stat secrete antohangende wolden bezeghelen. Also sende wi ju de zulven beide schrifte unde bidden mit Wreden, dat gi eme den Russchen breff bezegelen, so vorscreven is, na siner begherte, went gi zulven moghen weten, wo de zaken tokomen sint. Wes ghi hirinne don moghen umme unser bede willen, dat wille wi gherne verschulden, wor wi moghen. In Domino Jhesu nunc et in evum prosperi valeatis, nobis jugiter precipientes. Scriptum ipso die conversionis beati Pauli nostro sub secreto. Consules civitatis Tarbatensis.

565. *Die Lande Ostergo und Westergo an Hochmeister Konrad von Jungingen: heilten bei Beantwortung von n. 525 auf Grund ihrer Ermittlungen die Schuld*

[1]) *März 19 verheisst Geml der Stadt Köln abermals seine Verwendung beim Herzog, nachdem Arn. von Kerpenheim der Weisung desselben zur Freigebung der arrestierten Kölner keine Folge gegeben hatte. A. a. O., Hanse I n. 213; vgl. das. n. 212, 214 und 223 die Schreiben von Mecheln, Arn. von Kerpenheim und Hzg. Philipp von Burgund an Köln. Über den Ausgang s. Mitthl. a. d. Stadtarchiv 14, 53 n. 7708. 7716 zu 1403.* [2]) *Hängt mit einer Streitigkeit zwischen Wrede und dem russischen Kaufmann Iwan Koterne zusammen. S. darüber die Revaler [illegible]. HR. 5 n. 1030–1031.*

des Laurens van Husen aufrecht und stellen eine Entschädigungspflicht in Abrede; bitten um das Zugeständnis gegenseitiger Verkehrssicherheit unter Verzicht auf die beiderseitigen Ersatzansprüche, oder wenigstens um ein- oder zweijährigen Geleit für ihre Unterthanen zum Besuch Preussens, während sie eine Befehdung derselben durch Fehde erwidern werden. — 1403 Febr. 1.

StsA Königsberg; Or. m. Spuren d. S.
Gedruckt: HR. 5 n. 121.

566. *Der deutsche Kaufmann zu Brügge an Köln: ersucht es, den Kölner Bürger Heinr. van Ysem zur Freigebung des von ihm als vermeintlichen Dortmunder Guts arrestirten Tuches zu veranlassen. — 1403 Febr. 11.*

Aus StA Köln, Hanse I n. 211; Or. m. Resten der 3 S. Auf der Rückseite: Aldermannorum ex Henrici de Ysem. *Hagedorn.*

Honorabilibus industriosisque viris, dominis proconsulibus et consulibus civitatis Coloniensis, amicis nostris sincere predilectis, littera presentetur.

Vrentlike groyte unde wat wij gudes vermoegen tovoren. Heren unde sunderlinges gueden vriende. Juwer bescheydenheit gelieve to wetene, wu dat tot onser kennisse ys gekomen, dat Henrick van Ysem juwe meddeborger hevet doen arrestiren up die stad van Dorpmunde 11 ellen blaes lakens, umme dat dit vorseide laken enigen borgers van Dorpmunde solde wesen tobehorende, des nicht en ys, alse wij des warachtigen berichtet zijn, men dat dat vorseide laken eynen geheyten Herman Vridach borger to Gotlande tobehorende ys, die dat sijnen vrienden sande. Waerumme wij van ju heren unde vriende begerende zijn, dat gi Henrike van Ysem juwen borgere vorseid also willen underwisen, dat he dat vorscreven laken wille untslaen van dem vorseiden restemente unde bekummernisse, also dat dat moege komen unde geantwordet werden den ghenen, den dat van rechte tobehorende ys; hijrynne doende, alse wij ju wol tobetruwen. God unse here moete ju altoes bewaren in zielen unde in lyve. Gescreven under onsen ingezegelen, upten 11. dach in Februario int jaer 1403.

By den alderluden des gemeynen coepmans van der Duetschen Hanze nu tot Brugge in Vlanderen wesende.

567. *Hildesheim an den deutschen Kaufmann zu Brügge: Ernst van der Halle, von Claus Winstrate wegen einer Schuldforderung in Hildesheim verklagt, hat sich der Entscheidung der Stadt unterworfen und dann gemäss Aufforderung des deutschen Kaufmanns seinen Sohn zum Abschluss eines Vergleichs nach Brügge geschickt, ohne aber den nach Rom gezogenen Kläger antreffen zu können; bittet, da Ernst und seine Söhne* van orer handelinghe unde neringhe syn, *den Claus zu veranlassen, dass er bis Pfingsten*[1] *selbst nach Hildesheim kommt oder einen Bevollmächtigten schickt, um wegen seiner Forderung durch Ernst befriedigt zu werden*[2]. — *[1403] Febr. 16* (d. vridaghes negest na s. Valentini).

StA Hildesheim, Briefbuch n. 62 fol. 25b. Es folgt das, ein gleiches Schreiben an Winstrate.
Gedruckt: Doebner, U.B. d. St. Hildesheim 3 n. 71.

1) *Juni 3.* 2) *In einem späteren Schreiben benachrichtigt Hildesheim den Winstrate (so) vom Abschluss eines Ausgleichs zwischen seinem Bevollmächtigten Claus Balke und Ernst von der Halle nebst Söhnen, mit einer Einspruchsfrist bis Sept. 29. Doebner a. a. O. n. 76.*

568. *Der deutsche Kaufmann zu Polozk an Riga: hat von Grossfürst Witold den Befehl zur Räumung seiner Lande erhalten. — [1403] Febr. 27. Polozk.*

Aus RA Riga; Or. m. Resten d. S. Mitgetheilt von Hn. Stadtarchivar Dr. Schwartz. Gedruckt: Napiersky, Russisch-livland. Urkunden n. 193, v. Bunge, Livland. U.B. 4 n. 1638. Wegen des Datums s. unten n. 572.

Den erbaren wysen beschedenen heren, borgermester unde rad tho Ryghe, unzen leven vrunden, sal desse breyf etc.

Unzen vruntliken grot myd denestliken willen, an de erbaren heren borgermester und raet tho Ryge. Ju gheleve tho wetende, dat uns konigh Vitote den vrede hevet upghesegghet, uet syme lande tho wezende van des dinxsedages tho vastelavende vort over 4 weken. Weret dat des nicht en schephe, men solde uns myd knuppelen uet der stact jaghen edder solen in de yseren gaen, unde vruchten wol, dat ze uns desser vorscrevenen tyet nicht vuel solen bruken laten. Darummer wy vruntliken bydden, dat gy wol doen unde scriven uns hir eyn kort antwarde van, dat wy weten, wo wy varen myd vrunde gude, dat wechliken vorborget is unde ok eens deles noch unvorkoft steyt, dat ze unde wy unbeschedeget blyven. Blivet ghesunt in Gode. Ghescreven tho Ploscowe, des dinxsedages tho vastelavende etc.

De mene kopman tho Ploskow wesende etc.

569. *Lübeck an K. Heinrich [IV] von England: englische Unterthanen aus Lynn und Blakeney haben im letzten Herbst dem Schiffer Meynekin Meltsing auf der Höhe von Newcastle sein von Malmö nach Flandern bestimmtes Schiff sammt der Ladung geraubt, woran verschiedene Lübecker Bürger laut ihrer eidlichen Aussage betheiligt waren* (Ludekyn Smit — confirmavit, quod medietas navis prescripte necnon decem et septem laste allecium, que fuerunt in eadem navi, sibi et sue societati suisque veris familiaribus domesticis veraciter appertineant, et ultra hec quatuor laste allecium, que etiam fuere in navi predicta, specialiter sue societati appertineant; insuper — Bertoldus de Northem quatuor lastas allecium sibi soli, Wernerus[a] Hoep duas lastas allecium sibi soli et Johannes Luneburgh duas lastas allecium sibi et suis familiaribus domesticis veraciter appertinentes); *bittet, dem gen. Meltsing als dem Bevollmächtigten der geschädigten Bürger zur Rückerlangung des Gutes und zum Ersatz ihres Schadens zu verhelfen. — 1403 März 4.*

Publ. Record Office London; Or.
Gedruckt: Rymer, Foedera 8, 297, wiederholt Willebrandt, Hans. Chronik 3, 47. Verz.: Hempel, Invent. diplom. Saxon. inf. 3, 9, HR. 5 n. 123.

570. *Hamburg an denselben[1]: berichtet ebenso über die Wegnahme des Schiffes des Meynekin Melsing, an dem seine Bürger Joh. Melsing und Bernhard Vernyden mit je ¹/₈ Schiffspart, Marquard Godingh mit 4 Last Häring, sowie nach Aussage Joh. Melsings dessen zur Zeit in England weilender Bruder Meynekin mit ¹/₄ Schiffspart und 2 Last Häring und der abwesende Heyno Schilt mit 16 Tonnen Häring betheiligt waren; bittet, dem Meynekin als dem Bevollmächtigten der Geschädigten zur Rückerlangung des Gutes oder dessen Werthes zu verhelfen. — 1403 März 10.*

Publ. Record Office London; Or.
Gedruckt: Rymer, Foedera 8, 296. Verz.: HR. 5 n. 124.

a) Wernerus Rymer.

1) *[1403] Mai 11 beklagt sich Amsterdam bei K. Heinrich IV über die Wegnahme des von Amsterdamer Bürgern befrachteten Schiffes ,Kerstoffel', Kapitan Otto Brunckerch aus Hamburg. Scott et Gilliodts-van Severen, Le Cotton Manuscrit Galba S. 34.*

571. *Hochmeister Konrad von Jungingen verkündet die Einrichtung eines Warenstapels in Thorn für den Verkehr nach Preussen. — 1403 März 18. Marienburg.*

Aus StA Thorn n. 437; Or. Perg. m. S. — Das. ein zweites Or. m. Spuren d. untergedr. S., in der Orthographie unwesentlich abweichend. Hagedorn. Gedruckt: Toeppen, Acten der Ständetage Preussens 1 n. 66, Kestner, Beiträge z. Geschichte der Stadt Thorn S. 43 Anm. 2.

S. auch die Recesse HR. 5 n. 118, 3; 119, 10. Über die hauptsächlich gegen Krakau gerichtete Tendenz dieser Stapelerhebung vgl. Österreich, Handelsbeziehungen d. Stadt Thorn zu Polen 1 (Ztschr. d. westpreuss. Geschichtsvereins 28) S. 21 f. Doch beklagen sich auch Breslau und Schweidnitz bei K. Ruprecht über die Massregel des Hochmeisters; vgl. dessen Verantwortungsschreiben an Breslau von 1403 Mai 21, Voigt, Cod. dipl. Pruss. 6 n. 117.

Wir bruder Conradt von Jungingen homeister Dütschis ordens den ersamen vorsichtigen mannen, burgermeistern und radmannen alle der stete, czu welchir gegenwertikeit desser unsir brif kumpth, enpiten wir unsirn fruntlichen grus. Ersamen liben besundirn frunde. Wir thun euch czu wissen, das wir mit rathe und volbort unsir mitgebitiger und stete sint czu rathe wurden und wellen, das alle koufluthe, die bussen unsirn landen gesessen sint, die unsir land mit irre koufenschacz vorsuchen wellen, das dy die alden strassen yn unsir land czihen sollen czu Thorun czu und nyrne anders; und was sie aldo yn unsir stat brengen von sotaner koufenschacz, als hirnoch benumet ist, die sollen sie czu Thorun yn unser stat nedirlegen und iren markt aldo selbir thun und nicht vorder yn unsir land czihen und ouch nicht czu der see metefaren, als wachs und allerley eichhornwerk, marder, lasniczen, olsten, hewirwammen, otters und sulcherleye ruwewar, allerley koppir, bley, zyn und queksilber, zyde, pfeffir, safferan, ingeber und semeliche koufenschacz und crude, ungemunczet silber und golt. Und wer is sache, das imand disse unsir saczunge breche und off andern strassen yn unsirm lande mit sulcher koufenschacz, als vorberurt ist, begriffen worden, die sollen die selbe koufenschacz vorloren haben, keyne gnade doran czu thunde. Dorumb so bitten wir euwir allir lybe und fruntschaft, das ir die euwern dorno wellet warnen, off das sie czu keynem schaden komen. Gegeben off unsirm huse Marienburg, am sontage oculi noch Cristi geburt vierczehnhundirt und dry jar, undir unsirm angedruckten ingesegil.

572. *Grossfürst Witold von Litauen an Riga: will den zu Polozk arrestierten deutschen Kaufmann nicht eher freigeben, als die Polozker Ersatz für den ihnen vom livländischen Ordensmeister zugefügten Schaden[1] erhalten haben. — [1403] März 21. Dubissa-Werder.*

Aus StA Riga; Or. m. S. Mitgeteilt von Hn. Stadtarchivar Dr. Schwartz. Gedruckt: Napiersky, Russisch-livländ. Urkunden n. 196, v. Bunge, Livl. U.B. 6 n. 2939.

Den wyzen ratthlewten der stat czuu Ryge.

Allexander andirs Wytowd fon Gotes genoden grosforst czuu Litthowen etc. etc.

Fromen forsichtien wyzen lewte. Ir schrybt uuns betende ūum den kopman, der czuu Ploczkow mit zym gute opgehalden ist, das wir en qwyt lasen welden,

[1] *Febr. 1403 fand ein Einfall des livländischen Ordensmeisters in Litauen statt. Voigt, Gesch. Preussens 6, 241.*

wen her in hoppenunge eyns fredis gehyndirt were. Dorof wisset, das wir den selbin kowpman nicht fry laten wellen, wen den unseru ist czun Ploczk in dem gebyte schaden geschegen mit unglyche wedir den bezundirn frede ane ofzagunge, den dy selbin Ploczkern fon aldirs unde fon langen cayten mit Lyflande gehatt haben. Zundir unm keynen frede dörfet ir uns nicht schryben noch manen, wen wir haben mit euch ny keynen frede gemacht noch forschrebin. Was ewir meistir mit om czun tuun hot ûum cleinen adir uum grosen frede, den wisse wir uns wol kegen em czuu forantwerten. Ist den ewir kowpman forwarlost und vorhyndirt czun Ploczk in der stat, do mögt ir ewirm meistir fumme czuusprechen, worum her dy Ploczker gebêrt hot, ee wen her ewirn kowpman fon dannen hot geschicket etc. Und wir tuun euch czuu wissen, is das den Ploczkern ir schade nicht koreslich gericht wirt, so mak is alzo gefallen, das ir forbas den zelben kowpman und zyn gunt nymmir mögt beym krygen. Gegeben czuu Dunbleczb, am mittewoche for mittefasten.

373. *Der Minoriten-Guardian zu Kampen Alardus Legghenort transsumiert die Urkunden der Könige Waldemar von Dänemark von 1326 [Bd. 2 n. 452], Erich von Dänemark von 1307 [das. n. 115] und Magnus von Schweden von 1336 [das. n. 591]. — 1403 Apr. 2 und 24.*

StA Kampen: 3 Or. m. anh. S. Auf der Rückseite von Nr. 3 von späterer Hand: Desse vidimus plach die voecht op Schonen ait hem toe nemen.

Verzeichnet: Register van Kampen 1 n. 333, Reg. dipl. Dan. II 1 n. 3828.

374. *Hochmeister [Konrad von Jungingen] an die Lande Ostergo und Westergo: antwortet auf n. 365, dass sein Land allen Gerechten und Unschuldigen offen stehe, dass er aber Schädiger der Seinigen nur nach gebührlicher Genugthuung geleitet; will ungern Krieg führen, begehrt Schadenersatz für seine Unterthanen oder andernfalls eine ausdrückliche Kriegserklärung. — 1403 Apr. 10. Marienburg.*

StsA Königsberg, Hochmeister-Registrant 3 fol. 60.

Gedruckt: HR. 5 n. 132, früher Voigt, Cod. diplom. Pruss. 6 n. 145.

375. *Hochmeister [Konrad von Jungingen] verkündet ähnlich wie n. 371 die Errichtung des Stapels in Thorn, unter Weglassung der Strafandrohung und mit dem Zusatze:* Unnd wer is sache, das imandt mit gerethem gelde von lowszen gewunnen yn unszir landt queme, der mag domethe czihen in unszirm lande kowffende von inwonerren des landes, was ym wirt sein bequeme, ane alleine Engelisch gewant, das sal her czu Thoren kowffen und holen und nyrne anders; und wurde ymandes off anderen straszen begriffen czihende in unszir landt mit der obgeschreben ware adir mit Engelischen gewande ynneczihende, das her czu Thoren nicht gekowft hette, das gut sal vorfallen seyn und vorloren; *und weist alle Beamten und Unterthanen des Ordens an, den Vorzeigern dieses Briefes behülflich zu sein zur Arrestirung aller verbotenen Waaren und zu deren ungehinderter Überführung nach Thorn. — 1403* (an der mittwoche in den heligen tagen der osteren) *April 18. Marienburg.*

Aus StA Thorn n. 438; Abschrift des 16. Jahrh. Hagedorn.

Gedruckt: Toeppen, Acten der Ständetage Preussens 1 n. 66.

576. *Der deutsche Kaufmann zu Polozk an Riga: wünscht bei seinem Abzug aus Polozk dort einige Vertreter zurückzulassen; will die Ordonnanz gegen den Borgkauf befolgen, berichtet über ein Handelsgeschäft des Hinr. Rone. — [1403] Apr. 28.*

Aus R StA Riga; Or. m. Resten d. S. Mitgeteilt von Hn. Stadtarchivar Dr. Schwartz.

Gedruckt: Napiersky, Russisch-livländ. Urk. n. 158, v. Bunge, Livland. U.B. 6 n. 2940.

Den erbaren wyzen bescheidenen heren, borghermester unde raed tho Ryghe, dem zal desser bref etc.

Vruntlike grote unde unzes willeghen denest myd alle deme, dat wy gudes vormoghen, den erbaren heren, borghermester unde raed tho Ryge. Ju gheleve tho wetende, alze gy uns ghescreven hebbet tho paschen[1] net tho wesende, dat uns swarliken tho dunde steyt, wente unse schuldener thomale noch ute sin, unde vornemen wol, dat ze darumme buten bliven, dat wy van hir teyn zolen, dat ze dat ghuet underheholden moghen. Item zo staen hir noch vele lakene unvorkoft, dar ok swaer duent mede is. Weret dat yt ju ghelevede, so hadde wy enen bref vorworven van Vitouten under syme seghel, dat unser hir ene veyre ofte mere bliven moghen, weret dat we unze dinch nicht schikken en konden in der tyt, alze vorescreven steyt; de solen enen veleghen vrede hebben in syme lande myd ereme gude, yt sy vrede ofte unvrede. Hirumme doet vruntliken unde vorseyt unse beste unde der ghemenen, de er guet hir hebbet, dat uns hir eyn kort antwarde van werde, wo gy hirby ghedaen willen hebben edder nicht. Item alze gy uns ghescreven hebben, dat wy ghen gued to borge duen solen noch nemen, dat mote wy unde willent gherne laten, alze syk dat wol to boret. Des hevet Hinrik Rone ghescreven wol in dren breven an de oppersten koplude tho Ploscowe, dat ze em solen kopen 2 leste wasses, dat sulver hebbe he rede lyggende, dat wil he en zenden by den ersten boden, de up edder nedder teyn; unde moghen ze es em nicht neder schikken, dat ze yt em in de kerken setten, unde deyt alle den ghemenen schaden, de hir ere dinch boven hebben, yt sy in wat gude dat yt sy. Ghescreven des anderen sonnavendes na paschen.

By dem menen kopmanne tho Polcowe[a] nu tor tyt wezende.

577. *Hamburg an seine Ratsherren Meynard Buxtehude, Hilmar Lopow und Herm. Langhe [z. Z. in Gent]: sendet eine Abschrift des von ihnen mitgenommenen Schreibens von Lübeck an Gent, sowie eine Abschrift eines anliegenden Schreibens der z. Z. in Lübeck versammelten Hansestädte ebenfalls an Gent[2]; ersucht sie, ihre Ausgaben möglichst zu verringern. — [1403] Apr. 30.* (d. mandaghes na misericordie Dom., dit is in s. Philippes und Jacobes avende).

StA Hamburg, Cl. VI Nr. 1a Vol. 1 Fasc. 5; Or. Perg., S. abgefallen.

578. *K. Heinrich [IV] von England an Hochmeister Konrad von Jungingen: rechtfertigt die auf See erfolgte Gefangennahme des Danziger Schiffers Eggbert Schoof und anderer Preussen, welche bei einem Zusammentreffen mit englischen Ausliegern aus Calais unter Verweigerung der verlangten Auskunft die Engländer angegriffen hatten und im Kampf unterlegen waren; wünscht deswegen die Entsendung von Bevollmächtigten und bittet um gnädige Behandlung der englischen Kaufleute in Preussen. — [1403] Mai 20. Westminster.*

Gedruckt: HR. 5 n. 130.

a) So R.

[1]) Juni 3. [2]) S. den Recess von Apr. 22, HR. 5 n. 129, 2.

579. *Grossfürst Witold von Litauen an Riga: ersucht die Stadt auf ihr Begehren nach einer Tagfahrt mit Polozk, Gesandte zu ihm nach Wilna zu schicken. — 1403 Juni 5. Grodno.*

Aus R StA Riga; Or. m. Spuren d. S. Mitgeteilt von Hn. Stadtarchivar Dr. Schwartz.

Gedruckt: Napiersky, Russisch-livländ. Urkunden n. 140, u. Bunge, Livl. U.B. 4 n. 1629.

Sagaribus viris, burgmegistro[a] toteque communitati civitatis Rygensis.

Allexander alias Withowdus, Dei gratia supremus dux Lithuanie etc.

Sagaces viri. Litteram vestram nuper nobis per vos transmissam plenarie intelleximus. Unde scitis, quod cives Plocenses ad nos venientes nobis retulerunt, quomodo misistis ad eos vestros nuncios, postulantes cum eis ad unam diem convenire et ibidem de mercatoribus vestris mutuo inter se tractare, qui Plocenses sine scitu et voluntate nostra talia vobiscum facere noluerunt. Quos Plocenses nos ad Ploczceam remisimus, committentes eisdem, ut ad vos nuncios suos translegarent, quia post festum sancti Petri proxime nunc venturum[1] ad nos in Wilnam dicti Plocenses venire debent, ubi, eciam si vobis placuerit, vestros nuncios vel solimet ad eandem diem in Wilnam venire[t]?, ubi nos facta vestra parte ex utraque conspicere et diligenter exaudire vellemus. Datum in Grodno, feria tercia post festum penthecostes anno Domini 1403.

580. *Hochmeister Konrad von Jungingen an K. Heinrich [IV] von England: erklärt sich auf n. 578 zur Absendung der gewünschten Boten bereit und bittet, seine Unterthanen zu beschirmen und für ihre Verluste zu entschädigen, indem er sich zur Gegenleistung verpflichtet. — 1403 Juni 16. Marienburg.*

Publ. Record Office London; Or.

Gedruckt: Rymer 8, 305. Verz.: HR. 5 n. 134. Vgl. die preussischen Recesse das. n. 131, 138.

581. *Riga empfiehlt dem deutschen Kaufmann zu Brügge die Bevollmächtigten seines Bürgers Engelbert Witte behufs Entgegennahme der rückständigen Rechnungsablage des Heinr. Snoye. — 1403 Juni 29. Riga.*

Aus StA Reval; Or. Perg. m. S. auf der Rückseite.

Den bescheidenen mannen, olderluden unde dem ghemeynen copmanne der Dutschen Hense to Brugge in Vlanderen wezende borgermestere unde die gantze rad der stad Rige vruntschap unde wes wi gudes vormogen tovoren screven. Leven vrunde. Willet weten, dat Engelbert Witte unse borgere in unser jegenwordiget komende uns kenlich dede, wo dat hie ene rekenschap myt Hinrico Snoyen ut to stande hadde, dar hie umme sake willen em anliggende nicht jegenwordich bykomen ne kan, de to untfaende. Des hefft hie vor uns Hilbrande Vockinchusen unde Tideman Ryden, wisere desses breffs, de nicht jegenwordich synt, offt se jegenwordich weren, volmechtiget, die vorbenomede rekenschap in al, wo sich de hebben mach, to untfande van Hinrike vurscreven, liker wyse offte hie dar sulven by were. Unde wes sie darby dot, dat wil hie stede unde vaste holden. Warumme wy juwer bescheidenheit mit vlite bidden, dat gi Hilbrande unde Tideman vurscreven behulpen sin, dat en die vorbenomede rekenschap tor gnoge gedan werde, wente wy

a) so R.

1) Aug. 1.

wellen dar gud vor wesen, wes en van der vorscreven rekenschap geantwort wert, dat dar nenige namaninge in tokomenden tiiden up komen sall, des gi ene gantze thovorsicht to unsem dessen breve hebben mogen. Gescreven to Rige an dem avende der hilgen apostole Peter et Pauli ind* jar 1403, under unsem secrete to rugge in tuchnisse der warheid an dessen breff gedrucket.

582. *Alt-Stettin an Boldewin Stoeel, Vogt der Neumark: bittet nach verschiedenen anderen Mitteilungen, den durch die Engländer geschädigten Stettinern beim Hochmeister die Erlaubnis zu Repressalien gegen die Engländer [in Preussen] auszuwirken* (Vorbat so hebbe wi wol vornomen, dat unse here de meyster bekummert heft laten de Engheleschen unde ere gud in Prutzen[1] umme juwe unde juwer burghere gud willen, unde de Engheleschen hebben uns ok ens schepp ghenomen mit vele guden, unde se en komen nicht to uns, alzo dat wi uns nicht konen vorhalen an se. Bidde wi juu, leve here, mid gantzer andacht unde mid flite, dat gi unse beste beweten to unseme heren den meister, so wan he dat syne unde der synen wol hyn hedde, dat syne gnaden uns wolden ghunnen, dat wi uns mochten verhalen an de Engheleschen mit rechte in syme lande). — *1403 Juli 5* (d. donredages na visitacionis Mar. virg.).

Aus StaA Königsberg; Or. m. Spur der S.

583. *Dorpat an Reval: teilt Rigas Antwort in Betreff der Häringsverfälschung und des Riper Salzes mit; bittet, zu der bevorstehenden Rückkehr des aus Nowgorod erwarteten Nik. van Styten Sendeboten nach Dorpat zu schicken. — 1403 Juli 13.*

Aus StA Reval; Or. m. Stücken d. S. Hohlbaum.
Gedruckt: v. Bunge, Livl. U.B. 4 n. 1638.

Den eersamen wisen mannen, heren borgermeisteren unde raedmannen der stat Revele, unsen besunderlingen vrunden, detur.

Ersame grote mit leifliker ghunste beiden unde alles guden tovoren. Heren unde besunderlinges leven vrunde. Juu genoge to wetende, dat wy den heren van der Rige screven van deme Ryper solte unde van deme vorvelscheden heringe, in der mathe als uns her Nicolaus van Styten van juwer bevelinge des berichtede. Des screven se uns vor eyn antworde: int erste alse van deme vorvelscheden heringe, dat se dat alle jar vorbeyden van der bursprake, dat nymand sodane vorvelschede gud hantyre, wente worde dar we mede gevunden in sulker mathe, so wolden se erer bursprake volgen: unde van deme Ryper solte, dat men darmede volge deme recesse darup gemaket. Darumme dunket se, dat des noch ter tiid neyn behoff en si, dar vorder umme to scrivende. Unde weren vorder van uns begerende, dat wy en 14 dage tovoren mochten witlik doen, eer her Nicolaus hiir wedder by uns qweme, so wolden se sik darto saten, dat se ere muntlike boden eff breve to Darpte by eme unde uns wolden hebben. Dat screve wy hern Nicolawese unde beden en, dat he uns 14 dage tovoren wolde witlik don, er he utvor van Naugarden, mit breven eff mit boden, de eme stededen. Wan wi des eyn antworde hebben, so wille wy id den heren van der Rige unde juu scriven, unde begeren, dat gi juu dar ok to saten, dat gi dan juwe muntlike boden eff breve by uns willen hebben. Unde dat is ok der heren begerte van der Rige, dat wi ed an juu screven. Darmede siit Gode bevolen over uns to beydenne alse juwe vrunde. Gescreven to Darpte mit der haast under unseme secrete, in sunte Margareten dage anno 1403.

Borgermeistere unde raedmanne der stat Darpte.

a) So.

[1] Vgl. HR 5 n. 111, 1.

584. *Hzg. Albrecht von Baiern, Graf von Holland, bevollmächtigt usw. usw. wie n. 546* Ghiselbertum filium Franconis, Petrum filium Bien et Theodericum Hollant, *Bürger von Dordrecht und Amsterdam, als seine Vertreter bei dem Genter Schiedstage mit Hamburg*[1]. — *1403 Juli 27. Haag.*

StA Gent; Or. Perg., auf Papier aufgezogen, m. abh. Siegelband.
Verzeichnet: Van Duyse et de Busscher, Inventaire des archives de la ville de Gand n. 489, Devillers, Cartulaire des comtes de Hainaut 3 n. 891.

585. *Derselbe befreit die Bürger von Hamburg vom Zoll und Grutgeld während der nächsten 15 Jahre, setzt für sie den zukünftigen Zolltarif fest und verleiht ihnen weitere Freiheiten für den Handelsverkehr in seinen Landen. — 1403 Aug. 14. Haag.*

Aus StA Hamburg, Trese J 3; Or. Perg. m. 1 von 8 anh. S.
K StA Köln, Codex des Wisbyschen Seerechts fol. 7—8; Transsumpt Gents von Okt. 9, s. n. 593, z. T. niederdeutsch überarbeitet.
L StA Lübeck, flandrisches Kopiar n. 9 fol. 60—61: Transsumpt wie K.
StA Gent, Gheluwenboeck fol. 84b—85b, Witte Boek fol. 143—144: desgl.
Verzeichnet: HR. 5 n. 153.

Ailbrecht bi Goids genaden palensgrave opten Rijn, hertoge in Beyeren, grave van Henegowe, van Hollant, van Zeelant ende heere van Vrieslant, doen cont ende te weten allen luden, dat wij wail besproken mit onsen rade ende steden van Hollant ende van Zeelant gegeven hebben ende gheven mit desen brieve voir ons ende voir onsen nacomelingen der stat van Hamburch ende horen poirteren, die nu sijn of namaels sullen wesen, dese vryheide ende previlegien nageschreven. Dats te weten:

[1.] eerst, dat alle poirteren, die nu sijn ende namaels wesen sullen, der stat van Hamburch mit horen scepen ende goiden vry sullen varen ende keren te watere ende te lande duer allen onsen landen van Hollant, van Zeelant ende van Vrieslant, steden, dorpen ende gebiede, sonder enige tollen of grûutgelt[a] te gheven van horen goide, duerende vijftien jaren lanc teynden een eemperliken volgende naist comende, ingaende opten datum van desen brieve. Ende tenden desen vijftien jaren eens in onsen landen voirscreven te tollen te gheven[b] van elke vierendeelstich ruwe vate biers[2] enen goeden gouden scilt, als wij in dier tijt doen sullen slaen, ende van allen anderen scepinge ende goide den hondersten penninc ende niet meer tot dier reyse tot sulker stede, als dair onse tollen in gelegen, dats te weten eens in Hollant ofte eens in Zeelant.

[2.] Voort soe sullen alle scepe ende goede den poirteren van Hamburch toebehorende vry wesen van zeevonde overal in onsen landen, lanthusen[c] ende gebiede tot ewigen dagen. Ende dat die poirteren der stat van Hamburch sullen

a) gruutgelt [!] K, L. b) tollen ende gruutghelde [!] te ghevende K, L. c) lanthuseen K, L.

[1]) *Vgl. die Genter Stadtrechnung von 1402/3 (im StA Gent) fol. 53:* Item Andries de messagier voer up den selven dach *[Juli 6]* in sHaghe in Holland an den hertoghe Aelbrecht met brieven; van 7 daghen, 11 s. 8 d. gr. Item Gillis de messagier voer den 23. dach in Hoymaend in Holland an onse ghedeputeerde met brieven; van 8 daghen, 13 s. 4 d. gr. *fol. 55b:* Item scepenen H[einric] van Danckerteeck ende met hem meester Symoen van Formelle voeren den 13. dach in Hoymaend in sHaghe in Holland omme tfaite van den Hollanders ende die van Amborg; van 16 daghen met paerden, 11 lb. 4 s. gr. [2]) *1401 Juni 7 hatte Hzg. Albrecht wegen der Kosten seines Krieges mit den Ostfriesen* (op dat die vreemde lude, buten onsen lande gheseten ende onse lande versoeken, desen onsen alsoe wail betalen als onse wille lude ende ondersaten) *eine Abgabe von 2 Gr. für jedes verzapfte Fass einheimischen Biers, 4 Gr. für auswärtigen Bier eingeführt. RA Haag, Memoriale BM cas. B fol. 122b.*

moghen bi hem selven of bi anderen, die sij dairtoe nemen sullen, sonder bedrijp ende hijnderaime hoir scepe ende golde bergen ende recupereren vry ende quijt, alsoe dicwijl als hem dat noot of orbairlic sal dûncken, behouden redelic arbeitsloon den ghenen te gheven, die sij tot hare hulpe nemen.

[3.] Voort soe en sal men ghenen poirter van Hambûrch in onsen landen, steden of gebieden moghen becommeren, arresteren ofa mit enigen recht aenspreken om eens anders scoude ofte misdaets wille tot gheenre tijt.

[4.] Voort soe en sal gheen poirter der stat van Hamburch binnen onsen landen, steden of gebieden mogen verbueren anders dan sijn eyghen lijf ende sijn proper goet. Ende hadde hi enige scepe ofte andere golde bi hem, die sinen medegesellen ofte anderen coipluden toebehoerde of dair yement anders dan hi deel aen hadde, die souden vry ende quijt wesen.

[5.] Voort soe en sal men binnen onsen steden omtrint der Zuderzee gelegen, also Aemstelredamme, Hoirne, Monikedam, Staveren, Enchuzen, Medenblic, Naerden, Wesip, Muyden ende Edam niet meer mogen setten te excise op een tonne Hambûrger biers dan zeven Hollansche groot, dûerende den tijt, dat die poirters van Hambûrch den stapel van horen bier houden binnen onsen steden van Hollant ende van Zeelant.

[6.] Voort op alsulke tollen, vryhede ende vorwairden, als voirscreven sijn, soe sullen die poirteren van Hambûrch vry varen, merren ende keren, copen ende vercopen mit horen guide tot ewigen dagen, sonder enige prejudicie of hijnderaime bimluden dairin te doen anders, dan voirscreven is, door allen onsen landen, steden ende gebieden, die voirscreven guide ofte bier opt lant, in husen of in kelres te slaen, behoudelic onsen steden hoirs rechts van desen punten.

[7.] Voort dat die poirtere der stat van Hamburch, die nu sijn of namaels sullen wesen, in onsen landen, steden of gebieden sullen onder hemluden mogen houden Hanse ende Hansecostumen, wairt him genûecht in onsen landen, steden ofte gebieden, behouden ons onser heerlichede ende onsen steden hoirs rechts van desen pûnte.

[8.] Ende wairt, dat enige donkerhede wair ofte quaem in den pûnten ende previlegien voirscreven, die souden staen ter verclaringe der scepenen van Ghent; welke verclaringe sij doen sullen binnen enen jair na datum dez briefs.

Ende want wij alle dese vorwairden ende previlegien voirscreven voir ons ende voir onsen nacomelingen willen houden ende gehouden hebben der stat ende den poirteren van Hambûrch, soe hebben wij desen brief besegelt mit onsen segele hier angehangen, ende om die meerre vastichede ende sekerhede wille gebeden ende bevolen onsen lieven soen van Oistervant, onsen lieven soen van Ludic ende onsen getrouwen steden, als Dordrecht, Hairlem, Delf, Leyden ende Amstelredamme, dese previlegien ende vorwairde voirscreven mit ons te besegelen ende te geloven.

Om bede ende beheet wille ons liefs geduchts heren ende vaders voirscreven soe hebben wij Willem van Beyeren, bi der genaden Gods grave van Oistervant, Johan van Beyeren, bi der selver genaden nu ter tijt elect tot Ludic ende grave van Loen, ende wij scepenen ende rade der steden, als Dordrecht, Hairlem, Delf, Leyden ende Aemstelredamme voir ons ende voir onsen nacomelingen dese previlegien ende vorwairden voirscreven der stat ende poirteren van Hamburch mede geloift ende besegelt te houden in manieren, als staet voirscreven. Gegeven in den Hage opten veertienden dach in Augusto int jair ons Heren dusent vierhondert ende drie.

a) verderen, [illegible] K. A.

586. *Markgr. Jost von Brandenburg nimmt alle auf der Oder fahrenden Kaufleute, Schiffer und Fuhrleute mit ihren Waren für den Verkehr nach und von Frankfurt in Geleit und Schutz, auch im Fall eines Krieges mit Pommern* (den nyderlendischen herren), *verbietet jede Behinderung derselben und beauftragt seinen Hauptmann zu Oderberg und die Stadt Frankfurt mit der Bestrafung von Zuwiderhandlungen. — 1403 Aug. 18* (d. nehsten sunabendes nach unser frawen tage assumptionis). *Luckau.*

StA Frankfurt a. O.; Or.

Gedruckt: Riedel, Codex diplom. Brandenb. I 23 S. 111. Verz.: Garnde, Urkunden des Stadtarchivs zu Frankfurt a. O. (Progr. Realgymn. 1896) n. 165.

587. *Hochmeister [Konrad von Jungingen] an B. Peter von Krakau, ebenso an den polnischen Kanzler Zaclika und den Palatin Ligaus von Iezygen: bittet, den Bürgern von Thorn zu ihren Gütern zu verhelfen, die ihnen in Krakau wegen gewisser von ihm für alle auswärtigen Kaufleute erlassener Statute* (propter statuta ob commodum et profectum terrarum nostrarum per nos facta, indifferenter tamen quoad omnes terras nostras mercanciis perquirere volentes tam per terras quam per aquam)[1] *weggenommen sind, weswegen sich bereits die Geschädigten an den K. [Wladislaw] von Polen und er selbst an den Erzb. [Nicolaus] von Gnesen ohne Erfolg gewandt haben. — 1403 Aug. 20* (fer. secunda p. f. assumpc. Mar. virg. glor.). *Stuhm.*

StaA Königsberg, Hochmeister-Registrant 3 fol. 65.

Gedruckt: Voigt, Cod. diplom. Pruss. 6 n. 153. Verz.: Lewicki, Index actorum saec. XV (Mon. medii aevi hist. res gestas Poloniae illustrantia 11) n. 393.

588. *Hrg. Bogislaw [VIII] von Pommern-[Wolgast] nimmt die Kaufleute aus Krakau, Polen, Ungarn, Litauen, Ruthenien, Böhmen und Schlesien in Schutz und verleiht ihnen verschiedene Verkehrsfreiheiten in seinem Lande. — 1403 Sept. 1. Krakau.*

StA Krakau; Or. Perg. m. anh. S.

Gedruckt: Codex diplom. civitatis Cracoviensis 1 n. 105, wiederholt hier. Verz.: Lewicki, Index actorum saeculi XV n. 393.

In den namyn der hilghen unghedeyleden drevaldycheit amen. Wy Bugslaf van der gnade Godes thû Stetin, der Pomern, der Cassuben, der Wende hertoge unde vorste tû Ruyen, allen Cristennenloveghen ewygh heyl in em, dy eyns ghever ys alles heyles. Went wy andacht unde begheringhe thû der meringhe des ghemeynen gûdes dreghen unde dem kopmanne myt sunderlygher ghunst thûneyghen, hirumme wille wir wytlych wesen allen, dy desen bref seen edder horen lesen, beyde yeghenwardyghen unde tûkomende, unde butughen unde bukennen openbar vor uns unde vor alle unse erven unde nakomelinghe in desser scrift, dat wy umme vromen unde behuf wyllen des copmans unde umme nûtlycheyt des ghemeynen gudes, myt wol bedochtem mûde unde myt rade unser leven truwen ratghevere, unser man unde stede, hebben gheubûnt unde unsen[a] ghanczen wyllen unde volbort dartû gheghoven, unde ghoven unde ghunnen in desser jeghenwardyghen scrift thu ewyghen tyden:

[1.] dat alle copmanne ute der crone van Cracowe unde van Polen unde ute der crone tû Ungheren unde ute Lettower lande unde ute Ruczenlande unde ute der crone tu Behemen unde ute Slezien unde ute alle den jeghenen, de in de vor-

a) *unsen der Druck.*

1) *n. 571.*

screvennen cronen unde landen boren unde darinne hussrepen sint, magh suken unse lant unde havene, tů varende unde tu kerende myt synem gude unde ghesinde velych unde seker in unsem ghebede tů lande unde tu water. Unde wy Bugslaf hertoge vorbenomed vor uns unde vor alle unse erven unde nakomelinghe nemen in unsem vrede, leyden unde veilighen van der Cudde an thů hevende alle de vorscrevene coplude myt erem gude unde ghesinde in unser herscop thů lande unde tů watere velych thů unde velych af vor uns unde de unsen unde vor alle, de umme unsen wyllen don unde laten wyllen[1]. Were ok over, dat dar jemant were, de unse bod unde breve nicht holden wolde, des God nicht en wylle, dar wylle wy also vele thu don, dat gy id seen scholen, dat id uns schal let wesen unde dat wy dar nogh thu dan hebben.

[2.] Vortmer so scholen de vorbůnomeden coplude, ere gud unde ghesinde vrygh unde quyt wesen van alleme ungheilde unde van aller plycht in unser herscop tu donde, de sy wodane dat se sy edder wo de ghenomet werde edder magh werden ghenomet, dar nicht ut tu nemende[2], sunder den tollen uppe der Cudde van dem perde eynen grossen, dat darover gheyt, unde dat gud, dat he voret, dat ys dar neynnes tollen plychtich; unde uppe der Grabowe van dem perde eynen vinckenoghen penningk, we darover tůd; unde ute der havene thu Ruyenwolde unde ute alle unsen havenen in unsen landen, se sin luttek efte grot, vor de last swares veer schillinck vinckenoghen penninghe ut tu schepende tu der zee wart, id sy wat ware dat id sy, buslaghen in vaten edder in packen, men vrygh wedder in thu seghel[n]de unde vort up thu schepende vrygh, wat gud se wedder invoren unde copenscop, sunder jenegherleye tollen, unde tu vorende wor se wyllen, sunder den tollen tu der Kůdde unde uppe der Grabowe vorbenomed, we darover tůd.

[3.] Vortmer so scholen alle watsecke unde schipkisten vrygh sin, dar sy inne, wat dar in sy[3].

[4.] Vortmer eft eynn tolner edder unse amachtman wolde seghen, dat de copman syn gud vorvaren hadde dor unghunst edder dor hates wyllen edder worumme he dat don wolde, so schal de copman syck des negher myt synem rechte to werende wesen, wenne se em dat tu tů bringhende myt eynnes hant; men wes er over witlyck unde openbar, so schal he dar neynne were jeghen hebben.

[5.] Unde ok eft van unghevelle eynn schip in unseme ghebede tu lande ghinge myt gude ute den vorbenomeden cronen unde landen, grunt-roringhe dede, schiphrokich worde edder gud ghewarpen worde, dat God afkere, so magh de copman edder de schiphere dat gud berghen, de[n] jenen, de em dar hulpe tu don, reddelyck arbeydeslon thu ghevende. Unde eft de copman edder de schiphere ere schipbrokighe edder ere ghewarpene gud in unser herscop jerghen anquemen edder hy wenne vunden, so schal me em dat volghen laten ane wedderspraké umme reddelyck arbeydeslon, also dat wy unde de stede edder jemant dar nicht ane hebben scholen[4].

[6.] Vortmer so schal ok neynn dener sines hern gud vorslan[5]; we syck vorsleyt, de schal sin recht darumme utstan unde de schal synen heren gud dar nicht mede breken.

[7.] Vortmer so schal ok de schiphere sinen vruchtman noch de vruchtman sinen schipheren umme neynnerleye sake in jenegher steden edder in jeneghen havenen unser herscop bekummeren edder hinderen, sunder de ene schal deme anderen volghen in de havene, dar se syck inne vorplichtit hebben[6].

[1]) *Mut. mut. aus dem Privileg des Hzg. Bugislaw VI von Pommern-Wolgast von 1390, oben Bd. 4 n. 1017, Eingang und § 1.* [2]) *Vgl. das. § 2.* [3]) *Das. § 3, Schluss.*
[4]) *Ebendaher § 7.* [5]) *Vgl. das. § 9.* [6]) *Ebendaher § 10.*

[8.] Vortmer so schal neyne copman vorbenomed edder sin gud vor yemandes anderen schult efte misdat in unser herscop bekummert werden men umme sine eghene schult, de he dar sulven ghemaket heft [1].

[9.] Vortmer eft de schiphere edder de schipmans edder copman to lande ghinghen an de stede, dorpe edder jeghen unsen lant, dar se wat unrechtes deden, darumme schal de copman unde syn gůd neynen nod lyden [2], men dar schal he sin recht umme utstan, de dat unrecht dedhet.

[10.] Vortmer eft eyn copman in unser herscop unrecht dede unde dat gherychtet worde an sin lif, so schal des copmannes gud dar nicht mede vorbroken edder vorborret wesen edder sin [3].

[11.] Vortmer so mach de vorbenomede copman bort over bort, wen id vortollet ys, ute eyne schepe sin gud in dat andere schepen in unsen havenen sunder jenegherleye broke unde sunder jenegherleye wedderstal myt witscop des tolners, unde dar schole wy unde unse stede unde de tolner nicht ane hebben [4].

[12.] Vortmer eft waghene dar over de Cudde wedder ledych voren unde over de Grabowe, dede uto den vorbenomeden landen unde cronen sin, dede neyn gud wedder wech vorden unde de copenscop hadden in unse lant ghevoret [a], de scholen nicht tollen; men voren se kopenscop edder ware, so scholen se tollen, alse vorescreven [b] steyt.

Alle desse vorbenomede stucke unde eynn islyck by syck hebbe wy Bugslaf hertoge vorbenomed ghelovet unde loven in desser jeghenwartdyghen scrift vor uns unde alle unse erven unde nakomellinghe stede unde vaste to ewyghen tyden ungebroken thu holdende. Tů groterer bewaringhe unde bekantnisse so hebbe wy unse grote ingheseghel myt unser ghanczer witscop heten henghen vor dessen bref unde myt volbort unses rades unde steds unde slechte, de ghegheven unde ghescreven ys in der stad thů Crakow, in sunthe Egidius daghe na Godes bort verteynhundert jar in dem drudden jare darna. Dar sin over ghewesen de erwerdyghen duchtighen lude unde unse leve truwe rad, her Mickus van Sczyczevicze, her Swantes Tesczicze, her Bartus Balgherin, rydder, her Hennrigk Belowe, her Nicolaus van der Glovicze, unse cappellan, Teslaf Bonyn, Clawes Camcke unde unse marschalk Tetcze Berr [c] unde vele mer erwerdygher duchtighen lude, de erwert sin.

Her Merten M. heft dessen bref ghescreven.

589. *Ordonnanz der Städte Brügge, Damme, Monikerede und Houk über das Messen von Kaufmannsgut in den drei letztgenannten Plätzen. — 1403 Sept. 21. Brügge.*

Aus StA Köln, Hanse I n. 218; beglaubigte Abschr. aus der 1. Hälfte des 15. Jh., Perg. Das. eine unbeglaubigte Abschr. im hansischen Kopiar A fol. 203. Hagedorn.

Die Rechnung des Wasserbaillifs von Sluys (s. oben S. 77) von 1402 Okt. 24 bis 1403 Jan. 8 verzeichnet eine Geldstrafe des Deutschen Henri Dagghevait wegen Benutzung eines Ankers ohne Boje. 1403 Mai 7—Sept. 17: Bestrafung der deutschen Matrosen Jean Brune, Eloy le Wulf, Jean le Roy und Albert Hanst um 30 Pfd. wegen Schlägerei mit Vlamen und Widerstand gegen die Baillifsdiener; desgl. des Deutschen Erman Scordop (12 Pfd.) wegen Unterschlagung eines im Meer gefundenen Barrels Butter und Lambert de la Hove (7 Pfd. 4 Sch.) wegen Missbrauch des Schwertes.

a) ghevoreet der Druck. b) vorescreven der Druck. c) Tetzenberr der Druck. Vgl. über die Namensform [illegible] Urkunden z. Gesch. des [illegible] Bd. 8, 147.

1) Das. § 11. 2) Das. § 12. 3) S. das. § 13. 4) Das. § 16 mit einigen Änderungen.

Copie van der ordenancie van der verstapellinghe ende van den loone van den goede, dat ter mate behoort, in der manieren hier naer verclaerst.

Upten 21. dach in Septembre anno 1403 so waren vergadert in de scepenencamere te Brugghe dheer Lievin Scuetelare burchmeester ende scepenen met hem Jan van Hodenaerde, Jacob Beuls, Jan Biese, Jan Bortoen, Jacob Gheerolf, Jan de Veltre, Aernoud Reyphin, Danieel van den Walle, Jacob van den Steene ende Francois de Cupere, burchmeester van den course, ende bi hem Jan Hoste raed; item van der stede weghe van den Damme Pieter van den Leene, burchmeester van den course, ende met hem scepenen Jacob Goederic, Clais de Vassere, Tydeman Ballge, Jan Herenboud ende Jacob Everboud, secretaris clerc van den Damme; item van der Monekereede Heindric Wiriant ende Vranke van der Groede, burchmeesters, ende met hemlieden scepenen Pieter Moenaerd ende Willem Beoostere, ende van den Houke Jan fils Jacob burchmeester ende met hem scepene Jan Lambrechts. Ende aldaer zo was gheordeneert ende overeen ghedreghen bi den voorseiden steden omme de modereerne up de clachten, die de coopman dagheliex dede van den ghebreke, onghereescepe ende belette, dat hi hadde bi den meters van den Damme, Monekerede ende Houke, mids dat men hemlieden niet ghedoghen en wilde, dat zij haerlieder goed verstapelden, alst hemlieden van noode was ende zij werbvaerdich ende ghereet laghen omme zeilen, in der manieren, dat hier naer volleecht.

[1.] Eerst dat men gheenrande goed, dat ter mate behoord ende int Zwin comt, voortan sal laten verstapelen, het en zij, dat de coopman, diet ghecocht sal hebben, so ghereet lieghe omme zeilen, dat hi zine reyse derbi verletten zoude; ende alst alzo ghevallet, zal de coopman sculdich zijn te ghane ter stede, daer men de meters pleghelike vind, ende den ghezwoorne, die over de meterie ghestellet zijn, sine noodsinne te kenne te ghevene, ende danne zullen twee meters sculdich zijn te gane ten scepe met al hare ghereescepe ende daerover te metene met harer mate, eist twee, drie ofte viere hoed ofte meer. Ende es dat zake, dat copere ende vercopere an hemlieden beghceren omme de bacale, ende het van noode es, tghoed ghestapelt te hebbene, so zal de vercopere ghehouden zijn daer ziinen eed te doene, hoe vele hi ghoedts ter stede, daer hijt loed ende ghelevert was, ontfinc. Ende men zal den copere vraghen, ofte bi hem dermede ghepait houd, ende danne zullen de meters dat overslaen naer haren goedinkene ende zegghen „dus vele hoeden machaer wesen", ende danne zal men se sculdich zijn te vernoughene, ghelijc of zijt al ghemeten hadden; behouden dies, worden de meters in eeneghe ghebreke van doene tghoend, dat voorseid es, dat men se zo notabeleken derof corengieren zoude, dat zijs hem een ander tijd derof wachten zouden. Ende ware ooc dat zake, dat eenich coopman in ghebreke ware van doene tgoend, dat voorseid es, dat men corengiere[n] zal als contrarie den staple ghedaen hebbende. Behouden dies, dat men gheen verzeilt goed verstapelen en zal moghen, maer sculdich es ghemeten te zine metter mate van den Zweene, omme den copere te verwaerne.

[2.] Voort es wel moghenlic ende wel gheroustumeerd, dat alrande goed, dat up eens copers aventure comt over zee ende over zand, dat hijt oversceten mach ende voeren, daert hem ghelieft, zonder de mate te noemene; behouden dies, dat hijt sculdich es den meters twee of drie of meer te kenne te ghevene, eer hijt overschiet, dat up zijn aventure commen es. Ende worder yement vonden contrarie doende, dat ware of hi contrarie den staplen ghedaen hadde.

[3.] Voort es te wetene, dat elc metre sculdich es te hebbene van den coopman, diene te werke stellet, redenlic ende tamelic zine costen, also langhe als hi

sert, of te viere grote elc metre over elke maltijd, ende dit ten wille van den coopman; behouden dies, dat de meters hare maeltijd sculdich zijn te houdene bi den scepe, daer zij werken, weder men hem ghelt gheift of costen.

[4.] Taxacie van den loone van den meeters.

Eerst zullen de meters hebben van cleenen zoute ende van smedecolen viereendevierticb grote van elken honderde, behouden dies, dat de vercopere sculdich es tortenshelt te betaelne; ende metens zijn mijn dan een hondert, so zullen zij hebben van elken hoede twee Inghelsche.

Item van grouven zoute, van houtcolen, van tarewe, van rugghe ende van allen anderen manieren van grane zijn de meters sculdich te hebbene twintich grote van elken honderde, dats te wetene twalef grote van metene van den vercopere ende achte grote van stortene van den copere; ende metens zijn min dan een hondert, zo zullen zij hebben van elken hoede een Inghelsche.

Item van bloumen zal men gheven van elken hoede twee Inghelsche.

Item van al, dat men bi tunnen meten zal, daer zal men of gheven van elken tunnen eenen Inghelsche ende vier miten van stortene.

Ende van musselen van elken hoede eenen Inghelschen ende vier miten van stortene.

De collacie van desen es ghedaen ende ghetrocken uuten registre van den previlegien der stede van den Damme folio 12. bij mi Walen.

590. *Protokoll über die Verhandlung der preussischen Gesandten mit den englischen Bevollmächtigten über die preussisch-livländischen Beschwerden gegen die Engländer. — 1403 Sept. 29. Westminster.*

Aus British Museum London, Cotton. Ms. Nero B II fol. 26. Nach Kollation von Miss M. T. Martin.

Gedruckt: Hingeston, Royal and historical Letters during the reign of Henry IV (Rerum Britann. medii aevi scriptores) 1, 162; in engl. Übersetzung Hakluyt, The Principal navigations ... of the English nation (London 1598) 1, 157. Verz.: Voigt, Cod. dipl. Pruss. 5 Reg. S. XXXV.

Anno Domini 1403 in die sancti Michaelis archangeli venerabiles domini, dominus episcopus Lincolniensis cancellarius Anglie et dominus de Ross thesaurarius Anglie, et ambassiatores Prucie, Johannes Godeke de Danzik et Henricus Monk de Elvingo, magistri civium, tractaverunt in modum compositionis in Westmonasterio articulos subscriptos inter reverendissimum dominum, dominum regem Anglie, et reverendum dominum generalem magistrum Prucie ut de dampnis illatis terris Prucie et Livonie in mari ab Anglicis.

[1.] Primo[a] quod omnes naves cum ipsarum pertinentiis et fructubus naulorum pro conductione rerum ac omnia alia bona ab eis derobata actu indivisa debent restitui incontinenti; et, si in aliquo fuerit defectus, summa istius defectus debet computari et debet referri ad terminum cum aliis dampnis bonorum restitutionis faciende et persolvende.

[2.] Item quod omnes naves, dampna et bona, ut in hulla nostra accusationis[1] continentur, que nunc incontinenti non restituuntur, illa debent restitui et solvi in terra Prucie infra hinc et terminum deputatum cum debito justitie complemento.

a) *So hervorgehoben Hs.*

1) *Vgl. Hanserecesse n. 328.*

[3.] Item de personis ejectis sive interfectis in mari, hoc manebit ad voluntatem serenissimi domini, domini regis Anglie, et reverendi domini magistri Prucie determinandum.

[4.] Item infra hinc et terminum bonorum illatorum restitutionis deputatum et quousque fiat debitum solutionis dampnorum complementum, mercatores Anglie necnon Prucie in predictis terris non debent i[n]terim mutuo mercandisando communicare.

891. *Vertrag der Bevollmächtigten K. Heinrichs IV von England und der Gesandten des Hochmeisters über Freigebung des Verkehrs für die beiderseitigen Unterthanen während eines halben Jahres, unter Ausschluss des Handelsbetriebes. — 1403 Okt. 3. London.*

Aus British Museum London, Cotton. Ms. Nero B II fol. 26. Nach Kollation von Miss M. T. Martin.

Gedruckt: Hingeston 1, 166 Anm. 1; in engl. Übersetzung Hakluyt 1, 158.

Memorandum, quod tertio die mensis Octobris anno Domini 1403 et regni serenissimi principis et domini, domini Henrici Dei gratia regis Anglie et Francie quarti quinto inter venerabilem patrem dominum Henricum Lincolnensem episcopum, cancellarium, ac magnificum dominum Willelmum dominum de Roos, thesaurarium Anglie, consiliarios ejusdem domini regis, parte ex una et venerabiles viros, Johannem Godeke et Henricum Meneke, per sacre religionis virum fratrem Conradum de Jungingen ordinis beate Marie Theutonicorum magistrum generalem in dictum regnum Anglie nuncios destinatos ex altera parte ad ipsorum requisitionem seu instantiam nunciorum appunctatum extitit et mutuo concordatum, quod ipsius domini regis ligii et subditi universi hinc usque festum pasche proximo futurum[1] possint ad terram Prucie supradictam libere transire, inibi morari et exinde cum navigiis, mercandisis, rebus ac aliis suis bonis quibuscumque ad propria remeare; quodque prenotati magistri generalis omnes subditi valeant interim in dicto regno Anglie agere consimiliter vice versa. Proviso semper, quod infra tempus superius limitatum nec antedicti regni Anglie mercatores in prefata terra Prucie nec ejusdem terre mercatores in dicto regno Anglie aliquatenus mercandizent, nisi per tractatus inter prefatum regem Anglie dictumque magistrum generalem interim ineundos aliter contigerit ordinari. In cujus rei testimonium una pars hujus indenture penes antedictos nuncios dinoscitur remanere. Datum in domo capitulari ecclesie sancti Pauli Londonie, die et anno supradictis[2].

892. *Die Räte K. Heinrichs IV von England an [Hochmeister Konrad von Jungingen]: berichten über ihre Verhandlungen mit den preussischen Gesandten; wünschen eine Wiederherstellung des gegenseitigen Handelsverkehrs. — [1403] Okt. 5. London.*

Aus L British Museum London, Cotton. Ms. Nero B II fol. 25. Nach Kollation von Miss M. T. Martin.

Gedruckt: Hingeston 1, 161—166; in engl. Übersetzung Hakluyt 1, 156. Verz.: Voigt, Cod. dipl. Pruss. 5 Reg. S. XXXV.

[1]) *1404 März 30.* [2]) *Vgl. auch den Bericht der englischen Gesandten von 1407, Hanseakten n. 316, 2. Über die Registrierung des Vertrages in der englischen Kanzlei vgl. Nicolas, Proceedings and ordinances of the Privy Council of England 1, 210:* Memorandum, quod 8. die mensis Octobris anno regni regis Henrici quarti quinto Robertus Frye clericus liberavit per manus proprias thesaurario et camerario domini regis quandam indenturam — factam tercio die Octobris anno regni dicti domini regis quinto inter consilium ejusdem domini regis ex parte una et nuncios pro parte terre Prucie in regnum Anglie destinatos ex parte altera. *Dieselbe Notiz auch bei Palgrave, Kalendars of the Exchequer 2, 68.*

Venerabilis ac magnifice domine. Accedentes jam dudum ad serenissimi domini nostri, Anglie et Francie regis, presentiam honorabiles viri nuncii Johannes Godek et Henricus Monk, presentium exhibitores, quos idem dominus noster vultu recepit hillari et jocundo, quasdam litteras ex parte vestra majestati regie ea, qua decuit, reverentia presentarunt[a] [1], exponentes eidem diversa depredationes et gravamina per suos ligeos et subditos nuper vestratibus illata fuisse supra mare contra pacis et dilectionis federa, que hucinde Dei gratia viguerant, de quibus quidem depredationibus et gravaminibus antedicti vestri nuncii restitutionem seu recompensam integram dampna passis aut eorum procuratoribus sibi petierant. Nos utique, tunc superius domini nostri regis presentia constituti, qui cum suo exercitu bellicoso versus remotas Wallie partes ditioni sue subjectas se accinxit ad iter pro suis partium illarum subditis justificandis, qui ausu temerario ducti erga eum et suorum ligiantiam rebellionis spiritum assumere presumpserunt, intentionem regiam esse percepimus, justitie debitum unicuique fideliter impartiri et presertim vestratibus etiam cum favore, quos semper ut incolas suos naturales tractavit utiliter temporibus retroactis, quosque de cetero proponit amicabiliter confovere, ita quod inter se et suos ex una et vos et vestros subditos ex altera parte mutue dilectionis vigeat plenitudo. Et idcirco supradictis nunciis vestris, postquam ipsi talia nobis in specie depredationes et gravamina demonstrarunt, obtinuimus ad transmittenda mandata regia illis, de quibus extitit querelatum, eis sub penis gravibus firmiter injungendo, qualiter naves, mercandisas, res atque bona per eos de vestratibus capta sive depredata dampnificatis aut eorum procuratoribus restituant seu restitui faciant indilate.

Et, ut sepefati nuncii vestri partim attingere valeant desiderii[b] sui fines, quedam navigia, mercandisas, res atque bona in certis nostris portubus inventa eis mandavimus liberari [2]. Quantum vero ad alia bona, que dissipationis sive devastationis forsan incomoda subjecerunt, et pro quibus iidem nuncii vestri solutionem petunt sibi fieri infra certum terminum per nos eis limitandum, scire placeat reverentie vestre, quod in absentia dicti domini nostri regis adhuc longe agentis hujusmodi terminum nullo modo poterimus limitare. Nichilominus in ipsius domini nostri felici reditu super hoc communicare disposuimus cum eodem, de cujus cum fuerimus certiorati responso, ejus intentionem superinde nostras per litteras vobis intendimus explicare.

Cumque, venerabilis ac magnifice domine, sepedicti vestri nuncii de oblatione nostra predicta contententur ad presens, sicuti debent inde merito contentari, maxime cum per hanc viam citius ad suorum effectum propositorum valeant pervenire, ad cujus oblationis executionem celerem et votivam totis viribus anelabimus Deo duce: velitis et placeat, ut, quemadmodum in regno Anglie mercatores et subditi vestri comode pertractantur, consimiliter supradicti domini nostri et sui regni mercatores et ligei partes vestras mercandisandi causa seu alio modo pacifice frequentantes amicabiliter inibi valeant pertractari ac cum mercatoribus et subditis vestris communicare et mercantiliter insimul conversari, pristine gaudiis amicitie potiti; per hoc etenim sentietur indubie zelus fervidus, si quem ad splendidam coronam Anglie gerentis, etiam si inter inclitas domus Anglie et Prucie vere dilectionis amicitie vinculum firmari et continuari contigerit temporibus successivis.

a) presentavit L. b) desiderii L.

1) S. die preussischen Klageartikel von 1403, Hanserecesse n. 319. 2) Am Rande der Handschrift findet sich folgende, durch Beschneiden des Blattes verstümmelte Notiz: Navem Egerardi apud Calesiam. Navem [Tidem]anni Dordewant. Hermanni Vurowen [....]well et Zepywyk. Vgl. Hanserecesse n. 311.

Et utinam, venerabilis ac magnifice domine, honoris et gaudii vobis adveniant incrementa. Scriptum Londonie, mensis Octobris die quinta 1403[a].

Cancellarius, thesaurarius ac alii domini regis Anglie et Francie consiliarii, Londonie presentialiter constituti.

593. Schiedsspruch der Stadt Gent über die Streitigkeiten zwischen Hzg. Albrecht von Baiern, Graf von Holland, nebst Unterthanen und der Stadt Hamburg. — 1403 Okt. 9.

Aus K StA Köln, Hanse IV n. 21; Codex der Wintgschen Serrebis fol. 6b—10. Ueberschrieben: Dit is dat zeggen der van Ghend.

L StA Lübeck, flandrischer Kopiar n. 9 fol. 49—53b.

G StA Gent, Ghelwenboeck (Reg. C) fol. 83b—87. Ueberschrieben: Ilanmen ghescille ende discorde, dat es ghewest tusschen den hertoghe Aelbrecht grave van Henegauwe, van Holland ende van Zeeland, an den sijde ende den goeden lieden van Amborch an dander sijde, so sint dat wij scepenen ende raed der stede van Ghend bnut versouke van beeden partien hebben ghedetermineert, gheaenteneciaert ende ghewiecht een zegghen, alsoo hier naer verclaert staet.

Das., Witte Boeck fol. 143—146; Abschr. v. d. Mitte des 15. Jahrh., überschrieben wie vor.

Verzeichnet: Van Duyse et de Busscher, Inventaire des arch. de Gand n. 430; angeführt Devillers, Cartulaire des comtes de Hainaut 3 n. 881.

Alle den ghenen, de dezen brieff zeende werden off horen lesen, scepenen unde raede der stede van Ghend heil mit kennesse der waerheyt. Wetet alle daeromme, dat van allen dedingben, twedrachten unde scelingben, de gewesen sin beth up dezen dach tusschen den hoechgheboren mogbenden vorsten, hertoch Albrecht grave van Henegouwen, van Hollant, van Zeelant, zinen steden, luden unde underzaten, eren hulpe[re]n unde medeplegeren an de ene zide unde de eerzamen unde waerden luden der stad van Hamborch, eren medeburgeren, hulperen unde medeplegeren an de ander zide, uutsprutende unde tokomende de voirseide scelinge nut groten starken bezwarnissen, scaden unde hinderen, de de partyen an beiden ziden undertusschen geleden unde gedaen hebben in desser lacister onvruntscap unde den lesten orloge, beyde an live unde an gude, de voirseide partye om des besten unde vreden willen unde in bate unde in vorderniss van der menen comenscap eres guden dankes unde hy vryen willen sick mit alle unde gansliken underdaen unde gekeert hebben an uns alse in vruntlike sceydeslude unde effenere bi en darto ghecoren, umme de voirseide twedrachte unde scelinge tusschen den partyen voirseid te verevegen, te enden, te slitten; unde daeraff belovet bi trauwen unde bi eren te holdene unde te volcomene ganslike unde al zulke ordele, sceyden unde guddunken, alse wi tusschen en ordelen, sceyden unde zeggen sullen mit minne off mit rechte, up alzulke redelike boete unde peynen te verborende, alse wi darup stellen unde schicken scolden na stalnisse unde grootheit der stucke, de boete unde peyne te gaende, were dat se verboret worden, alse dat gewoenlik is in der stede van Ghend, dat is te vernemende dat ene dordendeel unsen duchtegen heren unde vorsten, den hertogen van Bourgonien, graven van Vlanderen, dat ander derdendeel der partyen, de dat voirseide zeggen holden scolde; unde al worde de boete unde peyne verboert unde geholden, nochtant scolde unse zegghent, ordel unde sceidinge güd unde bi macht bliven, alse dat claerliken openbaer is by den inholden der breve erer blivinge mit eren hanghenden inghesegelen[b] bezegelt, de wi bi uns hebben. So is, dat wi scepene unde rad der stede van Ghend voirnoempt, Gode vor ogen hebbende, mit wol bedachten mode unde ripen berade ghehad up desser

a) Das Datum mit blasserer Tinte L. b) Korrigiert aus inghesemelen K.

zaken, umme de voirseide partyen vortan te blivende undertusschen in guder vruntscap, vrede unde mynnen, unde na vulbord der partyen an beiden ziden darin gedan hebben unse ordel, scedinge unde guddunckent outghesproken, ghesceiden unde recht hebben, uutsprehen, sceiden unde affzeggen bi der inholdinge desses brieves op de scedinge voirseid. In jeghenwoirdicheyt van beiden partyen darto geropen, alse darto behoirt, dat is te vernemen heere Florens van Abele ridder, baliüw van Zirzee, Dirck Holland unde Peter Byenzoen, raedlude der stede van Amsterdamme, volmachtich over den moghenden unde hoechgeboren vorsten, hertoch Albert voirbenoempt, unde over zine stede, lude unde underzaten, unde heer Meynert Buxtehude, burgermeyster der stad van Hamburch, machtich over de stad van Hamburch unde ere medeburgere, umme desse zaken to handelen, te vervolgen vor uns unde unse segment unde scedinge daraff te horende, ghelijc als dat openbaer is in den breven sprekende van erer macht, de wij under uns hebben, in der forme unde wise hir navolghende:

[1.] Eerst dat vor den groten scaden, bezwaernisse unde hinder, de den van Hamborch ghescheen is unde gedan sint in desse voirseiden orloge van den underzaten unde uutliggers des voirseiden hoechgeboren vorsten offte medeplegers, de voirbenoempte vorste den van Hamborg consenteren unde gheven scal de stucke van previlegyen van vryheiden begrepen in dem breve, den he den van Hamborch vor em, ere erven unde nacomelingen hed laten bezegelen mit zinen zegele vor em, zinen erven unde nakomelingen. Unde to merer vestinge unde zekerheyt heft he den brieff laten siedegen unde bezegelen mit den zegelen der hoechmechtieghen heeren des graven van Oostervant unde des heren van Ludeke unde greven van Loen, sijnre kindere, tezamen mit den zegelen van zinen vijff steden, genoempt Dordrecht, Haerlem, Delft, Leyden unde Amsterdam; welk voirseide bref unde previlegy hir navolget unde bescreven steyt van worden to worden:

[Folgt n. 585.]

Welke previlegyen unde vryheyden bezegelt in deser wize voirseid bi uns, in der handen se gelecht waren, overghegeven sint her Meynart voirseid to der borgere behoef van Hamborg. Vor welke previlegyen unde vryheiden de van Hamborg boven unde in meringe eres scaden gheven scolen unde betalen desse vorbenoempten hochgeboren vorsten, hertoge Albrecht, de summa van 4000 nobilen op alzulke tijt unde alsodanen payments, alse hir ghescreven steyt, dat is aldus to vernemende: duzent nobbelen van stunden an te betalende; item 2000 nobelen binnen enen maent dar naest volghende; item duzent nobelen binnen enen maent dar naest volghende.

[2.] Vort scolen de van Hamborg gheven unde betalen van stunden an den guden luden van Dordrecht unde Amsterdamme vor alzulke coste unde moyenisse, alse se umme vervolginge dezer zaken ghehad hebben, dat is alzo te verstaen den van Dordrecht een hundert nobelen unde den van Amsterdamme een hundert.

[3.] Item zo scolen de van Hamborg gheven unde betalen den tolners tho Amsterdamme 800 Vlaemsche guldene nobelen, to vier tiden te betalen in der wize hir navolghende, dat is te weten: 200 noblen vor dat erste gelt to half Meye naestcomende int jaer ons Heren, alse men scrivende wert duzent vierhundert unde viere; item 200 vor dat ander gelt to half Meye darnae int jaer ons Heren duzent vierhundert unde vive; item 200 noblen vor dat derde gelt to half Meye int jaer ons Heren 1406; item 200 noblen vor dat vierde gelt int jaer ons Heren 1407.

[4.] Item zo scolen de van Hamborg gheven unde betalen den underzaten unde luden des hoechgheboren vorsten, hertoch Albrecht voirseid, vor zulken scaden unde hinder unde bezwaringe, alse en bi den van Hamborg ere hulpere togebracht

unde gheseecen is, de summa von 9000 nobelen, yaliker stede unde yaliker persoen, alse dat ghesmaldelet unde verclaert steyt in eenen celle, de wi daraff bi uns hebben, waraff wi de copye unde uutscrifft gegeven hebben den guden luden van Hollant bezegelt mit der stede zegel van Ghend, to tween tiden unde an tween summen, dat is te wetende de ene helfte van de ene summe to half Meye naest comende unde de ander helfte to alle Gods hilligen dage[1] naest darna volghende.

[5.] Item so scolen de van Hamborg gheven unde betalen to ener zone vor vier doden, dat is te wetende Peter Janssoen, jonge Willem Burchs, Herman Claessoen, dese weren van Amsterdamme, unde voir Jacob Hert van der Elborch vor yaliken doden de summa van 90 nobelen; unde dar enhoven vor euen yaliken 12 nobelen, omme een jaer zielemissen darover te don up der stede, dar een yalik wonachtich off dar de mage unde vrönde des begeren, tusschen hir unde half Meye naest komende. Unde alle anderen dode, lemende unde wonden, de an beiden ziden gevallen unde gescreven sint, worvan neue claerheit unde bewisinge bevunden is van meer zonen te sceiden, umme alle mynne, gunste unde vruntscap te weten tusschen den partyen voirscreven: so pronûncieren wi unde zeggen quijt unde tho nichte den enen tegen den anderen te rekende, zunder enege beteringe daraff vorder te donde.

[6.] Item so scolen de guden lude van Horn quijt zijn unde ungeholden vor alzulke gude, alse ze vortides cofften binnen Hamborg, de bi den van Hamborg weder uphalet worden up der Elve, alse verre als se dat up den dach van der ghifte desses breves noch sculdich sin, unde also verre als se dat nicht overghegeven hebben in erer claghe. Unde were, dat de vorseiden guden luden van Horn enich gud sculdich weren, dan dat se daroff anderswaer gecofft unde weder vercofft hadden off dat up der Elve nicht uphalet en wart off dat in erer clage begrepen is, dat scolen se betalen, als men rechte witlike scult sculdich is te betalende.

[7.] Item so scal men den van Hamborg betalen al ere schulde, de men en sculdich was binnen des vorseiden heren landen vor deme orloge, dat begunde to sunte Catherinen dage[2] int jaer 99, unde desgeliken al de sculde, de se zeder geborcht hebben, untgezeit rostgelt in vangnessen gedaen unde scattingen, de de underzaten des vorseiden hochghebhoren heren suchten gelovet hebben den van Hamborg in deme orloge voirseid. Unde desgeliken scolen de van Hamborg hebben unde upheffen alle ere gud offte de werde daraff, dar se vercoft sin, de se hadden staende of de opgeholden weren binnen des voirseiden heren landen, do se darunt rumeden in deme anbeginne van den orloge, nicht jeghenwezende dat voirseide orloge off enegerleye orlouebreve of breve van quitancien, de de voirseide hochgeborn vorste daraff ghegeven mochte hebben.

[8.] Vort is te weten, dat de van Hamborg scolen mogen varen voirby alle des vorseiden heren tollen alle zine lande dore sunder enege breve to togen van ere porterscap to Hamborg tollenvry, als vorseid is, up ere slichte lovede, dat sy van erer borgerscap bewisinge brengen scolen den vorseiden tolleren tusschen dit unde beloken paschen naist comende[3].

[9.] Item van deme, dat becommert is to Amsterdam van Gherijt des Brunen wegen van Leyden, so ontseyden wi unde zeggen, dat dat gud scal gelevert unde den achter dan werden, beholden dat de gude lude van Hamborg gheven unde betalen scolen deme vorseiden Gherijt de Brune vor sinen scaden 24 noblen to half Meye naist comende.

[10.] Item als van Godeke Michielszone so ontseede wi unde zeggen, dat her Claes Scoke, hovetman van Hamborg, tusschen hir unde half Meye naistcomende comen scal to Campen unde zweren sik bi zinen ede, den he den van Horne scal

[1] 1401 Nov. 1. [2] Nov. 25. [3] 1404 Apr. 6.

gedaen hebben, alse se seggen, of were, dat he behelde mit sinen eede, dat de van Horn scolden part unde deel hebben van Godeken Michielszoens guden, dat dan de gude lude van Hamborg scolen scuddich wesen unde betalinge darvan don den van Horne tusschen hir unde half Meye naist comende.

[11.] Item zo ontseede wi unde seggen, dat de hochgheboren vorste, hertoch Albrecht vorseid, sal betalen laten unde wedergeven den gueden luden van Hamborch vor dat Rijnscip, dat Jan Dircszoen van Beselingen nam des rades deuerra van Hamborg, de summa van 90 nobelen; vor aldaich gud, alse Johan van Lemen genomen wart, de summa van 20 nobelen: de beide voorseide summen to betalen binnen twe maenden naist comende.

[12.] Unde weret, dat me to enegen termine vorseid of binnen 14 dagen darna umbegrepen in ghebreke were an paymente to doen, als vorseid is, dat were up de peyne van 10000 nobelen, de te gaende, offt se verboret worde, als vorseid is.

[13.] Item ontseide wi unde seggen, dat men alle de betalinge vorseid don scal mit een scillinge grote Vlaemscher munten vor elken nobel te rekene, utgedaen de 800 nobelen van den tolneren, de scolen werden betaelt mit Vlaemschen gulden nobelen. Unde de vorseiden betalingen scolen werden gedan binnen der stede van Ghend bi den trezeliers, de dat vort gheven unde betalen scolen vijf personen hir naescreven, dat is te weten Peter Byenzoen unde Dirc Holland van Amsterdam, Vranke van der Welde van Rotterdamme, Johan Melierzoen van Horn unde Albert Verkenzoen van Enghusen, vulle macht brengende, de te ontfangende unde quitancienbreve daraff den voorseiden trezeliers over te gheveende, alse darto behoirt.

[14.] Item van den verachtliken worden, de Claes Meliszoen in unser tegenwordicheit sprac unde seide to her Meynert Buxtehuden, unde van den worden, de her Meynert darup verantworde dem vorseiden Claes, so seide wi unde seggen, dat de vorseide Claes Meliszoen her Meynarde vorseid bidden scal umme vergevinge, unde dat her Meynert em des verdragen scal unde seggen voirt: Claes, hebbe ik u icht misseecht, zijt nicht gemoyet daraff to my wart.

[15.] Item zo sticken wi unde seggen, dat men deze zone openbare kundegen scal unde uutbrojen binnen den steden Hamborg, Dordrecht, Haerlem, Delf, Leyden unde Amsterdamme binnen tween maenden naistcomende.

[16.] Vortmeer weret, dat in tocomenden tiden enege twivele of dunckerhede vellen off toquamen up de artikle unde stucke vorseid, de beholde wi to uswart, umme de te verclarende unde te dudende in der mate unde wize, alse dat tobehoren scolde.

Mang welken wi scepen unde rad der stede van Ghend bovenghenomet bescheyden unde seggen de partyen an beyden ziden in guden vrede unde zoninge to wezen. Unde were, dat in tocomenden tiden, dat God affkeren mot, enich undersate of hulper van eniger ziden de tegen ginge of dede in enigher wise, den scolde men tuchtegen unde pinighen alse enen mordener unde openbaren stratenrovere, doch alike wol alle tijt de vorseide sone blivende gud, vast unde bi machte. Unde were, dat eneghe partye verzumende were van recht te doen over de misdaders, vermaent wesende drievorff van der anderen partye, tusschen yeliker maninge wesende den termijn van dryen maenden, de partye, in weme de verzûmenisse wezen scolde, de scolde beteren unde verboren de peyne van 60000 nobelen, de peyne te gaende, were dat se verboert worde, in der wize als vorseid is. Unde al worde de peyne verboert unde gheholden, nochtant zo mosten de vorseide ordelsceidinghe unde zeggent bi macht bliven stede unde vaste unde wol gheholden in allen zinen stucken unde articulen to ewigen dagen. Welke sentencien, sceidinghen unde zeggent de voirbenoempden hovetlude an beiden ziden belovet hebben een yelik in des anderen handen vor de zide, dar he aff belast was, te holden unde te volkomende sunder verbreken. In orkundeent, vestinge unde tuechnisse der warheit so hebben wi scepene unde raed hovengenoempt desen brieff bezegelt mit deser segele van saken der voirseider stede. Dit was gedaen op den seybenden dach in Octobri int jaer ons Heren dusent vierhundert unde drie.

594. *K. Heinrich [IV] von England an den Sheriff von Kent (und ebenso an alle anderen Sheriffs): befiehlt die Bekanntmachung des mit den preussischen Gesandten vereinbarten Vertrages von Okt. 3 [n. 591]. — 1403 Okt. 12. Westminster.*

Publ. Record Office London, Close Rolls 5 Henry IV p. 1 m. 21 d.
Gedruckt: Rymer, Foedera 8, 334. Verz.: HR. 5 n. 149, früher Voigt, Cod. diplom. Pruss. 5 Reg. S. XXXV. Vgl. den entsprechenden preussischen Recess von Nov. 20, HR. 5 n. 150.

595. *Hzg. Albrecht von Baiern, Graf von Holland, quittiert der Stadt Hamburg über eine gemäss dem Genter Schied [n. 593] gezahlte Summe von 2000 Nobeln, den Nobel zu 6 Sch. fläm. gerechnet. — 1403 Nov. 19. Haag.*

StA Hamburg; Or.
Verzeichnet: HR. 5 n. 157.

596. *Der deutsche Kaufmann zu Nowgorod an Reval: lehnt dessen Vorschlag einer Zurücknahme des gegen Iwan Kozerne erlassenen Handelsverbotes ab, bittet um Rat wegen des Salzverkaufs. — 1403 Nov. 30. Nowgorod.*

Aus StA Reval; Or. m. Spur d. S. Hohlbaum.
Gedruckt: v. Bunge, Livl. U.B. 4 n. 1635.

An de erbaren heren borghermeysters unde rathludhe tho Revele sal desse breff myd underdanicheyt.

Unsen vruntliken grothe myd leflyker gunste heyles unde alles gudes thovoren. Juwer erbarcheyt beghere wy tho wetende, dat wy den syn juwes breves wol vornomen hebben, wo dat Iwane Koczerne vor ju ghewest hevet unde heft syk ghebeden tho lyke unde tho rechte edder myd mynne by ju tho blivende, unde Johannes Wrede der sake nicht by ju bliven wolde, de se tuschen syk stande hebben; unde hirumme dat de kopman unghescadet van des vorsomeden Iwanes wegene hir namer bliven mochte, so duchte ju wol nutte wesen, dat men Iwanen Koczernen van der treppen the Naugarden neme, unde dat en juwelik wol myd eme kopslaghen mochte. Des is de kopman tho radhe ghewurden, wo so an den saken nicht don enne wyllen, er en dar breve aff werden myd ener endracht der bynnenlandeschen steden. Item is de kopman juwes guden rades begherende, wente hir, Godhe sy dat gheklaget, grot schade gheschen is an dem solte in dem brande, also ju wol en deis wytlyk is; so is den soltes en deis wedder bezaldet, unde wer de kopman dat solt vorkopen mochte unghewegheu edder nicht, hir bedarf de kopman gudes rades tho, also dat se hir negest darumme in vordreth edder unghemak van den Russen nicht en quemen. Hir provet des kopmans beste ane, wo wy hirmede varen solen, vormyddels juwer wysheyt, also ghy tho allen tiiden gerne don. Dem ghelik hebbe wil ok ghescreven tho Darpthe. Blivet Godhe bevolen ewychlyken. Ghescreven tho Naugarden, na der bordh unses Heren 1403 an sunte Andreas[a] daghe. Hirvan scrivet uns en antworde myd den ersten.

Olderlude unde wysesten unde de ghemeyne kopman tho Naugarden nu wesende.

a) So.

597. *Die Ratssendeboten der Hansestädte in Lübeck an K. Heinrich [IV] von England: auf ihre frühere Verwendung für den Überbringer Jakob Bodeker aus Stettin, dem der Mayor von Bayonne sein Schiff nebst Ladung weggenommen hatte, hat der König laut seiner ihnen durch Bodeker überbrachten Antwort dem Mayor die Rückgabe von Schiff und Gut anbefohlen; bezeugen, da der Mayor wegen angeblich friesischer Herkunft Bodekers die Herausgabe verweigert, dass Bodeker kein Friese, sondern Bürger von Stettin und aus dem Herzogtum Stettin gebürtig ist, und bitten, den Mayor und Genossen zur Entschädigung Bodekers zu veranlassen. — 1403 Dec. 6.*

Publ. Record Office London; Or.

Gedruckt: Rymer, Foedera 8, 344, wiederholt Willebrandt, Hans. Chronik 3, 32. Verz.: Hempel, Inventarium diplom. Saxoniae infer. 3, 6, HR. 5 n. 159.

598. *Die hansischen Ratssendeboten in Lübeck an den deutschen Kaufmann zu Brügge: haben von seinem Schreiben an Lübeck, wonach er wegen eines holländischen Privilegs eine Gesandtschaft an Hzg. Albrecht Grafen von Holland abgeordnet hatte, Kenntnis genommen und nähere Mitteilungen über die betreffenden Verhandlungen sowie den Entwurf eines Privilegs durch den Hamburger Bürgermeister Meinhard Buxtehude, der an der Gesandtschaft Teil genommen hatte, erhalten; stimmen der für Jan. 1 vereinbarten Tagfahrt [mit den Holländern][1] zu, deren Resultat sie an Lübeck zu berichten bitten, und machen ihm Mitteilung von ihrem Schreiben an den Hochmeister und die preussischen Städte n. 599. — 1403 Dec. 6.*

Gedruckt: HR. 5 n. 163; vgl. den Recess n. 158, 5.

599. *Dieselben an Hochmeister [Konrad von Jungingen] und entsprechend an die preussischen Städte: der Hamburger Bürgermeister Meinhard Buxtehude hat ihnen im Auftrage Hzg. Albrechts Grafen von Holland sowie des Rates desselben, des deutschen Kaufmanns zu Brügge und der holländischen Städte mitgeteilt, dass der Hochmeister vom Herzog bis nächste Ostern[2] Vergütung des den Preussen durch die Holländer zugefügten Schadens verlangt und andernfalls mit der Arrestierung der Holländer gedroht habe; bitten ihn auf Veranlassung Meinhards, mit dem Arrest noch zu warten, um die derzeitigen Verhandlungen des Brügger Kaufmanns mit dem Herzog über ein holländisches Privileg nicht zu beeinträchtigen; halten ausserdem die von ihm angesetzte Frist für zu kurz. — 1403 Dec. 6.*

Gedruckt und verz.: HR. 5 n. 160—161; vgl. den Recess n. 158, 6—7 sowie über den Erfolg das. n. 181, 4; 185, 3.

600. *Schiffahrtsgesetz des Hansetages in Lübeck, dem deutschen Kaufmann zu Brügge übersandt[3]. — 1403 Dec. 6.*

Aus StA Lübeck, flandrischer Kopiar n. 8 S. 43; Abschr. vom 1. Drittel des 15. Jh. Koppmann.

StA Köln, hansische Kopiare A fol. 163b, H fol. 164.

Item int jaer 1403 op sente Nycolaus dach weren de radessendeboden van den zeesteden der Duetschen Hanze to Lubeke vorgaddert tor dachvart, darute dat se screven an den gemeenen copman to Brugge wesende van der vorseiden Hanze,

[1] *S. die holländische Aufzeichnung HR. 5 n. 155.* [2] *1404 März 30. S. den preussischen Recess von 1403 Mai 20, HR. 5 n. 129, 7.* [3] *Das Begleitschreiben s. HR. 5 n. 164. Entsprechende Anschreiben an die preussischen und die Hansestädte s. das. n. 163 u. 162.*

wes dat se eyns gewordea weren, wu dat ment solde holden met der zeghelarie, also[1]:

[1.] dat neyn schipher noch met ladenen scheppen noch met ballasten scheppen zeghelen sal na sente Mertijns daghe[2] uyte der havene, daer he denne ynne ys; id en were, dat he uytgezeghelt were, van daer he geladen were, unde qweme var in Norwegen edder in andere havene, so mach he vort zeghelen, daerhen he willen hadde to zeghelende.

[2.] Wert over, dat welk schip geladen were vor sunte Nycolaus daghe[3] met bere edder met herincge met vuller last, so mach de schipher zeghelen in den market, daerhen he gewonnen ys, wu he dat met siinen rechte beholde, dat he anders neyn guet van kopenschap ynne hebbe, wen beer edder herincgh.

[3.] Vortmer alle schipheren, daer se met eren scheppen winterlaghe liggen, de sullen van daer nicht zeghelen vor cathedra Petri[4]; id en were, dat welk schiphere zijn schep lorde met bere edder met herincge, unde de mach zeghelen to unser vrouwen daghe to lechtmissen[5].

[4.] Unde wanner de schipheren also liggende bliven, alse vorseid ys, so en darff de coepman neyne vrucht uytgeven, offt de coepman upschepen wil. Jodoch mach men zeghelen binnen landes met kleynen scheppen up dat hogeste van 24 lasten.

[5.] Unde offt enich schipher edder coepman, de in der Henze ys, hiir enjeghens dede, in welker stad havene de qweme, de schipher sal ziin schep unde de coepman ziin guet vorboert hebben. Were over de schiphere edder coepman nicht in der Henze, we denne dat schip edder guet koffte, he were borger edder gast, de solde dat schep unde guet vorboert hebben. Beheide over de schipher dat schep, so solde nymand daerna binnen eynen [halven] jaere dat schip scheppen.

[6.] Vortmer wanner enich schipher wor in de havene kompt na sente Mertijns daghe[2], de sal eynen breiff met sick brengen, bewisende, up wat tiit he gheschepped unde rede was met vuller last to zeghelende.

601. *Ausgaben Hamburgs für seine Sühne mit Hzg. Albrecht von Baiern, Grafen von Holland[6]. — 1403—1404.*

Gedruckt: Nach Laurents Auszugen Koppmann, Kämmereirechnungen der Stadt Hamburg 2, 5—7; wiederholt hier.

(1403.)

[1.] Ad reysam dominorum Meynardi, Hilmari et Hermanni in Hollant et Gent — summa 1717 lb. 2 s. 10 d.[7]

[2.] Ad persolucionem domino Hollandie: Primo 3811 lb. denariorum pro 793 lb. grossorum 9 s. 5 grossis. Item 3855 lb. 19 s. denariorum 5 d. pro 810 lb. 15 s. 4 grossis missis in auro. Et in ista persolucione sunt computati mille floreni Ghelrienses pro dampno retardate solucionis. Ultra predictam summam solvimus domino Meynardo Buxtehude 30 lb. 17 s. pro 6 lb. 6 s. grossorum. Summa 7702½ lb. 0 s. 5 d.

(1404.)

[3.] Pecunia recepta ad subsidium persolucionis pagimenti in Ghend ad usum domini comitis Hollandie et suorum subditorum a civibus Hamburgensibus per 20 m. denariorum: in parochia S. Petri 1461½ lb. 6 s.; S. Nicolai (2521 lb.); S. Katherine

[1]) *Vgl. die entsprechenden Paragraphen des Recesses von Dec. 6, HR. 5 n. 158, 2 u. 3.*
[2]) *Nov. 11.* [3]) *Dec. 6.* [4]) *Febr. 22.* [5]) *Febr. 2.* [6]) *Dieselben Rechnungen 2, 7 berichten noch zu 1405:* Recepimus 14 lb. de bonis Hollandinorum per dominum Hinricum Bekendorp. Item 14 lb. 8 s. [7]) *Vgl. HR. 5 n. 154.*

2444 lb.; S. Jacobi 648 lb.; de officiis civitatis Hamburgensis 428 lb. Summa 7700 lb. 16 s.

[4.] (Ad reysas?) 125 lb. Bekendorp in Flandriam. 33 lb. pro litteris [. . . .] ane [. . .] in Holland. 140 lb. H[ilmaro] Lopow ad Flandriam ad ultimum persolvendum pagimentum.

[5.] (Exposuimus 428 lb. pro 92 lb. grossorum, in quibus tenebamur mercatoribus de Sluus, quas[a] mutuaverunt ad solvendum pasce proxime preterito[1]. 240 lb. pro 50 lb. gr., quas mercatores in Dordracht mutuaverunt ad solvendum in festo pasce proxime preterito[1]. 480 lb. pro 100 lb. gr., quas mercatores in Amstelredamme mutuaverunt ad solvendum pasce proxime preterito[1]. Summa 1147½ lb. 6 s.) Cassum.

[6.] Exposita ad solucionem domini comitis Hollandie per dominum Hinricum Bekendorp anno Domini 1404 de termino sanctorum Philippi et Jacobi[2] in villa Ghend factam 7336½ lb. 7½ s. Hamburgensium denariorum pro 1544 lb. grossorum 12 s. grossorum, qualibet libra pro 6 m. Lubicensibus minus 1 s. computata.

[7.] Ad solucionem dicti domini comitis Hollandie per dominum Hylmarum Lopow eodem anno supradicto de termino omnium sanctorum[3] in dicta villa Ghend factam 8412½ lb. Hamburgensium denariorum pro 1400 lb. grossorum, qualibet libra grossorum pro 6 m. Lubicensibus minus 1 s. computata.

602. *Die preussischen Städte an Erzb. [Jakob] von Lund: mahnen um Zahlung des rückständigen Betrages von den 5000 Nobeln, die er für das in Bornholm gestrandete Gut aus dem Schiffe des Arnt Duker zu zahlen versprochen hat[4]. — 1404 Jan. 16. Marienburg.*

Verzeichnet: HR. 5 n. 171.

603. *Der deutsche Kaufmann zu Brügge an K. Heinrich [IV] von England: bittet, ein von Engländern weggenommenes Schiff hansischer Kaufleute samt Ladung den Bevollmächtigten der Eigentümer zurückgeben zu lassen. — [1404] Jan. 18.*

Aus British Museum London, Cotton. Ms. Vespasian F I fol. 110; gleichz. Abschr. Pauli und Riess.
Gedruckt: Hingeston, Royal and historical Letters 1, 209.

Gloriosissimo principi serenissimoque domino, domino Henrico regi Anglie et Francie dominoque Hibernie, domino nostro graciosissimo, littera cum omnimoda reverencia presentetur.

Promptitudine nostri humillimi famulatus ad quevis vestra beneplacita continue antemissa. Illustrissime princeps graciosissimeque domine. Comparuerunt coram nobis honesti et fidedigni mercatores de Almania Hanse Theutonice dolorose conquerentes, qualiter nonnulle gentes de vestre excellentissime dignitatis subditis quandam navem breviter in partibus orientalibus venientem in portu dicto Camera hostiliter invaserunt, naucleram ejusdem dictum Reynerum de Lonnemone cum suis mercatoribus in navi existentibus secum captivum perducentes, navem cum suis

a) quos der Ausgang.

1) *1404 März 30.* 2) *1404 Mai 1.* 3) *Nov. 1.* 4) *S. oben n. 193. Über die 1403 erfolgte Abzahlung eines Teils der Schuld vgl. HR. 5 n. 118, 10; n. 133 u. Anm. Gleichzeitig mit dem obigen Schreiben wird das Domkapitel von Lund um Verwendung gebeten; das. n. 172. Eine neue Mahnung ergeht 1405; das. n. 186, 2.*

mercandisis in spolium detinentes, que quidem navis et mercandise antedicte ad mercatores de dicta Hansa spectabant et spectant juxta tenorem cedule papiree hic incluse et ad nonnullos alios personaliter jam extra Flandriam existentes. Pro quibus mercandisis et navi a vestra benignissima pietate repetendis predicti mercatores in Flandria existentes pro se et aliis absentibus concorditer elegerunt, constituerunt et ordinaverunt in eorum plenipotentem procuratorem, factorem et nuncium specialem Nicolaum de Egher presencium exhibitorem, qui jam existens in vestro regno nomine ipsorum mercatorum pro dictis ablatis instituit coram vestra illustrissima majestate, dantes et concedentes ei omnimodam auctoritatem ad prosequendum, rehabendum et sublevandum omnia et singula supradicta, et generaliter omnia et singula faciendum, que in premissis et circa premissa necessaria fuerint et oportuna. Quapropter, illustrissime princeps ac graciosissime domine, vestram nobilissimam dignitatis clemenciam devotis precibus duximus implorandam, quatenus divine bonitatis intuitu et ob mere justicie complementum vestros subditos, hujusmodi dampni perpetratores, tales habere dignemini in effectu, eosdem ammonicionibus et mandatis diris exhortantes, ut prefatarum navis et mercandisarum restitucionem debitam et sufficientem predicto Nicolao de Egher nomine et ex parte predictorum mercatorum et aliorum hic absencium faciant improtractim, exhibentes vestram regalem dignitatem in premissis, ut in vestra prepotenti majestate plenarie sumus confisi, quam altissimus feliciter et longeve regere dignetur per tempora longiora. Scriptum nostris sub sigillis 18. die mensis Januarii.

Vestre excellentissime dignitatis humillimi servitores, aldermanni et jurati communium mercatorum de Almania sacri Romani imperii Hanse Theutonice pro presenti Brugis Flandrie residentes.

604. *Thomas, Unterschenk* (subpincerna) *von Krakau und Kapitän von Gross-Polen, an Thorn: ist von Thorn um Rückgabe oder Bezahlung der Häringe des Thorner Bürgers Thom. Obitzer gebeten, die er* (racione cujusdam excessus vectorum protunc eadem allecia ducencium) *konfisciert hatte; antwortet, dass er darüber schon mit den in Grabow* (Grabie) *versammelten Ordenskomturen verhandelt hat, und dass Obitzer seinem Abgesandten gegenüber den Wert der Last Häringe auf 16 M. angegeben hat, was ihm zu hoch dünkt; verspricht in kurzem genügende Zahlung*[1]. — *[1404] März 14* (fer. sexta ante dom. judica me).

StA Thorn n. 1175; Or. m. S.

605. *Lemberg an Thorn: bezeugt, dass die Aussage des Thorner Bürgers Ambrosius Fändel, der den Empfang eines ihm aus Lemberg zugesandten Tausend russischen Pelzwerks bestreitet, auf Unwahrheit beruht. — 1404 März 18.*

Aus T StA Thorn n. 451; Or. m. S. Hagedorn.

[1]) *Tomko de Weglenzino, Unterschenk von Krakau und Kapitän von Gross-Polen, begegnet in den letzten Jahren des 14. Jahrh.; Cod. diplom. majoris Poloniae 3 passim. 1403 Okt. 31 wurde zu Grabow ein Vergleich zwischen Thorn und Krakau wegen der arrestierten Thorner Waren abgeschlossen; SS. rer. Pruss. 3, 270. — In einem undatierten Schreiben an Thorn beklagt sich Przedbor über Lieferung schlechter Häringe durch einen Thorner Caspar* (propter malam capparem prefatorum allecium, que in toto erant inconveniencia). *StA Thorn n. 1231; Or. m. Spur d. S.*

Den ersamen unsirn liebin frunden, ratmannen czu Thoran.

Ersamen liben sunderliche frunde. In unsirs rates folkomenheit forsichtiger Johannes Drohiczen unsir mitebargir hat ausgericht, wy das her for czeiten 1 thernt Reverbrach werkes kegen Thoran bey Tylman Sternberg gezant habe an Ambrosium Fundel ewirn mitebargir, unde wy nicht lange dornoch der forgenante Johannes Drohiczen kegen Thoran komen was und langete an Ambrosium Fundel um das selbe werk, und wy der selbe Ambrosius Fündel geldkent habe und meente, das werk were ym nicht worden. Des haben for uns bekant der selbe Johannes Drohiczin und Tieze Wyrt, auch unsir mitebargir, wy das se ein wechsil in dem selben jare, als das selbe werk hinaben ging, gemacht hatten um eine[*] summe geldis, dy Ambrosius Fündel solde Tieczen Wirt gericht haben fon des obengenanten Johannes Drohiczens wegin. Nu hat Tiezeze Wirt vor uns bekandt, wy der selbe Ambrosius Fondel uf dy czeit das selbe thernt werkes, das ym Johannes Drohiczen gezant hatte, hat angeboten an dem selbe gelde, ap her das nemen wolde, und do is Tieze Wirt wolde an seym gelde vorkofen, do wolde Ambrosius Fondel das selbe werk nicht lasen folgen und meente, her wer for Johanne Drohiczen burge [word]en, andern lewten gelt czu geben, den musste her is be[t]alen. Mee dy forgeschreben Johannes Drohiczen und Tieze Wirt haben bekant, wy das se uf ein czyt czu Cracaw darbey weren und is gehort hetten, wy Johannes Fundel, des oftegenanten Ambrosy Fündels newe, reddite und bekante, das selbe werk, das im Johannes Drohiczen gezandt hette, das her das noch des brifis lawte, der mit dem werke gezant was, ausgeczelt hette. Auch for uns bekante der oftegenante Johannes Drohiczen, das her keyn ander werk dem selben Ambrosio hynn 2 jaren dorfor und darnach ny gezant habe. Das czuge wyr euch fordan in unsirm brife, besigelt mit unsirm secrete. Gegebin am dinstage neeste noch sente Gertrudis tage 1404.

Ratmanne in der Lemburg.

606. *Älterleute und Gemeinherren des deutschen Kaufmanns zu Brügge an K. Heinrich [IV] von England: haben seinen Unterthan, den Mayor der Stadt Bayonne, um Rückgabe einer auf 350 Pfd. 10 Sch. vläm. geschätzten Kogge samt Ladung ersucht, welche dem Schiffer Jakob Bodeker, Bürger von Stettin* (Stetyn de Almania Bassie Theutonice), *durch den Mayor und dessen Genossen geraubt war; die Stadtbehörden* (major, jurati et ceteri pares) *haben geantwortet, dass wegen der mannigfachen Schädigung ihrer Kaufleute durch die Franzosen und Friesen von ihnen eine Flotte ausgerüstet ward und dass diese sieben Schiffe, darunter jene Kogge, angetroffen, aber nur die Kogge als feindlich weggenommen hat* (propterea quod ipse gentes in coqua proterve et superbe se fuisse Frisones et vestre excellentissime dignitatis et civitatis vestre Bajonensis inimicos debuissent exclamasse, et quod dicta coqua specialiter fuisset contra vestre limpidissime majestatis inexpugnabilem vigorem et civitatem vestram Bajonensem armata); *bezeugen dagegen, dass der Überbringer Bodeker kein Friese oder aus Friesland gebürtig, sondern Bürger von Stettin und Unterthan der Herzöge von [Pommern-]Stettin ist, und dass er sich nach seiner eidlichen Aussage keineswegs für einen Friesen und einen Feind des Königs und der Stadt ausgegeben noch bewaffneten Widerstand geleistet, sondern den Leuten aus Bayonne freien Zutritt zum Schiff gewährt hat, mit der Angabe, zum grössten Teil Stettiner Gut, nicht etwa Feindesgut, geladen zu haben: bitten daher, den Mayor und seine Genossen zur Herausgabe des Weggenommenen zu veranlassen. 1404 April 6.*

Gloriosissimo principi ac serenissimo domino, domino Henrico regi Anglie et Francie dominoque Hibernie, domino nobis graciosissimo, omnimoda reverencia presentetur.

Humillimi obsequii nostri promptitudine ad queris vestra beneplacita continue anteamissa. Graciosissime princeps serenissimeque domine. Significarunt nobis honesti viri, mercatores cives Hamburgenses de Almania Hanze Theutonice, qualiter nonnulli vestri subditi quantitatem navigiorum breviter de civitate Hamburgensi profecta venienciam cum bonis et mercimoniis eisdem mercatoribus de Hamborch appertinentibus manu hostili invaserunt, ipsa navigia et mercimonia et bona ad vestre excellentissime dignitatis portus captiva perducentes, veluti vestram dignissimam majestatem a Lodolpho Cleytzen presencium ostensore cum suis collegis, predictorum mercatorum procuratoribus in hac parte, oretenus plenius salva vestra gracia de premissis speramus informandam. Cum igitur inter vestram regalem dignitatem et vestros subditos ex parte una et mercatores Hamburgenses predictos ex parte altera mutue pacis et amicicie federa scimus conforveri, quoniam vestri mercatores infra districtus civitatis Hamburgensis benivolis promocionibus et honorificis favoribus ubilibet semper pertractantur: idcirco vestre illustrissime nobilitatis excellenciam devotis affectibus duximus exorandam, quatinus divini amoris et mere justicie ob respectum nostrique exigui famulatus intuitu vestros subditos, predicti facti perpetratores, ad predictorum navigiorum, mercimoniorum et bonorum restitucionem constringant in effectu, ne predicti mercatores Hamburgenses talibus et tantis bonis et mercimoniis absque eorum demeritis sub spe totius confidencie alienentur et minus juste; in hiis vestram favorabilem dignitatem exhibentes, ut vestre prepotenti regali majestati sumus plenarie confisi, quam altissimus felicem et votivam conservet per tempora longiora. Scriptum nostris sub sigillis, secunda die mensis Junii anno 1404.

Aldermanni necnon jurati communium mercatorum Almanie Hanze Theutonice sacri Romani imperii pro presenti Brugis Flandrie residentes, ad vestre excellentissime dominacionis famulatum parati.

614. *K. Heinrich IV von England an Hochmeister Konrad von Jungingen: schlägt ihm die Aufhebung der gegenseitigen Verkehrssperre bis nächste Ostern vor; sucht um Schutz für die englischen Schonenfahrer nach und entschuldigt die Verzögerung der Abreise des hochmeisterlichen Gesandten. — 1404 Juni 5. Westminster.*

Aus L British Museum London, Cotton. Ms. Nero B II fol. 10. Nach Kollation von Miss M. T. Martin.
Gedruckt: Hingeston 1, 242; in englischer Übersetzung Hakluyt 1, 160.

Henricus Dei gratia rex Anglie et Francie et dominus Hibernie nobili ac potenti sacre religionis viro, fratri Conrado de Jungingen, ordinis beate Marie Theotonicorum magistro generali, amico nostro carissimo, salutem et antique dilectionis et sinceritatis continuum incrementum. Non sine gravi querela ligeorum nostrorum facta mercatoria exercencium utrobique quasi per orbem nostris est auribus conculcatum, quod propter injurias varias atque dampna, que tam mercatores nostri quam vestri, qui in factis eorum mercatoriis consueverunt mutuo conversari pacifice, unde quam plura comoda provenisse noscuntur, occasione piratarum hincinde per mare nonnunquam hactenus sunt per-

pere, jam dicti mercatores nostrales et vestrales a mercatoria conversatione mutua se abstinent, prout per aliqua tempora retroacta se abstinere curarunt, ac presertim a tempore, quo ad vestrorum instantiam et requisitionem nuntiorum jam dudum apud nostram presentiam existentium mercatorum nostrorum ad terras et dominia vestra necnon et vestrorum ad regnum nostrum accessus fuerat interdictus[1]. Cum igitur, amice carissime, hujusmodi attemptata contra vestrales, si que fuerint, nunquam de nostra voluntate provenerint, sicuti de vobis hoc idem fore credimus ex adverso, simusque, quatenus ad nos attinet, semper dispositi cuicumque de vestris querelare volentibus plenam exhibere justitiam cum favore, dummodo mercatoribus nostris (a)[a] vobis et vestratibus simili modo gravatis justitia, prout convenit, eque fiat, nos habentes in desideriis, ut amicitia et dilectio consueta, que viguerunt jam diu inter regnum nostrum ac terras et dominia vestra, perseverare valeant in futurum, ut pacis amenitas a cunctis christicolis amplexanda pro pacis auctoris beneplacito nutriatur, eandem amicitiam ex corde requirimus et hortamur in Domino, quatinus pro parte vestra consentire ac etiam ordinare velitis, prout, si idem feceritis, nos ex parte nostra modo simili consentimus, ut hinc ad festum pasche proxime futurum[2] mercatores et subditi nostri per vestra et vestri per nostra terras, dominia et territoria pacifice ac amicabiliter incedere moreque solito conversari valeant et mercari, cessantibus gravaminibus et injuriis interim inferendis utrimque. Quoniam aliquos de ambassatoribus nostris ad vos et concilium vestrum medio tempore destinare proponimus super premissis pretensis injuriis, quatenus vestrales concernere poterit, per viam amicabilem tractaturos; in quorum adventu speratur, quod per exhibitionem hincinde justitie de tali via Domino concedente providebitur, quod pax et tranquillitas pro futuris debeat temporibus mutuo stabiliri. Et ut in specie mercatores et ligei nostri ad Scone partes pro allecibus et aliis piscibus inibi providendis liberius transire, ibidem morari et ad propria valeant securius remeare, ipsos nostros mercatores et ligeos ob nostre considerationis intuitum habere velitis, quesumus, specialiter recommissos, eosdem, si necesse fuerit, sub vestre defensionis clipeo tuberiter protegendo, prout vice versa vestratibus in casu consimili volueritis nos cturos[3]. Quid autem in hac parte duxeritis faciendum, nos per litteras vestras r fidelem ligeum nostrum Johannem Broun, exhibitorem presentium, amicitia vestra lis efficere certiores. In filio virginis gloriose diu et feliciter pro mentis vestre siderio valeatis. Datum sub privato sigillo nostro apud palatium nostrum Westmasterii, quinto die Junii anno regni nostri quinto.

Ceterum, venerabilis vir, amice carissime, si dilectus nobis Arnaldus de mele, antedictorum vestrorum procurator nuntiorum, volens [h]ac vice vestras ad tes finaliter proficisci, super negotiis, pro quibus in regno nostro Anglie remansit, usque votivam expeditionem nequeat optinere, mirari non debet nec cordi tenere tra sinceritas quovis modo, quoniam supervenientibus guerrarum turbinibus, que bis aliqualiter innotescantur, et presertim continuis in nos et regnum nostrum eigenarum et Britonum insultibus, in quorum offensam et nostri defensionem l nostri et specialiter hii, de quibus dampnificati vestri subditi fuerant querelati, sia manu se posuerunt in mari, prefato Arnaldo expeditionem talem, qualem vis habere desideravit affectibus, nequivimus impartiri. Cui quidem Arnaldo pro-

a) Fehlt L.

1) S. n. 591. 1404 Apr. 25 heisst es in der Tagesordnung für den englischen Geheimen Item touchant les ambassiatours de Pruce, face maistre Johan Kyngeton report. Nicolas, edings of the Privy Council 1, 223. 2) 1405 Apr. 19. 3) Vgl. HR. 5 7, 3.

curatori optinimus per celeriores processus, quibus fieri poterit, justitie complementum facere cum favore, in eventum quo ex hac causa se in regno nostro Anglie disponeret permansurum, et nichilominus illud idem in ipsius procuratoris absentia faciemus. Datum ut supra.

615. Hamburg an K. Heinrich IV von England: bittet um Rückgabe der von englischen Auslieger gekaperten Hamburger Schiffe und Güter. — 1404 Juni 5.

Aus L British Museum London, Cotton. Ms. Vespasian F I fol. 111; gleichz. Abschr. Rückvermerk: Gloriosissimo principi ac serenissimo domino, domino Henrico regi Anglie et Francie dominoque Hibernie, domino nobis gracioso etc. *Pauli und Riess.*

Gedruckt: Hingeston 1, 240.

Serenissimo principi ac excellentissimo domino, domino Henrico regi Anglie etc., dignissimo domino nostro sincere benigno, cum reverencia tam debita quam devota.

Humillima subjectione cum nostrorum promptitudine serviciorum devote premissa. Serenissime princeps et excellentissime domine. Cum teste scriptura summum in regibus bonum est justiciam colere, sua unicuique jura servare, a subjectis non sinere quod pravitatis est fieri, sed quod equum est custodiri, vestre igitur celsitudini cupimus tenore presencium enodare, nos gemebundis aliquorum nostrorum concivium querelis dolenter percepisse, nonnullos vestre excellentissime majestatis ministros ac subditos nuper de portibus regni vestri Anglie cum pluribus magnis navibus ad bellandum preparatis in et ad mare se exposuisse; quodque vestre celsitudinis ministri ac subditi prefati postmodum nonnullas naves infrascriptas in mari cum bonis et mercimoniis inibi existentibus invaserunt, hostiliter vicerunt et detinuerunt et nichilominus easdem secum, ut dicitur, ad partes regni vestri Anglie deduxerunt; ex quibus nostri concives predicti suis demeritis, ut asserunt, minime exigentibus sunt graviter dampnificati. Primo quidem capta est navis Arnoldi Zedekene concivis nostri in portu nostro onerata cum cervisia Hamburgensi, cupro, lineo panno et diversis aliis mercimoniis, nostris predictis concivibus et aliis mercatoribus de Hansa pertinentibus. Item navis Hennekis Sonner concivis nostri cum cervisia Hamburgensi per nostros concives onerata. Item tres naves Hadekini Stroten civis Lubicensis, Makepraugh[a] oppidani in Herderwijk[b] et Kerciani Comansone opidani in Campen, quas quidem naves concives nostri cum cervisia Hamburgensi nostro in portu oneraverunt. Item due naves, videlicet Johannis Vorniden ac Rothgheri Hoppen, concivium nostrorum, de partibus Flandrie cum diversis mercimoniis ac bonis concivium nostrorum ac aliorum mercatorum venientes. Hinc est, serenissime princeps ac excellentissime domine, quod nos de solitis et benignis vestre regalis clemencie favorosis promocionibus devocius confidentes ad vestram preexcellentem pietatem iterato recurrimus, humiliter et devotissime supplicantes, quatinus mandare et severius injungere dignemini ministris et subditis belligeris vestris supradictis, quatinus prefatis nostris concivibus tam de navibus quam cervisia ac bonis et mercimoniis aliis ad ipsos nostros concives, ut premittitur, spectantibus restitucionem integram et debitam faciant cum effectu, ut vestre regie majestatis benignitas et justicia ac subditorum vestrorum equitas et obediencia ex hoc clarius elucescat, cum nos semper ad vestre celsitudinis mandata necnon regni et subditorum vestrorum honores et commoda adimplenda, multiplicandos[c] et procuranda pro posse nostro sincerissimis affectibus fulsimus, sumus et diligenter erimus indefessi et

a) Makepraugh L. b) Herderwijk L. c) So L.

promptiores. Teste nobis altissimo, qui vestram excellentissimam celsitudinem regere conservareque dignetur salubriter et prospere ad tempora longiora. Scriptum anno Domini millesimo quadringentesimo quarto mensisque Junii die quinta, nostro majori sub sigillo.

Vestre regie majestatis humiles et devotissimi consules Hamburgenses.

616. *K. Heinrich [IV] von England gestattet den englischen Kaufleuten im Hansegebiet* (in partibus Prucie et de Scone ac in aliis partibus de Hansa) *die Wahl von Gouverneuren und regelt deren Amtsbefugnisse wie Bd. 4 n. 1042, indem er dieselben zugleich ermächtigt, mit Zustimmung der Kaufleute Statuten und Ordonnanzen zu erlassen*[1]. — *1404 Juni 6. Westminster.*

Publ. Record Office London, Pat. Rolls 5 Henr. IV p. 2 m. 17.

Gedruckt: Rymer 8, 360; früher Hakluyt, The principal navigations of the English nation 1, 161.

617. *Hochmeister [Konrad von Jungingen] verbietet die Einfuhr englischen Tuchs und die Ausfuhr von Bogenholz, Pech und Teer. — 1404 Juni 15. Zipplau.*

Aus D StA Danzig; Abschrift im Komturenbuch S. 253. Höhlbaum.

D1 Das., Stadtbuch IV S. 47.

Gedruckt: Aus D1 Toeppen, Acten der Ständetage Preussens 1, 103. Vgl. HR. 5 n. 198, 3–6.

Homeister Deutsches ordens.

Wir sint zcu rate wurden, das nymand vorbas mee von deser tzeit Englisch gewant her yns landt furen sal. Dorumb so sal man bestellen mit dem bruder, der in der Munde lyt, das her off sal slahn all[a] das gwant, das man ynbrengit, und by weme her Englisch gewant fyndet, her sey gast ader ynwoner des landes ader wer her sey, deme sal hers nemen und dem kompthur zcu Dantzk off das hus antworten.

Item sey wir zcu rathe wurden, das man von deser tzeit nymandis gestaten sal, bogenholtz uszcufuren. Ouch sal dese acht tage pech und teer fry syn ydermanne uszufuren, ader als van huten abir acht tage sal vorbas mee vorbothen seyn eym iclichen, semeliche ware uszufuren; und wurde dorobir by ymandis bogenholtz, pech ader teer befunden, der sal das gut vorloren haben. Gegeben zcu Zcippelow am sontage sente Viti und Modesti tage anno 1404.

618. *Der deutsche Kaufmann zu Brügge an K. Heinrich IV von England: bittet um Rückgabe zweier von den Engländern gekaperter Hamburger Schiffe, die von Lübecker und Hamburger Kaufleuten befrachtet waren. — 1404 Juni 17.*

Aus British Museum London, Cotton. Ms. Vespasian F I fol. 111b; gleichz. Abschr. Pauli und Riess.

Gedruckt: Hingeston 1, 251. S. n. 615.

Gloriosissimo principi serenissimoque domino, domino Henrico regi Anglie et Francie dominoque Hibernie, domino nobis gracioso, littera omnimoda reverencia presentetur.

Recommendacione humillima nostri proni obsequii cum benivolo animo ad quevis et singula vestra beneplacita continue antemissa. Graciosissime princeps

a) sla D.

1) *Übereinstimmende Freibriefe erhalten die englischen Kaufleute in Holland, Seeland, Brabant und Flandern* (ac in quibuscumque aliis partibus transmarinis de amicitia nostra existentibus) *1407 Febr. 5, in Norwegen, Schweden und Dänemark 1408 März 1. Rymer 8, 464 u. 511.*

serenissimeque domine. Comparuerunt coram nobis Henricus Kule, Hermannus Vulff et Gotschalcus Johannessone, mercatores de Almania Hanze Theutonice de civitate Lubicensi oriundi, voce querulosa reserantes, qualiter nonnulle gentes de vestre majestatis subditis duas naves, quarum unius magister erat Johannes Vornyden, alterius vero Rotgherus Hoppe, cives Hamburgenses, circa festum penthecostes ultimo elapsum[1] portum Flandrensem videlicet Zwen exeuntes invaserunt habentes intentam versus Hamborch cum onere dicto ballast velificandi; set tantum navis ejusdem Johannis Vornyden quibusdam mercimoniis et bonis onusta fuerat ad prenominatos mercatores de Lubeke spectantibus et ad nonnullos alios de Hamborch et circumvicinis locis de Hansa Theutonica pro presenti in Flandria personaliter non residentes; quos quidem nautas predictos cum eorum navibus et mercimoniis in eisdem existentibus iidem vestri subditi ad vestram villam Nue Castell captivos perduxerunt. Set quoniam inter vestram serenissimam dignitatem et vestros subditos ex parte una et mercatores de Lubeke, Hamborch et aliis civitatibus Hanze Theutonice ex parte altera mutua pacis et amicicie federa continue speramus confoveri, cum vestri mercatores et subditi benivolis conversacionibus et honorificis in eisdem civitatibus antedictis semper pertractantur: vestram illustrissimam regalem majestatem cordintime humillimis precibus duximus implorandam, quatinus ob Dei reverenciam et justicie complementum predictis nautis ab eorum captivitate quitis et solutis proclamatis restitucionem eorum navium, et Marquardo Grelle et Lodolpho Cleyseke, ostensoribus presencium, bona et mercimonia mercatorum predictorum de Lubeke et aliis civitatibus de Hansa antedicta nomine eorundem fieri permittatis, ne nostrates de Hansa sepedicta tantis et talibus dampnis absque eorum demeritis et innocenter subiciantur et minus juste. In hiis vestra regalis majestas se exhibere dignetur, quam altissimus felicem conservet et longevam, velud in serenissima vestra dominacione fiduciam gerimus ampliorem nobis precipiendam. Scriptum nostris sub sigillis, 17. die mensis Junii anno 1404.

Aldermanni necnon seniores jurati communium mercatorum de Almania sacri Romani Imperii Hanze Theutonice pro presenti Brugis Flandrie residentes, vestre excellentissime dignitatis humillimi servitores.

619. *Reval an den Hauptmann von Wiborg: ist von B. [Bero] von Åbo und dem Hauptmann zu Raseborg vor den Seeräubern bei der Newamündung gewarnt, bittet, das Beste des Kaufmanns wahrzunehmen. — [1404] Juni 22.*

Aus StA Reval; Or. m. Stücken d. S. Höhlbaum.
Gedruckt: v. Bunge, Livl. U.B. 4 n. 1647, Silfverstolpe, Svenskt Diplom. 1 n. 456. S. unten n. 631.

Deme erzamen loveszamen manne, hovetman to Wyborch, unsem besunderghen leven vrunde, kome düsse breff mit werdicheit.

Unsen vruntliken grôt thovorne ghescreven und wât wii gûdes vormoghen. Erwerdige leve besunderghe vrunt. Juwer erbarcheit begheren wii to wetene, wô dat uns unse erwerdige in Gôde vader und here, bysschopp to Aeboe[2], und ok her Thomâs van Vytzen, hovetman tho Rasborch, thoghescreven und ghewârnet hebben, wô dat dar ene rôte van vôlke tho der Nûwe wârt henne sii, und se bevruchten sik, wô dât se uppe der wedderreyze nymande spâren ene sôlen. Hirumme so bidde wii juwe leve mit gantzeme vlite begherende, dat gii wôl dôn und syn dâr

[1]) *Mai 18.* [2]) *Schreiben des B. Bero von [1404] Juni 1: v. Bunge, 4 n. 1644. Silfverstolpe 1 n. 455, verz. Reg. Dan. II 1 n. 2906.*

mit juwer vorsichticheit und redelicheit vōre, dat de cōpman des nicht beschadiget ene werde; jun so leyfliken ane to bewysende, alse wi des gantze ghetrūwe to ju hebben und gherne thegen juwe leve vordenen willen, wār wi mōghen. Hīrmede sīt Gode bevolen. Ghescreven under unseme secrete, des sondāges negest vor Johannis baptiste.

Borgermester und rād der stād Revalle.

620. *Stralsund an K. Heinrich IV von England: beklagt sich über die Schädigung und Vergewaltigung von Stralsunder Bürgern durch englische Unterthanen; hat deswegen das englische Gut in Stralsund mit Arrest belegt, aber zugleich die Aufhebung der Arretierung nach Empfang einer befriedigenden Antwort des Königs in Aussicht gestellt. — 1404 Juni 23. Stralsund.*

Aus L British Museum London, Cotton. Ms. Nero B II fol. 27—28. Nach Abschrift von Miss M. T. Martin.

Gedruckt: fehlerhaft Hingeston 1, 258—261.

Ein Verzeichnis des in Stralsund arrestierten englischen Guts s. Hanseakten n. 333, jetzt auch gedr. Literae Cantuarienses 3, 81. Das. S. 83 eine ergänzende Aufzeichnung von 1404 Aug. 3: Infrascripta bona recepta sunt de navi Engelberti Johannesone de Dordrace [, ... Drunthem][1] de Hull pertinencia. Primo 800 wagenschotes. Item 12 vasa cervisie. Item 10 tunnas picis. Item 18 tunnas terebinti, heringhent et beldisen[a]. Item 9 tunnas parvas terebinti. Item duas [illegible]. Item 34 [illegible][b]. Item 3 fasciculos [illegible][c], ponderantes 25 [illegible] et 7 libras. Item 12 [illegible]. Item 24 sextarios frumenti, 8 sextarios et unum frustrum frumenti, ponderantes 21 scippund et 11 lispunt et 11 m(a)r(k)punt[d]. Item 30 frustra [illegible][e] ponderantia 1 scippund et 12 lispunt et 8 m(a)rkpunt[f]. Item 30 frustra [illegible]holtes. Item 1200 clapholtes. Item 2 pecias cere ponderantes 6 lispunt et 2 m(a)rkpunt[f]. Item 15 parvas [illegible] vel [illegible]. Suprascripta bona vendita sunt a predicto Engelberto Johannesone ad pondus 11 lastarum, et recepit pro frectagio suo quinquaginta marcas Sundenses minus 8 solidis[1]. Super ista bona facte sunt litere: unam servant et tenent consules Stralesundenses, aliam Hermannus [illegible], terciam vero recepit predictus nauta, scilicet Engelbertus. Actum anno Domini 1[4]04[g] die Martis ante festum beati Laurencii. Trecente marce Sundenses valent 90 nobilia. *Englische Klageartikel gegen die Stralsunder aus den Jahren 1391—1404 s. HR. 5 n. 148, 7, auch gedr. Literae Cantuar. 3, 79 ff. mit folgenden HR. a. a. O. fehlenden Zusätzen:* Item anno Domini 1[3]94 circa festum pentecostes[1] quidam dux de Wolgaste et Stralesund cum nonnullis de Hansa, suis confederatis, cepit et asportavit extra navem cujusdam Thome Herman de Boston plura bona et mercandisas Johannis Crane mercatoris de Coventre valencie 100 librarum. Insuper quendam Thomam Walton servientem predicti Johannis verberaverunt et minus juste vulneraverunt.

Item anno et festo supradictis prenominatus dux et alii sui complices de Hansa ceperunt et asportaverunt extra navem predicti Thome Herman 840 duodenas pannorum laneorum diversorum colorum cujusdam Willelmi Bedforth mercatoris de Coventre ad valenciam 200 librarum. Insuper quendam Laurencium Cook servientem predicti Willelmi in navi predicta existentem verberaverunt, vulneraverunt et maliciose mutilaverunt.

Item anno Domini 1399 prefatus dux [de] Walgast et alii de Hansa injuste abduxerunt pannos laneos cujusdam Willelmi Sharneford mercatoris de Coventre valencie 50 librarum.

Illustrissime serenitatis magnifico et pregloriosissimo principi [at]que domino, domino Henrico regi Anglie et Francie excellentissimo ac domino Hibernie, quam gracioso domino et benignissimo promotori nostro, consules Stralesundenses humillimi tocius humilitatis nostre cum recommendacione reverencialissima ac jugi intendiosissimorum

a) heringhent et beldisen der Druck. b) [illegible] der Druck; [illegible] c) [illegible] der Druck, und der [illegible] „[illegible]". [illegible] d) [illegible] der Druck. e) [illegible] der Druck. f) [illegible] der Druck. g) MCCCCIIII der Druck.

1) *S. Hanseakten n. 334, letzter Absatz.*

benivolencia nostrorum serviminum incessabilem ferventissimamque promptitudinem. Quam magnifice graciose domine, rex serenissime. Sane quia inter illustrissimos principes, dominos reges Anglie, vestros predecessores, et predecessores nostros ac utrorumque ipsorum cives et mercatores alterne dileccionis et bone concordancie ab olim previguit sinceritas, qua se benignis favoribus ad alterutrum protractarunt, unde utilitas rei publice, cujus corona vestra regia non solum zelatrix, ymmo re vera adauctrix proclamatur precipua, notabile inter dictos mercatores susceperat incrementum; cui utilitati rei publice nos laudibilis predecessorum nostrorum instructi exemplis merito intenti, licet hujusmodi sinceritatem alterne dileccionis et bone concordancie fovere cordialiter optaverimus, quo non minus adhuc optantes nonnulli tamen vestratum ipsam in multo lacerarunt per dampna, gravamina et violencias plurimas, presertim et principaliter a Johanne Brandoun vestro subdito in civitate vestra Lindensi suosque in hac parte complices securitate et tranquilla pace utrimque vigentibus nobis et nostris injuriose pluries illatas, unde alias majestati vestre regie nostras porreximus litteras juxta informacionem prout nobis factam super duarum ablacione navium nostrorum concivium et mercatorum suorumque bonorum inibi contentorum.

At[a] vero iidem concives nostri certiori de suis ablatis habita inquisicione, se distinctius premisse super eisdem informabant sub modo subsequenti, ut puta quod anno Domini 1397 circa festum omnium sanctorum[1] famuli dicti Johannis Brandoun cum ejus navibus abstulerunt (ex na)vi Nicolai Borale 11 vasa vinorum de valore 69 nobilium et 11 nobiles prompte pecunie, nostris concivibus pertinentes et pertinencia, que in dicti Johannis Brandoun usum pervenerunt.

Insuper eodem anno ante festum dominice incarnacionis[2] dictus Johannes Brandoun in portu Lindensi personaliter recepit in navi Pauli Stenveld 13 lastas et 4 tunnas allecium et 400 lignorum waghenschot, concivibus et mercatoribus nostris pertinentes; quarum lastarum allecium quelibet in foro Lindensi 22 nobiles et quelibet centena dictorum lignorum 2 nobiles solvebant. Super quibus bonis premissis sumptus 27 nobilium facti sunt et expense, quorum bonorum et sumptuum premissorum summa ad 328 nobiles unus quartus[b] se extendit.

Ceterum anno Domini 1398 circa festum pasche[3] dictus Johannes Brandoun recepit in portu Bostensi Petro Vranken concivi nostro navem sibi et domino Nicolao Voghe[c] nostro conconsulari pertinentem de valore 110 nobilium, et naulum scilicet 90 nobiles de mercibus ejusdem navis derivatum[4].

Item in navi Johannis Romer ex portu Haslocensi Norwegie velificante recepit idem Johannes Brandoun in bonis nostri concivis ad valorem viginti nobilium.

De quibus omnibus premissis navi et bonis nostrorum conconsularis, concivium et mercatorum nondum quidquam equitatis aut racionis eisdem meminimus refluxisse, licet iidem in bonis vestrorum mercatorum in quantitate et valore notabilibus interim in civitate nostra frequenter existentibus se dudum potuissent relevasse; quod tamen permittere nolentes premissa non inportuno pertransivimus animo, vestre majestatis regalis contemplacione ac spe pacis et bone concordancie adhuc utrimque confovende vestrates nostram civitatem visitantes non obstantibus premissis caritative colligentes cum benigna promocionis pertractacione et honore. Ast precipue vestris regalibus penualis hortamentis, de quibus littere vestre regie nuper nobis porrecte et per nos debita reverencia humiliter suscepte in hec verba concinere, et ne ceptis

a) Ad L. b) Sic L. c) Voghe L.

1) 1397 Nov. 1. 2) Dec. 25. 3) 1398 Apr. 7. 4) Eine [illegible] in den Daten abweichende Überlieferung dieser Vorfälle s. Hanseakten n. 315, 4, 6, 7.

driacque in nos et nostros hujusmodi benefactis gratuitis desistatis alterius exoramus. Necnon pacis et securitatis concessionibus in eisdem litteris vestris regiis expressatis concives et mercatores nostri hujusmodi cepta benefacta juxta exhortacionem et affectum vestrum regalem frequentare volentes bona sua super regalibus vestris prefate pacis et securitatis concessionibus versus regnum vestrum Anglie laxate legare assumpserunt; vestri autem, prefatis dampnis et violenciis non contenti, ad prefatas vestras regales pacis securitatis concessiones enervandas ac sinceritatem dileccionis alterne et bone concordancie predicte spirabant et, quantum valebant, conabantur extinguendam. Eo, quod dolendum est, dolorem super dolorem addentes vulnerum novissima pejora prioribus reddiderunt concivesque et mercatores nostros non solum bonis et rebus, sed eciam proch corporibus eorum et personis, horride namque submersionis acerbitate aliquos eorum inhuman[iter] interimentes, gravius et multipliciter dampnificarunt, prout in cedula papirea lucide continetur presentibus involuta[1]. Que non paucas nostro incumbabant pectori molestias, concivibus et mercatoribus nostris dampnificatis adeo provocatis, quod per eos incitati vestrorum mercatorum bona in civitate nostra pronunc existencia poni fecimus sub arresto, eisdem tamen simultate sana et fide conservancia indispersis super eo, quod vestrates, ad quos hujusmodi arrestata bona spectare noscuntur, vestro regali se presentent conspectui ac erga majestatem vestram regiam conentur, quantum valeant et procurent, ut, si ipsa clementi mota animadversione dictis concivibus nostris et mercatoribus suorum ablatorum decreverit refusionem fieri condignam, quam intimis affectamus visceribus, vestratum manibus prefacta arrestata libere et integre refluant sua bona. Res enim onerosa et nimirum intollerabilis nobis existit, quod vestrates securitate et pace pro nobis et nostris gavisi nostros mercatores de die in diem reddunt non indempnes, dampna dampnis incessanter accumulantes. Placeat igitur, gloriose domine, rex serenissime, vestre regali clemencie ad premissa animo pietatis inclinari, nostram attendendo benivolenciam, qua semper ad vestra regalia beneplacita eramus presto, cujusmodi adhuc nos fore affectamus glorie vestre regie humiliter famulandi ac vestros, quantum possumus, honorandos promotosque habendi vestre gloriose regalis contemplacione majestatis. Cui misericorditer intendat ubilibet rex eternus diutine convalescencie et felicitatis cum salute, vestris tanquam humiliter benivolis confidenter precepturo, quid majestas vestra regia in premissis facere decreverit; de isto clementem vestram regiam humiliter petimus responsivam. Datum Stralessundi, anno Domini millesimo quadringentesimo quarto vicesima tercia die mensis Junii, nostre civitatis sub secreto.

621. *Aufzeichnung Stralsunds über den Schaden, den seine Bürger seit dem Jahre 1400 durch die Engländer erlitten haben. — [1404 Juni 23.]*

Aus L British Museum London, Cotton. Ms. Nero B II fol. 28. Nach Abschrift von Miss M. T. Martin.

Gedruckt: Hingeston 1, 262—264. Vgl. Hanserecesse 5 n. 345, 8—18.

In hac cedula nos consules Stralessundenses conscribi fecimus bona per gentem serenissimi et magnifici principis, domini regis Anglie, nostris concivibus et mercatoribus ablata, de quibus in nostra littera[2], cui presens cedula est inclusa, continetur, exceptis bonis, que Johannes Brandoun nostris concivibus auferebat et mercatoribus. Unde vestram regiam humiliter petimus majestatem, de solucione bonorum premissorum tam per dictum Johannem Brandoun quam alios vestros quoscumque nostris concivibus ablatorum clementer eisdem providere.

1) n. 621. 2) n. 620.

[1.] In primis namque anno Domini 1400 circa festum nativitatis beati Johannis baptiste[1] per gentem domini comitis de Northumerlant suasque bardiense[a] et naves alias ablata fuit in mari Johanni Bohelman nostro concivi nova navis cum tritico, braseo, farina, cervisia, therebinto et lignis wagbenschot onustata, que navis cum bonis premissis de valore 336 nobilium nostris concivibus pertinebat, naucleo dicte navis, scilicet Johanne predicto, [cum][b] duodecimo viro per dictam gentem comitis predicti horribiliter submerso.

[2.] Item anno Domini 1402 dominus Greie protunc ex parte domini regis predicti amerarius seu capitaneus maris in navi Tidemanni Kule recepit amigdala, mitras et caligas de valore 31 nobilium nostris concivibus pertinentia.

[3.] Eodem anno receperunt Johannes Tutbard et Wilhelmus Terry de Hel navem, quam rexit Hermannus Burowe, et bona inibi contenta, scilicet siliginem, braseum et ordeum; cujus navis medietas et quarta pars dictorum bonorum de valore 305 nobilium nostro concivi pertinebant.

[4.] Item anno Domini 1403 circa principium quadragesime[2] cum duabus navibus bardiensen[a], quarum unam rexit Laurencius Mundy ex parte Johannis Barbraum civis Lundensis ipsam expedientis, alteram vero rexit Wilhelmus Lye de Heyde ex parte Johannis Jubroke in Dovernia morantis illam expedientis, et cum alia nave ballinger dicti Laurencius et Wilhelmus receperunt Hermanno Wernersone suam navem cum bonis inibi existentibus, scilicet 54 lastis et 2 tunnis allecium et uno harnesio de 4 nobilibus, nostris conconsularibus, concivibus et mercatoribus pertinentibus, omnes homines in dicta navi constitutos preter dictum Hermannum cum duobus viris crudeliter demergentes. Qui Hermannus predictus cum hujusmodi navi et bonis versus Hamburg[c] velificasse debuisset, ubi quelibet dictarum lastarum allecium 24 nobiles bene solvisset. De quibus premissis bonis summa ad 1312 nobiles se extendit.

[5.] Eadem anno circa festum pasche[3] auferebantur in navi Petri Warre 5 vasa vinorum, quodlibet de valore 10 nobilium, et 16 florni seu francones nostro concivi pertinentia; quorum summa 57 nobiles.

[6.] Eodem anno tempore hyemali in navi Jacobi Bodiker auferebantur 2 laste allecium nostro conconsulari pertinentes, qualibet lasta in Anglia, ubi pervenerat, 20 nobiles solvente.

[7.] Item anno Domini 1404 circa festum pasche[4] in navi Tymonis Swarte[d] ablate fuerant per illos de Dhachnam 6 laste cum 1 tunna Wysmariensis cervisie in eorum portum pervenientes, que in civitate Wysmariensi 30 constabant nobiles.

[8.] Eodem anno circa festum pentecostes[5] in navi Johannis Deghener conconsulari nostro auferebantur sua bona de valore 10 nobilium.

[9.] Eadem anno et tempore Wilhelmus Bighe de Novo Castello cum navi bardiense[a] Wilhelmi Jonsone ibidem morantis illam expedientis abstulit Johanni Suteboter navem cum sale sibi ac nostro conconsulari et concivibus pertinentem de valore 227 nobilium, preter bona salis in eadem[e] navi ad civitatem Grypeswaldensem pertinentia.

[10.] Eadem anno et tempore in classe de Rowele ablata fuerunt nostro concivi 14 vasa vinorum, quolibet[f] 10 nobiles valente, et in navi Lollenhuse 16 tunne[g] allecium de valore 20 nobilium; que vina et allecia in Kaleys fuerant apportata. Quorum summa 133 nobiles.

a) So L. b) [illegible] L. c) [illegible] L. d) [illegible] L.
e) eadem L. f) [illegible] L. g) [illegible] L.

[1]) 1400 Juni 24. [2]) 1403 um März 4. [3]) Apr. 15. [4]) 1404 März 30. [5]) Mai 18.

Summa valorum premissorum bonorum in presenti cedula conscriptorum una cum bonis per Johannem Brandoun nostris concivibus ablatis 3084 nobiles minus quart.[a].

622. *Drei polnische Kaufleute beurkunden ihre mit der Stadt Thorn wegen Verletzung des Thorner Stapelrechts abgeschlossene Vereinbarung. — 1404 Juni 23. Thorn.*

Aus StA Thorn n. 456; gleichz. Abschr., a. d. Rückseite: Copia. Vorschreibung drier burger us Polan umb bruchs willen des herren homeisters etc. als von der nidderloge. *Hagedorn.*

Wir Niclas Kobernail und Heinrich Crebyn, burger czu Crudemar, und Francze burger czu Aptaw gelouben mit gesamenter hand und ungesundert und unser itzlicher vor gantz und vor al und vor uns und vor unser erben in gutten truwen ane arg und bey unsern truwen und by unseren eren, das wir umbe des broches und obertretens wille, das wir Engelisch gewand douedden in dem lande czu Dantzik und nicht czu Thorun boben des grosmechtigen fursten und herren homeisters und seiner mitgebitiger und seiner stete gebot[1] gekouft haben, uns mit den vorsichtigen herren ratmannen der stat Thorun, dy uns das selbe Engelische gewand haben losen uffhalden und uff dese unser gelobde und vorschreibunge gunsticlichen wedir haben losen folgen, czwisschen hir und synthe Mertins tag[2] nehst czukomftig frundlich und gutlich czu vorrichten czu irem genuge adir czweyhundert mark Pruysch gereites geldes incznandwerten und inczulegen bynnen synte Mertins tage vorgeschreben ane allirley widderrede. Czu grossir sichirheit deser dinge so haben wir vorgeschreben unsir ingesegele mit ganczer wissenschaft an desen brieff gehangen. Gegeben czu Thorun am obunde synte Johannis tag nativitatis anno Domini millesimo quadringentesimo quarto.

623. *Dorpat an Reval: bittet, das Gerücht von der Unsicherheit der Newamündung näher zu erkunden und nötigenfalls den deutschen Kaufmann zu Nowgorod deswegen zu warnen. — [1404] Juni 25.*

Aus StA Reval; Or. m. Stücken d. S. Höhlbaum.
Gedruckt: v. Bunge, Livl. U.B. 4 n. 1649. S. unten n. 631.

Den ersamen wisen mannen, heren borgermestern unde radmannen der stat Revele, unsen guden vrunden.

Unsen vrüntliken grut myt alleme gude tovorn. Ersamen heren, leven vründe. Wy hebben wol vornomen van vlochmeren, wo dat etlike hovelude sik tosamende worpen hebben unde liggehen vor der Nuw ere. Unde wente, leven heren unde vründe, wy hiir de gantzen warheit nicht van en weten, sunder van zegghewordcn vornomen hebben, so bidde wy juw vrüntliken, dat gi hiir vorbeveldich ane zin unde dirvarent myt der warheit; unde weret, dat dar wes ane were, dat gi denne den copman to Nougarden warnen laten sunder underlat, dat se dar nicht to en varen. Desse warnynghe hadde wy gerne van Darbte ut gedaen, sunder alze id nu gelegben is, so mach to Nougarden to Plescow to van Darbte nymand varen. Darmede siid dem almechteghen Gode bevolen. Screven under unseme secrete des negesten dages na Johannis baptiste.

Borgermeistere unde raet der stat Darbte.

a) [illegible]

1) n. 571, 575. 2) Nov. 11.

624. *K. Erich von Dänemark, Schweden und Norwegen gewährt Rostock alle Privilegien, welche den Hansestädten von seinen Vorfahren in seinen Reichen verliehen sind. — 1404 Juni 27. Wadstena.*

Aus R StA Rostock; Or. Perg. m. anh. S. Junghans.
RA Kopenhagen; Abschr. von R im Diplomatarium Langebek. T. 23.
Gedruckt: aus R Rostocker wöchentl. Nachrichten 1755, 22. Verz.: HR. 5 n. 191, Reg. Dan. I n. 3133, Rydberg, Sverges Traktater 2 n. 434. Angeführt Silfverstolpe, Svenskt Diplomatarium 1 n. 459 Anm. 1.

Wy Erik myt Godes gnaden to Denemarken, Sweden, Norweghen, der Wende unde Gothen konyng unde hertich to Pomeran a, bekennen unde betûghen openbare in dessem breve, dat umme besûnderghe vruntscop unde leve, de wy unde unse rike van den van Rostoke ghevûnden hebben unde wy unde unse rike uns noch hyrnamals van en vormoden to bevindende, unde van ghûnst unde gnade weghene so hebbe wy en sûlcker priveleye unde rechticheyt ghegunt in unsen riken to hebbende unde to netende, alse se myt den andern steden van unsen heren unde vorvaren, konyngen in dessen riken, van oldinges darinne ghehat unde ghenoten hebben alle de wile, dat wy unde unse rike anders nicht wan vrûntschop, leve unde ghut van en bevinden, alse wy hopen, dat wy och anders nicht bevinden. Darumme bidde wy unde beden alle unsen amptlûden unde vogheden, dat gy it myt den van Rostoke also holden unde doen unde neten laten in aller mate, alse hyr vorscreven steyt. Vortmer oft de van Rostoke unde de van der Wismere unde de van Berghen jenighe schelinge sich underlanck hebben, so is uns berichtet, dat de uppe recht steyt; darumme blive it och uppe recht staende. Unde to bekantnisse desser vorscreven stûcke so hebbe wy unse secret vor dessen breff ghehenget laten. Datum Wastena anno Domini 1404, 6. feria proxima ante festum beatorum Petri et Pauli apostolorum.

625. *Derselbe urkundet ebenso für Wismar. — 1404 [Juni 27]. Wadstena.*

StA Wismar; Abschr. vom 1. Viertel des 16. Jahrh., notariell beglaubigt.
Gedruckt: Silfverstolpe 1 n. 459, Rydberg 2 n. 433. Verz.: HR. 5 n. 192, Reg. Dan. II 1 n. 3901.

626. *Derselbe an seine Vögte, Amtleute und Unterthanen in Bergen: gebietet auf Ansuchen der Rostocker und Wismarer, denselben alle vor ihrem Kriege mit seinen Reichen genossenen Gerechtsame einzuräumen, während die Streitigkeit zwischen den beiden Städten und Bergen auf dem Rechtswege weiter verfolgt werden soll. — 1404 Juni 27. Wadstena.*

R StA Rostock; Or. m. Spuren d. S., altnordisch.
RA Kopenhagen, Abschr. aus R im Diplomatarium Langebek. T. 23.
Gedruckt: aus R Rostocker wöchentl. Nachrichten 1755, 25, Molbech og Petersen, Danske Breve og Diplomer 1, 186, Diplomatarium Norveg. 5, 1 n. 416. Verz.: HR. 5 n. 193, Reg. Dan. I n. 3134. Angeführt Silfverstolpe 1 n. 459 Anm. 1.

627. *Zwei gen. Rigaer Ratsherren und ein Dortmunder Bürger beglaubigen für Dortmund die Aussage des Wineld von Wickede über einen Betrugsversuch, den der Dortmunder Cord Berswort gegen Gerlach Stolbiter in Riga begangen hat. — 1404 Juli 2. Riga.*

Aus StA Dortmund; Or. m. 3 untergedr. S.

An juw, ersamen loveliken mannen unde heren, borghermeystere, râtmanne und de ses ghilden der stat Dortmunde, Gotschalk Bredebeke, Johan Wantscheyde,

a) So R.

ratmanne der stat Righe, unde Arnold Treppe, juwer stat medeborgher, doen juw in Gode mit bogher werdicheyt in guder ghunst vruntliken groyten unde begheren juwer achbaren vornomenen wisheyt witlik to ziinde, dat in ichteswelken vorledenen tiden ghescheyn is, dat Gotschalk Staelbiter in Ruslande was, unde wy vorbenomeden manne Bredebeke, Wantscheyde, Treppe tosamene weren vorghadert in eyner jeghenwardicheyt, dar Wynold van Wickede vor uns quam unde bekande in unser jeghenwordicheyt unghevraghet und unbedw[u]nghen van yemande, wo he syme ome Gotschalk Staelbiter ghesecht hedde, wo ed umme den breeff were, den Coerd Berswort juwe borgher an Staelbiter brachte unde gheantwordet hedde, de ludende were ut dem munde Johans van Wickede, wo des vorscreven Wynoldes vader dar nicht aff en wiste noch van breve Staelbitere gheantwordet noch van werve an en ghesworven; dit hadde Berswort al bedreven; und ok wo Berswoert unde Cuken in der jeghenwordicheyt dusses vorscreven Wynoldes den breeff unde dat werff ghedichtet unde ghescreven hadden, uppe dat de vorbenomede Staelbiter en Wynolde antworden solde. Do Staelbiter des nicht doen noch ok ghelovcn wolde breyve efte werve, alze Berswoert ghesworven hadde, do heyten se den vorscreven Wynolt syne cleydere ut Staelbiters hûs in Bredebergen hus bringhen, unde Wynolt solde vor ut der stat Righe buten by sunte Gerdruden cappelle ghaen, so wolden Berswort unde Cuken dan komen mit eyme leddighen perde unde wolden Wynolde upghenomen hebben unde hebben en mit sik enwech ghevoret; unde umme des willen, dat he alle dusse vorscreven handelinge unde article van en Staelbitere ghesecht hadde, darumme droweden se em tô slaende. Unde birumme dat Wynold vorscreven alle dusse vorscreven zake unde handelinge vor uns ghesecht unde betughet heft, uns antoherende, so hebbe wy Gotschalk Bredebeke, Johan Wantscheyde unde Arnold Treppe to eynen tuchnisse malk bysundern syn ingheseghel bynnen opp dussen breeff ghedrucket, na der boert Christi 1404 jar in der hochtiit visitacionis Marie to Righe ghescreven.

628. *Hochmeister [Konrad von Jungingen] an K. Karl [VI] von Frankreich: bittet um Rückgabe eines Ordensschiffes samt Ladung, welches einem Diener des Grossschäffers von Marienburg durch Unterthanen des Königs in einem Hafen der Bretagne geraubt ist. — 1404 Juli 15. Marienburg.*

StA Königsberg, Hochmeister-Registrant 3 fol. 79b.
Verzeichnet: HR. 5 n. 201. Ein neues Schreiben gleichen Inhalts von Okt. 25 das. n. 214, vgl. n. 215.

629. *Hochmeister Konrad von Jungingen an K. [Heinrich IV] von England: antwortet auf n. 614, dass er die vorgeschlagene vorläufige Aufhebung der beiderseitigen Verkehrssperre erst nach Entschädigung der preussischen Unterthanen zugestehen kann; weist wegen der erbetenen Beschützung der englischen Schonenfahrer auf seinen mit Dänemark abgeschlossenen Waffenstillstand hin. — 1404 Juli 16. Marienburg.*

L British Museum London, Cotton. Ms. Nero B II fol. 41.
K StA Königsberg, Hochmeister-Registrant 3 fol. 79b.
Gedruckt: aus L Hingeston 1, 271; in engl. Übersetzung Hakluyt 1, 160. Verz.: HR. 5 n. 202.

630. *[Hzg. Albrecht von Baiern, Graf von Holland,] geleitet die Sendeboten des deutschen Kaufmanns [zu Brügge] bis zu 40 Personen auf vier Wochen oder bis vier Tage nach Widerruf. — [1404] Juli 22.*

RA Haag, Memoriale B M cas. R fol. 75b.
Gedruckt: HR. 5 n. 206.

631. *Ritter Thorder Bünde Rorikessone an Reval: berichtet, dass Seeräuber in der Newa gewesen sind und grossen Schaden gethan, auch das Land seines Herrn verwüstet haben,* van wennen eder we dat se sin, weit God, dat ik des nicht en weit, wente se sint eres namen nicht bekant, hirumme prove ik, dat it lose schalkes sin; *will etwaige Massregeln gegen dieselben gern unterstützen und bittet, vor der Fahrt nach jenen Gegenden zu warnen. 1404 Juli 25* (in s. Jakopes daghe des h. ap.). *Wiborg.*

StA Reval; beschädigtes Or. m. S.

Gedruckt: v. Bunge, Livl. U.B. 4 n. 1650, Silfverstolpe, Svenskt Diplom. 1 n. 469. Verz.: Napiersky, Russ.-livland. Urkunden n. 150.

632. *Entwurf eines Handelsvertrages zwischen Böhmen, Schlesien und Preussen. — 1404 Sept. 11. Marienburg.*

Aus D StA Danzig, Stadtbuch IV fol. 50.

L StA Liegnitz; Abschr.

Gedruckt: aus L Schirrmacher, U.B. der Stadt Liegnitz n. 409. Vgl. HR. 5 S. 142.

Anno 1404 feria quinta post nativitatis Marie dese noch gescrebin herren und sendebothen, by namen herre Franciscus probest tzu Bolislow und des Romischen koninges obirster scryber, herre Franciscus von Jebitz[a], thomherre tzu Breslow, sendeboten uff dese tzit des herren Romischen koninges vorscrebin und der fursten von der Slezie, herre Niclas Bantslow und Lorenz Sirkovitz von Breslow, Heinrich von Morow von wegin der stete Swidnitz[b] und Brige von eyner site; herre Johan Ryman von des homeisters wegin von Prusen, herren Gotke Rebber, Johan von der Mersche, Arnd van Loo von Thorun, Arnolt Roubir, Werner Wessel von Elbinge, Johan Gotke und Henningh Laskow von Dantzik von der andirn site vorgadirt tzu Marienburg habin dese nochgescrebin artikele undir enander von beyder lande wegin obirtzogen und vorramet tzu halden in sulcher wise, alse hir noch stet gescrebin.

[1.] Czum ersten, was koufenschaft die koufluthe us der crone tzu Behemen und us der Slezie her in dys land willen brengen tzu Prusen, domite mogen sie triben die aldin strosen tzu Thorun tzu und dy koufenschaft hir im lande vorkoufen adir tzur zee wart obir zee schiffen ab und tzu, in welche lande sie willen, sunder hinder und gefer, alse in das bequeme ist und alse yn von aldirs gewonlich ist gewesen, doch also das keyner von den koufluten obingescrebin keyner andir luthe gut, denne das in die vorscrebin lande tzu hus hort, us andirn landen herbrenge noch se tzur zee wart und her wedir fure. Und wenne [man][c] des nicht wil irlosen, der sal sich des untsagen mit syme eyde; wer obir bewisunge mit sich brenget adir by ymande hersendet, der en darp hir nicht sweren. Dergelich sullen die koufluthe usme lande tzu Prusen in den vorgenanten landen ouch thun, wil mans in nicht irlosen. Ouch sullen die koufluthe us Prusen mit yrer koufenschaft, welcherley dy ist, tziben die aldin gewonlichen strosen in dy crone tzu Behemen und in dy Slezie dor in den landen und durch die lande, wohen und in welche lande sie begheren, hen und wedir, sundir hinder und gefer, alse das ouch von aldirs gewonlich ist gewesen; ydoch das itzlich teil syne gewonliche tzolle und ungelt sal gebin.

[2.] Item welche koufluthe komen us Prusen in dy crone tzu Behemen und in dy Slezie, die mogen do uff vrigen jarmarkten vorkouffen by eynen laken, by halben laken, die yre beyde selbende habin, by eynen barrasch, eynen stucke kirsey, eynen stucke stockbreit und do bobin, sunder nicht mynner. Dergelich ouch tzu

a) *Doppelt D.* b) *Ursprünglich Silau, Swid von andrer Hand darüber übergeschrieben D.*
c) *So L, fehlt D.*

halden mit den mützen und andir allirley koufinschaft, ungenomen hozen, die man alleyne by den doszyne sal vorkoufen und nicht mynner.

[3.] Item mag eyn itzlich koufman usme lande tzu Prusen sin gewant tzu Breslow lossen legin, als lange als im gut dunkt, unverbedelich des koninges kamertzinse. Und welcher von den Pruschen koufluthen sin gewant dor abeladen wil, der sal das thun undir dem koufhuse.

[4.] Item mogen die koufluthe us der crone tzu Behemen und us der Slezie hir im lande tzu Prusen in allen stetin vry allirley gewant und alle andir koufinschaft koufen alleyne[a] wedir inwonre und burgere dys landes und nicht wedir geste, ouch alleyne von yrer wegin und nicht von andir luthe wegin us andirn landen, by vorlust des selbigen gutes, ungenomen jarmarkte, in den vry sal ein gast mit gaste tzu koufslagen, alse woulich ist.

[5.] Dese artikel mit enander[b] sal man itzunt anhebin tzu halden bys nativitatis Christi[1]; und bynnen des sullen die sendeboten[c] den von Thorun screbin, ab sie sie ouch vorbas also gehalden willen habin[d][2].

633. *Lübeck an K. Heinrich IV von England: beklagt sich über die Wegnahme einiger Rigaer Schiffe durch englische Unterthanen und über die Erfolglosigkeit der deswegen beim König erhobenen Beschwerden; begehrt, die Schuldigen zur Genugthuung anzuhalten. — 1404 Okt. 7.*

Aus British Museum London, Cotton. Ms. Vespasian F I fol. 112; gleichz. Abschr. Pauli und Riess.
Gedruckt: Hingeston 1. 371.

Illustrissimo ac serenissimo principi ac domino, domino Henrico regi Anglie et Francie ac domino Hibernie, excellentissimo promotori nostro favorabili et benigno, reverenter.

Humillima serviciorum nostrorum recommendacione cum omni reverencia premissa. Serenissime princeps, fautor et domine. Ex quorundam veridicorum relacione nobis innotuit, qualiter nonnulli vestre majestatis subditi nuper in mari plurimos de Hansa naucleros et mercatores et precipue quosdam de civitate Rygensi hostiliter invaserunt suasque naves et mercimonia rapuerunt et, quod humanus detestatur auditus, prescriptis navibus et bonis ablatis eosdem naucleros et mercatores inhumaniter submergendo interfecerunt, licet iidem naucleri et mercatores de regalis vestre celsitudinis et vestrorum subditorum indubitata securitate confisi et, prout accepimus, per eosdem vestre majestatis subditos singulariter securati hujusmodi excessus sibi nullatenus accidisse formidabant. Ceterum quidam mercatores, qui missi causa predictorum bonorum rehabicionis vestram majestatem accesserant, inter cetera, que ipsis ibidem occurrerunt, coram nobis affirmabant, se de eadem vestra majestate satis gravia et ingraciosa responsa reportasse; de qualibet tamen responsione minime presumentes de vestre celsitudinis innata benignitate benivoliora et placenciora speramus responsa. Quapropter, serenissime princeps, vestre regali majestati ex intimis affectibus humillime supplicamus, quatinus dominum Deum pre oculis habentes justicie et nostri servicionis intuitu taliter disponere dignemini, quatinus predicta bona et, ut prefertur, ablata simul et indivisa permaneant, eosdem vestre majestatis subditos ad satisfactionem et condignam emendam predictorum

a) Davor [illegible] D. b) und [illegible] folgt L.
c) dy [illegible] us der crone von Behemen und us der Slezie [illegible] L.
d) und also vorsigeln wellen folgt L.

1) Dec. 25. 2) In L folgt eine an Liegnitz gerichtete kurze Denkschrift über die Einschränkung des Fremdenhandels in Thorn und Danzig.

excessuum et, ne de cetero talia nephanda attemptare presumant, cum debita cohibicione compulsuri. Alias etenim exinde ulteriores et majores displicencias periculosioraque mala, que Deus avertat, suboriri formidamus; desiderantes nobis super hiis benivolum reformari vestre celsitudinis responsum, quam incolumem et longevam conservet altissimus. Scriptum nostro sub sigillo anno Domini 1404 mensis Octobris die septima.

Vestre majestatis humiles et sincere benivoli proconsules et consules civitatis Lubicensis.

634. *[K. Heinrich IV von England] an Lübeck: rechtfertigt bei Beantwortung von n. 633 sein ablehnendes Verhalten gegen unbegründete Anforderungen; erklärt sich dagegen bereit, den Interessenten bei Geltendmachung ihrer Ansprüche Genugthuung zu verschaffen. — [Nach 1404 Okt. 7.]*

L Aus British Museum London, Cotton. Ms. Vespasian F I fol. 113; gleichz. Abschr. Pauli und Riess.
Gedruckt: Hingeston 1, 372.

Honorabilibus viris, proconsulibus et consulibus civitatis Lubicensis, amicis nostris sincere dilectis.

Honorabiles viri, amici sincere dilecti. Gravem querelam deponitis apud nos per amicicie vestre litteras mensis Octobris ultimo preteriti die septima scriptas, asserentes, ex quorundam informacione veridica vobis innotuisse, qualiter nonnulli de subditis nostris nuper in mari quam plurimos de Hansa naucleros et mercatores et precipue quosdam de civitate Rigensi hostiliter invaserunt ac naves et mercimonia sua ceperunt et hujusmodi navibus et bonis ablatis eosdem mercatores et naucleros inhumaniter submerserunt, quamvis eidem naucleri et mercatores de nostra et subditorum nostrorum indubitata[a] securitate confisi tales excessus eciam fieri vel accidisse nullatenus formidabant; asserentes quoque preterea, quod quidam mercatores, qui missi causa rehabicionis bonorum hujusmodi ad nostram presenciam accesserunt, coram vobis affirmasse debuerant, se a nobis multum gravia et ingraciosa responsa super commissis hujusmodi reportasse. Vos tamen de talibus responsis vestri gracia minime presumentes, ut scribitis, magis benivola et placabilia superinde responsa vos confiditis habituros. Nos itaque cupientes, ut dileccionis et amicicie fedus, quo subditi nostri necnon et vestrates ab olim extiterant alligati, pro mercatorum utilitate communi pariter et quiete de cetero conservetur irruptum ac de bono semper in melius augeatur, amicicie vestre significare censuimus, quod quidam J. de W. et R. de L. asserentes, se fore de partibus vestris, pro hujusmodi pretensis ablatis penes nos alias institerunt; qui, cum per nos essent interrogati de signis mercandisarum hujusmodi et de navium nominibus et apparatibus eorundem, illa declarare penitus ignorarunt. Veruntamen diximus eis, quod, si aliqui per vos missi sufficientem in hac parte potestatem habentes ad nos veniant super premissis justiciam petituri, vellemus esse paratí ad faciendum eisdem justicie complementum. Et ideo, licet iidem instantes, quos preterea reputabamus in eorum peticione suspectos, responsum a nobis juxta sua desideria nullatenus obtinere valebant, vestra dileccio non miretur nec esset consonum racioni, quod, quamvis forsitan unus rem tulerit alienam injuste, alter, ad quem rei vendicacio non pertinet, ipsam exigeret vel haberet. Cum autem non omnium spiritui sit credendum, ut nostis, non confidentes in illis, quos reperimus infideles quique inter nos et vos dileccionis vinculum infringere moliuntur, aliquos de vestris, quorum in hiis interesse versatur, aut alios in hac parte

a) indubitato L.

sufficienti potestate munitos, quibus, si opus fuerit, litteras nostri salvi conductus exhiberi mandabimus, ad nostram presenciam destinetis, qui de premissis omnibus et singulis nos plene noverint facere cerciores; scientes, amici sincere dilecti, quod illos, de quibus querimoniam in hac parte fieri contigerit, ad [no]stram[a] mandabimus evocari presenciam, et, si suggesta veritate nitantur, conquerentibus illis faci[e]m[us][b] exhiberi justiciam cum favore; et, ut vestra desideria compleamus, ulterius faciemus in portibus nostris publice proclamari districcius inhibentes, ne quis subditorum nostrorum vobis aut vestratibus dampnum quodcumque, molestiam vel gravamen inferant vel inferri faciant ullo modo etc.

635. *K. [Heinrich IV] von England an Stralsund: antwortet auf dessen Beschwerde über Schädigung von Stralsundern, dass er die Sache dem Admiralitätshof zur gerichtlichen Verfolgung übergeben hat; wünscht die Fortsetzung der gegenseitigen Handelsbeziehungen, bittet um Freigebung der arrestierten englischen Güter. — [1404] Okt. 14. Coventry.*

Aus British Museum London, Cotton. Ms. Vespasian F I fol. 112b; gleichz. Abschr. Pauli und Riess.
Gedruckt: Hingeston 1, 382.

Honorabilibus viris, consulibus Stralesundensibus, amicis nostris carissimis.

Per regem Anglie et Francie et dominum Hibernie.

Honorabiles viri, amici carissimi. Post salutis affectum. Non sine quadam amaritudine mentis inspeximus amicicie vestre litteras nobis quasi pridie presentatas, intuentes in eis et in cedula litteris illis inclusa[1] nonnullas injurias ac immensa gravamina vestratibus, sicut pretenditur, per subditos nostros illata et specialiter per Johannem Brandoun ville nostre de Lenne, que specifice declarantur aliorum nominibus, licet non omnium, expressatis in cedula memorata; unde, cum sitis amici nostri, firmum propositum retinentes, ut scribitis, eandem amiciciam continuandi, de cetero petitis confidenter a nobis eciam cum sincere dileccionis instancia, ut concivibus vestris et mercatoribus super premissis dampnis et injuriis eis illatis restitucionem fieri facere mandaremus. Nos itaque cupientes ex intimo cordis nostri, veluti qui tantis dampnis ac injuriis pia mente compatimur, ut et fedus amicicie, quo regnum nostrum Anglie et patria vestra progenitorum et antecessorum nostrorum temporibus invicem extiterant alligata, pro utilitate rei publice perseveret irruptum et subditi hinc et inde benignis favoribus alterutrum amodo pertractentur, ut convenit, ac mutui quidem propterea vias illas exquirere, per quas amicicie vestre votis satisfieri poterit in premissis, omni dilacione cessante mandavimus admirallo nostro versus boream, ad cujus officium pertinere dinoscitur, injurias et dampna quecunque per nostros subditos supra mare commissa corrigere, ut partibus in ea parte conqueri volentibus exhibeat justicie complementum. Nec habet ipsa vestra dileccio dubitare, quin eisdem concivibus vestris, quatenus de premissis coram eodem admirallo nostro plene liquere poterit, plena Deo propicio fiet justicia cum favore, et eo favorabilius, quod nostre consideracionis intuitu subditos nostros civitatem vestram eciam post aliqua premissorum illata gravamina frequentantes in caritatis et benigne promocionis gremio collegistis. Habemus etenim in desideriis, amici carissimi, ut interim tam nostri subditi quam vestrates, prout consueverant, in tran-

a) vestram L. b) faciam L.

1) n. 630, 631.

quille pacis pulcritudine mutuo converseutur, ne protracta solite communicacionis abstinencia mutue dilectionis ardorem extingui conti[n]geret, succedentibus inconveniencis aliis non faciliter accendendum. Esset autem immense dilectionis indicium, amici sincere dilecti, si bona mercatorum nostrorum apud vos quasi per modum reprisaliarum noviter posita sub aresto duxeritis illico relaxanda, maxime cum simus libenter expositi, vestratibus dampna passis exhiberi facere cum effectu justicie complementum; in quo casu presertim inter amicos reprisaliarum hujusmodi rigor non caderet, ut videtur. Honorabiles viri, amici carissimi, in pacis et salutis auctore prospere valeat vestra dilectio nobis cara. Datum sub signeto nostro apud civitatem nostram Coventrensem, mensis Octobris die quartadecima.

636. *K. [Heinrich IV] von England an Stralsund: empfiehlt einen gen. englischen Kaufmann als den Überbringer seines Antwortschreibens an die Stadt [n. 635]. — [1404] Okt. 24. Coventry.*

Aus British Museum London, Cotton. Ms. Vespasian F I fol. 112b. Pauli und Riess.

Gedruckt: Hingeston 1, 401.

Honorabilibus viris, consulibus Stralesundensibus, amicis nostris sincere dilectis.

Per regem Anglie et Francie et dominum Hibernie.

Honorabiles viri, amici carissimi. Post sincere salutacionis affectum. Alias litteras nostras transmissas nobis jam pridem amicicie vestre litteris responsivas de pluribus et immensis injuriis per subditos nostros vestratibus, ut conqueruntur, illatis facientibus mencionem per dilectum et fidelem ligeum nostrum Robertum Donyngtone mercatorem ville nostre de Kyngestone super Hulle vestre dilectioni transmittimus, vos rogantes attente, quatinus ipsum Robertum ad vos propterea venientem regie consideracionis intuitu recommissum habere velitis ipsumque favorabiliter facere pertractari pro tempore more sue, non sinentes eidem circa personam aut bona vel mercandisas ejusdem, que defert modo secum, a quoquam apud vos injuriam, molestiam aliquam vel arrestum inferri, cum pretextu nostre transmissionis hujusmodi cum bonis et mercimoniis ejus confidenciam plenam assumpserit ad partes vestras hac vice personaliter accedendi. Vestra dilectio nobis cara semper valeat et crescat in pacifico rege regum. Datum sub signeto nostro apud Coventre, mensis Octobris die vicesima quarta.

637. *Das Land Dithmarschen verspricht in seinem zehnjährigen Friedensvertrage mit Gr. Heinrich von Holstein, Bischof von Osnabrück, und Herzogin Elisabeth von Schleswig deren Unterthanen Sicherheit des Verkehrs in Dithmarschen, rechtes Gericht binnen vier Wochen nach vorgebrachter Klage sowie Freiheit von neuen Zollen, und giebt Eider und Treene auf und ab für jedermann frei. — 1404 Nov. 20* (des donredaghes na s. Elseben daghe d. h. vrowen). *Meldorf.*

RA Kopenhagen; Or. Perg.

Gedruckt: Michelsen, U.B. des Landes Dithmarschen n. 28. Verz.: Reg. Dan. I n. 3142.

638. *Der Mayor von Newcastle on Tyne bezeugt, dass nach Aussage des Schiffers Ger. Mersmann aus Oudewater der Danziger Goylekyn Dykenstyne und Genossen ihn im Hafen Sunde-Fjord überfallen und die Ladung seines Schiffes, welche aus Tuch, Worsted, Bettdecken und englischem Fries bestand und einigen Kaufleuten aus York gehörte, nebst den Waffen und anderem Gut*

der Befrachter im Gesamtwert von 340 £ geraubt haben. — 1404 Dec. 29. Newcastle on Tyne[1].

Kapitelsarchiv Canterbury; Or. Perg. m. 1 von 2 anh. S.
Gedruckt: HR. 5 n. 433, Literae Cantuarienses 3, 84.

639. *[Die preussischen Kaufleute auf Bornholm an Hochmeister Konrad von Jungingen:] klagen über Beeinträchtigung ihres Handels und Wegnahme ihres Gutes durch [den Erzbischof von Lund]. — 1404.*

Aus StsA Koenigsberg, Hochmeister-Registrant 3 fol. 86b, hinter n. 640.
Gedruckt: Huberts, Urkunden z. Gesch. der Insel Bornholm n. 9, Voigt, Cod. dipl. Pruss. 6 n. 170. Vgl. HR. 5 n. 207, 1.

Genedige here. Juwen wirdigen genoden clage wy otmudelyken unsen gebreken, de wy in Bornholm op dem lande hebben, dat wy al unser gut, dat wy dar brengen op dat lant, nicht vry mogen syn, alzo czu Schone adir anderswo, und wil uns unse gut nicht volgen laten von dem lande, und wy hebben dar keyne rechtikeit, men wat sie wellen; und he hot unser eyn teil er salcz genomen, und wil uns nicht wedir gewen. Wir bitten euwer gnade, dat gy uns helpen, dat uns unser gut wedir werde und daz uns eyne rechtikeit werde, also die kouffman hot czu Schone; anderas wi en konnen uns armen lude andirs dar nicht generen.

640. *Hochmeister [Konrad von Jungingen] an Erzb. Jakob von Lund: bittet, den Seinigen die Wiederausfuhr ihres Salzes und anderen Gutes nicht zu verwehren und das zum Teil konfiszierte Salz zurückzugeben. — [1404.]*

Aus K StsA Koenigsberg, Hochmeister-Registrant 3 fol. 86. Ueberschrift (vorausgeht: Jacob erczbisschoffe czu Lunden etc.).
Gedruckt: Huberts n. 9, Voigt 6 n. 170. Verz.: Reg. Dan. II 1 n. 3926.

Allirerwirdigester vater und lieber besunder herre. Als euwer herlichkeit uns leczt geschreben hat antwertende off unsern brif als von der enthaldunge des salczis off Bornholm, wie das ir den seten nicht ofbrocht habet, sunder is sy eyn sete gewest von vil jaren, das die koufluthe allir lande, die Bornholm pflegen czu vorsuchen, ir gut von jare czu jare doselbis lassen etc.: allirerwirdigster herre, wir haben die sache von dem salcze und gute der unsern mit unsern steten, die czu deser czeit bie uns woren, vaste gewegen, und dunkt uns, lieber herre, vaste unmogelich, das die unsern ir salcz und gut von dem lande Bornholm nicht furen noch iren fromen domete schaffen sullen, wend ir jo dirkennen mogt, daz ein semelichen manchis armen mannis vorterbnis ist, und semelich der unsern, die lichte czu stunden eyns teyles nicht me haben, wend daz sie henbrengen; sullen sie denne das selbe aldo legen lossen, merket selber, was sie das fromen nemen. Dorumb, besunder herre, sey wir noch begerende, daz ir den unsern sulche friheit off Bornholm gunnen wellet, als sie off dem lande czu Schone haben; mogen wirs an euch nicht gehaben, das die unsern ir gut und salcz off Bornholm abe und czu noch irre bequemekeit furen, so mussen wirs an unser frauwe dye konigynne von Denemark brengen und ires[a] rotes dorobir pflegen, adir wellen mit den meynen steten czu rathe werden, ab die unsern eyn sulches mogelich liden sullen. Sunderlich, lieber herre, als ir yn dem selben briffe schribt, daz ir den unsern ir gut wedir geantwert habt, so senden wir euch desen ynnelegende czedel, dorynne uns yn der geholunge desses briffes geantwert wart, yn der die unsern clagen von dem salcze,

a) iren K.

[1]) *Ein inhaltlich gleiches Zeugnis der Stadt York von 1407 Apr. 28 s. HR. 5 n. 434, Literae Cantuar. 3, 100. Vgl. zu der Angelegenheit auch Hanseakten n. 322, 6.*

das in genomen ist. Wir bitten euch, lieber herre, mit flisse, daz ir noch euwers briffes luthe, den ir uns habt gesant, den unsern daz ire ganczlich wedir keret und antwert, waz ir des noch habet; do tut ir uns sunderlich und grosse fruntschaft, off daz sie mit clagen nicht me vor uns komen dorffen.

641. *Hzg. Wilhelm von Baiern, Graf von Holland, geleitet die Bürger von Utrecht zum sicheren Verkehr in seinen Landen für die nächsten vier Jahre, unter Vorbehalt seines rechtmässigen Zolls sowie vierzehntägiger Aufsage. — 1405* (1404 na den lope van onsen hove) *Jan. 3. Haag*[1].

RA Haag, Memoriale BH cas. R fol. 4.
StA Utrecht, Copyboek B fol. 178.
Gedruckt: Burman, Utrechtsche Jaarboeken 1, 53, wiederholt v. Mieris, Groot Charterboek 4, 8. Verz.: Cod. dipl. Neerlandicus 1 n. 51.

642. *Amsterdam an Hochmeister [Konrad von Jungingen:] hört, dass seinen Bürgern auf drei Jahre die Befrachtung von Schiffen in Preussen untersagt und von Ostern*[2] *an die Verkehrssicherheit entzogen ist wegen der Schädigung von preussischen Unterthanen im holländisch-friesischen Kriege; erklärt, dass die Amsterdamer Bürger daran unschuldig sind und dass auch das [weggenommene] Gut nicht nach Amsterdam verbracht ist, und bittet unter Berufung auf die guten Beziehungen zwischen dem Herzog und dem Hochmeister um Geleit und die früher übliche Verkehrsfreiheit für die Seinigen, indem es sich zu Gegendiensten erbietet. — [1405]*[3] *Jan. 10.*

StsA Königsberg; Or. m. Spur d. S.
Verzeichnet: HR. 8 n. 1017.

643. *Riga an die preussischen Städte: beantwortet ihr Schreiben in der Angelegenheit des Herm. Colberg mit dem Hinweis auf den Beschluss der [livländischen] Städte, dass kein hansischer Kaufmann Waren über Land führen solle; erklärt, dass Colberg hiervon in Kenntnis gesetzt wurde und dass ihm weder sein Gut arrestirt noch die Fahrt gestattet worden ist. — 1405 Jan. 25.*

Verzeichnet: HR. 5 n. 224. S. den preussischen Recess von Apr. 5, das. n. 241, 16.

644. *Gent, Brügge und Ypern verpflichten sich gegen die hansischen Älterleute zu Brügge zur Vergütung von 31 Serpler englischer Wolle, welche vier gen. hansischen Kaufleuten durch Fischer von Nieuwpoort weggenommen sind. 1405 Jan. 26.*

Aus StA Brügge, eingeschoben in n. 648.
StA Ypern, desgl.
Verzeichnet: Gilliodts-van Severen, Inventaire de Bruges 3 S. 524.

Nach Auszug der Stadtrechnung von Brügge von 1404/5 geht 1404 Okt. 28 eine Deputation der vier Lede nach Arras zur Herzogin, u. a. up alle anecroerende der wulle ghedaen ter zee den coopliedon van Oostland wesende in de Hanze ende andere coopliedon van Braband bi dien van der Nieuwpoort. *Ferner:* Den vierden dach in laumaend *[1405 Jan. 4]* Victore van Leffinghe ghesendt ter Nieuwpoort met den ghedeputeirden van den andren steden ende van dien van den Vrijen, omme te accordeirne ende te verzoekene een overal restitutie van der Inghelscher wulle ghe-

[1]) *Ein Ausführungserlass dazu von Jan. 4 findet sich RA Haag a. a. O. fol. 4b. Jan. 4 warnt der Utrechter Rat alle Bürger vor Betrügerei und Zollhinterziehung im Handel mit Holland; Burman 1, 54.* [2]) *1405 Apr. 19.* [3]) *S. n. 647.*

nomen bi dien van der Niewerpoort den Oosterlinghen wesende in de Hanze, midsdat tland den Oosterlinghen toeghereit hadde, bevindende te verzoughene an den inhoudene van haerlieder privilegen. *Gedr. Gilliodts-van Severen, Inventaire de Bruges 3, 503 u. 525. Vgl. auch die Auszüge aus der entsprechenden Rechnung des Freiamts von Flandern bei Delepierre, Précis analytique des documents des archives de la Flandre orientale 2. Sér. 1, 65—68. Wegen eines früheren ähnlichen Vorfalles* (van den goede ghenomen bi den coerrers van Vlaendre zekeren coopliede van Almaingen, van Holland, van Zeeland ende oec poorters van der stede van Brughe up den strome van Vlaendre voor Blankenberghe) *bemühten sich die vier Lede 1403 Nov. 4; Gilliodts a. a. O. 467. Über diese flandrischen Seeräubereien vgl. die Aktenstücke bei Scott et Gilliodts, Le Cotton Manuscrit Galba B I (Collection de chron. Belges) S. 477 ff.*

Allen den ghonen, die dese lettren zullen sien of horen lesen, buerchmeesters, voochd, scepenen, raed ende al tghemeene van den steden Ghend, Brughe ende Ypre slands van Vlaendren saluut in Gode onsen heere. Ute dien, dat Clais Wistrate, Clais Balke, Alvin van Erreke ende Gheerke van Oosterlinke, coopliede van der Duudscher Hanze, int jaer verleden ghecocht hadden binnen der stede van Calais eenendedertich scaerpelghieden Inghelscher wullen, weerd zijnde zevenhondertdertich pond zesse scellinghe ende twee penninghe Inghelschs, drie Inghelsche noble ghereкent voor een pond, ende die ghedaen laden in diversen scepen, omme daermede te doene haerlieder proffijt; ende het also es, dat de voorseide eenendedertich scaerpelghieden wullen commende ghevaren up den stroom van Vlaendren aldaer crachtelike ghenomen waren in de maend van Aprille laetst verleden bi enighen visschers van der Nieupoort ende haren medeplegers ende ghevoert in de Nieupoort voorseit, also de oudermans van der voorseiden Hanze ons daeraf te vullen hebben gheinformeirt, an ons begheerende de voorseide oudermans, dat na tinhouden van den previlegien den ghemeenen coopman van der Hanze bi onsen gheduchten heere ende prinche, daer God de ziele of hebben moete, ende bi den lande van Vlaendren in tiden verleden ghegheven[1] wij den voorseiden coopliеden van der Hanze wilden wederkeeren ende uprechten haerlieder voorseiden scade: so eist, dat wij willende also verre, alst in ons es, den voorseiden coopliеden houden haerlieder previlege, zonder daeraf bevinden te zine in enighen ghebreke, alsoot recht es, beloeft hebben ende beloven ter goeder trauwen den oudermans van der Duudscher Hanze voorseit, die nu zijn of wesen zullen, svoorseids Clais Wistraten, Clais Balx, Alvins van Erreke ende Gheerkes van Oosterlinke houf, bi also dat zij de voorseide eenendedertich scaerpelghieden Inghelscher wullen niet weder upghereсht hebben van dien van der Nieupoort voorseit, tusschen hier ende halfsporcle[2] naestcommende te ghevene ende te betalne den voorseiden oudermans ter voorseider coopliеder houf de voorseide somme van zevenhondert dertich pond zesse scellinghe ende twee penninghe Inghelschs, drie Inghelsche noble ghereкent voor een pond, ten terminen naervolghende, dats te wetene teerste derdendeel van der voorseiden somme van penninghen te paesschen naestcommende[3], tander derdendeel van der voorseiden somme te sinte Jans messe baptisten daerna eerst volghende[4] ende tderde derdendeel te Baefs messe daerna eerst volghende[5], zonder enich langher uutstel of delay. In kennessen van welken dinghen hebben wij dese lettren ghedaen zeghelen metten grooten zeghelen van den steden Ghend, Brughe ende Ypre voorseit. Ghemaect ende ghegheven int jaer 1400 ende viere, upten 28. dach van laumaend.

a [1]) *Oben n. 9 § 1 bez. n. 22.* [2]) *Febr. 14.* [3]) *April 19.* [4]) *Juni 24.* [5]) *Okt. 1.*

645. *Ordonnanz des Lübecker Hansetages über die Auslegung des Schiffahrtsgesetzes n. 600[1]. — 1405 Febr. 2.*

Aus StA Lübeck, flandrisches Kopiar n. 8 S. 63; Abschr. vom 1. Drittel des 15. Jh. Koppmann.

StA Köln, hansische Kopiare A fol. 163, B fol. 154 b.

Aldus sal men de vorseiden poente van der zeghelacie verstaen, also hijr navolghet.

[1.] Int irste up dat artikel: offt enich schep met vuller last geladen vor sente Mertens daghe[2] gereide leghe to zeghelende unde van wedders noet nicht zeghelen en mochte, offt he na der tijt utzeghelen mach vor sente Peters daghe[3]. Darup de stede van der Hanze up unser vrouwen dach lechtmissen int jaer 1405 to Lubeke vergaddert ter dachvard geordiniert hebben, dat dat schep vor sente Peters daghe[3] nicht zeghelen en mach; sunder wolde enich vruchtman zijn gued upscheppen unde nicht wedder in dat selve schep schepen, de sal dem schiphere halve vrucht geven.

[2.][a] Dat andere artikel van der zeghelacie: offt we van westens Zwens qweme geladen scheppes offt ballast int Zwen unde vort oestwart wesen wolde, offt de sunder begrijp ute dem Zwene wedder zeghelen mach. Darup de vorseiden stede geordiniert hebben, dat de wol zeghelen mach in den market, dar he den willen hadde, wu he dar generleye gued uyt edder in scheppe.

[3.] Dat derde artikel van der zeghelacie: offt enighe scheppe uyte deme Zwene vor sente Mertens dage[2] gezeghelt weren unde darna wedder in qwemen van wedders noet, offt se dan wedder uytzeghelen mogen sunder begrijp, gelijk offt se in Norwegen legen offt in enigher anderer havene, dar se nicht uytgezeghelt en weren etc. Darup de vorseiden stede geordiniert hebben: qweme sodane schep in de Maeze edder by oesten der Maeze, de schipher mach wol zeghelen in den market, darhen he willen hadde, geliker wijs offt he war in Norweghens zijde gelegen hadde; qweme over enich schipher in westen van der Maeze, de solde liggende bliven unde nicht wedder in dat Zwen zeghelen.

646. *Aufzeichnung über einen in Stettin geführten Prozess wegen einer Bude zu Drakör. — 1405 nach Febr. 5.*

Aus dem Stettiner Liber querelarum, im Besitz der Gesellschaft für Pomm. Gesch. daselbst; Eintragung zu 1405 s[ecunda] d[ies] j[uridicam] post Agathen. Mitgeteilt von Hn. Prof. Dr. Blümcke.

Item also Marquart Schulte hadde sich beropen thugens, wo he van Hans Roden hadden coft ene schuten unde boden to Drakore, des thughes is he neddervellich worden unde deme rechte ombloghen, darumme is Hans Roden deelet, he scole der ansprake notlos syn.

647. *Hochmeister [Konrad von Jungingen] an Hzg. Wilhelm von Holland (und an Amsterdam): kann auf sein Schreiben wegen des Ausschlusses der Holländer vom preussischen Ausfuhrverkehr während dreier Jahre nicht eher endgültig antworten, bis ihm die preussischen Ratssendeboten Bericht über die Beschlüsse des letzten Hansetages in Lübeck erstattet haben. — 1405 Febr. 11. Marienburg.*

Aus K StsA Königsberg, Hochmeister-Registrant 3 fol. 89. Herczog Wilhelm von Beyrn, greffe von Henegowen, von Hollant etc. Dergleich ist auch geschreben der stat Amsterdam mutatis mutandis.

a) *Am Rande: usrpl.*

[1]) *S. den Recess von 1405 März 12, HR. 5 n. 225, 7.* [2]) *Nov. 11.* [3]) *Febr. 22.*

Irluchter furste und grosmechtiger besunder herre. Euwir herlichkeit brieff uns gesant als von vorbrengen euwer lothe und undersassen von Hollant und von Seelant, wie das sie ere schiff in unsern landen bynnen dryen jaren nicht laden sullen, haben wir wol vornomen. Grosmechtiger herre, uff desse czit wissen wir euwer durluch[tich]keit uff die sache nicht genczlich czu antworten, sind das sie uns nicht wissentlich ist. Wir glouben wol, ist den euwern vorboten, keynerley gut us unsern landen czu furen, das ist ane redeliche sache nicht gescheen, die lichte die euwern, ab sie die wol gewost haben, euwir durluchtichkeit nicht haben gesagt. Hirumbe, irluchter furste, bitten wir euwer herlichkeit mit fleissigen beten, uns nicht czu vorkeren, das wir euch czu desser czit keyne entliche entwert uf euwer begerunge schriben, wend wir unsere sendeboten us den eldesten unsern steten beyde von Prussen und Liflande uff unser frauwen tag purificacionis nehst vorgangen[1] ken Lubeke gesant haben, doselbs der gemeyne koufman us allen seesteten vorsammelt ist gewest, handelunge under yn [haldende][a] von schelungen und gebrechen des koufmannes und was den landen allumme nuczlich adir schedelich mag gesyn. Und wissen anders nicht, wenne das die euwern uff dem selben tage ouch gewest sien[2]. Zo schire Got der herre die sendeboten unser stete wedir czu uns gesendet, das sie uns berichten, wes sie czu Lubeke eyns worden sint mit dem gemeynen koufmanne und mit den euwern, wie mans halden sal czu nuczze und fromen dem gemeynen koufmanne, und wie sie von enander gescheyden sint, so wellen wir euwer durluch[tich]keit gerne eyne gutliche entwert schriben uff euwir brife. Gegebin uff unserm husze Marienburg, an der mittewochen vor Valentini im 1405. jare.

648. *Ypern (ebenso Gent) verpflichtet sich gemäss n. 644 zur Bezahlung seines Anteils an der den vier hansischen Kaufleuten zukommenden Entschädigungssumme, und verspricht den beiden andern Städten Schadloshaltung für alle durch Zahlungsverzug entstehenden Nachteile. — 1405 Febr. 12.*

Aus B StA Brügge; Or. Perg. m. anh. S.
Y StA Ypern; Or. Perg. m. anh. S., Ausfertigung Gents. Mitgeteilt von Hn. Archivar Merghelynck.
Verzeichnet: Gilliodts-van Severen, Inventaire de Bruges 3 n. 905, Diegerick, Inventaire de la ville d'Ypres 3 n. 736.

Allen den ghonen, die dese lettren zullen zien of horen lesen, voochd[b], scepenen, raed ende al tghemeene van der stede van Ypre[c] saluut. Ute dien, dat na den inhoudene van den previlegien in tiden verleden den coopliedem van der Duudscher Hanze bi hooghen ende moghenden prinche, onsen lieven ende zeere ghe-duchten heere, onse heere den hertoghe van Bourgoengien, grave van Vlaendren, ende bi zinen drien steden Ghend, Brucghe ende Ypre in den name ende over tghemeene land van Vlaendren ghegheven ende gheottroijert omme tghemeene proffijt van den lande voortsel ende omme coopmanscepe daerin te bet te voedene, de voorseide drie steden bi haren openen lettren derup ghegheven[3] den oudermans van der voorseiden Hanze, die nu zijn off namaels wesen zullen, hem ghelast hebben, omme te betaelne ende up te rechtene zekeren coopleden van der voorseiden Hanze als over zekere scade in de maend van Aprille laetst verleden hemlieden ghedaen up den Vlaemschen stroom bi dien van der Nieuport ende haren medeplegherss de somme van zevenhondert dertich pond groote scellinghe ende twee penninghe Inghelsch, drie Inghelsche nobele gherekent over een pond, also het bet te vullen

a) *Fehlt K.* b) *voochd fehlt Y.* c) *Ghend Y.*

1) *1405 Febr. 2.* 2) *Vgl. den Recess von Okt. 16, HR. 5 n. 209, 6–7.*

3) *n. 644.*

blijct bi den lettren van kennessen, die de voorseide drie steden daeraf ghegheven hebben elc onder harra zeghel van verlande, daerof tinhouden hier naervolght: *[Folgt n. 644]*: so eist, dat wij voochd[a], scepenen, raed ende al tghemeene van der stede van Ypre voorseit over ons ende over onse naercommers beloven ter goeder trauwen, onse deel, porcie ende avenant van der voorseiden somme van zevenhondert dertich pond zesse scellinghe ende twee penninghe Inghelschs te ghevene ende te betaelne den voorseiden ondermans ter complicher bouf in de voorseide lettre van kennessen verclaerst, sonder enich ghebrec, fraude of malengien. Ende waert zo, dat van onser porcie voorseit ten daghen verclaerst in de voorseide kennesse wij van lettel of van vele in ghebreke waren te betaelne, dies God verden moete, ende de voorseiden steden Ghend ende Brucghe[b] of enich van hemlieden bi causen van den voorseiden ghebreke cost, last, scade of achterdeel derof lede, so hebben wij beloeft ende beloven ter goeder trauwen den voorseiden steden Ghend ende Brucghe[b] ende elken van hemlieden zonderlinghe, al dien cost, last, scade ende achterdeel up te rechtene ende te betaelne den voorseiden steden ende hemlieden ende elken zonderlinghe deraf al scadeloos ende costeloos te houdene ende te quitene, alle fraude ende arghelist uteghesteken. In oorconscepen van welken dinghen hebben wij dese lettren ghedaen zeghelen metten grooten zeghele van der voorseider stede van Ypre[c]. Ghemaect ende ghegheven int jaer 1400 ende viere upten (12. dach van sporcle)[d].

649. *Dordrechter Schöffenurteil über die Klage einiger Holländer wegen rückständiger Forderungen an ein dort eingelaufenes, aus Schonen kommendes Schiff, welches von seinem Kapitän heimlich verlassen ist. — 1405 Febr. 14.*

StA Dordrecht, Altrabuch n. 2 I fol. 16b.

Gedruckt: J. A. Fruin, De oudste rechten der stad Dordrecht 2, 3; wiederholt hier.

Wy burgemeesters, scepenen ende rade der stede van Dordrecht doen cond allen luden, dat op heden datum van desen brieve voer ons sittende in onsen rade gheeomen sijn Willem Langheraer onse medepoirter, Claes de Korte, Jan van Crimpen, poirteren te Schoenhoven, Martijn Cleiszoen ende Jacop Dirxzoen ende hebben ons gheloont, dat Lubbrecht Heyken burger te Campen bynnen onser stede een scip van Schonen[1] gebrocht heeft, daer hi heymeliken of gheruumt ende sijns weghes getogen is, ende heeft dat scip laten driven op sinen bodem, ende dat si els daernae tachter sijn een seker somme gelts, roerende van bodemgeld ende van horer hueren, geliken si met horen bodembrieve ende met horen getuyghen ende ten heilighen ons heuliken ghemaect ende voer ons ghehouden hebben, als dat behoert, dats te weten Willem Langeraer vornoemd in den name van Gijsbrecht Quekel burger te Zonden zevenendetwintich Gense nobelen[2], Jan van Crimpen twee Gense nobelen van sijnre hueren, Martijn Cleiszoen van sijnre hueren seven Gelr. gulden vier Holl. groten min, ende Jacop Dirxzoen vorseid van sijnre hueren acht Gelr. gulden vier groten min. Ende want niemant dat selve scip vorseid sonder onse bevelen een en dorste tasten voer sijn afterwesen, ende wi dit gode gesien hadden, dattet verzuumt hadde ghewerden, als wel na gewest hadde in den laetste storme, soe helden wi om

a) voorseit fehlt Y. b) Brucghe ende Ypre Y. c) scheent Y. d) So Y. in B lücke für das Datum.

[1]) Über den Besuch Schonens durch Bürger von Leiden und deren Tuchausschnitt daselbst s. das Zeugnis bei Hamaker, De middeleeuwsche Keurboeken van Leiden S. 83, wiederholt Hans. Geschichtsbl. 1895, 160 Anm. 1. [2]) D. i. Gentsche Nobel, die 1384—1401 geprägt wurden; van der Chijs, De munten der graafschappen Holland en Zeeland S. 297 Anm. 7. Für die Namensform vgl. das. S. 234: Ghenische scilde.

beters wille ende om enen ygheliken te helpen tot sinen recht bevolen ende bevelen den vorseiden personen ende eenrehande ander guede knapen, onse medepoirteren, dat si tscip vorseid met sinen toebehoren ten meesten orbaer vercoepen sullen, ende wat gelt dat daerof comen sal, daerof sullen dese vorscreven personen of den ghenen, die wie van onser weghe daertoe gevoecht hebben, hoer afterwesen vorseid ofnemen ende vernoecht worden, ende dat restant sal bliven legghen onder die ander guede knapen, onse medepoirteren, die wi daertoe gevoecht hebben ende in onser stede register gescreven staen, tot des ghenen behoef, die daertoe recht hebben mach; behoudeliken dat men dat selve scip vorseid binnen onser stede ende onser vriheit breken ende sliten sal sonder argelist. In orconden dese brieve ende onser stede segel hierop gedruct. Ghegeven op sinte Valentijns dach, int jaer ons Heren 1404 na costume ende den lope van onser stede.

650. *Der deutsche Kaufmann zu Brügge an seine Sendeboten beim Hansetag in Lübeck: berichtet, dass der Graf [Wilhelm] von Holland alle hansischen Schiffer und Kaufleute in Holland und Seeland ohne Ursache arrestieren lässt; sendet seinen Klerk mit dem brieflichen Ersuchen um Freigebung der arrestierten Personen und Güter oder um Begründung des Arrestes an den Grafen, dessen Antwort ihnen unverzüglich mitgeteilt werden soll; nach der Behauptung eines vom Grafen kommenden Engländers soll dieser mit dem König [Heinrich IV] von England übereingekommen sein, für den Fall eines hansisch-englischen Krieges die hansischen Schiffer und Kaufleute in Holland und Seeland zu arrestieren; bittet, dies an Hamburg zu melden behufs Warnung der dort zur Fahrt nach Holland bereit liegenden Schiffer, sowie den von einigen Parisern geplanten Einkauf von verschiedenem Pelzwerk in Preussen durch Rücksprache mit den Städten zu hintertreiben. — [1405] März 3.*

StA Thorn; Abschrift.

Gedruckt: HR. 8 Nachträge n. 1023. Zur Datierung s. das. 5 n. 225, 7.

651. *Danzig an Thorn: bittet um Meinungsäusserung über ein vom Hochmeister erlassenes Verbot der Ausfuhr von Asche, und um Mitteilung der Masse der Thorner Aschenfässer. — 1405 März 7.*

Aus StA Thorn n. 491a; Or. m. Resten d. S. Hagedorn.

Ersamen unsirn gunstigen libin vrunden, herren rathmannen tzu Thorun detur.

Ersamen libin vrunde. Unsir gnediger herre homeister hat uns ernstliken gescreben, das wirs hir also bestellen, das keyne asche, pech, theer adir bogenholtz by lybe und gute hir ungeschiffet werde[1]. Des irkenne wir, das dy asche nicht Engelsche ware ist, ouch den Engelschen keynen schaden brenget, ab sy hir ussgefurt wirt adir nicht, sundir das ys tzu vorfange und schaden den inwonren dys landis kumpth, sal man keyne aschen von hynnen usfuren; ydoch habe wir umme gebothes willen unsirs herren homeisters dy asche glich den andirn vorgenanten guten lasen vorpflten hir ustzufuren, und getruwen das also tzu vorwaren, das ys wol gehalden sal werden. Was uch ohir umm dy selbe aschen ustzufuren geratsam wirt dunken in uwirn rote, das mogit ir irkennen und uwir gutdunken uns dorvon scriben, ab ir ichteswes andirs dovon tzu rote werdit. Ouch, libin vrunde, tut wol und geruchet uns uwir mose tzu den aschenvasen in yrer wyte und lenge

[1] Vgl. n. 617.

herobir senden, uff das wir hir ouch wissen mogen die sache richtig czu machen, die ungewraket hergebracht werden. Gescreben am sonnabende vorme sontage invocavit [1]405, undir unserm secrete. Rathmanne Dantzik.

652. *Der Klerk des hansischen Kaufmanns zu Brügge an die Sendeboten desselben in Lübeck: berichtet wie n. 650 über seine Sendung zum Grafen [Wilhelm] von Holland; dieser hat ihm geantwortet, dass er wegen der Behinderung seiner Unterthanen in Preussen[1] Arrest gegen die preussischen Schiffer und Kaufleute, aber nicht gegen andere Hansestädte verfügt habe, und hat auf seine Vorstellung hin den Baillif von Zierikzee anweisen lassen, das mit Beschlag belegte Salz einiger Kaufleute aus Stralsund und Greifswald freizugeben, sofern keine Preussen daran Teil haben; hört ferner insgeheim, dass der Graf wegen einer im Winter bei Marstrand vorgekommenen Streitigkeit zwischen Kamper und hansischen Schiffern und den Seeländern an Gegenmassregeln denkt. — [1405] März 10. Rotterdam.*

StA Thorn; Abschrift.
Gedruckt: HR. 8 n. 1027.

653. *Die hansischen Ratsendeboten in Lübeck an die holländischen und seeländischen Städte: haben von Amsterdam ein Schreiben wegen der Repressalien des Hochmeisters [wie n. 642] erhalten und deswegen mit den preussischen Ratsendeboten verhandelt; nach deren Ansicht wird sich der Hochmeister wohl bestimmen lassen, die Zwangsmassregeln bis Ostern übers Jahr[2] oder länger aufzuschieben, falls die Holländer sich inzwischen gleich den Preussen einem Schiedsspruch der Hansestädte unterwerfen; bitten um Antwort an den Hansetag oder an Lübeck und haben auch den Kaufmann zu Brügge zur Betreibung dieser Angelegenheit in Holland angewiesen. — 1405 März 13.*

Gedruckt: HR. 5 n. 230; vgl. den Recess n. 225, 19.

654. *Hochmeister Konrad von Jungingen widerruft einen Haftbefehl, den er früher dem Schotten Ruprecht Domberger gegen den Danziger Joh. Ammelring erteilt hat. — 1405 März 16. Marienburg.*

Aus StaA Königsberg, Hochmeister-Registrand 3 fol. 96.

Wir bruder Conrad von Jungingen homeister Dutschs ordens thun kunth und wissentlich allen, die dessen brieff sehen oder horen odir lesen, das noch semlichen dagen, die in vorczyten Ruprecht Domberger von Schottland uns vorbrachte ober unsern getruwen Johannem Ammelring, borgern czu Danczk, denselben Ruprecht eynen brieff geben, wo her Johannem obengeschreben anqueme, das man im behulflichen were, das her offgehalden wurde und ym eyns rechten pflegen; czu uns komen ist der vorgenante Johannes vorlegende, wie her demselben Ruprecht Domberger von Schotlande vor semlichen steten gerecht worden sey der sachen, die her im czulegete, des her ouch gutte bewisunge tet mit brieffen, dy her hatte von den steten. Hyrumb so bitten wir alle die, den dieser unser brieff vorbracht wirt, das man sich an den brieff nicht kere, den wir dem vilgenanten Ruprechte obir Johannem gegeben haben, wend wir denselben briff toten mit desem kegenwertigen, begerende mit fleisse, das man Johannem Ammelrynge lasse umb der sachen willen unverhindert. Sundir haben die beyde vorgenanten umb ichts under einandern czu sachen, das dirfordere eyner wedir den andern noch uswisunge eynes rechtes. Czu

[1]) *S. n. 642. 647.* [2]) *1406 Apr. 11.*

grosser sicherheit haben wir unser ingesigel an desem briff lossen drucken, der gegeben ist uff unserm husze Marienburg, am montage noch reminiscere im 1405. jare.

655. *[Hzg. Wilhelm von Baiern, Graf von Holland,] gestattet zwei genannten Kaufleuten, die von ihnen erstandene Ladung zweier in seinen Landen angehaltener Schiffe, darunter eines Danzigers, zu verkaufen. — 1405 März 18.*

Aus RA Haag, Memoriale B H cas. B fol. 226. Jan Davidssoen.

Item want mijn heere verroft heeft Jan Davidssoon ende Jacob Femmenssoen alle sulke goede ende have, als waren in den scepe, dat anquam in sinen lande van Zelant in Symon Buetlings scepe van Danzick, ende alsulke goede, als waren in den huys, dye voir der tollen tot Geervliet opgehouden wort om ene zeker somme gelts tot der Scotten behoef, die die selve goeden toebehoirden, so oirloifde mijn heere hemluden, die goeden alle vrilic an te vairden, te gebruken ende te vercopen tot horen scoonsten binnen mijns hern landen ende darbuten, ende gaf hem beiden ende den Scotten voirseid, die die goede toebehoirden, mit horen knechten ende gesinden ende myt horen goeden ende haven een goet, vry, vast ende zeker geleide, duerende tot Meyedage toe naistcomende. Ende denen plackert wort gegeven upten 18. dach in Mairte anno 1404 secundum cursum curie.

Item desgelijcs wort noch een plackert gescreven bezegelt ende den selven coipluden gegeven.

656. *Dorpat an Reval: berichtet, dass eine Partie Salz, die drei Dorpater Bürger von dem Revaler Ratsherrn Cord Sanders haben kaufen lassen, kein volles Gewicht gehabt hat, und bittet, den Verkäufer zur Erfüllung seiner Verbindlichkeiten anzuhalten. — 1405 März 20.*

Aus StA Reval; Or. m. Siegelresten d. S. Höhlbaum.

Gedruckt: v. Bunge, Livl. U.B. 4 n. 1655.

Den ersamen wysen mannen, heren borgermeisteren unde radmannen der stat Revele, unsen vrunden, mit werdicheit detur.

Ersame grote mit alleme gude, des wii vormogen, tovoren. Heren und besunderlinges leven vrunde. Juu geleyve to wetende, dat vor unse yegenwordicheit qwemen de erbaren lude Bernd van der Specke unde Engelbrecht Rode, unse leven medebeseten borgers, unde geven uns to verstane, wo Lubbert Schattenhusen van erer aller dryer wegene to Revele van deme erbaren manne, hern Corde Sanders, juwes rades medekumpane, hadde gekoft 15 leste soltes unde 8 secke na der Revelschen wichte. Dat vorscreven solt holde Engelbrecht Rode sulven to der Narwe. Do he de secke sach, mysduchte em, unde leyt es een deel vorslaene unde wegen, dat woch dar to 8 lispunden unde to $2\frac{1}{2}$ lispunde myn int gemeyne, alse he uns seget. Do Engelbrecht vorbenomet mit deme solte allererst to Darpte qwam, nam he to sik Bernde van der Specke, unde qwemen vor uns unde weren begerende, dat wii dar twe unser rade wolden senden, de dat solt segen wegen. Des grote wii dar twe uten rade, de dar van ambeginge[a] to dem ende bi weren, dat men dat solt woch. De segeden uns unde brochten in by ereme eede, dat dat solt woch to veyrdehalven lispunde unde int gemeyne to drem lispunden myn, dan uppe den secken stont gescreven, dat doch na der scrift to Revele solde hebben gewegen. Heren unde besunderlinges leven[b] vrunde. Na dem male dat de vorgenanten Bernd unde Engelbrecht unde Lubbert deme vorbenomeden hern Corde vul hebben gedaen,

a) So. b) leven zweimal.

alse wii es sin berichtet, so bidden wii vruntliken mit gantzeme vliite, dat ghii hern Corde vorscreven willen underwisen unde berichten, dat he en wedder vul do unde sik mit en vruntliken vorlike, up dat se is vorder unbeschedeget blyven; dat wy alle wege in grotteren saken eff dessen gelik gherne willen vordeynen wedder juwe leve. De almechtige God bescherme jum in syneme vrede. Gescreven under unseme secrete, in sunte Benedictus avende anno Domini 1405.

Borgermeistere unde raed der stat Darpte.

657. *Die Ratssendeboten der livländischen Städte in Walk an Lübeck: melden ihren Beschluss, dass bei der Einfuhr von flandrischem Gut nach Livland eine Bescheinigung des deutschen Kaufmanns in Flandern über die erfolgte bare Bezahlung desselben beizubringen ist, widrigenfalls das Gut bis zum Nachweis der erfolgten Barzahlung arrestiert und nötigenfalls nach den Strafbestimmungen der hansischen Ordonnanz[1] verfahren werden soll; bitten, darüber mit den gemeinen Städten zu verhandeln sowie dem Kaufmann in Flandern Mitteilung zu machen, und ersuchen um möglichst baldige Antwort. — [1405 März 29.]*

Gedruckt: HR. 5 n. 239, früher v. Bunge, Livl. U.B. 4 n. 1656.

658. *Dieselben an den deutschen Kaufmann zu Nowgorod: melden ihre Beschlüsse über die Entlastung des Dolmetschers, Bestrafung der Weinverfälschung und der Einfuhr von nichthansischem Gut in Nowgorod und die Ablieferung des Schosses nach Dorpat. — [1405 März 29.]*

Gedruckt: HR. 5 n. 240, v. Bunge 4 n. 1656.

659. *Hzg. Wilhelm von Baiern, Graf von Holland, an Hochmeister [Konrad von Jungingen]: beschwert sich abermals über den dreijährigen Ausschluss der Seinigen vom Frachtverkehr in Danzig, sowie über die Misshandlung von Seeländern durch preussische Unterthanen bei Marstrand; verlangt für seine Unterthanen die herkömmliche Handelsfreiheit, indem er eine schiedsrichterliche Entscheidung der gegenseitigen Beschwerden vorschlägt. — [1405] Apr. 8. Haag.*

Aus StaA Königsberg; Or. m. Spur d. S.
Verzeichnet: HR. 8 n. 1173.

Onsen lieven ende gemynden neve, den homeister van Pruessen.

Lieve ende gemynde neve. Onser tegenwoirdicheit is clairlic aengebracht, hoe dat over een jair of dair omtrent vele onser goeder luden uut Hollant ende uut Zeelant mit horen scepen ende goeden lagen tot Danswick in uwer stat, aldair een eendracht bi den rade uwer stat aldair overdragen wort, dat alle die scepe, also wail die uwe als die onse, tesamen uutzegelen souden[2]; des uwe goede luden van Danswick den onsen aentyende sijn ende clagen, dat si dair gebreckelic in gevallen souden wesen ende die overdracht niet gehouden en hebben, so dat sij dairom een gebot gedaen hebben ende openbairlic uutgegeven, dat onse goeden lude ende onderzaten mit horen scepen aldair niet lossen noch laden en moeten noch binnen drien jaren doen en sullen, als wy verstaen na den uutgeroepen gebode voirscreven; dair onse goede luden uut onsen gemeynen steden om bi ons geweest ende hoir gebrec getoont hebben ende mit redeliken bescede bewijst, dat sij sulker broeken

[1]) n. 496. [2]) S. den preussischen Recess von 1404 Mai 31, HR. 5 n. 190, 1; vgl. dazu das. n. 175, 9; n. 176—178.

ende der onhoirsamheit, die men hem antyende is, ymmer onsculdich sijn, ende willen dat mit sulken redenen proeven, als dairtoe behoirlic sijn. So dat wij om oitmoedich verzoeck ende ernstelic vervolch onser goeder steden ende luden u tot enen mael dairom gescreven ende die gelegenheit van der zaken te kennen gegeven hebben ende oic gebeden, dat ghi dat also bewaren woldet, dat sulke gebode afgeleit mochten werden, ende anders, also wij uwer liefden screven mit meer woirden, dair ons geen bescreiden antwoirde van u of gecomen en is, als ghi wail weet[1]. Oic mede so hebben ons onse goede coiplude ende scipperen uut onsen steden ende landen clagentlic getoont, hoe dat nu op die laitste Sconensche vairt een geschil geviel tusschen twien scipknechten op Maerstrant[2], dair uwe lude van Danzick ende van anderswair uut Pruyssen mit ontwonden banneren quamen gewapent op onse goede lude ende onderzate, dair vijf of ses onser onderzaten uut Zeelant geslagen ende gequetst worden, boven volcomene gonste ende vrientscap, dair wij mit u ende mitten uwen in meynden te staen, dair ons temael vreemde toe is. Ende want wij noch dagelicx sonder oflaten vervolcht worden van onsen goeden steden ende luden op die voirscreven stucken ende oic alle wege tusschen onsen lieven heere ende vader selliger gedachtenisse, ons, onsen landen ende luden ende u, uwen landen ende luden tot alre tijt volle vrientscap ende goede gonste tot desen dage toe gestaen heeft, dat wij alle wege gairne hebben ende houden willen na onsen vermogen, so bidden wij uwer liefden noch ende begeren seere vrendelic, dat ghi uwer stat van Danzick also berichten ende onderwisen wilt, dat sulke gebode, als si uptie onse geset hebben, nedergeleycht wirden ende niet meer en gescheen, ende dat onse goeden luden mit haren live, scepen ende goeden veilich ende vriendelic varen, keren, merren, laden ende lossen mogen in den uwen ende die uwe in den onsen, als si in voirtiden alle wege gedaen hebben. Ende wairt, dat uwe burgere ende lude den onsen in eniger wijs gebreect of vercort hadden of die onse den uwen aen live, an[a] vorwairden[a] of aen have, dat men dair dan enen geliken dach op bescheide tot eenre stat, die beiden partyen gelijc gelegen is, als men dat gevoechlicste ramen can, op dat die gene, die bruekich gevonden werdet, den anderen volcomen beteringe doe na alle gevairde ende gelegenheit der dingen. Hierof, lieve neve, uwe bescreiden ende bescreven antwoirde bi desen tegenwoirdigen onsen bode, wair wij ons toe verlaten mogen, want wairt, dat des niet geschien en mochte, so duchten wij, dat dat vervolch ende clage van onsen steden ende goeden luden voir ons also groit ende also zwair vallen soude, dat wij ymmer anderen raedt dairop souden moeten hebben. Ende begeerdi, lieve neve, enige zaken, die wij vermogen, dat wilt ons alle wege vrendelic weten laten. Onse heere God bewair u altoes. Gescreven in den Hage, upten sonnendach judica.

Hertoge Willem van Beyeren, grave van Henegouwen, van Hollant ende van Zeelant.

660. *[Hrz. Wilhelm von Baiern, Graf von Holland,][a] geleitet die Rheinkaufleute zum Verkehr durch die Ijssel und Zuidersee nach dem Stift Utrecht und Holland widerruflich für ein halbes Jahr. — 1405 Apr. 10.*

Aus RA Haag, Memoriale B H cas. R fol. 27 b. Geleide.

a) Über der Zeile nachgetragen.

1) S. n. 617. 2) S. n. 652. 3) *März 21 erlaubt derselbe zu Gunsten von Amsterdam wie Hrz. Albrecht n. 393, v. Mieris 4, 9. Andererseits gestattet er Okt. 12 dem Dortmunder Kaufmann Jan Overbach* een scip wijns van boven die Wale onder Dordrecht te varen, sonder hem enige hinder ofte letsel te doen. *RA Haag, Memoriale B H fol. 39.*

Item upten tienden dach in Aprille anno 1404 na den lope des hoofs van Hollant gaf mijn heere geleyde allen goeden coepluden, die mit horen scepe ende goeden van boven den Rijnstroem neder tot Ysseloirde toe boven Aernem comen ende voirt die Ysel uut voirbi Zutphen, Deventer ende Campen varen sullen in ende duer der Zuyderzee, om in den gestichte van Utrecht of in den onsen te comen ende te wesen ende hoir comanscip aldaer te hantieren, als goede coepluden toebehoirt, die onse vyande noch ballinge ons lants niet en sijn, ingaende upten datum des briefs ende gedurende daerna tot sinte Victors dage[1] toe naestcomende of dar enbinnen viertien dage lang na mijns heeren wederseggen, behoudelic mines heere sinen rechten tol. In etc.

661. *Danzig an Thorn: ersucht es, zwei nach Thorn abgefahrene Kähne mit Tuch dort nach englischer Ware zu untersuchen. — 1405 Apr. 11.*

Aus T StA Thorn n. 500 a; Or. m. Resten d. S. Hagedorn.

Ersamen unsirn gunstigen libin vrunden, herren rathmannen tzu Thorun detur.

Ersamen libin vrunde. Juwer erbarheit is lichte wol vorkomen, das vaste gewand mit der Vlamischen flote in dy Wysle ist komen; darumme habe wir etzliche unsire mitevatmanne geordineret tzu warten uff Englisch gewand vor der Munde, vor den brugken und wor ys czu thunde ist[2]. Des habin etzliche koufluthe van Thorun tzwene kanen mit gewande henuff ken Thorun geschiffet, bittende bethelichen, das wir in ghunnen welden, das yre gewant in den[a] selbin 2 kanen wesende tzu Thorun bezeen wurde, uff das sie hir nicht gesümet wurden. Und dys habe wir, libin vrunde, tzu uwir behegelikeit und yrer bethe dirlobit, bittende, das ir doran siit, das das vorgerurte gewant mitenandir gelich alse hir dor mit uch bezeen werde, uff das dem eynen gesches gelich alse dem andirn, wend hir keyns mannes gewand, her sy gast adir inwoner, wirt uffgebrocht, ys en werde vulkomlich vorbezeen, ab Engelsch gewand domite sy adir nicht. Gescrebin am abende palmarum [1]405, undir unsirm secrete. Rathmanne Dantzik.

662. *Hzg. Johann von Burgund dehnt die Gültigkeit der den hansischen Kaufleuten in Flandern zustehenden Privilegien für die nächsten sechs Jahre auf Dendermonde[3] aus. — 1405 Mai 8. Brügge.*

Aus D StA Dendermonde, Bruyne Boek (1. Register van Vonnissen) fol. 83; gleichz. Abschr. Hagedorn.

Verzeichnet: De Vlaminck, Inventaire des archives de la ville de Termonde n. 57.

Jan hertoghe van Bourgongen, grave van Vlaendren, van Artois ende van Bourgongen, palatijn, heere van Salijns ende van Mechline, allen den ghenen, die dese letiren sullen sien, salut. Doen te weten, dat so ter versteghter beede van den coopliede van der Anse van Almaengien, de[b] [met][c] haren goede, pennewerden ende comanschepe sijn gheconstumeert te antierene ende frequenterene onse lande van Vlaendren ende daer te antierene stic van comanschepen, waeraf dat ons land es grotelike ghesustenteert, omme de dueght ende proffijt van onser stede van Denremonde, de welke es principalike ghefondeert up stic van draperien, dwelke men ghemeenlijc tmeeste deel gheconstumeert es te vercopene den coopliede van der selven Anse, also wij hebben gheweest ende sijn gheinformeert bij den goeden lieden selven van onser vorseider stede; ende te dien hende ende oec dat de selve onse

a) den F. b) ende D. c) van D.

1) Okt. 10. 2) S. n. 617, 654 Anm. 2. 3) Dendermonde gehörte zum sogen. Reichsflandern. Vgl. Warnkönig, Flandr. Staats- und Rechtsgesch. 2, 2, 161.

stede mach meer vervloeyen in gedinghen ende tatie van coomanschepen hebben meer cours ende loops wij bi specialre gracien hebben bi den avise ende deliberacien van onsen rade gheottroyeert ende ottroyeren bi desen jeghewordeghen letteren den selven coplieden van der Anse, dat tiet sesse jaeren naestvolghende, deen den anderen te rekenene van der date van deser letteren jeghewordelijcke, sij moghen generaelike ende specialijcke useren ende ghebrueken in onser vorseider stede van Denremonde van sulken ende sodaneghen previlegien, franchiesen ende vryheden ghelikerwijs, als sij doen ende moghen doen overal in onsen lande van Vlaendren: so gheven wij in bevele an onsen balliu van der selven stede van Denremonde ende an allen anderen onse officiers ende ondersaten, wij sij sijn, present ende toecommende, ende elken sonderlinghen, dat se de selven coplieden van der Anse noch haeren factors en doen noch en stellen noch en ghedoghen ghedaen te sine noch te stellene int selve eenich impechement noch verstorichede in contrarie den selven tijt duerende, want also bi den consideratien boven ghenoemt ons gheliefi. In orconschepen van desen wij hebben doen stellen onse seghelle an dese jeghewordeghe letteren. Ghegheven in onser stede van Brugghe, den 8. dach van Meye int jaer van gracien dusentich vierehondert ende vive[1].

(Aldus gheteekent:) Bij minen heere den hertoghe, u ende meer anderen van sinen[a] [rade][b] present. Deytallen.

663. *K. Heinrich [IV] von England bevollmächtigt den Ritter Will. Esturmy, den Geistlichen Mag. Joh. Kyngton und den Londoner Bürger Will. Brampton, um mit dem Hochmeister Konrad von Jungingen oder dessen Bevollmächtigten über die Beilegung der beiderseitigen Beschwerden und den Abschluss eines Freundschafts- und Handelsvertrages zu verhandeln. — 1405 Mai 11. Westminster.*

StsA Königsberg; Or. Perg. m. anh. S.
L Publ. Record Office London, French Rolls 6 Henry IV m. 2.
Gedruckt: aus L Rymer, Foedera 8, 395. Verz.: HR. 5 n. 263.

664. *Derselbe bevollmächtigt die genannten Engländer genau ebenso zu Verhandlungen mit der Hanse und deren Bevollmächtigten* (cum communitate societatis mercatorum de Hansa)[2]. *— 1405 Mai 13. Westminster.*

Publ. Record Office London, French Rolls 6 Henry IV m. 2.
Gedruckt: im Auszuge Rymer, Foedera 8, 396. Verz.: HR. 5 n. 264.

a) *Verbessert aus sinen D.* b) *Fehlt D.*

1) *Wegen verschiedener grosser Ausgaben, welche die Stadt durch die Ausbesserung der Wege und Festungswerke sowie durch den Process mit den deutschen Kaufleuten und dem Herrn von Moldeghem gehabt hatte* (et aussi les dis suppliants — ont fait en pluseurs manieres grans coustz et frais et convient avoir de jour en jour en la poursuite du fait des ostrelinges d'Allemaigne), *wurde Dendermonde 1404 Juli 11 von der Herzogin Margarethe von Burgund zum Verkauf jährlicher Leibrenten bis zum Betrage von 14 Pfd. Grote rhein. ermächtigt. StA Dendermonde; Or. Perg. m. S. (Hagedorn). Verzeichnet: De Vlaminck a. a. O. n. 54.* 2) *Die gleichzeitige Instruktion der Gesandten für ihre Verhandlungen mit dem Hochmeister und den Hansestädten gedr. Hanseakten n. 308. Eine Nebeninstruktion, die nur auf die preussischen Beschwerden Bezug nimmt, s. HR. 5 n. 266, Literae Cantuar. 3, 80. Die Abordnung der Gesandtschaft ward schon im Anfang des Jahres beabsichtigt; HR. 5 n. 232, 8 n. 1026. Veranlasst war dieselbe durch das energische Vorgehen des Lübecker Hansetages vom März 1405, der die Einfuhr von englischem Tuch sowie die überseeische Ausfuhr der in England hauptsächlich begehrten Rohstoffe und Manufakturwaren verboten hatte; HR. 5 n. 225, 3—5, vgl. das. n. 229, 242. Mitteilung dieser Ordonnanz an Brabant, Flandern und Holland, das. 8 n. 1019; 5 n. 238, 237. Vgl. Koppmanns Darstellung, Hans. Gesch.-Bl. 1883, 127.*

665. *[Livländischer] Entwurf*[1] *eines Handelsvertrages zwischen Riga und Polozk.* — **1405 Mai 17.**

StA Riga; Abschr. a. Perg., altrussisch.
Gedruckt: Napiersky, Russisch-livländ. Urk. n. 153, v. Bunge, Livl. U.B. 6 n. 2962. Hier nach Übersetzung von Dr. v. Hedenström in Riga.

Wir Ratmannen von Riga haben uns mit den Polozkern im Vertrauen auf Gottes Gnade [daraufhin] geeinigt, dass die Polozker allen deutschen Kaufleuten aus Riga in allen Handelsgeschäften Gerechtigkeit erweisen sollen, und dass beim Handel einander Gerechtigkeit erwiesen werden solle auf beiden Seiten ohne jede Hinterlist. Ferner sollen die Polozker den deutschen Kaufleuten mit allen ihren Landsleuten für jetzt und in Zukunft gestatten, in Polozk zu handeln sowohl mit dem Gast als auch mit den Polozkern jedes Geschlechtes, sie seien klein oder gross, mit jeder Handelsware, welche es auch sein möge, nichts ausgenommen, ohne alle Hinterlist. Dasselbe wollen wir den russischen Kaufleuten in Riga thun. Ferner haben die Polozker die deutschen Kaufleute zu hüten wie ihre eigenen Brüder, und ihnen Recht zu sprechen und Gerechtigkeit zu erweisen in jeder Sache, ohne alle Hinterlist. Dasselbe wollen wir den Polozkern in Riga thun. Wenn ferner irgend ein Deutscher in Polozk ein Verbrechen begeht, so soll man den Deutschen nach Riga schicken, die Ratmannen werden ihn nach ihrem Recht richten; und wenn ein Polozker in Riga ein Verbrechen begeht, so soll man ihn nach Polozk schicken und dort werden ihn die Seinen nach ihrem Recht strafen. Ferner soll in Polozk das Berkowetzgewicht für Wachs um ½ Pud schwerer sein als der Rigaer Berkowetz; und das Salz ist auf der Schnellwage nach dem alten Gesetz zu wiegen. Wenn aber ein Gewicht nicht richtig sein wird, so soll man es nach Riga schicken, um es zurecht machen zu lassen nach dem alten Gesetz. Und das Silbergewicht soll nach dem alten Gesetz sein. Und die Wäger sollen das Kreuz [darauf] küssen, dass sie in jedem Falle recht wiegen werden nach beiden Seiten, ohne alle Hinterlist. Die Wägegebühren aber sind nach dem alten Gesetz zu nehmen. Dasselbe werden wir in Riga dem russischen Kaufmann thun. Wenn ferner irgend eine Zwietracht entstehen sollte zwischen dem Meister und dem Grossfürsten Witold, oder zwischen den Bojaren und den Komturen oder den Rittern oder den Edelleuten, so sollen auf beiden Seiten die Kaufleute davon nicht berührt werden; der Kaufmann soll immer unbehindert herbei- und hinwegfahren können. Falls ferner an der Grenze irgend eine Behinderung [des Verkehrs] entsteht, so sollen die Kaufleute davon ausgenommen sein und nicht davon betroffen werden. In jeder Sache soll sich Partei an Partei halten. Und diese Urkunde sollen wir Deutsche und ihr Polozker untereinander fest halten, gemäss der Kreuzküssung und den Siegeln, ohne alle Hinterlist. Geschrieben im Jahre nach Gottes Geburt 1405, am 3. Sonntage vor Pfingsten.

666. *Hochmeister [Konrad von Jungingen] an Hzg. [Albrecht von Baiern, Graf] von Holland: hört, dass der Lübecker Hansetag den [deutschen] Kaufmann in Flandern angewiesen hat, den Herzog zur Annahme eines Schiedsspruchs der Hansestädte zu bewegen*[2]*; hat darüber noch keinen Bescheid; stimmt der vom Herzog vorgeschlagenen Ansetzung eines Schiedstages zwischen den Holländern und den Danzigern*[3] *zu, überlässt ihm die Bestimmung von Zeit und*

[1]) *Vgl. Hildebrand, Baltische Monatsschrift 22, 377 Anm. Über den Gesandtschaftsverkehr zwischen Riga und Polozk in diesem und den folgenden Jahren enthalten die Rigaer Kämmereirechnungen einzelne Notizen, s. die Auszüge bei v. Bunge 4 n. 1954 passim.* [2]) *S. n. 663.*
[3]) *n. 638.*

Ort und gibt den Holländern bis dahin den Handelsverkehr in seinem Gebiete frei. — [1405] Mai 18. Marienburg.

StA Königsberg, Hochmeister-Registrant 3 fol. 29b.
Verzeichnet: HR. 5 n. 249.

667. *Der deutsche Kaufmann zu Brügge an Hamburg: eine grosse englische Flotte ist im Zwijn erschienen und hat zwei aus Hamburg kommende Schiffe gekapert[1], während ein drittes Schiff entkommen ist; ersucht, bis auf weiteres keine Schiffe ausfahren zu lassen und Lübeck von dem Vorfall zu benachrichtigen behufs Warnung der preussischen und anderen Städte. — [1405] Mai 22.*

B StA Reval, Abschrift Rigas, transsumiert im Schreiben Dorpats an Reval von Juni 18.
Gedruckt: aus R v. Bunge, Livl. U.B. 4 n. 1646; aus der Recesshdschr. HR. 8 n. 253, vgl. n. 254.

668. *Braunschweig[2] an Reval: verwendet sich zu Gunsten der Braunschweiger Bürger Ludeke und Henning Durekop, deren Schwester Wyneke und Gereke Lindeman, welchen der zum Teil in Reval[3] befindliche Nachlass des zu Danzig verstorbenen Henning Isenbuttel kraft des in Lübeck hinterlegten Testamentes des Verstorbenen anheimgefallen ist; und bezeugt, dass die Geschwister Durekop den Gereke Lindeman als ihren Bevollmächtigten mit der Vollstreckung des Testaments beauftragt haben. — 1405 Mai 30* (des sunnavendes negest na s. Urbanus dage).

StA Reval; Or.
Gedruckt: v. Bunge, Livl. U.B. 4 n. 1683.

669. *Reval [an die Königin Margaretha von Dänemark:] bittet gemäss früherer Vereinbarung um Aushändigung des weggenommenen hansischen Gutes. — [1405 Frühjahr.]*

Aus StA Reval, Missivbuch 1384—1420 fol. 31. Vorauf geht ein gleichzeitig eingetragener, zum grössten Teil verlöschter Brief in derselben Sache von Mittwoch nach Laetare. Hagedorn.

Ere und werdycheyt myt aller behegheliche yt vorscreven. Erluchtede hochgheborne vorstynne und edele vrouwe. Juwer ghenedeliker werdicheyt begere wy to wetene, dat vor unsen syttenden stoel des rades sint ghewesen ghemeynliken alle de Dutschen koplude, de in den twen schepen weren und [den] ere guet ghenomen wart vor der Nüwe, alset vor juwen ghenaden wol er vort claget is, und

[1] Über den Abzug der Engländer s. Hamburgs Schreiben an Lübeck von Juni 3, HR. 8 n. 1038, vgl. n. 1039—1040. Auch Hzg. Johann von Burgund beklagt sich Juni 8 in einem Schreiben an die Hansestädte über diesen Übergriff der Engländer und bringt ein gemeinsames Vorgehen gegen dieselben in Vorschlag; HR. 5 n. 256, vgl. n. 257. Über die Aufnahme, welche dieser Plan bei den Städten und dem Hochmeister fand, s. das. n. 253, 8; 271, 272, 277.

[2] Ein im Juli 1405 aufgestellter, aber nicht vollzogener Entwurf eines Schutzbündnisses zwischen den Bischöfen von Hildesheim und Verden, den Herzogen Bernhard und Heinrich von Braunschweig-Lüneburg, Gr. Erich von Hoya, dem Herrn von Homburg und den Städten Braunschweig, Lüneburg, Hannover, Uelzen, Verden, Goslar, Hildesheim und Helmstedt, mit Bestimmungen über Befriedung der Strassen und Erhaltung der bestehenden Zollsätze, gedr. bei Sudendorf, U.B. z. Gesch. der Herzoge von Braunschweig-Lüneb. 10 n. 30 S. 120. [3] 1401 schreibt Duisburg an Reval wegen des Nachlasses des daselbst verstorbenen Arnd Revers; ebenso 1402 Köln zu Gunsten des Bruders und Erben des Gerke Henwecholt; v. Bunge 4 n. 1594, 1609. Ein Verwendungsschreiben von Umea an Reval anlässlich des Ablebens des Laurib. Overdyk verz. a. a. O. 4 Reg. n. 1919.

hebben alle vor uns gheweset myt opgherychteden vyngheren to den hilligen, dat se noch ere erven noch nymant van erer weghene nummer up dat vorghescrevene gud to sakende, dat en vor der Nuwe ghenomen wart, also vere als en dat gued weder worde, also als dar ghedeghedinghet is van juwen ghenaden[1] und by Herman Gruwel unde Everd Bodenne, de des ghemechtiget weren van den vorghescrevenen kopluden; und dat dyt ghud gheantwordet werde Hinrik Stipele dussene jeghewardyghen breffwysere. Leve gheendyghe vorsteyne, hir bewyset ju ane, als wy juwen ghenaden des wol tobetrowen. God [de] almechtyge beware juwe sontheit unde juwe werdycheyt in syner ghenaden to langher tiit. In ener merer tuchnisse so hebbe wy unses stades secreet an dussen breff ghehangen.

670. *Reval [an den Hochmeister:] bittet, sich bei der Königin [Margaretha] von Dänemark um Rückgabe des vor der Newa weggenommenen hansischen Gutes zu bemühen. — [1405 Frühjahr.]*

Aus R StA Reval, Missivbuch 1384—1420 fol. 33b. Hagedorn.

Na der grote. Juwer werdicheit begere wy to wetende, dat vor uns gheweset syn unse leven medeborgere und ander coplude van der Dutschen Hense und hebt uns geoppenbart und to kennende[a] gegeven, wû en ere gud in jaren vorleden nicht lank vor der Nuue ghenomen wart, alzo juwer ghenade dusse jeghenwerdyge breffwisere muntliken wol berichten wert, und de stad to deme Stocholme dyt gut in ere beholtnisse hevet. Warumme bydde wy juwe genade so denstliken, dat gy juwen boden mede bevelen, de gy to deme dage[2] sendende werden, dat se dussene jeghenwerdigen breffwisere gunstich und behulplich syn in synen saken an de edelen vrouwen de konyngynnen van Denmarken, dat eme [dat gud] van unser borger weghene volgen mochte.

671. *Der Wasserbaillif von Dartmouth bezeugt, dass das Danziger Schiff ‚La Marie', Kapitän Joh. Haliwal (Halewater), welches März 25 beim Cap Finisterre durch Auslieger aus Plymouth und Dartmouth gekapert und nach Dartmouth geführt war, gemäss einem transsumierten Patent K. Heinrichs [IV] samt der Besatzung und Ausrüstung freigegeben ist. — 1405 (6 Henr. IV) Juni 12.*

StA Danzig; gleichz. engl. Abschr. a. Perg.
Gedruckt: HR. 5 n. 435 und 437 (zu 1406 bez. 1407). Vgl. auch Hanseakten n. 319, 11.

672. *[Litauischer] Entwurf eines Friedens- und Handelsvertrages zwischen Polozk einerseits, dem livländischen Ordensmeister und Riga andererseits. — 1405 Juni 21.*

Aus StA Riga; Abschr., altrussisch.
Gedruckt: Napiersky, Russisch-livländ. Urk. n. 151, v. Bunge, Livl. UB. 6 n. 2963. Hier nach Übersetzung von Dr. v. Hedenström. S. n. 665.

Wir Polozker, alle guten Leute und kleine, vertrauend auf Gott, die Gnade der heil. Sophia und auf die Gesundheit des Grossfürsten Witold, wollen Liebe halten mit dir, Fürst Meister, und mit deiner Bruderschaft und mit allen Rittern. Ebenso wollen wir mit euch, Ratmannen von Riga, und mit allen Rigaer Kaufleuten unter einander Freundschaft halten und Liebe auf beiden Seiten. Ihr sollt

a) bekennende R.

[1]) Vgl. das Schreiben der Königin von 1404 Nov. 11, HR. 5 n. 218, und die Erwähnung von Stockholm in der folgenden Nummer. S. auch oben n. 619, 623, 631. [2]) Verhandlungen zu Falsterbo von 1405 Juni 24.

unsern Polozker hüten, wie euern Bruder, den Deutschen in Riga; und wir Polozker werden euern Deutschen in Polozk ebenso hüten; und handeln soll man nach dem alten Gesetz mit jeder Ware, kaufen und verkaufen. Kaufen könnt ihr Deutsche bei uns in Polozk, der deutsche Kaufmann [nicht weniger als] 1/2 Berkowetz Wachs, 1/2 1000 Eichhörnchen[felle]. Und dem deutschen Kaufmann steht es frei, mit dem Gaste des litauischen Landes zu handeln; und mit den Nowgorodern kann der deutsche Kaufmann handeln, aber unser Polozker soll beim Handel dabei sein, weil uns die Nowgoroder auf dem deutschen Hofe nicht handeln lassen ohne [Beisein] ihres Nowgoroders; und wenn euere Deutschen mit den Moskauern handeln, so soll ebenso unser Polozker dabei sein und handeln, weil die Moskauer von uns Zoll erheben. Und das Wachsgewicht soll man halten nach dem alten Gesetze [so], dass unser Berkowetzgewicht für Wachs um 1/2 Pud schwerer sei, als euer Rigaer Berkowetzgewicht für Wachs; und das Rigaer Silbergewicht soll um 1/2 Solotnik schwerer sein als das Polozker Silbergewicht. Das Salz soll man auf der Schnellwage wiegen; und das Berkowetzgewicht für Salz soll gleich sein dem Berkowetzgewicht für Wachs. Die gekauften Eichhörnchen[felle] soll man unter einem Wetterdach verwahren, aber nicht im Hofe halten. An der Stadt Polozk aber soll der deutsche Kaufmann nicht vorbeigehen; handeln sollen die Deutschen in Polozk. Aber stückweise im Kleinhandel sollt ihr in Polozk nicht kaufen; und Krüge sollt ihr bei uns in Polozk nicht halten. Und unsere und euere Wäger sollen das Kreuz [darauf] küssen, dass sie recht wiegen werden nach beiden Seiten. Pferde zu kaufen soll uns bei euch in Riga erlaubt sein, um auf ihnen stromaufwärts zu reiten, aber von den Füssen [der Pferde] soll man keine Abgabe erheben. Begeht unser Polozker in Riga ein Verbrechen, so sollen ihn die Deutschen in Riga nicht strafen, sondern ihn den Strom hinauf [reisen] lassen, und dort werden ihn seine Polozker strafen; und begeht ein Deutscher in Polozk ein Verbrechen, so sollen ihn die Polozker nicht in Polozk strafen, sondern ihn nach Riga [reisen] lassen, und dort werden ihn die Seinen nach ihrem Recht richten. Und Arrest[1] soll nicht gestattet sein, sondern Partei soll sich an Partei halten. Und der Händler soll unbehindert herbei- und hinwegfahren können auf beiden Seiten. Hierüber haben wir gesandt unsere guten und ehrlichen Leute zu euch, zu dir, Fürst Meister, und zu allen Rittern und zu allen Ratmannen und zu allen Kaufleuten von Riga. Und möget ihr unserm Abgesandten volle Gerechtigkeit erweisen ohne jede Hinterlist, und unser Abgesandter wird euch volle Gerechtigkeit erweisen ohne jede Hinterlist nach unserm Recht. Aber einer alten Sache, welche zwischen uns geschehen ist, sollt weder ihr noch wir gedenken auf beiden Seiten. Geschrieben ist diese Urkunde im Jahre 6913 den 21. Juni, am Tage des heiligen Märtyrers Julian.

673. *Hochmeister [Konrad von Jungingen] an Hzg. [Albrecht von Baiern, Graf] von Holland: verweigert unter Berufung auf das Verbot der Hansestädte[2] die für einen gen. Holländer erbetene Erlaubnis zur Ausfuhr von 8 Schock Holz. — 1405 Juli 16. Marienburg.*

StA Königsberg, Hochmeister-Registrant 3 fol. 100.
Verzeichnet: HR. 5 n. 250.

674. *B. Johann von Pomesanien an Thorn: verwendet sich für die Freigebung von konfiscirtem englischem Tuch. — [1405] Juli 23. Riesenburg.*

Aus T StA Thorn; Or. mit Spuren d. S. Hagedorn.

1) *Vgl. Bd. 4 n. 60 S. 27 Anm. 3.* 2) *HR. 5 n. 225, 4.*

Den ersamen und wysen unsirn lieben sunderlichen frunden, burgirmeystern und rotmanne czu Thorun detur.

Brûdir Johannes bisschoff czu Pomezan. Unsirn fruntlichen grûs mit allir behegelichkeit czuvor. Ersamen lieben sundirlichen frunde. Uns hot unsir armer frund Hannus Henze bürger czu Gdanczk, desem bewisser, vorgeleget, wy das her habe vorkowft etliche Engelische tucher[a] Henrich Seyppen und Goswyn von Süchten, och burgere czu Gdanczk, recht und redelich; und als sy is us dem lande vort wolden füren, is czu gelozen, ir is bott uffgehalden und vorhald noch des heren meysters geboth, der gebothen hatt, was Engelischer tucher were yn dem lande, das man der nicht gelozen bynnen eyme yore[1]. Lieben sunderlichen fründe, des bethe wir uwer ersamkeit gar groslich mit ganczem fleysze, das ir di vorgenanthen Henrich und Goswyn wellet vormanen dorch unsir fruntschaft und bethe wille, uf das das unsir arme frund von yn dasjenige bezalet werde, wen her yn das gewant vor dem geboth vorkowft hott und sye vorhyndert gewest seyn, also schir und snelle is czu gelozen, sam uns vorkomen is; do tut ir uns sündirliche behegelichkeit an, und wellen is um euch alle wege gerne vordinen. Gegeben czu Resinburg, am donrstag noch Marie Magdalene.

675. *Die preussischen Städte an Hamburg: danken für seine Mitteilung an Danzig, dass die den Preussen feindlichen Friesen ein preussisches Schiff mit Hamburger Gut weggenommen haben; erklären die Feindschaft der Friesen für ungerechtfertigt, bitten, deren Gründe zu erkunden und sie zur Annahme eines Stillstandes unter Zusicherung von Handelsfreiheit in Preussen zu bewegen, indem sie für die nachträgliche Zustimmung des Hochmeisters Gewähr leisten. — [1405 Aug. 10.]*

Gedruckt: HR. 5 n. 264.

676. *Dieselben an Lübeck: auf ihre Bitte hatte der Hochmeister gemäss dem Beschlusse des Lübecker Städtetages[2] die Ausfuhr gewisser Waren durch den Sund versuchsweise untersagt; da das Verbot aber anderwärts nur wenig befolgt wird und Preussen dadurch zu Schaden kommt, so hat er die Ausfuhr der verbotenen Waren ausser nach England hin wieder erlaubt, während er sich wegen der Einfuhr des englischen Tuches nach der Lübecker Vereinbarung richten will; bittet, dies den benachbarten Städten mitzuteilen. — [1405 Aug. 10.]*

Gedruckt: HR. 5 n. 262; vgl. n. 260, 5.

677. *Gent transsumirt den Freibrief des Gr. Ludwig von Flandern für Kampen von 1361 Mai 13 [Bd. 4 n. 20]. — 1405 Aug. 13.*

StA Kampen; Or. Perg. m. S.
Verzeichnet: Register van Kampen 1 n. 367.

678. *Brügge transsumirt den Freibrief des Gr. Ludwig von Flandern für Kampen von 1361 Mai 13 [Bd. 4 n. 20]. — 1405 Aug. 17.*

StA Kampen; Or. Perg. m. S.
Verzeichnet: Register van Kampen 1 n. 367.

a) tucher T.

1) S. HR. 5 n. 196, 6. 2) Vom März 1405, s. oben n. 664 Anm. 2.

679. *Hochmeister Konrad von Jungingen beauftragt auf Ansuchen der englischen Gesandten*[1] *den Komtur zu Mewe, einen gen. Geistlichen und je einen Bürgermeister von Thorn, Elbing und Danzig mit der Prüfung der gegenseitigen, besonders der preussischen Beschwerden. — 1405 Aug. 20. Marienburg.*

StsA Königsberg; Or. Perg., S. ab.
Verzeichnet: HR. 5 n. 267.

680. *Lüneburg an Danzig, Königsberg und Elbing: bittet, die Nachahmung der Lüneburger Salztonnen und die Verwendung dieser falschen Tonnen zum Verkauf von fremdem Salz zu untersagen, sowie in Schonen die Verfrachtung von fremdem Salz in den entleerten Lüneburger Tonnen zu verhüten. — 1405 Sept. 2.*

StA Lüneburg, Briefbuch 1385—1414 fol. 90 b.
Gedruckt: HR. 8 n. 1041.

681. *Hochmeister [Konrad von Jungingen] an den Kastellan und Kapitän von Krakau Joh. de Tenczin: erwähnt u. a. ein Schreiben desselben, wonach Aug. 24 alle Kaufleute Polens sich beim König [Wladislaw] beklagt haben, dass sie vom Hochmeister an der überseeischen Ausfuhr gehindert werden; erklärt darauf, dass sich dies Durchzugsverbot nur gegen die Kaufleute von Krakau richte, weil diese die preussischen Kaufleute mit ungewohnten Neuerungen in ihrem Handel beeinträchtigen; hat dem König die Entscheidung anheimgestellt und kann den im Schreiben des Kastellans angedrohten Erlass eines königlichen Handelsverbots gegen die preussischen Kaufleute nicht hindern*[2]. *— 1405 Sept. 4* (fer. sexta a. f. nat. Marie). *Marienburg.*

StsA Königsberg, Hochmeister-Registrant 3 fol. 103 b.

682. *Zwei Rigaer Ratsherren an zwei Revaler Ratsherren: berichten, dass der Ordensmeister den russischen Kaufleuten Geleit geben will, und dass Gesandte Nowgorods nach Narwa kommen werden. — [1405] Sept. 13. [Dorpat.]*

Aus StA Reval; Or. m. Spuren d. S. Hohlbaum.
Gedruckt: v. Bunge, Livl. U.B. 4 n. 1654. S. unten n. 685.

Prudentibus viris, dominis Conrado Kezheler et Johanni Hamer, nostris amicis, detur sincere dilectis.

Salutatione mere dilectionis premissa. Heren unde leven vrunde. Ju genoghe to wetende umme dat werf, dat gy uns mede hadden dan an den meyster to wervende, alse den Russchen copman in dit lant to leydende, hebbe wy ghewervet, dar de meyster also to antwerdede, dat dat syn wille wol is, dat men den copman in dit lant leyde. Vurtmer so wetet, dat Grymmert gekomen is van Nowgarden, unde de seght, dat Russche boden sint gheleydet tor Narwe to komende, unde wes ere werf is, dat is uns noch unwitlik. Vortmer so begheren wy, of des nöt sy, boden tho sendende, umme den Russchen copman to leydende, dat gi dar juwen rades boden ok to senden mit den van Darpte, of se id ju scriven edder laten weten.

[1] S. oben n. 663. Die Gesandten kamen August 8 in Marienburg an, die Verhandlungen wurden aber auf Wunsch des Hochmeisters bis Ende September verschoben. HR. 5 n. 261, 268, 269, vgl. auch den Recess n. 260 und 8 n. 1042. [2] S. oben n. 671, 587. Für den weiteren Verlauf des Streites, der sich ohne Entscheidung bis zum Kriege von 1410 hinzieht und dessen einzelne Phasen hier nicht berücksichtigt werden können, sei auf Osterreich a. a. O. S. 25 f. verwiesen.

God unde sunthelt si mit ju. Scriptum dominica, que fuit vigilia exaltationis s. crucis, sub signo Sarii Vockinchusen.

Wulfardus van deme Ravenslaghe unde Sarius Vockinchusen fratres.

683. *Hochmeister [Konrad von Jungingen] an Hzg. Swantibor III von Pommern-Stettin: hat mit den englischen Gesandten wegen der Beraubung des Jak. Butcher durch Leute aus Bayonne*[1] *gesprochen, berichtet über den Erfolg. — [1405 Herbst.]*

Aus StsA Königsberg, Hochmeister-Registrant 3 fol. 105b, zwischen Schreiben von Sept. 13 und Okt. 19 eingetragen. Dem herczoge von Stetyn hern Swantibor.

Irluchter furste und grosmechtiger lieber besunder herre. Noch euwer herlichkeit begerunge, als euwer hochwirdikeit uns hat geschreben tzu reden mit den wirdigen des allirdurchluchtigsten hern konynges boten von Engelandt, als mit hern Wylhelm Esturmi ritteren, meister Johanne Kyngston und Wilhelm Bramptone, die mit flysse tzu bitten, vort tzu underwisen und tzu vormanen den vorgeschreben iren herren, den konyng, das Jocop Butcher, euwir durchluchtikeit burgere und undersassen, syn genomen gut beczalt werde etc.: besunder herre, euwer grosmechtikeit czu libe und fruntschafft haben wir euwirs willens meynunge sonderlich vorbrocht den vorgeschreben hern konynges boten. Under den czuforderst her Wylhelm Esturmi ritter uns underrichte, wie vor der tzit, ee sie von irem herren schyden, die selbe sache vor dem konynge und syme rathe wart gehandelt, und wy den von Bayon, von dannen der schade bekomen ist, sechs schiff syn affgehalden: und were also gearbeitet, das der konynginne von Engelandt kamerer, der ouch ir bruder ist, burge wurden ist, das dem selben euwirn undersassen das genomene gut solle vorgulden und beczalt werden, und sprechen, das sie anders nicht wissen, is sey alreyt vorrichtet. Ouch beclagen sie, wy Jocop Botcher euwer undersasse eynen compan habe genant Johan Crouwer von Pasewalk, der habe genomen eynen Engelischen Rychart Trumpenthon von Londen bynnen deme tunest nehein bynnen der tzit, als dese boten hie im lande gewest syn, und wy der selbe Richart noch swerlich sey gefangen. Ober das so derbiten sich dy bothen, ist euwirn undersassen nicht gnug geschen, so schyr als sie tzu irem herren komen, so wellen sie noch irem vormogen sich alzo dorunder arbeyten, das sie hoffen, das in der schade sunder vortzog solle beczalt werden, und haben uns gebeten, euwer hochwerdikeit vordan tzu bitten, das der selbe Rychart des gefenkniss frey werde mit wederentwertunge synes gutes und das sache yn guten und gedolt blibe stehen, bis das sie tzu lande komen, als wir ouch euwer grosmechtikeit bethen mit flissiger begerunge. Geruchet, liber herre, als vil mogelichin ist, noch semelicher irre gutiger dirbitunge is alzo tzu bestellen, das grosser schade in umb der sache wille nicht werde tzugeczogen.

684. *Der deutsche Kaufmann zu Nowgorod an Reval: berichtet über die feindlichen Absichten der Grossfürsten von Litauen und Twer gegen Smolensk und über die Bekümmerung von Ordensgut durch die Russen. — 1405 Sept. 22.*

Aus StA Reval; Or. m. Rest d. S. Höhlbaum.
Gedruckt: v. Bunge, Livl. U.B. 4 n. 1665, Napiersky, Russisch-livländ. Urkunden n. 155.

[1] *S. n. 597, 606.*

Den ersamen bescheidenen luden, borghermestere unde rat to Revele detur.

Unsen vruntliken grût unde wes wy gudes vermoghen. Leven vrunde. Ju ghenoghe tho wetende, dat hyr synt boden ghewesen van dem koninghe van Lettowen unde van deme koninghe van Otfery myd breven an Grote Nougarden unde scheden ût den koninch Juryen van Smolenen unde droweden sere, alzo uns de Russen segeden; des wyllet se wedder boden ûtsenden an desse vorbenomden heren. Item vortmer so hevet hir de mester van Lyflande boden unde breve ghesant myd Petricius unde esschet dat gût wedder vor syn gût, dat de Russen hyr van Petricius bekûmmert hebben; des hebben de Russen den bode ghelovet, dat se wyllen boden wedder senden an den mester. Vôrtmer so sante uns de voghet van der Narwe eynen bref myd Petricius unde scref uns, dat wy uns solden bewaren an Grote Nougarden unde an den sakewolden, wente de orde en wyl des gudes nicht overgeven. Hyrumme, leven vrunde, bidde wy ju, dat ghi den kopman myd juwer vorsichtighen wysheyt besorghen wyllen, dat de kopman nicht beschadet werde, wente wy weten nicht, wo wy uns hoden solen. Blivet ghesunt in Gode ewychliken. Ghescreven int jar Christi 1400 in dem viften jare, in sunte Mauricius daghe.

Olderlude unde wysesten unde de kopman to Nougarden nu wesende.

685. *Dorpat an Nowgorod: die geplanten Verhandlungen zwischen den Sendeboten Nowgorods und der überseeischen Städte sind durch die Schuld der Russen nicht zu Stande gekommen; ertheilt den Nowgoroder Kaufleuten Geleit für ein halbes Jahr. — [1405 vor Sept. 29.]*

Aus StA Reval; Übersetzung Dorpats, eingeschoben in n. 686. Höhlbaum.
Gedruckt: v. Bunge, Livl. U.B. 4 n. 1666.

Deme ertzenbisscope des groten koninx hoftmanne Johanni van Wassyle, deme borchgreven Yesken Sacharienetzen, deme hertoghen Gregorio Johannsson unde den menen Groten Nowgharden, van der borghermeystere unde radmanne weghenne to Darpte.

Erbare lude. Juwen bref, den ghi uns zanden mit juwen boden, und dat werf, dat Hermen Grymmert van ju wedder an uns brachte, hebbe wy wol vernomen, alse ghi scriven, dat de overseeschen boden scholen enen reynen wegh hebben af unde to Nowgharden to komende. Des wetet, erbare lude, do Hermen vorgenomt qwam to Darpte, unde de overseeschen boden dat vernemen van Hermenne, dat dar nene volmechtighe boden van ju en qwemen, do toghen se van Darpte to der Ryghe; des weren dar borghermeystere van der Ryghe, de to Darpte bleven, bet juwe boden dar qwemen. Do juwe boden dar weren unde uns den bref antwerdeden, den wii vor den borghermeysteren van der Ryghe lesen leten, do vragede wy den sulven juwen boden vake unde vele, oft se anders icht hedden to wervende edder oft se uik jennigher sake mechtighen wolden, dat mochte wii den overseeschen boden untbeden mit den borghermeysteren van der Ryghe, de se dar jeghenwardich seghen. Dar se vake unde vele wedder to antwerden: wes en bevolen were, dat stunde in deme breve, unde anders en hedden se nicht to wervende. Do toghen de borghermeystere van der Ryghe to hus. Na der tiit dat se enwech weren, do qwemen juwe boden wedder vor uns unde seden, se hedden noch enen breff sprekende an den overseeschen boden. Erbare lude, hedden juwe boden uns dat to den ersten secht, do de borgermeystere van der Ryghe noch to Darpte weren, so hadde wii mit en den bref an de overseeschen baden ghesschicket. Wes hirinne versumet is, dat is juwer boden schult. Des bede wil en doch, dat se uns den breef antwerden. wil wolden den noch wol an de boden schicken, ofte dat se dar zulven mede toghen to der Ryghe. Dar seden se to, dat en were en van ju nicht bevolen. Vortmer, erbaren lude, oftet juwer wysheit behegheilk is, so zal juwe copman hebben enen reynen wegh af unde to to komende to lande unde to watere unde to kopslagende twisschen hir unde midvastene[1] neghest tokomende, also wyde alse dat nichte unde unses heren, des hyscopes, ghebede unde unser staden termin keret, alse wi juwen boden ok bevolen hebben an ju tho bringhende, alle olde saken doch to blivende, alse se vor stunden, sunder argelist. Geve God ofte men hir enbynnen mit deme copmanne kunde icht gudes ghepreven[a].

686. *Dorpat an Reval: Nowgorod hat nur einen Brief, aber keine Bevollmächtigten gesandt; teilt den Entwurf seines Antwortschreibens mit, erbietet sich zur Übersetzung eines etwaigen Schreibens von Reval an Nowgorod. — [1405] Sept. 23.*

Aus StA Reval; Or. m. Stücken d. S. Höhlbaum.
Gedruckt: v. Bunge, Livl. UB. 4 n. 1686. Wegen des Datums s. unten n. 698.

Prudentibus et discretis viris, dominis proconsulibus et consulibus civitatis Revaliensis, nostris specialibus detur amicis presens littera.

Salutacione mere dileccionis et amicicie cum promptitudine tocius servicius decenter antelata. Heren unde leven vrunde. Ju ghenoghe to wetende, dat de Nowgharders uns zanden enen breef mit eren boden, de in nenen saken gemechteghet weren, alse wii van em vernomen; welkes breves copie ut deme Russchen in Dudesch ghetolket ghii hirynne vindet besloten. Up welken breef wii en unsen breef denken wedder to scrivende, ludende in Russchen, also hirna steit beschreven to Dude[sch]: *[Folgt n. 685]*. Leven zunderghen vrunde, mene ghi den Nowghardesschen wes to scrivende, of id ju behegheilk sy, so latet juwen willen zetten in ene copie to Dude[sch] unde zendet uns de, so moghe wii se in Russch laten zetten, wente wii menen, dat ghi nenen Russchen scriver en hebben, so wille wii ju den Russchen breef wedder zenden mit den ersten, dat gi den besegheled, unde alse he bezeghelt is, uns wedder to sendende, dat wii ene mit unseme breve to Nowgarden zenden. Wes juwes willen hiran is, des begheren wii ju antwerde mit den ersten. Valete in Christo. Scriptum crastino Mauricii, nostro sub secreto.

Consules Tarbatenses.

687. *Vertrag der englischen Gesandten und der Bevollmächtigten des Hochmeisters über Wiederaufnahme des Handelsverkehrs und Beilegung der beiderseitigen Beschwerden, unter Vereinbarung weiterer Verhandlungen für den 1. Mai 1406 in Dordrecht. — 1405 Okt. 8. Marienburg.*

Aus K StsA Königsberg; Or. Perg. m. 3 anh. S., am oberen Rande gezahnt. Auf der Rückseite: Concordia in causis Anglie arrestatorum et conclusionem facte, quomodo utreque partes se habere debeant.
Kapitelsarchiv Canterbury, Transsumpt von 1407 Juli 24. S. n. 605.

a) Geve God – gheproven zwischen den Zeilen nachgetragen.

[1]) *1406 März 21.*

Gedruckt: in engl. Übersetzung Hakluyt 1, 161–164. Verz.: HR. 5 n. 270. Vgl. auch den Bericht der Fortsetzung des Johann von Posilge, Scriptores rerum Pruss. 3, 282.

Hec indentura facta inter dominum Willelmum Esturmy militem, Johannem Kyngtone clericum et Willelmum Bramptone civem Londoniarum, ambassiatores, commissarios et nuncios invictissimi principis et domini, domini nostri domini Henrici Dei gracia regis Anglie et Francie et domini Hibernie, ad reparandum, reformandum et emendandum quecumque dampna, gravamina, excessus, violencias et injurias per dictum dominum regem ipsiusque ligeos et subditos magnifico prepotentique domino, domino Conrado Jungingensi ordinis beate Marie Theothonicorum hospitalis Jerusalimitani magistro generali, vel ipsius subditis quovismodo indebite attemptata, facta vel illata consimilesque reparaciones, reformaciones et emendas a prefato domino magistro et deputatis suis pro ipso et ipsius subditis quibuscumque nomine dicti domini nostri regis et subditorum suorum requirendum, petendum et recipiendum ad dictum dominum magistrum generalem in terram suam Prusie per dictum dominum regem transmissos et destinatos parte ex una, ac honorabiles dominos et religiosos viros, fratres Conradum[a] de Lichtenstein magnum commendatorem, Warnherum de Tettyngen suppremum hospitilarium[b] et commendatorem in Elvyngo et Arnaldum de Herken thesaurarium magnifici prepotentisque domini, domini magistri antedicti, procuratores et commissarios pari et consimili per omnia cum dictis ambassiatoribus Anglie dicti domini magistri generalis auctoritate vice versa suffultos potestate parte ex altera testatur, quod, habitis inter dictos ambassiatores, nuncios, procuratores seu commissarios de et super reparacionibus, reformacionibus et emendis dampnorum, gravaminum, excessuum, violenciarum et injuriarum tam Prutenis per Anglicos quam per Prutenos Anglicis necnon aliorum hincinde indebite factorum, illatorum et attemptatorum tractatibus diversis, demum post tractatus hujusmodi in vim potestatis eis attribute ambassiatores, procuratores et commissarii supernominati subscripta appunctarunt et de eisdem unanimiter concordarunt.

[1.] Primo videlicet, quod pro conservacione mutui amoris et amicicie consueto ac pacis tranquillitate, et ut subscripta[c] eo felicius ad finem perducantur[d] optatum, utrimque inter dictum dominum regem ipsiusque ligeos et subditos necnon terrarum et dominiorum dicti domini magistri generalis quoscumque subditos, incolas et habitatores in futurum amicabiliter conservandis et confovendis extitit concordatum, quod ligei mercatores Anglie quicumque liberam habeant facultatem se applicandi cum[e] navibus, bonis et mercandisis quibuscumque ad quemcumque portum terre Prusie necnon hujusmodi bona et mercandisas ulterius ad quemcumque locum in dicta terra Prusie se se transferendi ibique cum quacumque persona libere contrahere et mercari, sicut antiquitus et ab antiquo extitit usitatum; quod quidem in omnibus et per omnia Prutenis concessum est in Anglia.

[2.] Item subsequenter inter predictos ambassiatores, procuratores et commissarios extitit eciam concordatum, quod, cum nuper videlicet quod de anno Domini millesimo quadringentesimo tercio dictus dominus magister generalis per circumspectos viros Johannem Goderke de Danczik et Henricum Monecke de Elvyng, ipsius in hac parte nuncios et ambassiatores[1], quosdam articulos, viginti videlicet numero[2], dampnorum, gravaminum, violenciarum et injuriarum ipsi domino magistro et ejus subditis per dicti domini regis ligeos et subditos factorum et illatorum materias in se continentes dicto domino regi in regno suo Anglie porrigi, tradi atque

a) Conradum K. b) [illegible] auf Rasur K. c) et sub auf Rasur K.
d) ut — perducantur über der Zeile nachgetragen K. e) Über der Zeile K.

1) S. n. 391. 2) Klageartikel von 1403, Hanserecesse n. 317.

liberari fecit, super eisdem inter ambassiatores, commissarios sive procuratores predictos appunctuatum et concordatum existit, prout in actis et actitatis coram eisdem ambassiatoribus, commissariis seu procuratoribus habitis et factis et in registris de et super hujusmodi articulorum examinacione confectis et conscriptis plenius continetur, ad que se hic referunt ambassiatores, commissarii et nuncii antedicti; quorum articulorum aliqui per commissarios antedictos sunt recepti, aliqui ad terminum infrascriptum prorogati, prout in registris hujusmodi plenius contentum est et conscriptum. Super aliis autem articulis dictis ambassiatoribus Anglie in terra Prusie de novo datis, que sexdecim numero existunt[1], quorum unus est admissus, ceteri vero ad terminum eciam infrascriptum sunt prorogati, idem fiat et servetur, sicut super articulis dicto domino regi, ut predicitur, traditis et porrectis superius appunctuatum et concordatum existit. De articulis insuper per ambassiatores Anglie dicti domini regis Anglie ac ligeorum et subditorum suorum nominibus prefati domini magistri generalis procuratoribus et commissariis porrectis[2], quorum quidam sunt expediti, reliquorum vero expedicio ad terminum infranominandum prorogata[a] existit, prout eciam in registris de et super eorundem articulorum examinacione confectis[b] denoscitur esse cautum, super quibus idem servetur modus, qui super articulis dicti domini magistri generalis tam in Anglia domino regi quam ipsius ambassiatoribus in terra Prusie porrectis et traditis servari debet, prout superius de eisdem est concordatum. Et licet pro parte civium et mercatorum civitatum Rigensis et de Tarpato ac aliorum opidorum in terra Livonie plures et magne querele dictis ambassiatoribus Anglie in terra Prusie in scriptis articulatim porrecte fuerunt et tradite, que variis ex causis tunc non poterunt expediri, ideo inter ambassiatores et commissarios antedictos condictum exstitit et concordatum, quod iidem cives et mercatores primo die mensis Maji proxime futuro in opido Durdracensi sive de Durdraco in Holandia, ad quos diem et locum omnium aliorum articulorum in partibus Prusie non plene expeditorum fiet, ut infra dicetur, prorogacio et continuacio, per se vel procuratores legittimos poterunt comparere, congruam, justam et racionabilem reformacionem omnium contra eosdem injuste attemptatorum tunc aut aliis temporibus infra annum videlicet continuum extunc sequentem et non ultra contingentibus ibidem de consensu ambassiatorum et commissariorum utriusque partis limitandis effectualiter legittimo cessante impedimento consecuturi; hoc semper adhibito moderamine, quod valoris mercium, mercimoniorum et mercandizarum, de quibus dicti cives et mercatores de Livonia in eorum articulis per dictos Anglie ambassiatores, ut predicitur, receptis faciunt mencionem, nec per Anglicos nec Prutenos nec Livonienses, sed per mercatores fidedignos indifferentes juste estimentur, apprecientur et comprobentur ad verum valorem mercatorium, quem hujusmodi mercimonia valuissent, si tempore capcionis eorundem in foro ville Brugis Flandrie exstitissent[3]. Sane quia plurium querelarum illorum de terra Prusie, quarum articuli dictis ambassiatoribus Anglie in eadem terra tunc[c] existentibus porrecti erant et recepti, illorum videlicet precipue, qui coram dictis ambassiatoribus Anglie in ipsa terra Prusie nondum comparuerunt, facta est, ut predicitur, usque ad primum diem Maji prorogacio, inter prefatos ambassiatores, procuratores et commissarios exstitit concordatum, quod ipsi, sicut predicitur, non comparentes dicto primo die Maji in dicto opido Durdracensi legittime per se vel ipsorum procuratores poterunt comparere ac litteras testimoniales patentes dicti domini magistri generalis sigillo consignatas, recepta primitus per eam civitatem, unde dicti conquerentes cives existunt,

a) Auf Rasur K. b) confectis am Rande K. c) Über der Zeile K.

1) Klageartikel von 1405, a. a. O. n. 378. 2) Das. n. 323. 3) Das. n. 361.

congrua informacione, secum deferre, dampnorum et gravaminum eis et eorum singulis per Anglicos quomodocumque indebite illatorum estimaciones, ut convenit, articulatim coram utriusque partis[a] ambassiatoribus, procuratoribus, nunciis et commissariis declaraturi et probaturi, congruam, justam et racionabilem reformacionem omnium contra eosdem injuste attemptatorum tunc aut aliis temporibus ibidem de consensu ambassiatorum et commissariorum utriusque partis limitandis effectualiter, sicut civibus et mercatoribus de Livonia superius est promissum, consecuturi. Si vero illi de Prusia, de quibus statim supra proxime fit mencio, dicto primo die mensis Maji in loco prefixo quavis ex causa non comparuerint, quod bene liceat eis, quandocumque extunc infra annum continuum Londoniis ad dominum cancellarium Anglie accedere et ipsi querelas suas in partibus Prusie dictis ambassiatoribus Anglie porrectas et in dicto termino prorogato porrigendas et ibidem non finitas vel expeditas intimare et declarare, dampnorum et gravaminum eis et eorum singulis per Anglicos quomodocumque indebite illatorum estimaciones, ut predicitur, articulatim declaraturi et probaturi, extunc ibidem a dicto domino cancellario congruam, justam et racionabilem reformacionem ac satisfaccionem omnium contra eosdem injuste attemptatorum de querelis, ut predicitur, non expeditis sic, ut prefertur, recepturi effectualiter et consecuturi summarie et de plano.

[3.] Inter prefatos insuper ambassiatores et commissarios appunctatum extitit et concordatum, quod prenominatus dominus rex et dominus magister antedictus suos ambassiatores, nuncios et commissarios ad dictum primum diem Maji ad tractandum, conveniendum, concordandum et concludendum super hiis, que tunc inter eos tractari et agitari contigerit, sufficienter instructos mittere teneantur et destinare.

[4.] Porro inter supefatos ambassiatores, procuratores et commissarios actum extitit et affirmatum, quod omnibus et singulis statutis, ordinacionibus et prohibicionibus licitis per dominum magistrum supenominatum in terra sua Prusie aut per proconsules et consules ac gubernatores civitatum, opidorum, villarum et locorum aliorum in dicta terra Prusie conditis, factis et ordinatis, ad quorum observaciones tam ipsius domini magistri generalis subditi quam eciam advene et extranei tenentur et obligantur, eisdem statutis, ordinacionibus et prohibicionibus quicumque Anglie mercatores ad terram Prusie venientes pari forma constringantur et artentur[1].

[5.] Preterea eciam ordinatum est, quod panni quicumque venales de Anglia ad terram Prusie per mercatores Anglie apportati et exnunc apportandi ac ibidem vendicioni expositi, sive integri panni sint sive medii, ambos suos fines debeat continere.

[6.] Postremo, ne superius recitata optato defraudentur effectu, omnium et singulorum dampnorum et gravaminum, quibus nondum facta, set facienda est vigore presentis tractatus, reformacio et reparacio usque ad primum[c] diem mensis Maji proximo futuri[d] continuentur et prorogentur, prout per presentes continuata et prorogata existunt, cum continuacione dierum tunc immediate in opido Dordracensi antedicto sequencium; quibus die et loco aut terminis aliis et locis tunc hincinde, si oportuerit, limitandis et assignandis aut infra annum post lapsum dicti primi diei mensis Maji proximi sequentem lesis et dampna passis, de quibus superius in genere memoratur, congrua, justa et racionabilis ex utraque parte fiat reformacio; proviso semper, quod, si infra dictum annum lesis et dampnificatis generaliter, ut predicitur, nominatis congrua, justa et racionabilis de ipsorum dampnis, gravaminibus et injuriis facta non fuerit reformacio, quod infra tres menses continuos post lapsum anni hujusmodi Pruteni regnum et dominia dicti domini regis Anglie cum

a) partibus K. b) [illegible] K. c) primum K. d) futuro K.

ipsorum mercandiziis et bonis aliis infra dictos tres menses eciam emptis et acquisitis, et Anglici eciam consimiliter per omnia terras et dominia dicti domini magistri generalis sine molestacione, perturbacione vel impedimento quibuscumque nulla alia intimacione vel monicione necessaria in hac parte vitare et, dummodo legitimum non subsit impedimentum, ab eisdem se abstinere ac eciam divertere teneantur.

[7.] Ceterum ne per insolenciam aut hominum perversorum[a] derobbaciones vel spoliaciones dicto domino magistro generali a premissorum concordatorum observancia fideli ministretur materia discedendi aut detur occasio, quod absit, ea non observandi, per supranominatos ambassiatores et nuncios concordatum eciam existit, quod, si mercandise et bona quorumcumque ejusdem domini magistri generalis subditorum extunc in mari per Anglicos capiantur injuste atque ad et in regnum Anglie adducta fuerint et ibidem receptata, quod gubernatores et custodes portuum et locorum, quibuscumque nuncupentur nominibus, ad que mercandizas et bona hujusmodi devenire contigerit, ipsa mercandizas et bona ex sola fama et suspicione probabili, si alie defuerint probaciones, dumtaxat informati salvo custodienda arestare teneantur, illis, quorum extiterint, cum debite petita fuerint, favorabiliter restituenda; que si facere pretermiserint vel eciam facere contradixerint, extunc iidem gubernatores et custodes hujusmodi dampna passis dampnorum suorum emendam prestare teneantur. In defectum vero justicie gubernatorum et custodum hujusmodi dominus noster rex supranominatus, postquam per partem ipsorum dampna passorum congrue fuerit requisitus, congruam justiciam et racionabilem satisfaccionem ipsis dampna passis infra tres menses continuos cessante legitimo impedimento facere teneatur. Alioquin bene liceat dicto[b] domino magistro generali, bona mercatorum Anglicorum in terra Prusie existencia ad condignam satisfaccionem dampnorum subditis suis illatorum arestare et ea sub aresto et salv[a][c] custodia detinere, quousque subditis suis dampna passis juste et racionabiliter fuerit satisfactum. Consimiliter eciam et per omnia idem fieri debet Anglicis per dominum magistrum generalem et subditos suos in Prusia, sicuti dicto domino magistro generali et subditis suis superius per illam clausulam „Ceterum ne etc."[1] per dictos ambassiatores Anglie et commissarios ipsius domini magistri generalis pro ipso et hominibus suis in regno Anglie in casibus consimilibus fieri debere actum est et concordatum.

Et ut prescripta omnia et singula juxta et secundum ipsorum seriem, continenciam, effectum et tenorem per hos, quorum interest, firmiter et inviolabiliter observentur in futurum, prenominati ambassiatores, nuncii et commissarii omnes et singuli presentibus indenturis in hac parte factis, quarum uni videlicet parti penes ambassiatores Anglie remanenti et alteri eciam parti penes commissarios Prusie dimisse, suis manibus ipsorum sigilla singillatim apposuerunt in plenam fidem et probacionem omnium premissorum. Datum in castro Marienburgh in Prusia, octavo die mensis Octobris anno Domini millesimo quadringentesimo quinto.

686. *Der deutsche Kaufmann zu Brügge an die preussischen Städte: ist erstaunt über die vom Hochmeister ohne Wissen der Hansestädte verfügte Freigebung der Ausfuhr des verbotenen Gutes durch den Sund*[2]*; weist auf den schlechten Eindruck hin, den diese Sprengung der hansischen Einigkeit namentlich in Flandern machen muss, erklärt mit Rücksicht auf die vom Hochmeister*

a) *perversa auf Rasur K.* b) *Auf Rasur K.* c) *salvo K.*

1) *Oben § 7 Anfang.* 2) *S. oben n. 676. Der deutsche Kaufmann bezieht sich hier auf ein damit übereinstimmendes Schreiben eines Elbinger Städtetages von Sept. 1.*

gerügte Übertretung der städtischen Ordonnanz, dass alle durch den Sund nach Flandern ausgeführten verbotenen Waren lediglich aus Preussen und nicht aus der Elbe oder anderen Ländern gekommen waren[1], *und ersucht sie, auf die Erlangung einer Entschädigung für die Ausschreitungen der Engländer und die Abwehr künftiger Gewaltthaten derselben bedacht zu sein. — 1405 Okt. 11.*

Gedruckt: HR. 5 n. 275.

689\. *Philipp Wythe, Bürger von Lynn, hinterlässt in seinem Testament u. a. seiner Ehefrau Margaretha den lebenslänglichen Niessbrauch eines Grundstückes samt Gebäuden in Lynn* (totum illud tenementum cum omnibus edificiis et pertinenciis suis jacens in Lenne episcopi ex opposito ecclesie sancte Margarete, et extendit in longitudine a communi via versus orientem usque ad magnam ripam Lenne versus occidentem), *während das Eigentumsrecht daran an seinen Sohn Eudo übergehen soll; stirbt dieser vor dem Erblasser, so soll das Grundstück später verkauft und der Erlös teils zu Legaten an Philipps Tochter Margaretha und deren Söhne, teils zu Messen u. a. frommen Werken verwandt werden, u. s. w. — 1405 Okt. 14.*

StA Lübeck, Anglicana n. 60; Or. Perg. m. anh. S.

690\. *Der deutsche Kaufmann zu Brügge an Reval: bezeugt das Eigentumsrecht des hansischen Kaufmanns Heinr. van Staden an zwei Fässern Reis, die mit der Marke des Tydem. Droghe gezeichnet und in Reval wegen einer Schuld desselben arrestiert sind; erklärt, dass Heinrich die Angaben Droghes über die Zusendung einer weiteren Partie Reis an ihn bestätigt. — 1405 Okt. 22.*

Aus StA Reval; Or. Höhlbaum.
Gedruckt: v. Bunge, Livl. U.B. 4 n. 1659.

Die Rechnung des Wasserbaillifs in Sluys (s. oben S. 77) von 1404 Sept. 28 bis 1405 Jan. 12 verzeichnet an Geldstrafen: der Deutsche Henry de Bourssbrouck 16 Pfd. 16 Sch. wegen Einfuhr eines Stückes weissen englischen Tuches; der Patron einer Karake aus Barcelona 100 Pfd., weil er bei der Einfahrt in den Hafen von Sluys das dort verankerte Schiff des deutschen Schiffers Brathoghen angerannt und dessen Vorkastell weggerissen hat, wobei ein auf demselben befindlicher Matrose Jean de Middelborch ertrunken ist. — Desgl. 1405 Jan. 12 — Mai 11: der Deutsche Jean Vaelbrueck; der Deutsche Jan Nateldoren 10 Pfd. wegen Ankauf eines den Engländern geraubten Tonne in Harfleur; Henry Wegghe 6 Pfd. wegen einer Prügelei in Norwegen. — Mai 11 — Sept. 21: der preussische Schiffer Arnoult van Haverli 3 Pfd. wegen Misshandlung eines Matrosen mit einem Ruder; Henry de le Berghe aus Danzig 6 Pfd. wegen Messerstechens.

Honorabilibus industriosisque viris, dominis proconsulibus et consulibus civitatis Revaliensis, amicis nostris sincere preamandis, littera presentetur.

Vrentlike groyte unde wat wij gudes vormogen tovoren. Heren unde gueden vrende. Uns hevet to kennen gegeven Gosschalk Johannssone, coopman van der Duytschen Hanze, dat Mertijn Ozenbrugge van Lubeke hevet doen arrestijren binnen juwer stad twee vate rijzes van dessen merke ẋ unde alsdandane bymerke +

[1] S. die Briefe des deutschen Kaufmanns an den Hochmeister und die preussischen Städte von Sept. 28 über die Einfuhr verbotener Waren in Flandern, Holland und Seeland, HR. 5 n. 273, 274. Die Antwort der preussischen Städte von 1406 März 12 s. das. n. 303; vgl. auch n. 307.

umme schuld willen, de em Tideman Droghe solde schuldich sijn, den dat vorscreven merck solde tobehoren, alse wij van Gosschalke vorscreven verstaen hebben. Warup Henrich van Staden, ock coepman van der vorscreven Hanze, in presencie des vorscreven Gosschalkes hevet verantwordet unde gesecht, dat he de vorscreven twee tonnen rijnes alleyne met sijnen eghenen ghelde betalt hedde; wat dan dat se met Tidemans vorscreven merke weren gemerket, men dat se op erer bader aventure overgesant worden. Unde desse poente hevet de vorscreven Henrich van Staden vor uns met sijnen upgerichteden lijfliken vingheren unde met gestaveden eyden to den hilgen swerende warachtigen getuget unde bekant. Ock so seghede Henrich vorscreven, dat de selve Tideman em overgescreven hadde van 18 marck Rijgbesch, de ok solden sijn gekomen van rijne, dat he Tidemanne vorscreven met den vorscreven tween vaten oversande; unde wast Henrike van Staden vorscreven hijrvan nicht witlick en ys anders, dan em Tideman Droghe vorscreven hijrvan overgescreven hevet, so en wolde he daerto vor uns vorder nicht to doen. Unde dit scrive wij ju heren over to der begherte Henrikes vorscreven, up dat gi moegen weten, so wes dat hijrvan vor uns ys gescheyn. God unse here moete ju alle tijt bewaren in sielen unde in lyve. Ghescreven under unsen ingezeghelen, upten 22. dach in Octobri int jaer 1405.

By den alderluden des gemeynen coepmans van der Duytschen Hanze nu to Brugge in Vlanderen wesende.

691. *Stralsund bekundet, dass es das dort befindliche englische Gut wegen der Wegnahme eines Stralsunder Schiffes durch die Engländer aus Calais arrestiert, aber auf Grund eines Abkommens mit den englischen Kaufleuten wieder freigegeben hatte, unter Zurückbehaltung eines entsprechenden Schadenersatzes; und dass es dann im Jahre 1404 wegen der wiederholten Schädigung seiner Bürger das Gut der Engländer nach dem Vorgang der anderen Städte wieder unter Arrest gelegt hat. — 1405 Nov. 2.*

Kapitelsarchiv Canterbury; Or. Perg. m. Spur d. S.
Gedruckt: HR. 5 n. 447, Literae Cantuarienses (Rer. Britan. med. aevi script.) 3, 91. S. oben n. 635, 636.

692. *Hamburg an Bremen: erklärt bei Beantwortung einer Beschwerde Bremens über Zollerhebung von bremischen Bürgern in Hamburg, dass es von den Bremern keinen Zoll genommen hat, wohl aber Bakengeld*[1]*, wie dieses auch die Hamburger und der die Elbe herabsegelnde gemeine Kaufmann zahlen müssen, soweit sie nicht ausdrücklich davon befreit sind. — 1405 Nov. 6* (fer. sexta p. f. omnium sanctorum).

StsA Hannover; Or.
Gedruckt: Sudendorf, U.B. z. Gesch. der Herzöge von Braunschweig-Lüneb. 10 n. 80.

693. *Der Schiffer Joh. Lansingh bekennt, von den ihm als Frachtlohn für eine Fahrt von Bergen nach England zukommenden 189 Nobeln, auf deren Zahlung er die Befrachter seines Schiffes in Lübeck verklagt hatte, 170 Nobel erhalten zu haben, während 11 Nobel für den Lotsen und 8 Nobel als Kaution für etwaige Nachforderungen der Befrachter bei Joh. de Hamelen deponiert*

[1]) *Wegen des (Leucht)turmes auf Neuwerk* (to der Nyen O), *wie es in dem entsprechenden Rechtfertigungsschreiben Hamburgs an den Erzb. Otto und das Domkapitel von Bremen von Nov. 26 heisst; Sudendorf a. a. O. n. 82.*

werden sollen, und verrichtet unter Miterpflichtung von zwei gen. Lübeckern auf alle weiteren Ansprüche wegen der Fracht. — 1405 Nov. 11.

StA Lübeck, Eintragung im Niederstadtbuch zu 1405 Martini.
Gedruckt: Lüb. U.B. 5 n. 137.

694. Der deutsche Kaufmann zu Nowgorod an Reval: beklagt sich über Nichtbeachtung der Ordonnanz gegen den Borgkauf in Flandern. — 1405 Nov. 18. Nowgorod.

Aus StA Reval; Or. Höhlbaum.
Gedruckt: v. Bunge, Livl. U.B. 4 n. 1670.

An dey erwerdyghen borghermester und rat to Revale sal desse bref; littera presentetur.

Vruntlike grote myt leffliker gunst. Besunderlinghes leven vrunde. Als ju wol wytlik is alz umme den borch, dey gelegert wart beide myt den Vlamynghen und myt den Russen, dat men dat holden solde myt gantzer endracht, dat wert hir to Nougarden myt den Russen vullenkomeliken geholden, unde dem kopmanne wol dunket, wô it in Vlandern myt den Vlamynghen und ok en andern werb nicht geholden wert; und de kopman meynet wol, is dat men id in Vlandern nycht holden wyl, so en kan des dey kopman to Nougarden ok nycht wol holden, wante dey gemeine kopman van jare to jare in schaden kompt van dessen saken. Hir mysdunket deme kopmanne tomale sere ane, wente twe eder drey werden den gebetert and dey gemeyne kopman wert des vorergert. Hirumme weset hirinne vordacht myt juwer vorsichtigen wysheit, van dey bintlandeschen stede tosammende komen, dat desse unredeliken sake afkome. Gescreven in dem hove to Nougarden, int jar unses Heren 1405 in sunte Elsebeu avende, under sunte Peters ingesegel.

Olderlude und wysesten des Duschen kopmans to Nougarden.

695. Nowgorod an Dorpat: erklärt auf Dorpats Anfrage seine Bereitwilligkeit zur Aufrechthaltung des Friedens von 1392. — [1405 vor Dec. 13.]

A.

Aus B StA Reval, Übersetzung Dorpats, eingeschoben in n. 696. Höhlbaum.

B.

Aus B 1 StA Reval; gleichz. Übersetzung a. Perg. Koppmann.
Gedruckt: aus B v. Bunge, Livl. U.B. 4 n. 1672, Napiersky, Russ.-livländ. Urkunden n. 156; aus B 1 v. Bunge 3 n. 1331, vgl. 6 Reg. S. 92.

A.

Van dem ersebiscope to Nowgarde bisschop Johanne, van dem borchgreven Georgha Sagaravitza, van dem hertogen Wassili Genevitze, van all den borchgreven, van all den hertogen, van all den kinderen der coplude unde van gansen menen Nowgarde unsen nabouren, dem borgermeistere to Darpte unde den raedleden[a] unde der gantzen menheit to Darpte. Also als gi gesant hebben juwen tolk Johannes mit enem breve unde deden uns witlik, wo Johan de borgermeister van Lubeke mit siner selschop was to

B.

Van dem ertzebisschoppe van Nodgarden unde van des borchgreven wegene Jeriff unde van des hertogen wegen Wassili Jesive syn sone, van alle der borchgreven unde hertogen wegene, van des gemeynen kopmans wegene unde des gemeynen kopmans kyndere wegene, unde van gantze Grote Nodgarden wegene an unse nabûre, de borgermeystere unde rât van Darbte unde gemeynliken an de van Darbt. Dat gy an uns gesand hebben Hans tolke myt juwem breve unde dôn witlyk, alze her Johan Niebûr myt syner

a) So.

Nowgarde unde vestede den vrede unde cûssede dat crûce[1]; unde nuu noch sedder der thiit der crûskûssinge noch Nowgarde hefft neuen unvrede gehat. Unde Nowgarde wil den vrede unde crûskussinge helden; unde de kindere der coplude vart van jun to uns unde copslagen, unde unse vart wadder[a] to jun in juwe land unde copslagen dar van beiden siden na der crûskussinge; unde wy vorwaren unsen gast als de unsen na der crûskussinge, unde desgelik vart gi junen gast na der cruskussinge.

selschop was to Nougarden, do se dat cruce kûsseden unde de vrede wart gevestegnt[1]; na der kruskussynge hefft Nougarden [n]euen unvrede myt juw gehad. Nougarden wyl den vrede unde cruskussynge holden; juwe kopslude kyndere komen to uns unde de unse to juw in juwe land unde kopslagen van beyden siiden na der cruskûssynge; wy wyllen juwen gast vorwaren gelyk den unsen na der cruskussynge, unde vorwaret gy unsen gast na der kruskussynge. Blivet gesunt. Dessen bref Wassili Use de borchgreve unde de hertoge Jesifo Sacharniti.

696. *Dorpat an Reval: hat den deutschen Kaufmann zu Nowgorod vor Grossfürst Witold warnen lassen sowie bei Nowgorod angefragt wegen der Aufrechthaltung des Friedens von 1392; sendet die Antwort der Russen und meldet die Weiterbeförderung zweier von Lübeck übersandter Schreiben an Riga. — 1405 Dec. 13.*

Aus StA Reval; Or. m. Stücken d. S. Höhlbaum.
Gedruckt: v. Bunge, Livl. U.B. 4 n. 1672. Napiersky, Russ.-livländ. Urkunden n. 156.

Den ersamen vorsichtegen mannen, heren borgermeisteren unde radmanneren der stad Revele, unsen besunderen vrunden.

Unsen vruntliken willen mit begeringe alles guden tovôrn. Heren unde besunderges leven vrûnden. Als lest deo erwerdige here meister van Liflande warnyngo dede dem menen copmanne van hertoch Vitovd wegene, als juwe wisheit wol vornomen hefft, des begere wy to wetinde juwer leve, dat van dem breve, de to uns daraff qwam, sande wy ene utscrifft an den copman to Nowgarde; unde na der tiit vorbodede wy den copman van overzee, de to den tiiden to Darpte was, unde wordens mit en eens, dat wi unsen tolk Hans Dûrkope sanden mit unsis stadis breve an den ersebiscop, borchgreven, hertogen unde an menen Grote Nowgarde unde deden ene vrage, wer see oc den vrede holden wolden, den here Johan Niebuur, borgermeister to Lubeke, mit etliker ander stede sendebode, dee dar mede togesant weren, bevestede na der bewonden krûskussinge. Des screven see uns wadder[a] to an erem breve besegelt mit twen ingesegelen, welke breff ludde van wôrden to wôrden aldûs, over to settende dat Russ[s]ch an Dûdisch, als hiir nascreven steit: *[Folgt n. 695]*. Aldûs lovet de inholdinge des vorgescreven breves. Vortmer wille weten juwe wisheit, dat wy de two breve, dee gi antwarden heren Johanne Eppenscheden, unsis stadis borgermeistere, untgesant van dem rade to Lubeke an dee Liflandeschen stede hebbe wy gesant an den raed to Rige. Darmede sii juwe ersamheit dem almechtegen Gode bevolen. Screven under unsis stadis secrete, in sunte Lucien dage der hilgen jungfruwen in den jaren unsis Heren 1405.

Borgermeistere unde raed der stad Darpte.

697. *Vertrag zwischen den Gesandten K. Heinrichs [IV] von England, Ritter Will. Esturmy und Mag. Joh. Kington, und den Bevollmächtigten von Lübeck,*

a) So.

1) *Vertrag des Lübecker Bürgermeisters Joh. Niebur u. Gen. mit Nowgorod von 1392; Bd. 4 n. 1060.*

Bremen, Hamburg, Stralsund und Greifswald[1] *über Wiederaufnahme des Handelsverkehrs zwischen England und der Hanse für 1 Jahr und 7 Monate, über die Abhaltung einer Tagfahrt in Dordrecht am 1. Mai 1406 behufs Ausgleichs der beiderseitigen Beschwerden gemäss dem Marienburger Vertrage von Okt. 8 [n. 687] und die unverbrüchliche Wahrung der hansischen Privilegien in England, während für allen während dieses Stillstandes etwa entstehenden Schaden Ersatz geleistet und, falls nicht innerhalb eines Jahres nach der Dordrechter Tagfahrt für alle Beschwerden Genugthuung gewährt ist, den beiderseitigen Kaufleuten eine dreimonatliche Abzugsfrist zustehen soll. — 1405 Dec. 15. Dordrecht.*

L StA Lübeck; Or. Perg. m. 8 anh. S. — Niederdtsch. Übersetzung im niedersächs. Kopiar von 1455 fol. 190.
C Kapitelsarchiv Canterbury; Or. Perg., S. ab.
Das., Transsumpt von 1407, s. n. 805.
R StA Reval, Transsumpt des von den preussischen Städten mitgeteilten Vertrages im Schreiben Dorpats an Reval von 1406 März 12.
Gedruckt: aus L Lüb. U.B. 5 n. 138, aus C HR. 5 n. 290, Literae Cantuarienses 3, 94—98, aus R v. Bunge, Livl. U.B. 4 n. 1694 bzw. HR. 5 n. 299 u. 301; in engl. Übersetzung Hakluyt 1, 164—168.

698. *Beschwerde der Hamburger Kaufleute in Holland über Verletzung ihrer Privilegien und des Genter Schieds. — [1405.]*

Aus H StA Hamburg, Trese Bb 16a; gleichz. Abschrift.
Gedruckt: ungenau HR. 8 n. 1051.

Deme irluchtighen hochgeboren fursten unde heren, hertoghen Wilhelme van Beigeren, greven van Hennegowe, van Holland, van Seland, synen hoghen wysen rade unde synen steden van Holland, alzo Dordrecht, Harlem, Delff, Leiden unde Amsteiredamme, gheven othmodelik te kennende de coeplude unde portere van Hamborgh uppe desse tijd in Holland wesende, dat se groed ghebrek unde scaden lijden in den landen van Holland unde van Seland boven sommighe pointe, de my here unde sine stede vorscreven an claren privilegien beseghelt unde de gude stede van Ghend der stad van Hamborgh to pronuncieret unde ghewgheld heft.

[1.] Ind jar 1404 omtrend Meygre Isebrand Simonssone van Monickedamme vorloes sin schipp tot der Vere in Seland, welk[a] schipp mit bere gheladen was ut Hamborgh; darvan ghevischet unde berghet worden tot der Vere[b] upe land 16 last beers[2], den porteren van Hamborgh tobehorende, de de here van der Vere em underwand. Dar groed vervolgh umme scheen is unde doch den van Hamborgh ghene bate scheen en is van dem here unde weddergifte.

[2.] Item ind sulve jar omtrend sunte Elizabeth dach[3] Florens van Sweten uppe Oerk underwand em omtrend 300 vate Hamborgher bers van sevfundes weghen, dar he gheen bescheyd aff doen en wonde, allene dat dar grod vervolghinge umme scheen is.

[3.] Item uppe de sulve tijd wurden ghevischet unde berghed uppe Wyringhen omtrend 100 vate beres, van welken de rentemeyster up Wyringhen nam[c]

a) Doppelt H. b) bere H. c) nam H.

1) S. oben n. 664. Über das Zustandekommen dieser englisch-hansischen Tagfahrt vgl. den preussischen Recess von Sept. 29, HR. 5 n. 276, und Hamburgs Schreiben an Munster und Koesfeld, das. n. 289. 2) Zu einer im Juli nach Audenaerde berufenen Tagfahrt der vier Lede werden die Deputierten Brügges nach Angabe der Brügger Stadtrechnung u. a. instruiert up fait aenroerende den Oosterlinghen als van der assise van den Amborghen biere. Gilliodts-van Severen, Inventaire de Bruges 3, 521. 3) Nov. 19.

de helfte unde de ghonne, de dat vischet hadden, nemen de andere helffte. Unde umme grotes vervolghes willen gaff de rentemeyster den Hamborghers darvan wedder van sinen deele 19 vate bers, vorder konste der neghien bescheyd aff scheen.

[4.] Item kortliken sind paschen lest ghelenden[1] is verloren en schipp up der Suderzee, uth welken gheberghet wurden[a] 72½ vat beren, de quamen uppe Wyringhe. Dat vervolgh is vor myns heren rade kortlik tot Egghemund, dar noch gheen bescheid aff ghescheen is.

[5.] Item warden de portere van Hamborgh dikkewijle ghehinderd in mynes heren lande, dat se ere gude bi em sulve niet berghen offt vischen en moghen, wanner sie darbi komen. Unde nademe dat desse pointen clarlik sind tieghen de privilegie, de die stad van Hamborgh van mynes heren gnaden heft, begheren de poirters van Hamborgh, alzo se olbmodelikest moghen, dat me dat so rechverdighen wille, dat en gud bescheid scheen moghe van den voreiden pointen, unde dat vortan alzo to verwarende, dat des ghelijk niet mer en schee.

[6.] Item hebben des capiteyns deenre van Staveren ghenomen en schipp, dat was uth Denmarken, in welkem s[ee][b] namen 140 vate beres, copluden van Hamborgh tobehorende; dar vervolgh omme scheen is, dat doch niet ghebatet en heft. Unde dijd sal me war vinden, dat id vorseid schip uthghezeghelt was van Hamborgh, eer myns heren van Holland breff tot Hamborgh quam, dar he verwarninghe unde warschuynghe in dede, unde dijd schipp namen see des mandages vor unses Heren hemelvard in der Ostersemese.

[7.] Item namen de salve in pinxtenacht uptes reyde tot Wolderkum 17 thunnen botteren uth enem schepe van Hamborgh, dar schipper van was Herbord Grünebaschen.

[8.] Item namen see uth dem sulven schepee 2½ stighe keese, 2 ossenhude, 4 deker kalfvelle unde 1 noppensak. Dijd is ghescheen, eer myns heren verwaringhe an Vreslande mocht kundighet werden. Darumme begheren se darvan wedderghifte unde dat me rechtverdighe, alzo dat reden unde recht is.

699\. *Die preussischen Städte an die wendischen Städte: beklagen sich, dass die Leute der Königin [Margaretha] von Dänemark, entgegen den wiederholten Zusicherungen derselben, bei der Strandung der Schiffe des Lambrecht Junge und Joh. van der Heyde alle daraus geborgenen, Kaufleuten aus Preussen und aus anderen Städten gehörigen Güter im Namen der Königin weggenommen haben[2], und bitten, zur Verhütung weiteren Schadens auf Abhülfe bedacht zu sein. — [1406 Febr. 5.]*

Gedruckt: HR. 5 n. 298; vgl. den Recess n. 294, 5.

700\. *Dorpat an Dortmund[3]: antwortet auf ein Schreiben Dortmunds, worin dieses seine Rentenschuld gegen Herrn Alpha uter Olpe und den mit den andern Leibzüchtern abgeschlossenen Vergleich berührt, dass dem Alpha nun bereits im 11. Jahre seine Rente vorenthalten wird; räth, da derselbe am nächsten*

a) worden S. b) [illegible] S.

1) *1405 Apr. 19.* 2) *Auf diese Angelegenheit bezieht sich auch wohl das Antwortschreiben der Königin an Danzig von 1405 Dec. 26. HR. 5 n. 281. In den Jahren 1406 und 1407 wird dieselbe von den preussischen Städten und dem Hochmeister wiederholt um Rückgabe gemahnt; HR. 5 n. 309, 358, 363, 375. S. ferner unten n. 790.* 3) *Ungefähr um dieser Zeit hat Dortmund bei Stralsund um weitere Stundung seiner Schuld (s. Bd. 4 n. 954 Anm. 1) nachgesucht und die Rückzahlung der Hälfte zu Sept. 29 versprochen. In seiner Antwort von [1406] März 26 (fer. sexta p. dom. letare) verlangt Stralsund unverzüglich sein Geld zurück, widrigenfalls es sich bei den Städten über Dortmund beklagen will. Or. im StA Dortmund.*

1. Mai als Abgesandter Dorpats bei der Tagfahrt zwischen den Engländern und den gemeinen Städten in Dordrecht sein wird, einen Boten dorthin zu senden und mit Hülfe der Städte einen Vergleich mit Alph zu versuchen, da sonst eine Schädigung der Dortmunder Bürger und Kaufleute durch ihn zu besorgen ist. — 1406 Febr. 14 (in dem dage sunte Valentini).

StA Dortmund; Or. m. S. S. oben n. 563.

701. *Die 16 Ratgeber und gemeinen Landleute des Landes Wursten versprechen bei Abschluss einer ewigen Sühne mit Bremen, dessen Bürger und den sichern Kaufmann nebst Schiffen und Gut auf der Weser und anderwärts zu Wasser und zu Lande bei der Fahrt nach und von Bremen zu fördern und zu schützen, sie verheissen unter Bedingung der Gegenseitigkeit den Bremern Sicherheit in ihrem Lande sowie Freiheit zum Kauf und Verkauf gleich den eigenen Landsleuten, und wiederholen unter Bestätigung ihrer alten Verträge mit der Stadt die früheren Bestimmungen über den Handelsverkehr [Bd. 2 n. 57, 1 n. 671]. — 1406 Febr. 22* (in deme h. daghe s. Peters, also he tho Rome up den stol quam)[1].

B StA Bremen; Or. Perg. m. anh. S.

B 1 Das., Abschr. im Privilegiar S. 444.

Gedruckt: aus B Brem. U.B. 4 n. 341, aus B 1 Cassel, Sammlung ungedr. Urkunden S. 251. Verz.: Hempel, Invent. diplom. Saxon. infer. 3, 17.

702. *Grossfürst Witold von Litauen schenkt dem deutschen Kaufmann zu Polosk ein Grundstück zum Bau einer Kirche. — 1406 Febr. 23. Wilna.*

Aus StA Riga; Or. Perg. m. anh. S. Höhlbaum.

Gedruckt: Monumenta Livoniae antiquae 4 n. 64, v. Bunge, Livl. U.B. 4 n. 1688. Verz.: Napiersky, Russisch-livländ. Urkunden n. 157.

Wir Allexander andirs Wytowd fon Gotis genoden grosforst zu Litthoen etc. thunen wissentlich allen den, dy dezin brif forhorchen, das wir Gote zu lobe unde zu eren und dem cristenen gelouben zu merunge gegebin haben unde mit craft dizs brifs of ewege zyt gebin mit unforwandiltir gobe eynen erdboden adir eynen fleck unsir erden by unszm hawze Ploskow in Rüszenland, als wyt und als gros, als das unsir marschalk Czhopurna selbir mit synir hant fon unsirm geheisze gezeichent hot, dem gemeynen Dütschen kowfmanne unde kowflüten, das sy dorof bawen mögen mit mawirn adir mit holze eyne cristene kirche unde cristene prystir dorby hegen, als fei als en das bequeme mochte wezen. Unde das solle wir und unsir nochkömelinge zu ewegen zyten nymmir wedirwendin. Des zu gezuknis so habe wir unsir yngezegil an dezin brif lazen hangen. Gegebin zur Wille, an zente Mathien obende des heilegen zwelfboten in dem jare der geburt Christi 1400 sexto.

703. *Danzig an Thorn: bittet um Freigebung von Strümpfen, die wegen angeblicher Anfertigung aus englischem Tuch mit Beschlag belegt sind[2]. — 1406 Febr. 24.*

Aus StA Thorn n. 542; Or. m. Resten d. S. Hagedorn.

Ersamen unsirn gunstigen libin vrunden, herren ratmannen zu Dhorun[a] detur.

Vruntlichen grus mit behegliket vorgescreven. Libin vrunde. Uns ist vorkomen, das ir 42 dozzin hozen Heinrich Tredewaters und 25 dozzin hozen Alsteyns,

a) So.

[1]) *Ein gleichzeitiges Schutzbündnis zwischen Wursten und Bremen auf 10 Jahre s. Brem. U.B. 4 n. 342. Vgl. auch oben Bd. 4 n. 301.* [2]) *Vgl. n. 617, 654 Anm. 2.*

uwir miteburgere, mit uch tzu Thorun dist ankomen, die welchin mitenandir ir sullet habin lasen nemen in dem namen, das sie von Englischen gewande sullen sin gemachet. Des sint die vorscreven unsire mitburgere und yre vrunde von uns begherende gewest, das wir uwir lybe bittende scribin welden, das ir in die hozen mitenandir volgen willet lasen; sie willen gerne tzum nehisten tage dorumme vor die stete komen und die hozen alldo vorentwerten, ab sie mogen. Des bitte wir, libin vrunde, uwir gunstliche vruntschaff gar fleisslich, das ir den vorgescreven unsirn burgirn dye selbin yre hozen uff dy vorscreven yre entwort tzu thune vor den stetin willet lasen volgen; wir willen sie gerne stellen vor die stete, alldo tzu nemen und tzu dolden, was in deme von den stetin dorumme wirt gewiset. Gescrebin am aschentage [1]406.

Ratmanne Dantzik.

704. *Reval [an Dorpat:] nach Mitteilung des deutschen Kaufmanns zu Nowgorod hat dieser den Deutschen die Ausfahrt verboten; bittet, im Fall einer Arrestirung des Kaufmanns bei Nowgorod um seine Freigebung anzuhalten, sowie Riga um Verhandlungen mit den angekündigten Nowgoroder Gesandten zu ersuchen. — [1406 Ende Februar]*[1].

Aus R StA Reval, Missivbuch 1384—1420 fol. 38. Hagedorn.

Ersamen grot myt aller behegheliycheit und wes wy gudes vormogen. Heren und leven vrende. Wilt weten, dat wy eynen breff entfengen des dinxtedages to vastelavende[2] to vesper van deme kopmanne to Naugarden, wû dat dar boeden injegeden[a] van Pleschow an sunte Scholastiken[3] und clageden [to][b] Naugarden in deme gemeynen dinghe, dat konink Villante myt groter macht were in erme lande[4] und berde und brende und hedde en twe slote affghewunnen und lege vor deme derden. Des weren dar vele Dutschen reyde, de ere gud uppe sleden gelecht hadden, de utvaren wolden. Des worden se ens in deme dinghe, dat se den vorboden, dat se neyner Dutschen gud utvaren mosten, und worpen dat gut weder van den sleden. Des gink de kopman vor den hertoghen und clagede eme dyt; des antworde he en, he wolde syk bespreken myt Groten Naugarden in deme ghemeynen dinge, wu se des dan ens worden, darna wolde he en antword geven. Und se bevruchten sik vor besettinge. Wes en to antworde wert, dat willen se utscriven mit den ersten, dat se mogen. Hirumme, heren und leven vrende, wert dat ju thydinghe worden, dat se den kopman beset hedden, dat gii mit juwer wisheit boden senden to Naugarden, de den kopman utvryeden, dat dat gut by sletwege utqueme, went wy nicht en weten, wu et up den somer stan wil, unde hir deme ghemeynen kopmanne macht ane licht. Ramet hir des besten ane, als wy wol weten, dat gii dat gherne doet. Item was dar en sedelken in den breff gesteken[c], dat de Naugarders ens worden in deme ghemeynen dinghe, dat se grote boden wolden senden an unsen heren den mester. Duncket juwer wisheit icht nutte wesen, den heren van der Rige to scrivende, mit den boeden to sprekende van des kopmans wegene to Naugarden, dar moge gy vor raden.

705. *Reval [an den livländischen Ordensmeister?:] nach einer Mitteilung des deutschen Kaufmanns zu Nowgorod ist dort den Deutschen die Ausfahrt aus der Stadt verwehrt; bittet deswegen, jetzt nichts gegen die Russen zu unternehmen. — [1406 Ende Februar.]*

a) *Fast ganz verblichen R.* b) *Fehlt R.* c) *Folgt ausgestrichen: dat se grote boden wolden senden an unsen heren den mester R.*

1) *S. n. 705.* 2) *Febr. 23.* 3) *Febr. 10.* 4) *1406 Febr. 8; Bonnell, Russisch-livländ. Chronographie S. 216.*

Aus R StA Reval, Missivbuch 1384—1420 fol. 35. Hagedorn.

Erwerdighe grote myt getruweme denste und wes wy gudes vormogen. Wetet, leve here, dat uns en breff is gekomen van deme Dutschen koepmanne to Naugarden, dat dar vele Dutschen weren reyde uttovaren, de er gut up sleden ghelecht hedden; des quemen de Pleschauvere und sanden dar boden und beden de Nauwerders umme hulpe. Des worden se ens in deme dinghe, dat se vorboden [den][a] vorlueden, dat se der Dutschen gud nycht utvoren en solden. Hirumme vruchte wy, dat se den Dutschen kopman besat hebben. Hirumme, leve here, so bidde wy ju umme unses vordenstes willen, dat gii geynen anevank den Russen en don, dat de kopman van Naugarden net myt syme gude ut moge komen, wente uns und deme meynen kopmanne dar grote macht ane licht, und latet uns dat vordeynen, war dat wy mogen. God van hemelrike beholde juwe mandycheit to langer tiit. Gescreven ...

706. *Dorpat an Reval: hat auf die Nachricht von Hzg. Witolds Einfall ins Gebiet von Pskow seine Boten nach Nowgorod und Pskow gesandt und von beiden die Zusicherung der fortdauernden Verkehrssicherheit erhalten. — 1406 März 1.*

Aus StA Reval; Or. m. Spur d. S. Höhlbaum.
Gedruckt: v. Bunge, Livl. U.B. 4 n. 1689, Napiersky, Russisch-livländ. Urkunden n. 158.

Den ersamen heren borgermeisteren unde rade der stad Revele, unsen besunderges leven vründen.

Unsen vrüntlikin grüt mit begeringe alles guden. Heren unde leven vründe. Juwen breff[1] inhol[d]ende, wo de copman to Nowgarde wesende juu breve hefft gesant, hebbe wii wol vürstan, unde des brevis gelilk entfinge wii oc enen des måndages to vastelavende[2]. Darumme wii juuer leve begeren to wetinde, dat wii mitten eersten, do wii de thidinge vornemen, dat hertoch Vitovd ingesprenget was in der Plescower land, sanden unse boden unde breve beide an Groten Nowgarde unde oc to Plescow, biddende, dat se den copman dar vorwarden na der crüskůssinge. Des sanden de van Plescow ere boden wadder[b] to uns, unde weren bi u[n]s des mandagis to vastelavende[2] unde hebben uns gelovet, dat se deme copmanne holden willin enen reynen wech aff unde to na der crüskůssinge. Desgelikis hebben de van Nowgarde uns ere breve gesant mit twen hangenden ingesegelen, den wii entfingen in deme dage, alze desse breff gescreven is; dar se uns dat sülve hebben inne toscreven unde gelovet, unde so wete wii nu van des copmans wegene anders nicht wenne gud. Jodoch hebbe wii deme rade to Rige unse breve gescreven unde beden, dat se mitten Russchesschen boden spreken willin, gicht se to Rige qwemen, als gi oc roren in juwem breve; unde wor wii vürdermeer den copman ane besorgen können unde sum besten ramen, dar wille wii gerne vlitich ane wesen, dat beste wii können; unde dangken juuer leve darvöre, dat gi sorchvoldich vor em siin unde dat gi uns deme thidinge hebben togescreven. Darmede siit dem aldergogisten bevolen sunt unde wolmogende to langen thiiden. Screven under unseme secret, des måndages na invocavit int jar 1406.

Borgermeistere unde raed der stad Darpte.

a) *Fehlt R.* b) *So.*

1) *n. 704.* 2) *Febr. 22.*

707. *Verhandlung des englischen Oberhauses über die Herausgabe der den Preussen und Hansen durch englische Unterthanen geraubten Güter. — 1406 März 3.*

Publ. Record Office London, Rotulus Parliam. 7/8 Henry IV.
Gedruckt: Rotuli Parliamentorum 3, 568, 10; wiederholt hier.

Item mesquardy le tierce jour de Marce le chanceller dEngleterre moustra as seignours, coment les ambassiatours du roy avoient este en Pruys et Hans et autres parties de par deles, pur traiter de paix et de concorde, et coment sur un certein appointement illoeqes fait proclamacion se ferroit, qe les lieges du roy, qavoient attemptez envers ceux de Pruce et de Hans, deussent faire restitution des ditz attemptatz.

Sur quoi accordez est par les ditz seignours, qe proclamacion soit fait par brief solonc le purport du dit appointement, come par lenrollement en la chauncellerie des ditz briefs et des autres severalx briefs directz as ditz lieges et autres et auxi de diverses commissions faitz as diverses persones celle partie y purra pluis pleinement apparoir[1].

708. *Die englischen Gesandten, Ritter Wilh. Esturmy und der Geistliche Joh. Kington, an Lübeck: sind von der Tagfahrt mit den hansischen Ratssendeboten in Dordrecht erst Febr. 18 nach England zurückgekehrt; vertagen wegen der Kürze der Zeit die für Mai 1 vereinbarten neuen Verhandlungen in Dordrecht bis August 1 und bitten um Bekanntmachung dieses Aufschubs[2]. — 1406 März 10. London.*

Gedruckt: aus der Abschr. im StA Reval v. Bunge 4 n. 1690, HR. 5 n. 318.

709. *Ritter Johann von Solms, Herr zu Ottenstein, an Köln: beklagt sich, dass sein Sohn in Münster erschlagen und die Aburteilung der verhafteten Übelthäter seitens Münsters verzögert ist; bittet, nach dem Vorgang anderer Hansestädte deswegen an Münster zu schreiben. — [1406][3] März 19. Ottenstein.*

Aus StA Köln, Hanse I n. 229; Or. m. Spuren d. S. Höhlbaum.

An de erbaren wijsen vromen bescheidenen heren, borgermester und rayd der stede van Colne, unse leven bijsunderen vrende, gescreven.

Unse bijsunderen vrentlijken grote myt al den gude, dat wij vermogen, tovoren gescreven. Wilt weten, leven bysunderen vrende, dat wij wal gehoppet hadden, alz wij noch doi, dat wij ewelijke myt u to Colne solden gewonet hebben als uwe gude getruwe medeborger, und wij nu ter tijt van nôt wegene heme theen mosten. Des bidde wij u to wetene, dat uns wal clegelijck ys bijsunderen tegen u und tegen alle stede und gude lude, wo jamerlijke dat uns Johan van der Wernach unse sone bynnen Munster affgeslagen ys, als gij wal vernomen hebbet, bynnen vreden und velycheden, de unse here van Munster und de stad van Munster to der tijt sunderlix gegeven hadden; und darup so bevet de stad de handedygers angegreppen und gevangen, alz bij namen Hermanne van Mervelde, Berndes sône, und Bernde den Drosten, Hermans sône, de wij vortijden er beyde gevangen hadden,

[1] *Nähere Angaben über diese verschiedenen königlichen Verordnungen giebt der englische Gesandtschaftsbericht von 1407, Hanseakten n. 316, § 10b—30r. 1406 Juni 4 setzt der König einen Spezialgerichtshof für alle in der Kanzlei einlaufenden Entschädigungsklagen ein; das. n. 297, vgl. n. 304.* [2] *In Folge wiederholter Vertagungen seitens der Engländer kommt die Tagfahrt erst Ende August des folgenden Jahres zu Stande. Die Korrespondenzen und Aktenstücke über diese Verschiebung s. Hanseakten n. 309—315, HR. 5 n. 343, 346, 349—351, 380 bis 382, 397, 426, 429.* [3] *Wegen des Datums s. Ficker, Münsterische Chroniken 1, 82.*

und uns und al de gene, de wij myt rechte verdegedingen mogen, verörvedet und verlovet hebbet und lijflijke over den billigen myt upgerichteden vingeren und myt gestaveden eden verzeckert und verzworen hebbet, als de orvedebreve uytwijset, der wij u uytscrifft zendet myt dessen breve. Und boven desse örvede und verlofnisse und bynnen den sunderlix vreden und veilijcheden unses heren und der stat van Munster vorscreven hebben se uns unsen zöne affgeslagen, dat wij ock an de stad van Munster gescreven hebbet und der dat willijck und kundich gedan hebbet, und anders vele guden luden und steden; und als uns dünket, so wert dat gerichte myt vorzate vertrechet, dar de stad van Munster yune bedacht wert und ock in verdreet darumme komen mach, went de stede van Dorpmünde, van Soest, van Osenbrugge und van Deventer, als uns ys verstän don, an de stad van Munster gescreven hebbet und gewarnet, yn welker wijs dat se richten wolden, offte dat geschên were yn erre vryheit und vreden und veilijcheiden. Worumme, leven getruwen, wij u biddende sint und des van u begeren, dat gij ock willen scryven an de stad van Munster, offte sodane geschicht were geschen bynnen Colne, wat gerichte u dan vogede darumme to done, und ock up dat gij se darmede warnen und underrichten, als ock de vorscreven stede und ander stede van den Hensen gedan hebbet, als uns ijs verstan dôn, up dat se ock in nyen ander merre verdreet en komen, dat uns leet were, und bewijset uns hijr willen mede und latet uns dat alle tijt verdienen myt unsen denste. Gescreven ton Ottensteene des vrygdages na sunte Gertrude dage, under unsen ingesegele.

Johan van Solmisse, here ton Ottensteene, ritter.

710. *Elbing an Reval: beurkundet die eidliche Aussage des Elbinger Bürgermeisters Joh. von Thorun, dass der Vorzeiger Heinr. von der Lynde, Bürger von Elbing, ihm im Sommer 1404 für 1500 M. preuss. Hopfen abgekauft hat, wovon die Hälfte dem Kaufmann Hinr. vom Dale zukommen sollte und wofür beide Gesammtbürgschaft übernommen haben; bittet, da H. v. d. Lynde den Hopfen bezahlt hat, während H. vom Dale sich zurückgezogen hat und sich in Reval aufhält, den letzteren zur Erfüllung seiner Verpflichtungen gegen Lynde zu veranlassen. — 1406 März 24* (up unser vrûwen avend annunciacionis).

StA Reval; Or. m. Spur d. S.

711. *Münster an Köln: dankt für die Mittheilung eines Schreibens des Herrn Johann von Solms [n. 709], hat bis jetzt aber noch keine Zuschriften in dieser Sache erhalten. — [1406] Apr. 4.*

Aus StA Köln, Hanse I n. 230; Or. m. Stücken d. S. Höhlbaum.

Ersamen vrômen wisen luden, borgermesteren unde rade der êrwerdiger stat Colne, unsen bisunderen guden gönren und vrenden, g(escreven).

Unsen dênst unde grote vrentliken tovôren. Ersame bisunderen leve vrende. Uwe breve uns gûtlike gescreven mit copien eyns breves van den edelen hern Johanne van Zolmisse, heren to Ottensteyne, an u gezant hebbe wi entfangen und wal verstân. Unde danken ûwer leve des gûnsten, den gi uns daran hebben bewiset, unde bidden oick ûwe leve to weitene, dat uns noch to tiden van nynen steden bi uns belegen noch van der Hanze breve gekomen sint van der geschicht gerôrt in breven hern Johans vorgenant. Dôch de selve geschicht is uns zo hô anliggende, dat wi meynen, darto rayd unde gedünken unser vrende to vorsôkene, der wi uns noch tor tijd nicht bekomen künden; unde vort als wi uns dem kunnen bekomen, dat heste to pröverne na allen unzen besten zinnen. God si mit u, unde gebedet to uns. Gescreven üp den sünnendach der palmen, under unsen secreto.

Borgermestere unde rayd der stat Munstere.

712. *Der deutsche Kaufmann zu Brügge an den Hochmeister (und ebenso an Lübeck): übersendet ein ihm ebenfalls zugegangenes Schreiben der englischen Gesandten betreffs Verlegung der Dordrechter Tagfahrt (n. 708); hört von Verletzung der hansischen Privilegien in England und bittet, auf das Wohl der gemeinen Städte und des hansischen Kaufmanns bedacht zu sein. — 1406 Apr. 6.*

StsA Königsberg; Or. m. Spuren der 3 S.
Gedruckt: HR. 5 n. 313. Die Ausfertigung an Lübeck verz. das. n. 314, vgl. n. 315.

713. *Reval an Nowgorod: bittet wegen der Arrestierung von deutschem Gut in Pskow um urkundliche Zusicherung von Geleit für die Sommergäste bis Sept. 29. — 1406 nach Apr. 11.*

Aus R StA Reval, Missivbuch 1384—1420 fol. 27b. Versus Naugarden. Hagedorn.

Wii borgermestere und radmanne der stad Revalle don groten den ertzebiscop to Naugarden und den borchgreven und den hertogen und de olderlude an viff enden van Naugarden. Wetet, gy heren und leven vrunde, dat de Pleschauwere hadden deme copmanne syn gud bekummert to Pleschauwe, alze gy wol vornomen hebben. Hirumme so besorget sik de somergast und dar nycht to ju varen to der Nüe eder to lande, gy ene willen den somergast veligen, vrii aff und to to komende tusschen hir und sunte Mychels dage, alze de van der Ryge, de van Darpte und de van Revalle und de overzesschen geste, den uppe beyden hoven boret to stande; und weret, dat unse brode[re][a] ere copenscop in der Nu to der Yngern don wolden, dat gy dan mit juwen broderen spreken, dat se dar entkegen qwemen und dar ere copenschop deden, alzet van oldinges wol een sede is gewesen. Item off de vrede myt deme mestere upghesecht worde, so sal de copman, off en her an der enen syden lege und dat ander her an der anderen syden, dar solde de copman enen veligen vrien wech dor hebben, alse de krusekussynge utwiset. Und hir begheren wy enes breves, den de byschop und de borchgreve und de hertoghe und de olderlude an vyff enden van Naugarden besegelt hedden. Scriptum anno 1406[b] post pascha.

714. *[Reval an den deutschen Kaufmann zu Nowgorod:] empfiehlt den Überbringer des vorstehenden Schreibens. — [1406 nach Apr. 11.]*

Aus StA Reval, Missivbuch 1384—1420 fol. 31b. Hagedorn.

Vruntlike grote mit aller behegheliched vorghescreven. Leven vrunde. Willet weten, dat wy enes breves vorramet hebben an de heren van Naugarden umme des copmans beste und hebben den breff Bernt Lemeghouwen medeghedan. Hiirumme bidde wy ju, leven vrunde, dat gy eme behulplych syn, war he juwer to bedarff, unde kumet eme ok to hulpe to syner teryngen. Unde de breff lut van worden to worden aldus: *[Folgt n. 713 bis zu den Worten:* Item off de vrede myt deme mestere upghesecht worde*]*.

a) brode R. b) [illegible]

715. *Depotschein des Revaler Bürgers Arnd Saffenberch über 5 Tonnen Häring und 12½ M. Rig., die ihm vom Schiffer Tidem. Kule in Verwahr gegeben sind. — 1406 Apr. 16. Reval.*

Aus StA Reval; Or., am unteren Rande gezahnt, m. untergedr. S.

Wytlik sy alle den ghenen, de desse schrifft seen eder horen lesen, dat ich Arnd Saffenberch hebbe untfangen van schepphere Tideman Kulen 12½ m. Rigbes und 5 tunnen heringhes, de sint gemerket mit dessen merke aldus , und desses heringhes hadde gewesen to hope 20 tunnen, und weren em ingheschepped up Schonen und en weet nicht, weme se thohoren. Aldus vorcofte he des 15 tunnen, dar nam he af sin vrucht und ander ungelt, dat he darvor ut hadde gegeven, und elke tunne hadde he gegeven vor 1 m. Riges. Aldus hevet he under my ghelecht de 12½ m. und 5 tunnen heringes to truwer hant to des ghenen behoeff, de dar recht to hevet und alsulke bewisinge brenget, dat em de herink tohoret. To ener mere betuchnisse und witlicheyt, dat ich dit untfangen hebbe van schipper Kulen vorscreven, so is dat witlik schepphere Arnd van Hasselt und schepper Clads Molner. Des hebbe ich Arnd Saffenberch myn inghesegele achter an dessen bref gedrukket und 2 sedele gemaket, de een ut den anderen ghesneden, de ene hevet Tideman Kule und de ander hebbe ich, und we desse sedele brenghet und recht to dem heringhe hevet, den sal men gelt und herink antwarden. Dit was gedan int jar uns Herren 1400 und 6 jar des ersten vrydages na paschen tho Revele.

716. *Der deutsche Kaufmann zu Nowgorod an Reval: berichtet, dass die Nowgoroder den deutschen Kaufleuten vorläufig die Ausfahrt aus der Stadt verwehren. — 1406 Apr. 24.*

Aus StA Reval; Or. m. Rest d. S. Höhlbaum.
Gedruckt: v. Bunge, Livl. U.B. 4 n. 1682.

Den erwerdighen borghermesteren unde råd to Revel, unsen leven vrunden, kome desse bref.

Unsen vruntliken grote myd leifliker gunst. Besunderliken leven vrunde. Ju geleve to wetende, dat wy alles dinges rede weren to der Nû ward to varende unde wolden vord to der Narwe, wente wy uns bevruchteden vor de Plescowers, unde gescepet hadden unse gûd in 3 jumen. Des wetet, leven vrunde, dat de Nougarden leten dorch dat market ropen in 3 daghen, dat neymant solde uns van hir voren, des ersten daghes by 5 stukken, des anderen by 10, des derden daghes by 20 stukken sulvers unde by der stopen. Des were wy vake unde vele vor dem borchgreven unde hertegen unde vragheden, warumme dat se uns aldus hir helden. Des antworden se uns, dat se bevruchteden sik, dat ere brodere to Darpte besâd syn, unde seggeden uns mûntlyken, dat wy nerne solden varen, se en hedden ere brodere to hûs. Hirumme, leven vrunde, so weset hyran vorseyn unde provet unse beste. Gegeven under sunte Peters secrete, in sunte Marcus avende int jar Christi 1406.

Olderlude unde wysesten des Dûschen kopmans to Nougarden.

717. *Wilhelm Holgrym aus England [an Hochmeister Konrad von Jungingen:] klagt, dass die [preussischen] Städte zwei Terlinge [englischen] Tuch, welche er einem Danziger Bürger auf Schonen verkauft hatte, konfisziert haben; bittet um Freigebung der Ware. — [1406 April.]*

Aus StA Thorn n. [illegible]; gleichz. Abschr. Hagedorn.

Erwirdiger herre, grosmechtiger lieber gnediger vorste. Ich tu euweren gnaden tzu wissen, wie das ich habe gekouffslaget mit euwer burgere eimen czu Danczke, der heisset Nicolaus Senftop, also das ich im einen terling gewandes an ware czu Schone vorkoufte mit sulchen vorworten: wurde im das gewand genomen, das ich den schaden sulde tragen, nicht her. Vortmer, gnediger herre, yn der selbigen flucht koufslagte ich ouch mit andern euwern burgern von Danczk, und als mir geldes gebrach, bat ich Nicolaum Senftop eren, das her den erbaren luten mit mir gelobte und ouch mit mir vorsigelte, den hering den ich von in koufte, uff wynachten [1] tzu betzalen. Das tet her durch myner bete willen; dy beczalunge liff uff 154 mark. Das gelt betzalete Nicolaus den egenen burgern uff dy wynachten [1] czu gnüge und loszete dye briewe, dy wir beide in vorsiegelt hatten. Gnediger herre, uff das her den burgern muchte betzalen, do tet ich im einen andern terling gewandes von Schonr mit im ken Danczke zcu füren, der was myn, vor den ich ouch gelobet habe in schadelos tzu halden; und als ich nu acht tage vor ostern [2] tzu Danczke ynqwam und myn Nicolaus Senftop gewar wart, do sagte her mir, das im de stete beide terlinge gewandes haben genomen [3], und vordert sienen schaden an mir. Worumbe, lieber gnediger herre, sint dem mole, das ich tzu Engellandt by allen euweren sendeboten alle wege das beste habe gethan und alle wege noch vorwert gerne thuen wil, das euwern gnaden Johan Gödeke der burgermeister wol sagen wirt, bitte ich euwer hochwirdige gnade demüticlichin, das ir mich in deme schaden nicht en lasset, sunder mir lasset myn gut volgen und lasset mich armen man also nicht vorterben und gebet mir eyne gnedege antwert, do wil ich gerne noch bethen.

By mir Wilhelm Holgrym Engelisschen.

718. *Bernd Lemgow an Reval: berichtet über seine bis jetzt unentschiedenen Verhandlungen mit Nowgorod. — 1406 Mai 11. Nowgorod.*

Aus StA Reval; Or. m. Spur d. S. Höhlbaum.
Gedruckt: v. Bunge, Livl. U.B. 4 n. 1695. Verz.: Napiersky, Russisch-livländ. Urkunden n. 159.

Den erwerdyghen borgermeistern unde râd der stâd to Revel myd werdicheyt kome desse breef.

Vruntliken grot unde wes ik to allen tiden gudes vormach. Ju geleve to wetende: den ersten dages, do ik qwam to Noûgarden, do gink ik to dem biscope unde borghgreven, hertegen unde to vyf olderluden van vyf enden, unde sede en, dat ik eynen bref hedde, den se hebben solden. Des qwemen se des anderen morgens to hope up des biscopes hof; dar antworde ik en den bref; den tolkede Diderik Stekemes rechtlyken, dar was ik by. Des geven se my to antworde, dat se sik bespreken wolden myd Grote Nougarden unde wolden my dan eyn antworde geven. Darna, do ik vor en qwam, do welden se my eynen bref beseghelen na erem wyllen, de sik nenerleye wys droch na ûtwysinghe juwes breves, unde ok dat se nenen bref wolden beseghelen up sunte Micheles dach [4] anders den na ûtwysinghe der cruskussinghe velich af unde to to varende. Den bref wolde ik van en untfangen hebben. Des anderen dages, do ik den bref untfân solde, do leden [se] my vore, dat se in den bref wolden mede scriven, dat ere brodere solden velich af unde to varen dorgelyk in unsem lande, id velle wo id velle, unde leden my alle daghe nye pûnte vore, dessen vorgescreven pûnten gelyk, wan se den bref beseghelen solden. Myd sodanen dinghen so hebben se my getogerd van dage to dage bed an dessen

[1]) *[1405] Dez. 25.* [2]) *[1406] Apr. 4.* [3]) *S. den preussischen Recess von 1406 Febr. 14; HR. 5 n. 303. 1.* [4]) *Sept. 29. S. oben n. 713.*

dach, unde seden my noch an demsen dage, dat ik mich wech rede; se wolden ene my noch besegelen. Is dat he besegelt werd, so wyl ik en ju myd den ersten senden, als ik mach. Unde se vorwunderden sik sere, wat ju de bref solde, wente gi hedden eynen veligen wech na der crusekussinghe, unde dar mochte gi noch velich up komen unde varen, wente se meynden, dat se nû gebroken were. Blivet gesunt. Gescreven in dem hove to Nougarden, int jar Christi 1406 des dingesdages na sunte Johans dage vor der gulden porten. Bernt Lemgow, juwe dener.

719. *Der deutsche Kaufmann zu Brügge an Reval: übersendet die Aussage des hansischen Kaufmanns Wolter Overinck über seine geschäftlichen Beziehungen zu dem Revaler Bürger Reinh. Rijke. — 1406 Mai 13.*

Aus StA Reval; Or. m. Spuren d. 3 S. Höhlbaum.
Gedruckt: v. Bunge, Livl. U.B. 4 n. 1696.

Honorabilibus industriosisque viris, dominis proconsulibus et consulibus civitatis Revele, amicis nostris sincere preamandis, littera presentetur.

Vrentlike groyte unde wat wij guedes vermogen tovoren. Heren unde gueden vrende. Juwer wijsheit gelieve to wetene, wu dat Wolter Ovinck, coepman van der Duytschen Hanze, vor uns ys gekomen toghende eynen breyff, den em Reinhard Rijke, juwe borger, gesant hadde, daerynne he em screeff, dat em to Revele solde overgeseecht wesen, dat he Wolter vorscreven solde gesant hebben rogghen in alsulker mate, dat dat gheld daervan gekomen bijr in Vlanderen solde gebleven hebben, unde dat Reynhard vorscreven em solde willen nagevolget hebben; unde des so begherde Reynhard vorscreven an Wolter Ovinck, dat he den kennisse oversenden wolde, in wat mate dat he em dat gheld van den rogghen vorscreven gekomen an solte wedder gesant hadde, alse de vorscreven Reynhard Wolter gescreven hadde. Daerup dat uns de vorscreven Wolter twee andere breyve toghede, daerynne dat de vorscreven Reynhard an Wolter gescreven hadde, dat he Reynharde dat vorscreven gheld solde bewerwet hebben an solte unde em gesant met den irsten schepen, de to Revele wart solden gezeghelt hebben, up dat em dat vor wynter wedder gekomen hedde. Unde hijrto so was Wolter vorscreven vulbodich zijn recht to doene, dat desse vorscrevene dinghe in der warheit aldus weren, unde ock dat he van Reynharde alse van dessen dinghen anders gheene breyve dan de vornomden untfangen en hedde. Waerumme wij ju heren desse witlicheit ter begherte Wolters vorscreven overscriven, begerende van juwer vorsenicheit, dat gi Reynharde vorscreven hijrvan unschuldigen willen unde verantworden, war gi konnen unde em to doene ys. God unse here moete ju alle tijt bewaeren in zielen unde in lyve. Ghescreven under unsen ingezeghelen, up den 13. dach in Mey int jaer 1406.

By den alderluden des gemeynen copmans van der Duytschen Hanse nû to Brugge in Vlanderen wesende.

720. *Der deutsche Kaufmann zu Brügge an Dortmund: hat sich wegen der angeblichen Forderung des Rotger van Witten gegen den deutschen Kaufmann zu Nowgorod an Dorpat gewandt und zur Antwort erhalten, dass das Nowgorader Kontor keinen begründeten Anspruch Rotgers kennt; ersucht, den Rotger zur Aufgabe seiner Forderung oder zu deren näherer Specificirung zu veranlassen. — 1406 Mai 19.*

Aus StA Dortmund; Or. m. 3 S., das Papier durch Feuchtigkeit zum Teil zerstört. Auf der Rückseite: Olderlude to Brucge.

Honorabilibus circumspectisque viris, dominis proconsulibus et consulibus civitatis Tremoniensis, amicis nostris sincere preamandis, littera presentetur.

Vrentlike groyte unde wat wij gudes vermoegen tovoren. Heren unde guden vrende. Juwer vorsenicheit [mac]h wal gedencken, wu dat gi uns tot anderen tijden gescreven hebben van Rotgher van Witten, de ju gesecht hevet, dat em de we[erde van . .]ª 16 Rijnschen guldenen van dem coepmanne to Nogarden solden wesen genoemen, met meer worden in juwen breyve begrepen. Waer]umme ª dat wij ter begherte van ju na ynnehaldene juwes breyffs vort an den raed to Darpte overscreven, beg[erende van em, dat]ª se dat met dem coepmanne to Nogarden also verwaeren wolden, dat Rotgher vorseid alse velle, alse rede[like dårynne were,]ª weddervaren mochte; darup dat uns de vorseide raed van Darpte wedder eynen breyff gescreven hevet, dåry[nne se uns]ª scri[ven], dat se dårvan dem coepmanne to Nogarden screven, dat se overseyn solden [unde v]ervarenª, wu dat id umme desse sake gelegen were. Des hevet de coepman to Nogarden wedder gescreven an den raed to Darpte, alse se uns scriven, dat se hebben [o]verseyn des coepmans denckeboecke to Nogarden unde en vinden dårvan nerghent bescreven, dat Rotgher vornoemd genoemen offt bekummert zij up eynen pennyncgh, unde ock nymande van den coepluden des gedencket, dat id dår gescheen zij. Men somigen coepluden wol gedencket, dat in tijden vorleden, alse Rotgher vorseid was to Nogarden, dat dår eyn ander met em was geheyten Diderick van Ascheroede, unde dem wårt dat sijne daer met rechte bekummert, doch wårt id em umme bede unde vrentschap willen wedder gegeven[1]; unde Rotgher vorseid up de tijt nicht en claghede noch to kennene gaff, dat he dår icht medde hadde, want, alse wij verstaen, hadde he dår icht medde gehat unde dat dem coepmanne kentlick gemaket hedde, de coepman hedde em dat vrentlike unde gherne wedder geleveriert, want alle gude lude, riddere unde knechte, wandeleers dem coepmanne to Nogarden wellekome sijn, unde em eere unde vrentschap bewisen, war se konnen unde mogen, gelijck alse se Rotgher vorseid up de tijt deden, alse wij verstaen hebben. Hijrumme so duncket dem raede to Darpte unde uns, dat sick Rouber vorseid hijr enboven billeest met reden unde beschede dårvan nicht beclagen en solde. Waerumme, heren unde leyven vrende, wij van juwer vorsenigher wijsheit seer vrentlike begerende zijn, dat gi Rotgher vorsrid also vrentlike underwisen willen, dat he dem coepmanne hijr enboven gheen vorder krot unde hinder to en drive, men des coepmans vrend wesen wille unde enne vorderen. Unde wert och sake, dat gi enne also nicht underwisen en konden, dat gi dan vorder verlasten unde vorvaren, wat em genoemen zij unde waraue, id zij in have edder in anderen gude, unde we de coeplude up de tijt to Nogarden weren, de em dat sullen genoemen hebben; unde konde gi dan proeven, dat id anders nicht en zij dan eyn upsat unde sokeschult, dat gi enne dan dårynne berichten, dat he dem coepmanne unchemakes verdreghe unde boven lijck unde recht nicht en beswêre, hijrynne by juwer wijsheit also velle doende to des coepmans besten, alse wij ju wol tobetruwen. Unde des begbere wij juwer guder antworde uns wedder over to scrivene met dem irsten. God unse here moete ju alle tijt bewaeren in sielen unde in lyve. Ghescreven under unsen ingezeghelen, upten 19. dach in Meye int jår 1406.

By den alderluden des gemeynen coepmans van der Duytschen Hanze, nû to Brucge in Vlanderen wesende.

a) [illegible]

[1]) S. n. 233, bez. HR. 4 n. 351.

721. *Joh. Rassenberch bekennt sich gegen Heinr. Ghyse zu einer Schuld von 43 M. für Malz, das für Gefahr des Verkäufers* (pro piratis, qui illud forte capere possent in via) *nach Bergen verschifft werden soll, zahlbar nächsten Dec. 25, falls das Schiff am Bestimmungsort ankommt. — 1406 Mai 20.*

StA Lübeck, Eintragung im Niederstadtbuch zu 1406 memm. Dom.
Gedruckt: Lüb. U.B. 5 n. 144.

722. *Ordonnanz des deutschen Kaufmanns zu Brügge über Weinausfuhr nach Livland sowie über Einkauf und Faltung der Tuche. — 1406 Juni 5.*

Aus L StA Lübeck, flandrischer Kopiar n. 6 S. 29; Abschr. vom 1. Drittel des 15. Jh. Koppmann.
StA Köln, hansische Kopiare A fol. 164, H fol. 151.

[1.] Int jar 1400 qwamen den alderluden des gemeynen coepmans van der Duytschen Hanse ter kennisse van den Lijfflandesschen steden by eren sendeboden, de uppe de tijt hijr in Vlanderen weren, wu dat sich de Russen beclagende weren, dat de vate, de enighe coeplude van der vorseiden Hanze daer int land brachten van soeten wijne, de welke de Russen pleghen to kopene, up de tijt nicht also groet bevonden en worden, alse se in vortijden plagben to zijne; unde ock, dat de wijne vorseit nicht also rechtverdich bevonden worden, alse se van rechte schuldich solden zijn. Unde de selven sendeboden begherden uten namen der vorseiden stede van Lijfflande van den alderluden vorsereven, dat se darup wolden vorseyn wesen, dat dat mochte gebetert werden. Waerumme de vorseiden alderlude int jar vorseit upten 5. dach in Junio deden vorgadderen den gemeynen coepman vorseit, dar de alderlude overdrogen met den 18 mans unde overluden, dat gheen coepman van der vorseiden Hanze alsodane wijne, alse vorseit ys, in Lijfflande senden sal dan in boeten offt vaten, de also groet zijn, alse se in vortijden plagben te zijne; unde de wijne also rechtverdich, alse se schuldich zijn to wesene. Welk coepman van der vorseiden Hanze, de hijr jeghens dede, alse de mynre boete offt vate koffte offt maken dede unde de wijne veranderde, anders dan se schuldich zijn to wesene, de solde verbuert hebben jeghens den coepman vorseit eyne marck goldes, also dicke alse he dat dede; unde darto en solde de nummermeer also guet man na geholden zijn, alse he tovoren was.

[2.] Item umme dat de vorseiden sendeboden ock den alderluden to kennen geven[a], wu dat sich de Russen zeer beclagende weren van den lakenen, de in Lijfflande gebraecht[b] worden, dat se zeer te kort helden, so wart alsdusdane ordinancie hijr navolgende, to anderen tijden by den coepmanne geordiniert[1], by den vorseiden alderluden, 18 mans unde overluden up de vorseide tijt geconfirmeert:

[1.] Int irste, dat neghen coepman van der vorseiden Hanze enighe lakene sal kopen offt doen kopen in gheenre stede, he en sulle se doen striken, er he se untfange, up de boete van 10 s.[c] gr. van elken lakene, dat he ungestreken untfenge.

[2.] Vort welk laken boven dre quartijr[d] te kort vallet, dat en sal he nicht untfaen, ock up de boete van 10 s.[c] gr. van elken lakene. Men[e] welk coepman de lakene gekofft hedde, de to kort helden, de mach de lakene selven doen an den raemen slaen; unde wert dat se dan noch te kort vellen boven dre quartijr, so en sal men de lakene nicht

a) [illegible] L. b) [illegible] L. c) vif s. in der Ordonnanz von 1375. d) [illegible] e) [illegible]

1) *Ordonnanz von 1375 Sept. 8, Bd. 4 n. 510 bes. HR. 2 n. 97, 3—6.*

oestwart senden; men qwemen se up de langhede, alse vorseit ys, so mach men se oversenden.

[3.] Vort so en sal men gheene lakene anders volden noch doen volden, dan id gewontlich ys, men se sullen beholden ere rechte volden der stede, dar se yane gemaket zijn, up de boete van 10 s.[a] gr. van elken lakene, unde des nicht to latene.

[4.] Item so en sal gheen coepman vorseit enighe gezegheide off geloyde lakene kopen off doen kopen, de dwernade hebben, up de boete ock van 10 s.[a] gr. van elken lakene.

723. *Riga an Dortmund: nach Aussage von Arnd Schele hat der Rigaer Bürger Godschalk Sthalbitere die Entscheidung seiner mit dem Dortmunder Bürger Konr. Berswörd schwebenden Sache der Stadt Riga übertragen; bittet, dass Konrad, wenn er damit einverstanden ist, zu Jakobi übers Jahr[1] nach Riga kommen oder einen Bevollmächtigten senden möge, da Godschalk dort nicht eher sein kann. — 1406 Juni 6* (in die s. trinitatis).

StA Dortmund; Or. m. Rest d. S. S. n. 687.

724. *[Hzg. Wilhelm von Baiern, Graf von Holland.] überträgt dem Pieter Dyrexsoen die Vogtei der Zierikseer Fitte auf Schonen bis zum Widerruf seitens des zeitigen Inhabers. — [1406] Juni 14.*

Aus RA Haag, Memoriale BH cas. R fol. 76. Die voechdie van Schoenrelant.

Item upten 14. dach in Junio beval mijn heere mit sinen brieven Pieter Dyrexsoen van Zerisee die voechdie up Schoenrelant van mijns heren vitten van Zeerise te bedriven ende te bewaren tot mijns heren ere ende oirbair, als een voecht schuldich is te doen, dair bij him in machtichde, alle recht ende sake te bedriven ende te bewaren, als custumelic geweest heeft ende noch is tusschen ende over alle die ghene, die in die voirseide vitte behoeren te wesen off die tot gheenre sekere vitten en behoren ende dairin wesen willen. Ende ombode ende beval allen den ghenen, die in die voirseide vitten behoeren etc., duerende tot Ghijsbijns van den Hoirne wederseggen, die mijn heere hertog Allbrecht saliger gedachten die selve voechdie gegheven heeft sijn leven lang ende mijn heere geconfirmeert heeft.

725. *[Entwurf zu einer] Urkunde des livländischen Ordensmeisters und der Stadt Riga über einen Handelsvertrag Rigas mit Grossfürst Witold von Litauen, der Stadt Polozk und den litauischen Kaufleuten. — [1406 vor Juli 2.]*

Aus R StA Riga; Entw. Das. auch die Reinschrift und der Entwurf der Gegenurkunde Witolds. Mitgeteilt von Hn. Stadtarchivar Dr. Schwartz.

Gedruckt: Napiersky, Russisch-livl. Urkunden n. 161, v. Bunge, Livl. U.B. 6 n. 2966.

In Godes namen amen. Wy Conrad Vitinchove, meister[b] Dutsches ordens to Liflande, borghemesters, ratmanne unde ghemeinheit der stat Ryghe don witlick allen luden, de dessen breef seen, horen edder lesen, dat wy myt ghanser endracht hebben ghemaket, ghesettet unde gheramet in vruntschop stucke unde sake tüschen der stad tho Ryghe unde deme ghemenen Dutschen copmanne an ener sit unde deme dorchluchtighem heren, hern Allexandere anders ghebeyten Vitowte, herthoghen unde grotvorsten to Lettowen, den Ploskowern unde deme ghemenen copmanne in deme ryke to Lettowen beseten upp de andren sit, to holdene in desser naghescreven wise:

a) vif s. 1872. b) meister R.

[1]) 1407 Juli 25.

[1.] Int erste so schal de copman an beider siit ene deme andren lick unde recht don an copenschopp unde an allen copliken saken sunder jenygerleie argheliist.

[2.] Item so schole wy den Ploskoweschen copman unde alle coplude ut dem rike to Lettouwen kopslaghen laten to Ryghe myt ghesten unde myt borgheren in dat ghemeine in allerleie copenschopp, dat sii lutick edder grot, nichtesicht utghenomen[a], sunder alle argheliist. Desghelick schal men deme ghemenen Dutschen copmanne weder don unde steden eme tho copslagende binnen Ploskowe sunder alle argheliist, et sii clene efte grot, luttick edder vele, nach utwisunghen der hoftbrive des ewighen fredes unde eyntracht; doch[b] der stede Ryghe aller desser sake alden priveleighen ungbeerghet beholden unde ghebleven.

[3.] Item schole wy den Ploskowerschen copman unde dem andren copman ut den Littouweschen ryke verheghen lick deme Dutschen copman, recht to richten unde recht don in allen saken; desghelikens schal men deme Dutschen copmanne wedder don sunder alle argheliist to Ploskow unde to Ryghe.

[4.] Item wer, dat jenich Russe edder ander copman ut der stat Ploskow to Ryghe breke, den schal men to Ploskow senden unde dar schal men en na deme rechte richten. Breke ock jenich Dutsche van Ryghe to Ploskow, den schal men to Ryghe senden unde dar na dem rechte richten, nach utwisunghe der breve.

[5.] Item de Ploskowsche waswicht schal an dem schippunde ein half lispund swarer wesen dan de waswicht an deme schippunde is to Ryghe.

[6.] Item de soltpunder schal to Ploskow wesen lick deme soltpundere to der Ryghe.

[7.] Item wert sake, dat tho Ploskow jenyghe wicht nicht rechtverdich en were, de schal men nadersenden to der Ryghe, dar de recht to makende, alzo van aldinghes es ghewesen.

[8.] Item de sulverwicht schal wesen to Ryghe an enen stucke sulvers ½ soltstich swarer dan to Ploskowe. Unde de wegher scholen dat cruse cussen, dat se rechte wegen unde scholen weghen an beiden siiden in allen wichten, sunder alle argheliist. Unde van der wicht schal de wegher nemen, alzo van olders es ghewesen, beide to Ryghe unde tho Ploskow.

[9.] Item weret ock, dat jenyghe twedracht, kiif edder schelunghe oppstunde tuschen deme dorchluchtighen heren Allexanderen anders gheheyten Vitowte, grotevorsten to Lettouwen, unde usm Konrade, meistere Dutsches ordens to Liflande vorghenomet, nakomelinghen, landen edder undersaten to beiden siiden, darmede schal de copman sin unvorworren, unde de copman van beiden siiden schal lifes unde gudes velich unde in vreden bliven unbeschadet, alzo dat he sin gud schal unde mach vorren unde brenghen unde schal sulven unde wan he wel ryden, varen efte ghan, war eme des bedarf unde not es, sunder jenygherhande toghevenghe edder hindernisse an beyden parten, sunder jenygherleyghe argheliist, et sii an weghen edder an steden, op watere edder opp lande.

[10.][c] Item weret, dat de Dutsche copman met sinen gude van Ploskow edder war he anders in deme ryke to Lettowen were, nicht dael varen mochte ofte ene kunde van wedders edder van boses[d] weghen weghen, so schal de copman met syme gude vry unde unbeschadighet bliven, war he is, bit der tiit, dat deme copmanne wol stadet aftovaren. Desghelikes sollen de Ploskouwere unde ander coplude ut deme ryke to Lettouwen to Ryghe weder hebben.

[11.] Item eft jenygherleyghe twidracht umme jenygherleyghe dinch myt ymande opstunde, so schal sick de sakewolde met deme sakewolden bewerren unde entrichten met rechte, unde nymands sost sal sich doryn werren.

a) [illegible] R. b) Am Rande: [illegible] R. c) Dieser Paragraph durchstrichen R. d) [illegible] R.

726. *Grossfürst Witold von Litauen beurkundet einen von ihm vermittelten Handelsvertrag zwischen Riga und Polozk. — 1406 Juli 2. Kauen.*

A.

Aus R StA Riga; gleichz. Abschr. a. Perg. Mitgetheilt von Hn. Stadtarchivar Dr. Schwartz.

B.

Aus R 1 Das.; gleichz. niederdeutsch. Übersetzung a. Perg., mit dem Datum Juni 30. Mitgetheilt von Hn. Stadtarchivar Dr. Schwartz.

R 2 Das., 2 notarielle Transsumpte von 1412 Mai 10, hochdeutsch. Übertragung, datiert Juni 30. (S. v. Bunge 4 Reg. n. 1893.)

Das., Transsumpt des Erzb. Henning von Riga von 1438 Sept. 13, notariell beglaubigt.

Das., Or.-Transsumpt des Erzb. Henning von Riga von 1447 Apr. 13.

Gedruckt: aus R 1 und R Napiersky, Russisch-livländ. Urkunden n. 160, v. Bunge, Livl. U.B. 6 n. 2967; aus R 2 v. Bunge 4 n. 1701.

A.

Allexander alias Vitouwtus magnus princeps Lytwanye et Russie notum facimus et recognoscimus per presentes evidenter omnibus eas visuris, lecturis seu audituris, quod nos inter civitatem nostram Ploskoviensem ab una et civitatem Rigensem partibus ex altera, qui inter se pro quibusdam causis lites et controversias habuerunt, talem, ut sequitur infra, composicionem amicabilem posuimus et fecimus conscriptam:

[1.] In primis, quod Ploskovienses versus Rigam et Rigenses versus Ploskoviam liberi possint ambulare et sine impedimento, nullo eorum excepto, libere vendere ac emere ibidem; sic tamen, quod Ploskovienses in Riga et in Ploskovia Rigenses nullam parvam mercanciam, que plockunghe dicitur, debent habere; sed sicud Ploskovienses in Ploskovia et Rigenses in Riga erunt quoad facere et ordinare, vel sicud inter se dehinc possint concordare.

[2.] Etiam possunt Ploskovienses ante Rigam in terram et e converso Rigenses ante Ploskoviam in nostram terram, ubicunque voluerint, secure ab utrisque partibus per aquam aut per terram ambulare, nisi aut nos aut nostri successores, domini Ploskovienses, vel[a] Rigenses in Riga quandam deposicionem ordinaverint, que ab utrisque partibus servari debet, quemadmodum fuerit ordinata.

[3.] Specialiter Ploskovienses et Rigenses inter se mutuo defendere, tueri

B.

Allexander anders Wythowd van Godes ghnaden grotefórste to Lettowen unde tho Russen etc. Wy don tho weten unde bekennen openbár an dessem breve allen den, de en sên edder hôren lesen, dat wy tusschen der unser stad Ploskow an ener syde unde der stad Rige an der andern syde, de ûm etlike saken krych unde twydracht under sik ghehat hebben, sulke vruntlike enicheit ghemaket unde ghemaket hebben, alse hir steit nagescreven:

[1.] Van ersten, dat de Ploskowere kegen Rige unde de Rigere tho Ploskow vry unde unghehindert mögen thên, erer kenen ûtghenomen, unde dârsulves vry kopen unde vorkopen; also doch, dat de Ploskowere tho Rige edder de Rigere tho Ploskowe kenerleye kleine kopenschop, de plockinghe hêt, hebben schôlen; over dat, alse de Ploskower tho Ploskow unde de Rigere tho Rige settende unde makende werden, edder wo se darûm mit den andern êns kônen werden.

[2.] Ok mögen de Ploskowere vor Rige int land unde de Rigere wedder vor Ploskow in unse land, wor se willen, van beiden syden vry thên over water unde over lande, et sy den, dat wy edder unse nakômelinghe, heren tho Ploskow, edder de Rygere tho Ryge eine nedderlage makende werden, de schal men holden beidenthalven, alse se ghemaket werden.

[3.] Sunderlik so scholen de Ploskowere unde de Rigere sik under den

a) So A.

debent et pacificare sicud se ipsos in civitatibus propriis eorum. Et si contingerit, aliquem mercatorem Pleskoviensem in Riga excedere, ille in Pleskoviam mitti debet et ibidem secundum illa jura judicari. Si eciam quis mercatorum Teutunicorum in Pleskovia deliquerit, ille versus Rigam mitti debet et ibi secundum jura Rigensium judicari.

[4.] Item in Pleskovia sal ponderari debet in libra eisdem ponderibus, quibus cera ponderatur ibidem. Et pondus in Pleskovia in talento navali ponderosius erit unius Lyveschen talenti quam in Riga. Et propterea nunc inprimis civitas Rigensis libras et pondera ordinet versus Pleskoviam propriis sumptibus et transmittet. Cum autem futuris temporibus pondera diminuta, fracta vel alio modo frangibilia facta fuerint, tunc Pleskovienses sumptibus eorum et expensis versus Rigam mittant et reformare procurent.

[5.] Pondus argenti in Riga in unoquoque frusto argenti in uno dimidio soltnicken ponderosius erit quam in Pleskovia.

[6.] Et ponderatores pro nunc et futuris temporibus necessitate increscente crucem ad hoc osculari debent, quod uni sicud alteri partibus ab utrisque velint ponderare. Eciam in ponderacione ponderatores retro stabunt manus abstrahendo.

[7.] Et quantum quis mercatorum Teutunicorum in Pleskovia pro ponderatura dederit, hoc idem Pleskovienses pro ponderatura eciam dabunt in Riga.

[8.] Eciam si quecumque jurgia vel controversie inter aliquos ab utrisque partibus de quacumque re surrexerit, tunc causidicum quicumque in suum causidicum tenere se debet. Et sic nullus aliter se intromittet ac propter hoc a quoquam valeat impediri.

[9.] Eciam si aliqua discencio, lis vel controversia inter nos et venerabilem

andere beschermen, vôrhegen unde bevreden ghelick sik sulven in eren steden. Unde weret, dat jenich kôpman van Pleskow tho Rige breke, den schal men kegen Pleskow senden unde dar na dem rechte richten. Breke ok yenich Dutsch côpman tho Pleskow, den schal men kegen Rige senden unde dâr na enem Rigeschen rechte richten.

[4.] Vortmer so schal men tho Pleskow dat solt wegen upp den schalen mit den selven wichten unde loden, alse man dat was weget darsulves. Unde de wichte tho Pleskowe schal an dem schippunde enes halven lispundes swarer wesen den tho Ryge. Unde dârumme so schal de stad tho Ryge nu in dat erste up ere koste bolde, schalen unde lode, tho Pleskowe schicken und senden. Wen aver de lôde in thokomenden tiiden vorsliten, tho gheringhe werden, thobreken edder anders ghebreklik worden, so schôlen de Pleskowere se tho Rige senden und upp ere kôste unde theringhe na den olden loden weder maken und beteren laten.

[5.] De sûlverwicht schal an enem stücke sûlvers enes halven soltniken swarer syn tho Ryge den tho Pleskow.

[6.] Unde de wegere schôlen nu unde also vake des nôt is unde wert, dat cruce darupp kûssen, dat se recht wegen scholen dem einen alse dem andern tho beyden syden. Unde de wegere scholen tho rügghe stân unde de hende aften van den schalen, wen se wegen.

[7.] Unde wo vele de Dûtsche kôpman tho Pleskow vor wegeldô gheft, dat scholen de Pleskowere tho Ryge ok tho wegelone geven.

[8.] Ok weret, dat jenigherleye twydracht edder schelinghe ûm jenigerleye dingh tûsschen ymande van beiden syden upstûnde, so schal sik sakewolde an synen sakewolden holden. Unde nymand sûst anders schal sik darin vorweren edder darûm ghehindert werden.

[9.] Vortmer weret, dat jenigerleye twydracht, krich edder schelinghe

dominum Conradum de Vitinkhoven, magistrum ordinis Teutunicorum in Lyvonia, successores, territoria vel subditos nostros ab utrisque partibus orta fuerit, in illa mercator sine cura manere debet. Et mercator ab utrisque partibus salvis corpore et rebus permanebit et pacificatus sine dampno, sic quod sua bona debet portare et vehere, ubi et quando placebit; et debet per se equitare, vehi vel transire, ubi necessarius sit vel erit, in viis, civitatibus, aquis seu territoriis, sine detencione aut inpedimento quocumque.

Preterea ut amicabilis composicio sic, ut prescriptum est, utrarumque parcium consensu per nos facta cedula permaneat servata et inconvulsa, presentibus sigillum nostrum duximus appendendum. Datum a nativitate Domini 1406 in curia nostra Copama, feria sexta post festum sanctorum Petri et Pauli apostolorum.

worde tusschen uns unde deme erwerdigen heren Conrade van Vytinkhove, meister Dutsches orde(n)s tho Liflande, nakömelinghen, landen edder undersaten tho beyden syden, darmede schal de kopman umbeworen bliven. Und de kopman van beyden syden schal lives unde ghudes seker syn unde in vrede blyven umbeschediget, also dat he syn gûd schal unde mach voren und bringhen, wor unde wen he wil; unde schal sülven ryden, varen unde ghân, wor em des bedarf unde not wert, ane alle upholdinghe unde hinderniss, it sy an wegen edder an steden, up waters edder up dem lande.

Darum dat desse vruntlike eninghe, also vorgescreven steit, mit beyder parte willen van uns ghemaket stede unde unvorrücket gheholden werden, hebbe wy unser ingheseghel an dessen breff laten hanghen, de gegeven is na Godes bort dusent verhundert in dem seveden jare in unsem hove tho Kopama, des middewekens na sunte Petere und Pawels der hilgen apostele.

727. Bremen an Hochmeister Konrad von Jungingen: bittet auf Klage des Otto Lange um Freigebung der in Preussen arrestierten, von Dietr. Grube geführten Kogge. — [1406] Juli 13.

Aus StsA Königsberg; Or. m. Spur d. S.
Gedruckt: Brem. U.B. 4 n. 348. S. unten n. 737.

Den grotmechtighen heren, hern Curde van Jungingen, homeistere des Dutschen ordens van Pruczen, unsen bysunderen leven heren unde guden vrunde, gescreven.

Unsen vruntliken denst tovoren myt guden willen to aller behegheliche(i)t. Grotmechtighe leve here unde bysundere gude vrund. Vor uns is gewesen schipper Otto Lange unde heft uns clegheliken berichtet, wo de visschmester van der Scharpouwe eme behindert unde rasteert hebbe in Pruczen enen koggen, den schipper Diderych Grube gevoret hadde, dem he in Vlanderen affkoffte dat verde part des schepes, unde were myt der selschup willen, dat Otto den koggen voren scholde, unde sy darumme rasteert, dat Dideric Grube vorenompt entfangen hadde uppe den koggen 1½ last stores, de nicht en sy gecomen in den market, dar he wesen scholde. Dar de sulve Dideric Grube to antwardet, dat he to wintere lenhe myt dem koggen geladen myt heringe in Norweghene to Mastrande, unde dar weren do twe hollyke vorgan. Des quemen to eme in hilghen Kerstes avende[1] de schipheren unde koplude unde boden, dat he wolde ynnemen 1½ last stores unde twe bodeme wasses, de horde eme to, de heet Nycolaus, de were des visschmesters selschup unde scholde em darvore geven seven nobelen to vracht; dat he dede umme erer bede willen. Do see quemen yn de zee, kunden see van storme nicht komen in Holland, Zeeland

[1] *Dec. 24.*

edder Vlanderlant, men see quemen in de Seyne. Dar entfeng Nycolaus synen stor unde was unde kunde eme de vracht do nicht betalen, men he gave eme enen breff an synen wert to Danzike, de scholde eme geven seven Prussche mark van syner wegene, des nicht en sy gescheen. Ok hebbe Nycolaus myt eme gheten unde drunken over de see, dar he nicht vore geven hebbe, unde dede eme dar enboven enen halven vranken. Warumme wy yuwe grotmechticheit bidden myt allem vlyte, dat gy yd willen so bestellen unde darto richten, dat de kogge werde untset unde quit van der rasteringe unde hindernisse, unde den schipheren do vracht betalet unde mogeliken vor den schaden wedderrare, jů daran bewysende, also gy wolden, dat wy don scholden, offt yd den yuwen were also myt uns gewant, des wy yuwer grotmechticheit wal beloven. Dat wille wy gerne vordenen, wor syck dat ghehoret, unde bidden des yuwe vrunliken antwerde wedder. Screven uppe sunte Margareten dage under unser stad secrete. Consules civitatis Bremensis.

728. *Alvin vamme Schilde an Dortmund: berichtet über seine Verhandlungen mit Alph uter Olpe wegen der von der Stadt geschuldeten rückständigen Leibrente; räth dringend zum Vergleich. — 1406 Juli 24. Brügge.*

Aus D StA Dortmund; Or. m. Rest d. S. Auf der Rückseite: Alvyn van den Schilde.

Honorabilibus ac circumspectis viris, dominis proconsulibus et consulibus civitatis Tremoniensis littera presentetur.

Vrentlike groite myt beghevinge alles gudes vorscit. Heren unde guden vrende. Ghenoge ju to weten, juen bref nu lest an uns ghesand by desen boden an Tideman Swarten, Detmar Cleppinc, Claus Wistrate unde my heb ic entfangen; wante hir anders nymant en ys van uns veiren vorscit unde sint pinxten[1] hir nicht ghewesert en sin, mer in Braband ende anderswar sin sey: so heb ic juen bref allene opghebroken unde ghelesen ume des besten willen unde allene myt her Alphe uter Olpe na juer begherte in juen breve begrepen ghesproken to juen besten, dat ic kunde, des gy my ghanselike wol beloven mogen, also dat ic van her Alphe anders gheyn antwerde hebben en kan, dan hie en wil myt nymande deghedynge holden van den saken van sir verseten lifrente, et en sij dat hie lude sey, de des mechtich van der stad van Dortmunde syn, unde wes de myt eme deghedyngen unde eme loven, dat eme dat vast unde stede ghehalden werde; unde sin sake sin also ghelegen in der last van des landes wegene van Liflande, daraf hie utesand es ter dachfard myt den Engels[chen] to holdene, hy[a] ju nicht komen en mach dor dat land nyrwys, alse my seget. Ok versta ic van her Alphe, hie en hedde nicht ghemeynt, na dem dat dey rait van Darpte an ju screven[2], gy en solden ju bet darinne bewiset hebben ende enyghe lude mechtich van juer stad der sake an eme gheschicket, myt eme to deghedyngen unde in vrent[scappen] to sliteneu, wente de rait van Darpte en screff ju nicht, alse hie meynd, dat he hy ju komen solde afte kunde. Ok beghert he nu en del geldes nu reyde to hebbene. Vort alse dese sendeboden van Prussen, van Lubeke etc. nu vergaderen to Dordrecht op den ersten dach Augusti, welke sendeboden op den wege sin, alse wy vernemen van Lubeke, alse dan van Dordrecht scheden, so moet[b] her Alph myt den anderen wederume, de uit Liflande van der Righe hir es. Ok verneme wy nu hir van seggenorden, dat die Engelschen op desen dach[c] hir to Dordrecht nicht en komen unde wellen breve

a) [illegible] b) [illegible] c) [illegible]

1) Mai 30. 2) S. n. 7[illegible]

hijr senden, op to scheiene bit op den irsten dach Marcii, wante se des nu op dese tijd nicht vulteyn en kunnen etc.; men de breve ut England en sin hir noch nicht ghekomen, unse here God moiet al ten besten verseyn unde vogen. So ymet, dat ic noch so vere myt her Alphe ghesproken hebbe: al en quemen de Engelschen nicht to daghe to Dordrecht nu[a] op den ersten dach Augusti vorseit, dat he dan noch umme jûen willen darafte[r] hir blyven wil 8 daghe ofte 10 daghe na den ersten dage van Augusten, dat gy by eme schicken mechtige lude der sake van juer stad, myt eme to deghedyngen, dat id eme ghehelden werde stede unde vast; unde dar beghert he sye breve op unde en del reyde geld nu in de hand eue summe, so meynd hey sik also darinne to bewisene, dat gy eme myt redenne gheyn schult gheven en kunnen. Unde ic en kan nicht vernemen van eme, dat he icht quid schelden wille, mer op redelike daghe mochte med myt eme breugen to jaren to betalene, dat verseten ys. Mer en kan ic van eme nicht verstaen noch vercrigen. Hirumme, heren unde leven vrende, wolt dese sake to herten nemen unde nicht versumen unde betrachten, dat gy nu desen euen guden man in al den lande van Liflande vernogen unde an eme schicken, nu he hir ys int land, op dat alle de jungeren lude van Dortmunde gheboren dat land van Liflande nicht schûwen en dorven, wante dar alreyde groit verdret af gheromen es unde noch mer komen mochte, wente dey Liflandesche stede eme toseccht hebben, alse ic versta: es dat noid, dat eme nu gheyne redelicheit wedervare, se willen eme rechtes beholpen sin. Unde hed ic anders icht gudes kunnen degedingen myt her Alphe na juer begerten, dat hed ic selver gherne gedaen, dat kenne God, die ju bewaren mote in siele, in lyve. Unde desen boden sende ic darumme weder an ju, dese antworde to breugen, unde myt den ersten by desen selven boden wilt eme antworde hir weder scryven, op dat ic her Alphe moge laten verstaen, war he sik na richten moge. God sy myt ju altijd. Ghescreven op sunte Jacopes avend anno Domini 1406.

Alvin de Schida, Brug[is].

729. *Hzg. Johann von Baiern, Elekt von Lüttich und Herr von Voorne, überträgt dem Heynric Harmanssoen jun. für Lebenszeit die Brieller Vogtei auf Schonen* (die voechdie onser steden van den Briele ende ons lants van Voirne op Schoonen, die te bedriven ende te bewaren of te doen bewaren bi eenen anderen eersamen persoen, die hi dairtoe ordineren sal, tot onser eeren ende oerbaer, den welken wi onse bevelinge voort dairof geven sullen, als gewoenlic is tot alre tyt, als wy des van Heynric voirscreven of van synre weghen versocht sullen worden,) *und befiehlt allen Schonenfahrern aus Brielle und dem Lande Voorne, nirgend anders als auf der Fitte der Stadt zu wohnen sowie dem Heynric oder dessen Vertreter gehorsam zu sein und die herkömmlichen Vorteile zukommen zu lassen. — 1406 Juli 24* (op s. Jacobs avont apostels).

Gedruckt: aus einer Abschrift Alkemade en v. d. Schelling, Beschryving van de stad Briele 2 n. 56, van Mieris, Groot Charterboek 4, 39.

730. *[Hzg. Wilhelm von Baiern, Graf von Holland,] befiehlt allen Zöllnern, Richtern und Dienern in seinen Landen, die Bürger von Kampen mit Schiffen und Gütern bis nächsten Aug. 24 ungehindert* (rustelic ende vredelic) *verkehren zu lassen*[1]. *— 1406 Juli 27.*

RA Haag, Memoriale B H fol. 92b.

a) *Übergeschrieben D.*

[1]) *Apr. 26 erteilte der Herzog den Abgesandten der Stadt Kampen Geleit für einen Monat; ebenso Mai 27 für 3 Wochen. A. a. O. fol. 74.*

731. *Hzg. Wilhelm von Baiern, Graf von Holland, verleiht der Stadt Kampen gegen Verzicht auf die derselben früher bewilligte zwanzigjährige Zollfreiheit ein Zoll- und Handelsprivileg für ewige Zeiten, unter Mitbesiegelung der Städte von Holland und Seeland*[1]. — *1406 Juli 28. Haag.*

Aus StA Kampen; 2 gleichlautende Or., Perg. m. 6 anh. S. — Abschrift im Privilegiar fol. 54 b — 56, überschrieben: Privilegium van Holland.

Das., Or.-Transsumpt der Bischöfe David von Utrecht von 1458 März 14 und Friedrich von Utrecht von 1500 Aug. 31.

StA Middelburg, Vidimus des B. Friedrich von Utrecht von 1500 Aug. 31; Abschr. Verzeichnet: Register van Kampen 1 n. 376, de Stoppelaar, Inventaris van het oud-archief der stad Middelburg n. 110.

Willem bi der genaden Godts palensgrave opten Rijn, hartoge in Beyeren, grave van Henegouwen, van Hollant, van Zeelant ende heer van Vrieslandt, doen cond allen luden, want wij om sonderlinge kenlike bröken, die eenrehande burgere der stat van Campen voir onse tollen ende in den onsen in vermynderinge onser heerlicheide ende anderswaer jegens ons gebruect ende misdain hebben, opter voirscrevener stat ende horen burgeren een wijl tijts mismoedich geweest hebben, so hebben wij om olmordich virvolch ende vriendelic versoeck der stat voirscreven ende hoirre vrönden quijt gescheiden ende scheiden quijt mit desen tieghenwoirdigen brieve alinge ende al die voirnoemde stat van Campen, alle hoir börgere ende ondersate binnen hoirre vryheden wonende van allen zaken, bröken, gebreecke, schelinge ende twiste, die wij tot desen dage toe up him te seggen gehadt moghen hebben in enigerwijs, hoe die bairgecomen of geschiet mogen wesen. Ende om dat wij mitter stat van Campen ende zij weder mit ons bij goetdünken onser hoger mannen ende rade in gorder gönsten overeen gecomen sijn ende zij ons mit moetwille overgegeven hebben alsulke brieve, als zij sprekende hadden van vryhede van tollen twintich jair langh durende[2], die onse lieve genedige heer ende vader, hartoge Ailbrecht saliger gedachten, der stat ende burgeren voirscreven in enen dadinge gegeven hadde voir alrehande scade, die sij an horen scepen ende goeden in onsen oirloge van Vrieslandt van ons liefs heren ende vaders utleggers voirscreven geleden hadden, getaxeert voir viveendetwintich dusent nobelen, voir welken scade zij die voirscreven vryheden van twintich jaren gebruken souden of twintich dusent nobelen eenwarf weder uphören, also die selve brieve, die zij van onsen lieven heere ende vader voirscreven dairof hadden ende wy nu bij horen willigen overgeven te niete gemaket hebben, inhelden ende begrepen, so hebben wij voir ons ende voir onsen erven ende nacomelingen der stat van Campen voirnoemt, allen horen börgeren ende ondersaten binnen hoirre stat vryhede wonende, wail voirdacht ende beraden, wedergegeven ende geven mit desen zelven brieve alsulke gracie ende ghiften van privilegien ende vryheden, alse hier naegescreven staen, die wij him gansselic ende al ende elc pönt dairin begrepen bijsonder houden ende van enen ygeliken gehouden willen hebben tot ewigen dagen onverbroken, sonder ons of yemande van onser wegen in enigerwijs dairtiegen te comen of te doen:

[1.] In den eersten so sullen alle die börgeren van Campen ende elc bijsonder mit horen live ende goeden in ende doir alle onse lande van Hollant, van Zeelant, van Westvrieslandt ende van Oistvrieslant, die wij nu hebben of namels crighen sullen, te water ende te lande veylich, ongelet ende ongehindert comen, varren ende keren ende comanscip hantieren mogen, so wair him des genoeget

[1] *Gleichzeitig teilt der Herzog den holländischen Zollbeamten die neuen Kamper Zollprivilegien zur Nachachtung mit. StA Kampen, 2 Or. Verz.: Register van Kampen 1 n. 377.*

[2] *Urkunde von 1400 Apr. 20, oben n. 463.*

sal in den onsen, binnen steden of dairbuten, tot horen besten orbair ende profijt, betalende van horen tolbaren goeden, mit wien dat sij die inhebben, waer sij comen oft wair sij willen, sulke tollen, als hier navolghet, dat is te verstain:

eerst van elke last harincx twee penninge Engels; item van elken hoet tarwen of roggen vier penninge Hollans; item van elken hoet evene of gherste twe penninge Hollans; item van elken hoet erweten of bonen enen penninc Engels; item van enen scharlaken sestien penninge Hollans; item van enen geverweden laken achte penninge Hollans; item van enen strijpten laken vier penninge Hollans; item van enen ongeverweden laken of van enen saye van elken vier penninge Hollans; item van enen packeele pelteryen of marswerien, dat twee manne beffen mogen, achte schellinge Hollans; item van enen packeele, dat een man beffen mach, vier scellinge Hollans; item van enen[a] last biers twee Engelsche penninge; item van enen mudde soutes een Engels penninc; ende van enigen anderen goeden, die die bürgere van Campen voirbij onse tollen in onsen landen, die wij nu hebben of namels crigen sullen, in der tijt voeren sullen, so en sullen sij genen hogheren tolle geven dan den hondertsten penninck. Ende so wanneer sij eens vertolt hebben aen een van onsen tollen, so sal men hem dair een teyken geven ende so en sullen sij van den goeden, die sij eens vertolt hebben, ghene tollen meer geven aen anderen onsen tollen, dair sij mitten goeden aencomen sullen. Mar van gesnedene wande, dat sij ende hoir gesinde tot hoirs selves dedinghe gecoft hebben, ende van crude ende specerien, die sij in hoir selves huyse tot horen coste brengen sullen, so en sullen sij genen tol geven, noch van kysten, malien, van scipperstouwe, van kanefas noch van vytalien, die sij tot hoeren scepen brengen sullen desgheliijcs. Ende in Zeelant en sullen sij genen tol geven dan aen enen van onsen tollen, dat is te verstain van solte, dat sij uut Brabant of uut Zeelant bringen ende in Vlaenderen wesen sal, dairof sullen sij geven, alse voirgenoemt is, sonder arch ende list. Ende so wes goet, dat tolbaer is ende niet vertolt en wort, dat sal alinge ende al jegens ons verbüert wesen, so dat men ümmer eens vertollen sal, het sij an hoiftollen of aen wachten.

[2.] Item so sal ende mach een ygelijc bürger van Campen sijne ende sijnre medeburgeren goede binnen der vryheide van Campen wonende vryen voir onse tollen mit sulken teyken ende up sulke tollebrieve ende eede, als sij den scepenen van Campen dairup doen ende als sij van outs gevoert hebben ende noch voeren van der stat van Campen sonder enich besprec, gevende dairvan sulke tolle, als voirgeroert stait.

[3.] Item weer dat sake, dat die burgere van Campen sciphrekinge leden in enigen van onsen landen, die wij nu hebben of namels crigen sullen, up onsen stroom of buten in der zee ende die aen onsen lande quamen, so mogen die burgere van Campen hoir scepe, takel ende touwe ende goede vryliken aentasten ende berghen tot horen scholsten ende profijte, ende voeren die goeden, dair sij willen ende hem best genoecht, sonder ons of yemende van onser heerlicheide wegen dair yet aen te misdoen, mar sij sullen geven redelic bergegelt ende arbeitsloon dien genen, die hem hore goeden helpen berghen. Ende wair dair nyement van den burgeren van Campen bij, so sal men die goede in wiser hant houden jair ende dach ende dar enbinnen overgeven den rechten erfgenamen, of die des gemachticht sijn mit sekeren teyken van der stat van Campen. Ende wair oic sake, dat enige seerovers den bürgeren van Campen hoir goede namen in der see of worpen se over

a) So!

boort, dat God verbiede, ende die goedere in onsen lande quamen, die sal men desgelijcs jair ende dach houden in wiser hant ende geven, als hier voirscreven is.

[4.] Item so en sal een bûrger van Campen des anders sijns medeburgers misdaet niet beteren in eniger wijs noch een bûrger en sal des anders goede verbûeren noch verliesen mogen mit sijnre misdaet, in wat manieren dat die bijcomen mochte. Ende wairt, dat een burger van Campen mitter wairheit gevonden worde, dat hi tiegen ons ende onser heerlichede in brûcken waere ende misdain hadde, dairvoir en sal die stat van Campen noch geen anders van den burgeren van Campen noch hoir goede gemaent noch gehouden worden tot genen tijden, mer wij sullen dat alleen houden upten ghenen, die tiegen ons ende onser heerlichede selve gebrûect hadde, ende laten him dat in genaden ende in reden beteren.

[5.] Item wair dat sake, dat tot enigen tijden oirloge resen twisschen ons, onsen landen ende den biscop van Utrecht ende sinen gestichte, of dat wij vyant worden der stat van Campen of dat die stat van Campen onse vyant worde, des God verbiede, so souden nochtan die burgeren van Campen mit hoeren goeden ses weken langk na den eersten dach der ontsegginge veylich wesen overal in den onsen ende souden hoir goede binnen dier tijt ongelet ende ongehindert uut onsen landen voeren, dair him genoechde, tot hoeren besten orbair ende profite. Ende onse ondersate souden desgelijcs die ses weken voirscreven veylich wesen binnen der vryhede ende gebiede van Campen ende hoir goede van daen voeren sonder hinder, als voirscreven staet. Ende wanneer die oirlogen dan gezoent worden, so sullen die bûrgeren van Campen weder op hoir recht varen ende sullen deser gracie ende vryhede onverzuumt wesen ende dier vryliken gebruken, als sij voir den oirloge deden, so dat dese brieve ende elc pûnt bijsonder dairin begrepen in hoirre machte ende viguere bliven sullen tot ewigen dagen.

[6.] Wairt oic, dat enige stat, burgere oft ondersate des gestichts van Utrecht jegens ons ende onser heerlichede misdede oft onse vyant worde of wij die sine, ende die van Campen him des niet en onderwonden, so sullen sij ongehindert ende vrylick comen, merren ende keren dûer alle onse lande ende deser vryhede volcomelic gebruken.

Ende om dat wij voir ons ende voir onsen nacomelingen der stat van Campen, allen horen burgeren ende ondersaten binnen hoirre vryheden wonende, die ter tijt wesen sullen, alle dese voirscreven punte ende elc bijsonder volcomelic ende wail gelooft hebben te houden ende van enen ygeliken gebonden willen hebben, sonder enich arch ofte liste dairin te soeken ofte vinden, so hebben wij van onser rechten wetentheit onse segele aen desen brieven, dierre twe sijn gelijc van woirden, doin hangen. Ende om die meerre vestichelt so hebben wij bevolen ende gebeden onsen getruwen steden uut Hollant, alse Hairlem, Delf, Leyden, Aemsterdamme ende Goude, ende uut Zeelant Middelborch ende Zerixzee, dese brieve mit ons te besegelen. Ende wij scouten, burgermeesteren, scepenen ende rade der steden voirscreven hebben bij beveelnesse ende om bede wille ons liefs genadichs heren voirscreven onser steden segelen mede aen desen brieve gehangen in getuychnisse der dingen voirscreven. Gegeven in den Hage, upten achtentwintichsten dach in Julio int jair ons Heeren dusent vierhondert ende zesse.

732. *Hochmeister [Konrad von Jungingen] an Breslau: bittet, seine Unterthanen nicht mit vertragswidrigen neuen Zöllen zu beschweren, und bestätigt die Mittheilungen Thorns und Danzigs über die hansischen Beschlüsse wegen des englischen Tuches. — 1406 Aug. 3. Christburg.*

Aus StsA Königsberg, Hochmeister-Registrant 3 fol. 129 b. Der stat Breslaw.

Ersamen liben besundern frunde. Als euch wol wissentlich ist, wie ir euwir erbarn sendeboten als Niclos Döbeslow und Lorencz Czirkewicz, euwir stat burger, mit etlichen andern czu uns in vorczeiten habt gesant, die an uns von euwir wegen volmechtig warben von etlichin saczungen, domete sie besweret warden, mit den doch off die czeit also wart obireyn getragen, das die euwern von Breslaw unsere land und dokegen unsere undersassen die euwern mit iren koufmanschaczen und handelungen noch aldir gutir gewonheit besuchen solden, ane eynherley beswerunge beider teile: des haben unsere getruwen undersassen uns vorbracht, wie das ir an sente Johannis nehst vorgangen [1] haben semeliche ordinancie unde ungewonliche czolle off sie gesaczt habt, der sie vormols ny me gegeben haben. Des bitten wir euwir libe und fruntschaft mit fleissigen sunderlichen beten, das ir es dobey lasset bleiben, als is mit den vorgeschreben euwern volmechtigen boten obireyn ist gekomen, und die unsern mit nüwen czollen ader andern funden lasset unbeswerot [2]. Sundirlich haben unsere getruwen als die von Thorun und Danczk uns vorbracht, das ir swachen glowben habt und in nicht glouben wellet, wes sie euch geschreben haben ader schreiben von der ussaczunge des Engelisschen gewandis, nochdeme als is mit den gemeynen steten der Hense is vorramet. Das uns doch sere wundirt, wend wir ummer wissen und ir jo selbir befynden sollet, das sie euwir fruntschaft anders nicht denne die warheit dovon schreiben. Gegebin etc. czu Cristburg, am dinstag vor Dominici im 6. jare.

733. *Brügge bezeugt, dass der hansische Kaufmann Joh. van den Buckel den hansischen Kaufmann Hildebrand Vickinchusen [3], Überbringer des Briefes, bevollmächtigt hat zur Einforderung und Einklagung aller seiner in Flandern und ausserhalb ausstehenden Schuldforderungen* (van coopmanscepen ende anders, zo waer ende te zo wat steden ende bi zo wat persoone of persoonen het wesen mach). — *1406 Aug. 4.*

StA Reval; Or. Perg. m. abh. S.

734. *Malmö an Lübeck: bezeugt, dass Tideke Wippenford, der wegen angeblicher Pachtung einer Bude in Malmö den Joh. Kyle in Lübeck verklagt hat, bereits in Malmö einen wegen derselben Bude angestrengten Process verloren hat.* — *1406 Aug. 4.*

Aus StA Lübeck, Vol. Privata von schwedischen Städten; Or. Perg. m. Spur d. S. auf der Rückseite.

Gedruckt: Silfverstolpe, Svenskt Diplomatarium 1 n. 765. Verz.: Reg. Dan. II 1 n. 4019.

Providis viris et honestis proconsulibus et consulibus in Lubyke consules Malmoygenses salutem, continuum honoris et amicicie incrementum necnon infrascriptorum cunctare veritatem. Vestre favorabili ad presens innotescimus caritati, amici nostri preamandi, quod sub anno Domini 1406 feria quarta post diem beati Petri ad vincula constitutus in consistorio nostro coram nobis vir discretus Johannes

[1]) *1406 Juni 24.* [2]) *Gleichzeitig ersucht der Hochmeister auch die Breslauer Bürger Niclos Döbeslow und Lorencz Czirkewicz um Verwendung in der vorstehenden Angelegenheit. StsA Königsberg a. a. O.* [3]) *1406 Febr. 25 werden Hildebr. Vockinchusen und seine Ehefrau Margaretha vom Convent des Karthäuserklosters zu Gent in seine Gebetsgemeinschaft aufgenommen. Or. im StA Reval.*

Kyle, presencium exhibitor, singnificans nobis, qualiter Tydichinus Wippenferdh ipsum pro vobis accusavit, dicens, quod ipse Johannes Kyle unam bodam de Olavo Gollenstedhe nostro concive subdolose locasset, ipsi Tidichino in prejudicium. Ad quem Olavum tempore atque loco interrogacionem fecimus de premissis, si Johannes Kyle illam bodam ab ipso locavit an non. Ad quod idem Olaus respondit, dicens quod Tidichinus de Zeghen locavit bodam illam et nullus alter; hoc eciam Trugotus Trugoti, Petrus Laurencii et Clawus Sculte, nostri concives, eodem tempore atque loco coram nobis juramentis eorum testificaverunt, qui ipsi hujus locacionis poto affuerunt, et ideo ille Johannes Kyle hujus locacionis irreus est, licet in illo affuit ipse poto. Item nobis satis notum est, quod illam bodam, de qua modo litigavit, prefatus Olavus de Clawo Sculte juste comparavit et ita integram artificialiter transtulit ab illo loco et in alium; et in loco, quo boda prius stetit, factum est modo spacium porte illius curie, per quod transiant euntes, plaustrantes et equitantes. Super cujus bode locacione prefati Olavus Gullenstedhe et Tidichinus Wippenferdh coram nobis in nostro consistorio prius fuerunt litigantes, et prefatus Olavus juramento suo se purgavit, quod eidem Tydichino illam bodam in conductum non dimisit et nullam pecuniam super hanc ab ipso accepit. Quo sic facto et jurato ipse Tydichinus Wippenferdh bodam illam velle suo spontaneo resignavit et relinquit et eam possit locare, si quis vellet, et tali modo super hujus locacionis litigacione coram nobis semel fuerunt racionabiliter separati. Scriptum nostre civitatis sub secreto dorso impresso, anno, die et loco supradictis.

735. *Aufzeichnung der gräflich holländischen Kanzlei über die Aussagen der Mannschaft eines gekaperten Hamburger Schiffes. — 1406 um Aug. 10.*

Aus RA Haag, Memoriale BH cas. R fol. 94 a. Van den scepe van Hamborch, dat tot Hoirn angebrocht wordt omtrent Laurencii anno 1406.

Die stuerman, een scipman ende 1 jongknecht uten scepe van Hamborch, doe sij te Hoirn upt landt quamen, doe seyden sij voir die gesellen, die se gevangen hadden, dat sij te Woudrichem in Oystvrieslant wesen wouden. Dairna worden sij elx bysonder toegesproken ende gevreit bi den scout, dair sij seyden bij horen eede, dat sij tot Aemsterdam bevraecht waeren ende wouden dar wesen, oft wairt, dat him weders noyt dede, so souden sij tDordrecht zeylen; ende mede seyden sij, wes sij anders geseit hadden, dat wair bij bedwange ende om anxt geschiet.

736. *Der deutsche Kaufmann zu Nowgorod an Reval: meldet zwei in Nowgorod vorgekommene Fälle von verbotenem Borgkauf. — 1406 Aug. 16.*

Aus StA Reval; Or. m. Rest d. S. Höhlbaum.
Gedruckt: v. Bunge, Livl. U.B. 4 n. 1704.

Den erwerdighen borgermeistern unde raid to Revel, unsen leven vrunden, kome desser bref.

Vruntlike grote myd leflìker gunst. Besunderlinges leven vrunde. Ju gelieve to wetene, dat uns to wetene wart, wo dat Clawe Huxer unde desgelyk Bernd van Anklem hadden myd den Russen to borge gekopslaget. Des was Clawe vorbenant vor uns in eyner gemeynen stevene bekant, dat he hyr to Nougarden hevet gekopslaget myd twen edder myd dren Russen, nicht van syner eygene wegen, sunder van twyer edder dryer ander lude wegene; unde desgelyk hevet Bernt van Anklem ôk gekopslaget unde synt eres kopes eyns geworden bynnen Nougarden an beyden syden up eyne bescheiene summe der varwe unde der lakene, dat werk to untfinde van dem Russen to der Narwe unde desgelyk dar deme Russen dat want wedder to leverende. Des moste syk Claws vorbenant[a] vorwylkoren in der selven stevene, dat he den kop solde bynnen Nougarden wedder qwyd schelden by des kopmans rechte. Hirumme, leven vrunde, so weset hiran myd juwer wysheyt vorsyn, dat de kopman an neynen schaden kome, unde dat gud is eyn deyl rede ütgevört to der Narwe; wente de kopman syk bevruchtet vor schaden, besunderlikegers in desser tiid, van sulken saken. Moget wol in Gode. Gegheven to Nougarden under sunte Peters secrete, int jar Christi 1406 des mandages assumpcionis Marie. Olderlude unde wysesten Düscher Hense.

737. *Hochmeister [Konrad von Jungingen] an Bremen: weist in Beantwortung von n. 727 die ungerechtfertigte Klage des Otto Lange über die Arrestierung der Kogge zurück. — 1406 Aug. 23. Herrengrebin.*

Aus K StsA Königsberg, Hochmeister-Registrant 3 fol. 128. Der stat Bremen. Gedruckt: Brem. U.B. 4 n. 350.

Ersamen lieben frunde. Wir haben empfangen und wol vornomen euwern brieff, in dem ir uns geschreben habt, wie schipper Otte Lange euch geclaget habe, das der vischmeister us der Scharffow im einen kogen in Prussen arrestiret habe etc. So wisset, liben frunde, das wir durch euwir libe und bete wille so schire, als wir euwern brieff vorhorten, noch dem selben fischmeister santen und ouch noch Nicolao, der die 1½ last storen und 2 boddeme wachs in den selben koken geschifft hatte, und vorhorten an dem vischmeister, was im von den sachen wissentlich were. Der wuste von der sachen nichtis und hatte ouch das selbe schiff nicht arrestiret, sunder Nicolaus hatte is arrestiret, der was des alden fischmeisters knecht, und nicht dieser fischmeister, der iczunt ist, und hatte is dorumme arrestiret, wend her nicht wuste, ab her dem ampte der fischerie icht schuldig were adir nicht. Also santen wir den fischmeister ken Danczk und Nicolaum und euwern man czu dem huskompthur doselbist, vor deme sie beydirseit vormols woren gewest und hatten ire sachen vor im czu erbern luten semlichen gesaczt czu entrichten und uszusprechen, die sie czu der czeit also entschyden, das Nicolaus solde geben deseme bewiser, euwerm manne, 3½ mark Prusch, und solden domite endlichen entricht sein, also das eyner den andern furbas umbe die sache solde lossen. Do qwam der vischmeister vor den huskompthur abir mit in beyden und nomen noch irer beydir wille die erbar lute doczu, die vormols die sache gehandilt hatten, die sie abir czwisschen in entrichten als vor, also das Nicolaus dem euwern geben sal vor alle ding 3½ mark Prusch, und sal einer den andern von der sachen wegen queit und ledig lossen, der nymmermer czu gedenken. Das haben sie beydirseit vorlibet und vorjowort. Nu moget ir, liben frunde, dirkennen, das schipper Otte Lange die clage an euch unrecht hat gebracht von des vischmeisters in der Scharffow wegen, ouch hat her unrecht doran geclaget, das her die arrestirunge des schiffes alleine dem fischmeister und Nicolao czulegit, wend is gar ein geringes ist, das her mit Nicolao czu schaffen hat gehabt, als ir wol moget dirkennen. Is ist offenbar, das vil lute arrestirunge off das schiff haben getan vor der czeit, er is Nicolaus arrestiret hatte, die auch wol me mit im czu schaffen haben wen Nicolaus, und sundirlich umbe des willen, das her[b] den Seelendern ir gut volfaren hat in die Swyne, do is ire finde genomen haben, die Franczoser. Do man eyme ydermanne ouch eyns rechten czu gunnen, dorumme, liben frunde, was wir euch und den euwern hulflich mogen sein mit gleiche und mit rechte, das tu wir alle czeit gerne, und begeren desgleichen ouch an euch, als wir des wol getruwen, so is den unsern bey euch not tete. Gegeben off unserm huse Grebin, an sante Bartholomei abunde im 1406. jore.

a) So. b) here K.

738. *Der deutsche Kaufmann zu Nowgorod an Reval: übersendet ihm die Kleinodien des Kontors zur vorläufigen Aufbewahrung. — 1406 Aug. 29. Nowgorod.*

Aus StA Reval; Or., m. Spuren d. S. Höhlbaum.
Gedruckt: v. Bunge, Livl. U.B. 4 n. 1705, Napiersky, Russisch-livländ. Urk. n. 162.

Den erwerdigen borgermestern unde rad to Revel detur hec.

Vruntliken grot myd lefliker gunst. Besunderlinges leven vrunde. Ju geleve to wetene, dat wy ju senden eyne tunnen, dar is in sunte Peters gesmide, na utwysinghe des breves van Darpte. In der tunnen is 6 sulvern schalen, 4 sulvern stope, 1 gulden Arn. 16 stukke sulvers, 6 nobbele, 1 cronard, 4 Gelrische guldens, 1 Rynsch gulden. Item eyne vorgulden busse des hilgen lichames; item eynen vorgulden kelk, 1 korkappe, 1 wyt syden gerwet, 1 blawe siden gerwet, 1 gulden nye gerwet, 1 olt gerwet, 2 elen wytter siden; item 10 kerkenboke; item 1 Dusch denkebok, 1 brevedenkebok, 1 latinsch denkebok, 1 rekenschopbok; item sunte Peters boke; item 1 scryn myd breven van der stede wegene; item sunte Peters ingesegel beyde. Besunderlinges leven vrunde, dot wol unde bewaret dyt to truwer hant to des kopmans behof bet to der tid, dat id de kopman des wedder begeret, dat id nicht vorbistert en werde, dat begeret de ko[p]man gemeynlyken. Blivet gesunt in Gode. Gescreven to Nougarden under sunte Peters secrete, int jar Christi 1406 in sunte Johannes dage decollacionis.

Olderlude unde Dusche kopman to Nougarden nu wesende.

739. *Hochmeister [Konrad von Jungingen] an Königin [Margaretha] von Dänemark: beschwert sich über Wegnahme der Ladung eines nach Preussen bestimmten, wegen Havarie in einen norwegischen Hafen eingelaufenen Schiffes durch zwei Vögte der Königin, und ersucht um Rückgabe des Gutes. — [1406 August.]*

Aus StsA Königsberg, Hochmeister-Registrant 3 fol. 188b, zwischen Aug. 29 und Aug. 30 eingetragen. Der konigynne von Denemarken.
Gedruckt: Silfverstolpe, Svenskt Diplomatarium 1 n. 684. Verz.: HR. 5 n. 358, Reg. Dan. II 1 n. 4055.

Eynveldige bevelunge etc. Allirdurchluchte forstynne und grosmechtige frowe. Uns hat der grosscheffer unser kamer vorbracht, wie das schipher Johan mit syme eigen schiffe segiln wolde us Flandern ken Prussen, das geladen was mit 12 stucken gewandis, öle, salcz und mal ouch mit anderm gute und ware, das eyns unser kamer und das ander teil unsern armen getruwen undersassen, czu Thorun, czum Elbinge und czu Danczk burgern, angehoret; und als her off der see was, entsprang im eyn lek an synem schiffe, also das her umb bergunge wille des schiffes und gutis segilte eyne hafene czu Monstersundt yn Norweyn und merte aldo syn schiff hinden und vorne mit czweyn ankern, und als her das gut hatte ussgeschiffet und wolden das schiff dichten, quomen die voithe euwer grosmechtikeit, als der von Gundsbach und der von Wartberg, und nomen dem schipherren obengeschreben das gut mit gewalt und czuhyben im syn schiff, das hers nicht bergen mochte. Und synt euwer koningliche hochwirdikeit wol wissentlich ist, das off allen tagen, die mit den euwern und mit den unsern und den gemeynen steten der Hensen synt gehalden, alle wege in handelunge gewest ist und den unsern gelobet, was gutis schifbrochig und gefunt worde in euwer durchluchtikeit lande, das mochte iderman bynnen jar und tag bergen, und synt ouch dis gut nicht schifbrochig worden ist noch gefunt, sundir der schipher is selbir an land gefurt hat umb bergunge des schiffes und gutis noch lobe und gunst des lantvolkis, so mag euwer hochwirdikeit dirkennen, das die euwern des obengeschreben gutis mit unrechte sich haben undirwunden, uns und den unsern czu swerem schaden. Hirumb geruche euwer hochwirdikeit gedenken an den vorschreben frede und gelobeu, doriune wir sienen mit euwir grossmechtikeit, die wir als unsere gnedige frowe bitten mit demütigem fleissigen bethen, das ir, gnedige frowe, von angeborner gute und woltat, umb ihe willen des rechtis und czuvorsicht unsers vorhoffens geruchet hulflich und reetlich doran tzu syn mit ernster underwysunge der euwern, das das genomene gut desem beweiser, der gemerbliget ist is tzu vordern und czu entpfahn, sunder vorczog wedir geantwort werde, off das wir und ouch die unsern von eyme sulchen vorczoge nicht tzu grosserm schaden komen, das wir mit sunderlicher danksamkeit alle wege ken euwern gnaden und den euwern, woran wir euch dinstliche behegelichkeit dirczeigen konnen, gerne vorscholden wellen noch gancz unsern vormogen, wo wir sollen. Gegeben etc.

740. *Der deutsche Kaufmann zu Bergen an Stralsund: berichtet über einige dort vorgekommene Diebstähle und ersucht, das entwendete Gut unter Beschlag zu halten. — 1406 Sept. 21. Bergen.*

Aus StA Stralsund; Or. m. Rest d. S.

Den ersamen wysen mannen, heren borgermestere unde ratmannen der stad Stralessunt, unsen leven heren unde vrunden.

Vruntlyken grud myt begerlicheit alles tovoren. Ersamen vorsinnygen leven heren. Wy begeren juu to weten, dat in juwer ersamen stat en is geheten Kannengetere, unde de heft hir entferdeget en stucke van eunere gollikeden, so uns berychtet is, so wecht se 6 lot, de stat by enem goltsmede in besate. Ok heff[t] he 5 guldenen bogre. Ersamen leven heren, uns is vorder berycht, he schulle vor juwer ersamenheit gesocht hebben, de copman hedde des nicht vorbaden to voerende, dat de copman doch hochliken vorbaden hadde. Leven heren, schipper Clawes Storkels sturman geheten Jacopp Bodeke de heft ok guder entferdeget, de bemaet schipper Clawes Storkels. Ersamen leven heren, wy begeren unde bydden hochlyken, dat dit vorschreven gud in besate moge blyven bet to der tild, dat wy it vorder vorschryven an juwe ersamenheit, dat wy gerne tegen juwer leve an gude vorschuldigen, wor wy konnen, de Gade dem heren syn bevalen. Geschreven to Bergen in Norwegen, upp sunte Mattewes dach under unsem ingesegel anno dusentverhundert sexto.

Olderlude des gemenen copmans van de Dutschen Hense nu tor tiit to Bergen in Norwegen wesende.

741. *Heinr. Kelner und Hans Overkamp bevollmächtigen ihre Vertreter zur Empfangnahme der ihnen seitens der Königin Margaretha angewiesenen 103 Last Osemund und quittieren zugleich über den Empfang. — 1406 Okt. 11. Skanör.*

RA Kopenhagen; Or. Perg. m. 1 von 4 anh. S. Auf der Rückseite: Litera Henrici Calmer et Hans Overkamp, dancium Everardo Overkamp et Hermanno Kobeken plenam potestatem ex parte eorum levandi de Johanne Finsmon 103 lastas ferri, quas ipsis solverunt ex parte domine regine Margarete.

Gedruckt: Diplomatarium Dalekarlicum 1 n. 68, Silfverstolpe, Svenskt Diplomatarium 1 n. 772; wiederholt hier.

Wy Hinrik Kelner unde Hans Overkamp doen witlych al den ghenen, de dessen bref zeen unde horen lesen, dat wy mechtych maken Everd Overkamp unde Hermen Kobeken up tho borende van Jonsen Fynson hunderd last osemundes unde vyf last osemundes tho deme Stokholme also van unser vrowen weghen Margharetem, konynk Waldemars dochter van Dennemarken. Unde wan Jesse Fynsson heft Everd Overkamp unde Hermen Enbeken tho erer noghe betalet desse vorghescreven hundert last osemund unde vyf last, so late wy Hinrik Kelner unde Hans Overkamp vorghenomet unde unse erven quid, ledich unde loes unse vrowen Margharetea, konynk Woldemars dochter, unde ere erven unde Jessen Fynsson unde syne erven vor de betalynghe, de Jesse Fynsson uns ghedan heft van unser vrowen weghen der konynghynnen. Unde wes Everd Overkamp unde Hermen Enbeke vorghenomen hirby doen, des make wy Henrik Kelner unde Hans Overkamp vorghenomet dessen vorbenomden Everde unde Hermen wollenkomen mechtych, lykerwys oft wy sulven dar jheghewordich weren. Unde tho eyner beteren bewyninghe so hebbe wy ghebeden her Manguus van Alen ridder, hovetman tho deme Lyndholm, Skonor unde tho Valsterbode, unde Lodeken Holthusen, dat se hebben tho eyner merer wytlycheyd ere inghezeghele by unse inghezeghele tho eyner tuchnisse vor dessen bref ghehanghen, de screven is tho Skonor na Godes bord veerteenhundert jare in deme sesten jar, des mandaghes na sunte Dyonisius daghe[1].

742. *Die Lande Ostergo und Westergo beurkunden ihre Vereinbarung mit dem Hamburger Bürgermeister Meinhard Buxtehude und den Sendeboten des [deutschen] Kaufmanns zu Brügge, wonach sie ihre Zwistigkeit mit den Preussen, Rostockern und Wismarern für ein Jahr aussetzen und denselben freien Verkehr in ihrem Lande gestatten, sowie mit den Hansestädten behufs Vergleichs über den gegenseitig zugefügten Schaden 1407 Mai 15 eine Tagfahrt in Hamburg abhalten wollen[2]. — 1406 Okt. 20. Leeuwarden.*

Gedruckt: HR. 5 n. 340 (zu Juni 9).

743. *Hochmeister [Konrad von Jungingen] an K. [Heinrich IV] von England: beschwert sich über die Wegnahme von fünf preussischen und livländischen Schiffen durch englische Unterthanen und bittet, die Schuldigen zur Genugthuung anzuhalten. — 1406 Okt. 26. Marienburg.*

Aus K StsA Königsberg, Hochmeister-Registrant 3 fol. 134. Regi Anglie.

Ad regie magnificencie votiva beneplacita humili premissa recommendacione cum obsequiis indefessis. Illustrissime princeps, rex magnifice et domine graciose. Comperto nuper notabili dampno a vestre serenitatis ligiis, sicud refertur, in quinque navibus facto et commisso, quarum due ad nostram cameram procuratori nostro de Marienborg pertinebant, tercia ad cameram preceptoris ordinis nostri de Lyvonia, relique vero due subditis nostris diversis sunt recepte, earundem quoque navium rectores fuere Heynricus Jeger, Petrus Scherpyng, item alter Heynricus et Pynnaw ac Johannes Heynrici filius[3], et juxta currentem famam cum iidem rectores sub spe tranquillitatis et concordie versus partes occidentales ad Hispaniam acies suas direxissent, venerunt de magnificencie vestre subditis quidam, nescitur qua suggestione, et easdem naves in cursibus suis hostiliter accesserunt, tandem prevalentes

[1]) *1406 Aug. 3 bekennt Hans Overkamp, von Jens Findsson im Namen der Königin Margarethe 76 Schiffspfund Kupfer und 22 Last Eisen erhalten zu haben. Nov. 5 bezeugen der Vogt und vier Bürger von Stockholm, dass Herm. Enbeke aus Lübeck sich gegen den Vogt zu Dalarne, Jesse Findsson, befriedigt erklärt über den Empfang der 76 Schiffspfund Kupfer und 127 Last Eisen, welche dem Kelner und Overkamp von der Königin bei Findsson angewiesen waren. Silfverstolpe n. 764 u. 775.* [2]) *Über die vorangehenden Verhandlungen mit den in Holland weilenden hansischen Gesandten s. HR. 5 n. 339, 9–11; n. 342, 346–349.*

[3]) *Über die Wegnahme dieser fünf Schiffe s. auch das Schreiben des preussischen Gesandten HR. 5 n. 348. Vier von den gen. Schiffern erhalten Okt. 14 vom König Schutzbriefe auf zwei Jahre ausgestellt. Hanseakten n. 291.*

nostratibus plures ex eis in ore gladii crudeliter perimerunt, quibusdam ex eis semivivis relictis et quibusdam gravissime vulneratis; sicque naves predictas ad quendam dominacionis vestre portum vulgariter Kamer dictum una cum diversis et multis bonis et mercandisis, prout narratur, violenciis sua deduxerunt. Advertentibus quoque nobis unitatis et amicicie federa novissime contracte cogimur serenitati vestre magnifice hujusmodi gesta gravi cordis amaritudine dolenter significare. Confidentes igitur certissime de sublimi clemencia regie vestre majestatis eidem vestre celsitudini obnixis precibus instantissime supplicamus, quatenus magnificencia vestra regalibus auxiliis et mandatis graciose velit efficere, ut predicte naves cum bonis receptis nostratibus, prout indubiam spem gerimus, integraliter restituentur et ex toto, contemplantes, serenissime rex, nephas hujusmodi inhumanum contra Deum et justiciam et presertim contra stabilitam concordiam perpetratum, quam re vera cupitis amplexibus in esse suo optamus inviolabiliter observari, moleste siquidem acciperemus, si a quoquam contrarium in puncto minimo transgrederetur; sperantes omnino de gracia regie celsitudinis, quod vestra serenitas pro horum emenda ligeos suos coherceat ad debitam satisfaccionem exhibere dict[um][a] dampnum passis. Altissimus serenissimam vestram personam incolumem conservare dignetur feliciter, pro quo pariter cum ordine nostro devotis exorabimus precibus tempore diuturno. Datum Marienburg, 26. die mensis Octobris anno etc. 6.

744. *Der deutsche Kaufmann zu Nowgorod an Reval: berichtet über seine Verhandlungen mit Nowgorod wegen Abschaffung der Neuerungen beim Salzkauf sowie über die Behauptungen der Russen hinsichtlich der angeblichen Zugeständnisse des Bernd Lemgowe. — [1406] Okt. 27.*

Aus StA Reval; Or. m. Spuren d. S. Höhlbaum.
Gedruckt: v. Bunge, Livl. U.B. 4 n. 1707.

Den vorsichtigen bescheidenen heren, borgermeisteren unde raitmanne der stat Reval detur.

Ersamen groete mit heilsamer leyve vorgescreven. Leven heren und vrunde. Willet weten, dat wy juwen breiff wol vornomen hebben, als gy uns screven van dem solte, dat hadde wy gearbedet und haddet se vorghebracht, dat se it uns bejawordet hadden, dat men solde kopslagen, als it van aldinges en sede gewest wer; und se enbeden dar gifte und gave vor, und de hadde wy en gherne gheven, und wy ene kunnen nu gheen antworde darvan krigen, nu er lude beschadet sin by der Narwe, den schaden menen se op den kopman to sokende, de hir nu jegenwerdich is. Vortmer so wetet, dat uns boden sanden de borchgrewe und hertoge vor sunte Johannes[1] und leiten uns vorstaen als van den breve, den en Bernd Lemegove brachte[2], dat de kopman velich solde varen und komen, dar hevet he en de hand vor gedaen, sunder vor de see en wolde he en de hant nicht doen; dit hevet dey borchgreve und hertoge uns ju scriven heiten. Des antworde wy ene weder, dat is unser sake nicht ene wer. Leven vrunde. Hir sit vorsichtich mede und besorget den kopman hirane, als gy alle tiit gherne doen, dat he ju in gheinen schaden kome; wy vruchten anders, dat unser nicht en kome van hir. Hirmede sit Gode bevolen. Gescreven under unsem ingesegel, in sunte Symonis et Jude avende der hilgen apostole.

Olderlude, wisesten unde de mene Dutsche kopman to Nougarden.

a) dicto S.

1) *Juni 24.* 2) *S. n. 713 und 716.*

745. *Der deutsche Kaufmann zu Nowgorod an Reval: bittet um Bezahlung des Hofpriesters. — 1406 Okt. 28. Nowgorod.*

Aus StA Reval; Or. m. Spur d. S. Höhlbaum.
Gedruckt: v. Bunge, Livl. U.B. 4 n. 1708.

Den erwerdighen borghermestern unde råd der ståd to Revel myd werdicheyt kome desser breef.

Vruntlike grote myd leyfliker gûnst. Besunderlinges leven vrunde. Ju gelove to wetene, dat wy her Dideric Magher, deme prestere, nicht gegeven hebben vor syn årbeyt unde ungemac, dat he wedder to Nougarden tôch, wente hyr neyn sulver in sûnte Peters were is; warumme de kopman to Nougarden nu wesende biddet unde begert, dat gi em van des kopmans weghen vornogen, dat he syk des kopmans in schaden nicht en beclage, wente he dem kopmanne wol to wyllen unde to deneste is gewesen. Gegheven to Nougarden in der Dûtschen hove under Hermen Wesenbårem yngesegel na wyllen des kopmans, wente wy in sunte Peters were neyn yngesegel hebben, int jar Christi 1406 in sunte Symon et Judas dage der apostele.

Olderlude unde kopman nu wesende to Nougarden.

746. *Der deutsche Kaufmann zu Brügge an Dortmund: antwortet auf Dortmunds Bitte um Unterstützung des Alvin vamme Schyde*[1], *welcher mit Herrn Alf uter Olpe einen Vergleich wegen der schuldigen Leibzucht zu Stande bringen soll, dass Alf trotz aller von Alvin und einigen der in Holland weilenden hansischen Ratssendeboten unterstützten Vorstellungen des Kaufmanns dabei bleibt, er habe von Dortmund bis zur Abtragung der Schuld jährlich 100 rhein. Gld. an Leibzucht zu fordern; hat den Alf um weitere Erwägung der Sache ersucht und auch noch andere von den Ratssendeboten um ihre Verwendung gebeten*[2]. *— 1406 Nov. 9.*

StA Dortmund; Or. m. 4 S. S. n. 720.

747. *Reval an Dorpat und den deutschen Kaufmann zu Nowgorod: berichtet über eine Beschwerde Nowgorods wegen der Wegnahme von russischem Gut bei Narwa und widerlegt die unwahren Behauptungen desselben über eine angebliche Geleitszusicherung seitens Revals. — [1406] Nov. 17.*

Aus R StA Reval, Missivbuch 1384—1420 fol. 30. Versus Darpte et Naugarden mercatori Theu(o)thunicorum[a]. *Hagedorn.*
R 1 Daselbst fol. 31b.

Na der grote. Leven vrunde. Willet weten, dat vor [uns][b] ghewest is Ywane Ketzerne und heft ziik beclaget des gudes, dat den Naugarders in der Narwe[c] ghenomen is, und brochte uns enen breff van deme ertzebisscop und van deme borchgreven und van deme herthogen van Naugarden, de ziik ok des gudes beclagen, dat eren bruderen in der Narwe ghenomen is. Und se scryvet uns in eren breve, wo dat Bernd Lemeganwe myt unsen breve to Naugarden qweme und scole en hebben gelovet enen velighen wech to watere und to lande, dar nene warheit ane

a) Theuthonicorum R. b) Fehlt R. c) In R 1. Na R.

[1]) *Alf van dem Schyde stiftet 1407 März 26 im Auftrage des verstorbenen Rigaer Ratsherrn Joh. van Colne, der mit seinem verstorbenen Oheim Vroyn Zaltrump eine Handelsgesellschaft gehabt hatte, eine Seelenmesse und Vicarie in der S. Marienkirche zu Dortmund. Fahne, Dortmund II, 2, 303.* [2]) *1408 Jan. 22* (crastino b. Agnetis v.) *bekennt sich Dortmund gegen den Dorpater Ratsherrn Alf uter Olpe zu einer Schuld von 1200 rh. Gld. an rückständiger Leibrente und verspricht ratenweise Abtragung der Summe innerhalb 20 Jahre. StA Dortmund, Or. Kopierbuch V S. 106. Mitgeteilt von Hn. Dr. Rubel.*

eno is[1], wante[a] Bernd vor unsen sittenden stole des rades stont in jegenwordicheit Ketzernen und andere syner brudere und entsegede sik des, dat he en nycht gelovet ene hebbe und ok de hant nycht ghedân hebbe. Und[a] wy solen en ok in unsen breve gelovet hebben enen veligen wech to watere und to lande, des aver nycht ene is, wante[b] wy leyten en vorlesen und uttolken de utscrifft des breves, den wy by Bernde to Naugarden santen[2], dar wy en nycht yane gelovet ene hebben[b], und gy den breves ok ene utscrift hebben, den wy Bernde mede deden, dar wy anders nycht yane begerden, dan dat se den somerganl ghevelighet hedden bitte to sunte Michels dage[3], alzet van oldinges wol en sede is ghewest. Hir[c] antworden se Bernde to: wolde he to Naugarden uppe de olden crusekussinge komen, dat he qweme, wolde he nycht, dat he to hus blevo[c]. Hir hebbe wy Ywanen Ketzernen to gheantwordet, dat de schade, de en in der Narwe ghescheen is, dat sy uns let, dat se dat soken vor deme vogede tor Narwe; und kan en dar neyn recht wedervaren, dat se dat zoken vor deme mestere, wantet in deme unsen nicht ghescheen eno is; mer kunne wy en wario behulplich syn, dat wille wy alle tiit gerne don. Hirumme, leven vrunde, off ju wat hirvan voreveliet, so moge gy et de bet weten to vorantworde. Dominus vos conservet. Scriptum feria quarta post Martini.

748. *Reval an [den deutschen Kaufmann zu] Nowgorod: ersucht ihn, sich um Wahrung des alten Herkommens im Salzhandel mit den Russen zu bemühen; sendet die Abschrift eines früheren Schreibens an Nowgorod, bittet im Fall einer Arrestirung des Kaufmanns um unverzügliche Benachrichtigung. — [1406] Nov. 18.*

Aus R StA Reval, Missivbuch 1384—1420 fol. 28. Versus Naugarden. *Hagedorn.*

Unsen vruntliken grot. Leven vrunde. Willet weten, dat wy juwen breff wol vornomen hebben, dar gy uns inne scriven alse van deme solte[4]. Dar bidde wy ju umme, dat gy dat arbeiden und proven dat beste hirinne, alse [wy][d] wol weten, dat gy gerne don, dat se dat solt nemen, alzet van oldinges en sede is gewesen. Item so sole gy weten, dat wy ju senden de utscrifft des breves, den wy by Bernde to Naugarden santen[5] und des gy ok ene utscrifft hebben van worden to worden aldus ludende. Item, leven vrunde, alse gy uns scryven, dat gi ju bevruchten vor ene bezettinge, der wy nicht ene hôpen, wes ju darvan wedervert, dat scryvet uns sunder sument to vorto eder to perde; und kunne gy enen van ju utmaken 14 nacht vor wynachten[6], dar gy uns by scryven, wo dat se et mit ju holden willen: wes gy uns darby utscryven, dar wille wy gerne des besten inne ramen. Dominus conservet vos. Scriptum feria quinta post Martini.

749. *[Hzg.] Wilhelm [von Baiern, Graf von Holland,] geleitet auf Bitte der hansischen Gesandten[7], namentlich des Wismarer Rathsherrn Herman Meyer, die Bürger von Rostock und Wismar zum sicheren Handelsverkehr gegen Entrichtung der schuldigen Zölle von Febr. 2 an auf zwei Jahre, und weist seine Beamten und Unterthanen zur Beachtung dieses Geleitsbriefes an. — 1406 Nov. 19. Haag.*

RA Haag, Memoriale BH cas. R fol. 111b.
Gedruckt: HR. 5 n. 352.

a—a) *Am Schluss nachträglich hinzugefügt R I.* b—b) *Desgl.* c—c) *Desgl.*
d) *Fehlt R.*

1) *S. n. 718.* 2) *n. 713.* 3) *Sept. 29.* 4) *n. 744.* 5) *S. n. 713.*
6) *Dec. 11.* 7) *Die holländischen Geleitsbriefe für dieselben s. HR. 5 n. 346, vgl. n. 339. Okt. 28 erteilt Hzg. Wilhelm für een of twee van den rade van Rostock tot 12 personen toe, die sijns onsmytde vyande noch tulling sijnre lande niet en sijn, Geleit in seinen Landen bis 1407 Juni 24. RA Haag, a. a. O. fol. 104b.*

750. *Der deutsche Kaufmann zu Brügge verkündet eine Verordnung der Stadt Brügge über die Haftpflicht der Herbergswirte für ihre Gäste.* — 1406 Nov. 25.

Aus StA Lübeck, flandrischer Kopiar n. 8 S. 80; Abschr. vom 1. Drittel des 15. Jh. Kappmann.
StA Köln, hansische Kopiare A fol. 165, B fol. 155b.

Item int jaer 1406 upten 25. dach in Novembri wart by dem gemeynen coepman overeyndreghen unde by den dren derdendelen ingebracht, dat elck coepman van der Hanze in dem stapele to Brucge vortan alsodaene poente by der stede van Brucge geordiniert holden sal, alse hijr nagescreven staet, daerynne dat de ostaliers sullen gebonden zijn van dem gude, dat ere gaste koepen sullen, up de boete van elken pont grote to verbuerne 5 s. gr. unde daerto eyne marck goldes also dicke, alse daer ymand medde bevonden woerde, de daeryeghens dede.

Dyt zijn de poente, daer de oestaliers ynne gebonden sullen zijn van den gude, dat er lude gaste koepen sullen.

[1.] Irst van so wat gude, dat enich oestelier koepet met zijnen gasten ende men dat schepenen kenllick maken mach, dat he daeraff geholden sal zijn, by also dat gebreck waere an den vorseiden gaste.

[2.] Item int gelike, waert dat eens oestaliers knape, makelare zijnde offt zijn vrye knape, de int papijr van der stede staet, de moghende ys makelardie to doene van zijnen weghen, enich gued koffte met enighen van des vorseiden oestaliers gasten unde men dat schepenen kenllick maken mochte, dat de oestelier daeraff gehouden sal zijn, by also dat gebreck waere an den vorseiden gaste.

[3.] Item waert, dat enich coepman sonder zijnen weerd offt zijnes weerdes knapen, de machlich zijn makelardie to doene, enich gued koffte ende men dat to kennene ghave den vorseiden weerd, werdynne offt enich van den vorseiden knapen moghende makelardie to doene van zijnen weghene ende men dat schepenen kenllick maken mochte, dat de vorseide weerd daeraff geholden solde wesen, by also dat de verkopere off de verkopi[n]ge enich ghebreck daeraff hadden an den vorseiden gast.

[4.] Item alse van dem taxe van den makelaers, dat de makelaers schuldich zijn to hebbene unde de coeplude schuldich zijn to ghevene van makelardien ende daeraff enighe enich geschell hadden, dat se daeraff komen vor schepene, men sal en daeraff tallen tijden gued recht doen.

751. *Der deutsche Kaufmann zu Nowgorod an Reval: Nowgorod hat den Deutschen die Ausfahrt verboten; warnt vor der Fahrt nach dort.* — *[1406]* Dec. 6. *Nowgorod.*

Aus StA Reval; Or. Perg. m. Spur d. S. Hohlbaum.
Gedruckt: v. Bunge, Livland. U.B. 4 n. 1636. S. oben n. 747 und 748.

Den ersamen wisen heren, borgermeisteren und ratmanne der stact Reval kome disse breiff, detur.

Vruntlike grote und wes wy gudes vormogen vorgescreven. Leven heren und vrunde. Willet weten, dat wy juwen breiff wol vornomen hebben als umme de tidinghe, de wy ju scriven solden. Also vro als Iwane Ketzerne to hus qwam, do was he in dem dinghe; do se ut deme dinge gyngen, do leten se ropen int market, dat nymand uns und unse gût solde utvoren, des en wete wy nicht, wat se darmede menen und wo dat se dat mit uns holden wellen. Hirumme bidde wy ju, dat gy genen kopman op uns komen laten bitte to der tit, dat gy ander tidinghe van uns hebben, wante hir lude sin, de utvaren wellen mit den ersten.

ist sake, dat de nicht en komen na wynachten ut, unde is dar ane misdanket, so provet des kopmans beste hirane, als gy to allen tiden gherne doen. Vortmer so hebbe wy her Everd Kalhorsten gescreven enen breiff, werd dat ymand wer to der Narwe, dey herward wolde, dat he de warne, dat se nicht dar en varen, it en sy, dat ymand van hir kome. Hirmede sit Gode bevolen und gebedet to uns to allen tiden. Gescreven to Nougarden an sunte Nicolaus daghe des hilgen bisschopes, under unsem ingheseghel.

Olderlude, wisesten und de mene Dutsche kopman nu to Nougarden.

752. *Der deutsche Kaufmann zu Nowgorod an Reval: hat mit Nowgorod vergeblich wegen der Aufhebung des Ausfahrtverbotes verhandelt. — [1406] Dec. 21. Nowgorod.*

Aus StA Reval; Or. m. Spur d. S., durchlöchert. Höhlbaum.
Gedruckt: v. Bunge, Livl. U.B. 4 n. 1637.

Den vorsichtigen heren borgermesteren und ratmannen der stact Revel kome disse yegenwortige breff.

Unsen vruntliken groet mit behegelicheit. Leven heren und vrunde. Willet weten, als wy ju wol er gescreven hebben umme der bokummeringhe willen, als se int market geropen hebben, dat uns nymand mach utvoren, dat siet noch in enen [pu]ntien; und wy weren vor dem hertogen und vrageden eme, worumme he int market hedde geropen laten, dat men uns nicht utvoren en solde, des antworde he uns, dat eren broderen er gut wer genomen by der Narwe. Do vragede wy eme, of wy nicht enen reynen wech hebben mochten. Do segede he uns, he en reide allene vor Grote Nougarde nicht, it wer Godes wille und Grote Nougarden; und dat uterste antworde, dat wy van eme hebben mochten, dat was, dat wy so lange solden wachten, bit de boden weder van dem mester komen weren. Unde hir en is nicht en vorman so kone, de uns dar vorhuren enen sleden of en perd, uttovoren uns noch unse gud, und wy en weten nicht, wu lange se uns aldus halden wellen. Leven heren. Hir weset vorsichtich ane und warnet de[n] kopman, dat he nicht op uns en kome bit to der tit, dat gy ander tidinghe van uns hebben. Desgelik hebben wy ok gescreven an de van Derbte und deme kopmanne, de nu yegenwordich is in der Narwe. Gescreven to Nougarden under unsem ingesegel, in sunte Thomas daghe des hilgen apostols. Hirmede sit Gode bevolen.

Olderlude, wisesten und de mene Dutsche kopman nu to Nougarden.

753. *Ordonnanz des deutschen Kaufmanns zu Brügge gegen die Wahl eines Bastards zum Älter- oder Achtzehnmann. — 1406.*

Aus L StA Lübeck, flandrischer Kopiar n. 8 S. 29; Abschr. vom 1. Drittel des 15. Jahrh. Überschrieben: Anno 1406. Koppmann.
StA Köln, hansische Kopiare A fol. 164, H fol. 164 b.
Gedruckt: aus L Stein, Genossenschaft der deutschen Kaufleute zu Brügge 31 Anm. 4.

Item so es overeyngedregen by dem coepmanne, dat men ghenen man, de bastaert ys, kesen sal vor alderman offt vor achteynman. Wert over, dat enich man, de bastaert were, gekoren worde vor alderman offt vor 18 man met onwitschap unde he daer enboven swore, de solde daerna, alse dat bevonden worde, bliven ute des coepmans rechte, unde de 18 man sal breken eyne marck goldes, war he boven eyns vor 18 man staende bleve.

754. *Wesel an Dortmund: bittet um Nachricht über den Termin des nächsten Hansetages. — [1406.]*

Aus StA Dortmund; Or. m. Resten d. S. Auf der Rückseite: Wesele. Bruns.

Immense virtutis mireque sagacitatis viris, proconsulibus et consulibus civitatis Tremoniensis, amicis nostris sincere diligendis.

Sunderlinghe gude vrinde. U ghenoghe to weten, dat wij onsse vrinde ghescicket hadden yn Hollant an vrinde somygher Oesterscher stede van der Hanse umme zaken wille, dye wij myt oen to doen hebben[1]; dye onsen vrinden ghesacht ende gheantwordt hebben, dat dye stede van der Hense kortelick oer vrinde bij eyn hebben willen, ende dat sij u dat willen scryven ende weten laten, woneer ende wair dat wesen sal, ende hebben onssen vrinden mede bevalen, dat wij an u dat so bestellen, dat ghij ons dat dan voirt laten weten. Hierumme so bidde wij u vrintliken, woneer sij u dat scryven ende weten laten, dat ghij ons dat dan ter stont voirt wilt scryven ende laten verstaen. Ende dys en wilt ons, lieve vrinde, nyet weygheren, ende lat ons des weder verdyenen yn ghelliken zaken off yn merren. Got sij mit u. Datum nostro sub secreto.

Borghermester, schepen ende rade der stat van Wesele.

755. *Auszug aus der Stadtrechnung von Wesel. — 1406.*

Aus StA Wesel (im StsA Düsseldorf) Kapsel 44, Kämmereirechnung von 1406: § 1—2 fol. 98 b, § 3 fol. 102, § 4 fol. 107 b.

[1.] (Exposita pro precio nunciorum.)

Item Heyn Gheysinc was to Zutphen myt enen brieve, dat se ons weder scryven wolden, woneer die stede van der Hense oer vrunde bij eyn wolden hebben; had tozamen, want yt water groet was ende ummegaen moest, 7 s.

[2.] Item Heyn Gheysinc was to Dorpmunde myt enen brieve umme der selver zaken wille[2] ende bracht eyn ordel mede weder, dair he drie daghe na moest wachten; had tozamen 9 s. 5 d.

[3.] (Van der Hense.)

Primo dye borghermester, Claes Stecke, Lambert van Orsoy waren ghevaren yn den Greven Haghe yn Hollant to vrinden somigher stede van der Hense ende versuchten, off wij ijt weder yn dye Hensse komen mochten, post festum Lamberti[3], hadden mede yn den scheppe an wijn, an hoppen, an brode, an vleysche ende an anderre ware tozamen 2 m. 11 s. 9 d.

Item umme enen mast ende eyn rijme yn dat scheppe 5 s. 6 d. Item sij verdeden, dye wiele dat se ut waren, 20 m. 6 s. 3 d. Item sij verdeden, do sij weder quamen, myt den knechten tot Sthevens huys van den Rijn 17 s. Item Heyn Terborch ende Kûen Ridders, dye sij voerden, hadden to loen 3 m. 8 d. Item umme meghele hadden sij yn den scheppe 4 d.

Summe 28 m. 5 s.

[4.] (De diversis materiis.)

Item her Reyner van Calven, eyn raethere to Lubeke,[4] ys ghenant eyn hechtelen ghekocht tweghen Dries van Bert voir 10 Rijnsche guldene, elken gulden voir 18 s., facit 14 m. 2 s.[a].

a) So!

1) *Es handelte sich um Wesels Wiederaufnahme in die Hanse. S. HR. 5 n. 339, 18, vgl. dazu n. 371, 10; 393, 19; unten n. 787 Anm.* 2) *n. 754.* 3) *Nach Sept. 17.*

4) *Mitglied der seit Aug. 1406 in Holland weilenden hansischen Gesandtschaft.*

756. *85 gen. Engländer und Engländerinnen aus Cromer beklagen sich bei K. Heinrich IV über die Gefangennahme und Ermordung ihrer in einem norwegischen Hafen eingelaufenen Angehörigen durch hansische Bergenfahrer und bitten, die augenblicklich in Boston weilenden hansischen Kaufleute dafür zur Rechenschaft zu ziehen. — [1407 Anfang.]*

Aus L StA Lübeck, eingeschoben in n. 778.

A tresexcellent et tresredoute seignour, nostre seignour le roy moustrent voz humblez lieges et tenants de vostre ville de Crowemere en le countee de Norffolk, cestassavoir Margarete que fuist la femme Geffrey Rugge de Crowemere, que sue par la morte de dit Geffrey nadgairs soun baroun, Margarete que fuist la femme Nicholas Clerk de Crowemere, que pursue pur la morte de dit Nicholas nadgairs soun baroun, Johanne que fuist la femme Johan Porter de Runtone, que sue par la morte de dit Johan nadgairs soun baroun, *etc. [Folgen die Namen von weiteren 60 weiblichen und 22 männlichen Einwohnern von Cromer, die aus Anlass der Ermordung ihrer Gatten, Söhne, Brüder, Neffen, Vettern, Schwäger oder Diener klagen]* par Johan Gees, Johan Dreg et William Mariot, lour attournes, et lour compleynent de ceo, que par la, ou les avauntditz persones mortes ore tarde pessoners esteans sur le meer por doute et poure[1] de voz enmys de Flaundres alors auxi esteants sur la meer senfueront en le terre de Norweye, cestassavoir al port de Wynforde, espoirants davoir este illeoqes recuseez[2] a cause del mariage de tresnoble dame, vostre tresgraciouse file, ore roigne de Denmark[3]; et ensy fuist, que Hankyn Bliboun, Hardewyk Housyngbriez, Hankyn Trawe, Henryk Spark, William Waterhous, Herman Swart, Herman van Hamyile, Drewes Hoope, Hans Hamburghe, Heyne Lenyng, Hans Dowsyng, Hans Benfeld, Henryk van Myne, Hans Spyces, Dederyk Swartlyf et Conradous Holsyngkirke, merchaunts de les villes de Hans en Almaigne, mants les parties de Northberne et autres villes de Hans, ovesque la nombre de cynk ceutz des gentz darmes adonqes furent gisants a force de guerre en la meer a Iuroo, lesqeux avoient entenduz, coment les dits pessoners, voz lieges, furent arrivez en le dit port de Wynford, et meyntenant ils ordeigneront ce[sta]ssavoir[a] deux centz des gentz darmes de passer par terre et trois centz par ewe en lour balyngeres et batelx et prendre voz lieges pessoners suisdits; et a lour primer venue ils tueront deux de voz lieges suisdits et la remenant ils gardoient en dure distresse par deux jours et une noeut[4], tanque al temps que les suisditz lours governours avoient prises lour counseille, ou qils serroient savez ou mys a mort. Et quaunt ils avoient ensi pris lour counseille, les avauntditz malefesours vilenousement sauns processe de ley et encountre les treves darreinement prisez ovesque eux par voz ambassiatours lieront les mains de voz ditz lieges desouthe lour jaumbes et coucheront pieres en lours draps et eux amesneront en lours batelx en le meer et pardevaunt le dit port de Wynford, ou leawe fuist del profoundesse de vint et sept vadine, ils getteront eux toutz en le meer, cestassavoir le vendredy procheín apres le jour de seint Margarete darrein passe[5], et issint voz ditz lieges pessoners fueront nyes[6], tuez et mourdrez, a tresgraunt doloer et perde de lours amys et bien voillants de vostre dit ville de Crowemere et de tout la paies la environ. Et est ensy, que certeins persones des villes suisditz, qeux furent vitaillers, meintenours et supportours des malfesours avauntditz, ore sount venuz dedeins vostre roialme a

a) cessavoir L.

1) — peur. 2) So! — recus. 3) *Philippa, Tochter Heinrichs IV, mit K. Erich von Dänemark vermählt.* 4) — nuit. 5) *1406 Juli 16.* 6) — noyer.

Bostone: plese a vostre treshumble seignourie, faire venir pardevannt vostre hautesse ou pardevannt vostre tressage conseille les persones suisditz ensy esteantz a Bostone, davoir eux en examinacioun dicestе extorsioun horrible fait a voz liges suisditz, et sur ceo par le treshaute avys de vous, tresexcellent seignour, et de vostre tressage conseille due remedie et justice ent soit ordeigne et fait, pur Dieu et en oevre de charite.

757. *Sechs gen. hansische Kaufleute leisten in der vorstehenden Angelegenheit dem englischen Kanzleigericht Bürgschaft für sich und die anderen hansischen Kaufleute in Boston. — 1407 Febr. 12.*

Aus StA Lübeck, eingeschoben in n. 779.

Memorandum, quod duodecimo die Februarii anno regni regis Henrici quarti post conquestum octavo Hermannus van Mynden, Johannes Pape, Albertus van Strode, Johannes Busshe, Swether van Beston et Johannes Clynkenthorpe coram domino rege in cancellaria sua personaliter constituti manuceperunt tam pro se ipsis quam pro sociis suis mercatoribus de Hansa apud villam de Sancto Botholfo ad presens existentibus sub pena duorum millium marcarum, quod ipsi stabunt laudo et arbitrio consilii prefati domini regis de submersione ligeorum ipsius regis comitatus Norffolcie, et quod iidem Hermannus, Johannes, Albertus, Johannes, Swether et Johannes de curia ejusdem domini regis absque licencia sua seu consilii sui non recedent. Quam quidem summam iidem manucaptores concesserunt ad opus dicti domini regis levari, si ipsi aut socii sui[a] predicti premissa minime observaverint.

758. *K. Heinrich [IV] von England an Joh. Reymes: bevollmächtigt ihn, die Anwälte der durch die hansischen Kaufleute geschädigten Einwohner von Cromer* (tam hominum quam mulierum de villa de Crowemere ac de aliis villis infra comitatum Norffolcie, qui aliquas querelas sive acciones versus mercatores ville de Northberne ac aliarum villarum de Hans in Almania pro aliquibus dampnis sive gravaminibus aut aliquorum ligeorum nostrorum interfeccionibus in portu de Wynforde in partibus de Norway ante hec tempora factis sive perpetratis coram nobis et consilio nostro prosequi voluerint) *zu empfangen, ihre Klagen zu verfolgen und mit den betr. Kaufleuten wegen eines Vergleichs zu verhandeln, mit der Weisung, die Namen der Anwälte und ihrer Auftraggeber der königl. Kanzlei zu melden. — 1407 (8 Henr. IV) Febr. 20. Westminster.*

StA Lübeck, eingeschoben in n. 779.

759. *Joh. Reymes bekundet, dass er gemäss dem Erlass n. 758 Joh. Gese, Joh. Dregge und Will. Mariot aus Cromer als bevollmächtigte Anwälte der in n. 758 aufgezählten Einwohner von Cromer empfangen hat. — [1407 nach Febr. 20.]*

StA Lübeck, eingeschoben in n. 779.

760. *K. Heinrich [IV] von England an den Sheriff von Norfolk: gebietet ihm mit Bezugnahme auf den Erlass n. 758, durch öffentliche Bekanntmachung in Cromer und anderwärts alle, welche Ansprüche gegen die hansischen Kaufleute erheben wollen, aufzufordern, dass sie bis Apr. 10* (citra quindenam pasche) *vor Joh. Reymes behufs Ernennung von Anwälten erscheinen oder in Westminster vor dem kgl. Rat ihre Klage persönlich anbringen sollen, bei Ausschluss aller sonstigen Forderungen. — 1407 (8 Henr. IV) Febr. 21. Westminster.*

StA Lübeck, eingeschoben in n. 779.

a) Über der Zeile nachgetragen.

761. *Dorpat an Reval: der [deutsche] Kaufmann zu Nowgorod hat sich u. a. über die Beeinträchtigung seiner Gerechtsame in Nowgorod in Folge des Fehlens einer schriftlichen Aufzeichnung derselben beklagt; bittet, möglichst bald die Skra nebst dem Siegel wieder nach Nowgorod zu senden, während der Kaufmann wegen der Bedachung der Kirche[1] vermuthlich selbst an Reval schreiben wird. — [1407] März 14.*

StA Reval; Or. m. Spur d. S.

Gedruckt: HR. 5 n. 369, früher v. Bunge, Livl. UB. 4 n. 1682.

762. *Der deutsche Kaufmann zu Brügge an Thorn: hat Thorns Auftrag gemäss den Rotger Hetvelt über den Verbleib gewisser, seinen Process mit Joh. Pockelthus betreffender Briefe verhört, die von ihm verheimlicht sein sollen; erklärt, dass Rotger laut eidlicher Aussage alle darauf bezüglichen Schriftstücke längst nach Thorn übersandt hat. — 1407 März 15.*

Aus StA Thorn n. 566; Or. m. 3 S. Hagedorn.

Honorabilibus ac industriosis viris, dominis proconsulibus et consulibus civitatis Thorūn, amicis nostris sincere preamandis, littera presentetur.

Vrentlike groyte unde wat wij gueden vormoegen tovoeren. Heren unde gueden vrende. Uwen breyff hebbe wij wol verstaen ynnecholdene van 6½ 1000 Russches werks, daervan dat her Johan Pockelthus unde Rotgher Hetvelt sullen sijn in twedrachte, dat welke gi doch to uw genoemen hebben to untrichtene van beiden sijden. Unde umme dat her Johan vorscreven Rotghere Hetvelt sal gescreven hebben, dat he dat vorscreven werck nicht en solde verborgen, so were gi van dem vorscreven Rotgher begerende, uw alle de breyve over to sendene dem vorscreven guede anrorende, de he daervan untfangen hedde; welke breyve an uw gekomen, gi se dem vorscreven heren Johanne hebben doen lesen, daerup dat he sal gesproken hebben, dat de breyve, de he Rotgher sande dat gued nicht to verborgene, noch hinderstellig sullen sijn, wor se sijn, unde des begere gi heren van uns, dat wij Rotgher vorscreven wolden doen vor uns komen, em vraghende, offt he icht meer breyve hebbe edder wette, wor se sijn, de em her Johan vorscreven van des vorscreven guedes wegheне sal gesant hebben, de he untfangen hebbe, met meer worden, alse uw breyff wol verclaert. Warup, heren unde gueden vrende, uwer vorsenigher bescheidenheit gelieve to wetene, dat wij den vorscreven Rotgher vor uns deden komen unde deden em uwe breyve lesen; daerup dat he uns verantworde, dat he sijne breyve to anderen tijden ganselike overgeseyn hedde unde ghene breyve meer gevonden en hedde, de em de vorscreven her Johan solde gesant hebben, dan alsodane breyve, alse he sijnen broedere in vortijden hedde overgesant, men he seghede, umme dat he em daerynne vulkomelike wolde quijten, so wolde he sijne breyve noch bet overseyn, unde dat gedaen, so wolde he by uns wedder komen. Hijrum so qwam he by uns wedder, seghende met sijnen vorsenigen wol beraden moede, dat he alle de breyve, se weren rorende van dessen vorscreven guede offt van alleu anderen saken offt guede, de her Johan Pockelthus vorscreven an em to enighen vorledenen tijden mochte gesant hebben, de he untfangen hedde, na alle sijner witschap sijnen broeder vorscreven hedde overgesant, unde ock dat he alsodaner breyve nicht meer en hebbe noch en wete, war se sijn edder wie se hebbe; unde alle desse poente hevet de vorscreven Rotgher met sijnen upgerichteden lijfliken vingheren unde met gestaveden eyden to den hilgen swerende

[1]) *Vgl. dazu auch HR. 5 n. 69.*

rechtlike unde redelike vor uns war gemaket unde getuget, dat welke wij uw heren aldus na uwer begherte overscriven, up dat gi moegen weten, so wes dat gi in dessen saken hebben to doene. Unde mochte wij enighe andere dinghe doen ter eere unde ter lieffte van uw heren, daeryne solde gi uns alle tijt bereide vinden, dat kennet God unse here, de uw alle tijt moete bewaeren in zielen unde in lyve. Ghescreven under unsen ingezeghelen, upten 15. dach in Meerte int jaer 1407.

By den alderluden des gemeynen coepmans van der Duytschen Hanze nu to Brucge in Vlanderen wesende.

763. *Rotger Hetvelt an Thorn: verantwortet sich in der vorstehenden Angelegenheit. — 1407 März 16. Brügge.*

Aus StA Thorn n. 687; Or. m. S. Hagedorn.

Erwerdighen wisen mannen, borgermestere unde rätheren der stät Thorun werde dieser briff gegeben mit werdicheit.

Minen willighen dinst mit vruntlichem gruse czuvor. Erwerdigen heren unde liben vrunde. Uwer erbarheit geliebe czu wissen, das mich dy alderlute des gemeinen kôfmans vor sich vorbotten unde liessen mich lesen einen briff von uwer bescheidenheit an sy gesant, inneholdende von deme geschefte czwisschen her Johan Pockeltuse unde mir alze von 6½ tusent Russches werkes, das her mir sante in deme jare 1400 by der czit sinte Johannis tage decollacionis[1] in Radeke Richen schiffe; unde dy alderlute waren ernstlich von mir begerende, das ich en czirkennen wolde geben, ab ich icht me bribe by mir hette ader by andern ymande bribe wiste ader irchen anderswo, do sy sie mochten by mynem wissen, dy mir her Johan Pockeltus gesant hette, sy weren anrorende das vorgescreben werk ader ander sachen, das ich en dy wolde antworden ader offenbaren, wo das sy dy vinden mochten. Daroff das ich en vorantworte, das ich bynnen corczer czit alle dy bribe czusamene gesucht hette, dy mir her Johan Pockeltus gesant hette seder der czit, daz ich erst her czu legene quam, unde hette dy mit den andern mynem bruder kein Thorun gesant. Do vrageten mich dy alderlute, ab ich darczu mynen êt wol dorste thû, das das alzo in der warheit were. Ich antworte en weder, ich dorste das wol thû, wante ichs in der warheit wol wiste, das is alzo were; ydoch das ich mich nicht vorhasten en wolde unde mir selben nicht alzo schire gelobeten en wolde, so bât ich umme vriste, biis ich myne bribe noch êns obersege, unde ging noch enis alle dy bribe obersên, dy ich in alle myner gewalt hatte unde wiste, so das ich keine bribe me en vant unde och van keinen briben me wissentlich en es, dy mir her Johann Pockeltus gesant habe, anders danne dy ich mynem bruder gesant habe, unde habe dar alzo vele czu getan, alze dy alderlute von mir begerende waren czu tune. Vort, liben heren, so habe ich wol vornomen, wy das her Johan Pockeltus vor uwer erbarheit gesprochen hait, das ich dy bribe, dy ym mote gên unde mir enkegen gên, noch by mir habe unde nicht von mir gesant; darane das her mir grose gewalt tut, wante ichs ungerne derdencken wolde unde hoffe och, das alsotans ader dergelich nymant an mir bevunden en habe unde och, obe Got wel, nummer an mir bevunden en sal werden. Unde bitte och, liben heren, sere demuticlichen, das ir her Johan Pockeltus alzo bescheidentlichen underwisen welt, das her solliche rede ader dergeliche nicht me von mir sprechen en welle; unde wo is me geschege unde mir czu wissene worde, so en mochte ich des nicht lasen von er wegen, ich en must is anders vorantworten. Och so hoffe ich jo, das her alzo wyse unde bescheiden sy, das her sich an rechte unde an redelicheit genugen welle lasen. Unde

[1] *1400 Aug. 29.*

ich bitte uch, liben heren, kunt ir in uwer wisheit derkennen, daz ich ym von rechte icht pflichtich sy, ich wel al daz tûn, daz ir mich tûn heist unde daz mir vuget czu tune. Hirmete pflege uwer Got alle czit, unde welt ober mich gebiten alse ober den uwern. Gescreben czu Brugge, des mittewochens vor palmetage in deme jare 1407. Rotgher Hetvelt, czu uwerm dinste alczit bereid.

764. *Reval an Riga: erklärt auf Veranlassung der Wolmarer Tagfahrt, dass es die frühere Verordnung gegen den Borgkauf mit den Russen für drei Jahre halten will, und dass es diesen Beschluss nebst einer Bestimmung über den Handelsweg nach Russland bekannt gemacht hat; lehnt eine Besendung der Hamburger Tagfahrt ab; hat wegen der durch die Friesen verursachten Verluste eine Bekanntmachung erlassen, deren Ergebnis es nach Lübeck senden wird*[1]*; ist vom Kaufmann zu Nowgorod um Übersendung der Skra und des Wachssiegels ersucht, bittet deswegen um Meinungsäusserung und hat ebenso an Dorpat geschrieben. — [1407] März 16.*

R StA Riga; Or. m. S.

StA Reval, Missivbuch 1384—1420 fol. 36b; an Riga und Dorpat gerichtet, ohne den Schlusspassus betr. Nowgorod. Datiert: infra octavas palmarum (März 20 bis 27). Anscheinend nicht zur Absendung gekommen; vgl. n. 765.

Gedruckt: aus R HR. 5 n. 370.

765. *Reval an [Dorpat:] berichtet wie vor über sein Verbot des Borgkaufs mit den Russen, über die Hamburger Tagfahrt und die Wünsche des deutschen Kaufmanns zu Nowgorod. — [1407 März 16.]*

Aus StA Reval, Missivbuch 1384—1420 fol. 34b. Hagedorn.

Post salutacionem. Heren und leven vrende. Willet weten, dat uns unse boden inbrochten van deme dage, de nû to Woldmer geholden wart van dessen lyvenlandeschen steden, ju eyn antword to schrivende myt den ersten alse umme den borch myt den Russen, wo wy den holden willen. Des so wetet, dat wy dat hir ghebeden hebben, dat geyn Dudesch copman mit den Russen to borghe copslagen ene sal anders dan reyt umme reyt und eyn gud by deme anderen und nycht vorder to levererende dan over den Zulle, by vorluse des gudes und se nycht mer vor eyn ghuden man to holdende alse vore. Item, leven heren, alse umme boden ut to makende to der dachvard to Homborch, des wy nu ter tiit nycht wol bitobryngen ene kunnen. Warumme, heren und leven vrende, wy ju bydden myt ganzeme ville und nement uppo ju; wes dat costet, dat wille wy gherne mede leesten na unsen vormogen. Und dusses breves gelik hebbe wy ok den heren van der Ryge ghescreven. Item so entfinge wy enen breff van dem kopmanne van Naugarden des sundages in der vasten, alse men synget judyca[2], ludende alse hir nagheschreven stet[3]. Warumme, leven heren, offtet juwer vorsichtigen wisheit nutte dunket wesen, dat wy en sunte Peters boek wedersenden unde dat ingesegel to deme wasse, wes juwer wisheit nutte duncket wesen, des scrivet uns en antworde mit den ersten.

766. *Riga an Reval: antwortet auf n. 764, dass es sich dem Verbot des Borgkaufs mit den Russen anschliessen will, u. s. w.; rät ihm, dem Kaufmann zu Nowgorod eine Abschrift der Skra nebst dem Wachssiegel zu schicken und das Original des Buches bis auf weiteres zu behalten. — [1407] März 23.*

StA Reval; Or. m. S.

Gedruckt: HR. 5 n. 371, früher v. Bunge, Livl. UB. 4 n. 1683.

[1]) *S. darüber Lübecks Mitteilung an die livländischen Städte von 1406 Okt. 25, HR. 5 n. 291. Vgl. weiter das. n. 482.* [2]) *März 13.* [3]) *Das Schreiben fehlt.*

767. *Der Sheriff von Norfolk, Robert Berneye, bekundet, dass er die in n. 760 vorgesehene Bekanntmachung in Cromer am 20. März* (die dom. in ramis palm.), *in Holt am 19. März* (die sabb. a. f. annunc. b. Mar.), *in North Walsham am 24. März* (die jovis a. f. pasch.), *in Norwich am 21. März* (die lune a. f. pasch.) *erlassen hat. — 1407 [März].*

StA Lübeck, eingeschoben in n. 779.

768. *Hzg. Johann von Burgund, Graf von Flandern, wiederholt und bestätigt auf Bitte Kampens den Freibrief des Gr. Ludwig von Flandern für Kampen von 1361 Mai 13 [Bd. 4 n. 10]. — 1407 Apr. 1. Gent.*

StA Kampen; Or. Perg. m. anh. S.
Verzeichnet: Register van Kampen 1 n. 381.

769. *Hzg. Johann von Burgund, Graf von Flandern, verspricht nach dem Vorgange des Gr. Ludwig von Flandern, bei einer etwaigen Erweiterung der Privilegien der Osterlinge den Bürgern von Kampen dieselben Vergünstigungen zu verleihen. — 1407 Apr. 4. Gent.*

Aus K StA Kampen; Or. Perg. m. anh. S.
Das., gleichz. niederland. Übersetzung a. Perg., überschrieben: Dit is tFlaemsche van Walschen brieve ende coll[acioneert]. *Auf der Rückseite:* Hertoch Jan, dat wij al privilegie hebn sullen als die Osterlinge off Hense.
K 1 Das., Transsumpt des Propstes zu S. Donat in Brügge von 1407 Apr. 10; Or. Perg. m. anh. S.
Verzeichnet: Register van Kampen 1 n. 382 und 383. — Beachtenswert für diese Zeit ist hier die gelegentliche Verwendung des Apostroph.

Jehan duc de Bourgoigne, conte de Flandres, dArtois et de Bourgoigne, palatin, seigneur de Salins et de Malines, faisons savoir a tous, que comme feu notre treschier seigneur et aieul, monseigneur Loys jadis conte de Flandres, dont Dieux ait l'ame, eust baillie a ceulx de la ville de Campen ses lettres patentes seellees de son seel escriptes en Flameng[1], contenans en effect, que les bourgois de la dicte ville de Campen estoient accordez des poins de leurs previleges et de leurs dommages avecques notre dit feu seigneur et aieul et ses villes, et que ce meisme, que par eulx et par icellui feu notre seigneur et aieul, son conseil et ses villes avoit este fait et concludª a la journee de Orwelle, qil vouloit de point en point tenir et acomplir aux diz bourgois aussi bien de leurs franchises que de leurs diz dommages; et en oultre leur permettoit, ou cas quil baillast ou consentist aux Oosteriens aucunes greigneurs franchises, que tout ce meismes il bailleroit et consentiroit aus diz de Campen, et leur bailleroit tel et semblable seelle de previleges, que les diz Oosteriens auroient de lui, et que a ce iceulx bourgois de Campen se pourroient bien attendre et sur ce venir, aler et retourner franchement avecques leurs biens et merchandises ou pays de Flandres, cessant toute fraude, si comme par les dictes lettres donnees a Male le 15. jour de Novembre lan mil trois cens cincquante neuf, que nous avons fait veoir par notre conseil, nous est apparu plus a plain: nous a la supplicacion des diz bourgois de Campen et pour consideracion de la bonne continuacion par eulx toujours faicte de frequenter de leurs denrees, biens et merchandises notre pays de Flandres, et affin aussi, qu'ilz aient greigneur et plus grand volonte et soient plus tenuz de y perseverer, avons par lavis et deliberacion de notre conseil, en ensievant en ce le pas de notre dit feu seigneur et aieul, promis et promettons aux demandiz de la ville de Campen, que, se aux Oosteriens nous baillons et consentons aucune greigneur franchise, que nous la baillerons et consentirons

a) *So K.*

1) *Urkunde von 1359 Nov. 15, Bd. 3 n. 444.*

pareille a ceulx de Campen selon ce et par la maniere, que dit est. Donne en nostre ville de Gand, le 4. jour d'Avril apres pasques l'an de grace mil quatre cens et sept. Par monseigneur le duc, vous present.

Keythulle.

770. *Lübeck an Reval: erklärt, dass sein Bürger Ludwig Crüll, der Handelsgesellschafter von Bert. Herentey und Wennemar Kerkhoff, keinen Antheil hat an einem Terling Yperschen Tuches, der von Wennemar unter seiner eigenen Marke nach Reval verfrachtet und durch Schiffbruch verloren ist. — 1407 Apr. 6.*

Aus R StA Reval; Or. Perg. m. Spur d. S. Höhlbaum.
Gedruckt: v. Bunge, Livl. U.B. 4 n. 1719.

Commendabilibus et discretis viris, dominis proconsulibus et consulibus civitatis Revaliensis, nostris amicis predilectis, detur.

Vruntliken grut tovoren unde wes wi gudes vormogen. Leven vrunde. Uns heft vorgelecht Lodewich Crûll unse borger, wo he in tiden vorleden, wol bi vif jaren, mit Bertelde Herentey unde Wennemar Kerkhoff an borger to Darpte ene summe gheldes tosamende lede, aldus under sik eenes to werdende, wat gudes mit deme sulven ghelde koft worde, dat scholde merket werden unde ghan under dessem merke  Wennemares vorscreven to erer driger behuf. Na der tiid, des nû in dessem  negesten tokumpstigen hervveste dre jar werd, dar enboven vordregen sik Berteld unde Wennemar vorscreven in Vlanderen in desser wise: worde mer van erer driger gude bewervet, dat scholde ghan unde merket wesen under den sulven Wennemares unde Lodewiges vorscreven merken. Na welker vordrachtinge to hand quam Wennemar irgenant hir in unse stad bringende ênen terling Ypersches wandes under sinen eghen merke alleene vorscreven, unde umme des willen wart he van Lodewige vorscreven gevraget, wer Lodewich ok wes in deme terlinge hadde, dar eme Wennemar to antwerdede, dat noch de sulve Lodewich noch Berteld vorscreven part in deme terlinge hadden, wente Berteld unde de sulve Wennemar hedden sik des in Vlanderen vordregen, weret dat Lodewich in welkem gude part hadde, dar scholde sin merke mêr mit Wennemars merke uppe stan. Vurder sechede em Wennemar, he wolde den terling Yperschen [wandes][a] also mit sinen merke gemerket schepen to Revele wert, darmede den luden, den he ere gheld hadde, schichtinge to donde. Also leet he den sulven terling Yperschen wandes schepen in Henning Smede, de darmede segelde na Revele, unde dat scip bleef vor Revele up der Wyk mit dem sulven terling Yperschen wandes. Unde dat alle dessen saken in aller wise, alse vorscreven steit, geschen sin, alse dat an den sulven terling Yperschen wandes Lodewich dickebenant mit alle nichtes nicht en had(d)e, alse des Wennemar vorscreven em bekand hadde, dat heft Lodewich vorbenant vor uns mit sinen liifliken eede upholdener vingere beholden, betuget unde war gemaket. Leven vrunde, dat scrive wi juw to, up dat gi enkede weten, wo id um desse sake gelegen is. Screven under unsem secrete, des midwekens na quasimodogeniti 1407.

Radmanne der stad Lubeke.

771. *Deventer, Kampen und Zwolle geleiten den Häuptling von Emden nebst Unterthanen, soweit dieselben an der Beraubung des Kaufmanns auf der See unbetheiligt sind, für ewige Zeiten zum Verkehr in ihren Städten. — 1407 Apr. 14.*

StA Kampen, Abschr. im Divers. A fol. 200b. Copie. Dahinter mit anderer Tinte: Dese brief en is niet gemaect ende is machteloes.
Verzeichnet: Register van Kampen 1 n. 412.

a) *Fehlt R.*

Wij scepen ende raet der steden van Deventer, Campen ende Zwolle maken kond ende kenlijc allen luden mit desen openen brieve, dat wij hebben ghelovet ende loeven in desen brieve Hisseken, bovedingh ende provest tot Emeden, dat hij ende die burghers van Emeden ende alle die ghiene, die sine ondersaeten sint ende onder sinen ghebiede ghesaeten sint, sullen velich varen ende keren mit live ende mit horen guede te water ende to lande ende in onsen steden toe ende van daer zij te doen hebben ende alsoe dijcke ende so menichwerve, als sij des te doen hebben ende hem ghenoghet, onse steden te versoeken voer ons, voer onse ondersaeten ende voir alle die ghiene, die daer onsen wille doin ende laeten willen ende sullen, ende voer al ghene, die onder onsen ghebieden ghesaeten sin; uutghesproken, weren jenighe lude van den burgeren van Emeden of die ghesaeten weren onder Hisseken ghebiede voirseid, die in enich van onsen steden quemen, die in horen selves persone daermede ghewesen hadden, daer die coepman opter see beroevet is, ende daer mit rechte voir aengesproken woirden, dat die solden des toe rechte staen, ende woirde hij des verwonnen mit rechte, dat wij dair mochten over richten; durende tot ewighen daghen, sonder al argelist. In oreonde besegalt mit segele der stad van Campen, dair ons van Deventer ende van Zwolle to deser tijt an ghenoeget. Gegeven in den jair ons Hern 1407, op sente Tiburcius ende Valerianus dach.

772. *Die Herzöge Bernhard und Heinrich von Braunschweig-Lüneburg versprechen in ihrer mit der Stadt Hannover abgeschlossenen Sühne, die Kornfuhr von Hannover nach Bremen* (to Bremen ward to schepende und to vorende to water und to lande) *sowie andere Zu- und Abfuhr in keiner Weise zu behindern, sondern die Bürger gemäss früherer Verbriefung*[1] *dabei zu lassen und zu beschirmen, unter Vorbehalt eines besonderen Beschlusses, falls ein Kornausfuhrverbot notwendig wird. — 1407 Apr. 15* (des frigdages na s. Tiburcii und Valeriani dage).

StA Hannover; Or. Perg. m. 2 anh. S. Gleichz. Abschr. im Stadtbuch n. 14.
StA Hannover, Copialbuch III 286; gleichz. Abschr.
StA Bremen; Abschr. des 17. Jh.
Verzeichnet: Brem. U.-B. 4 n. 356.

773. *[Hrg.] Wilhelm [von Baiern, Graf von Holland,] gebietet auf Beschwerde Kampens seinen Zollbeamten in Holland und Seeland, bis zum nächsten 1. November den Kampern bei der Zollzahlung je 6 holländische Pfennige mit einem neuen holländischen Groten zu berechnen, unter Vorbehalt einer späteren Abrechnung mit der Stadt, sowie von Kamper Schiffen nur einmal den Ruderzoll zu erheben. — 140[7]*[2] *Apr. 17. Haag.*

Aus R RA Haag, Memoriale BF cas. R fol. 20 b. Nach amtlicher Mitteilung.

Willem etc. laten u weten allen onsen tolnaren overal in onsen landen van Hollant ende van Zeelant, hoe dat die stat van Campen ons heeft doen thonen bij horen goeden loden uut den gerechte, die sij bij ons gesent hebben, alrehande gebreke, dat sij ende hoir burgere hebben souden in der hantvesten ende vriheiden, die sij laist van ons vercregen[3], alze dat ghij hemluden meer tollen ofnemen soudt, dan sij mit recht schuldich souden wesen na hore hantvesten voirscreven. Ende want sij hier mit ons ende onsen rade off overdragen sijn, soe dat wij him geconsenteert hebben, dat die gemeen burgeren van Campen tusschen dit ende alre Goids

[1]) S. Bd. 4 n. 389, 992. [2]) Die Bezugnahme auf n. 731 erfordert dies Jahresdatum. Auch das in der Handschrift vorausgehende Stück ist vom 1407 datiert. [3]) n. 731.

heyligen dage naistcomende geven ende betalen sullen voir onse tolle, dair sij vertollen, voir elke 6 penninge Hollants, die sij sculdich sijn van horen goeden ende haven na inhoudt hore hantvesten voirnoemd, enen Hollantscen groten[1], sulken als wij laist geboden hebben in onsen lande, in sulker maten: ist dat men tenden deser tijt gevinden can, dat sij meer sculdich sijn voir elken penning Hollants te geven, dat sij dat dan uplegen ende betalen sullen alsoe voel, als dat beloipt; ist oic dat sij bevinden conden, dat sij min sculdich waren, dat sonde men him dan desgelijcs wedergeven: soe ombieden wij u allen ende enen ygeliken bysonder ende bevelen mit ernsten, dat ghy hierup den burgeren van Campen volraeit mit horen goeden ende have den tijt voirscreven voirbij onse tollen lait varen ende keren, sonder hier enbinnen meer van himluden te nemen dan voir elke zesse penning Hollans enen Hollanschen groten, als voirscreven is. Mar des suldi clairliken bescriven ende teykenen alle die burgeren van Campen, die hier enbinnen voirbij onse tollen varen sullen mit horen goeden, hoe voel sij ende elc bisonder betalen, om dair ten dage voirnoemd clairlic bescheit off te weten ende ons aentebrengen, alse wijt u weten laten, up dat wij dan clairlic weten mogen, wes sij te luttel of te voel gegeven mogen hebben. Voirt ombieden wij u voirder, dat ghij den burgeren van Campen voirnoemd, so wes ghij himluden zeder dat sij hoir hantvesten laist van ons vercregen tot deser tijt toe meer voir onse tollen ofgenomen hebt dan voir elke zesse penninge, die sij sculdich waren, enen onsen groten voirscreven, den selven burgeren weder doet ende sonder merren uutreict; ende haddi oic min genomen, dat suldi u desgelijcs laten uplegen ende betalen. Oic bevelen wij u noch allen onsen tolnaren voirscreven, dat ghij den burgeren voirnoemd voirtaen mit horen scepe ende goede rustelic lait varen ende keren voirbij onse tollen mit enen roedertolle van elken scepe te nemen, dair sij vertollen, sonder himluden meer te eysschen of oftenemen in eniger wijs; dit en lait in gheenre maten. In oirconde etc. Gegeven in den Hage upten 17. dach in Aprille anno 140[7][a].

774. *Der Oberspittler und Stellvertreter des Hochmeisters, Werner von Tettingen, an Hzg. Wilhelm von Baiern, Graf von Holland: bevollmächtigt den Bürgermeister Arn. Hecht und den Protonotar Joh. Crolow von Danzig zu den Juni 24 stattfindenden Verhandlungen mit dem Herzog über die preussischen Beschwerden. — 1407 Apr. 20. Holland.*

StA Königsberg, Hochmeister-Registrant 3 fol. 131 b.
Verzeichnet: HR. 5 n. 383.

775. *Reval an Thord Bonde, Hauptmann zu Wiborg: bittet um rechtzeitige Warnung bei etwaiger Unsicherheit der Fahrt nach der Newa; empfiehlt die im Herbst nach Wiborg kommenden jungen Revaler Kaufleute. — [1407?] Apr. 25.*

Aus StA Reval, Missivbuch 1384—1420 fol. 88 b. Missus Turbende Wyborch. Hagedorn.

Na der grote. Leve here. Juwer erzamen wysheit bidde wy to wete[ne], wu dat de overzeesche copman und unse borgers meynen de Nü to sokende. Hiromme, leve here, so bidde wy juwe vorsichtigen wisheit, dat gy wolden, off gy ycht vornemen, dar de copman ane beschadiget mochte werden, dat gy uns des ene warnynge deden und weren darvore, dat des nycht ene schege, des beteren das gy

a) 1400 ende zeven H.

1) *Derselbe Ansatz wie in den hansischen Privilegien von 1363 und 1369, Bd. 4 n. 82, 8; 965, 5.*

vermoghen, und latet uns dat vordeynen, war wy moghen. Vortmer, leve here, so bidde wy ju alse umme de junge lude, de to hervaste myt deme gude to Wyborch qwemen, dat gy wol don umme unser bede willen und wesen den ghesellen behulplich und vorderliik, off se juwer warto bedorven. God van hemelrike beholde jowe santheit to langer tiit. Ghescreven an sunte Marcus daghe.

776. *Der deutsche Kaufmann zu Brügge an Reval: erklärt, dass der hansische Kaufmann Bert. Herentrey und seine Gesellschafter keinen Anteil haben an einem früher von Wenemar v. d. Kerckhoeve nach Reval verfrachteten Terling Yperschen Tuches, und bittet, den Joh. Palmedach mit seinen Ansprüchen gegen die Gesellschaft abzuweisen. — 1407 Apr. 28.*

Aus StA Reval; Or. m. Spuren d. 3 S. Höhlbaum.
Gedruckt: v. Bunge, Livl. U.B. 4 n. 1722. S. oben n. 770.

Honorabilibus circumspectisque viris, dominis proconsulibus et consulibus civitatis Revaliensis, amicis nostris sincere premandis, littera presentetur.

Vrentlike groyte unde wes wij guden vermoegen tovoren. Heren unde guden vrende. Juwer vorseniger wijsheit gelieve to wetene, wo dat Bertold Herentrey, coepman van der Duytschen Hanze, uns hevet to kennen gegeven, dat Johans Palmedach jowe borgher opsegghende unde antigghende ys dem vorscreven Bertold unde zijner geselschap, dat se sullen part unde deyl an eynen terlinge lakene van 18 Yperschen lakenen gehat hebben, den welken Wenemaer vor dem Kerchhoeve in tijden vorleden in schipheren Henneken Smeddes scheppe, de to Revele int jar 1404 in dem hervaste bleeff upter Wijck, to Lijfflande wart oversande; unde des so meent de vorscreven Johans, alse wij verstaen, dat de vorscreven Wenemaer daerane unrecht sal gedaen hebben, dat de vorscreven terlingh buten der vornomden personen geselschap sal behoert hebben. Unde des so ys de vorscreven Bertold vor uns gekomen unde hevet bekant, dat de vornomde terlingh lakene dem vorscreven Wenemare alleyne tobehorende was, sunder enich part offt deyl, cleyn offt groet, dem vorscreven Bertolde, Tidiken under den Eyken unde Lodewich Krulle der vorscreven geselschap daerane to hebbene, dat ock de selve Bertold Herentrey met zijnen upgerichteden lijffliken vingheren unde met gestaveden eyden to den hilgen swerende war gemaket hevet unde getuget vor uns redelike unde met allen bescheide. Waerumme, leyven heren unde guden vrende, want wij dem vorscreven Bertold kennen vor alsodanen man, dat he noerde bijrumme anders solde seeghen, dan alse de dinghe in der warheit sullen gelegen zijn, so bidden wij van juwer bescheidenheit seer vrentlike begerende zijn, dat gi den vorscreven Bertolde, zijne geselschap unde Wenemaer vorscreven hijrynne willen verantworden, dem vorscreven Johans Palmedach also to underwisene, dat he de vorscreven personen van der vorscreven ticht ledich unde loes late, alse dat se unde ere guede daervan ock ungehindert moegen bliven, hijrynne doende, alse wij juwer wijsheit wol tohetruwen. God unse here moete ju allo tijt bewaeren in zielen unde in lyve. Ghescreven under unsen ingezeghelen, upten 28. dach van Aprille int jaer 1407.

By den alderluden des gemeynen copmans van der Duytschen Hanze nu to Brugge in Vlanderen wesende.

777. *Die Stadt Antwerpen¹ und der herzogliche Zöllner daselbst erneuern die Zoll- und Handelsprivilegien der hansischen Kaufleute für den Verkehr in Antwerpen auf ³⁄₄ Jahr. — 1407 Mai 5.*

¹) *In Antwerpen wurden 1404 Jan. 3 den dort anwesenden hansischen Älterleuten urkd*

Aus StA Köln, Hanse I n. 231; gleichz. amtliche Abschr., Perg. Hagedorn. L StA Lübeck, flandrische Kopiare, 3 lose Pergamentblätter; gleichz. Abschr. Gedruckt: aus L Lüb. U.B. 5 n. 166. Verz.: HR. 5 n. 407.

Allen den ghenen, die dese litteren sullen zien jof horen lesen, scepenen ende raed van der stad van Antwerpen als in den name van der selver stad ende Quintin Clarenzone, tolnere mijns gheduchts heeren shertoghen van Lothringen, van Brabant ende van Lymborch ende marcgreve des heylichs rijcs, als in den name van hem salnyt ende goede vrienscap. *[Folgt n. 424 von* Cont zij eenen yeghelijken *an bis einschliesslich § 11, mit den dort angegebenen Varianten.]* Ende dit vorseid consent ende eendracht sal gheduren van den datum van desen litteren tote vyve daghe toe in Februario nu naest toecomende. Maer waert soe, dat die vorseide coepliede in desen vorseiden saken eenich ghebrec of hinder hadden bynnen desen termine vorghenoemt ende hen dit niet volcomelec ghehouden en worde, alsoe vorseid es, soe moghen die coepliede vorseid van desen vorseiden vorwerden yeghen ons ombegrepen sijn. In orcontscapen ende in kennessen der dinghen voorscreven hebben wij scepenen ende raed vorseid der vorseiden stad zeghel van Antwerpen, ende ic Quintin Clarenzone vorghenoemt als tolnere mijns vorseiden gheduchts heeren in zinen tol van Antwerpen hebbe minen propren zeghel metter vorseider stad zeghel van Antwerpen aen dese litteren ghehanghen. Ghegheven int jaer ons Heeren als men screef 1407, vyve daghe in Meye.

778. *K. Heinrich IV von England an die Einnehmer des neuen Zuschlagzolls in Kingston-up.-Hull: dehnt die den hansischen Kaufleuten zugestandene Freiheit vom Zoll auf die Kaufleute aus Dinant aus, welche nach dem Zeugnis des hansischen Aldermans zur Hanse gehören. — 1407 Mai 7. Westminster.*

Aus L Publ. Record Office London, Close Rolls 8 Henr. IV m. 8. Pro mercatoribus de Hansa in Alemannia. *Nach Abschrift von Miss M. T. Martin.*

Rex collectoribus duodecim denariorum de libra de quolibet genere mercandisarum in regnum nostrum Anglie adducendarum et de eodem educendarum, lanis, coriis et pellibus lanutis et vinis exceptis, ultra subsidium duodecim denariorum de libra ad parliamentum nostrum apud Coventre tentum ultimo concessum[1] levandorum et colligendorum de alienigenis indigenis minime factis et non de indigenis in portu ville de Kyngeston super Hulle salutem. Cum [pro][a] quibusdam libertatibus et quietanciis mercatoribus Alemannie per cartam domini Edwardi quondam regis Anglie progenitoris nostri, quam confirmavimus, concessis iidem mercatores concesserint inter cetera eidem progenitori et heredibus suis *[u. s. w. wie Bd. 1 n. 2 bis* ultra custumas antiquas eidem progenitori nostro aut aliis ante datas*]*, dictusque progenitor noster concesserit *[u. s. w. wie das. bis* contra formam in dicta carta expressam et contentam*]*, et similiter ordinaverit et statuerit, quod libertates predictas vel earum aliquam non amitterent; ac dominus Edwardus quondam rex

a) Fehlt L.

Kleck (aus Brugge) 4 Gelten Wein, Mai 26 den hansischen Kaufleuten Alexander von Ypeurde und Rutger Hestvelde 6 Gelten Wein seitens der Stadt verehrt. Mertens en Torfs, Geschiedenis van Antwerpen 3, 210. 1) *Das Parlament von Coventry hatte 1404 Nov. 12 das übliche Pfundgeld von 12 d. und das Tonnengeld von 3 s. bewilligt. Rot. Parl. 3, 546, 9. In der nächsten Session ward 1406 Juni 13 allen fremden Kaufleuten ein weiteres Pfund- und Tonnengeld im gleichen Betrage für ein Jahr auferlegt:* purveu toutfoitz, qe ceux de Hanse ne soient contributoirs de lour marchandises a ycestz subside ore de novell grant; sauvant, come lour franchise en est cas dela entre allowe. *A. a. O. 578, 49.*

Anglie proavus noster per cartam suam, quam similiter confirmavimus, concesserit *[u. s. w. wie das. bis* liberis consuetudinibus*]*, quibus ipsi tempore dicti proavi nostri aut aliorum progenitorum suorum usi fuerunt et gavisi, manutenerentur imperpetuum et servarentur, et quod idem proavus noster seu heredes sui predicti ipsos mercatores *[u. s. w. wie das. bis* custumam novam indebitam non ponerent*]*, ac in concessione subsidii duodecim denariorum de libra sic in ultimo parliamento nostro concessorum contineatur, quod illi de Hansa ad dictum subsidium sic de novo concessum de eorum mercandisis contributorii non existerent, in quantum eorum franchesia in hoc casu debeat allocari, prout in cartis, confirmacione et concessione predictis plenius continetur; et quia universi et singuli mercatores de Denant mercatores Alemannie ac de societate dictorum mercatorum de Hansa et a tempore confeccionis cartarum et confirmacionis predictarum extiterunt, sicut Johannes Shadworthe, aldermannus ipsorum mercatorum de Hansa in civitate predicta commorans, coram nobis in cancellaria nostra personaliter constitutus fide media est testificatus: vobis precipimus, quod omnes et singulos mercatores predictos libertatibus, franchesiis, immunitatibus et quietanciis predictis et earum qualibet, in quantum eorum franchesia in hoc casu debeat allocari, uti et gaudere permittatis, juxta tenorem cartarum et confirmacionis predictarum ac formam et effectum concessionis subsidii supradicti et prout eis uti debent ipsique et eorum antecessores hujusmodi libertatibus, franchesiis, immunitatibus et quietanciis a tempore confeccionis cartarum et confirmacionis predictarum hactenus racionabiliter uti et gaudere consueverunt. Teste rege apud Westmonasterium 7. die Maji.

779. *K. Heinrich IV von England transsumiert n. 756 nebst den darauf bezüglichen Erlassen sowie die gerichtliche Freisprechung der hansischen Kaufleute nach Abschluss eines Vergleichs mit den Klägern. — 1407 Mai 10. Westminster.*

Aus L StA Lübeck, Anglicana n. 60 d; Or. Perg., d. anh. S. ab.

Henricus Dei gracia rex Anglie et Francie et dominus Hibernie omnibus, ad quos presentes littere pervenerint, salutem. Inspeximus quandam peticionem per homines ville nostre de Crowemere in comitatu Norffolcie nobis porrectam in hec verba: *[Folgt n. 756]*. Cujus peticionis pretextu diversa brevia extra cancellariam nostram emanarunt de venire faciendo Hermannum van Mynne, Garlyk Mondesberghe, Henricum Goyleken, Henricum Blase, Hermannum Robekyn, Bernardum Borghemaistre, Johannem Rouge, Jacobum Blythe, Willelmum Ryngof, Lobertum van Bronniske, Albertum van Strodene, Hillarium Fem, Johannem Clenkenthorpe, Lambertum Bery, Johannem Pape, Johannem Make, Hermannum Spere, Johannem Friday, Tydkynum Yonge, Johannem Russyng, Fixer[a] Snethebek, Lambertum Sterkbak, Jacobum van Aleyne, Godken van Gotene, Courte Cronowe, Johannem Tymberman, Hert Parys, Johannem Busse, Ludikinum van der Heithe, Henricum Knevylle, Swether van Bentene, Willelmum Smethir, Tydkyn van Yaen, Hermannum Wendre, Hermannum Holthomo, Bernardum van Brugge, Willelmum Wye, Bronne Spryng, Lambertum Hermannum[b], Wulfawete, Hermannum Nettylle, Johannem Dodman, Henricum Tymbreman, Johannem Lunneman, Johannem van Herude, Johannem van Stathe, Johannem Horste, Henricum Newenburghe, Hermannum van Halierone, Henricum Arnden, Hermannum Wytte, Garlyk van Hamelle, Tydkyn Nyenlade et Tydkyn Warentene, quod essent coram domino rege in cancellaria sua in crastino

a) So L. b) Hermann. über der Zeile nachgetragen L.

purificacionis beate Marie ultimo preterito[1]. Ad quem diem prefati Hermannus, Garlyk, Henricus, Henricus, Hermannus, Bernardus, Johannes, Jacobus, Willelmus, Lolverdus, Albertus, Hillarius, Johannes, Lambertus, Johannes, Johannes, Hermannus, Johannes, Tydkynus, Johannes, Fixer, Lambertus, Jacobus, Godkes, Courte, Johannes, Hert, Johannes, Ludikinus, Henricus, Swether, Willelmus, Tydkyn, Hermannus, Hermannus, Bernardus, Willelmus, Bronne, Lambertus, Wulfawene, Hermannus, Johannes, Henricus, Johannes, Johannes, Johannes, Johannes, Henricus, Hermannus, Henricus, Hermannus, Garlyk, Tydkynus et Tydkyn virtute brevium predictorum comparuerunt et predicti Hermannus van Myndene, Johannes Pape, Albertus, Johannes Busshe, Swether et Johannes Clenkenthorpe coram ipso domino rege in cancellaria sua personaliter constituti manuceperunt tam pro se ipsis quam pro sociis suis, mercatoribus de Hansa, sub pena duorum millium marcarum, quod ipsi starent laudo et arbitrio consilii dicti domini regis de submersione ligeorum suorum in comitatu Norffolcie; cujus quidem manucapcionis tenor sequitur in hec verba: *[Folgt n. 757]*. Inspeximus eciam quoddam breve nostrum de dedimus potestatem in filaciis cancellarie nostre residens in hec verba: *[Folgt n. 758]*. Inspeximus insuper retornum ejusdem brevis similiter factum in hec verba: *[Folgt n. 759]*. Inspeximus eciam quoddam breve nostrum in filaciis cancellarie nostre residens in hec verba: *[Folgt n. 760]*. Inspeximus eciam retornum ejusdem brevis similiter factum in hec verba: *[Folgt n. 767]*.

Super quo predicte persone per attornatos suos predictos coram dicto domino rege in cancellaria sua comparuerunt[a] et ibidem recognoverunt in[a] curia, se fore concordatos et pacificatos pro dampnis, gravaminibus, querelis et sectis predictis, ac attornati illi recognoverunt, se ad usum earundem personarum fore solutos et satisfactos in hac parte et tam dictos mercatores in dicta peticione contentos quam quoscumque alios mercatores dicte ville de Northberne ac aliarum villarum de Hans in Almannia de interfeccionibus predictis ac quibuscumque aliis dampnis sive gravaminibus dictis ligeis domini regis seu quibuscumque aliis ligeis domini regis ibidem ante hec tempora factis sive perpetratis fore quietos. Ac facta solempni proclamacione in cancellaria predicta, quod, si que alie persone aliquas querelas sive acciones versus predictos mercatores de Hans in Almannia pro aliquibus dampnis sive gravaminibus in partibus de Norweye ante dictam quindenam factis sive perpetratis prosequi vellent, venirent et audirentur, ac nemine ibidem comparente aut aliquid pro se ipso dicente vel allegante, habitaque matura et diligenti deliberacione cum justiciariis et servientibus dicti domini regis ad legem ac aliis peritis de consilio suo tandem consideratum fuit per curiam, quod tam omnes dicti mercatores in peticione predicta contenti quam quicumque alii mercatores dicte ville de Northberne ac aliarum villarum de Hans in Almannia ac quicumque alii de partibus illis erga personas predictas et quoscumque alios ligeos dicti domini regis comitatus predicti de dampnis et gravaminibus predictis sint quieti, et quod imposterum nullo modo ex causis predictis inquietentur, molestentur in aliquo seu graventur, et quod predicti mercatores dimittantur de curia et inde recedant quieti sine die; et se contentarunt in cancellaria dicti domini regis, quod recognicio in hac parte[a] facta[a] cancelletur et pro nulla habeatur.

Nos autem tenores peticionis, brevium, retornorum et consideracionis predictorum ad requisicionem predictorum mercatorum de Hans in Almannia duximus exemplificandum per presentes. In cujus rei testimonium has litteras nostras fieri

a) *Über der Zeile nachgetragen L.*

[1]) *1407 Febr. 2.*

fecimus patentes. Teste me ipso apud Westmonasterium, decimo die Maji anno regni nostri octavo.

Gaunstede.

Examinatur per Simonem Gaunstede
et Johannem Mapiltone clericos.

780. *Åbo an Reval: bezeugt, dass Gerd van der Beke und Hinr. Stolte an der Ermordung des [Gobele] Hadewerk unschuldig sind*[1]. — *[1407] Mai 12.*

Aus StA Reval; Or. m. Spur d. S.

Honorabilibus viris et dominis discretis, dominis proconsulibus ac consulibus civitatis Revaliensis, amicis nostris dilectis, hec littera presentetur.

Sinceram et benivolam in beneplacitis voluntatem cum salute premissa. Leven heren unde vrunde. Wi bidden ju to wetene, dat vor us hebben wezen Henneke Lokenes, Peter van dem Berghe, Hans van Lennepe unde Ghotschalk Vlicke, use stolbrodere, unde bekanden vor us, alse se dat mit erenie rechte wolden beholden, of des not were, dat se horden van Torkel Pylsticker, dat he dat swor vor en in den hilghen mit uprichten vingeren, dat her Gherd van der Beke unde her Hinrik Stolte raden unde daden unscholdich sint der ticht, de men en tolecht alse van der knuppelinge unde slachtinge weghene, de Hadewerke schach, unde dat he nywerlde ghemedet edder ghehyret were to den zaken, unde zede, wes he darto dan hadde, dat hadde he dan umme Hans Merghelkaren willen, des he sin knecht up de tid was, unde wolde sik alle tid des vorantworden, wor he komen kunde, dar men sine wort horen wolde. Hirmede bedet ewelken to us. Scriptum feria quinta ante festum pentecostes, nostro sub sigillo.

Proconsules ac consules Aboenses, vestri humiles.

781. *[Der preussische Ratssendebote in Lübeck] Arn. Heked an die preussischen Städte: ist von ihnen u. a. beauftragt, beim Städtetag die Erwerbung eines holländischen Privilegs*[2] *zu betreiben und den Schaden, den die preussischen Städte [durch die Holländer] erlitten haben, auf die Kosten desselben anrechnen zu lassen; berichtet, dass Köln, Dortmund, die geldrischen und süderseeischen Städte, die von den Holländern nicht geschädigt sind, ebenfalls hauptsächlich wegen dieses Privilegs die Tagfahrt besandt haben, und bittet für den Fall, dass diese zusammen mit anderen unbeteiligten Städten die Entschädigungsfrage von der Erwerbung des Privilegs trennen wollen, um Verhaltungsmassregeln wegen etwaiger weiterer Zugeständnisse seitens des preussischen Sechsteils, u. s. w. — [1407] Mai 13.*

Gedruckt: HR. 5 n. 402.

782. *Polozk [und ebenso Riga] wiederholt und ratificiert die Bestimmungen des vom Grossfürsten Witold vermittelten Handelsvertrages [von 1406 Juli 2] n. 726. — 1407 Mai 14. Riga.*

Aus R StA Riga, Ausfertigung von Polozk; Or. Perg. m. anh. S., altrussisch.

Aus R1 Das., Ausfertigung Rigas; Or. Pap. m. Spur d. S., altrussisch, auf R zurückgehend und mit diesem fast ganz übereinstimmend.

R2 Das., Bruchstück der Ausfertigung Rigas, altrussisch, zusammen mit der oben n. 726 unter R1 verzeichneten Übertragung des Handelsvertrages von 1406.

[1] *Vgl. dazu HR. 5 n. 400, 414—418.*

[2] *Vgl. oben n. 591 und die Recesse der nächsten Jahre passim.*

Gedruckt: aus R und R 1 Napiersky, Russisch-livl. Urk. n. 144; aus R 1 v. Bunge, Livl. U.B. 4 n. 1724, vgl. das. Reg. S. 88 n. 2036; aus R 2 Napiersky n. 163. Verz.: Lewicki, Index actorum saec. XV n. 474. Hier nach Übersetzung von Dr. v. Hedenström.

Wir Männer von Polozk[a] geben zu wissen allen denen, die diese Urkunde sehen oder lesen hören: der Grossfürst von Litauen Witowt, unser Herr[b], hat zwischen der Stadt Polozk und der Stadt Riga einen ewigen Frieden aufgerichtet, dass[1] die Polozker frei und ungehindert nach Riga, ebenso die Rigaer frei und ungehindert nach Polozk reisen können und die Polozker in Riga, die Rigaer in Polozk ohne jede Behinderung, keinen ausgenommen, kaufen und verkaufen können. Stückhandel, der Kleinhandel genannt wird, soll man nicht treiben. Und darüber werden wir in Polozk und die Rigaer in Riga Satzungen und Anordnungen treffen, wie wir unter einander übereinkommen werden. Auch[2] können die Polozker an Riga vorbei frei ins Land [ziehen] und die Rigaer an Polozk vorbei frei ins Land [ziehen], wohin sie wollen, zu Lande und zu Wasser auf beiden Seiten, es sei denn, dass der jetzige Grossfürst Witowt, unser Herr[b], oder seine Nachfolger als Herren von Polozk in Polozk eine Niederlage einrichten werden, oder der livländische Meister in Riga, welche Niederlage auf beiden Seiten, in Polozk und in Riga, so zu halten ist, wie sie eingerichtet werden wird. *[Folgt n. 726 § 3—9 in altrussischer Übertragung. In § 9 ist der den Worten* aliqua discrecio-magistrum ordinis *entsprechende Passus in R und ebenso in R 1 ausgefallen.]* Damit diese Einigung ewig zwischen uns bestehen möge, unverrückt auf beiden Seiten, haben wir Polozker und Rigaer unser Siegel an diese Urkunde angehängt. Und geschrieben ist diese Urkunde in Mohilew, nach Gottes Geburt im Jahre 1407, aber besiegelt ist sie in Riga am Sonnabend vor Pfingsten am 14. Mai.

769. *Hzg. Johann von Burgund, französischer Statthalter in der Picardie und Westflandern, an alle Beamten und Befehlshaber in der Picardie: gebietet ihnen, die hansischen Schiffer und Kaufleute vor Schädigung und Kaperei während des englisch-französischen Krieges[3] zu beschützen. — 1407 Mai 20. Brügge.*

Aus StA Köln, Hanse I n. 235; Or. Perg. m. anh. S. Auf der Rückseite: Publie a Boulongne et signiffie a tous les officiers dicelle ville par monseigneur de Berry conte de Boulongne, aux maistre et eschevins dicelle le samedi 28. jour de May lan 1407 par part de Courteville, sergent du roy monseigneur. *Hagedorn.*

Das., Abschriften mit dem Datum 1307 in den hansischen Kopiaren A fol. 9, H fol. 31 b; mit 1360 Juni 14 in D fol. 41, E fol. 72.

Das., Hanse A I n. 17; Abschr. d. 16. Jh.

L StA Lübeck, flandrischer Kopiar n. 7 (Parcament Statut Bouck) fol. 98; vlämische Übersetzung mit dem Jahr 1307.

StA Danzig, XXVII, 82; hansisch-burgundischer Kopiar S. 36; vlämische Übersetzung mit dem Jahr 1307.

Gedruckt: aus L Lüb. U.B. 5 n. 169. Verz.: HR. 5 n. 406.

Jehan duc de Bourgoingne, conte de Flandres, dArtois et de Bourgoingne palatin, seigneur de Salins et de Malines, lieutenant de monseigneur le roy et son

a) Wir Ratmänner und alle Kaufleute von Riga R 1. b) So auch R 2.

1) S. 726 § 1. 2) Ebendas. § 2. 3) Über die Pläne des Herzogs gegen England s. oben n. 667 Anm. Im Frühjahr 1407, gleichzeitig mit dem Abschluss des flandrisch-englischen Handelsvertrages (Rymer 8, 469), erbietet er sich wiederum, dem Hochmeister und den Hansestädten bei einem Kriege gegen England beizustehen; s. den Brief des deutschen Kaufmanns zu Brügge von März 19, HR. 5 n. 330, vgl. das. n. 364; 391; 393, 5—7; 449, 34—35.

capitaine general es pays et marches de Picardie et de Westflandres, a tous connestables, admiraulx, seneschaulx, gouverneurs, capitaines de gens darmes, chastellains, gardes de bonnes villes, chasteaux et aultres fortresses, de pons, pors, passages et destrois, baillis, prevosts, mayeurs, eschevins, bourgmaistres et consaulx et a tous autres justiciers, officiers et subgez quelzconques de mon dit seigneur et les nostres es dites marches de Picardie, de quelque auctorite ou povoir quilz soient ou soient fondez, auxquelz ces presentes lettres seront moustrees et exhibees, salut. Pour ce, que noz bien amez les marchans de la Hanze dAlemaigne, qui sont amiz et bienveillans de mon dit seigneur et de nous, se transportent souventes foiz pour le exercice de marchandise et le bien publique du pays par mer, par terre et par rivieres en pluiseurs et diverses contrees des devantdites marches, nous, veullans favorablement yceulx marchans, leurs denrees et biens estre traittiez, vous mandons et estroittement enjoignons et a chacun de vous, si comme a lui appartendra, de par mon dit seigneur et nous, que en voz povoirs et juridictions soigneusement vous prenez garde et faites prendre garde en tous les pors des dites marches de Picardie, que gens darmes ou autres, de quelque estat ou condition quilz soient, estans es dites marches et qui par icelles ystront hors pour grever aux Anglois ou autres anemiz de mon dit seigneur le roy ou les nostres, ne meffacent aucunement aux diz marchans de la dite Hanze a leurs denrees ne a leurs biens, et ce leur commander sur certaines et grosses paines, auxquelx nous le commandons expressement par ces presentes de par mon dit seigneur et nous. Et avecq ce voulons et ordonnons par ces meismes presentes, que les maistres, gouverneurs des neifs et marchans de la dite Hanze, leurs denrees, biens, neifs et marchandises quelzconques laissiez seurement, saisement et paisiblement aler, venir, passer, repasser, marchander et faire leurs besoignes sans a eulx ne a aucun deulx estre meffait en corps ne en biens en aucune maniere. Et aussitost que aucuns des dites gens darmes ou autres quelzconques auront amenez aucuns vaisseaulx ou biens estans aux devantdiz marchans de la dite Hanze en aucun des havenes des dites marches, que incontinent ilz soient arrestez et miz en la main de mon dit seigneur jusques ad ce, que les diz marchans ou leurs facteurs pour eulx auront monstre, comment les dites denrees et biens sont leurs et leur appartiennent; et ce fait, les dites denrees et biens faites rendre aux diz marchans ou ces toutes voies, que les trouverez leur appartenir, pour en faire leur proufit et plaisir. Et aussi toutes et quantes fois, que aucunes des dites gens darmes ou autres, par lesquelles aucuns dommages seront ou auront este fais aux diz marchans dicelle Hanze ou a leurs biens, ou ceulx, qui en leurs dis biens ainsi prins auront prins ou prendront aucune part ou portion, et aussi ceulx, qui auront administrez et administreront vivres, navires ou vaisseaulx aux dites gens ou a autres, pour prendre les diz marchans ou leurs diz biens, danrees et navires, venront ou arriveront en voz povoirs et juridictions, voulons et vous mandons par ces meismes presentes, que incontinent sans aucun mandement attendre soient par vous arrestez et emprisonnez, jusques des diz dommages, despens et frais par raison et justice les diz marchans auront este plainement satisfais et contentez. Donne en nostre ville de Bruges, le 20. jour de May lan de grace 1407.

Par monseigneur le duc a vostre relacion.

J. de Saulx.

784. *Hamburg an den Hamburger Kaufmann zu Sluys: warnt vor dem Missbrauch der den Hamburgern in Holland zugestandenen Zollfreiheit. — 1407 Mai 25.*

Abschrift Lappenbergs nach einem 1842 verbrannten Or. [?] des StA Hamburg. S. oben n. 585.

Den bescheidenen mannen, olderluden, coepluden unde schypheren, borgheren van Hamburg, nu ter tyd tho der Sluus in Vlanderen wezende, unsen guden vrunden, dandum.

Vruntliken gruth und begheringhe alles gudes tovorn. Besunders guden vrunde. Willet weten, dat wy warliken sint tho der kuntscopp ghekomen, dat vele unser borghere, nicht alleene dee in Holland ligghen, men ok ichteswelke, de uth anderen markeden ere gud in Holland bringhen, mislike unde unreddeliken varen, dat uns led is, bi desse tollen in Holland, dar wy nu ter tyd mede bevriget sind. Darumme vruchte wy, dat vermidst alsulker versumenisse unse stad unde menliken unse borghere unde gi sunderliken darmede to grotem verdrete unde to unvorwinliken scaden komen mochten, dat Goth affkeren mote, wante wy hebben warliken vernomen, dat de moeghende here van Holland noch umme bede, gheld ofte ghunst willen dar lengh nicht mede liden wille, he wil strenghelliken richten laten over de ghenne, de brekaftich vunden werden an dem tollen vorscreven. Hyrumme beghere wy andachtliken unde beden ernstliken jow allen, dat een islik sik darvore ware, dat he nenerleige schepe edder gude vrige van dem tollen, ane sine eghene edder de witliken unde openbaer unsen borgheren tobehoeren unde anders nemande, sunder jenigherhande verdekkede behendicheit edder unreddelike handelinghe. Unde wy bidden, dat een islik unser borghere een dem anderen dat truweliken kundighe unde darvoere warne, unde wy willen dat ok in allen markeden unsen borgheren scriven in der wise, also vorscreven is, wante were id sake, dat jemande van unsen borgheren van des tollen weghen brekaftich wurde, den kone wy nicht verbidden edder darinne vordegdinghen. Men dar enbavenne, wor wy ene unde sin gud bevraghen kunnen, dat wille wy also hartliken darmede richten, dat menich ander sik darbi bedenken scal. Ghode syd bevalen. Screven under unser stad secret, in des hilghen sacramentes avende ind jar 1407.

Consules Hamburgenses.

785. *Die hansischen Ratssendeboten in Lübeck an die Lande Ostergo und Westergo: sind erstaunt, dass die Gesandten derselben Mai 15 in Hamburg*[1] *keinen Auftrag zu der ausbedungenen Genugthuung für die Verluste der hansischen Kaufleute hatten, sondern den Austausch der beiderseitigen Klagen begehrten und für Juni 24 eine Tagfahrt in Amsterdam in Vorschlag brachten; auch vor dem Städtetag in Lübeck haben die Gesandten ihren Auftrag in gleicher Weise wiederholt; erklären sich um des gemeinen Besten willen mit der Amsterdamer Tagfahrt um Juni 24 einverstanden, haben mit den Gesandten die Klagelisten ausgetauscht und ersuchen dringend, auf dieser Tagfahrt den geschädigten Kaufleuten Recht widerfahren zu lassen. — 1407 Mai 31.*

Gedruckt: HR. 5 n. 394; vgl. das. den Recess n. 392, 1; n. 401, 403.

786. *Die Herzöge Bernhard und Heinrich von Braunschweig-Lüneburg verbieten in Folge der Klagen Lüneburgs*[2] *und der dortigen Sülzprälaten, fremdes nicht in Lüneburg gesottenes Salz behufs überseeischer Ausfuhr durch die Herrschaft Lüneburg zu führen. — 1407 Juni 5* (an s. Bonifacii dage).

[1]) *S. oben n. 748. Die Vollmacht für die Gesandten der Lande von Apr. 19, für die preussischen Sendeboten von Apr. 20 s. HR. 5 n. 369 und 370.* [2]) *Über die Durchfuhr fremden Salzes, das zum Teil nach Schonen und Preussen ging, klagt Lüneburg schon 1405 unter bei den benachbarten Städten auch bei Danzig, Königsberg und Elbing. S. die Aufzeichnung bei Sudendorf, U.B. z. Gesch. der Herzöge von Braunschw.-Lüneburg 10 S. 150.*

StA Lüneburg; Or. Perg. m. 2 anh. S.
Gedruckt: Jung, De jure salinarum, Sylloge docum. S. 3. Verz.: Hempel, Invent. diplom. Saxon. inf. 3, 21.

787. *Die Ratssendeboten der Hansestädte in Lübeck bekunden, dass sie Zwolle auf sein Ansuchen wieder in die Hanse und das Recht des Kaufmanns aufgenommen haben, das ihm vor Zeiten wegen Nichterfüllung seiner Verpflichtungen entzogen ist*[1]. — *1407 Juni 9.*

StA Zwolle; Or. Perg. m. anh. S. Abschr. im Privilegiar vom Ende des 15. Jahrh. fol. 9.
Gedruckt: aus der Recessabschr. HR. 5 n. 393.

788. *Der deutsche Kaufmann zu Nowgorod an Reval: meldet, dass Nowgorod im Vorjahr den Deutschen Sicherheit des Verkehrs verheissen, aber später allen Handel zwischen Russen und Deutschen verboten hat, und berichtet über seine darauf bezüglichen Verhandlungen mit den Russen. — [1407] Juni 9.*

Aus StA Reval; Or. m. Spur d. S. Höhlbaum.
Das., eingeschoben in n. 789.
Gedruckt: v. Bunge, Livl. U.B. 4 n. 1725.

Den erbaren wisen vorsichtighen heren, borgermestere unde ratmannen der stat tho Revel.

Unsen horsam unde wat wi alle tiit gudes vermogen to done. Wy begeren juwer vorsichticheit to weten, dat hir en breff quam in dat vorjaren van Lubeke an gemeyne Nowerden, dar se den kopman inne besorget hadden umme to wetene, efte he enen veligen wech mochte hebben to varende unde to komende na der olden kruzekussinghe, unde de breff wart gelesen to Nowerden in eme gemeynen dinghe. Des were wy enes antwordes begerende van dem breve, unde des gaf uns de borchgreve unde de hertoghe en antworde vor sunte Johans[2], aldus ludende, dat de kopman sal hebben enen veligen wech to watere unde to lande in ereme lande to komende unde to varende na der olden kruzekussinghe. Sedder der tiit hebbet se ropen laten dorch dat market, dat ere brodere nicht kopslagen ene solen met den Dutschen. Des ginge wy vor den hertogen unde vrageden ene, wat schult dat he uns geve, dat sine brodere nicht met uns kopschlagen ene scholden. Des lede he uns punte voer: int erste de korte van den laken unde de wichte van deme solte, dat se willen dat solt hir so gewegen hebben also to Darpte edder to Revele, unde wilt hir hebben enen punder unde se willen dat honich vul hebben bette to deme spunde. Des antworde wy en wedder, dat ene were unser sake nicht, dat se sik darumme vorwusten met unsen oldesten, unde wy beden umme en antworde, wer wy kopslagen mochten efte nicht. Darmede togert se uns van dage to dage, dat uns gen antwerde en wert, unde wy vruchten, dat se en upsat gemaket hebben, dat se eren kopman gerne to hus hedden, unde se hebben hir openbare gebaet in ereme gemeynen dinge, dat malk den sinen sal to hus verboden, unde wy vruchten, dat se dar nicht gudes mede ene menen. Hirumme, leven vrunden, so weset hir vorsichtich up unde besorghet den kopman, also gy alle tiit gerne doen, dat de

1) *Vgl. die Zwoller Stadtrechnung HR. 8 n. 1060 (wo § 3—5 gr. statt gr., und § 2 n. 4* domo *statt dorll zu lesen ist). Über die Wiederaufnahme von Duisburg und Wesel in die Hanse s. ebend. 5 n. 378, 10; 392, 13 und 8 n. 1054, oben n. 754 u. 755. Eine Quittung Zutphens für Kämmerich über dessen Kostenanteil an der Besendung des im Mai abgehaltenen Lübecker Hansetages s. HR. 5 n. 419, vgl. 8 n. 1059.* 2) *1406 Juni 24. S. n. 744.*

kopman an dessen vorgescreven punten in nenen schade ene kome, unde wi sint hir sere ane besorget unde et dunket uns quader wesen wen ene besettinghe. Unde blivet gesunt an Gode. Gescreven in der merteler dage Primi et Feliciani, under sunte Peters ingesegele.

Olderlude unde wisesten des kopmans to Nowerden nu wesende.

789. *Dorpat an Reval: teilt einen Klagebrief des deutschen Kaufmanns zu Nowgorod mit. — [1407] Juni 17.*

Aus StA Reval; Or. m. Spuren d. S. Höhlbaum.

Den ersamen vorsichteghen mannen, heren borghermeysteren unde radmannen der stat Revele, unsen leven sündergen vrunden.

Unsen vrüntliken grut myt begheringhe alles gudes. Ersamen, leven heren unde vründe. Wy entfinghen nu dallink des copmans breff to Nougarde van lude, alse hir nagescreven steit: *[Folgt n. 788.]* Leven vrundes, hirud mach juwe wysheit vorstan, wat des copmans menynghe is unde wes se sik besorghen. Unde darumme dat wy nicht en weten, wer see jun ok breve hirvan gescreven hebben, so sende wy jun desse udscrift unde bidden jun vlitliken, dat gi vormyddelst juwer vorsichticheit hirane syn vordacht, unde besorghet den copman mit juwme ghuden rade, dat hee des in nenen schaden en kome, alze wy ok desgeliikes gherne doen willen. Darmede siit dem almechteghen Ghode bevolen. Screven under unseme secrete, des vrildages na Viti.

Borghermeystere unde raed der stat Darbte.

790. *Die Bürgermeister Albr. Rode von Thorn, Konr. Letzkow von Danzig und Wulf Wulfflam von Stralsund bekunden, von der Königin Margaretha 6 Fass Grauwerk, 4 Fass Bernstein und 30 Boden Wachs erhalten zu haben, mit der Bedingung, dass das Gut beim Tage zu Kalmar 1408 Juni 3 dem König Erich, der Königin oder den Räten der drei Reiche wieder zurückgegeben werden soll, falls denselben nicht bis dahin eine Garantie gegen spätere Ansprüche der Eigentümer gegeben ist. — 1407 Juni 18. Helsingborg.*

Gedruckt: HR. 5 n. 424. S. oben n. 699.

791. *Verhandlungen der hansischen Ratssendeboten mit den Räten des Hzg. [Wilhelm], Grafen von Holland, und den Sendeboten der Lande Ostergo und Westergo in Amsterdam und im Haag, u. a. über eine Genugthuung für die den Hansestädten zugefügten Verluste; mit dem Hzg. [Johann] von Burgund in Gent und den Städten Gent und Brügge über die Gebrechen des deutschen Kaufmanns in Flandern, deren Abstellung vom Herzog zugesagt wird; mit den englischen Gesandten im Haag über die gegenseitigen Beschwerden[1] und die von den Engländern zu leistende Entschädigung. — 1407 Juni 28—Okt.*

Gedruckt: HR. 5 n. 449.

[1]) *Die verschiedenen Klagelisten nebst einem Bericht der englischen Gesandten und anderen auf die Tagfahrt bezüglichen Aktenstücken, z. T. gedruckt HR. 5 n. 435, 436, 439—443, 445, 446, 448, sind im Zusammenhang veröffentlicht Hanseakten S. 215—320 u. 356—361; die aus dem Kapitelsarchiv Canterbury stammenden Akten jetzt auch gedr. Literae Cantuarienses 3, 78 f. Einige Schreiben der preussischen Sendeboten, von der Tagfahrt aus an die preussischen Städte gerichtet, s. HR. 5 n. 458—461; 8 n. 1061. Die im Wortlaut noch nicht zugänglichen Klageartikel der Engländer gegen Wismar und Rostock giebt Hakluyt 1, 160—169 in englischer Übersetzung.*

792. *Hzg. Swantibor [III] von Pommern-Stettin befreit die Einwohner Stettins und den gemeinen Kaufmann bei Schiffbruch oder Strandung im Haff, auf der Oder oder dem Dammschen See vom Grundruhrrecht, indem er ihnen die Bergung ihres Guts gestattet. — 1407 Juni 29* (in deme daghe s. Peters unde Pawel der h. apostele). *Stettin.*

StA Stettin, Urk. n. 145; Or. Perg. m. anh. S.
StaA Stettin, Abschr. im Diplomatarium civitatis Stett.

793. *Reval [an den deutschen Kaufmann zu Nowgorod:] rechtfertigt sich, dass es keine Gegenmassregeln gegen die russischen Kaufleute in Reval ergriffen hat. — [1407 Juni]*[1].

Aus R StA Reval, Missivbuch 1384—1420 fol. 35. Hagedorn.

Na der grote. Leve vrende. Juwen breff hebbe wy wol vornomen, de gi uns sanden by Ludeke van deme Berge, also dat de Nauwerders[a] ... Des so wetet, dat de Russen hir dat meste part ghecopslaget hadden, und de mester hevet de Russen hir int lant gheledet vrye aff und to to komende und he is sulven in Prussen[2]; und ok, alse wy vornemen, dat de Nauwerders thydinge hebben, wu dat wy hir vorboden hebben, dat men myt Nauwerders hir nicht copslagen ene solde: wy meynen, dat se ju dit darumme don. und nu de cere to hus komen und hir ghecopslaget hebben und woltdan vornemen, dat dar nycht ane is, so hope wy, dat se ju wol kopslagen laten, alset van oldinges ghewest is. Men boven al wert, dat se ju gamliken bewat hebben, so hadde wy et ghemaket, wu wy mocht hedden, wy hedden se hir weder ghetovet byt ter tiid, dat wy vornomen hedden, wu et ju ghegan hedde. Hirumme, leven vrende, so scrivet uns sunder underlaet, wes ju wedervaert und wu et ju gae; und kunne wy icht gudes darto don, dat wille wy alle tiid gerne don myt alle deme, dat wy vormogen.

794. *Der deutsche Kaufmann zu Nowgorod an Reval: teilt eine neue Verordnung der Russen betreffs des Salz- und Honighandels und den von ihm dagegen gefassten Beschluss mit. — [1407] Juli 1.*

Aus StA Reval; Or. m. S. Höhlbaum.
Das., eingeschoben in n. 801.
Gedruckt: v. Bunge, Livl. U.B. 4 n. 1730.

An de erbaren wisen heren borgermestere unde ratmanne der stat to Revele.

Unsen vrüntlike grot unde wes wy gudes vormogen. Juwer vorsichticheit begere wy to wetene, leven vrundes, als umme den breff, den wy jû latest sanden, darin geschreven also, dat hir dorch dat market geropen wart, dat de Russen nicht solden kopslagen met den Dütschen[3], dat steit noch in den sulven punten, also id do dede, unde se hebben enen breff gemaket in deme dinge unde besegelt under sik also, dat nen Rûsse sal kopen van den Dutschen anders den solt by der wicht, dat honich by vullen tonnen by 60 stukke sulvers, unde des sy wy hir ene geworden, dat nemant den kop sal angan by 50 mark unde by des hoves rechte bette to der tiit, dat wy en antworde van juw hebben. Item also umme dusse vorgescrevene pûnte willen heb wy vake vor den hertogen gewest, unde he lecht uns alle dage met guden worden aff unde he ene geft uns gen antworde, dar wy uns

a) Der Schluss des Satzes fehlt R

1) Vgl. n. 788, 796. 2) Zur Neuwahl des Hochmeisters. Voigt, Gesch. Preussens 7, 7.
3) n. 788.

an holden mogen, unde dar misdunket uns ane. Hirumme, leven vronden, so weset hir vorsichtich ane unde besorget den kopman, also gy alle tiit gerne doen, unde schrivet uns en antworde, so gy erste konen. Vart wol an Gode. Gescreven in deme avende unser leven vrouwen der sokinge, under sunte Peters ingesegel.

Olderlude unde wisesten des kopmans tho Nowerden un wesende.

795. *Der Minoritenprovincial in Dänemark und Skandinavien nimmt die Gesellschaft der deutschen Schuster zu Opslo in die Gemeinschaft der guten Werke der Ordensbrüder seiner Provinz auf. — 1407 Juli 3. Ystad.*

Aus R StA Rostock, Hanse; Or. Perg., das anh. S. ab. Koppmann.

Christo Deo devotis personis omnibus et singulis de societate sutorum Oslois frater Fagerus ordinis fratrum minorum provincie Dacie minister et servus in Dei filio pacem continuam cum salute. Exigente vestre devocionis affectu, quo Deum et ordinem nostrum dil[i]gitis[a], vos tamquam speciales benefactores et amicos nostri ordinis ad omnia suffragia fratrum nostre provincie, videlicet Dacie, Swecie[1] ac Norwegie, tenore presencium recipio, plenam vobis participacionem bonorum omnium concedens tam post mortem quam in vita, que per ipsos die noctuque in missis, vigiliis, jejuniis, oracionibus, predicacionibus, laboribus ac aliis piis excerciciis operari dignabitur clemencia salvatoris. Datum Ystadis anno Domini 1407 dominica infra octavam apostolorum Petri et Pauli, dum fratres ibidem fuerunt congregati.

796. *Dorpat an Riga: teilt u. a. seine Zuschrift an Reval [von Juni 26][2] in der Angelegenheit des Colsterne mit; hat ein Schreiben des deutschen Kaufmanns zu Nowgorod erhalten, wonach dort den Russen jeder Handel mit Deutschen verboten ist, und eine Abschrift davon mit dem Ersuchen um Gegenmassregeln an Reval gesandt[3]; dieses hat ein gleiches Schreiben des Kaufmanns empfangen, aber anstatt zu handeln noch auf ein binnen 8 Tagen verheissenes neues Schreiben desselben gewartet, während welcher Zeit die dort anwesenden Russen ihre Geschäfte abgeschlossen und ihr Gut fortgesandt haben; kann seinerseits nichts dabei thun, befürchtet eine fortdauernde Gefährdung des Kaufmanns. — [1407] Juli 3.*

StA Riga; Or. m. S.
Gedruckt: HR. 5 n. 411.

797. *Hochmeister Ulrich von Jungingen an Kingston-up.-Hull: mahnt um die rückständige Auszahlung der den Danzigern dort arrestierten Geldsummen. — 1407 Juli 6. Marienburg.*

Aus K StsA Königsberg, Hochmeister-Registrant 3 fol. 155.

Frater Ulricus de Jungingen, ordinis beate Marie Theotonicorum Jerusalemitani magister generalis, honorabilibus ac circumspectis viris, majori ac communitati civitatis Hull in Anglia, amicis nostris presinceris, benivolum affectum ac pacis et salutis votiva incrementa. Honorabiles amici dilecti. Novit vestra sinceritas, quomodo presencium exhibitoribus, subditis nostris de Danczk, quibusdam temporibus elapsis certam summam pecunie sub vestra potestate detinuistis et ad diem adhuc detinetis hodiernum, licet inquam[b] in termino placitorum temporibus predecessoris nostri bone recordacionis, dum ambasiatores illustrissimi et graciosi domini nostri regis

a) diligitis R. b) Über der Zeile für ein getilgtes in K.

1) *1407 Nov. 10 bittet der Lubecker Joh. Crowel den Erzbischof Henrik Karoli von Upsala, seinem Bruder und dem Heidenrik Lubbertsmann die Ausfuhr von Gerste nach Lubeck zu gestatten. Silfverstolpe, Svenskt Diplom. 1 n. 901.* 2) *HR. 5 n. 410.* 3) *n. 780, 788.*

Anglie in terra nostra moram traxerant [1], quibusdam Anglicis certa summa pecuniaria per dictos nostros subditos pro equalitatis consecucione fuisset arrestata, iidem tamen ambasiatores dicti domini regis, ingerentes se premisso facto, asserebant ordini, [quod] predictorum subditorum nostrorum pecunie in prompto in manibus vestris invenirentur reposite sine omni dolo et restitui deberent sine prorogacione qualibet dictis hominibus nostris, dum ipsi vel eorum procurator ad amiciciam vestram pervenirent, instanter supplicantes, ut pecunie Anglicis arrestate eisdem libere darentur et impedite. Quod ad instanciam ipsorum tunc temporis sub spe et confidencia consimilis equitatis nostratibus exhibende indultum fuit et concessum. Nostrates vero spe hujusmodi frustrati minimam hucusque satisfaccionem seu pecuniarum suarum restitucionem consequi potuerunt. Quare vestre sinceritatis providenciam iteratis precibus confidenter petimus et hortamur, quatenus dictis nostris subditis juxta promissa et juramenta, prout asserunt, ipsis facta summam pecunie apud vos detentam precum nostrarum respectu sine prolixiori prorogacione restituere velitis integraliter et ex toto, ne pro eisdem incomoda seu querimonias per neglig[g]encias commissas multiplicare nos contingat; ad similia vestra vota nos continuo, dum opus fuerit, fiducia[lite]r requirentes. Datum in castro nostro Marienburg 6. die Julii anno Domini 1407.

798. *Reval an Riga und Dorpat: rechtfertigt u. a. sein Verhalten gegen Cotzerne. — [1407] Juli 6.*

Aus R StA Reval, Missivbuch 1384—1420 fol. 37. Missum consulibus Rygensibus et Darpte.

R 1 Das. fol. 35 b, die speziell für Riga bestimmte, in Einzelheiten z. T. abweichende Fassung des Briefes. Hagedorn.

Heren und leven vrunde. Willet weten, dat wy juwen breff [a] entfangen und vornomen [a] hebben und den breff, den ju juwes rades sendeboden [b] ghesant hebben [b]. Und alse gy uns schryven, dat wy hundert mark utleggen solen, dat uns swar is to donde, mer doch so wille wy et gerne don [c], dat gelt [c] sole gy wysliken hir by uns vynden up unser vrowen dach der lateren [2]. Item alse gy uns schryven alse umme dat pantgelt uptonemende ju over to schryvende, wes unse guddunkent darto sii: des so weted, dat wy dar myt unseme rade umme gesproken hebben, und uns dunket nutte wesen, dat ment upneme na der stede willen. Item alse gy uns schryven, dat men Iwanen Ketzernen und syne gheselschopp in de wage [d] negelen solde, des so wetet, dat dat recesse [e] nicht ut ene wyset, dat darup ghemaket wart [e], mer dat men vorbeyden solde borgeren und gesten [f], dat nymant myt eme copslagen solde; und dat hebbe wy gedan. Doch hoven al umme guder endracht willen so wille wy es ju volgafftich wesen und wilt ene in de waghe negelen laten [g]. Dominus [h] vos conservet. Scriptum in die octava Petri et Pauli [h].

799. *[Riga an Dorpat:] berichtet, dass in Nowgorod der Handel mit den Deutschen verboten ist; bittet um Mitteilung an Reval. — [1407 vor Juli 12.]*

Aus StA Reval, eingeschoben in n. 800. Höhlbaum.

Gedruckt: v. Bunge, Livl. U.B. 4 n. 1732.

Na der grute etc. Leven vrunde. Juwer erbarcheit begbere wy to wetende, dat wy wol vurnomen hebben, wo dat de Nougardere int markt geropen hebben

a) [illegible] R. b—b) [illegible] R 1. c—c) [illegible] R 1. d) in de wage *fehlt R 1.* e—e) [illegible] R 1. f) borgeren und gesten *fehlt R 1.* g) [illegible] *folgt R 1 [illegible].* h—h) *Fehlt R 1.*

1) *1406 Okt., s. n. 687.* 2) *S. HR. 5 n. 409, 410.* 3) *Sept. 8.*

unde ersame copmanne vorboden, dat zee myt dem Dudeschen copmanne nicht copslaghen en schölen[1]. Hirumbe, leven heren, bidde wy jun ernstliken, dat gii darane vörzeen willen wezen unde betrachten des copmans beste, dat zee dat holden na older woenheit unde na der cruskussinge myt dem Düdeschen copmanne to kopslaghende, to köpende unde to vorköpende. Ok begbere wy, dat gii dit vort an dee heren van Revele scriven, dat zee dat beste hirmede helpen to denken. Wes gii hirane ramen dat beqwemelikest is, dat is unse wille wal, unde wo gii dese sake hebben, des bidde wy uns eyn antwarde to scrivende myt den ersten. Sit Gode bevolen etc.

800. *Dorpat an Reval: teilt n. 799 mit; bittet, eine Schädigung des Kaufmanns zu Nowgorod zu verhüten, und beantwortet eine Anfrage wegen des Pfundgeldes. — [1407] Juli 12.*

Aus R StA Reval; Or. m. Stücken d. S. Höhlbaum.
Gedruckt: v. Bunge, Livl. U.B. 4 n. 1732.

Den ersamen wisen mannen, heren borghermeysteren unde rade der stat Revele, unsen leven besunderen vrunden, detur.

Unsen vruntliken grut unde[a] wes wy gûdes vormöghen. Ersamen leven heren unde vrûnde. Wy entfinghen dallink der heren breff to Rîge, ludende als hiir nagescreven steit: *[Folgt n. 799]*. Leven vrunden. Alze gii ute desseme vorscreven breve wol vörstan möghen, wat der heren to Rîge begheringhe hirane is, so bidde wy ok myt sunderghemе vliite, dat gii vormyddelst juner wisheit hiir willen ane wesen vorzeen, den copman to besorghende, dat hee unbeschedeghet blyve unde ok der olden wonheit neeten möghe na der cruskussinghe, alze wy juner leve wol eer gescreven unde boden hebben. Item als gii scriven van dem pantgheide[2], dat dûncket uns nutte wesen, dat me dat bestân late bette so langhe, dat unse boden wadder to huus komen, dat desse Liifflandeschen stede denne myt eendracht darumme spreken möghen. Darmede bevele wy jou dem almechteghen Gode to langher salicheit. Screven in sunte Margareten avende, under unseme secrete. Borghermeystere unde raed der stat Darbte.

801. *Dorpat an Reval: teilt ein Schreiben des deutschen Kaufmanns zu Nowgorod mit und bittet, auf das Beste desselben bedacht zu sein. — [1407] Juli 13.*

Aus StA Reval; Or. m. Spur d. S. Höhlbaum.
Gedruckt: v. Bunge, Livl. U.B. 4 n. 1733.

Den ersamen wisen mannen, heren borgermeysteren unde rade der stat Revele, unsen leven besunderen vrunden, detur.

Unsen vruntliken grut myt begheringhe alles guden vorgescreven. Ersamen leven heren unde vrunde. Wy entfinghen dallinch des copmans breff to Nougarden, ludende als hiir nagescreven steit: *[Folgt n. 794]*. Leven heren unde vrunde. Hirud mach june wisheit wol dirkennen, wo id umme des copmans sake to Nougarden nu gewant is, alse zee juu, so wy uns vormoden, desgeliikes ok wol togescreven hebben. Worumme bidde wy jun myt sunderghemе vliite, dat gii vormyddelst juner vorsichticheit hirane willen wesen vurzeen, des copmans beste darane to betrachtende, alze wy wol weten, dat gii gerne dôn. Desses vorgescreven breves udscrifft hebbe wy ok an dee heren to Righe gescreven. Darmede siit dem

a) unde R.

1) S. n. 789. 2) n. 798.

almechtieghen Gode bevolen to langher salicheit. Screven under unseme secrete, an sunte Margareten daghe der hilghen junkfrowen.

Borghermeystere unde raed der stat Darbte.

802. *Reval an den deutschen Kaufmann zu Nowgorod: ersucht ihn, sich um die Wahrung des alten Herkommens im Salzhandel zu bemühen. — [1407] Juli 15.*

Aus StA Reval, Missivbuch 1384—1420 fol. 37. Deme copmanne to Naugarden. *Hagedorn.*

Leven vrende. Willet weten, dat wy juwen breff[1] entfangen und wol vernomen hebben, dar gy inne begerende syn, ju en antword to schryvende, wu gy et myt der wichte van deme solte holden solen. Des so wetet, dat wy der heren breff van der Ryghe und ok der van Darpte[2] entfangen hebben, dar se uns inne bidden und begeren, dat wy ju schryven, dat gy et holden na der olden woonheit und na der ersten ummynge, also dat de copman in syneme rechte nycht ghekrenket ene werde. Und hir enboven so hadde wy den Dutschen copman vor uns vorbodet und leyten eme dyt ok vorstån; und wy hebt hir vorboden, dat geyn Dutsch kopman hirut to Naugarden wart solt voren ene sal, er wy een antworde van ju hebben, wu et ju darmede gae. Hirumme, leven vrende, so weset hirane vorseyn, dat de copman by rechte blyve, alse gy alle tiit gerne dôn, und scryvet uns dusses juwe antword myt den ersten. Dominus vos conservet[a]. Scriptum in die divisionis apostolorum.

803. *K. Heinrich [IV] von England bevollmächtigt den Ritter Will. Esturmy und den Geistlichen Mag. Joh. Kyngton, um mit den Bevollmächtigten der hansischen Kaufleute über die Beilegung der beiderseitigen Beschwerden zu verhandeln und einen Freundschafts- und Handelsvertrag zwischen der Hanse oder einzelnen Hansestädten* (vel singulariter ejusdem societatis civitates et opida etiam divisim) *und dem Könige nebst seinen Verbündeten, namentlich dem Könige Erich von Dänemark und dessen Reichen, abzuschliessen. — 1407 Juli 20. Westminster.*

Publ. Record Office London, French Rolls 8 Henry IV m. 5.

Gedruckt: Rymer, Foedera 8, 494, wiederholt Willebrandt 3, 48, Silfverstolpe, Svenskt Diplomatarium 1 n. 862. Verz.: Hempel, Invent. diplom. Saxon. inf. 3, 22, HR. 5 n. 430, Reg. Dan. 1 n. 3217. S. oben n. 706 u. 791.

804. *Derselbe bevollmächtigt die genannten Engländer genau ebenso zur Verhandlung mit dem zeitigen Hochmeister oder dessen Bevollmächtigten, da die früher von ihnen und dem verstorbenen Londoner Bürger Wilh. Brampton mit den Gesandten des früheren Hochmeisters Konrad von Jungingen geführten Ausgleichsverhandlungen[3] nicht mehr bei Lebzeiten des Letzteren abgeschlossen werden konnten. — 1407 Juli 22. Westminster.*

L Publ. Record Office London, French Rolls 8 Henry IV m. 4.

Kapitelsarchiv Canterbury; Or. Perg. m. S.

Gedruckt: aus L Rymer, Foedera 8, 492, wiederholt Willebrandt 3, 44, Silfverstolpe 1 n. 863. Verz.: Hempel, Invent. diplom. Saxon. inf. 3, 23, HR. 5 n. 431, Reg. Dan. 1 n. 3218.

805. *Derselbe transsumiert die Verträge mit dem Hochmeister und der Hanse n. 687 und 697. — 1407 Juli 24. Westminster.*

Kapitelsarchiv Canterbury; 2 Or. Perg.

Verzeichnet: HR. 5 n. 432 und 444.

a) conservet R.

1) n. 794. 2) n. 800, 789. 3) S. n. 687.

806. *K. Karl VI von Frankreich gebietet seinen Baillifs und Richtern, die hansischen Kaufleute gegen Ausschreitungen der französischen Kaper in Schutz zu nehmen. — 1407 Juli 28. Paris.*

Aus K StA Köln, hans. Kopiar E fol. 136; offizielle flämische Übersetzung, transsumiert in n. 820.

K 1 Das., hans. Kopiare E fol. 150, D fol. 111; etwas abweichende fläm. Übers.

Chaerle bi der gracien Goods coninck van Vrancrike an den bailliuwen van Amiens, van Rosen, van Caus, van Caen ende van Constantijn, an den seneschal van Ponthieu ende an allen anderen richteren off an hare stedehouderen saluyt. Als dat wij hebben verstaen by de relacien van den lieden ende officieren van onsen sere leve ende geminden neve, den hertoge van Burgoengen, grave van Vlaenderen ende van Artois, an den welken vele coopluden uut Duitscheland hebben claghtich geweest, dat vele lieden, gesellen ende schiphers van onsen conincrike hebben gewapent balniers ende andere schepen van oirloghe, hebben genomen ende nemen alle dage upter see de schepen ende comanschappen toebehorende den coopluden van Lubecke ende oick anderen coopluden uter Hanse van Duitschlant, de welke schepen ende comanscappen de selve coopluden doen se geleiden ende brengen in der havene van der Sluus, van Harefleu ende van Croty ende in anderen havene van onsen conincrike, om hair goet te vercopene ende tontladene, omme tvole ende gemeene oirber van onsen conincrike; ende dese selve schepen ende comanschappen hebben se genomen ende gheforceert tharen profite, gelike off sij hadden geweist Enghelsche off anderen vyanden van onsen conincrike, niet dat desse vorseide coopluden sijn partien van den Engelschen, mer sijn gheheel onse goede vrienden, van den welken onse ondersaten van onsen conincrike mochten comen in valle in grote schade ende verlies ende groote inconvenienten mochten dair huutcomen, het en sij dat bij ons worde voorsien ende remedie dairoff gedaen. Dairomme eist, dat wij willen die coopluden ende onse gode vrönden comende ende versoekende de havene van onsen conincrike wachten ende bescudden van schaden ende van verlies off enighe andere fortsen, die hemlieden van onsen ondersaten toekomen mogen. Daeromme doen wij hu te wetene, gebieden ende bevelen uliedеn, dat gij doet gebot in onsen naem in alle goede steden ende havene van der see ende andere plaetsen in onse conincrike ghemeenlike myt luder stemmen ende trompetslach in den daghe van mercten ende allen capiteynen, volc van wapenen, meisters van schepe, schiphers, stuermans van der see ende andere ondersaten van den conincrike, up die peen te verliesene lijff ende goet, dat sij niet en misdoen of doen mysdoen of laten misdone ter see off te lande den voirnomden coopluden van der Hanze van Duitschelant, die comen ende doen komen ter see, schepen ende comanschappen van den voirseiden lande van Duitschelant ten voirseiden havene van der Sluus, van Harenfleu ende andere havene van onsen conincrike, mer al dat gij sult vinden contrarie doende off gedaen sinde, doet ter stont ende sonder letsel dat den voirseiden coopluden wedergheven, als dat sij gene schade dairbij en hebben. Ende wie bijrin contrarie doet, dat hem also wordt gepunijrt ende correxie doe, dat de ander exempel dairbij nemen, ende dat geen noot en sij meer dairoff tot ons te comen, want het gelieft ons aldus gedaen sinde[a]. Ghegeven te Parijs, den achtendetwijntichsten dach in Julio int jair van gracien 1407 ende den 27. jare van onsen rike.

(Aldus ghetekent:) Bi den coninck in de relacie van den rade.

J. de Crespey.

a) *In K 1 folgt:* bij [illegible] gracien by [illegible] [illegible] [illegible] [illegible] [illegible] van [illegible] [illegible] van [illegible].

807. *Der deutsche Kaufmann zu Nowgorod an Reval: meldet die Forderungen der Russen in Betreff des Salz- und Honighandels und bittet um Schutz für seine Gerechtsame. — [1407] Aug. 10.*

Aus StA Reval; Or. m. Spur d. S. Höhlbaum.
Gedruckt: v. Bunge, Livl. U.B. 4 n. 1736.

An de erwerdighen heren, borghermestere unde raitmanne der stat to Revele.

Unsen vruntliken grot unde wes wy gudes vormoghen. Wetet, leven vrunden, dat wy juwen breff wol vornomen hebben, dar gy uns inne screven, dat wy de olden woonheit holden solden[1]. Des wetet, dat wy et vaken vorvolget hebben vor den hertogen unde vor den hopluden. Des hebben se uns nu en antworde gegheven, dat se willen dat solt bir wegen unde willen dat honich vul hebben, unde dat wy vul gheven unde ok vul nemen, wente se seggen, se eden in erer stat unde wy nicht, unde se seggen, dat wy aldus lange ere deve gewesen hebben, unde seggen, dat wy nemen to Revel 15 sekke soltes vor de last unde geven bir 12. Desgeliken seggen se van deme honige, dat wy nemen mit uns 13 tunnen unde geven bir 12 vor de last. Unde wy hadden wol gehopet, dat gy den kopman solden bet besorget hebben den geschen is, wente bir is solt unde honich gekomen na der tit, dat gy unse breve entfangen hadden, wente wy hebben angest, dat wi noch to groteren schaden komen. Hirumme, leven vrunden, weset hirane vorseen, dat de kopman vorwaret blive, wente wy besorget uns des, weret dat se den kopman nu van dessen punten des rechtes droeghen, dat se desgeliken bir negest by enem anderen doen scholden, des de kopman bir negest mochte in groten schaden komen. Varet wol an Gode. Gescreven in sunte Laurencius dage, under deme ingesegele sunte Peters.

Olderlude unde wisesten des kopmans to Nowerden nu wesende.

808. *Danzig an Thorn: bittet, den Thorner Ratsherrn Joh. Nicolai, der von dem aus Dänemark zurückerhaltenen schiffbrüchigen Gut ein Fass Pelzwerk behalten hat, zur Herausgabe desselben behufs der vereinbarten Verteilung unter die Mitglieder seiner Handelsgesellschaft zu veranlassen. — 1407 Aug. 23.*

Aus StA Thorn n. 600; Or. m. S. Hagedorn.

Ersamen unde wolweisen, unsirn libin gunstigen frunden, herren radmannen czu Thorun detur.

Unsirn gar fruntlichin grus czuvor. Ersamen besunderen libin gunstigen frunde. Uch mag wol verdenken, wie is letzt czum Elbinge umbe das gud us Lambert Jungen schiffe, das von der frauwen konyginnen von Dennemarken uff geloubin ist ussgeborget unde von her Conrad Letzkowen unsirm burgermeistere obirgebrocht wart[2], abegesprochin, das alle gud, das davon under der gemerke, die alsulch vorbundt undir eynandir, alse das selbige gud irst her was gekomen, unde ouch vor hatten gemachet, alse ir es von uns wol habit vornomen, das das die selbigen noch pfennyngtalen undir eynandir teilen sulden; unde wer des gutes ichtes by sich entfangen hot, das der das en czu teilende widder in sal brengen etc. Des sint vor uns gekomen eyn teil van den jenen, die in alsulchem vorbunde sin gewest unde noch sin, vorgebinde, das her Johan Nikolai euwir mitteradman, der in deme vorscreven vorbunde ist, alse wir vornemen, das im die selbigen mit sinen selbis briefen unde ouch mit lovenwerdiger lute tugnisse, ap her im das entfallen wolde,

[1] S. n. 802. [2] S. n. 790.

obirkomen wellen, also sie sprechin, eyn vas werkes, das wir im uff euwir truwvorsichtbrieff an uns darumbe gesandt, darinne ir uns hen allen, den is stehet tzu thunde, schadeloes tzu haldende habit gelobit, gutlichen tzu euwir begerlikeit habin geentwerdt unde folgen laszen, en noch nicht widder in habe gebrocht. Bitte wir euwir ersame libe zer fruntlichin begerende mit allem flise, das ir umbe unsir libe unde begerlichen bethe willen den vorscreven her Johan also gutlichen underwisende wellet vormogen, das her das ergenante vas werkes adir das gelt dorvor sunder summen en allen noch pfennyngtale tzu teilende herap hernende, uff das wir vorder keyne maye darumme nicht durfen habin, wenne her alleyne unde nymandt andirs, alse wir vornemen, dowidder ist unde sichs widder intzubringende meynet tzu geweren. Hirane also thuende, also wir uch folkomlichen tzugetruwen, unde bitten dises euwir fruntliche entwerte. Siit Gote befolen. Gescrebin am obende Bartholomei apostoli 1407, undir unsirm secrete. Radmanne Dantzik.

809. *[Riga an Dorpat:] hat wegen des Salz- und Honighandels in Nowgorod früher an Lübeck geschrieben und will dies abermals thun; rät, die Zufuhr von Salz und Honig nach Nowgorod einstweilen einzustellen und den Kaufmann zur Einhaltung des alten Herkommens anzuweisen. — [1407] Sept. 2.*

Aus StA Reval, eingeschoben in n. 811. Höhlbaum.
Gedruckt: v. Bunge, Livl. U.B. 4 n. 1737.

Na der grute. Leven vrunden. Juwen breff inholende de udscrifft eens breves van deme copmanne to Nougarden wesende an juu gescreven van deme solte unde honnyghe etc. hebbe wy entfangben unde wol vurnomen. Juu mach wol vurdenken, dat gii uns latest ok darvan gescreven hadden in juweme breve, darup wy juu wedder screven, dat wy darvan den heren to Lubeke vort gescreven hadden, unde hebben noch neen antwarde van en entfanghen. Darumme wy over den heren to Lubeke den sake toscriven willen, als uns eerst een bode stadet, dat see uns eren wilen raet darinne wedder scriven myt den ersten. Jodoch uppet erste dunket uns gut unde nutte wesen, dat gy by juu bestellen unde ok dat gii vort den heren to Revele scriven, dat see id ok by sik so schikken unde bestellen, dat men na desseme daghe noch solt noch honnyeb to Nougarden wart sende edder bringhe, unde dat gii deme copmanne to Nougarden ernstliken scriven, dat see dat under sik dar beden unde by des copmans rechte holden, dat see neen solt by der wicht den Russen vorkôpen unde levereren noch honnyeb van deme, dat dar nu alrede boven is to Nougarden, anders wanne na der olden woenheit, alzo langhe dat wy een antwarde van den heren to Lubeke hebben unde uterliker darvan spreken môghen unde en scriven, worna see sik in den saken richten schôlen. Dit dunket uns in dat erste nutte unde gud, alzo verne id juwer vorsichticheit dunket geraden wesen. Valete etc. Gheven des vriigdages vor unser vruwen daghe nativitatis etc.

810. *Die Lande Ostergo und Westergo beurkunden ihre Vereinbarung mit dem Hamburger Bürgermeister Meinhard Buxtehude, wonach die Hansestädte bis nächste Ostern*[1] *die Höhe des durch die Auslieger der Lande erlittenen Schadens darthun und dann innerhalb 14 Tagen nach Ostern Sendeboten zum Abschluss eines endgültigen Vergleichs zu ihnen schicken sollen*[2]*. — 1407 Sept. 4. Leeuwarden.*

Gedruckt: HR. 5 n. 452.

[1]) 1408 Apr. 15. *[2]) S. oben n. 785, 791 und HR. 5 n. 450.*

811. *Dorpat an Reval: teilt ein Schreiben Rigas mit, tritt dessen Ansicht bei und bittet, in diesem Sinne ebenfalls an den deutschen Kaufmann zu Nowgorod zu schreiben. — [1407] Sept. 7.*

Aus R StA Reval; Or. m. Spur d. S. Höhlbaum.
Gedruckt: v. Bunge, Livl. U.B. 4 n. 1737.

Den ersamen vorsichteghen mannen, heren borgermesteren unde radmannen der stat Revele, unsen leven vrunden, detur.

Unsen vrüntliken grut mit begheringhe alles ghuden tovorn. Ersame leven heren unde vrunde. Willet weten, dat wy in unser vrouwen avende nativitatis[1] entfinghen der heren breff van Righe, ludende als hiir nagescreven steit: *[Folgt n. 809].* Leven heren unde vründe. Hiirud mach juwe wysheit wol verstan, wat der heren to Righe meenynghe hiirumb is, unde düncket uns nütte wesen, dat men deme volghe in aller mate, alse vorgescreven steit. Darumme wy ok deme copmanne to Nougarden na udscriffte dessen breves gescreven hebben, dat se alle dink beyde umme dat ene unde dat andere holden na older woenheit unde na udwisinghe erer schrä bette so langhe, dat wy een antwarde darumme entfanghen van steden, unde düncket uns nütte wesen, dat gii en desgeliikes ok scriven, uppe dat see deste vliitliker dat to herten möghen nemen. Darmede siit dem almechteghen Gode bevolen to langhen saleghen tiiden. Screven under[a] unseme secrete, in unser vrouwen avende erer bort.

Borghermeystere unde raed der stad Darbte.

812. *Danzig an Reval: Schiffer Arnd Ysebrandssoen, dessen Kraier in Danzig von mehreren Kaufleuten zur Fahrt nach Stralsund gechartert und beladen war, ist kurz vor dem Bestimmungshafen heimlich davongesegelt; gibt eine genaue Beschreibung von Schiff und Ladung und bittet, falls dasselbe nach Reval kommt, die Güter anzuhalten und für die Eigentümer in Verwahr zu nehmen. — 1407 Sept. 7.*

Aus StA Reval; Or. m. Stücken d. S. Höhlbaum.
Gedruckt: v. Bunge, Livl. U.B. 6 Sp. 332 n. 2972.

Den ersamen, vorsichtigen, wisen mannen, heren borgermeisteren unde radmannen der stad Revale, unsen besunderen vrunden, detur.

Vruntlike grute mit dinste unde aller behegelicheit vorscreven. Ersamen heren, besunderen leven vrunde. Hans Vos unse medeborger unde Rotger van Affen van Stetiin hebben uns clegeliken vorgegeven, wo dat see samentl mit eyme, Hans Cranslin genomet, eynen kreyger, tusschen 34 lesten unde 36 lesten heringes van dracht wesende, van hir üt der Wiisel tom Stralessunde wart mit dessen nageschrevenen eren guderen geladen, alse 23 lesten gewegens soltes, los im sulven schepe liggende, 28 vaten seles, eyner halven last osemundes unde 3 kisten, to seyelende hadden gewunnen, dirvan de schipher sik Arnd Ysebrandssoen hebbe genomet; unde dat, alse Rutger unde Hans Cranslin vorscreven mit deme vorgerurden schepe unde eren guderen in dat Nye Diep vor dem Stralessundt weren gekomen, sik to landen leten setten unde wolden over landt tom Sunde tovoren ingan, hopende, dat de vorscreven schipher en mit dem vorgerurden schepe unde eren guderen an de stad leggende solde unde wurde volgen. Des sil do sulven de vorscreven schipher mit synen

a) under under R.

1) Sept. 7.

kinderen en mit den sulven eren guderen ovele ut deme vorscrevenen Nyen Depe entseghelt unde hebbe en also ere gudere afhendich gemaket, unde en weten nicht, wörhen hee mede mach sijn gesegelt. Des hebben uns de vorscrevene Hans Vos unde Rolger van Affen deme nagescrevene teiken unde merke des sulves schepes unde lade darinne wesinde to kennende gegeven, also dat under deme vorgerurden solte twee rollen nyger Prusscher haren liggende siin, unde ene darvan sii entwee gesneden, unde dat de vorscreven schipper eynen hover vor deme beyne hebbe unde hebbe mit em inne eynen olden Zelander, de hete Boldewiin, unde ok eynen cortien swarten gesellen, de hete Willam unde sii van Campen, unde hebbe ok eynen schipman inne, de sii eyn Swede unde spreke gebroken unde qwat Dudesch, unde noch eynen anderen schipman, de sii van hir ut Prussen geboren, unde de jungknecht des schepes sii schele unde van Stettin geboren unde hebbe eynen kalen kop; unde dat schip sii boven nyge vorbuwet, unde achter uppe deme castele siin nyge kobilien, unde de kapstange sii boven spitz unde beneden, dâr id touwe umme gheit, gelike dicke, unde de overste porte des schepes sii eyn vûrenbrett, unde en hebbe boven der porten nyne pannele, unde up den achterpannelen en siin nyne tegbele, unde de baksteghe sii eyn olt dregh reep unde de rechte dregh reep sii to hope gespitzt; item so sii de kayute mit Stetynssche 10 vote holte gemaket unde sii gewelvet unde en hebbe nyne dore, unde dat helmholt sii eyn eyshomenholt unde sii vorlenget mit eynem andern holte darup gebendet, unde hebbe man eynen cabel unde eyn kordeel. Unde van dem vorscreven zele siin 18 vate zelves van desseme merke 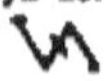 unde 10 vate alsus gemerket , unde hebbe ok inne by den 18 schippund hoppen. Bidde wy juwe vorsichtige wisheit zer dinstliken begerende mit vlite, oft dat vorscreven schip mit den erbenanten guderen mit jun to Revale is gekomen eder noch komen wert, dat gi denne de sulven gudere umme unser leve unde begeliken bede wille to behuff der vorscrevenen koplude bet to erer eder erer eyn tokumst willet doen upholden, vorwaren unde in gud behelt laten bringen, uppe dat de vorscrevene koplude in sulkem schaden nicht blyven bestanden, darvor wy jun gerne weder behegelik werden na alle unsen vormogen. Gescreven am avende nativitatis Marie 1407, under unsem secrete. Radmanne Dantzik.

813. *Der deutsche Kaufmann zu Nowgorod an Reval: lehnt ein Gesuch des Ludike van dem Berge um Verabfolgung des dem Bernd von Vreden arrestierten Gutes ab. — [1407] Sept. 21.*

Aus R StA Reval; Or. m. Spur d. S. Höhlbaum.

Gedruckt: v. Bunge, Livl. U.B. 4 n. 1774; wegen der Datierung dieser und der damit zusammenhängenden Nummern s. das. 6 Reg. S. 96 f.

Den erwerdigen mannen, borgermestern und råt der stat to Revel kome dusse scrift.

Unsen vrentliken grôt und wes wy gudes vormogen. Leven vrende. Juuer erbaricheit bidde wy to weten, dat wy juuen breyf wol vornomen hebben, dat Ludike van dem Berge vor [ju][a] gewest hevet und was begerende, dat men eme dat gut volgen lete, dat hir in sunte Peters were stet, dat Bernt van Vreden hir gekopslaget hevet. Hirumme besprach sich de kopman na utwisinge der scrå, dat dat gût in sunte Peters were bliven sal bit to der tit, dat de Rûsse vornoget sy. Hir bevruchtet sich de kopman van, dat hir mer schaden af komen mochte, [w]ante[b] en ander dergeliken ok so kopslagen wolde; want dat solt also vorkoft worde, darmede solden sey deme kopmanne sine rechticheyt afdringen, dar se lange na gestan

a) ume R. b) vante R.

hebben. Hirumme dunket deme kopmanne nicht nutte sin also to kopslagene. Hirmede sit dem almechtigen Gode bevolen. Gescreven under sunte Peters ingesegel, in sunte Matheus daghe. De kopman nu to Nougarden Dudescher Hense.

814. *Leutschau an Thorn: beantwortet dessen Schreiben wegen der Bezahlung von flandrischen Tuchen, welche einige Thorner an Bürger von Leutschau geliefert haben. — 1407 Sept. 26.*

Aus StA Thorn n. 601; Or. m. Resten d. S. Hagedorn.

Dem vorsichtegen und weysen mannen, purgermeyster und ratmannen der stat Thorun, iren lieben vrunden, dandum.

Dienst und vruntliche liebe mit begerung allis guttis czuvor. Ersamen liebin gunstigin vrunde. Als ewir ersamkeit uns brifflich geschrebin hat, dy unsiren Johannem Kurschner, Stephanum Kuenstil adir ire erbin von der ewirn wegin ynnme etliche Edlingische laken czu vornunnen und czu undirweysen, anhaldende das dy selbin den ewirn mochten beczalt werden: wissen sal ewir ersamkeit, das wir den obgenanten Johannem unsiren eitgenos mit ganczim ernste und fleisse undirweist habin yn und angehalden, das her dy obgenanten laken beczalte den ewirn, her czu seinen trewen und gewissen mit seinen eyde spricht, das her von Tyle von Drere nicht wisse, sundir was her schuldig mit Stephan Kuenstil ist gewesin, das hab her beczalt dem erbaren Johanni Beykoln gancz und gar, und sundirlichin von keynen Edlingische laken wisse; und meinit darumme eyn recht czu tuen, das her an den sachin nicht schuldig sey. Hyrumme, liebin vrunde, ab ymant ichtes czu dem unsiren czu clagen hat, her kome vor uns, wir ym ein vollis recht tuen und irczeigen wellin. Hyemitte sey Got mit euch. Gegebin am montage vor Michaelis undir unsirem secrete anno 1407. Richter und geworn purgere der stat Lewtscha.

815. *Lübeck an Riga: antwortet auf dessen Schreiben wegen der Angelegenheit zwischen dem deutschen Kaufmann zu Nowgorod und den Russen[1], dass Riga das Recht und Herkommen des dortigen Handels selbst am besten kennen wird; bittet, mit den anderen Städten Massregeln gegen das mangelhafte Gewicht beim Salzhandel zu vereinbaren, durch welches die Russen zu ihrer Verordnung über den Salzverkauf nach Gewicht veranlasst sein sollen, sowie sich wegen des richtigen Masses der Honigtonnen mit dem Kaufmann ins Einvernehmen zu setzen. — [1407] Okt. 8.*

StA Reval, eingeschoben in ein Schreiben Rigas an Dorpat von Nov. 8.
Gedruckt: HR. 5 n. 477, vgl. n. 478—479, früher v. Bunge, Livl. U.B. 4 n. 1740.

816. *Auszüge aus der Stadtrechnung von Brügge über Streitigkeiten zwischen dem deutschen Kaufmann zu Brügge und der Stadt Sluys[2]. — 1407 Okt. 27—1408 Juli 10.*

Aus RA Brüssel, Registres des chambres des comptes LXVIII, Comptes des ville vol. 4; 2. Exemplar der in Brügge fehlenden Rechnung von 1407 ff.

[1.] 1407 Okt. 27: Sendung der Stadt Brügge nach Sluys omme te doen calengierne eenighe persoenen, die ghedaen hadden contrarie den stapele, ende met andren lasten grotelijc anegaende den coopman van Almaingen.

[1] S. n. 809. [2] Über den hansischen Verkehr in Sluys berichtet die Rechnung des dortigen Wasserbaillifs (s. oben S. 77) von 1407 Jan. 7—Mai 9: Pieter Woutersone, Kapitän eines Danziger Schiffes, wird zu 10 Pfd. Strafe verurteilt, weil er ein aus Norwegen kommendes, im Hafen eingelaufenes Schiff betreten hat, bevor es mit dem Schiffszeil (tell) bedeckt war. — Mai 10 bis Sept. 19: Geldstrafe gegen den Deutschen Michel de Brouwne wegen Schlägerei.

[2.] *Nov. 14: Sendung nach Sluys in städtischen Angelegenheiten* ende omme in de vanghenesse te doene Boudin Maes ten verzouke van den coopman van der Duudscher Hanze *u. s. w.*

[3.] *Dec. 5: Sendung nach Sluys* met lettren van den oudermans an de wet van der Sluus.

[4.] *1408 März 27: Sendung* an de wet van der Sluus upt stic van Boudin Maes ende up de clachte van den oudermans van zekeren persoonen behorende in scoopmans rechte, de welke uteghezeit waren bi der wet van der Sluus.

[5.] *Apr. 17: Sendung nach Gent* ten ombiedene van onser gheduchter vrauwen bitsgaders den andren leden up zekere ghescillen wesende tusschen die van der Sluus ende den coopliedenvan der Duudscher Hansen.

[6.] *Mai 13: Sendung nach Gent u. a.* up diverse clachten van den Oosterlinghen up die van der Sluus.

[7.] *Juni 27: Sendung nach Sluys zusammen mit dem herzoglichen Kanzler und den Deputierten der anderen Lede* upt ghescil wesende tusschen den Oosterlinghen ende die van der Sluus *u. s. w.*

Doe ghegheven bi Victore van Leffinghe Jans clerc van Oegerlande van diversen scrifturen van den clachten van den Oosterlinghen van der stede deele 3 s. 4 d. grote; somme 40 s.

[8.] *Juli 10: Sendung von Deputierten der vier Lede nach Sluys* omme tacoord te makene tusschen den Oosterlinghen ende die van der Sluus.

817. *Lübeck ertheilt seinen Bürgern Konr. vamme Springe, Joh. Hunt, Bertold van Northem, Joh. Hassow, Herm. Cirenberch, Emekin Bekerwolt, Lambert von Brunn, Christ. Gebrichstede, Joh. Mekelenborch, Dietr. Tasniges, Joh. Westphal, Marq. Herkense, Heinr. Brekevelt, Borchard van Hildensem, Nik. Lauenborch und dem Schiffer Herm. Wieger Zuversichtsbriefe an K. [Karl VI] von Frankreich, das Pariser Parlament und den deutschen Kaufmann zu Brügge zur Wiedererlangung von 56½ Last Häring, die den Genannten durch den Admiral des Königs und die Einwohner von Harfleur* (Heringflete) *aus Wiegers Schiff weggenommen sind. — 1407 Nov. 25.*

StA Lübeck, Aufzeichnung im Niederstadtbuch zu 1407 Catharine.
Gedruckt: Lüb. U.B. 5 n. 178.

818. *Hochmeister [Ulrich von Jungingen] an K. [Karl VI] von Frankreich: beklagt sich, dass französische Unterthanen am Juli 25 ein von Symon Boytin geführtes Schiff des Ordens* (ad curiam nostram de Marienburg spectantem) *samt der Ladung, die aus Wachs, Grauwerk* (varium), *Pech und anderen Waren bestand und verschiedenen preussischen Unterthanen gehörte, auf der See weggenommen, nach Dieppe geführt und dortigen Einwohnern zur Verwahrung übergeben haben; bittet, die Behörden* (superiores) *von Dieppe zur Herausgabe von Schiff und Ladung anzuweisen. — 1407 Dec. 7. Marienburg.*

StsA Königsberg, Hochmeister-Registrant 3 fol. 160. Regi Francie.

819. *Derselbe an Hzg. [Wilhelm von Baiern, Graf] von Holland: erklärt, da der Herzog den preussischen Gesandten, die wegen der Misshelligkeiten zwischen den beiderseitigen Unterthanen im vorigen und in diesem Jahre zu ihm abgeordnet waren, nur die Abhaltung einer neuen Tagfahrt im nächsten Winter vorgeschlagen hat, keinen Tag ausserhalb Preussens mehr besenden zu wollen; will aber im Interesse eines etwaigen Ausgleichs die Angelegenheit bis 1408 Juni 24 ruhen lassen. — 1407 Dec. 8. Marienburg.*

K StsA Königsberg, Hochmeister-Registrant 3 fol. 156b.
K 1 Das., Abschrift mit einem Bruchstück des gleichzeitigen preussischen Recesses.
Gedruckt: aus K HR. 5 n. 1063, vgl. n. 1062. Über die Mitteilung dieses Schreibens durch die preussischen Städte an Lübeck s. das. 5 n. 475.

820. *[Arnold von Dassel] an Danzig: berichtet über seine Ankunft in England[1] und seine Aufnahme beim König, der zu dem Hochmeister und den gemeinen Städten auf alle Fälle in freundschaftlichen Beziehungen zu stehen wünscht und ihm nach Weihnachten günstigen Bescheid geben will; im letzten Parlament hat Newcastle am meisten dem Ausgleich widerstrebt; hofft, sich während der Festzeit mit Mag. Joh. Kington über die noch unentschiedene Entschädigung für das livländische Gut zu verständigen. — [1407] Dec. 26. London.*

Gedruckt: HR. 5 n. 484.

821. *Bernd van Vreden an den deutschen Kaufmann zu Nowgorod: verlangt die Herausgabe seines dort arrestierten Gutes. — [1407].*

Aus StA Reval; Or. Höhlbaum.
Das., eingeschoben in n. 822.
Gedruckt: v. Bunge, Livl. U.B. 4 n. 1768. S. oben n. 813.

An den menen Dutschen kopman to Nowerden sal desse bref.

Wytlyk sy den menen Dutschen kopman to Nowerden, dat hii my myn got ghenomen heben, unde ik nycht en wet, in wat mate dat hii et my nomen heben, unde hebet my groten schaden dan unde hebet my to en armen knecht maket. Dot noch wal unde lat my dat myne volghen unde rychtet my myn schaden up, den hii my ghedan hebben. Wert sake, dat hii des nycht doen en wylt, so wyl ik et soken, wor ik et soken kan an den menen kopman, went et my de mene kopman nomen heft, der ter tiit weren olderlude Hynryc Spanyert unde Rychghert Langhe. Vortmer so dot wal unde seryvet my en antwert tot der Narwe, dar sy ik unde hebe my ghelegden laten unde sy her Torders deure unde wyl my helpen, dat ik myn schaden rychtet kryghe unde dat myne weder kryghe. Unde ik darumme sterven wyl eder ik wylt weder heben, unde ik darumme verderft sy. Hyr nest so komen ju ok her Torders breve selven; unde, leven vrenden, maket also, dat en de unschuldeghe nycht entghelde unde dat ik unverderft blyve. Nycht mer up desse tiit, dan blivet ghesunt myd Gade, provet dat best.

By my Bernt van Vreden.

822. *Der deutsche Kaufmann zu Nowgorod an Reval: meldet die Arrestierung von vorschriftswidrig eingeführtem Honig und teilt ein Schreiben des Bernd van Vreden mit. — [1408] Jan. 6. Nowgorod.*

Aus StA Reval; Or. Höhlbaum.
Gedruckt: v. Bunge, Livl. U.B. 4 n. 1781.

Den ersamen heren, borgermeisteren und raet der stad Revel, unsen werdishen vrunden, kome disse breiff.

Unsen vruntliken groet mit leifliker gunste. Heren unde leven sunderlix vrunde. Juwer bescheidenheit mach wol vordenken, dat gii uns enen breiff santen, dar gii uns yane screven, dat it vorboden wer, dat nymand en solde honich voren to Nougarden na der tiit[2]. Hir enboven qwam hir 1½ last honiges na sunte Lucien dage[3], dat hevet de kopman bekummert op en recht. Item mach ju wol

[1]) *Gemäss Beschluss der Tagfahrt im Haag, HR. 5 n. 449, 5b.* [2]) *Vgl. n. 811.*
[3]) *Dec. 13.*

vordenken als umme de trogenisse, de Bernd van Vreden hir kofte und de kopman hir bekummert hevet, und Lüdeke van den Berghe hir gewest hevet mit juwen breve und wolde dat gût vrien vor syn gut[1], hir enboven hevet Bernd van Vreden dem kopmanne gesand enen breff um dit vorbenomede gût aldus ludende, als hir nagescreven steit: *[Folgt n. 821].* Hirum, leven vrunde, weset hirane vorsein mit juwer vorsichtigen wisheit, dat de kopman in genen schaden hirvan en kome. Hirmede sit Gode bevolen. Gescreven to Noûgarden under sunte Peters secreten, in der hilgen dre konynge daghe.

De kopman Dûtscher Henze nu to Noûgarden.

823. *Hzg. [Wilhelm von Baiern, Graf] von Holland, an Hochmeister [Ulrich von Jungingen]: rechtfertigt auf dessen Schreiben hin [n. 819] sein Verhalten; erklärt sich zur Bestrafung der nachweislich Schuldigen bereit, falls auch seinen eigenen Unterthanen Genugthuung gewährt wird. — [1408] Jan. 18. Haag.*

StsA Königsberg, Hochmeister-Registrant 3 fol. 168.
StA Danzig, Stadtbuch 4 S. 273 mit dem Datum Jan. 17.
Verzeichnet: HR. 5 n. 486.

824. *Die vier Älterleute des Schmiedeamts zu Lübeck bezeugen, dass der Überbringer Peter Vüst sich mit ihrem Mitbruder Heyne von Lenz und ihrem ganzen Amte gütlich verglichen hat* also van der sake wegheune, de se to hope uppe Schone hadden, des lenk wen eens jar is, dar em do unse olderlude enen guden bref upp gheven, dat Peter mit leve van Heynen gheschceden was unde[a] is unde ok van unseme gantzen ammete, *und bitten das Wismarer Schmiedeamt, diese Sache dem Peter nicht zu verübeln. — 1408 Jan. 25* (ipso die conversionis b. Pauli ap.).

Aus StA Wismar; Or. Perg. m. Spur d. untergedr. S.

825. *Hildesheim an die hansischen Älterleute zu Brügge: antwortet wegen der Schuldforderung ihres Sekretärs Joh. van Dürmen gegen den Hildesheimer Bürger Hermen Burmester, dass an dem Schuldbrief, den der Bevollmächtigte des Gläubigers, Joh. Mölenpas, in Hildesheim vorgelegt hat, die Siegel zerbrochen waren und dass Burmester deshalb von einer Verpflichtung auf Grund des Briefes freigesprochen ist; ausserdem hat derselbe eine Verschuldung seines verstorbenen Vaters gegen Dürmen oder dessen Vater eidlich geleugnet. — [1408] Febr. 7* (in crastino Dorothee).

StA Hildesheim, Briefbuch n. 62 fol. 161; Entwurf. Daselbst fol. 166b ein gleiches Schreiben an Gent.
Gedruckt: Doebner, U.B. d. St. Hildesheim 3 n. 346.

826. *Braunschweig bezeugt für Danzig, dass seine Bürger Ratsherr Cord Unverhouwen jun. und Hepse Vordorp den Danziger Allexius Velstede bevollmächtigt haben, von dem früher in Lübeck wohnhaften Hans Borchtorp 109 M. lüb. einzuziehen, die dieser ihnen für die nach Lübeck gesandten und von ihm im Hause des Hans Bone daselbst übernommenen Kessel* (ketlele) *schuldet. — 1408 Febr. 14.*

StA Braunschweig, Kopiar III fol. 49.

a) uns W.

[1] S. n. 813.

827. *Reval an Dorpat: bittet, sich beim deutschen Kaufmann zu Nowgorod für Hinr. Oldenberch zu verwenden, der das Verbot der Honigeinfuhr nach Nowgorod aus Unkenntnis übertreten hat. — [1408] Febr. 14.*

Aus R StA Reval, Missivbuch 1384—1420 fol. 27b. Überschrieben: 1408. Myssus Darpatensibus (!). *Hagedorn.*

Na der grote. Heren und besunderges leven vronde. Juwer dorgetzamen wisheit begere wy to weteude, wo dat vor uns gewest is Hinrik Oldenberch, dusse jegenwordige breffwise[re][a], und heft uns geopenbart, wo dat eme de copman to Naugarden werk [do][b] van des honyges wegene, alse gy ok lychte wol vornomen hebben und he es ju ok sulven muntliken wol berychten sal. Des so wetet, dat he dat hir vor uns segede, dat he dat to Naugarden vor deme copmanne eder war dat he dat don sal myt syme rechte vorstan wil, dat he van deme bode nycht ene wyste, dat men dat honych to Naugarden nycht voren ene solde[1]; und wil dar so vele to don, dat eme een yderman des wol geloven sal. Warumme dunket uns, na deme dat he dat myt syme rechte vorstan wil, dat he van deme bode nycht ene wyste, dat he dan syn gud wol weder cyghe. Hirumme, heren und leven vronde, wy ju bidden, offtet ju geleyvet, dat gy deme copmanne to Naugarden juwe guddunkent myt deme ersten scryven, dat dussem gesellen syn gud weder werden mochte, eder wes juwer vorzichtigen wysheit hirane nutte dunket wesen. Dominus vos conservet. Scriptum in die Valentini.

828. *K. Heinrich IV von England an die Steuereinnehmer in London: verbietet mit Hinweis auf die von ihm bestätigten hansischen Privilegien, die hansischen Kaufleute zur Einkommensteuer heranzuziehen. — 1408 Febr. 26. Westminster.*

Aus L StA Lübeck; eingeschoben in n. 843.
H StA Hamburg; desgl.
Gedruckt: aus L Lub. U.B. 5 n. 183; aus H Lappenberg, Stahlhof n. 47. Vers.: HR. 5 n. 501.

Henricus Dei gracia rex Anglie et Francie et dominus Hibernie collectoribus decime ac medietatis decime nobis per comunitatem regni nostri Anglie ultimo concessarum[2] in civitate nostra Londoniarum et eorum subcollectoribus in warda de Dowegate salutem. Cum dilecti nobis mercatores de Hansa in Almannia concesserint dare domino Edwardo filio regis Henrici *(u. s. w. wie oben n. 348 bis* contra formam expressam superius et concessam*)*; et licet dicti mercatores prestaciones, contribuciones, taxaciones, decimas et quintas decimas pro se, bonis et mercandisis suis cum comunitate dicti regni nostri nobis et progenitoribus nostris post confeccionem cartarum et confirmacionum predictarum quacumque auctoritate non solverunt aliquibus temporibus retroactis, vos tamen, machinantes prefatos mercatores voluntarie pregravare, ipsos mercatores ad medietatem unius decime inter alios homines ejusdem civitatis assedistis et dictam medietatem ab eis exigitis et diversa vadia et pignora ab eis pro medietate decime predicte nobis solvenda cepistis et detinetis et eandem medietatem per grandes districciones et alia gravamina prius inaudita ab eis, ut asserunt, levare nitimini minus juste, in ipsorum mercatorum grave prejudicium et depressionem ac status sui depauperacionem manifestam, necnon contra vim et effectum cartarum predictarum et aliter, quam pretextu litterarum nostrarum patencium vobis in hac parte directarum fieri debeat; unde nobis supplicarunt, sibi per nos de remedio provideri: nos, nolentes ipsos mercatores contra formam et tenorem earundem

a) breffwise R. b) Fehlt R.

1) S. n. 808. 2) 1407 Dec. 2 vom Unterhause bewilligt. Rot. Parl. 3, 612.

cartarum et confirmacionum onerari aut indebite pregravari, vobis mandamus, sicut alias mandavimus, quod ipsos mercatores ad contribuendum solucioni predicte decime et medietatis decime aliter seu alio modo, quam retroactis temporibus fieri debuerit et consueverit, minime compellatis et districcionem, si quam prefatis mercatoribus occasione predicta minus rite feceritis, sine dilacione relaxari faciatis eisdem vel causam nobis significetis, quare mandatum nostrum alias vobis inde directum exequi noluistis vel non debuistis. Teste me ipso apud Westmonasterium, 26. die Februarii anno regni nostri nono.

829. *Aufzeichnung des deutschen Kaufmanns zu Nowgorod über die Überlieferung des dem Berend van Vreden arrestierten Gutes an Ludeke van dem Berge. — 1408 Anfang März.*

Aus R StA Reval, eingeschoben in n. 948. Höhlbaum.
Gedruckt: v. Bunge, Livl. U.B. 4 n. 1836.

Int jar unses Heren 1408 dat erste in der vaste do was Ludeke Parenbeke vor dem kopmanne in der gemeynen stevene alse umme de troyniske to vryende, de Berend van Wreden in dem selven jare[1] tovoren gekopslaget hadde mit Russen umme solt, de de kopman hir bekummert hadde. Des quam he myt des rades breve van Revele, ludende dat her Rotger Droge, her Hinrik Parenbeke unde her Hinrik Stolte gut wolden wesen vor allen schaden, de dem kopmanne van desses vorgeschreven troyniske mochte ankomen. Des wart de kopman ens nach des rades begere unde desser vorgescreven borgen in eyner gemeynen stevene, dat se eme desse vorgeschreven troyniske volgen leten. Dario hevet sik Lüdeke vorbenomd vorwilkort in der selven stevene, dat he in den hof to Nogarden komen wil, wan eme de kopman eschende is, he sy bynnen landes edder buten landes.

830. *K. Heinrich IV von England an Hochmeister Ulrich von Jungingen: ratificiert die am 28. Aug. zwischen den englischen Gesandten und den preussischen und livländischen Sendeboten im Haag abgeschlossene Vereinbarung über die Entschädigungssummen für die Verluste der Preussen und Livländer und die Entscheidung aller noch unerledigten gegenwärtigen Beschwerden. — 1408 März 26. Westminster.*

Aus K StsA Königsberg, LXXXIII, 20; Or. Perg. m. Spuren d. S.
L British Museum London, Cotton. Ms. Nero B II fol. 13.
Gedruckt: aus K v. Bunge, Livl. U.B. 4 n. 1746; aus L in engl. Übersetzung Hakluyt a. a. O. 1 S. 176. Verz.: HR. 5 n. 502.

Sacre religionis viro, fratri Ulrico Jungingensi ordinis beate Marie Theutonicorum magistro generali, amico nostro carissimo.

Henricus Dei gracia rex Anglie et Francie et dominus Hibernie honorabili ac religioso viro, fratri Ulrico Jungingensi ordinis beate Marie Theutonicorum magistro generali, amico nostro carissimo, salutem et pristine dileccionis vinculum in dies mutuo forcius ampliari. Ad amicicie vestre noticiam presencium tenore deducimus, quod dilecti et fideles nostri Willielmus Esturmy miles et magister Johannes Kyngtone clericus, nostri ambassiatores et nuncii nuper ad predecessoris vestri presenciam ex parte nostra transmissi pro reparacione gravaminum et dampnorum nobis et ligeis nostris per ipsius vestri predecessoris subjectos et subditos ac eisdem per nostrates, ut dictum extiterat, contra justiciam illatorum amicabili more fienda, jam pridem de partibus Almannie redeuntes nobis et nostro consilio retulerunt, qualiter

[1] Vielmehr 1407, s. n. 822 u. 823.

habito superinde cum predecessore vestro predicto tractatu demum appunctamentum, quod sequitur, ad invicem inierunt, videlicet quod ad certos diem et locum in Hollandia una cum ambassiatoribus suis et nunciis super reparacione et reformacione gravaminum ac dampnorum hujusmodi convenirent tractatum amicabilem invicem habituri, quodque premissa gravamina singula atque dampna utrimlibet irrogata tunc ibidem clarius in specie declaranda sollicite examinacionis equo libramine ponderarent justicieque statera discuterent ac eciam diffinirent. Tandem vero post varias prorogaciones extunc factas et habitas in hac parte convenientibus pro parte nostra ambassiatoribus nostris predictis et nunciis vicesimo octavo die mensis Augusti proxime preterito in villa de Haga in Hollandia, honorabiles et providi viri, Arnaldus Heket opidi de Danczik burgimagister et Johannes Crolowe pro parte subditorum vestrorum de Prucia necnon Tidmannus de Nienlo et Johannes Eppenschede pro parte Livonie nuncii sive comissarii reparacionis et reformacionis predictarum intuitu congregati tunc ibidem a nostris ambassiatoribus et nunciis supradictis viginti et quinque milia nobilium [nongenta][a] triginta et quatuor nobilia et dimidium nobile pro gravaminibus et dampnis illatis illis vestre dicioni subjectis de Prucia, et viginti et quatuor milia nobilium et octoginta et duo nobilia ac duodecim solidos et octo denarios occasione dampnorum illis vestris subjectis de Livonia, prout tunc dictum extiterat, illatorum in certis articulis pecierunt. Cumque articulorum eorundem materia super gravaminibus atque dampnis hujusmodi per ambassiatores et nuncios supradictos hincinde examinata fuerat et discussa, de ipsorum concordi unanimique consensu extitit finaliter appunctuatum, quod subditi vestri de Prucia octo milia nobilium ac nongenta quinquaginta et septem nobilia, illi vero de Livonia viginti et duo milia quadringenta octoginta et sexdecim nobilia, sex denarios, obolum et quadrantem et non amplius nomine omnium et singulorum gravaminum et dampnorum hujusmodi, prout dictum fuerat, illatorum eisdem a nostris infra tres annos festum pasche, quod nunc proxime adesse festinat[1], immediate sequentes per equales porciones a nobis in tribus solucionibus obtinerent, dummodo eidem appunctuamento voluerimus consentire. Verum quia preterea quidam articuli subditorum vestrorum de Prucia necnon et articuli nomine ligeorum nostrorum graves in se querimonias continentes coram ambassiatoribus et nunciis antedictis super hujusmodi dampnorum et gravaminum illatorum hincinde reformacione propositi tum propter nimiam obscuritatem quorundam eorum, tum propter parate probacionis inopiam eorundem in ultima dieta in villa de Haga in Hollandia per predictos ambassiatores et nuncios assignata et celebrata sufficienter examinari, discuti ac eciam diffiniri non poterant, inter ambassiatores et nuncios parcium utrarumque extitit concordatum, quod a quintodecimo die Octobris proxime nunc elapso usque ad festum pasche proxime jam futurum[1] et extunc infra annum continuum partis utriusque conquerentes coram cancellario nostro Anglie, qui pro tempore fuerit, obscuritates hujusmodi super articulorum illorum materia declararent hincinde ac probaciones necessarias pro consequendo in ea parte per ipsum cancellarium justicie complemento peremptorie ministrarent, sub pena exclusionis perpetue a peticione eorum, que in memoratis articulis continentur, hoc[b] adjecto, quod, si in eventu constare poterit per legitima documenta de summis prescriptis vel aliqua ipsarum parte illi vel illis, quibus debebantur, debite satisfactum esse aut bona, de et pro quibus pro parte vestratuum est conquestum, ad alios pertinuisse vel pertinere, causamve aliam justam, veram et racionabilem legitime probandam subesse, quare soluciones hujusmodi summarum aut ipsarum alicujus minime fieri debeant, quod tunc de ipsis summis

a) Fehlt K. b) [illegible] hoc adjecto – [illegible]

1) April 15.

tantundem dumtaxat defalcetur, quantum solutum esse aut ad alios pertinere vel eciam ex causa vera, justa et racionabili, ut predicitur, minime deberi contigerit. Nos igitur, attendentes hujusmodi tractatum amicabilem atque finale appunctiamentum exinde secutum racionabilia fore ac eciam equitati congruere, tractatum et appunctiamentum hujusmodi, quatenus ad nos attinet, rata habemus pariter et accepta. Et quia procul dubio nostre semper intencionis extitit et existat, ut fedus amicicie necnon et amoris integritas inter nostros regnicolas et vestrates antiquitus enutrita perpetuis de futuro temporibus illibata permaneant, quodque vestrates et nostri solito more conveniant ac fideli mutuaque conversacione fruantur imposterum, nedum ad utilitatem reipublice, verum eciam ad utrarumque parcium comodum et quietem, de summa octo millium nongent[orum][a] quinquaginta et septem nobilium Prutenis atque de summa viginti duorum millium nonaginta et sex[b] nobilium, sex denariorum, oboli et quadrantis Livoniensibus pro dampnis et injuriis per nostrates, ut prefertur, eis illatis, que re vera de nostro beneplacito minime processerunt, infra triennium post hoc instans festum pasche continue numerandum in tribus videlicet solucionibus per tres porciones equales dividendis in civitate nostra Londoniarum satisfieri faciemus, dummodo nostratibus, ut premittitur, dampna passis de summa septingentorum sexaginta et sex nobilium de quatuor millibus quingentis triginta et quinque nobilibus ex parte nostra petitis necnon de summis illis, que infra unum annum jam dictum festum pasche immediate sequentem per declaraciones et probaciones sufficientes ex parte nostratuum, ut premittitur, faciendas eisdem reperte fuerint debite, infra dictorum trium annorum terminum pari modo per partem vestram congrue satisfiat, sicuti nos pro parte nostra vestratibus conformiter in civitate nostra predicta satisfieri faciemus. Quantum autem ad requestam ambassiatorum vestrorum et Livoniensium, qua petebant, per nos de salubri remedio pro animabus quorundam submersorum ordinari, prout bonum consciencie dictaverit, quibus re vera compatimur et pro ipsis compaciendo condolemus, teneat vestra sincera dileccio pro constanti, quod, postquam de personarum hujusmodi submersarum numero, statu et condicionibus fuerimus per vestras litteras cerciores effecti, de oracionum suffragiis et aliis variis salutiferis remediis ipsorum defunctorum animabus profuturis Deoque et hominibus placitis pie satis ordinare curabimus ac eciam providere, dummodo pro animabus nostratuum submersorum per vos pari forma contigerit ordinari. Pro vestre mentis desiderio vobis et ordini vestro concedat omnipotens contra crucis Christi inimicos feliciter triumphare. Datum sub sigillo nostro privato apud palacium nostrum Westmonasterii, vicesimo sexto die mensis Marcii anno Domini millesimo quadringentesimo octavo, regni vero nostri nono.

831. *K. Heinrich [IV] von England an Lübeck und Hamburg: bei den Verhandlungen mit den englischen Gesandten Aug. 28 im Haag haben die Sendeboten der beiden Städte sowie von Köln, Stralsund, Bremen, Greifswald, Wismar und Rostock Klagen über Verletzung der hansischen Privilegien vorgebracht; erklärt, dass die Bedingungen, unter denen die Bestätigung der Privilegien stattgefunden hatte, von den hansischen Kaufleuten vielfach verletzt sind, und dass er dies nicht länger dulden will, sofern er nicht von den Kaufleuten Genugthuung erhält; verlangt Abstellung der englischen Beschwerden, ratificiert wie in n. 830 mut. mut. die von den beiderseitigen Gesandten abgeschlossene Vereinbarung, wonach die geschädigten Hansen statt der geforderten 32016 Nob. eine in drei Jahren zahlbare Entschädigung von 1372 Nob. 5 s.,*

a) nongenta K. b) [illegible]

erhalten und alle noch unerledigten Ansprüche[1] *vom englischen Kanzleigericht entschieden werden sollen, und verpflichtet sich zur Zahlung der Entschädigungssumme in London innerhalb der nächsten drei Jahre, vorausgesetzt dass seinen eigenen Unterthanen seitens der hansischen Kaufleute die vertragsmässige Genugthuung zu Teil wird. — 1408 März 26.*

British Museum London, Cotton. Ms. Nero B II fol. 72.
Gedruckt: Hanseakten n. 358.

832. *Dorpat an Reval: nach Meldung Rigas will Hinrik Hatwicke, jetzt Bürger von Danzig, der im Jahre 1401 zusammen mit einem Rigaer Bürger vor dem livländischen Städtetage in Pernau wegen Verfälschung von Pelzwerk durch Riga angeklagt, aber begnadigt wurde, jetzt das Rigaer Gut besonders in Preussen bekümmern, weswegen Riga die Absendung gleichlautender Briefe der livländischen Städte an den Hochmeister [Ulrich von Jungingen] und die preussischen Städte, an Lübeck und den deutschen Kaufmann in Flandern vorschlägt; hat dementsprechend diese Briefe ausgefertigt und bittet, dasselbe zu thun. — 1408 März 26.*

StA Reval; Or. m. S.
Gedruckt: HR. 8 n. 1064, früher v. Bunge, Livl. U.B. 4 n. 1747.

833. *Die preussischen Städte an Lübeck: bitten, sie auf der Tagfahrt mit den Landen Ostergo und Westergo zu vertreten, die wegen des den Hansestädten zugefügten Schadens 14 Tage nach Ostern*[2] *in Groningen stattfinden soll; raten, bei einem Entschädigungsangebot der Friesen denselben eine längere Zahlungsfrist und Verkehrssicherheit in den Hansestädten zu gewähren, andernfalls sie Lübeck die Entscheidung über deren Zulassung in den ausserpreussischen Städten anheim stellen, und übersenden die gegenseitigen Klageartikel der Preussen und Friesen. — [1408 März]*[3].

Gedruckt: HR. 5 n. 485; vgl. das. n. 478.

834. *[Hochmeister Ulrich von Jungingen an Hzg. Wilhelm von Baiern, Graf von Holland:] weist in Beantwortung von n. 823 auf die vom Herzog wie von dessen Vater gegebene Zusicherung hin, dass die geschädigten Preussen Ersatz erhalten sollten, während trotzdem die preussischen Gesandtschaften nach Holland erfolglos geblieben sind; bittet, eine baldige Entschädigung zu ermöglichen, indem er etwaigen holländischen Ansprüchen Genugthuung verheisst. — 1408 Apr. 7. Marienburg.*

Gedruckt: HR. 5 n. 489.

835. *Die Grafen Moritz, Dietrich und Christian von Oldenburg verheissen in ihrer ewigen Sühne mit Bremen dessen Bürgern Sicherheit zu Lande und zu Wasser sowie Zollfreiheit in ihrem Gebiet; sie verpflichten sich u. a., keine Seeräuber zu dulden sowie die Bremer und alle mit ihren Waren die Stadt besuchenden Kaufleute* (uppe des konynges strate, also der Wesere unde an beyden siden der Wesere, to lande unde to watere, van der solten se wente to der stad to Bremen) *nicht zu schädigen, verzichten bei Strandung von Schiffen auf*

[1] *Eine nachträglich eingereichte Klage aus der westfälischen Stadt Breckerfeld s. Hanseakten n. 363.* [2] *1408 Apr. 29. S. n. 810.* [3] *Wegen des Datums vgl. das entsprechende Schreiben des Hochmeisters an Lübeck und Hamburg von März 22, HR. 8 n. 1065, und die weitere Korrespondenz der preussischen Städte, das. 5 n. 493—496. Über den Fortgang der Angelegenheit s. HR. 5 n. 511, 513, 531; 539, 3—4.*

das Grundruhrrecht und gestehen bei einer etwaigen Schädigung von Bremern oder Weserkaufleuten aus ihrem Gebiet der Stadt die Verfolgung der Übelthäter ohne vorherige Klage zu. — 1408 Mai 6 (ipso die b. Johannis a. port. Lat.).

B StA Bremen; Or. Perg. m. 3 anh. S.
B 1 Das., Abschr. im Privilegiar S. 303.
Gedruckt: aus B Brem. U.B. 4 n. 369, aus B 1 Cassel, Sammlung ungedr. Urkunden S. 76. Vgl. oben Bd. 1 n. 338, 468.

836. *Dorpat an Reval: bittet, auf das Wohl des deutschen Kaufmanns zu Nowgorod bedacht zu sein und mit dem Nowgoroder Schoss nach dem letzten Pernauer Recess zu verfahren. — [1408] Juni 7.*

Aus StA Reval; Or. m. Stücken d. S. Höhlbaum.
Gedruckt: v. Bunge, Livl. U.B. 4 n. 1754.

Den ersamen, wysen mannen, heren borgermeysteren unde rade der stadt Revele, unsen leven besunderen vrunden.

Unse vrüntleke grote myt begheringhe alles guden vorgescreven. Ersamen leven heren unde vrunde. Juwer wysheyt beghere wy to wetende, dat hilr mennegerleye rüchte lopen, dar de Dudesche copman to Nougarde wesende bosbe ane to besorghende steyt. Worumme, leven heren unde vründe, bidde wy juu unde düncket uns sunderleken nütte wesen, dat gi vormyddelst juer wysheyt hilr willen ane wesen vordacht des copmans beste to betrachtende, alze gi alle weghe gerne doen. Vortmer, leven vründen, weret, dat gi wes entfanghen hadden van deme Nougardeschen schote edder hernamals wes entfinghen, so bidde wy juu, dat gi dar alzo mede doen, alze dat recess udwiset, dat nu lest tor Pernow gemaket wart[1]. Darmede siit dem almechteghen Gode bevolen to langher salicheit. Screven under unseme secrete, des donredages in der pinxteweke.

Borghermeystere unde raed der stat Darbte.

837. *Rostock und Wismar quittieren K. Erich und Königin Margaretha von Dänemark, den drei nordischen Reichen und der Stadt Alborg über die Rückgabe alles Gutes aus dem im letzten Winter beim Skagen gescheiterten Schiffe des Schiffers Scherf, namentlich der in den Besitz der Königin gekommenen Waren, und garantieren wegen etwaiger Nachforderungen. — 1408 Juni 17. Wismar.*

RA Kopenhagen; Or. Perg., S. ab.
Verzeichnet: HR. 5 n. 509.

838. *Bernd van Vreden an die [hansischen] Älterleute zu Nowgorod: verlangt abermals die Rückgabe des Seinigen. — [1408 erste Hälfte.]*

Aus StA Reval; Or. Höhlbaum.
Gedruckt: v. Bunge, Livl. U.B. 4 n. 1767. S. oben n. 829.

An den erbarn olderluden to Nowerden sal desse bref.

Wetten soll y, mene Düsghe kopman to Nowerden, dat hii Lüdekens goet van den Berghe nycht ut en gheven, myn schade en ey my belecht, den ik van Lüdekens weghen hebe, eder ik sake up den menen Düsghen kopman, wente ik et al van Lüdekens weghen hebe. Myn leven vrende, provet hyr myn best by, dat my myn schade rychtet werde unde my dat myne weder worde, unde ik en byster

[1]) Vgl. dazu HR. 5 n. 483.

knecht blyven mot; unde, leven vrende, bedenket al dynk, wo et kamen mach, went ik en mach dar nycht myn to doen unde Lüdeke to der Narwe is unde wy um wart tehope hat hebben, unde ik wederumme wyl to Wyborch by myn hern, her Torder. Vortmer se dünket my wal, dat hy my nyn antwert van den breve, den ik ju sande, weder scryven, unde ik et den kopman menelyk secht hebe to der Narwe; dot dat best hyrby, leven vrende. By my Bernt van Vreden.

839. Bernd van Vreden an den deutschen Kaufmann zu Nowgorod: droht bei längerer Vorenthaltung des Seinigen mit Repressalien. — [1408 erste Hälfte.]

Aus StA Reval; Or. m. Spur d. S. Höhlbaum.
Gedruckt: v. Bunge, Livl. U.B. 4 n. 1769.

An den menen Düsghen kopman to Nowerden sal desse bref.

Wytlyk sy den menen Düsghen kopman to Nowerden, dat ik juuen bref wal vornamen hebbe, als hii my screven, dat ik ju drüwede met her Torder. In wat wyse solde ik ju drüwen met her Torder, he en döt up den menen Düsghen kopman nycht, dan ik sy syn dener bet ter tyt, dat ik to er partye kamme in Sweden eder in Denemarken, unde myne broder in Westfalen by den greven van Tekeneborch, unde ik et em al toscreven hebe, dat hii my dat myne namen heben unde my groten schaden dan heben, als hy wal wetten, schaden und hovest so göt als 40 mark Ryghes. Wyl hii my dyt rychten, dat seghe ik gherne, dat ik nyn arch ju en dede unde myne broders, unde dat ik by der kopenschop bleve unde berghede my, als ik best künde; juuen schaden sy ik nycht begherende. Wyl hy my ghyt wat rychten: wetten soll y, dat ik et Lüdeken let vor den vaghet van der Narwe up en last solten, des lat ju no verdenken, of et ander volle, dat myne broders in Westfalen enen Nowerdfare kreghen, went ik hebe em al dynk bescreven gheven, unde ik en byr war wyl nemen, want my stedet. Unde myne broders unde ik, unser is 4, wy wyl dar 4 rade umme ryden eder ik wyl ju up düsent mark weder scaden, oft Got wyl. Unde dot als herve lode, als gy syn, unde rychtet my myn scaden unde dat myne; unde ik dar nycht kamen en wyl, ik en sy erst entrycht, so wyl ik doen, wat ju lef is, so unde alle weghe. Unde, leven vrendes, ik en kan so myns godes nycht emberen, wilt se my grote scülde op dat liif maken, dat en sal em nycht helpen; ik en hebe met em nyn dont nyn wys, dan de mene Düsghe kopman, de et my namen heben, int dat ik war en totast, do se en bekerden my nycht. Ik hoppe, ik solle oek hyr nest na ghenade rychten als my Hynryc Spanyert unde Ryghert Langhe, Got gheve dat ik se mochte betreden eder er merk, ik wolde rychten, als ik rycht byn. Nycht mer up desse tiit, dan maket, dat et goet werde, unde ik ju nycht en drüwe; unde men sal nyn bylghen loven, er se teken doet. By my Bernt Vreden anders gheten van Velen.

840. Die preussischen Ratssendeboten in Marienburg an Lübeck: senden die Abschrift eines an den Hochmeister gerichteten Schreibens des Königs von England [n. 830]; wollen im Einverständnis mit dem Hochmeister und den livländischen Städten die darin angegebenen Entschädigungszahlungen annehmen und um Weihnachten einen Abgeordneten zum König senden zur Aufklärung einiger Punkte und zum Empfang der ersten Rate; rechtfertigen sich wegen dieses Separatabkommens mit den Engländern. — [1408 Juli 5.]

Gedruckt: HR. 5 n. 525.

841. Hochmeister [Ulrich von Jungingen] an K. [Heinrich IV] von England: bestätigt den Empfang seines Schreibens über den Haager Vertrag [n. 830];

entschuldigt sich, dass er, über die Anzahl der getöteten Livländer bisher nicht unterrichtet, seine eigene Ratifikation noch nicht schicken kann. — [1408] Juli 7. Marienburg.

StA Königsberg, Hochmeister-Registrant 3 fol. 167.

Gedruckt: HR. 5 n. 526 B. Ein wenig abweichender Entwurf auch im preussischen Recess vom Juli 5; gedr. HR. 5 n. 526 A.

842. *Die hansischen Älterleute zu Nowgorod an Reval: haben dem Bernd van Vreden verziehen und empfehlen ihn der Huld Revals. — [1408] Juli 21.*

Aus R StA Reval; Or. m. Spur d. S. Höhlbaum.

R 1, R 2 Das., Abschr. Revals, eingeschoben in n. 956. Wesentliche Abweichungen sind in den Noten verzeichnet.

Gedruckt: aus R v. Bunge, Livl. U.B. 4 n. 1764; aus R 1 das. n. 1799.

Den erwerdighen heren borghemestern unde råd der stat Revel kome desser breff myd werdicheyt.

Erwerdighen[a] grot myd aller behegelikeyt[a]. Leven sunderlinges heren unde vrunde. Willet weten, dat vor uns gekomen is Bernd van Vreden[b] myd syneme anderen gesellen ut Sweden over lant van nôt weghen, des ju Bernd wol vorder berichten mach, unde hevet an den kopman wedder vruntscop[c] gewunnen als umme de twydracht unde scheel, de Bernd vorbenant up den kopman hadde, als wy ju in vortiden vorleden toscreven. Des hevet[d] he nu deme kopman to voghe gevallen unde gebeden, dat eme de kopman dat vorgeve unde ene wedder neme an ere vruntscop, wente he deme kopmanne alle synen quaden wyllen vorlaten hedde unde wolde (des kopmans beste weten)[e]. Des hevet de kopman Berende[f] vorbenant nach syner bede, unde he noch neynen anevank gedån hevet, wedder vorgeven[f], wen he jeghen deme kopmanne mach misdån hebben, unde doch eme wedder to vorwervende vor den steden, is dat he des kopmans rechticheyt wyl brukende wesen. Hirumme wy ju gans vruntliken don bidden, dat gi Berende vorbenant juwe hulde unde vruntscop wyllen[g] geven, of he an jenighen dinghen jeghen ju in dessen vorbegangen saken hevet misdån, wente wi dit hebben gedån in dat beste, up dat he nicht van quader anschundinghe edder mistroust[h] qweme in de Råschen ee.[i]. Hirmede blivet Gode bevolen[k]. Ghegeven to Nougarden in sunte Marie Magdalenen avende, nostro sub sigillo. Olderlude Dûdscher Henze to Nougarden.

843. *K. Heinrich IV von England transsumiert auf Ansuchen der hansischen Kaufleute das Protokoll einer Verhandlung des Kanzleigerichts über die von den Londoner Steuerbeamten angefochtene Steuerfreiheit der Hansen. — 1408 Juli 24. Westminster.*

Aus L StA Lübeck, Anglicana n. 60 b; Or. Perg. m. anh. S. Auf der Rückseite: Sententia lata, quod mercatores Almanie exsurl non debent super talnaio nec decimis neque quinta decima. *Von anderen Händen des 15. Jh.:* Carta Henrici quarti[l] anno regni sui nono, 24. die Julii. — Anno Domini millesimo quadringentesimo vicesimo primo. *Die Schrift zum Teil durch Feuchtigkeit erloschen.*

H StA Hamburg; Abschrift.

Transsumpt in der Privilegienbestätigung von 1413 Nov. 26, s. n. 1116.

Gedruckt: aus L Lüb. U.B. 5 n. 209. Appendix A to Report on Foedera S. 150; aus H Lappenberg, Stahlhof n. 47; im Transsumpt von 1413 Hardwin, Analecta medii aevi S. 84.

a—a) Na der grute R 1, Na der groten R 2. b) Vreden R 1. c) und [illegible] R 1. d) is R 1. e) So R 1, welde den R 2. f—f) [illegible] R 1: [illegible] hevet ome vorgeven. g) [illegible] R 1, R 2. h) [illegible] R 1. i) [illegible] R 1. k) [illegible] R 2. l) [illegible]

Henricus Dei gracia rex Anglie et Francie et dominus Hibernie omnibus, ad quos presentes littere pervenerint, salutem. Inspeximus recordum et processum in filaciis cancellarie nostre residentem in hec verba:

Placita coram domino rege in cancellaria sua in quindena sancte trinitatis anno regni regis Henrici quarti post conquestum nono[1] Londoniis. Scilicet dominus rex mandavit breve suum clausum collectoribus decime ac medietatis decime sibi per comunitatem regni nostri Anglie ultimo concessarum in civitate sua Londoniarum et eorum subcollectoribus in warda de Dovegate in hec verba: *[Folgt n. 828.]* Super quo Willielmus Louthe, Henricus Bartone, Thomas Pyk et Johannes Reynwelle, collectores decime ac medietatis decime domino regi per comunitatem regni sui Anglie ultimo concessarum in civitate Londoniarum, et Thomas Bristowe, Johannes Rows, Ricardus Fymber et Johannes Reyner, subcollectores predictorum Willielmi, Henrici, Thome Pyk et Johannis Reinwelle in warda de Dovegate, dicto domino regi in cancellaria sua certificarunt: pro eo, quod mercatores infrascripti de Hansa commorantes sunt et conversantes in civitate et warda predictis et per dies et annos in eisdem civitate et warda commorantes fuerunt et domos ac mansiones in eadem warda per se tenuerunt et tenent et in eis per se inhabitaverunt et inhabitant et bona et catalla sua ac possessiones in eadem warda habuerunt et habent, sicut ceteri homines Anglie dicte civitatis habent, assessi fuerunt pro bonis et catallis suis in dicta warda existentibus vicesimo die Januarii proximo preterito ante datum brevis predicti in parochia Omnium Sanctorum magna Londoniis ad viginti solidos pro prima medietate dicte decime per Thomam Culleworthe, Johannem Snypstone, Johannem Kent, Nicholaum Cook, Willielmum Marchalle et Willielmum Barone, assessores electos per omnes homines dicte warde ad assidendum omnes homines ejusdem warde pro prima medietate dicte decime pro bonis et catallis suis in eadem warda existentibus; et pro eo, quod predicti mercatores de Hansa dictos viginti solidos solvere recusarunt, predicti subcollectores duas patellas eneas precii decem solidorum de bonis et catallis predictorum mercatorum de Hansa 23. die dicti mensis Januarii nomine districcionis in predicta parochia ceperunt, et hujusmodi districciones per collectores et subcollectores dicte warde pluribus vicibus super hujusmodi mercatoribus post confeccionem carte predicte capte fuere et nunquam relliberate; et hec est causa, quare mandatum dicti domini regis alias sibi inde directum exequi non debuerunt. Ac tam Nicholao Wottone, nunc aldermanno warde predicte, et collectoribus et subcollectoribus predictis quam Henrico Smytman, Henrico Murreve, Hildebrando Megen et Hildebrando Sodorman[2] de Hansa nomine et pro parte mercatorum predictorum in dicta cancellaria comparentibus iidem aldermannus, collectores et subcollectores objecerunt et allegarunt, quod dicti mercatores de Hansa in warda predicta commorantes solucioni decime et medietatis decime predictarum contribuere debent et tenentur, prout ipsi decem solidos circa decimum octavum vel decimum nonum annum[3] regni domini Ricardi nuper regis Anglie secundi post conquestum, quo tempore Thomas Knolles aldermannus warde illius extiterat, pro decima eidem nuper regi Richardo concessa cum hominibus warde predicte persolverunt. Prefatique mercatores in exclusionem objectionis et allegacionis predictarum asseruerunt, quod ipsi dictos decem solidos collectoribus dicte decime eidem nuper regi Richardo concesse non virtute alicujus assessionis sive compulsionis in hac parte facte cum hominibus predictis persolverunt, set quod ipsi eosdem decem solidos ad meram excitacionem et instanciam predicti Thome Knolles

[1] *1408 Juni 24.* [2] *Die vier Genannten stellten März 5 dem König einen Schuldbrief über 40 L. aus, sicher aus Anlass dieses Processes. Hanseakten n. 305.*
[3] *1394/95, 1395/96.*

in auxilium et relevacionem quorundam pauperum ejusdem warde tunc collectoribus dicte decime eidem regi Richardo concesse intuitu caritatis ac spontanea voluntate et non aliter solverunt nec solvere debuerunt. Et super hoc prefatus Thomas Knolles in dicta cancellaria pro veritate in hac parte dicenda et certificanda super premissis examinatus asseruit et fatebatur expresse, prefatos mercatores dictos decem solidos in auxilium et relevacionem pauperum predictorum intuitu caritatis, ut est dictum, et non per coercionem, districcionem seu compulsionem aliquam persolvisse. Ac lectis, visis et intellectis carta et confirmacione predictis auditisque super his objeccionibus, allegacionibus, informacionibus, responsionibus ac aliis materiis et evidenciis diversis parcium predictarum, necnon habita super premissis matura et diligenti deliberacione cum justiciariis et servientibus dicti domini regis nunc ad legem ac aliis peritis de consilio suo in eadem cancellaria existentibus, tandem consideratum fuit, quod dicti mercatores de solucione decime predicte sint quieti et penitus exonerati et quod districciones in hac parte capte eisdem mercatoribus relaxentur et quod ipsi a curia nostra recedant quieti sine die, jure dicti domini regis nunc et alterius cujuscumque semper salvo.

Nos autem tenorem recordi et processus predictorum ad requisicionem predictorum mercatorum de Hansa duximus exemplificandum per presentes. In cujus rei testimonium has litteras nostras fieri fecimus patentes. Teste me ipso apud Westmonasterium, vicesimo quarto die Julii anno regni nostri nono.

Gaunstede.

Examinatur per Simonem Gaunstede
et Nicholaum Wymbysham, clericos.

844. *Der deutsche Kaufmann zu Nowgorod an Reval: warnt vor etwaigen Umtrieben des Bernd van Vreden; meldet die Wegnahme eines Schiffes der Störfänger. — 1408 Juli 24.*

Aus StA Reval; Or. m. Spur d. S. Höhlbaum.
Gedruckt: v. Bunge, Livl. U.B. 4 n. 1765, Napiersky, Russisch-livl. Urk. n. 166.

Den erwerdighen heren borghermesteren unde råd der stad van Revele, unsen leven vrenden, hec littera presentetur.

Salutem in Domino unde wes wy ghudes vormoghen myt aller beheghelicheit. Erwe[r]dighen heren. Ju levet to wetende, dat wy ju in korten tiden hir bevoren eynen bref santen, dar wy ju inne biddende weren, dat gi umme unsen willes Bernde van Vreden gheleidene wolden, dat he vor de stede mochte komen[1]. Inset sake, dat gi ene gheleidet hebben, so bewaret ju myt em darane, dat men wete, wo men myt eme darane sy, wente wy hebben andere tidinghe vornomen synt der tiid, dat Bernd van Nougarden toch, wo dat sik ene gheselschop to der Narwe vorgadderen wille, uppe Russen unde up Dudeschen in der doden Narwe, ofte wor se moghen, anevank to donde. Hirinne bidde wy ju vrentliken, dat gi juwen wisen rad an disse sake keren willet, also dat des de Dudesche kopman neynen schaden en neme, wente wy vruchten, worde dar anevank ghedån up de Russen, dat des de kopman untghelden moste. Item so is hir tidinghe, dat den störvenghers solde ere schip ghenomen wesen leddich under den Vorsche[2] benedden der Noteborch, unde eren stör solden se ghevloghent hebben in de vörborch tor Noteborch. Wat wy hir waren ane vornemen, dat wil wy ju scryven mit den ersten. Hirumme bidde wy ju vrentliken, dat gi uns willen scryven, wat tidinghe dat gi

[1]) n. 842. [2]) altnord. fors, Wasserfall, hier „der Wasserfall oder richtiger der Felsenriff in der Newa bei Pella" (Napiersky).

dar van den Zweden hebben, wante de kopman nu tor tiid neynen wech en wert, welkent dat he utvaren sal. Anders nicht up dusse tiid. God beware ju nu unde in aller tiid myt leve. Ghescreven int jar unses Heren 1408 up sunte Jacobus avent.

By uns olderlude unde wisesten des Dudeschen kopmans to Nougharden.

845. *Lüneburg an Eimbeck: bringt seine frühere Mitteilung über die Grösse der Bierfässer in Erinnerung; macht auf die betrügerische Verwendung der Eimbecker Marke bei der Biereinfuhr aufmerksam. — 1408 Aug. 5.*

Aus L StA Lüneburg, Briefbuch 1385—1414 fol. 96b. Dem rade to Embeke[a]. *Voranfgeht n. 319. Bruns.*

Unsen vruntliken denst tovoren. Vorsichtigen wisen[b] *[u. s. w. wie n. 319 bis: schaden ghenomen hebben.]*[b] und dat wy sulven ok in der warheid also wol ervaren hebben. Des wille wy de bêrvate amen laten in solliker wise, alse wi juk eer gescreven hebben; und welk beervat hold beneden dree ame, deme wille wi numer de bende afhouwen laten; dat gy aver dat handelen und vorbeghen mid den jowen, dat des neen noed en sy, dat se wy levest. Ok sind wy berichtet, dat lüttke vorsendet in unse stad gemerket mit Embeker merke ander beer, dat doch in jower stad to Embeke nicht gebruwen en sy. Konde gi dat bestellen, dat des nicht en schude, dat duchte uns nutte vor jou wesen, went juwe beer darmede vorerghert und vornichtet wert. Siid Gode bevalen. Screven des sondages vor sunte Laurencii daghe under unseme secrete anno Domini 1408.

846. *Dasselbe an Hildesheim: ersucht, die Hildesheimer Bürger bei der Biereinfuhr nach Lüneburg vor Verwendung der Eimbecker Marke für nicht in Eimbeck gebrautes Bier zu warnen, widrigenfalls derartiges Bier* (vor valsch und vorvaren gud) *konfisciert werden soll. — 1408 Aug. 6* (in s. Sixtus daghe).

StA Lüneburg, Briefbuch 1385—1412 fol. 96b. Ebenso an Alfeld und Gronau.

847. *Riga und Dorpat an K. Heinrich [IV] von England: erklären sich auf sein an den Hochmeister gerichtetes Schreiben [n. 830] einverstanden mit der Entschädigungssumme von 22[4]96[c] Nobeln 6[s] 4 d.; bevollmächtigen zur Empfangnahme des Geldes die hansischen Kaufleute Joh. Korold, Gotsch. Stenhus, Herm. Eppenschede und Eberh. de Meghen, und garantieren wegen Nachmahnung. — 1408 Aug. 12.*

K StsA Königsberg; gleichz. Abschr. a. Perg. Das. eine weitere Abschr. Gedruckt: v. Bunge, Livl. U.B. 4 n. 1770. Verz.: HR. 5 n. 536.

848. *Hildesheim an Danzig: der Danziger Hans Wynrank hat eine dem Hans van der Halle geschuldete Summe, die er an Peter vam Stene in Brügge auszuzahlen gelobt hatte, nicht bezahlt und dadurch den Halle in Flandern schwer geschädigt,* also dat Peter vorbenomd ön darumme in den Sten lete setten unde he borghen setten moste, de schult to betalende; *bittet, dem Halle zu seinem Recht und zur Genugthuung für den erlittenen Schimpf und Schaden zu verhelfen. — [1408] Aug. 16* (in die s. Bernardi).

StA Hildesheim, Briefbuch n. 62 fol. 160. Gedruckt: Doebner, U.B. d. St. Hildesheim 3 n. 371.

a) So L. b—b) wisen etc. ut supra in proxima littera, sed sequitur post [illegible] L.
c) K hat [illegible] 22496. Derselbe Schreibfehler findet sich auch in dem Original n. 830. Vgl. dazu die HR. 5 n. 536 [illegible].

849. *Zwei Häuptlinge von Oldessen in Rustringen versprechen bei Abschluss einer ewigen Sühne mit Bremen, dessen Bürger mit ihrem Gut zu Lande und zu Wasser zu beschirmen und in ihrem Kirchspiel keine Seeräuber zu dulden; sie verzichten u. a. bei Strandung von Schiffen auf das Grundruhrrecht und verpflichten sich, den Weserverkehr nach und von Bremen zu fördern, bei Schiffbruch bremischer Schiffe Hülfe zum Bergen der Ladung gegen angemessenen Arbeitslohn zu gewähren sowie angetriebenes oder aus der See gerettetes bremisches Gut auf Ansuchen der durch die Stadt legitimierten Eigentümer auszuliefern, unter Abzug des 10. Pfennigs als Bergelohn. — 1408 Aug. 23* (in s. Bartholoms avende des h. ap.).

StA Bremen; Or. Perg. m. 2 S.
Gedruckt: Brem. U.B. 4 n. 375.

850. *Hildesheim an die hansischen Älterleute zu Brügge*[1]*: antwortet, dass nach seinen Ermittlungen Lüdeke Büringhes das Silber, wegen dessen sie an die Stadt geschrieben hatten, gekauft und nichts davon eingeschmolzen* (ghebrant) *hat. — [1408] Sept. 1* (in die Egidii).

StA Hildesheim, Briefbuch n. 62 fol. 190.
Gedruckt: Doebner, U.B. d. St. Hildesheim 3 n. 375.

851. *Der livländische Ordensmeister an Reval: weist die Aufforderung zurück, gegen Leute Thord Bondes, welche Russen bei Narwa beraubt haben, einzuschreiten. — [1408] September 20. Wenden.*

Aus StA Reval; Or. m. Spur d. S. Höhlbaum.
Gedruckt: v. Bunge, Livl. U.B. 4 n. 1773, vgl. 6 Reg. S. 97.

Den ersamen, vorsichtigen mannen, borgermeisteren unde ratmannen to Revale, unsen leven getruwen, detur.

Meister Dütschs ordens to Lyfflande.

Unse vruntlike grüte mit steder gunst tovorn. Ersamen, leven borgermeistere unde rad. Juwen breff, dar gi ynne scriven, wo de Russen in unsem lande bynnen unsem geleide ene mile uff desse ziit der Narwe van ener partye, de her Tor Bunden denere gewest, syn berovet unde endweldiget erer gudes, als veer grote thůnnen werks unde twe carpen mit werke[2], und dat wi dar vorsin, dat sodane partye in unsem lande nicht en liggen, und dat desse ergenante partye dar wol 8 weken gelegen hebben etc., hebbe wi wol vernomen und bidden ju darup to weten, dat uns dat lêt is, dat de Russen so beschediget synt. Doch en is unse geleide dar nicht mede gebroken, wente sich dat nicht hoger strecket dan an de ghene, de umme unsen willen don unde laten willen; und als gi rôret, dat wi dar vor willen syn etc., des en kone wi nicht gedôn, wie en lechten dar ene malwe, nadem dat id uns unwitlik is, wanner sodane partye in unsen lande licht edder nicht. Ok als gi scriven, dat se wal 8 weken in unsen landen gelegen hedden, do gi dat wisten, do hedde gi id mogeliken deme vogede to der Narwe ghescreven, dat he darto hedde laten seen, dat se neenen schaden hedden gedan, wente id wal to

[1] *Braunschweig beglaubigt 1411 Nov. 30 eine Vollmacht der Testamentsvollstrecker des verstorbenen Ancheyn Monnike behufs Einforderung u. a. von alsodan gud, alse Ancheyn Monneke vorgenscreven togesant hadde Frike van Hadelen to Brugge. StA Braunschweig, Kopiar IV fol. 3.*

[2] *[1408] Sept. 1 zeigt der Hauskomtur zu Reval dem Bischof von Åbo diesen Vorfall an und bittet um Verhaftung der Räuber. StA Reval, Missivbuch 1384—1420 fol. 44b.*

merkende stunt, do se so lange yme lande legen, dat se nicht güdes en menden. God almechtich beware juwe bescheidenheit in wolmacht unde endracht to langer selicheit. Gegeven to Wenden am avende Mathei apostoli.

852. *Hochmeister Ulrich von Jungingen an K. [Heinrich IV] von England: erklärt auf dessen Schreiben[1] seine Zustimmung zu der im Haag nach langen Verhandlungen abgeschlossenen Vereinbarung ihrer Gesandten über die Entschädigungssummen für die Preussen und Livländer und die gerichtliche Entscheidung der unerledigten Klagen, und verpflichtet sich seinerseits, den geschädigten Engländern die ausbedungenen 766 Nobel und die denselben etwa noch weiter zuzubilligenden Entschädigungen innerhalb derselben Termine auszuzahlen. — 1408 Sept. 22[a]. Marienburg.*

StsA Königsberg, Hochmeister-Registrant 3 fol. 171 b. Das. eine gleichz. Abschr.
Gedruckt: in engl. Übersetzung (aus einer engl. Überlieferung) Hakluyt a. a. O. 1, 178. Verz.: HR. 5 n. 540. Ein fast wörtlich übereinstimmender Entwurf, vom preussischen Städtetage Aug. 29 an die livländischen Städte gesandt, gedr. HR. 5 n. 537 u. 538. Vgl. oben n. 841.

853. *Flandrische Ballastordnung für den deutschen Kaufmann zu Brügge. — 1408 Okt. 4.*

Aus L StA Lübeck, flandrischer Kopiar n. 6, lose Lage; Abschr. vom 1. Drittel des 15. Jh. v. d. Hopp.
StA Köln, hansische Kopiare A fol. 173 mit § 1 beginnend, D fol. 129, E fol. 163, H fol. 88.

Eine Teurung in Flandern, welche im Oktober 1408 ein allgemeines Verbot der Kornausfuhr zur Folge hatte, veranlasste die Stadt Brügge zum Aufkauf von Getreidevorräten. Namentlich die Hansen erscheinen als Lieferanten, vgl. die Stadtrechnung von 1408/9: 1409 Apr. 20 Sendung nach Sluys, omme te coopene ter stede bouf van der taerwen ende rogghe dee wesende ins Zwin an der coopliedén van der Duudscher Hanze. *Juni 5 ebenso* omme te bestane, wat coope dat te hebbene was van Oosterscher coren dae lieghende int Zwin. — Voort es te wetene, dat omme de ontsienlicke dierte van coorne dit jaer ghewest heift binnen der stede van Brueghe, waren upten 19. ende 21. dach van April ende upten 4., 5. ende 6. dach van Maye lestleden verloden ghedaen copen ter voornoemder stede bouf ter Sluus int Zwin jeghen diverse coopliede van der Duudscher Hanse 4222 hoed drie mudden taerwen. — Item so was upten 21. dach van April vorseid bi overeendraghene van burchmeesters ende van der ghemeenen wet ghedaen copen ter voorseider stede bouf ter Sluus int Zwin jeghen Janne Oosterman, coopman van der Duudscher Hanse, 500 hoed rogghen. *Gilliodts-van Severen, Inventaire de Bruges 4, 46 ff. — Bei der schlechten Lage der städtischen Finanzen entnimmt Brügge in diesem Rechnungsjahr wiederholt von Genannten grössere Posten Pfeffer auf Credit, um dieselben sofort an hansische Kaufleute gegen baar wieder zu verkaufen. Als solche werden genannt: 1408 Dec. Lambrecht Staerman, Jan Rommel, Herman Bonaert, Hans van der Houve, Coenrard Sculart, Hans Berch, Adlbrecht Happe, Jan Stoop, Jan Deistrase; 1409 Juli Aernoud van Arrne, Herman Wulf, Everard Soltraw, Hans Dure, Coenraerd Hertwelt, Jan Crispyn, Heinrick Greveroude, Hans Voorwere, Heinrick Focke, Herman Acke, Pieter Radekin, Gheere Hulric. A. a. O. S. 49 ff. — Über den Verkehr in Sluys berichten die Rechnungen des Wasserbaillifs (s. oben S. 77) von 1407 Sept. 20—1408 Jan. 8: ein Matrose einer Genueser Karake muss 12 Pfd. Strafe zahlen, weil er mit Umgehung des Brügger Stapelzwanges dem Deutschen Hans Roye 6 Pfd. Kampher verkauft und eine Anzahl Gewürze zum Ankauf auf der Karake angeboten hat. — 1408 Mai 7—Sept. 17: Halst van der Heide, Kapitän eines preussischen Schiffes, zahlt 34 Pfd. Geldstrafe wegen Misshandlung seines Bootsmanns Jean Clamp auf der See mit einer Streitaxt.*

a) 22 *Beilage.*

1) S. n. 830.

Item desse nabescrevenen pointe worden desse ghemenen copmanne te kennende gegeven ende georlevet int jaer, do men scref 1408 [a], upten verden dach in Octobre. Als van den gheschille wesende tusschen den pachters van den ballasten ter Sluus of een zijde ende den ondermans van der Duitschen Hanze over ende [b] in de name van den coplieden van Alemanigen of ander zijde es geappointijrt bij mynen here den cancellijr ende bij mynen here van dem raede in manirea bijr naervolghende:

[1.] Erst dat de coplieden van der vorseiden Hanze van nu vortan ne zullen nemen noch doen nemen ballast in eniger manirem an tland van Cadsant of an den dijck, die leicht an tcasteel ter Sluis, upte boete van 8 lb. Parisise te verbarende jeghens mynen gedachten heren van elken boete ballastes also dicken ende also menichwerven, alsij danoff bevonden zullen wesen die contrarie doende.

[2.] Item dat de vorseide van der Hanze zullen moghen halen of doen halen ballast bij heurs selves schipliedem ende dienaers sonder fraude ende bij nymand anders te Vulpenhouck, ten Reinghersvlijte ende up tghoend, dat mer Jan van Oostkerken maintenert houdende in leene ende in manschepe van mynen geduchten here, betalende den pachters van den ballaste van elken boete ballastes, dat sij zullen halen of doen halen, vorende tghewichte van twen vaten wijns enen Inghelschen als nier causen van der aervachticheide van mynen geduchten here. Ende eist, dat de vorseide booten meerder zijn of mynder zijn danne tghewichte van twen vaten wijns, alse vorseit es, dat sij danaf betalen zullen den vorseiden pachters van elken boete int avenant van der grote van den meesten meer ende van den mynsten myn dan enen Inghelschen. Ende van tghoent, dat sij nemen zullen upte plecke tobehorende mer Janne van Oostkerken, danaf zullen sij hem vernoghen te haren besten.

[3.] Item dat de vorseide van der Hanze zullen mogen besceden den ballastvorers, hare schepen te ballastene in taswerke umme sulke summe, als sij onderlinge zullen konnen veraccorderen; ende daer sij aldus haerlieder schepen doen ballasten omme ene sekere somme van gheide, zullen ongebonden blijven den vorseiden pachters van den ballaste iet te betalende, mer zullen de ballastvorers vernoghen van alsulker somme, als tusschen hemlieden onderlinge besproken sal wesen. De welke ballastvorers den vorseiden pachters betalen zullen van elken boete groet wesende, alse vorseit es, enen Ingelschen.

[4.] Item up dat de vorseide van der Hanze haren ballast nemen jeghens de vorseide pachters, zullen sij gheven van elken boete groet wesende in der manirea vorseit 4 grote; maer de vorseide pachters ene zullen niet gebonden zijn den vorseiden van der Hanze elken vorseiden boot ballast te leverne omme de vorseide 4 grote, het ene zij dat sij willen etc.

854. *Hamburg an K. Heinrich [IV] von England: ratificiert auf dessen Schreiben [n. 831] und nach dem Vorgange des Hochmeisters [1] für sich die im Haag geschlossene Vereinbarung über die Auszahlung der Entschädigungssumme; hofft, dass die Hamburger sich nichts gegen die Engländer haben zu schulden kommen lassen, und bittet, denselben in gleicher Weise und an denselben Terminen wie den Preussen und Livländern Genugthuung zu leisten.* — 1408 Okt. 6.

British Museum London, Cotton. Ms. Nero B II fol. 68.

Gedruckt: Hanserakten n. 364. Ein undatiertes Antwort- und Dankschreiben des Königs s. das. S. 337 Anm. 2.

a) In L dazu am Rande bemerkt: adde 20. b) en L.

1) S. n. 852.

855. *Reval an [den Hauptmann von] Wiborg: hat gerüchtweise von der Wegnahme einiger Schiffe innerhalb seines Gebiets gehört, und bittet ihn, dem deutschen Kaufmann nötigenfalls wieder zu dem Seinigen zu verhelfen. — [1408] Okt. 8.*

Aus StA Reval, Missivbuch 1384—1420 fol. 27 b. Missum versus Wiborch. *Hagedorn.*

Na der grote. Leve besunderge gunstige here. Juwer lovezamen wisheit bidde wy to wetende, wu dat hir een ruchte geet, dat schepe solen ghenomen wesen, dar de Dutsche copman syn gud inne hevet, und de solen ghebracht syn in juwe ghebeyde, des wy nycht ene hôpen. Leve here, is dat zaeke, dat juwer vorsichtigen wiskeyt hir wat ane witlik is, so bidde wy ju leffliken myt gantzem ville umme unses vordenstes willen und syn darane vorseyn, dat de copman und wy des unbeschediget blyven, wante wy anders myt ju nycht utlostande weten dan leve und vruntscop. Und weret zaeke, dat deme Dutschen copmanne syn gud ghenomen were, dat gy dan wol don umme unser bede willen und syn deme copmanne behulplich, dat eme syn gud weder werden moghe und dat dat gud tohôpe unvorrucket blyve; ju so leffliken hirane to bewisende, alse wy des juwer leve ganzliken tobetruwen und wy dat gerne thegen ju eder de juwe vordenen willen, wor wy moghen. Dominus vos conservet. Datum in vigilia Dionysii martiris.

856. *Sömmerhaffu gestattet dem gemeinen Kaufmann die beliebige Bebauung eines dort angekauften Grundstückes gegen einen Jahreszins von 1 Sch. Grote. — 1408 Okt. 18.*

RA Kopenhagen, Abschr. im Diplomatarium Langebek. T. 24.
Verzeichnet: HR. 5 n. 510.

857. *[Hzg. Wilhelm von Baiern, Graf von Holland,] verlängert die am 1. November ablaufenden, den Bürgern von Kampen zugestandenen Vergünstigungen bei der Zollzahlung*[1] (sulke vorwairden, als staen tusschen hem ende dien van Campen roerende van der tollen tot Cats, penninge Hollans ende roedertolle) *bis nächsten Dec. 25. — 1408 Okt. 27.*

Aus RA Haag, Memoriale BC cas. R fol. 23 b. Campen.

858. *[Der Hauptmann von Wiborg] Thord Bonde an Reval: rechtfertigt sich wegen der Wegnahme russischer Schiffe, bei der auch einige Deutsche samt ihrem Gut mit eingebracht sind. — [1408] Okt. 29. Wiborg.*

Aus R StA Reval; Or. m. Stücken d. S. Höhlbaum.
Gedruckt: v. Bunge, Livl. U.B. 4 n. 1775.

An de erbaren lude, borghemeisters unde râtlûde der stat to Revele sal dieser breff mit werdicheit etc.

Vruntlike grote tho allen tiiden in Gode vorghescreven. Wetet, leve sunderghe vrunden, dat ik juwen vruntliken breff[2] untfanghen hebbe unde wol vornomen, des ik ju vruntliken danke. Item als gi! my screven van der schepe weghen unde lûde, de hir solden ghehindert syn, des wet ju leve wol, dat ik ju vak(e)ne[a] screven unde gheclaghet hebbe, wat schaden unde hôn de Russen myme heren ghedân hebbet, syme lande, synen lûden unde unde(r)saten mit rôf, brande unde dotslaghe, doch

a) vakene R.

[1]) S. den Erlass n. 773, der demnach ebenfalls schon für ein Jahr verlängert sein wird. Weitere Verlängerungen erfolgen von 1408 Dec. 25 bis 1409 Mai 1, dann bis Juni 24 und Aug. 15. A. a. O. fol. 26, 27 b u. 36. [2]) n. 855.

al bynnen vrede, unde ik en gherne wat darumme ghedân hadde; unde hebbe ik ju bidden laten, dat gii den juwen darvore warneden, dat se en nicht thovôrden edder sterkeden, wente nemen se dar schaden over, dat were my leeth, och so wil ik dar nene namaninghe umme hebben. Idoch so hebbe ik dit vorholden umme des besten willen so langhe, wente de dagh ute was[1], de tûschen myme heren unde en upghenomen was, als ju unde mer bederven lûden wol witlich is, wo he sturth edder wense he uthghink. Och hebbe ik vornomen, dat gii se noch vorwarnet hebbet, als my de schipper Herberth Pape bekande unde berichtet hevet, dat gii juwe bodeme tho eme hadden unde leten ene warnen unde vorbeden eme, dat he seghelen solde, unde seghede he my, dat de lûde jo uppe ewentûre seghelen wolden, birover sint se ghehindert unde er gût mit den Rûssen unde mit ereme gude thoummende unde sint hir in d(e)r[a] mate bracht; mach man se mit ere unde rechte beholden, so menet de gude lude, de se grepen, des gherne to neteude, môghen se nicht, se willen dar afflaten. Item wo disse sake nuu to disser tiit endet syn, des kan ju juwe bode, wiser disses brefwes, wol berichten. Wes ik vortan dôn en mach, dat ju tho leve unde willen komen en kan, dat do ik gherne. In Godhe bilvet ewichliken tho my tho bedende als juweme vrunde. Screven uppe Wiborgh des mandages na sunte Symon Jude, under myme ingheseghel.

Thord Bônde Rorikssone ritter formal hec.

859. *Die [deutschen] Schuhmacher zu Bergen beurkunden die bei Ausgleich mit dem dortigen deutschen Kaufmann festgesetzten Artikel[1]. — 1408 Dec. 4. Bergen.*

Aus K Kgl. Bibl. Kopenhagen, Ny Samling n. 979 Fol. fol. 87; Abschr. von der 2. Hälfte des 16. Jahrh. Hier mit vereinfachter Rechtschreibung.
K 1 Dass., Ny Samling n. 977 Fol. fol. 69; Abschr. des 17. Jahrh.
Dass., Ny Samling n. 1554 d 4°.
K 2 Univ.-Bibl. Kopenhagen, Arne Magnussons Sammlung, Pap. Cod. n. 331 Fol. fol. 87; Abschr. von ca. 1600.
Kgl. Bibl. Stockholm, Pap. Cod. n. 42 Fol.
Verzeichnet: Nicolaysen, Norske Magasin 1 S. 568.

Witlich sy alle den gennen, de dissen breff seen edder horen lesen, dat wii gesellen van der Skomakerstraten tho Bergen bekennen und openbare betugen in dissen jegenwordiger schrifft, dat sake und artikell gescheen sint twischen dem kopman van Bergen van der eine siden und [uns][b] van der anderen siden, welke sake sint leffliken unt vruntliken grent in alsodaner male:

[1.] dat wy nenen man schollen entholden up unse strate, dede mer hefft in Norwegen den 22 mark Lubesche, de thovoren uppe unser straten er gewesen hebben; und dar schall de oltkamen updoen und nicht de inkamen, wente id was in vortiden viffundtwintich mark s. grote, alse unse breve utwisen[2], dat gude lude (nu)[c] gemaket hebben umme eindracht willen uppe 22 mark, also vorschreven steit. Och enterholle wy nenen boden durer vorkopen edder hetter holden den 22 mark, also thovoren geschreven steit; und dar mach ein islich gut knape in einen boden mede kamen.

[2.] Vortmer wen ein gesellen ut den boden scheidet, so schall he guder lude segent, de dat harnsk jo so gut holden[d]; und dat doch schall staen tho den kopmanne, wie lange dat wy dat vorbenoumede harnsk holden schollen.

[3.] Och so bekenne wy des, dat gude lude twischen dem kopman und uns gededingit hadden, dat ein dels van unser compani, wanner se van unser

a) dar K. b) wy K. c) im K. d) So K, K 1, K 2.

1) 1408 Sept. 8, s. unten n. 890. 2) Vgl. die Urkunde vom 1379 Apr. 16, Bd. 4 n. 650. 3) S. Bd. 4 n 650 § 3.

straten scholen varen, so schollen se ein jar ute dem lande hebben gewesen, dat uns de kopman up disse tit avergegewen hefft umme fruntscop unde goder lude bede willen.

Disse vorbenomde sak und artikell lowe wy tho holdende den gemeinen kopmanne in guden truwen und richter warheit sunder jenigerley argelist edder halperede, jodoch unser anderen besegelden breven mit dissen breve unbeschedeget, utgenamen de viffundtwintich s. grote, also thovoren geschrewen steit. Tho grott[e]ren betugnisse und wisser sekerheit so hebben wy gewellen erbenomede mit willen und mit ja und mit gantzer vulbord unse ingesegell gehangen an[a] dessen breff, de gegewen is tho Bargen in Norwegen na Gades gebort dusint veerhundert in dem achtende jare, in sunte Barbaren dage der heiligen junkfrawen etc.

860. *Lüneburg an Einbeck*[1]: *gestattet auf dessen Bitte die Einfuhr von Bier in Einbecker Bierfässern, die das Lüneburger Mass nicht ganz erreichen*[2]. — *1408 Dec. 20.*

Aus L StA Lüneburg, Briefbuch 1385—1414, hinter fol. 96b eingehefteter Zettel. Dem rade to Embeke. [!] Bruns.

Unsen vruntliken denst tovorn. Vorsichtighen leven besunderen vrunde. Also gi an uns gescreven hebben, dat jowe beermate holden unde hebben scullen jowelk vat seven tovere[b] enen stovekens myn eder mer, unde welker so holde, dat me der nicht toslege, unde de myn helden, dat wy darmede don, wo wy willen etc.: leven vrunde, wy seet gherne, dat gi enkede also bestellen, dat jowe beervate nicht myn en holden, wen alse gi uns gescreven hebben, uppe dat de meenheyt daran nicht bedroghen en werde, und so wille wy juu to leve unde to vruntscop ghunnen, dat de beervate untohouwen bliven, alle de wile wy nen groter gebrek daran en vinden. Jodoch so sint wy to rade geworden unde hebben bestellet myt usen medeborgern, dat se scullet kopen up user stad amynghe, unde user stad ame holt vertich stovekene unde dat vat dre ame, dat maket twintich stoveken unde hundert user mate. Wes nu daran enbrekt an jowen vaten, dat scullet se an der betalinge des beers ynnebeholden; lopt darover, dat scullet se deme vorkopere betalen unde togheven. Hirmede siit Gode bevalen. Screven in sunte Thomas avende des apostoles under unseme secrete, anno Domini 1408. Consules civitatis Luneborgensis.

861. *Dorpat an Reval: macht Vorschläge über die Rückforderung des von den Leuten des Thord Bonde weggenommenen Gutes.* — *[1408] Dec. 20.*

Aus StA Reval; Or. m. Stücken d. S. Höhlbaum.
Gedruckt: v. Bunge, Livl. U.B. 4 n. 1779. S. oben n. 855, 858.

Den ersamen wysen mannen, heren borgermeysteren unde rade der stat Revele, unsen leven vrunden.

Unsen vruntleken grôt myt begheringhe alles guden vorgescreven. Ersamen leven heren unde vrunde. Juwen breff alse van des genomenen gudes weghene,

a) *Fehlt K.* b) *tovorn L.*

[1]) *In das Landfriedensbündnis, welches 1408 Dec. 1 die Herzöge von Braunschweig-Lüneburg, -Osterode, -Göttingen und -Einbeck mit dem Erzbischof von Magdeburg und den Bischöfen von Halberstadt und Hildesheim auf 10 Jahre abschlossen, werden seitens der beiden letzteren auch die Städte Goslar und Hildesheim mit aufgenommen. Schmidt, U.B. des Hochstifts Halberstadt 4 n. 3259, vgl. n. 3273. Über die Aufrechthaltung dieses Landfriedens s. auch das Schreiben Hildesheims an Einbeck von 1412 Nov. 21; Doebner 3 n. 585. 1412 Jan. 13 verbünden sich Halberstadt, Quedlinburg, Aschersleben und B. Albrecht von Halberstadt gegen Vorladungen vor fremde weltliche Gerichte. Gedr. Janicke, U.B. d. St. Quedlinburg 1 n. 263, 264; verz. Schmidt, U.B. d. St. Halberstadt 2 n. 740, U.B. d. Hochstifts Halberstadt 4 n. 3299.* [2]) *S. n. 845.*

dat to Wyborch bekummert licht, hebbe wy entfanghen unde wol vornâm, unde dancken juw vor gude besorghinghe. Unde, leven vrûnde, na dem dat id juw best belegghen is umme dat gud to vorderende, unde de staltnisse der sake juw ok best bekant is, so bidde wy juw begherlieken, dat gi vormyddelst juwer wysheit hîr willen ane wesen vorseen, to betrachtende dat gemeyne beste. Sunderlinges so duncket uns nütte wesen, dat gi drepleke boden darumme senden, de alle dinges mechtich syn, dat gud int gemeyne to vörderende, wente wy uns wol besorghen, dat id arbeid unde gud kosten wil, alze ute her Tardes breve wol to vornemende steit. Umme de theringhe der boden unde wat dat gud kostet to entfriggende dûncket uns nütte wesen, dat men dat uppet erste van dem pundghelde neme bette so langhe, dat de stede hîr bynnen landes sik vorghadderen unde darvan eens werden möghen, wer me de theringe uppet gud reken schole edder van dem puntghelde nemen möghe; unde boven alle so wille wy van der unser wegene dar gud vor wesen, wes darumme vortert wert, wedder toleggende unde to betalende na partiale. Leven heren unde vrunde, willet hîr des besten inne ramen, juw dar alzo inne to bewisende, alze gi wolden, dat wy doen scholden, effte id hîr myt uns so beleghen were, unde dat gi jo alle dink endeghen myt der hast, wente wy uns anders groters schaden besorghen in der togheringhe. Darmede sîit Gode bevolen. Screven under unseme secrete, in sunte Thomas avende.

Borgermeystere unde raed der stat Darbte.

862. *Der deutsche Kaufmann zu Polozk an Riga: klagt über die Verschiedenheit der neuen und alten Wage und über seinen vergeblichen Versuch, sich deswegen mit den Polozkern zu verständigen. — [1408] Dec. 31. Polozk.*

Aus R StA Riga, Or. m. Spuren d. S., an den Seiten beschädigt. Höhlbaum.

Den erbaren heren borghermestere unde raetmanne der stact to Righe kome dusse breiff myt werdicheit.

Unsen vrentliken groet myt allen heile tovoren gescreven. So wetet, zonderlinghe leven vrende, dat wy ju enen breiff santen in ghewer tid, de gescreven was in sunte Andrews daghe unde in den jare uns Heren 1408[1]; es he ju gheworden offte nicht, des ene wete wy nicht. Dar hadde wy ju vaste in gescreven van der nyen waghe, wes uns darvan wedervaren was to den tiden. Vortmer so es uns nu wedervaren sint der tid, dat wy met den borgheren in der waghe ghewest hebben unde vorsloghen de waghe, dey ene teghen de anderen; wy woghen int irste opter olden waghe unde met den olden loeden 1 schippunt wasses, unde leghEden do dey olden schalen met den olden loden over ene syden unde belaeghen dey nyen waghe met der nyen reeschop unde woghen dat selve schippunt wasses upter nyen waghe: do schildet, alse wyt best kennen konden, met 3 markpunt, dat dey nyee schale swaer es dan dey oelde. Unde dat ghebrek duncket uns, dat se nicht avereen en draghen, dat schelt an den oelden loeden, wante der loede es 3, de nicht vûl en sin, dar enbreket 6 markpunt ane; des hebben sey up 1 loede myt kriiten ghescreven: 1 markpunt, up dat ander: 2 markpunt, unde oppe dat derde loede: 3 markpunt; desse 6 markpunt hebben se dar myt kriiten opgescreven, unde dat veirde lôde solde vûl sin, men dat ys under utgeslaghen 1 grot ghat, dat men dar mach 1 ghantse vûst insteken; unde dar hebben sey 1 stucke blîies inne, dat weghet 2 markpunt, dat nemet men ut unde steket dat weder an offte mer, wu dat se willen unde wol behaghet. Dyt hebbe wy den bo[r]gheren uterliken ghewist unde

[1] 1408 Nov. 30.

ghewicht in der waghe, dar de borgheren jeghenwordich weren, unde vraghede dey borgher, ofte sey dey waghe hanghen wolden ofte nicht. Do antworden sey uns, se wolden gherne hanghen de nyen sch[alen] an den olden balken unde weghen ok met den nyen loeden; dat ene wolde wy nicht overghoven[a]; wolden sey hangen de nyen schalen, dat sey ok den balken heimegen, de dartho hoerde; dar ene wolden se nicht tho. Dar enboven gheingen wy nochtant vor deme hovetmanne unde ghevent eme altomale to kennen unde bewisen eme unde vormaneden eme by breven, dey eme Vitoute toghescreven hevet van der vorgescreven waghe, dat hey dey borghers vormanderde umme alles ghemakes willen na endracht unde breiven, dey de Ploskowers met ju ghemaket hebben, dat se de waghe heinghen, dat men dar vorder ghen arbeit umme doen en dorve. Do sprak de hovetman met den borgheren unde ghaf uns to antworde, do wy weder vor ene qwemen, dat hey sey to gheinen dinghe bringen ene konde, er ein wiste upten anderen. Hirumme moghe gy des besten ramen, wante wy ene konnen dar vorder nicht to ghedoen. Anders nicht oppe disse tid, men Ghod spare ju ghesunt to langer tid. Ghescreven tho Ploskow im nyjars avende.

Olderlude unde wyste des ghemeynen copmans to Ploskow nu ter tyd wesende.

863. *Hzg. Wilhelm von Baiern, Graf von Holland, geleitet Arnolt Scoltet, Sander Gherartszoon, Sellijs Gorijszoon, Heynric van Asperden und Dyrc Gelreman, Kaufleute aus dem Lande Kleve, mit Schiffen, Wein und Gut bis Dec. 25*[1]. — *1409 Jan. 18.*

RA Haag, Memoriale BC fol. 33.

864. *Die Geistlichen Dionisius Lopham und Heinr. Hemore sowie Heinr. Somer übertragen ihr Anrecht auf das vormals dem Knappen Joh. Sleigh gehörige Grundstück in London, welches ihnen sowie dem Geistlichen Thom. Chamberleyn und dem Knappen Joh. Norbury gemeinsam von Joh. West überlassen war, dem gen. Thom. Chamberleyn*[2]. — *1409 (10 Henr. IV) Febr. 1. London.*

StA Lübeck, Anglicana n. 61; Or. Perg. m. 3 anh. S.

Gedruckt: Lappenberg, Urkdl. Gesch. des hansischen Stahlhofs, Urk. n. 48.

865. *K. Heinrich [IV] von England an Hochmeister Ulrich von Jungingen: bestätigt den Empfang seines Schreibens von Sept. 22*[b] *über den Haager Vertrag [n. 852]; wünscht, dass der Hochmeister sobald als möglich bevollmächtigte Gesandte schicken möge zum Abschluss eines ewigen Freundschaftsbündnisses zwischen ihnen und zur Erledigung einiger den früheren Vertrag betreffender Punkte; hat mit Rücksicht darauf seinen Kaufleuten die Fahrt nach Preussen gestattet und gewährt ebenso den preussischen Unterthanen*

a) *so R.* b) [illegible]

[1]) *Juli 6 wird Arnt van Eymerick, Kaufmann aus dem Lande Kleve, bis Pfingsten [Mai 26] geleitet. A. a. O. fol. 78. 1412 Mai 13 erteilt der Herzog dem Pieter Hasensoon aus Wesel Geleit auf 3 Wochen; Okt. 17 den Kaufleuten aus dem Lande Kleve bis Dec. 25. Memoriale B A fol. 73b und 87.* [2]) *S. Bd. 4 n. 771. Joh. Sleigh hatte das Besitztum 1394 Aug. 29 dem Londoner Krämer Will. Parker, Joh. Ramsey aus Sussex und Joh. West übertragen, welch letzterer es nach dem Tode seiner beiden Miteigentümer 1407/8 (9 Henr. IV) den oben genannten 5 Engländern überliess. S. die Urkunde von 1409 Juni 16, a. a. O. n. 49. Nach wiederholtem Wechsel der Eigentümer während der nächsten Jahre gelangt das Grundstück 1413 Nov. 16 in die Hand des Geistlichen Joh. Bulyngton. Die Urkunden darüber im StA Lübeck, Anglicana n. 62, 63, 66—69; gedr. a. a. O. n. 49, 50, 54—58.*

Verkehrsfreiheit in England; falls Arnold Dassel, der Überbringer des hochmeisterlichen Schreibens, seinen Aufenthalt in England[1] *verlängern will, könnte derselbe zusammen mit den Bevollmächtigten des Königs Mittel und Wege zur schnelleren Erledigung der erwähnten Angelegenheiten finden. — 1409 März 7. Westminster.*

Gedruckt: in engl. Übersetzung (aus einer engl. Überlieferung) Hakluyt 1, 179. Verz.: aus einer Abschr. im StsA Königsberg HR. 5 n. 578.

866. *Ein gen. Wiborger an Reval: protestiert gegen dessen Behauptung, dass die Vergewaltigung russischer Kaufleute im Olafsunde durch die Wiborger veranlasst sei. — [1409] März 21. Wiborg.*

Aus StA Reval; Or. m. Rest d. S. Höhlbaum.
Gedruckt: v. Bunge, Livl. U.B. 4 n. 1780; vgl. 6 Reg. S. 97. S. oben n. 834.

An de ersamen heren borghemestere ande rat to Revel kome disse breif mit werdigheit etc.

Unsen vruntliken leifliken deinst tovoren unde wes wi gudes vormogen. Wetet, leven ersamen vorsichteghen borghemestere unde ratmenne von Revel, dat hir vor uns sint ghewest sendeboden von Nowerden, also Migghale Jasricine unde Jurges Alexsander, und de hebbet uns hir gheklaghet umme dat ghout, dat dar ghenomen wart vor deme Olevessunde, unde umme ore brodere, de dar gheslaghen unde over bort gheworpen worden. Dat hebbe gi gheseght, wi von Wiborgh scholen dat hebben ghedan. Des wetet, dat wy dar night af en weten und wy des unschuldigh sin, und wy hopen des, dat gy uns des night overgheseght hebben. Item so seden de Russen, dat se hadden sendeboden hat to juu, unde den sendeboden hadde gi en antwort gheven, also dat wi von Wyborgh scholden dat ghedan hebben. Des bidde wy juu, erwerdigen heren borghemestere unde ratmenne, dat gy us dar ein antwort von schriven, wo dat se hirumme sy, des sint wi begherende. Night mer, den blivet bi Ghode. Gheschreven to Wiborgh des donrcdages vor user leiven vrûwen dage, under mynem ingheseghele. Kersten Birgersen.

867. *Der deutsche Kaufmann zu Nowgorod an Reval: meldet die Konfiscierung von Pelzwerk durch die Russen und ersucht um Arrestierung der russischen Waren und Kaufleute. — 1409 März 24. Nowgorod.*

Aus StA Reval; Or. m. Stucken d. S. Höhlbaum.
Gedruckt: v. Bunge, Livl. U.B. 4 n. 1783. Verz.: Napiersky n. 169, HR. 5 n. 613.

Borgermestere unde ratmanne der stat to Revallen, unsen leven vrenden.

Eeyrsame grote met beylsamer leyve vorscreven. Leyven heyren. Welt weten, dat unser en deel hiir reyde weyren uitovarens, unde wy weyren alreyde met den Russen op ere boven kamen overt water unde do queymen dey Russen hir to Nouwerden unde hebben uns 11 tunne werx genomen unde hebben dey in ere gewalt gebracht in sinte Johannes kerken. Doch so hope wy jo noch des besten. Doch, leyven vreinde, so bydde wy juwe wysheyt, dat gy darumme vorsen syn, eft dat genych gut van Russen ofte Russen dar by ju syn, dat gy dey wellen holden, bette wy vry syn. Hirmeyde syt Gode bevolen unde beydet to uns. Gescreven to Nouwerden in den jare unses Heyrn 1409 jar op unser vrouwen avend annunciacionis Marie. Alderlude, wysesten des Duschen kopmans to Nouwerden.

[1] *S. n. 840. Über Dassels Verhandlungen in England vgl. seine Korrespondenz mit Lübeck und den preussischen Städten, HR. 5 n. 546—549; 573.*

868. *Der Vogt zu Narwa an Reval: rechtfertigt sich wegen eines Gerüchts von der Verhaftung russischer Kaufleute in Narwa. — [1409] März 31.*

Aus StA Reval; Or. m. Resten d. S. Höhlbaum.
Gedruckt: v. Bunge, Livl. U.B. 4 n. 1691; vgl. 6 Reg. S. 93.

Den erwerdigen vorsichtigen mannen, borgermeister unde rade der stad to Revele sall desse breff mit vlite.

Vruntlike grote tovorn unde alleni, dat ik gudes vormach, al wege to juwer behegelicheit. Leven vrunde. Juwer erbarcheit bid ik to wetene, dat mi de olderlude unde de wisesten, de nu to Nougarden sint, geschreven hebben, dat ein gerochte dar lope, dat ik sole Russen van Nougarden gevangen hebben unde geschattet. Hirumme so hebben de Russen demme kopman sin gut genomen unde hebben dat in ere gewalt gebracht. Hirumme bid ik ju to wetene, dat vorlude van Nougarden weren tor Narwe gekomen, unde alse se do tu hus wolden theen, so entmotten en mine lude up der lastadigen up der Narwe, de slogen se, dat se se over dot liggen leten, unde slogen den einen, dat he noch krank licht, dat men nicht en weit, wer he leven eder sterven wil, unde de ander is nouwe upgekomen. Dit deden se up der vryen veiligen strate, unde de let ik upvan unde was mit en vor richte unde vor rechte unde let mi dar ein recht over vinden, unde wolde en er recht gedan hebben, mer dat mi dat Leffert Menkink unde ander ersame lude affbeden. Unde bid ju, dat gi wol don unde laten Leffarde vor ju komen, de mach ju seggen, wo sik de sake hebben. In Gode blivet gesunt to langer tit. Geschreven an palmedage.

Voged tor Narwe.

869. *Stettin an Hochmeister Ulrich [von Jungingen]: bittet, dem Stettiner Bürger Curd Beszkowe zu seinem vom Grossschäffer weggenommenen Gute zu verhelfen, wegen dessen es dem Vorgänger des Hochmeisters oft geschrieben hat*[1]. — *1409 Apr. 2* (des dinstages vor paschen).

Nach Beszkowes Aussage hat ihm der Gildemeister in Danzig, von dem sein Gut auf Geheiss des Grossschäffers zuerst angetastet ist, die Rückgabe des Gutes versprochen; ersucht, denselben zur Erfüllung seines Gelöbnisses anzuhalten.

StsA Königsberg; Or. m. Spuren d. S.

870. *Dorpat an Reval: ersucht es u. a., die für die Kirche in Nowgorod nötigen Steine anzukaufen; hat wegen der vom deutschen Kaufmann zu Nowgorod gemeldeten Wegnahme von Pelzwerk und Arretierung des Kaufmanns durch die Russen eine Botschaft nach Nowgorod geschickt; will ihm die Antwort der Russen mitteilen und bittet, vorläufig alles dort befindliche russische Gut zu arretieren sowie bis zur Freigebung des Kaufmanns den Verkehr von Reval nach Nowgorod zu sperren. — [1409] Apr. 10.*

Gedruckt: HR. 5 n. 611, früher v. Bunge, Livl. U.B. 4 n. 1766. S. oben n. 867.

871. *Hochmeister [Ulrich von Jungingen] an Brügge: begehrt, dass es den vormaligen Lieger des Grossschäffers von Königsberg, Joh. Valprecht, der früher vom Hochmeister in Geschäften zum Hzg. [Johann] von Burgund gesandt war*[2] *und der dem Königsberger Grossschäffer Jorg von Wirsberg nach einige jetzt geltend gemachte Schuldforderungen zu bezahlen hat, dazu zu bewegen sucht, sich mit seinen flandrischen Aussenständen dem Recht des deutschen*

[1]) S. n. 537. [2]) S. HR. 5 n. 1033, 1036.

Kaufmanns zu unterwerfen[1], *während für seine in Preussen befindlichen Güter und Aussenstände das dortige Recht gelten soll*, *u. s. w.* — *1409 Apr. 11* (am donrdage vor quasimodogeniti). *Marienburg.*

StsA Königsberg, Hochmeister-Registrant 3 fol. 179. Das. fol. 178 ein entsprechendes Schreiben des Hochmeisters an den Herzog von Burgund.

872. *Reval an [den Hauptmann von] Wiborg: teilt ihm auf Weisung des livländischen Ordensmeisters die Bedingung mit, unter welcher das erbetene Geleit für die am dem Überfall der Russen Beteiligten gewährt werden soll. — [1409?] Apr. 14.*

Aus R StA Reval, Missivbuch 1381—1420 fol. 43.
R 1 ebendaselbst fol. 42b; datierter Entwurf der ersten nicht ausgefertigten Fassung. *Überschrieben:* Gennas to Wiborch. *Hagedorn.*

Ersame grote mit aller behegelicheit vorscreven unde wat wi gudes vormogen. Erwerdige[a] leve besunderge lovezame here. Juwer (leve)[b] bidde wy to wetene also, alse her Johan Stollevoet unde her Johan Woltershusen, unses rades borgermestere, mit ju spreken unde gi under[c] anderen worden[c] van uns begerende weren, dat wy de juwe hir geleiden solden, de den[d] anevanck (mit)[b] den Russen gedan hadden[2], dat uns nicht ene stont to donde, wy ene hedden myt[d] unser herschop darumme gesproken. Unde[d] des hebbe wy mit unseme heren deme mestere darumme gesproken,

[R:] also dat de juwe hir geleidet solen syn also, alze verne alze gii uns juwen breff darup geven willen, dar gi ynne betugen, dat de anevank, den de juwe den Rüssen gedan hebben, dat se dat ene openbaren krygc unde van juweme heteme gedan hebben unde in Russenlande unde nicht in unses herrn des mesters lande, uppe dat zik unse here de mester unde de copman unde wi zik darmede thegen den Russen in den zaken entschuldigen mogen, wente de Russen dar grofliken darupp zaken. Unde weret zake, dat dar ymant van den juwen were, de den Dutschen copman beschadiget hebben, dat unverliket is, des bidde wy juu, dat gi uns des nicht vorkeren, wante uns de nicht ene stan to leidende. Unde kunne wy yeht umme ju eder umme de juwen willen don, dat ju to willen sii, dat wille wy alle tiit gerne don. Unde wanner dat wy juwen breff van juu hebben, alse hir vorscreven steit, so

[R 1:] unde he segede uns, dat wii juu dat antwerde scriven solden, dat he de juwe gerne geleiden wille, alzo verne alse gi eme dar enen breff uppe geven willen, alzo dat de anevank, den de juwen an de Rüssen gedan hebben, dat se den in der Russen lande gedan hebben unde nicht hir ymme lande, uppe dat he de Rüssen darmede vornogen moge. Unde künde wi yeht gedon, dat uns stet to donde, dat juwer leve to willen were, dat wylle wy alle tiit gerne don. Hürumme so duchte unseme heren deme mestere nütte wesen, dat gy uns juwen breff senden, darynne betugen[de] den anevank, den de juwen den Rüssen gedan hebben, dat se dat van juweme heytene in der Russen lande gedan hebben unde nicht in unses heren des mesters lande, wante de Russen darup zaken, uppe dat unse here de mester sik darmede entschuldigen moge. Unde wan wy dussen breff entfangen hebben van

a) *Fehlt R 1.* b) *Fehlt R.* c—c) *Fehlt R 1.* d) *Fehlt R 1.*

[1]) *1409 Juni 24 findet die Abrechnung vor dem deutschen Kaufmann zu Brügge statt. Sattler, Handelsrechnungen des deutschen Ordens S. 245.*
[2]) *S. n. 851, 856, 858.*

solen de juwe geleidet syn in der mate vorscreven. Hirmede zik deme almechtigen Gode bevolen to langen salligen tiiden. ju, so sint de juwe geleydet. Hirmede beware ju Got an live unde an sele to langen salligen tiiden. Gescreven des achten dages nar paesschen.

873. Der deutsche Kaufmann zu Polozk an Riga: berichtet über Rechtshändel mit Joh. und Goswin Ebbinchûsen. — 1409 Apr. 21. Polozk.

Aus R StA Riga; Or. m. Spuren d. S. Höhlbaum.

Den erbaren heren borgermeistere unde raitmanne der stat tho Ryge kome desse breyff mit werdicheit.

Unsen vrûntliken groût mit allen heyle tovoren ghescreven. So bidde wy juwer ghleve tho weten, dat hir was Johannes Ebbinchûsen nu tho winter unde kopslagede mit enen Rûssen alse umme was, unde[a] erer beyder worde en lûdden nicht allens umme den vorscreven kop. Des ward Johannes Ebbinchûsen vorgheladen in ener ghemeinen steven und ward ghevraget, we sin Dûtsche mekeler were; do segede hey: Tydeman Hunschede; do dûchte dem kopmanne, dat hey darane ghebroken hedde, unde boden eme tho weddene na utwisinge juwer provileyen, de gii deme kopmanne ghesant hebben, wante sey beyde in ener gheselschoph sin, beyde kopman unde mekeler; unde hey ene wolde nicht bii deme kopmanne bliven unde hevet et an ju ghescholen. Ok wetet, dat hir was Goswin Ebbinchûsen dergheliiken in der ghemeynen stevene unde dede malfist mit sinen worden; dat ward eme vorboden ene werve, ander werve, derde werve; hey ene leyt nicht aff; do bodo wii eme tho weddene, dat vormade ene unde ene wolde nicht wedden. Dat klaghe wy ju. Ok so dot wol unde weset hirimme vorsein, dat deme enen ghescheє gheliik dem anderen, wante hir vilele ghebrekelicheit schût, der wy ju nicht al uterliiken ghescriven ene konnen. Anders nicht, men dat Got met ju sii unde sterke ju to langer tiit. Ghescreven to Ploskowe des anderen sonnendages na paeschen in dem jare uns Heren 1409.

Olderlude unde wysten des ghemeinen Dûtschen kopmans nu ter tiid wesende to Ploskowe.

874. Hzg. Anton von Brabant nimmt die Kaufleute der deutschen Hanse in Schutz und erteilt ihnen auf ewige Zeiten ein Zoll- und Handelsprivileg für ihren Stapelverkehr in Antwerpen. — 1409 Apr. 30. Brüssel.

Aus StA Köln, Hanse I n. 240; Or. Perg. m. anh. S. Hagedorn. — Abschriften in den hansischen Kopiaren D fol. 141, E fol. 36, H fol. 78.

Das., Hanse A I n. 17; gleichz. Abschrift und 3 Abschriften des 16. und 17. Jh.

StA Danzig XXVII, 52, hansisch-burgundischer Kopiar v. d. Mitte des 15. Jh. S. 157—170.

StA Antwerpen, Oosterlingen vol. I n. 2; Abschr. des 15. Jh. Eine Abschr. des 16. Jh. das. Volumen primum privilegiorum fol. 240.

L StA Lübeck, flandrische Kopiare, loses Papierheft; Abschr. des 15. Jh., kollationiert durch den Notar Math. Merverhoerdt.

L 1 Das., flandrischer Kopiar n. 11; kollationierte Abschr. des 17. Jh.

StA Soest, Hanse III 1, hansischer Kopiar n. 28; Abschr. des 16. Jh.

StA Wesel (im StA Düsseldorf), Capsel 103—101 n. 9, hansisches Privilegiar des 16. Jh.; Abschr.

Transsumpt in der Privilegienbestätigung K. Philipps II von 1562 Jan. 15.

[S. Höhlbaum, Kölner Inventar I S. 521, vgl. das. n. 2052.]

a) unde doppelt R

Gedruckt: aus L 1 Lüb. U.B. 5 n. 245; aus dem Transsumpt in der Privilegienbestätigung Philipps II von 1563 Jan. 15 Marquardus, De jure mercatorum, Urk. S. 294, [wiederholt] Lünig, Teutsches Reichsarchiv 14, 2, 12. Verz.: Hempel, Invent. diplom. Saxon. inf. 3, 28.

Anthonius bi der gracien Gods hertoge van Lothringen, van Brabant ende van Lymborch, marcgreve des heilichs rijcs, want die gedenkenisse der menschen vergankelic is, so eest van node, dat men die dinghen, die men eewich hebben wille, veste mit gescrifte: doin condt mids dien eenen yegeliken mit allen sahunt ende mit rechter kennissen der wairheit, dat[1] wij alle die coeplude des rijcs van Almaelen der Duytscher Hansen toebehoerende mit hoeren goiden, familien ende comenschapen ende eenen yegeliken van hen ontfaen in onse speciall hoede ende beschermenisse, wairbi wij ontbieden, bevelen ende gebieden mit allen ernste allen onsen richteren, schoutheten, bailliuwen, meyeren ende allen anderen onsen dieneren ende oic onsen schepenen van onser stad van Andwerpen ende voirt allen anderen onsen ondersaten, die nu sijn ende namaels bi tiden wesen selen, dat sij den voirseiden coopmannen in hoeren goiden, familien ende comanschapen gheene moyenisse, onrecht noch schade en doin noch en laten doin in eeniger manieren, mer dat sij se also dick ende also menichwerven, als sij hi beniuden selen comen, mit hoeren goiden, familien ende comanschapen ende elken van hen beschermen van allen bewairnissen. Ende wordde hen yet genomen, eenich hynder of swaernisse gedaen, dat sij hen dat vromelic doin beteren ende wedergeven, ende hen in onsen name doin hebben goit, seker ende vast geleide mit hoeren goiden, familien ende comanschapen, ende paysilic ende vredelic doin gebruken alle die vryheiden van pointe te pointe hierynne bescreven ende elc point besunder, die welke wij hen verleenen ende geven eewelic te gebruken voir ons ende voir onsen nacomelingen gelijc ende in alle der manieren, dat sij hierynne gescreven staen.

[1.] In den iersten willen wij ende consenteren, dat alle coopmanne des rijcs van Almaelen der Duytscher Hansen toebehoerende, hoir knapen ende dieneren mit hoeren goide ende comanschapen vrylic comen mogen in onse stad ende vryheit van Andwerpen vry ende seker bi lande ende bi watere ende dair gaen ende keeren mogen, marren, copen ende vercopen deen mitten anderen ende mit eenen yegeliken anderen, alsoot hen te hoirre baten ende profijt orboirlic dunken sal, ende alrehande manieren van hoeren goide ende ghelde, van wat manieren ende namen dat dat were, vry ynne ende uut te vueren, geldende hoeren rechten tol[2], also hier nagescreven steet, uutgenomen gout, silver ende billioen, dat sij op munten vueren willen ende vercopen, dat sij dat ierst tot onser munten brengen selen, op dat wij munten doin, ende dair vercopen te hoeren schoonsten; mer en weren sij des coops niet eens mit onsen muntmeister, so selen sij eldere te hoeren schoonsten hoir profijt dairmede moghen doin.

[2.] Item so selen die voirseide coeplude volstaen mit alsulken tolle van hoeren goide ende comanschapen, die sij bynnen Andwerpen brengen, te gelden ende te betalen, als hier nabenoemt steet[3]:

1) *Von hier an bis en zeker ende vast geleide nachgebildet dem nicht in Kraft getretenen Antwerpener Freibrief Hzg. Philipps von 1395, oben n. 221, § 1.* 2) *Aus demselben Privileg § 2.* 3) *Vgl. hierzu folgende zwischen den Jahren 1407 und 1410 eingetragene Aufzeichnung im StA Antwerpen, Clementynboeck fol. 54b:* Gheordineert upte coeplude van der Duytscher Hanze, wat sij tAntwerpen gheven sullen van incomene.
Item van enen packe garens of van 1 corve garens niet.
Item van gheraeyder weeren, dats leder, tasschen, riemen of loken in en, dairaf en men sculdich; dair des niet en is, en es men niet sculdich.
Item van blechen niet.

Te weten is, dat sij geven selen ende betalen van elken sack wollen acht pennynge zwarte Tornoyse. Item van elker deker huyden vier pennynge zwarte Tornoyse. Item van elken hondert vellen van schapen mitter wollen, sess werven twintich voir een hondert gerekent, vier pennynge zwarte Tornoyse. Item van elker waghen caes twee pennynge zwarte Tornoyse. Item van elken voeder loots, twelf waghen gerekent voir een voeder, vier pennynge zwarte Tornoyse. Item van elken dusent theens vier pennynge zwarte Tornoyse. Item van elken laghele of tonnen smeers, olyen, boteren of seems vijf pennynge zwarte Tornoyse. Item van elken dusent ysers, thien quintale gerekent voir een dusent, acht pennynge zwarte Tornoyse. Item van elken stucke was acht pennynge zwarte Tornoyse. Item van elken laghele of tonnen selsmouts vier pennynge zwarte Tornoyse. Item van elker balen amandelen, commyns of rijs vier pennynge zwarte Tornoyse. Item van elken sarke of mannen quicsilvers vier pennynge zwarte Tornoyse. Item van elker balen aluyns vier pennynge zwarte Tornoyse. Item van elken hondert greynen sess pennynge zwarte Tornoyse. Item van elken hondert sofferaens, ghinchaere, caneel, peper, gallgaen, seduwair, folyen, cubeben ende alrehande specie confijt of niet confijt acht pennynge zwarte Tornoyse. Item van elken trosseele of fardeele, thien laken houdende, twelf pennynge zwarte Tornoyse; item eest dat fardeel houdt meer of myn dan thien lakene, dairaf sal men gelden na gelande. Voir[t]meer van eenre balen of vate cordewaens twelf pennynge zwarte Tornoyse. Item van elken laghele of tonnen van vellen, bontgrauwen, lammeren of welkerhande velle dat sijn, acht pennynge zwarte Tornoyse. Item van elker tonnen staels vier pennynge zwarte Tornoyse. Item van elken hondert kopers twee pennynge zwarte Tornoyse. Item van elken laghele of tonnen weeds vier pennynge zwarte Tornoyse. Item van elker rollen of trosseele lynens lakens, gewit of niet gewit, acht pennynge zwarte Tornoyse. Item van elken dusent stocvischs thien pennynge zwarte Tornoyse. Item van elken trosseele vellen, die men heet kyp ruwaere, dats te verstane bocken, hertten, gheyten of van wat beesten die velle sijn, die begrepen sijn in eenen trosseele geheiten kyp, vier pennynge zwarte Tornoyse. Item van eenen laghele of tonnen steurs vier pennynge zwarte Tornoyse. Item van elker tonnen ammers, die men heet hernsiren, vier pennynge zwarte Tornoyse. Item van elker tonnen harincs twee pennynge zwarte Tornoyse. Item van elker tonnen vlas twee pennynge zwarte Tornoyse. Item van elker tonnen pecks of ters eenen pennync zwarte Tornoyse. Item van elken vate asschen twee pennynge zwarte Tornoyse. Item van elker tonnen biers twee pennynge zwarte Tornoyse. Item van elker amen wijns, die sij tAndwerpen yane of uut vueren selen, het sij bi der Houten of bi der Sebelt, anderhalven groten Vlems. Item van vleesche, dats te weten van tween sijden eens verkens, twee pennynge zwarte Tornoyse. Item van elken hondert feertelen terwen of roggen, ghersten, evenen, erweten, boonen, vitsen ende van allen anderen coorne drie pennynge zwarte Tornoyse. Item van elken hondert modden

Item van haresasche, dair gheen leder aen en is, en es men niet sculdich; mair dair leder aen is, es men sculdich.
Item van drade niet.
Item van seyssen niet.
Item van stale niet.
Item van ghetwereeden ghaeren niet.
Item van storten niet.
Item van alle packen, dair leder, laken, velle of wolle in sin, es men sculdich.
Item alle goet, dat tAntwerpen inbracht wordt ende eens vertolt es ende weder ommegevoert wordt, en sal van uutvoerene niet gheven. *[S. oben § 3.]*

sesse achten pennynge swarte Tornoyse. Item van elken hondert gesponnenre syden twee pennynge swarte Tornoyse. Item van elker balen merseryen, als syndael, hooftcleedere, kerspen of lynen, tappite, goutboorde, garlande, snoere, cleedere gulden of syden of lynen, geverwet, coussen, hoede, flamcharden ende van allen anderen dinghen toebehoerende der merseryen sess pennynge swarte Tornoyse. Item van elken doseyn canifas acht pennynge swarte Tornoyse. Item van allen anderen goiden hiervoir niet genoemt, als dairaf twy oft geschille in onse tolhuys tAndwerpen valt, so willen wij, dat men dat bi die coopluide ende onse tolneren gewerdeele na davenant van den anderen goiden voirseid.

Item gout, silver, vederspel, coopmansscrinen, drooge tonnen, dair gheen comanschap ynne en is, harnas ende wapenen te hoeren live, coussen, nyeuwe oft out, tot hoeren draghen, stucken lakens, die beneden thien ellen houden, tonnen mit parlinen of mit bedlachcleederen, stucken lijnwaets van twintich ellen of dair onder tot hoirs selfs draghen, vive of sesse pont spijsecruuts te hoirs selfs vitalien: van desen voirseiden parcheelen en selen die coopluide voirseid gheenen tol geven [1].

[3.] Item so wat goide die voirseide coopluide bynnen Andwerpen brengen ende vertollen int ynemen, dat selve goit mogen sij onverandert weder uutvueren, sonder eenigen anderen tol dairaf te geven [2].

[4.] Item mit desen voirseiden tolle selen die voirseide coopluide van den goiden voirseid vry ende quijt wesen van allen anderen tolle ende oongelde, geleidegelde ende van allen anderen costumen bynnen der stad ende vryheit van Andwerpen voirseid, uutgenomen redelike makelaerdie, ende die te geven den ghenen, die se verdienen ende over den coope sijn [3], ende uutgenomen den erfgenamen hoeren rechte, der stad hoeren hallegelde, dats te weten van elken laken eenen groten Vlems te gelden, half den copere ende half den vercopere, ende uutgenomen der stad hoir assise van cautsyegelde. Ende is te weten, dat men altoes rekenen sal drie pennynge swarte Tornoyse voir eenen Vlemschen groten ende eenen Andwerpschen pennync voir eenen halven Vlemschen groten, den Engelschen noble voir sess schillinge ende acht pennynge der voirseiden grote gerekent, of die werde dairna.

[5.] Item so wat goide die coopluide voirseid bi hoeren eede vertollen willen, des selen sij also geloeft sijn, sonder eenigen opslach of openynge van hoeren goide te doin [4].

[6.] Item alle maniere van Oisterschen biere, dat van overzee comt ende in die Hansestede gebrouwen is ende bynnen Andwerpen gebrocht wordt ende dair gedronken, dairaf en sal men niet meer geven van assisen dan seventien grote van elker tonnen biers voirseid alsules gelts, als tAndwerpen dagelics in beursen gheet [5].

[7.] Item dat elc coopman mach vercopen sijn wyne ende die tappen ende doin tappen tAndwerpen, gevende dairaf sijn assise gelijc poirteren van Andwerpen, of sijn wijne elderwairt doin vueren, wair dat hi wille, te vercopen [6].

[8.] Item dat alle die voirseide coopluide, die comen willen bynnen Andwerpen, om hoir comanschap dair te doin, moghen hebben bynnen hoirre herberghen wijn, bier ende alrehande dranc ende vitaillie, die sij willen, voir hen, voir hoir familie ende geselschap, sonder eenige assise dairaf te geven, in dien dat sij des nyeman anders en vercopen [7].

[1] Dieser Absatz stammt aus dem Antwerper Zollprivileg von 1400, n. 424 § 1, Schluss.
[2] Ebenda § 2.
[3] Das. § 3, mit Einschränkungen.
[4] Das. § 4.
[5] Vgl. das. § 5.
[6] Aus dem flandrischen Privileg von 1360, Bd. 3 n. 497 § 20.
[7] Oben n. 424 § 6.

[9.] Item so selen die voirseide cooplude geven van elken sacke wollen, die ter waghen geweghen wordt, van elker waghen weghens eenen Antwerpschen penninc van weghegelde ende niet meer. Ende voirt van allen anderen goiden, die men oic waight bi der waghen, selen sij geven van weghegelde van elker waghen eenen Andwerpschen penninc, ende van goide, dat men waight bi den hondert, dairaf selen sij geven na davenant als van der waghen eenen Antwerpschen penninc van weghegelde [1]. Ende wairt dat sake, dat eenich gebreck worde van den gewichten bynnen onser stad van Andwerpen in meerderen of in mynderen, dat dat onse schepenen van Antwerpen al tehant selen moderen ende doin beteren op sijn rechte wesen, alsoot schuldich is te sijn [2].

[10.] Item so wat manne bynnen onser stad van Andwerpen wagbere wesen sal, die sal sweren in presencien van onsen schepenen aldair, wail ende getruwelic te waghen, den copere ende den vercopere elken tsijn te geven [3].

[11.] Item so wat goide, dat ter waghen niet en comt, dairaf en selen sij niet gheven van weghegelde [4].

[12.] Item so en selen die voirseide cooplude niet meer geven van eenen hondert lijnwaets, dat bynnen Andwerpen sal gemeten werden, dan eenen halven groten Vlaems van meten; ende wat lijnwaet dair niet gemeten en wordt, dairaf so en selen sij gheen ghelt geven van metene [5].

[13.] Item so consenteren wij den voirseiden coopluden, dat sij moghen nemen pijnders ende arbeiders, die hen gelieven selen, hoir goit ter waghen ende weder uut der waghen te brengen [6].

[14.] Item so wat goide die voirseide cooplude of hoir knapen den wagheners of schipluden bevrachten of gehuerden knechten geven te voeren of te draghen bi lande of bi watere, eest bi getale of sonder getal, dat selen sij den voirseiden coopluden vol ende al weder leliveren sonder argelist. Ende en daden sij des niet of dat sij gemaicte vorwerde braken, bi den welken die coopmanne voirseid worden beiet of schade namen, in wat manieren dat dat waere, dat soude sijn gebetert bi onsen schepenen van Andwerpen bi verstane van den coopmannen [7].

[15.] Voirt verleenen wij ende gheven den coopluden voirseid, dat men gheene cooplude of hoire knapen of famylie van gheenrehande rekeninge, misdaet of schout arresteren of in gevangenissen doin en sal bynnen onser stad ende vryheit van Andwerpen voirseid, bi also, dat men sijns goits so vele vijnden mach of so sekeren borghe seilen moghe tot sekere beternisse van sijnre misdaet, in dien dat die misdaet niet en streckt aen lijf of aen let te verliesen [8].

[16.] Item om doenson van eenigen twiste, die gereert is of gereert mach werden tusschen den coopman van Almanien voirseid ende onse poirters van Andwerpen of anders yeman, so en sal gheene gemeynte noch gaderinge vergadert werden jegen den coopmannen of hoeren knechten voirseid, noch onse poirters of anders yeman en selen mogen tonrecht die voirseide cooplude mit willen enicheins yet aenleggen, mer die twist ende discort sal werden geterminerit mit vonnisse ons schoutheten ende onser schepenen, ende dairaf sal gebetert werden, also hen sal orboir dunken. Wair oic dat sake, dat eenigen coopluden of hoeren knapen voirseid onrecht geschiede van yeman, die van hoeren geselschape of van hoeren lande niet en were, ende van den onrecht geclaight worde, tehant na der clagen so sal

[1]) Vgl. das. § 7. [2]) Der Schlusssatz aus dem Privileg von 1395, n. 221 § 3. [3]) Ebendaher § 4, Anfang. [4]) n. 424 § 8. [5]) Das. § 9. [6]) Das. § 10. [7]) Nachgebildet dem flandrischen Privileg von 1360, Bd. 3 n. 497 § 15. Vgl. auch Bd. 4 n. 965 § 32. [8]) Oben n. 221 § 5, 1. Absatz.

van den onrechts beteringe gedaen werden bi vonnissen ons schoutheten ende onsen scheperen van onser stad van Andwerpen voirseid [1].

[17.] Item so wat goide die cooplude voirseid bynnen onser stad van Andwerpen vercopen, dat gesien ende telivereirt is, dairaf en sal na dierre tijt gheene naclage gehoirt werden, om beteringe dairaf te doin [2].

[18.] Item so en sal nyeman van den voirseiden coopluden of van hoeren knapen gehouden sijn voir eens anders mans schout of misdaet dan alleene voir sijns selfs proper schout of misdaet, het en waere dat sake, dat hi kenlic borghe waere [3].

[19.] Voirt willen wij ende verleenen den voirseiden coopluden, dat gheen knecht of knape en sal mogen sijns meisters goit of sijns heren verliesen of verhoeren in dobbelspele, in vechten of in eenigen anderen misgripe; mer in sijns selfs persone sal hi werden gecorrigeirt na der grootheit der misdaet [4].

[20.] Item dat men gheenen coopman voirseid bynnen onser vryheit ende stad van Andwerpen voirseid en sal te campe laden [5].

[21.] Item wairt dat sake, dat yeman eenigen coopman of sinen knape voirseid gelt schuldich waere, wairaf sij brieve of andere sekere bewisinge hadden, dat men hen dairaf ende oic van allen pointen, dair sij rechts af begerden, goit, cort ende onvertogen recht sal doin geschien na onser stad recht van Andwerpen. Ende wairt dat sake, dat die schuldere den coopman niet vernuegen en conde, so leenen wij hen onse gevangenisse dairtoe, dat men den schuldere dairynne doe op sinen cost totter tijt toe, dat hi den coopman voirseid wail vernueght sal hebben. Ende wairt so, dat die schuldere uut onser gevangenissen onighlage of listelic uutgelaten worde, so selen onse amman ende steenwerdere gnoech moeten doin den coopman of sinen knapen voirseid van der schout, die sij hem heisschende waeren [6].

[22.] Item so hebben wij geoirloeft ende gegeven den voirseiden coopluden: wairt also, dat yeman bynnen onser stad, havene of heerschapien van Andwerpen voirseid wonende of buten lants, wannen hi waere of wie hi waere, eenigen van den voirseiden coopluden of van hoeren knapen van sinen goide roofde of hen schade dede bynnen onser stad of heerschapien voirseid, dat men dien roovere of schadedoenre bynnen onser voirseider stad ende heerschapien mach arresteren ende houden ende doen arresteren ende houden totter tijt, dat dair recht ende wet af geschiet sij. Ende so wair alsulc geroofd of gestolen goit vonden worde bynnen onser stad ende heerschapien voirseid, dat men dat den voirseiden coopman, diet verloren heeft, al wedergeven ende telivereren sal, also verre als hi dat mit sinen marcke of mit redeliker informacien betugen mach ende proeven, dat hem dat goit toebehoirde; het en waere, dat die ghene, dair't onder vonden worde, mit goider wairheit bethoenen conste, dat hijt op eene vrye marct gecocht hadde, so soude men hem sijn pennynge wedergeven, diet hem gecost hadde, mer anders niet. Ende wairt oic dat sake, dat aldusdanich geroofd of gestolen goit in eens anders heeren heerlicheit of gebede tot eeniger stede, dorp of casteel gevuert waere, ende die coopman dat kenlic makete onser voirseider stad van Andwerpen, te wat steden dusdanich goit waere, dan so sal onse voirseide stad dairynne gebonden sijn, ons dat voirt te kennen te geven, ende dan so selen wij mitgaders onser voirseider stad van Andwerpen scriven ende seinden aen die regeirders van der voirseider stad, dorpe of casteel, dair aldusdanich geroofd of gestolen goit gevuert sal sijn ende onthouden, henluden biddende ende versoekende, dat den coopman van sinen goide restitucie werden

[1] *Das. § 5, 2. Abschn.* [2] *Das. § 6, mit Fortlassung der Schlussklausel.*
[3] *Vgl. das. § 7.* [4] *Aus dem Privileg von 1315; Bd. 2 n. 266 § 20, Anfang.*
[5] *Oben n. 231 § 8.* [6] *Das. § 9, mit unbedeutenden Abänderungen.*

mach. Ende wairt dat sake, dat bynnen den naisten halven jair, as dat die coopman onser stad kenlic gedaen sal hebben, sijn voirseid goit niet weder en hadde, so selen wij ende onse officiers, dat halve jair geleden sijnde, consent geven ende geloven te consentieren, arrest ende pandinge te doin sonder wederroepen op alle die ghene, die wonachtich sijn bynnen der stad, dorpe of casteele, dair dat voirseid goit gebracht sal sijn, alse voirscreven is, ende oic op alle die ghene, die toebehoren ende ondersaten sijn des gheens, dien toebehoirt die stad, dorp of casteel, dair tgoit is, totter tijt, dat men den voirseiden coopman of den ghenen, diet van sinen wegen vervolght, behoirlike restitucie gedaen heeft [1].

[23.] Item wairt dat sake, dat yeman in onser voirscrevenre stad of heerschapien van Andwerpen wonechtich sijnde eenigen van den voirseiden coopluden van der Hansen buten onsen palen ende lande beroofde van sinen goide oft hem afstale ende die roovere of dief mitten goide ontghinge ende bleve buten onsen lande ende ons dat kenlic gedaen waere, so willen wij ende geven consent, dat die roovere of dief mit litteren ende arrest gevolght werde in der selver manieren, alst int artykel hiervoir verclairt steet [2].

[24.] Item wair eenich dief of moordenere, die wonde verontrechten eenigen van den coopmannen voirseid bynnen onser stad of heerschapien van Andwerpen voirseid, ende die gegrepen worde mitter misdaet, dat men dien houden mach sonder breuken of eenich verbeuren so lange, dat dair trecht ende die wet toecome, om van den misdoenre rechts ende wets te plegen na den faite [3]. Ende wairt so, dat niet sijn en moet, dat yeman van den coopluden of van hoeren knapen doot geslagen worde of vermenct van sinen leden bynnen of buten onser stad of heerschapien van Andwerpen van eenigen manne, so sal over den misdadigen gericht werden na den recht van onser stad recht van Andwerpen voirseid.

[25.] Voirt consentieren wij ende willen, wairt so dat eenich gedreftich goit bynnen onser stad havene of heerschapie van Andwerpen aenquame, dat den voirseiden coopluden toebehoirde ende bynnen onsen lande of buten onsen lande schipbreukich waere worden, dat men dat goit den voirseiden coopluden wedergeven sal ende tolleveren, bi also dat sij gelden redeliken arbeit, die dairtoe gedaen mach sijn, ende dat sij oic mit hoeren teyken of marcke moghen bewisen of mit goiden luden verborghen, dat hen toebehoirt. Ende wairt oic, dat eenige lude mitten schepen verdorven waeren, so sal hoir goit bliven in den handen van den ondermans der voirseider cooplude jair ende dach tot behoef der rechter erfgenamen, bi also dat dat goit onverderflic is; ende wairt verderflic of een gedeel dairaf, so sal men dat vercopen bi rade van onsen schepenen ende van goiden coopluden ten meesten profijt. Ende wairt dat sake, dat die rechte erfgenamen bynnen jair ende daghen van den voirseiden goiden gheen rechte bewisinge gebrengen en conden of seker belet en thoenden van brengen, so sal men dat goit dan schuldich sijn te leveren onsen schoutheit van Andwerpen tonsen behoef. Ende mids dien so selen die voirseiden ondermans vry ende onbegropen bliven van eenigen heissche, dien men hen namaels van den goiden voirscreven doin mochte.

[26.] Item worde eenich coopman of sijn knape bynnen of buten onser stad, stroom of heerschapie van Andwerpen doot geslagen of over boort viele of in eeniger anderre manieren ter doot quame, versien of onversien, hi wair getrout kijnt of bastart, ende des dodemans goit bynnen onser stad of heerschapien van Andwerpen quame ende bi gheen testament gemaict en hadde, so selen des dodemans goit

[1] *Entsprechende, zum Teil freilich stark abweichende Bestimmungen enthält auch das flandrische Privileg von 1392, oben n. 9 § 1—2.* [2] *Das. § 3.* [3] *Aus dem Privileg von 1360, Bd. 3 n. 497 § 44a.*

hebben sijn naiste erfgenamen van des vaders ende moeders zyde na den lantrecht, van dair hi geboren is. Ende eest, dat die vriende ende maghe des dodemans goit verborghen comen nut goiden luden, so sal men hen dat goit laten volghen ende aenverden, ende so selen die erfgenamen voirseid bynnen jair ende dagen bewisinge brengen van der stad of dorpe, dair die man wonechtich was, dat sij dair rechte erfgenamen af sijn, of die erfgenamen mogen eenen anderen goiden man mechtich maken, dat goit tachtervolgen mitter voirscreven bewisingen, of sij selve niet comen en mochten; het en waere, dat eenich man hem selven willens versunnde ende wij of onse schoutheit dat beproeven mochten na onser stad recht van Andwerpen, so soude onse schoutheit van Andwerpen dien man richten aen sijn lijf ende aen sijn goit na die misdaet. Ende wairt oic, dat die dodeman eenich testament gemaict hadde, in wat manieren dat hi storve, so willen wij, dat dat testament mechtich blive ende volcome[n] in sijnre virtuten na sijn inhouden[1]. Ende wordde oic eenich coopman of sijn knape gericht aen sijn lijf of aen sijn let om sijnre misdaet wille, des mans goit en sal niet verbuert wesen[2], mer des mans goit selen oic hebben sijn naiste erfgenamen, bi also dat die oudermans der cooplude van Almanien dairvoir willen bliven, des dodemans goit te brengen in der rechter erfgenamen hant.

[27.] Item wairt dat sake, dat orloge opstonde, des niet sijn en moet, tusschen den keyser of den Roimschen coeninc of eenigen anderen heren, onder des welken die voirseide cooplude van Almanien geseten sijn, ende ons of onsen nacomelingen, so willen wij ende geloven voir ons, voir onse oir ende nacomelinge, dat die coopmanne van Almanien voirseid hoirre previlegien ende rechtes gebruken selen in alle der manieren, dat voirscreven steet, tot dierre tijt, dat wij se bi onse schoutheten ende scepenen van Andwerpen doin waernen openbairlic; ende van dierre tijt, als wij se also hebben doin waernen, so selen sij noch hebben dair tsynden een jair lanc vry geleyde van ons ende van onsen nacomelingen, also dat sij noch hoir goit noch familie bi ons of bi anders yeman van onsen wegen niet en selen werden gehouden, gearresteirt noch gesaeysiert, mer dat sij mit hoiren goide ende comanscapen nut onser stad van Andwerpen ende heerscapien voirseid selen keeren sekerlic ende seker geleide hebben van ons ende van den onsen sonder wederseggen enwech te varen ende te gaen, wair sij willen, bi lande of bi watere mit hoiren goide ende comanschapen bynnen den jair voirseid, ende dat sij vracht hebben selen, te varen ende te keeren uut onsen lande op hoirs selfs cost. Ende na dien, dat die orloge ende discort sal werden geconcordeirt ende gesoent, so willen wij ende verleenen voir ons ende voir onse nacomelinge, dat die voirseide coopmanne weder comen moghen, gaen ende keeren ende comanschap doin moghen bynnen onser stad van Andwerpen voirseid ende hoirre vryheit gebruken in alle der manieren voirscreven[3].

[28.] Item so orloven wij den voirseiden coopluden, dat sij vergaderinge mogen hebben heymelic ende openbair onder henluden onversocht aen onsen schoutheit ende schepenen, om te ordineren ende te corrigeren alle saken ende misdaden, die onder henluden gevallen, behouden der misdaet, die dair street te live of te lede[4].

[29.] Item selen die voirseiden cooplude ende hoir knapen hoir gewoenlike wapene mogen dragen sonder begrijp[5].

1) Vgl. oben n. 9 § 6. 2) Bd. 3 n. 497 § 42. 3) Aus dem Freibrief von 1396, n. 281 § 12, mit Verlängerung der Abzugsfrist. 4) Gekürzt aus dem Privileg von 1315, Bd. 2 n. 266 § 14. 5) Vgl. das. § 16, Anfang.

[30.] Ende alle dese voirseide pointen ende elc point besunder selen alle die coepluden voirseid van Almanien der Duytscher Hansen toebehoerende ende elken van hen besunder vast ende wail gehouden bliven den tijt lanc geduerende, dat sij hoeren gemeynen stapel, dien sij hier omtrent in den lande te houden plegen, houden bynnen onser stad van Andwerpen. Mer wairt, dat hen niet gerieflic en waere, hoeren stapel dair also te houden, ende dien elder leiden in eenich lant hier omtrent, so en souden sij noch en mochten dien tijt dore deser jegewerdiger previlegien niet gebruken, mer souden staen op hoeren rechten tol, gelijc of hen dese previlegien van ons niet verleent en waeren. Ende so wanneer dat hen weder geliefde, hoeren stapel gemeynlic in onser stad van Andwerpen to leggen ende aldair dagelics hoir comanschap te hanteren, so souden sij vleughs der voirseider previlegien geheellic ende al vrylic mogen gebruken, sonder enich verhael aen ons, aen onse oir of nacomelinge dairaf te doin in eeniger manieren.

Ende alle dese pointen ende vorwairden voirscreven willen wij ende begeren uuiterlic, dat sij den voirseiden coopmannen, hoirre familien ende comanschapen gold, vast ende gestede gebouden bliven ende onverbrekelic van ons, van onsen oir ende nacomelingen teeweliken daghen in alle der manieren, dat voirscreven is, alle dingen ten goiden verstane ende sonder eenich begrijp. Ende hebben des te getuge ende eewiger vestichheiden alle der dingen voirseid onsen segel aen desen brief doin hangen. Gegeven in onser stad van Bruessel opten lesten dach van April int jair ons Heren dusent vierhondert ende neghen.

Bi minen here den hertoge in sinen rade.

De Opstal.

875. *Riga an Reval: ersucht es, wegen der Arrestierung des deutschen Kaufmanns durch Nowgorod die Kauffahrt nach dort und den Handelsverkehr mit Nowgorodern zu untersagen und auch nach Freigebung des Kaufmanns nicht eher wieder zu gestatten, als bis die Städte sich über die Wahrung der Gerechtsame und Freiheit des gemeinen Kaufmanns besprochen haben, sowie das dort befindliche Nowgoroder Gut bis zur Aufhebung des von Nowgorod verhängten Arrestes mit Beschlag zu belegen; hat ebenso an Dorpat geschrieben. — [1409] Apr. 30. Riga.*

StA Reval; Or. m. Resten d. S.

Gedruckt: HR. 5 n. 618, früher v. Bunge, Livl. U.B. 4 n. 1790. S. oben n. 867.

876. *Reval [an den livländischen Ordensmeister?:] meldet die Arrestierung des deutschen Kaufmanns zu Nowgorod; bittet, vorläufig nichts gegen die Russen zu unternehmen. — [1409 Frühjahr.]*

Aus R StA Reval, Missivbuch 1384—1420 fol. 35. Hagedorn. Vgl. n. 708.

Ersamen grud myt ghetruweme denste unde wes wy gudes vormogen to aller tiid. Leve holde here. Juwer leve wy bydden to wetene, dat wy vornomen hebben dat de kopman to Naugarden bekummert sy. Warumme bydde wy ju, leve here, dat gy den Russen gheneu[a] anevank en don, er wy unse ghesellen van dar hebben, wente wy des in groten schaden mochten komen; darumme, leve here, so keret juwe vorsychtighen wisheit daran.

877. *Der deutsche Kaufmann zu Nowgorod an Reval: Dorpat hat den Russen wegen des weggenommenen deutschen Gutes geschrieben, aber von diesen ist keine Antwort zu erlangen; warnt vor der Fahrt dorthin. — [1409] Mai 3. Nowgorod.*

a) ghenoyn R.

Aus R StA Reval; Or., m. Stück d. S. Höhlbaum.
Gedruckt: v. Bunge, Livl. U.B. 4 n. 1833.

Den erbaren vorsichteghen heren bormesteren unde deme rade der stact Revel kome desse bref met werdycheyt.

Eersame leve met heylsamer grote vorscreven. Wilt weten, leven here unde vründe, dat de here van Darpte hebben hir[a] breve ghesant an de Russen, der wy en ascryft hebben, alse umme des gudes willen, dat se dem kopmanne ghenomen hebben, of se dat willen wedergheven of nicht; des begheren se en antworde met den ersten. Des so hebbe wy rede gaen vor de here 14 daghe unde noch alle daghe doen, uns en kan nen antworde werden, gud noch quaet; se loven uns van daghe to daghe en antworde to gheven, men dar en wert nicht van. Hirumme, leven vründe, so weset hirin vorseen, dat herwert nemet en kome up uns er der tyd, dat dyt ghesllichtet sy, wante wy bevruchten uns des, queme hir we up uns, dat des mer lude beschadeghet worden. Unde oc en soldet hir de beter nicht werden, unde oc so raden uns Russen, de vrunde willen wesen, dat de stede hir nene boden en senden er der tyd, se en hebben erst boden dar ghehaet. Hir rame gy selven wol dem besten inne. Dergheliken van lude hebbe wy oc ghescreven den here van Darpte, unde wes uns vorder wedervert, dat wyl wy ju dan wol scryven. Hirmede sid Gode bevolen unde ghebeet to uns to allen tyden. Ghescreven to Nonwerden den derden dagbes in Meyee, under sinte Peters sekrete.

Oelderlude, wysten unde de ghemene kopman.

878. *[Der deutsche Kaufmann zu Nowgorod an Dorpat:] meldet die Antwort der Russen wegen des weggenommenen deutschen Gutes und berichtet über ein von ihm an Reval gerichtetes Schreiben. — [1409] Mai 5. Nowgorod.*

Aus R StA Riga, eingeschoben in n. 881. Mitgeteilt von Hn. Stadtarchivar Dr. Schwartz.
Gedruckt: Napiersky, Russisch-livländ. Urkunden n. 130, v. Bunge, Livl. U.B. 4 n. 2977.

Na der grote etc. Ersamen leven heren unde vrunde. Willet weten, dat wy juwe breve wol vurstân hebben unde oc de udscrifft der Russeschen brêve, dar gi een antwarde van begheren, alze van des gudes weghene, dat se genomen hebben, aff se dat willen waddergheven na der cruskussinghe off nicht. Int erste was dat antwarde van deme honneghe, dat ze Hermanne wolden gheven een prestaghen, umme syne sakewillen[b] to sokende, wor hee ene vônde, ene vor den hertoghen to bringhende, he wolde dar recht over gheven. Vortmer uppe dat gud antwarden se alzo: dat ze boden wolden senden an [den][c] mester unde ok an juw, de solde enen daghes vorramen, dar wolden se komen, dar solde Hermen Eppenschede ok komen, den setten se vor enen hôvetman des gudes; dat sal so langhe stân unde dan reyne wesen udtoghevende, alze ze segghen. Anders en konde uns neen antwarde werden, man de punte, dar ze dat gud up nâmen unde helden, vynde gi in deme cedelleken, dat hirinne besloten is[1], dar môghe gi juw na richten. Vortmer, leven vrunde, so screve wy den heren to Revele, eer uns dat antwarde wart, umme betheringhe willen enen breff[2], alze hiir naghescreven steyt: int erste, dat gi eyn antwarde beghêren van juwen breve, wer se dat gud wolden waddergheven edder nicht, uns en konde neen antwarde werden, gud noch qwad; se loveden uns vaste gud, men dar en wart nicht van; unde dat se dar ok vore wêren, dat nymand up uns en qwême, wente wy bevruchten uns des, qweme we up uns, dat des meer

a) hebben bis hebben R. b) So R., = sakewolde. c) Fehlt R.

[1]) *Nicht erhalten.* [2]) n. 877.

lude mochten beschedeghet werden, unde hir oc nicht de beter en wurde. Worumme dat wy juw bidden, leven vrunde, dat gi noch wol doen unde syn darjane vorseen, dat hir nymand up uns en kome. Unde oc so raden uns Russen, de vrund willen wesen, dat men udscryve an de stede, dat se hir nene boden en senden noch daghe myt en holden, dat gud en sy ersten ute. Dyt syn de punte, de wy den van Revele gescreven hebben. Leven heren unde vrunde, hir besorghet uns mede unde weset hir vörsichtich ane, so gi alle weghe gerne doen. Gescreven to Nougarden uppe den vofften dach uppe dem Meye.

879. *Dorpat an Reval: ersucht es, die den Kaufleuten erteilte Erlaubnis zum Störfang in der Newa zurückzunehmen. — [1409] Mai 13.*

Aus StA Reval; Or. m. Rest d. S. Höhlbaum.
Gedruckt: v. Bunge, Livl. U.B. 4 n. 1793.

Den ersamen wysen mannen, heren borgermeisteren unde rade der stad Revele, unsen guden vrunden.

Vruntlike grote myt begheringhe alles guden. Ersamen leven heren unde vrunde. Alze juw de heren to Rige wol gescreven hebben in erem breve[1], welken breff wy juwer leve kortleken sanden myt unsem breve, dat beyde ere unde unse guddunckent, wille unde raed is, dat gi dar by juw to Revele ernstleken vorwaren, dat neen copman myt syneme gude to Nowarde vare to lande edder to watere efte jeneghe handelinghe myt den Nougarderen hebbe umme der besettinghe willen des copmans, de se to Nougarden hebben gedân, dar se de crûsküssinge ane gebroken hebben etc.: leven heren unde vrundes, des hebbe wy wol varnomen, dat gi beorlovet hebben dem copmanne to varende uppe den störvank in de Nû, dat uns doch to male sere dûncket wesen teghen des copmans beste, wente se dar swarleken mochten over beschedeghet werden, alse juwe wisheit dat ok wol dirkennen mach. Darumme, leven heren unde vrundes, is id, dat gi dat beorlovet hebben lichte eer gi der heren breff to Rige entfânghen, so bidde wy juw unde dûncket uns gans nütte wesen umme des gemeynen besten willen, dat gi des vorbat nicht en staden edder jênnimende beorloven, groteren schaden unde vorderf darmede to vormydende. Darmede siit dem almechteghen Gode bevolen. Screven under unseme secrete, des mandages in der crusweke.

Borgermeystere unde raed der stad Darbte.

880. *Der Dominikanerprovincial für Dänemark und Skandinavien nimmt die Genossenschaft der deutschen Schuster zu Opslo in die Gemeinschaft der guten Werke der Ordensbrüder seiner Provinz auf. — 1409 Mai 18. Lödöse.*

Aus StA Rostock, Hanse; Or. Perg. m. anh. S. Koppmann.
Gedruckt: Diplomatar. Norveg. 7 n. 350. Verz.: Reg. Dan. II 1 n. 4164.

In Dei filio sibi karissimis universis et singulis de societate et convivio sutorum Osloye, presentibus et futuris, frater Raymundus fratrum ordinis predicatorum in provincia Dacie prior provincialis salutem et augmentum continuum celestium graciarum. Exigente vestre, ut audivi, erga fratres nostri ordinis devocionis affectione et illius usque in finem perdurante favorabili continuacione, vestris satisfacere cupiens desideriis vobis omnium missarum, oracionum, jejuniorum, abstinenciarum, vigiliarum, laborum ceterorumque bonorum, que per fratres nostre provincie, videlicet regnorum Dacie, Suecie et Norvegie, fieri donaverit copiosa clemencia salvatoris, participacionem concedo tenore presencium specialem, ut multiplici suffra-

[1]) n. 875.

giorum presidio et hic augmentum gracie et in futuro mereamini vite eterne premia possidere. Volo insuper et ordino, ut anime vestre post decessum vestros fratrum loci ius provincie suffragiis et oracionibus recommendentur in nostro capitulo provinciali, cum vestri obitus ibidem fuerint [nun]ciati[a]. In cujus concessionis testimonium sigillum nostrum presentibus est appensum. Datum Lydosie anno Domini 1409 sabbato infra octavas ascensionis Domini.

881. *Dorpat an Riga: teilt ein Schreiben des deutschen Kaufmanns zu Nowgorod mit; hat Reval um Verbot des Verkehrs nach Narwa ersucht. — [1409] Mai 20.*

Aus StA Riga, Or. m. Resten d. S. Mitgeteilt von Hn. Stadtarchivar Dr. Schwartz.
Gedruckt: Napiersky, Russisch-livländ. Urkunden n. 130, v. Bunge, Livl. U.B. 6 n. 2977.

Den ersamen wysen mannen, heren borgermeysteren unde rade der stad Rige, unsen guden vrunden, kome desse breff etc.

Vruntleke grote myt begheringhe alles guden vorgescreven. Ersamen leven heren unde vrunde. Wy hebben entfanghen des copmans breff to Nougarden, ludende alse hiir nagescreven steyt: *[Folgt n. 878.]* Leven heren, des is uns na entfanghinghe desses vorscreven breves wol to wetende worden, dat de vogbet tor Narwe veleghet unde beorlovet hefft de Nougardere, dar to komende unde myt den Dudeschen to kopslaghende. Darumme wy unse breve gescreven hebben an de heren to Revele[1], so wy ernstlikest konden, biddende, dat se nymande van Dudeschen dar en staden to varende umme mennegerleye gebroken willen, dat jeghen den copman steyt; unde wat antwarde wy darvan entfan, wille wy juwer leve wol toscryven. Darmede siit deme almechteghen Gode bevolen. Screven to Darbte under unseme secret, des mandages nach den octaven unses Heren hemmelvard.

Borgermeystere unde raed der stad Darbte.

882. *Dorpat an Reval: bittet, die Beschlagnahme des russischen Guts aufrecht zu halten und eine Umgehung des gegen Nowgorod verfügten Handelsverbots zu verhüten. — [1409] Mai 20.*

Aus StA Reval; Or. m. S. Höhlbaum.
Gedruckt: v. Bunge, Livl. U.B. 4 n. 1794.

Den ersamen wisen mannen, heren borgermeysteren unde rade der stad Revele, unsen guden vründen.

Vrüntleke grote myt begheringhe alles guden vorescreven. Ersamen leven heren unde vründe. Willet weten, dat uns to wetende worden is van warafftighen lüden, de bynnen koort van Nougarde qwemen, dat sik de Rüssen dar vorrömet hebben, dat en wol nobelen werden vor dat gud, dat to Revele is. Leven heren, des bidde wy juw, dat gi dar vöresyn, dat des nichtes en schee, unde dat gud bescriven laten, wat, wo vele unde under weme dat sy, unde dat in besettinghe holden bette so langhe, dat de stede anders wes to rade werden. Vortmer, leven heren, is uns wol to wetende worden, dat de voghet tor Narwe veleghet unde beorlovet hefft de Nougardere, dar myt deme Dudeschen to kopslaghende, unde dat itzwelke Dudesche coplüde sik bereden, myt ereme gude dar to varende unde copslaghinghe dar to ovende. Leven heren unde vründe, des bidde wy juw unde duncket uns nere vor dat gemeyne beste wesen, dat gi dat dar by juw vorwaren myt gantzem ernste, dat nymand van Düdeschen dar en vare edder jenighe handel-

a) Loch im Perg.

1) n. 882.

linghe myt den Russen dar hebbe went tor tiit, dat de stede dar vurder umme spreken mogben, wente wy uns besorghen, dat de copman, wen em des gestadet würde, myt ereme gude soken mochten to der Nüe, dar nenn cleyne schade deme gemeynen copmanne van mochte entspreten, alse juwe wisheyt dat sulven wol dirkennen mach; unde bidden des juwe hörtleke antwarde uns wedder to scryvende. Darmede siit dem almechteghen Gode bevolen. Screven to Darpte under unseme secrete, des mandages mank den octaven unses Heren hemmelvard.

Borgermeystere unde raed der stad Darbte.

883. *Der deutsche Kaufmann zu Nowgorod an Reval: meldet, dass Nowgorod wegen verschiedener russischer Beschwerden Gesandte zum livländischen Ordensmeister schicken will; teilt ein Verzeichnis der von den Russen begangenen Ausschreitungen mit; berichtet über die Rückkehr einer russischen Gesandtschaft aus Schweden und über ein Gerücht von der bevorstehenden Abordnung [hansischer] Sendeboten nach Nowgorod. — 1409 Mai 28. Nowgorod.*

Aus StA Reval; Or. m. Spur d. S. Höhlbaum.

Gedruckt: v. Bunge, Livl. U.B. 4 n. 1786; Napiersky, Russisch-livländ. Urk. n. 170.

Erbaren heren bormeysteren unde raetmanne der staet Revel kome desse bref met werdycheyd, detur.

Ersame leve met heylsamer grote vorscreven. Wyt weten, heren unde leyven vrunde, dat uns to wetene worden is, wo dat de Nouwerder willen boden senden an den mester umme ghebreken willen tusschen lande unde water, unde oc umme des gudes willen, dat en entvort wart vor Revel, unde oc umme des gudes willen, dat en ghenomen wart in der doden Narwe, unde oc umme overdät, de en de voghet van der Narwe ghedaen hevet, also se zeyen; unde wy hebben wol vornomen, wo dat desse boden solen komen vor den mester, unde war dat se to deghedinghen komen, unde al my list umme dessen vorscreven gudes willen, dat to soken na der brunktösinghe, des gy ju doch wol entseyen. Unde hir sin Russen van kopluden, de bevruchten sie des, worde dar wat van ingherdinet, nadem dat et tor see wert vorloren unde ghenomen is, dat dat nicht gud en worde in de lenghe, wente dat mochte hir neghest echt schoen; men dat gud, dat se dem kopman ghenomen hebben, dat sy ghenomen in erer stede roven ghewys, unde de rovers gaen hir met en up der strate unde de hertoghe sy mede en hovedmann, desse rovers en konne men nicht to hoghe anghekläghen. Unde de roef jo ghescheen is in erer stede sunder volbort des borchgreven unde hertoghen, also se aus seden vor sunte Johannes kerken, unde dusdane roef van dessen winter drye ghescheen is, so jy wol vinden solen in dessen nascreven punten, unde oc kranke redelycheyt schut van rechte, so hir nascreven steyt.

Int erste van dessen punten, so en dyt vor twen jaren, do was hertoghe Wasyle Nosse, do wart int yaere ghesat Claus Vroline in des benghers hûs met ghewalt sunder rede unde recht; dat dede Onsifre Medvede, et wart vorvolghet vor dem hertoghen, dar en mochte nen schelye vor scheen.

In dessem winter des donrerdaghes vor lechtmessen[1] do stoet vor olderlude Herman Lichte unde Herman Westvelt, do quam to Nouwerden varen Herman Butenschone, Hinrik Plegher, Ghevert Godeke unde Hans Holthusen, do wart Herman Butenschone gheslaghen van Russen ut der Ladersmen straten, se nemen em pert unde sleden unde vorden en int velt morder wys unde toghen en naket ut, unde Herman beclaghede sic, dat se em nemen 70 stucke lodeghes silvers, 5 nobelen unde 150 Gelresche gülden, unde oc bever unde vosse, so he mede hadde.

[1] *1409 Jan. 31.*

Dar bevoren an desem winter, do stot vor olderlude Herman Akeman unde Herman Westvelt, do wart ghenomen Hinrik Grudemanne sin mes, darmede wart he ghewont unde ghelemet; de Russe heet Iwane Burya unde wont up des konyes hove. Dat wart vorvolghet vor hertoghen unde vor borchgreven, benomet Tymofey Gerasike, dar en konde nen recht van schen.

In desem winter up vastelavend[1] do wart entvort Herman Bitteman ½ last heringhes, de hovedman was van dem Nyemslote. Dat wart vorvolghet vor dem hertoghen, unde em en mochte nen recht ghescheen over den hovetman, unde de herinc bleef vorloren.

Darna nicht langhe do wart ghestolen van der Goten hove 1 tunne heringhes; de deef wart ghegrepen unde wart ghebracht vor den hertoghen. Dar en mochte nen recht en scheen, men he gaf 1 prisstaven, umme de tunne to soken, de wart ghevoenden, dem prystaven moste men gheven 3 mark schin; dat was dat recht, dat darvan gheveel.

Item so wart entferdeghet enen ghezellen, het Herman Hedemer, 1 last honghes, 5 lispunt unde 3 markpunt unde 4 deker bocveel; de vorman het Kusman Kurytske unde wonde in der Prusschen straten. Dar en kan nen recht van scheen, wente de vorman is entvloen.

Item so wart dar honych upghebrecht tor Narwe, dat beholden de vorlude umme des silvers willen, dat en de voghet van der Narwe afschatte umme er mysdaet; dar en konde uns nen recht van scheen.

Item 14 daghe vor paeschen[2] do wart dat gud ghenomen 11 tunne; weme unde wo dat ghevallen is, dat wete gy rede wol.

Item 8 daghe vor paeschen[3] do voer van hir Hans vanme Loe, Hans van den Ekhen unde Markwart Tanchenhaghen; do wart Hans vanme Loe gheslaghen unde heroved, wo unde wat he vorloes, dat wete gy. Dar hadt dan wy des morghens, do wy quemen vor de heren, umme des gudes willen; do vraghede uns de hertoghe, of oc Dudeschen to nacht voren van dem hove; do sede wy: neen, wer se weren varen van der Goten hove, des en wyste wy nicht. He claghede, er brodere weren ghehouwen unde gheslaghen, of dat gud were, und belachede uns darto, warumme dat wy by nachte voren.

Dyt sin de punte, de wy ju nicht to vollen ghescryven konen, wat overdaet unde ghebreken darin ghevallen is. Vort so wet, leven vrunde, dat de boden ghekomen sin, de se hadden in Zweden, unde her Turd hevet bekant al des gudes, dat den Russen ghenomen is tor see wert, dat hebbe he nemen laten umme sines neven willen, den he dar ghesant hadde vor bode, den se ghehouwen unde berovet hebben; dat hebben ghedaen des hertoghen lude, darumme hebbe he dat gud nemen laten unde wylles noch mer nemen laten, war he mach. Dyt antworde is dus ghevallen vor den heren, men in den ghemenen dinghe is et aldus up antwordet, dat de boden her Turde hadden ghevraghet dat gud, dat se vorloren unde ghenomen wart, of dat tor Narwe were; do hadde her Turde ghezecht: wisten se et dar, warumme dat se es em vragheden, dat se dan dar toghen unde vorderent. Dyt hevet de hertoghe darumme laten zeyen, umme de menen de bat to vornoghen unde de bat wederworde to hebben teghen den mester unde teghen de stede, wen et dar tokometh.

Item so wet, leven vrunde, dat hir en gheruchte lopet, dat hir boden komen solden, de zeghen se gherne, went de Pleskouwer seden hir oppenbaer, dat her Albert hadde to Pleskouwe ghewest unde hadde enen wech vorvorven[a], umme dar

a) So.

[1] Febr. 17. [2] März 24. [3] März 31.

dör to varen. Hirumme so togheren se unde dar en dar nemet ut, wente se en weten nicht, wo se den roef met ghelike vorantworden solen, den se hir ghedaen hebben an dem gode. Hirumme, leven vrunde, so sit hirin vorseen unde provet dat meene beste, so y al weghe gherne doen. Anders en kone wy ju nicht ghescriven up desse tyd, men blivet ghesunt to Gode unde ghebiet to uns. Ghescreven int jar [140]9 des dinxchedaghes to pinxten to Nouwerden.

By uns olderlude, wysten unde ghemene kopman nu tor tyd.

884. *Margaretha, Tochter K. Waldemars von Dänemark, an Hochmeister Ulrich [von Jungingen]: hat schon vor Empfang seines Schreibens im Betreff des darin erwähnten Schiffes ihr Möglichstes gethan; in den beiden anderen Angelegenheiten hat sie sich seinem Begehren gemäss beim Kapitel von Lund und dem Bischof [Peter] von Roeskilde verwandt. — [1409] Mai 31* (die veneris proxima p. d. pentecostes). *Opslo.*

StA Königsberg; Or. Perg.

Gedruckt: Silfverstolpe, Svenskt Diplomatarium 1 n. 1065. S. n. 885.

885. *Dieselbe an Thorn: wie vorher; beschwert sich, dass die bei Rückgabe des [preussischen] Gutes ausbedungene Verpflichtung nicht eingehalten ist. — [1409] Mai 31. Opslo.*

Aus StA Danzig XIII, 28; Or. Höhlbaum.

An den erliken luden, borghermeystern unde dat raat to Danzike in Prutzen, unsen levena vrunden, kome desser breff.

Margareta Dei gracia Woldemari Danorum regis filia.

Vruntlike grut tovoren gesant. Wetet, leven vrunden, dat wy juwen breef wol vornomen hebben; des wetet, dat eer uns de breeff quam, so hadde wy tovoren alrede gedaen umme dat schip, dar gy uns umme toscreven, also wy best konden, alse juw Hinrich, desser breeffwisere, wol berichten moet. Unde wy scriven ok nuu beyde deme capitele van Lunden unde deme biscope van Roskilden to umme de twierleye sake, dar gy uns umme toscreven, also wy best konen, alse gy begerende weren. Vortmer alse juu wol witlich is umme dat ghut, dat wy heren Cort Lesekow deden uppe loven, unde he lovede uns edder dat ghut wedder edder ok quittem darup wedder to sendende [1] mit her Benedictus Poggwisch, des doch nicht gescheen is: worumme bidde wy juu, dat gy darto helpen, dat yt noch scheen moghe, uppe dat men dar nicht vorder umme spreken edder scriven darffve. Darmede bevele wy juu Gode; unde wille gy ycht sunderghes, dat scrivet uns wedder to. Scriptum in Aslo in regno Norwegie die veneris proxima post diem pentecostes, nostro sub signeto.

886. *Die Grauwerkergilde zu Utrecht verbietet in Folge einer beim Antwerper Markte erhobenen Beschwerde der Osterlinge ihren Gildebrüdern den wissentlichen Ankauf von geraubtem Pelzwerk. — 1409 Juni 23.*

Aus StA Köln, Hanse I n. 241; Or. Perg. m. anh. S. Hagedorn.

Wi ghemene ghildebroeders van der graeuwerkerghilde tUtrecht doen cont ende kenlic allen luden, die desen brief sellen sien of horen lesen, dat wi samentlic bi een gheweest hebben om alsulker aenspraken wille, alse onsen ghildebroeders voerscreven tot Andwerpen ghedaen wert in de laetste marcte verleden van den

[1] S. n. 790. *Die Bezugnahme hierauf und das Itinerar der Königin bestimmen das Jahresdatum des vorliegenden Schreibens.*

oudermans van den Oosterlinghen ende van horen medeghezellen, daer wi op over-een ghedraghen zijn, dat wi van dezer tijd voert in onser stat noch buten onser stat van Utrecht voerscreven in gheenre wijs gheroeft werke copen en zellen, als verre alse wijt weten bi onzen vijf zinnen. Ende waer yemant van onsen ghildebroeders voerscreven, die dit verbrake van dezer tijd voert datum des briefs, daer en zellen wi nyet mede copen noch vercopen ter tijd toe, dat hijt den rovers gebetert hadde. In oerconde ende in kennissen hierof so hebben wi ons ghilden zeghel, des wi zamentlic ghebruken, uuthanghende aen dezen brief ghedaen. Ghegheven int jaer ons Heren duzent vierhondert ende neghen, opten drieendetwintichsten dach in Junio.

887. *Reval an Dorpat: tadelt auf dessen Schreiben die Absendung eines Dorpater Boten nach Nowgorod, weigert sich, den Nowgorodern eine Garantie gegen Nachmahnung wegen des [arrestierten deutschen] Gutes zu verbriefen; hat die Tuchausfuhr nach Narwa verboten und bringt einen livländischen Städtetag in Vorschlag. — [1409] Juli 2.*

Aus R StA Reval, Missivbuch 1384—1420 fol. 31b. Versus Darpte. *Hagedorn.*

Na der grote. Heren und bezunderges leven vrund. Willet weten, dat wy juwen breff und des copmans breff alse van Durekopes wegene, den gy to Nowgarden gesant hadden, leffliken entfangen und wol vornomen hebben, und dar de copman yane scrivet van deme jungen knechte, de dat werk gekoft, den ge uns here senden willen, dat uns nicht to willen ene is, wante se solden dar bilken eren juweliken richten na syneme vordenste. Item, leven heren, alzo gi uns scriven, dat Durcop to Naugarden sy gewest alzo umme des gudes willen, dat genomen is, dat duchte uns nicht vor den kopman wesen, dat gi en dar sanden, na deme dat uns de copman wol in twen breven gescreven hevet und wy uns vormoden, dat ju de copman desgelike gescreven hebbe, dattet en nicht nutte duchte wesen, dar jenigen boden to sendende[1]. Item, leven heren, alzo gi uns scriven alzo umme den breff, den wy Groten Naugarden alzo umme des gudes willen vor namaninge besegelen solden, dat uns zere tegen den copman dunket wesen und uns sodanene breff nicht steid to besegelende, wante uns vor den ghemeynen Duschen copman nicht en steyt to besegelende, wante wy uns des bevruchten, dat unse stat des in groten schaden und vordret komen mochten. Item, leven heren, so wetet, dat hiir en is, de des schaffers gelt to Prussen hevet und[a] myt jungen Luden van Lubeke to worden gewesen is und wolde want van en genomen hebben, dar he en werk weder vore leveren wolde, und hadden wagene alreyde darto ghewunnen und wolden dat want tor Narwe gevort hebben; dat wy vorstort hebben, und wy hebben hiir vorbodet, geyn want to Narve to vorende. Und desser zake vellen uns vele vore; darumme is unse guddunket und uns lange ducht nutte wesen, dat men eens daghes hiir binnen lande vorramet hedde umme mannigerleye ghebrechlicheit und zake, de deme copmanne to Naugarden anliggende is und ok hiirymmen ime[b] lande und dat wy allen dingen endrachtliken enes worden[c]. In die visitacionis Marie.

888. *Reval [an Dorpat:] hält trotz seiner Entgegnung die Absendung eines Dorpater Boten nach Nowgorod für unzweckmässig und berichtet über eine dem deutschen Kaufmann zu Nowgorod auf Verlangen gelieferte Sendung von Honig und Bier. — [1409 vor Juli 25.]*

Aus R StA Reval, Missivbuch 1384—1420 fol. 32. Hagedorn.

a) *Folgt was R.* b) ime R. c) *werden R.*

1) *S. n. 877 u. 878.*

Na der grote. Erzamen heren und besundergen leven vrende. Juwen breff hebbe wy leffliken entfangen und wol vornomen, dar gii uns ynne scryven, wû dat gy Hans Darkope umme des gudes willen, dat to Naugarden bekummert ys, und [uns][a] umme ander sake willen to Naugarden gesant hebben. Des so wetet, leven heren, dat uns de copman to Naugarden wol yn twen breven gescreven hevet, alse wy uns vormoden, dat ju van deme copmanne desgelikes gescreven sy, dattet en [nicht][b] nutte duchte wesen, dat de stede desses landes enige boden dare senten, men et duchte en nutte wesen, dat men se borlen an de stede senden leyte, und dat hedde uns ok wol nutte und gbod in des copmans beste geducht wesen. Item, leven heren, willet weten, dat Ketwich des hoves knecht to Naugarden myt des copmans breve here qwam, des breves gelik, alse he uns segede, wy uns vormoden, gy ok entfangen hebben. Des warff Ketwich an uns muntliken van des copmans wegene, dat de copman begerende were, dat wy deme copmanne 4 thunnen honiges senden solden. Des hebbe wy deme copmanne 4 thunnen honiges gesant[1]. Item so hebbe wy vororlovet Ketwige umme guder lude unde syner bede willen ½ last honiges und 1½ last beres darhen to vorende; und he moste dat vor unseme sytlenden stole des rades in den hilgen sweren, dat he vorder nynerleye gud noch kopenschop varen ene solde.

889. *Der deutsche Kaufmann zu Nowgorod an Reval: dankt für die Zusendung von Honig und Bier; ist erstaunt, dass noch keine Gesandte der Deutschen nach Nowgorod gekommen sind, und bittet um Instruktion für sein weiteres Verhalten. — [1409] Juli 25. Nowgorod.*

Aus R StA Reval; Or. Höhlbaum.
Gedruckt: v. Bunge, Livl. U.B. 4 n. 1802.

Erharen heren borgemesteren unde raetmanne der staet Revel sal dester bref.

Ersame leve met heylsamer grote vorscreven. Wilt weten, heren unde leven vrunde, dat wy juwen bref wol entfanghen unde vornomen hebben, den gy uns sanden by Ketwyghe, dar gy inne scryven, dat he mûntliken ghevorven[c] hevet umme 4 tune honghes to sinte Peters behof[d]. Dat is al war, dat wy et em muntliken mede deden unde ju dar nicht van en screven; dat quam darby to, dat wy menden, dat ju wol wytlic were, wes unse vorvaren in dem schape leten. Hirumme so dot wol unde vorkerd uns des nicht, dat wy ju dar nicht van en screven, unde wy danken jû vruntliken, dat gy uns darmede bedacht hebben, unde hebbent, Got hebbe loef, wol entfanghen. Item so hevet Ketwych ghebracht ½ last honghes unde 1½ last bers unde 1 tune bers unde nicht mer. Item so wet, leven vrunde, dat wy Ketwyghe hebben ghevraghet unde vorhoert in ener ghemen steven na utwysinghe juwes breves, of he enich ander gud medebrachte, dat he to kopenschop droghe. Do sede he nen by sinen waren worden, dat he anders nen gud en brachte, den wy ghesen hadden, also 10 tune honghes, 1½ last bers unde 1 tune. Aldus so hebbe wy ghedaen na juwen breve na unsen vormoghe. Vort so wet, leven vrunde, dat den heren unde den kopladen sere vorlanghet na boeden van Dûdeschen, unde en hevet wonder, dat hir nemet en komet na dem gude, dat se dem kopman ghenomen hebben. Unde oc so vorlanghet uns, dat wy nicht en weten, wo dat wy et solen ansetten, wer wy solen de kerke tosluten of wes dat juwe wille is, dar wille wy gherne na doen alle wegbe, unde latet uns to wetende werden met den ersten.

a) uns R. b) Fehlt R. c) So R. d) behof R.

1) Vgl. dazu HR. 8 n. 1071, 1.

Anders en konne wy ju nû ter tyd nicht ghescreven, men dat gy eweliken wol varen, unde ghebeet to uns unde provet dat ghemene beste, so yy al weghe gherne doen. Ghescreven up sunte Jacobus dach to Nouwerden.

Oolderluden, wysten unde de mene kopman nû ter tyd.

890. *[Der Hauptmann von Wiborg] Thord Bonde an Reval: macht in Beantwortung von n. 872 nähere Mitteilungen wegen des Überfalls der Russen. — [1409?] Juli 29. Wiborg.*

Aus R StA Reval; Or. m. Stücken d. S. Höhlbaum.
Gedruckt: v. Bunge, Livl. U.B. 4 n. 1781; vgl. 6 Reg. S. 97.

De erbaren wiisen bescbedene lüde, borgharmestre unde ratmanne der stat tho Revel mit erbaricheit sal desse breef.

Erwerdighen grût unde wes ik ghûdes vormach. Leven erbaren vrunden. Juwer erbaricheit sy tho wetende, dat ik juwen breef untfanghen unde wol vornomen hebbe, also gi scriven, dat gi de ghenne leden willen, de den anevank hadden ghedan in der Narwe, mit sodanen beschede, oft ik ju minen open bref darup gheven wolde, dat it were scheen up der Rûssen siden unde nicht in des ordens lande, unde dat it bûten dagbes nomen wart unde nicht in deme vrede unde mit miner vûlboort. So hope ik, dat gi dat wol hort hebben unde wol witlik is, dat de dach tuschen mines heren deme koninghe unde den Rûssen utghink to unser vrowen daghe nativitatis[1], unde dit schach 8 daghe na sancta Micheles daghe[2]; hirumme so sende ik ju minen open breef, also gi begherende weren. Item also gi scriven, weret dat dar wol were van minen deneren, de den kopman beschedighet hadden, dat unvorliket were, des mochte gi nicht leiden: des wetet, dat ik nicht eynen dener hebbe, de deme kopmanne 1 penningh nomen heft mit miner witschop seder der tiit, dat de sulve vorscreven krich was, also gi wol weten, unde des hope ik, dat it so endighet were, dat ik dar mende teghen ju dank ane to verdenende, also dat ghelesghen was, also ju de bederven lude wol berichtet hebben, also her Johan Krouwel unde ander lüde, de gi dar bevoren umme sanden; ok wiert dat wol er open breef, den see darup beseghelt hebben. Item umme ander werf sal ju desse jeghenwardighe breefwiser Kord Limborch wol berichten, unde des moghe gi em nu to desser tiden wol heloven. De almechtighe God beware ju to ewighen [tiden], unde wes ik don mach, dat juwer erbaricheit leef is, dat do ik alle weghe gherne. Ghescreven to Wilborch under minem ingheseghel in sancta[a] Oleves daghe.

Thurder Bunde Rorikesson, ridder.

891. *Der Bischof von Åbo, Thord Bonde und Claus Ludekessone an den Komtur und Rat von Reval: beglaubigen den Überbringer des vorstehenden Schreibens. — [1409?] Juli 29. Wiborg.*

Aus StA Reval; Or. m. 3 S. Höhlbaum.
Gedruckt: v. Bunge, Livl. U.B. 4 n. 1792.

Deme erwerdichghen heren kûmptûr tho Revel unde de erbaren wisen bescbedene lûde, borghermestere unde ratmanne der sulven stat mit erwerdicheit sal desse breef.

Born mit Goden gnaden bisschop to Abos.

Erwerdighen beelzamen grût unde wes wi ghûdes vormoghen. Leve here, here kûmptûr, unde gi, erbaren lude. Jûwer erwerdicheit si tho weten, dat uns is

a) So R.

[1]) 1408 Sept. 8. [2]) Okt. 6.

werf unde deghedinghe wedervaren van der Narwe, alse deme jheghenwardighe brefwiser, Cord Limborch, juwer erwerdicheit muntelken wol berichten sal. Unde wii bidden juwe erwirdicheit, em to desen tiden des to belovende, unde wii bidden eyn vruntlik unde eyn leeflik antworde van juwer erwe[r]dicheit weder bi desem sulven boden. Wii bevelen ju deme almechtighen Gode, unde bedet tho uns alse to juwen vrunden. Ghescreven to Wiborch under unsen inghesegheleu in sancti Olaves daghe.

Thurder Bunde Rorikesone, ridder. Claves Ludekensone.

892. *[Die Kaufmannscompagnie[1] zu Riga] an Nowgorod: ersucht um Freigebung des arrestierten deutschen Gutes. — [1409 Sommer.] Riga.*

Aus StA Reval; Entwurf. Höhlbaum.
Gedruckt: Livland. U.B. 4 n. 1767; vgl. 6 Reg. S. 94.

Wy laten groten unsen hilgen vader Johanne, ertzbisschoppe to Nowgarden, unde den borchgreven unde den herthegben unde de guden luden unde de meynen Swarte Hovede van Nowgarden, enbeden juu unse vru[n]tscop unde begeren juu to wetende, dat uns vorkomen is also van dat gud, dat gi by jou besat unde beholden hebben, dat Dudschen copluden tohoret, dat gi gedan hebben umme des gudes willen, dat de Sweden in der doden Narwe unde ok anderswor, dat uns werliken let is unde moyet, genomen hebben; unde gi doch wol weten mogen, dat et sunder unse schult up juwer siden geschein is, unde leider nicht allene juu, sunder ok velen andern copluden, den de Sweden des sulven weges ut er gut genomen hebben. Worumme, leven vrunde, wy ju vruntliken bidden, dat gi dat gut wedder quid unde vry willen geven, den dat tobehoret, dat unbekummert to bringende unde to vorende, wor se willen, so schal ok juwe gut, dat gi hir in de[n] steden unde lande hebben, vry wesen den genen, den dat tobehoret, to vorende, to vorkopende, to vorandernde unde to latende, wor se willen. Hirvan begere wy en vruntlike leflic antworde uns to schrivende by desem unsen jegenwordigen bode. Gegeven to Rige etc.

893. *Der livländische Ordensmeister und Riga an Polosk: teilen die Vereinbarung mit, welche sie mit dem Boten des Grossfürsten Witold und den in Riga befindlichen Polotskern wegen Freigabe der beiderseits arrestierten Kaufleute abgeschlossen haben. — 1409 Aug. 11. Riga.*

Aus StA Riga; gleichzeitige Übersetzung. Mitgeteilt von Hn. Stadtarchivar Dr. Schwartz.
Gedruckt: Napiersky, Russisch-livländ. Urkunden n. 171, u. Bunge, Livl. U.B. 6 n. 2979.

Meister Dutsches ordens tho Liflande unde borgermeistere unde radmanne tho Rige groten hertigen Johanne, borchgreven unde de ghemenen manne tho Ploskow, unde don juu witlic, dat wy mit Daviden, dem boden des groten forsten hertogen Vitowten, unde mit juwen borgern, de nu hir syn tho Rige, ghesproken unde ghedegedinghet hebben also um de sake, de nu tusschen uns unde juu gheleghen syn, darvan gi uns juwe breve gescreven hebben, unde syn des mit en eens ghewurden unde hebben dat um des besten willen overgegeven, dat Ignate unde etlike andere van den juwen, de hir tho Rige syn, ere ghud upsenden scholen unde moten tho Dunenborch wort, dat erste dat se rede werden; sunder see schollen sulven hir bliven, unde dar heft uns Davide de hant vor gegeven van des grote forsten wegen,

[1]) *Auf diese scheint die Erwähnung der Nowgoroder Schwarzenhäupter hinzuweisen.*

also langhe dat gy unsen copman mit alle synem gude vry gegeven hebben. Unde also vro gi dat dôn unde unse copman mit synem gude bervf thüt unde juwen breff wedderbringhet, so scholen ok alle de juwe, de hir tho Rige syn unde ok anderswor, mit erem gude vry wesen tho thênde unde tho varende, wor se willen. Hirup so sende wy tho juu enen van unsen râdlûden mit dessen breve, muntliken mit juu tho sprekende unde tho endende desse sake. Gescreven tho Rige in den jaren unses Heren 1409 des negesten dages na sunte Laurencius dage, under unsem ingheseghele under up dessen breff ghedrucket.

894. Der deutsche Kaufmann zu Brügge an Reval: bestätigt auf Grund der Aussage des Herm. Darsouwe die Reinheit des von demselben nach Stralsund gelieferten, zum Teil nach Reval gekommenen Salzes, und bittet, den Heyne Akeman nicht weiter wegen der angeblichen Verfälschung der Ware zu beschweren. — [1409?] Aug. 14.

Aus StA Reval; Or. m. Spuren der 3 S. Höhlbaum.
Gedruckt: v. Bunge, Livl. U.B. 4 n. 1803.

Honorabilibus ac circumspectis viris, dominis proconsulibus et consulibus civitatis Revaliensis in Lyvonia, amicis nostris sincere preamandis.

Vrentlike groyte unde wat wy gudes vormogen tovoren. Heren unde gude vrende. Juwer wijsheit genoge to wetene, dat Herman Darsouwe, coepman van der Duytschen Hense, uns hevet to kennene gegeven, dat van Heyne Akeman van eyn deyl soltes gescreven hebbe, dat gi, umme dat id valsch unde nicht rechtverdich wesen en solde, em daer sullen verboden hebben to vorkopene went ter tijd, dat he sick darvan vor den steden van Lijfflande verantwordet hedde. Des de vorscreven Herman Darsouwe vor uns bekant hevet, dat he int jar 1408 umtrent unser vrouwen daghe annunciacionis[1] Alberte Junghen to dem Sunde 200 wechen soltes overmaete, des he dar eyn deel vorkoffte unde eyn deel dem vorscrevenen Heyne Akeman to juwer stad Revele, umme dar ock to vorkopene, in sacken overmaete, van welken solte elck hundert in Zeeland 12 lb. 16 sch. grote Vlamesch irstes copes kostede, also de vorscreven Herman dat met sijnen upgerichteden lijfliken vingheren gestavedes eedes rechtlike unde redelike to den hilghen swerende vor uns hevet war gemaket unde getughet. Unde hijrbi moge gi heren merken, oft dat vorscrevene solt valsch unde nicht rechtverdich gewesen en hevet. Waerumme wy van juwer groten bescheydenheit begeren seer vrentlike biddende, dat gi by juwer wysheit darynne also willen vorseyn wesen, dat de vorscreven Heyne Akeman hijrvan vorder ungbemoyet moge bliven, up dat he des buten schulden in ghenen schaden en dorve komen; hijrynne by ju heren doende, alse wij ju wol tobetruwen. God unse here moete ju altoes bewaren in zielen unde in lyve. Gescreven under unsen ingezegelen, upten 14. dach in Augusto.

Alderlude des gemeynen coepmans van der Duytschen Hense nu to Brugge in Vlaenderen wesende.

895. Die Sendeboten der drei livländischen Städte Iwan [Eppenschede] und Tydeman [Wortkof] sowie die Älterleute des deutschen Kaufmanns zu Nowgorod einerseits, der Burggraf Fomma Yesife, der Herzog Kurylen Dymytrofitz und die Älterleute der russischen Kaufleute von Nowgorod anderseits be-

[1]) *1408 März 25.*

urkunden ihren Vertrag über die gegenseitige Rückgabe des den Deutschen durch Nowgorod und den Nowgorodern in den deutschen Städten arrestierten Guter und die Wiederaufnahme des Handelsverkehrs auf Grund der Kreuzküssung[1]. — *[1409 nach Aug. 21.]*

StA Reval; gleichz. Abschr.
Gedruckt: HR. 5 n. 618, früher v. Bunge, Livl. U.B. 4 n. 1806.

896. *Der Statthalter von Polozk, Fürst Iwan Semenowitsch, beurkundet seinen Vergleich mit dem livländischen Ordensmeister und Riga wegen der gegenseitigen Arrestierungen.* — *1409 Aug. 26.* **Polozk.**

A.

Aus R StA Riga; Or. m. Spuren von 2 S., altrussisch. Hier nach Übersetzung von Dr. v. Hedenström.

B.

Aus R 1 StA Riga; abweichender niederdtsch. Entw. [Rigas?] v. d. Hupp.
Gedruckt: aus R Napiersky, Russisch-livland. Urk. n. 172, v. Bunge, Livl. U.B. 6 n. 2981. Verz.: Lewicki, Index actorum saec. XV n. 514. S. oben n. 893.

A.

Von dem Fürsten Iwan Semenowitsch, dem Statthalter von Polozk, und von allen Polozker Männern dem Rigaer Fürst-Meister und allen Ratmannen von Riga Gruss. Ihr habt zu uns den Ratmann Fedor gesandt und er hat mit uns eine Einigung abgeschlossen, dass ihr alle unsere Leute freigeben sollt, mit allen ihren Waren zu uns [zu kommen], ebenso den Menschen, den ihr bestraft habt, und die Strusen mit Waren, die ihr weggenommen habt, und diejenigen von unsern Knechten, welche euere Händler ohne deren Geld weggeführt haben. Und wenn diejenigen von unsern Kaufleuten, welche zu Pferde [nach Polozk] reisen wollen, bei uns angelangt sind, dann werden wir euere Waren, soweit sie in Wachs und Eichhörnchen[fellen] bestehen, freigeben [zur Verschiffung] nach euch den Strom hinab. Und sobald alle unsere Leute wieder bei uns sind mit den auf den Strusen verladenen Waren, werden wir wiederum alle euere Waren freigeben. Wer wieder handeln will, möge handeln, und wer reisen will, dem steht es frei zu reisen. Darauf haben wir Fedor die Hand gegeben und unser Siegel bekräftigt, und mit dieser Urkunde haben wir den guten Mann Klimjat gesandt. Geschrieben ist diese Urkunde zu Polozk am Montag vor dem Tage des h. Symeon, des Jahresführers, nach Gottes Geburt im Jahre 1409.

B.

Wy hertoge Johan Symonen sôn, hovetman tho Ploskow, unde manne tho Ploskow dôn tho wetende juu heren meister tho Lifflande unde alle den ridluden tho Rige, also unse boden ghekomen sint van juu tho uns unde hebben uns witlik ghedân, wo se dat mit juu gheendiget hebben, dat wy senden schulden tho juu unsen besegelden breff, unde wan unse breff tho juu queme, so scholden de unsen enen reynen wech hebben, tho hus tho varende mit allem eren gude sunder allerleye argelist unde behendicheit; unde wan de unsen tho uns upkomen mit alle erem gude, so scholen juwe kôplude althomale enen reynen wech hebben mit alle eren gude sunder allerhande argelist unde behendicheit: hirup hebbe wy unsen breff gescreven unde unse segele darup ghedrücket unde de hant dârup gegeven. Wy ghelovet, dat et darvan upgheståån sy, dat gi den man tho uns nicht en leten, den gy dâr gherichtet hebben, boven de schrift. Unde de struse mit dem gude de schôle

[1] *Vgl. n. 867, 870, 875. Über die dem Vertrage vorausgehenden Verhandlungen in Nowgorod s. HR. 5 n. 616, 617.*

gy wedderkeren, de gi unsen kopluden ghenomen hebben, unde de gheschede schade gy uns wedder upseenden na der rechten cruceknusinghe, de juwe copiede under gheholde nedder ghevöret hebben, wente wy hebbet nee up der dit bevunden, Hinrike unde Hermanne.

897. *[Hzg.] Wilhelm [von Baiern, Graf von Holland,] verkündet seine Vereinbarung mit den Sendeboten der Stadt Kampen*[1], *dass die Bürger der Stadt ihre in holländischen Pfennigen zu entrichtenden Zölle* mit sulken penningen betalen sullen, als wij ontfangen van anderen onsen renten, foyrfeiten ende virvallen, dats te verstaen den groten, die wij in onsen lande gebieden te gaen, voir neme penninge Hollans gerekent. — *1409 Aug. 27.*

Aus RA Haag, Memoriale BC cas. R fol. 68. Campen. S. n. 357.

898. *Dorpat an Reval: bittet auf Grund des Urteils Revals, wonach der Schiffer Grube dem Dorpater Heinr. Tyte für den rückständigen Teil des ihm zur Verschiffung nach Lübeck übergebenen Wachses haftet, den Grube zur Erfüllung seiner Verpflichtung gegen den Bevollmächtigten Tytes anzuhalten. — 1409 Aug. 29.*

Aus StA Reval; Or. m. S. Höhlbaum.
Gedruckt: v. Bunge, Livl. U.B. 4 n. 1807.

Den ersamen wisen mannen, heren borgermeisteren unde radmannen der stad Revele, unsen guden vrunden.

Vrüntlike grote myt begheringhe alles guden. Ersamen leven heren unde vrunde. Juw mach wol vurdencken, dat wy juwer vorsichticheit lesten screven, dat Hinrik Tyte, unse medeborger, uns berichtet hadde, wo van syner wegene was geschepet wart in schipper Gruben van Revele to Lubeke wart, unde dat de sulve Hinrik van dem wasse een deel tachter were; welke sake vor juw vorsocht wart in gerichte, darup juwe wysheit gedrdelt unde vor recht gevunden hadde, dat, wes Hinrik vorbenant beholden wolde myt syneme rechte, dat hee van dem vorscreven wasse tachter were van schipper Gruben wegene, dat hee em dat wedderleggehen unde betalen scholde, alze Hinrik vorbenant uns vorkundeghet hevet. Des hefft de sülve Hinrik vor uns myt syneme starken rechte beholden, dat hee van dem vorscreven wasse tachter sy van schipper Gruben 13 lifspund, alse wy juwer vorsichticheit wol er gescreven hebben. Worumme, leven hern unde vrunde, wy juwer wysheit begerleken bidden myt sünderghem vlite, dat gi den vorbenanten schipper Gruben darane berichten unde na juwer affseeghinge dartho holden willen, dat hee dem vorbenanten unsem borghere do unde holde, alse juwe wysheit em togevünden hevet, unde antwarde dat van syner wegen Johan Hornemanne, deme Hinrik Tyte dat bevolen hefft uptoborende, oppe dat em vürder nenes arbeydes unde ungemakes darumme nod dörve wesen; juw dar also vruntlichen ane to bewisende, alse wy juw tolöven, dat wy lieghen de juwen in gelliken aff groteren saken gerne willen vörschülden, wor wy möghen. Unde bidden des juwe gütlike gescreven antwarde, dat Johan Hornemanne vorbenant to antwardende. Darmede sit Gode bevolen. Screven under unseme secrete, in sunte Johannis daghe decollacionis int jar 1409. Borgermeistere unde raed der stad Darbte.

[1]) *In einer Verordnung Kampens von 1409 über die Rechenschaftsablage der reisenden Kaufleute gegen ihre Kämmerer, welche jährlich zu Pfingsten* (toe belovken plarters) *stattfinden soll, heisst es:* Ende weert sake, dat enich copman van Schonen tegaide mit sinen gude in verre lande, oest of west, ende binnen desen vorgenoemden termijne der rekenschap niet bij huijs comen en konde, soe solde hij rekenschap doen als hij irsten toe huys comept, eer hij anders enighe reijsen doen. *Overijsselsche stadregten 1, 73 n. 135.*

899\. *Sluys[1] bezeugt, dass Joh. Tenge in Sluys von seiner durch die Vitalienbrüder[2] aus Friesland weggenommenen, durch Bremen wiedergewonnenen Kogge seitens der Stadt den dritten Teil samt Zubehör zurückerhalten und diesen Anteil an die Bremer Bürger Andres Haselbusch, Willike van Bremen, Luder van Varle, Henr. Vincke und Rolf van Mornde nebst ihrer Gesellschaft für 5 Pfd. vläm. Grote verkauft hat, und dass derselbe nach richtigem Empfang der Kaufsumme auf alle weiteren Ansprüche an das Schiff verzichtet. — 1409 Aug. 30.*

Aus StA Bremen; Or. Perg. m. Rest eines von 2 anh. S.
Gedruckt: Brem. U.B. 4 n. 384.

900\. *Die preussischen Gesandten in England[3] an Thorn, Elbing und Danzig: berichten ausführlich über ihren Empfang beim König von England und ihre Verhandlungen mit seinen Räten wegen der Zahlungstermine für die englischen Entschädigungsgelder[4]; haben sich schliesslich dahin geeinigt, dass die Hälfte der ersten Rate nächsten Martini[5], die zweite Hälfte und die beiden andern Raten je zu Lichtmess[6] der drei nächsten Jahre gezahlt und vom König darüber Schuldbriefe ausgestellt werden sollen; wollen die erste Zahlung zu Martini in London abwarten und ersuchen um Anweisung wegen der Empfangnahme der nächste Lichtmess fälligen Summe und wegen der Aufbewahrung der Schuldbriefe; die Bevollmächtigten der livländischen Kaufleute aus Brügge haben sich vorerst in London vergeblich um die Auszahlung ihrer Entschädigungssumme bemüht und wollen nicht mehr aufs ungewisse herüberkommen. u. s. w. — [1409] Aug. 31.*

Gedruckt: HR. 5 n. 620; vgl. n. 621.

901\. *Riga an Reval: hat ein Schreiben des deutschen Kaufmanns zu Nowgorod mit einer Abschrift des Vertrages [n. 895] erhalten, den der Kaufmann und die beiden Sendeboten namens aller livländischen Städte und des gemeinen*

1) *In Sluys zahlt nach der Rechnung des dortigen Wasserbaillifs von 1409 Mai 6—Sept. 16 (s. oben S. 77) der Deutsche Thierry Weldeghe, Kapitän einer aus England kommenden deutschen Holk, 9 Pfd. Strafe wegen Einfuhr eines Ballens englischen Tuchs.* *Wegen des nach Bremen überwiesenen Nachlasses eines [in Brouage] verstorbenen Schiffers Joh. Lunnegh schreibt der deutsche Kaufmann zu Brügge 1409 Apr. 27 an die Stadt. Brem. U.B. 4 n. 367.*

2) *Vgl. auch die Brügger Stadtrechnung von 1408/9:* Den Lubrecht den Scarslaren ghesendt ter Sluus omme te hebbene twee scepen, die men ghemaymet made hebben met scotters ende lieden van wapenen, ute te zendene omme te ghecrighene de likedeelers, die den coopliedem van der Duudscher Hanze berooft hadden van eenen scepe in Marsdiepe gheladen met coopmanscepen van grooten prise. *Ferner:* Ghiselbrecht Robbrechte van Ryssele van zekeren ghescriften inhoudende zekere scaden, die zulcke Castilganen ghedaen hadden up de zee diversen coopliedem van der Duudscher Hanze, te scrivene in Vlaemsche ende te translatierne in Franssoyse, de welke ghescriften te Ghend den 22 dach van hoymaent *[1409 Juli 22]* overghegheven worden onsen gheduchten heere ende den heeren van sinen edelen rade. *Gedr. Gilliodts-van Severen, Inventaire de Bruges 4, 42 und 41.*

3) *S. n. 865. Die Abordnung der Gesandtschaft war vom Hochmeister und den preussischen Städten Apr. 21 beschlossen: s. den Recess HR. 5 n. 579, 11—13; über ihre Instruktion vgl. den Recess von Juni 9, das. n. 581, 4—10.*

4) *Auf der Tagesordnung für den englischen Geheimen Rat steht 1409 Aug. 18 an erster Stelle* la response a doner as messages de Pruce. *Das Sitzungsprotokoll berichtet dann:* Quant as primer touchant Pruce accordez est, que lour biens et marchandises de eux prises al oeps du roy par le clerc de ses overaignes soient a eux restitutz et deliverez, et que le tresorer traite ovesque eux, qil vuillent assentir de prendre a le chandeleure *[Febr. 2]* prochain paiement a eux due pour le darrein an, assavoir de la pasques, que fust en cest an, jusques a la pasques deinz prochein ensuivant, et ensi entre paier chacun an a la dite chandeleure, changeant le terme de pasques tanqur etc. *Nicolas, Proceedings of the Privy council 1, 319—320.*

5) *Nov. 11.*

6) *Febr. 2.*

deutschen Kaufmanns ohne deren Vollmacht und gegen die Vereinbarung der Pernauer Tagfahrt abgeschlossen haben; ersuchen es, die Beteiligten und das freigegebene Gut bis zum nächsten Städtetage zu arrestieren und, falls der Brief noch rechtzeitig kommt, die Sendeboten zur Rückgängigmachung des Vertrages anzuweisen. — [1409] Sept. 6. Riga.

StA Reval; Or. m. Resten d. S.
Gedruckt: HR. 5 n. 619, früher v. Bunge, Livl. U.B. 4 n. 1809.

902. *Der deutsche Kaufmann zu Brügge an Soest: ersucht es auf Klage des Jakob Peckel aus Ypern, den Soester Bürger Wilh. Schele zur Bezahlung einer schon wiederholt gemahnten Schuld an den Bevollmächtigten Jakobs anzuhalten. — 1409 Sept. 9.*

Aus StA Soest III 4; Or. m. Resten d. 3 S. Hagedorn.

Honorabilibus circumspectisque viris, dominis proconsulibus et consulibus civitatis Susaciensis, amicis nostris sincere dilectis, detur.

Vruntlike grote unde wes wij gudes vormogen tovoren. Heren unde leven vrende. Juwer vorsieniger wijsheit ghelove to wetene, wo dat de erbare man Jacob Peckel borghere to Ypre uns hevet gheclaget unde to kennen ghegeven, dat Willem Schele juwe borghere em schuldich ys 28 lb. 10 s. grote Vlames gheldes, darvan he mit em int jaer 1406 termyne makede, alz dat em Willem vorseid lovede vor uns, 15 lb. grote van der vorseider somme gheldes in dren jaeren op de tijt neest komende to betalene, dat is to wetene elkes jaers 5 lb. grote, unde 13 lb. 10 s. grote to 15 jaeren do naest komende, to betalene elkes jaers den 15. penninch, like dat in unsen registere claerlike ghescreven steyt. Welke termyne vorseid de vorseide Willem mit alle nicht gheholden en heft, warumme Jacob vorseid bi sijnen bode mit unsen unde anderen breven dat heft bi ju don vorvolghen to sijnen groten kosten unde schaden, so verre dat Willeme bi ju bevolen was, to Brucge bi Jacobe vorseid to komene unde enne to vornoghene. Dar he qwam unde anderwerff mit dem vorseiden Jacobe termyne ghemaket heft, dat is to verstane van den vorseiden 15 lb. grote, dat he em darvan solde betalt hebben in dem Brucgher markede latest vorleden 2 lb. grote unde vort elkes jaers in dem Brucgher markede 2 lb. grote tot der tijt, dat de vorseide 15 lb. grote vul unde al betalt weren; unde de 13 lb. 10 s. grote vorseid to 15 jaeren, elkes jaers den 15. penninch, tot der tijt, dat de ock al betalt weren, alse uns de vornomde Jacob heft to kennen ghegeven. Welke vorseide termyne de vorseide Willem mit alle nicht gheholden noch betalt en heft to des vorseiden Jacobs groten hinder unde schaden, alse he uns swarliken gheclaget heft, des uns zeer verwondert. Hijrumme so heft Jacob Peckel vorseid vor uns machtich ghemaket Olivier Levijn, brenghere desses breyffs, de vorseide 28 lb. 10 s. grote intomanene, uttovorderne unde uptoborene in vrentschepen offte mit rechte van Willem Schelen vorseid, unde darbi to done unde to latene alle, dat Jacob selven darbi solde moghen don off laten, offt he dar jeghenwordich unde vor oghen were. Worumme, leven heren unde vrende, wij bidden ju zeer vruntlike mit gantzem vlijte, dat ghij desse sake willen to herten nemen, wo groten unghelovens dit maket juwen borgeren unde anderen guden copluden hijr in dem lande, den vorseiden Willem also underwisende unde darto holdende, dat he dem vorseiden Olivier to behoeff unde in den name Jacob Peckels vorseid van der vorseider somme gheldes betale unde vornoghe sunder langher vertreckens, hijrynne alse vele doende, dat he bevolen moghe, dat em unse breyff unde bede an ju to baten unde to prußlje kome; des wij juwer bescheidenen wijsheit wol tobetruwen, unde alse ghij wolden, dat juwen borgheren in ghelikeu offte in merren saken bijr in dem lande bi uns unde anderen ghescheyn solde. Unse heere God mote ju alle tijt bewaren in zielen unde in lyve. Gheserreven under unsen seghelen, upten 9. dach in Septembri int jaer 1409.

Bi den alderluden des ghemeynen copmans van der Duytschen Henze nû to Brugge in Vlanderen wesende.

903. *Kord Limborch an Reval: fragt an, ob er wegen seiner Teilnahme an dem Überfall der Russen sicher nach Reval kommen kann. — [1409][1] Sept. 21.*

Aus R StA Reval; Or. m. Spur d. S.

De erbaren wisen bescheidene lûde, borghermestere unde ratmanne der stad tho Revel mit erwerdicheit sael deme breef.

Erwerdighen grûet unde wes ik ghûdes vormach to allen tiden over to bedende. Gi erbaren lûde, borghermestere unde ratmanne. Jûwer erbaricheit bidde ik ghar vlitliken to wetende, oft mi juwe erbaricheit jenighe schûlt ghevc also van des ghûdes weghen, dat ik den Rûssen halp nemen, dar mi min here her Tûrder Bûnde umme utesant hadde, unde, oft God wolde, dat it siik so velle, dat ik to Revel qûeme, wer ik sûlle gheledet wesen vor al, dat mi schaden mach, oft nicht, wente ik wil dat up min arme sele nemen, dat ik nu leghen de stact van Revel oft teghen deme kopmanne weset hebbe, men wes ik en konde to ghûde keren, dat hebbe ik ghedan unde ok so noch alle tiit gherne wil. Wes juwe erbaricheit unde jûwe wisheit hiran menet to donde, des bidde ik eyn ghûtlik unde eyn vrûntlik antworde van ju allen. God almechtich beware jûwe erbaricheit unde jûwe[a] ghesûnt to langher tiit. Unde wes ik umme jûwen willen mit eren don mach, dar sael juwe erbaricheit alle tiit overbodich over mi to wesende. Ghescreven to Wiiborch in sancte[a] Matheus daghe. Cord Limborch.

904. *Reval an [Riga]: antwortet auf n. 901, dass es schon vorher das in Nowgorod freigegebene Gut arrestiert hat; ist von Dorpat um Auslieferung des Dorpater Gutes gebeten. — [1409 nach Sept. 22.]*

Aus R StA Reval, Missivbuch 1384—1420 fol. 38. Hagedorn.

Ersame grote myt aller leveghelicheit vorscreven und wes wy guden vormogen. Erzamen heren und besunderghen leven vronde. Juwen breff an uns gesant hebbe wy an sunte Mauricius dage[2] vor bonyme leffliken entfangen und wol vornomen, dar gii uns inne scriven also van den Nauwerschen saeken, desgelik wy ok van deme copmanne to Naugarden breve hadden, und uns ok ganczliiken zere vorwundert, dat se siik sulaniger zak van der stede und des copmans wegene underwunden hebben, wante de copman to Naugarden ut alle syner redelicheit mach gedrungen werden. Hiirumme wy dat gud in dat gemeyne beste becummert und bezat hebben, dat se to Naugarden sus utgevryet hebben, to der stede zeggen wol 7 dage tovoren, er wy juwen breff entfengen, alse 10 tunnen wernis; und de 10de tunnen bescrivet siik her Gosschalk Hacke to in synen breve, dat se to Naugarden in der bezettinge nl[b] med en sy gewesen. Dusse sulve tunne hebbe wy her Meynhard Menckinge unses rades medecumppen volgen laten, de uns darvor gelovet hevet, dat her Gosschalk vorscreven dat mit syme rechte vorrichten sole, dat de thunne to Naugarden nicht gewesen ene is. Item, leven heren, so screven uns de heren van Darpte, dat

a) So R. b) So R.

[1] S. n. 890. [2] Sept. 22.

wy en dat gud vrii geven, se wolden uns in eren breve gud wesen, wes de stede to deme gude ungeredde hedden, des wy en in dat gemeyner beste nicht volgen ene wolden; und hebben dussen gudes 8 tunnen bekummert, und war de anderen ghebleven syn, des ene wete wy nicht. Und dit gud achtir besteget willent hir holden und bewaeren bit der tiit, dat de stede hir vorgadderen und dat se danne zeyn, wes en darynne dan to rade werden.

905. *Grossfürst Witold von Litauen an Riga: verwendet sich für einen Polozker, der in Riga um seine dort deponierte Rauchware betrogen ist. — 1409 Okt. 1. Troki.*

Aus StA Riga; Or. m. S. Koppmann.

Den erbaren und weyzen mannen, burgermeister und dem rathe czu Rige, unsern libin frunden.

Allexander andirs Wytowt van Gotis gnaden grosfurste czu Litthawen etc. Erbaren und weyzen, unser besunder libin frunde. Ist vor uns komen unser man van Poloczk, des briffes beweyser, und hat uns vorgelegt, wie das her euwirm meteburger eyme, Dorofey genant, Russen, eyne meste hat gegebin czu halden mit ruwen war, die her of 35 stucke silbers schaczet. Bynnen der czeit ist der euwir meteburger gestorbin, und als der unser man qwam ken der Rige und forderte sein gut, so hat em des gestorbenen mannes weyp eyne ledige meste geboten, und das gut wart ungenomen. Hirumbe wir bitten euwir fruntschaft mit fleisse, das ir dem unserm manne rechtis wellet helfin, das im umbe das sein genug gescheen; do thut ir uns sunderliche fruntschaft an unde libe. Gebin czu Tracken am dinstage noch sint Michaelis archangeli anno etc. 9.

906. *K. Heinrich [IV] von England bekennt sich gegen den Hochmeister Ulrich von Jungingen wegen des Schadens, der dessen preussischen und livländischen Unterthanen durch die Engländer zugefügt ist, zu einer Schuld von 6318½ Nobeln 13 d. und verspricht, diese Summe nächsten Nov. 11 in London an den Hochmeister oder dessen Bevollmächtigten auszuzahlen, unter Verpfändung aller ihm selbst, seinen Nachfolgern und Unterthanen gehörigen Güter, mit der Bedingung, dass das Geld nur durch Wechsel, nicht in Münze oder Edelmetall ausgeführt werden darf,* salva racionabili summa pro expensis nunciorum dicti magistri generalis nunc in eodem regno nostro existencium. — *1409 Okt. 10. Westminster.*

L Publ. Record Office London, French Rolls 11 Henr. IV m. 20.
StsA Königsberg LXXXIII, 13; gleichz. Abschr. a. Perg., von englischer Hand.
Gedruckt: aus L Rymer, Foedera 8, 601. Verz.: HR. 5 n. 637. S. oben n. 900.

907. *Derselbe urkundet genau ebenso in drei Schuldbriefen über 1. 6318½ Nobel 13 d., zahlbar 1410 Febr. 2*[1]*; 2. 10637 Nobel 2 s. 2 d., zahlbar 1411 Febr. 2; 3. 10637 Nobel 2 s. 2 d., zahlbar 1412 Febr. 2. — 1409 Okt. 10. Westminster.*

1—3: L Publ. Record Office London, French Rolls 11 Henr. IV m. 20.
2: StA Köln, Hanse I n. 243; Or. Perg. m. anh. S. Aus dem Brügger Kontor-Archiv.
3: Das., Hanse I n. 242; Or. Perg. m. anh. S.; wie vor.
K StsA Königsberg; Or.-Transsumpt von 1447 Juni 26.
Gedruckt: aus L im Auszuge Rymer 8, 602; aus K v. Bunge, Livl. U.B. 4 n. 1810. Verz.: HR. 5 n. 628—630.

[1]) *Nach einer späteren Übereinkunft zwischen dem englischen Schatzmeister und den preussischen Gesandten sollte diese Rate erst 1410 Mai 24 in Brügge bezahlt werden. HR. 5 n. 636, 637, vgl. das. 6 n. 2, 26.*

908. *K. Heinrich [IV] bekennt sich gegen die Stadt Hamburg wegen des Schadens, der den Hamburger Bürgern durch die Engländer zugefügt ist, zu einer Schuld von 416 Nobeln 5 s. und verspricht, diese Summe 1411 Febr. 2 in London an die Bevollmächtigten der Stadt auszuzahlen, wofür er selbst und seine Erben haften. — 1409 Okt. 10. Westminster.*

Publ. Record Office London, French Rolls 11 Henr. IV m. 14.
Gedruckt: Rymer, Foedera 8, 603. Verz.: HR. 5 n. 631.

909. *Der deutsche Kaufmann zu Brügge an die livländischen und preussischen Städte und an Dortmund: macht auf den grossen Schaden aufmerksam, den die Unruhen in Lübeck und der Widerstand des neuen Rats gegen den Spruch des Reichshofgerichts den Hansestädten und dem gemeinen Kaufmann bringt, zumal er jetzt niemand weiss, an den er sich wie vormals an Lübeck, als die bisherige Hauptstadt der Hanse, mit seinen Anliegen wenden kann; hat deswegen die wendischen Städte um Anberaumung einer Tagfahrt ersucht, bittet um Besendung derselben und um Antwort[1]. — 1409 Okt. 26.*

Gedruckt und verz.: HR. 5 n. 675—677, woselbst andere Drucke.

910. *Die preussischen Ratssendeboten in Marienburg an die preussischen Gesandten in England: antworten auf n. 900, dass sie bis kurz nach Lichtmess[2] auf die Bezahlung der dann fälligen Summe warten sollen; halten es für das Beste, die Schuldbriefe beim deutschen Kaufmann zu Brügge zu verwahren. — [1409 Okt. 28.]*

Gedruckt: HR. 5 n. 624.

911. *Entwurf eines Geleitsbriefes des Hochmeisters Ulrich von Jungingen für die polnischen Kaufleute zum Verkehr in seinem Lande und seinen Städten, unter Zusicherung von Rechtshülfe bei Schuld- oder anderen Klagen. — [1409 Okt. 28.]*

Gedruckt: HR. 5 n. 623, vgl. den Recess n. 622, 1.

912. *Reval an Lübeck: ersucht um Entscheidung eines Rechtsstreites zwischen Hinr. Menckinc und Werner vamme Rade wegen einer Heringslieferung. — [1409] Okt. 31.*

Aus R StA Reval, Missivbuch 1384—1420 fol. 33. Voraufgeht eine unvollständige Abschrift des Briefes Rigas von [1409] Sept. 6 (HR. 5 n. 619) behufs Mitteilung an Dorpat. Hagedorn.

Vruntliken grot myt aller leve[ge]licheyt tovoren ghescreven. Erwerdigen, lovezame heren und zunderlinge vrende. Juwer werden wisheyt geven wy to kennen, dat vor unsen raet qwam Hinrik Menckinc myt enen beschulden ordel und sprak an Werner vamme Rade als umme den herink, den he em affgekoft hadde in enem scheppe, des he 3 thunnen bezach und den herink darna kofte; und bleff vort liggende up de selven bodeme bet in de Noe und den herink den[a] tunnen vort vorkofte, des se een deis vunden[b] vorpacket ungeschuddet und ungeleget; dar se den Dutschen copman by senten, dat gut to besende, des de copman breve utscreff an den rat to Revele, welkes herinegs he so vele tachter were als 6½ stucke

a) den de R. b) vunden R.

[1]) 1409 Dec. 5 wird dies Schreiben durch Dortmund den anderen westfälischen Städten mitgeteilt: HR. 5 n. 678. Die urkundlichen Zeugnisse über die Erhebung der Lübecker Bürgerschaft gegen den Rat s. das. Bd. 5 und 6 passim. Vgl. Wehrmann, Hans. Geschichtsbl. 1878, 103 ff., und Hoffmann, Gesch. der Stadt Lübeck 1, 141 ff. [2]) Febr. 2.

sulvern und 3 mark; und ok des heringes 2 tunnen weder to Revele quemen, dar Werner to geladen wart to besende und doch nicht bykomen en wolde, und ok noch Russen synt, de sych des selven vorpackeden heringes beclagen, dar he noch nycht af gescheden en is. Hirup vragede he ordel[a] und rechtes, na dem dat de Dutsche copman dat van Nanwarden ghescreven heft an den rat to Revele, dat id vorpakket gut was, off dat Werner vanme Rade mit jenegen dingen schatten solde, he ene solde em dat gelt, des he tachter were, wederkeren eder leggen dar dat mare off dat were und sweren ten hylgen, dat he syner nycht mer tachter en were, eder wat dar recht umme were. Hirup antworde Werner vanme Rade, wo Hinrik Meneckinc to eme qwam und vragede em, off he herink vele hedde, den he vorkopen wolde, do seggede he, he hedde herink gekofft und lege in dem schepe; des en hedde he sulven nicht beseyn, wolde he den herink copen, dat he vure int schip unde besegede den herink harde wol. Des vor he mit dem schipperen in dat schipp, de em den herink leveren solde, und besach den herink to sinen willen, dar he nye by en quam vor noch na. Des quam he weder tu em und sprak, he hedde den herink beseyn, und seggede, dat were matlik gut, doch de coep mot en wol don. Do seggede Werner darau sulven to: behaget he dy, so cop en, behaget he dy nicht, so lat en my, du hevest en gesein und ich en hebbet nye gesein; und hir enboven so koffte he em den herink aff up der bodem, dar he lech, dar he en up beseyn hadde, und entfink den herink to siner genochte und hevet en wol betalt, und alle dusser vorworde [hadde][b] he em togestan vor gerichte unde vor rade. Hirup vragede he ordel und rechtes na dem, dat he em der vorworde tostan hadde, off he em dar enboven jenege noetdede plichtich were, eder wat dar recht umme were.

Des delde wy en vor recht: under der tiid, [dat][b] Werner vanme Rade den herink gekoft hevet up der bodeme und he den nye geseyn en hedde unde he den weder vorcoffte Hinrike Meneckinge up der bodeme up syner selves beseyn, wil dat Werner mit synen rechte bestan, dat he em vorder nicht gelovet en hevet, he en sal van syner anclage neen not liden. Dit heft Hinrik Meneckinc beschulden vor juwen edelen rat to Lubeke. Hirumme, ersamen leven heren, wy ju begherliken bydden mit allen vliite dorch unses vordenstes willen, dat gy dusse zake entscheden na juwen edelen Lubeschen rechte und schriven uns de entschedinge uit den ersten, dat [gy][b] mogen, under juwen secreet und latet uns dat vordenen, war wy mogen. Ghescreven up den avent aller hylgen.

Borgermestere und rat der stat Revele.

913. *K. Heinrich [IV] von England bevollmächtigt den Mayor von London Rich. Merlowe, den Geistlichen Joh. Kyngton und den Londoner Aldermann Will. Askham, um mit dem Hochmeister Ulrich von Jungingen oder dessen Gesandten über die endgültige Beilegung aller gegenseitigen Beschwerden, über den Abschluss eines Freundschaftsbündnisses und eines Handelsvertrags zwischen England und dem deutschen Orden zu verhandeln. — 1409 Nov. 24. Westminster.*

L StA Lübeck; Or. Perg. m. anh. S.
Lo Publ. Record Office London, French Rolls 11 Henr. IV m. 18.
Gedruckt: aus L Lüb. U.B. 5 n. 260, aus Lo Rymer, Foedera 8, 612. Verz.: HR. 5 n. 612.

914. *Der deutsche Kaufmann zu Nowgorod an Reval: bittet um Rücksendung der Kleinodien des Kontors. — 1409 Dec. 1. Nowgorod.*

a) order R. b) Fehlt R.

Aus StA Reval; Or. m. Spur d. S. Höhlbaum.
Gedruckt: v. Bunge, Livl. U.B. 4 n. 1813. Verz.: Napiersky, Russisch-livländ. Urkunden n. 173.

Den erbaren heren borgermeyster unde raitmanne der stat Revele kome desse breeff, mit werdicheit detur.

Unsen vruntliken grot unde wes wy gudes vermogen. Leven vrunde. Wy bidden ju, dat gy wol dôn unde senden uns sunte Peters klenode unde wes gy dar hebben, dat sunte Peter unde deme gemeynen kopmanne tobehoret, wente unser hir van der genade Godes eyn grot deel is unde de kopman des gebreck hevet to nottroft, alse juwe wysheit wol kennen mach. Item vorvore gy jenige sake, de deme kopmanne jegen gingen, dar bidde wy ju uns lane to besorgene, alse gy to allen tiden gerne dôn. Hirmede sit Gode bevolen unde blivet gesunt to langen tiden. Screven to Nowerden des sundages na des hilligen apostels sunte Andreas dage 1409.

Olderlude unde de gemeyne Dûtsche kopman nu tho Nowerden wesende.

915. *Dorpat an Reval: bittet mit Bezugnahme auf n. 898, den bisher vergeblich gemahnten Schiffer Grube zur Erfüllung des gegen ihn ergangenen Urteils zu veranlassen. — [1409] Dec. 3.*

Aus R StA Reval; Or. m. Stücken d. S. Höhlbaum.
Gedruckt: v. Bunge, Livl. U.B. 4 n. 1814.

Den ersamen wysen mannen, heren borgermeisteren unde rade der stat Revele, unsen leven vrunden.

Vruntlieke grote myt begheringhe alles gudes vorgescreven. Ersamen leven heren unde vrunde. Juw mach wol vordencken umme den breff, den wy lesten juwer leve sanden van Hinric Tyten weghene unses medeborgers, wo hee in unser jeghenwardicheit myt syneme rechte beholden heft, dat hee eens hovemes wanes tachter sy, de van syner weghene in vortiiden schepet wart in schipher Gruben; unde wy dancken juwer leve, dat gi juw ghûnstleken unde wol bewiset hebben uppe des vorbenomeden Hinric Titen deel, alze wy hebben vurnomen. Leven heren unde vrunde. Des is uns to wetende worden, dat dem sulven Hinric Tytes unde den ghennen, de de sake van syner weghene vorderen, dar noch nadderstal ane schûet, unde kûnnen dat gheit, dat en vormyddelst juwme rechte togedeelt is, nicht dirvolghen, alze se sik beclaghen. Worumme wy juwer wysheit bidden, so wy begherlikest [kûnnen][a], dat gi den vorbenomeden schipher Gruben underwisen unde vormyddelst juwes rechtes dwanghe darto holden willen, dat hee dat gheit, dat vor dat vorgescreven was hôrt unde Tyten van juw, alse vorgescreven steit, togedeelet is unde hee ok vor uns myt syneme rechte beholden heft, betale unde gheve dat van syner weghene hern Rotgher Droghen, medecompane juwes rades, uppe dat em vurder nener arbeides unde koste darumme nod dôrve wesen. Leven heren unde vrunde, willet juw hîr so ghunstliken ane bewysen, alse wy juw toloven, dat wy tieghen de juwen gerne willen vorschulden, wor wy moghen. Darmede sit Gode bevolen. Screven under unseme secrete, in sunte Barbaren avende.

Borgermeistere unde raed der stad Darbte.

916. *Die Bevollmächtigten K. Heinrichs IV von England und die Gesandten[1] des Hochmeisters Ulrich von Jungingen beurkunden einen von ihnen vereinbarten*

a) *Fehlt R.*

1) *Über deren weiteren Aufenthalt in England vgl. HR. 5 n. 639, 640.*

Handelsvertrag[1] *zwischen England und Preussen nebst endgültigem Vergleich wegen der gegenseitigen Beschwerden. — 1409 Dec. 4. London.*

Aus D StA Danzig XV, 15, eingeschoben in die Bestätigung von 1410 Dec. 21, s. n. 981. Hohlbaum.
Das., Abschriften desselben Transsumpts; s. n. 981.
L Publ. Record Office London, Transsumpt von 1410 Dec. 24, s. n. 981.
K StA Königsberg, Abschr. desselben Transsumpts. — Das. eine weitere Abschr. und eine hochdeutsche Übersetzung, s. n. 981.
K 1 Das., spezificierte Ausfertigung des Vertrages, s. n. 917.
Gedruckt: aus L Rymer 8, 654. Verz.: HR. 5 n. 632.

Per hanc indentatam sive intercisam litteram universis Christi fidelibus ad noticiam rei geste manifesta fiat fides, quod nobiles et honorabiles viri Ricardus Merlowe, major et civis civitatis Londoniensis, magister Johannes Kyngton clericus et Willelmus Askham, ejusdem civitatis civis et aldermannus, serenissimi principis et domini, domini Henrici Dei gracia regis Anglie et Francie et domini Hibernie, necnon Tidericus de Logendorf miles, Leffardus de Herforde burgimagister civitatis Elbingensis et Johannes Crolowe, civis apud civitatem Dantzik, nobilis ac alme religionis viri, fratris Ulrici de Jungingen ordinis fratrum hospitalis sancte Marie domus Theutonicorum Jerusalemitanensis[a] magistri generalis, procuratores deputati[b] et nuncii ad infrascripta potestatem sufficientem habentes, nominibus dictorum dominorum regis et magistri in vim potestatis eis hincinde attribute omnia et singula subscripta appunctarunt et de eisdem unanimiter concordarunt.

[1.] Primo videlicet pro conservacione mutui amoris et amicicie consuete parisque votive tranquillitate extitit ordinatum, quod omnes et singuli ligei et subditi regni Anglie, terrarum et dominiorum ejusdem regni mercatores et alii, cujuscumque status vel condicionis extiterint, poterunt et debebunt salvo et secure terram Prucie tam per terram quam per aquam intrare ac inibi mutuo conversari et libere more mercatorio tam cum Prutenis quam aliis, cujuscumque nacionis vel ritus fuerint, mercari, ibidemque morari et exinde ad lares et domicilia propria redire vel quo voluerint, quociens placuerit[c], tam per terram quam per aquam cum bonis, mercandisis et merrimoniis suis quibuscumque, jura (et)[d] custumas racione mercandisarum et merrimoniorum suorum debitas fideliter persolvendo; salvis semper dicto magistro generali et ipsius successoribus omni jure ac[e] remedio eis per obligaciones per dictum dominum regem, de quibus infra dicetur, factas concessis et indultis.

[2.] Item extitit ordinatum, quod omnes et singuli subditi dictorum magistri generalis et ordinis, cujuscumque status vel condicionis extiterint, poterunt et debebunt salvo et secure regnum Anglie, terras et dominia ejusdem tam per terram quam per aquam intrare ac inibi mutuo conversari et libere more mercatorio tam cum Anglicis quam cum[f] aliis quibuscumque, cujuscumque nacionis vel ritus fuerint, mercari ibidemque morari et exinde ad lares et domicilia propria redire et quo voluerint, quociens placuerit, divertere tam per terram quam per aquam cum bonis, mercandisis et merrimoniis suis quibuscumque, jura et custumas racione mercandisarum et merrimoniorum suorum debitas fideliter persolvendo, salvis semper dicto domino regi, heredibus et successoribus suis omni jure ac remedio eis per obliga-

a) *Jerusalemitanensis* (!) *K 1.* b) *Sunt constituti K 1.* c) [illegible]
d) *Fehlt K und D.* e) *et K 1.* f) *cum fehlt K 1.*

[1] *Eine Abschrift des § 1 dieses Vertrages findet sich auch im StA Köln, Hanse II. Doppelblatt Papier, eingeleitet:* Anno Domini 1409 London inter serenissimi regis Henrici et magistri generalis commissarios super quibusdam articulis, quorum primus hic describitur, est concordatum; secuta est anno sequenti 1410 consignatio tractatorum omnium cum majori sigillo terrarum Prussie. *S. unten n. 981.*

cionem per commissarios et procuratores dicti magistri generalis supranominatos, de quibus infra dicetur, ipsius magistri nomine factas concessis et indultis.

[3.] Item unanimiter concordatum, promissum[a] est et concessum, quod pro omnibus et singulis dampnis, gravaminibus et depredacionibus dicto domino regi ac ipsius subditis quibuscumque ac ceteris omnibus, qui tempore dampnorum, gravaminum et depredacionum predictorum dicti domini regis subiecti fuerint vel sunt de presenti, ante datam presencium quandocumque[b] factis et illatis dicto domino regi aut ipsius successoribus per predictum[c] magistrum generalem aut successores suos in plenam satisfaccionem dampnorum, gravaminum et depredacionum predictorum[d] solvi debent nonnulle pecuniarum summe monete Anglicane, prout in litteris obligatoriis per predicti magistri generalis procuratores et nuncios supranominatos in hac parte factis et eorum[e] sigillis sigillatis procuratoribusque et commissariis dicti domini regis prenominatis traditis et liberatis plenius continetur.

[4.] Item condictum, concessum extitit et promissum, quod nullus subditus dicti magistri generalis aut suorum successorum racione vel occasione dampnorum, gravaminum et depredacionum predictorum per prefatum dominum regem vel ipsius successores aut eorumdem jussu vel mandato aut per alium quemcumque, qui occasione vel causa dampnorum, gravaminum et depredacionum, de quibus superius memoratur, offensus fuerit vel dampnificatus, ipsorumve alicujus procuracione vel instancia capietur, arrestabitur, incarcerabitur vel detinebitur, nec subditorum dicti magistri generalis vel successorum suorum seu alicujus eorumdem bona capiantur, arrestentur vel detineantur.

[5.] Item condictum est et concordatum, quod, si contingat aliquem ligeum vel subditum dicti magistri generalis et successorum suorum contra formam concordie et concessionis proxime prescriptam gravari vel dampnificari, quod tunc dominus rex antedictus et successores sui reges Anglie pro omni dampno, quod subditi dicti magistri generalis vel successorum suorum ea de causa injuste sustinuerint vel aliquis eorum sustinuerit, plenarie dampnificato satisfacere teneantur. Quod si dominus rex antedictus vel[f] successores sui in regno Anglie congrue per litteras dicti magistri generalis aut successorum suorum requisiti facere recusaverint, extunc post lapsum sex mensium a tempore requisicionis hujusmodi proximo sequencium bene liceat prefato magistro generali, qui est et qui erit pro tempore, facta primitus fide oportuna de requisicione hujusmodi, tanta bona subditorum dicti domini regis in terra Prucie reperta arrestare, que sufficere poterunt ad congruam satisfaccionem et emendam indebite in hac parte gravatorum vel gravati, et ea sub arresto detinere, quousque condigna hujusmodi gravatis vel gravato satisfaccio fiat et emenda.

[6.] Item per commissarios et procuratores supradictos concordatum, promissum et concessum extitit, quod pro omnibus et singulis dampnis, gravaminibus et depredacionibus dicto magistro generali et ipsius subditis quibuscumque, tam Prutenis quam Lyvoniensibus ac ceteris omnibus, qui tempore dampnorum, gravaminum et depredacionum predictorum dicti magistri generalis subditi fuerunt vel sunt de presenti, per dicti domini regis ligeos et subditos ante datam presencium quomodocumque factis et illatis, salvis semper[g] dampnis et gravaminibus aliquibus[h] dicti magistri generalis subditis ante[i] datam presencium per dicti domini regis ligeos et

a) concordatum K 1. b) Fehlt K 1. c) per dictum K 1. d) [illegible] K 1. e) eorundem K 1. f) et K 1, aut K. g) tamen K 1. h) [illegible] K 1. i–i) [illegible]

subditos specialiter illis de Prucia illatis, in quibusdam aliis litteris indentatis[1] per nos et inter nos procuratores et nuncios prenominatos confectis et sigillatis, que sunt de data in civitate Londoniarum in Anglia quarto die Decembris anno Domini millesimo quadringentesimo nono, nominatis et specificatis[1], dicto magistro generali aut ipsius successoribus per dictum dominum regem aut suos successores in plenam satisfaccionem dictorum dampnorum, gravaminum et depredacionum Prutenis et Lyvoniensibus ac ceteris aliis, de quibus premittitur, illatorum solvi debent nonnulle pecuniarum summe, prout in litteris obligatoriis[2] ipsius domini regis in hac parte factis ac eisdem procuratoribus et nunciis dicti magistri generalis traditis et liberatis plenius continetur.

[7.] Item concordatum, concessum atque promissum est, quod nullus ligeus vel subditus dicti domini regis vel heredum suorum racione vel occasione dampnorum, gravaminum et depredacionum predictorum per magistrum generalem antedictum vel ipsius successores aut eorum jussu vel mandato aut per alium quemcumque, qui occasione vel causa dampnorum, gravaminum et depredacionum, de quibus superius memoratur, offensus fuerit vel dampnificatus, aut per eorum procuracionem vel instanciam capietur, arrestabitur, incarcerabitur vel detinebitur, nec subditorum domini regis antedicti vel heredum suorum nec alicujus bona eorundem capientur[a], arrestabuntur vel detinebuntur[a]; reservato eciam semper prenominato magistro generali et ipsius successoribus omni jure ac remedio eis per obligaciones, de quibus premittitur, quovismodo quesitis et competentibus[b].

[8.] Item condictum est et concordatum, quod, si contingat aliquem ligeum vel subditum dicti domini regis, heredum aut successorum suorum contra formam concordie et concessionis proxime prescriptam gravari vel dampnificari, quod tunc dictus magister generalis et successores sui pro omni dampno, quod ligei vel[c] subditi predicti domini regis, heredum vel successorum suorum ea de causa injuste sustinuerint vel eorum aliquis sustinuerit, plenarie dampnificato satisfacere teneantur. Quod si magister generalis antedictus aut successores sui congrue per litteras dicti regis vel heredum suorum requisiti facere recusaverint, extunc post lapsum sex mensium a tempore requisicionis hujusmodi proxime sequencium bene liceat prefato domino regi, qui est et qui erit pro tempore, facta primitus fide oportuna de requisicione hujusmodi, tanta bona subditorum dicti magistri generalis in regno Anglie reperta arrestare, que sufficere poterunt ad congruam satisfaccionem et emendam indebite in hac parte gravatorum vel gravati, et ea sub arresto salvo detinere, quousque condigna hujusmodi gravatis vel gravato satisfaccio fiat et emenda.

In quorum omnium testimonium atque fidem presentibus litteris indentatis penes prescriptos Ricardum Merlowe, Johannem Kyngton et Willelmum Askham pro parte Anglie remanentibus dicti Tedericus, Lyfardus et Johannes Crolowe ex ipsorum certis scienciis sigilla sua apposuerunt. Datum in civitate Londoniarum in Anglia, quarto die Decembris anno Domini millesimo quadringentesimo nono.

917. *Die Bevollmächtigten K. Heinrichs IV von England und die Gesandten des Hochmeisters Ulrich von Jungingen beurkunden den vorstehenden Vertrag, mit specieller Festsetzung der Entschädigungssummen für einige bisher unerledigte Klageartikel. — 1409 Dec. 4. London.*

Aus K 1 StsA Königsberg, Briefarchiv XXXII. 20; Lage von zwei Doppelblättern; gleichz. Abschr., überschrieben: Copia der vorrichtunge czwuschen den Engelschen und desem landen.

a—a) [illegible] K 1 b) [illegible] K 1. c) [illegible] K 1

[1]) *S. n. 917.* [2]) n. 906.

StA Danzig, beglaubigte deutsche Übersetzung.
Gedruckt: in engl. Übersetzung (aus einer engl. Überlieferung) Hakluyt 1, 180. Angeführt Hirsch, Danzigs Handels- und Gewerbsgeschichte S. 103 Anm. 140.

Per hanc indentatam sive intercisam litteram *[u. s. w. wie n. 916 mit den dort angegebenen Varianten bis zum Schluss des § 8].*

[9.] Item est concordatum, quod preter summas dicto magistro generali et successoribus suis nominibus subditorum suorum tam de Prusia quam de Livonia debitas, de quibus premittitur, eidem magistro generali aut successoribus pro nonnullis aliis dampnis, gravaminibus et depredacionibus sibi ac quibusdam suis subditis de Prusia, videlicet Matheo Ludekemson, Arnoldo de Aschen, Henrico Kuleman, Johanni Vinkeldop, Johanni Halewater et Eghardo Schoff de Danczik necnon Richardo Volmersteyn de Elwingo per dicti domini regis ligeos et subditos infrascriptos ante datam presencium factis et illatis in plenam satisfaccionem dampnorum, gravaminum et depredacionum eorundem solvi debent summe nobilium infrascripte: videlicet per Tutbury et [T]erry[a] de Hul 82 nobilia, que debentur predicto Matheo Ludekemson. Item per Michaelem Scot de Calesia, filium Tutbury, et Hilgum de Hul 256 nobilia, que debentur dicto Arnoldo de Aschen. Item per gentes de Scardeburg, Blakeney et Crowmere, quorum capitaneus fuit Johannes Joly de Blakeney, 156 nobilia, que debentur Henrico Kuleman antedicto. Item per gentes de Bayona, quorum capitaneus fuit Tydeville, 125 nobilia, que debentur dicto Johanni Vinkeldop[1]. Item per gentes de Plymmuth et Dertemuth, quorum capitanei[b] fuerunt Henricum Pay et Wilhelmum Gaslehux, sexcenta nobilia, que debentur dicto Johanni Halewater, videlicet racione bonorum ab eo derobbatorum. Item per eosdem 334 nobilia eidem Johanni Halewater debita racione detencionis navis sue per tres menses et amplius, que navis fuit portagii trecentorum vasorum vini et habuit 45 servientes per idem tempus expensis Johannis Halewater antedicti. Item quod vocetur dominus Wilhelmus de Echyngham miles, qui fuit subadmirallus maris, ad dicendum causam racionabilem, quare 114 nobilia Johanni Halewater antedicto, eo quod idem dominus de Echyngham cum servientibus suis expulit dictum Johannem Halewater de navi sua per quindenam et cepit de bonis et victualibus ejusdem Johannis ad summam 114 nobilium antedictam, solvere non deberet; quam si probare noluerit vel non potuerit citra primum diem mensis Aprilis proxime futuri, tunc regia auctoritate dicta 114 nobilia predicto Johanni solvere compellatur. Item per gentes de Cales, quorum capitanei fuerunt Michael Scot, Bisshop et Wilhelmus Horneby, mille nobilia nongenta, que debentur Eghardo Schoff antedicto pro eo, quod dominus rex mandavit sibi satisfieri per dictos Michaelem Scot etc. de summa antedicta. Item per Johannem Hylys juxta Crowmere 68 nobilia, que debentur Richardo Volmersteyn de Elbingo. Que quidem[c] nobilium summe auctoritate regia levari debent ab ipsius domini regis ligeis et subditis memoratis infra hinc et festum purificac[i]onis beate Marie, quod contingit anno Domini 1411[2], tradende effective et liberande dicto magistro generali vel ejus legittimo procuratori aut successoribus suis vel procuratoribus eorum legittime apud civitatem Londoniarum in festo antedicto.

[10.] Item est concordatum, quod preter summas in litteris obligatoriis dicto domino regi, ut premittitur, factis[3] specificatas debebantur cuidam Johanni Marion de Derningham defuncto dicti domini regis, dum vixit, ligeo ducenta nobilia monete Anglicane pro nonnullis dampnis et depredacionibus eidem Johanni per quendam Egbardum Schoff dicti magistri generalis subditum ante datam presencium factis et

a) Herry K 1. b) capitaneus K 1. c) quidem K 1.

1) Vgl. Hanseakten n. 321, 9, wo demnach statt Umkeldorp zu lesen ist: Vinkeldorp.
2) 1411 Febr. 2. 3) S. n. 853.

illatis in plenam satisfaccionem dampnorum et depredacionum hujusmodi, solvenda ejusdem Johannis uxori et liberis suis heredibusve aut executori ejusdem per dicti Eghardi Schoff heredes aut bonorum suorum administratores in termino et loco antedictis.

[11.] Item condictum, firmatum est et promissum, quod pro omnibus dampnis et depredacionibus cuidam Johanni Dordewant, dicti magistri generalis subdito, dum vixit, per predicti domini regis ligeos et subditos de Scardeburg ante datam presencium factis eciam et illatis in plenam satisfaccionem dampnorum et depredacionum hujusmodi solvi debeat cuidam Johanni de Bruk de Danzik 800 nobilia monete Anglicane in festo pasce proximo jam futuro¹ in civitate Londoniarum per illos de Scardeburg noxios et culpabiles in hac parte, qui dicto Johanni in hujusmodi nobilibus racione dictorum dampnorum et depredacionum sentencialiter et diffinitive sunt condampnati, salvis expensis legittimis in hac parte factis et taxandis tempore debito in eventum. Et ideo condampnati hujusmodi, de quorum nominibus in sentencia contra eos lata in hoc casu plenius est contentum, auctoritate regia compelli debent et constringi ad parendum hujusmodi sentencie realiter et executive, videlicet solvendo et liberando dicto Johanni de Bruk hujusmodi 800 nobilia in termino et loco antedictis cum racionabilibus expensis, in quibus eciam condampnati existunt, legittima eorum taxacione reservata².

[12.] Item est concordatum, quod heredes domini Henrici de Percy junioris, post[ti]quam ad etatem legittimam pervenerint et possessionem bonorum suorum hereditariorum adierint seu adepti fuerint, regia auctoritate compelli debent justicia previa ad satisfaciendum magno procuratori de Marienburg de octingentis triginta et octo nobilibus racione bladi et frumenti, que dictus Henricus ab ipso magno procuratore anno Domini 1403 emit ad usum castri de Zutherwik et recepit.

In quorum omnium testimonium atque fidem *(u. s. w. wie n. 916).*

918. *Reval an K. [Erich] von Dänemark: sucht um Entschädigung einiger von den Leuten Thord Bonde's beraubter Kaufleute nach³. — [1409?] Dec. 17.*

Aus R StA Reval, Missivbuch 1384—1420 fol. 39. Umme des koninges van Denemarken. *Hagedorn.*

Aller[dor]luchtiege vorste, hochgeborne leve genedige here. Juwen konyngliken genaden begere wy dat behegelik^a si to weten, dat sick vor uns unse borgere unde andere coplude swarliken beclaget hebben, wu dat se beryrik in vorledenen tiiden ut unser havene to der Narwe wart geschepet hedden. Des quemen her Turd Bunden deners unde entweldigeden en der schepe unde des gudes, also dat se des groffliken beschediget syn, alse se juwen genaden muntliken des wol berichten werden. Hirumme bidde wi, leve genedige here, yuwe konyncliike genade, alse wy otmodelikest mogen, dat gii dussen vorscreven unsen borgeren unde copluden, de aldus beschediget sin, willen helpen umme Godes willen, dat en ere schade belecht werde, unde umme des rechten willen, alse wy des to juwen genaden wol vorhopen. Hirmede bewarrende almechtige God juwen hochgeloveden erwerdigen stad to langen saligen tiiden. Ghescreven under unser stad secrete, des dynxtages na sunte Lucien dage. Borgermeistere unde rat der stad Revalle.

919. *Grossfürst Witold von Litauen an Riga: nimmt in der Angelegenheit n. 908 Rigas Erbieten zur unverzüglichen gerichtlichen Entscheidung an. — [1409] Dec. 23.*

Aus StA Riga; Or. m. S. *Koppmann.*

a) Übergeschrieben R.

¹) *1410 März 23.* ²) *Vgl. hierzu Hanseakten n. 306.* ³) *Vgl. n. 855, 861.*

Den erbaren mannen, rotlüten czu Rige, unsern besundern lieben vrunde, dandum.

Allexander andirs Wytovd von Gotis gnaden grosfurste czu Lithawen. Erbaren unsern besundern liben frunde. Euwern brif haben wir wol vornomen, als ir uns habt geschreben, das euch die ding wol kunt weren, von den wir euch schreben, als von unserm manne, der seyn war euwirm manne eyme czu halden hatte gegeben etc., und wie ir unserm manne habt gewolt recht helfen, do beyde teyl vor euch czu kegenwort woren etc. So wysset, das wir den euwern brif haben lassen lezen vor unserm manne, deme seyn gut vorlorn ist; do sprach her, das selbe gut deme Forfey hette gegebin, das hers in seynem eygen huse behalden solde; hat euwir man das gut in die Ruschische kirche gesaczt, das ist im nicht bevolen gewest von unserm manne. Hirumbe als ir euch dirbitt, das ir dem selben unserm manne noch hütes tages des rechtis wellet helfen, wir senden in wedir czu euch und bevolen ouch den Polocziger n, das sie mit dem selben unserm manne eynen andirn unsern man, der das gericht mitsampt den euwirn alisen wirt, senden sollen. Dorumb bitten wir euch mit fleyse, das ir deme vorgenanten unserm manne rechtis helfen wellit, noch deme als czwusschen uns ist beydirseyt vorschrebin, als wir ouch den euwern thun gerne welden, wenne siche gebürte. Gegebin am montage vor unsers Hern gebort etc.

920. *Hrg. Johann von Burgund transsumiert den Schutzbrief K. Karls von Frankreich für die hansischen Kaufleute n. 806. — 1409 Dec. 27. Brügge.*

StA Köln, hansischer Kopiar E fol. 125. Auch in D fol. 92.

921. *Der deutsche Kaufmann zu Brügge an Riga, Dorpat und Reval: hört, dass der König von England und sein Rat mit Rücksicht auf die Privilegien der hansischen Kaufleute und auf die Entschädigungsgelder, welche sie den Preussen und Livländern zahlen, ihrerseits Privilegien für die englischen Kaufleute vom Hochmeister begehren, sowie dass die in England weilenden preussischen Gesandten diesen Wunsch bezüglich Livlands für aussichtslos erklärt haben, worauf der König mit einem Ausschluss der Livländer vom englischen Markte gedroht hat; warnt vor einer derartigen, der Hanse höchst nachteiligen Privilegierung der Engländer und rät, lieber den hansischen Handel nach England und den englischen Verkehr in Preussen aufzugeben, indem er auf seine eigene schwierige Stellung in Flandern und auf die grossen, für die hansischen Privilegien in England aufgewandten Kosten hinweist. — 1410 Jan. 8.*

StA Reval, eingeschoben in ein Schreiben Rigas an Reval von März 3.
Gedruckt: HR. 5 n. 659 und 663, früher v. Bunge, Livl. U.B. 4 n. 1823.

922. *Reval an [den deutschen Kaufmann zu] Nowgorod: sendet auf seinen Wunsch alle noch dort befindlichen Kleinodien des Kontors zurück[1]. — 1410 Jan. 11.*

Aus StA Reval, Missivbuch 1384 — 1420 fol. 25b. Überschrieben: 1410. Versus Nogarden. Hagedorn.

Unse vruntlike grote und wat wy gudes vormogen. Leven vrunde. Willet weten, dat wy juwen breff[2] entfangen und wol vornomen hebben, dar gy uns ynne scryven und begherende syn, also wes wy hir noch van sunte Peters cleynode hebben, dat wy ju dat senden solen. Des so weten, dat wy ju senden by Feggerd

[1]) *Vgl. dazu HR. 8 n. 1071, 3.* [2]) *n. 914.*

Hornen und by Hans Wackenbroke eyne berthanne bereven und besegelt, dar is ynne 1 myssegewede, 6 silverne schalen, 4 silverne glase, 1 busse vorguld, 8 boeke cleyne und grôt, 1 zak mit breven, 1 lade mit breven, 1 wyt siiden stucke und dat wasinnesegel und boyde des copmans schrae. Und wes vorder in der thunnen was, de uns de copman utsande van cleynode[1], dat hebbe wy ju tovoren wedergesant by heren Diderike, deme prestere van Gotlande, und by Albert Stoppezacke; und wes dar vorder van golde und van silvere ynne was, dat is ghekomen in der stede und in des copmans nût und wet. Dominus vos conservet. Scriptum sabbato epiphanie anno Domini 1410.

923. *Reval an Wisby: bekundet, dass mehrere Ratmannen und Bürger von Reval sowie andere Kaufleute den Rat von Wisby bevollmächtigt haben, nach bestem Ermessen mit den ihnen gehörigen, aus einem bei Gotland gestrandeten Schiffe geborgenen Gütern zu verfahren, und dass keine Nachmahnung deswegen geschehen soll. — 1410* (octava epiphanie) *Jan. 13.*

Aus StA Reval, Missivbuch 1384–1420 fol. 29b. Gesant to Godlande. *Durch Rasuren zum Teil unleserlich.*

924. *Hzg. Johann von Burgund an Hochmeister Ulrich von Jungingen: verwendet sich für den Brügger Herbergswirt Georg Pape, der durch die Gläubiger seines zahlungsunfähigen Gastes Rutger Hetvelt bedrängt wird und deswegen die Auftraggeber Rutgers in Preussen zur Erfüllung ihrer Verbindlichkeiten anhalten will. — [1410][2] Febr. 23. Paris.*

Aus StsA Königsberg; Or. m. S.

Magnifico ac religioso viro, fratri Ulrico ordinis beate Marie Theotonicorum magistro generali, amico nostro precarissimo.

Magnifice amice precarissime. Decet licite principem quemcumque in subditorum suorum juris favorem et juvamen laborare, quod in justis suis prosecucionibus et querelis eis justicia ministretur. Cum itaque quidam Rutgerus Heetvelt, mercator etiam et quorundam aliorum mercatorum de partibus domini vestri Prucie, videlicet domini Tidemanni Heetvelt fratris sui, Arnoldi Heetvelt, Herdwijci et Godscalci Heetvelt factor manifestus, de et pro magna pannorum et aliarum mercaturarum copia tam in patria nostra Flandrie quam in Brabancia aliisque diversis locis hincinde per se emptorum et in Prucia predictis mercatoribus, ut dicit, de villa nostra Brugensi, ubi suam residenciam continuo facere consuevit in hospicio cujusdam Georgii Pape subditi nostri, prefate ville nostre opidani, collocatus, transmissorum in non modica pecuniarum summa obligatus, nuper ex debiti sui solucionis defectu ad suorum instanciam creditorum fuerit in eadem villa nostra Brugensi captivatus ac ibidem adhuc sit captive detentus, tali modo depauperatus seu bonis denudatus, quod dictos suos creditores non habet unde contentari; et creditores hujusmodi, volentes persolvi, conentur et nitantur pecunias suas super dicto Georgio tanquam ipsius Rutgeri hospite occupare, qua de causa ipse et domus sua tota in maximo stant periculo perpetuo destrui penitus et desertari: prenominatus Georgius se disposuit de proximo ad partes illas personaliter Deo duce dirigere gressus suos, sicut nobis exponi fecit, eosdem mercatores ut satisfaccionem facere de hiis, in quibus tenentur de pannis aliisque mercibus predictis per eundem Rutgerum sic eis destinatis, et similiter dictus Tidemannus de summa trecentarum librarum grossorum adhuc non soluta, in qua novissime Brugis existens pro certa pannorum quantitate,

[1]) S. n. 738. [2]) S. n. 947.

quos tunc emit ibidem, mansit obligatus et prefatus Georgius secum et pro ipso, compellantur sine mora justicia mediante, precipue coram magnificencia vestra, si tamen opus fuerit, prosequendum. Quapropter, magnifice amice precarissime, eandem magnificenciam vestram, sibi factum dicti subditi nostri recommendantes, favorose rogamus deprecantes, quatenus tam racionis quam nostro intuitu prelibato subdito nostro super hoc de talibus remedio et expedicione dignemini providere seu per judices vestros, quibus pertinuerit, provideri facere, quod de vestra ipsorumque bona et prompta justicia se debeat repatriatus nobis merito regraciari, quemadmodum velletis etiam subditis vestris in similibus vel majoribus nostro sub dominio per nos fieri; quod veraciter unacum ceteris vestris beneplacitis, que fiducialiter nobis significare velitis, semper libenti animo faceremus, teste altissimo, qui eandem magnificenciam vestram feliciter et votive dignetur in evum conservare. Scriptum Parisius die 23. mensis Februarii.

Johannes dux Burgundie, comes Flandrie, Arthesii Burgundieque, palatinus etc.

Keythulle.

925. *Der deutsche Kaufmann zu Nowgorod an Reval: will den Beschlüssen der Tagfahrt zu Walk nachkommen; hat das Schreiben derselben an Nowgorod übergeben, aber bis jetzt noch keinen Bescheid erhalten können; klagt über russische Verordnungen und über die flaue Geschäftslage, da die Russen auf die frischen Waren der Sommergäste warten; die in der Skra festgesetzte Beschränkung des jeweiligen Jahresumsatzes auf höchstens 1000 M. will er nach Möglichkeit durchführen und bittet um entsprechende Warnung der Kaufleute; berichtet über Mishelligkeiten mit den Leichterschiffern in der Newa und bittet um Sendung von Zimmerleuten, während er wegen der Ziegel- und Mauermeister und wegen anderer Angelegenheiten an Dorpat geschrieben hat. — [1410] Febr. 23.*

StA Reval; Or. m. Spuren d. S.
Gedruckt: HR. 5 n. 663, früher v. Bunge, Livl. U.B. 4 n. 1822.

926. *Der Kaplan Will. Bysouthe, der Tuchmacher Joh. Brykeles und der Krämer Rob. Trege, Bürger von London, übertragen dem Rob. Chamberlein ihr Anrecht auf fünf näher bezeichnete Grundstücke in London nebst Zubehör* (in warda de Dovegate in parochia Omnium Sanctorum ad fenum Londoniarum in Londoniis, videlicet in illis terris et tenementis cum omnibus suis pertinenciis situatis in Haywharflane in parochia predicta, scilicet inter venellam predictam ex parte occidentali et cimiterium ecclesie predicte ex parte orientali, et situantur in latitudine inter predictam ecclesiam ex parte boriali et tenementum priorisse et monialium de Dertford in comitatu Kancie[a] ex parte australi; et in uno tenemento cum suis pertinenciis vocato le George situato in Cosinlane in parochia predicta, se extendente in eandem venellam versus orientem usque ad magnam placeam comitis Westmerland vocatam le Erbere ex partibus boriali et occidentali ac venellam de Carterlane juxta le Erbere ex parte australi; ac in quodam magno tenemento cum tribus mansionibus adjacentibus cum omnibus suis pertinenciis et simul situatis in Roperia in parochia predicta, videlicet inter vicum regium de Roperia ex parte australi et venellam vocatam Carterlane ex parte boriali ac tenementum Johannis Brikelys draper ex parte orientali et tenementum vocatum de Stode ac[b] tenementum nuper Johannis Walcote, dudum civis et aldermanni Londoniarum,

a) Kanc der Druck. b) ad der Druck.

ex parte occidentali; in diversis tenementis cum suis pertinenciis situatis in Wendegooselane in parochia predicta, que cum cornerio ejusdem venelle se extendunt in Roperiam predictam versus boriam et ad tenementum sive aulam vocatum le Esterlyngys Halle et ad gardinum eidem aule de les Esterlyngys adjacens versus occidentem, ac inter dictam venellam vocatam Wendegooselane ex parte orientali ac tenementum quondam Johannis Sleigh armigeri, quod nunc ducissa Hibernie tenet, ex parte australi; necnon et in omnibus illis tenementis cum omnibus suis pertinenciis, que cum cornerio situantur apud Dovegate in parochia predicta et se extendunt et jacent scilicet inter tenementum Willielmi Staundon ex parte boriali et tenementum domine Margarete Philippot ex parte occidentali ac vicum regium vocatum le Vynetrie ex parte australi et vicum regium durentem versus Dovegate ex parte orientali)[1]. — *1410 (11 Henr. IV) Febr. 25. London.*

L StA Lübeck, Anglicana n. 64; Or. Perg., 1899 nicht zu finden.

H StA Hamburg, Transsumpt Londons von 1475 Aug. 11 im 1842 verbrannten Kopialbuche.

Gedruckt: aus H Lappenberg, Urkdl. Gesch. des hansischen Stahlhofes, Urk. n. 51, wonach hier.

927. *Der Knappe Rob. Cumberton überträgt die in n. 926 bezeichneten Grundstücke in London dem Ehemann seiner Tochter Margareta, Robert Fitz Robert jun., und dessen ehelichen Leibeserben; falls dieser aber ohne eheliche Nachkommenschaft stirbt, soll der Besitz dem Londoner Gewürzkrämer Robert Fitz Robert sen. gegen eine dem Cumberton bei dessen Lebzeiten zu zahlende jährliche Rente von 25 M. Sterl. zufallen. — 1410 (11 Henr. IV) März 17. London.*

L StA Lübeck, Anglicana n. 65; Or. Perg.

H StA Hamburg, Transsumpt von 1475, s. n. 926.

Gedruckt: aus H Lappenberg, Urkdl. Gesch. des hansischen Stahlhofes, Urk. n. 52.

928. *Die Brüder des Bernd von Vreden zu Reval beklagen sich über die von den Nowgorodfahrern in Lübeck erwirkte Verhaftung ihres Bruders und bitten, sich um seine Freilassung zu verwenden. — [1410] März 25.*

Aus StA Reval; Or. m. Spuren d. S. Höhlbaum.

Gedruckt: v. Bunge, Livl. U.B. 4 n. 1785.

An de erbaren heren borghermester unde ratlude der stat van Revale presentetur littera.

Unsen wylligen denst unde wes wy godes vormoghen nu unde to allen tiden, an de borghermesters unde rat der stat van Revale. Weten scolle gi, dat Tideke Lange, Tymmerman unde Hinrik van den Broke unde vort ander koplude van Nouwerdesvaren, der wy ju nicht besunderen scriven unde kennen, de hebben unsen broder Bernde van Vreden to Lubeke upghesat to den hodel hus boven de sone, de he to Nowerden Hinrick Spaygerde unde Hans Hornemanne dede. Unde unse broder sik an de sone holden heft unde noch to Lubeke is unde warde sik vor den kopman nicht, wente he en teth den kopmanne nicht, unde Hinrick unde Hans vorgenomed to der tilt olderlude weren des kopmans; unde unse broder den kopman darvor lert vor den vorgenomeden luden, unde sint der tilt ne uppe des kopman en sakede unde heft em de sone wol gheholden alze en berve knecht, wat se em

[1] 1475 gehen diese Grundstücke durch Schenkung K. Edwards IV ins Eigentum des deutschen Kaufmanns über. Lappenberg, Stahlhof Urk. n. 131, vgl. das. S. 67.

ghedaen hebbet, dat wetet se wal, unde wil se em vort holden unde holt sie an de unne unde en heft den kopmanne doch nicht ein verlinch ghenomen ofte gearadet, he ofte sine vrunt, ofte nicht doen willet, so veer alse wy myt like van ju steden kennen. Wente se hebbet ene dar upgheent van des ternen kopmans weghene, unde wy hoppet des, dat ju dar nicht wille aff en is unde dat gii em des nicht tosteen en sollen, wente dat wer quaet vor de ghesellen, de to Vlanderen wolden: wente wy weten wol, wy darna sitten myt mynen herrn van Munster, doch dar sint slote ghenoch uppe der Lippe, uppe der Older, Isle unde uppe der Steverne. Doch em si wo em sy, so hope wy des, dat gii em des nicht tostaen sollen, dat se ene van juwer weghene dar sat hebben, wente ju erbaricheit de kan dat wal kennen, wat dar nawolget[a], wente se hebben dat to Lubeke upp ju ghestoten, wes gii em overscriven, dar wilt se na doen. Darumme doet wal umme unses vordenstes willen unde scrivet sodane breve to Lubeke an den raet, dat unsen broder gene smaet ofte geen vordreet en schee unde dat uns wat likes vor unlike schee, uppe dat wy in gheen vordret en komen unde dat de unscholdighe des scholdighen nicht untgelde, wente wy uns to rechte bedet vor heren, vor steden unde vor alle gode lude, wente unse vrede ju nicht ghenomen en hefte, sunder dat he den Russen nam in ener apenbare vede, des her Ture Bunde em en goet hovetber is, dar ir Lambert, Berndes broder, um togbetoghen, unde wil des bewisinge halen unde wil de breve brengen van her Ture Bunden unde van myner vrowen der koninginne an unsen herrn van Munster unde an den rat to Lubeke. Hirumme doe[t] wal umme unses vordenstes willen unde scrivet sodane breve to Lubeke, dat uns homodes unde vordretes vordreghen werde, den uns Tideke Lange on vor dat erste doet; unde dat sal he wal vinden, doet he uns dat[a] umme nicht, und ju komet drade wal ander breve van unsen ghenedighen herrn van Munster unde van ridderen unde van knechten. Hirmede varet wal to Gode. Gheschreven des dinxedaghes to paschen, under unsen ingheseghelen.

Lambert, Arnd, Hinrick unde Johan, Berndes broder van Vreden anders ghehetten van Velen.

929. *Riga an den deutschen Kaufmann zu Nowgorod: beantwortet sein Schreiben von März 7, worin er die von dem Städtetage zu Walk verlangte Rücksendung des Kontorsiegels nach Dorpat auf Grund der Skra verweigert, mit der entschiedenen Weisung, das Siegel unverzüglich nach Dorpat zu schicken und das andere Siegel nur als Wachssiegel zu benutzen; hat es schon vor Ankunft seines Schreibens für nützlich erachtet, dass bei der Überfüllung des Hofes mit Waren nicht auch noch die Sommergäste mit ihrem Gut dorthin ziehen, und wegen deren vorläufiger Zurückhaltung auch an Dorpat und Reval geschrieben; den erbetenen Ziegelmeister[1] soll Dorpat schicken, das ihm auch Rigas Meinung in der Angelegenheit des Catserne[2] mitteilen wird. — 1410 März 26. Riga.*

StA Reval; Or. m. Resten d. S. Das. eine gleichz. Abschr.
Gedruckt: HR. 5 n. 668, früher v. Bunge, Livl. U.B. 4 n. 1828.

930. *Riga an Reval: sendet eine Abschrift seines Schreibens an den deutschen Kaufmann zu Nowgorod n. 929 und ersucht es, demselben im gleichen Sinne zu schreiben, was auch Dorpat vermutlich thun wird[3]; bittet, wie es bereits an Dorpat geschrieben hat, die Sommergäste von der Fahrt nach*

a) So R.

1) S. n. 923. 2) n. 920. 3) S. Dorpats Schreiben an den deutschen Kaufmann von Apr. 3, HR. 5 n. 671.

Nowgorod zurückzuhalten, sowie Wisby davon zu benachrichtigen; will sich in der Angelegenheit des Colzerne den zwischen Reval und Dorpat zu vereinbarenden Abmachungen anschliessen. — 1410 März 26. Riga.

StA Reval; Or. m. Resten d. S.

Gedruckt: HR. 5 n. 669, früher v. Bunge, Livl. U.B. 4 n. 1827. Verz.: Reg. Dan. II 1 n. 4181.

931. *Brügger Schöffenurteil über die Klage eines Hamburger Kaufmanns gegen den Klerk eines Brügger Herbergswirtes wegen Bezahlung von gelieferten Schmiedewaren. — 1410 März 31.*

Aus StA Brügge, Groenenboek A fol. 25; Abschr. des 16. Jh. Die Überschrift enthält verweist auf ein vorhergehendes Rubrum: Dat de makelaers zyn ansprekelic voor de sculden van heerlieden gasten, ziet jeghenwoordich dat zy obligatie ghenomen hebben van de coopliedén¹.

De la demande, que Ederic van Aden merchant dAmbourc fist pardevant la plaine chambre des eschevins de Bruges a Jaques Zelversmet dit Palster, clerc de lostel de Jehan Honin, filz de feu Gillis bourgois de Bruges, de la somme de onze livres huit solz de groz monnoye de Flandres, en la quelle il disoit le dict Jaques Zelversmet estre envers lui tenus a cause de merchaundise de batrie lui pieca rendue et delivre en la ville de Bruges a loeps de la femme de Roubert Coventre; le dict Jaques Zelversmet ad ce respondant en confessant loyaulment, soy par certain charge, quil en avoit eu de Olle de Mierhoop, varlet et facteur de Johan Lannoy² et de Roubert Coventre, avoir pieca achate au demandiet Ederic van Aden pour la femme du dict Roubert Coventre certaine quantite de baterie jusques a la somme de deniers dessusdicte: a este dict et jugie par les dix eschevins, que le dict Jaques Zelversmet, veu sa confession dessusdicte, estoit tenu de paier le dict merchant dAmbourc la dicte somme de onze livres huict solz de groz, reserve a ycelui Jaques son action de recouvrer la dicte somme de deniers en temps et en lieu sur ceulz, quil appartiendra. Actum le dernier jour de Mars lan de la nativite nostre seigneur 1410. Presentibus Oudenaerde, Veltre, Rijnvisch, Rijsele, Brouloos, Reaier, Neve, Ghildolf³.

932. *Dorpat an Reval: hat ein Schreiben des deutschen Kaufmanns zu Nowgorod [von März 7] empfangen und hält dessen Begehren, die Sommergäste zurückzuhalten, für nützlich, wie es gleich Riga schon früher an Reval geschrieben hat⁴; bittet, sich um den Abschluss eines Vergleichs zwischen Colzerne, wenn dieser nach Reval kommt, und Hans Wrede zu bemühen⁵ und ersterem ohne Ermächtigung der Städte keinen Handel zu gestatten; berichtet, dass seine an Reval und Riga übersandten Vorschläge [in Betreff des Verkehrs mit Pskow und Nowgorod und der demnächstigen Tagfahrt in Stralsund]⁶ von Riga vorläufig angenommen sind, u. s. w. — [1410] Apr. 2.*

StA Reval; Or. m. Resten d. S.

Gedruckt: HR. 5 n. 670, früher v. Bunge, Livl. U.B. 4 n. 1830.

933. *Stralsund beurkundet sein mit Greifswald, Anklam und Demmin von Pfingsten an auf 10 Jahre unter Ausschluss von Kündigung vereinbartes Bündnis wie*

¹) Vgl. oben n. 750 § 2. ²) Kaufmann aus England nach anderen Eintragungen. ³) Gleichzeitig klagen gegen Joh. Zelversmet noch ein katalon. Kaufmann Michiel de Willagenas wegen gelieferten Saffrans im Betrage von 149 lr. 9 s. und George de la Stichele wegen einer Partie Kessel und Pfannen im Betrage von 19 lr. 6 s. 10 d. ⁴) S. n. 930. ⁵) S. n. 929. ⁶) Gedr. HR. 5 n. 656, das Begleitschreiben an Reval das. n. 667.

n. 371[1]. — *1410 Apr. 11* (des vrydaghes na deme sondaghe misericordia Domini). *Stralsund.*

StA Demmin (im StaA Stettin), Urk. n. 90; Or. Perg. m. anh. S. Dem. n. 97 die gleichlautende Ausfertigung von Greifswald, aus Greifswald datiert. — Die unbedeutenden Abweichungen von dem früheren Vertrage s. bei n. 371.

934. *[Die Lübecker Bürger] Nik. Blidestorp und Nik. Vöghe pachten von Wilh. Sconeveldder ein Grundstück auf Schonen* (illa loca prope Schonoer et Valsterbode dicta grumberge) *gegen eine jährliche im Herbst fällige Lieferung von 19 Last gutem Häringsthran, zu denen Sconevedder die Fässer hergeben soll; der Vertrag soll in Kraft bleiben, so lange die Pächter ihrer Verpflichtung nachkommen und Sconeveldder im Besitz des Grundstücks* (gracia sui domini regis[2] seu alterius cujuscunque) *ist, während er seine Gültigkeit verliert, wenn die Lübecker Kaufleute in Folge eines Verbots oder einer Streitigkeit des Königs von Dänemark und Lübecks Schonen nicht besuchen können. — 1410 Apr. 13.*

StA Lübeck, Eintragung im Niederstadtbuch zu 1410 Jubilate.
Gedruckt: Lüb. U.B. 5 n. 315. Verz.: Reg. Dan. II 1 n. 4183.

935. *Henrik Zomerman aus Reval bekundet, zwei Tonnen Pelzwerk, die er in dem bei Gotland gestrandeten Schiffe des Schiffers Peter Bram verfrachtet hatte, von dem Vogt auf Gotland Jusse Eriksson gegen Bergelohn zurückerhalten zu haben, und verzichtet deswegen auf alle weiteren Ansprüche an K. Erich, Königin Margaretha sowie Eriksson und dessen Erben. — 1410 Apr. 13. Wisby.*

Aus RA Kopenhagen; Or. Perg. m. 2 von 4 anh. S.
Gedruckt: HR. 8 n. 1073, früher Silfverstolpe, Svenskt Diplomatarium 2 n. 1286.

936. *Brügger Schöffenurteil über die Klage eines preussischen Kaufmanns gegen einen Brügger Herbergswirt wegen Auszahlung einer von dessen Klerk für den Kläger in Empfang genommenen Geldsumme. — 1410 Apr. 14.*

Aus StA Brügge, Groenenboeck A fol. 26; Abschr. des 16. Jh. Dat de waerdeleers zijn aensprekelic vour de schulden van haerlieder clercken[3].

Van den eessche, dien Alexander Winkelman, coopman van Pruceu, dede voor den ghemeenen hoop van scepenen van Brugghe Janne Baven sheer Jans zone als meester van Janne Best, wilen svorseids Jan Baefs knape ende clerc van ziere herberghen in Brugghe, zegghende de voorseide Alexander, dat ontrent een jaer leden, als hij ghetrocken was in Prucen, de voorseide Jan Best als clerc van der voorseiden herberghe van Janne Baven tvoorseits Alexanders Winkelmans bouf ontfinck van diversen coopliden groote sommen van penningen, daeraf hij hem verachtert bleven ware eenentdetachtentich pond eenen scelline grooten, ende mids dat hij daeraf ghebrec vonde an den voorseiden Janne Best, begheerde an den voorseiden Janne Baven, dat hij als weerd van der voorseiden herberghen hem waer zeide van zinen voorseiden ghelde; den voorseiden Janne Baven daerop verandwoordende, dat hij wel verhoort hadde, dat de voorseide Jan Best den voorseiden Alexander Winckelman verachtert wesen zoude drieendetachtentich pond groten, ende als van dien zo zoude de voorseide Jan Bave gheerne doen al tworud, dat hij sculdich ware te

[1]) 1408 Okt. 9 verbunden sich auch Stolp, Rugenwalde und Schlawe zu gegenseitiger Unterstützung gegen Vergewaltigungen. Schlecht gedr. Schöttgen und Kreysig, Diplomataria 3, 70.
[2]) Die „Grumbuden" zur Verwertung der Häringsabfälle standen auf Königsboden. Schäfer, Buch des Lüb. Vogts auf Schonen S. LIX. [3]) Vgl. n. 750 § 8.

doene maken rechte: so was ghewijst bij den ghemeenen hoop van cogepluden voorseit, dat de vooreeide Jan Bave als weerd vooreit schuldich ware, den vooreeiden Alexanderus Winkelman te vernoughene van der vooreeiden somme van drieendetachtentich pond groten Torn., halende daeraf zijn acquiet an Janne Brul zinen knape was ende clerc van ziere vooreeiden herberghen, also verre als recht ende redene ghedraghen zullen. Actum den 14. dach van April int jaer 1410. Presentibus Oudenaerde, Breydel.

937. *[Vom deutschen Kaufmann zu Brügge verkündete] Ordonnanz des Hamburger Hansetages[1] gegen Handelsgesellschaften zwischen Hansen und Aussenhansen. — 1410 Apr. 20.*

Aus L StA Lübeck, flandrischer Kopiar n. 8 S. 49; Abschr. vom 1. Drittel des 15. Jh. Koppmann.
StA Köln, hansische Kopiare A fol. 165b, H fol. 156.

Item int jaer 1410 upten 4. sondach na paeschen, alse men zinghet cantate, waert to Hamborch[a] by den radessendeboden van den Hanzesteden overeyn gedreghen ter dachvard, dat neen coepman in der Duetschen Hanze wesende schal selschap edder kompenye hebben offt zijn gued hebben offt senden zijn gued[b] edder bevelen mit edder an Vlamynghe offt anders yemende nicht in der Henze wesende, by syner lodighen marck goldes, alse de stede dat eer geordiniert hebben.

938. *Die hansischen Ratssendeboten in Hamburg an K. Karl [VI] von Frankreich: der schottische Graf von Mare nebst Rob. Davidessone u. Gen. haben einen in Preussen befrachteten Kraier auf der Fahrt nach Flandern weggenommen und nach Schottland geführt und später die Waren zum Teil nach Harfleur zum Verkauf gebracht, welche dort durch hansische Kaufleute gerichtlich arrestiert wurden; die beim Pariser Parlament durch den deutschen Kaufmann zu Brügge beantragte Auslieferung dieses arrestierten Guts an die Eigentümer ist aber wegen eines den Schotten erteilten königlichen Geleitsbriefes abgelehnt; bitten, den geschädigten Kaufleuten zu ihrem Recht gegen die Übelthäter zu verhelfen. — [1410 Apr. 20.]*

Gedruckt: HR. 5 n. 709, vgl. den Recess n. 705, 14 und n. 641, 3—4.

939. *Dieselben an Hzg. Johann von Burgund (ebenso an die flandrischen Städte): hören, dass er die Münze in Flandern mit Zustimmung der Städte von Weihnachten an um 25 % erleichtern will; machen auf die dem hansischen Kaufmann dadurch entstehenden Verluste aufmerksam und bitten um die Erhaltung einer für den geschäftlichen Verkehr annehmbaren Münze, widrigenfalls sie ihrerseits das Interesse ihres Kaufmanns wahrnehmen müssen. — [1410 Apr. 20.]*

Gedruckt: HR. 5 n. 710 und 711. Vgl. den Recess n. 705, 9—10.

940. *Dieselben[2] an Brügge: beschweren sich über Belästigungen der hansischen Weinkaufleute bei der amtlichen Warenschau und beim Austapf, sowie über Schädigung des Kaufmanns durch neue, sein Gut betreffende Verordnungen in Brügge und Sluys; ersuchen um Wahrung der kaufmännischen Freiheiten*

a) Hamborch auf Rasur L. b) kompanie hebben ofte syn gud senden — Recess a. a. O.

1) S. den Recess, HR. 5 n. 705, 7. 2) Derselbe Hansetag verwendet sich bei den Herren von Ghistelles in einer Erbschaftsangelegenheit für den Greifswalder Bürgermeister Henr. Rubenow. A. a. O. n. 712.

und um Abstellung der Neuerungen, und wiederholen ihre in n. 939 ausgesprochene Bitte um Erhaltung der bisherigen Münze. — [1410 Apr. 20.]

Gedruckt: HR. 5 n. 712.

941. *Die hansischen Ratssendeboten in Hamburg an Stralsund und ebenso an Greifswald: bitten sie, die Gesandten, welche die beiden Städte demnächst zum K. [Erich] von Dänemark schicken wollen, mit diesem namens der gemeinen Städte wegen der Münze in Dänemark und der mancherlei Beschwerungen des Kaufmanns in den drei Reichen verhandeln zu lassen; senden zugleich ein entsprechendes Beglaubigungsschreiben für die Gesandten[1] und ermächtigen dieselben, nötigenfalls eine Tagfahrt mit dem König zu vereinbaren. — [1410 Apr. 20.]*

Gedruckt: HR. 5 n. 708; vgl. den Recess n. 706, 17.

942. *Lübeck verpflichtet sich gegen Rostock und Wismar, ihren Kaufleuten die Zulassung zu den hansischen Privilegien in Bergen zu erwirken, in einer Fehde ihrer Bürger zu vermitteln und beiden Städten den [Stecknitz]kanal und die Trave zu öffnen[2]. — 1410 Apr. 20.*

Aus L StA Lübeck; gleichz. Abschr. a. Perg. Bruns.
R StA Rostock; [Abschr.].
Gedruckt: aus L Lüb. U.B. 5 n. 318, aus R Rostocker wöchentl. Nachrichten 1753, 16. Verz.: HR. 5 n. 717.

Wi borgermestere unde radmanne unde borgere gemenliken der stat Lubeke bekennen unde betugen openbare vormiddest crafft desser scrif[t] vor alsweme, dat wy umme sundiger vruntschop, leve unde endracht willen, darane de van Rozstok unde Wysmer syk to uns unde wy to en gesettet unde vorwaret hebben, den vruntliken myd en eensgeworden syn unde annamet hebben desse naschreven articule unde puntte myt gantzen truwen to bewarende unde vulltobringende na unsem vormogen yn aller wyse, alse hir naschreven steyt.

[1.] To dem ersten, dat wi willen scriven an den copman van Bergen, dat de copman van Bergen[3] umme bede willen unser unde unser borgere vorscreven willen nemen den copman der vorscreven stede Rozstok unde Wismer in des copmans bescherm, na al erer macht se to beschermende lik syk sulven unde der privilegien to netende unde to entgeldende unde des copmans willekor unde ordinancie to holdende.

[2.] Vortmer umme de veyde, de summelike personen van den vorscreven steden up sik stande hebben alse van eres heren krygen wegene, hirup schole wi borgermestere unde rad van Lubeke vorbenomed myt den steden Rozstok unde Wismer enen vruntliken dach holden unde dat vruntliken to slitende, utgenomen effte dar yenent yn rechtes dwange stunde, dat dat myt rechte edder myt mynne sleten worde.

1) *Gedr. HR. 5 n. 707; vgl. auch das. n. 567.* 2) *Gleichzeitig verbünden sich die drei Städte auf fünf Jahre zu gegenseitiger Unterstützung speciell gegen gewaltsame Rückführung des aus Lübeck vertriebenen alten Rats; HR. 5 n. 717. Vgl. über die politische Lage Hoffmann, Gesch. der Stadt Lübeck 1, 146.* 3) *Eine Grundstücksverleihung der deutschen Kaufleute zu Bergen an die dortige S. Marienkirche wird 1408 Juni 15 vom Bischof Aslak von Bergen beurkundet. Verz.: Nicolaysen, Norske Magasin 1, 567 aus dem Protokollbuch des Bergener Domkapitels. In einer Urkunde von 1410 Okt. 23 erscheinen als Zeugen die [deutschen] Kaufleute bei der Brücke in Bergen Radbekin Kalsingh und Henike Wilf. Diplomat. Norveg. 12 n. 148.*

[3.] Vortmer umme de vart des graven unde der Traven, dat de stede Rostok unde Wismer der mede scholen brukaftlich wesen, gelik den guden steden Hamborgh, Luneborch unde anderen guden steden unde copluden, myt erem gude to vorkerende unde to varende up eren tollen, also wanlik is; yodoch schal de rad unde borgere der stad Lubeke eres boden mechtich wesen.

Unde desses to merer witlicheyt unde merer bewaringe hebbe wy borgermestere, råd unde borghere vorbenomed gemenliken unser stad ingeseghel myt wytschop henget laten an dessen unsen yegenwardigen breff, de geven unde screven ys int jar na Godes bort dusent veerhundert unde teyn yaer, up den verden sondach na paschen.

943. *Die Lübecker Nowgorodfahrer an Reval: haben den Bernd van Vreden wegen Bedrohung des deutschen Kaufmanns zu Nowgorod und Beraubung der Russen verhaften lassen; ersuchen um nähere Auskunft. — [1410] Apr. 21.*

Aus StA Reval; Or. m. Spuren d. S. Höhlbaum.
Gedruckt: v. Bunge, Livl. U.B. 4 n. 1785 (zu 1409).

Erbaren unde vorsichtigen mannen, borgermeystern unde radmannen der stad Revale, unsen sunderges leven vrunden kome desse breff, detur.

Unsen vrundliken willen dennes unde aller behegelicheyd tovoren. Ersamen leven vrunden. Juwer erbarcheyd beghere wy witlik to wesende, dat wy hir anqwemen enen, de Bernd van Vreden geheten is. Des underwiseden uns Hinrik van dem Broke, Tideke Lange, Everd van Hereken unde ok andere geselleu, de do tor tyd to Nougarden weren, wo dat de vorscreven Bernd hadde breve gesand an den copman to Nougarden unde deme copmanne entsecht hadde unde ok den Russen ere gud genomen hadde in der doden Narwe. Hirumme so hebbe wy ene angeverdiget mit rechte unde hebben ene zetten laten in des vronen hus up sodanich bescheet, dat wy arbeydeden unde openbarden vor unsem rade, wes dat gy unde de bynnenlandeschen stede van Lyflande unde de kopman van Nougarden to em to seggende hadden; hirup so syt he. Hirumme so schrive wy juu dyt, wente wy uns vormoden, dat juu alle desse sake wol witlik syn. Wes nu juwe bescheydenheyd hirane kennende is, dat gy hirup vordacht wolden wesen, hir unsem rade dat to schrivende edder wene hir to sendende mit den alleersten, de sake uttoarbeyde, also juwer wysheit genoch dunket, uppe dat wy unde de gemeyne copman dar vorder nicht aff beschediget werden alse van des vorscreven Berndes wegene unde der synen. Syd Gode bevolen. Screven des negesten mandages vor sunte Jurgens dage, under unser medekumpane Johan Tymmen unde Willem Richerdes ingesegelen, der wy nu tor tyd samentliken hirto bruken.

By uns gemeynen Nougardenvarer nu tor tyd to Lubeke wesenden.

944. *Riga an Reval: antwortet, dass es den Vorschlag, die Sommergäste von der Fahrt nach Nowgorod zurückzuhalten[1], besonders mit Rücksicht auf ein Scheitern der Juni 24 mit Nowgorod stattfindenden Tagfahrt und eine etwaige Arrestierung des Kaufmanns gemacht hat; erachtet jetzt, da der Kaufmann laut Revals Brief bedeutende Abschlüsse erzielt hat, die Offenhaltung der Fahrt nach Nowgorod für geraten; hat deswegen an Dorpat geschrieben*

[1]) S. n. 930.

sowie im beiliegenden Brief[1] *den Kaufmann zu Nowgorod angewiesen, sich nach den Entschlüssen Revals und Dorpats zu richten. — 1410 Apr. 22. Riga.*

StA Reval; Or. m. Spuren d. S.
Gedruckt: HR. 5 n. 673, früher v. Bunge, Livl. U.B. 4 n. 1834.

945. *Die Behörden von Skanör bezeugen die vor ihnen gemachten Aussagen über die Ausdehnung des Grundbesitzes der Krone bei Skanör. — 1410 Apr. 25. Skanör.*

Aus RA Kopenhagen, Topogr. Saml. Skanör; Or. Perg. m. 2 anh. S. Junghans.
Abschr. im Diplomat. Langebek. T. 24.
Gedruckt: Silfverstolpe, Svenskt Diplomatarium 2 n. 1286.

Kyrkeherre, burgemester, rathmæn pa Scanør helse aller mæn, thette breff see ællæ høra læsæ kærlegho, meth Guuth. Wyderlikt scal wara aller mæn, thet wor howyman Frylle pa myns herræ konyngens weghnæ spordhæ uss om gammæl ræet pa Scanør ok sunderlees om myns herræ konyngens jordh. Tho kalledhæ wy sammæn the aldyngær, the wy prowedhæ ther bæzsta aaf wistæ ok mynnæ i konyng Woldemars daghæ, hwos syæl Guuth hawæ; tha sagdhe the, thet them wyderlikt war ok wysdæ hanum al the jordh, som konyngen tylhordhæ ok sydhen tyl ær kommen, hwor hun laa. Særdeles spordhæ han om Kamperæ fyyd i thet forstæ, hwor nær hunn rakte Heel. Tha wysdæ the hanum, hwor Heelyæ bodhær aat skyldæ ok Kamperæ fyyd; tha sagdhæ the, thet i konyng Waldemars daghæ bodherræ i Heel paa hadhæ sydhen hordhæ tyl kronen, ok konyngens foghit Boo Dorswen haar oup al bodhegyeld ok rættikhedh, som konyngen burdæ tylfallæ i Heel, ok foghydens boodh i Heel hunn stoodh pa then sydhæ, som nuu syghæ Kamperæ, thet thorræs sæt. Framdeles spordhæ han hoos skyolden, som the sækkæbodhær sta. Tha wysdæ the hanum ceth kors hoos Rostoks kyrkegordh ok een pæel, af oldyngæ hafthæ stondat ok skyldæ aat Kamperæ fyyd ok Stowerskæ fyyd ok konyngens jordh, hwilken pæel som Kamperæ forsyth lood nupgrawæ i Guutmund Dyækns thyth, hwylkyn kopmanscap wilde paa skyolden hawæ i konyng Woldemars daghæ, tha skuldæ han hawæ thet meth konyngens foghitz minne, ok konyngens foghit har oup al then nøttæ, som pa skyolden kunnæ fallæ. Thettæ hawær uss sakt the wysæstæ ok elstæ dandemæn, som mynnæs i konyng Woldemars daghæ, hwat tyyth war, ok sagdhæ thet nuppæ thoræ syæl ok sannændæ, thet thet swo war ok ær ok rattæræ wydæ. Thettæ hawæ wy horth ok seeth, thet wydnæ wy meth wort insiglæ. Thet ær skrywyt pa Scanør, æftæ wors Herræ aar fyorthenhundrath pa thet tysdæ sancte Marcus dagh evangeliste.

946. *Reval an [den deutschen Kaufmann zu Nowgorod]: hält die fernere Sperrung der Fahrt nach Nowgorod für unthunlich und räth, die Ansprüche gegen Ketzerne zu ermässigen. — [1410]*[2] *Mai 10.*

Aus R StA Reval, Missivbuch 1384–1420 fol. 34. Hagedorn.

Na der grote. Leve vrende. Alse gi uns latest in juwen breven [screven hebben][a], wu dat ju notte duchte, dat de somergast den wintergast nicht ene vore, des so weiet, dat uns de heren to der Rige in eren breven scryven, dattet en nycht notte dunket wesen, [dat men][a] zodanige gezette make und de reyse bestoppe; und dat dunket uns ok nicht notte wesen [umme][a] mannigerleye sake willen, de darin vallen mochten, des de gemeyne copman beschedyget mochte werden. Item so scriven se uns ok van Ketzernes zaken, dattet en notte dunket syn, dat men dat

a) Fehlt R.
[1]) Gedr. HR. 5 n. 672. [2]) S. n. 911.

mechtige und nicht so hoge ere legge, und dat duncket uns ok nutte wesen in dat ghemeynen[a] hense, dat men dat henneleggen und neme van eme, dat he borgen stelle und love vor sik und vor de syne und vor syne selschop, de dar leven, wante lange genoch ghestan hevet, up dat de copman dar vorder in geyn vordret ene kome. Und dat hebt se ok den heren to Darpte gescreven. Ghescreven an pinxst-avende.

947. Der deutsche Kaufmann zu Brügge an Thorn: verwendet sich in der Angelegenheit n. 924 für den Brügger Herbergswirt Jorijs Pape. — 1410 Mai 18.

Aus StA Thorn n. 892; Or. m. 3 S. Hagedorn.

Honorabilibus ac circumspectis viris, dominis proconsulibus et consulibus civitatis Thorun, amicis nostris sincere preamandis, detur.

Vrentlike grüte unde wat wij gudes vermoghen tovoren. Heren unde leven vrende. Juwer vorsenigher wisheit gheleve to wetene, dat alse Everd Hetvelt juwe meddeborgher van Brügge toch unde manich jaer dar ghelegen hadde in den namen unde van wegene Hartwichs, Hermans, Tidemans, Godschalks, Rotghers Hetvelds, sijner brodere unde neven, de selve Everd leet hijr den vorscreven Rotgher in sijne stede in der selven wijse, alse he van der vorscreven sijner brodere unde neven hijr ghelegen hadde, alse wij verstaan hebben, unde aldus so hevet de selve Rotgher Hetvelt na der tijt hijr binnen Brugge hovescheliken unde eerlike ghewandert, dat men ny en horde van eni enighe misdaet. Men umme dat de vorscreven Rotgher manichvoldighen schaden ghehadt hevet, so ys he in so grote schulde ghekomen, also verre dat he vor eyn deel der schulde to Brugge ghesat ys in den Steyn; unde des so en hevet Jorijs Pape zijn weerd nicht ghelaten vor em to lovene, alse he dat belovet was, so dat he van des vorscreven Rotghers schuldeneres van alsodaner borchtucht wegene so lanche ys vervolghet, dat em vor rechte ys toghewijset, dat he alse weerd unde borghe des vorscreven Rotghers eyne grote somme gheldes vor em betalen moet offt darvore in den Steyn gaan. Unde umme dat de selve Jorijs unde zijn wijff in den Steyn to gane ghevruchtet hebben, so hebben se ere gude beweghelick unde unbeweghelick darumme ghesat to pande, to erem groten schaden unde hindernisse, alse se seghen. Unde want, leven heren unde vrende, de vorscreven Jorijs Pape to den vorscreven Rotghers brodere unde neven kompt, en zijn last to openbarene, van en to eeschene, dat se eme van aldusdanen schulden willen benemen unde untlasten, ghemerket dat de selve Rotgher ere ligghere hijr was unde aldusdane kopenschap, alse he hijr koffte, en vort oversande, alse men seghet, so ist, dat wij van juwer vorsenighen bescheidenheit met allen vlijte begherende zijn, dat ghij de vorscreven Hartwich, Hermanne, Tidemanne unde Godschalke Hetvelt also willen underwisen unde ock darto holden, dat sij den vorscreven Jorijs Pape van den vorscreven schulden willen untlasten sunder groot vertreeken; hijrynne, heren unde leven vrende, donde, alse wij juwer groten bescheidenen wijsheit wol tobetruwen. Unse here God mote ju alle tijt bewaren to zielen unde to lyve. Ghescreven under unsen ingheseghelen, upten 18. dach in Meye int jaer 1410.

Bi den alderluden des ghemeenen copmans van der Duytschen Hense nů to Brugge in Vlanderen wesende.

948. Der deutsche Kaufmann zu Nowgorod an Reval: berichtet, was er über die Angelegenheit des Bernd van Vreden ermitteln kann, mit der Bitte um Weiter-

a) So B.

meldung an Lübeck; macht Mitteilungen über die Lage in Nowgorod. — 1410 Mai 20. Nowgorod.

Aus StA Reval; Or. m. Spuren d. 2 S. Höhlbaum.
Gedruckt: v. Bunge, Livl. U.B. 4 n. 1836.

Honestis et discretis viris, proconsulibus et consulibus civitatis Revaliensis.

Unsen vruntliken grot und wes wi gudes vormogen. Leven vrunde. Wi bidden juu to wetene, dat uns de gemeynen Nowersvare van Lubeke eren bref geschreven hebben, van uns begerende, dat wi en schriven, wo de zake gelegen syn tüschen dem kopmanne unde Berende van Wreden[1]. Des hebbe wi unse denkebok oversteyn, dar vynde wi inne aldus geschreven: *[Folgt n. 829.]* Anders ene vynde wi in dem denkeboke van Berendes saken nicht. Doch hebbe wy vornomen, dat Hinrik Spanyart unde Richart Lange vor olderlüde stonden, do de troyniss bekummert worden, de mogen dar underscheyd af weten. Vort so vinde wi in dem schappe 3 breyve, de Berend van Wreden dem kopmanne gesant hevet; de sende wi juu in dissen breyve, unde wi hebben de utschrift darvan beholden. Anders en wete wi neyn underscheyd van dessen saken. Hyrumme bydde wi juwe vorsichtige wisheyt, an de heren van Lubeke to schrivene unde desse zake also to vorwarende, alse juu dat nutte und gut dünket wesen, dat wi uns van Berende nicht vorder besorgen en dorven. Vortmer so hebbe wi den van Darpte dat ingesegel utgesant. Vort hebbe wi ware tydinge, dat hir Plescowesche boden komen, und wi hopen, dat se es wol entscholen werden. Vort so steyt de kerke hyr vul wanden, alse wi ju er geschreven hebben, und de Rüssen gat myt alle geyn gut an. Got berade vortan juu. Blyvet gesunt in Gode unde gebeydet over uns. Geschreven to Nogarden des dinschedages vor unses Heren lychames dage anno 1410.

Olderlüde, wisesten und de gemeyne kopman tho Nogarden.

949. *Derselbe an die gemeinen Nowgorodfahrer zu Lübeck: antwortet, dass er seine Ermittlungen* (unse witlicheyt) *an Reval mitgeteilt hat, welches deswegen an Lübeck schreiben wird. — 1410 Mai 20. Nowgorod.*

StA Reval; Or. m. Spuren d. 2 S.
Gedruckt: v. Bunge, Livl. U.B. 4 n. 1837.

950. *Heinr. Wattenschede an drei gen. Lübecker: schildert seine Verhandlungen mit dem Schiffer Kolner zu Reval über eine von ihm im Auftrage des Ludeke vanme Dalle eingemahnte Schuldforderung. — 1410 Mai 25. Danzig.*

Aus StA Reval; Or. Hohlbaum.
Gedruckt: v. Bunge, Livl. U.B. 4 n. 1838.

Den erbaren luden, Hinrik Bonhorste unde her Marquard Bonhorste unde Mattyas van Ghetelen detur in Lubeke.

Minen willighen denst tovoren unde wat ik gudes vormach nu unde alle tyd an mynen leven vründe Hinrik Bonhorst unde her Marquard Bonhorst unde Mattyas van Ghetelen. Wetet, leven vründe, dat ik apenbar bekene unde wil bekenen, wor dat des Kolner van my begherende is, also hir naschreven steyd, wo my Ludeke van Dallen häft vülmechtich ghemaket to manende van schipper Kolner 17 mark Prüsch unde enen verdink, also dat ik quam to schipper Kolner to Revele unde brochte em enen breff van Ludeken weghen vanme Dalle. Do he den breff hadde laten lesen, do quam he to my unde vraghede my, wor ik ene hebben wolde vor dat recht ofte vor den rad ofte vor de borghermestere, dar wolde he gherne kamen

[1] *Vgl. n. 943.*

unvorbadet, wente he sede, he were rede to seghelende. Do sede ik wedder, ik wolde ene vor den rad hebben morghen to den Hilghen Gheste, also de 5 missen ute weren, dat he in den warneme, wente id were dar also vele, oft id ope dem radhûse were. Unde also queme wy tosamende vor den rad unde dar sprak ik em to van Lûdeken weghen vanme Dalle umme 17 mark Prusch unde enen verdink. Do vraghede he my vor dem rade, oft ik is mechtych were, wat ik darby dede, dat id darby bleve. Do sede ik wedder vor dem rade, wat ik darby dede, des were ik mechtych. Do sede he vor dem rade, dat ghelt, dat em Lûdeke vanme Dalle gheantwordet hadde, dar wolde he sin recht to doen, dat Hans Oldendorp dat entfanghen hadde. Do vraghede my de rad, oft ik dat recht wolde van em nemen. Do sede ik: nen, ik wolde nen recht van em nemen. Des nam ik enen breff van dem rade to Revele an den rad van Danseke, wo de sake dar ghehandelt weren; unde weret sake, dat id my also ghelegheen were, also id Ludeken vanme Dalle ghelegheen is, ik wolde Kolner dar nummermer umme tospreken. Hirmede syd Gode bevalen to ewyghen tyden unde bedet to my. Gheschreven to Danseke 14 [dage] na pinxsten anno 1410 jar. By my Hinrik Wattenschede.

951. *Essen (Esninde)*[1] *an Reval und die Älterleute des deutschen Kaufmanns zu Nowgorod: bezeugt, dass Reneken Bemer von Ketwich, Bürger von Essen, seinen Bruder und Vormund Konr. von Ketwich bevollmächtigt hat zur Erhebung des Nachlasses ihres in Nowgorod verstorbenen Bruders Heinr. von Ketwich. — 1410 Mai 25* (up sente Urbanus dach).

Aus StA Reval; Or. Perg. m. Stücken d. aufgedr. S.
Verzeichnet: v. Bunge, Livl. U.B. 4 n. 2183. Vgl. das. n. 2184 das undatierte Verwendungsschreiben des Vogtes von Karkus in derselben Angelegenheit.

952. *Herm. Dorsowe zu Sluys in Flandern an Dortmund: berichtet, dass er für einige zu leistende Zahlungen vom Stralsunder Rat auf die 500 M. Sund. angewiesen ist, welche Dortmund ihm auszahlen soll*[2]*, dass er aber bis jetzt kein Geld erhalten hat; verlangt Antwort, ob Dortmund zahlen will oder nicht, sonst soll er das nötige Geld gegen Zinsen* (up schaden) *aufnehmen, die Stralsund der Stadt Dortmund und deren Bürgern zur Last rechnen wird. — 1410 Juni 2* (under ingheseghel Johans van den Bokel, wante ic myn segel hir nicht en hebbe unde et is tho Brugge). *Sluys.*

StA Dortmund; Or. m. S.

953. *Hzg. Wilhelm von Baiern, Graf von Holland, verleiht den Bürgern von Bremen auf Grund der Sühne, die er durch Vermittlung Amsterdams mit Bremen wegen aller bisherigen Streitigkeiten abgeschlossen hat, Verkehrssicherheit in seinem Gebiet zu Wasser und zu Lande; er befreit sie, weil die Stadt nach Mitteilung ihres Bürgermeisters Friedr. Wigger*[3] *auf alle An-*

[1] *Ein Zeugnis der westfälischen Stadt Menden betreffend die Einforderung des Nachlasses des in Reval verstorbenen Heidenrik van dem Stade gen. de Kegeler von 1409 s. v. Bunge 6 n. 2976.* [2] *Vgl. HR. 5 n. 683 und 684. In einem Schreiben von 1409 Aug. 2 an Dortmund erklärte sich Stralsund wegen der ihm von Dortmund seit langer Zeit geschuldeten 500 M. einverstanden mit dessen Anerbieten, nachsten Sept. 29 und 1410 Sept. 29 je 250 M. zurückzuzahlen, und ersuchte um Ablieferung der ersten Rate an Herrn Alf van deme Schyde oder Herm. Dorsow. StA Dortmund, Or. m. S. Sept. 18 wird Dortmund dann von Stralsund ersucht, die zu Michaelis fälligen 250 M. an den alten Rat von Lübeck abzuliefern. A. a. O., Briefeinlage.* [3] *Vgl. die Geleitsbriefe Hzg. Wilhelms für die bremischen Ratssendeboten von Juni 11 und 13; HR. 5 n. 702, wiederholt Brem. U.B. 4 n. 403. Juni 13 geloben Gerrit Wolff, Claus die Engelsche und Dirc,* dat sij nijns heren lude noch onderseten niet beschadigen noch misdoen en souden overmits des scips wille van Bremen, dat sij genomen hadden, noch

sprüche wegen der ihren Bürgern durch die Unterthanen des Herzogs zugefügten Verluste verzichtet hat, mit ihren Schiffen und Gütern von allen Wasser- und Landzöllen für die nächsten drei Jahre, nach deren Ablauf sie nach ihrem alten Zollrecht verkehren sollen, und weist seine Beamten und Unterthanen zur Beachtung dieser Vergünstigungen an. — 1410 Juni 6. Haag.

StA Bremen; Or. Perg. m. anh. S.
Gedruckt: Brem. U.B. 4 n. 404.

954. *Reval an Dorpat: erbittet Rigas und Dorpats Gutachten über die Verhaftung des Bernd von Vreden in Lübeck, wegen deren sich der Bruder Bernds beklagt hat. — [1410] Juni 18.*

Aus R StA Reval, Missivbuch 1384—1420 fol. 36b. Gensam to Darpte. *Hagedorn.*

Ersamen grot mit aller behegelicheit vorscreven und wat wy gudes vormogen. Ersamen heren und besunderges leven vrende. Juwer leve to wetende, alse wy ju wol er gescreven hebben alse van eme gewilen Bernd van Vreeden genomet, den de Naugardersvarer to Lubeke upghetovet hebben: des so wetet, leven heren, da[t][a] hir syn broder vor uns gekomen is und hevet sik des van syns broder wegene swarliken beclaget und segged, dat syn broder sik mit deme copmanne to Naugarden vorliket[b] unde vorefent hevet und de copman ene to genaeden entfangen hebbe umme des besten willen; und wy des ok enen bref van deme copmanne to Naugarden entfangen hebben[1] und, alse wy uns vormoden, gii desgeliken ok entfangen hebben. Warumme bydden wy juwe leve mit gantzeme vlite begerende, dat gii wol don unde scriven dit den heren to der Ryghe vort, dat se dat gemeyne beste hirynne betrachten und ju ere gudduncket wederscriven myt den ersten. Und wy bydden juwe vorsichtige wisheit dit ok to betrachten unde uns der heren wille to der Righe mit juweme willen weder to scriven mit den ersten, wante des vorbenomeden Berndes broder des antwardes hir vorbeyden wil, und up dat mit ener endracht van uns scriven mogen, wante dat den gemeynen copman anrorende is. Hirmede sijt dem almechtigen Gode bevolen to langen saligen tyden. Gescreven des anderen vridages vor sunte Johannes dage.

955. *Die Hustringer Häuptlinge Ede Wummekens, Lübbe und Mewe Sybotis versprechen bei Abschluss einer ewigen Sühne mit Bremen dessen Bürgern Handelsfreiheit in ihrem Gebiet und Schutz zu Lande und zu Wasser, sowie allen die Stadt besuchenden Kaufleuten Sicherheit auf der Weser mit Schiff und Gut; sie verzichten u. a. bei Strandung von Schiffen auf das Grundruhrrecht, verpflichten sich betreffs der Hülfeleistung bei Strandungen und der Herausgabe von schiffbrüchigem Gut wie n. 849 unter Festsetzung des 6. Pfennigs als Arbeits- bez. Bergelohn, gestatten bei einer Schädigung von Bremern oder Kaufleuten* (to lande, to watere unde uppe der Wezere) *der Stadt ohne vorherige Klage die Pfändung der Übelthäter, wozu sie auf Ansuchen behülflich sein wollen, und verheissen, die von Bremen ausgelegten Seezeichen, Baken und Tonnen* (uppe den Mellem ofte up dat Rode Zand edder anders) *zu schützen. — 1410 Juni 26* (in crastino b. Viti martiris).

StA Bremen; Or. Perg. m. 3 anh. S.
Gedruckt: Brem. U.B. 4 n. 406. Vgl. oben n. 849.

a) das R. b) Davor zu verliken R.

nymmermeer jegens onsen heere noch sinen ondersaten te doen in gheenre wijs. *RA Haag, Memoriale BA fol. 136.* 1) S. n. 942.

956. *Reval an [Lübeck]: teilt ein Schreiben des deutschen Kaufmanns zu Nowgorod in der Angelegenheit des Bernd van Vreden mit. — [1410] Juni 23.*

Aus R 2 StA Reval, Missivbuch 1384—1420 fol. 36b. Hagedorn.
R 1 Das.; Entwurf.
Gedruckt: aus R 1 v. Bunge, Livl. U.B. 4 n. 1798.

Erwerdige[a] grote myt aller behegelicheyt vorscreven und wat wy gudes vormogen[a]. Leven heren, unsen[b] sunderligen guden vrunden[b]. Juwer leve (bidde wy to)[c] wetende, alse van der saken Berndes van Vreden, de in juwer hechte gevangen syttet: des so wetet, leven heren, dat wy enen breff van deme copmanne to Nowerden entfangen hebben van worden to worden ludende, alse hiir nagescreven steyt: *[Folgt n. 842.]* Hiir umme, leven heren, so bydde wy juwe vorsichtigen wysheyt[d], dat myt deme vorbenomeden Bernde (to)[c] vorwarende[e], off he uthomet, dat de copman des[f] unbeschadeget blive. Hiimede[g] syt deme almechtygen Gode bevalen to langen salligen tiiden. Gescreven under unseme secrete, an sunte Johannes avende baptysten[g].

957. *Der deutsche Kaufmann zu Brügge an die livländischen Städte: hört, dass Hzg. Wilhelm [von Baiern], Graf von Holland, die Reichsacht, welche der alte Rat von Lübeck gegen die Stadt und deren Einwohner erwirkt hat, zur Ausführung bringen will, und befürchtet, dass andere Herren in Frankreich und England sowie die Herzöge von Burgund und Brabant diesem Beispiel folgen werden; weist auf den grossen Schaden hin, der den Hansestädten, den Livländern und allen mit den Lübeckern in Beziehung stehenden Kaufleuten daraus erwachsen wird, ohne dass er etwas dagegen thun kann, ersucht dringend, sich um Herstellung der Eintracht in Lübeck zu bemühen, und bittet um Antwort. — 1410 Juni 26.*

StA Reval, eingeschlossen in ein Schreiben Rigas an Reval von Aug. 28.
Gedruckt: HR. 5 n. 685 u. 724, früher v. Bunge, Livl. U.B. 4 n. 1844, Lüb. U.B. 5 n. 314. Ein gleiches Schreiben an Braunschweig HR. 5 n. 686.

958. *Derselbe an die livländischen Städte: klagt über Räubereien der täglich in grosser Zahl vor dem Zwijn liegenden Seeräuber aus Schottland, Holland, Seeland, Frankreich und Calais, namentlich über die Wegnahme des in Flandern mit Salz und Tuch beladenen, nach Reval bestimmten Holks des Danzigers Albert van Borken[1] durch schottische Seeräuber; hat sich vergeblich deswegen an den Rat und die vier Lede von Flandern in Gent gewandt[2];*

a—a) Na der grote R 1. b—b) und besunderge gude vrunde R 1. c) Fehlt R 2.
d) In R 1 folgt mit [illegible] vlitig begerende. e) [illegible] und [illegible] R 1.
f) Dafür van [illegible] R 1. g—g) [illegible] Geschreven in vigilia Johannis baptiste R 1.

[1]) *Diese Nachricht wird später von Dorpat widerrufen. HR. 5 n. 725.* [2]) *Die im StA Brüssel erhaltene Brügger Stadtrechnung von 1409/10 berichtet zu 1410 Mai 18 von einer Tagfahrt der vier Lede in Gent* dienende op zekere clachten bi den ouderman van der Duudscher Hanze den voorseiden leden ghedaen van zekeren scaden, die eenige van der voorseiden Hanze ghenomen hadden bi den Scotten up de zee commende ten Zwene waert, versouckende de voorseide ouderman an de voorseide viere leden voorseid, dat men zulke voorsienicheide hebben wilde bi den voorseiden lande, dat ghemeen coopliede commende ten Zwene waert of der hinnevaerende eenighe scade niet ghesciede worde bi Scotten of andren quadien. — *Eine neue Tagfahrt findet Mai 29 statt,* dienende up dat de goede lieden van der Duudscher Hanze bi den voorseiden leden andwoorde ghegheven was up de clachte, die zij ouderen daer tevooren ghedaen hadden voor de voorseide viere leden van zekeren scaden, die eenighe van der voorseiden Hanze ghenomen hadden up de zee bi den Scotten. — *Aug. 14 werden Deputierte der vier Lede zum Haag an den Grafen von Holland geschickt* omme de restitucie van den scepe ende goede toebehoorende den coopliede van der Duudscher Hanze, van Vlaendren ende van Portegale, bi eenighen van Holland ende van Zeeland ghenomen up den Vlaemschen stroom ende ghevoert ten Bryele.

ersucht sie, die Schiffer und Kaufleute zu warnen sowie zur Bewaffnung und zum Zusammenbleiben auf See zu mahnen, und bittet, sich mit den andern Hansestädten zusammen über Massregeln zur Abstellung dieses Übelstandes zu beraten. — 1410 Juni 29.

StA Reval, eingeschoben in ein Schreiben Rigas an Reval von Aug. 29.
Gedruckt: HR. 5 n. 723 u. 724, früher v. Bunge, Livl. U.B. 4 n. 1844.

959. *Der Lynner Kaufmann Joh. Brown quittiert über 127 Nobel 4 s. 8 d., die er von der ihm und den andern Lynnern zustehenden Entschädigung durch den Beauftragten der preussischen Gesandten, den deutschen Kaufmann Helbrand Suderman, empfangen hat. — 1410 Juli 18. London.*

StA Danzig; spätere Abschr.
Verzeichnet: HR. 5 n. 638.

960. *Die hansischen Ratssendeboten in Wismar an die [hansischen] Älterleute zu Bergen: ersuchen sie auf Beschwerde Rostocks und Wismars, die Kaufleute aus beiden Städten in Bergen und anderwärts das Recht des Kaufmanns wie vormals geniessen zu lassen, wogegen Rostock und Wismar ihrerseits den Kaufmann nach Kräften fördern wollen. — [1410 Juli 22.]*

Gedruckt: HR. 5 n. 721; vgl. den Recess n. 720, 14 und oben n. 942.

961. *Dorpat an Riga: berichtet, dass es kürzlich Boten nach Pskow gesandt hat und dass die Ältesten von Pskow die Abhaltung einer Tagfahrt mit den drei livländischen Städten Juli 25 in Dorpat gewünscht haben; hat im Einverständnis mit dem Bischof von Dorpat sich gegen Pskow zu dieser Tagfahrt bereit erklärt und bittet um deren Besendung, wie es auch an Reval geschrieben hat, namentlich um die zwischen ihm und Pskow bereits mehrfach verhandelte Frage der Sicherung des kaufmännischen Verkehrs bei Streitigkeiten der Landesherren zu regeln. — [1410 vor Juli 25[1].]*

StA Riga; Or. m. S.
Gedruckt: HR. 8 n. 1184 (undatiert).

962. *Reval an Dorpat: will die von Dorpat verabredete Tagfahrt mit den Pskowern besenden, lehnt aber seine Beteiligung am Ordenskapitel ab. — [1410 vor Juli 25.]*

Aus R StA Reval, Missivbuch 1384—1420 fol. 37. Gesant to Darpte. *Hagedorn*

Erwerdige grote mit aller behegelicheit vorscreven und wat wy gudes vormogen. Ersamen heren und besunderghen leven vrunde. Juwen bref[2] an uns gesant hebbe wy leffliken entfangen und wol vornomen, dar [gi][a] uns inne scryven unde begeren, dat wy unse boden to deme dage solen senden, den gi mit den Pleschauwers upgenomen hebben. Des so wetet, dat wy dat na juweme begherte don willen. Item, leven heren, so hebbe wy mit heren Hartwige Sthenhusen hirumme ghesproken[b] also, alse de stede uppe der latesten dachvard eens gheworden syn, dat men van juweliker stad twe man to deme capittele to sendende[3]; des so wetet, leven heren, dat wy dar mit her Hartwige umme ghesproken hebben, und dunket uns nicht nutte wesen, enige boden dar to sendende, wante unse here de mester so cranck is, und ok umme ander zake willen, der ju her Hartwich muntliken wol berichten sal, und umme mannigerleye zake, der wy ju nicht scryven ene kunnen.

a) *Fehlt R.* b) *Folgt hebben R.*

1) *Vgl. für das Datum HR. 5 n. 666, 1.* 2) *S. n. 961.* 3) *Vgl. HR. 5 n. 663; über die Krankheit des Ordensmeisters auch v. Bunge 4 n. 1849.*

963. *Der deutsche Kaufmann zu Brügge an Reval: berichtet, dass das im November 1409 von den Vitaliern geraubte Gut Revaler und anderer hansischer Kaufleute nach Frankreich gebracht und dass ein Teil desselben ihm bedingungsweise ausgeliefert ist; bittet, die zur vollständigen Freigebung der Waren erforderliche Herkunftsbescheinigung möglichst bald auszufertigen. — 1410 Aug. 13.*

Aus StA Reval; 2 gleichlautende Or. m. Spuren der 3 S. Höhlbaum.
Gedruckt: v. Bunge, Livl. U.B. 4 n. 1843.

Honorabilibus circumspectisque viris, dominis proconsulibus et consulibus civitatis Revaliensis in Lyvonia, amicis nostris sincere preamandis, detur.

Vrentlike grûte unde wes wij gudes vormogen tovoren. Heren unde gudes vrende. Juwer wijsheit ghenoghe to wetene, wo dat to unser kennesse ghekomen ys, dat int jaer 1409 umtrent unser vrouwen daghe in Septembri latest vorleden[1] segheilde schipher Johan Rudeman met sijnen hulke van Revele gheladen met gude. juwen borghers unde anderen copluden van der Henze tobehorende; unde alse he metgadders anderen schiphern in Norweghen to Scherrensunde ghekomen was, so quamen umtrent sente Andreas misse[2] latest vorleden sommighe vitalienbroders ute Vreslande unde untweldigeden den vorscreven Johan Rudeman sijns vorscreven hulkes, darute dat se nemen alsodane parcele van gude under alsodanen merken, alse de cedule hijrynne besloten wol vorclaert[3], alse de coplude daerane, dat se ghescreven weren unde van wes weghene se vorvolget sijn, uns hebben to kennen ghegeven. Unde alse wij vornemen, dat de vorscrevene vitalienbroders met alsodanen vorscreven gude in Vrancrike ghekomen weren, so dede wij dat vorvolghen by unsen sendeboden, den welken eyn deels van den vorscreven gude up sekere borchtucht, de se mosten don, wedder toleveriert ys, darvan binnen eynen jaere bewisinge to brenghene, dat dat vorscreven gud in de Henze behorende sij. Worumme wij van juwer vorsenicheit vrentlike begheren, dat ghij alsodane personen, de welke na utwisinge der vorscreven cedulen de vorscreven gude sullen ghescheppet hebben, willen don vor ju heren komen unde van en alsodane orkonde unde certificacie nemen, darute ghij moghen weten, dat de selve gude in de Henze behorende sijn. Men de bewisinge moet luden, dat de vorscreven gude sodanen copluden unde erer gheselschopp alle van der Duytscher Henze, up welken se ghescreven staen, tobehorende sijn, umme dat se van erer weghene alse en tobehorende in Vrancrike vorvolghet sijn unde dar also overghegeven in ghescriffte, likerwijs alse de utscrifft der vorscreven bewisinge, de wij ju heren in Duytsche hijrynne stekende oversenden[4], wol vorclaert, darna dat men se in Latine maken sal, up dat se uns also vele de hastelikere moghe overkomen. Unde des so willt ghij heren uns dusdane bewisinge vermids juwen openen breyven in Latine met juwen uthangenden ingheseghele bezeghelt oversenden met den irsten, umme dat de tijt van desser bewisinge to brenghene umtrent midvastene naest komende[5] utgheit; anders so moste wij dat selve gûd, dat wij hijrvan up de vorscreven borchtucht untfangen hebben, wedder overgheven, unde darto moste vorloren bliven, wes dat wij vermids der vorscreven juwer bewisinge unde anderen noch hijrvan ynvorderen mochten. Hijrynne, leven heren, willt dônde wesen, alse wij ju wol tobetruwen. Unse here God moete ju alle tijt bewaren in zielen unde in lyve. Ghescreven under unsen ingheseghelen, upten 13. dach in Augusto int jaer 1410.

Alderlude unde de ghemeyne copman van der Duytschen Henze nû to Brugge in Vlandern wesende.

[1]) *1409 Sept. 8.* [2]) *Nov. 30.* [3]) *n. 964.* [4]) *n. 982.* [5]) *1411 Märs 22.*

964. *Aufzeichnung [des deutschen Kaufmanns zu Brügge] über die Absender und Empfänger der aus Joh. Rudemans Schiffe geraubten Waren. — [1410 Aug. 13.]*

Aus StA Reval, Briefeinlage zu n. 963, 2 völlig gleichlautende Abschriften. Hohlbaum.

Gedruckt: v. Bunge, Livl. U.B. 4 Sp. 731.

Aldusdane parcele van gude weren gheschepper van den personen unde merken hijr navolghende unde ghescreven in Vlanderen an de coplude hijrynne benomet, van wes weghene se vorvolghet zijn, en unde erer ghezelschop alle van der Duytschen Hense tobehorende.

[1.] Int irste scheppede her Johan Woltershusen in Johan Rudemans schip ene berevene tonne van dessen merke, dar was ynne 3000 schones werkes unde 11 tymmer marten. Item hadde in desser tonnen Albert Stoppesack lasten.

[2.] Item scheppede Michel Noetzeken in Johan Rudemans schip 11 vate zels van dessen merke. Item hadde de selve Michel darin ghescheppet 0 tonnen lasses van dessen merke. Item hadde de selve Michel darin ghescheppet 12 tonnen lasses unde een vat zeels van dessen twen merken.

[3.] Item scheppede Laurens Berntzre in Johan Rudemans schip 22 tonnen botteren van dessen merke.

Al dit vorscreven gud was ghescreven an Johans uppe dem Berghe.

[4.] Item scheppede Arnd Krevelt in Johan Rudemans schip een tonne werkes van dessen merken, unde Henrick Sassenbeke, de ys Krevelts ghezelle.

[5.] Item scheppede Johans Kopman in Johan Rudemans schip 4 tonnen zels, 2 tonnen boteren unde noch een tonne werkes van dessen merke.

Dit vorscreven gud was ghescreven an Gherd Leusendijck.

[6.] Item scheppede Johans Lindenbeke in Johan Rudemans schip 7 tonnen salmes unde 2 vate zels van dessen merke. Dit was ghesant Johans Stop.

[7.] Item scheppede her Arnd Saffenberch in Johan Rudemans schip 14 tonnen zels, item 6 tonnen zelbernen, al van dessen merke. Dit was ghescreven an Clawes van Egher.

[8.] Item scheppede her Herman Husman in Johan Rudemans schip en clene tonne van dessen merke; dar was ynne 7 tymmer poppelen, 3 tymmer ghetymmerden haerwerkes, 500 lussches werkes, 500 schons werkes unde een tymmer duckers. Dit was ghescreven an Albert Happen.

965. *Brand van Vrilden schwört der Stadt Lübeck Urfehde wegen seiner Verhaftung* (van der weghene, dat ik in erer hechte unde sloten gesloten zad umme ansprake willen, de desse nascrevene personen, alze Jacob Jerchow, Hans Tymmerman, Tideke Lange, Hinrik van dem Broke, Everd van Heriken, Tymme van Heriken unde Hans Oldenborch to my deden van erer unde des gemeynen copmans weghene to Nougarden umme dat gud, dat den Russen in der doden Narwen genomen ward, dar se unde de vorscrevene copman umme in schaden qwemen), *wobei er auf alle Feindschaft gegen Lübeck sowie alle Schädigung der Lübecker, der gen. Personen und des gemeinen Kaufmanns*

zu Nowgorod und anderwärts verrichtet. — 1420 Aug. 25 (in crastino b. Bartholomei ap.).

Aus StA Lübeck; Or. Perg. m. anh. S. Bruns.
Gedruckt: Lüb. U.B. 5 n. 335.

966\. *Stralsund bezeugt, dass vor drei Jahren der Schiffer Joh. Peterson in Schonen durch Urteilsspruch der schonischen Vögte von seinem nach Reval lautenden Frachtvertrage entbunden ist. — 1410 Sept. 28.*

Aus R StA Reval; Or. m. Spuren d. S. Höhlbaum.
Gedruckt: v. Bunge, Livl. U.B. 4 n. 1846. Verz.: Reg. Dan. II 1 n. 4194.

Vor alle den yennen, dar desse bref vorekomen magh, bekenne wy radmanne to deme Stralessunde unde don witlik unde openbare, dat in deme herveste, dat nu dre yare werden, eyn schiphеer ghebeten Johan Peterson was vor vracht uppe Schone to zeghelende to Revele. Des was do uppe Schone unse voghed her Arnd Poleman, deme entbode wy, dat der zerovere up der zee leghen, des he zik vorzeen scholde, dat unse borghere unde de mene kopman darvan unbeschedighet bleven. Dorch der zerovere wyllen, de up deme water leghen deme menen kopman to schaden, unde umme unser borgher willen bekummerde hern[a] Arnd den sulven schipheren, dat he zeghelen scholde to dem Sunde, dat wolde de kopman, de des schipheeren hadden[a] wunnen, nicht steden. Int dat leste dat her Arnd unde de kopman vorscreven qwemen darumme vor de menen voghede uppe Schone unde bleven by en rechtes darumme. Des deeleden de voghede also: nachdeme dat de schipheer van deme Sunde was unde der zerovere an der zee weren, de deme menen kopmanne mochten schaden don, der entjeghen her Arnd des schepes bruken wolde unde de kopman dat schip noch nicht ghеschepet hadde unde de schipheer van deme Sunde was, dar her Arnd mochte over beden van unser stat weghen, so scholde de schiphere van dem kopmanne gansliken quit, leddigh unde los wesen unde scholde den van deme Sunde volghen. To tughchenisse desses dinges is unse secretum buten up dessen breff ghedruckt, anno Domini 1410 profesto beati Michaelis archangeli.

967\. *Hzg. Reinald von Jülich-Geldern geleitet die Rheinkaufleute von Emmerich* (die den Rijn op ind neder plegen te varen) *zum freien Verkehr in seinem Gebiet zu Wasser und zu Lande gegen Entrichtung der rechtmässigen Zölle und Abgaben, gewährt ihnen eine sechswöchentliche Abzugsfrist nach erfolgter Aufsage und weist seine Beamten und Zöllner zur Wahrung dieses Geleits an. — 1410 Okt. 1* (des dinxtdages[b] op s. Remigius dach des h. confessors).

StA Emmerich (im StaA Düsseldorf), II A n. 1, Privilegienbuch v. Ende des 15. Jh. fol. 48.

968\. *Drei schwedische Schiffer bekunden ihre Vereinbarung mit Bremen über die Rückgabe der nach Stockholm gehörigen Ladung ihres von den Vitaliern gekaperten, von Bremen zurückgewonnenen Schiffes*[1]. *— 1410 Okt. 4.*

Aus StA Bremen; Or. m. Resten der 3 untergedrückten S.
Gedruckt: Brem. U.B. 4 n. 415.

Wy schiphere Storborn, Alff van Greverode unde Johan Schüringh bekennen unde betüghet openbare in dessem breve, dat wy uns vruntliken hebben vorghan unde vordreghen myd den erzamen borgermesteren, rade unde meenheyt der stad

a) So R. b) So! Okt. 1 fiel auf Mittwoch.

1) Vgl. dazu den Revers von Apr. 20, HR. 5 n. 705, 24, wiederholt Brem. U.B. 4 n. 403.

Bremen summe dat schip unde ghûd, dat over enen jare de vitalienbrôdere uns ghenomen hadden by westen der Mase unde zo den vitalienbroderen wedder nemen uppe der Made in Eden Wummeken havene, dar wy en umme danken schullen unde willen vor unsem gnedighen heren dem konynghe van Denemarken unde vor dem rade van dem Holme unde vor allen bedderven lûden, dat zee ere liff unde ghûd umme unses ghûdes willen truwelliken ghewaghet hebben. Unde wy hebbet uns myd en vorgân in desser wyze, dat ze uns weddergheven schûllen alzûllich ghûd, alze ze dar ghenomen hadden unde uns unde den van dem Holme tobehorde, alze wy dat myd unsen rechte willen beholden, dat dat ghud uns unde dem van deme Holme tobehorde eer der tyd, dat see den vitalienbroderen dat nemen, unde anders nemende to helpe dôn. Unde wy schullen en des vorwaringhe bringhen van unsem gnedighen heren dem konynghe vorscreven unde van der stede to dem Holme, alzo dat zee van des zûlven ghudes weghene to ewyghen tyden unbeclaghet blyven schullen unde dat en de hogzhe quyd unde wedder weerde myd vitalien, takele unde tôwe, alze den unse gnedighe here de konyngh vornompt nemen leed schipheren Polemanne in deme Zunde.

Unde desset zind de ghûde, de hir naescreven stad.

De summe van den grawerke is 222 tymmer, alze uns gherekent is, dat tymmer is ghegheven vor enen Rinschen ghûlden, summa an Lûbesschen pagemente 185 mark.

De summa van den marten is 7 tymmer unde 11 stukke; dat tymmer is ghegheven vor 12½ marc Lubesch, de summe is 91 marc Lubesch myn en schillingh.

Vor dockervel is ghekomen 8 mark Lubesch myn 4 witte.

Vor 16 deker kohûde is ghewurden 34 mark Lubesch unde 6 schillingh.

107 deker bukvel myn 2 vel, de summe is 90 mark Lubesch myn ener mark.

50 stûkke bever, summa 14 mark unde 6 schillingh min 2 penningh, unde 8 otter vor 10 schillingh Lubesch.

67 deker zelesvel unde 17 deker zelesvel, de summe is 20 mark myn 5½ witten.

Summa summarum 437 mark Lubesch unde 5 witte.

Item 20 last osmundes[a] unde 2 vate, de summe is 700 mark Lubesch unde 6 mark min 8 witte.

18 vate zeles, de summe is 100 mark unde 20 mark Lubesch.

5 last botteren myn 2 tunnen, de summe is 800 mark Lubesch myn 10 mark.

De summe overal is 1550 mark Lubesch unde 3 mark myn 1 schillingh; unde 21 mese coppers, 2 vate talghes. Van dessen vorscrevenen ghude schulle wy en innelaten drehundert Lubesche mark, dar schullen se den schipheren van gheven druddehalfhundert Lubesche mark vor zin schip myd ziner tobehorynghe. Dessen to tughe hebbe wy Storborn, Alf unde Johan alle vornompt unse ingheseghele ghedrûcket uppe dessen breff beneden. Datum anno Domini 1410 sabbato post festum sancti Michahelis arghangeli[b].

969. *Harderwijk an Köln: hat auf dessen Beschwerde seine Bürger vor Betrügereien im Handel mit gesalzenen Fischen gewarnt; bittet, für bare Bezahlung der von Harderwijkern nach Köln gelieferten Fische zu sorgen. — [1410?][1] Okt. 31.*

Aus K StA Köln, Hanse I n. 180, Or. m. Spur d. S. Auf der Rückseite von einer in den Jahren 1401—1410 nachzuweisenden Kölner Kanzleihand: Harderwijch de salsis piscibus.

a) So.

1) *Wegen des wahrscheinlichen Jahresdatums vgl. HR. 5 n. 705, 16; 720, 2.*

Den eersamen wisen bescheidenen luden, borghermeistere, scepenen ende rayd der stat van Colne, onsen gulden vrienden.

Eersame lieve vriende. Uwen brief an ons gesant hebben wij vrentlichen ontfangen ende wal verstaen. Wairup wij u guetlich wederscriven, dat wij onse borghere, die bynnen onser stat vissche te zalten plegen, gesproken ende ondervonden hebben, die sich untschuldigen ende seggeben, dat sij alsukes[a] draichs, as mitten visch te gheschien plege, untschuldich synt, want den gesalten visch, als schelvisch, witinch ende schollen, welich yn onser stat gesalten wordt. Doch zo hebben wij oen bevalen, dat se sich vor alsuken[a] saken waren ende hoeden, want weert dat wij enighe sulken saken vernemen, als dat sij d[en][b] copman niet en deden, dat sy hem laeffden, dat wolden wij also uytrichten an den enen, dat sich die ander gheerne hoeden solde. Ende desgelijx willen wij oick onsen borgeren, die buten onser stat visch salten, ende andren coepluden, die yn onse stat te comen plegen, laten weten. Voert, lieve vriende, so beclagen sich onse borghere, dat oen al te laysem ende traghe betaling van oeren visch gheschiet ende oen oeck van alsulken visch, als sij mit vorwarden vercoft hebben, gheen ghelt werden en kan. Wairumme wij u al te vrintliche bidden, dat ghijt zo bestellen in uwer stat, dat onsen borgheren, als sij oeren visch vercoft hebben, oer ghelt sonder lang vertreck werden moghen, op dat sij darbij niet gehindert en worden. Ende, lieve vriende, dairynne also doende, als wij omme uwen wil doin wolden. Got sij mit u. Gescreven onder onser stat secreet, op alre heiligen avont.

Scepen ende rayt der stat van Herderwyck.

970. *Beverwijk an Köln: verspricht auf Kölns Beschwerde dafür zu sorgen, dass von seinen Bürgern keine Betrügereien im Handel mit gesalzenen Fischen begangen werden. — [1410?] Nov. 2.*

Aus StA Köln, Hanse I n. 181; Or. m. Spuren d. S. Auf der Rückseite: Beverwijck de allecibus etc. *Hagedorn, S. n. 943.*

Eersamen wijsen ende bescheydenen luden, burghermeysteren ende ghemene raet der stat van Coolne, onsen goeden gemynden vrienden.

Lieve ende sünderlinge eerbair vründe. Wij hebben uwen brief, als wi naeste ende best conden, verstain, roerende van den ghesouten vysschen, die van onser stede ende oic uut den landen dairbi ghelegben in uwer stat ter marct pleghen te chomen, daer ghi of schryvet, dat dair alrehande ghedroch ende valscheit in gheschiet, want die coeplude dicwijl den vyssche in den korven niet so goet onder en vinden alse boven, ende oic tghetal niet soe groot, alse men hem seit ende lovet, ende begheert in uwen brieve, dat wi dat bewaren willen, dat u burgere ende ander coeplude soe niet meer bedrogen en worden ende mallich dat zijn werde. Dair wi uwer bescheydenre goedertierenheit grotelic om bedanken, dat ghi dit soe bescheydelic an ons vervolcht, sonder herdicheit op onsen poorteren daerom aentenemen. Ende wi sullen dat mit sulker neernstelicheit bestellen ende bewaren an onsen poorteren, dat wij hopen, dat dat ghedroch van hem niet gheschien en sel ende dat si bi den korven kerven tghetal van den visschen, die daerin zijn; ende waer yemant van onsen poorteren, die ghi in der waerheit brüekich vondet van deser valscheit voirscreven, dat wil u ghelieven uns weten te laten, wi sullent hem also ofnemen ende soe daerom corrigieren, dat hem billic een yeghelic ander hoeden mach. Maer off ander lude, die omtrent ende bi onser stede wonende zijn, hier misdadich in worden, dat en wilt op onsen poorteren niet bewegben, want wi

a) so K. b) dat K.

dier niet machtich en zijn, yet te verbieden of ghebode opteleggben. Of ghi, lieve vrûnden, anders yet wilt, dez wi vermoghen, daer en wilt ons niet in sparen. God si mit u. Ghescreven op alre zielen dach.

De stede van Beverwijck.

971. *Baillif, Bürgermeister, Schöffen und Rat von Brielle an Köln: nach einem Schreiben Kölns beklagen sich die Kölner Bürger und andere Kaufleute,* dat si den corfharinck ende den buckinck niet soe ghoet en vinden onder of midden als boven; *haben deswegen ihren mit Häring und anderem Fisch nach Köln handelnden Bürgern derartige Betrügereien bei der Verpackung ihrer Ware ernstlich verboten. — [1410?] Nov. 6* (in prof. Willibrordi).

StA Köln, Hanse I n. 183; Or. m. Resten d. S. Auf der Rückseite: Ya Bryele de salsis piscibus. *Darüber vom Absender vermerkt:* Bryele. *S. n. 969.*

972. *Haag* (scout, scepenen ende andere goede lude in die Haghe) *an Köln: antwortet auf deren Beschwerde über Betrügereien bei den in Köln verkauften gesalzenen Fischen, dass es seinen Kaufleuten deswegen keine Schuld nachweisen kann; stellt, falls dieselben dabei betroffen werden, Köln die Bestrafung der Schuldigen anheim. — [1410?] Nov. 10* (op sinte Martijns avond in den winter).

StA Köln, Hanse I n. 184; Or. m. Spuren d. S. Auf der Rückseite: Yo den Hage de salsis piscibus. *S. n. 969.*

973. *K. Erich von Dänemark erklärt die Bürger und Kaufleute von Bremen für frei von allen Anforderungen wegen des Schiffes und Gutes, das den Bürgern von Stockholm genommen ward. — 1410 Nov. 11* (in s. Mertens daghe). *Flensburg.*

Aus StA Bremen; Or. Perg., S. ab.

Gedruckt: Brem. U.B. 4 n. 418, früher Cassel, Sammlung ungedr. Urkunden S. 23. Verz.: Hempel, Invent. diplom. Saxon. inf. 3, 34, Reg. Dan. II 1 n. 4197. S. oben n. 958.

974. *'sHertogenbosch an Köln: lehnt eine Verantwortlichkeit seiner Bürger für die vorgekommenen Betrügereien im Häringshandel ab; hat für die Zukunft Massregeln dagegen angeordnet. — [1410?] Nov. 14.*

Aus K StA Köln, Hanse I n. 185; Or. m. Spuren d. S. Auf der Rückseite: Buscidiucis de salsis piscibus. *Hagedorn. S. n. 969.*

Den ersamen bescheiden luden, bûrghermeisteren, raid ende andere burgere der stat van Coelen, onsen gheminden vrienden.

Erbair gheminde vriende. Wij hebben uwen brief an ons gesoyndt guetlic ontfaen, mency doinde van claige, die ghi hebt verhoirt van uwen burgeren end anderen koepluden as van den buckinghe end korfharinghe, die van onser stat ende landen dair umblangs beleighen ende in uwer stat plient ze comen, wie dat met den gedroch gedreven werde end en werden niet vonden onder als boven, dairmet uwe burgere end andere koeflude ze schaden comen ende bedrogen werden, met mere woirden in uwen brieve begrepen. Wairop wij uwer groter bescheidenheit vrientlic bogheru te weten, dat die korfharinghe op die zee ghesalten ende also in onser stat ghemeynlic veyl brocht werden, mer in onser stat niet gesalten en werden; ende als sij dair veil comen, so pleghen onse burgere of andere koepluide die haring te copen op hoire aventure ende die voirt in uwer stat ende anderen goiden steden veyl te zeynden of te rueren. Mer om dat wij niet en willen, dat in sulker maten gedroch gedreven werde ende dat [illegible] na onsen vermogen verhoeden, op dat die coeplude bij den getzaille weten ende vijanden mogen, wes sij gelden [a], so hebbe wij dairtoe geordineirt golde certair mans onse medeburgere dairtoe gheeydt an den heyligen, om dat te verhoeden, alse dat wij hoepen, dat dair voirtmere ghene gebreke in geschien en sal, alse verre alst in ons is. Ende of ghi yet begheert, dat wij vermogen, dair wilt ons altijt bereyt in weten. God sy met u. Gegeven opten 14. dach in Novembri [b]. Die stat van sHertogen Bussche.

975. *Antwerpen an Köln: erklärt, dass die von Köln gerügten Betrügereien im Häringshandel nicht in Antwerpen vorgekommen sind; verweist es mit seiner Beschwerde an Gent und Steenbergen. — [1410?] Nov. 19.*

Aus K StA Köln, Hanse I n. 186; Or. m. Spuren d. S. Auf der Rückseite: Antwerpie de salsis piscibus. *Hagedorn.* S. n. 969.

Prudentibus viris et honestis burgimagistris, scabinis et consulibus civitatis Coloniensis, amicis nostris sincere dilectis.

Lieve ende geminde vriende. Wij hebben uwen brief bi desen uwen bode ons ghesonden wel verstaen, mentie makende van buckinge, die onse poirteren, ende van corfharinge, die van onser stad in uwe stad ghesonden souden hebben, ende die niet bevonden en worden onder alse boven, dairmede dat uwe borgeren ende ander coeplude in uwer stad bedrogen worden, mit aldande redenen in den selven uwen letteren begrepen. Op dwelke u ghelieve te weten, dat zeker dese saken bi ons in onser stad niet en gheschien, dair wijt gheweten mogen; ende es met ons een openbair ghebot, dat men gheenen corfharinc bi ons droegen noch ophangen en mach. Maer wel es waer, dat eenige lude in Vlaendren, te Steenbergen ende elder, die in onsen bedwange niet en zijn, corfharinc plegen te droegene, ende hebben die nu onlanx, alsoe wij verstaen, dien harinc beslagen in ghebinde ghelijc den Antwerpschen ghebinde; tote welken wij meynen remedie te doen [c] gheschiene ende den harinc, die in onser stad ghedroecht ende uutghesent sal werden, te doen tekine met alsulken bescheide, alse dairtoe behoeren sal, alsoe dat wij meynen, dat dese saken, dair ghi u af beclaeght, bi onsen poirteren niet toe en comt. Ende om van desen saken ende van ghelyken volcomen remedie te gheschiene, soe soude ons wel goed dunken op dverbeteren van u, dat ghi screeft ane de stad van Ghent, daironder dat eenige wonende zijn op tweer jegen Antwerpen over [d], die met deser saken omgaen, ende oic ane de stad van Steenbergen, hen te kennen ghevende dbedroch, dat den goeden coepluden in desen saken wedervaert, ghelijc uwe wijse bescheidenheit nairder versinnen mach, dat dairtoe behoirt. Ende of ghi, lieve ende seer gheminde vriende, eenige saken begheert, die wij vermogen, dair wet ons met gooder herten bereet toe. Dat kend God onse heere, die u altijt bewaren moet. Ghescreven 19. dage Novembris. De stad van Antwerpen.

976. *Hzg. Wilhelm von Baiern, Graf von Holland, trifft auf Ersuchen der Stadt Kampen endgültige Bestimmungen über die Berechnung der in ihrem Zolltarif vorgesehenen holländischen Pfennige sowie über ihre Zollpflicht in Seeland. — 1410 Nov. 22. Haag.*

Aus StA Kampen; Or. Perg. m. anh. S. Abschrift im Privilegiar fol. 56 b. überschrieben: Van den penning Hollants; *und im Diversarum A fol. 30, überschrieben:* Copia. Pennig. Hollans ende van den wachten.

a) [illegible] K. b) [illegible] K. c) [illegible] K. d) op — over [illegible] K.

S. oben n. 857, 897. Hzg. Wilhelm ersucht 1410 Febr. 11 den Ratssendeboten Kampens, die zu ihm kommen sollen, Geleit bis nächste Ostern. RA Haag, Memoriale BC fol. 87 b. Juni 11 werden abermals Kamper Ratssendeboten bis Okt. 1 geleitet, HR. 5 n. 702, 2. Juni 20 verlängert der Herzog die Übereinkunft mit Kampen wegen des Zolls von Cats (s. n. 857 u. Anm.) bis Nov. 11. Memoriale BA cas. R fol. 13 u. 18.

Willem bi der genaden Gods paleusgrave upten Rijn, hertoge in Beyeren, grave van Henegouwen, van Hollant, van Zeelant ende heere van Vrieslant, doen cond allen luden, want onse geminde vrúnde, die búrgeren der stat van Campen, aen onsen tollen vertollen moeten mit penningen Hollants, so sijn wij bi ottmoedige verzoeke der stat sendeboden voirscreven mit onsen rade dairof overdragen, dat sij voirtaen tot ewigen dagen mit sulken penningen betalen sullen, als wij ontfangen van anderen onsen renten ende goeden, dat is te weten den groten, die wij of onse nacomelinge in onsen lande gebieden te gaen, voir sess penninge Hollants gerekent.

Voort overmids dat die búrgeren van Campen sculdich sijn, hoir tolbair goede in onsen lande van Zeelant eens te vertollen aen onsen tollen[1] of voir onse wachte, geliken hoir brieve ende vriheden, die sij van ons dairof hebben, inhouden, so hebben wij om goede gunste, die wij dragen tot onsen geminden vrúnden, den búrgeren voirscreven, him geconsenteert ende sulke gracie gedaen mit desen brieve: wairt dat sij tot enigen tijt niet wall aencomen en conden aen onser wachte tot Cats, dat sij dan dair voirbi varen mogen ende hoir tolbair goede vertollen tot Arnemúden of tot Welsinghen, dair him best genúecht, also dat sij tot een van dien drien vertollen sullen mogen, sonder enige verhúernisse tegen ons of yemanden van onser wegen; behoudelic wairt oic, dat sij hoor goeden tot geen van dien drien en vertolden, dat dan die tolbair goede tegen ons verhúert sullen wesen. Ende want wij den gemeynen búrgeren van Campen dese voirscreven púnten vaste ende gestade gehouden willen hebben voir ons ende voir onsen nacomelingen tot ewigen dagen, so hebben wij des in getugenisse onse segel aen desen brieve doen hangen. Gegeven in den Hage upten tweeendetwintichsten dach in Novembri int jair ons Heren dusent vierhondert ende thien.

977. *Die hansischen Älterleute zu Brügge an Bremen: der hansische Kaufmann Thomas Hecke hat nach seiner Aussage vor einem Jahre bei Rückempfang des dritten Teils seines den Vitalienbrüdern durch die Bremer wieder abgenommenen Guts die Zusage erhalten:* so wes dat gi den anderen van der Hanze van alsodanen vorscreven gude meer dan den derden penninck weddergeven, dat gi em desgelikes doen wolden; *bitten, da Bremen jetzt den in gleicher Lage befindlichen Stockholmern mehr als ein Drittel des Ihrigen zurückgegeben haben soll*[2], *den Thomas* (want he eyn schamel man ys) *in der Rückgabe seines Guts gleich diesem und andern von der Hanse zu behandeln und das, was es ihm noch zukommen lassen will, dem Bremer Bürger Bernd Prindeney als dem Bevollmächtigten des Thomas auszuhändigen. — 1410 Nov. 27.*

StA Bremen; Or. m. Spuren der 3 S.
Gedruckt: Brem. U.B. 4 n. 480.

978. *Der deutsche Kaufmann zu Brügge an Bremen: hat die Stadt früher ersucht, den Erzbischof [Johann] von Bremen mit Rücksicht auf die ihm von den*

[1] S. n. 731 § 1, Schluss. [2] S. n. 968.

Sendeboten des Kaufmanns geleisteten Dienste (la wat manieren dat unse sendeboden des erwerdigen heren, heren bisschopes van Bremen eere verantworden over eynen jaere yeghens de zeerovers, de up de tijt in Vranckrike gevangen weren) *zur Ausstellung eines offenen lateinischen Verwendungsschreibens für dieselben an den König von Frankreich, das Parlament zu Paris und alle Fürsten und Herren zu veranlassen, und bittet um Zusendung dieses Schreibens; sendet die Abschrift eines Briefes des Hzg. Wilhelm, Grafen von Holland, über seine Feindschaft mit den Ostfriesen, um die Bremer Bürger und Kaufleute dementsprechend warnen zu lassen. — 1410 Nov. 29.*

StA Bremen; Or. m. Spuren der 3 S.
Gedruckt: Brem. U.B. 4 n. 421.

979. *Aberdeen an Danzig: nach Aussage von Alex. Stewart, Graf von Mare, und Rob. Davison ist letzterer durch drei gen. Hansen auf der Seine arrestirt und vor dem Pariser Parlament um 10000 Kronen belangt wegen angeblicher Wegnahme eines preussischen Schiffes, welches thatsächlich durch holländische und seeländische Fischer geraubt war; kündigt Repressalien der beiden Schotten gegen Preussen an, falls Davison nicht von seinen Anklägern Ersatz der ihm durch seine Vertheidigung entstandenen Unkosten erhält. — 1410 Dec. 1.*

StA Thorn n. 868; Or. m. Rest d. S.
Verzeichnet: aus der Recesshdschr. HR. 5 n. 716. S. oben n. 938.

980. *Reval an Dorpat: widerräth die Abordnung von Sendeboten nach Nowgorod und Pskow. — [1410?] Dec. 21.*

Aus R StA Reval, Missivbuch 1384–1420 fol. 39. Gemeent to Darpte. *Hagedorn.*

Ersamen heren, besunderghen leven vrunde. Juwen breff an uns gesand [hebbe][a] wi leifliken entfangen unde wol vornomen, dar gii uns inne scryven also van boden to Nouwerden to Pleskouwe to senden, dar [wy][b] unse guddunken van scryven sollen. Des so wetet, leven heren, dat wy dat aldus over bewegen unde betrachtet hebben, unde dunket uns nicht nutte wesen, ennyge bade an der tiid dar to senden umme mennygerleie sake willen, wente wy uns bevruchten, dat et mer dem kopmanne wederwerdich solde, dan et eme mede were, de wille dattet alsus steit[c]. De almechtige God de voget, dattet better werde. Ghescreven an sunte Thomas dage des apostels.

981. *Hochmeister Heinrich von Plauen bestätigt den englisch-preussischen Handelsvertrag von 1409 Dec. 4. — 1410 Dec. 24. Marienburg.*

Aus D StA Danzig XV, 15, eingeschoben in die Bestätigung von 1411 Mai 24, s. n. 1004. Hohlbaum.
Das. XV, 12; Abschr. a. Perg. — XV, 9; Abschr. des Klerikers Joh. Skelton von einem durch den Lynner Bürger Walter Curson 1428 ausgefertigten Transsumpt.
L Publ. Record Office London, Transsumpt von 1411 Mai 24, s. n. 1004.
K StsA Königsberg, Briefarchiv XXXII, 10; Abschr. einer von Joh. Herter beglaubigten Kopie. Auf der Rückseite: Dit is die abeschrift des valschen breffes den die Engelschen bey en haben; *s. HR. 5 n. 634 Stückbeschreibung. — Das. ein notarielles Transsumpt von 1429 Febr. 11, London.*
Das., Transsumpt von 1411 Mai 24; hochdeutsche Übersetzung, s. n. 1004.
Gedruckt: aus L Rymer, Foedera 8, 663. Verz.: HR. 5 n. 634.

In nomine sancte et individue trinitatis amen. Ne ea, que pro turbate pacis reformacione ac consuete amicicie amorisque mutui conservacione mature tractantur, ordinantur et inter partes, quarum interest, pro earundem comodo et utilitate ac

a) Fehlt R. b) fehlt R. c) stelt R.

alias pro communi bono legitime statuuntur, de facili alicujus arte vel ingenio seu alias quavis illicita occasione per matrem jurgiorum irritari contingat quomodolibet seu infringi, necesse visum fuit et est, ea per scripta autentica roborari, communiri firmissime et stabiliri. Hinc est, quod nos frater Henricus de Plawe, ordinis beate Marie domus Theutonice Jerusalemitanorum magister generalis, universis Christi fidelibus, ad quorum noticiam presentes litere qualitercumque pervenerint, tenore earumdem cupimus fore notum, qualiter fideles et dilecti nostri, videlicet Theodoricus de Logendorff miles, Leffhardus de Herfford, borgimagister civitatis nostre Elbingensis, et Johannes Crolow, civis apud civitatem nostram Dantzik, procuratores, deputati et nuncii venerabilis quondam fratris nostri, dum vixit, scilicet Ulrici de Jungingen, ultimi et immediati predecessoris nostri, ipsiusque et successorum suorum plena potestate ad infrascripta suffulti, nos atque venerabiles et religiosos viros consilii nostri fratres de et super reparacionis, reformacionis et emende omnium et singulorum attemptatorum indebite inter serenissimum principem ac dominum nostrum, dominum Henricum Dei gracia regem Anglie et Francie et dominum Hibernie, ipsiusque ligeos et subditos parte ex una necnon dictum fratrem Ulricum predecessorem nostrum, nos quoque et ordinem nostrum ac quoscumque subditos nostros parte ex altera variis tractatibus unanimis ipsorumque concordi et finali appunctamento inter dicti domini regis commissarios, videlicet honorabiles viros Ricardum Merlowe, majorem et civem civitatis Londoniarum, magistrum Johannem Kingston clericum et Willelmum Askham, ejusdem civitatis civem et aldermannum, et dicti fratris Ulrici, nostri predecessoris, procuratores et nuncios antedictos habito, facto ac conclusive exinde secuto per patentes litteras et indentatas utriusque partis predicte commissariorum et procuratorum jam dictorum sigillis sub data quarte diei Decembris anno Domini millesimo quadringentesimo nono sigillatas sufficienter et debite sub forma, que sequitur, informarunt: *[Folgt n. 916].* Predictarum igitur unionis et concordie federisque pacis votive appunctuata, collaudata, sopita et terminata, prout in omnibus suis clausulis et punctis per utriusque partis procuratores et deputatos antedictos plenam potestatem ad hoc habentes ordinata, condicta, statuta sunt et promissa, nos frater Henricus magister generalis antedictus de consilio venerabilium fratrum nostrorum consilii nostri grata, rata recepimus et habuimus pariter et accepta eaque juxta eorum continencias et tenores cum omnibus eorumdem emergentibus, incidentibus, dependentibus et connexis pro nobis et ordine nostro approbamus, ratificamus et tenore presencium firmissime tenenda inviolabiliterque et bona fide observanda confirmamus; nec aliquid procurabimus aut faciemus directe vel indirecte, secrete vel occulte seu alias quovis quesito colore, per quod tractata, convenia, statuta, promissa, reformata, finita, terminata et concessa hujusmodi effectu debito frustrari poterunt quomodolibet seu impediri. In evidens testimonium omnium premissorum sigillum ordinis nostri majus presentibus est appensum. Datum in castro nostro Marienborgh, vicesima quarta die mensis Decembris anno Domini millesimo quadringentesimo decimo.

982. *Entwurf [des deutschen Kaufmanns zu Brügge] zu einer an K. Karl VI von Frankreich und das Pariser Parlament gerichteten Herkunftsbescheinigung Revals für die Waren, welche aus Joh. Hudemans Schiffe durch die Vitalier geraubt und nach Frankreich gebracht waren und dort auf Parlamentsbeschluss den Sendeboten des deutschen Kaufmanns gegen Bürgschaft ausgeliefert sind. — 1410.*

Aus StA Reval, Briefeinlage zu n. 963, 2 gleichlautende Abschriften. Höhlbaum.
Gedruckt: v. Bunge, Livl. U.B. 4 n. 1843 Sp. 724 ff.

Nach der Rechnung des Wasserbaillifs von Sluys von 1410 Mai 5—Sept. 22 zahlt der deutsche Schiffer Halte Vougha 18 Pfd. Strafe wegen Nichtauslieferung eines vom Baillif belangten Deutschen Bertolf Smit; ebenso der Patron einer Karake aus Genua 13 Pfd., lequel se absenta de leans certain temps, pour ce qu'il estoit venus ou port de l'Escluse et un Clais Gadjaer Alemant son marounier estoit, lui venant avec sa dicte caraque sur le cost d'Alexandrie, mis dessous Sarrasin, et ne l'avoit point donné a congnoistre ne ou livré, comme raison estoit, es mains du bailli. — *1410 Sept. 22—1411 Jan. 12 werden 6 Pfd. eingenommen aus der Habe des wegen Verübung eines Mordes hingerichteten Deutschen Ludekin Wepel.*

Allerdorluchtigesten vursten unde allerhoghebornsten heren, heren Karole koninghe van Vrancrike, unde edelen unde moghenden heren van sijnes hoghen rade van sijnen parlamente to Parijs int pallaes unde allen anderen vursten unde heren, ghestlik unde wertlik, den desse unse jegenwordige breyff ghetoget unde ghelesen werden sal, borgermestere unde raedmanne der stad Revele don kenlick mit beredicheit unses denstes openbarlike bijrynne tughende, wu dat schipher Johan Rödeman int jaer 1409 umtrent unser vrouwen daghe in September latest vorleden[1] zeghelde met sijnen holke ghelade met gude behorende in de Duytsche Henze, umme darmedde tor Sluus in Vlanderen to komene; unde alse de vorscreven schipher Johan in Norweghen to Scherrensunde in de havene ghekomen was, so quemen umtrent sente Andreas misse latest vorleden[2] zeerovers uth Vreslande met eynen holke, de dar utghemaket was, darynne dat weren 124 zeerovers, de den vorscreven schipheren Johanne Rödeman sijnen holke untweldigeden unde namen darute alsedane parcele van gude hijr navolghende. Int irste hadde darynne Johan upme Berghe 1 bereven vat van dessen merke , darynne dat weren 3000 schorewerkes unde 11 tymmer marten etc., item 11 vate seels van dessen merke ; item 6 tonnen lasses van desser merke ; item 12 tonnen lasses unde 1 vat seels van dessen 2 merken  ; item 22 tonnen boteren van dessen merke . Item Gherd Lemendijck hadde darynne etc., alse de cedule vortan utwiset. Met welken vorscreven gude de vornomde zeerovers qwemen by tempeste van wedere in Vrancrike in de Somme to Sente Walrix; welk de copman van Almanien der Duytschen Henze to Brugge in Vlanderen residerende vornemende, umme dat se wol bekanden de vornomde gude in de vorscreven Duytsche Hanze behorende, deden se de selve gude by eren ghedeputirden sendeboden so verre vorvolghen by ju allerdorluchtigesten princhen vorscreven unde vor ju heren van sijnen edelen raede in sijn parlament to Parijs, dat en dat vorscreven gud met rechte toghewiset wart wedder to hebbene; welk den bailliu van Amiens bevolen sijnde to vorwarene unde uterichtene, he doch nicht don en wolde overmids enighen loghenen, de de vorscreven zeerovers vortbrachten, men he dede dat selve gud den vorscreven sendeboden up sekere borchtucht televeriren went ter tijt, dat bewisinge darvan qweme van den steden van der Henze, dar aldusdane gud to huus behorde. Des so ist, dat wij juwer hoghen edelen mogheneheit openbar in dessen breyve warafftighen orkonden unde certificieren, dat de vorscreven gude under den vorscreven merken den vornomden copluden unde erer gheselschop alle van der Düytschen Henze sijn tobehorende, sunder enighen Engheleschen offt ymande anders van buten der vorscreven Henze wesende darane paert offt deel to hebbene; unde ock dat wij noch de copman van der vorscreven Hanze met den vorscreven zeerovers gheene vyantschop en wisten noch en weten noch met enighen, de se moghen hebben utghereyt, men

[1] 1409 Sept. 8. [2] Nov. 30.

dat se desse vorscreven dinghe ghedan hebben jeghens Gode, eere unde alle recht met groter overdadeliken ghewalt, ghelijck alse openbare ghemeyne zeerovers guden luden eeren gûden pleghen to berovene, wor se konnen. Hijrumme so ist, allerdorluchtigeste prinche unde moghende heren, dat wij van ju zeer oedmodelike begherende zijn met vlijte biddende, dat ghij by juwen ghenaden bijrynne also willen vorseyn wesen, dat des vorscreven copmans sendeboden borghen, de se den bailiu van Amiens bijrvor ghesat hebben, van der borchtucht moghen werden vry unde quijt ghelaten unde darvan met alle unlaslaghen, unde dat de anderen gude, de welke de vorscreven bailiû van Amiens bijrvan noch in banden hevet, offt dat ghelt, dat darvan ghekomen ys, en ock moghe televeriert werden. Want so wes dem copmanne vorscreven offt eren sendeboden to unser borghere unde copluide behoeff toleveriert werdet, darvan wille wij ju heren unde alle andere, den dat mach ankomen unde tobehoert, schadeloss holden van aller namaninge, de enich man darumme liden mochte in tokomenden tijden. In kennessen der warheyden van allen dessen vorscreven dinghen so hebben wij borgermestere unde radmanne der stad Revele vorscreven unses vorscreven staden ingheseghel met unser witschop an dessen breyff ghehangen, int jar uns Heren 1410 etc.

983. *Revaler Aufzeichnung über die Übertretung einer Ordonnanz des deutschen Kaufmanns zu Nowgorod durch Bernd van Velen, seine Verhaftung in Lübeck und seine spätere Begnadigung. — [1410.]*

Aus R StA Reval; gleichz. Abschr. Höhlbaum.

Gedruckt: v. Bunge, Livl. U.B. 4 n. 1763, Napiersky, Russisch-livländ. Urk. n. 166.

Item 1407 jâr do geŷrendet umme sunte Jacobes dage[1] ut, dat de Russen to Nouwerden eyns worden, dat se nyn solt kopen en wolden to Nowerden, et en wer to Nowerden gewegen. Des wort de Dudesche kopman do weder eyns, dat nyn Dutsche solde solt vorkopen anders dan na older wonheyt, [by][a] vorluste des gudes unde by 10 marken. Des so quam Berent van Velen unde kopslage[de][b] tegen dyt vorgescreven bot; also nam eme de kopman dat gut. Do bat he den kopman, dat se eme beranden; also gaf eme de kopman de 10 mark to und gaf eme 1 quarter trogenissen to syr teringe; also vor he ut unde vor to Wyburch. Darna quam he to Lubeke unde drowede dem gemeynen Nowerdeschen kopmanne unde segede, se hedden eme syn gud genomen, he wolde en dat er wedernemen. Hirup so drengede ene de kopman in de bechte. Underdes so quam Lambert van Velen vor den raed to Revele unde bat deme rade, dat se wol deden umme Godes willen unde umme synes vordenstes willen unde geven eme eynen bedebreff an den raed to Lubeke[2]. Dyt schach umme syr bede willen, umme dre guder lude bede willen, de he met syk hadde, dat eme eyn bedebreff wort an den raed to Lubeke. Also sach dat de raed unde de kopman to Lubeke over umme bede willen der van Revele, unde he dede der bede unde se leten ene ut. Hir enboven quam Lambert unde beklage[de][c] sye hyr vor den kunder to Revele ...

984. *Das Londoner Mayorsgericht entscheidet auf Klage der hansischen Kaufleute, dass dieselben nicht über ihre Privilegien hinaus zu Zöllen und Abgaben herangezogen werden dürfen. — 1411 Jan. 7 und 21.*

Aus City Records London. Letter Book I fol. 105—106. Am Rande: Pro mercatoribus de Hansa. *Nach Abschrift von Miss M. T. Martin.*

a) [illegible] R. b) kopslage R. c) beklage R.

[1] Juli 25. [2] S. n. 956.

Septimo die Januarii anno regni regis Henrici quarti post conquestum duodecimo venerunt hic coram majore et aldermannis civitatis Londoniarum Henricus Droste, Hilbrand Southerman, Henricus Mygrave, mercatores de Hansa Alemannie Londoniis predictis commorantes, tam pro se ipsis quam pro societate mercatorum Hanse predicte eisdem majori et aldermannis graviter conquerentes, quomodo ipsi per officiarios et ministros vicecomitum Londoniarum graviter vexati, occasionati et in dies inquietati existunt petentes ab eisdem mercatoribus custumas ac alia onera indebita tam contra cartas domini regis et progenitorum suorum eisdem mercatoribus factas quam composicionem inter civitatem Londoniarum predictam et dictos mercatores ab antiquo ordinatam et usitatam [1], que in camera dicte civitatis de recordo habentur; dictos majorem et aldermannos cum instancia debita requirentes, qualinus certas personas, ejusdem civitatis judices et ministros, ad dictas cartas et composicionem pro parte dictorum mercatorum quam evidencias pro parte dictorum vicecomitum et officiariorum suorum videndas et examinandas deputare et assignare dignarentur, ut dicti judices et officiarii, quid in premissis reperire contigerint, majori et aldermannis antedictis debite reportarent. Quam quidem requisicionem supradictam dicti major et aldermanni considerantes esse justam et racioni consonam, assignarunt et deputarunt honorabiles et discretos viros Johannem Shadworth aldermannum, Johannem Prestone recordatorem et Johannem Westone, dicte civitatis communem narratorem, ad premissa supervidenda; et de hoc, quod inde invenerint, curie hic reportarent etc.

Qui quidem Johannes Shadeworth, Johannes Prestone et Johannes Westone die Mercurii vicesimo primo die Januarii anno supradicto venerunt hic coram majore et aldermannis in [a] interiori camera guyhalde civitatis predicte, dictis majori et aldermannis relacionem facientes, quod ipsi inspectis cartis et composicione predictis et auditis dictorum vicecomitum, officiariorum et ministrorum suorum evidenciis comperti sunt, quod dicti mercatores indebite et injuste per dictorum vicecomitum officiarios et ministros vexati, occasionati sunt et inquietati contra formam, vim et effectum cartarum et composicionis predictarum. Ideo consideratum est per dictos majorem et aldermannos, quod dicti mercatores Hanse predicte et eorum heredes et successores de cetero sint quieti de omnibus inquietacionibus, vexacionibus et demandis supradictis juxta effectum cartarum et composicionis predictarum et prout hactenus quieti esse consueverunt etc.

985. *Reval an den deutschen Kaufmann zu Nowgorod: rät zum Abschluss eines Vergleichs mit Iwan Kelserne. — [1411] Jan. 11.*

Aus StA Reval, Missivbuch 1384—1420 fol. 39b. Überschrieben: 1411 ut. Gesant des copmanne to Naugarden. *Hagedorn.*

[1]) *Vertrag von 1282, oben Bd. 1 n. 902.* [2]) *Bei Beginn von fol. 106 ist hier am Rande bemerkt:* Custume exacte sunt 2 s. de bigis cargatis, 2 d. de dolio vini et 2 d. de cipha salis. *Es handelt sich natürlich um städtische Zölle. Ein aus früherer Zeit stammender Tarif der Londoner „Scawange", einer durch die Sheriffs erhobenen Schaugebühr von eingeführten Waren, enthält den Zusatz:* Es fait a remembrer, qe touz les marchaundises venauntz deinz la citee dont custume deit estre paie, hors pris scawage, mais des marchaundises desouthe escriptz nulle chose doit estre paye par la resoune avauntdite, sicome de cire, de argoil, de quivere, de teile, de grys overe et dautres marchaundises, qe marchauntz d'Alemaine amenerent, sils ne amenerent autres avaunt escriptz, ceo est assavoir, qi deivent scawage, sicome est avaunt nome. Et fait assavoir, qe scawage doit estre paye des marchaundises, qi vendront en la citee par marchauntz, qi deyvent custume. *Munimenta Gildhallae Londoniensis 1, 223.*

a) in fehlt der Druck

Unsen vruntliken grot mit aller behegelicheit vorscreven unde wat wii gudes vormogen. Leven besunderges vrunde. Juwen breff an uns gesant unde ok de tzedelen darynne besloten inholdende van Iwanen Ketnernen saken hebbe wii leifliken entfangen unde wol vornomen, hebben de tzedelen uttolesen laten, unde uns dunket, dat se gud genoch sii. Unde umme so dunket uns nütte wesen, dat men de sake mit eme bevorlegge, wante dat lange genoch gestan hevet, unde ok umme andere sake willen, de deme copmanne darvan tokomen mochte. Leven vronde, provet hir uns beste by, also wy juw wol togetruwen. Hirmede siit deme almechtigen Gode bevolen. Ghescreven under unseme secrete, des sundages na twelfften.

986. *Reval [an Dorpat:] spricht sich gegen die vorgeschlagene Einstellung der Sundfahrt aus. — [1411] Jan. 19.*

Aus R StA Reval, Missivbuch 1384—1420 fol. 40. Hagedorn.

Erwerdige grote mit aller behegelicheit vorscreven, wat wy gudes vormogen. Ersamen heren und besunderges guden vrunde. Juwen breff an uns gesant inholdende des copmans breff van Brugge und ok der^a heren gutdunket van der Rige und juwe darupp hebbe wy leffliken entfangen unde wol vornomen und hebben de sake uterliken betrachtet und overgewegen mit unseme rade, also dattet uns nicht nutte dunket wesen, de segelacie dor den Sunt affthoneggende umme mennigerleie sake willen, de wy darinne betrachten, und sunderlingen darumme, dat de Wendeschen stede leider nicht eens en sin und swarliken in welken steden steet, dar de hogeste macht ane licht, und ok umme des landes tho Prusen willen, dat ok noch leider in grotem were steit; alse uns dunket, wan men den Sunt sceppen scholde, dat dat moste bykomen bi endracht der gemeinen Hensestede. Men, leven heren, so duchte uns wol nutte wesen, dat wy volgeden deme besinte des copmans van Brugge, also dat men de schepe, dede kostel gut voren solen, dat men de mande mit luden und mit harnsche und slichte lovien vorden, also dat se velich dor dat water segelen mogen, also lange dat dat Got wolde, dattet endrachtliker by den steden und by den landen stunde, want noch tor tit dot. Hirmede sit deme almechtigen Gode bevolen. Gescreven under unsem secreet, in vigilia Fabiani et Sebastiani.

987. *Der deutsche Kaufmann zu Brügge an die livländischen Städte: hat wegen des durch Lübecks Ächtung drohenden Schadens wie an sie so auch an Lübeck und an die kaufmännischen Korporationen daselbst geschrieben, ohne bisher eine Antwort erhalten zu haben; sendet Abschriften einiger ihm [wegen Vollstreckung der Acht] zugegangener fürstlicher Schreiben*[1]*; berichtet ferner, dass zwei Mitglieder des alten Lübecker Rats nach Brügge gekommen sind und von ihm auf Grund des Achtbriefes und eines Mandats des römischen Königs die Ermächtigung zur Verfolgung ihres Rechts gegen die dortigen Lübecker nachgesucht, aber auf seine Bitte Frist bis Mai 31 zugestanden haben; bittet wiederholt, Lübeck zum Vergleich zu bewegen, da er sonst der Ausführung der Sentenz gegen die Lübecker nicht widerstreben kann, und ersucht um Mitteilung ihrer Ansicht. — 1411 Febr. 21.*

a) dem R.

1) *Vgl. die Zuschriften des Pfalzgrafen Ludwig, des Hzg. Heinrich von Braunschweig-Lüneburg und des Gr. Wilhelm von Holland, HR. 6 n. 687—689. Andererseits suchte Lübeck März 13 die Verwendung des Hzg. Heinrich von Braunschweig gegen die Vollstreckung der Acht in Flandern nach; HR. 6 n. 25—26.*

StA Reval, eingeschoben in ein Schreiben Rigas von [1411 Apr. 18]. Gedruckt: HR. 6 n. 690 a, früher v. Bunge, Livl. U.B. 4 n. 1877 und 1879. Ein gleiches Schreiben an die preussischen Städte HR. 6 n. 690 b.

988. *Danzig an Thorn: protestiert gegen den Beschluss der Osteroder Tagfahrt über die Erhebung der beim Kaufmann zu Brügge deponierten englischen Entschädigungsgelder*[1]. *— 1411 März 2.*

Aus StA Thorn n. 891; Or. m. S. Auf einem inliegenden Zettel von anderer Hand: Desgelich habe wir den herren von Elbingh ouch gescrebin. *Hagedorn.*

Den ersamen unsirn besundern libin vrunden, hern borgermeistern unde ratmannen der stat Thorun detur.

Unsirn vruntlichin grus mit behegelichkeit vorgescrebin. Ersamen libin vrunde. Die ersamen sendeboten vam Colmen, die nůwelich sament mit den euwern tzu Osterrode tzu tage sint gewest, habin uns gesant eyne cedil beslosen in eynem irem briffe von sulchin worten, das Engelsche gelt, das in Vlandern by dem kouffmanne leyet, sullen die stete Thorun, Elbingh unde Dantzik itzliche stat das dritte teyl vorkouffen, das lb. grot 3 marc unde 1 s.; unde das der kouffman von sich gebin in der wirde, alse sie is untpfangen habin, uff Johannis baptiste[2] tzu betzalen. Hirvon, libin vrunde, weilet wissen, das wir unsirn willen unde vulbort dortzu mit nichte nicht gebin mogin, wende alle unsire burghere und ouch die schiffkindere, den das gelt das meiste teyl anrorende ist, uns vleysalich gebethin habin, das wir in gbunnende welden sin, das sie also vele geldes, alse in in der betzalten summen tzukomen magh, tzu irer behuff obirkouffen möchten, sprechinde, si hatten mit irem grossen schaden aldenlange untporen etc.; das wir in doch mit bequemkeit habin vorleget bys also lange, das das gelt her ins lant wirt komen unde das uns denne eyns ist geworden mit den steten umbe die teyrunge, die dorumbe ist getan. Also bitte wir ouch euwir ersamekeit mit vlise begherende, das ir doruff ouch also lange steen weilet lasen, uff das keyn invel dorinne gescheе von unsirn burgern unde schiffkindern vorgescrebin. Geruget euch ouch hirbobin also vele geldes dorvon obirkouffen, alse euwere burgere und kouffluthe ist anrorende, dorvon die summe vom betzaltem gelde vorscrebin kumpt uf 250 nobles tzu guter rechinschaft, alse uns Johannes unsir schriber hot underrichtet, das setze wir tzu euwir wisheit; unde ab ir euwir burgere teyl vorscrebin werdet obirkouffen, das geruchet uns weddirschribin mit den irsten. Gescrebin am montage noch invocavit 1411, under unsirm secreta.

Rathmanne Dantzik.

989. *Der deutsche Kaufmann zu Nowgorod an Reval: ist um Bezahlung der durch die Verhaftung Bernds van Vreden in Lübeck entstandenen Unkosten gemahnt. — [1411] März 8. Nowgorod.*

Aus StA Reval; Or. m. Spuren d. 2 S. Hohlbaum.
Gedruckt: v. Bunge, Livl. U.B. 4 n. 1819.

Honorabilibus et discretis viris, proconsulibus et consulibus civitatis Revaliensis cum honore presentetur littera hec.

Unsen vruntliken grot unde wes wi gudes vormoegen. Ersamen leven vrunde. Wy bidden juu tho wetene, dat hir gewest is Tydeke Lange vor dem gemeynen kopmanne in jegenwordicheyt der boden van Darpte, her Hinrik Schryvers unde her Tydeman Vossen, unde was manende von dem kopmanne umme gelt, dat Bernd van Vreden to Lubeke vorteret hadde in der hechte. Darup antworde eme de

[1] S. den preussischen Recess von Febr. 22, HR. 6 n. 2, 8i. [2] Juni 24.

kopman: se wolden desse sake an juu schryven. Hirumme bidde wy ju, dat gy wol dôn unde syn hirinne vorseyn, dat des dey kopman genen schaden en hebbe, wente juu wol witlik is, worvan desse sake togekomen is unde wo alle dingh mede gelegen is. Vort syn de schalen nicht gemaket, so latet se uns maken unde sendet se uns myt den ersten. Blyvet gesunt in Gode, over uns to gebedende. Gescreven to Nougarden des anderen sundages in der vasten.

Olderlude, wisesten unde de gemeyne kopman tho Nogarden.

990. *Erzbischof Johann von Bremen bekundet die Beilegung aller zwischen ihm und der Stadt Lübeck*[1] *schwebenden Misshelligkeiten und verspricht den lübischen Kaufleuten Sicherheit des Verkehrs und Schutz in seinen Landen gleich seinen eigenen Unterthanen. — 1411 März 12* (an dem dage s. Gregorii des hilgen pavestes).

StA Lübeck; Or. Perg. m. anh. S.
Gedruckt: Lüb. U.B. 5 n. 359.

991. *Riga an Reval; berichtet, dass der livländische Ordensmeister dem vom Städtetag zu Pernau beschlossenen Kornausfuhrverbot unter Vorbehalt der Haferausfuhr nach Preussen beigetreten ist, und dass nach Aussage desselben die Sendeboten Nowgorods in gutem Einvernehmen von ihm geschieden sind. — 1411 März 12.*

StA Reval; Or. m. Resten d. S.
Gedruckt: HR. 6 n. 6, früher v. Bunge, Livl. U.B. 4 n. 1873.

992. *Arnd Ossendorp bekennt, für den Lübecker Bürger Hans Overkamp von Nyms Petersson, Vogt zu Halmstad, namens der Königin Margaretha 23½ Last Butter unter Erlass des Ausfuhrzolls erhalten zu haben. — 1411 März 22* (des sondaghes to mytvasten). *Halmstad.*

RA Kopenhagen; Or. Perg. m. Resten von 3 S.
Gedruckt: Silfverstolpe, Svenskt Diplomatarium 2 n. 1395.

993. *Stockholm verbürgt der Stadt Bremen, ihren Bürgern und Kaufleuten Sicherheit gegen alle Anforderungen wegen des den Vitaliern abgenommenen Stockholmer Schiffes und bestätigt die von den Stockholmer Bürgern Alff Greverode und Sterborn mit Bremen darüber abgeschlossene Vereinbarung [n. 968], indem es die Genannten zur Empfangnahme des Geldes für das Schiff und Gut bevollmächtigt. — 1411 März 28* (sabbato ante dominicam passionis).

StA Bremen; Or. Perg., S. ab.
Gedruckt: Brem. U.B. 5 n. 5.

994. *Der deutsche Kaufmann zu Brügge an die livländischen Städte: wiederholt sein Schreiben n. 967; berichtet, dass die See durch Engländer, Schotten, Friesen und Vitalier unsicher gemacht wird und dass dem Kaufmann auch durch den Krieg zwischen Holland und Friesland Schaden droht, und ersucht sie, für den Schutz der ausfahrenden Schiffer zu sorgen. — 1411 Apr. 5.*

StA Reval; Or. m. Resten der 3 S.
Gedruckt: HR. 5 n. 691, früher v. Bunge, Livl. U.B. 4 n. 1876, Lüb. U.B. 5 n. 361.

[1]) *1410 Jan. 13 verheisst Hzg. Heinrich von Braunschweig-Lüneburg den Lübecker Kaufleuten auf vier Jahre Schutz zum Verkehr in seinen Landen. A. a. O. n. 293.*

995. Hochmeister [Heinrich von Plauen] an den neuen Rat und den gemeinen Kaufmann in Lübeck: zeigt u. a. die Verlegung des Stapels von dem ungehorsamen Danzig nach Elbing an[1]. — [1411 Apr. 5.]

StsA Königsberg, Hochmeister-Registrant 5 S. 39.
Verzeichnet: HR. 6 n. 12.

996. [Die vier Lede von Flandern an Lübeck, an die vier kaufmännischen Korporationen, den Bürgerausschuss, die Ämter und Gemeinde daselbst:] zwei Mitglieder des alten Rats von Lübeck haben sich vor ihnen über Lübeck beklagt und auf Grund des Achtbriefes und des Urteils [des Reichshofgerichts] um Beihülfe zur Verfolgung ihres Rechts gegen die zu Brügge befindlichen Lübecker und deren Gut nachgesucht, widrigenfalls sie Zwangsmassregeln in Aussicht stellen; die Lede haben auf ihr Bitten von den beiden Ratsherren einen Aufschub bis Mai 31 erlangt und ersuchen dringend, sich bis dahin mit dem alten Rat zu vergleichen. — [1411 Apr. 16[2].]

Gedruckt: HR. 6 n. 27.

997. Die livländischen Städte an die preussischen Städte: haben März 3 auf der Tagfahrt zu Pernau die Einfuhr aller in Brügge auf Borg gekauften Waren[3], wie Salz, Tuch, Wein und Südfrüchte, nach Livland sowie für den Verkehr nach Russland die Einfuhr der seit Alters in Nowgorod verbotenen und gewisser anderer Tuche von Juni 24 an untersagt, mit näheren Bestimmungen über die Durchführung dieser Beschlüsse; ersuchen um Benachrichtigung der dortigen Kaufleute. — 1411 Apr. 17.

Gedruckt: HR. 6 n. 7. Verz.: v. Bunge, Livl. U.B. 6 Reg. S. 103.

998. [Hzg. Johann von Burgund an Lübeck:] berichtet ähnlich wie n. 996, dass die beiden Mitglieder des alten Rats auf Grund des [Reichshofgerichts]urteils ihn um Arrestierung alles Lübecker Guts in Flandern bis zur Höhe von 4000 M. Gold gebeten haben; hat vorläufig von der Vollstreckung des Arrests abgesehen und ersucht um Abschluss eines Vergleichs. — [1411] Apr. 18.

Verzeichnet: HR. 6 n. 28. Ebenso an die preussischen Städte, das. n. 30.

999. Der deutsche Kaufmann zu Brügge [an Lübeck:] hat Lübecks Klageschrift über den entwichenen alten Rat bekannt gemacht; übersendet die Verantwortung, welche die beiden in Brügge weilenden Mitglieder des alten Rats vor dem gemeinen Kaufmann dagegen abgegeben haben; rät dringend zur Aussöhnung mit dem alten Rat, da er die Lübecker gegen die Ausführung des Achtbriefes wegen eigener Gefahr für Leib und Gut nicht in Schutz

1) Ein anderweitiges hierauf bezügliches Schreiben [des Hochmeisters an Lübeck], worin er sein Vorgehen gegen Danzig ausführlich rechtfertigt, gedr. SS. rer. Pruss. 4, 398; verz. Toeppen 1 n. 123, vgl. das. n. 126. 2) S. die Mitteilung dieses Schreibens seitens der vier Lede an die preussischen Städte, HR. 6 n. 29. Nach der Brügger Stadtrechnung fand Apr. 1 eine Tagfahrt der vier Lede in Gent statt, u. a. op te scriven, dat de viere leden voorseit [illegible] hadden te scrivene an de stede van Lubeke angaende den ghescillen wesende tusschen den ouden rade van Lubeke ende der selver stede. Gilliodts-van Severen, Inventaire de Bruges 4, 68. Vgl. dazu HR. 6 n. 31. Auch an den Hochmeister ergeht ein entsprechendes Schreiben der flandrischen Städte, s. dessen Antwort von Juni 2, a. a. O. n. 32. 3) Eine neue Verordnung Revals gegen den bereits früher verbotenen Borgkauf mit den Russen von ca. 1410 s. HR. 6 n. 1072.

nehmen kann, trotz der Drohung der Stadt, ihm an seinen von ihr aufbewahrten Privilegien Schaden zuzufügen[1]. — *[1411] Apr. 18.*

StA Lübeck, Kopiar über den Aufstand von 1408 S. 78.
Gedruckt: Lüb. U.B. 5 n. 365. Verz.: HR. 6 n. 33.

1000. *K. Heinrich IV von England an die Baillifs und Hafenaufseher in Boston: befiehlt ihnen, neun auf Grund einer früheren Verordnung arretierte hansische Bergenfahrer gegen Bürgschaft freizugeben. — 1411 Mai 15. Westminster.*

Publ. Record Office London, Close Rolls 12 Henr. IV m. 14. Pro mercatoribus de Hansa.
Gedruckt: Rymer, Foedera 8, 684, wiederholt Willebrandt 3, 60 und hier. Verz.: Hempel, Invent. diplom. Saxon. inf. 3, 35, HR. 6 n. 32.

Rex ballivis suis ville de Sancto Botholpho ac custodibus passagii in portu ejusdem ville et eorum cuilibet salutem. Cum quarto die Martii ultimo preterito quibusdam certis de causis nos et concilium nostrum adtunc moventibus per breve nostrum sub magno sigillo nostro vobis preceperimus, quod aliquos homines de Hansa in villa predicta tunc existentes vel ad eandem extunc venientes in portu predicto versus aliquas partes extraneas transire vel aliqua bona, res sive mercandisas sua versus partes predictas traducere, cariare sive mittere aliqualiter non permitteretis, quousque aliter inde a nobis haberetis in mandatis; cujus quidem brevis nostri pretextu certi mercatores societatis de Hansa in partes de Berne in Norwegia confluentes et protunc in villa predicta de Sancto Botholpho residentes, videlicet Hans Rosyngbor[e]be, Wylgem Lewencamp, A[l]brighi Strode, Herman Mynne, Herman Whyte, Tetryk Lembor[e]be, Hans Clenkothorp, Henryk Papynthorp et Cort Halseman, de eorum transitu versus partes exteras una cum bonis et mercandisis suis in predicta villa de Sancto Botholpho ad presens existentes a predicto quarto die Martii restricti fuerunt et adhuc existunt, unde nobis de gratia et remedio supplicarunt: nos, quamvis occasione diversorum injuriarum, gravaminum et dampnorum ligeis nostris mercatoribus regni nostri Anglie predictas partes de Berne frequentantibus per ipsos de Hansa in eisdem partibus conversantes et ad easdem confluentes, ut dicitur, factorum, prout per diversos articulos querelarum dictorum ligeorum nostrorum nobis et concilio nostro super hoc inscriptos exhibitos apparet, causa justa et rationabilis nos movere et inducere posset, restrictum predictum continuare, volentes tamen in hac parte cum eisdem mercatoribus de Hansa hac vice agere gratiose, de avisamento concilii nostri vobis precipimus, quod, si predicte persone de Hansa invenerint coram vobis sufficientes personas, ligeos nostros Anglicos, se nobis in summa duarum milium marcarum obligandas, quod eedem persone de Hansa stabunt ordinationi et considerationi concilii nostri super hoc, quod continebitur in certificatione facienda eidem concilio nostro per aldermannum societatis ligeorum nostrorum mercatorum in partibus de Berne residentem super contentis predictorum articulorum, quos sibi sub privato sigillo mittimus; vel aliter, si predicti mercatores de Hansa invenerint coram vobis sufficientes personas ligeorum nostrorum Anglicorum se nobis in summa duarum milium marcarum obligaturas, quod predicti Wylgem Lewencamp et A[l]bryght Strode, procuratores et attornati predictorum sociorum suorum, in regno nostro Anglie absque recessu de eodem, quousque predicta certificatio prefato concilio nostro facta fuerit, in casu quo infra unum annum proximo futurum facta extiterit, moram trahent et quod predicti Wylgem et

[1] *Über die im Mai erfolgende Absendung zweier Sendeboten Lübecks nach Brügge und ihre erfolglosen Verhandlungen mit dem deutschen Kaufmann s. den Bericht Lüb. U.B. 5 n. 366.*

Albryght pro et in nomine ipsorummet et sociorum suorum predictorum stabunt ordinationi et considerationi predicti concilii nostri in hac parte; quodque etiam supranominati de Hansa per ipsos aut eorum procurationem colore vel occasione restrictionis predicte non facient nec, quantum in eis est, fieri permittent mercatoribus nostris Anglicis malum, molestiam, gravamen sive dampnum quovismodo nec eosdem mercatores nostros infra tempus certificationis et considerationis predictarum pro aliqua alia causa sive attemptatis sibi per ligeos nostros ante hec tempora factis indebite molestabunt seu gravabunt, tunc ipsos de Hansa vel aliquos ipsorum versus partes transmarinas cum bonis et mercandisis suis in forma superius declarata, solutis prius inde subsidiis, custumis et aliis deveriis nobis modo consueto debitis, transire permittatis et, cum securitatem hujusmodi sic ceperitis, eam prefato concilio nostro sine dilatione mittatis una cum hoc brevi. Teste rege apud Westmonasterium 15. die Maji. Per breve de privato sigillo.

1001. *K. Heinrich [IV] von England an Hochmeister Heinrich von Plauen: Heinr. Droste und Joh. Karolt sind zur Erhebung der am 2. Febr. [1411] fällig gewesenen Rate [der englischen Entschädigungsgelder][1] zu ihm gekommen; hat die Summe, weil sie nicht am Termin eingefordert wurde und das Geschick des Ordenslandes damals ungewiss war[2], anderweitig ausgegeben und bittet, dieselben oder andere Bevollmächtigte zum 29. Sept. zu ihm zu senden. — [1411] Mai 16. Westminster.*

Verzeichnet: HR. 6 n. 23. Vgl. den Bericht Karolds an die preussischen Städte von Juni 18, das. n. 24.

1002. *Protokoll über die Beilegung der Streitigkeit zwischen Iwan Kotserne und Hans Wrede. — [1411 vor Mai 19.]*

Aus StA Reval, eingeschalten in n. 1003. Höhlbaum.
Gedruckt: v. Bunge, Livl. U.B. 4 n. 1892. S. oben n. 938.

Witlik sy, dat Ywane Cotzerne und Hans Wrede syn erer sake und twedracht gebleven by den guden luden Wassili Ygnatkos unde Andrea Ywanos, beyaren unde boden van Grote Nougarden, unde Johan Eppenscheden borgermeister, Johan Hellescheder unde Thideman Vos, radmanne to Darbte. Unde de vorbenomden gude lude hebben de sake to sik genomen unde hebben Ywane Cotzernen und Hans Wreden myt vruntschap entweyg gesproken in desser wise, dat de sake alse van des schepes weghene, dat de rovere nemen vor der Nû, unde ok van des breves weghene, de to Nougarden unrechte tolket wart, der sake schal men nummer dencken ane alle behendicheit, unde Hans Wrede schal hebben enen veleghen wech to Nougarden to komende unde to varende ane alle behendicheit, unde Ywane Cotzerne schal hebben enen veleghen wech in desse Dudessche stede to komende unde to varende ane alle behendicheit. Dat desse sake sin geendeghet, so heft de ertzebisschop to Nougarden unde Sacharie Mikuline unde Ywane Cotzerne ere ingheseghele gehanghen an dessen breff.

1003. *Dorpat an Reval: teilt den zwischen Iwan Kotserne und Hans Wrede vereinbarten Vergleich mit. — 1411 Mai 19.*

1) *S. n. 907. In dem Entwurf des englischen Budgets, welcher in der Sitzung des Geheimen Rates vom 1411 März 19 vorgelegt wird, ist unter den Ausgaben vorgesehen:* Item hominibus Prucie 1778 lib. 18 s. 8 d. *Nicolas, Proceedings and ordinances of the Privy council 2, 11.*
2) *Der Thorner Friede zwischen dem Orden und Polen kam 1411 Febr. 1 zu Stande. Voigt, Gesch. Preussens 7, 133.*

Aus StA Reval; Or. m. Resten d. S. Höhlbaum.
Gedruckt: v. Bunge, Livl. U.B. 4 n. 1882.

Den ersamen wisen mannen, heren borgermeisteren unde rade der stat Revele, unsen guden vrunden.

Vruntlike grute mit begheringhe alles guden tovorn. Ersamen leven heren unde vründe. Alze unsen boden, de tor lesten dachvart tor Pernow[1] mede to daghe weren, bevolen wart an uns to bringhende, dat wanneer Cotzerne, de uppe de tiit to Rige was, myt den Nougardeschen boden wedder to Darbte qweme, dat wy denne tusschen em unde Hans Wreden deidinghen und arbeiden scholden, dat de sake geendeghet würde: dat dede wy, so wy vliitlikest konden, alzo dat de sake vorliket wart, unde dar worden breve uppe gemaket ludende van worden to worden, alze hiir nageserreven steit: *[Folgt n. 1003.]* Leven heren unde vrunde. Desser breve syn twe gemaket uppe Russchesch, unde sy van beyden syden vullentoghen, unde den breff, den Hans Wrede Cotzernen weddergheff, den hefft bezeghelt unses stades borgermeistere, her Albrecht Oldenbrekelvelde, unde her Johan Sure unde Hans Wrede. Unde de copman hefft Cotzernen to Nougarden van der treppen nomen; desgelikes hebbe wy hiir ok gedan unde bidden juw, dat gi ene dar ok van der treppen nemen. Darmede siid dem almechtighen Gode bevolen. Screven under unsem secrete, des dinxtedages in der cruceweke int jar 1411.

Borgermeistere unde rad der stat Darbte.

1004. *K. Heinrich [IV] von England bestätigt den vom Hochmeister Heinrich von Plauen ratificierten englisch-preussischen Handelsvertrag von 1409 Dec. 4. — 1411 Mai 24. Westminster.*

Aus D StA Danzig XV. 15; Or. Perg. m. anh. S. Höhlbaum.
L Public Record Office London, French Rolls 12 Henr. IV m. 16.
StA Königsberg, Briefarchiv XXXII. 10. Lage von 3 Doppelblättern; hochdeutsche Übersetzung v. d. Mitte des 15. Jh.; es folgt der Vertrag von 1437 März 22 (HR. II 2 n. 84).
Gedruckt: aus L Rymer, Foedera [illegible]. Verz.: HR. 5 n. 638.

Über die damalige Registrierung der Ratifikationsurkunde des Hochmeisters in der englischen Kanzlei vgl. Palgrave, Kalendars of the Exchequer 2, 81: Memorandum, quod 28. die Maji anno regni regis Henrici quarti 12 Johannes Wakeryng clericus rotulorum regis liberavit in thesaurarie salvo custodiendam quandam litteram patentem sigillo fratris Henrici de Plawe ordinis beate Marie domus Theutonice Jerosolemitanorum magistri generalis signatam, continentem treugas inter dominum regem Anglie et partes Prucie captas per Ricardum Merlowe majorem tunc Londoniarum et Johannem Kyngtone, cujus datum est apud Ma(r)ienburghe 20.[a] die Decembris anno Domini 1410. Et ponitur in quadam pixide ad tale signum, in cista supra receptam ducatus Lancastrie. Et postea 28. die Aprilis anno regni regis Henrici sexti 15. *[1437]* eadem littera patens Prucie liberata fuit episcopo Lincolniensi. Postea videlicet 19. die Junii proximo sequenti idem episcopus restituit eandem litteram et remanet ut supra.

Henricus[b] Dei gracia rex Anglie et Francie et dominus Hibernie omnibus, ad quos presentes littere pervenerint, salutem[b]. Inspeximus litteras patentes nobilis et potentis viri fratris Henrici de Plawe ordinis beate Marie domus Theutonice Jerusalemitanorum magistri generalis factas in hec verba: *[Folgt n. 981.]* Nos autem, appunctuata predicta ac omnia alia premissa juxta eorum continencias et tenores cum omnibus eorundem emergentibus, incidentibus, dependentibus et connexis

a) [illegible] b–b) [illegible]

1) *1411 März 3.*

rata habentes et grata, ea pro parte nostra approbamus, ratificamus et tenore presencium firmissime tenenda inviolabiliterque et bona fide observanda confirmamus nec aliquid procurabimus aut faciemus directe vel indirecte, secrete vel occulte seu alias quovis quesito colore, per quod tractata, conventa, statuta, promissa, reformata, finita, terminata et concessa hujusmodi effectu debito frustrari poterunt quomodolibet seu impediri. In cujus rei testimonium has litteras nostras patentes fieri et magni sigilli nostri munimine fecimus roborari. Datum in palacio nostro Westmonasterii, 24. die Maji anno[a] regni nostri duodecimo[a]. Gaunstede[b].

1005. *Danzig an Reval: empfiehlt den Bevollmächtigten dreier Danziger Bürger, der von ihrem Revaler Kommissionär den zum Teil noch rückständigen Erlös für übersandten Hopfen einziehen soll. — 1411 Mai 24.*

Aus StA Reval; Or. Perg. m. S. Höhlbaum.
Gedruckt: v. Bunge, Livl. U.B. 4 n. 1863.

Den ersamen unsen sundergen guden vrunden, hern borgermeistern unde radmannen der stad Revele borgermeistere unde radmanne der stad Dantzik vruntliken grut mit begheringe alles guden vorgescreven. Ersame leven sundergen vrunde. Vor uns is gewesen Everd van der Alstede, unse getruwe medeborger, unde heft uns openliken to kennende gegeven, wo dat he in tyden kortliken geleden an Werner Camp, juwen medeborger, heft gesant hundert schippunth hoppen, em unde Everd Bucke unde Wedigen Moyser, synen gesellen in kopenschop, tobehorende, dar mit juw to Revele tho erer behuff unde to erem schonsten to vorkopende. Unde so hebbin Everd van der Alstede, Everd Burk unde Wedige Moyser vorscreven by eren liffliken eden mit upgerichteden vingern oppenbar vor uns tho den hilligen swerende vulkomeliken betughet unde waregemaket, dat en allenen unde nymande anders de vorscreven hundert schippunt hoppen thobehorende sint mit allem gude, dat dorvan is gekomen, unde sundergen dat Werner Camp vorscreven neen part noch deel doranne hebbinde is, unde ok dat he ere geselle in kopenschop nye is gewest. Also, leven vrunde, heft en Werner vorscreven wedder up de vorgerurden hundert schippunt hoppen dyt nagescreven gud wedder herover gesant, also in Evert Kerzhorste vier tunne myn een ferdendeel botteren, de dar mit juw to Revele negen marc Rigesch hebbin gekost, unde sosse schippunt drye lispunth unde vyff markpunt wasses, dorvan dat schippunt mit juw achteyn marc Rigesch heft gekostet, gelik Werners breve darup sprekende clarliken utwisen. Unde hirumme de hinderstellige summe, de boven dyt vorscreven gud van dem vorscrevenen hoppen gekomen mach syn, to vorderende dar mit juw mit rechte, oft des behuff sy, inthomanende van erer wegin unde to untfangene setteden vor uns unde koren Everd, Everd unde Wedege, unse borgere vorscreven, to erem vulmechtigen hovedmanne unde vormundere Hans Sassen unsen borger, desses bewiser, mit vuller macht darby to dunde unde to latende, geliker wise oft Everd, Everd unde Wedige vorscreven personliken kegenwardich unde vor oghen weren. Bidde wy juwe vorsenige wisheit sere grotliken begerende mit allem vlyte, dat gy wol dunde umme unser leve unde begerliker bede willin Johanni Sassen vorscreven also vorderlik, bystendich unde hulplik wesen willet, dat em de hinderstellige summe, de boven dyt vorscreven gud van dem vorscrevenen hoppen gekomen mach syn, gutliken werde overgeven und by juwer hulpe van den gennen, de se underholden, ane hindernisse unde lenger vorthogeringe geantwerdet moge werden. Dat wy allewege mit

a—a) *Fehlt L.* b) *Fehlt L. dafür: Per breve de privato sigillo.*

besundi[r]n vlite gerne willen weddir vorschulden, das God wet, wor wy mogen. Gescreven am sondage na ascensionis Domini int jar dusent vierhundert unde elve, under unsem secrete to rugge angedruchet.

1006. *[Hzg. Wilhelm von Baiern, Graf von Holland,] geleitet die Sendeboten Bremens zu der Tagfahrt in Amsterdam bis einen Monat nach Johannis. – 1411 Mai 27.*

RA Haag, Memoriale B A cas. R fol. 49.
Gedruckt: Brem. U.B. 5 n. 7.

1007. *Hamburg an Danzig: berichtet mit Bezugnahme auf das Schreiben des Hamburger Hansetages n. 989, dass alle Bemühungen des deutschen Kaufmanns [zu Brügge] beim Herzog von Burgund und den flandrischen Städten wegen der neuen Münze vergeblich gewesen sind; sendet die Abschrift einer den Hansestädten vom Kaufmann deswegen zugeschickten Beschwerdeschrift*[1]. *– 1411 Juni 14.*

Gedruckt: HR. 6 n. 36.

1008. *Hochmeister [Heinrich von Plauen] an Bischof [Peter] von Roeskilde: der Danziger Bürger Willam Tamme beklagt sich über die Beschlagnahme seines Schiffes durch den Bischof wegen dessen Streitigkeiten mit der Stadt; bittet um Freigebung des Schiffes, will, wenn der Bischof mit irgend jemand in Danzig im Streit liegt und einen Vertreter senden wird, diesem gern zu seinem Recht verhelfen;* und weres, das euwir veterliechkeit nicht doran welde lassen geungen, so wellen wirs bestellen, so die gemeyne Hensestete eyns moles uff einen tag czusampne komen werden vor unsern herren und frauwen koning und konigynne czu Denemarken in euwir kegenwertikeit, das denne unsere boten, denne wir desze sache ernstlichen befelen wellen, die sache vor den gemeynen steten czu vorantwerten und sie czu eyme gutten ende mit euch brengen; *will den landesflüchtigen Lange Wese zur Verantwortung ziehen, sobald er ins Land kommt. – 1411 Juni 15* (am montage infra octavas corporis Cristi). *Herren-Grebin.*

Aus StA Königsberg, Hochmeister-Registrant 5 S. 38; die obere linke Ecke abgerissen. Notiz über ein Verwendungsgesuch an den König von Dänemark.

1009. *Der livländische Ordensmeister [Konr. von Vitinghoff] an Reval: gibt unter Aufrechthaltung des Kornausfuhrverbotes*[2] *die Ausfuhr von Malz frei. – [1411] Juni 15. Wolmar.*

Aus StA Reval; Or. m. Spuren d. S. Höhlbaum.
Gedruckt: v. Bunge, Livl. U.B. 4 n. 1756; vgl. 6 Reg. S. 95 ad 2049.

Den ersamen vorsichtigen mannen, borgermeystern unde rade to Revele sunder underlaet kome desse breff.

Meister des Dütschis ordens to Lyfflande.

Unse vruntlike grute tovoren. Ersamen leven borgermeystere unde rad. Wetet, dat wy to rade worden syn, to gunnende molt udtovorende; unde darumme, wy dar myt juw molt heft, id hebbe wy id hebbe, de mach id udvoren, efft he wille, overt men ander korne, id sy rogghe, gherste edder havere, sal men udvoren myt

[1]) *Gedr. a. a. O. n. 35. Vgl. weiter das Schreiben des Hansetages von Nov. 1 an den deutschen Kaufmann, HR. 6 n. 53.* [2]) *S. n. 991.*

nichte. Unde dar bidde wy juw ok vör to synde myt dem höuethmanne, deme wy ok darumme van scriven, dat men neen körne udvören late den allenigen molt, als vorgerört is. Geven to Woldemer des mandages na des hilgen lichames dage.

1010. Reval bezeugt für Danzig, dass die in einem Danziger Schiffe nach Åbo verfrachteten 3 Last Salz wegen Wetternot in Reval ausgeladen und später vom Empfänger zurückgewiesen sind. — 1411 Juni 22.

Aus R StA Reval, Missivbuch 1384–1420 fol. 44. Hagedorn.

Den erzamen vorsichtygen wisen mannen, heren borgermesteren unde radmannen der stad Dantzske, unsen besunderghen leven vrunden, do wii borgermestere und rad der stad Revale vruntliken groten mit ewigeme heile in Gode und don juwer vorsichtygen wysheit kunt vormidst dussen openen breve, dat vor uns is gekomen schipphere Johan Nyeman wiiser dusses breves, juwe borgere, uns openbaerende, wu dat eme Tydeman van der Lyppe, ok juwe borgere, 8 leste ghewogens soltes eder vyefftehalve laste by tunnentale eme mit anderen copluden in syn schip inghewunnen und geschepet hadde to Aebo to segelende, und wu dat de sulve vorbenomede schypher Johan in unse deyp mit deme gude beholdener reyse qwam und de copman in deme sulven schepe wesende des van winters unde weders not wegene to rade worden, dat se eren market hir koren und deden und ere solt hir upschepeden. Und de sulve schepper Johan moste dat vorbenomede solt ok hir van winters und weders not upschepen. Des so wetet, leven heren, dat vor uns sint gekomen Jacob ut der Owe und Jons Vrildach, unse medeborgere, und hebbet dat vor [uns] openbar bekant und ghetüghet, dat en de vorbenomede schepphere Johan dat vorscrevene solt mit deme breve und ungbelde darto behorende berol und hette se, dat solt vordan to schepende to Aebo an Gotschalk Vlichen na[a] utwysinge Tydemans vorbenomet juwes borgers breve. Und des gevellet sik, dat de vorscreven Gotschalk here qwam, deme dusse borgere vorscreven dat vorscreven solt boden to entfaende mit deme breve und ghelde darto behorende, dar he to gheantwardet hadde, alze see uns berichtet und ghetughet hebben, dat he des mannes nicht ene kende; hirumme so ene wolde he des soltes nicht entfaen. Also legt dat solt hiir noch in guder vorwaringe, alse uns de schepphere und ok unse medeborgere berichtet hebben. To merer bekantnisse der warheit dusser vorscreven dinck so hebbe wii unser stad secret to rugge an dussen breff ghedrucket, de ghescreven is int jar unses Heren 1411, an der teyn dusent rydder dage.

1011. Der Elekt von Lüttich Hzg. Johann von Baiern, Herr zu Voorne, und die Stadt Brielle beurkunden ihren gütlichen Ausgleich mit Erzb. [Johann] und der Stadt Bremen wegen aller durch dieselben erlittenen Verluste, verzichten auf alle weiteren Ansprüche und verheissen deren Bürgern und Unterthanen Schutz und Förderung zu Wasser und zu Lande in ihrem Gebiet. — 1411 Juni 24 (op sunte Johans dach baptiste te middezomer).

StA Bremen; Or. Perg. m. 2 anh. S.
Gedruckt: Brem. UB. 5 n. 10.

1012. K. Heinrich [IV] von England an die Älterleute des gemeinen Kaufmanns von Lynn und von der Hanse zu Bergen: ersucht sie, eine beiliegende Klageschrift[1] der Lynner Bergenfahrer über die hansischen Kaufleute zu Bergen

a) om A.

1) Gedruckt aus K BR. 6 n. 78, aus I. Rymer a. a. O. Verz.: Calendarium rotulorum patentium S. 259.

der Stadt Bergen zu überreichen und auf Untersuchung der Beschwerden sowie auf deren Abstellung gemäss dem dortigen Recht zu dringen; bei mangelnder Begründung der Klagen oder bei Rechtsverweigerung seitens der Stadt verlangt er Benachrichtigung seines Rates binnen Jahresfrist. — 1411 Juni 26. Westminster.

K RA Kopenhagen; Or.-Transsumpt K. Heinrichs IV von 1412 Febr. 15.
L Publ. Record Office London, Patent Rolls 13 Henr. IV p. 2 m. 35; dasselbe Transsumpt.
Gedruckt: aus K HR. 6 n. 79, s. n. 80; aus L Rymer, Foedera 8, 722. S. oben n. 1000.

1013. *Brügger Schöffenurteil über die Entschädigungsklage von zwei flandrischen Kaufleuten gegen einen Lübecker Schiffer, der gewisse für sie in Lissabon eingenommene, nach dem Zwijn bestimmte Frachtgüter in einem englischen Hafen gelöscht und zum Teil verkauft hat. — 1411 Juni 26.*

Aus StA Brügge, Groenenboeck A fol. 33b—34b; Abschr. des 16. Jh. Nach amtlicher Mitteilung. Dat de meesten hoop van de coplieden een andere avene kiesen mach, ende dat de minste partie de meeste schuldich es te volghene.

Van den ghescille, dat was voor den ghemeenen hoop van scepenen van Brugghe tusschen Coenraerde van Zwartenborch ende Clais Raven an deen zijde ende Martine Tarkouwe sciphere van Lubeke an dandere, commende ende sprutende uten occasoene van zekeren baden, zeeme, eenen vat taintúren ende andre coopmanscepen, die de vorseijde Coenrard over hem zelven ende over den vorseijden Clais Raven sinen ghezelle inghescheven hadde te Lisbonen, omme te bringhene in tZwin als in zinen gherechten havenen ende ontlaetsteden, mids zekere somme van penninghen, die de vorseijde Coenrard den vorseijden sciphere daeraf beloeft hadde van vrechte; zegghende de vorseijde Coenrard ende Clais Rave, dat zij den vorseijden sciphere betaelt hadden zine vulle vrecht, ende dat hij hemlieden niet ghelevert hadde haer vorseijde goed in tZwijn, also hij sculdich hadde gheweist te doene na tinhouden van de chartre partie van der vrecht, maer hadde haer vorseijde goed ontladen te Tinnebi in Waels, tvorseijde vat tainturen aldaer vercocht te quaden prise; ende de vorseijde Coenrard ende Clais Rave hadden, omme tremanant van den vorseijden goede te vercrighene, moeten zenden in Waels, twelcke hemlieden wel ghecost hadde te Brugghe te bringhene twintich pond grooten Tornoise, de welcke zij begheerden te hebbene van den vorseijden sciphere, ende al dierghelijcke de weerde van der vorseyde taintoren, alzo zoe weert zoude hebben ghezijn in Vlaendren, hadde zoe daer ghebrocht ghezijn. Den vorseijden Martine Tarkouwe daerop verantwoordende, dat tgoent, dat hij in tale ghedaen hadde, gheschiet was ute rechter nood, die hij gheleden hadde up de zee van storme, want hij mastelose commen ware bij grooter aventuren ter havene van Tinnebi, daer hij gheerne eenen nieuwen mast ghecreghen hadde, omme zijne reyse te vulcommene ende, mids dat hij in al dat land gheenen mast vinden conste te coope ende hij, omme consent te ghecrighene van den coninc van Inghelant eenen nieuwen mast te moghene houwen in twilde ende dien te rechtene in zijn scip, trecken moeste in Inghelant bij den coninc, daer hem vele tijts toe behoefde, so coren de coplieden, die in tscip waren, hare marct te Tinnebi ende vercochten daer zoud ende zeker ander goed, dat si in tvorseijde scip hadden. Zeide voort de vorseijde sciphere, dat een ghemeen waterrecht es, zo wanneer een scip vervrecht es teenigher havene ende de meeste hoop van den coopliedén eene andre havene kiesen ende daer hare marct maken, dat de minste partie de meeste schuldich es te volghene, ende bij dier redene zo hadde hij de voorseijde taisture, dat verderfelic goet was, vercocht ende ghegheven, omme dat zoe ghebleven mochte; begheerende mids dien, vrij, los ende quite te zijne van den voorseijden eesche, met vele meer redenen ende woorden, die de voorseijde partien an beeden zijden daertoe zeyden.

So was ghewijst by den ghemeenen hoop van scepenen voorseijt naer tale ende wedertaele ende na tguent, dat men van den voorseijden sticke hadde konnen vernemen, ende na der custume, die men van ghelliken zaken onderhouden heift in de Westzee van ouden tijden, ende eerst up tale van der voorseijde taisturen vercocht bij den voorseijden sciphere te Tinnetri zonder last van den voorseijden Coenraerde, diere coopman af was, dat de zelve sciphere dat vat sculdich es goed te doene zinen coopman ten prise, dat het ghecost hadde, als het gheladen was te Lisborne in sijn voorseijde scip, houdende de vrecht daeraf an hem zelven. Voort als van den costen, die de voorseijde Coenraerd ende Claeis Bave ghedaen hadden in tvraden te Tinnetri omme haer voorseide goed, dat de sciphere die costen tamelicke ende weerlike sculdich es te betalene. Actum den 26. dach van wedemaend anno 1411. Presentibus: B. Vos, Veltre, Reyphin, Ghildolf ende andre.

1014. *Der livländische Ordensmeister [Konrad von Vitinghoff] an Reval: teilt ein Verbot der Pferdeausfuhr nach Russland zur Nachachtung mit. — 1411 Juni 29. Wesenberg.*

Aus StA Reval; Or. m. Resten d. S. Höhlbaum.
Gedruckt: v. Bunge, Livl. U.B. 4 n. 1897.

Den ersamen vorsichtigen mannen, borgermeisteren unde radmannen to Revall, unsen leven getruwen, sall desse breff.

Meister Dütschs ordens to Lyfflande.

Unse vrentlike grüte mit steder günst tovorn. Leven getrüwen. Wi bidden juwer bescheidenheit to weten, dat uns de voged tor Narwe berichtet hefft, wo dat de kopman vaste perde udfore, doch nicht na der alden wonheit, de is, dat men neyne betere perde den van twen marken und mit des kompthurs breve udforen sall. Nu foren se perde van 3, van 4 effte van 5 marken ud; des wi nicht hen hebben willen unde hebben deme vogede bevolen und ernstliken geboden, wat dar van perden hengefort werden, de beter syn dan eyn islich van twen marken, der sal he sich underwinden; desgeliken wert, dat se de[s] kompthürs breff nicht mede en hedden. Doch wolde ymant to Ruslande mit enem beteren perde riden, de sal dem vogede borgen setten, dat he dat perd so ghüt wedder ind lant wellen brengen, als he it udgefort hebbe. Hirumme so bidde wi juwe bescheidenheit mit vlite, dat gi wal don unde warnen den kopman hirynne vor, und dat de alde wonheit blive. Wente mochte id so vort bestande bliven, dit land worde bynnen kort van perden blot, als dat begriplich unde to merkende steit an des vogedes worden, de seit, dat by eyner tiit, de doch kort is, wol 70 perde dar hengefort syn. God late juwe bescheidenheit in eyndracht und walmacht bestan to langer selicheit. Gegeven to Wesenberge am dage Petri und Pauli apostolorum im 1411. jare.

1015. *Dorpat an Reval: will sich gemeinsam mit den überseeischen Kaufleuten bei Pskow um Herstellung der Verkehrssicherheit bemühen; bittet dringend um ein vorläufiges Verbot der Handelsfahrt nach Pskow. — [1411] Juli 14.*

Aus StA Reval; Or. m. S. Höhlbaum.
Gedruckt: v. Bunge, Livl. U.B. 4 n. 1849. S. unten n. 1027.

Den ersamen wisen mannen, heren borgermesteren unde rade der stat Revele, unsern guden vrunden.

Unsen vruntliken grut mit begheringhe alles guden. Ersamen leven heren unde vrunde. Willet weten, dat wy uns langhe tid besorghet hebben unde noch besorghen vor de Plescowere, also dat wy unsen copman dar nicht dorsten varen laten. Des hebbe wy dar nu umme sproken mit dem copmanne van overzee unde syn eens mit en geworden, boden dar to Plescow to sendende, enen ud unseme rade unde enen van dem overzeeschen copmanne, umme to vorsokende, aff ze de hant darup doen wolden, dat de Dudesche copman dar enen veleghen wech moghe hebben na der olden cruskussinge. Leven heren. Des hebbe wy wol vornomen, dat etlike coplude willen hebben, ere gud to vörende van Revele tor Narwe unde vort van der Narwe to Plescow unde so vort to Nougarde wart. Des duchte id uns nutte wesen, dat gi den copman dar bi juw noch ter tid ligghen leten unde nicht staden to Plescow to to varende, wente wy uns besorghen; ok sy wy dar wol vore warnet van hemliken vrůnden van Plescow, weret dat se dar enen groten summen gudes tosamende beqwemen, dat se den dar holden mochten. Unde wanner unse boden wedder to hus komen, wes en dar weddervaren is, dat wille wy juw scriven sunder sůment. Darmede sid dem almechteghen Gode bevolen. Screven under unseme secrete in dem avende divisionis apostolorum. Unde bidden des juwe antwarde.

Borgermeistere unde raed der stat Darbte.

1016. Die Ratssendeboten der deutschen Hansestädte in Lübeck an K. [Heinrich IV] von England: beschweren sich, dass der deutsche Kaufmann zu Bergen samt seinem Gut ohne Grund in England arrestiert ist, und bitten um Aufhebung dieses den englischen Privilegien des Kaufmanns widerstreitenden Arrestes. — [1411 Juli 15.]

Gedruckt: HR. 6 n. 39. Entsprechend an die englischen Städte und den deutschen Kaufmann in England, vgl. den Recess n. 37, 1. S. oben n. 1000.

1017. Reval an [Dorpat] auf n. 1015: hat die Fahrt nach Pskow bis auf weiteres verboten. — [1411] Juli 17.

Aus StA Reval, Missivbuch 1384—1420 fol. 41. Hagedorn.

Erwerdige grote mit aller behegelicheit vorscreven und wat wy gudes vormogen. Erzamen leven heren und besunderges vrunde. Juwen breff an uns gesant, dar gy uns ynne scriven, alze dat gii boden to Plesschauwe senden willen, und ok dat gii vornomen hebben, dat etlike coplude ere gud hir thor Narwe to schepen eder voren willen und vort van dar to Plesschauwe to und so vord to Nougarden wart, hebbe wii leffliken entfangen und wol vornomen. Des so weitet, leven heren, dat wii hir den copman vorboiet hebben und hebben en vorboden, dat nymant syn gut to Plesschow to voren ene sal, alse vorscreven steet, bet ter tiit wii andere tydinge vroeschen und van juwer wisheit een antworde weder krygen, wes den boden dar wedervart, de gii dar gesant hebben. Hir bewaere juw de almechtyge God gesunt unde mogende to langen saligen tyden. Gescreven under unseme secrete, des vrydages na aller apostel dage.

1018. Lübeck an Reval: ersucht um Abstellung der betrügerischen Massnahmen bei der Flachsausfuhr aus Livland. — 1411 Aug. 13.

Aus StA Reval; Or. Hohlbaum.
Gedruckt: v. Bunge, Livl. U.B. 4 n. 1897.

Prudentibus et discretis viris, proconsulibus et consulibus civitatis Revalie, amicis nostris sincere dilectis, detur.

Unsen vruntliken grut unde wes wii gudes vormogen. Erbaren leven vrunde. Wii begeren juu witlic to wesende, dat dicke und vakene vor uns gewesen sint unse medeborgere sik swarliken beclagende, wo dat de jennen, de se vlas van juu hir to kope bringen, dat sulve vlas sere unrechtverdich bereden unde tomaken, boven dat id van oldinges plach to wesende, dar nicht allene unse borgere, men dat gemeyne volk, dat sik des bergen scal, grofliken ane vormeled unde beschediget werden; sunderges dat hanbold, bökergud, paygud unde trikeler, dat men plach in bogen to slande, nu werd id in vate geslagen lik kleinem vlasse unde darvor vorkoft. Hirumme, leven vrunde, beghere wii mit andacht, dat gii de juwen warnen unde underrichten also, dat se ere gud, dat se herbringen willen, rechtverdich bereden unde tomaken unde eyn islic vorkopen bii sinem namen sunder loch, alse id van oldinges plach to wesende, up dat se dar nynen scaden ane nemen, des wii doch nicht gerne en segen, wente wii ok van deme gude na older wonheid willen hengen laten ene scrift in de wage, dar men dat plecht to wegende, up dat sik eyn islik de bet darna richten moghen. Leven vrunde, wii begeren ok, dat gii dit den steden ummelanges juu belegen vort scriven unde bevalen willen, up dat se de ere ok hirane underwisen unde warnen mögen. Wii bevelen juu Gode. Screven des donredages vor der hemmelvard unser leven vrowen, under unsem secrete, anno 1411.

Consules Lubicenses.

1019. *Hochmeister [Heinrich von Plauen an K. Erich von Dänemark]: bittet, den Erzbischof von Lund zu veranlassen, dass er das den preussischen Städten seit langer Zeit geschuldete Geld nach Massgabe des von seinem Vorgänger besiegelten offenen Briefes bezahle*[1], *zur Vermeidung weiterer Misshelligkeiten zwischen diesen und den Untersassen des Erzbischofs; bittet ferner, sich beim Erzbischof wie auch beim Bischof [Peter] von Roskilde für die Wahrung der preussischen Freiheiten auf Schonen und Bornholm zu verwenden* (das sie is mit iren amptsluten und voythen czu Schone und czu Bornholme alss wellen bewaren[a] und bestellen, und dergleich euwir gros[mechti]keit euwers voithen uff Schone doselbist ouch befelen, das sie unsern armen undirsassen, schiphern und kouffluthen, die die vorgeschrebin lande noch gewonlicher weise suchende synt, allentzeit forderlichen guten willen geruchen czu beweisen, das sie bey gewonlichen freyheiten und gerechtikeiten und ouch by alden guten gewonheiten bleiben mogen). — *[1411] Aug. 14. Marienburg.*

Aus K StA Königsberg, Hochmeister-Registrant 5 S. 65; die obere linke Ecke abgerissen.

Verzeichnet: HR. 6 n. 18.

1020. *[Der livländische Ordensmeister] an den Hochmeister [Heinrich von Plauen:] widerräth ihm den Abschluss eines urkundlich festgelegten Bündnisses mit den Hansestädten. — [1411 Aug. 14.]*

Aus StA Königsberg, Papierblatt, Beilage zu einem Schreiben des livländischen Ordensmeisters an den Hochmeister von 1411 Aug. 14 (am abende assumptionis Marie virg. glor.).

Ouch, lieber her meister, ist uns euwir briff gegeben tzum Morungen am tage Dominici confessoris[2] in gehuge desses brives in jegenwordicheit unser mede-

a) Bwer an S [illegible]

1) *S. n. 1012.* 2) *1411 Aug. 4.*

gebitiger der eldesten geworden, inhaldende, wi das ir underwiset sin, wie alle stete der Hensen eynen tag halden willen tzu Lubeck uff den tag nativitatis Marie neest komende[1], und daz ir wol mit euwern gebitigern gewegen haben, wi daz vrentscafft gud sy, und willen de juwe dar senden unde ene vrentschafft mit en maken etc., do ir unser gutdünken tzu begheren. Ersame liebe her meister. Wir haben do uff mit unser gebitigern getrachtet und gar ebn obirgewogen, unde düchte uns gar nütte wesen, konde men ene vrentschafft mit en gemachen sünder harden vorsigellen vorbünd; anders en dunket id uns mit nichte geraden, wente der stete gar vill is, unde welden die wertlichen försten en heneten ken en krygen adder sie kegen de forsten, solde ir dan en hysten in eren noten, das were mit nichte vor unsern orden. Doch wes euwir wisheit geraden dünke, dar voget uns nicht boben tzu rathen, und setizen in die gewalt des almechtigen.

1021. Verordnung Dordrechts über den Lohn der dortigen Wein- und Salzschröder. — 1411 Aug. 20.

Gedruckt: aus einer spätern Abschrift van de Wall, Handvesten van de stad Dordrecht 1, 425; wiederholt hier. Vgl. Oude rechten der stad Dordrecht uitg. door Fruin 1, 99.

Item overmids dat in voirleden tiden geschille ende discoort geweest heeft tusscen den scroeders van der stede ende den gemenen coepman sonderlinge van wine ende soute roerende van der scroeders voirseid loen als van winen, die men in groten scepen werct, ende van soute, dat men overwarpt, so zijn om ruste ende eendrachte tusschen den scroeders ende coepman voirseid te maken ende op dat een yegelijc coepman weten mach, wes hij hierof sculdich is den scroeders voirseid te geven, van der stede wegen bij den gerechte, achte ende gemeen dekens geordineert ende genomen zekere personen van den gerechte, van den ouden rale ende van den achten, om den scroeders voirseid loen van den winen ende van den soute te setten ende te ordineren, alst wel redelic staen mach. Ende zijn na haren vijff sijnnen ende vroescap, na den rechten ende hantvesten der stede ende der scroeders voirseid, die sij oversien ende geexamineert hebben, gesloten ende overdragen, dat alle vremde coeplude, die mit haren scepen hier tDordrecht comen uter Oesterzee ende hier tDordrecht wine coepen, die mogen sulcke wine, als sij hier tDordrecht coepen, werken mit hairs selfs touwe, soe verre als sij willen, sonder den scroeders yet dairof te geven. Mer soe wat vremde coepman, die tDordrecht wijn werken wille in groten scepen, die hij hier tDordrecht niet en coept, die sal van den scroeders voirseid orlof bidden ende die scroeders sullen hem dan reescap doen, soe wanneer zij des begeren, ende sullen hem die wine werken mit haren touwe of mitter scippers touwe, hoe dat zij dairoff willen, ende dairof den scroeders niet meer geven dan vremde luden ende die haren wijn aen den cranen werken.

Item soe sal een yegelic vremdt coepman, die van Campen is ende zijn sout uten moer of van anderswair doet tDordrecht comen, om in groten scepen ter zee wairt te laden, van elken scepe zijn scoep halen ende dat hij sinen eede corven; dan soe mach hij dat sout overwarpen om acht groten van thondert te geven, gelijc als hem in voirleden tiden georloeft is.

Dit selve verdrach voirseid was int jair 11, twintich dage in Augusto, verdragen ende gesloten bij den gerechte, outraet ende achte, ende bevolen te teykenen.

1022. Alf und Evert van dem Schide zu Dortmund: danken ihm für seine Verwendung bei Lübeck, vertheidigen sich gegen die unbegründeten Beschuldigungen

[1]) Sept. 8.

des neuen Rates von Lübeck und berichten über die Umtriebe der nach Brügge gekommenen Sendeboten desselben. — 1411 Aug. 29. Brügge.

Aus D StA Dortmund; Or. m. Rest d. S.

Erwerdighen unde wysen bescheden mannen, borghermesteren unde raid der stad Dorpmunde myt werdighet presentetur litteris.

Vrentlike groite myt densste unde guuste alles gudes vorseid. Erbaren heren unde guden vrende. Wy hebben juen breff vrentlike entfangen unde wol verstaen myt den copien darinne besloten by Dideric Negeler den boden an uns beiden ghesand. Warvan wy ju seve vrentlike bedancken myt ghansen vlite, dat gy uns dey sake overghescreven hebben und uns so redelike unde wol verantwordet hebben in juen breve an den rait van Lubeke wederghesand; unde et ys ok also in der warheit, alse gy en ghescreven hebt, dat wy nolde to den saken anders icht don solden, dan uns van des ghemeynes copmans weghene bort to done; unde wy en hebben dar ok anders nicht to ghedaen noch to doen en wollen, dan wy int beste des ghemeyns copmans van der Hense schuldich sin to done unde van eren unde rechtes weghene don moten in unsen tiden, alset uns toboret to done. Hirumme, leven vrende, so hevet uns dey nye rait to Lubeke myt unrechte unde unlike overghescreven an ju heren unde an jue erbaere borghers van[a] den sees gilden[a], dat wy na eres copmans unde er borger verderve ghestaen hebben, alse se irvaren hebben. Dat en eys also nicht in der warheyt unde en es ok nicht in unser macht nicht to done, alse gy wol vernymmen; men uns duncket unde es ok kenlic war, dat sey selven darna staen hebben unde noch doen, de erbare stad Lubeke unde den copman unde borghere in groite swaere verderflicheit ghebracht hebben unde vorder darin brengen wellen, alset wol blyket in der warheit, vermyds der groiten unghe(h)orsamegheit[b], dat sey sich setten teghen trecht unses heren des Romeschen conynges saligher ghedechtnisse unde teghen des hilghen rikes recht, dar sey selven weren jeghenwordich machtich, recht to nemene unde to ghevenne, unde dar entteghen don, alse al der werld guden luden witlik eys, unde darume in de achte verwonnen syn myt rechte, dar sey uns alle den ghemeynen copman gherne in brechten. Wante sey hadden hir vor pinxten[1] ere sendeboden, 1 borghermester unde enen ratman, unde gherne seyn hedden unde versochten, dat men med en holden wolde teghen dat rike unde van der achte nycht holden etc., dat uns unde[a] den ghemeynen copman[a] nicht en stond to done myt eren unde myt rechte, alse gy wol moghen vernomen hebben in des copmans breven daraf an ju ghesand, wante dey olderlude unde copman gherne ghesen hedden unde noch seghen, dat sey wol myt den olden rade vereffent weren vrentlike, ume de sware verderflicheit to schuwene etc. Ok en spreken uns de sendeboden des nyen[c] rades [to] Lubeke hir nicht to, do sey hir weren ume sulke sake, alse sey over uns ghescreven hebben[a] an ju, mer wy meynen, ume dat wy olderlude des copmans weren dese 2 jare unde des copmans word holden mosten, dat et daraf komen mach, dat sey over uns[a] scryven; doch so en hebbe wy nicht ghedaen noch don wellen teghen recht unde ere na inhold der achtebreve unses heren des Romeschen conynges unde des hilghen rikes an dey olderlude unde an den copman ghesand, den wy moten horsam sin, alse gy wol yrkennen moghen. Unse here God mote ju bewaren salich unde

a—a) [illegible] D. b) [illegible] D. c) [illegible] D.

[1]) *Mai 31.*

ghesund ewelike an lyve, an seyle. Ghescreven op sunte Johannes dach decollacionis int jar unses Heren 1411 to Brugge.

Alef unde Evert van dem Schide brodere.

1023. *K. Heinrich [IV] von England an die Behörden in Bergen* (proconsulibus, consulibus, judicibus, scabinis ceterisque probis hominibus de concilio carissimi filii nostri, regis Norwegie, in civitate de Northberne) *und alle andern Christgläubigen: bekundet, dass er wegen mehrfacher Schädigung und Vergewaltigung seiner Unterthanen durch hansische Bergenfahrer den Baillifs und Hafenaufsehern in Boston verboten hatte, den dortigen Hansen die Abreise sowie die Ausfuhr ihrer Güter nach dem Ausland zu gestatten*[1], *und dass er jetzt* (advertentes, qualiter universi et singuli homines de Hansa in regno nostro degentes a dampnis et injuriis hujusmodi per nos et nostros sunt protecti, volentesque ligeos nostros in predictis partibus Norwegie per eosdem homines de Hansa similiter et protegi amicabiliter et tractari) *auf Ansuchen von neun Hansen in Boston dies Verbot vorläufig aufgehoben hat, solange dieselben für sich und für die Hansen in Bergen Bürgschaft stellen, dass sie sich der Entscheidung seines Rates in dieser Sache* (super hoc, quod in certificatione per aldermannos societatum tam mercatorum de Hansa quam mercatorum regni nostri in villa de Northberne residentes necnon proconsules, consules sive judices ville predicte, seu in certificatione ipsorum aldermannorum tantum, ipsis proconsulibus, consulibus seu judicibus ad hoc interesse recusantibus, super contentis in quibusdam articulis prefatis aldermannis per nos sub privato sigillo nostro missis[a] infra certum tempus dicto concilio nostro faciendis foret continendum) *unterwerfen und die englischen Unterthanen in Bergen unterdess nicht schädigen wollen. — 1411 Sept. 9. Westminster.*

Publ. Record Office London, Pat. Rolls 12 Henr. IV m. 1. Per ipsum regem.

Gedruckt: Rymer, Foedera 8, 700. Verz.: HR. 6 n. 83, Calendarium rotulorum patentium S. 257.

1024. *Derselbe an Bergen: hat nach Empfang ausreichender Zusicherungen seitens der hansischen Bergenfahrer in England die in Boston arrestierten hansischen Kaufleute freigelassen und die für die Hansen hinterlegte Bürgschaftssumme zurückgegeben. — 1411 Sept. 22. Westminster.*

Publ. Record Office London, Pat. Rolls 13 Henr. IV p. 2 m. 22; Transsumpt K. Heinrichs IV von 1412 Mai 16. Per breve de privato sigillo.

Gedruckt: Rymer, Foedera 8, 736, wiederholt hier. Verz.: HR. 6 n. 84 und 81, Calendarium rotulorum patentium S. 259.

Henricus Dei gratia rex Anglie et Francie et dominus Hibernie magne providentie viris, proconsulibus, consulibus et scabinis ceterisque judicibus magnifici principis, Dacie, Norwegie ac Swecie regis, filii nostri carissimi, apud Northberne residentibus salutem. Cum exort[as] diu controversi[as] et magn[as] discordi[as][a] inter certos mercatores ville nostre de Lenn partes de Northberne predicte mercantiliter visitantes ex una ceterosque mercatores de Hansa regnum nostrum Anglie modo consimili frequentantes parte ex altera occasione quarundam arrestationum tam personarum quam bonorum et mercandisarum ac aliorum gravaminum hincinde factorum ad evitandum nostrum vestrumque fastidium, quod generari posset ex nimia prolixitate verborum, ad presens omittimus recitare, set, ut deveniamus ad rem,

a) missis — controversie — magne discordie Rymer.

[1]) S. n. 1000. [2]) S. n. 1012.

comparentibus hodie coram nobis et concilio nostro certis dicte ville nostre mercatoribus ex una necnon Alberto Strode et Swethe van Bent, procuratoribus et attornatis communis societatis mercatorum de Hansa in dicto loco de Northberne conversantium et residentium parte ex altera, iidem procuratores pro bono pacis hincinde et, ut hujusmodi discordie modo quidem amicabili sopiantur, tactis per eos sacrosanctis evangeliis juraverunt ac fideliter promiserunt, quod omnes et singuli ligei nostri, mercatores Anglici, nuper ad instantiam illorum de Hansa in dicto loco de Northberne arrestati ac ibidem de ipsorum et mercandisarum suarum exercitio liberoque transitu prepediti ab arrestationibus et restrictionibus hujusmodi quibuscumque super ipsis in hac parte factis necnon de omnimodis securitatibus per dictos nostros mercatores Anglicos coram quibuscumque judicibus ac aliis de concilio dicti regis datis etc. apud Northberne supradictam quacumque ex causa ad instantiam seu procurationem vel occasione gentium de Hansa predictarum inventis, postposito cujusvis dilationis incomodo, erunt penitus liberati, acquietati et exonerati ac integre relaxati. Promiserunt etiam iidem procuratores per eorum sacramentum antedictum, se omnem diligentiam erga ipsorum socios quoscumque fideliter et pro viribus impensuros, quod omnes et singuli mercatores regni nostri Anglie supradictum locum de Northberne de cetero frequentantes adeo suaviter et amicabiliter erunt ibidem successivis pertractati temporibus, quemadmodum ipsi de Hansa per nos vicerversa desiderant confoveri. Super his etenim conditionibus suprascriptis de assensu concilii nostri quandam securitatem duarum milium marcarum, in quibus certi nostri ligei mercatores apud Sanctum Botholphum pro illis de Hansa nuper nobis extiterant obligati, in thesauraria nostra repositam fecimus penitus relaxari gentibusque de Hansa, qui jam a portu de Sancto Botholpho de eorum transitu sunt restricti, exinde una cum bonis et mercandisis suis liberam recedendi dedimus facultatem. Que omnia et singula vobis innotescimus per presentes, ut circa celerem ac liberam relaxationem arestationum et restrictionum predictorum ligeorum nostrorum ac bonorum et mercandisarum suorum secundum formam et effectum sacramenti et promissionis predictorum cum effectu velitis interponere partes vestras, dictos ligeos nostros mercatores ceterosque de ligeantia nostra, qui mercandisandi causa dictas partes de Northberne adire voluerint, taliter tamque suaviter ac amicabiliter pertractando et confoveri faciendo, sicuti vestrates regnum nostrum pacifice visitantes ac visitare volentes per nos pertractari cupitis et foveri. Datum sub privato sigillo nostro apud palatium nostrum Westmonasterii, vicesimo secundo die Septembris anno regni nostri duodecimo.

1025. *K. Heinrich [IV] von England an Bailifs und Hafenaufseher in Boston: hebt ein gegen die dortigen Hansen erlassenes Ausfuhrverbot wieder auf. — 1411 Sept. 23. Westminster.*

Aus Publ. Record Office London, Pat. Rolls 12 Henr. IV m. 3 d. Am Rande: Vacat, quia alias in rotulis clausarum de anno presenti. *Sivra.*
Das., Close Rolls 12 Henr. 4 m. 1.

Rex ballivis ville de Sancto Botholpho ac custodibus passagii in portu ejusdem ville et eorum cuilibet salutem. Licet nuper quibusdam certis de causis nos moventibus vobis per breve nostrum[1] preceperimus, quod aliquos homines de Hansa in villa predicta tunc existentes vel ad eandem extunc venientes in portu predicto versus aliquas partes exteras transire vel aliqua bona, res sive mercandisas sua versus partes predictas traducere, cariare sive mittere aliqualiter non permitteretis.

[1] *Von 1411 Marz 4; s. n. 1000.*

quocumque aliter inde a nobis habueritis in mandatis, de avisamento tamen consilii nostri vobis precipimus, quod ipsos de Hansa in villa et portu predictis jam existentes vel ad eandem imposterum venientes versus partes transmarinas cum bonis et mercandisis suis, solutis prius custumis, subsidiis et aliis deveriis nobis inde modo consueto debitis, transire permittatis, brevi nostro predicto non obstante. Teste rege apud Westmonasterium, 23. die Septembris.

1026. *Hochmeister Heinrich von Plauen bevollmächtigt zwei gen. Sendeboten zur Erhebung der am letzten 2. Febr. [1411] fällig gewesenen und der am nächsten 2. Febr. [1412] fälligen Rate der englischen Entschädigungsgelder von je 10637 Nobeln 2 s. 2 d.*[1] *sowie der ausserdem laut Vertrag geschuldeten Summe von 3835 Nobeln*[2]. *— [1411 vor Sept. 29?]*[3].

StsA Königsberg, Hochmeister-Registrant 5 S. 46, ohne Schluss. Vorausgeht ein stark beschädigtes Begleitschreiben des Hochmeisters an K. Heinrich IV von England.

Verzeichnet: HR. 6 n. 60.

1027. *Dorpat an Reval: teilt einen nach langen Verhandlungen zu Stande gekommenen Handelsvertrag mit Pskow mit. — 1411 Okt. 9.*

Aus StA Reval; Or. m. S. Höhlbaum.

Gedruckt: v. Bunge, Livl. U.B. 4 n. 1901, Napiersky, Russisch-livländ. Urkunden n. 176.

Den ersamen wisen mannen, heren borgermesteren unde rade der stat Revele, unsen guden vrunden.

Vruntlike grote myt begheringhe alles guden tovoren. Ersamen leven heren unde vrunde. Alze gi lichte wal vornomen hebben, dat wy langhe twedrachtich gewesen syn myt den Plescoweren alzo van des copmans weghene, darumme wy vakene unse boden to en unde se ere boden wadder to uns gesant hebben unde konden nee ende unde gude eendracht tusschen uns drapen; sunder nu int leste, unde was des vrigdages vor Michaelis[4] negest vorleden, weren hir Plescowessche boden, unde hebbent na vele deidingheen alzo verne myt en gebracht, dat wy en de hant deden, unde wy senden stras unse boden na to Plescow unde de nemen dar wadder de hant van deme koninghe unde van gemeyne Plescow, dat de copman van beiden syden schal hebben enen veleghen wech, to komende unde to varende, handelinghe tosamende to hebbende; unde zakewolde schal sik myt zakewolden beweten, na der olden crusskussinghe. Darmede sid dem almechteghen Gode bevolen. Screven under unserm secrete, in sunte Dyonisius daghe int jar 1411.

Borgermeistere unde raet der stat Darbte.

1028. *[Der deutsche Kaufmann zu Nowgorod an Dorpat:] teilt die Antwort Nowgorods betreffs der Handelsfahrt nach Pskow mit; bittet um Begleichung der Forderung des Lorens Hove. — [1411] Okt. 28. Nowgorod.*

Aus StA Reval, eingeschoben in n. 1030. Höhlbaum.

Gedruckt: v. Bunge, Livl. U.B. 4 n. 1902.

Na der grote etc. Leven vrunde. Wy begheren juw to wetende, dat uns de borchgreve unde hertoghe een antwarde gheven hevet aldus ludende: alze umme den wech to Plescow to, den wy van en esschende weren, des hebben se uns een antwarde gheven, alze se sik besproken hadden myt erem vadere dem ertzebisschop

[1]) *S. n. 907.* [2]) *S. n. 917, § 3.* [3]) *S. n. 1001. Diese erst Abordnung erreichte die Auszahlung von 2000 Nobeln, s. die Abrechnung HR. 6 n. 62.* [4]) *Sept. 25.*

unde myt den heren unde myt Nougarden, dat en dat nicht stonde to donde alle de wille, dat id in unvrede stonde myt en unde den Plescoweren; wente se bevruchteden sik des, dat de Dudesche copman darover mochte beschedighet werden, wanneer dat de Dudesche copman qweme varende myt gude van Plescow uppe de Nougardeschen lantschede, unde wurde denne jenich Dudesch beschedighet an synneme gude unde de schade scheghe van den Plescoweren edder van anderen verlopen Russen, so wolde de Dudesche copman saken uppe Nougarden umme den schaden, unde dar wil Nougarden nicht vore stan, wente se zegghen, dat den Plescoweren nicht to lovende sta. Vordan so gheven se uns to kennende, dat de Dudesche copman hadde doch weghe genoch to varende aff unde tho: tat erste den wech to der Nû to, unde vort den wech dôr Wâtlande, unde den dôrden wech dor de Lu, unde dat duchte en nutte wezen, dat de Dudesche copman der weghe brukede bet ter tid, dat se eens wurden myt den Plescoweren. Ok seden se uns, dat hiir Plescowesche boden scholden komen bynnen kort, unde hopeden, dat se eres dinges wol eens scholden werden [1]. Dit is dat antwarde, dat se uns gegheven hebben. Vortmer so schole gi weten, dat Laurencius Hove hiir was vor deme gemenen copmanne unde beclaghede sik wol, dat hee gheldes tachter were, dat hee vortert hevet umme des copmans willen wol in drem reysen, de hee getoghen hevet van Darbte hiir to Nougarden, unde benomede uns enen summen uppe 11 mark Rigesch; unde dat ghelt was hee hiir van dem copmanne esschende, unde des konde wy em hiir nicht entrichten, wente wy en hebben des hiir in deme schappe nicht, unde darto is sunte Peter wol 30 stukke sulvers tachter, de men schuldich is, alze Jurien Antziferen 10 stükke, de hee scholde hebben gehat uppe sunte Johannis dach, de nu was [2], unde Hinrik van Bernen wol 20 stukke, de hee to sunte Peters behoff uthgheven hevet. Unde dit ghelt is Hinrik manende van daghe to daghe, unde wy konnen em nicht entrichten noch ter tid, unde wy hebben alrede dat meisten deel van deme copmanne, de hiir is, ghelt genomen uppet schot, wente wy des to donde hadden to sunte Peters behoff. Hirumme so bidde wy juw vruntliken, dat gi wol doen unde entrichten Laurencius Hoven dat vorscrevene ghelt. Blivet gesunt. Screven to Nougarden in die Symonis et Jude etc.

1029. *Die hansischen Ratssendeboten in Wismar an die vier Lede von Flandern: der deutsche Kaufmann zu Brügge und andere Kaufleute aus den Hansestädten haben sich über Schädigung durch den schottischen Grafen von Marre und dessen Gesellschaft beklagt* [3]*; bitten, sich bei dem Grafen und anderwärts um Schadloshaltung der Kaufleute und um die Verhütung weiterer Verluste zu bemühen, da die Hansestädte andernfalls auf Gegenmassregeln denken müssen, durch die Flandern selbst zu Schaden kommen könnte. — [1411 Nov. 1.]*

Gedruckt: HR. 6 n. 62. Vgl. das gleichzeitige Schreiben an den deutschen Kaufmann, das. n. 63.

1030. *Dorpat an Reval: teilt ein Schreiben des deutschen Kaufmanns zu Nowgorod betreffs der Fahrt nach Pskow mit. — [1411] Nov. 12. Dorpat.*

Aus StA Reval; Or. Perg. m. Resten d. S. Hohlbaum.
Gedruckt: v. Bunge, Livl. U.B. 4 n. 1902.

[1] *Der Friede zwischen Pskow und Nowgorod kam 1411 zu Stande. v. Bunge 6 Reg. S. 87.* [2] *1411 Juni 24.* [3] *S. n. 936, 950.*

Den ersamen wisen mannen, heren borgermeisteren unde rade der stat Revele, unsen guden vrunden.

Vruntlike grote myt begheringhe alles guden tovorn. Ersamen leven heren unde vrunde. Juwer wisheit beghere wy to wetende, dat wy Laurencius Hove gesant hadden an den copman to Nougarden myt unsem breve, umme to sprekende unde to wervende an den ertzebisschop, borchgreven unde hertoghen unde gemene Grote Nougarden, dat se deme copmanne older wonliker weghe unde sunderlingen des weges to Plescow to bruken lêten vrig unbestoppet na der cruskussinge. Darup uns de copman syne breve wedder gescreven heft van worden to worden, alze hir nagescreven steit: *[Folgt n. 1028]*. Screven to Darbte under unseme secrete, des negesten dages na Martini. Borgermeystere unde raet der stat Darbt.

1031. *Der Erzbischof von Nowgorod an Hzg. Simeon Lengwyn*[1]*: klagt über Beraubung russischer Kaufleute durch den [deutschen] Orden. — [1411 vor Dec. 5.]*

Aus StA Reval, eingeschoben in n. 1032. Höhlbaum.

Gedruckt: v. Bunge, Livl. U.B. 4 n. 1906, Napiersky, Russisch-livland. Urkunden n. 177.

In deme namen Godes. Ertzebisschop to Nougarden de gifft synen heligen zeghen synem zone, hertich Symeon Lengwyn, unde ene grôte van dem hertogen van Nougarden unde van den borchgreven unde dôn dy to wetende, dat wy dy manen by dynen vorworden, de du uns lovedes, do du van uns schedes, do du uns de hand dedes, dat du unser nicht begeven woldes. So mane wy dy by den vorworden, als du van uns ghescheden bist, dat du to uns komest, wente wy diner wal bedorven unde dynes rades, wente uns tomale vill ungeliken schût van dem orden, dat unse koplude hebbet vor uns gewest unde geclaget klegeliken, wo dat en vill gudes genomen sy, dat sal de orde genomen hebben in eren sulves lande, und ok vill alder schelinge tûschen uns hebben, als du sulven wal west, wad wy mit dem orden to donde hebben. Unde wy hebben mit en vill twischelinge, unde uns vill besunder schût, unde wy des nicht lenger vordregen willen. Hirumme so bidde wy dy, dat du so wal doen unde laten dat den groten konyng vorstan unde nemest orloff van eme unde komest to uns, wente wy dar wed umme den willen mit des groten konyngs rade, unde lût des ok nicht.

1032. *Der livländische Ordensmeister [Konr. von Vitinghoff] an Reval: übersendet eine Abschrift des vorstehenden Klagebriefes. — 1411 Dec. 6. Riga.*

Aus StA Reval; Or. m. Spur d. S. Höhlbaum.

Gedruckt: v. Bunge, Livl. U.B. 4 n. 1906, Napiersky, Russisch-livland. Urkunden n. 177.

Den ersamen vorsichtigen mannen, borgermeisteren unde radmannen to Reval, unsen leven getrûwen, detur.

Meister Dûtschs ordens to Lyfflande.

Unse vruntliken grûte mit steder gûnst tovorn. Leven getruwen. Wy bidden ju to wetene, dat wy unse boden tho Letthauwen gesant hadden, de weddergekomen synt und brachten uns van ghehete hertogen Wytovten eyn ucscrifft enes breves mit dreen angehangenen ingesegelen, den de Nougarder udsesant hadden, ludende van worden to worden in Rûssch, als hir volget up Dûtsche: *[Folgt n. 1031.]* Hirumme, leven getrûwen, so bidde wy ju, dat gi vortmer deste bet to dem juwen

[1]) *Ein Vetter des Grossfürsten Witold, militärisches Oberhaupt Nowgorods. S. Caro, Gesch. Polens 3, 430.*

zeem wente so lange, dat men dirvare, war sich dësse sake henwenden. God almechtich bewarre juwe bescheidenheit in walmacht to langer zelicheit. Gegeven to Rige an sunte Nycolaus avende im 1411. jare.

1033. *Zwei Schöffen von Brügge bezeugen, dass der Schneider Pieter van der Welle und seine Ehefrau dem Jan Holebeke zwei in Brügge bei dem Karmeliterkloster belegene Häuser aufgelassen haben. — 1411 Dec. 18.*

Aus StA Köln, Hanse I n. 254, eingeschoben in n. 1037. Hagedorn.

Wij Pieter Oaderpenning ende Jacob de Brolost, scepenen in Brugghe in dien tiden, doen te wetene allen den ghuenen, die dese lettren zullen zien of horen lezen, dat camen voer ons als voer scepenen Pieter van der Welle de scppre ende Kateline zijn wijf ende gaven halm ende wettelike ghifte Janne Holebeke van tween husen metten lande, datter hachten legbet ende toebehoord, tegader staende de en neffens den anderen an de oestzide van der Reye tusschen der Caermersbrugghe ende der Snacgaerdebrugghe, daerof dat men teen huus het ‚ten Coppe' ende tander ‚ter Belle', naesten Jans Leeuwen huus ende lande wilen was ende nu toebehoord Joris Brunaighe ende der andre, diere deel an hebben, of een zide ende den husen ende bonthuve, die wilen waren Jan Bernaerds ende nu toebehoren den vorseiden Pietren van der Welle, met eenen ghemeenen muere ende met ghemeenen ghoten ligghende up ende neffens den vorseiden ghemeenen muere, streckende den vorseiden ghemeenen muer van voren ter straten achterwaerds tote den zuudwesthecghe van der dweeralove, die staet bin den bonthuve, die wilen was svorseiden Jan Bernaerds; dies es te wetene, dat de ghemeene ghote, die legbet voren upten ghemeenen muer vorseid, van voren ter straten streckende tote Pieters van der Welle eerstén aysemente, zal bliven waeter ende voren ter straten hute, also zoe nu ten tiden watert, ende de ghote, die legbet up tsvorseids Pieters paertstal ende up svorseids Pieters aysement neffens den vorseiden ghemeenen muere, sal diesghelike ghemeene zijn ende zullen bliven waterende up svorseids Pieters land in zinen bonthuv[e]n, also zij nu ten tiden wateren; ende van den vorseiden zuudwesthecghe van der vorseiden dweeralove achterwaert streckende tote den muere van den ommeghanghe van den Caermers so behoord den muer, die aldaer staet, vry toe den vorseiden Pieteren van der Welle, behouden den vorseiden Pieteren van der Welle aldaer zijn vry oysidrop ten lande waert, dat legbet hachten desen vorseiden tween husen, daer hier hoven ghifte of ghegheven es, of ander zide, ende noch behouden den tween aysementen, die staen in de plaetse van den bonthuve, die toebehoord den vorseiden Pieteren van der Welle neffens den vorseiden ghemeenen muere, suwerende duer de wieghe van den aysemente, die legbet onder thuus ‚ter Belle' ende onder thuus ‚ten Coppe' eeuwelike tallen daghen voren ter Reyen hute al up seer Daneel Coudekuekens land wilen was ende der andere, diere toebehoren. Ende Pieter van der Welle ende Kateline zijn wijf voorseid wedden aldaer ende beloveden den vorseiden Janne Holebeke dese voorseide tweo husen staende ter vorseiden stede ghelike, dat vorseid es, te wetten, te waerne ende te warandeerne met al, datter voren, hachten ende an allen ziden toebehoord, erdvast ende naghelvast deran es, svoorseid Jan Holebeke vryen eghindomme jeghen elken menssche met zeven scelleghen ende tien peneghen grote Tornoise elkes jaers dernte gaende ten rechten landtheinse ende noch met drie ponden grote Tornoise lijfrenten sjaers derhalve gaende boven den vorseiden landtheinse, die men jaerlijx ghelt ten live van joncvrauwe Volken, seer Aernoud Poleus dochter, nonne in den cloester ten Jacoppinessen. Van desen dinghen hebben wie scepenen vorseid dese lastren nuthangbende besegheit met onsen segheles. Dit was ghedaen int jaer 1411 upten achtiensten dach van December[1].

1034. *Abrechnung [der preussischen Sendeboten] über die vom Könige von England 1409—1411 bezahlten, den Preussen und Livländern zukommenden Entschädigungsgelder. — [1411.]*

Aus B Kgl. Bibl. Berlin, Ms. Boruss. Fol. 263, fol. 13b—15. — Wie die Nachrechnung ergibt, enthalten die einzelnen Rechnungsbeträge des hier folgenden Textes mehrfache Ungenauigkeiten und Irrtümer.

Dit is de summa, dat de koning van Engelandt den sendeboden van Prussen heft betalet upp Martini leest vorleden anno 9[2], 5318 nobelen 4 s. 5 gr. van der Pruschen und Lifflandeschen stede wegen etc.

Hirvan wart gegeven den ghenen, de dat gelt telleden, und den partener 8 nobilen und 33 d. So bleven dar noch 5313 nobelen 20 d. Engelsch.

In desser vorgeschreven summe hebben de Lifflandeschen stede 3822 nobelen 4 s. 2 d. Engelsch. Hirupp kumpt to teringe 935 nobelen 20 d. Engelsch. So blifft dar noch blyvendes geldes van der summe 2888 nobelen 2 s. 6 d. Engelsch. De hebben de sendeboden geantwert Johan Cavolde van der Lifflandeschen stede wegen, wente he brachte eynen machtbreff van den van Righe unde van Darppte wegen, dat he mechtich was dat gelt to entfangende[3]; den breff hebbe wi to lande gelaten myt der obligacien by den Dudeschen copmanne. 962 lb. 15 s. 10 d.

Item so hebben de Pruschen stede in der vorschreven summe 1492 nobelen minus 80 d. Hirupp kumpt to theringe 864 nobelen 5 s. Engelsch, so blivet dar van desser summen 1117 nobelen minus 6 d. Engelsch. Item van der blivende summe geldes der Pruschen stede sint den Engelschen wedder betalt 128 nobilen. Item sin Arnd van Dasselen betalt 318 nobilen.

Summa van dem Pruschen dele overall blivende 681½ nobel.

Item van den vorschreven 1300 nobelen, de to der theringe gerekent sin, alse vorschreven is, hebbe[n] de sendeboden genomen 210 nobilen beymwart mede to teende. So bliven dar noch 1090 nobilen, de solen de stede van Prussen wedder hebben, de se vor hebben utgelecht.

Item desse vorgeschreven 1090 nobilen myt den vorschreven 681½ nobilen, darvan de summa is 1771½ nobilen, hebben de sendeboden grantwerdet Hildebrande Suderman to lande to truwer hant und overtokopende, alse he erste mach.

Van desser vorschreven summe, de man Hildebrande gelaten heft to truwer hant, als vorgeschreven is, to lande, is itezunt overgekofft 1047½ nobile Engelsch.

Dit hebbe ik bewiset Czanderus Winkelman und Gerd Fesan, de beide ligger sin, de eyne van Mariemborgh und de andere van Koningsberch, und dario dat in Engeland is by Hildebrande Sudermanne vorschreven, wente sik de alderlude des koppmannes nicht underwinden wolden overtokopende, alse ik den steden by Arnd van Dassele wol enthoden hebbe.

1) *Laut einem Brügger Schöffenzeugnis von 1412* (int jaer 1411) *Febr. 3 übertragen Jan Holcbeke und seine Ehefrau Lijsbette alle ihnen aus der vorstehenden Urkunde* (over den welken desen lateren jeghenwordighen charter ghesteken es ende anhanghet) *zustehenden Rechte dem Jakob fils Jans Gheilgaerts. StA Köln, eingeschoben in n. 1037.* 2) *1409 Nov. 11, s. n. 906.* 3) *S. n. 687.*

Dit is de summa, dar sik de here koning van Engeland ynne vorbunden heft to betalende Prussen und Liifflande, 31 912 nobilen[1].

Darvan bort den van Prussen 9057 Engelsche nobilen. Item den van Liifflande gebort 22 855 nobilen Engelsch; dit maket tosampne 31 912 nobilen Engelsch.

Hirvan heft man genomen van elker nobelen 20 myten, maken 144 lb. 11 gr. Engelsch. Darvan heft men genomen 80 nobilen, maket 26 lb. 13 s. 4 gr., to der stede behoff, gerekent vor de nobile 6 s. 8 gr. So bliven dar noch 117 lb. 7 s. 7 gr. Engelsch, de hebben de sendeboden vortert van sunte Katherinen dage[2] bet an den vifften dach Junii anno 10.

Van desser vorschreven summe heft de koning van Engelant betalt to Brugge upp den anderen dach Junii anno 10[a] 5318[a] nobilen und 1[3][b] d., all an Vlameschen olden wyten gelde, 6 s. 8 gr. vor de nobele gerekent, und maket 1772 lb. 16 s. 8 gr.

Hirvan bort den van Prussen upp desse tiit 1492 nobilen 5 s. 7 gr., maket 497 lb. 12 s. 3 gr., gerekent vor de nobile 6 s. 8 gr. Darupp bort to ungelde, alse upp de gancze summe gerekent is, dat de koning betalt heft und noch betalen sal, alse vorschreven is, van den 9057 nobelen van elker nobile 26 myten, maket 40 lb. 8 s. 7 gr. 10 myten. Summa blivendes geldes van dessen vorschreven summen, de den van Prussen gebort upp desse tiit, 457 lb. 3 s. 7 gr. 14 myten.

Item gebort den van Liifflande van dessen vorgeschreven 5318[a] nobelen und 13 d. Engelsch, de de koning van Engelant [betalt][c] heft to Brugge in Vlanderen by coppluden upp den andern dach Junii anno 10, alse hirumme geschreven steit, 3825 nobelen 5 s. 6 d., maket 1275 lb. 5 s. 6 d. Hirvan nympt aff to ungelde upp alle ere ganczen summen, de de koning betalet heft und noch betalen sal, van den 22 855 nobelen, alse vorgeschreven is, van elker nobelen 26 myten, maket 103 lb. 12 s. 4 gr. minus 2 myten. Summa blivendes geldes, dat den van Liifflande gebort upp desse tiit, 1171 lb. 13 s. 2 gr. minus 2 myten.

Alse hirumme geschreven steit, dat den van Prussen blivet blivendes geldes alse ungelt affgenomen 457 lb. 3 s. 7 gr. und 14 myten, hirvan heft men geleyet her Wenczlaw Myszko genant van der Hardecke, eyn ridder ut Bemen, 31 lb. 16 s. gr., darvor sal he betalen upp Michaelis to Thorne in her Albrecht Roden huse 200 Ungersche gulden, gut van golde, sware van gewichte. Item so heft her Dirk van Logendorpe genomen to siner behoff 14 punt gr.; darvor sal he geven vor elk punt gr. 3 marc 5 sc. upp Michaelis. Item her Arnd van Dassele genomen 40 lb. gr., elk lb. gr. sal he betalen vor 3 marc 5 sc. upp Michaelis. Item so heft men geleyet Wedekinde van der Porten 60 lb. gr., elk punt gr. sal he betalen vor 3 marc 5 sc. upp Michaelis. Summa, dat men overgekofft heft, 145 nobel 16 s. gr. So blivet hir blivendes geldes van der Prussen summe, de men nu entfangen heft, 311 lb. 7 s. 7 gr. 8 myten; de hebben wii geantwerdt den olderluden des gemeynen coppmans van der Dudeschen Hense to Brugge.

Item so hebbe wii geantwerdt den vorschreven olderluden van der Liifflandeschen summen blivendes geldes 1171 lb. 13 s. 2 gr. minus 2 myten.

Summa over all dat, dat wy beide van Prussen und van Liifflande gelde, dat wii dem coppmanne geantwerdt hebben, alse vorgeschreven steit, 1483 lb. 9 gr. und 14 myten.

a) [illegible] b) [illegible] c) [illegible]

1) S. n. 906 und 907. 2) 1409 Nov. 25. 3) S. n. 907 Anm.

Item na der tiit vorderde her Johan Bemer van dem koninge to Engeland to der Pruschen und Liifflandeschen stede behoff 2000 nobilen[1]. Hirvan heft de homeister to truwer vorwaringe 1600 nobelen, dat heft he upp termyn vorsiglit; de andern 400 nobilen hadde her Bemer vorteri[2].

1035. *Hermen Oldendorp, Tydeke Lowenborch, Bruun Denser und Dydric Walentin, Kaufleute der deutschen Hanse in Bergen, bekennen, von den 1020 Nobeln, die K. Erich von Norwegen, Schweden und Dänemark ihnen für Lieferung von Mehl, Malz und anderen Dingen schuldig ist, durch Bischof Aslach von Bergen, Baltasar von der Damme und den königlichen Diener Jesse Basman namens des Königs 420 Nobel erhalten zu haben, und verzichten hinsichtlich dieser Summe auf alle weiteren Ansprüche gegen den König und die obigen Vertreter desselben. — 1411* ([in die] .... [virginis] et martiris gloriose). *Bergen.*

Univ.-Bibl. Kopenhagen, Diplom. Arne Magnaeanum, Dan. fasc. 2 n. 8; Or. Perg. m. Resten von 2 der 4 anh. S.
Gedruckt: Diplomatarium Norvegicum 15 n. 46.

1036. *Lübeck an Stralsund: weist die vom Lübecker alten Rat bei einigen Städten gegen Lübeck erhobene Klage zurück, da seine Mitglieder freiwillig und ohne Gewalt aus ihrem Recht entwichen sind, nach Ausweis eines beiliegenden Zeugnisses der in der Stadt gebliebenen Mitglieder desselben; hat das Verlangen des alten Rates nach einem Schiedsspruch der benachbarten Städte niemals abgewiesen und ist noch jetzt dazu erbötig; erklärt, dass die gegen Lübeck erlangten Urteile des Hofgerichts von den Entwichenen mit Unrecht erlangt sind, und bittet, die Lübecker Kaufleute deswegen nicht behindern zu lassen. — 1412 Jan. 26* (in deme daghe Policarpi des hilgen merteleres).

StA Stralsund, Urkundenfund von 1895; beschädigtes Or. Perg., S. ab.

1037. *Jakob Jan Gheilgaerts Sohn überträgt* ad laudem et gloriam omnipotentis Dei ac gloriosissime virginis Marie, ejus genitricis, pro divini cultus augmentacione, ob remedium et salutem anime sue parentumque, amicorum et benefactorum suorum *seine beiden in den eingeschobenen Urkunden von 1411 Dec. 18 und 1412 Febr. 3 [n. 1033 und Anm. 1] näher bezeichneten Häuser in Brügge mit Zubehör und den in den beiden Urkunden angegebenen Lasten sowie alle ihm, seinen Erben und Nachfolgern daran zustehenden Rechte dem durch seinen Prior Wilh. Westel vertretenen Convent der Brüder des Karmeliterordens zu Brügge durch unwiderrufliche Schenkung* (ex donacione, que dicitur irrevocabilis inter vivos) *zum immerwährenden Eigentum, indem er für sich, seine Erben und Nachfolger unter Eid und bei Strafe der Exkommunikation und aller anderen Kirchenbussen auf alle späteren Ansprüche auf die Häuser und deren Zubehör verzichtet, einen etwaigen Widerruf der Schenkung für nichtig und rechtsungültig erklärt,* et tam ipsum donatorem quam ejus heredes et successores ad omnia et singula premissa tenenda cogi posse pariter et compelli sine strepitu et figura judicii et tanquam pro re in judicio confessata, *und, falls der Convent durch ihn, seine Erben oder Nach-*

[1]) *Im Jahre 1411, s. n. 1026 u. Anm. 3.* [2]) *Vgl. HR. 6 n. 61.*

folger im Genuss des Schenkungsgegenstandes behindert wird, denselben unter Verpfändung aller beweglichen und unbeweglichen Habe die Zahlung von 50 Pfd. Turn. Gr. vläm. Währung und Vergütung aller Kosten zusichert, ohne die vor Eintritt der Behinderung dem Convent bereits zugeflossenen Einkünfte (profectus) davon abzuziehen, unter gleichzeitigem Verzicht auf alle Einreden und Rechtswohlthaten (omnibus et singulis excepcionibus doli mali, fori, vis, metus, decepcionis, coactionis, lesionis et fraudis cujuscunque rei ita non geste, aliter scriptum quam actum, beneficio nove vel novarum constitucionum, legi codicis, per quam donacio possit revocari, omnibusque usibus, constitucionibus, privilegiis, statutis, consuetudinibus et juribus, que contra premissa vel eorum aliqua obici possent sive dici). *Beglaubigt durch den Notar Mag. Johann, Kleriker der Diöcese Tournay. — 1412* (1411 juxta modum scribendi in provincia Remensi) *Febr. 6. Brügge* (in claustro seu ambitu dicti conventus).

Aus StA Köln, Hanse I n. 204; gleichz. Abschr. a. Perg. (aus dem Kontorarchiv). Auch im hansischen Kopiar H fol. 232. Hagedorn.

1038. *Der deutsche Kaufmann zu Nowgorod an Reval: ersucht um Bekanntmachung eines gegen vier gen. Russen erlassenen Handelsverbots. — [1412] Febr. 7. Nowgorod.*

Aus StA Reval; Or. m. Spur von 2 S. Höhlbaum.
Gedruckt: v. Bunge, Livl. U.B. 4 n. 1909. S. unten n. 1064.

Den erbarn bescheydenen mannen, borgermesteren und radlude der stat Revele kome desse breff myt werdicheit.

Unsen vruntliken grote und wes wy gudes vermoghen. Ersamen leven vrunde. Wy bydden ju to weten, dat Detmar Bócholt hir beschadiget is und 2 stucke silvers to unrechte affgebroken sint, dar hovetlude van sint Uske und Loke, twe brodere wonende tor Noteborgh, myt eren medehelperen Karpen, ok wonende tor Noteborgh, und Kuseman, Pauwel Tharken broder, to Nouwerden wonafftich. Darop de kopman ens geworden is in eyner gemeynen stevene, dat mit dissen vorbenomeden luden nummant handelinghe hebben en zal noch gud laden en zal in der Nû eder nerghen, by 10 mark. Warume wy begern van ju, dat gy desse vorbenomede lude dergelike myt ju an de waghe laten scryven by deme selven broke, wante vele schaden schût van den loddyenluden deme kopman. Blyvet gesunt to Gode, over uns to gebedende. Gescreven to Nouwerden des sundages na lechtmisse.

Oelderlude, wysesten und de gemene kopman to Nouwerden.

1039. *K. Sigmund an die deutschen Hansestädte: hat wegen Venedigs Ungehorsam gegen das Reich ein Handelsverbot gegen die Stadt erlassen; untersagt ihnen deshalb jeglichen Handelsverkehr mit derselben und ersucht sie, falls irgend jemand in der Hanse den Abbruch des Verkehrs mit Venedig für misslich hält, geeignete Kaufleute* (die sich uff dy ware und kouffmanschacz, die man czu Venedi pfligt czu holen, wol versteen) *zu ihm zu senden behufs Verständigung über eine andere Handelsstrasse* (die hoffen wir also anczuwysen, das sy und alle ewer kouffluta befinden sollen, daz sô solliche ware und kouffmanschacze bessers kouffs und ander strasse neher, bequemlicher und sicherlicher haben mogen, dann ob sy die czu Venedy holten). *— 1412 Febr. 12. Ofen.*

StA Lüneburg; Or. Perg. m. S.
Gedruckt: Stieda, Hansisch-venetianische Handelsbeziehungen S. 139. Verz.: H.R. 6 n. 98, Altmann, Urkunden K. Sigmunds 1 n. 192.

1040. *Der livländische Ordensmeister [Konr. von Vietinghoff] an Reval: warnt vor beabsichtigten Repressalien Nowgorods; rät, die Wareneinfuhr dorthin zu beschränken. — [1412?] März 13. Treiden.*

Aus StA Reval; Or. m. Rest d. S. Höhlbaum.
Gedruckt: v. Bunge, Livl. U.B. 4 n. 1852. S. unten n. 1046, 1060.

Den ersamen vorsichtigen mannen, borgermeisteren unde radmannen to Revele, unsen leven besunderges, sunder sument.

Meister Dutschis ordens to Lyfflande.

Unse vruntlike grute myt sunder gunst tovoren. Wetet, leven ersamen borgermeistere unde rad, dat de Nougardesche boden to Rige syn unde hebben uns eynen breff gebracht, dar uns de Nougardeschen ynne scriven unde tomale ere unde ummodich syn van des schaden wegen, de en in desser wynterreyse gescheen is, unde menen uns also vele schaden wedder to doende, darmede de crucekussynghe nicht to brekende. Darumme wy begeren, dat gi to dessen saken trachten unde dem Dutschen kopmanne to wetende don unde warnen, dat se nicht vele gudes to Nougarden laten voren, wente wy uns besorgen, dat de Nougardere eren schaden an unschuldeme gude mochten soken unde wreken. Gheven to Treyden des sondages to letare Jerusalem.

1041. *Prälaten, Grietmannen und Richter von Ostergo und Westergo bevollmächtigen die Schöffen von Staveren oder deren Beauftragte zu Verhandlungen mit Hamburg,* ruerende van den coepluden ende van horen borghers, die loeghen in Westergolande ende hoer maerkede daer versoken, die in voertijden toe Staveren plaghen te logheu ende hoer maerkede daer te versoken. — *1412 März 27* (up den billighe palmedach).

Aus StA Hamburg, Trese A a 2; Or. Perg. m. 2 anh. S.

1042. *Stettin an Reval: bezeugt, dass der Stettiner Bürger Hans Duker ein Schiff, welches er früher dem Kopenhagener Schiffer Laurens Larsen und dessen Sohn Michel unter Kreditierung von 100 M. Finkenaugen verkauft und nach Michels Tode in Landskrona für die rückständigen 100 M. und für Übernahme der in Reval ausstehenden Schulden des Verstorbenen zurückgenommen hatte, dem Claus Croger und Albr. Timmermann aufgelassen hat; bittet, denselben gemäss der ihnen von Duker erteilten Vollmacht zur Übernahme und Nutzung des Schiffes behülflich zu sein und ihnen eine etwaige seit Michels Tod eingetretene Verjährung nicht zum Nachteil anzurechnen, da Duker erst am letzten 15. Aug. davon Kenntnis erhalten hat, und garantiert gegen Nachmahnung. — 1412 März 27* (in dem palmdage).

StA Reval; Or. Perg.
Gedruckt: v. Bunge, Livl. U.B. 4 n. 1910.

1043. *Braunschweig bezeugt, dass sein Ratsherr Fricke von Twedorp seinen Diener Evert von Tymberla und dessen Bruder Hermann bevollmächtigt hat, von dem sich augenblicklich beim Bischof von Ösel aufhaltenden Hans Borchtorp eine Summe von 49 M. 5 Sch. 1 Pf. lüb. einzuziehen, die dieser ihm seit langer Zeit schuldet und trotz wiederholter Mahnung nicht bezahlt hat*[1]. — *1412 Apr. 3* (to paschen).

StA Braunschweig, Kopiar IV fol. 4.

1044. *Hzg. Wilhelm von Baiern, Graf von Holland, befiehlt seinem Zöllner zu Spaarndam, die Bürger von Kampen zollfrei verkehren zu lassen, da die Stadt auf Grund der ihr von ihm verliehenen Handfeste*[a] *ihre Freiheit von Zoll und Ungeld zu Spaarndam erwiesen hat. — 1412 Apr. 9. Haag.*

StA Kampen, Abschr. im Privilegiar fol. 57 b, notariell beglaubigt.
Verzeichnet: Register von Kampen 1 n. 407.

1045. *Schöffen und Rat von Stavoren bevollmächtigen den Schöffen Tyman Arnstenszoen zu Verhandlungen mit Hamburg mut. mut. wie n. 1041. — 1412 Apr. 14* (up s. Tyburcius ende Valerianus dach).

StA Hamburg, Trese Aa 2; Or. Perg. m. Rest d. anh. S.

1046. *Hochmeister [Heinrich von Plauen] an Nowgorod: bittet, die augenblicklichen Zwistigkeiten zwischen Nowgorod und den Livländern vorläufig gütlich anstehen zu lassen. — 1412 Apr. 20. Marienburg.*

Aus StsA Königsberg, Hochmeister-Registrant 5 S. 163. Also hat man geschreven dem erczbisschoffe, dem burggreven, dem herczogen und den gemeynen bayaren czu Grosse Nawgarden.

Es wirdeger vater und leve herre, und leven besundern frunde, burggreve, herczoge und gemeynen beyaren czu Grote Naugarden. Wie sint underwiset, wu unse vorvarn, homeister Deutschs ordens saliger dechtnisse, mit juwen boden jou gescreven und gelovet hadde, de vorenunge und krussekussinge, de twischen jus und den Leiflandern gedegedinget und gemaket was, to holdende. Nu ist uns to vorstande geven, wu etwelke schelunge is twisschen juu und den Lieflandern, dat uns led is. Warumme, leven frunde, wi juu bidden, dat y juu in yeniger wise vorschunden laten, sunder dat y de schelunge in gutli[i]ched eine wile bestaen laten willen wente so lange, dat wie unse saken in mer stedicheid brengen; und nemet to herten, dat nu nicht en schee, als it uns in kort bescheyn ist, wente wie na all unsem vormogen darna arbeden willen, dat juu de vorenunge und krussekussinge van uns und van den unsen gehalden werde. Gescreven to Marienburg an der mitwoche vor Georgii martiris anno etc. 12.

1047. *Derselbe an K. Heinrich [IV] von England: beklagt sich über die Wegnahme eines auf der Fahrt nach der Baie begriffenen Rigaer Schiffes durch englische Unterthanen* (quomodo subditi comitis de Arondeyl de Anglia circa medium quadragesime[b] nuper elapse quandam navim subditorum nostrorum civitatis Rigensis incolarum, que pro advehendo sale in portum dictum Bage[a] navigare disposuit, cujus capitaneus Tidemannus Wigger et mercator Herman Curdes nominantur, violenta manu piratarum more contra Deum et justiciam receperunt et captivarunt et bonis omnibus, que cum predicta navi ad fideles

a) So

1) In derselben Angelegenheit erhält 1414 März 12 Bertold Heisen Vollmacht zur Einforderung der Schuld oder zur Bekümmerung des früher in Lübeck wohnhaften Schuldners. Gleichzeitig wird derselbe Bevollmächtigte auch von Hegir Vordorp mit der Einziehung von 103 M. lüb. und 9 rhein. Gld. betraut, die Hans Borchtorp ihm und Hans Hagedorn van syner unde syner selscop wegen schuldig ist. StA Braunschweig, a. a. O. fol. 14. Vgl. dazu n. 926.

a) S. n. 731. b) März 13.

nostros dilectos Gotschalcum Stolbeiser civem et incolam dicte civitatis Regensis, Johannem Weynrake civem Gdanensem, Tymannum Rodde et Witthe Möser, servitores nostros, spectare et pertinere minime dubitatur, depredarunt et sine causa qualibet spoliarunt, bonum rei publice[a] contra majestatis vestre velle et decretum, ut non ambigitur, modis tam indecentibus perturbantes, in pregrandem dictorum nostrorum fidelium dampnum et jacturam)[1], *und bittet, das Schiff nebst Gut und einer Entschädigung dem Überbringer verabfolgen zu lassen. — 1412 Mai 1. Elbing.*

Aus StsA Königsberg, Hochmeister-Registrant 5 S. 165a; durch Feuchtigkeit zum Teil unleserlich. Domino Henrico regi Anglie.

1048. *Danzig an Reval: bittet um Freigebung eines von Reval arrestierten, zwei Danziger Bürgern gehörigen Terlings Tuch, da dasselbe in Flandern gegen bar gekauft ist. — 1412 Mai 3.*

Aus StA Reval; Or. m. S. Höhlbaum.
Gedruckt: v. Bunge, Livl. U.B. 4 n. 1914. Angeführt HR. 6 S. 40 Anm. 1.

Den ersamen wisen mannen, hern borgermeisteren unde radmannen der stad Revele, unsen leven vrunden, detur.

Vruntlike grute mit behegelicheit vorgescreven. Ersame leven vrunde. Uns hebben Arnd Dotte unde Hannus Byeler, unse medeborgere, vorgeven, dat se by Everd Kynaste schipheren unde in synem schepe eynen terlingh gewandes van 17 Thomasschen laken beslagen mit eyme dordendeil van eynen Thomasschen laken dar to juw to Revele hebbin gesand, darmede van erer wegin to vorkopene. Den sulven terlinges salle gii, leven vrunde, juu underwunden hebbin, alzo wy vornemen, alze oft he in Vlanderen oft hir geborget were. Hirvan, leven vrunde, willet weten, dat Hannus Berthorn copman mit den vorscrevenen unsen medeborgeren vor uns is gekomen, tuegende vulkomliken by synem gesworenen ede, dat he den vorscreven terlingh to Brugge in Vlanderen umme gereitschop unde nicht to borge heft gekoft unde den schepen, des in der vasten negest geleden eyn jar is gewesen, unde heft den sulven terling vortan den vorscrevenen unsen medeborgern umme gereide gelt weddir vorkoft, dat se im vulkomliken unde tor nuge wol betalet hebbin unde entrichtet. Darumme, leven vrunde, juwe vorsichtige wisheit wii denstliken bidden begherende mit allem vlite, dat gy umme unser leve unde gerechticheit willen den vorgerurden terlingh gewandes dessen bewiser to behuff unser borger vorscreven gutliken willen don overgeven unde volgen laten, ere beste darmede to donde unde to ramende; dar do gii uns sere grotliken an to dancke. Ok wille wii juu unde juwen gerne weddir behegelik darumme wesin, dat God wet, na unsem vormugen. Sit Gode bevolen. Gescreven am dage invencionis crucis 1412, under unsem secrete.

Radmanne Dantzik.

1049. *Der deutsche Kaufmann zu Brügge an die livländischen Städte: will ihren Beschlüssen von Jan. 31 über die bessere Durchführung der vorjährigen Pernauer Ordonnanz gegen den Borgkauf[2] nachkommen, berichtet über die von ihm deswegen getroffenen Massregeln, macht Vorschläge gegen die anderwärts ermöglichte Umgehung der Ordonnanz und ersucht unter Hinweis auf den häufigen Borghandel in Livland, auf die strengste Beachtung derselben bedacht zu sein; hält in Betreff ihres vorjährigen Beschlusses über die Tuch-*

a) So.
1) *Vgl. auch die hansischen Klageartikel von 1431, HR. II, 1 n. 395, 5.*
2) *S. n. 997.*

einfuhr[1] *jetzt die Einfuhr der breiten Poperingschen Tuche nach Russland für nützlich und bittet deswegen um baldigen Bescheid.* — *1412 Mai 9.*

StA Reval; Abschr.
Gedruckt: HR. 6 n. 68, früher v. Bunge, Livl. U.B. 4 n. 1916.

1050. *Die Ratssendeboten der Hansestädte in Lüneburg beurkunden die von ihnen vereinbarten Statuten für den deutschen Kaufmann zu Bergen*[2]. — *1412 Mai 11. Lüneburg.*

StA Deventer n. 1127, Kopiar Bergischer Privilegien um 1553.
L StA Lübeck, Vol. Von des Bergischen Comtoirs Verfassung; gleichz. Abschr. Auf der Rückseite: Dit is de kopie van der stede breve gescreven to Lunenborch. 2. recorsum est apud Jo. Arnoldi et est de anno Domini etc. [5]8[a] sabbato post corporis Christi. *[1458 Juni 3, s. HR. II 4 n. 586.]*
Gedruckt: aus der Recesshandschrift HR. 6 n. 70, früher ungenau Willebrandt, Hans. Chronik 3, 59. Verz.: Hempel, Invent. diplom. Saxon. inf. 3, 37.

1051. *Die Ratssendeboten von Elbing, Danzig und Riga namens der preussischen und livländischen Städte und von Wisby vereinbaren mit Lübeck, dass dort alles in Tonnen zum Verkauf kommende Lüneburger Salz nach Gewicht verkauft werden soll, unter Abzug von drei Liespfund auf die Tonne.* — *1412 Mai 18.*

Gedruckt: HR. 6 n. 71.

1052. *Der deutsche Kaufmann zu Brügge an Elbing: nach einer Zuschrift des Komturs von Tuchel beschwert sich Eliger Drollshagen über die am letzten 4. August vollzogene Arrestierung seines Schiffes im Swyn durch Joh. von Thorn; erklärt, dass der damals in Brügge weilende Komtur selbst die Arrestierung nach dem Recht des Kaufmanns vollzogen hat, und bittet, dem daran ganz unbeteiligten Joh. von Thorn keine Schuld beizumessen.* — *1412 Mai 19.*

StA Elbing; Or. m. Resten d. 3 S.
Verzeichnet: HR. 6 n. 95, Volckmann, Katalog des Elbinger Stadtarchivs S. 26.

1053. *Stralsund*[3] *an Reval: bittet, dem Stralsunder Bürger Zegher Hoppe als dem Bevollmächtigten der Witwe des verstorbenen Stralsunders Hans von Lubeke und des Sohnes derselben, Hans Bere, zur Erhebung von 15 M. Rig. behülflich zu sein, welche der verstorbene Revaler Bürger Werner Kamp der gen. Witwe für 15 Ellen Scharlach, die er in ihrem Auftrag verkauft hat, schuldig geblieben ist.* — *1412 Mai 27* (fer. sexta p. f. penthecostes).

StA Reval; Or. Perg.
Gedruckt: v. Bunge, Livl. U.B. 4 n. 1917.

1054. *Die [deutschen] Schuhmacher zu Bergen verkünden die mit dem [deutschen] Kaufmann daselbst vereinbarte Rolle ihrer Zunft.* — *1412 Juni 1. Bergen.*

Aus K Kgl. Bibl. Kopenhagen, Ny Samling n. 879 Fol., fol. 78b—80; Abschr. von der 2. Hälfte des 16. Jh. Hier mit vereinfachter Rechtschreibung.

a) 10 L.

[1] *S. n. 997.* [2] *Vgl. die Eingabe des Kaufmanns zu Bergen an den Lübecker Hansetag vom Juli 1411; HR. 6 n. 35.* [3] *Dasselbe beglaubigt 1414 Mai 23 eine Vollmacht des Herm. Gildehus für seinen Bruder Evert zur Einziehung einer Geldsumme von Lodew. Wiltgeltbusen in Reval. Or. im StA Reval.*

K 1 Das., Ny Samling n. 977 Fol. fol. 58—60; Abschr. des 17. Jh.
Das., Ny Samling n. 1584 b 4°.
Univ.-Bibl. Kopenhagen, Arne Magnussons Sammlung, Pap. Cod. n. 331 Fol. fol. 83b—86b; Abschr. vom Ende des 16. Jh., nicht fehlerfrei.
Kgl. Bibl. Stockholm, Pap. Cod. n. 42 Fol.
Verzeichnet: Nicolaysen, Norske Magasin 1, 569.

In Gades namen amen. Allen den gennen, de disse schrift seen, wii schomaker gemenlich, de vorsammelt werre van den veer straten tho Bargen, met den kopluden, de dar do jegenwardich werren, selich in Gade. Witlich do wy openbar, also dat wy des eins worden van des wilchore wegen:

[1.] Tho dem ersten: welke geselle, de dem anderren so vele untferdigit alse up einen Engilschen penning, dar he mede begrepen worde, de scholde hy edder andern (wech)[a] nicht varen vor einen guden gesellen.

[2.] Item de dar negest bii lichte, de schall an dessen veer kopsteden nicht schoe maken.

[3.] Item wolde jennich man kopen halch edder borch sich tho bate[b] sunder des selschop orloff, de were des amptes quit.

[4.] Item wundit ein dem anderen, de weren des amptes quit.

[5.] Item efte dre edder veer sich vorsammelde, einen anderren tho vornæderende, de weren des amptes quitt.

[6.] Item eskede jennich gesellen borgen van dem anderen, also de wilchor thosecht, unde he em des weygerde, so steit dat an der gnade, wer he schall bleven edder nicht.

[7.] Item settede jennich borgen unde wolde des nicht schadelos holden, dat steit an der sulvigen gnade.

[8.] Item efte jennich gesellen dem anderen dat lot bode tho dren thiden und he darhawen plage van der strate, dat steit an der compani gnade.

[9.] Item alse einen gesellen jennich ding worde vorboden tho dreen thiden van der veer kopsteden wegen unde he dar nicht van en helde, dat steit ok an der compani gnade.

[10.] Item efte twe gesellen kifveden und de drudde were darby unde horede dat und neme dar nenen borgen aff, dat steit an der compani gnade.

[11.] Item efte jennich[c] mit vorsate den anderen sloge, de broke is viff march guder peninge und eine grote sone, woll der sone dre deit; und kompt em tho der verden, de is des amptes quet.

[12.] Item efte jennich anders sprecke wan[d] einen bevollen is, dat steit ok an der sulvigen gnade.

[13.] Item wer jennich man, de dissem wilkor openbarede, dar it em nicht en beborende[e], dat steit an gnade.

[14.] Item spricht jennich man jegen den wilkore, de bricht viff march guder penninge.

[15.] Item wen der selschop thosamende drinkit, sleit den jemant den anderen, de bricht ein tjunnje drinken, alsolke se thosamende drinken.

[16.] Item sloge ein den anderen mit wapender hant, dat is teigen march guder penninge.

[17.] Item sleit he em na und rakt einer nicht, dat is viff mark guder penninge.

[18.] Item sleit jennich man[f] dem anderen blote hand, dat is viff march guder penndinge.

a) So K 1, fehlt K. b) bate K. c) [illegible] K. d) van K.
e) beborende K. f) [illegible] K.

[19.] Item woll beer borgit, dar klage van kumpt, dat is viff march broke.

[20.] Item drewe jennich man unstyre in der stat, dat is viff mark broke.

[21.] Item so schall neen nyekamen van der strate slapen, de wile dat dar einen kopmans gelt by der boden is unde de wile dat he up dem vorgelde sit, na nachtgange in openbare krugen sin gelt nicht tho vortherende; also dicke und vaken[a], als dat na nachtgangiskit schut, so brict viff mark guder penninge.

[22.] Item wolde jennich geselle den anderen van sich driven mit vorsate und wolde den anderen lever hebben wan den ersten, dat schall staen tho der compani rechtichkeit.

[23.] Item hedde jennich ander selschop van sinen companen, de schall van der strate.

[24.] Item wolde jennich[b] sin gelt owel fortheren, dat it der menicheit misbagerde, so scholde he borgen setten, dat he nicht mere fortherede, wan he eins heft, und disse borgen schollen staen jar unde dach. Und missdunket den borgen an dem manne, so mogen se em alle mante richten[c], und wen se em richen[d] laten, will den de schult tho reken[d]; wes daran[e] unntbrict, dar schollen de borgen gut vor wesen. Und kand he nenen borgen hebben, so schall man ene richen[d] laten, und heft he denne vrigruwes gelt, somel tho seggien, wen he sich richen[d] laten let, so schall he dat behalden mit sinen richte, dat he vrigtruwes[f] heft.

[25.] Item welke geselle, de sich van der strate settet und in der bye arbeidet, deme schall man sin gelt nicht volgen laten uthe der boden na dem wilkorde. Und heft he gelt tho borgen staende, dat schal man em anders nicht behalen, men alse dat Norisko riet utviset.

[26.] Item so schall nenen gesellen schriden uth der boden, he en hebbe vorlosinge.

[27.] Item sete ein riche geselle mit einem armen und de rike wolde sin gelt vorteren und vorderven den armen, so schall de rike de hole beholden und gewen den armen syn gelt und schall alleine vuldoen for de boden, also lange want de gesellen all forlosset sint, de under erer dagen sitten, und de strate besettet is.

[28.] Item weren twe gesellen uppe der straten, de eren boden wolden laten, de schollen borgen setten tho beiden siden, dat se nicht entkomen an die hant der compani.

[29.] Item were it sake, dat ein van unseren gesellen kifvede mit einen anderen, de van unser selschop nicht entworen, und dar ein edder twe thokarme van unseren gesellen, de schollen se scheiden, also se allerbest konnen; und konnen se ever nicht scheiden, so schall he by em bliven lefvendig edder dodt by syner eren; unde queme dar jennich schade van, dar schall de gennen gud vor wesen, de dar schult heft.

[30.] (Vortmer efte jenich gesellen hoger doheit wan twe kane bers, also dicke und vaken, also her darmede befunden worde, also dike ein grotte sonne und neynnerlig gnade)[g].

[31.] Vortmer so wille wy fordedingen den jungen so woll alse den olden. Hyrumme so bidde wy den jungen, ok den olden, dat se uns disse welhore helpen holden, de hyr geschreven steit; und wes hyr nicht geschrifven steit, och stede und fast tho holdende, alse wy den hopen, dat ein islich gud geselle woll doen will, deme tho ere und redelicheit lewe is und vor einen guden gesellen van unser compani denket tho scheiden.

a) varben K. b) [illegible] gesellen K 1. c) [illegible] K 1.
d) So K. e) [illegible] K. f) vrygetruwe K. g) [illegible] K, [illegible] K 1.

The tuchnisse und willicheit disser jegenwordigen schrift so hebben byrasmme und ofver wesen der compani hovetlude van Bargen und der compani hovetlude van Drunthem und andere gode gesellen, de dartho bevalen were[n], und hebben dissen rullen gemaechet, alse ein duchte rechtferdich und nytte wesen an thokamenden tiden. Geschreven tho Bargen vorbenomet[a] na Gades gebort dusint jar feerhundert darna in dem twelfte jare, an des helligen likams avent.

1055. Die Ritter Pridbor von Putbus und Wedige Buggenhaghen und der Knappe Vicke von Vitzen beurkunden einen mit 10 gen. Schiffern abgeschlossenen Vertrag über die Charterung ihrer Schiffe für K. Erich und Kn. Margarethe von Dänemark sowie die Bürgschaft Stralsunds für Ersatz der verloren gehenden Schiffe. — 1412 Juni 12. Stralsund.

Aus K StA Stralsund; Or. Perg. m. 2 von 3 anh. S.

Wy Pridbor van Pudbuske, Wedighe Buggenhaghen, riddere, unde Vicke van Vitzen knape bekennen an dessem breve, dat de ersamen manne, borghermeystere unde radmanne der stat Stralesund hebben vor uns van unser weghen unde umme unser bede willen ghelovet den nascreven bedderven luden, schypheren unde eren rederen vor ere schepe, de wy van en ghehuret unde wunnen hebben to behuf unses gnedigen heren, konyngh Eriken to Denemarken, to Sweden unde to Norweghen, unde unser gnedighen vrowen, vrowen Margareten konyngynne der sulven rike[1], alse dat de borghermestere unde rad vorscreven hebben aldus ghelovet: weret dat de schepe nomen wurden an vigentliker wyse, so schal me en de schepe betalen islik vor also vele, alse nascreven steit, anders scholen de schipheren darvan ere eventure stan. Vortmer bekenne wy vorbenomed Pritbor, Wedighe unde Vicke, dat wy den sulven schipheren unde eren rederen scholen gheven vor ere vracht erer schepe to yslike mante, alse nascreven steit, de wyle dat ere schepe unseme heren unde unser vrowen vorscreven denen, unde de vracht wylle wy en gheven na partalen isliker begunden weken des mantes. Der vracht hebben de schipheren us sulven belovet, doch to erer truwer hant hebbe wy dat ghelovet den borgherme[s]teren unde dem rade vorscreven, dat se us unde use erven darumme manen scholen, alse oft id ere echeme witlike schult were ofte wy de vracht nicht en gheven, also also wy se gheven scholen. De settinghe der schepe unde de vracht is aldus: mit Hinrik Rozzhen, sine redere sint[b] Tideke Hagge, dat schip 80 m., de vracht 14 m. Mit Hinrik Randelnisse, des reder Vicke Gyskow, Hinrik Wernere, Johan Philippesson, dat schip 150 m., de vracht 19 m. Mit Hinrik Gowelen, syn reder Michel Grote unde Bokeman, dat schip 150 m., de vracht 17 m. Mit Peter Swedere, des reder is Morten van Waren to Stetin, dat schip 100 m. de vracht 20 m. Mit Henningh Trechow, des reder is Claus Rode, dat schip 80 m., de vracht 14 m. Curd Pust, redere Curd Bolte, Hans Guddemer, dat schip 150 m., de vracht 20 m. Clawes Vunke, de redere Jacob van Wrdele unde schipphere Lowe to Stetin, dat schip 100 m., de vracht 20 m. Clawes Base, redere Ludeke van dem Haghen, Claus Bere to Stetin, dat schip 120 m., de vracht 22 m. Hans Poppendorp, redere Hinrich unde Hermen van Affen to Stetin, dat schip 80 m. Vynke, dat schip 200 m., de vracht 30 m. Weret, dat de rad vorscreven ofte de vorbenomeden schipheren unde ere redere ofte ere erven yenigherleye schaden nemen darvan ofte wy dat also nicht en helden, alse vorscreven is, den schaden love wy mit unsen erven by truwen unde by eren en uptorichtende ghelike den vorscreven summen

a) verbenomet K. b) So K.

[1]) Zu ihrem seit 1409 währenden Kampf um das Herzogtum Schleswig.

van schepen unde van vrachte weghen, de vorscreven stan. Ok sint wy dar gud vore, dat van den schepen vorscreven deme kopmanne van der Dudeschen Hanse nynerleye schade schen schal. Alle desse vorscreven stücke love wy Prithor van Pudbuske, Wedighe Buggenhaghen unde Vicke van Vitzen vorbenomed vor uns unde unsen erven mit samender hant alse like hovetlude eyn vor alle by loven, by eren, by truwen den vorbenomden borghermestern unde rad to dem Stralessunde unde den vorbenomden schipheren unde eren rederen unde eren rechten erven stede unde vast to holdende zunder alle wedderspraké unde allerleye hulperede. To groter bewaringhe alle desser vorscreven dinghe hebbe wy vorbenomed Prithor, Wedighe unde Vicke vor uns unde unse erven unse ingheseghele ghehenghet vor dessen bref. Gheghevén to dem Stralessunde na Godes bord verteynhundert yar darna in dem twelften yare des sondages vor sunte Vitus daghe.

1056. Staveren beurkundet die den dortigen Hamburger Liegern von Ostern 1413 an auf 10 Jahre verliehenen Freiheiten[1]. *— 1412 Juni 23.*

Aus H StA Hamburg, Trese Y 10; Or. Perg. m. anh. S. Hagedorn.

Wy scepen ende raet in Staveren maken kond allen luden ende betughen met dessen opene brieve, als dat wi een endracht ende voorwaerden ghemaket hebben met den ersamen wisen borghermeesters, raet ende der meyne meynte der stad van Hámborch, wie met hem ende sie met uns ende ellic met den anderen, welke endracht ende voorwarde sijn in alsulker formen ende maneiren, als hijr naebescreven staet.

[1.] Int erste, dat die guedes lude van Hamborch hoer maerket versoken sullen bynnen unser stede met horen guede, ende anders ghinen márket in al Westergolande.

[2.] Voertmer soe sal die coepman van Hamborch, die unse market versoket, als voirseid is, gheven van twelff vulle voder biers off mede enen olden schilt, den schilt to lonen voer dertich grote. Voert soe sal die botter tolnequijt wesen ende alle andere [guet][a] vrigh wesen ende ghinen tolne gheven.

[3.] Voertmer soe sal die coepman van Hamborch ghinen tolne ghemenelike gheven, men uns scepen.

[4.] Voertmer soe sullen die Hollanders off neman tolne gheven van bier off van mede, dat sie teghens die Hamborghers copen.

[5.] Voertmer alle bier ende mede, dat up unse reede kumpt, sal tolne gheven, als die bonik ghebroken is, id een waer sake, dat dat bier off mede tot Aemsterdamme off tot Campen vervracht were off anderswaer in Holland ende met den selven scepen voertvoere.

[6.] Voertmer soe mach die coepman van Hamborch bynnen unser stede alle guede, die van der zee comen, vercopen: id synt sparren, waghenscot, bómholt, molden ende alle holt bi hunderden, bi halffhunderden, bi quartieren ende nicht myn; bier ende mede bi tunnen ende bi halven tunnen ende nicht myn; pik, terr ende staelvaets ende alle ander gued, dat in tunnen is, bi helen tunnen ende nicht myn; was bi helen bodemen, ende haringh bi helen tunnen, ende nicht myn.

[7.] Voertmer soe moghen hem alle lude arbieden, die horen wasprandach gheven to der kertsen, die de draghers draghen voer den billighen sacramente.

[8.] Voert soe moghen sie hoer gued in ende untvoren met ander lude scepen off met horen eghenen scepen.

a) *Fehlt H.*

1) *Die Urkunde wiederholt fast wörtlich das Privileg Staverens von 1386, Bd. 4 n. 794.*

[9.] Voertmer soe moghen sie hoer gued vercopen, id sij bi zuden off bi noerden, bynnen unser stede, waer sie willen, ende latent ligghen aen unse diep, dat wi hieten den Deelff, ende up der strate alsoe langhe, alsie willen, daer sie huese off kelre hebben.

[10.] Voert soe moghen sie van vechtliken saken richten under hem selven, die uns nicht to claghe en comen, uutghenomen doetslacht.

[11.] Voertmer soe gheve wi hem orloff, teghen gaste te copen botteren bi tunnen ende bi halven tunnen, aasl bi tunnen ende bi halven tunnen ende nicht myn, heese alsoe luttije ende alsoe vele, als sie willen, huede bi halven deckeren, halffelle bi halven deckeren ende nicht myn.

[12.] Voertmer soe gheve wi hem orloff, met unsen borgheren te copen ende te vercopen alsoe luttije ende alsoe vele, als sie willen.

[13.] Voert soe gheve wi hem orloff, up unsen wekemarketdach van der sunnen upghangh bet to der sunnen nederghangh *te* copen ende te vercopen allerhande clene gued lijk unsen borgheren.

[14.] Voertmer soe moghen sie copen ende vercopen, id sij hillighdach off werkeldach, met unsen borgheren off met ghasten, als voirseid is.

[15.] Voert soe gheve wi hem orloff, dat si hoer bier uut unser stede voren moghen met qwakelen off met anders clenen scepen in Vriesland ende in Holland, waer hem dat lijke licht te vercopen.

[16.] Voertmer wert sake, dat die coepman van Hamborch queme up unser stad reede off bynnen unser stede vrijheit met synen guede, ende daer yemant waer, die hem beroven off verunrechtighen wolde, dat sulle wi ende willen wederstaen nae unser macht, ghelijc off sie unse eghene borghers weren.

[17.] Voertmer soe sullen alle desse voerghenoemmeden stucke stede ende vast in hoer vullen macht bliven tot tien jaren, alsoe voirseid is[a], dat desse voirseide puncten den coepman unverbroken gheholden werde, id en waer, dat die vrede untghenghe, dat die coepman int Vlije nicht seghelen ende dat suken nicht en mochte. Ende desse voirseide eendracht ende voerwaerden sal inghaen up paeschedach naestcomende[1] ende sal duren daernae tien jaer langh; ende oec nae den tien jaeren sal men den legghers ende coepmanne van Hamborch voirseid alle desse artikele vast ende stede holden alle die wilen, dat sie ghemeenliken in unser stede legghen ende anders ghinen marcket versoken in Westergoland. Ende waert sake, dat sie dat legher wandelen wolden in Westergoland uut Staveren, soe solde wi dat den raede van Hamborch een jaer tovoren onbieden, off wi desse stucke ende puncten langher holden willen off nicht.

Ende alle desse voirseide stucke ende puncten sullen wesen sunder alle arghelijst. Ende want wi desse voirseide stucke ende puncten emmers vullencomelike holden willen nae aller formen ende maneiren, als voirseid is, daerum soe hebbe wi tot eenen tughe unser stad seghel aen dessen brieff ghehanghen. Ghegeven int jaer uns Heeren dusent vierhundert ende twelff up sente Johans avent to middensomer.

1057. *Der deutsche Kaufmann zu Nowgorod an Reval: klagt über Ausschreitungen der Russen und über Mishelligkeiten mit den Leichterschiffern, räl zur Aufhebung des Hofkruges, bittet um Wahrung seiner Gerechtsame und ersucht um Auszahlung einer dem Gevert Tymmerman u. Gen. geschuldeten Summe. — [1412] Juli 6. Nowgorod.*

a) is doppelt H.

1) *1413 Apr. 23.*

Aus StA Reval; Or. m. Spur von 2 S. Höhlbaum.
Gedruckt: v. Bunge, Livl. U.B. 4 n. 1919. S. unten n. 1066.

Dem ersamen beschedenen luden, borgermestere unde rad [der] stad Revele detur.

Unsen vruntliken grote unde wes wi ghudes vormoghen. Ersamen leven vrundes. Also gy wol eer moghen ghehort hebben, wo een Russe, gheheten Boris Kyzene, to wintere hir enen Dudeschen hir up der wart upghrep mit ghewolt unde vorde ene to hus unde sitte ene in enen keire unde handelde ene jamerliken na sinen willen: dit vorvolghede wi, also wi beste konden, erst vor deme hertogen, darna vor deme bisschope, vor deme borchghreven unde vor alle Nougardere; nochten untheit he den man 8 daghe, wat wi darumme deden, unde wi en konden nicht mit ghenen recht utbringen, sunder wi mosten ene utborgen vor recht wedder to bringhende. Dar wart uns toghedelet, dat Nougarden deme kopmanne wolde enen reynen wech holden; den schaden, den Boris van deme vogheide van der Narwe hedde, den scholde he soken an deme orden unde an oren kopluden. Hir enboven so vorvolgede Boris noch den kopman unde sunderghen, de do vor olderlude stunden, unde he drowet deme kopmanne, 2 efte 3 van den besten uptogripende unde noch ovetor to handelnde, den he den ersten ghedan heft, it en si, dat eme sin schade belecht si; unde were de Russche kopman nicht so stark utghevaren in de stede, mislich wat he alrede ghedan hedde, unde wat hones hir ymande an ghescheggen, den moste he liden unde darto schaden unde vorsumenisse. Hirumme, leven vrundes, wi bidden ju, dit to herten to nemende, dat dit mochte vorvolget werden na der krusekussinge, dat de kopman dus rechteloss nicht en were unde um sulke ghewolt nicht mer sheche. Vort hebbe wi grote overlast, also wi ju eer ghescreven hebben, van dufte, dat wi alle nacht unse hove moten bewaken; unde de Russen werpen uppe unse kerken dach unde nacht, oh vorwurdet se uns de wart unde howet up unse planchen unde dwenghet uns den tuen in den hof. Vort hebbe wi grot vordret mit den dreghberen, unse gut ut unde in to schepende unde de brugge, de wi vor der Goten hove hebben, de willen se uns mit ghewolt afhowen. Vort so maken de Russen ghesette in der Nû mit den lodegen; wo se willen, so mote wi en gheven, unde de loddegen, de upvaren, de moten illik [illegible] stucke gheven den, de dar leddich liggende bliven. Vortmer, dat de kroch mochte afkomen, den des hoves knecht hir heft, unde dat men eme allikewol re[de]licheit do vor sin arbeit. Vortmer so bidde wi juwe ersame wisheit, den kopman in allen saken to besorghende, wor des behof is, unde uns antwerde wedder to schrivende. Desses gheliik hebbe wi ghescreven to Righe unde to Darpte. Vortmer so is ghewesen vor deme ghemenen kopmanne Ghevert Tymmerman unde manet umme dat ghelt, dat he unde sine vrunt to achter sint alzo van Berende van Vreden, dar ju de kopman eer underscheet van ghescreven hevet in vortiden, do dat Tideke Lange hir ok vor deme kopmanne manende was in jeghenwordichheit der sendeboden, also her Hinrik Schrivere unde her Tideman Vos, unde heft des mechtich ghemaket Richhart Langhen. Worumme bidde wi ju vruntliken, dat gy wol don unde sin birinne voreen, dat de kopman hir vurder nene maninghe umme en lide, wente ju wol wittelik is, wo alle dingh hirvan gheleghen is, unde dat Richhart vornoghet werden 21 mark Lubesch; unde oft des nicht en ghescheghe, des wi doch nicht en hopen, so essche wi in den hof to Nougharden Ludeken van deme Berghe, binnen 6 weken to komende, is he binnen landes, buten landes binnen jare unde daghe, bi des kopmannes rechte unde na sineme eghene willekore, den he deme kopmanne dede, do he dat gut vrigede. Blivet ghesunt in Gode unde bedet over uns. Ghescreven to Nougarden des midwekens na unser vrowen daghe der visitacien. Olderlude, wisesten unde de kopman to Nougharden.

1058. *Nowgorod an den livländischen Ordensmeister: verlangt von den Enkeln des Revaler Hauptmanns Konrad [Preen] die Bezahlung der Entschädigungssumme, welche mehreren Nowgorodern auf ihre Klage gegen Konrad zugesprochen ist. — [1412 vor Juli 7.]*

StA Reval; Or. Perg. m. 2 anh. Bleisiegeln, altrussisch.
Gedruckt: v. Bunge, Livl. U.B. 4 zu n. 1853 mit beigefügter deutscher Übersetzung; danach hier wiederholt.

Von dem Nowgorodschen Possadnik Iwan Olexandrowitsch, von dem Tyssiadskij Olexander Ignatjewitsch und von ganz Gross Nowgorod an den Rigischen Meister. Hier haben uns unsere Brüder, des Ignatij, des Leutej, des Foma und des Rodiwon Kinder, viel geklagt über Conrad, den Revalschen Statthalter, und über des Jeremej Kinder, dass jene an diese zu fordern haben vierhundert Rubel nach dem Loose und nach dem richterlichen Erkenntnis, vermöge dessen unsere Brüder den Conrad vor unsern Richtern und vor euern überseeischen und Rigischen Gesandten besiegt haben. Nunmehr haben wir unserem Gesandten Trufon Onziforow deshalb an euch Auftrag ertellt. Und du, ehrhafter Meister, habe Zutrauen zu unsern Richtern nach der Kreuzküssung, wie auch wir Zutrauen haben zu euern Richtern, wenn sie unsere Brüder nach der Kreuzküssung richten. Und mögest du, ehrhafter und tapferer Meister, befehlen den Enkeln Conrads, des Revalschen Statthalters, dem Cord und dem Hinze, und ihren Einlegern, unsern Brüdern die vierhundert Rubel rein zu geben. Beim Abschlusse dieses Friedens waren Iwan aus Lübeck, Fedor und Iutsche vom gothländischen Ufer, Tilka aus Riga, Jeremei und Winka aus Dorpat, Grigorij aus Reval, als euere Gesandte in Nowgorod beim Friedensschlusse das Kreuz küssten[1]. Und dies war euern Gesandten ein Werkzeug des Beweises. Und du, tapferer Meister, mögest ihnen nach der Kreuzküssung befehlen, unsern Brüdern die vierhundert Rubel zu geben nach dem Loose und nach dem richterlichen Erkenntnis. Wenn sie aber unsern Brüdern jenes Silber nicht geben, so werden wir ihnen befehlen, jene vierhundert Rubel von euern Brüdern, den Kaufleuten, zu nehmen.

1059. *Der livländische Ordensmeister [Konr. von Vitinghoff] an Reval: übersendet eine Entschädigungsforderung Nowgorods [n. 1058]. — [1412] Juli 7. Riga.*

Aus StA Reval; Or. m. Rest d. S. Höhlbaum.
Gedruckt: v. Bunge, Livl. U.B. 4 n. 1853.

Den borgermeisteren unde radmannen to Reval, unsen leven getruwen, an alles sumen, grot macht is daran.

Meister Dutschs ordens to Lyfflande.

Unsen grutsen tovorn. Ersamen leven getruwen. In gifte desses breves is uns desse ingeslotene breff von enen bayaren van Nougarden geantwordet, den gi lezende wal werden vornemen. Unde bidden ju, dat gi wiseliche up denken, dat gi den kopman warnen, wente de Nougarder openbar hir vor uns spreken: worden en de 400 stucke nicht betalet, so wolden ze dat gelt unsem kopman affmanen. Wad dan wy en darup antwordeden, dat de sake lange hengeleget w[ere], als dat bewislich were mit den hovetluden, dar id aff upgestan were, unde se hebben gans homodige wort und meynen hure to wesende. In Gode blivet gesunt. Gegeven to Rige des donnerdages vor Margarete virginis.

[1] *Der Vertrag von 1392, oben Bd. 4 n. 1050.*

1060. *[Riga an Dorpat:] berichtet über Ausgleichsverhandlungen des livländischen Ordensmeisters mit Nowgoroder Gesandten*[1]. *— [1412] Juli 13. Riga.*

Aus StA Reval, eingeschoben in n. 1059. Höhlbaum.
Gedruckt: v. Bunge, Livl. U.B. 4 n. 1920.

Na der grote etc. Leven vrunde. Wy begeren juw to wetende, dat an den mester zijn gewesen Nougardessche boden unde beclagheden sik, dat en schade were geschen van dem meistere unde den zinen in des meisters lande, unde ok de meister en schade hedde gedan yn erem lande. Dar de meister to antwarde ok desgelikes clagbende umme schaden, den se hedden gedan em unde den zinen, unde was darumme begherende enes dages to holende myt den heren to Nougarden to vorjaren negest tokomende to dem ersten graze; des de bode weygherde unde dorfte nene daghe myt dem meistere begripen, wente em nicht were medegedan, jenege daghe undertonemende myt ymande to holende. Mer wolde de meister holden daghe bynnen 6 weken edder 7, dar wolde de bode gherne to spreken dat beste, wan hee qweme to hûs. Darumme wart de meister to rade, dat hee en wolde mededoen enen boden myt synem breve, to irvarende an de heren van Nougarden, wes se hirby doen wolden efte nicht. Welke bode toch to der Narwe unde scholde des boden van Nougarden warnemen, wan hee qweme an de yeghenede, unde riden dan vort myt em to Nougarden, deme wy hebben breve medegedan an den Dudschen copman unde hebben em gescreven, dat hee dar warneme des boden des meisters, wat antwardes em dar weddervare an dessen zaken, dat hee sik darna wete to richten myt synem gude. Worumme bidde wy, aff desse breve aff bode nicht vort en qwemen, dat gi scriven van staden an deme copmanne, dat hee tasze unde ware sik, unde neme mede waer desses boden unde vorhore by em, wat ende em weddervare, dat hee sik darna richte, uppe dat he nicht en kome an schaden unde vorlust zines gudes; unde desgelikes begheren wy to scrivende van juw dem rade to Revele. God beware juw etc. Screven to Rige in sunte Margareten daghe.

1061. *Der deutsche Kaufmann zu Brügge an die preussischen Städte: wegen der wiederholten Schädigung hansischer, namentlich preussischer Kaufleute durch die Schotten hat der letzte Lüneburger Hansetag auf Anregung des Kaufmanns die Einfuhr von Laken aus schottischer Wolle in die Hansestädte verboten*[2]*; will diesen Beschluss befolgen, obwohl ihm selbst und Flandern daraus Schaden erwächst, erwartet aber wegen der zunehmenden Ausschreitungen der Schotten hiervon allein keinen schnellen Erfolg, falls die Preussen und Stralsund sich nicht dem auf dem Hansetage vorgeschlagenen Verbot der Fahrt nach Schottland*[3] *anschliessen; klagt über Beeinträchtigung der Schiffahrt durch die auf der See ausliegenden Engländer, Schotten, Holländer und Seeländer, ersucht deshalb um Warnung der preussischen Schiffer und Kaufleute und um Benachrichtigung der livländischen und anderen benachbarten Städte; wünscht, dass sie an den Grafen und die Städte von Holland schreiben, um deren Gesinnung zu erkunden; über den Verbleib eines kürzlich weggenommenen Rigaer Schiffes hat er noch keine Nachrichten. — 1412 Juli 14.*

Gedruckt: HR. 6 n. 79.

[1]) *In derselben Angelegenheit schreibt der Ordensmeister 1412 Juli 12 an den Hochmeister: v. Bunge 4 n. 1920.* [2]) *S. den Recess von Apr. 10, HR. 6 n. 68, 12–13. Vgl. oben n. 1059.* [3]) *A. a. O. § 44.*

1062. *Brügge an Köln: rechtfertigt sich gegen dessen Beschwerde über Verfälschung der Gewürze; hat die dortigen Kaufleute zu Massregeln gegen den Einkauf verfälschten Ingwers in Alexandria veranlasst. — [1412][1] Juli 15.*

Aus K StA Köln, Hanse I n. 186; Or. m. Spuren d. S. Hagedorn.

Honorabilibus ac circumspectis viris, dominis proconsulibus et consulibus civitatis Coloniensis, amicis nostris precarissimis.

Honorabiles viri, amici carissimi. Recepimus per nuncium vestrum, harum bajulum, vestrarum honestatum litteras dates sabbato post festum visitationis virginis Marie[2], mentionem facientes de et super nonnullis lamentationibus et querelis a quibusdam vestris concivibus aliisque diversis probis et honestis mercatoribus vobis novissime factis et exhibitis super sophisticatione quarundam specierum aromaticarum et maxime zinziberis, cujus diversa reperiuntur genera distantissimarum[a] bonitatis et precii simul mixta, que propter colorem falsum uniformem terre videlicet rubee sibi superadditum non valent unum ab altero nec recens a rancido in deceptionem gravissimam omnium institorum commode cognosci ve[l][b] discerni, nos propterea ammonentes et instantissime requirentes, quatinus cum omnibus mercatoribus penes nos existentibus et superventuris super materia hujusmodi loqui eosque premunire velimus, ne ipsi merces hujusmodi sic in deceptionem mercatorum commixtas et falso colore tinctas versus civitatem Coloniensem ammodo ducant seu duci faciant; quod si secus facerent, oporteret vos easque illas supplantare et, prout deceret, facere justicialiter condempnari, ne forsan concives et vicini vestri per tales fraudulentas mercaturas amplius decipiantur. Super qua re honestates vestre eciam suas epistolas aldermannis et communi mercatori Hanze Theutonice necnon quibusdam aliis civitatibus pro bono rei publice duxerunt transmittendas, et quid in premissis senserimus nostreque fuerit voluntatis, petitis per eundem nuncium vestrum vobis rescribi indilate. Scire igitur velitis, honorabiles viri, nos post receptionem vestrarum litterarum supradictarum allocutos fore omnes naciones mercatorum, qui species aromaticas ad partes istas adducere consueverunt, defectus in supradictis vestris litteris et alios quam plures articulatim eis porrigentes in scriptis et remedium oportunum cum omni acceleratione super hoc explorantes. Et quia scripto nostro hujusmodi ipsi hucusque non responderunt, non valemus per hunc vestrum nuncium vobis plene rescribere mentem nostram; unum tamen, quod materie presenti servire videtur, vobis insinuamus, videlicet quod in zinzibere sic tincto, quod jam partes istas applicuit vel applicetur, presenti anno non est, ut didicimus, perfectum remedium adhibendum, eo quod color hujusmodi non datur zinziberi in terris cristianorum, sed in terris Indie et aliis Sarracenorum et paganorum distantissimis, et nichilominus omnes supradicti mercatores promiserunt nobis, quod cum omni celeritate possibili ipsi scribent societatibus suis in Alexandriam et partes alias ultramarinas, ne ammodo aliquod zinziber sic tinctum et mixtum, ut prefertur, emant seu ad partes istas transmittant seu transmitti faciant quomodocunque. Verumptamen intencionis nostre est, ad tuitionem omnium mercatorum istis fraudulentis sophisticationibus obviare et, quibus modis poterimus, congruioribus presentialiter providere; quo facto intendimus vobis super singulis scribere plenius mentem nostram. Et quia sub spe vobis denotandi ad presens hec omnia retinuimus hic nuncium vestrum per spacium fere sex dierum, rogamus amicicias vestras, quatinus

a) So K. b) ve K.

1) *Wegen des Jahresdatums vgl. die Kölner Verordnung gegen den Verkauf von gefärbtem Ingwer von 1412 Nov. 23; Stein, Akten zur Verfassung und Verwaltung der Stadt Köln 2, 214.*

2) *Juli 9.*

super mora hujusmodi velitis eundem habere, si placet, excusatum. Honorabiles viri, amici carissimi, altissimus vestras conservet honestates statu prospero et votivo. Scriptum die 15. mensis Julii.

Burgimagistri, scabini et consules ville Brugensis in Flandria.

1063. *Der deutsche Kaufmann zu Nowgorod an Reval: bittet um Zusendung eines neuen Hofknechtes; klagt über die Leichterschiffer und die Träger. — [1412] Juli 15. Nowgorod.*

Aus StA Reval; Or. m. 2 S. Höhlbaum.

Gedruckt: v. Bunge, Livl. U.B. 4 n. 1841; vgl. 6 Reg. S. 103 und oben n. 1039.

Den ersamen unde bescheidenen luden, borgermeisteren unde rât der stat Revale detur.

Unse vrontlike grote unde wes wy gudes vormoghen. Ersamen leven vrunde. Wy bidden ju to wetten, dat Hinrik van Beyme hir to twen tiden is gewest vor dem gemeynen koepman unde is begerende, dat em de koepman solde orloff geven, dat he moste van hir teyn, wente he beclaget sik, dat et sine gadinge hir nicht lenck en is. Hir besprak sik de kopman umme unde hebben Hinrike gebeiden, dat he wol doe unde vorsorge den koepman noch en 5 weken offte 6, also he aldus-langes dan hevet. Ersamen leven vrunde, warumme wy ju vrontliken bidden, dat gy wol don myt den heren van Darpte unde besorgen den gemeynen kopman hirane also, dat gy ons myt den ersten hir enen guden man senden, de ju nutte dunket to hovesknechte, de hove to vorstande, wente ons des hir grot behoff is, also de hove to betterne unde to planckenden unde ok vorder ander anval, des de hove behoven unde de koepman. Vortmer so bidde wy ju to wetene, also wy ju ok wol er gescreven hebben also van den loddigenluden unde van den dregers, dar ons vele homodes unde vordretes van schût, sunderlingen myt den loddigenluden, de ons grote welde unde walt don, also dat se onse Dutschen sunder recht unde reden voren in dat ierren, unde de dregers nicht en weten, woe se uns beschatten willen, dat gûd optodregen, wente se vorhogen et ons van dage to dage. Warumme wy jû vruntliken bidden, dat gy wol don unde vorsorgen den kopman hirane, dat de koepman hir by siner olden rechticheit blive, also gy alle tiid gerne don. Silt Gode bevollen, over ons to beiden. Geschreven to Nov[e]rden an aller appostel dage.

Alderlude, wisten unde de gemeyne Dûtsche kopman.

1064. *Der deutsche Kaufmann zu Nowgorod an Reval: erklärt seine Bereitwilligkeit zur Aufrechthaltung der vorjährigen Pernauer Ordonnanz gegen den Borgkauf*[1] *und teilt die von ihm deswegen gefassten Beschlüsse mit; will den Beschlüssen der livländischen Städte vom Jan. 31*[2] *ebenfalls nachkommen, ersucht, für alles binnen Landes zum Vertrieb nach Nowgorod gekaufte Gut den Nachweis der baren Bezahlung zu verlangen, und hat ebenso an Riga und Dorpat geschrieben; berichtet über einen von ihm vermittelten Vergleich in der Streitsache zwischen Kunman Sarke und den deutschen Kaufleuten. — 1412 Juli 19. Nowgorod.*

StA Reval; Or. m. Spuren der 2 S.

Gedruckt: HR. 6 n. 59, früher v. Bunge, Livl. U.B. 4 n. 1921, Napiersky, Russ.-livl. Urkunden n. 179.

1065. *Dorpat an Reval: teilt ein Schreiben Rigas zur Weitermeldung an den deutschen Kaufmann zu Nowgorod mit. — [1412] Juli 21. Dorpat.*

[1]) *S. n. 997.* [2]) *Vgl. n. 1049.*

Aus StA Reval; Or. m. Spuren d. S. Hohlbaum.
Gedruckt: v. Bunge, Livl. U.B. 4 n. 1900.

Den ersamen wisen mannen, heren borgermeisteren unde radmannen der stat Revele, unsen guden vrunden.

Unsen vruntliken grut myt alleme guden tovorn. Ersamen leven heren unde vrunde. Wy entfinghen dallinch der heren breff van der Rige, ludende van worden to worden, alze hiir nagescreven steit: *[Folgt n. 1060].* Ersamen leven heren unde vrunde, ud dessem vorgescreven breve moghe gi derkennen, wat der heren to Rige menynghe unde begeringe in dessen saken sii. Unde bidden juw, dat gi dar des besten ane ramen unde vorchvoldich siin, deme copmanne to Nougarden dat to scryvende myt dem aldererslen, dat gi konen, desgeliken we en ok dat gescreven hebben. Siit Gode bevolen. Screven to Darbte under unseme secrete, in dem avende sunte Marie Magdalenen.

Borgermeystere unde rad der stad Darbte.

1066. *Köln bezeugt für Ter Goes, dass der Kölner Bürger Gobill van der Duren den Hinrich Ruter zur Einforderung einer ihm von der Witwe des Peter Duelkats geschuldeten Summe von 500 M. köln. Pagament bevollmächtigt hat, und bittet, die Schuldnerin zur Zahlung anzuhalten. — 1412 Aug. 2* (fer. tercia post ad vincula beati Petri ad vincula).

StA Köln, Briefbuch 5 fol. 13.
Verzeichnet: Mitteilungen a. d. Stadtarchiv von Köln 6, 79.

1067. *[Riga an Dorpat:] bittet, auf die Erhaltung der Privilegien des Kaufmanns zu Nowgorod bedacht zu sein, ist mit der Abschaffung des Hofkruges einverstanden und ersucht um Verhütung des Handels mit vorschriftswidrigem Pelzwerk. — [1412] Aug. 3. Riga.*

Aus StA Reval, eingeschoben in n. 1070.
Gedruckt: v. Bunge, Livl. U.B. 6 n. 2890.

Ersamen leven vrunde. Wy hebben entfanghen an deme dage sancti Jacobi[1] enen breff des copmans van Nougarden[2], darane hee uns scrifft, dat hee juw unde den heren to Revele de sulve syne menynge hebbe gescreven umme mennych overlastich vordreet, dat deme copmanne anliggende is; darumme hee beghert van juw unde uns hulpliken raet, to blivende by older gewonheit. Worumme so willet wol doen myt vorfnynge der heren to Revele unde dencken darvore to synde, myt boden effte breven to werevende effte to scryvende under unser drier stede namen unde juwem ingesegele, dat de copman nicht so vordretliken vorlastet en werde, dat hee moge blyven by den privilegien unde breven na older gewonheit. Ok so claghet hee sunderliken over den kruch des boveknechtes, darumme hee ok eer geclaghet hefft, darup wy do unse guddünckent screven unde uns noch guddünckent, den kruch affteleggheude, unde ramen doch eyner anderen reddelicheit, deme boveknechte to donde vor zin arbeidet. Vortmer so hebbe wy wol vornomen, wo dar grote hantheringhe schee myt juw an kopslande myt vele getoghenes werkes unde beschoren troynissen; darumme wy juw bidden, dat ok vort to scryvende den heren van Revele, dat gi unde se darvore willen wesen, dat des nicht meer en schee unde myt eneme ealikeme werde geholden na der schra unde een ealik darna werde gerichtet, de darane breht. God beware juw sunt to langhen tiiden. Gescreven to Rige in sunte Steffens daghe invencionis.

[1] *Juli 25.* [2] *S. n. 1057.*

1068. *Hochmeister [Heinrich von Plauen] an den dänischen Vogt auf Schonen: der Vogt der preussischen Fitte in Falsterbo*[1]*, Ratsherr Tydemann Nase aus Elbing, hat auf dem Marienburger Tage Juli 11 Klage geführt über die gewaltsame Einlagerung dänischer und anderer Fischer auf seiner Fitte; ersucht um Unterstützung Nases, da er die Beschwerde beim K. [Erich] noch nicht anbringen kann. — 1412 Aug. 9. Marienburg.*

StsA Königsberg, Hochmeister-Registrant 5 S. 379.
Verzeichnet: HR. 6 n. 58. Vgl. die früheren Regesten das. n. 44, 3; 50, 4.

1069. *Der deutsche Kaufmann zu Brügge an die preussischen Städte: berichtet mit Bezugnahme auf sein früheres Schreiben [n. 1061], dass er gemäss dem Beschluss des Hansetages dem gemeinen Kaufmann die Einfuhr von Laken aus schottischer Wolle in die Hansestädte von Weihnachten an verboten hat; gleichzeitig hat er vom selben Termin an die Fahrt nach Schottland bei Strafe des Verlustes der Ware untersagt, und ersucht dringend um Anschluss an diesen bereits auf dem Hansetage vorgeschlagene Verbot; macht auf die dem Kaufmann aus der schlechten Erhaltung und dem nachlässigen Bau der Schiffe erwachsenden Verluste aufmerksam und bittet, hierin das gemeine Beste wahrzunehmen. — 1412 Aug. 13.*

Gedruckt: HR. 6 n. 77.

1070. *Dorpat an Reval: berichtet über die im Interesse des deutschen Kaufmanns zu Nowgorod unternommenen Schritte und bittet, sich für denselben in Nowgorod zu verwenden; will den Handel mit vorschriftswidrigem Pelzwerk zu unterdrücken suchen, aber mit der Aufhebung des Hofkruges bis zum nächsten Städtetage warten. — [1412] Aug. 13.*

Aus R StA Reval; Or. m. Rest d. S.
Gedruckt: v. Bunge, Livl. U.B. 6 n. 2990.

Den ersamen wisen mannen, heren borgermesteren unde radmannen der stat Revele, unsen guden vrunden, dandum.

Vruntlike grute mit alleme gude tovorn. Ersamen leven heren unde vrunde. Wy entfinghen ghisterne der heren breff to Rige, ludende van worden to worden, alse hiir nagescreven steit: *[Folgt n. 1067]*. Hiirup so willet weten, dat wy ok van deme copmanne to Nougarden enen breff entfanghen hebben, unde vormoden uns, dat ze juw ok enen hebben gesant. Unde do de breff vor uns gelesen was, vorbodede wy den Russchen copman van Nougarden, de hiir do to den tiiden was, vor uns uppot radhus unde gheven em de brekelcheide in deme sulven des copmans breve geroret to vorstande, biddende, dat ze dat den heren to Nougarden unde eren öldesten wolden gheven to vorstande, se to underwisende, dat de Dudesche copman dar by older reddellicheit bliven mochte etc. Unde manck anderen woorden sede wy en, dat wy dat sulve dikke unde vake eren oldesten to Nougarden gescreven hadden unde woldent en noch scriven. Darup antwarden ze uns, dat id nicht vele vorslöghe, dat men dar den heren, alze deme ertzebisschoppe, borchgreven unde hertoghen umme screve, wente ze de breve vort by sik ligghen leeten unde doen deme Russchen copmanne unde der gemeenheit dar nichtes nicht

¹) *Nov. 20 schreibt Lübeck an Danzig und Kolberg wegen gewisser Güter, die Lübecker Bürgern in Falsterbo gestohlen sind. Lüb. U.B. 5 n. 434 Anm. 1. 1412 Sept. 20 urkundet der Vikar des Erzbischofs von Lund über die Weihe von zwei Heiligenbildern in der Rostocker Kirche in Skanör. Gedr. Jahrbb. des Vereins f. Mecklenburg. Gesch. 33, 110, Silfverstolpe, Svenskt Diplomatarium 2 n. 1630; verz. Reg. Dan. II 1 n. 4210.*

van to wetende. Unde darumme so hebbe wy enen breff gescreven uppe Russebrech van desser drier stede weghene an de olderlude unde den gemenen Russchen copman to Nougarden, dat se darto dencken unde underwisen ere öldesten, dat de Dussche copman by reddelicheit unde by older vrigheit bliven möghe, unde gheven den unsen recht, alze wy gerne den eren hiir in unsen steden wedder doen willen na der kru[tzekussinge][a]. Ersamen leven heren unde vrunde, als desseme vorgescreven breve moghe gi wol irkennen, wat der heren van Rige menynge in dessen saken is, unde bidden juw, dat gi vormyds juwer wysheit dar ok up dencken willen, wo dat best bestellen möghe, dat de copman so nicht vordrukket en werde, myt boden edder breven to Nougarden darumme to sendende, unde scrivet uns dar juwe antwarde van myt den ersten. Vortmer alze de heren to Rige scriven van deme getoghen werke unde van den beschoren troyalsen, dat wille wy hiir by uns vorwaren dat beste, dat wy können. Desgelikes bidde wy juw ok to dönde dar by juw bette tor negesten dachvart. Ok düncket uns nutte umme den bruch des hovesknechtes, [dat dat ok stande bliven bette][b] to vorschadderinge der stede. Darmede siid deme almechtighen Gode bevolen. Gescreven under [unseme secreto, des sunavendes][b] na sunte Laurencii daghe.

Borgerme[stere unde][b] radmanne [der stat Darbte][b].

1071. *Die Herzöge Johann [II] und Albrecht [V] von Mecklenburg und Agnes von Mecklenburg, Königin von Schweden, verheissen in ihrem Vertrage mit Lüneburg über den Handelsverkehr nach Wismar allen Bürgern und Kaufleuten der Stadt auf ihren Strassen Frieden und Schutz, auch für den Fall einer Fehde mit den Lüneburger Herzögen; sie setzen für die Ausfuhr von Lüneburger Salz und anderem Gut einen Zoll in Boitzenburg, der während der Landesteilung in Boitzenburg und Mühlenzen erhoben werden soll, und in Gadebusch fest, während die Lüneburger Einfuhr aus Wismar, Lübeck oder Mölln über Boitzenburg zollfrei bleibt, versprechen, keine Zollerhöhungen oder neuen Zölle einzuführen sowie Zollhinterziehungen nur mit 3 Pfd. und Erhebung des rückständigen Betrages ohne weitere Bekümmerung des Gutes zu strafen; sie gestatten, in ihrem Gebiet für den Verkehr nach Wismar Wasserwege anzulegen, Schleusen und Güterschuppen* (nedderlaghe unde bode unde veste — van holte unde van leme, de stendere dratich vote hoch edder darby neddene, —, dar me solt unde ander gut velich nedderlegghen unde darvan bevreden mochte) *zu bauen und zu deren Erhaltung eine Abgabe vom Kaufmannsgut zu erheben, verzichten zu Wasser und zu Lande auf das Grundruhrrecht und verbieten, fremdes nicht zu Lüneburg gesottenes Salz die Elbe abwärts zur See zu führen sowie bei dem Warenverkehr von Wismar oder Boitzenburg nach dem Lüneburgischen die Stadt Lüneburg durch Aufwärtsfahren auf der Elbe oder sonstwie zu umgehen, bei Strafe der Einziehung des Salzes oder der Waren bez. einer entsprechenden Geldbusse, wovon der Stadt die Hälfte zufallen soll*[1]. — 1412 Aug. 19 (des negesten vrydages na unser leven vrowen dage erer hemelvart). *Boitzenburg.*

StA Lüneburg; Or. Perg. m. 3 anh. S.

StA Hannover, Copialbücher IX 226 n. 11; beglaubigte Lüneburger Abschr. um 1667.

a) kru..., das ... durchstrichen R. b) Auf dem jetzt abgerissenen ... nach ... rechten unteren Ecke des Briefes.

[1]) *Vgl. Rudloff, Handbuch der Mecklenb. Geschichte 2, 561.*

1072. *Abo an Reval: bittet, dem Åboer Bürger Laurens Watmal sein aus Flandern eingeführtes und bar bezahltes Gut nicht vorzuenthalten. — 1412 Sept. 9.*

Aus StA Reval; Or. Perg. m. Stücken d. S. auf der Rückseite. Höhlbaum.
Gedruckt: Silfverstolpe, Svenskt Diplomatarium 2 n. 1613.

Dem[a] erszamen, wysen mannen, heren borgermesteren unde ratmannen der stat Revele. Wy borgermestere unde ratmanne to Abo begeren juwer bescheydenheit to wetene, wu vor uns is ghewesen Laurens Watmal unse borger unde heft myt syneme ede beholden, wu he dat gut betalet hedde, dat by Mychel Nothen is van syner weghen, er dat ut Vlanderen quam, unde dar vul vor dan hedde. Worumme bydde wy juwe erbare wysheit, dat gy wolden umme unses vordenstes wyllen unde syn darvor, dat Laurens vorgescreven syn gut moghe volghaftich werden unde nicht ghetogert werde. Dat wylle wy gerne theghen ju edder theghen de juwe in ghelyken eder in groteren saken vorschulden, war wy kunnen unde moghen. To ener mereren tugnisse so hebbe wy unses stades ingheseghel tho rugge an dussen breff laten drucken. Datum anno Domini 1412 feria sexta post festum nativitatis beate Marie virginis.

1073. *Der deutsche Kaufmann zu Brügge bezeugt, dass die von Everd von Meghen, Henrik Beyerinchoff und Hans Bomgarde über Schonen nach Livland verfrachteten Güter gegen bar und nicht auf Borg gekauft sind. — 1412 Sept. 10.*

Aus StA Reval; Or. Perg. m. Spuren der 3 untergedr. S. Höhlbaum.
Verzeichnet: v. Bunge, Livl. U.B. 4 Reg. S. 114.

Allen den ghennen, de dessen breyff sullen seyn efte horen lesen, alderlude des ghemeynen copmans van der Duytschen Hense nû to Brucge in Vlanderen wesende don kenlick openbarlike vermids dessen jeghenwordigen breyve tughende, dat uns hebben to kennen ghegeven Everd van Meghen, dat he gheschepped heft in Hanneke Halewatere eynen terlingh van dessen merken  , eynen terlinck van dessen merke , eyn stucke van dessen merken   unde eyn pack van dessen merke , unde Henric Beyerinchoff twe terlinge aldus gemerket , Hans Bomgarde twe terlinghe aldus ghemerket  unde twe tonnen, darvan de eyne bereven ys, aldus ghemerket , to Schone wart, umme vort over te scheppene to Liifflande wart, unde dat alle dat gud in den vorscreven terlingen, stucken, packen unde tonnen wesende gekoft ys umme rede, nicht to borghe, unde wol betalt na utwisinge der ordinancie der stede van Liifflande[1] darup ghemaket, sunder argheliist, alse de selven Everd, Henrick unde Hans dat met eren liifliken upgherichteden vingheren ghestavedes edes rechtlike unde redelike to den hilghen swerende ware ghemaket hebben unde ghetuget. Unde des to eynen tughe der warheyt so hebbe wii alderlude vorscreven unse ingheseghele binnen up dessen breyff ghedrucket, int jaer uns Heren dusent vierhundert twelve upten 10. dach in Septembri.

1074. *Riga an Reval: bittet, den deutschen Kaufmann zu Nowgorod um Freigebung einer ohne Grund arrestierten Geldsumme zu ersuchen. — 1412 Sept. 14. Riga.*

a) So.
1) S. n. 997.

Aus StA Reval; Or. m. S. Höhlbaum.
Gedruckt: v. Bunge, Livl. U.B. 4 n. 1913.

Den erssamen heren borgermeysteren unde radmannen der stad Revele, unsen besunderges vrunden, kome desse breff.

Vruntlyke grote unde wes wy gudes vormogen vorgescreven. Erssamen heren unde leven vrunde. Juu geleve to wetende, dat in unser yegenwordicheyt gewesen hebben Godscalk Stalbiter unde Arnd van der Hove, unse medeburger, syk swarliken beclagende, wo dat Arnd van der Hove bevolen unde medegedan hadde eneme geselle gebeten Everd Oldenbrekelveide 150 myn 8 schok grosses. Desse vorscrevene grosse brachte de ergenomde geselle to Nougarden. Nû hevet de Dutsche copman de vorscrevene grosse besad unde bekummert up alsodane meyninge, dat Godscalk Stalbiter unde Arnd van der Hove unde Tydeman Rode, ere geselle, in Vlanderen liggehende des orden wedderleggingen unde geselscop scholde hebben. Des wetet, leven vrunde, wo dat Godscalk Stalbiter unde Arnd ergenomt vor syk unde eren gesellen, Tydeman Rode, myd eren eden unde rechte beholden hebben, dat se des ordens noch nymandes gheld noch geselscop en hebben, de buten des copmans rechte sy, unde ok der ergenomde grosse nymande anders to en horen dan Stalbiter, Arnde unde Tydeman vorgenomt. Worumme bydde wy juu, leven heren unde vrunde, dat gy den copman myd juwen breven underwysen, dat Godscalk Stalbiter, Arnde van der Hoven unde erme gesellen de ergenomde grosse vry unde qwyt sunder vorder togheringe volgen mogen, up dat dar neyne vordere beswaringe edder unmod van en kome, des wy juwer leve gerne danken willen. God de beware juwe erssamicheyt gesund to langen tiiden. Gegeven to Ryge in den jaren unses Heren 1412 an des hilgen cruces dage, under unsem secrete.

Borgermeystere unde radmanne der stad Ryge.

1075. Auszüge aus der Stadtrechnung von Brügge über die Lage des deutschen Kaufmanns daselbst[1]. — *1412 Sept. 22—1413 Aug. 6.*

Aus RA Brüssel, Registres des chambres des comptes LXVII, Comptes des villes Sect. 1; 2. Exemplar der in Brügge fehlenden Rechnung von 1412/13.

[1.] 1412 Sept. 22: Sendung von Deputierten der vier Lede nach Sluys und Westcappel, omme toversiene twere van den thoore van Waestcappele, die tland van Vlaendren heift ghedaen maken ter verzoeke van den coopliedén van der Hense.

[2.] Dec.: Tagfahrt der vier Lede und des Rats von Flandern in Gent omme cause van den ghescille tusschen den Oosterlinghen ende den Scotten, — omme teenen accoorde te sprekene of omme een untdel an de Oosterlinghe te ghecrighene; daerof niet ghedaen was.

[3.] 1413 Mai 8: Item den 8. dach van Meye Jan Bueyts ghesendt ter Nieupoort te dien hende, dat restitutie ende wederkeeringhe ghedaen zoude wesen van eenen scepe gheladen met terre ende andren coopmanscepen, commen wesende ute Pruissen, toebehoorende coopliede van der Duudscher Hanze, twelke bi tween rovers van der Nieupoort ghenomen was ende anghevoert ter Nieupoort voorseid, van tween daghen, 3 lb. Par. sdaeghs, somme 6 lb.

[4.] Juni 5: Item den 5. dach van wedemaend Janne Dreeling ghesendt ter Sluus an den bailliu van den watre up tsake angaende eenen Oosterlijng, die bi den voorseiden bailliu ter Mude in vanghenesse ghedaen was, omme dat hi ter Sluus ghebracht hadde te coope zekere scalen, die, also men zeide, niet selverin waren, van tween daghen, 3 lb. Par. sdaeghs, somme 6 lb.

[1] *Vgl. n. 1061.*

[5.] Juni 20: Sendung nach Gent an den herzogl. Rat up tstic aengaende eenen coopman van der Duudscher Hanze, dien zekere ghelt ontvallen was up tfloede mere bi der Nieupoort, ende mids dat hijt weder ghehaenvaert hadde, was deromme gheraalengiert bi den balliu van der Nieupoort.

[6.] Aug. 6: Tagfahrt der vier Lede in Gent, u. a. up dat een scipman poorter te Ghend ter Mude voor scepenen aengheesproken hadde ghezijn bi eenen coopman van der Duudscher Hanze omme zekere stichen ghemeiet ter Mude, daerof scepenen van Ghend hare lettren van verbode an den balliu van den watre ende an de wet van der Mude ghescreven hadden.

1076. *Hochmeister Heinrich von Plauen bevollmächtigt drei gen. Sendeboten zur Erhebung der beiden am 2. Febr. 1411 und 1412 fällig gewesenen Raten der englischen Entschädigungsgelder von je 10637 Nobeln 2 s. 2 d., von denen der König Heinrich [IV] von England erst 2000 Nobel bezahlt hat, sowie der vertragsmässig ausserdem geschuldeten Summe von 3635 Nobeln, und beauftragt dieselben mit der Auszahlung der ebenso längst fälligen preussischen Entschädigungssumme von 510 Nobeln, von der 40 Nobel gezahlt sind, und der den Erben des Joh. Marion aus Syringham[a] von den Erben des Danzigers Egghard Schoff geschuldeten 200 Nobeln[1]. — 1412 Okt. 5. Marienburg.*

StsA Königsberg, LXXXIII 15; Or. Perg. m. anh. S.
Das., Hochmeister-Registrant 5 S. 183—185.
Verzeichnet: HR. 6 n. 114. S. oben n. 1086.

1077. *Brügger Schöffenurteil über die Klage eines hansischen Kaufmanns gegen die Rechtsnachfolgerin eines verstorbenen Einwohners von Brügge wegen Bezahlung einer von dem Erblasser hinterlassenen Schuld. — 1412 Okt. 8.*

Aus StA Brügge, Groenenboek A fol. 57; Abschr. des 16. Jh. Dat de besittenghe van den sterfhuuse alleene anspreekelic es voor de schulden van den sterfhuuse.

Van den erorbe, dien Bertram Bereof, coopman van der Duutscher Hanze, dede voor den ghemeenen hoop van scepenen der bezittegbe van den goede bleven bachten der doodt van Gheeraerde den Mutsemakere van der somme van zes ponden eenen scellinc groten reste van meerre somme van penninghen, die de voorseide Gheeraerd ten tijden, dat hij leifde, den voorseiden Bertramme tachter ende schuldich was van tween zacken wullen[2]; der voorseiden bezittegbe daerup verandwoordende, dat Jan de Maerscalc als hoir ende zelding van den voorseiden Gheeraerde bij causen van zinen wive, svoorseits Gheeraerds dochter, de voorseide reste schuldich ware, midts dat hij tgoedt ontfanghen hadde, ende beghéerde daeromme de voorseide bezittighe, ontleghen te zine van den voorseiden eesche ende dat de voorseide Bertram volghen wilde den voorseiden Janne den Maerscalc; daer de voorseide Bertram toe verantwoorde zegghende, dat hij niemene te volghene en hadde noch volghen wilde dan de voorseide bezitteghe, ende beghéerde wet: so was ghewijst bij den ghemeenen hoop van scepenen vooreit, dat de voorseide bezittegbe schuldich ware, te vernoughene den voorseiden Bertramme Bereof van der voorseider

a) So.

[1]) *Ein Empfehlungsschreiben des Hochmeisters für dieselben s. HR. 6 n. 116. Ihre Absendung fand aber erst zu Weihnachten statt, das. n. 115.* [2]) *S. n. 917.* [3]) *Einen ähnlichen Fall berichtet die Brügger Stadtrechnung von 1409/10 (im StsA Brüssel) zu 1410 Aug. 18: Sendung der Stadt nach Sluys an de wet,* omme eenighe coopliede van der Duudscher Hanse betalinghe te moghen hebbene van zekeren sculden, die Lauwers wedewe van Bauwersale ter Sluus ghestorven heeftieden tachter es bleven van coopmanscepe van wijnen.

rente van ses pund everen sterlinc groten, hebende haer acquijt daeraf, soot sculdich ware te hebene metter rechte. Actum den 8. dach van Octobre anno 1412, presentibus Scuetelare, Theinneke.

1078. *Erzbischof Peter von Lund wiederholt und bestätigt die Privilegien der Greifswalder Bornholmfahrer und verleiht ihnen Strandrechtsfreiheit für ihre nach Bornholm bestimmten Waren. — 1412 Okt. 11. Rönne.*

Aus G StA Greifswald, Memorabilienbuch VII fol. 41b; Abschr. des 17. Jahrh. Bruns.

Gedruckt: Gesterding, Erste Fortsetzung der Beiträge zur Gesch. der Stadt Greifswald, N. 56. Verz.: Gesterding, Beitr. z. Gesch. d. St. Greifswald S. 82, Reg. Dan. II 1 n. 4843.

In nomine Domini amen. Nos Petrus Dei gratia archiepiscopus Lundensis, Suecie primas et apostolice sedis legatus, constare volumus universis, quod anno nativitatis Domini 1412 die undecima mensis Octobris in villa nostra Rotna in presentia nostra constituti discreti et circumspecti viri mercatores de Grypeswalt, qui in eadem villa nostra Rotna tempore capture alecum cum mercimoniis morari solent, quasdam literas venerabilium in Christo patrum, videlicet dominorum Nicolai et Magni felicis recordationis quondam archiepiscoporum Lundensium, predecessorum nostrorum, produxerunt et presentarunt formam et tenorem sicut sequitur continentes: *[Folgen die Privilegien von 1378 Okt. 29 und 1380 Juni 24, Bd. 4 n. 648 und 684.]* Post quarum literarum productionem, presentationem et receptionem mercatores de Grypeswald antedicti nobis humiliter supplicarunt, [ut][a] hujusmodi literas seu privilegia[b] ratificare et confirmare dignaremur. Nos igitur Petrus Dei gratia archiepiscopus Lundensis supradictus predictorum mercatorum in hac parte justis petitionibus inclinati predecessorum nostrorum vestigiis inherentes propter utilitatem et profectum, que nobis et antedicte ville nostre necnon toti terre nostre Borndeholm ex hoc provenire poterunt, predictas libertates seu privilegia eisdem mercatoribus per prenominatos predecessores nostros, ut premittitur, indulta et concessa cum articulis prenotatis ratificamus, admittimus et tenore presentium confirmamus; hanc superaddentes gratiam specialem, quod, si quando supradictos mercatores cum bonis et mercimoniis oportunis in portu vel extra portum juxta terram nostram Borndaholm naufragium pati contigerit, si tamen hujusmodi bona et mercimonia ad eandem terram nostram Borndaholm vendenda ferre proposuerint, ipsi mercatores assumptis secum coadjutoribus, quos prece vel precio ad hoc habere poterunt, hujusmodi mercimonia et bona sine quorumcunque impeditione salvare valeant et libere habere. Unde districtius inhibemus, ne quis advocatorum nostrorum seu quisquam alius, cujuscunque conditionis aut status existat, sepedictos mercatores contra hanc gratiam nostram audeat quomodolibet impedire. In quorum omnium testimonium et cautelam secretum nostrum presentibus duximus appendendum. Datum et actum anno 1412, die et loco, quibus supra.

1079. *Danzig bezeugt für Reval, dass nach eidlicher Aussage seiner Bürger Tydem. Swarte und Herm. Kolman die vom Danziger Bürger Joh. Swarting in Boltens Schiff nach Reval versandten 4 Last Lissaboner Salz gegen bar und nicht auf Borg gekauft sind. — 1412 Nov. 4* (an dem vridage na aller Godis hilgen dage).

StA Reval; Or. m. S.

Gedruckt: v. Bunge, Livl. U.B. 4 n. 1923. Angeführt HR. 6 S. 40 Anm. 1.

a) *Fehlt G.* b) *privilegia G.*

1080. *Der livländische Ordensmeister [Konrad von Vitinghoff] an Riga: meldet, dass der römische König Boten gesandt hat, welche die noch unerledigten Streitpunkte des Ordens mit dem König von Polen und Herzog Witold untersuchen sollen; rät im Einverständnis mit dem Hochmeister, Ratssendeboten mit der von Witold erhaltenen Urkunde an den Hochmeister zu schicken und über den Schaden, den die Rigaer Bürger erlitten haben, ein durch genannte Geistliche beglaubigtes Instrument*[1] *aufnehmen zu lassen. — [1412] Nov. 17* (am donredage nach Martini). *Elbing.*

StA Riga; Or. m. S.

1081. *Hochmeister [Heinrich von Plauen] an Staveren: bittet um Freilassung des Arnold Wasser aus Elbing u. Gen., die unter Wegnahme ihrer gesamten Habe in Staveren gefangen gesetzt sind, weil Leute aus Staveren von den Preussen geschädigt sein sollen; ersucht die Stadt, alle, die etwa durch die Preussen Verluste erlitten haben, mit ihren Beweisen nach Preussen zu senden, wo er ihnen zu ihrem Recht verhelfen will*[2]. — *1412 Nov. 19* (an s. Elyzabeth tage). *Marienburg.*

StsA Königsberg, Hochmeister-Registrant 6 S. 50.

1082. *Ordonnanz des deutschen Kaufmanns zu Brügge gegen unlauteren Wettbewerb. — 1412 Dec. 6.*

Aus StA Lübeck, flandrischer Kopiar n. 8 S. 48; Abschr. vom 1. Drittel des 15. Jh. Koppmann.
StA Köln, hansische Kopiare A fol. 165b, H fol. 156.

[1.] Item int jaer 1412 upten 6. dach in Decembri waert ordiniert unde overeyn gedregen by den alderluden, 18 mans unde overluden: wert dat enich coepman van der Duetschen Hanze Vlamingen offt anderen buten der vorseiden Hanze wesende to kennene geve van gude, dat he nicht in Vlanderen en hedde, offt dat he dat gued ock tovoren verkoffte, seggende, dat em offt sijnen vrende sodaene gud overkomen solde, darby dat andere coeplude van der Hanze, de sodane vorseide guet binnen Vlanderen hedden, van erer kopenschap belettet unde gehindert worden, de solde also dicke, alse he darmedde bevonden worde, verbort hebben eyne marck goldes yeghens den gemeynen coepman.

[2.] Item waert up de vorseide tijt overeyn gedregen by den vorseiden: wert dat ymand van der vorseiden Hanze enighe lakene koffte unde he eyn geruchte unde luud makede yeghens andere coeplude van der Hanze, dat he se durer gekofft hedde, dan he gedaen hedde, darby dat andere coeplude van der vorseiden Hanze bedragen worden, unde de vorseiden lakene up sijn word also vele de durer koffte, de ghenne, de dat dede, solde also dicke, alse he darmedde bevonden worde, verbort hebben eyne marck goldes yeghens dem gemeynen coepman vorseid.

1083. *[Hzg.] Wilhelm [von Baiern, Graf von Holland,] verbietet seinen Unterthanen, da dieselben vielfach die den Utrechtern gehörigen Waren ohne Verzollung an seinen Zollstellen aus- und einführen und ihn in seinen Zöllen verkürzen, allen Handelsverkehr mit der Stadt Utrecht*[3], *und weist seine*

1) *S. n. 1084.* 2) *Vgl. die preussischen Recesse HR. 6 n. 97, 2; 119, 2.*
3) *Bereits Aug. 23 hatte der Herzog die zahlreichen, einzelnen Bürgern von Utrecht erteilten Geleitsbriefe widerrufen; van Mieris 4, 214, Cod. dipl. Neerland. a. a. O.*

Beamten zur Durchführung dieses Verbotes an. — 1412 Dec. 8 (op unser vrouwen dage conceptio). *Quesnoy.*

RA Haag, Memoriale B A cas. R fol. 87 b.

Gedruckt: van Mieris, Groot Charterboek 4, 223. Verz.: Cod. dipl. Neerland. I, 1, 58.

1084. *Beglaubigtes Verzeichnis der im Jahre 1412 vom Grossfürsten Witold in Polozk weggenommenen Waren Rigaer Kaufleute* [1]. *— 1412 Dec. 9. Riga.*

Aus R StA Riga; Or. Perg. m. 1 anh. S., notariell beglaubigt. Mitgeteilt von Hrn. Stadtarchivar Dr. Schwartz.

Gedruckt: Napiersky, Russisch-livländ. Urk. n. 180, v. Bunge, Livl. U.B. 6 n. 2011. Angeführt H.R. 6 S. 109 Anm. 2.

Vor dem Dekan und geistlichen Vikar des Erzbischofs Johannes von Riga, Peter Vulkenborgh, dem Rigaer Domkapitel und dem Prior und dem Guardian des Dominikaner- und des Franziskanerklosters zu Riga, in Gegenwart von Notar und Zeugen erklären die [Rigaer] Ratsherren Joh. Rostok, Godekin Odesloe und Hartwig Segevrid für sich und einige andere ebenfalls gegenwärtige und hierbei beteiligte Bürgermeister, Bürger und Kaufleute von Riga, dass ihnen durch Grossfürst Witold von Litauen gewisse Waren in Beschlag genommen sind, nach Massgabe der folgenden, von ihnen überreichten und durch den Notar verlesenen Einzelspecifikation:

Dyt is de rekenscop des gudes, dat hertoge Alexander anders Vitovte, grotforste to Lettowen, uns nageschreven to Ploskowe entweldegede in den jaren unses Heren dusent verhundert twelve, alse yn den artikelen hir nageschreven steyt. Int erste her Curd Vische veer leste myn twe sekke Lissebons soltes, dee wugen over seftehalf schippunt; vortmer soven bodeme wasses, dee wugen veer schippunt unde veer Livesche punt myn twe markpunt Rigescher wichte. Item her Herman Bobben negen leste witten Lissebons soltes by saktalen, dee wugen over negen schippunt unde achte lyvespunt. Item her Johan Rostoken sös leste unde vif sekke soltes, anderhalf grön unde en half rôt Ypersche lakene unde verteyn Livesche punt wasses. Item her Godeken Odesloe negen schippunt unde soventeyn Livesche punt wasses, achteundevertich marten unde negen leste Lissebons soltes, twyer secke myn. Item her Hartwich Steenhuse veer leste unde veer sekke Lissebons soltes, dee wugen vif laste[a] teyn schippunt myn dre livespunt, unde twe bodeme wasses, dee wugen en schippunt vif livespunt dryer markpunt myn Rigescher wichte. Item her Hartwich Segevride twenundedruttich sekke Lissebons soltes, dee wugen dre leste myn vifteyn livespunt. Item her Johan Suren negen bodeme wasses, dee wugen vif schippunt myn en livespunt unde achte markpunt. Item her Hennyngh Deterdes veer bodeme wasses, dee wugen twe schippunt. Item Hans Grane vif leste soltes by saktalen, dee wugen sos schippunt over. Item Hans Foysan vyf Thomasche unde elven Popersch lakene. Item Hans Dalhusen seven leste Bayesches soltes. Item Herman Dakholt veerundetwyntich bodeme wasses, dee wugen verteyndehalf schippunt, unde en half stukke sulvers. Item Herman Badyngh ver bodeme wasses, dee wugen twe schippunt, dre livespunt unde twe markpunt; item sosteyn tunnen unde soven sekke Bayesches soltes, dee sekke wugen t[we][b] schippunden; item noch negen leste Lissebons soltes.

Post cujus quidem cedule lectionem supradicti Johannes Rostok, Godekinus Odesloe et Hartwicus Segevrid, consules predicti, ac quidem Johannes Foysan, Her-

a) So R. b) So R.

[1]) Über Rigas Bemühungen um Wiedererlangung dieser Waren 1412 und 1413 vgl. die Auszüge aus der Rigaer Kämmereirechnung, v. Bunge 4 Sp. 877 ff.

mannus Dalholt, Johannes Dalhusen, cives, pro se ipsis ac nominibus propriis, necnon quidem Tidekinus Bessberge pro et nominibus Conradi Visch proconsulis, Hartwici Sterabus et Hennyngi Deterdes, consulum et mercatorum[a], ac quidem Johannes Gran pro et nomine proprio et Hermanni Bobben proconsulis Rigensis ac in ipsa cedula nominati, et eciam personaliter pro eorum interesse et in ipsa cedula non comprehensi constituti discreti viri Hermannus Distelhof, qui in viginti sex, et Johannes Molenkote, [qui][b] in quattuor frustis argenti tempore et anno, quibus supra in predicta cedula, per predictum illustrem principem Alexandrum eciam se foris dampnificatos et ab eorum debitoribus ablatis dixerunt, et ipsi ac omnes alii et singuli predicti pro veritate confirmacionis hujusmodi receptorum dampnorum et rei geste per illustrem principem sepedictum et per eundem dampna predicta intulisse se ad corporalia[c] juramenta prestanda paratos exhibuerunt, que supradictus dominus decanus et in spiritualibus vicarius coram se, capitulo et religiosis viris predictis in manus venerabilis viri domini Johannis Lodowici senioris canonici prestitum admisit; [et][b] tactis per eosdem et unoquoque illorum per se nominibus propriis et aliorum, quorum in predicta cedula contentorum de bonis computatis et ablatis intererat, sanctis Dei ewangeliis dampna bonorum nominibus propriis et aliorum predictorum incurrisse et sustinuisse ac per Vitovtum principem supradictum intulisse et de presenti sustinere juraverunt.

Die Glaubwürdigkeit der vorstehenden Erklärung und Specifikation wird durch den Bürgermeister Joh. Wantschede und die Ratsherren Lubbert de Pale und Herbord de Heyde namens des ganzen Rigaer Rates eidlich bekräftigt. Folgt das Schlussprotokoll nebst notarieller Beglaubigung. 1412 mensis Decembris die Veneris nona — in loco capituli Rigensis.

1085. *Lübeck erteilt [seinen Bürgern] Marq. und Heinr. Bonhorst, Joh. Tymmermann und Joh. Breckewolt für ihren Bevollmächtigten Heinr. Colner einen Zuversichtsbrief an Hzg. [Wilhelm von Baiern, Graf] von Holland, behufs Wiedererlangung eines durch Leute von Geerdiet und der Westerschelde* (Westerwalde) *vor dem Zwijn geraubten Schiffes nebst Ladung, welches Tymmermann und Heinr. Bonhorst gehörte und von letzterem, Marq. Bonhorst und Breckewolt befrachtet war. — 1412 Dec. 13.*

StA Lübeck, Aufzeichnung im Niederstadtbuch zu 1412 Lucie.
Gedruckt: Lüb. U.B. 5 n. 434.

1086. *Der deutsche Kaufmann zu Nowgorod an Reval: klagt über Diebereien und Ausschreitungen der Russen, beantragt die Aufhebung des vom Hofknecht gehaltenen Kruges und erinnert an seine frühere Beschwerde über die Leichterschiffer. — 1412 Dec. 13. Nowgorod.*

Aus StA Reval; Or. m. Spur von 3 S. Höhlbaum.
Gedruckt: v. Bunge, Livl. U.B. 4 n. 1925, Napiersky, Russisch-livländ. Urkunden n. 181.

Den erwerdigen vorsichtigen heren, borgermeistere unde ratmanne der stat Revele presentetur hec.

Unse vruntlike grote unde wes wi gudes vormogen. Ersamen leven vründe. Wi bidden ju to wetende, dat uns hir to male groet vordret schüt van den Russen alzo van grofliker deverye wegen. Int erste so wart van der Goten hove afgestolen uut deme soltschure 8½ tunne honnges, unde de Russen sageden de planken entwee, dar se et uut drogen. Darnegest in kort so makeden de Russen achter der kerken

a) [illegible] R. b) Fehlt R. c) corporalia R.

to den twen vynsteren eyne grote brügge, unde de brugge lach uppe den planken bevestiget, unde se wolden de kerken bestolen hebben, dar grot schade mochte van gheschen hebben. Vort hirna in kort so hebben de Russen in twen tyden to uns in den Duschen hof ghebroken unde de planken entwey ghesaget, unde se wolden myt macht in eren harnasche to uns in den hof treden unde wolden uns ghemordet hebben, hadde wy nycht ghewaket; unde darto so drouwen se uns noch van daghe to daghe, dat se uns de hove afbernen willen unde willen uns vormorden unde bestelen. Hirumme so sy wi sere besorget, dat wy alle nacht waken up beiden hoven. Umme desses vordretes willen hebbe wi vake ghewesen vor deme borchgreven unde vor deme hertogen unde hebben en gheclaget unsen schaden unde unse brekelicheit, de uns schüt van den eren. So weten se uns to seggende, wat se uns doen scholen, wer se uns vorwaren scolen, unde darto en weten se nycht, wo snelliken se uns berichten willen, wan wi vor se komen, unde ok so geven se uns selden recht, et sin van wat saken et syn. Ersamen leven vründe, warumme wi jo vrüntliken bydden, dat ghy wol doen unde besorgen den kopman an dessen saken, wente hir uns grot vordret van schut, unde wilt se et aldüsvort myt uns holden, so en doget hir nenen manne to varen. Item, leven vründe, so legget uns de Russen alle tiit vor also van deme kroge, den hir des hoves knecht helt, also van vordrete, dat darvan komen mochte van dessen Rüssen, de hir up den hof gaen drynken, unde dem kopmanne nütte dunket, dat men den kroch aflegge. Hirumme so bidde wy jo vrüntliken, dat ghy hirane syn vordacht, wo et jo nutte dunket. Item, leven vrunden, also wy jo wol eer ghescreven hebben, dat deme kopmanne grot vordret schüt also van den loddigenlüden in der Nü, dat se vele ghesette maken up des kopmans guet: dort wol unde weset hirinne vorsacht. Desses breves ghelikes hebbe wy ok ghescreven an den raat to Rige unde enen an den raat to Darpte. Anders nycht to desser tiit. Blivet ghesunt in Gode to ewigen tyden. Ghescreven to Nogarden an sunte Lucien daghe int jar unses Heren 1412.

Olderlüde, wisesten unde de ghemene kopman to Nogarden.

1097. *Abrechnung zwischen Preussen und Livländern über die englischen Entschädigungsgelder nebst der Liquidation des Joh. Cavolt. — [1412.]*

Aus StA Köln, Hanse IV bis, Papierheft; auf dem Umschlag: Registrum de reysis ex parte mercatorum factis, de equis et de vino, in quibus es obligacio. 1430 prima Septembris inceptum. Hijr es och yane van der Engelschen sake van den obligacien.

[1.] Int eerste so es to wetene, dat der obligacien, de de konyngh van Engheland deme heren homeester bezegelt hadde, der waren 4 *[u. s. w. wie HR. 6 n. 62, 8—9; § 8 hat statt* to des heren homeesters behoeff *hier:* to der heren van Prussen behoeff.*]*

Item so maken desse vorseide 4055 nobelen ½ und 1 d. by lb. gr. in Engelschen ghelde 1351 lb. 16 s. 9 d. Item maken de vorseiden nobelen, elke nobele gerekent vor 9 s. 6 gr., an Vlamischen ghelde 1883 lb. 17 s. 4 gr.

Item so maken de 1351 nobelen 3 quartijr 7 d. in Engelschen ghelde by lb. gr. gerekent 450 lb. 12 s. 8 gr. Item so maken se in Vlamischen ghelde by lb. gr. gerekent summa 642 lb. 2 s. 4 gr.

[2.] Item so hevet Johans Cavolt daerumme groten arbeit und versumenisse gehat und hevet daerumme 10 reyse in Engelant gewesen, also dat he vor sijnen arbeit und versumenisse rekent van elken lb Engelsch to hebbende 6 d.; dat es van 1351 lb. 10 s. 9 gr. summa 33 lb. 16 s. Engelsch.

[3.] Wie HR. a. a. O. 10—12, mit derselben Abweichung in § 12 wie oben.

Item so maken deme 10400 [nobelen] 78 d. by lb. gr. in Engelschen ghelde summa 3466 lb. 16 s. 6 d. Item so maken se in Vlamischen gheide, den nobele gerekent vor 9 s. 6 gr., summa 4940 lb. 4 s. 6 gr.

[4.] Item so hevet Johans Cavelt daerumme groten arbeit und versumenisse umme gehat und hevet daer 10 reyse umme gedaen, daervor gerekent van den lb. 6 d. Ingelsche: summa van den 3466 lb. 16 s. [6 d.], van den lb. 6 d., makes 86 lb. 13 s. Des so en wil he nicht meer hebben dan 72 lb. Hijrto gerekent 33 lb. 16 s., de eme komen van der Pruysschen summen, alse vorseid steyt.

[5.] Daer enboven so komet deme selven Johans Kovelt, dat he an den obligacien hevet, 26 lb. 8 s. sterling; daervan sal de raed van der Rijghe hebben 6 lb. Des so es men dem vorseiden Johans wedder sculdich van der latesten reyse 3 lb. 5 s. 10 gr., deme sal Gherd Lenczendijck hebben.

[6.] Al desses vorseiden gheldes des maket de selve Johans vulmechtich de alderlude des coepmans und dat se dat degher und alle in de eere Godes sullen keren, und daer vrenden noch maghen nicht van to ghevende. Und dit hevet de vorseide Johan in formen van testamente gemaket int jaer 1434 upten vijften dach in Junio, alse hijr nagescreven steyt, dat in dat erste ute richtende unde vort al ander umme Gode to ghevende.

Item so es her Hilbrand Zuderman taechter van breyven, de van dem Romischen koninghe verworven worden an den meester van Pruyssen und syne gebeydegeren, 16 R. gulden.

Item so hevet Johans Covelt gegeven van sijner somme, alse de eynkomet, Gobelinus Marten clerk etc. 2 lb. Daerto van arbeeden in den vorseiden saken to manighen tijden gedaen, sonderlinges in Ungheren, daer de vorseiden breyve worden verworven, eme togeerreven van der vorscreven summe 6 lb. Dis gheldes sollen ock de alderlude in formen van testamente mechtich wesen, dat in Godes eere to kerende.

Nota: so en es vor de seylen van 25 doden, guder lude kindere, vrende und mache, de over bart worden geworpen, behalven bosmans und scipmans, de betel[ri]nge nicht gescheyn, alse de verramet was.

Folgen auszugsweise die letztwilligen Verfügungen Joh. Carolis über eine Seelenmesse im Karmeliterkloster zu Brügge und verschiedene Legate.

[7.] *Wie HR. a. a. O. 14, 15, 13.*

1088. *[Erzbischof Johann von Riga] an K. Sigmund: bittet, sich beim Grossfürst Witold von Litauen um Rückgabe der den Rigaer Kaufleuten in Polozk weggenommenen Waren zu verwenden. — [1412.]*

Aus StA Riga; Abschr. Mitgeteilt von Hn. Stadtarchivar Dr. Schwartz.
Gedruckt: Napiersky, Russisch-livländ. Urkunden n. 183; v. Bunge, Livland. U.B. 6 n. 2921. Verz.: Lewicki, Index actorum saec. XV n. 714.

Willighe und otmödighe deenste mit demötligher bevelhunge und wat ich gudes vermagh sy juwen kunglichen gnaden alle tiid voran bereit. Allerdorchluchtigeste grotmechtighe konigh unde gnedige herre. Es hebben mich underrichtet dy ersamen wisen borgermeyster und ok juwer stad tho Righe, wor dat vor tiiden de hochgeboren furste, her Alexander anders Wytowd hertogh tho Lyttowen der eergenanten stad und den gemeynen koppluden breve und vryheit geben hebbe und gnedeliche vorschreven upp sollicke meynunge, ob ez were, dat deheinerley krieg edder unvruntschopp entstunde entuschen im und dem Teutschen orden, dat dannoch de van Rige und de Deutsche koppman und ock de van Ploskowe, de des ergenanten herren hertoghen syn, dartuschen und in sollicken kryghen mochten secker tho ennander komen dorch eere lande und ere koppmanschopp tryven tho water und tho lande etc. Und wywol de ergenante herre hertogh etlwylangh den van Rige sollicke syn breve gnedeclicken gehalden und de van Rige sich ock allwegen daran gelaten hebben, doch hebbe de vorgenante herre hertogh den sulven van Rige in syner vorschreven stad tho Ploskowe darboven etlwevil eres gudes und koppmanschopp genomen und entweldighet in sollicher mate, dat se des weren van eme unbesorget. Und wenn nuu, gnedigster lieber herre, dy offtgenante stad tho Righe tho juwer gnaden stichte van rechtes wegen gehoret, als des de sulve juwe konglicke gnade one twyvel wol underrichtet iss, bidden ich de sulven juwe konglicke gnade mit aller demudikeit, dat ghi den offtgenanten hern hertoghen gnedeclichen daran wisen wollet, dat he den van Rygr ere genomen have vruntliken wederkeren und sy vorbatter ock bii sollicken eren vryheiten und breven, de er in gnedeclichen, als obgeschreven stet, geben hat, gerliche tho holtend. Dat wel ich mitsampt der stad tho Rige willeclicken, als billichen iss, gern umb juwe konglicke gnade vordenen, und getruw ock juwen gnaden wal, dat ghii sy myner beide gnedeclichen latet genyetten, wenn juwe konglicke gnade wal weytte, dat ich alltiid gern tude na allem mynem vermoghen, als ich dann ock juwer mayestat schuldigh byn, wat juwer konglicken gnade leve und denste were. De almechtige Got de vryste juwe konglicke gnade in wolmechtikeit lange tiit, dem hilligen Romischen rich tho nutte und tho troste. Geschreven etc.

1089. *Köln an Bischof Johann von Hildesheim (ebenso an Hildesheim und Junker Erich von Hoya): erklärt wegen der Behinderung eines Kölners durch einen Hildesheimer, dass seine Bürger für den Erzbischof nicht haftpflichtig sind; bittet um Verkehrssicherheit für die Kölner Kaufleute. — [1413] Jan. 2.*

Aus K StA Köln, Briefbuch 5 fol. 31. Domino Johanni episcopo Hildensemensi.
Verzeichnet: Mitteilungen a. d. Stadtarchiv von Köln 6, 84. S. unten n. 1098.

Unsen willigen vruntlichen dyenst ind wat wir guetz vermogen. Erwerdige in Gode vader, lieve herre. Ure[a] lieffde begeren wir zu wissen, wye uns zo wissen worden is, wye eyner van Hildesem genant Johan van Scheyven nû lestmails ner Sydenborch gehellicht ind bespert hette etzliger unser burgere ind coufflude have ind guet as umb schaden wille, der yeme geschiet seulde syn van wegen des erwerdigen fursten, hern Friderichs ertzenbusschofs van Coelne. Ind want wir, unse stat noch burgere nyet verpleichtich, pantbar, zo penden noch antzogrijfen en syn op eynen ertzenbusschoff van Coelne, as dat also dem hilligen Roemschen rijche, fursten, herren, steeden, ritteren, knechten ind anders goeden luden wale wislich ind kondich is, ind eyn ertzbusschoff van Coelne synen kriech ind vyantschaff vur sich hait ind wir ind unse stat unsen kriech ind vyantschaff vur uns alleyne hain ind halden, so bidden wir daromb ure lieffde ind eirbergeit dyenstlichen ind beverlichen, dat yr wilt doin bestellen ind bevestigen, dat unse burgere ind coufflude heremboyven mit yrre haven ind gueden in urre heirlicheit lande ind gebyede up yrre gewoenlich reicht, wie dat van alders herkomen is, vortan ungeletzt mogen varen ind komen, gelijch wir uns oech zo urre lieffden alre lutterre gonst ind vruntschaff gentzlich versyen ind vermoyden. Mer seulden unse burgere ind coufflude in urme lande ind gebyede in deser wijs heremboyven sich yet vurder besorgen,

a) Doppelt K.

den wir uwe lieffden ummer doch geyneynwijs getruwen, so wilt uns des uwe guetlige antworde wyder schryven, dar wir uns bij nae richten mogen. Datum in crastino circumcisionis Domini.

1090. Grossfürst Witold von Litauen an Riga: beantwortet dessen Schreiben wegen des weggenommenen Gutes. — 1413 Jan. 7. Troki.

Aus R StA Riga; Or. m. Resten d. S. Mitgeteilt von Hn. Stadtarchivar Dr. Schwartz.

Gedruckt: Napiersky, Russisch-livländ. Urkunden n. 183, v. Bunge, Livl. UB. 4 n. 1929.

Dem ersamen und weysen ratmannen czu Rige, unsirn besundirn frunden.

Allexander andir Wytowd van Gotes gnaden grosfurste czu Littauwen etc.

Ersamen und weyse, unsir besundere frunde. Die briffe, die uns van euwir wegen sint geschrebin, habin wir wol vornomen, als umbe die koufmansschacz etc. So wellit wissin, das czwuschen uns und dem Dutschen orden leczt czu Thorun yn dem frede[1] ist vorschrebin, was in dem lesten krîge genomen were, das alls ist henegeleget und des sal man beyder syte nicht me vordern, und den selben frede hat befestiget der allirdurchluchtister furste, her Romescher und[a] Ungarescher konig in syme ussprоche[2], und doran wellin wir uns halden. Und dorobir, als wir euch vor gefach gesagit und geschrebin habin, moget ir schaffen, das unser koufliute gut, das czu Ragnith wart genomen, uns wedir wurde: das euwir sal euch ouch wedir werden. Gebin of unserm huse czu Trackeн am sonobende noch epifanie Domini, anno etc. 13.

1091. [Hzg.] Wilhelm [von Baiern, Graf von Holland,] verbietet seinen Unterthanen sowie den Besuchern seiner Lande jeglichen Handelsverkehr mit der Stadt Utrecht bei Strafe von 200 Pfd. und Konfiskation der Ware, und weist seine Beamten zur strengsten Durchführung dieses Verbotes an[3]. — 1413 Jan. 18. St. Ghislain.

RA Haag, Memoriale B A cas. E fol. 89.

Gedruckt: van Mieris, Groot Charterboek 4, 225. Verz.: Cod. dipl. Neerland. I, 1, 18.

a) und doppelt R.

1) *Friedensschluss von 1411 Febr. 1.* 2) *1412 Aug. 24. Altmann, Urkunden Kaiser Sigmunds 1 n. 303.* 3) *S. n. 1093. Um die Umgehung der Handelssperre zu verhüten* (dat hem alrehande goede mit listiger behendicheden off ende tos gevoert worden, sonderlinge die Eem ende die Vecht op ende Naerden ende Hardewych ende dair omtrent), *legt der Thesaurier von Holland 1413 März 9 einen Auslieger in die Zuidersee; van Mieris 4, 229. Doch erhalten von Aug. 24 an einzelne Utrechter wieder Geleitsbriefe für kurze Zeit. RA Haag, Memoriale B A fol. 110b ff. Die Stadtrechnung von Wesel (im StA Düsseldorf) von 1414 berichtet hierzu fol. 384b:* Item Berch van Duysborge ende Giesbert Anselone van Bederich synt gekeren van der stede wegen yn Hollant to varen ende dair to dedingen, dat dye Clevessche stede weder yn Hollant kemen mochten; dair hevet dye stat to gelaten 8 Rijnssche gulden, elken gulden 17 s. facien(tes) 6 m. 8 s. *Andererseits sichert Herzog Reinald von Jülich-Geldern 1413 Dec. 13 in einem lebenslänglichen Freundschaftsbündnis mit Utrecht allen Bürgern Handelsfreiheit und Verkehrsschutz zu. Burman, Utrechtsche Jaarboeken 1, 139, van Mieris 4, 254. Gleichzeitig erhält die Stadt vom Herzog ein umfassendes Zollprivileg für den Verkehr in Geldern, in dem es u. a. heisst:* Van den watertollen tot Zutphen ende tot IJsselorde is overdragen, dat die burgere van Utricht varen ende keren sullen op alsulkеn custume tollen daer te geven, als daer gewoenlic is van anderen vreemden luden nae inhalt der ordinancie, die wi der stat van Utricht voirtyd daervan hebben doen geven (s. n. 249 § 9). Ende die tollen en sal men hem nyet verhogen binnen tenigen nerven

1092. *Hildesheim an Köln auf n. 1089: Hans von Ermsen[1], nach längerem Suchen ausfindig gemacht, erklärt, das bisher bekümmerte Kölner Gut freigegeben zu haben; ferner will er, so lange er Bürger von Hildesheim ist, die Kölner nicht schädigen, sowie bei einer Aufsage seiner Bürgerschaft alsbald der Stadt Köln Mitteilung machen und dann noch zwei Monate lang von einer Schädigung der Kölner absehen. — 1413 Jan. 20* (ipso die s. Fabiani et Sebastiani).

StA Hildesheim, Briefbuch n. 63 fol. 234.
Gedruckt: Doebner, U.B. d. St. Hildesheim 3 n. 594.

1093. *Riga beglaubigt auf Grund der eidlichen Aussage von 12 Rigaer Bürgern ein specificiertes Verzeichnis der ihnen in Polozk weggenommenen Waren. — 1413 Febr. 3.*

Aus R StA Riga, Or. Perg. m. anh. S. Mitgeteilt von Hn. Stadtarchivar Dr. Schwartz.
Gedruckt: Napiersky, Russisch-livländ. Urkunden n. 184, v. Bunge, Livl. U.B. 6 n. 2993.

Allen den gennen, dee dessen jegenwardigen breff seen ofte horen lesen, begheren wy borgermestere unde rad der stad Rige mid temeliker grote witlik to synde, wo vor uns sunt gewesen dee bescheydenen manne Johan Rostok, Godeke Odeslo, Clawes Zure, Hartwich Zegevryd, medecompane unses rades, Tydeke Remsbergh, Hans Gran, Hans Foyman, Herman Dakholt, Curd Hesse, Hans Dalhusen, Hans Molenkoten unde Herman Distelhoff, medeborgere unser vorbenumeden stad Rige, unde hebben an unser jegenwardicheit myd eren liifliken eden zwerende vulleenkomelken betugende waregemaket, dat see van erer egene unde anderer unser borgere unde overseescher coplude wegen zo vele gudes tachter syn, alse vele hirna bescreven steit, van des hochgeboren grotforsten wegen Allexanders anders Vytowd geheten, des hee en bynnen syner stad Ploskow vormyddelst synen undersaten entweldeget heft unde noch na menneger vorbyddynge weygert weddertogevende, alse dee rekenscop des gudes hirna van stukken tu stukken bescreven steyd.

[1.] Int erste Johan Rostken ses leste unde vif sekke soltes, anderhalf grön unde een half rod Ypersche lakene unde druttteyn livespunt wasses.

[2.] Item Godeken Odeslo negen schippunt unde soventeyn livespunt wasses, achteundevertich marten unde neghen leste, twyer sekke myn, Lissebons soltes.

[3.] Clawes Zuren van Johan Suren wegen negen boddeme wasses, dee wegen vif schippunt myn en livespunt unde achte marcpunt[a].

[4.] Item Hartwich Segevrid tweunddruttich sekke Lissebons soltes, dee wegen dre leste myn vifteyn livespunt.

[5.] Item Tydeken Remsberge van her Curd Visschers wegen borgermesters tu Rige veer leste myn twe sekke Lissebons soltes, dee wegen over viftehalf schippunt, unde soven boddeme wasses, dee wegen veer schippunt unde veer Livesche punt myn twe markpunt Rigescher wichte.

[6.] Item deme sulven Tydeken van Hartwich Steenhusen wegen veer leste unde veer sekke Lissebons soltes, dee wegen vif leste teyn schippunt myn dre lives-

a) marcpunt R.

of daer buten, mer tot alre tijt mit eenvoldiger tolle te bruken, sonder enich ander ongelt. *Or. im StA Utrecht. Gedr. Burman, Utrechtsche Jaarboeken 1, 141, v. Mieris 4, 265; verz. Cod. dipl. Neerl. I, 1, 53, Muller, Catalogus van het archief 1, 14.* 1) *Über eine Geschäftsverbindung der Hildesheimer Hans und Tileken von Ermsen über Köln nach Achen vgl. Doebner a. a. O. n. 508.*

punt, unde twe bodeme wassen, dee wogen een schippunt vif livespunt dryer markpunt myn Rigescher wichte. Ok deme sulven Tydeken van Hennyngh Peterses wegen veer bodeme wassen, dee wugen twe schippunt.

[7.] Item Hans Grane van syner egenen wegen vif leste soltes, dee wegen soe schippunt over. Unde sulven van her Herman Bubben wegen to Rige borgermesters negen leste Lissebons soltes, dee wagen over negen schippunt unde achte livespunt.

[8.] Item Hans Foyaane vif Thomasesche unde elven Popersche lakene.

[9.] Item Herman Dakholte verundetwyntich bodeme wasses, dee wegen vertyngeendehalf schippunt, unde darin en half stukko sulvers.

[10.] Item Curd Hessen van syner egenen wegen unde Herman Badyngs wegen tusamende veer bodeme wassen, dee wegen twe schippunt dre livespunt unde twe markpunt. Item den sulven sosteyn tunnen unde seven sekke Bayersches soltes, dee sekke wugen t[we][a] schippunden. Item den sulven noch negen leste Lissebons soltes.

[11.] Item Hans Dalhusen seven leste Bayesches soltes.

[12.] Item Hans Molenkoten veer stukke sulvers.

[13.] Item Herman Distelhove sosundetwyntich stukke sulvers.

Behalven terynge unde kost umme vorvolgynge des rechtes unde weddermanynge desses berekenden gudes an mennegen tiiden gedaen, der an enem summen tusamende rekent is twehundert sosundesostich mark druttyen ore unde een prasyas Rigesches pagimentes, also dee vorscreven unse medeborgere gelijk deme hovetgude myd eren liifliken eden ok vor uns beswòren hebben; behalven dee ere noch umme weddermanynge unde vorderynge eres rechtes van desses vorscreven gudes wegen an tukomenden tiiden muten dar noch umme dun unde verteren. Worumme wy hebben angeseen ere begerlike bede, dee see by uns hebben gedan, unde hebben dee rekenscop aus vor uns van en vor vormyddelst eren liifliken eden besworen so vorscreven steyt, an dessen unsen breven in ener tuchnisse van worden to worden bescreven, unde to ener groter bevestynge[b] der bewisynge unser stad yngesegel hengen an dessen breff, dee geven unde screven ys na Godes gebort dusent veerhundert darna an deme druttteynden jare, an deme dage sancti Blasii des hilgen byscoppes unde merteleers Christi.

1094. *Hochmeister [Heinrich von Plauen] an Hzg. Wilhelm von Baiern, Graf von Holland: bittet um Entschädigung für die Rheder und Befrachter eines durch seeländische Auslieger überfallenen und beraubten Danziger Schiffes. — 1413 Febr. 4. Herren-Grebin.*

Aus K StsA Königsberg, Hochmeister-Registrant 6 S. 171—173. Wilhelm herzog czu Hollandt.

Irluchter furste, grossmechtiger lieber sunderlicher herre. Bernd Ladekensen schiffer, unser undirsasse und burger czu Gdanczk, mitsampt syne reydire, dy an synem schiffe, das her letczten hat gefurt, geborten, und ouch Johan Crockensee, Hennyg von Dalen, Hildebrant von Elszen, Herman Bokeler, Claus Swarcze, Albrecht Molner und vil andir gute koufleuthe, unsere undirsassen und burgere czu Danczk, haben uns mittenander kleglichen vorbrach[t], wie schipper Berndt vorgeschreben mit erem schiffe und gute im somer nehest vorgangen von hynnen ken Engelandt segilte, und als her in Engela[n]de syte am obende nativitatis Marie ouch nehest vorgangen[1] vor dy Humer was komen, do wart das schiff lachevrechtig an syme

a) tw R. b) bevestyngge R.

1) 1412 Sept. 7.

eygenen anker, doch also, das man alle das gut und koufmanschatcz in dem selbin schiffe wezende mit dem schiffe bequemelichen wol mochte geborgen haben. Und als der selbe schipper mit synen koufflouthen und schiffkindern dormete umbgingen, so woren uwer undirsasse und louthe us Seelandt, die kegen uwern finden ungericht und gewandt woren[a], als wir sin undirwiset, mit dren schiffen, di quomen czu den unsern und begerten, das sie sie czu in in das schiff welden lase[n], und geloubeten in by guten truwen, sie welden in helffen gut und schiff bergen. Uff sulche globede in gute truwen so liessen dy unse uwer undirsasse czu sich in das schiff komen und helffeten, sie worden[b] eren globeden und guten truwen genugk thun und in helffen, das sie doch nicht gethan haben, als die unsere clagen, sunder die uwern treben unsere louthe mit gewappenter hant frebelichen von allem gute und wolden och nymands gestaten, ichtisicht czu bergen noch us dem schiffe czu brengen, und nemen als vil guter von deme, das in allerbeste gefile, das sie ire dri schiff dormete luden und segelten dormete czur Vere und dohin in uwer stadt das gut mitteinander brochten, do sie is ouch mit uwerm rathe, als wir sin undirwiset, geteylet haben. Bynnen des, als sye das vorgenante gut us dem schiffe nemen, so leiff das schiff als vol wassers, das all das andir gut, das die uwern im schiffe hatten gelossen, ging czu grunde mit dem schiffe, also das czu des schiffhern und syner geselschafft und der vorgeschrebin koufflouthe behuff nichtisnicht wart geborgen, das die uwern frebelich und ungotlich in der weysze, als vorgeschrebin ist, ouch haben vorhindert und den unsern alszo uff 1600 nobeln schaden gethan haben. Hirumb euwir grosmechtikeit wir mit fleisse bitten, das ir, lieber herre, anseende Got und die gerechtikeit euwir undirsassen von der Vere und wo sie andirswo in Seeland undir euwir herlichkeit sind gesessen, des euwir herlichkeit deser bewiser wol[c] wirt underwisen, wellet dorczu halden und sie underrichten, das sie den unsern gleich vor das ere, das sie in genomen haben, und ouch vor den schaden, den sie in in gutten truwen frefelich getan haben, thun und wedirfaren lassen. Geruchet euch, lieber herre, hirynne also bewisen, das unser undersassen derkennen mogen, das in deme unser bete vorderlich sie gewest und fromlich, das wir mit willen gerne wellen vorschulden noch unserm ganczen vermogen ken euwir herlichkeit und alle den euwern, wo wir sullen. Gegebin czu Grebyn am sonnobende noch purificacionis Marie anno etc. 13.

1095. *Der deutsche Kaufmann zu Brügge an die livländischen Städte: hat das vom Lüneburger Hansetage beschlossene, von Weihnachten ab gültige Verbot der Einfuhr von Laken aus schottischer Wolle in die Hansestädte dem gemeinen Kaufmann verkündet und die Marktplätze für schottische Wolle davon benachrichtigt, sowie weitere Massregeln zur Durchführung dieses Verbots verordnet; bittet dringend um Beachtung dieser seiner Ordonnanz, da er hierdurch von den Schotten Genugthuung zu erlangen hofft. — 1413 Febr. 6.*

StA Reval; Or. m. Spuren d. 3 S.

Gedruckt: HR. 6 n. 112, früher v. Bunge, Livl. U.B. 4 n. 1931. S. oben n. 1061, 1069.

1096. *Der Schultheiss und zwei Schöffen von Maastricht bezeugen den Urfehdeschwur des Goesken van Gheynt, der auf der Rückreise von Schonen im Herzogtum Lüneburg wegen Zollhinterziehung gefangen war. — 1413 März 24.*

Aus StA Hannover, Orig.-Arch. Celle, Designn. n; beschädigtes Or. m. 3 angehgdr. S. Vgl. oben Bd. 3 S. XIX Anm. 6.

a) woren *K.* b) worden *K.* c) bewyser *K*

Wir Danyel van Dyeteren scoutit, Mathers Dummen ende Henric Eelman, scepenen in der stat van Maestriecht, doen kont allen luden ende gestoen als scoutit ende scepenen der stat vurseid, want Cloesken van Gheyst, als wir verstanden hebben, mit etaliken onsen medeburgeren, Schoemaheverder, gevangen ende gehalden wart in den lande des hogeboeren vursten, des hertogen van Broenswijk ende van Luneborch, tû tiden da sy van Schoenen qweemen, omme tolle, den sy ontvuert solden hebben, dae doch der hogeboeren vursten sijne groete genade an bewijsde, des wir ende alle guede coupluede ons billic hebben te bedanken: soe is de selve Cloesken van Gheyst vur ons komen, overmids dat he nyet en steyt genoempt in onser stat brieve als onse medegeswoeren of geboeren burger, soe woent he doch ende dient mit eynen onsen medeburgere, ende heet gesekeert ende geloeft in hant mijns des scoutiten vurgenant ende darin mit opgereeden vyngeren ten heylgen gesworen, dat he noch nyemanne van sinen wegen, des he moegich is of werden mach, nummerme in egeynre tijt wrake gedoen en sullen omme des vurscrivelen gevenkenisse wille, hynder noch ansproeke doen en sullen noch erot den hogeboeren vursten, den hertoge vurgenant, sijnen voichden, amptluden, dieneren noch onderseten noch den gheenen, die den hogeboeren vursten mit recht te verantwerden steen, bynnen noch buten lands, heymlic noch openbaere, ende alle argelijst uytgescheyden. Dis te getuyge hebbe wir scoutit ende scepenen vurgenant onse segele herop geplacht. Gegeven int joere van der geboerde ons Heren dusent vyerhondert ende dertene, 21. dage in Meert[1].

1097. *Auszug aus dem Einnahmeregister des englischen Ausfuhrzolls in Kingston-up.-Hull. — 1413 Apr. 2.*

Aus StA Köln, Hanse IV n. 50a; Pergamentblatt, s. oben Bd. 6 n. 698.

Navis Johannis Nowtone vocata James de Hullo exivit secundo die Aprilis anno primo Henrici quinti.

[Indigene]:[a]	Willelmus Donyour pro 20 pannis sine grano . . .	cust[uma] 23 s. 4 d.
	Hugo Colyne pro 20 pannis sine grano	cust[uma] 23 s. 4 d.
	Johannes Lorymer pro 20 pannis sine grano . . .	cust[uma] 23 s. 4 d.
	Willelmus Mallardus pro 51 pannis sine grano . .	cust[uma] 59 s. 6 d.
	Robertus Rastone pro 4 duss[enis] pannorum strictorum, fac[iunt] 1 pannum 34 pannos[2] sine grano	cust[uma] 40 s. 10 d.
	Willelmus Fathorp pro 9 pannis dimidio sine grano .	cust[uma] 11 s. 1 d.
	Willelmus Coke pro 11 pannis sine grano	cust[uma] 12 s. 10 d.
	Thomas Horne pro 1 panno dimidio sine grano	cust[uma] 21 d.
	Thomas Guldebeck pro 23 pannis sine grano . . .	cust[uma] 26 s. 10 d.
	Thomas Skipwich pro 9 pannis sine grano . . .	cust[uma] 10 s. 6 d.
	Symon Barker pro 8 pannis sine grano	cust[uma] 9 s. 4 d.

1098. *Der deutsche Kaufmann zu Brügge an die preussischen Städte: beschwert sich über ihre mangelhafte Beachtung des vom Lüneburger Hansetage beschlossenen Verbots der Einfuhr von Laken aus schottischer Wolle sowie über das Ausbleiben ihrer Antwort auf seinen Vorschlag, die Fahrt nach*

a) *Fehlt, ergänzt gemäss Bd. 6 n. 698.*

1) *Ein gleiches Zeugnis stellt 1413 Apr. 9 Aachen für einige bei der Rückkehr von Schonen durch braunschweigische Vögte angehaltene Bürger aus. März 17 dankt Dinant dem Hzg. Heinrich für die Freilassung des Jan Vogel, der zusammen mit anderen Kaufleuten wegen Zollhinterziehung verhaftet war. A. a. O.; 2. Or.* 2) *D. h. 3½ pannos.*

Schottland zu unterziehen[1]; *begründet die Zweckmässigkeit des Einfuhrverbotes und ersucht nochmals um Befolgung desselben sowie der von ihm dazu verordneten Ordonnanz; wünscht sehr, dass sie und Hamburg dem Verbot der Schottlandfahrt beitreten, welchem alle andern Hansestädte anzunehmen bereit sind; legt die Nachteile dar, die das schlaffe Vorgehen gegen die Schotten den Städten und dem Kaufmann bereits gebracht hat und noch bringen wird, und ersucht um umgehende Antwort*[2]. — *1413 Mai 5.*

Gedruckt: HR. 6 n. 119.

1099. *Das englische Unterhaus petitioniert bei K. Heinrich V von England um vorläufige Zurückhaltung zweier durch englische Schiffe gekaperter preussischer Holke. — 1413 [Mai 15—19]*[3].

L Publ. Record Office London, Rotulus Parliam. 1 Henr. V m. 2.
Gedruckt: Rotuli Parliamentorum 4, 12, 36; wiederholt hier.

Item prient les communes par Richard Merlowe, Walter Gawtron, merchaunts de Loundres, Famon Arnold marchaunt de Dertmuth et autres merchaunts dicest roiaume, possessours de 8 niefs, qe come ja tarde les suisditz 8 niefs esteantz a Burdeux en voie de marchandise feurent arrestez par commaundement do monseigneur le duc de Clarence, alors lieutenaunt de nostre tresexcellent seigneur le roy en la pais de Guyane, au tiel entent pur amesner et carier de la dite cite de Burdeux jesques en Engleterre certeins persones, soldeours de mon dit seigneur de Clarence, et lour hernoys et biens; sur quoy par avys de mon dit seigneur de Clarence et de soun counseill pur la bon et substantial garde et governaunce des ditz gentz, niefs et biens monseigneur Johan Colvyle chivaler fuist fait governour et capitain pur cell viage. Et sicome les suisditz 8 niefs feurent venauntz pesiblement en lour dit viage a Beale Isle sur les costes de Bretaigne, avient qils la encontrent deux hulkes de Pruce chargez des vines et autres merchaundises venauntz de La Rochel. Et pur avoir notice et conisaunce, si les ditz deux hulkes et les merchaundisez en ycelles fourent apurtenauntz as enemys nostre dit seigneur le roy ou non, le dit monseigneur Johan Colvyle envoia as maistres et marchauntz des ditz hulkes un de ses esquiers et deux mestres des ditz niefs en un batewe, commaundantz mesmes les maistres et marchauntz des ditz hulkes de moustrer lour chartres de lour affreitementz et disauntz as ditz maistres des ditz hulkes, qe, sils avoient aucuns biens des enemys nostre dit seigneur le roy deins lour ditz hulkes, qils les delivererent a dit monseigneur Johan Colvyle et a sa compaignie, et le dit monseigneur Johan Colvyle lour ferreit gree et paiement pur la freit dicell. Lesqueux maistres et marchauntz des ditz hulkes a ce ne vorroient pas respoundre, mais lendemayn apres orgoillousment come gentz de guerre et come enemys a nostre dit seigneur le roy ils survienderent a dit monseigneur Johan Colvyle et a sa compaignie suisdite et combaterent et firent graund assaut en voie de guerre countre eux, par manere qe graund noumbre des gentz lieges nostre seigneur le roy par yceux estauntz en les ditz hulkes furent la tuez a graunt partie. Nepurquant par laide et grace de luy toutpuissaunt les suisditz hulkes et toutz les biens esteauntz en ycelles furent pris par le dit monseigneur Johan Colvyle et sa dit compaignie esteauntz en les suisditz 8 niefs et amenez as portz de Southampton et de la Pool,

[1]) *S. n. 1061, 1069.* [2]) *Über die Stellung der preussischen Städte und Hamburgs vgl. den preussischen Recess von 1413 Apr. 3, HR. 6 n. 118, 1. Nach einer inzwischen eingelaufenen Entschuldigung der preussischen Städte richtet der deutsche Kaufmann 1414 Juli 16 ein neues Mahnschreiben an dieselben; HR. 6 n. 142.* [3]) *Einlieferungstermin für Petitionen. Rot. Parl. 4, 3.*

la ou ils sount uncore attendauntz. Pleise a nostre dit seigneur le roy considerer ceste mater et sur ce graciousement ordeigner, qe les suisditz deux hulkes oveque les biens et marchaundises suisditz pulsent attendre et demurrer en les ditz portz de Suthampton et la Pool desoutz savegarde et governaunce, sanz ascun deliveraunce ou restitution en desire fait as suisditz maistres et marchauntz dicell ou ascun autre en lour noun, tanqe al temps qil soit determine et descusse, si les ditz maistres et marchauntz des suisditz hulkes ount forfaitz lour ditz hulkes et marchaundises en cest cas, et si les suisditz possessours des ditz 8 niefs et les prenours[a] dicell sount dignez davoir icelles hulkes et merchaundises ou noun; ou autrement qe pleise a nostre dit seignour le roy de commiffer yceste cause en sa courte dadmiralte, par estre la determine, discusse et ajugge, solonqe qe ley, bons et droiturelx usagez et custumez de dit court dadmiralte en tiel cas demaundent et requirent.

Le roy voet assigner certeins commissaries denquer, oier et terminer la matire comprise en ceste petition et sur ce faire droit as parties.

1100. *Antwerpen an Köln: lädt zum Besuch seines bevorstehenden Jahrmarkts ein. — [1413] Mai 23.*

Aus K StA Köln; Or. m. Rest d. S. Auf der Rückseite: Antwerpia scribentes, quod hostitorem Coloniensem nullam habere debeant formidinem in nundinis suis.

Beim Bamismarkt 1410 wurden in Antwerpen an 20 Wagen mit Kaufmannsgut aus Köln, Nürnberg u. a. als Feindesgut durch den Herrn von Hoorn arrestiert, aber auf Verwendung Antwerpens wieder freigegeben. StA Antwerpen, GrammijnBoeck fol. 52b. Hierauf bezieht sich auch die Stadtrechnung von Arnheim von 1410: Item enen bode van Antwerpen cum litteris van coepluden, die daer berooft waeren op horren jaermerct, 10 s. 8 d. Item noch enen bode van Antwerpen cum littera geschenct 2 quarten wyns; valet 10 s. 8 d.

Eerbaren, werden ende besceydenen, onsen lieven ende gemynden vrienden, burgemeesteren, scepenen ende raide van der stede van Coelne.

Eerbare lieve gheminde vriende. Omme dat eenighe denken mochten, dat om des ghescils wille hangende tusschen der stad van Mechelen ende ons[1] ghi ende uwe goede coeplude, die ghewoenlic zijn de vrye jaermerct van Antwerpen te versoekene, niet alsoe wel gheveylicht noch ghevrijdt en soudt wesen, als men altijt tot noch gedien heeft, soe gheven wij uwer eerbaerheyt te kennen, dat onse ghenadige here de hertoge van Brabant u ende alle goede coeplude met haren goeden, famillen e[nde][b] coepmanscepen ter voirseider vryer jaermerct waert comende ende daeruut kerende veylighen ende vryen sal ende doen veyligen ende vryen te watere ende te lande, ghelijc zijn voirvaderen zaligher ghedachte altijt ghedaen hebben ende de macht van den merctvrede inheeft, ende alsoe bi u ende allen anderen aairder scrijft ende kundicht bi sinen openen brieven[2], die u dese onse bode thoenen sal ende laten visiteren. Bidden u allen ende elken sunderlinge, dat u wille ghelieven, onse vrye toecomende jaermerct te versoekene ende te houwene met uwen goeden ende coepmanscapen, ghelijc ghi altijt ghewoenlic geweest hebt ende ghelijc wij

a) prenuors L. b) et K.

[1] *Vgl. über diesen seit 1410 währenden Streit beider Städte um den Fisch-, Salz- und Haferstapel Mertens en Torfs, Geschiedenis van Antwerpen 3, 179.* [2] *Ein entsprechendes Patent des Hzg. Anton von Brabant von 1413 Mai 20 im StA Antwerpen; verz. Verachter, Inventaire des archives de la ville d'Anvers n. 253.*

uwer eerbaere deucht volcomelic toebetrouwen; ende en wilt ons niet sparen in gheenen saken, die wij uwer lieften vermogen, want wij met goeder herte[n][a] gherne ende vriendelic dairtoe willen bereet wesen. Dat kenne God van hemelrike, die u, eerbare lieve gheminde vriende, altijt bewaren moet in zelicheden. Ghescreven 23. dage in Meye.

Bi der stad van Antwerpen uwer lieften altijt bereet.

1101. *Hochmeister [Heinrich von Plauen] an K. Erich von Dänemark: nach Aussage des Danziger Bürgers Joh. Langkow hatte die verstorbene Königin Margaretha von Schweden dem Überbringer, Schiffer Hermann, Tuch abgekauft, an dem auch Langkow Teil hatte, aber dasselbe trotz ihres Versprechens nicht bezahlt, wie das auch den Herren Benedikt Ritter und Peter Lacke kundig ist; bittet, für die Zahlung zu sorgen sowie ferner Ritter Pritber von Putbus* (Poddebos) *zu veranlassen, dass er die demselben Schiffer für 80 Nobel abgekaufte, noch unbezahlte Schiffsausrüstung* (schiffgerezow) *bezahle. — 1413 Juni 8* (am nesten donnerstage vor pfingesten). *Marienburg.*

StsA Königsberg, Hochmeister-Registrant 6 S. 867. Deme konige van Denemarkte.

1102. *Stavoren an Hamburg: dankt der Stadt für ihre Bemühungen um Beilegung seines Zwistes mit den Preussen und nimmt die von diesen vorgeschlagene Zusammenkunft in Hamburg an. — [1413] Juni 28.*

Gedruckt: HR. 6 n. 120. S. oben n. 1081.

1103. *[Hzg. Wilhelm von Baiern, Graf von Holland,] geleitet den [deutschen] Kaufmann zu Bergen mit Schiffen, Gut und Leuten gegen Entrichtung des rechtmässigen Zolls für ein Jahr oder bis drei Monate nach Widerruf. — 1413 Juli 13. Middelburg.*

RA Haag, Memoriale B A cas. R fol. 106 b.
Gedruckt: HR. 6 n. 121.

1104. *Köln an alle Vögte auf Schonen: beschwert sich, dass seine mit Wein und andern Waren dort verkehrenden Kaufleute gegen das alte Herkommen durch neue Verordnungen belästigt werden, und ersucht um Abhülfe. — [1413] Juli 13.*

StA Köln, Briefbuch 5 fol. 48.
Gedruckt: HR. 6 n. 122. Verz.: Mittheilungen a. d. Stadtarchiv von Köln 6, 88.

1105. *Erfolglose Verhandlungen der hansischen Ratssendeboten mit K. Erich von Dänemark in Nyborg über ein neues Strandrechtsprivileg*[1], *über Abstellung der Gebrechen des Kaufmanns auf Schonen und Genugthuung für die Verletzung der städtischen Privilegien; Einbringung von Beschwerden des [deutschen] Kaufmanns zu Bergen und Opslo, denen der König die Erhaltung ihrer Freiheiten zusagt, u. s. w. — 1413 Juli 25.*

Gedruckt: HR. 6 n. 124; vgl. auch das. n. 131 und 135.

1106. *Lübeck an Reval: bittet auf Veranlassung des Lübecker Bürgers Jakob Vrechaw, den Nachlass seines kürzlich in Nowgorod verstorbenen Sohnes*

a) herte K.

[1] *Ein städtischer Entwurf dazu gedr. HR. 6 n. 63. S. oben n.* [illegible]

Hans Yerchow durch den deutschen Kaufmann daselbst nach Reval senden zu lassen und den Revaler Bürgern Herm. van Koren und Godeke Strute in Verwahr zu geben. — 1413 Aug. 1 (in deme dage Petri d. h. ap. ad vinc.).

StA Reval; Or. Perg.

Gedruckt: v. Bunge, Livl. U.B. 4 n. 1944.

1107. *Der Häuptling von Abbehausen verspricht bei Auftragung seiner Kirche an Bremen, dessen Bürger und den gemeinen Kaufmann als Amtmann der Stadt zu Lande und zu Wasser zu beschirmen, sowie bei Strandung oder Schiffbruch zum Flottmachen der Schiffe oder zur Bergung von Schiff und Gut gegen Arbeitslohn behülflich zu sein*[1]. *— 1413 Aug. 14* (in vig. assumpc. b. Marie virg.).

StA Bremen; Or. Perg. m. anh. S.

Gedruckt: Brem. U.B. 5 n. 44.

1108. *Thorn an Danzig: ersucht, beim Hochmeister gegen das Ausfuhrverbot von Häring und Fischen vorstellig zu werden. — 1413 Aug. 31.*

Aus StA Danzig LXVIII, 34; Or. m. S. Höhlbaum.

Angeführt: Hirsch, Handels- u. Gewerbsgesch. Danzigs S. 48 Anm. 201.

Den ersamen, weisen burgermeister und ratmannen zu Danczke, unsern gunstigen lieben frunden.

Unsern frundlichen grus mit allir behegelichkeit zuvor. Ersamen, gunstigen, lieben frunde. Wir vormuthen uns wol, wie das ir wol vornomen sullet haben, das man keynen hering noch visch us dem lande furen mag[a] und nemlich obir die Wyssla. Worumb auch iczunt von kauffleuthen ymand zu uns kompt, das bei der kauffman bussen landis, als wir vornemen, erfarn und haben eyne grosse gemeyne strasse uff Stetyn und Frankenforde geleget, dorch die kauffleuthe, die do hering saltzen, sich mit irem gute darwert in die lande gemeynlich legen werden; dovon die stete dis landis und sunderlich ir und wir czu grossem vorterblichen schaden mogen komen. Worumb euwir ersamkeit gar begerlich wir bitten, ab is euch fugelich duchte, das man is an unsern gnedigen herren homeister brechte und seyne gnade bethe, das her solchen grossen schaden seyns armen landis ansehen und eyn solche gnediclichen wandelen geruchte, uff das wir alle also jemirlich nicht vorturben. Euwir gutdunken hirbey zu thun bitten wir uns zu vorschreiben bey den ersten. Geben undir unserm secret, des donrstags vor Egidii anno 13.

Ratmanne Thorun.

1109. *K. Heinrich [V] von England nimmt den Kaufmann Joh. Strotlebeker aus Danzig in Preussen*[2]*, Kapitän eines Danziger Holks, nebst seinen 40 Leuten für den Verkehr in England auf ein Jahr in Schutz und Geleit. — 1413 Sept. 21. Westminster.*

Public Record Office London, French Rolls 1 Henr. V m. 20.

[1]) *1414 Mai 18 verpflichtet sich das stadbremische Kirchspiel Bederkirchen bei seiner Unterwerfung unter Bremen zur Hulfeleistung bei Strandung von Schiffen* (yd were van Bremen edder van wat lande yd were) *A. a. O. n. 54; vgl. oben Bd. 4 n. 801.* [2]) *Vgl. Fortsetzung des Joh. von Posilge z. J. 1411; SS. rer. Pruss. 3, 327.* [3]) *Über eine sonst unbekannte Gesandtschaft des Hochmeisters an K. Heinrich V berichtet das Protokoll der Sitzung des Geheimen Rates von 1413 Juli 10. Nicolas, Proceedings of the Privy Council 2, 132.*

1110. *Dorpat bezeugt für Reval, dass nach eidlicher Aussage des Godschalk Wästhoff ein Terling englischen Tuchs, der ihm im Schiff des Bernd Stene unter der Marke*  *aus Preussen nach Reval zugesandt ist, gegen bar und nicht auf Borg gekauft ist. — 1413 Okt. 10* (d. negesten dages na s. Dyonisius d.).

StA Reval; Or. m. S.
Gedruckt: v. Bunge, Livl. U.B. 4 n. 1930.

1111. *Dorpat urkundet ebenso betreffs eines eichenen Fasses mit Fuchspelzen* (vossen), *das dem Ghereke Woytinhusen im Schiff des Bernd Sterne unter der Marke*  *aus Preussen zugegangen ist. — [1413] Okt. 13* (am avende s. Calixti p.).

StA Reval; Or. m. S.
Gedruckt: v. Bunge, Livl. U.B. 4 n. 1739 (zu 1407).

1112. *Der livländische Ordensmeister [Konr. von Vitinghoff] an Reval: u. a. wegen einer bevorstehenden Tagfahrt mit den Nowgorodern und der Durchführung des Pferdeausfuhrverbots. — 1413 Nov. 5. Segewold.*

Aus StA Reval; Or. m. Spur d. S. Höhlbaum.
Gedruckt: v. Bunge, Livl. U.B. 4 n. 1938.

Den ersamen bescheidenen mannen, borgermeisteren unde radmannen to Revele, unsen leven getrûwen, an sûmen, macht licht daran.

Meister Dûtschs ordens to Lyfflande.

Unse vrentlike grûte mit steder gůnst tovorn. Ersamen leven getrûwen. Wii begheren, dat gi uns schriven mit den ersten, wo id umme dat ghud sy, dat Goschalke Bredenbeken tohoret, dat gi van unser wegen bekummert hadden, und wii juw schreven, dat gi id vorkopen solden laten und wissenheit nemen van den, den gi id deden, dat id eddir sin gewert widdir uddir juwen rad qweme, eft gi so vele weddir in juwer bewaringe hebben to unser behoff adir nicht. Sprecket ok mit hern Wernhere vam Rode, dat he ju underrichtinge do, wes de Nougarder up hern Corde Kegeler vorderen denken, und van anderen saken, unde schrivet dat dan eskede in juwe bôck; eft wii hir nest sůlven mit en to dage qwemen, dat gy dan weten, wo gy darup antworden mogen. Dan to dûssen dage en sole gii nicht theen, den unser gebediger eyns deils mit en van unser wegen up sunte Nicolaus dage[1] nestkomende tor Narwe werden holden. Ok so hebbe gii silver to Wenden bi dem hûskompthur, dat moge gii to aledewege laten halen. Unde wii senden juw ok eynen breff, den uns de hûskompthur van Rige sandte, inholdene de rekenscap van deme silvere, den gi lezende wal werden vornemen. Sůndirgen bidde wii juwe leve vrentliken, dat gi juwen borgeren hochliken beden, dat ze den Russen nicht so sere perde vorkopen, alse se plegen; dar do gii uns sůndergen an to danke. Unde wii hebben deme vogede tor Narwe bevolen, is dat dar ymandes van Rûssen perde bryngit sunder des kompthurs teken, deme sal he de perde nemen, unde de yene, de deme Rûssen dat pert vorkoft heft, de sal eme syn gelt widdirgeven. De almechtige beware juwer allir beschedenheit in walmacht to langer zelicheit. Gegeven to Zegewalde des sondages vor Martini im 13. yare.

[1]) *Dec. 6.*

1113. *Köln an Nimwegen: klagt über die Kleinheit der aus dem Niederlande kommenden Fischkörbe. — [1413] Nov. 6.*

Aus K StA Köln, Briefbuch 5 fol. 68. Civitati Novimagiensi.
Verzeichnet: Mittheilungen a. d. Stadtarchiv v. Köln 6, 91.

In dem Nimweger Keurbuch vom Anfang des 15. Jh. wird u. a. bestimmt: Item en sal nyemant ennige (ledige) heringtonnen van hier voeren, sy en hebn der stat brant, geteykent van den gesworen brender, bij 8 lb. *Sloet, Stadrechten van Nijmegen 1, 17.*

Unse gunstlige groisse ind wat wir guts vermogen. Sunderlinge gude vrunde. Uns is vurkomen, dat die vyschkoerve, die neden uss dem lande mit vijschen in unse stat so marte gevoyrt werdent, nidden ingeczoigen ind gemacht sijn ind nyet van maissen noch wijden en sijn, as die doch van alders alweige so sijn plagen, damit dat unse burgere ind der gemeyne kouffman bedroigen wirt. Also begeren wir vruntlichen van uch, dat ir dat vort in Hollant schrijven ind verkundigen wilt, so dat dit gedroch verhoyt ind gekeert werde, ind dat die koerve vortan werden gemacht up yre alde maisse; want wa des nyet en geschege, so moisten wir dat also da an[a] doin richten, as sich dat geburde, dat unse burgere ind kouflude damit nyet vurder gescheidiget en wurden. Datum feria secunda post omnium sanctorum.

1114. *K. Heinrich V von England wiederholt und bestätigt den Freibrief K. Heinrichs IV n. 397 sowie dessen Erlass n. 843 für die deutschen Kaufleute unter Zusicherung der Rechtsgültigkeit etwaiger ausser Gebrauch gekommener Gerechtsame. — 1413 Nov. 25. Westminster.*

Aus L StA Lübeck, Anglicana n. 71a; Or. Perg. m. anh. S. Brune. — *Das. eine wertlose Abschr. im engl. Privilegiar vom Anfang des 17. Jh. n. 11.*
Lo Publ. Record Office London, French Rolls 1 Henr. V m. 3. Per ipsum regem et pro quadraginta marcis in hanaperio.
Lo 1 Das., French Rolls 1 Henr. V m. 18. Am Rande: vacat, quia aliter inferius. *Der Erlass n. 843 und der erweiternde Zusatz fehlen.*
Kgl. Bibliothek Berlin, Ms. Boruss. Fol. 265, fol. 31b—37b; in deutscher Übersetzung fol. 35—37b. Danziger Abschr. a. d. Mitte des 15. Jh.
S StA Soest, Hanse III 1, englischer Privilegiar n. 12; Lübecker Abschr. des 16. Jh.
StA Wesel (im StsA Düsseldorf), Capsel 103—104 n. 5; desgl.
StA Kampen, Kopiar englischer Privilegien a. d. 16. Jh.
StA Deventer, Abschrift desselben Kopiars, 1556 von Kampen mitgeteilt.
Gedruckt: aus L Lüb. U.B. 5 n. 460; aus S Haeberlin, Analecta medii aevi S. 62; aus Lo 1 Rymer 9, 72—77.

Henricus[b] Dei gracia rex Anglie et Francie et dominus Hibernie archiepiscopis, episcopis, abbatibus, prioribus, ducibus, comitibus, baronibus, justiciariis, vicecomitibus, prepositis, ministris et omnibus ballivis et fidelibus suis[b] salutem. Inspeximus litteras patentes domini Henrici nuper regis Anglie patris nostri factas in hec verba: *[Folgt n. 397].*

Inspeximus[c] eciam quasdam alias litteras patentes ejusdem patris nostri similiter factas in hec verba: *[Folgt n. 843]*[c].

Nos autem, concessiones, promissionem, ordinaciones, statuta, confirmaciones[d], libertates[e], franchesias, quietancias et consideracionem predictam ac omnia alia et singula in dictis cartis et litteris contenta[e] rata habentes et grata, ea pro nobis et heredibus nostris, quantum in nobis est, de[f] gracia nostra speciali acceptamus, approbamus ac prefatis mercatoribus[f] Alemannie et successoribus suis tenore pre-

a) da en übergeschrieben K. b—b) Rex omnibus ad quos etc. Lo 1. c—c) Fehlt Lo 1.
d) ordinaciones, statuta et confirmaciones predictas Lo 1. e—e) Fehlt Lo 1.
f—f) [illegible] Lo 1.

sencium[a] concedimus et confirmamus, prout carte et[b] littere predicte racionabiliter testantur[c]. Preterea[d] volentes eisdem mercatoribus Alemannie graciam in hac parte facere uberiorem, de gracia nostra speciali concessimus pro nobis et heredibus nostris et hac carta nostra confirmavimus, quod, licet ipsi vel predecessores sui aliqua vel aliquibus libertatum, franchesiarum et quietanciarum aut aliorum in dictis cartis et litteris contentorum aliquo casu emergente hactenus plene usi non fuerint, ipsi tamen et successores sui predicti eis et eorum quolibet de cetero plene gaudeant et utantur sine occasione vel impedimento nostri vel heredum nostrorum, justiciariorum, escaetorum, vicecomitum aut aliorum ballivorum seu ministrorum nostrorum vel heredum nostrorum quorumcumque[d]. Hiis[e] testibus: venerabilibus patribus Thoma archiepiscopo Cantuariensi, tocius Anglie primate, consanguineo nostro, Henrico Wyntoniensi, avunculo nostro carissimo, cancellario nostro, Thoma Dunolmensi, Nicholao Bathoniensi et Wellensi, Henrico Menevensi episcopis, Thoma Arundell thesaurario nostro, Ricardo Warren, consanguineis nostris carissimis, comitibus, Thoma Erpyngham milite, senescallo hospicii nostri, et magistro Johanne Prophete, custode privati sigilli nostri, et aliis. Datum per manum nostram apud Westmonasterium, vicesimo quinto die Novembris anno regni nostri primo.

Per ipsum regem et pro quadraginta marcis solutis in hanaperio.

Gaunstede.

Examinata per Simonem Gaunstede
et Nicholaum Wymbysham, clericos.

1115. *Der Geistliche Joh. Ikelyngton überträgt das vormals dem Knappen Joh. Sleigh gehörige Grundstück in London* (tenementum cum solario, celario et kayo adjacenti), *welches nach mehrfachem Wechsel der Eigentümer in seinen alleinigen Besitz gekommen ist*[1], *nebst allem Zubehör* (commoditatibus, aisiamentis et pertinentiis) *dem Bischof von Norwich Rich. Courtenay und dem Ritter Roger Leche. — 1413 (1 Henr. V) Nov. 28. London.*

StA Lübeck, Anglicana n. 71; Or. Perg. m. S.
Gedruckt: Lappenberg, Urkdl. Gesch. des hansischen Stahlhofes, Urk. n. 59; vgl. das. n. 57 u. 58.

1116. *Durch Brügge vermittelter Vergleich zwischen den hansischen Rheinweinkaufleuten zu Brügge und den Krahnschrödern von Damme. — 1413 Nov. 30. [Brügge.]*

Aus K StA Köln, hansischer Kopiar II fol. 97. Auch in A fol. 174; D fol. 186b mit dem Datum Nov. 13; E fol. 164 165b mit 1414 Dec. 30. Koppmann.

Der Kanal zwischen Damme und Sluys befand sich damals in sehr schlechtem Zustande, so dass es nach dem Bericht der Brügger Stadtrechnung von 1413-14 häufig vorkam, dat de coopliede, haerlieder [illegible] goed hebbende gheladen laden, omme ghebrocht te werene van den Zwene te Brugghe ter stapele, ende ughelijc van den goede gheladen te Brugghe, omme dat ghevoert te werene tote int Zwin ende daer te verscepene ende [illegible] lande te voerne, [illegible] goed niet [illegible] binnen eenen daghe of tween ghevoert mochte hebben bi water van der eere stede ter andre, maer [illegible] [illegible] sulken tijt 12 daghen, 16 daghen ende dickent meer tijts, ende dickent hebben moghe coopliede haerlieder voorwide goed, dus gheladen sijnde,

a) et — [illegible] *fehlt* L. b) carte et *fehlt* L. c) L *folgt* [illegible] et prout ipsi libertatibus, [illegible] et quietanciis predictis [illegible] [illegible] [illegible] et confirmacio cartarum predictarum racionabiliter [illegible] et [illegible] [illegible]. d – d) *Fehlt* L.
e) *Der Schluss lautet* L: In cujus etc. Teste rege apud Westmonasterium [illegible] die Novembris. Pro quadraginta marcis solutis in hanaperio.

[1] *S. n. 1061 u. Anm. 2.*

moeten dese onlinders nieu sorgen ende met waghenen voeren van Brughe of van den Damme ter Sluus ende van der Sluus te Brughe, twelke ghevoirt heift ten grooten coste ende achterdeele van den vorseiden coopliedere, in dat sij meer hebben moeten gheven van vrechten, dan sij plaghen te doene, ende dat dickent een ghedeel van haerlieder vorseide goede bedorven, gheminnert ende ghequetst wart, eer sijt te Brughe ghecrighen consten; ende es voor oghen, dat bi den redenen vorsc. verclaerst vele coopliede hem gheneerende met coopmanscepen van clevere prijse, die in tiden verleden ghecostumeirt waren met haerlieder goede ende coopmanscepen 'tland van Vlaendren te versoukene, hemlieden deraf vervremd hebben ende ghetrocken sij[n] in Hollant, in Zeelant ende in andren landen ende steden, ende ghelijc dat vorsc. staende es. So es de vorseide vaert so lang so meer binnen sekeren jaren herwaerts so seere gheondiept ende verlandt ende sonderlinghe binnen tween jaren lestleden, alse wel bi ghebreke van opwater als bi andren redenen daertoe dienende, dat de vorseide coopliede meer achterdeels ende costen derbi ghehat hebben, danne sij oyt daer tevoren hadden. *Zur Abstellung dieses Übelstandes beginnt Brügge in diesem Rechnungsjahre die sehr kostspielige Erbauung von zwei neuen Schleusen am Kanal, die eine zwischen Brügge und Damme, die andere bei Damme. Gilliodts-van Severen, Inventaire de Bruges 4, 210. Vgl. auch den Vertrag Brügges mit Damme von 1414 März 7 über die Abtretung eines dazu nötigen Grundstückes, das. S. 217.*

Ute dien, dat tusschen den oudermans van der Duitscher Hanze liggende bynnen der stede van Brugge over ende in den namen van den copliden van der vorseider Hanze, de hem gheneren met copmanschepen van Rijnschen wijnen, off een zijde ende den goeden lieden van den craenscroders van der stede van den Damme of ander zijde zekere ghescillle gerezen ende upghestaen was van dat de vorseiden craenscroders van den vorseiden copliden ghenomen hadden zeven grote van een sticke wijns te werkene int water, ende daeraff die vorseiden copliede niet mer schuldich waren noch gheplogen hadden te ghevene dan ses grote van den sticke, alse zij seiden; voort van[a] dat de vorseiden craenscroders scroodegelt van den vorseiden copliden hebben wilden van zekeren wijnen, die de selven copliede met haren engienen ende met haren hulpers hadden gedaen overwijnden van den eenen schepe int ander tusschen Bruungers ende der vorseider stede van den Damme; ende oek van dat de vorseiden scroders heghheerden te hebbene dubbel ghelt van den vorseiden copliden, alsij enighe wijnen daden van uten schepe up tlant ende vaert up waghene; jeghen welke clachte de vorseiden craenscroders zeergande waren, dat zij van ouden tijden gheplogen hadden te hebbene van enen enkelen sticke wijns te werkene zeven grote ende van dobelen werke viertien grote ende niet myn; seiden vort, dat de vorseiden copliede niet schuldich waren hare wijne te doene overwindene van in deen schip int ander tusschen Bruungers ende der Coeporte by nyemene dan bi den vorseiden craenscroders, ghemerket dat tusschen Bruungers ende der vorseider Coeporte niement polle hangen mach noch engien besigen, dat den crane tobehort, dan allene de craenscroders van den Damme vorseid, die hare engienen ende getouwe daerup houden moeten; dochte hemlieden oek redelick zijnde, alse seiden, dat so wanner enige wijne zij deden uten schepe up tland ende vort up wagene, dat men hem daeraff gave dubbelt ghelt. Ende het alse es, dat omme de vorseiden ghescille te appointierne de vorseiden craenscroders ter beghhente van den vorseiden oudermans onlanxleden ontboden hadden gheweest in de camere van scepenen te Brugge, aldaer de vorseiden craenscroders ende enige gedeputijrde van der wet van den Damme, die metten vorseiden craenscroders daer komen waren, ende ock de vorseiden oudermans ende copliede quamen in tale ende in antworden in der manieren boven verclaert: welke tale ende antworde gehort ende partien vertrocken die goede liede van der wet van Brugge vorseid sprahen tegadere, ende hemlieden onderspreken hebbende sonden hi den vorseiden

a) van K.

andermans ende coplieden ende ock by den craencroders ende gedepautijrden van den Damme van haren medegezellen in de wet, te wetene her Jacoppe Hageldeen, her Janne Moriton, her Janne Baert, raet van sceprenen, ende Janne Drelinck, haerlieder pensionaris, omme te besiene, off zij enich goed appointement zouden konnen gemaken van den vorseiden gescbillen, daerop de vorseiden gedepautijrde van der wet van Brugge so varre spraken metten vorseiden andermans ende coplieden van wijnen ende ock metten craenscroders ende gedepautijrden van den Damme, als dat zij bij ghemeenen overeendragene van hem allen geappointijrt hebben upte vorseiden gheschillen in der manieren hijr naervolghende:

[1.] Eerst als van den seven groten, die de vorseiden copliede seiden, dat de vorseiden craenscroders van hemlieden hebben wilden van elken sticke wijns, ende daeraff zij niet meer geplogen hadden to ghevene, also zij seiden, dan zees grote, es geaccordiert: mits dat de vorseiden deputijrde van der wet van den Damme certifieijrden, dat men van ouden tijden ghecostumeert es to ghevene van elken sticke wijns seven grote, dat de vorseiden copliede de seven grote vorseid zullen bliven ghevende van elken werke, ende van dublen werke vertien grote.

[2.] Item van dat de vorseiden copliede mainteneren wilden, dat zij hare wijnen souden doen moghen overwijnden van in deen schip int ander bij haren hulpers of up tland doen stellen, sonder den vorseiden craenscroders daeraff ghelоent te zijne, es gheappointeert, dat so wat wijnen de vorseiden coplieden zullen overwijnden of met haren hulpers doen overwijnden van der Moneckerede hoetwert, sonder de vorseiden craenscroders daerover te roepene, dat zij dat wel zullen moghen doen, betalende daeraff den vorseiden craenscroders halven loen; behouden des, begheren zij de craenscroders te hebbene met haren engienen, dat zij se zullen moghen hebben hemlieden ghevende vullen loen. Ende tusschen der vorseider Moneckerede ende Coeporte ne zullen de vorseiden copliede niet mogen overwijnden noch op tland setten noch by nymande doen overwijnden noch op tland setten dan allene bi den vorseiden craenscroders van den Damme, die dat schuldich zijn te doene met haren lieve ende engienen op hare plecht ende aventure, ontfangende van enkelen werke zeven grote ende van dublen werke viertiene grote.

[3.] Item van dat de vorseiden copliede seiden, dat zij niet schuldich waren te ghevene den vorseiden craenscroders dublen loen van dat men overwonde uten scepe op tland ende vort op waghene loede, es geaccordiert, dat die vorseiden copliede van overwochten goede niet mer betalen zullen dan enkelen loen. Ende es te wetene, dat die vorseiden copliede zullen mogen werken of bij haren hulpers doen werken alle sticken van wijnen, die viere sesteren houden ende daeronder, sonder den vorseiden craenscroders jet daraff te ghevene.

Hijrover waren Herman Wulf, Gregoris Bobijt ende Johannes Coevelt, oudermans, ende mester Gosdijn, haerlieder clerck, her Jacob Goderic buerchmeester, Pieter de Mey scepene van den Damme ende Jacob Everbout, haerlieder pensi[o]naris. Ende hijraff zijn twe indenturen, deen uten anderen ghesneden, eens inhebbende, daeraf die goede liede van den Damme de eene hebben ende die vorseiden andermans die andere. Dit was ghedaen int jaer onses Heren 1413 den 30. dach van Novembri.

1117. *Lübeck erteilt [seinen Bürgern] Joh. von Uppen und Tyleman Sten für ihren Bevollmächtigten Heinr. Vokke einen Zuversichtsbrief an den obersten Baillif des Grafen von Flandern in Brügge behufs Wiedererlangung einer beim Schiffbruch des Schiffers Snydewynd geretteten Kiste, welche der Mutter des [ertrunkenen] Ludekind von Uppen kraft Erbrecht zukommt und u. a.*

einige dem Tyrlen. Stra gehörige Güter (sex paria caligarum boni panni et duo fiscula cyniberis conditi) *enthielt.* — *1413 Dec. 21.*

StA Lübeck, Aufzeichnung im Niederstadtbuch zu 1413 Thome.
Gedruckt: Lüb. U.B. 5 n. 484.

1118. Der Komtur von Fellin an Reval: über die Durchführung des Verbots des Pferdeverkaufs an Leute aus Pskow. — 1414 Jan. 11. Tarwast.

Aus StA Reval; Or. Höhlbaum.
Gedruckt: v. Bunge, Livl. U.B. 5 n. 1955.

Den ersbarn wisen luden, borgermeisteren unde rade to Revale kome dusse breff sunder zumen.

Vruntlike grot mit aller gunst tovor. Guden bisunderen vrunde. Als juu wol witlik is, dat unse erwerdige meister allen sinen undersaten, beyde Dutschen und Undutschen, herdliken hefft vorboden, dat nymant den Plescowern perde vorkopen solle [1], und hefft vort capittel und stad to Darpte bochliken gebeden, dat se dat ok also halden wolden und eren undersaten strengeliken vorbeden, dat se desgeliken den Plescowern nyne perde vorkopen, dar se sik gutliken ingegeven hebbet, des hefft my dat capittel bynnen kort wol gescreven und ok er erbaren boden by my gehat und leten my to kennende geven, wo den Plescowern van unsen undersaten ut allen unsen ampten und steden vele unteliker perde wurden vorkofft, und ok vele perde to Darpte den Plescowern brechten to vorkopen; weret dat wi des nicht vorbeden und sturen wolden, so moste se ok den eren des sulven gliken gunnende wesen, und so worden de lande van perden gantz vorblotet. Des bin ik mit en eyns geworden, we na achte dagen giffte dusses breves den vorgescreven Russen van den unsen perdemoder efft perde vorkopet efft to Darpte to vorkopene bringet, den sollen de von Darpte de perde nemen went an unsen meister, und sollen vort de sulven broke hebben gebroken, als de von Darpte dat mit den eren upgesat hebben. Hirumme, leven vrunde, bidde ik juwer ersbaricheit vruntliken begerende, dat gi juwen borgern gemeynliken dit witlik don und vorbeden, dat se na dusser tit den Plescowern nyne perde vorkopen. Weret dat se darover betreden efte beschedeget wurde, so latet juu dusses indenkene wesen, dat ik juu dit tovorn ume des besten willen gescreven und darvor gewarnet hebbe. God mote juu in guder eyndracht lange tit gesunt bewaren mit heyle. Geven to Tarvest des donredages na twelfften anno etc. 14.
Cumptur to Vellin.

1119. Ordonnanz des deutschen Kaufmanns zu Brügge gegen Übervorteilung beim Geschäftsbetrieb, Umgehung des Stapels und die Ausdehnung seines Rechts auf ausserhansisches Gut. — 1414 Jan. 14.

Aus StA Lübeck, flandrischer Kopiar n. 8 S. 48; Abschr. vom 1. Drittel des 15. Jh. Koppmann.
StA Köln, hansische Kopiare A fol. 165, B fol. 150.

Den Brügger Stapel betrifft folgende Notiz der Stadtrechnung von Brügge: Den 9. dach van laumaent *[1414 Jan. 9]* Janne Drevling ghesendt ter Sluus an de bailliuw [van] den watre ende van der Sluus, up tsdie orueghede, dat enighe poorters van der Sluus ende andere ghecocht hadden int Zwin jeghen enighe coopliedes van der Duudscher Hanze zekere staeclocolen, zonder die eerst ghebrocht te weerne ter stapele te Brueghe, ende de selve bailliuw te vermanlnne, dat zy de voorseide coopers calengierene zouden als ghedaen hebbende contrarie den voorseiden stapele. *Gilliodts van Severen, Inventaire de Bruges 4, 262 Anm. 1. Nach derselben Rechnung stand auf der Tagesordnung einer 1413 Dec. 19 zu Gent abgehaltenen Tagfahrt der vier*

[1] *S. n. 1014. Über die Durchführung des Verbotes vgl. auch v. Bunge 5 n. 1957, 1961.*

Lede u. a. totte van dat de donderman van der Dudeschen Hanse versocht hadden overvacie gheleden te weerne up Willemme Joon, die enen coopman van der Hanse grievelike hadde ghedaen quetsen ende verminchen. *Über dasselbe Ersuchen der Älterleute berichten auch die Tagfahrten der vier Lede von 1414 Jan. 20 und Febr. 7. Als Lieferant von Weinwerk (25 tunnen lyure lasten) für die Stadt erscheint im December der hansische Kaufmann Hildebrant Wistrand. A. a. O. 250—263 passim.*

Item int jaer 1414 upten 14. dach in Januario worden desse naegescreven poente overeyngedregen by dem gemeynen coepman up de tijt vergaddert ten Carmers int reventer:

[1.] Int erste, dat nymand van dem vorsriden coepmanne dem anderen sal to vorvange wesen in kopene offt verkopene, up de boete van eyner marck goldes also dicke, alse daermedde ymand bevunden worde de contrarie doende.

[2.] Item dat nymand uten stapele wanderen sal alse in Vrankrike, Henegouwen, Brabant, Holland offt Zeeland, umme daer enich gued to verkoepene, dat de in den stapel liggende hedde, ock up de boete van eyner marck goldes.

[3.] Item dat nymand vryen sal up des coepmans rechte enich gued buten der Hanse wesende offt behorende vor baliuw, tolnaers offt vor andere officiers, up de boete van eyner marck goldes also dicke, alse daermedde ymand bevonden worde to verboerne.

1120. *Hochmeister [Michael Küchmeister] an K. [Heinrich V] von England: nach Aussage des Danziger Bürgers Joh. Rumpe ist dessen Bruder Jacob Rumpe nach der Ausfahrt aus Preussen mitten im Frieden von englischen Unterthanen angegriffen und erschlagen und das Schiff nebst Gut im Werte von 800 Nobeln* (prout idem Jacobus bona fide in mortis sue articulo taxasse dicitur), *von dem ein Teil dem Orden, das andere dem Johann Rumpe und anderen preussischen Unterthanen gehörte, weggenommen; bittet, dem gen. Johann zur Wiedererlangung von Schiff und Waren, die sich jetzt im Besitz gewisser Londoner Bürger* (u. a. Blezschart Merlow[1], Mundyn de Tremoola) *befinden sollen, behülflich zu sein. — 1414 Jan. 25. Danzig.*

StA Königsberg, Hochmeister-Registrant 5 S. 225; in der Mitte ein Stück ausgerissen. Regi Anglie ex parte Johannis Rumphe.

1121. *K. Heinrich [V] von England nimmt die hansischen Kaufleute[2] Joh. Schymmelpenyng und Peter Heymbach nebst zwei Dienern unter Voraussetzung guter Führung auf ein Jahr in Schutz und Geleit für ihre Bemühungen um Wiedererlangung von Waren, welche beim Schiffbruch einer von ihnen und ihren Begleitern* (ac aliorum de comitiva sua) *befrachteten, nach Preussen segelnden Barke an der Küste von Schottland angetrieben sind. — 1414 Jan. 29. Westminster.*

Publ. Record Office London, French Rolls 1 Henr. V m. 11.

Verzeichnet: 44. annual Report of the Deputy Keeper of Public Records, Appendix S. 550.

1122. *Kampen an Reval: bittet, einen geborgenen Anker des Kamper Schiffers Kerst. Jabbertssoon an dessen Bevollmächtigten zu verabfolgen. — 1414 März 1.*

Aus StA Reval; Or. m. Spur d. S. Hohlbaum.

Gedruckt: v. Bunge, Livl. U.B. 5 n. 1961.

[1]) *Vgl. n. 1059.* [2]) *In einem Rechtsstreit zwischen dem Londoner Goldschmied Theoder. van Weltye und dem deutschen Kaufmann Bertram Clayshorst werden 1414 Sept. 23 vor dem Londoner Mayorscourt von den Parteien vier Schiedsrichter bestellt. City Records London, Rolls of Pleas and Memorandums A 43 m. 1.*

Commendabilibus ac magne circumspectionis viris, dominis proconsulibus et consulibus civitatis Revalie, amicis nostris sincere dilectis, presentetur.

Unse gonste mit vruntliker grote vorgescreven. Zonderlinge leve vrunde. Uns heft getoent schipher Kerstiaen Lubbertsoen, unse leve burger, dat hij enen ancker staen leet in den diepe ummetrent uwer stad, dar hij sin schip verloes, als tot uwen verstaen mach comen wesen. Ende want schipher Kerstiaen verstaen heft, als hij uns secht, dat de ancker uten diep upgewonnen ende binnen uwe stad gevoert is tot gueder bewaringe, zoe heft hij schipher Huge Gheyen unsen burger, brenger dies briefs, gantse ende volcomene macht ghegeven, dat ancker te ontfangen ende an hem te nemen ende darmede te doen, gelic of schipher Kerstiaen voirscreven selven dar tegenwordich were. Biddende daromme uwe wijsheit vrientlike, dat gij om unsen wille schipher Hugen, unsen burger voirscreven, dat ancker willen doen overgheven ende volgen laeten, redelic berghegelt ende arbeytsloen darvan ghevende, als wy, leven vrunde, om uwer liefden wille gherne doin solden, oft enigen van uwen burgeren mit uns also ghelegen were. Omnipotens vos conservare dignetur, nobis precipientes tota fide. Datum prima die Marcii anno quartodecimo.

Proconsules, scabini et consules civitatis Campensis.

1123. *Hzg. Johann von Bretagne nimmt die Kaufleute und Einwohner von Kampen für den Handelsverkehr in seinem Herzogtum in besonderen Schutz und weist seine Beamten zur Beachtung dieses Schutzbriefes an. — 1414 März 4. Vannes.*

Aus K StA Kampen; Or. Perg. m. abh. S.
K 1 Das., gleichz. holländ. Übersetzung.
Verzeichnet: Register van Kampen 1 n. 413.

Jehan duc de Bretaigne, conte de Montfort et de Richemont, a touz ceulx, qui ces presentes lettres verront ou orront, salut. Comme par aucuns noz subgiz nottables personnes nous ait este dit et notiffie, quil y a plusieurs marchans estrangers, qui noseent a present venir marchander en notre pais et duchie, comme ilz souloint, et qui volunters y vendroint, mes que faire le peussent seurement, comme ilz avoint acoustume, et y aporter plusieurs marchandises et ausi en renporter, ou nous et noz subgiz prendrions de grans proufiz, de quoy notre dit pais vauldroit mielx, en nous supliant de vouloir donner[a] congie et licence aux diz marchans de y pover venir: savoir faisons, que nous, qui toutdis vouldrions pourveoir a ce, qui regarde au bien de nous et de noz diz subgiz, avons donne et octrie, donnons et octrions par ces presentes aux maneurs, bourgeois, marchans et habitantz de la ville de Campees en lovesche dUtrech en Alemaigne bonne seurte et especial sauvegarde pour eulx et chescun, leurs vexeau ou vexeaux, les mariniers, pages, grommetz d'iceulx vexeau ou vexeaux, pour eulx et chescun venanz marchander en notre dit pais et duche, ensemble o tous leurs biens, denrees et marchandises quelxconques, que ilz feront venir en notre dit pais par un voiage ou plusieurs, sans eulx ne lun deulx soy entremettre de nul ne aucun fait de guerre, a comencer aux date de ces presentes et a durer durant notre plesir; et que durant le dit temps ilz puissent venir seurement par la maniere, que dit est, es ports et havres de notre dit duche, y descendre leurs denrees et marchandises et y sejourner pour les vendre et en retrere le paiement et sen retourner avesques touz leurs biens franchement, sanz ce que par nous ou noz diz subgiz leur soit donne ou fait aucun destourbier, par nous paiant noz devoirs dentree et dissue[b] et autres devoirs acou-

a) de voloir donner doppelt K. b) van [illegible] ende van [illegible] K 1.

stumes. Sy mandons et commandons a noz admiral, capiteines, connestables, senneschaulx, alouez, baillifs, prevosts et a touz noz autres justiceurs et officers de notre duche, a qui de ce peut et doit appartenir, que les dessuidiz et chascun avecq leurs diz biens, denrees et marchandises, comme dit est, ils laissent et souffrent venir marchandement en notre dit pais, pour y descendre et vendre leurs diz denrees et marchandises et se changer en notre dit pais dautres denrees et marchandises, se faire le veulent, et sen retourner franchement le dit temps durant, sans a ceulx ne lun deulx faire ne donner ne souffrir estre fait et donne aucun ennuy, destourbier ou impeschement en corps ne en biens le dit temps durant et venant marchandement, comme dit est. Car ainsi le voulons et de grace especial le avons octrie et octrions, non obstant quelzconques lettres darrest ou arrests et de marques donnees ou a donner au contraire pour quelzconques delis commis et perpetres par autres personnes que par les dessuidiz et par chascun deulx; et se vous ou lun de vous trouvez aucune chouse avoir este ou estre faite, atemptee ou innovee au contraire, le faites prestement et sanz delay reparer et mettre au premier et deu estat, amender a nous et a partie sellon le cas en telle maniere, que touz autres y preignent example. De ce faire deument vous donnons et a chascun de vous plain povoir et mandement especial; mandons et commandons a touz et chascun noz subgiz, en ce faisant vous obeir et diligemment entendre, et voulons, que ces presentes ou copple retenue soubz seau autentique vaillent garant, acquit et descharge aux dessuidiz et a chascun, qui mestier en aura. Donne en notre ville de Vannes le 4. jour de Mars lan 1413.

Par le duc. O. Bily.

1124. *Dorpat an Reval: rät zur Aufhebung des Verbots der Einfuhr von Tuchen aus schottischer Wolle*[1] *und bittet um Revals Meinung, die es an Riga mitteilen will behufs Weitermeldung an den deutschen Kaufmann zu Brügge*[b]; *hat mit Pskow ohne Erfolg über die Abstellung des früher nicht üblichen Klopfens des deutschen Wachses und andere Beschwerden verhandelt, bittet auf die Abschaffung dieser Sitte bedacht zu sein sowie die Ausfuhr von unbesiegeltem Wachs zu verhüten. — 1414 März 25.*

StA Reval; Or. m. Stücken d. S.

Gedruckt: HR. 6 n. 158, früher v. Bunge, Livl. U.B. 5 n. 1966.

1125. *Hzg. Wilhelm von Baiern, Graf von Holland, transsumiert 1. die Urkunde K. Waldemars von Dänemark von 1326 [Bd. 2 n. 452], 2. den Friedensvertrag zwischen Dänemark und Kampen*[c] *von 1370 [Bd. 4 n. 344] und 3. die Urkunde K. Erichs von Dänemark von 1398 [oben n. 337]. — 1414 Apr. 17. Haag.*

StA Kampen; 3 Or. Perg. m. anh. S.; Nr. 1 lateinisch.

Verzeichnet: Register van Kampen 1 n. 419, Reg. Dan. II 1 n. 4293.

[a]) *S. n. 1061.* [b]) *Dessen Antwort ist Juni 10 in Dorpat eingetroffen; HR. 6 n. 180.*

[c]) *Die auswärtigen Beziehungen Kampens beleuchtet die damals erfolgte Regelung der Kostenentschädigung für die dienstlichen Reisen der Kamper Schöffen und Ratsherren. Dieselben erhalten danach für Fahrten nach dem Haag und Seeland 5 Gld., nach Brabant und Flandern 8 Gld., nach Bremen, Hamburg, Lübeck, Lüneburg 25 Gld., nach Stralsund und den wendischen Städten 30 Gld.; darüber hinaus wird ein besonderer Beschluss vorbehalten.* Item so is overdragen, so wie van den boden oestwart reijset ende die reijse verder valt dan toe Bremen toe, wes hem dan voerder te verdrincken, dat sal hij behalden. Ende wes den anderen boden binnen der tijt opter straten ende een drinkgelde vervalt, daer en sal hij nijet van deilen, die in der reise is. (*Von anderer Hand zugesetzt:* Contrarium est in practica apud servitores.) *Overijsselsche Stadregten 1, 178 f.*

1126. *Danzig*[1] *bezeugt für Reval, dass nach eidlicher Aussage des Danziger Bürgers Heinr. vom Holte die von ihm im Schiff des Brand Stern nach Reval versandten 22 Last Lissaboner Salz gegen bar und nicht auf Borg gekauft sind. — 1414 Apr. 30* (an dem sv. Philippi unde Jacobi).

StA Reval; Or. m. Stücken d. S.
Verzeichnet: v. Bunge, Livl. U.B. 5 Reg. n. 2351.

1127. *Der Thesaurar [von Holland] Willem Eggert erneuert im Namen des Grafen den Geleitsbrief für den gemeinen Kaufmann von der Hanse zu Bergen n. 1103 auf ein Jahr. — [1414] Mai 27.*

RA Haag, Memoriale BA cas. R fol. 149b.
Gedruckt: HR. 6 n. 129.

1128. *Elbing an Danzig: meldet, dass der wegen eines Vorfalls in einem norwegischen Hafen nach Hamburg vorgeladene Walter Irregang gegenwärtig nicht im Lande ist, und sendet zwei für seine Unschuld redende Zeugnisse des norwegischen Vogtes. — 1414 Mai 24.*

Aus D StA Danzig, LXV, 32; Or. Perg. m. Spuren d. S. Höhlbaum.

Vor euch, ersamen heren burgermeistern unde rathmannen zu Gdanzik, und allen ersamen heren und luten, da desen breff sehen addir horen lesen, bekenne wir rathmanne der nuwen stadt Elbing mit dinstlicher dirbitunge unde sagen, wy das unsir here huskompthur uns hat vorgeleget von geheise unsirs irwirdigen heren des homeisters, wi das wir unsirn methebürger Walter Irregange dorczu solden halden und undirwisen, das her solde gesteen czu Hamborg umme di sache, die geschen ist yn Norwegen in der havene zu Hennenen, sich czu vorantwerten glich andirn, di man ouch beschuldiget umme di selbige sache. Das welde wir gerne thun noch alle unsirm vermogen. Sundir der man is nicht inlendisch, wen is uff dese zit drey wochen vorgangen ist, das her uss dem lande segelte. Ydoch so habe wir gereth myt den synen, di haben uns gelobit, den man czu suchen czu wassir unde czu lande, das her moge steen uff den tag, als her geheisschen ist. Were is abir sache, das man den man nicht gehaben addir vinden mochte, so bitte wir euwir ersamkeit, liben heren, das ir geruchet di zwene offene bryffe zu entpfoen unde dy obirzulesen, di wir euch senden von syner wegen mit desem briffzeiger, und di zu antwerten kegen Hamborg, di im gegeben syn zu syner unschult von des konynges voyten, do di geschicht geschen ist; unde bitten euch fruntlich, das ir uwirn flys doby thut, das dy bryeffe bewaret bliben, ab der man selbir nicht en queme, das sy im hulflich weren zu syme rechte und zu syner unschult. Czu synem meren unde woren gezugnisse desir vorgeschriben sache habe wir unsir ingesegel[a] gedruckt czu rucke uff desen briff. Gegeben an der jorzal unsirs Heren tusint virhundirt am virczenden yare, am donrstage vor pfingisten.

1129. *Die Herzöge Erich [V] von Sachsen-[Lauenburg] und Heinrich [IV] von Schleswig, die Grafen Heinrich [III] von Holstein und Adolf [IX] von Schauenburg, Herzogin Elisabeth von Schleswig, Gräfin Anna von Holstein und die Städte Lübeck und Hamburg beurkunden unter Mitverpflichtung der holsteinischen und schleswigschen Städte ein auf drei Jahre abgeschlossenes Landfriedensbündnis, unter Wiederholung und Erweiterung der Bestim-*

a) *ingesegel D.*

1) *Dasselbe beglaubigt Jan. 5 für Reval eine Vollmacht des Joh. Rynbard für den Revaler Ratmann Arnd Saffenberg zur Einforderung einer Schuld von 10 M. preuss. von Reynhard Bike. Verz.: v. Bunge 5 Reg. n. 2337.*

mungen von 1374 [oben Bd. 4 n. 461] und unter Ansetzung des einfachen Aufgebots zur Heeresfolge auf 275 Gewaffnete, von denen Lübeck und Hamburg[1] *zusammen 80 Mann stellen sollen. — 1414 Mai 30.*

StA Kiel; gleichz. Abschr.
Gedruckt: Lub. U.B. 5 n. 496. Verz.: HR. 6 n. 140, Reg. Dan. II 1 n. 4300.

1130. *Nik. Horn pachtet von Joh. Koning eine Budenstelle in Skanör auf Schonen*[2] *gegen einen jährlichen, in der auf Schonen jeweilig gangbaren Münze zu zahlenden Zins von 4 M. lüb. — 1414 Juni 3.*

StA Lubeck, Eintragung im Niederstadtbuch zu 1414 trinitatis.
Gedruckt: Lub. U.B. 5 n. 527 (zu 1415).

1131. *Hzg. Erich V von Sachsen-Lauenburg verleiht den Kaufleuten aus Holland ein Verkehrsprivileg für den Besuch seines Landes. — 1414 Juni 10. Lauenburg.*

Aus A StA Amsterdam; Or. Perg. m. anh. S. Abschr. im Privilegienbuch 1 fol. 83b.
Gedruckt: Handvesten der stad Amsterdam 1, 61, van Mieris, Groot Charterboek 4, 289. Verz.: Scheltema, Inventaris van het Amsterdamsche archief 1, 89.

Wy Erik van Godes gnaden hertoghe to Sassen, tho Engeren unde to Westfalen sind witliken bekand vor alsweme, dat wii umme eñd unser herschop unde dorch vromen unde beteringhe des ghemeynen kopmannes ût Hollant hebben gheghevenᵃ unde gheven gheghenwardich mid kraft desses breves allen bedderven kopluden, de ut Hollant unse lând unde toln soken, unsen vrede unde velighen se mit erem gûde beyde tho lande unde watere an unsem gebede vor alle den jennen, de umme unsen willen dôn unde laten willen. Vortmer mit wat guden id were, dat desse vorghenanten kopmanne unse tolne mede zochte, dar schal he uns tolne af gheven na der wise, also de van Hamborgh unde andere meyne kopman dan heft unde deit, alz wontlik is. Were ok, dat desse vorbenomede kopman an unsem lande synes gudes wes vorkopen wolde den jennen, de under uns bezeten weren, to borghe uppe ene tiid, dar deme kopmanne vorscreven an der betalinghe mishaghede, so schal unde mach de zulve kopman, ift id om bequeme zii, er dem kope gan tho unsem tolner ifte tho unsen amptluden unde bevraghen, wer de jenne des loffachtich zii, de deme kopmanne ut Hollande zin gûd afkopen wil, to betalende upp sodane tiid, alse he mit eme des kopes eyn wert; behaghet id denne unsen amptluden unde duncket, dat he dar noghaftich to zii, unde de erghenomede kopman dat gud van sik deit, als na rade unser amptlude upp ene tiid, unde wen de tiid denne kumpt, schude em denne de betalinghe nicht, so schal de kopman den zulven amptluden, welk erer dat zii, witlik don; thohant schal denne unse amptman, dom he de claghe deyt, mit gantzem vlite behelpen, dat em betalinghe des kopmannes schee bynnen dren daghen na der claghe van den jennen, de des pleghe zin. Vortmer wille wii mit gantzen truwen ghentaliken unde vestliken dessen vorschreven kopman mit alle zinem gude beschermen, vordegheddinghen, vorbidden, wor wii konen und moghen, wan und wo vaken om des behöff is, na al unsen vormoghe. Dit love wii Erik vorbenomet deme voghede van Zyrikzee, deme voghede

a) gheghevenen A.

[1]) *Im April schlossen beide Städte ein Schutzbündnis auf drei Jahre ab. HR. 6 n. 139.*
[2]) *Die Zutphener Stadtrechnung von 1414 berichtet:* Willem Pelgrym van syner reysen in Denemarcken om onser stat vriheit wille 50 Hynsche gulden ende Hobeken, die mit hem was, 4 Hynsche gulden, maken 132 lb. *Mitgeteilt vom Herrn Stadtarchivar Gimberg. Über die 1412 Sept. 30 erfolgte Weihung von Bildern der h. Maria und des h. Nicolaus in der Rostocker Kirche auf Skanör vgl. Mecklenb. Jahrb. 33 (1868), 120.*

van Dordrecht, deme voghede van dem Brele, deme voghede van Amstridamme[a], Johan Hughen van Amstridamme[a], Hughe de Helt van Zyrkezee, Alret Hezeen van Duveland unde deme ghemeynen kopmanne ût Hollande, alle desse vorscreven starke stede und vast unvorbroken tho holdende sunder argelist, unde hebben des tho tughe unde bekantnisse unse grote ingesegel an dessen breff ghehenghet laten, de gheven und screven is tho Louenborgh na Godes bôrd verteynhundert jar darna in deme verteynden jare, des mandages na des hilghen lichames daghe.

1132. *Hochmeister [Michael Küchmeister] an Danzig: über die vorläufige Arrestirung aller noch nicht beladenen Schiffe. — 1414 Juni 14. Marienburg.*

Aus StA Danzig XXXVII 24; Or. m. S. Höhlbaum.

Angeführt: Hirsch, Handels- u. Gewerbsgesch. Danzigs S. 42 Anm. 204. Über die damaligen Befürchtungen eines Wiederausbruches der Feindseligkeiten mit Polen s. a. a. O. und Voigt, Preuss. Gesch. 7, 237 f.

Unsern lieben getruwen burgermeister und ratmannen der stat Danczk ane sumen, grues macht doran leit.

Homeister.

Lieben getruwen. Als wir mit euch von der restirunge der schiffe wegen haben gered, das wir ouch mitsampt unsern gebietigern czu rate und eyns sein wurden, bittende euch, lieben getruwen, mit ganczem fleisse, das irs mit euwerm kompthur, deme wir ouch dovon haben geschriben, czu rate und eyns werdet, das man alle schiffe, die noch nicht sein geladen noch gereit czu sigeln, restire, sunder die do sind geladen, die lasse man czihen uslange, bis das die botschaft uss Polan wider inkompt: so wellen wir euch wol vordan schreiben, wie irs domite sullet halden, und bestellets yo also, das es in der vorgeschrebenen weise gehalden werde; doran ir uns ein sunderlich wolgefallnisse irczeiget. Gegeben zu Marienburg am achten tage noch corporis Christi anno etc. 14.

1133. *Olef Thomassone als Bevollmächtigter des Landes Gotland quittirt Reval über 40 M. Rig. als zwölfjährigen Zins für die Benutzung des Gotenhofes zu Nowgorod durch den deutschen Kaufmann, und erneuert den Pachtvertrag auf 10 Jahre. — 1414 Juni 14.*

Aus StA Reval; Or. Perg. m. anh. S. Höhlbaum.

Gedruckt: v. Bunge, Livl. U.B. 5 n. 1975, Napiersky, Russisch-livl. Urk. n. 183, Bilfferstolpe, Svenskt Diplom. 3 n. 1959. Verz.: Reg. Dan. II 1 n. 4301.

Witlik si allen luden, de dûssen breff zeyn eder hôren lesen, dat ik Olef Thomassone bekenne und betûghe in dûssem ôpenen breve, dat ik to vuller ghenôchte entfangen und upgebôrt hebbe van den erzamen heren, deme raede to Revalle den vorzetenen tyns van der Ghoeten hove wegene tho Naûgarden, alse veertich mark Rygesch van twelff jâren, dat de copman des hoves gebruket und bezeeten hadden, na der eendrecht alze her Hinrik Stolte milder dechtnisse van des ghemeynen copmans wegene mit den Ghoeten und mit dem gantzen lande to Ghoetlande overeenghedregen hadde[1]. Und ik Oleff vorscreven love vor my und van der Ghoeten wegene und van des gantzen landes wegene to Ghoetlande, de my dûsser zake ghemechtiget hebben, dat nyne nâmanynge noch ansprake vorder van dussen gelden wegene scheyn ene schal in tokomenden ewigen tiden.

Vortmer alze my de Ghoeten und dat lant van des hoves wegene to Naûgarden aller zake vullenkomen mechtich ghemaket hebben, alle dynck darby to

a) So L.

1) S. n. 640.

dônde und to lâtende, na utwysinge eres breves, so hebben de vorbenomeden ersamen heren, de raed to Revalle mit my overeenghedregen van des ghemeynen Dûtschen copmans wegene, alze dat de sulve copman des sulven vorscreven hoves brûken sal vört teyn jâr und dârvan juweliken jârs to gevende vyff mark sylvers Ghotenschen paymentes, alze men tellet twendehalfhundertich öre vor de mark sylvers. Item wan de vorscrevene teyn jâr geleden syn, so sal der Ghoten hôff vorscreven deme Dûtschen côpmanne van der Henze erst to hoede stân umme reedeliken tyns, alze se des denne eens werden und an beyden zilden overeendregen mögen. Item dat ghebuwete des hoves dat höret sunte Petere to und deme ghemeynen copmanne, und de solen vört dat ghebûwete besorgen und stânde holden uppe des côpmans eventhûre. Item wan de teyn jâr vorscreven geleden syn, wolden dân de Ghoten den vorscreven hoff sulven bezitten, so solen de Ghoten dârto nemen twe Dûtschen und twe Rûssen, und de copman de sal dar ok to nemen twe Dutschen und twe Rûssen, de scholen dat gebuwete des vorbenomeden hoves schätten; und wâr de âchte dat gebûwete danne upp schâtten, dâr solent de Ghoten deme Dûtschen côpmanne vör betâlen. Weret ok zâke, dat bynnen den vorscreven teyn jâren jenyge Ghotensche coplûde van deme lande to Godlande to Naugarden quemen und des betuchnisse brochten under des landes ingesegele, de solen ere vrije stant hebben uppe der Ghoten hove to Naûgarden. Dûsser vorscreven zake to merer ghetûchnisse der warheit und ghroeterer bevestunge so hebbe ik Oleff Thomassone myn ingesegel vor my und vor myne erven und van der Ghoten wegene und des gantzen landes wegene witliken an dussen breff dôn hangen. Ghescreven an sunte Vitis avende int jâr 1414 jâr.

1134. Beschlüsse der hansischen Kaufleute in England über Erhebung der Strafgelder. — 1414 Juni 21.

Aus D StA Danzig J i 10; Handschr. vom Anfang des 16. Jahrh. fol. 137 b.
H Kommerz-Bibl. Hamburg H 15, Stahlhofsstatuten S. 50; schlechte Abschr. des 16. Jahrh.
Gedruckt: aus H Lappenberg, Urkdl. Gesch. des hansischen Stahlhofes, Urk. n. 106, 56.

[1.] Wytlich is geordinert int jaer ons Heren do men schreff 1414[a] des neysten donderdages vor mitzomer, doe wart overeyngghedragen by deme aldermanne und gemeyne kopmanne van der Duyrschen Henze van allen havenen, dey op dey tyt to Londen in Engellant vergaddert weren, so wat men broke eynyghen broke, de sall be uplegen, als is vortyden gheordineirt is. Vartmer so hevet nu dey olderman und dey gemeyne copman gheordinert um partye wyllen, dey darvan ghevallen is und vallen mochte, dat men nicht mer ummevraghen sal int gemeyne[b], mer dey olderman sall keynen veer[c] man tot eme, wat dey eme[d] weddergeven ader nemen, dat sollen se also besloten met deme, dey gebroket hevet, dat neymant int gemeyne weten sall.

[2.] Item voert es overeyngedraghen, dat alle dey broke, dey ee[n] copman broket tegen gebot des aldermannes[e], eyst sake, das sey draghen bove[n] 4 d., so sal sey goen in des copmans busse; und wat 4 d. draghet off dar beneden, dat sall dey olderman hebben.

[3.] Item is dem oldermanne und copmanne to Londen van den gheineynen stede[n] der Henze ernsteliiken bevalen, alle penen und broke sunder gnade to nemene und intovorderne. Und off sick dar jemant vrevelyke wolde tegen stelen, de sal verboren des copmans recht und vrydom, und de copman en sal en darna ni[e]ht mer verantworden.

a) 1400 H. b) In H folgt: Wan men broke richten wil. c) vor D.
d) wat de den eyn solden H. e) tegens den kopmans ordinantie H.

1135. Reval an [den deutschen Kaufmann zu Brügge?:] berichtet über ein Frachtgeschäft des Schiffers Tidem. Vogeler. — 1414 Juni 29.

Aus R StA Reval, Missivbuch 1384—1420 fol. 48. Hagedorn.

Heilsame grote myd aller beheglycheyt vorscreven und wad wi guden vermogen. Ersamen leven besundergen vrunde. Juwer leve bidde wy to wetene, dat vor uns gekomen is schipper Tideman Vogeler myt sinen vrachtluden, de eme over deme jare vorgangen myd roggen vorvrachteden, und de schyphere oppenbarde uns, dat se eme vorvrachteden uppe 1400 roggen by alsodanken[a] bescheide, dat he en tovorne segede, dat eme de last to cleyne were und mochte syn schip dar nycht mede dor de see varen, unde ok, wû dat he en segede, [......][b] uppe schonende[c] reysen wolden. Und se worden des myd deme schipheren eens und ghunden eme, nademe dat der last to cleyne were, dat he sin propheilt myd deme roggen doen mochte uptoschepende offte to vorkopende; und wêret sake, dat he den roggen wat upscheppede eder vorkofte, dat he en den betalen solde, gelik dat de ander in Flanderen ghulde. Alle dusse vorworde stonden so eme vor uns to. Item, leven vrunde, so hadde de sulve schipphere ok vor uns Hynrike Hesterberghe, copman van der Hense, de vor uns oppenbar bekande und segede, dat dat gud ut deme sulven scheppe geworpen ward, dat dat nycht van vorladynge wegene des scheppes ghewurpen eme ward, wente he desulves mede int schip was. Und do men dat gud werpen solde, do ghynk de schipher to rade myd den kopluden, de he yane hadde, und worden des vortan[d] eendrachtliken eens, wes dar van gude ghewurpen wurde, dat solde ghan overall na punt grote tale; und weren hede[.....]sert[e] under Engeland sliden und worpen dat gud tor le ward ut under deme segele, und mosten don van noet wegene, solden [se] segel voren und dat lant rumen, alse uns de schipphere und de sulve Hynrik Heesterberch berychtet hebben. Item, leven vrunde, so dunket den guden luden, de deme schipheren hir Naugardesch gud inschepedes hadden, ene islikem dunket, dat he genoch vorvrachted were, do he de halve vracht hir van deme gude van eres endels upborde; men boven bekande des namet vor uns van en, dat se eme enen godes[penningh][f] uppe dat Naugardesche gud geven hadde[n]. Gescreven an sunte Peter und Pauwels daghe 1414.

1136. Ordonnanz des deutschen Kaufmanns zu Brügge gegen Hosenhandel. — 1414 Juli 7.

Aus StA Lübeck, flandrischer Kopiar n. 8 S. 48; Abschr. vom 1. Drittel des 15. Jh. Koppmann.

StA Köln, hansische Kopiare A fol. 166b, B fol. 156b.

Item int jaer 1414 upten 7. dach in Julio waest by den coepman overeyngedregen, dat gheen coepman van der Duetschen Henze sal enighe kolsen maken offt doen maken offt koepen offt doen koepen, umme de vortan in Vlanderen, Brabant, Holland offt Zeeland to verkoepene, up de boete van eyner marck goldes unde by des coepmans rechte.

1137. [Die Lübecker Bürger] Mathias Eker und Joh. Grote kaufen von den Vormündern der Kinder des Herm. van Loen die diesem von Eberh. Grüter zur Deckung seiner Schulden überlassene Handelsstube in Bergen (unam stubam, dictam bodam, cum eius clef et omnes partes ad predicta habitacula in

a) alsodanken R. b) [illegible] R; die Stelle ist unleserlich. c) [illegible] predictione R. d) vort en R. e) [illegible] R. f) [illegible] fehlt R.

schuttinghestoven et elthuses in Flagarden Bergis Norwegie altantes appertinentes). — *1414 Juli 15.*

StA Lübeck, Eintragung im Niederstadtbuch zu 1414 div. apost.
Gedruckt: Lüb. U.B. 5 n. 501. Vgl. C. Schumann, Hans. Geschichtsbl. 1889, 103.

1138. *[Hzg.] Wilhelm [von Baiern, Graf von Holland,]*[1] *überträgt mit Zustimmung des zeitigen Inhabers die Vogtei auf der Zierikzeer Fitte in Schonen an Hugo Thyemanssoen, unter näherer Feststellung seiner Machtbefugnisse. — [1414 Juli 20—26.]*

Aus H RA Haag, Memoriale B A cas. R fol. 142, zwischen Juli 20 und 26 eingetragen. Rubrik: Roevende van der voechdien van Schonen. Nach amtlicher Mittheilung.
Gedruckt: van Mieris, Groot Charterboek 4, 283. Verz.: Reg. Dan. II 1 n. 4302.

Willem etc. doen condt allen luden, want wij onsen gemynden camerling Claes van Ruven gegeven hebben onse voechdie op Sconereland van onser[a] vitte van Zerixee, gelijkerwijs als die brieve, die he van ons herof heeft, inhouden ende begripen, so hebben wi hi sinen consent ende goetdunchen bevolen ende machtich gemaect, bevelen ende machtigen mit desen brieve Huge Thyemanssoen, onse voichdie voirseid te bedriven ende te bewaren, als custumelic ende gewoonlic geweest heeft ende noch is, ende alle recht ende saken dairof te regieren over alle die gene, die in die voirseide vitte behoren te wesen of die tot geenre zekere vitte en behoren ende dairin wesen willen. Ende hierof sal hi hebben sulke prufiten ende auitscappen, als dairtoe behoeren ende andere voechden die voirtijts hierten ende dairof gehadt hebben. Ende ombieden ende bevelen mit sonderlingen ernsten allen onsen poirteren, meesters, coeplude ende scipmans van Zerixe ende voirt alle die gene, die in onse lande van Sconen geseten sijn ende in der voirseiden vitte behoren of die daerin wesen willen, als voirscreven is, dat sij Hugen voirscreven houden voir horen voecht ende nyemant anders, ende hem in allen saken ende recht, die hi als voicht berechten sal, onderdanich, gehoirich ende gevolgich sijn jeghens enen ygelijken, die etc., tot alre tijt als sijs van hem vermaent sullen worden. Oick so willen wij ende gebieden allen onsen poirteren ende gorden luden voirnoemd, dat sij leggen onder onsen voecht tot Schonen voirnoemd ende onder nyemant anders, ende des niet en laten. Ende were yemant, die aldair anderswair lage, die soude onsen voecht voirnoemd bordegelt ende lastgelt betalen, gelijken of hi onder den selven onsen voicht op Schoenreland lage. Ende wair dat sake, dat hier yemant overborich ende wederstandich in waer jegens onsen voecht voirseid, dat woudden wij aen dien houden ende verhalen etc. Dit sal gedueren als Huge Thyemanssoen voirscreven die voirseide voechdie up dese tijt bevoirwaert of gehouden heeft jegens Clais van Ruven onsen camerlinc voirscreven.

1139. *Hzg. Wartislaw [VIII] von Pommern[-Wolgast] ertheilt den Bürgern von Treptow einen Geleitsbrief für die nächste Schonenfahrt. — 1414 Juli 22. Uedom.*

Aus StA Treptow (im StsA Stettin), Urk. n. 44; Or. m. S.

Wy Wartislaff van Godes gnaden tho Stettyn hertogh, förste tho Rûyen etc., bekennen openbâr an desme unsem openen breve, dat wy hebben gûnt unde gunnen unsen leven sunderghen borgermeisteren, ratmannen, den menen borgheren unde

a) onsen *B*.

[1]) *Derselbe verbietet Sept. 3 seinen Unterthanen, dat nyemande geen wisen upwerts en hale noch en doe halen dan binnen onser stede van Dordrecht voirscreven of toter boichaer marct. Van de Wall, Handvesten van de stad Dordrecht 1, 433. S. oben n. 486.*

inwoneren to Nyen Treptowe umme eres menniehvaldighen vordensten willen, den see uns ghedân hebben unde nôch an tokomenen tiiden don moghen, dat see over dessen tokomenen herfst unse watere, havene unde strome myt eren schepen unde guderen velich soken moghen dôr unde wedder dôr, to Schone tho segel[n]de edder wor en dat evene kûmpt, sunder ârch unde jenigerleye bekummernisse van den unsen. Tho merer willicheyt hebbe wy unse secret nedden an dessen unsen openen breff ghedrucket heten, de gheven ys na Godes bôrt verteyghundert unde an dem verteyghdem jaren uppe unsem slote Uzedom, an sunte Marien Magdalenen daghe.

1140. Der deutsche Kaufmann zu Brügge [an die livländischen Städte:] bittet um ein Gutachten über den in Flandern üblich gewordenen Tauschhandel. — 1414 Aug. 6.

Aus R StA Reval, Missivbuch 1384—1420 fol. 50. Hagedorn.

Vruntlyke grote unde wes wy gudes vormogen tovoren. Heren unde vronde. Also juwer wysheyt wol vordenken mach, wadane wys dat gy uns to anderen tyden overschryven van deme borge, so ist nu[a] manck den kopluden van der Dutschen Henze upgestanden, dat se butyngen doen, alse dat se geven werk unde was an lakene, de se daerjegens nemen, to kannende, uppe dat gy byrupp mogen trachten, eff dusdanyge butynge dordendele prophijtlyk sy to dogende ofte nycht, unde uns darvan juwen wyllen overtoschryven, darna wylle wy gerne den besten ramen, wor wy konnen unde moghen. Valete. Geschreven upten 6. dach in Augusto 1414 jar.

Olderlude unde de ghemeyne Dutsche[b] kopman to Brugge yn Vlanderen van der Dutschen Henze.

1141. Köln an Hzg. Bernhard von Braunschweig-Lüneburg: beantwortet dessen Beschwerde über den Greven zu Köln, der 25 einem Bürger von Bodenwerder und dessen Genossen gehörige Achener Tuche (Ekensche doyche) *weggenommen hat, mit einem Hinweis auf das Handelsverbot des römischen Königs gegen Achen und die frühere Ächtung der Stadt, worüber Köln u. a. dem Hzg. Otto von Braunschweig [-Göttingen] und den Städten Braunschweig, Leipzig* (Libitz) *und Göttingen*[1] *geschrieben hatte; ersucht ihn, den Handel mit Achen ernstlich zu verbieten, und bittet um Schadloshaltung der im Lande des Herzogs an ihrem Gut geschädigten Kölner Kaufleute. — 1414 Aug. 6* (ipso die b. Sixti).

StA Köln, Briefbuch 5 fol. 82.
Verzeichnet: Mittheilungen a. d. Stadtarchiv von Köln 6, 95.

1142. Köln bezeugt den Vögten auf Schonen, dass Konr. Grawerre Bürger von Köln und dem dortigen Rate verkennschaftspflichtig ist, und bittet, demselben zu seinem Recht zu verhelfen. — 1414 Aug. 10 (ipso die b. Laurencii).

StA Köln, Briefbuch 5 fol. 82b.
Verzeichnet: Mittheilungen a. d. Stadtarchiv von Köln 6, 95.

a) so R. b) den ghemeynen Dutschen R.

[1]) *Köln schreibt an Göttingen [1414] Apr. 24, dass der Göttinger Bürger Konr. Papenmeyer, der wegen verbotener Warenausfuhr aus Achen in Deutz vom Greven arretiert war, auf Kölns Verwendung vom König begnadigt ist, und ersucht, vor dem Handel mit Achen zu warnen. StA Göttingen, Suppl. librar. cop. 11; Or. m. S. Das. die Abschrift eines Handschreibens von Göttingen an Köln.*

1143. *Erzb. Johann von Bremen verzichtet zu Gunsten Lüneburgs auf alle Ansprüche wegen des Zolls von dem Tuch und anderem zollpflichtigem Gut, das die Bürger von Lüneburg* van der ze to de Elve up *nach Lüneburg geführt haben, und gestattet ihnen, künftig durch einmalige Zollzahlung in Stade oder in Hamburg, wo es ihnen bequemer ist, ihrer Zollpflicht zu genügen. — 1414 Aug. 10* (Laurencii).

StA Lüneburg; Or. Perg. m. anh. S.
StsA Hannover, Copialbücher IX 296, n. 1; beglaubigte Lüneburger Abschr. (von 1687).

1144. *K. Sigmund an die hansischen Älterleute zu Brügge: bittet sie unter Hinweis auf seine Bemühungen um die Sicherung der Strassen und die Erschliessung neuer Handelswege, ihn über die Schiffahrt und den Handelsbetrieb der deutschen Hansestädte und über die Ziele des letzteren zu unterweisen. — 1414 Aug. 14. Koblenz.*

StA Lüneburg; gleichz. Abschr., zusammen mit n. 1146.
Gedruckt: HR. 6 n. 187. Verz.: Altmann, Urkunden K. Sigmunds 1 n. 1145.

1145. *Hildesheim an Lüneburg: bittet, dem Hildesheimer Bürger Hermen von Ghereke nach Rückgabe des ersten auch den zweiten der beiden ihm arrestierten Terlinge Tuch auszuliefern, da er demnächst vom deutschen Kaufmann in Flandern eine Bescheinigung über die Güte des Tuchs* (dat de benomd twe terlinghe lakene sin, also se wesen schöllen) *beibringen will; nach Hermens Angabe hat ihm der Lüneburger Bürger und Ältermann zu Brügge Detleff Holerstorpe das Tuch verfrachtet. — 1414 Aug. 25.*

StA Hildesheim, Kopialbuch 4 fol. 6b.
Gedruckt: Doebner, U.B. der Stadt Hildesheim 3 n. 659. Verz.: HR. 6 n. 145.

1146. *Der deutsche Kaufmann zu Brügge an K. Sigmund: verweist ihn wegen der in n. 1144 erbetenen Auskunft an die Hansestädte als die Obersten des Kaufmanns, da er selbst in den Städten nicht dauernd weilt. — 1414 Sept. 3.*

StA Lüneburg; gleichz. Abschr., s. n. 1144.
Gedruckt: HR. 6 n. 188; vgl. das. n. 190 die Mitteilung des deutschen Kaufmanns an die Hansestädte, besonders an Hamburg und Lüneburg.

1147. *Riga an Reval (und Dorpat): ersucht um vorläufige Beschlagnahme des aus Flandern kommenden, durch Tauschhandel erworbenen Gutes. — [1414] Sept. 8.*

Aus StA Reval; Or. m. Resten d. S. Höhlbaum.
Das., gleichz. Abschr. des an (Dorpat) gerichteten Schreibens, beschädigt.
Gedruckt: v. Bunge, Livl. U.B. 5 n. 2369, vgl. 6 Reg. S. 127 (zu 1410). S. oben n. 1140.

Den ersamen vorsichtegen mannen, heren borgermesteren unde radmannen der stad Revele, unsen sunderges, detur.

Vruntliken grut unde wes wy gudes vormogen vorscreven. Ersamen leven heren unde vrunde. Juw wille geneged to weten, wo ellicken unsen vrunden hir gescreven is ud Vlanderen van eren vrunden, wo dar ene butynge upgestan sy, also dat men vorbudet werk umme want, dat vort geholden wert to nut und profite der Vlamynge, sunder orloff efte beliefte des copmans. Unde des gudes is in Vlanderen gescheped to bryngende hyr in desse lant, alse uns to wetene geworden is. Darumme were, dat dee ummeslach also gan schulde, dat wolde deme copmanne komen to groteme derselken schaden, beyde in werke unde in wande, alse en deel alrede is geschen, alse wi hebben vornomen. Hirumme bidde wy juwe ersamen vorsichticheit bynnen willen wesen vorseen, wes gy des gudes komen vrsuchen, dat gy dat upholden, liggen to blivende to der tiid der negesten vorgadderynge der stede hir bynnen landes, to nutsamheit des gemenen copmans dar vurder ummo to spreken, wente, alse wy vornemen, dat dar grote argelist mede sy, to vorvange etlikes recesses van den steden gemaket up den borch. Got beware juu sunt to langen tiiden. Screven under unsem secrete, in deme dage nativitatis Marie.

Borgermestere unde rad der stad Rige.

1148. *Evert Serrpinc an Elburg: berichtet über den Stand des Häringsmarktes in Schonen und über den Krieg zwischen Preussen und Polen. — [1414] Sept. 13. Schonen.*

Aus StA Elburg (im RA Arnheim), Lade 12 n. 30; Or. m. Spur d. S.
Gedruckt: van Meurs, Geschiedenis en rechtsontwikkeling van Elburg S. 198 zu ca. 1400.

An burghermeyster, schepen unde råd der stat van der Elborch.

Vrendelike groete tovoren. Gude ghemeinde vrende. Wert, dat onse borghere allehier machtich ende ghesont zijn myt al hore ware, Got hebbe lof. Voert soe hebben onse borghere alhier ghesolten tusche zoeven lasten ende twaleven, ende to Drakuere tusschen 15 ende twintighen. Voert soe is hier de ongheliijxte koep van herinsche, de wij hier gheleeft hebben. Item een voeder herinx int Hul tyen s., up dat Knis achte s. ende up den Hoep 6 s. en 7 s. Ende to Valsterbode heft alsoe vole herinx ghewesen dree daghe lanc, dat menne daer coft omme 5 s., 4 s. ende oec 3 s., mer dat was vaste zum nachtganel. Item to Drakuere ende tot den Ellenboghe ghelt hi 10 s. ende 11 s. Item dat solt ghelt hier viertich s. ende to Drakuere tweendertich ene last, tonnen 7 ende 8 s. ende to Drakuere 5 s.; de nobels 6 s., Rijnsche gulden 25 gr. Ende hier is quaden tijt wittes ghelts. Voert soe is hier tomale noch guet vrede ende hier en is ghiene sterft zoeterwijs. Voert van den Prusen ende den Polen en can ic u nyet waers of scrijven, dan zee zegghen, de daer uut Prusen komen, dat de konine ende hertich Vittolt myt groter macht in Pruserlant ligghen ende hebben um vole schaden ghedaen, an dorpen ende an kleynen steden ghedaen; desgheliikes hebben de Prusen weder in oren lande ghewesel ende hebben om vole dorpe ofghebrant [1], ende men zeghet hier, dat zee den Polen oec vole waghene myt vytalien ofghetoghen hebben. Nu nyet meer up dese tijt; mer segghet mijnen here Johan Sticher gudennacht, dat hi al onse vrende groet, want de tijt valt hier to kort, ene andren breeif to scriven. Got sy myt ju. Ghescreven to Scoenre up des hilighen cruses avont. Evert Serrpinc.

1149. *Utrecht verkündet die hansische Ordonnanz gegen die Einfuhr von Laken aus schottischer Wolle in die Hansestädte. — 1414 Sept. 17.*

Aus StA Utrecht, Buerspraak-Boek v. J. 1414, fol. 23b. Eingetragen zu s. Lambrechts misse.
Gedruckt: ungenau Dodt van Flensburg, Archief voor kerkelijke en wereldlijke geschiedenis inzonderheid van Utrecht 5, 78.

De raet laet enen yegeliken weten, dat die Oosterssche Anzesteden overdragen sijn ende uutgescreven hebben, dat men in horen steden ende landen en gheen gewant dragen noch brengen en moet, dat van Schotscher wollen gereyt is,

[1] Vgl. über diesen sog. Hungerkrieg des Jahres 1414 Caro, Gesch. Polens 3, 429 ff.

gesneden of ongesneden. Daerom waernt die raet alle onse coopluide, dat sij in den Oosterschen steden of landen en gheen verboden want van Schotscher wollen daer en vöer noch en brenge, want mens daer niet vercopen of bruken en mach.

1150. *Hochmeister [Michael Küchmeister] an den Erzbischof von Lund und den Landvogt zu Hammershuus auf Bornholm: ersucht sie, die preussischen Unterthanen auf Bornholm nicht durch neue und unrechtmässige Zölle zu bedrücken. — 1414 Sept. 23. Marienburg.*

StA Königsberg, Hochmeister-Registrant 8 S. 119.
Verzeichnet: HR. 6 n. 147.

1151. *Köln an Sluys: bezeugt, dass die Witwe des Christ. Greveroide und die Vormünder ihrer Kinder den Heinr. Greveroide bevollmächtigt haben zur Einforderung von 38 Pfd. Turnosen* alder münte, *welche Laurens Bast laut einer von den Schöffen von Sluys besiegelten Urkunde schuldig ist. — 1414 Sept. 28* (in prof. b. Michaelis archang.).

StA Köln, Briefbuch 6 fol. 86.
Verzeichnet: Mittheilungen a. d. Stadtarchiv von Köln 6, 98.

1152. *Danzig an Reval: bezeugt, dass nach eidlicher Aussage Hildebrands von Elsen der von demselben durch Schiffer Suren nach Reval gesandte Terling Tuch und die auf Boltens Schiffe verfrachteten zwei Terlinge gegen bar und nicht auf Borg gekauft sind*[1]. *— 1414 Okt. 2* (am dinstage na Mich.).

StA Reval, Or. m. S.

1153. *Danzig an Reval: bezeugt, dass nach eidlicher Aussage seines Bürgers Arnd Dotte die von demselben durch Schiffer Suren Arndissone nach Reval gesandten 46 Tonnen Honig gegen bar und nicht auf Borg gekauft sind. — 1414 Okt. 5* (an dem frydage na Mich.).

StA Reval; Or. m. Rest d. S.

1154. *Ordonnanz des deutschen Kaufmanns zu Brügge gegen den Missbrauch von Warenmarken. — 1414 Nov. 4.*

Aus StA Lübeck, flandrischer Kopiar n. 8 S. 32; Abschr. vom 1. Drittel des 15. Jh. Koppmann.
StA Köln, hansische Kopiare A fol. 166b, H fol. 156b.

Item umme dat eneghe coepluide van der Duetschen Hense deden hanghen eyn loet van eren merke offt van eynen anderen tekene an Ingheleschе lakene by en gekofft, wanner se de verwen deden, umme elken zijne lakene te kennene, darby manich man, up dat dat loet daerane gebleven were, mochte zijn bedroegen geworden: so was upten veyrden dach in Novembri int jaer 1414 by dem coepmanne overeyngedregen und int gemeyne toe kennene gegeven ten Carmers int reventer, dat so welk coepman vorseid zijn loet offt teken vorseid van den vorseiden Ingheleschen lakenen nicht aff en treckede also varinghe, alse se uter vorseiden verwerye qwemen, de solde verbuert hebben also dicke, alse he dat versumede, eyn pont gr. van eynen helen lakene, unde van eynen halven lakene 10 s. gr.

[1]) *Gleiches Zeugnis Danzigs von Sept. 10 für Kersyn Velthusen über einen in Boltens Schiff verladenen Terling englischen Tuches; verz. v. Bunge 6 Reg. n. 2372.*

1155. *Ordonnanz des deutschen Kaufmanns zu Brügge über Tuchhandel und Warrantstausch und über den Lakenkauf in St. Omer. — 1414 Nov. 22 und 24, Dec. 19.*

Aus L StA Lübeck, flandrischer Kopiar n. 8 S. 33; Abschr. vom 1. Drittel des 15. Jh. Koppmann.
StA Köln, hansische Kopiare A fol. 166b, H fol. 156b.

[1.] Item upten 22. dach in Novembri int jaer 1414 wart overeyngedreghen by den alderluden, 18 mans unde overluden, dat nymand van der Duetschen Henze en sal koepen noch doen koepen enighe lakene, se en liggen vor oghen in erer rechter volde, up de boete van elken lakene to verbuerne 5 s. gr. also dicke, alse ymand daermedde bevonden worde.

[2.] Item so was overdreghen up de selve vorscrevene tijt, dat nymand enich ghelt sal doen tevoeren up enige lakene, up de boete van eyner marck goldes also dicke, alse ymand daermedde bevonden worde.

[3.] Item alle de coeplude van der Duetschen Henze, de went to dessen vorscrevenen 22. daghe in Novembri enich ghelt toevoeren up lakene gedaen hebben, de moegen de lakene tusschen dessen vorscrevenen dage und kersmesse naestkomende[1] untfangen unde anders nicht. Unde up welke lakene dat se neyn ghelt gegeven en hebben noch gedaen geven, daervan sullen se den koep quijt schelden, de lakene na kersmesse[1] nicht to untfangene, up elk laken toe verbuerne 5 s. gr.

[4.] Item int vorscreven jaer upten 24. dach in Novembri so wart overeyngedregen by den vorscreven, dat so welk coepman, de enighe lakene upter halle gekofft hedde, de selven lakene em van der halle solde doen brengen, de daer nicht laten staende, up de boete van 12 gr. to verbuerne van elken lakene[2].

[5.] Item upten vorseiden dach so wart dem gemeynen coepmanne to kennen gegeven, dat so welk coepman, de enighe butinghe dede met sijnen guede, also dat he ghevewerck, wass offt andere guede an lakene offt an andere guede, de sal dat verbuterde gued darna stappans ute sijnen kelnere offt ute anderen sijnen beholde laten doen, des nicht langher darna toe herberghene. Ock so en sal gheen coepman van der Duetschen Henze anderne verbuterde guede in sijnen kelnere offt herberge nemen, de dar te staene to behoeff der Vlamynghe offt anderer buten der Henze wesende, de se to sick van eynen anderen mochten gebutet hebben, up de boete van eyner marck goldes van elken vorscreven poente to verbuerne yeghens dem gemeinen coepman also dicke, alse ymand brockafftich bevonden worde.

[6.] *[Folgt die Vereinbarung mit St. Omer von 1389, oben Bd. 4 n. 994.]* Int jaer 1414. Item umme dat aldusdane vorscreven eyndracht unde ordinancien by dem ghemeynen coepmanne vorscreven eyne wile tijdes nicht geachtet en was noch geholden en wart by versumenesse, doch de coepman, meynende dat id nutte unde profijtlick were vor dem gemeynen coepman, up dat se wol geholden worde, so overdrogen die alderlude, 18 mans und overlude upten 24. dach in Novembri ten Carmers int reventer, dat se desse vorseide eyndracht unde ordinancien wolden holden; welk[a] dat se den gemeynen coepman up de selve tijt ten Carmers vergaddert to kennene gheven, unde umme dat dit also velle de bet by den van Senthomars mochte verwart werden, se ock dat an de van Senthomars wolden scriven, alse se deden.

[7.] Item want de van Senthomars dem coepmanne in erem wederscrivene wol betekenden, dat aldusdane gebreck meer qweme by coepluden van der Hense dan

a) Am Rande: nota b.

1) Dec. 25. 2) Dieser Absatz ist in L mit hellerer Tinte nachträglich eingefügt.

by en off eren porters, alse dat wol kentlik was, so wart upten 19. dach in Decembri by den alderluden, 18 mans unde overluden overeyngedregen, dat so welk coepman van der Hense enighe lakene to Sente Thomars koffte off koepen dede, anders dan na utwisinge der vorscreven eyndracht unde ordinancien, de solde van elken lakene verbuert hebben 5 s. gr.

[8.] Item so was up de vorscreven tijt geordiniert: so welk coepman van der Hense, de binnen Sente Thomars off eldere koffte off dede koepen meer dan eyn gesneden laken to eynen slachdoke to elken terlinge lakene to bealsene, unde he de anderen boven eynen umme eynen terlinck dede bealsen off darmedde lumetten, de solde verbuert hebben van elken vornoemden gesneden laken 5 s. gr.

1156. Herzog Bernhard von Braunschweig-Lüneburg und sein Sohn Otto an den Hochmeister (hern N hoehgemeistere to Pruzzen): *bittet um Unterstützung der Hameler Bürger Bürgermeister Hinrik Wasmod und dessen Bruder Ratsherr Wasmod Wasmodes sowie ihrer Bevollmächtigten bei der Geltendmachung ihrer Schuldforderungen gegen einige Danziger Bürger. — [1414] Nov. 30* (an s. Andreas daghe). *Braunschweig.*

StA Königsberg; Or. m. Spuren der 2 S.

1157. [Riga] an den deutschen Kaufmann zu Brügge: ersucht ihn in Beantwortung seines Schreibens vom 6. Aug. [n. 1140], einen derartigen Tauschhandel nicht eher zu gestatten, als bis ihm die livländischen Städte deswegen gemeinsam geschrieben haben. — [1414] Dec. 2.

StA Reval; Abschr.
Gedruckt: v. Bunge, Livl. U.B. 5 n. 2370.

1158. [Riga an Dorpat:] sendet eine Abschrift seines vorstehenden Schreibens. — [1414] Dec. 2.

Aus StA Reval, eingeschoben in n. 1159. Höhlbaum.
Gedruckt: v. Bunge, Livl. U.B. 4 n. 1777.

Na der grote etc. Ersamen leven heren unde vründe. Als juw wol vordenchen mach, wo de olderlude unde gemene copman der Duschen Hense to Brugghe in Vlanderen wesende hiir int lant den steden ghereven heft to irkende vormyddelst eren breven, de wy entfenghen, gescreven in dem 6. daghe in Augusto, darvan wy juw hebben gesant ene copie, wo dat nu mangh en is upgestan ene bute, also dat etlike vorboten was unde werk unde lakene, de ze daran nemen: darumme hebbe wy vorramet enes breves wedder an de olderlude unde gemene copman, umme des gemenen besten willen, bet to der tiid der negesten bynnenlandeschen dachvart, denne dar vurder umme to sprekende. Darvan sende wy juw ene udscrifft van worden to worden[1], dat wy bequemen vordan to scryvende den heren to Revele. God beware [juw] to langher tiid. Gegheven under unseme secrete, in dem anderen daghe in Decembre.

1159. Dorpat an Reval: übersendet das Schreiben Rigas n. 1158 nebst Einlage. — [1414] Dec. 11 (d. dinxstedages na unser leven vrouwen d. concepc.). *Dorpat.*

StA Reval; Or. m. Stücken d. S.
Gedruckt: v. Bunge, Livl. U.B. 4 n. 1777.

[1] *n. 1157.*

Alphabetisches Verzeichnis

der

Personen- und Ortsnamen.

C.

E.

H.

I, J.

L.

O.

P.

Q.

R.

S.

T.

U.

V; s. auch F.

Y.

Z.

Sach-Register.

Druckfehler und Berichtigungen.

S. 47 Z. 2 lies: Vers. HR. 1. S. 69 Anm. 1 L: S. S. 60 Anm. 1. S. 158 Z. 1 L: [illegible] [illegible] *S. 241 Z. 9 v. u. L:* [illegible] [bei][b] [illegible]*; Z. 7 v. u. L:* ofte bei dar. *S. 278 Anm. 2 L:* n. 551. *S. 326 Z. 4 L:* Ypre[a]. *n.* [illegible] *n. 673 L: Hzg. Wilhelm st. Albrecht. n.* [illegible] *n. Anm. 1 ist bei den Druckorten zuzufügen: Brem. U.B. 4, 2. Nachtrag n. 441 bez. 442. n. 885 Z. 1 L: Danzig st. Thorn. n. 918 Z. 3 v. u. L:* [illegible] de *st.* [illegible]. *S. 515 Z. 4 v. u. L: Hzg. Bernhard st. Heinrich. S. 536 Z. 34 L:* waterrede *st.* water ende. *S. 581 letzte Z. L: Ludekin.*

Berichtigung zu Band 4.

Die erst nach Vollendung des Druckes ermöglichte eigene Kollationierung einiger nach amtlichen Abschriften mitgeteilter Dokumente des Departementalarchivs Lille ergab folgende Verbesserungen:

S. 370 Z. 7 ist fils de roy de Fr. *in ( ) zu setzen. Das. L:* partie *st.* parte. *Z. 8 L:* [illegible] *st.* [illegible]. *Z. 10 L:* [illegible]. *Z. 16 L:* Engles *st.* Englais. *Z. 20 L:* [illegible] *st.* [illegible]. *Z. 29 L:* avoient *st.* avairent. *Z. 30 L:* appartenir *st.* appartiennent. *Z. 36 L:* dis *st.* [illegible]. *Z. 37 L:* [illegible] *st.* [illegible]; ne [illegible] pas *st.* ne aient par. *Z. 39 L:* [illegible] *st.* [illegible]; *das. ist Note a zu tilgen. Z. 40 L:* du *st.* de [illegible].

S. 371 Z. 10 L: corporelle, criminelle et civille. *Z. 13 ist* donc *zu tilgen. Z. 14 L:* aux *st.* [illegible]. *Z. 15 L:* justiciers et officiers. *Z. 23 L:* plus[ieurs] *st.* [illegible]. *Durchgehend L:* [illegible] *st.* [illegible], dicte *st.* dite, -cion *st.* -tion.

n. 899, Stückbeschreibung ist zu setzen: Lettres missives I fol. 85.

n. 904, Stückbeschreibung ist einzuschieben: Überschrieben: Douane par copple. *Hinter „Gedruckt" ist zu tilgen: (daraus?). S. 383 Z. 3 v. u. L:* Zeppe *st.* Zipe. *S. 384 Z. 1 u. 2 ist die ( ) zu tilgen. Z. 4 L:* [illegible] *st.* [illegible]. *Z. 17 L:* dis *st.* dits. *Z. 20 L:* [illegible] *st.* [illegible]. *Z. 21 L:* acomplj *st.* accompli. *Z. 24 L:* [illegible] *st.* [illegible]. *Z. 26 L:* aux *st.* (aux)[b]. *Z. 29 L:* appartiens *st.* appartiens. *Z. 33 L:* [illegible] *st.* [illegible]. *Noten a–c sind zu tilgen. Durchgehend L:* -cion *st.* -tion.

www.ingramcontent.com/pod-product-compliance
Lightning Source LLC
Chambersburg PA
CBHW021223300426
44111CB00007B/407
* 9 7 8 3 7 4 1 1 5 6 7 6 2 *